MEINER MUTTER UND BEA

„Statt das Negative der Zeit zu bemänteln, sollten wir es doppelt unterstreichen, herausstellen und getrost beim rechten Namen nennen. Dann werden wir sehen, daß auf einmal das Negative zu einem Positiven wird... Wir stehen jetzt vor der letzten Illusion, nämlich vor der Illusion, ohne Illusion zu leben und ein Hochgefühl auszukosten, wenn wir die Dinge in ihrer nackten Wirklichkeit anschauen, unsere Gedanken dieser Wirklichkeit in ihrer Rauheit und Unebenheit anpassen und doch als tüchtige Seefahrer ‚unter dem Winde bleiben'."

Aus Ortega y Gassets Goethe-Rede in Hamburg 1949
Der deutschen Ausgabe dieses Buches vom Verlag vorangestellt

William Raney, Theodore S. Amussen und Charles Devlin
wünsche ich meinen Dank für die Hilfe und Ermunterung
auszusprechen, die sie mir zu vielen Malen bei der Niederschrift dieses Romans gegeben haben

Den Verlegern und Copyright-Inhabern habe ich für die
Abdruckerlaubnis der Texte zu den nachfolgend genannten
Liedern zu danken: *Betty Co-ed* von Paul Fogarty und Rudy
Vallee. Copyright 1930 by Carl Fischer, Inc., New York
Brother, Can You Spare a Dime? Text von E. Y. Harburg, Musik
von Jay Gorney. Copyright 1932 by Harms, Inc. Abgedruckt
mit Erlaubnis der Music Publishers Holding Corporation
Faded Summer Love, Text und Musik von Phil Baxter. Copyright 1931 by Leo Feist, Inc. · *I Love a Parade*, Text von Ted
Koehler, Musik von Harold Arlen. Copyright 1931 by Harms,
Inc. Abgedruckt mit Erlaubnis der Music Publishers Holding
Corporation · *Show Me the Way to Go Home*, Text und Musik
von Irving King. Copyright 1925 by Harms, Inc. Abgedruckt
mit Erlaubnis der Music Publishers Holding Corporation
These Foolish Things Remind Me of You von Jack Strachey,
Hold Marvel und Harry Link. Copyright 1935 by Bourne, Inc.

Alle Personen und Ereignisse in diesem Roman sind erfunden,
und wo eine Ähnlichkeit mit irgendeiner lebenden oder toten
Person vorhanden zu sein scheint, ist dies rein zufällig

INHALT

ERSTER TEIL	WOGE	11
ZWEITER TEIL	STOFF UND FORM	49
Im Zeitraffer	Julio Martinez · Eine Stute beschlagen	68
Der Chor	Essenfassen	90
Im Zeitraffer	Sam Croft · Der Jäger	156
Der Chor	Weiber	183
Im Zeitraffer	Red Valsen · Der fahrende Sänger	219
Im Zeitraffer	Gallagher · Der Revolutionär der anderen Seite	263
Im Zeitraffer	Robert Hearn · Der unfruchtbare Schoß	323
Im Zeitraffer	Woodrow Wilson · Der Unüberwindliche	368
Im Zeitraffer	General Cummings · Ein typisch amerikanisches Abkommen	396
Der Chor	Was ist eine Million-Dollar-Wunde?	420
DRITTER TEIL	PFLANZE UND GESPENST	425
Im Zeitraffer	Joey Goldstein · Der Hafen von Brooklyn	471
Der Chor	Ablösung	490
Im Zeitraffer	William Brown · Heute keinen Kuchen	535
Im Zeitraffer	Polack Czienwicz · Gib mir einen Zauberstab, und ich will die Welt bewegen	594
Gedämpfter Chor	Was machen wir, wenn wir 'rauskommen?	692
VIERTER TEIL	KIELWASSER	695

Eine Karte der Insel Anopopei befindet sich auf Seite 703

ERSTER TEIL

WOGE

1

NIEMAND vermochte zu schlafen. In der Morgendämmerung würde das kleine Transportschiff seine Fahrt verlangsamen, die erste Woge der Truppen würde durch die Brandung dringen und entlang der Küste von Anopopei angreifen. Jedermann auf dem Schiff, jeder im Schiffsverband wußte, daß einige von ihnen in den nächsten Stunden zu sterben hätten.

Ein Soldat liegt lang in seiner Koje, schließt die Augen, bleibt hellwach. Um sich herum hört er das Gemurmel der hin und wieder in Träume versinkenden Männer wie Brandungsgeräusch. „Ich will es nicht, ich will nicht!" schreit jemand in seinem Traum, und der Soldat öffnet die Augen und blickt langsam über den Raum. Sein Blick verliert sich in dem verwirrenden Durcheinander von Hängematten, nackten Körpern und baumelnden Ausrüstungsgegenständen. Er beschließt, nach vorn zu gehen, flucht ein wenig und wälzt sich dann empor, bis er zum Sitzen kommt; seine Beine hängen über die Koje, das Stahlrohr der Hängematte über ihm streift seinen gekrümmten Rücken. Er seufzt, greift nach seinen Schuhen, die er an einer Stange festgebunden hat, und zieht sie gemächlich an. Seine Koje ist die vierte in einer Reihe von fünfen. Er klettert hinab, unsicher im Halbdunkel und in Sorge, auf einen der Männer in den unteren Hängematten zu treten. Auf dem Fußboden sucht er sich seinen Weg durch das Vielerlei der Gepäckstücke und Bündel, stolpert über ein Gewehr und findet schließlich die Schottentür. Er durchquert einen anderen Raum voll gleicher Unordnung und kommt endlich zum Vorderteil des Schiffes.

Innen dampft die Luft. Soeben benutzt ein Mann die einzige Frischwasserdusche, die dauernd von Soldaten umlagert ist, seitdem sie an Bord sind. Der Soldat geht an den Würfelspielern in den unbenutzten Salzwasserduschanlagen vorbei und hockt sich auf dem feuchten, rissigen Rand der Latrine nieder. Er hat seine Zigaretten vergessen und leiht sich eine von dem Soldaten, der nur wenige Schritte entfernt sitzt. Während er raucht, blickt er auf den dunklen, schmierigen, mit Stummeln bedeckten Fußboden und hört auf das plätschernde Wasser, das durch das Becken rieselt. Er hatte wahrhaftig keinen Grund hierherzukommen, aber er bleibt dennoch sitzen, weil es hier kühler ist und der Latrinengeruch, das Salzwasser, das Chlor, der kaltfeuchte, fade Geruch von nassem Metall weniger bedrückend sind als der schwere Schweißgestank in den Truppenräumen. Der Soldat bleibt längere Zeit, dann steht er langsam auf, zieht seine grünen Feldhosen hoch und denkt an die Mühe, die es macht, zu seiner Koje zurückzugelangen. Er weiß, daß er dort liegen wird, um auf die Dämmerung zu warten. – Ich wünschte, es wäre schon soweit; verdammt, wenn's doch erst soweit wäre! sagt er zu sich selbst. Und während er zurückgeht, denkt er an eine frühe Morgenstunde in seiner Kindheit, als er wach lag, weil er Geburtstag hatte und ihm eine Kindergesellschaft von der Mutter versprochen worden war.

Früh am Abend hatten Wilson, Gallagher und Stabssergeant Croft mit zwei der Ordonnanzen vom Zug des Hauptquartiers zu pokern begonnen. Sie hatten den einzigen freien Platz im Deckraum ergattert, wo man die Karten noch erkennen konnte, nachdem die Lichter ausgelöscht waren. Aber man mußte sich dennoch dabei anstrengen, denn die einzige Birne, die brennen blieb, war nahe der Schiffstreppe und von blauer Farbe, so daß es schwer war, die roten von den schwarzen Zeichen zu unterscheiden. Sie spielten schon seit Stunden, und jetzt waren sie einem lähmenden Stumpfsinn verfallen. Das Ansagen geschah automatisch, fast unbewußt, wenn die Karten uninteressant waren.

Wilsons Glück hatte sich zu Beginn in normalen Grenzen gehalten, aber nach einer Strähne, in der er drei Pinken hintereinander gewann, grenzte es ans Wunderbare. Er fühlte sich ausgezeichnet. Unter seinen gekreuzten Beinen hatte er einen Haufen australischer Pfundnoten nachlässig und großspurig verwahrt, und obwohl er wußte, daß es Pech brachte, sein Geld zu zählen, war ihm doch klar, daß er fast hundert Pfund gewonnen haben müßte. Er spürte eine lustvolle Erregung in seiner Kehle; es war immer die gleiche, die einem Überfluß irgendwelcher Art entsprang. „Ich sage dir", begann er in seinem südlichen Tonfall zu Croft, „diese Sorte Geld wird meinen Ruin bedeuten. Ich werde die verfluchten Pfunde niemals umrechnen können. Diese Australier haben ein verrücktes Geld."

Croft antwortete nicht, er war ein wenig am Verlieren, aber was ihn mehr beunruhigte: sein Blatt war die ganze Nacht über langweilig gewesen.

Gallagher grunzte höhnisch. „Mann, scher dich zum Teufel! Bei deinem Dusel brauchst du dir wegen des Geldes nicht den Kopf zu zerbrechen. Du brauchst nur einen Arm, um es aufzuheben."

Wilson kicherte. „Richtig, mein Junge, aber es müßte schon ein verdammt kräftiger sein." Voll einer oberflächlichen, fast kindischen Heiterkeit lachte er wieder und begann zu geben. Er war ein großer Mann, um die Dreißig, mit einer schönen Mähne goldbraunen Haares, einem gesunden, frischen Gesicht und ausgeprägten breiten Zügen. Wenig paßte ein Paar silbergefaßte Augengläser dazu, die ihm auf den ersten Blick einen studierten oder doch pedantischen Ausdruck verliehen. Während er gab, schienen seine Finger den flüchtigen Kontakt mit den Karten zu genießen. Dabei träumte er von Schnaps und empfand es als albern, daß er mit all dem Geld, das er jetzt hatte, sich nicht einen einzigen Tropfen kaufen konnte. „Weißt du", sagte er, gleichmütig lachend, „trotz all dem verfluchten Zeug, das ich schon in meinem Leben getrunken habe, kann ich mich nie daran erinnern, wie es schmeckt, ehe ich nicht wieder eine richtige Flasche vor mir habe." Er sann einen Augenblick nach, hielt eine noch nicht ausgegebene Karte in der Hand und gluckste dann: „Ist wie bei der Liebe. Wenn ein Mann sie so richtig und ständig bekommt, wie er es sich wünscht, weiß er nicht mehr, wie es ohne sie war. Und wenn's vorbei ist, dann gibt es nichts Schwierigeres, als sich zu erinnern, wie sich so'n Ding eigentlich anfühlt. Ich hatte da mal ein Mädchen, ganz am Ende der Stadt, die Frau eines Freundes, die machte das Tollste mit dir, was man sich nur wünschen konnte. Bei all den vielen, die ich gehabt habe – dieses kleine Biest werde ich nie vergessen." Er nickte anerkennend, fuhr mit dem Handrücken über seine hohe Stirn und seinen goldenen Haarschopf und gluckste fröhlich. „Mann", sagte er sanft, „es war, als ob man in ein Faß Honig tauchte." Er verteilte zwei Karten verdeckt an jeden, und dann begann die nächste Runde.

Diesmal war Wilsons Blatt schlecht, und als er eine Runde mitgehalten hatte, weil er nun mal der große Gewinner war, paßte er. Nach dem Feldzug, sagte er zu sich, werde ich einiges zusammenbringen, um Schnaps herzustellen. Da war bei der Charley-Kompanie ein Kantinen-Sergeant, der mußte zweitausend von diesen Pfunden gemacht haben, wenn er das Doppelliter für fünf Pfund verkaufte! Dabei war alles, was man brauchte, nur Zucker, Hefe und ein paar von diesen

Pfirsich- oder Aprikosenkonserven. Er spürte im Vorgefühl des Genusses ein warmes, angenehmes Brennen in seiner Brust. Doch man konnte es auch mit weniger machen. Vetter Ed, erinnerte er sich, hatte Melasse und Rosinen verwendet, und das Zeug war angenehm 'runtergerutscht.

Dann, für einen Augenblick, war Wilson deprimiert. Wenn er sich jetzt schon welchen zubereiten wollte, mußte er die Zutaten eines Nachts im Kantinenzelt stehlen und einen Platz finden, an dem er sie für zwei Tage verbergen konnte. Und dann brauchte er noch einen sauberen, kleinen Winkel, um das Gemisch aufzubewahren. Es durfte nicht zu nahe beim Lager sein, damit nicht einer womöglich darüber stolperte, und es durfte auch nicht zu weit weg sein, falls man rasch einen abzapfen wollte.

Es gab eine Menge Probleme zu lösen, wenn man nicht warten wollte, bis dieser Feldzug vorüber war und sie in festen Quartieren saßen. Aber das konnte noch lange dauern. Drei oder vier Monate sogar. Wilson wurde unruhig. Was mußte man nicht alles bedenken, um bei der Armee mal was für sich herauszuholen.

Gallagher hatte schon vorher gepaßt und blickte verdrießlich auf Wilson. Das sah diesem dummen Prahler ähnlich, alle fetten Pinken zu gewinnen! Gallagher schlug das Gewissen. Er hatte schließlich dreißig Pfund verloren, fast hundert Dollar, und wenn auch das meiste davon aus früheren Gewinnen auf dieser Reise stammte, war das doch keine Entschuldigung für den Verlust. Er dachte an seine Frau, Mary, jetzt im siebenten Monat, und versuchte sich zu erinnern, wie sie aussah. Aber das Schuldgefühl wurde er nicht los. Mit welchem Recht durfte er mit dem Geld so herumstreuen, das er ihr senden sollte? Er fühlte eine tiefe und ihm vertraute Bitternis. Alles ging schief bei ihm aus, früher oder später. Sein Mund zog sich zusammen. Was er auch anfing, wie hart er auch arbeitete, alles schien für die Katz. Seine Verbitterung nahm zu und übermannte ihn für einen Augenblick. Ach, er wünschte sich etwas; etwas, was er beinahe fühlen konnte, aber immer foppte es ihn und verschwand wieder. Er blickte auf Levy, eine der Ordonnanzen, der dabei war, die Karten zu mischen. In Gallaghers Kehle begann es zu würgen. Was für ein verdammtes Glück dieser Jude hatte! Plötzlich schlug seine Verbitterung in Wut um; sie schnürte ihm fast die Kehle zu und machte sich in einem Schwall von Plattheiten Luft.

„Is' ja schon gut, Mann!" sagte er. „Laß doch endlich die Karten in Ruh! Hör schon auf, das Dreckzeug zu mischen, und fang an." Er sprach mit breitem, häßlichem „a" und dem verschluckten „r" des Bostoner Iren, und Levy sah ihn an und äffte ihn nach: „Schon gut, Maan, ich werde die Kaaten in Ruhe lassen und aanfangen zu spielen."

„Bande", murmelte Gallagher in sich hinein. Er war untersetzt, mit einem Körper wie ein Drahtbündel, was ihm ein knorriges und unwirsches Aussehen verlieh. Übereinstimmend damit war sein Gesicht klein und häßlich, übersät mit Narben von einer schweren Pockenerkrankung, die seine Haut mit purpurroten Flecken gemustert hatte. Vielleicht war es die Farbe seines Gesichtes oder auch die Form seiner langen irischen Nase, die sich übelnehmend zur Seite bog, daß er immer so grimmig aussah. Dabei war er erst vierundzwanzig Jahre alt.

Herz Sieben wurde aufgedeckt. Er sah vorsichtig nach seinen beiden verdeckten Karten, stellte fest, daß es ebenfalls Herzkarten waren, und erlaubte sich, etwas Hoffnung zu schöpfen. Den ganzen Abend über hatte er noch nicht einen einzigen „flush" gehabt, und er glaubte, daß er nun an der Reihe sei. – Selbst *die* können mich diesmal nicht reinlegen, dachte er.

Wilson setzte ein Pfund, und Gallagher ging mit. „So ist es richtig, laßt uns eine anständige Pinke machen", knurrte er. Croft und Levy gingen gleichfalls mit, als aber der andere Mann paßte, fühlte sich Gallagher betrogen. „Was ist los?" fragte er. „Hast du die Hosen voll? Morgen wird dir sowieso der verdammte Schädel weggeblasen." Seine Feststellung ging in dem Geldgeklimper auf der gefalteten Decke, die ihnen als Spieltisch diente, unter. Aber ein kalter Schauder des Entsetzens durchfuhr ihn, als ob er Gott gelästert habe. „Heilige Jungfrau Maria, Mutter..." repetierte er schnell bei sich. Er sah sich selbst am Strande liegen mit einem blutigen Wulst, da, wo einst sein Kopf gewesen war.

Seine nächste Karte, die fiel, war ein Pik. – Ob sie meine Leiche nach Hause transportieren werden, fragte er sich, und wird Mary mein Grab besuchen? – Dieses Selbstbemitleiden tat wohl. Für einen Augenblick verlangte er sehnsüchtig, den Schmerz in den Augen seiner Frau zu sehen. Sie versteht mich, stellte er bei sich fest; aber als er versuchte, sich ihrer zu erinnern, sah er statt dessen ein Bild der Mutter Maria, das in seinem Gedächtnis von Postkartenreproduktionen her, die er in der Sonntagsschule gekauft hatte, noch haftete. Wie sah Mary, *seine* Maria, aus? Er mühte sich ab, sich ihrer zu erinnern, sich ihr Gesicht genau vorzustellen; aber es gelang ihm nicht. Es entzog sich ihm wie die Melodie eines halbbekannten Liedes, die in andere, vertrautere Melodien hinüberglitt.

Seine nächste Karte ein Herz. Nun besaß er vier Herzen, und damit erhöhte sich die Chance, auch noch ein fünftes Herz zu ziehen. Sein Entsetzen verebbte, und er gab sich mit lebhaftem Interesse dem Spiel hin. Er beobachtete es genau. Levy hatte gepaßt, bevor es zum Einsatz kam, und Croft zwei Zehnen aufgedeckt. Croft setzte zwei Pfund, und Gallagher schloß daraus, daß er auch eine dritte Zehn hatte. Wenn Crofts Blatt sich nicht verbesserte, und Gallagher war davon überzeugt, würde Croft richtig in seinen „flush" hineinspielen.

Wilson kicherte ein wenig und fingerte nachlässig an seinem Geld. Als er es auf die Decke warf, sagte er: „Wird eine verdammt große Pinke." Gallagher zog die wenigen, ihm verbliebenen Noten hervor und sagte sich, daß er jetzt eine letzte Gelegenheit habe, die verlorenen zurückzubekommen. „Zwei mehr!" murmelte er, und dann fühlte er eine Art Panik. Wilson zeigte drei Pik. Warum hatte er es nicht vorher gemerkt? Sein Glück!

Es war schließlich erst angesagt, und Gallagher beruhigte sich. Wilson hatte noch keinen „flush". Es mußte zwischen ihnen beiden ausgehandelt werden, und Wilson hatte wohl kein weiteres Pik mehr. Vielleicht trachtete er danach, anderes zu bekommen. Gallagher hoffte, daß es bei der nächsten Runde noch nicht zum Schluß kommen würde. Er war bereit, seinen Einsatz zu erhöhen, bis er alles Geld drangegeben hätte.

Croft, Stabssergeant Croft, war auf die andere Art aufgeregt, als die nächste Kartenserie an die Reihe kam. Er hatte sich bis jetzt verdrossen vom Spiel treiben lassen, aber nun zog er eine Sieben, die ihm „zwei Paare" in die Hand gab. Plötzlich war er der festen Überzeugung, daß er die Pinke gewinnen würde. Irgendwie wußte er bestimmt, daß er noch eine Sieben oder eine Zehn und damit eine „full hand" bekäme. Es stand für ihn außer Frage. Ein so sicheres Gefühl mußte etwas zu bedeuten haben! Gewöhnlich spielte er Poker mit einer ausgeklügelten Abschätzung der Einsätze in bezug auf eine besondere Karte, die gezogen wurde, und mit einer vorzüglichen Kenntnis der Mitspieler. Aber es war immer die Glückschance beim Poker, die ihn reizte. Er tat alles mit so viel Wissen und Vorbereitung, wie er nur aufbringen konnte, aber er wußte, daß schließlich alles von seinem Glück abhing. Und das stimmte ihn zuversichtlich. Er hatte ein tiefes, niemandem eingestandenes Vertrauen, daß immer, was auch geschehen mochte, das Glück auf seiner Seite war; und nun, nachdem er lange Zeit hindurch nur gleichgültige Karten bekommen hatte, befand sich ein starkes Blatt in seiner Hand.

Gallagher zog erneut eine Herzkarte, und Croft schätzte, daß er einen „flush" haben dürfte. Wilsons drei Pik waren ihm für das Karo, das er gezogen hatte, zu nichts nütze, aber Croft glaubte, daß er seinen „flush" schon beisammen hatte und deshalb so ruhig spielte. Es war für Croft immer wieder überraschend, festzustellen, wie verschlagen Wilson spielte, im Gegensatz zu seiner gemütlichen, gutgelaunten Art.

„Setze zwei Pfund", sagte Croft.

Wilson warf zwei in die Pinke, und Gallagher erhöhte: „Plus zwei." Nun ist es sicher, daß Gallagher seinen „flush" beisammen hat, entschied Croft.

Er legte vier Pfund sorgfältig auf die Decke: „Und ich erhöhe noch einmal um zwei." Um seinen Mund zuckte es ironisch, er war gespannt, was kommen würde.

Wilson kicherte: „Verflucht, wird das eine dicke Pinke! Ich sollte eigentlich passen, aber ich kann nie aufhören, ehe die letzte Karte gezogen ist."

Jetzt war Croft überzeugt, daß auch Wilson einen „flush" besaß. Er bemerkte, daß Gallagher unsicher wurde – eine von Wilsons Pikkarten war ein As. „Erhöhe um zwei", sagte Gallagher in leichter Verzweiflung. Wenn ich schon mein „full house" hätte, sagte sich Croft, würde ich Gallagher immer weiter hinauftreiben, aber es war ratsamer, sich noch etwas Geld für die letzte Runde aufzusparen.

Er legte noch zwei Pfund zu dem Haufen auf der Decke, und Wilson tat das gleiche. Levy verteilte die letzte Karte verdeckt an jeden. Croft versuchte, seine Erregung zu verbergen, und blickte durch den halbdunklen Raum in das Gewirr der aneinandergereihten Hängematten. Er beobachtete einen Soldaten, der sich im Schlaf wälzte. Dann nahm er seine letzte Karte auf. Es war eine Fünf. Langsam mischte er seine Karten, völlig verwirrt und ungläubig, daß er sich so geirrt haben sollte. Widerwillig warf er sein Blatt hin, ohne Wilson zu reizen. Er fühlte Zorn in sich aufsteigen, aber ruhig beobachtete er die weiteren Einsätze und sah, wie Gallagher seine letzte Note hinwarf.

„Wahrscheinlich mache ich einen fürchterlichen Fehler, aber ich will dein Blatt sehen", sagte Wilson, „was hast du in der Hand, mein Lieber?"

Gallaghers bestürztem Gesicht war anzumerken, daß er am Verlieren war. „Was, zum Teufel, werde ich schon haben – einen Herz,flush' bis zum Buben."

Wilson seufzte. „Tut mir leid, alter Junge, dir das antun zu müssen, aber ich habe dich mit meinen Piken durch diesen Bullen geschlagen." Er deutete auf sein As.

Einige Sekunden lang verhielt sich Gallagher schweigend, aber die dunklen Flecken in seinem Gesicht nahmen eine trübe Purpurfarbe an. Dann platzte er laut heraus: „So was von Schweinsglück! Dieser Hund kriegt aber auch alles!" Er saß bebend da.

Ein Soldat in einer Koje nahe der Luke stützte sich verwirrt auf einen Ellbogen und schrie: „Um Gottes willen, Mann, mach doch endlich Schluß, damit wir etwas Schlaf kriegen."

„Mach selber Schluß", schrie Gallagher zurück.

„Könnt ihr denn kein Ende finden?"

Croft stand auf. Er war ein schlanker Mann von mittlerer Größe, der sich aber so emporreckte, daß er groß erschien. Sein schmales, kantiges Gesicht wirkte in dem blauen Licht völlig ausdruckslos, und nichts Überflüssiges war an seine harte, schmale Kinnlade, seine hageren, straffen Wangen und die gerade, kurze Nase verschwendet worden. Sein dünnes schwarzes Haar hatte, wenn Licht darauf fiel, einen dunkelblauen Schimmer, und seine eiskalten Augen waren ungewöhnlich blau. „Hör mal zu, Mensch", sagte er kühl und gleichmütig, „du kannst ruhig mit deinem Gequatsche aufhören. Wir spielen hier so lange, wie es uns gefällt, und wenn's dir nicht paßt, glaube ich, daß du nicht viel daran ändern kannst; es sei denn, du willst es mit uns vieren aufnehmen."

Aus der Koje kam nur ein undeutliches Gemurmel. Croft behielt sie weiterhin im Auge. „Wenn du wirklich auf was aus bist, kannst du es mit mir versuchen", fügte er hinzu. Er sprach ruhig und betont deutlich, mit einer Spur südlichen Akzents. Wilson beobachtete ihn aufmerksam.

Diesmal kam von dem protestierenden Soldaten keine Erwiderung. Croft lächelte dünn und setzte sich wieder. „Wolltest ihm wohl eins auswischen, was?" sagte Wilson zu ihm.

„Mir paßte der Ton nicht, den der Junge im Leibe hat", meinte Croft kurz.

Wilson zuckte die Achseln. „Also los, spielen wir weiter", schlug er vor.

„Ich hör' auf", sagte Gallagher.

Wilson fühlte sich bedrückt. Es machte keinen rechten Spaß, einem Mann das ganze Geld abzugewinnen. Gallagher war im Grunde ein netter Kerl, und es erschien Wilson besonders gemein, einen Kameraden auszunehmen, mit dem man über drei Monate im gleichen Zelt geschlafen hatte. „Hör mal, mein Lieber", sagte er, „ist doch kein Grund, ein Spiel abzubrechen, bloß weil einer nichts mehr hat. Laß dir ein paar Pfund vorschießen."

„Nee, ich hör' auf", wiederholte Gallagher.

Wilson zuckte abermals die Achseln. Er konnte diese beiden nicht verstehen, die ihr Poker so verdammt ernst nahmen. Er spielte ganz gern, aber die machten mehr daraus, als sich damit die Zeit bis zum Morgen zu vertreiben, was doch allein wichtig war. Einen Stapel Geld vor sich zu haben, bereitete ein angenehmes Gefühl, aber er hätte lieber was zum Trinken.

Oder eine Frau. Er kicherte verdrießlich. Aber das war ein weiter Weg.

Mit der Zeit fand es Red langweilig, in seiner Koje zu liegen. Er schlich sich an der Wache vorbei nach oben. An Deck empfand er die Luft nach dem langen Aufenthalt im Raum kühl. Er atmete tief und bewegte sich während der ersten Sekunden vorsichtig in der Dunkelheit, bis er die Konturen des Schiffes zu erkennen vermochte. Der Mond stand am Himmel und versilberte die Deckaufbauten und Geräte. Red starrte zu ihm empor und wurde jetzt das lautlose Mahlen der Schiffsschraube gewahr und das Rollen des Schiffes, das unten die Koje erzittern ließ. Er fühlte sich sogleich besser, weil das Deck fast leer war. Ein Matrose stand zwar Wache beim nächsten Geschütz, aber im Vergleich zum Truppenraum kam er sich hier beinahe vereinsamt vor.

Red ging an die Reling und blickte auf das Meer. Das Schiff machte kaum Fahrt; der Schiffsverband schien zu verhalten und wie ein Hund nach der rechten Fährte zu schnüffeln. Weit hinten am Horizont erhoben sich die schroffen Gratlinien einer Insel, formten sich zu einem Berg und senkten sich von Hügel zu Hügel abwärts. Das war Anopopei, stellte er fest und zuckte mit den Schultern. Nun, wennschon! Alle Inseln sahen sich gleich.

Gelassen und ohne jede Erwartung dachte er an die vor ihm liegende Woche. Morgen, bei der Landung, würden sie sich die Füße naß machen und die Schuhe voll Sand laufen lassen. Ein Landungsboot nach dem anderen würde sich entleeren, Kiste auf Kiste würde ein paar Yards den Strand hinaufgeschleppt und zu Haufen gestapelt werden.

Wenn sie Glück hatten, würde die japanische Artillerie nicht schießen, und vielleicht waren nicht allzu viele Scharfschützen zurückgelassen worden. Er fühlte eine dumpfe Angst. Jetzt stand ihm dieser Feldzug bevor, dann würde ein anderer kommen und immer wieder ein neuer, und es schien kein Ende zu nehmen. Er rieb sich das Genick und blickte unentwegt auf das Wasser; sein hagerer Körper sackte in den Gelenken zusammen. Es war ein Uhr. In drei Stunden sollte die Beschießung beginnen, und die Soldaten würden dann ein warmes Frühstück hinunterschlingen, das ihnen widerstand.

Nichts anderes blieb zu tun übrig, als von einem Tag in den anderen zu gleiten. Trotzdem würde sein Zug für den morgigen Tag Glück haben. Wahrscheinlich kämen sie eine Woche lang nur im Küstendienst zum Einsatz, und die ersten Patrouillen auf den unbekannten gefährlichen Pfaden würden dann schon durchgeführt sein. Der Feldzug könnte dann schon ein vertrautes und erträgliches Gesicht angenommen haben. Er spie wieder aus und drückte mit seinen aufgerissenen Fingern das geschwollene Gelenk der anderen Hand.

So, wie er da als Silhouette an der Reling lehnte, schien sein Profil nur aus einer großen, knolligen Nase und einer langen, tief nach unten reichenden Kinnlade zu bestehen. Das Mondlicht führte irre, es verbarg die rote Farbe seiner Haut und seines Haares. Sein Gesicht schien immer vor Ärger gerötet, nur die Augen blickten ruhig; sie waren blaßblau und lagen vereinsamt in einem Netz von Runzeln und Sommersprossen. Wenn er lachte, zeigte er große, gelbe, schiefstehende Zähne, und seine rauhe Stimme dröhnte bisweilen in unbekümmerter Fröhlichkeit los. Alles an ihm war knochig und höckrig, und obgleich er mehr als sechs Fuß groß war, kam es einem unbegreiflich vor, daß er hundertfünfzig Pfund wog.

Er kratzte sich mit der Hand am Bauch, untersuchte dort etwas für ein paar Augenblicke und hielt dann inne. Er hatte seinen Rettungsgürtel vergessen, und automatisch dachte er daran, ihn zu holen. Aber dann ärgerte er sich darüber. „Diese gottverdammte Armee bringt es noch fertig, daß man Angst hat, sich auch nur umzudrehen." Er spie aus. „Die Hälfte seines Lebens verbringt man damit, in Erinnerung zu behalten, was einem alles gesagt wurde." Einen Augenblick kämpfte er mit sich, ob er den Gürtel holen sollte oder nicht, dann grinste er: „Ach was, einen Tod kann man nur sterben."

Das hatte er auch zu Hennessey geäußert, einem jungen Burschen, der erst vor wenigen Wochen zur Aufklärungsgruppe gekommen war, kurz bevor die Division für die Invasion eingeschifft wurde. – Ein Rettungsgürtel, das ist was für Hennessey, um sich damit herumzuplagen, sagte er jetzt zu sich selbst.

Eines Nachts waren sie auf Deck zusammen gewesen, während ein Luftangriff tobte. Unter einem Rettungsfloß hockend, hatten sie die Schiffe des Verbandes beobachtet, wie sie durch das schwarze Wasser hasteten. Die Mannschaft am nächstgelegenen Geschütz stand angespannt hinter dem Gerät. Eine Zero hatte angegriffen, und ein Dutzend Scheinwerfer versuchte, sie zu fassen. Hunderte von Leuchtspurgranaten trugen rote Bogen durch die Luft. Es war alles so anders gewesen als bei den Gefechten, die er miterlebt hatte: keine Hitze, keine Erschöpfung. Schön und unwirklich wie ein Farbfilm oder wie ein buntes Kalenderblatt. Hingegeben hatte er alles beobachtet und sich nicht einmal geduckt, als eine Bombe über einem Schiff wenige Hundert Yards entfernt mit grellfarbigem, gelbem Fächer explodierte.

Da hatte Hennessey seine gute Laune verloren. „Jesus, eben fällt mir ein...", hatte er gesagt.

„Was?"

„Hab' keine Luftpatronen im Rettungsgürtel."

Red hatte gewiehert: „Ich will dir mal was sagen: wenn das Schiff sinkt, reitest du einfach auf einer fetten Ratte ans Ufer."

„Nein, das ist zu wichtig. Himmel, ich blase ihn besser selber auf." Und in der Dunkelheit hatte er nach dem Mundstück gefingert, es gefunden und den Gürtel aufgeblasen. Red hatte ihm belustigt zugesehen. Was für ein Kind er noch war! So wie sie jetzt ausgebildet wurden, wünschten alle diese Jungens, die Vorschriften genau zu beachten. Red fand es beinahe traurig. „Ist deine Ausrüstung nun vollständig, Hennessey?"

„Höre mal", hatte sich Hennessey aufgeregt, „ich will keine Chance auslassen. Was dann, wenn das Boot getroffen wird? Ich möchte nicht unvorbereitet ins Wasser steigen."

Die Küste von Anopopei zog in einiger Entfernung vorüber, als sei die Insel selbst ein ungeheures Schiff. Nee, dachte Red, Hennessey würde nicht unvorbereitet ins Wasser gehen. Er gehörte zu jener Sorte Burschen, die Geld für die Hochzeit zurücklegen, ehe noch ein Mädchen da ist; das kam dabei heraus, wenn man immer nur das tat, was einem befohlen wurde.

Red beugte seinen Körper über die Reling und blickte auf das Meer hinunter. Trotz der Langsamkeit der Schiffe sprudelte das Kielwasser. Der Mond war hinter einer Wolke verschwunden, und das Wasser sah dunkel und feindselig aus und furchtbar tief. Ein Lichtschimmer schien das Boot zu umgeben, das fünfzig Yards entfernt an ihrer Seite lag, aber dahinter war weit und breit nichts als Finsternis und so dicht, daß er nicht einmal mehr die Kammlinie von Anopopei ausmachen konnte. Das Wasser schäumte mit einem dicken, grauen Gischt vorüber, der sich zitternd und wirbelnd an den Wellen, die das Schiff aufwühlte, entlangbewegte. Nach einer Weile fühlte Red ein dumpfes Mitleiden, das einen plötzlich alles verstehen läßt – alles, was Menschen je sich wünschen und doch nie bekommen. Zum erstenmal seit vielen Jahren erinnerte er sich der Heimkehr von der Grube an grauen Wintertagen; an sein Gesicht, das im Schneelicht schmutziggleich aussah; wie er ins Haus trat, sein Essen schweigend zu sich nahm, während die Mutter stumpf bei ihm saß. Das Haus hatte eine abweisende Leere, in der jeder zum Feind des anderen wurde; und in all den Jahren, die inzwischen vergangen waren, hatte er nur mit Bitterkeit daran zurückgedacht. Aber jetzt, in diesem Augenblick, während er auf das Wasser hinunterblickte, überkam ihn dieses Gefühl, und er konnte nun seine Mutter und seine Geschwister verstehen, die er fast vergessen hatte. Er verstand nun viele Dinge, erinnerte sich der verdrießlichen, häßlichen Zwischenfälle aus den Jahren, wo er sich herumgetrieben hatte, erinnerte sich an den Betrunkenen, der ausgeraubt auf den Stufen lag, die zum Bowery-Park nahe der Brooklyn-Brücke hinaufführten. Dieses Gefühl des Verstehens, das ihn nur in diesem Augenblick überwältigen konnte, hatte seine Wurzeln in all den gemachten Erfahrungen, der erhöhten Ruhelosigkeit der beiden Wochen an Bord und in der Stimmung dieser Nacht, in der sie sich der neuen Kampfstätte näherten.

Aber es hielt nur wenige Minuten an. Er verstand das alles wohl, erkannte jedoch, daß er damit jetzt nichts mehr anzufangen wußte, und es erregte ihn nicht einmal sonderlich. Was hatte es für einen Zweck? Er seufzte, und die gehobene Stimmung schlüpfte aus seiner Brust wie ein Atemzug. Es würde immer etwas geben, was man niemals genau bestimmen konnte. Es war zu verwickelt. Ein Mann mußte sich auf sich selber verlassen, sonst wurde er wie Hennessey, der sich um jeden Krimskrams in seinem Leben Sorge machte.

Was ging ihn das alles an? Er würde keinem Menschen einen Schaden zufügen, wenn es irgend möglich war, sich aber auch nichts gefallen lassen. – So habe ich es immer gehalten, bestätigte er sich selbstbewußt.

Lange Zeit starrte er so ins Wasser. Er hatte sich an nichts gehängt. Alles, was er wußte, war, daß er nichts liebte. Er räusperte sich und lauschte auf den Wind, der sich an das Schiff preßte. Mit seinem ganzen Körper fühlte er die Sekunden dahineilen, der Morgenstunde zu. Für Monate würde er nicht mehr so allein sein wie jetzt, und diese Sensation genoß er nun. Er war immer ein Einsamer gewesen.

Es gab nichts, was er sich wünschte. Weder Geld noch Frauen, nicht eine einzige. Wenn er Gesellschaft brauchte, genügte ihm die billige Annie um die Ecke. Da war niemand sonst, der ihn gemocht hätte. Er grinste und umklammerte die Reling, fühlte den Wind in sein Gesicht schlagen und sog tief den satten Pflanzengeruch ein, der von der Insel über das Meer getragen wurde.

„Mich kümmert deine Meinung nicht", sagte Sergeant Brown zu Stanley, „du kannst keiner von ihnen trauen." Sie unterhielten sich mit leisen Stimmen von ihren benachbarten Kojen aus. Stanley hatte, gleich nachdem sie an Bord gekommen waren, beide sorgfältig nebeneinanderliegend ausgesucht. „Es gibt keine Frau, der du trauen kannst", entschied Brown.

„Ich weiß nicht, ich glaube, das ist nicht die ganze Wahrheit", murmelte Stanley. „Ich weiß, daß ich meiner Frau vertrauen kann." Die Wendung, die die Unterhaltung genommen hatte, mißfiel ihm. Sie nährte die Zweifel in seiner Brust. Außerdem wußte er, daß es Sergeant Brown nicht gern hatte, wenn man mit ihm nicht einer Meinung war.

„Nun gut", sagte Brown, „du bist ein braver Junge und aufgeweckt auch, aber ich würde nicht viel Vertrauen an eine Frau verschwenden. Nimm die meine zum Beispiel. Sie ist hübsch, du hast ja ihr Bild gesehen."

„Wirklich eine gut aussehende Dame", pflichtete Stanley schnell bei.

„Sicher, sie ist 'ne Schönheit. Und du denkst nun, sie sitzt da herum und wartet auf mich? Nein, das wird sie nicht tun. Sie wird darauf aus sein, sich ein gutes Leben zu machen."

„Ich würde das nicht so ohne weiteres sagen", meinte Stanley.

„Warum nicht? Du verletzt meine Gefühle dadurch nicht. Ich weiß, was sie tut, und wenn ich zurück bin, werde ich eine kleine Abrechnung mit ihr halten. Zuerst werde ich sie fragen: ‚Hast du Rendezvous' gehabt?' Und wenn sie sagt: ‚Ja', habe ich das übrige in zwei Minuten aus ihr herausgeholt. Und wenn sie sagt: ‚Nein, Liebling, ehrlich, ich hatte keins, du kennst mich doch', werde ich mich ein wenig bei meinen Freunden umhören, und wenn ich herausfinde, daß sie lügt, gut, dann werde ich sie mir vornehmen, und es kann sein, daß sie erst eine Tracht Prügel bezieht, bevor ich sie 'rausschmeiße." Brown nickte nachdrücklich mit dem Kopf. Er war etwas über mittlere Größe, ein bißchen fett, mit einem jungenhaften Gesicht, einer breiten Stupsnase, Sommersprossen und rötlichbraunem Haar. Aber um seine Augen waren Falten, und einige Dschungelgeschwüre an seinem Kinn. Auf den zweiten Blick wurde einem klar, daß er leicht achtundzwanzig Jahre sein konnte.

„'ne verdammt dreckige Sache für einen Jungen, der heimkommt", bemerkte Stanley.

Sergeant Brown nickte ernst. Dann wurde sein Gesichtsausdruck verbittert. „Was erwartest du denn? Denkst du, als Held nach Hause zu kommen? Hör mal, wenn du wieder zu Hause bist und die Leute dich sehen, werden sie zu dir sagen: ‚Bist lange weggewesen, Arthur Stanley', und du wirst ihnen sagen: ‚Jawoll', und dann werden sie sagen: ‚Die Dinge waren hier verdammt hart, aber ich glaube, jetzt wird es besser werden. Wirst froh sein, sie nicht mitgemacht zu haben.'"

Stanley lachte. „Ich hab' ja nicht viel erlebt", sagte er bescheiden, „aber ich weiß, daß die armseligen Zivilisten keine Ahnung davon haben."

„Mann", sagte Brown, „weiß Gott nicht. Hör mal, du hast doch genug von dem Kampf auf Motome gesehen, um eine Vorstellung zu haben. Und wenn ich dann daran denke, daß sich meine Frau gerade in dieser Minute herumtreibt, während ich hier liege, um den morgigen Tag auszuschwitzen, dann werde ich verrückt – glatt verrückt." Er drückte nervös seine Fingerknöchel, daß sie knackten, und umgriff das Stahlrohr zwischen den Hängematten. „Es wird ja wahrscheinlich morgen nicht so schlimm werden, obgleich sie den Aufklärungstrupp am Arsch haben werden. Aber so'n bißchen Arbeit wird uns nicht gleich umbringen." Er seufzte. „Himmel, wenn General Cummings morgen zu mir käme und sagte: ‚Brown, ich werde Sie für die Dauer des Feldzuges der Transportabteilung überweisen', meinst du, ich würde schimpfen'? nen Dreck würde ich! Ich habe genug Kampf gesehen, das reicht für zehn, und ich sage dir, selbst wenn wir morgen zwischen Schiff und Küste beschossen würden und beim Rückzug nochmals, wird es nicht so wie bei Motome sein. Das war ein Tag, da wußte ich, wir gehen in den Tod. Ich begreife heute noch nicht, wie ich durchgekommen bin."

„Was war denn da los?" fragte Stanley. Er richtete vorsichtig seine Knie hoch, um den Mann in der Hängematte, die nur ein Fuß über seinem Kopf baumelte, nicht zu stoßen. Er hatte diese Geschichte in der Zeit, seit er dem Zug zugeteilt worden war, nun schon dutzendmal gehört, aber er wußte, daß Brown sie gern erzählte.

„Was war? Von dem Augenblick an, als unser Zug der Baker-Kompanie für die Schlauchbootaktion zugeteilt wurde, war es eine sichere Sache, daß wir in Druck kommen würden. Aber was konnte man dagegen machen?" Er fuhr fort, die Geschichte zu erzählen. Wie sie einige Stunden vor Morgengrauen vom Zerstörer aus in die Schlauchboote gesetzt wurden, wie sie in Ebbe gerieten und von den Japanern entdeckt wurden. „Mann, vielleicht denkst du, daß ich meine Arschbacken nicht mehr zusammenbekam, als der Japs anfing, mit einer Flakbatterie auf uns zu feuern. Da war nicht ein Boot, in dem nicht einer getroffen wurde und das nicht zu sinken begann, und in dem uns nächstliegenden befand sich der Kompanieführer, Billings, glaube ich, war sein Name, und dieses arme Schwein hatte völlig die Nerven verloren. Er brüllte und jammerte und versuchte, eine Rakete abzuschießen, damit der Zerstörer das Feuer eröffnen sollte, um uns etwas Deckung zu geben; aber er zitterte so, daß er die Raketenpistole nicht in der Hand halten konnte.

Und mittendrin steht Croft in seinem Schlauchboot auf und sagt: ‚Warum gibst du verfluchter Hund mir nicht die Pistole!' Billings gibt sie ihm, und Croft steht da, deutlich von all den Japanern an der Küste zu sehen, feuert die Pistole zweimal ab und lädt sie wieder."

Stanley schüttelte mitfühlend den Kopf: „Das ist ein Bursche, dieser Croft."

„Der ist in Ordnung, ja. Laß es dir gesagt sein, er ist aus Eisen. Der einzige, dem ich niemals in die Quere kommen möchte, wahrscheinlich der beste Zugführer in der ganzen Armee und der gemeinste obendrein. Er scheint überhaupt keine Nerven zu haben", sagte Brown verbittert. „Da war sonst keiner von all den Jungens im Zug, der nicht mit seinen Nerven fertig war. Ich sage dir, ich habe die ganze Zeit darunter gelitten, und Red ebenfalls. Und Gallagher, der erst seit sechs Monaten bei uns ist, aber mit bei der Schlauchbootaktion war, kann man auch dazu rechnen, und Martinez, der der beste Pfadfinder ist, den man sich wünschen könnte, leidet noch mehr darunter als ich, und selbst Wilson, der sonst nicht viel an sich herankommen läßt, ist auch nicht grade glücklich. Aber Croft – ich sage dir, Croft liebt den Kampf. Es gibt keinen besseren oder schlimmeren Mann – hängt ganz davon ab, wie du es ansiehst. Wir verloren elf von den siebzehn Leuten unseres Zuges – den Leutnant eingeschlossen, den wir damals hatten – und einige von den besten Burschen auf der Welt, und die von uns übrigblieben, waren eine Woche lang zu nichts zu gebrauchen; aber Croft fragte schon am nächsten Tag nach einer Patrouille, und sie teilten ihn der A-Kompanie zu, bis du und Ridges und Toglio als Ersatz kamen und wir genug Leute waren, um eine Gruppe zu bilden."

Aber Stanley war jetzt nur noch daran interessiert, zu erfahren, was sich aus alldem ergeben würde. „Meinst du, daß wir genügend Ersatz bekommen werden, um den Zug aufzufüllen?" fragte er.

„Was mich betrifft", sagte Brown, „hoffe ich, daß wir niemals den Ersatz bekommen. So lange bleiben wir eine überzählige Gruppe, aber sobald wir aufgefüllt werden, wird man zwei Gruppen von nur je lausigen acht Mann aus uns machen. Das ist das Schlimme, wenn man bei einem I- und R-Zug[1] ist: Du gehörst dann zu den beiden kleineren Kavalleriegruppen, und die geben dir dann Aufträge, zu denen ein richtiger anständiger Infanteriezug nötig wäre."

„Ja, und mit den Beförderungen haben wir ebenfalls das Nachsehen", sagte Stanley. „In jedem anderen Zug des Regiments würden du und Martinez zum Stab gehören, und Croft würde technischer Sergeant sein."

Brown grinste. „Ich glaube, Stanley", sagte er, „wenn wir den Ersatz bekommen, wird noch ein Korporal fällig sein. Du scheinst mir nicht darauf pfeifen zu wollen, was?"

Trotz aller Anstrengung, es zu verhindern, fühlte Stanley, daß er errötete. „Ach, Quatsch", murmelte er, „wer bin ich denn, um an so was zu denken?"

---

[1] I = Intelligence (Nachrichten), R = Reconnaissance (Aufklärung)

Brown lachte obenhin. „Immerhin etwas, woran zu denken sich lohnt."

Wütend sagte sich Stanley, daß er mit Brown in Zukunft noch vorsichtiger umgehen müsse.

In einem berühmten Experiment ließ ein Psychologe jedesmal eine Glocke erklingen, wenn er einem Hund Futter gab. Natürlich begann die Speicheldrüse des Hundes ihre Tätigkeit, sobald er das Fleisch erblickte.

Nach einiger Zeit ließ der Psychologe zwar das Futter weg, wohl aber die Glocke ertönen, und die Speicheldrüse arbeitete genauso. Dann ging der Psychologe einen Schritt weiter: Er entfernte die Glocke und ersetzte sie durch verschiedene Arten von Lärm. Die Speicheldrüse sonderte weiterhin ihr Sekret ab.

Auf dem Schiff gab es einen Soldaten, der sich ebenso verhielt wie der Hund. Er war seit längerer Zeit in Übersee und hatte einen großen Teil der Kämpfe gesehen. Zuerst verknüpfte sich seine Furcht mit dem Heulen der Granate und ihrem Aufschlag. Aber nach einigen Monaten hatte er so viel Entsetzliches kennengelernt, daß er nun durch jedes plötzliche Geräusch in Panikstimmung versetzt wurde.

Die ganze Nacht über hatte er in seiner Koje gelegen und war bei jedem hastigen und lauten Stimmenwechsel zusammengeschreckt oder auch, wenn sich das Geräusch der arbeitenden Schiffsmaschinen veränderte oder jemand einen Ausrüstungsgegenstand den Gang entlangstieß. Seine Nerven waren angespannter denn je, er lag schwitzend in seiner Koje und dachte voller Furcht an den kommenden Tag.

Der Name des Soldaten war Sergeant Julio Martinez, er war der Pfadfinder des I- und R-Zuges der Hauptquartier-Kompanie vom 460. Infanterieregiment.

2

Um 04.00 Uhr, wenige Minuten, nachdem eine trügerische Dämmerung begonnen hatte, wurde die Beschießung von Anopopei eröffnet. Alle Geschütze der Invasionsflotte griffen innerhalb von zwei Sekunden ein, und die Nacht schwankte und zitterte wie ein großes Stück Treibholz in der Brandung. Die Schiffe stampften und schlingerten unter den Salven, die das Wasser peitschten. Eine zerrissene, ungeheuerliche, dämonische Nacht.

Nach den ersten Salven wurde der Beschuß unregelmäßig, und der Feuersturm versank fast wieder in der Dunkelheit. Das heftige, anhaltende Getöse der Kanonen vereinzelte sich, und es klang mehr, als ob ein langer Güterzug stoßend und schnaubend eine Steigung zu überwinden suchte. Später wurde es sogar möglich, das singende Geräusch einzelner Granaten, die über die Köpfe hinwegzogen, zu vernehmen. Die wenigen Lagerfeuer auf Anopopei waren erloschen.

Die ersten Granaten stürzten ins Meer und ließen in der Ferne wie spielerisch Wasserfontänen emporsteigen. Aber dann sprang eine Kette von Einschlägen an der Küste entlang, und Anopopei begann zu leben und zu glühen wie ein Stück Kohle. Dort, wo der Dschungel bis an die Küste reichte, flackerten kleine Feuer auf, und gelegentlich entzündete eine abirrende Granate einige Hundert Fuß weit das Unterholz. Die Küstenlinie begann sich genauer abzuzeichnen und zu flimmern wie ein Seehafen, den man aus großer Entfernung des Nachts erblickt.

Ein Vorratslager fing zu brennen an und verbreitete einen rosigen Schein über einen Teil der Küste. Nachdem noch mehrere Granaten mittenhinein getroffen hatten, schossen die Flammen zu phantastischer Höhe empor und lösten sich in bedrohlich aussehende braune Rauchwolken auf. Die Granaten rasierten weiterhin die Küste, und dann schoben sie sich ins Land vor. Der Beschuß war ruhiger geworden. Vereinzelte Schiffe gaben zeitweise Salven ab und zogen sich wieder zurück, während neue in den Kampf eingriffen. Das Munitionslager rauchte noch, aber die meisten Feuer an der Küste waren niedergebrannt. In dem Tageslicht, das sich nun langsam ausbreitete, konnte sich die Küste hinter den wenigen Wolken kaum mehr verbergen. Auf einer Hügelkuppe, über eine Meile entfernt, hatte irgend etwas Feuer gefangen, und dahinter erhob sich in weiter Ferne der Mount Anaka aus einem Gürtel kastanienbraunen Rauches. Unversöhnlich, trotz des purpurfarbenen Schmuckes zu seinen Füßen, hockte der Berg auf der Insel und schaute über das Meer. Das Bombardement ging ihn nichts an.

In den Truppenräumen klang alles dumpfer und anhaltender, wie das Rasseln und Dröhnen in einer Untergrundbahn. Nach dem Frühstück war das elektrische Licht eingeschaltet worden; ein trübes, blaßgelbes Licht, das viele Schatten über die Gestänge und in die Kojenreihen warf und die Gesichter der Männer erhellte, die in den Gängen und an der Leiter, die zum Deck hinaufführte, in Haufen beisammenstanden.

Martinez lauschte ängstlich auf alle Geräusche. Es hätte ihn nicht überrascht, wenn das Gestell, auf dem er saß, unter ihm weggeglitten wäre. Mit seinen blutunterlaufenen Augen blinzelte er in den matten Glanz der Birnen und versuchte, sich gegen alles taub zu stellen. Aber unbewußt zuckten seine Beine jedesmal, sobald größerer Lärm gegen die Stahlwände schlug. Aus unerfindlichem Grunde wiederholte er bei sich immer

wieder die Zeile eines alten Wortspieles: Ich mach' mir nichts
daraus, zu sterben, zu sterben, mich zu verfärben.[1] Wie er so
dasaß unter dem gelbsüchtigen Licht, erschien seine Haut
braun. Er war ein kleiner, graziöser und hübscher Mexikaner
mit sauber gewelltem Haar und feinen, scharfen Gesichtszügen.
Sein Körper hatte das schwebende Gleichgewicht und die Anmut des Wildes. Wie schnell auch seine Bewegungen sein
mochten, immer erschienen sie gleitend und ohne Aufwand an
Kraft. Und wie bei einem Wildtier schien auch sein Kopf niemals unbewegt zu sein, und seine braunen, feuchten Augen
waren nie ganz in Ruhe.

Aus dem ununterbrochenen Kanonendonner konnte Martinez für Augenblicke Stimmen heraushören, aber dann waren
sie wieder darin untergetaucht. Die verschiedensten Geräusche
kamen von den Zügen; die Stimme eines Zugführers prallte an
sein Ohr wie ein Insekt, undeutlich und lästig: „Nun, ich
wünsche keinen von euch zu verlieren, wenn wir an Land
gehen. Immer beieinander bleiben, das ist sehr wichtig!" Martinez zog seine Knie höher zu sich heran, rollte sich weit nach
hinten, bis seine Hüftknochen an das feste Fleisch seines Hintern stießen.

Die wenigen Leute von der Aufklärungsgruppe wirkten fast
verloren neben den anderen Zügen. Croft sprach jetzt über
den Landungsvorgang, und Martinez hörte stumpf, mit wechselnder Aufmerksamkeit, zu. „Also", sagte Croft leichthin, „es
wird genauso sein wie beim letztenmal. Es ist kein Grund vorhanden, daß etwas schiefgehen könnte; und es wird auch nichts
schiefgehen."

Red wieherte spöttisch. „Jawoll", sagte er, „wenn wir alle
oben sind, wird es so sicher sein wie das Amen in der Kirche,
daß irgendein blöder Hammel herumsaust und uns wieder in
die Räume zurückjagt."

„Meinst du, ich würde mir in die Hosen machen, wenn wir
für den Rest des Krieges hier unten stehen müßten?" sagte
Sergeant Brown.

„Schluß jetzt", rief Croft, „wenn ihr es besser wißt als ich,
dann könnt ihr euch ja hierherstellen und reden." Er runzelte
die Stirn und fuhr dann fort: „Wir gehören zur Bootsstation
achtundzwanzig; jeder von euch weiß, wo sie ist, aber jetzt verlassen wir sie. Wenn ein Mann hinterher entdeckt, daß er irgend
etwas vergessen hat, dann ist das sein eigener Schaden. Wir
kommen nicht mehr hierher zurück."

„Jawoll, Jungens, vergeßt euren Gummi nicht", schrie Red,
was Gelächter verursachte. Croft sah für eine Sekunde verärgert
drein, aber dann sagte er gedehnt: „Ich weiß bestimmt, daß

[1] ... to die, to die, to dy

Wilson ihn nicht vergessen wird." Und abermals lachten alle.
„Der ist ganz verrückt danach", schnaufte Gallagher.

Wilson, davon angesteckt, kicherte. „Ich sag' euch", erklärte er, „früher hätte ich eher meine Maschinenpistole zurückgelassen; denn wenn da so'n Mäuschen an der Küste gewesen wäre und ich ohne Gummi, hätte ich mich glatt erschossen."

Martinez grinste, doch das Gelächter störte ihn. „Was ist mit dir los, Japskiller?" fragte Croft ruhig. Ihre Augen trafen sich mit dem vertraulichen Blick alter Freunde. „Aach, der verdammte Bauch, nicht in Ordnung", sagte Martinez. Er sprach mit klarer, aber leiser und zögernder Stimme, als ob er erst aus dem Spanischen übersetzte. Croft blickte ihn abermals an und fuhr dann in seiner Rede fort.

Martinez sah sich im Raum um. Die Gänge zwischen den Kojen waren jetzt, nachdem man die Hängematten hochgezurrt hatte, ungewohnt breit. Das stimmte ihn etwas unbehaglich. Es erinnerte ihn an die großen Regale in der Bibliothek von San Antonio, und damit war etwas Ungemütliches verknüpft. Ein Mädchen hatte ihn damals ausgescholten. – Ich mach' mir nichts daraus, zu sterben, zu sterben, ging es ihm durch den Kopf. Er schüttelte sich. Etwas Fürchterliches würde ihm heute zustoßen. – Gott läßt dich in seiner großen Gnade immer wissen, was dir bevorsteht, und du hast es zu beachten und auf dich aufzupassen. Er sagte das letztere auf englisch zu sich.

Das Mädchen war eine Bibliothekarin gewesen und hatte vermutet, daß er ein Buch stehlen wollte. Er war damals noch recht klein gewesen und erschrak sehr. Er antwortete auf spanisch und wurde ausgezankt. Martinez' Bein zuckte. Sie hatte ihn zum Weinen gebracht, er konnte sich genau daran erinnern. Dieses verfluchte Ding! Heute könnte er sie sich vornehmen. Die Vorstellung bereitete ihm ein böses Lustgefühl. Diese kleinbusige Bibliothekarin! Heute würde er auf sie spucken. Aber die Bücherregale waren nur eine Soldatenunterkunft, und seine Furcht kehrte zurück.

Ein Pfiff ertönte und ließ ihn zusammenfahren. „Alle Mann für Boot fünfzehn!" schrie eine Stimme herunter, und einer der Züge begann, die Leiter emporzuklettern. An der Art, wie sie plötzlich verstummten, konnte Martinez die Spannung in jedem um sich herum spüren. Warum kamen sie nicht zuerst dran? fragte er sich und verwünschte die vermehrte Spannung, die durch das Warten entstand. Etwas würde ihm heute geschehen. Er wußte es jetzt.

Nach einer Stunde kam ihr Signal. Sie polterten die Leiter hinauf und standen dichtgedrängt fast eine Minute lang neben der Luke, bevor sie zu ihrem Boot befohlen wurden. Das Deck war um diese frühe Stunde sehr schlüpfrig, sie glitten aus und fluchten, während sie schwerfällig über das Deck trotteten. Als sie die Davits ihres Landungsbootes erreichten, ordneten sie sich in eine lockere Reihe und begannen wiederum zu warten. Red erschauerte in der kalten Morgenluft. Es war noch nicht sechs Uhr, und der Tag zeigte bereits sein niederdrückendes Gesicht, das allen frühen Morgenstunden in der Armee eigen ist. Es bedeutete, daß etwas im Gange war, irgend etwas Neues, Ungemütliches.

Die Ausschiffung befand sich in den verschiedenen Stadien. Einige der Landungsboote waren, mit Soldaten angefüllt, bereits zu Wasser gelassen und umkreisten das Schiff wie junge Hunde, die man an die Leine genommen hat: Die Männer darin winkten zum Schiff zurück; die Fleischfarbe ihrer Gesichter hob sich unwirklich von den graubemalten Landungsbooten und dem graublauen Meer ab. Das ruhige Wasser sah wie Öl aus. Näher beim Zug war man dabei, ein Boot zu besteigen, und ein anderes wurde vollbeladen gerade hinuntergelassen. Die Rollen der Davits kreischten zuweilen. Die meisten Soldaten warteten noch auf Deck wie sie selber.

Reds Schultern begannen unter dem Gewicht des vollen Rucksacks taub zu werden, und die Mündung seines Gewehres schlug beständig klappernd an seinen Stahlhelm. Es machte ihn nervös. „Wie oft man auch diesen verfluchten Rucksack trägt, man gewöhnt sich nie daran", sagte er.

„Hast du ihn auch richtig aufgeschnallt?" fragte Hennessey. Seine Stimme klang gezwungen und zitterte ein wenig.

„Zum Teufel mit deinem ‚richtig aufgeschnallt'", sagte Red. „Er ist mir auf alle Fälle lästig. Ich bin nicht für einen Rucksack gebaut, ich habe zu viele Knochen mitbekommen." Er redete weiter und sah hin und wieder Hennessey an, um festzustellen, ob er weniger aufgeregt sei. Die Luft war kühl, die Sonne zu seiner Linken stand noch tief und wärmte kaum. Er stampfte mit dem Fuß auf und atmete den seltsamen Geruch ein, den ein Schiffsdeck verbreitet: die Ausdünstungen von Öl, Teer, Fisch und Wasser.

„Wann werden wir wohl ins Boot kommen?" fragte Hennessey.

Der Beschuß ging weiter. Die Insel hatte ein fahlgrünes Aussehen in dieser frühen Stunde. Ein dünner Rauchstreifen zog die Küste entlang.

Red lachte. „Denkst du denn, das wird heute anders sein? Ich vermute, wir werden den ganzen Morgen über an Deck stehen." Während er sprach, bemerkte er eine Gruppe von Landungsbooten, die eine Meile entfernt im Wasser kreisten.

„Die erste Welle furzt immer noch herum!" versicherte er Hennessey. Einen Augenblick lang dachte er an die Invasion von Motome, und eine Spur der damaligen Panik überfiel ihn wieder. Seine Fingerspitzen erinnerten sich noch an die Struktur des Gummibootes, an dessen Seiten er sich festhielt, als er im Wasser hing. Er schmeckte das Salzwasser in seiner Kehle und spürte das heulende Entsetzen beim Untertauchen, als er erschöpft war und die japanischen Geschütze nicht aufhören wollten zu schießen. Er hielt wieder Umschau, und sein unrasiertes Gesicht war eine Sekunde lang weiß.

In der Entfernung bot der nahe der Küste liegende Dschungel den nackten zerschmetterten Anblick, den ihm die Beschießung stets zu geben pflegt. Die Palmen standen jetzt wie Säulen da, mit abgerissenen Blättern und teilweise vom Feuer geschwärzt. Fern am Horizont lag der Mount Anaka fast unsichtbar in einem Dunst von blaßblauer Färbung, einem Mittelding zwischen den Schattierungen des Wassers und des Himmels. Während Red dies beobachtete, platzte an der Küste eine große Granate und trieb einen gewaltigeren Rauchpilz empor als die zwei oder drei vorangegangenen Granaten. – Das wird eine leichte Landung, sagte sich Red, aber immer noch mußte er an die Schlauchboote denken. „Zum Teufel, ich wünschte, sie würden von dem Land noch was für uns übriglassen", sagte er zu Hennessey. „Wir werden ja dort leben müssen." Diese Morgenstunde erfüllte ihn mit einer ungewissen Vorahnung; er atmete tief ein und hockte sich auf seine Absätze.

Gallagher begann zu fluchen. „Wie lange, zum Teufel noch mal, sollen wir denn hier warten?"

„Halt die Luft an!" befahl ihm Croft. „Der halbe Kommandozug kommt mit uns, und die sind eben noch nicht soweit."

„Und warum nicht?" fragte Gallagher. Er schob seinen Stahlhelm in den Nacken. „Das habe ich schon gern, daß uns diese Schweine hier an Deck warten lassen, damit uns die Schädel weggeblasen werden."

„Hörst du irgendein japanisches Geschütz?" fragte Croft.

„Bedeutet noch nicht, daß sie keins haben", sagte Gallagher. Er zündete sich eine Zigarette an und rauchte übellaunig. Er barg sie in der Hand, als erwartete er, sie könne ihm jeden Augenblick weggerissen werden.

Eine Granate wimmerte über ihre Köpfe hinweg, und unbewußt zog sich Martinez hinter einen Geschützstand zurück. Er fühlte sich nackt.

Der Mechanismus der Davits war kompliziert, und ein Teil davon ragte über das Wasser hinaus. Wenn ein Mann in Rucksack und Gürtel eingeschnürt ist, ein Gewehr und zwei Patronengurte trägt, eine Anzahl Handgranaten, ein Bajonett und einen Stahlhelm, fühlt er sich damit wie in einem Gipsverband, der ihm über Schultern und Brust gelegt ist. Es war mühselig, zu atmen, und die Gliedmaßen begannen einzuschlafen. Über den Deckbalken in das Landungsboot zu klettern, kam einem Abenteuer gleich, als versuchte man, in einer Ritterrüstung auf dem Seil zu tanzen.

Als der Aufklärungstrupp das Signal erhielt, ins Boot zu gehen, befeuchtete sich Sergeant Brown nervös die Lippen. „Die hätten sich auch was anderes ausdenken können", brummte er Stanley zu, während sie auf dem Balken Zentimeter um Zentimeter zurücklegten. Es kam darauf an, nicht ins Wasser hinunterzublicken. „Weißt du, Gallagher ist kein schlechter Bursche, aber er bleibt ein Sorgenkind", bekannte Stanley.

„Ja", sagte Brown abwesend. Er dachte, was es ihnen für ein Vergnügen bereiten würde, wenn er, als Unteroffizier, ins Wasser fiele. Sicher würde man untergehen. „Diese Turnerei habe ich immer gehaßt", sagte er laut.

Er erreichte den Rand des Landungsbootes und sprang hinein. Das Gewicht seines Rucksackes warf ihn fast um, und seine Fußgelenke schmerzten. Dann waren plötzlich alle sehr fröhlich im Boot, das sanft unter den Davits schaukelte. „Jetzt kommt der alte Red!" schrie Wilson, und alles lachte, während Red mit seinem Gesicht, das verschrumpelt war wie eine Backpflaume, den Balken entlangtänzelte. Als er das Boot erreichte, sah er besorgt hinein und sagte: „Himmel, jetzt habe ich das falsche Boot erwischt. Hier sieht keiner blöd genug aus, um zu meinem Zug zu gehören."

„Komm schon 'rein, alter Bock", gluckste Wilson; sein Gelächter war leicht und gelassen. „Auf dem Wasser ist es hübsch und kalt."

Red grinste. „Ich weiß eine Stelle an dir, die nicht kalt ist. Grade jetzt ist sie glühend heiß."

Brown fand, daß er immerzu lachen mußte. Was war das doch für eine Bande guter alter Jungen hier in seinem Zug! Es schien, als sei das Schlimmste schon überstanden.

„Wie mag nur der General in sein Boot gelangt sein?" fragte Hennessey. „Er ist doch nicht mehr so jung wie wir."

Brown kicherte. „Die werden sich wohl zwei Soldaten gegriffen haben, um ihn 'rüberzubringen." Er sonnte sich an dem Gelächter, das ihm Beifall spendete.

Gallagher fiel ins Boot. „Verfluchte Armee", sagte er. „Ich wette, daß sie noch mehr Verluste bekommen, wenn sie die Jungens in solche verdammten Boote klettern lassen." Brown brüllte vor Lachen. Gallagher sah wahrscheinlich genauso wild aus, wenn er seine Frau ... Es reizte ihn einen Augenblick, dies laut auszusprechen, aber das brachte ihn noch mehr zum Lachen. Mittendrin sah er plötzlich das Bild seiner eigenen Frau, wie sie um die gleiche Stunde mit einem anderen Mann im Bett lag, und in seinem Gelächter gab es eine lange, leere Sekunde, in der er nichts mehr fühlte. „He, Gallagher", rief er dann wild, „ich wette, daß du genauso bepißt aussiehst, wenn du mit deiner Frau zusammen bist."

Gallagher schaute erst unmutig drein, dann begann er unerwarteterweise zu lachen. „Ach, f ... dich selber", rief er, und alle brüllten aufs neue los.

Die kleinen Landungsboote sahen mit dem abgeschrägten Bug wie Nilpferde aus, als sie durch das Wasser schnauften. Jedes Boot war vielleicht vierzig Fuß lang, zehn Fuß breit, hatte die Gestalt einer offenen Schuhschachtel und einen Motor am Heck. Die Truppen lagen wie in einer Wanne, und die Wogen schlugen mit lautem Geräusch gegen den Bug. Das Wasser, das durch Spalten eingedrungen war, stand bereits einige Zoll hoch und rieselte über den Boden. Red gab es auf, die Füße trocken zu halten. Ihr Boot fuhr nun schon eine Stunde lang im Kreise herum, und es wurde Red schwindlig. Gelegentlich wurden sie von einem Wasserschleier übersprüht. Es geschah unvermittelt, erschreckte sie und war ein bißchen quälend.

Die erste Woge der Landungstruppen hatte vor fünfzehn Minuten die Küste erreicht, und der Kampflärm drang schwach herüber, wie das Knistern eines Freudenfeuers. Er erschien fern und unbedeutend. Um die Eintönigkeit zu unterbrechen, blickte Red über die Seitenwand und begann die Küste in Augenschein zu nehmen. Aus der Entfernung von drei Meilen sah es aus, als ob sie geräumt sei, aber die Spuren des Kampfes waren zu erkennen; ein dünner, nebliger Rauchstreifen zog über das Wasser. Mitunter flog ein Verband von drei Sturzbombern brummend über ihre Köpfe hinweg der Küste zu, von wo das Geräusch ihrer Motoren gedämpft zurückschallte. Sobald sie sich auf die Küste niedersenkten, war es schwierig, sie weiterhin mit den Augen zu verfolgen, denn sie waren nur noch wie blitzende Staubkörnchen. Die Explosionswolken der abgeworfenen Bomben sahen klein und harmlos aus, und ehe der Knall über das Wasser gelangte, waren die Flugzeuge verschwunden.

Red versuchte, den lastenden Druck seines Rucksackes zu vermindern, indem er ihn gegen den Rand des Bootes schob. Das anhaltende Im-Kreise-Herumfahren stimmte ihn verdrießlich. Als er sich die dreißig Männer, die mit ihm hier zusammengedrängt saßen, ansah und feststellte, wie unnatürlich grün sich ihre Uniformen gegen die blaugraue Färbung des Bootes abhoben, atmete er einige Male tief ein und verharrte dann regungslos. Den Rücken entlang war ihm der Schweiß ausgebrochen.

„Wie lange soll denn das noch dauern?" wünschte Gallagher zu wissen. „Diese verdammte Armee! Immer nur gehetzt werden und warten, gehetzt werden und warten."

Red zündete sich eine Zigarette an, die fünfte, seitdem ihr Boot zu Wasser gelassen worden war; sie schmeckte fade. „Was meinst du?" fragte er. „Ich wette, daß wir nicht vor zehn drankommen." Gallagher fluchte. Es war noch nicht acht.

„Hör mal", fuhr Red fort, „wenn die wirklich ihr Handwerk verstünden, dann säßen wir jetzt noch beim Frühstück und stiegen erst zwei Stunden später in diese Kiste." Er streifte den dünnen Aschenrand ab, der sich an seiner Zigarette gebildet hatte. „Statt dessen wünschten uns einige von diesen faulen Offizieren, die jetzt noch schlafen, vom Schiff herunter, damit sie keinen Ärger mit uns haben." Absichtlich sprach er laut genug, damit ihn der Leutnant vom Verbindungszug hören konnte, und er grinste, als sich der Offizier umwandte.

Korporal Toglio, der neben Gallagher hockte, blickte Red an. „Wir sind hier auf dem Wasser viel sicherer", erklärte Toglio eifrig. „Im Vergleich zum Schiff bilden wir eine ziemlich kleine Zielscheibe, und wenn wir in Bewegung bleiben, ist es erheblich schwerer, uns zu treffen, als du glaubst."

Red grunzte. „Quatsch!"

„Hör mal", sagte Brown, „ich wäre auf jeden Fall lieber auf dem Schiff. Ich denke, es ist dort verdammt sicherer."

„Ich habe es sorgfältig geprüft", widersprach Toglio. „Die Statistiken beweisen, daß ihr während einer Invasion hier am sichersten seid."

Red haßte Statistiken. „Laß mich mit deinen Zahlen in Ruh", erklärte er. „Wenn du auf die was gibst, nimmst du nicht mal mehr ein Bad, weil es zu gefährlich ist."

„Nein, ich meine es ernsthaft", sagte Toglio. Er war ein kräftiger, untersetzter Italiener mit einem birnenförmigen Kopf, der um die Kinnlade herum breiter war als an den Schläfen. Obwohl er sich am Abend zuvor rasiert hatte, bedeckte der dunkle Haargrund das ganze Gesicht bis an die Augen, nur der breite, freundliche Mund war davon ausgenommen. „Allen Ernstes", beteuerte er, „ich habe mir die Statistiken angesehen."

„Du weißt, was sie wert sind", sagte Red.

Toglio lächelte, aber er war ein bißchen verstimmt. Red war ein recht verläßlicher Bursche, mit Verstand, aber zu disziplinlos. Wo würde man hinkommen, wenn jeder so wäre. Nichts würde man durchsetzen können. Jede Sache verlangt Zusammenarbeit. Eine Invasion wie diese war im voraus geplant und bis auf die Minute genau festgelegt. Ein Lokomotivführer konnte schließlich auch nicht einfach losfahren, wann es ihm beliebte.

Dieses Bild gefiel ihm, und er streckte einen seiner dicken, kräftigen Finger nach Red aus, um es ihm mitzuteilen, als plötzlich eine japanische Granate, die erste innerhalb einer halben Stunde, wenige Hundert Yards von ihnen entfernt eine Wassersäule emporwarf. Der Knall war unerwartet laut und ließ alle zusammenfahren. In die Stille, die nachfolgte, sagte Red vernehmlich, so daß es das ganze Boot hören konnte: „He, Toglio, wenn meine Sicherheit von dir abhinge, wäre ich schon vor einem Jahr zum Teufel gegangen." Das Gelächter war laut genug, um Toglio in Verwirrung zu bringen, aber er bezwang sich und grinste. Wilson verstärkte es noch, als er mit heller, sanfter Stimme sagte: „Toglio, du verstehst uns anzutreiben, und dann ist hinterher doch alles Dreck. Ich habe noch keinen Mann gesehen, der alles so wichtig nimmt."

Das ist nicht wahr, sagte Toglio für sich. Er liebte es, daß alles ordentlich durchgeführt wurde, aber diese Burschen zeigten dafür kein Verständnis. So einer wie Red kann einem alles über den Haufen schmeißen, wenn er jeden zum Lachen bringt.

Der Motor des Landungsbootes arbeitete plötzlich heftiger. Er begann aufzubrüllen. Nachdem das Boot noch einen Kreis vollendet hatte, wandte es seinen Bug der Küste zu. Sogleich schlugen die Wellen gegen die vordere Rampe, und ein Sprühregen ergoß sich über die Soldaten. Es gab ein paar Laute der Überraschung, und dann verfielen alle in Schweigsamkeit. Croft ergriff sein Gewehr und bedeckte mit einem Finger die Mündung, um zu verhindern, daß Wasser in den Lauf geriet. In diesem Augenblick war ihm, als ob er auf einem Pferd Galopp ritte. „Verdammt", sagte jemand, „es geht los."

„Ich hoffe, daß die Luft schon rein ist", murmelte Brown.

Croft fühlte sich zugleich überlegen und niedergeschlagen. Es hatte ihn enttäuscht, als er vor Wochen erfuhr, daß der Aufklärungszug für die erste Woche nur im Küstendienst eingesetzt werden würde. Er empfand damals eine heimliche Verachtung den Leuten seines Zuges gegenüber, die die Nachricht beifällig aufgenommen hatten. „Scheißkerle", murmelte er jetzt vor sich hin. Ein Mann, der Angst davor hatte, seinen Kopf hinzuhalten, taugte zu nichts. Es verlangte ihn danach, die Verantwortung eines Führers zu übernehmen. Dann fühlte er sich stark und selbstsicher. Er sehnte sich, an dem Kampf teilzuhaben, der sich jenseits der Küste im Innern abspielte, und er mißbilligte die Entscheidung, die den Zug im Verladedienst beließ. Er strich mit der Hand über seine hagere, straffe Wange und blickte schweigend um sich.

Hennessey stand nahe beim Heck. Während Croft sein weißes, stilles Gesicht beobachtete, wurde er sich klar, daß Hennessey Angst hatte, und es belustigte ihn. Der Junge hatte Mühe, sich ruhig zu verhalten; er konnte nicht an seinem Platz bleiben, und einige Male schreckte er bei irgendeinem Geräusch sichtbar zusammen. Ein Bein begann ihm zu jucken, und er kratzte es heftig. Dann zog Hennessey sein linkes Hosenbein aus der Gamasche und krempelte es hoch, bis das Knie freilag, und mit großer Sorgfalt rieb er ein wenig Speichel über den geröteten Fleck auf seinem Knie. Croft blickte auf das weiße Fleisch mit den blonden Haaren, beobachtete die Sorgfalt, mit der Hennessey die Hose unter die Gamasche brachte, und fühlte eine merkwürdige Erregung, als ob diese Bewegungen von Bedeutung seien. – Dieser Junge ist mir zu gewissenhaft, meinte Croft bei sich.

Und dann war er fest davon überzeugt, daß Hennessey heute fallen würde. Er hätte lachen mögen, um seine innere Unruhe zu beschwichtigen. Diesmal war er sicher, daß ihn das Gefühl nicht trog.

Aber plötzlich erinnerte er sich an das Pokerspiel, bei dem es ihm nicht gelungen war, eine „full hand" zu ziehen, fühlte sich verwirrt und empfand es unangenehm, sich daran zu erinnern. – Hältst dich wohl doch für ein bißchen zu selbstsicher, dachte er. Er empfand Widerwillen, weil er wußte, daß er solchen inneren Stimmen nicht trauen sollte; aber er war auch nicht sicher, ob man ihnen überhaupt keine Bedeutung beimessen dürfe. Er schüttelte den Kopf, setzte sich breit zurück und fühlte, daß das Landungsboot nunmehr der Küste zuraste. Sein Kopf war leer und wartete auf Ereignisse, die kommen würden.

Martinez hatte seine schlimmste Minute, kurz bevor sie an Land gingen. Alle Zwangsvorstellungen der vergangenen Nacht, alle Angst, die er am frühen Morgen durchgestanden hatte, waren auf einen Höhepunkt gelangt. Er fürchtete sich vor dem Augenblick, wo die Rampe 'runterklappen würde und er das Boot verlassen mußte. Es war ihm, als würde eine Granate sie allesamt verschlingen oder ein Maschinengewehr genau vor ihrem Bug zu schießen beginnen – gerade dann, wenn sie ungedeckt waren. Keiner der Männer sprach ein Wort, und als Martinez seine Augen schloß, wurde das Geräusch des schäumenden Wassers für ihn so überlaut, daß er meinte, darin zu versinken. Er öffnete die Augen und preßte seine Fingernägel verzweifelt in die Handflächen. „Buenos Dios", murmelte er. Der Schweiß tropfte ihm von den Brauen in die Augen, und er wischte ihn heftig fort. – Warum gibt es keine Einschläge, fragte er sich. Und in der Tat, es gab keine. Die Männer schwiegen, und Stille hatte sich auch über die

Küste gesenkt. Das vereinzelte Knattern eines Maschinengewehrs in der Ferne klang hohl und unwirklich.

Ein Flugzeug heulte plötzlich über sie hinweg, seine Geschütze brüllten über dem Dschungel los. Martinez hätte bei diesem Geräusch beinahe aufgeschrien. Wiederum fühlte er seine Glieder zucken. Warum ging es nicht an Land? Jetzt war er fast bereit, das Unglück willkommen zu heißen, das ihm widerfahren würde, wenn sich die Rampe senkte.

Mit hoher, piepsiger Stimme fragte Hennessey: „Meinst du, daß wir bald Post bekommen?" Seine Frage ging in einem brüllenden Gelächter unter. Martinez lachte und lachte, dann verebbte sein Lachen glucksend und begann aufs neue.

„Dieser dußlige Hennessey", hörte er Gallagher sagen.

Plötzlich stellte Martinez fest, daß das Boot sich dem Grund näherte. Der Motor klang anders. Lauter und ein wenig unsicher, so, als ob die Schiffsschraube nicht mehr das Wasser peitschte. Aber in dem Augenblick, als er dies begriff, stießen sie schon auf Grund.

Einige Sekunden verharrten sie bewegungslos. Dann klappte die Rampe nieder, und Martinez trottete schwerfällig in die Brandung und wäre beinahe gestürzt, als eine kniehohe Welle sich hinter ihm brach. Er schritt mit gesenktem Kopf weiter, sah auf das Wasser, und erst an der Küste wurde er sich bewußt, daß ihm nichts geschehen war. Er blickte um sich. Fünf andere Landungsboote waren zu gleicher Zeit angekommen, und die Männer zogen in Reihen über den Strand. Er sah einen Offizier auf sich zukommen und hörte, wie er Croft befragte: „Welcher Zug?"

„Nachrichten- und Aufklärungstruppe, Sir, im Küstendienst." Dann kam die Anweisung, in einem Kokospalmenwäldchen nahe am Strand zu warten. Martinez reihte sich ein und stolperte hinter Red her, während der Zug mühsam durch den weißen Sand stapfte. Er fühlte nichts außer der Gewißheit, daß die Hinrichtung verschoben worden war.

Der Zug marschierte etwa zweihundert Yards, und dann hielt er am Palmenwäldchen an. Es war bereits warm. Die meisten Männer warfen ihr Gepäck ab und streckten sich in den Sand. Vor ihnen mußten schon andere hier gewesen sein. Verbände der ersten Truppenwelle hatten sich hier gesammelt, denn der sonst ebene, zusammengebackene Sand war von vielen Füßen durchwühlt, und da lag auch der unvermeidliche Abfall, leere Zigaretten- und zwei oder drei Rationspackungen. Jetzt waren diese Männer schon im Innern, bewegten sich irgendwo durch den Dschungel, und kaum einer dürfte noch zu sehen sein. Sie konnten die Küste in jeder Richtung auf mehr als zweihundert Yards überblicken, bis eine Biegung sie ihren Augen entzog;

alles war ruhig und verhältnismäßig leer. Jenseits der Biegungen gab es vielleicht mehr Leben, aber sie wußten es nicht. Es war noch zu früh, um die Verstärkungen nachrücken zu lassen, und die Truppen, die mit ihnen gelandet waren, hatten sich schnell zerstreut. Etwa hundert Yards entfernt zu ihrer Rechten hatte die Marine einen Kommandostand errichtet, der aus nichts anderem als einem Offizier vor einem Klapptisch bestand und einem Jeep, der in einer Mulde parkte, da, wo der Dschungel ans Ufer stieß. Zu ihrer Linken, gerade an der Biegung, begann in einer Entfernung von einer Achtelmeile das Hauptquartier der Landungsarmee seine Arbeit. Einige Ordonnanzen hoben Gruben für den Stab des Generals aus, und zwei Männer schwankten in entgegengesetzter Richtung den Strand entlang und spulten eine Achtzigpfundrolle Telefonkabel ab. Ein Jeep fuhr auf dem festen feuchten Sand nahe am Wasserrand vorbei und verschwand hinter dem Marinekommando. Die Landungsboote, die bei dem bunten Wimpel auf der anderen Seite des Hauptquartiers ans Land gekommen waren, fuhren jetzt schon wieder zur Invasionsflotte zurück. Das Wasser sah sehr blau aus, und die Schiffe schienen im Vormittagsdunst ein wenig zu zittern. Gelegentlich ertönten von einem der Zerstörer eine oder zwei Salven, und eine halbe Minute später hörten die Männer das Gezwitscher der Granate, die im Bogen über sie hinweg in den Dschungel schlug. Bisweilen ratterte ein Maschinengewehr im Dschungel, was bald darauf mit den schrillen hämmernden Schlägen eines japanischen leichten Maschinengewehres beantwortet wurde.

Sergeant Brown sah an den Kokosbäumen hinauf, deren Wipfel bei der Beschießung wegrasiert worden waren. Weiter unten an der Küste war ein anderes Wäldchen unberührt geblieben, und er schüttelte den Kopf. – Viele werden bei diesem Bombardement davongekommen sein, meinte er für sich. „Das ist diesmal nicht so schlimm, verglichen mit Motome", sagte er.

Red schaute verbittert drein. „Jawoll, Motome." Er wälzte sich im Sand auf seinen Bauch und zündete sich eine Zigarette an. „Fängt schon an zu stinken", verkündete er.

„Wieso stinken?" fragte Stanley. „Ist noch zu früh."

„Es stinkt aber", antwortete Red. Er mochte Stanley nicht. Obwohl der Fäulnisgeruch, der aus dem Dschungel kam, nur ganz gering war, hielt er sich bereit, seine Feststellung zu verteidigen. Er spürte, wie ihn eine vertraute Stimmung niederdrückte, und fühlte sich belästigt und nervös; um etwas zu essen, war es noch zu früh, auch hatte er zu viele Zigaretten geraucht. „Das ist keine Invasion", sagte er, „das ist eine Übung. Amphibien-Manöver!" Er spie wütend in den Sand.

Croft schnallte seinen Patronengurt um den Leib und schulterte sein Gewehr. „Ich gehe einen S-4-Zug auftreiben", erklärte er Brown. „Halte die Leute hier zusammen, bis ich zurück bin."

„Die haben uns vergessen", sagte Red. „Wir könnten uns ebensogut schlafen legen."

„Deswegen gehe ich ja", sagte Croft.

Red grunzte. „He, warum läßt du uns hier nicht den ganzen Tag über auf unserem Arsch sitzen?"

„Hör mal zu, Valsen", sagte Croft, „du kannst dir deine dreckigen Redensarten von jetzt an sparen."

Red blickte ihn vorsichtig an. „Was ist los?" fragte er. „Willst du den Krieg ganz allein gewinnen?" Ein paar Sekunden starrten sie sich gespannt ins Gesicht, und dann ging Croft davon.

„Da hast du den Falschen erwischt", belehrte ihn Sergeant Brown.

Red spie abermals aus. „Ich laß mir von niemandem was bieten." Er fühlte sein Herz lebhaft schlagen. In einer Entfernung von über hundert Yards sah er einige Leichen in der Brandung liegen und beobachtete einen Soldaten des Hauptquartiers, der sie aus dem Wasser zu ziehen begann. Ein Flugzeug patrouillierte über ihnen.

„Es ist verflucht ruhig", sagte Gallagher.

Toglio nickte. „Ich werde mir ein Loch graben." Er schnallte sein Schanzzeug ab, und Wilson kicherte: „Solltest besser deine Kraft sparen, mein Lieber."

Toglio beachtete ihn nicht und fing an zu graben. „Ich werde mir auch eins machen", piepste Hennessey und begann zwanzig Yards von Toglio entfernt seine Arbeit. Für einige Sekunden war das Kratzen der Schaufeln im Sand das einzige Geräusch.

Oscar Ridges seufzte. „Scheiße", sagte er, „dann könnte ich auch eins bauen." Er lachte roh, aber etwas verlegen auf und beugte sich über seinen Rucksack. Sein Gelächter war ein lautes Meckern.

Stanley äffte ihn nach: „Heheheheheeee!"

Ridges blickte auf und sagte gelassen: „Kann mein Lachen nicht ändern. Ich denke, es ist wohl gut genug." Er meckerte abermals, wie um seinen guten Willen zu zeigen, und diesmal war sein Lachen gemäßigter. Als keine Äußerung kam, begann er zu graben. Er hatte einen gedrungenen, kräftigen Körper, der wie eine rechteckige Säule geformt war, die sich an keiner Seite verjüngte. Sein Gesicht war rund und stumpf mit langen, schlaffen Kinnbacken, die seinen Mund offenstehen ließen. Seine Augen glotzten sanft und verstärkten den Eindruck von Beschränktheit und Gutmütigkeit. Während er grub, waren seine Bewegungen herausfordernd langsam. Er häufte jede

Schaufel genau auf die gleiche Stelle und pausierte jedesmal, um sich umzublicken, bevor er sich wieder niederbeugte. Es war etwas Abwartendes an ihm, so, als ob er es gewohnt sei, daß man sich mit ihm einen Scherz erlaube.

Stanley beobachtete ihn ungeduldig. „He, Ridges", sagte er, während er beifallheischend auf Sergeant Brown blickte, „ich glaube, selbst wenn du im Feuer sitzen würdest, wärst du zu faul, es auszupissen."

Ridges lächelte unbestimmt. „Glaube ich auch", sagte er ruhig und sah, wie Stanley auf ihn zukam, über der Grube stand und das Fortschreiten seiner Arbeit prüfte. Stanley war ein schlanker Jüngling von durchschnittlichem Körperbau, mit langem Gesicht, das gewöhnlich einen eitlen, spöttischen und ein wenig unsicheren Ausdruck zeigte. Man hätte ihn hübsch nennen können, wenn nicht seine lange Nase und der dünne, schwarze Bart gewesen wären. Er war erst neunzehn.

„Himmel, du wirst den ganzen Tag dazu brauchen", sagte Stanley unwillig. Seine Stimme klang gekünstelt robust wie die eines Schauspielers, der versucht, sich eine Vorstellung zu machen, wie Soldaten sprechen.

Ridges gab keine Antwort. Ruhig grub er weiter. Stanley sah ihm eine weitere Minute zu und suchte nach etwas Klugem, was er äußern könnte. Er empfand es als lächerlich, daß er hier stand, und plötzlich kam ihm der Einfall, etwas Sand in die Grube zu stoßen. Schweigend schaufelte Ridges ihn hinaus, ohne sich in seinem Rhythmus unterbrechen zu lassen. Stanley fühlte, daß ihn der Zug zu beobachten begann. Er war ein bißchen besorgt um das, was er angefangen hatte, und nicht sicher, ob die Leute auf seiner Seite standen. Aber zum Rückzug war es zu spät. Er stieß noch mehr Sand hinein.

Ridges legte seine Schaufel nieder, sein Gesicht war ruhig, aber etwas zog sich darin zusammen. „Was willst du, Stanley?" fragte er.

„Paßt dir wohl nicht", schnarrte Stanley.

„Nee, Sir, keineswegs."

Stanley grinste ein wenig. „Du weißt, was du mich kannst."

Red hatte wütend zugesehen. Er mochte Ridges sehr. „Höre mal, Stanley", rief Red, „wisch dir erst mal die Nase und fang endlich an, dich wie ein Mann zu benehmen!"

Stanley warf sich herum und starrte Red an. Die Sache war verfahren. Er hatte Angst vor Red, aber er konnte nicht zurück. „Kannst sie mir ja putzen", sagte er.

„Da du grade von putzen sprichst", knurrte Red, „kannst du mir eigentlich sagen, warum du dich so sehr bemühst, das Unkraut unter deiner Nase großzuziehen, wenn es wild in deinem Arsch wächst?" Er sprach mit breitem, spöttischem, irischem

Dialekt, was die Männer schon zum Lachen brachte, bevor er geendet hatte.

„Das ist der alte Red", schmunzelte Wilson.

Stanley lief rot an und machte einen Schritt auf Red zu. „Ich erlaube dir nicht, so mit mir zu sprechen."

Red war zornig und auf eine Prügelei aus. Er wußte, daß er Stanley besiegen würde. Aber da gab es etwas, was ihn zurückhielt. Und das ließ seinen Zorn noch höher steigen. „Ich könnte dich zerbrechen, Jungchen", warnte er Stanley.

Brown sprang auf seine Füße. „Höre mal, Red", mischte er sich ein, „mit Croft würdest du hier den Sand nicht aufwühlen wollen."

Red hielt inne und war auf sich selbst wütend. Genau das war es gewesen. Er stand unentschlossen da. „Stimmt", sagte er. „Aber sonst mit jedem." Er prüfte sich, ob er vor Croft Angst hätte. „Ach zum Teufel", sagte er und ging davon.

Aber Stanley erkannte, daß sich Red nicht mit ihm schlagen würde, und ging hinter ihm her: „Das ist für mich noch nicht erledigt."

Red blickte ihn an. „Scher dich zum Teufel!"

Zu seinem Erstaunen hörte sich Stanley sagen: „Was ist los, warum kneifst du?" Er war sich bewußt, daß er zuviel gesagt hatte.

„Stanley", erklärte ihm Red, „ich könnte dir den Schädel einschlagen, aber ich möchte mich heute nicht prügeln." Seine Angst kehrte wieder, und er versuchte, sie zurückzudrängen. „Laß uns die Sache begraben."

Stanley beobachtete ihn, dann spuckte er in den Sand. Er war nahe daran, noch mehr zu sagen, aber er wußte, daß er gesiegt hatte, und setzte sich neben Brown nieder.

Wilson wandte sich an Gallagher und schüttelte den Kopf. „Ich hätte nie geglaubt, daß der alte Red kneifen würde", murmelte er.

Ridges stellte fest, daß ihn niemand mehr belästigte, und wandte sich wieder seiner Arbeit zu. Er grübelte ein wenig über den Vorfall nach, aber der gefällige Schaufelstiel in seiner Hand beschwichtigte ihn. – Fast wie eine Kinderschaufel, meinte er bei sich. Pa würde gelacht haben, wenn er so was gesehen hätte. Er vertiefte sich in seine Arbeit und hatte ein vertrautes, angenehmes Gefühl dabei. – Es gibt nichts Besseres als Arbeit, um einen Mann über etwas hinwegzubringen, stellte er bei sich fest. Die Grube war beinahe fertig, und er begann mit den Füßen den Boden zu stampfen, um ihn eben zu machen.

Die Männer hörten plötzlich einen bösartigen Schlag, als ob man mit der Fliegenklappe auf einen Tisch klatschte. Sie blickten unbehaglich um sich. „Das ist ein japanischer Mörser", murmelte Brown.

„Ist sehr nahe", murmelte Martinez. Es war das erste, was er seit der Landung sagte.

Die Männer beim Hauptquartier hatten sich zu Boden geworfen. Brown lauschte, hörte ein anwachsendes Heulen und grub sein Gesicht in den Sand. Die Granate explodierte etwa hundertundfünfzig Yards entfernt, und er lag bewegungslos da und horchte auf das scharfe, schreckenerregende Pfeifen der Schrapnellkugeln, die die Luft durchschnitten und das Blattwerk im Dschungel peitschten. Brown unterdrückte ein Stöhnen. Die Granate war zwar in guter Entfernung niedergefallen, aber ... Eine panikartige Stimmung ergriff ihn. Jedesmal, wenn es in den Kampf ging, gab es einen Augenblick, wo er sich zu einer vernünftigen Handlung unfähig fühlte und das erste beste tat, was ihm in den Sinn kam. Jetzt, als die Detonation verhallt war, sprang er erregt auf die Füße. „Los, 'raus aus dieser Hölle!" schrie er.

„Was wird mit Croft?" fragte Toglio.

Brown versuchte nachzudenken. Er hatte verzweifelte Eile, von diesem Teil der Küste wegzukommen. Plötzlich fiel ihm etwas ein, und ohne weitere Überlegung griff er es auf: „Grabe dich in dein Loch ein und bleibe hier. Wir gehen etwa eine halbe Meile weiter, und wenn Croft zurückkommt, treffen wir uns dort." Er begann seine Ausrüstungsstücke einzusammeln, hielt plötzlich inne, murmelte: „Hat Zeit bis nachher" und schlenderte die Küste entlang. Die anderen sahen ihn überrascht an, zuckten die Achseln, und dann folgten ihm Gallagher, Wilson, Red, Stanley und Martinez in weit auseinandergezogener Reihe. Hennessey beobachtete, wie sie fortgingen, - und sah sich nach Toglio und Ridges um. Er hatte sein Loch wenige Yards vom Rand des Palmenwäldchens entfernt gegraben. Seine Augen versuchten jetzt in das Wäldchen einzudringen. Es war aber zu dicht, um mehr als fünfzig Fuß weit zu blicken. Toglios Loch zu seiner Linken war nur zwanzig Yards entfernt, es kam ihm aber weiter vor. Ridges, auf der anderen Seite Toglios, schien sehr weit von ihm fort zu sein. „Was soll ich tun?" flüsterte er Toglio zu. Er wünschte, mit den andern weggegangen zu sein, wagte aber nicht zu fragen, aus Angst, daß man über ihn lachen könnte. Toglio blickte sich um und lief dann geduckt zu Hennesseys Loch hinüber. Sein breites, dunkles Gesicht war schweißbedeckt. „Es wird Ernst, glaube ich", sagte er gewichtig, und dann starrte er in den Dschungel.

„Was ist denn los?" fragte Hennessey. Er fühlte eine Erregung in seiner Kehle und wußte nicht zu entscheiden, ob es eine angenehme oder unangenehme sei.

„Ich glaube, ein paar Japaner haben sich mit einem Mörser nahe an die Küste geschlichen, und es kann sein, daß sie angreifen werden." Toglio wischte sich sein Gesicht ab. „Ich wünschte, die Jungens hätten hier Löcher gegraben."

„Ein schmutziger Trick, einfach davonzulaufen", sagte Hennessey. Er war überrascht, seine Stimme so natürlich klingen zu hören.

„Ich weiß nicht", sagte Toglio, „Brown hat mehr Erfahrung als ich. Du solltest zu deinen Unteroffizieren Vertrauen haben." Er ließ etwas Sand durch seine Finger laufen. „Ich gehe in mein Loch zurück. Bleib fest und warte ab. Sollten Japaner kommen, müssen wir sie aufhalten." Toglios Stimme klang unheilverkündend, und Hennessey nickte eifrig. – Das ist wie im Film, dachte er. Undeutliche Bilder hasteten durch seinen Kopf. Er sah sich strammstehen und einen Auftrag wiederholen. „Also, mach's gut, Junge", sagte Toglio und klopfte ihm auf die Schulter. Er lief geduckt an seinem Loch vorüber, um mit Ridges zu sprechen. Hennessey erinnerte sich, wie Red ihm erzählt hatte, daß Toglio erst nach dem Motome-Feldzug zu ihnen gekommen war. Er fragte sich, ob er sich auf ihn verlassen könne.

Hennessey hockte in seinem Loch und beobachtete den Dschungel. Sein Mund war trocken, und immer wieder befeuchtete er seine Lippen. Jeden Augenblick schien sich im Unterholz etwas zu regen, und sein Herz zuckte zusammen. An der Küste war es ruhig. Eine Minute ging vorüber, und er fing an, sich zu langweilen. Er hörte, wie unten an der Küste der Gang eines Lastwagens geschaltet wurde, und als er sich umzuwenden wagte, sah er eine neue Gruppe von Landungsbooten eine Meile entfernt sich der Küste nähern. – Verstärkungen für uns, sagte er sich, entschied aber gleich darauf, daß es unmöglich war.

Ein harter Schlag ertönte aus dem Dschungel, ein weiterer folgte hinterher und noch einer und wieder einer. – Das ist der Mörser, dachte er und wußte nun genau, was los war. Und dann hörte er ein ohrenzerreißendes, durchdringendes Getöse fast genau über sich; es war wie das Kreischen der angezogenen Bremsen zweier Wagen, die einem Zusammenstoß entgehen wollen. Instinktiv krümmte er sich in seinem Loch zusammen. Für die nächsten Augenblicke war er nahezu gefühllos. Er hörte eine fürchterliche Explosion, die sein ganzes Bewußtsein erfüllte. Der Boden schwankte und zitterte unter ihm. Dumpf empfand er, wie Erde auf ihn flog und sein Körper vom Druck der Explosion zusammengepreßt wurde. Wieder gab es eine Detonation, Schmutz und Erschütterung, und wieder und wieder wurde sein Körper zusammengepreßt. Er hörte sich stöhnen, war über alle Maßen entsetzt und außer sich vor Wut. Als ein weiteres Schrapnell platzte, schrie er wie ein Kind: „Aufhören, aufhören!" Zitternd lag er noch fast eine Minute da, nachdem der Beschuß vorüber war. Seine Schenkel fühlten sich warm und feucht an, und zuerst dachte er, er sei verwundet. Es war ein angenehmes und befriedigendes Gefühl; es gab ihm die verschwommene Vorstellung eines Bettes im Hospital. Er tastete mit der Hand nach hinten, und mit Ekel und Humor zugleich stellte er fest, daß sich sein Darm entleert hatte.

Hennesseys Körper erstarrte. – Wenn ich mich nicht bewege, mache ich mich weniger schmutzig, dachte er. Er erinnerte sich, daß Red und Wilson was von „Arsch einklemmen" gesprochen hatten, und nun verstand er, was sie damit meinten. Er begann zu kichern. Die Wände seiner Grube waren geborsten, und es überfiel ihn ein neuer Schreck, als er daran dachte, daß sie beim nächsten Beschuß einstürzen würden. Er merkte, daß er stank, und fühlte Übelkeit. Sollte er seine Unterhose wechseln? Er hatte nur noch ein anderes Paar in seinem Rucksack, und das sollte einen Monat reichen. Warf er das alte weg, müßte er es womöglich bezahlen.

Aber das stimmte ja nicht, stellte er dann fest, in Übersee war man für verlorene Ausrüstungsstücke nicht ersatzpflichtig. Wieder begann er zu kichern. Wenn er diese Geschichte seinem Vater erzählen wird! Des Vaters Gesicht erschien ihm für einen Augenblick. Etwas stachelte seinen Mut an, über den Rand des Loches zu blicken. Er erhob sich vorsichtig, voll ebenso großer Furcht, sich seine Hose noch mehr zu beschmutzen, wie, einen Feind zu erblicken.

Toglio und Ridges waren noch unten. Hennessey schöpfte Verdacht, daß man ihn allein gelassen habe. „Toglio, Korporal Toglio!" rief er, aber es war nur ein heiseres, krächzendes Flüstern. Es kam keine Antwort. Er fragte sich, ob sie ihn überhaupt gehört haben könnten. Er war allein, ganz allein, stellte er fest und fühlte eine fürchterliche Angst, so verlassen zu sein. Er fragte sich, wo die andern wohl jetzt wären. Er bestand seinen ersten Kampf, und es war unfair, ihn allein zu lassen, und es verbitterte ihn, daß man ihn so im Stich ließ. Der Dschungel sah dunkel und drohend aus wie ein Himmel, der mit schwarzen Gewitterwolken verhangen ist. Plötzlich meinte er, hier nicht länger bleiben zu können. Er kletterte aus dem Loch, ergriff sein Gewehr und begann fortzukriechen.

„Hennessey, wo willst du hin?" rief Toglio. Sein Kopf war plötzlich über seinem Loch erschienen.

Hennessey fuhr zusammen und stammelte: „Ich geh' mir eine andre holen. Es ist nötig. Ich habe mir die Unterhose schmutzig gemacht." Er begann zu lachen.

„Komm zurück!" rief Toglio.

Der Junge blickte sich um und erkannte, daß es ihm unmöglich war, dorthin zurückzukriechen. Der Strand erschien so rein und weit. „Nein, ich muß gehen", sagte er und begann zu laufen. Er hörte Toglio nochmals hinter sich herrufen und dann nur noch das Geräusch seines Atems. Plötzlich spürte er, wie etwas in die Ausbuchtung der Unterhose über den Gamaschen glitt. Fast wahnsinnig, zog er seine Hose aus der Gamasche und ließ es hinausrutschen. Dann begann er wieder zu laufen.

Hennessey kam an der Stelle vorbei, wo Flaggen für die ankommenden Boote aufgestellt waren, und sah den Marineoffizier mit dem Gesicht nach unten in einer kleinen Vertiefung nahe am Dschungel liegen. Plötzlich hörte er wieder den Mörser, und dann begann gleich darauf ein Maschinengewehr in der Nähe zu feuern. Ein paar Handgranaten explodierten mit dem lauten und hohlen Knall platzender Papiertüten. Er dachte sofort: Da sind einige hinter den Japanern am Mörser her. Dann hörte er das fürchterliche Heulen einer Granate, die auf ihn zukam. Er drehte sich in einem kleinen Kreis und warf sich auf die Erde. Vielleicht vernahm er noch die Explosion, bevor eine Schrapnellkugel sein Gehirn zerfetzte.

Red fand ihn, als der Zug zurückkam, um sich mit Toglio zu vereinigen. Sie hatten den Beschuß in einem langen Zickzackgraben, den eine Reservekompanie weiter hinten an der Küste ausgehoben hatte, abgewartet. Nachdem die Meldung durchgekommen war, daß die japanische Bedienungsmannschaft des Mörsers vernichtet sei, hatte Brown beschlossen, umzukehren. Red fühlte kein Bedürfnis, mit jemandem zu sprechen; unbewußt hatte er die Führung übernommen. Er kam um die Küstenbiegung und sah Hennessey mit dem Gesicht nach unten im Sand liegen. Sein Stahlhelm zeigte einen tiefen Spalt, und ein schmaler Blutstreifen lief über das Gesicht. Eine Hand lag mit der Innenfläche nach oben, und die Finger schienen etwas zu umschließen, was sie festzuhalten wünschten. Red fühlte Übelkeit. Er hatte Hennessey gern gehabt, aber es war jene Art Zuneigung, die er für manchen in seinem Zug empfand – sie schloß die Möglichkeit ein, daß sie so enden konnte wie hier. Was Red quälte, war die Erinnerung an jene Nacht, in der er mit Hennessey während des Luftangriffs gemeinsam an Deck gewesen war und Hennessey seinen Rettungsgürtel aufgeblasen hatte. Es überfiel ihn einen Augenblick lang etwas wie Ehrfurcht und Entsetzen zugleich, als ob jemand – etwas Unbenennbares – ihnen in jener Nacht über die Schulter geblickt und gelacht hätte. Und diese Erinnerung hatte sich seinem

Gedächtnis eingegraben, wofür eigentlich kein Grund vorhanden gewesen war.

Brown kam hinter ihm heran und schaute mit besorgtem Blick auf den Toten. „War es falsch, ihn zurückzulassen?" fragte er. Er versuchte, sich von einer Verantwortung loszusprechen.

„Wer kümmert sich um die Gefallenen?"

„Die Gräberregistratur."

„Gut, ich will sie ausfindig machen, damit man ihn wegtragen kann", sagte Red.

Brown murrte. „Wir haben Auftrag, zusammenzubleiben." Er hielt inne und fuhr dann ärgerlich fort: „Zum Teufel noch mal, Red, du benimmst dich heute wie ein Feigling. Erst suchst du Händel, dann kneifst du und bist wie verrückt über..." Er blickte auf Hennessey und sprach nicht zu Ende.

Red war bereits weitergegangen. Für den Rest dieses Tages würde es eine Stelle an der Küste geben, die er mied. Er spie aus und versuchte, den Anblick von Hennesseys Stahlhelm zu vergessen, das Blut, das über den Rand des stählernen Risses sickerte.

Der Zug folgte hinterdrein, und als sie die Stelle erreichten, wo sie Toglio zurückgelassen hatten, begannen die Männer Löcher auszuheben. Toglio lief nervös umher und versicherte fortgesetzt, daß er Hennessey aufgefordert habe, zurückzukommen. Martinez versuchte ihn zu beruhigen. „Ist schon in Ordnung, du konntest nichts anderes tun", sagte Martinez wiederholt. Leicht und schnell hob er den weichen Sand aus und fühlte sich zum erstenmal an diesem Tage ohne Angst. Sein Entsetzen war mit Hennesseys Tod vergangen. Jetzt würde nichts mehr geschehen.

Als Croft zurückkam, nahm er Browns Bericht ohne Kommentar entgegen. Brown war beruhigt. Es war für ihn entschieden, daß er sich keinen Vorwurf zu machen brauchte. Er hörte auf, darüber nachzudenken.

Aber Croft brütete darüber während des ganzen Tages. Später, als sie an der Küste den Nachschub entluden, ertappte er sich mehrmals dabei, daß er darüber nachdachte. Das Ereignis hatte ihn so getroffen wie damals, als er entdeckte, daß ihm seine Frau untreu war. Ehe Zorn und Schmerz in ihm zu arbeiten begannen, hatte er sich in einer dumpfen Erregung befunden und war sich bewußt geworden, daß sich in seinem Leben Entscheidendes verändert hatte und gewisse Dinge niemals wieder so sein würden wie zuvor. Dasselbe fühlte er jetzt. Hennesseys Tod hatte Croft die Augen über die Größe einer Machtvollkommenheit geöffnet. Er scheute sich, dies völlig zu erfassen. Den ganzen Tag über kreiste es in seinem Hirn und peinigte ihn mit unheimlichen Bildern und Ahnungen.

ZWEITER TEIL

STOFF UND FORM

1

In den ersten Stabsmeldungen hatte Generalmajor Edward Cummings, der Befehlshaber der Landungsarmee, Anopopei beschrieben und ihre Gestalt mit einer Okarina verglichen. Es war ein einigermaßen zutreffendes Bild. Mit ihren Ausmaßen von hundertfünfzig Meilen in der Länge und einem Drittel davon in der Breite besaß die Insel Stromlinienform. Auf der Längsachse lag eine Kette hoher Berge. Fast senkrecht dazu sprang eine Halbinsel zwanzig Meilen vor und bildete das Mundstück.

General Cummings' Landungskorps hatte auf der äußersten Spitze dieser Halbinsel Fuß gefaßt und war in den ersten Tagen fast fünf Meilen vorgestoßen. Die erste Welle der Angriffstruppen war aus ihren Booten die Küste hinaufgeeilt und hatte sich am Rand des Dschungels eingegraben. Nachfolgende Wellen waren über diese Stellung hinausgestürmt und auf Pfaden, die die Japaner kürzlich ausgehauen hatten, durch das Unterholz vorgedrungen. Während der ersten zwei Tage gab es kaum Widerstand, denn das Hauptteil der Japaner war von der Küste zurückgezogen worden, als die Schiffe die Beschießung begannen. Die Offensive wurde nur wenig durch kleine Scharmützel im Hinterhalt verzögert; gelegentlich stieß man auch auf eine Verteidigungsstellung an einem Hohlweg oder quer zu einem Pfad. Die Truppe tastete sich stets nur einige Hundert Yards auf einmal vor und schickte viele Patrouillen aus, um die Gegend vor sich zu erkunden, ehe die einzelnen Kompanien nachrückten. Nach einer Reihe von Tagen gab es immer noch keine Frontlinie. Kleine Gruppen drangen durch den Dschungel, bestanden unerhebliche Gefechte mit noch kleineren Gruppen, und dann ging es weiter. Im ganzen war die Aktion im Voranschreiten, aber jeder einzelne Verband wählte zu beliebiger Zeit die Richtung, die ihm paßte. Sie glichen Haufen von Ameisen, die mit einigen Brosamen im Grase fertig zu werden versuchten.

Am dritten Tage eroberten sie einen japanischen Flugplatz. Es war eine unbedeutende Sache. Ein Streifen von etwa einer viertel Meile war aus dem Dschungel herausgeschnitten worden, und eine kleine Halle und einige Gebäude lagen im Unterholz eingebettet. Alles war bereits vorher von den Japanern zerstört, aber man erwähnte es im Pazifik-Bericht, und die Radio-Ansager wiesen am Ende der Nachrichten auf diesen Sieg hin. Der Flugplatz war von zwei Zügen erobert worden, die ihn im Dschungel eingekreist, die einzige Maschinengewehrgruppe, die ihn noch verteidigte, vernichtet und dann einen Funkspruch an das Hauptquartier des Bataillons weitergegeben hatten. Am Abend befanden sich die einzelnen Truppenverbände zum erste Male miteinander in Verbindung. Der General errichtete einige Hundert Yards hinter dem Flugplatz eine Frontlinie und lauschte abends auf die japanische Artillerie, die den Flugplatz beschoß. Am Vormittag des nächsten Tages waren die Truppen eine weitere halbe Meile auf der Halbinsel vorgedrungen, und die Front war wieder wie in einzelne, sich träge bewegende Quecksilberkügelchen zerfallen.

Es schien unmöglich, irgendeine Art Ordnung aufrechtzuerhalten. Wenn zwei Kompanien sich noch am Morgen in fehlerloser Flankenfühlung befanden, bezogen sie abends ihre Lager eine Meile voneinander entfernt. Der Widerstand des Dschungels war größer als der der Japaner, und die Truppen mieden ihn, wo sie nur konnten. Sie suchten ihren Weg längs der Wasserläufe oder durch die weniger verschlungene Wildnis der Palmenwäldchen und mit Vergnügen durch die gelegentlichen, mit Kunaigras bewachsenen Lichtungen. Dementsprechend pflegten die Japaner diese Lichtungen zu unberechenbaren Zeiten zu beschießen, so daß die Truppen sie schließlich wieder mieden und auf den ungewissen, wenig ausgeprägten Wegen dahintappten, die sie in einigen lichteren Teilen des Dschungels ausfindig machten.

Während der ersten Woche des Feldzuges war der Dschungel der schlimmste Gegner des Generals. Die Landungstruppe war vor den Wäldern Anopopeis gewarnt worden; sie seien fürchterlich; aber dadurch wurde es nicht leichter. In den dichtesten Teilen verlor ein Mann eine Stunde, um etwa hundert Fuß voranzukommen. Bäume von fast hundert Yards Höhe wuchsen im Herzen der Wälder, und die niedrigsten Zweige erstreckten sich zweihundert Fuß über dem Boden. Unter ihnen wurde der Raum von anderen Bäumen ausgefüllt, deren Blattwerk den Riesen verbarg. Und in der kleinen Lücke, die dann noch übrigblieb, war ein fürchterliches Gewirr von Ranken und Farnkraut, wilden Bananenstauden, verkümmerten Palmen, Blumen und Unterholz. Alles bedrängte einander und streckte auf der Suche nach Luft und Nahrung die belasteten Blätter dem durchsickernden, ungewissen Licht entgegen, gleich Schlangen auf dem Grund eines Erdloches. Im innersten Dschungel war es dunkel wie der Himmel vor einem Sommergewitter, und kein Lüftchen regte sich. Alles war feucht und üppig und heiß, als wäre der Dschungel eine ungeheure Anhäufung schmieriger Lumpen, die sich unter dem engen Gewölbe eines großen Warenlagers immer mehr erhitzten. Die Wärme umspülte alles, und so wuchsen die Blätter zu gewaltiger Größe heran. Tief drinnen, in all der Hitze und Feuchte, war es niemals ganz ruhig. Vögel krächzten, und kleine Tiere und gelegentlich auch Schlangen raschelten und zischten, aber trotzdem lagerte über allem eine fast greifbare Stille, in der man die gierigen Laute der wachsenden Pflanzenwelt zu hören glaubte.

Keine Armee konnte darin leben oder vorwärts kommen. Die Männer bewegten sich am Rande des Dschungels oder durch nachgewachsenes Unterholz und kleinere Palmenwälder. Aber selbst dort vermochten sie nicht mehr als fünfzig oder hundert Fuß voraus zu blicken, und die ersten Unternehmungen des Feldzuges wurden von wenigen kleinen, sich vorwärts tastenden Gruppen durchgeführt. Die Halbinsel war an dieser Stelle nur einige Meilen breit, und der General hatte zweitausend Soldaten darüber verstreut, die nur geringe Verbindung untereinander hatten. Zwischen einer Kompanie von hundertachtzig Mann und der benachbarten blieb Raum genug, um jede beliebige Anzahl japanischer Soldaten durchschlüpfen zu lassen. Selbst wo das Terrain verhältnismäßig übersichtlich war, versuchten die Kompanien selten, eine zusammenhängende Frontlinie zu bilden. Nachdem man eine Woche lang auf diese Weise den Dschungel ertastet hatte, war des Generals Entwurf für die Bildung einer zusammenhängenden Front immer noch kaum mehr als ein Entwurf. Überall hatte man Japaner hinter den Kampftruppen zurücklassen müssen, und im Dschungel und im ganzen Gebiet, das der General von der Halbinsel erobert hatte, gab es Partisanenüberfälle und Gemetzel, bis schließlich das Mundstück der Okarina wie mit Kletten besetzt schien. Es entstand eine heftige und anhaltende Verwirrung.

Der General hatte dies erwartet und berücksichtigt. Zwei Drittel seiner sechstausend Mann starken Streitkräfte waren im Hinterland geblieben, um für den Nachschub zu sorgen und um durch Patrouillen den Dschungel auszukämmen. Er hatte vor Beginn des Feldzuges aus Berichten erfahren, daß ihm die Japaner mindestens fünftausend Mann gegenüberstellten, und bisher war man nur mit wenigen hundert in Berührung gekommen. Der japanische Befehlshaber, General Toyaku, zog sie augenscheinlich in einer hinhaltenden Verteidigungstaktik zurück. Damit schien übereinzustimmen, daß eine spärliche Luftaufklärung, die Cummings vom Hauptquartier zugestanden worden war, Fotos zusammenbrachte, auf denen eine mächtige Verteidigungsstellung zu erkennen war, die Toyaku zwischen dem Bergzug und dem Meer errichtet hatte. Sobald Cummings die Basis der Halbinsel erreicht haben würde, mußte er seine Truppen in einem Winkel von neunzig Grad nach links schwenken lassen, um sie der von Toyaku errichteten Verteidigungslinie gegenüberzubringen.

Aus diesem Grunde kümmerte Cummings das langsame Vorwärtskommen nicht. Sobald seine Truppen die Toyaku-Linie erreichten, würde es notwendig sein, sie gut ausgerüstet zu haben, und dazu wurde eine Straße benötigt, die mit den Soldaten Schritt hielt. Am zweiten Tage der Invasion hatte der General völlig richtig gefolgert, daß die Hauptkämpfe mit den Japanern in meilenweiter Entfernung stattfinden würden. Er hatte unverzüglich tausend Mann zum Straßenbau abkommandiert. Sie begannen bei dem improvisierten Wege, den die Japaner für den Autoverkehr vom Flugplatz zur Küste benutzt hatten. Die Pioniere erweiterten ihn und bedeckten die Oberfläche mit Kieselsteinen von der Küste. Aber hinter dem Flugplatz waren die Wege lückenhaft, und nach der ersten Woche wurde ein weiteres Tausend zum Straßenbau abkommandiert.

Für den Bau jeder Meile wurden drei Tage benötigt, und ständig drangen die Kampftruppen weiter vor. Am Ende der dritten Woche hatte die Division fünfzehn Meilen auf der Halbinsel zurückgelegt, während die Straße nur bis zur Hälfte reichte. Auf der übrigen Strecke hatte man Träger eingesetzt, und dafür wurde ein weiteres Tausend benötigt.

Der Feldzug wurde von Tag zu Tag ergebnisloser und in keiner Radionachricht mehr erwähnt. Die Verluste der Division waren gering, und die Front hatte endlich eine zusammenhängende Form angenommen. Der General überwachte ständig die Tätigkeit der Männer und den Wagenverkehr in allen Dschungellagern nahe der Küste. Er kümmerte sich zeitweilig selbst um das Ausheben von japanischen Nestern im Hinterhalt, den Bau der Straße und das Vorantreiben der Front in leicht durchführbaren und vorausberechneten Abschnitten. Es war ihm klar, daß in einer Woche oder in zwei Wochen, längstens aber in einem Monat, die Hauptschlacht beginnen würde.

2

Den Männern vom Ersatz erschien alles neu, und sie fühlten sich elend. Immer waren ihre Kleider feucht, und wie sie auch versuchten, ihre Zelte zu errichten – während der Nacht wurden sie ihnen umgeweht. Sie fanden kein Verfahren, die kurzen Zeltpflöcke fest genug im Sand zu verankern. Wenn es zu regnen begann, vermochten sie nichts anderes, als ihre Füße hochzuziehen und zu hoffen, daß ihre Decken nicht abermals durchtränkt würden. Mitten in der Nacht wurden sie für die Wache geweckt, stolperten durch das Mondlicht, saßen benommen in einem feuchten Erdloch und schreckten bei jedem Laut zusammen.

Es waren dreihundert Mann, und jeder von ihnen fühlte sich ein wenig außer sich. Alles war so seltsam. Irgenwie hatten sie nicht erwartet, innerhalb der Kampfzone zum Arbeitsdienst herangezogen zu werden, auch waren sie verwirrt von dem Kontrast zwischen dem lebhaften Betrieb am Tage, wenn die Lastwagen und Landungsboote hin und her fuhren, und der Stille des Abends, wenn alles so friedlich ausschaute. Dann war es auch kühler, und über dem Wasser gab es gewöhnlich einen wunderbaren Sonnenuntergang. Die Männer pflegten, bevor es dunkelte, ihre letzten Zigaretten zu rauchen, Briefe zu schreiben, oder sie versuchten, ihre Zelte mit einem Stück Treibholz fester zu spannen. Der Lärm der Schlacht verstummte des Abends allmählich, und das entfernte Knattern kleinkalibriger Waffen, der vereinzelte Widerhall von Kanonenschüssen schien sie nichts anzugehen. Es war eine verrückte Zeit, und die meisten waren es zufrieden, als sie ihren Kompanien zugeteilt wurden.

Croft war es nicht. Gegen seine bessere Überzeugung hatte er gehofft, daß man ihm die acht Ersatzleute geben würde, die er für seinen Zug benötigte, aber zu seinem Ärger teilte man ihm nur vier zu. Das war der Höhepunkt all der Enttäuschungen, die man ihm bereitet hatte, seitdem sein Zug auf Anopopei an Land gegangen war.

Gleich im Anfang gab es eine erste Enttäuschung, weil sie keine Kämpfe zu sehen bekamen. Der General war gezwungen gewesen, die halbe Division auf Motome in Garnison zu belassen, und so kam er nur mit einem Teil der Offiziere und des Personals vom Divisionshauptquartier nach Anopopei. Diese Männer waren mit dem Kompaniehauptquartier des Regiments 460 verschmolzen worden, und das vereinigte Hauptquartier hatte sich ein Palmenwäldchen an einem flachen, sandigen Hang ausgesucht, von dem aus man das Meer überblicken konnte.

Der Zug war mit der Errichtung des Hauptquartiers beauftragt worden. Nachdem sie zwei Tage an der Küste gearbeitet hatten, wurden sie diesem Lager zugeteilt und verbrachten den Rest der Woche mit dem Roden des Unterholzes, dem Ausspannen von Stacheldraht im nahen Umkreis und dem Einebnen des Bodens für die Kantinenzelte. Danach war ihr Dienst gleichförmig geworden. Jeden Morgen versammelte Croft seinen Zug und machte die Einteilung für die Arbeit im Küstendienst und beim Straßenbau. Eine Woche ging vorüber und noch eine, ohne daß es irgendeine Patrouille gab.

Croft war verdrossen. Der Arbeitsdienst ermüdete ihn, und obgleich er mit derselben Tatkraft dabei war wie bei anderen Aufträgen, war er von dem gleichförmigen Verlauf der Tage unwirsch und gelangweilt. Er suchte nach einem Ausgleich für dieses Gefühl, und durch die Rekruten bekam er ihn. Bevor sie eingeteilt wurden, hatte er jeden Tag an der Küste beobachten können, wie sie ihre Zelte zusammenfalteten und zum Arbeitsdienst abrückten. Und so, wie ein Unternehmer seinen Nutzen überschlägt, hatte er berechnet, welche Patrouillen er mit einem Siebzehn-Mann-Zug durchführen könnte.

Als ihm mitgeteilt worden war, daß er nur vier Mann erhalten würde, war er wütend. Das brachte seinen Zug zwar auf dreizehn Mann, aber da die Papierstärke zwanzig Mann betrug, war es ihm kein Trost. Auf Motome hatte der Hauptquartierzug sieben Mann, die dauernd der Nachrichtenabteilung des Regiments zugeteilt blieben und für alle praktischen Zwecke ausschieden. Diese Sieben machten keine Patrouillen, schoben keine Wache, blieben vom Arbeitsdienst befreit und erhielten ihre Befehle von anderen Unteroffizieren, und heute wußte er nicht einmal mehr ihre Namen. Auf Motome waren die Schützen des Zuges bisweilen nur drei oder vier Mann stark auf eine Patrouille gegangen, die zweimal soviel erfordert hätte. Und die ganze Zeit über gab es diese sieben zusätzlichen Männer, über die er keine Befehlsgewalt hatte!

Es erhöhte noch seinen Ärger, als er entdeckte, daß ein fünfter Mann zwar dem Zug zugeteilt, aber bereits wieder zur Hauptquartiergruppe abkommandiert worden war. Nach dem Abendessen schritt er zum Zelt des Kommandanten der Hauptquartier-Kompanie, Hauptmann Mantelli, hinüber und begann eine Auseinandersetzung.

„Hören Sie, Hauptmann, Sie müssen mir da noch einen weiteren Mann von der Hauptquartiergruppe geben."

Mantelli war ein blonder Mann, mit Augengläsern und einem hellen, fröhlichen Lachen. Er hob seine Hände in ironischer Abwehr vor sein Gesicht, als Croft auf ihn einstürmte.

„Halten Sie ein, Croft", lachte er. „Ich bin doch kein gottverdammter Japs. Was stellen Sie sich denn eigentlich vor, hier so einzudringen und fast das Zelt umzureißen?"

„Lange genug hat man mich kurzgehalten, Hauptmann, ich mach' es nicht länger mehr mit. Ich habe es satt, meine Leute einzusetzen und ihre Köpfe zu riskieren, wenn es da sieben

Männer gibt, sieben Männer, verflucht noch mal, die sich im Hauptquartier herumdrücken und die Ordonnanzen und weiß der Teufel was sonst für Offiziere machen!"

Mantelli kicherte. Er rauchte eine Zigarre, was nicht ganz zu seinem kleinen Gesicht paßte. „Croft, angenommen, ich würde Ihnen diese sieben Mann überlassen, wer, zum Teufel, soll mir morgen das Toilettenpapier reichen?"

Croft umklammerte den Tisch und starrte auf ihn nieder. „Sie können sich darüber lustig machen, Hauptmann, aber ich kenne mein Recht, und der Zug muß diesen fünften Mann erhalten. Das einzige, was er im Hauptquartier zu tun bekommt, ist Bleistifte anspitzen."

Mantelli kicherte wieder. „Bleistifte anspitzen! Du lieber Gott, Croft, ich glaube, daß Sie keine allzu große Meinung von mir haben." Der Abendwind blies von der Küste her in das spitze Zelt und klapperte mit den Zeltbahnen. Sie waren allein. „Hören Sie mal", fuhr Mantelli fort, „ich weiß, daß es eine Schande ist, daß Ihr Zug noch nicht aufgefüllt wurde, aber was kann ich dazu tun?"

„Sie können mir den fünften Mann geben. Er ist für den Zug abkommandiert, und ich bin der Sergeant des Zuges. Ich brauche ihn."

Mantelli scharrte mit dem Fuß auf dem schmutzigen Zeltboden. „Und was meinen Sie, was es auf der Befehlsstelle geben wird? Oberst Newton kommt herein, und, Gott steh mir bei, wenn da irgendeine Arbeit unerledigt ist, dann seufzt er und sagt: ,Geht ziemlich langsam hier voran.' Und es ist verdammt sicher, daß ich meine Zigarre kriege. Wachen Sie doch auf, Croft, Sie sind nicht wichtig; das einzige, was zählt, ist eine genügende Anzahl von Schreibern, um das Hauptquartier in Gang zu halten." Er drehte prüfend die Zigarre in seinem Mund. „Jetzt, nachdem wir den General und seinen Stab hier im Lager haben, können Sie nicht mehr ausspucken, ohne gleich ein Kriegsgericht zu erwischen. Wir brauchen eben mehr Leute aus Ihrem Zug. Und wenn Sie nicht Ruhe geben, werde ich Sie Schreibmaschinenbänder reinigen lassen."

„Das ist mir ganz gleich, Hauptmann. Ich werde diesen Mann kriegen, und wenn ich deswegen bis zu Major Pfeiffer, Oberst Newton oder General Cummings gehen müßte. Der Zug wird ja nicht immer an der Küste herumbummeln, und ich brauche jeden Mann, den ich bekommen kann."

Mantelli brummte. „Croft, wenn es nach Ihnen ginge, würden Sie sich die Rekruten herauspicken, als ob Sie Pferde kauften."

„Verdammt noch mal, so ist es, Hauptmann."

„Himmel, daß ihr Jungens mir keine Minute Ruhe lassen könnt." Mantelli lehnte sich zurück und stieß ein- oder zweimal mit dem Fuß an den Tisch. Durch die Zeltbahnen konnte er die Küste im Rahmen einer Gruppe von Kokospalmen sehen. Weit in der Ferne hörte man einen Artillerieschuß.

„Werden Sie mir nun diesen Mann geben?"

„Ja – ja – ja –." Mantelli zwinkerte. Kaum hundert Yards entfernt waren die Rekruten dabei, ihre Zelte zu errichten. Fern im Hafen verschwanden einige vor Anker liegende Liberty-Schiffe im Abenddunst. „Jawoll, Sie sollen ihn haben, diesen armen Hund." Mantelli blätterte in einigen Papieren, ging mit dem Finger eine Reihe von Namen entlang und unterstrich einen mit dem Fingernagel. „Er heißt Roth und wird als Schreiber geführt. Sie werden ja nun wahrscheinlich einen Teufel von Schützen aus ihm machen."

Der Ersatz blieb noch einen oder zwei Tage an der Küste. An dem Abend, als Croft mit Hauptmann Mantelli gesprochen hatte, schritt Roth verlassen durch das Rekrutenlager. Der Kamerad, mit dem er das Zelt teilte, ein großer, gutmütiger Landjunge, war noch im Zelt seiner Freunde, und Roth wünschte nicht, mit dabeizusein. Er war es am vergangenen Abend gewesen, und, wie gewöhnlich, hatte er abseits gestanden. Sein Zeltnachbar und seine Freunde waren junge Menschen, die wahrscheinlich direkt von der Schule kamen und lärmend über die albernsten Witze lachten, sich balgten und fluchten. Er wußte nicht, worüber er sich mit ihnen unterhalten sollte. Roth fühlte ein altvertrautes, stilles Verlangen nach irgend jemand, mit dem er ein ernstes Gespräch führen könnte. Es wurde ihm bewußt, daß nicht einer von den Rekruten dafür in Frage kam – alle, mit denen er gemeinsam die Reise nach Übersee gemacht hatte, waren im letzten Depot von ihm getrennt worden. Aber auch an ihnen war nichts Besonderes gewesen. – Alle sind sie stumpfsinnig, entschied Roth. Das einzige, woran sie denken, ist, wie sie an Frauen herankommen könnten.

Er starrte trübsinnig auf die im Sand verstreuten Zelte. In ein oder zwei Tagen würde er seinem neuen Zug zugeteilt werden, und dieser Gedanke machte ihm keinen Spaß. Schütze! Was für ein verfluchter Betrug! Schließlich hatten sie ihm doch gesagt, daß er als Schreiber ins Feld gehen würde. Roth zuckte die Achseln. Aber die Armee brauchte nur Kanonenfutter. Sie machten selbst aus einem Mann wie ihm, einem Familienvater mit schwacher Gesundheit, einen Schützen. Er taugte zu anderem, hatte einen College-Grad und war mit Bürodienst vertraut. Aber versuch das mal der Armee klarzumachen!

Er kam an einem Zelt vorüber, wo ein Soldat Pflöcke in den Sand schlug. Roth hielt an, und dann erkannte er den Mann. Es war Goldstein, einer von denen, die mit ihm dem Aufklärungszug zugeteilt worden waren. „Hallo", sagte Roth, „ich seh', du bist beschäftigt."

Goldstein blickte auf. Er war ein Mann von etwa siebenundzwanzig Jahren mit sehr blondem Haar und freundlichen, ernsten blauen Augen. Er starrte Roth aufmerksam an, als ob er kurzsichtig sei; seine Augen standen leicht vor. Dann lächelte er mit Wärme und reckte seinen Kopf hoch. Diese Bewegung und der starre konzentrierte Blick ließen ihn als einen sehr ernsthaften Menschen erscheinen. „Bin grad dabei, mein Zelt zu befestigen", sagte Goldstein. „Hab' heute den ganzen Tag darüber nachgedacht, und schließlich fand ich heraus, woran es liegt. Die Armee hat niemals Zeltpflöcke entwerfen lassen, die im Sand zu verwenden sind." Er lächelte vor Begeisterung. „So habe ich mir ein paar Äste aus dem Busch geschnitten und Pflöcke daraus gemacht. Ich wette, daß sie jedem Wind standhalten." Goldstein hatte eine aufrichtige Art zu sprechen, aber es klang ein wenig atemlos, als fürchte er, unterbrochen zu werden. Wenn nicht die unerwartet tiefen Falten gewesen wären, die von seiner Nase zu den Mundwinkeln liefen, würde er wie ein Junge ausgesehen haben.

„Das ist mal 'ne Idee!" rief Roth aus. Weiter wußte er nichts hinzuzufügen, zögerte einen Augenblick und setzte sich dann in den Sand. Goldstein fuhr in seiner Arbeit fort und summte vor sich hin. „Was denkst du über die Abkommandierung?" fragte er.

Roth zuckte die Achseln. „Das, was ich erwartet habe. Nichts Gutes." Roth war ein kleiner Mann, mit häßlichem Buckel und langen Armen. Alles an ihm schien herabzuhängen. Er hatte eine lange, hängende Nase und Hautsäcke unter den Augen; seine Schultern fielen vornüber. Sein Haar war sehr kurzgeschnitten, was die großen Ohren betonte. „Nein, ich mach' mir nichts draus", wiederholte er ein wenig hochtrabend. Alles in allem sah Roth wie ein zerbrechliches trauriges Äffchen aus.

„Ich denke, wir können noch von Glück sagen", sagte Goldstein sanft. „Schließlich werden wir nicht in den schlimmsten Kampf kommen. Man hat mir gesagt, die Hauptquartier-Kompanie ist ziemlich gut und hat auch mehr intelligente Jungen."

Roth nahm eine Handvoll Sand und ließ ihn hinabrieseln. „Warum soll ich mir was vormachen?" sagte er. „So, wie ich es sehe, führt jeder Schritt in der Armee zu etwas Schlimmerem, als man im voraus ahnt, und das jetzt wird das Schlimmste von allem." Seine Stimme war tief und feierlich; er sprach so langsam, daß Goldstein ein wenig ungeduldig auf das Ende seiner Rede wartete.

„Nein, da bist du zu pessimistisch", erklärte Goldstein. Er nahm einen Stahlhelm und begann ihn als Hammer für die Pflöcke zu benutzen. „Entschuldige, aber so darf man die Sache nicht ansehen." Er schlug mehrere Male mit dem Stahlhelm zu, und dann stieß er einen verdrießlichen Pfiff aus. „Armseliger Stahl", sagte er, „schau her, wie verbeult er ist von dem bißchen Hämmern."

Roth lächelte ein wenig verächtlich. Goldsteins Lebhaftigkeit verwirrte ihn. „Ach, du hast gut reden", sagte er, „aber es gibt doch nur Unannehmlichkeiten in der Armee. Denk nur mal an das Schiff, mit dem wir transportiert wurden. Wie die Ölsardinen hatten sie uns verpackt!"

„Ich denke, sie haben es so gut gemacht, wie sie konnten", meinte Goldstein.

„So gut sie konnten? Ich denke anders darüber." Er hielt inne, als suche er seine Einwendungen zusammen, um die einleuchtendsten auszuwählen, die er vorzubringen wünschte. „Hast du bemerkt, wie sie die Offiziere behandelt haben? Sie schliefen in Staatskabinen, während wir im Mannschaftsraum wie die Schweine eingepfercht waren. Es gibt ihnen ein überlegenes Gefühl – eine auserwählte Schar. Nach der gleichen Methode, die Hitler anwendet, um die Deutschen sich was Besseres dünken zu lassen." Roth glaubte, damit an den Rand einer tiefen Erkenntnis gelangt zu sein. Goldstein hob seine Hand. „Aber deswegen können wir uns eine solche Haltung nicht leisten. Wir sind es doch, die dagegen kämpfen." Dann runzelte er ärgerlich die Stirn, als ob seine Worte eine wunde Stelle seines Verstandes berührt hätten, und fügte hinzu: „Ach, ich weiß nicht, das ist nur eine Bande von Antisemiten."

„Wer? Die Deutschen?"

Goldstein antwortete nicht gleich. „Ja."

„Das ist die eine Seite der Sache", sagte Roth ein wenig feierlich. „Trotzdem, so einfach, glaube ich, ist es nicht." Er fuhr fort zu reden.

Goldstein hörte nicht zu. Ihm war trübselig zumute. Bis zu diesem Augenblick war er fröhlich gewesen, und nun hatte ihn plötzlich Unruhe überfallen. Während Roth sprach, schüttelte Goldstein dann und wann den Kopf oder schnalzte mit der Zunge. Das stand nicht im Zusammenhang mit dem, was Roth sagte. Goldstein erinnerte sich eines Vorfalles am heutigen Nachmittag. Er hatte der Unterhaltung einiger Soldaten mit einem Lastwagenfahrer beigewohnt. Der Fahrer war ein großer Bursche, mit rundem, rotem Gesicht gewesen und hatte die Neulinge aufgeklärt, welche Kompanien man für gut hielt und welche nicht. Als er den Gang einschaltete und abfahren wollte, schrie er zurück: „Hoffentlich kommt keiner zur F-Kompanie, in die sie die verdammten Judenjungens stecken!" Es hatte lautes Gelächter gegeben, und einer hatte hinterhergerufen: „Wenn sie mich da reinstecken, laß ich mich auf der Stelle entlassen." Wieder gab es Gelächter. Goldstein errötete vor Zorn, als er daran dachte. Stärker noch aber empfand er die Sinnlosigkeit seines Zornes, er wußte, daß es nichts nutzte. Er wünschte, dem Jungen, der dem Fahrer geantwortet hatte, etwas gesagt zu haben. Aber der Junge war ja gar nicht wichtig. Der versuchte nur, sich hervorzutun. Der Fahrer war es. Goldstein sah das brutale rote Gesicht vor sich, und gegen seinen Willen fürchtete er sich. Dieser grobe Klotz, dieser Bauernjunge. Er fühlte sich sehr niedergeschlagen: Das war das Gesicht, das hinter allen Judenpogromen stand.

Er setzte sich neben Roth und blickte traurig auf das Meer. Als Roth endete, nickte Goldstein mit dem Kopf. „Warum müssen sie nur so sein?" fragte er.

„Wer?"

„Die Antisemiten. Werden sie niemals klug werden? Warum läßt Gott es zu?"

Roth grinste höhnisch. „Gott ist ein Luxus, den ich mir nicht gestatten kann."

Goldstein schlug mit der Faust in seine Hand. „Nein, ich begreife es nicht! Wie kann Gott herniederblicken und es zulassen? Wir sind ein auserwähltes Volk, heißt es." Er schnaufte. „Auserwählt! Auserwählt für Zores!"

„Ich persönlich bin Agnostiker", sagte Roth.

Goldstein starrte eine Zeitlang auf seine Hände und lächelte dann verdrossen. Die Falten um seinen Mund vertieften sich, und ein sarkastischer, nach innen gerichteter Zug lag auf seinen Lippen. „Wenn es soweit ist", sagte er betont, „werden sie dich nicht fragen, was für eine Art Jude du bist."

„Ich glaube, daß du dich mit diesen Dingen zu sehr abquälst", sagte Roth. – Wie kommt es nur, fragte er sich, daß so viele Juden diese Altweibergeschichten mit sich herumtragen? Seine Eltern jedenfalls waren modern gewesen; aber dieser Goldstein war wie ein alter Großpapa mit seiner Unkerei und seinen Verwünschungen; sicherlich würde er eines gewaltsamen Todes sterben. „Die Juden denken zuviel über sich nach", sagte Roth. Er rieb seine traurig herabhängende Nase. – Goldstein ist ein wunderlicher Bursche, meinte er bei sich; er ist lebhaft in allen Dingen, schwärmerisch wie ein Backfisch, aber sobald man auf Politik oder Wirtschaft oder ähnliche Dinge zu sprechen kommt, lenkt er die Unterhaltung, wie alle Juden, in dieses Fahrwasser.

„Wenn wir es nicht tun", fragte Goldstein verbittert, „wer sonst?"

Roth war verwirrt. Weil er ebenfalls Jude war, glaubten sie immer, er müsse denken wie sie. Er fühlte sich darüber ein wenig enttäuscht. Sicherlich war etwas von seinem Pech darauf zurückzuführen, daß er Jude war; aber das war ungerecht. Er nahm an seinem Judentum keinen Anteil; es war nichts anderes für ihn als eine Zufälligkeit bei der Geburt. „Besser, wir hören damit auf", sagte er.

Sie saßen und beobachteten die letzten glänzenden Streifen des Sonnenunterganges. Nach einer Weile sah Goldstein auf seine Uhr und blinzelte nach der Sonne, die schon fast unter dem Horizont war. „Zwei Minuten später als gestern", erklärte er Roth. „Mir macht es Spaß, solchen Dingen auf der Spur zu bleiben."

„Ich hatte einen Freund", sagte Roth, „der in einem Wetterbüro in New York arbeitete."

„So?" fragte Goldstein. „Du mußt wissen, daß ich mir eine solche Arbeit immer gewünscht habe, aber dafür braucht man eine gute Bildung. Da gibt es viel zu berechnen."

„Er war in einem College", fügte Roth hinzu. Solche Art Unterhaltung liebte er. Sie war weniger gegensätzlich. „Ja", wiederholte Roth, „er besuchte ein College, aber er hatte ohnehin mehr Glück als die meisten von uns. Ich habe einen CCNY[1]-Grad, aber durchaus keinen Nutzen davon."

„Wie kannst du das sagen?" fragte Goldstein. „Vor Jahren wünschte ich, Ingenieur zu werden. Ich glaube, es müßte wunderbar sein, alles, was die Welt sich wünscht, zu erfinden." Er seufzte ein wenig nachdenklich und lächelte dann. „Aber dennoch kann ich mich nicht beklagen, ich bin recht glücklich."

„Da bist du besser dran", versicherte ihm Roth. „Ich habe niemals feststellen können, daß ein Diplom einem hilft, eine Stellung zu bekommen." Er schnaufte ärgerlich. „Weißt du, daß ich zwei Jahre arbeitslos war? Verstehst du, was das bedeutet?"

„Lieber Freund", sagte Goldstein, „du brauchst es mir nicht zu erzählen. Ich hatte zwar immer eine Beschäftigung, aber manchmal war sie nicht der Rede wert." Er lächelte abweisend. „Was hat es für einen Sinn, sich zu beklagen?" fragte er. „Alles zusammengenommen, sind wir doch ganz gut dran." Er streckte seine Hand aus, mit der Innenseite nach oben. „Wir sind verheiratet und haben Kinder – du hast doch auch eins, nicht wahr?"

„Ja", sagte Roth. Er zog seine Brieftasche, und Goldstein versuchte im Abendlicht die Gesichtszüge eines hübschen,

---

[1] College of the City of New York, von der Stadt New York unterhaltenes College.

etwa zwei Jahre alten Jungen zu unterscheiden. „Ein hübsches Kind", sagte er. „Und deine Frau ist wirklich – wirklich sehr anziehend." Sie war eine unansehnliche Frau mit einem groben Gesicht.

„Ja", sagte Roth. Er blickte auf die Bilder von Goldsteins Frau und Kind und gab die Komplimente mechanisch zurück. Roth überkam eine zärtliche Wärme, als er an seinen Sohn dachte. Er erinnerte sich, wie er am Sonntagmorgen von ihm geweckt wurde. Seine Frau legte ihm das Baby ins Bett, und das Kind pflegte auf seinem Bauch zu sitzen und leise an seinen Brusthaaren zu zupfen, während es vor Entzücken krähte. Es durchzuckte ihn freudig, als er jetzt daran dachte, und nun, fern von allem, wurde er sich bewußt, daß er sich niemals über sein Kind gefreut hatte, als er noch mit ihm zusammen lebte. Es hatte ihn gestört und nervös gemacht, weil er geweckt worden war. Es berührte ihn merkwürdig, daß er so viel Glück versäumt hatte, als es so dicht bei ihm gewesen war. Es schien, als ob er sich selbst jetzt viel besser verstünde, und es überkam ihn ein Gefühl von Verzauberung und Entdeckerfreude, als er plötzlich ungeahnte Buchten und Brücken in der ihm so vertrauten grauen Landschaft seines Lebens aufspürte. „Weißt du", sagte er, „das Leben ist schon komisch." Goldstein seufzte. „Ja", antwortete er ruhig.

Roth durchflutete ein warmer Strom der Zuneigung für Goldstein. – Er hat etwas sehr Sympathisches an sich, stellte er fest. Gedanken, wie diese jetzt, waren von jener Art, die man nur einem Mann mitteilen konnte. Eine Frau mußte sich auf ihre Kinder beschränken und auf all die Kleinigkeiten. „Es gibt eine Menge Dinge, die man keiner Frau erzählen kann", sagte Roth.

„Ich bin nicht der Meinung", ereiferte sich Goldstein. „Ich habe es gern, mit meiner Frau alle Dinge zu besprechen. Wir haben eine wunderbare Kameradschaft. Sie ist so verständig." Er hielt inne, als versuchte er, seinen nächsten Gedanken in einen Satz zu fassen. „Komisch, als ich ein Junge von achtzehn oder neunzehn Jahren war, hatte ich eine andere Vorstellung von den Frauen. Ich brauchte sie, weißt du, aus Sexualität. Ich erinnere mich, daß ich zu Prostituierten ging, und es ekelte mich an, und nach einer Woche oder so ging ich doch wieder hin." Er blickte einen Augenblick auf das Meer hinaus und lächelte dann weise. „Aber wenn man verheiratet ist, versteht man ein ganz Teil mehr davon. Es ist so verschieden von dem, was man als junger Mensch annahm. Es ist ... ich weiß nicht, es ist nicht so wichtig für sie. Frauen", sagte er feierlich, „lieben auf eine andere Art als wir. Es bedeutet ihnen nicht soviel."

Roth war versucht, Goldstein einige Fragen über seine Frau zu stellen, aber er zögerte. Durch das, was Goldstein gesagt hatte, fühlte er sich erleichtert. Seine persönlichen Schmerzen, seine Zweifel an sich selbst, sobald er Soldaten über Weibergeschichten hatte reden hören, waren etwas verklungen. „Das ist wahr", stimmte er erfreut zu. „Frauen sind daran nicht so interessiert." Er fühlte sich Goldstein sehr nahe, so, als ob sie nun ein tiefes Wissen um die Dinge miteinander teilten. Goldstein hatte etwas sehr Reizvolles, Nettes an sich. – Niemals, dachte Roth, würde er jemandem etwas Grausames antun.

Aber mehr noch, er war sicher, daß Goldstein ihn gern hatte. „Es ist schön, hier zu sitzen", sagte Roth mit seiner tiefen, feierlichen Stimme. Die Zelte schimmerten silbern im Mondlicht, und die Küste glitzerte am Meeresstrand. Roth war von allen Dingen angefüllt, die sich so schwer in Worte fassen ließen. Goldstein war ihm eine verwandte Seele, ein Freund. Roth seufzte. Ein Jude würde immer nur bei einem Juden wahres Verstehen finden, schien es ihm.

Der Gedanke bedrückte ihn. Warum war es so? Er hatte einen College-Grad, war gebildeter als fast alle anderen Männer seiner Umgebung, aber was hatte er davon? Der einzige Mann, den er zu einem ernsten Gespräch für wert befunden hatte, benahm sich wie ein alter Jude mit einem Bart.

Für einige Minuten saßen sie stumm da. Der Mond war hinter einer Wolke verschwunden, und die Küste war sehr dunkel und still geworden. Gespräche und Gelächter aus den anderen Zelten drangen gedämpft durch die Nacht. Roth wurde sich bewußt, daß er in wenigen Minuten in sein Zelt zurückkehren mußte, und die Aussicht, für die Wache geweckt zu werden, flößte ihm Furcht ein. Er sah einen Soldaten auf sie zukommen.

„Ich glaube, das ist Buddy Wyman", sagte Goldstein, „ein netter Junge."

„Kommt er auch zum Aufklärungszug?" fragte Roth.

Goldstein nickte. „Ja, als wir feststellten, daß wir beide zur selben Stelle kommen würden, beschlossen wir, im selben Zelt zu hausen, wenn man es zuließe."

Roth lächelte säuerlich. Er hätte es sich denken können. Er neigte sich zur Seite, als Wyman sich bückte, um in sein Zelt zu gelangen, und wartete, daß Goldstein ihn vorstellen würde. „Ich glaube, daß ich dich schon bei der Einteilung gesehen habe", sagte Roth.

„O sicher, ich besinne mich", sagte Wyman liebenswürdig. Er war ein großer schlanker Jüngling mit blondem Haar und einem knochigen Gesicht. Er ließ sich auf eine der Decken fallen und gähnte. „Junge, ich hatte nicht gedacht, daß ich mich so lange unterhalten würde", wandte er sich an Goldstein.

„Geht in Ordnung", sagte Goldstein. „Ich habe einen Einfall gehabt, wie man das Zelt befestigen kann, und ich glaube, heute nacht wird es stehenbleiben."

Wyman prüfte es und bemerkte die Pflöcke. „Das ist großartig, du", sagte er. „Tut mir leid, daß ich nicht hier war, um dir zu helfen, Joe."

„Macht nichts", sagte Goldstein.

Roth fühlte, daß er hier nicht länger benötigt wurde. Er stand auf und streckte seinen Körper. „Ich glaube, daß ich mich jetzt davonmachen muß", sagte er und rieb sich mit der Hand seinen dünnen Unterarm.

„Bleib doch noch ein Weilchen", sagte Goldstein.

„Nein, ich möchte vor der Wache noch ein bißchen Schlaf haben." Roth begab sich zu seinem Zelt zurück. Er tappte durch die Dunkelheit. Er hatte die Vorstellung, daß Goldsteins Freundlichkeit nicht allzuviel bedeutete. – Sitzt nur an der Oberfläche seines Wesens. Es geht nicht tief.

Roth seufzte. Während er dahinschritt, machten seine Füße ein schleifendes Geräusch.

„Aber sicher. Hör mal", sagte Polack, „es gibt viele Wege, um sein Schäfchen ins trockne zu bringen." Er streckte sein langes spitzes Kinn Steve Minetta entgegen und grinste. „Du kannst immer einen Weg ausfindig machen, um dir was auf die Seite zu bringen."

Minetta war erst zwanzig, aber sein Haar war zurückgegangen, was ihm eine hohe Stirn verlieh. Er hatte sich einen dünnen Schnurrbart stehenlassen, den er sorgfältig stutzte. Man hatte ihm gesagt, daß er wie William Powell aussähe, und nun versuchte er, mit seiner Haartracht die Ähnlichkeit zu erhöhen. „Nee, da kann ich dir nicht zustimmen", sagte er. „Um manches kommt man nicht herum."

„Wovon sprichst du?" wünschte Polack zu wissen. Er wälzte sich in den Decken herum und wandte sein Gesicht Minetta zu. „Einmal", sagte Polack, „war ich in einem Fleischerladen und nahm ein Stück Geflügel für irgend so ein albernes Dienstmädchen aus und versuchte, eins von den beiden Fettstücken im Bauch auf die Seite zu bringen." Er machte eine erwartungsvolle Pause, und Minetta mußte über Polacks bösartiges Grinsen um den lebhaften Mund lachen.

„Na und?" fragte Minetta.

„Also, sie sieht mir genau auf die Finger, und als ich das Geflügel einpacken will, sagt sie: ‚Was ist mit dem andern Stück Fett?' Ich sehe sie an und sage: ‚Das können Sie nicht gebrauchen, meine Dame, es ist schlecht. Es würde den Geschmack des ganzen Hühnchens verderben.' Sie schüttelt ihren Kopf und sagt: ‚Macht nichts, junger Mann, ich möchte es haben.' Was sollte ich machen, ich mußte es ihr geben."

„Und wie hast du da dein Schäfchen ins trockne gebracht?"

„Nun, bevor ich es ihr gab, habe ich die Galle aufgeschnitten. Das Huhn muß wie Scheiße geschmeckt haben."

Minetta zuckte die Achseln. Der Mond warf genügend Licht in das Zelt, um Polacks Gesicht zu erkennen. Er grinste immer noch, und Minetta fand Polack sehr komisch aussehend, mit den drei fehlenden Zähnen im linken Kiefer.

Polack war vielleicht einundzwanzig, aber seine Augen waren arglistig und lüstern. Wenn er lachte, wurde seine Haut runzlig wie bei einem älteren Mann. Minetta fühlte sich unbehaglich in seiner Nähe. Insgeheim fürchtete er, mit seinen Erfahrungen Polack unterlegen zu sein.

„Hör auf zu spinnen", sagte Minetta. Was glaubte Polack eigentlich, wem er diese Geschichte erzählte?

„Nein, es ist wahr", sagte Polack in seiner harten Sprechweise. Er ließ beim Th stets das H aus, und Minetta äffte ihn nach.

„Dir ist es gut gegangen?" fragte Polack.

„Ich kann nicht klagen", sagte Minetta. „Du erzählst, als ob du was aus einem lustigen Buch vorliest." Er gähnte. „Jedenfalls, die Armee kannst du nicht 'reinlegen."

„Ich fahre nicht schlecht bei ihr."

„Immer wirst du schlecht bei ihr fahren, bis zu dem Tag, wo du wieder 'raus bist", belehrte ihn Minetta. Er schlug mit der Hand an seine Stirn und richtete sich auf. „Diese verfluchten Moskitos." Er kramte unter seinem Kopfkissen – ein mit einem Handtuch umwickeltes schmutziges Hemd – und zog eine kleine Flasche Moskitoöl hervor. Während er sich Gesicht und Hände einrieb, brummte er: „Was ist das für ein Leben!" Er stützte sich auf einen Ellbogen und zündete sich eine Zigarette an. Er erinnerte sich, daß es nicht erlaubt war, nachts zu rauchen, und für einen Augenblick kämpfte er mit sich selbst. „Ach, zum Teufel!" sagte er laut. Unbewußt barg er aber die Zigarette in der Hand. Er wandte sich an Polack und sagte: „Mensch, es macht mir kein Vergnügen, wie ein Schwein zu leben." Er schlug sein Kissen glatt. „Auf seinen dreckigen Sachen schlafen zu müssen und dreckige Sachen anzuhaben, wenn man schläft. Und das nennt der Mensch leben."

Polack zuckte die Achseln. Er war der Zweitjüngste von sieben Geschwistern, und bevor er in ein Waisenhaus kam, hatte er immer auf einer am Boden liegenden Decke mitten im Zimmer beim Ofen geschlafen. Wenn das Feuer um Mitternacht herunterbrannte, stand das erste der Kinder, das zu frieren begann, auf und füllte den Ofen nach. „Ist nicht so schlimm, dreckige Sachen zu tragen", sagte er zu Minetta, „hält die Wanzen ab." Als er fünf Jahre alt gewesen war, hatte er sich seine Kleidung selber waschen müssen.

„Verdammt noch mal, ist das denn eine Lösung?" fragte Minetta. „Den eigenen Gestank zu riechen oder von Wanzen aufgefressen zu werden?" Er dachte an die Anzüge, die er früher trug. Er war im ganzen Block als der Bestangezogene bekannt, der erste, der die neuen Tanzschritte konnte, und nun mußte er ein Hemd tragen, das ihm zwei Nummern zu groß war. „He, kennst du den Witz über die Soldatenkluft?" fragte er. „Es gibt nur zwei Nummern. Zu groß oder zu klein."

„Kenn' ich", sagte Polack.

„Ach!" Minetta erinnerte sich, wie er eines Nachmittags eine ganze Stunde darauf verwandte, um sich sorgfältig anzuziehen, und wie er sich mehrmals die Haare kämmte. Es machte ihm Spaß, dies zu tun, auch wenn er nicht ausgehen wollte. „Du brauchst mir nur zu sagen, wie ich aus der Armee 'rauskomme, und ich will dir dann gern bestätigen, daß man immer sein Spiel gewinnen kann."

„Es gibt schon Wege", sagte Polack.

„Sicher, man kann zum Beispiel in den Himmel kommen – ich hab' nur von keinem gehört, dem es gelang."

„Es gibt welche", wiederholte Polack geheimnisvoll und wiegte im Dunkeln den Kopf. Minetta konnte gerade noch sein Profil erkennen und fand, daß er wie eine Karikatur von Uncle Sam aussah mit seiner gebogenen, gebrochenen Nase und seiner langen, vorstehenden Kinnlade.

„Und welchen Weg?" fragte Minetta.

„Du bist nicht danach gebaut", sagte Polack.

„Scheint mir, als ob du ihn auch nicht gehen kannst", erklärte Minetta hartnäckig.

Polack krächzte belustigt. „Mir gefällt es ja bei der Armee", sagte er.

Minetta war verärgert. Es war unmöglich, mit Polack ins reine zu kommen. „Ach, leck mich am Arsch!" sagte er.

„Du mich auch!"

Sie wandten sich voneinander ab und machten es sich in ihren Decken bequem. Nebel kam vom Meer herauf, und Minetta schauerte es ein wenig. Er dachte an den Aufklärungszug, dem er zugeteilt worden war, und fragte sich ängstlich, ob er den Kämpfen gewachsen sein würde. Er begann vor sich hin zu dämmern und sah im Geist, wie er mit den Überseestreifen heimkam. Es würde noch lange dauern, sagte er sich, und die Angst vor den Kämpfen kehrte zurück. Einige Meilen entfernt hörte er eine Batterie feuern, und er zog die Decke über die Schultern. Er empfand dies angenehm. „He, Polack!" rief er.

„Was ist – ?" fragte Polack, schon halb im Schlaf.

Minetta hatte vergessen, was er sagen wollte, und ihm fiel nur ein: „Wird es heute nacht regnen?"

„Wie mit Mollen."

„Ach geh!" Und Minettas Augen schlossen sich.

In derselben Nacht besprach Croft die neue Einteilung des Zuges mit Martinez. Sie hockten in ihrem Zelt auf den Decken. „Dieser Mantelli ist ein ulkiger Katzelmacher", sagte Croft.

Martinez zuckte die Achseln. Italiener waren wie Spanier und Mexikaner. Er schätzte diese Art Unterhaltung nicht. „Fünf neue Leute", murmelte er nachdenklich. „Ein verflucht großer Zug." Er lächelte in die Dunkelheit und schlug Croft leicht auf den Rücken. Es war selten, daß Martinez eine Zuneigung zeigte. Nach einem Augenblick murmelte er: „Scheint jetzt eine Menge Gefechte zu geben, was?"

Croft schüttelte den Kopf. „Teufel, wenn ich das wüßte." Er räusperte sich. „Hör mal, Japskiller, ich hab' was mit dir zu besprechen. Ich muß uns wieder in zwei Gruppen einteilen und dachte, die meisten der alten Leute in der einen Gruppe und die anderen mit dir und Toglio in der zweiten zusammenzufassen."

Martinez fingerte an seiner feingeschnittenen Adlernase herum. „Die alte Gruppe mit Brown?"

„Jawoll."

„Und Red, Browns Korporal?" fragte Martinez.

Croft grunzte. „Red auf keinen Fall. Der Junge kann keine Befehle entgegennehmen, wie soll er dann welche erteilen können." Er nahm einen Stock und schlug ihn gegen die Gamaschen. „Nee, ich dachte an Wilson", sagte er, „aber Wilson kann nicht mal Karten lesen."

„Gallagher?"

„Ich würde gern Gallagher ernennen, aber er verliert zu leicht den Kopf." Croft zögerte. „Ich will dir was sagen, ich habe Stanley ausgewählt. Brown hat mir in den Ohren gelegen, wie gut Stanley sei. Ich denke, daß er vielleicht der beste Mann ist, um mit Brown zusammen zu arbeiten."

Martinez zuckte die Achseln. „Ist dein Zug."

Croft brach den Stock in zwei Hälften. „Ich weiß, Stanley ist der Arschkriecher im Zug, aber er will vorwärtskommen, und das kann man von Red oder Wilson nicht sagen. Wenn er nichts taugt, schmeiß' ich ihn wieder 'raus, was sonst?"

Martinez nickte. „Ein Versuch also." Er blickte Croft an. „Du sagst, ich Gruppe der verdammten Neulinge?"

„So ist es." Croft schlug Martinez auf die Schulter. Er war der einzige im Zug, den Croft gern hatte, und er sorgte sich in einer ängstlichen, fast väterlichen Weise um Martinez, was ganz im Widerspruch zu seinem sonstigen Wesen stand. „Ich sage dir, Japskiller", meinte er rauh, „du hast mehr durchgemacht als irgendein anderer Mann aus unserem Zug, mich eingeschlossen. Ich habe gedacht, daß ich die Gruppe der Alten für die meisten Patrouillen einsetze, denn die wissen, was sie zu tun haben. Die neue Gruppe kann zunächst mal die leichteren Aufgaben übernehmen. Darum möchte ich, daß du mit dabei bist."

Martinez erbleichte. Sein Gesicht blieb ohne Ausdruck; aber eines seiner Augenlider zuckte einige Male nervös. „Brown aber schlechte Nerven", sagte Martinez.

„Zum Teufel mit Brown. Seit er aus dem Schlauchboot heraus ist, hat er sich vor jeder Scheiße gedrückt. Jetzt ist er dran. Du brauchst Ruhe, Mann."

Martinez fingerte an seinem Bauch herum. „Martinez aber verdammt guter Pfadfinder", sagte er stolz. „Brown guter Bursche, aber Nerven – nicht viel wert. Ich zur alten Gruppe, ja?"

„Die neue wird es leichter haben."

Martinez schüttelte den Kopf. „Neue – keiner kennt mich, verdammt nicht gut, nicht mögen." Er strengte sich an, seine Gefühle auf englisch auszudrücken. „Befehl geben – Ärger. Hören nicht auf mich."

Croft nickte. Das Argument war richtig. Und dennoch wußte er, welche Angst Martinez hatte. Bisweilen konnte ihn Croft nachts im Traum stöhnen hören, und wenn er seine Hand auf Martinez' Schulter legte, um ihn zu wecken, schreckte Martinez hoch wie ein Vogel, der sich zur Flucht wendet. „Meinst du wirklich, Japskiller?" fragte Croft.

„Ja."

Guter, alter Junge, dachte Croft. Es gab gute Mexikaner und schlechte Mexikaner, aber einem guten konnte niemand über sein. – Ein guter Mann bleibt bei der Stange, sagte sich Croft. Ein warmes Gefühl für Martinez überkam ihn plötzlich. „Guter, alter Hund", sagte er laut.

Martinez zündete sich eine Zigarette an. „Brown Angst, Martinez Angst, aber Martinez besserer Pfadfinder", sagte er leise. Sein linkes Augenlid zuckte noch immer nervös, und es war, als ob es durchsichtig sei und man dahinter sein Herz vor Angst, in einen plötzlichen Hinterhalt zu geraten, schlagen sähe.

Im Zeitraffer

JULIO MARTINEZ · EINE STUTE BESCHLAGEN

Ein kleiner, graziöser und hübscher Mexikaner mit sauber gewelltem Haar und feinen, scharfen Gesichtszügen. Sein Körper hatte das schwebende Gleichgewicht und die Anmut des Wildes, und wie bei einem Wildtier war sein Kopf niemals unbewegt. Seine braunen, feuchten Augen schienen immer aufgeregt und wachsam, als müßten sie an Flucht denken.

AUCH kleine mexikanische Jungen atmen in der Traumwelt Amerikas; auch sie wünschen Helden, Flieger, Liebhaber und Finanzgewaltige zu sein.

Julio Martinez, acht Jahre alt, spaziert durch die verdreckten Straßen San Antonios, 1926, stolpert über Steine und späht in den Himmel von Texas. Gestern hat er ein Flugzeug seine Bogen über sich ziehen sehen, heute hofft er, weil er jung ist, wieder eins zu erblicken. (Wenn ich groß bin, bau' ich Flugzeuge.)

Kurze weiße Hosen, die ihm bis zur Mitte der Schenkel reichen. Sein weißes, offenstehendes Hemd zeigt dünne, braune Jungenarme, sein Haar ist dunkel und gelockt. Ein schlauer kleiner Mexikaner.

Lehrerin hat mich gern, Mammi hat mich gern; große dicke Mammi mit Geruch; dicke Arme, weiche Brüste; nachts ist das Geräusch von Mammi und Pappi in den beiden kleinen Räumen, wub-wub, wub-wub, Gekicher ins Kopfkissen. (Wenn ich groß bin, bau' ich Flugzeuge.)

Das mexikanische Viertel ist ungepflastert, und kleine Holzgebäude krümmen sich in der Hitze. Immer atmet man Staub, riecht man Öl, gebratenes Fett; immer schnüffelt man den muffigen Sommergestank spatiger Pferde vor den Wagen, barfüßiger alter Männer, die an ihren Pfeifen saugen.

Mammi schüttelt ihn und spricht zu ihm auf spanisch. Faulpelz, hol mir Pfeffer und ein Pfund Bohnen. Er ergreift das Geldstück, das sich kalt in seiner Hand anfühlt.

Mammi, wenn ich groß bin, werde ich Flieger.

Du bist mein guter, kluger Junge (der feuchte, prickelnde Schmatz ihrer Lippen, der Geruch ihrer Haut), nun geh und hole mir, was ich dir gesagt habe.

Ich will viele große Dinge tun, Mammi.

Sie lacht. Du wirst Geld machen, wirst Land besitzen, aber nun beeil dich.

Kleine mexikanische Jungen wachsen heran, das Haar kräuselt sich am Kinn wie winzige zarte Weinranken. Wenn man still und schüchtern ist, fällt es einem schwer, Mädchen zu finden.

Ysidro ist der große Bruder; er ist zwanzig und ein Stutzer. Er trägt braun-weiße Schuhe, und seine Koteletten sind fünf Zentimeter lang. Julio hört auf ihn.

Ich kriege gute Klasse, große Mädchen, platinblonde. Alice Stewart, Peggy Reilly, Mary Hennessey. Protestantische Mädchen.

Ich werde sie auch kriegen.

Ysidro lacht. Kannst deine Hand lieben. Später wirst du richtig sein. Du wirst lernen, eine Frau wie eine Gitarre zu bespielen.

Julio liebt mit Fünfzehn. Da gibt es ein kleines Mädchen auf der festgestampften Straße, das keine Schlüpfer trägt. Ysabel Flores, ein schmutziges kleines Ding. Alle Jungen macht sie verliebt.

Julio, du bist so süß, süß, süß.

Unter dem Baum hinter dem leeren Haus im Schatten. Julio, wie die Hunde, was?

Er fühlt eine süße Schwäche. (Protestantische Mädchen wie ich werden viel Geld machen.) Ysabel, wenn ich groß bin, werde ich dir viele Kleider kaufen.

Ihr feuchter, samtener Körper sinkt zusammen. Sie liegt am Boden mit den ausgebreiteten Kleidern, ihre frühreifen Brüste dehnen sich in der Sommerhitze. Kleider? fragt sie. In welcher Farbe?

Julio Martinez ist jetzt ein großer Bursche und verdient Geld; er arbeitet in einer Imbißhalle. Am Ladentisch. Der üppige scharfe Geruch des Bratrostes, des Knoblauchs in den Bratwürstchen auf der Pfanne. Joe und Nemo, Harry und Dick. Zum Weißen Turm. Fett auf einer zischenden Platte und Bröckchen; ranziges Fett, das mit einem Spatel abgekratzt wird. Martinez trägt eine weiße Jacke.

Texasleute können ungeduldig sein. He, Junge, wo bleibt der Pfeffer?

Ja, Herr.

Prostituierte sehen durch ihn hindurch. Gut gewürzt!

Ja, meine Dame.

Wagen blitzen auf in der mit elektrischem Licht überfüllten Nacht, seine Füße schmerzen von dem Zementboden. (Ich will viel Geld machen.)

Aber es gibt keine Geschäfte, die viel einbringen. Was kann ein mexikanischer Junge in San Antonio schon tun? Er kann

Verkäufer sein in einer Imbißhalle, er kann Hotelboy sein, Baumwolle während der Saison pflücken, er kann einen Laden aufmachen; aber er kann kein Doktor werden, kein Rechtsanwalt, kein Großkaufmann, kein Chef.

Er kann lieben.

Rosalita hat einen dicken Bauch; er ist fast so dick wie der ihres Vaters Pedro Sanchez. Du wirst meine Tochter heiraten, sagt Pedro.

Sí, aber es gibt hübschere Mädchen als Rosalita.

Es wird Zeit, daß ihr trotzdem heiratet.

Sí. (Rosalita wird fett werden, und Kinder werden durchs Haus laufen. Wub-wub, wub-wub, Gekicher ins Kopfkissen. Er wird Gräben ausheben auf den Straßen.)

Auf alle Fälle bist du der erste.

Sí. (Es war nicht seine Schuld. Scheich[1], Ramses, der Goldene Trojaner. Bisweilen waren es zwei Dollar von den zwanzig, die er in der Woche machte.)

Ich will mit Signora Martinez sprechen.

Sí. Wenn du es wünschst.

Die Nacht ist voll von Liebeseufzern. Rosalita ist süß, aber es gibt süßere Mädchen. Er wandert die schmutzigen aufgerissenen Straßen entlang. Man beginnt sie zu pflastern.

Müde? Ruhelos? Ein Mädchen verführt? 'rein in die Armee!

Martinez wird 1937 Soldat. Neununddreißig ist er immer noch Gemeiner. Ein hübscher scheuer Mexikaner mit gutem Benehmen. Seine Ausrüstung ist fleckenlos. Und das genügt für die Kavallerie.

Da gibt es manches. Der Offiziersgarten ist zu jäten, und man spielt den Diener auf ihren Gesellschaften. Das Pferd ist zu pflegen, nachdem man es ausgeritten hat. Wenn es eine Stute ist, muß man sie auswaschen. Die Ställe sind heiß und gärend. (Ich will dir viele Kleider kaufen.) Ein Soldat schlägt einem Pferd über den Kopf. Das ist das einzige, was bei solch einem Aas was nutzt. Das Pferd wiehert vor Schmerz, stößt mit den Beinen aus. Wieder schlägt es der Soldat. Das Schwein versuchte heute, mich abzuwerfen. Man muß ein Pferd wie einen Nigger behandeln, dann geht es.

Martinez kommt aus dem Stall und wird gesehen. He, Julio, sagt der Soldat, daß du nicht darüber redest!

Das instinktive Zusammenzucken. (He, du Junge, beeil dich mit dem Pfeffer!)

Nicken. Grinsen. Ja, sagt Martinez.

---

[1] Nach dem Roman von Edith M. Hull „The Sheik". Ein junge Mädchen faszinierender Mann (1921)

Fort Riley ist groß und grün, und die Kasernen bestehen aus rotem Backstein. Die Offiziere leben in hübschen kleinen Häusern mit Gärten. Martinez ist Ordonnanz bei Leutnant Bradford.

Julio, wirst du dir heute mit meinen Schuhen besondere Mühe geben?

Ja, Sir.

Der Leutnant trinkt einen Schnaps. Auch einen, Martinez?

Danke, Sir.

Ich wünsche, daß du dich heute gut benimmst.

Ja, Sir, mache ich.

Der Leutnant kneift ein Auge zu. Nichts machen, was ich nicht tun würde.

Nein, Sir.

Der Leutnant und seine Frau gehen. Ich glaube, das ist der beste Bursche, den wir jemals hatten, Hooley, sagt Mrs. Bradford.

Danke sehr, Madame.

Als das Landungskorps abfährt, macht Martinez den Korporal. Zum ersten Male drillt er eine Gruppe und ist so furchtsam dabei, daß er kaum die Kommandos herausbringt. (Das fehlte noch, von einem Mexikaner Befehle entgegenzunehmen!) Gruppe, links schwenkt! Kehrt, marsch! (Sie müssen die Verantwortung, die Sie übernehmen, voll begreifen. Nichts ist schwerer in der Welt, als ein vollkommener Unteroffizier zu werden. Zugänglich und abweisend. Das sind die Schlüsselworte.) Vorwärts Marsch! Die Stiefel stampfen den roten Lehm, der Schweiß tropft. Klapp, klapp, klipp, klapp; klapp, klapp, klipp, klapp. (Mit den weißen protestantischen Mädchen, zugänglich und abweisend. Ich will ein guter Unteroffizier sein.)

Gruppe, halt! Weggetreten!

Martinez ist im Verband der Infanterie-Division des Generals Cummings. Er geht als Korporal vom Aufklärungsdienst nach Übersee.

Es gibt Entdeckungen. Australische Mädchen kann man haben. Die Straßen von Sydney. Das blonde Mädchen mit den Sommersprossen, das seine Hand hält. Ich glaube, du bist verdammt schlau, Julio.

Du auch. Der Geschmack australischen Bieres. Die australischen Soldaten nennen ihn einen Bock.

Yankee, hast du nicht einen Schilling oder zwei?

Yankee? Nun gut, murmelt er.

Die blonde Prostituierte. Oh – Julio – oh – tu es noch einmal.

Ich tue es. (Ich tat es mit Mrs. Leutnant Bradford, ich tat es mit Peggy Reilly und Alice Stewart, ich will ein Held sein.)

Martinez blickte auf einen Grashalm. Bii-auuuu, bii-auuuu. Die vorüberpeitschende Kugel verliert sich heulend in der Wildnis. Er kriecht weiter, gleitet hinter einen Baumstumpf. Biiauuuu. Die Handgranate liegt schwer und unbeholfen in seiner Hand. Er wirft sie durch die Luft und birgt seinen Kopf in eigener zärtlicher Umarmung. (Mammis Arme waren dick und ihre Brüste weich.) Raaa-wummmm.

Hab' ich den Schweinehund erwischt?

Wo, zum Teufel, ist er?

Martinez tastet sich Schritt für Schritt vorwärts. Der Japaner liegt auf dem Rücken, das Kinn zum Himmel aufgereckt. Die weißen Eingeweide sind wie Blumen auf rotem Grund.

Ich hab' ihn erwischt.

Bist ein großartiges altes Mistvieh, Martinez.

Martinez wird Sergeant. Kleine mexikanische Jungen atmen ebenfalls in der Traumwelt Amerikas. Wenn sie nicht Flieger werden können oder Finanzleute oder Offiziere, können sie dennoch Helden sein. Nicht nötig, über Steine zu stolpern und den Himmel von Texas abzusuchen. Jedes Hänschen kann ein Held sein.

Nur macht es dich nicht zum weißen Protestanten, zugänglich und abweisend.

3

IN der Offiziersmesse gab es Wortwechsel. Während der letzten zehn Minuten hatte Oberstleutnant Conn eine Rede gegen die Gewerkschaften losgelassen, und Leutnant Hearn war unruhig geworden. Der Ort war nicht dazu angetan, die Ruhe zu bewahren. Die Messe war ziemlich eilig aufgerichtet worden und wirklich nicht groß genug, um vierzig Offiziere zu bewirten. Zwei quadratische Zelte hatte man miteinander verbunden. Trotzdem war es ziemlich eng und kaum genügend Raum vorhanden, um sechs Tische, zwölf Bänke und das Zubehör der Feldküche am anderen Ende unterzubringen. Außerdem stand der Feldzug erst in seinen Anfängen; es war schwierig, das Essen reicher als das der Mannschaftsküche zu gestalten. Einige Male hatten die Offiziere einen Auflauf oder Kuchen gehabt, und einmal hatte es Salat gegeben, als man eine Kiste mit Tomaten von einem Handelsschiff vor der Halbinsel erwerben konnte, aber im Durchschnitt war das Essen schlecht. Und seitdem die Offiziere für ihr Essen außerhalb der zuständigen Ration zahlen mußten, waren sie ein wenig verbittert. Bei jedem Gang gab es leichte Unmutsäußerungen, die behutsam vorgebracht wurden, weil der General selbst an einem kleinen Tisch an einer Seite des Zeltes mit ihnen aß.

Mittags war die Verärgerung noch größer. Das Messezelt war auf dem am wenigsten anziehenden Platz des Lagers errichtet worden, einige Hundert Yards von der Küste und vom Schatten der Kokospalmen entfernt. Die Sonne prasselte darauf hernieder und erhitzte das Innere derartig, daß selbst die Fliegen träge durch die Luft taumelten. Die Offiziere waren, während sie aßen, in Schweiß gebadet. Der Schweiß tropfte von ihren Händen und Gesichtern auf die Teller vor ihnen. Auf Motome war das Standlager der Divisionsoffiziere in einer kleinen Senke untergebracht worden, wo ein Bach über Felsblöcke rieselte, und dieser Kontrast hatte sie unruhig gemacht. Das Ergebnis war, daß es kaum zu einer Unterhaltung kam und nicht selten zu heftigem Streit. Aber er war damals innerhalb der Ränge geblieben. Ein Hauptmann durfte mit einem Major diskutieren, ein Major mit einem Oberstleutnant, aber keinem Leutnant wäre es erlaubt gewesen, einem Oberst zu widersprechen.

Leutnant Hearn wußte das wohl. Er wußte manches, aber schließlich begriff auch ein Dummkopf, daß ein Leutnant, der einzige Leutnant im vereinigten Hauptquartier, es nicht darauf anlegen sollte, Streit zu suchen. Außerdem wußte er, daß er nicht beliebt war. Die Offiziere sahen es als unverdientes Glück an, daß er dem General als Adjutant zugeteilt worden war, obwohl er doch erst gegen Ende des Motome-Feldzuges in den Verband kam.

Und schließlich hatte Hearn wenig dazu beigetragen, sich Freunde zu erwerben. Er war ein stattlicher Mann mit einem Schopf schwarzen Haares und einem gedrungenen, unbeweglichen Gesicht. Seine ruhigen braunen Augen blickten kühl über den kurzen, plumpen, nur leicht gekrümmten Bogen seiner Nase. Sein breiter dünner Mund war ausdruckslos, kaum mehr als die obere Begrenzung der schweren Kinnpartie, und seine Stimme kam scharf und ein wenig verächtlich, was bei einem so rundlichen Mann überraschte. Er würde es gelegentlich sicher abgestritten haben, daß er nur wenige Menschen liebte. Die meisten, die mit ihm nur einige Minuten gesprochen hatten, fühlten sich unbehaglich. Er gehörte zu jener Art Menschen, denen man eine Demütigung gönnte.

Der gesunde Menschenverstand sagte ihm, daß es am besten sei, den Mund zu halten, aber während der letzten zehn Minuten war ihm der Schweiß ständig ins Essen getropft und sein Hemd feuchter und feuchter geworden. Immer schwerer fiel es ihm, der Versuchung zu widerstehen, den Inhalt seines Tellers Oberstleutnant Conn ins Gesicht zu schleudern. Während der zwei Wochen, seit sie in diesem Zelt aßen, hatte er mit sieben anderen Leutnants und Hauptleuten an einem Tisch gesessen, der demjenigen benachbart war, an dem Conn jetzt redete. Und während dieser beiden Wochen hatte er Conn über den Stumpfsinn des Kongresses (hierin stimmte Hearn ihm zu, wenn auch aus anderen Gründen), über die Mittelmäßigkeit des russischen und britischen Heeres, die Treulosigkeit und Verderbtheit der Neger reden hören und über die fürchterliche Tatsache, daß „Jew" York in den Händen Landfremder sei. Schon bei der ersten Note wußte Hearn in stummer Verzweiflung, was die übrige Symphonie bringen würde. Bis jetzt hatte er sich darauf beschränkt, auf sein Essen zu starren und „Dummkopf" oder ähnliches zu murmeln oder seinen von heftigem Ekel erfüllten Blick auf die obere Zeltstange zu richten. Aber es gab eine Grenze für das, was Hearn ertragen konnte. So, wie er hier mit seinem dicken Körper am Tisch eingeklemmt dasaß, das brühheiße Gewebe der Zeltbahn unmittelbar über seinem Kopf, gab es keine Möglichkeit, den Ausdruck auf den Gesichtern der sechs Offiziere, Majore und Obersten am Nachbartisch zu übersehen. Und dieser Ausdruck änderte sich niemals. Es machte ihn wild.

Da war Oberstleutnant Webber, ein kleiner dicker Holländer mit einem ununterbrochenen, einfältigen, gutmütigen Grinsen, das er nur einstellte, um Nahrung in seinen Mund zu schaufeln. Er war der Kommandant der Pionierabteilung, genoß den Ruf, ein fähiger Offizier zu sein, aber Hearn hatte ihn nie etwas sagen hören und nichts tun sehen als essen, was er mit wilder Begeisterung tat, ganz gleich, welcher Fraß ihnen aus den endlosen Reihen der Konservenbüchsen täglich geliefert wurde.

Webber gegenüber saßen die „Zwillinge", Major Binner, der Generaladjutant, und Oberst Newton, der Regimentskommandeur vom 460sten. Beide waren große, dünne, sorgenvoll dreinblickende Männer mit vorzeitig ergrautem Haar, langen Gesichtern und silberumrandeten Augengläsern. Sie sahen wie Prediger aus und sagten selten etwas. Major Binner hatte eines Abends beim Essen erkennen lassen, daß er religiöse Interessen habe; zehn Minuten lang hatte er einen Monolog mit passenden Bibelzitaten, unter Angabe von Kapitel und Vers, gehalten, aber das war das einzige, was Hearn daran zu würdigen wußte. Oberst Newton war ein unangenehm zurückhaltender Mann mit ausgezeichneten Manieren, ein West Pointer. Gerüchten nach zu urteilen, hatte er niemals in seinem Leben eine Frau besessen – indessen hatte Hearn im Dschungel des südlichen Pazifik keine Gelegenheit gehabt, sich von diesem Versagen Newtons aus erster Hand zu überzeugen. Aber hinter seinen Manieren war der Oberst ein äußerst peinlicher Mann, der seinen Offizieren mit sanfter Stimme zuzusetzen pflegte und von dem die Rede ging, daß er niemals einen Gedanken gehabt hätte, der ihm nicht zuvor von seinem General vermittelt worden sei.

Diese drei hätten harmlos sein können; niemals hatte Hearn mit ihnen gesprochen, und sie hatten ihm nichts getan, aber sie widerten ihn jetzt auf eine Art an, wie es einem im Laufe der Zeit mit einem vertrauten häßlichen Möbelstück geht. Sie ärgerten ihn, weil sie am selben Tisch saßen, an dem auch Oberstleutnant Conn, Major Dalleson und Major Hobart ihre Plätze hatten.

„Es ist, weiß Gott, eine Schande", sagte jetzt Conn, „daß der Kongreß sie nicht längst schon weggewischt hat. Aber man behandelt sie mit Katzenpfötchen, als wenn sie der liebe Gott selber wären. Versuch aber mal einen zusätzlichen Panzer zu bekommen, versuch es nur mal!" Conn war klein, ziemlich alt, mit einem runzligen Gesicht, und seine kleinen Augen standen ein wenig zu weit auseinander, so daß man kaum glauben konnte, daß die zusammen funktionierten. Er war fast kahl, mit einem Schimmer grauen Haares oberhalb des Nackens und seiner Ohren. Seine Nase war groß, gerötet und von einem Netzwerk blauer Äderchen durchzogen. Er trank tüchtig und vertrug es gut; eine schwere Zunge und eine heisere Stimme waren die einzigen verdächtigen Zeichen.

Hearn seufzte und goß sich etwas lauwarmes Wasser aus einer emaillierten grauen Kanne in seine Tasse. Der unter seinem Kinn angesammelte Schweiß schien zu zögern, ob er den Hals entlangrinnen oder von der Kinnspitze tropfen sollte. Das Kinn brannte ihm, als er es mit dem Ärmel abwischte. Um ihn herum summte an den verschiedenen Tischen die Unterhaltung durch das Zelt.

„Dieses Mädchen hatte das, worauf es ankommt. Lassen Sie sich das gesagt sein, mein Lieber."

„Warum können wir unser Netz nicht am Paragon Rot Easy legen?"

Wollte denn das Essen niemals enden! Hearn sah wieder auf und bemerkte, wie ihn der General einen Augenblick anstarrte.

„Gottverdammte Schande", murmelte Dalleson.

„Ich sage Ihnen, wir sollten sie alle aufhängen." Das mußte Hobart sein.

Hobart, Dalleson und Conn. Drei Variationen desselben Themas. Berufssoldaten: Feldwebel, jetzt Stabsoffiziere; einer wie der andere, sagte sich Hearn. Es bereitete ihm ein leises Vergnügen, sich auszumalen, was geschehen würde, wenn er ihnen befahl, den Mund zu halten. Bei Hobart war es einfach. Hobart würde nach Luft schnappen und den Vorgesetzten hervorkehren. Dalleson würde ihn wahrscheinlich nach draußen bitten. Aber was würde Conn tun? Bei Conn war es ein Problem. Conn war der Held in allen Erzählungen, die das Zuhause betrafen. Wenn irgendwer etwas vollbracht hatte, hatte er es auch getan. Er spielte den Freund, den väterlichen Freund, wenn es nicht gerade um Politik ging.

Hearn ließ ihn einen Augenblick beiseite und betrachtete wieder Dalleson. Für den gab es immer nur eine Möglichkeit, sich in Wut zu bringen und eine Prügelei zu suchen. Er war zu schwer, um anderes zu unternehmen, noch rundlicher als Hearn; und sein rotes Gesicht, sein Bullennacken, seine gebrochene Nase konnten nur Heiterkeit oder Wut oder Verwirrung ausdrücken, wobei die Verwirrung nur ein vorübergehender Ausdruck war, bis er sich klargemacht hatte, was man von ihm wollte. Er sah aus wie ein berufsmäßiger Fußballspieler. Dalleson war kein Problem. Er hatte sogar gute Anlagen.

Ebenso war es mit Hobart, dem Bullen. Hobart war der einzige, der nicht Berufssoldat gewesen war, aber fast ebensogut: er war Angestellter einer Bank oder Geschäftsführer eines Kettenläden-Unternehmens gewesen und Leutnant in der Nationalgarde. Er war genau das, was man von ihm erwartete: niemals in Widerspruch zu einem Vorgesetzten und niemals einem Untergebenen Gehör schenkend. Dennoch wünschte er, daß ihn beide mochten. Er war ein Prahlhans und Schmeichler; während der ersten fünfzehn Minuten des Bekanntwerdens immer der gute Junge, mit dem vertraulichen, dick aufgetragenen Patois der Amerikanischen Legion / Rotary Club / Handelskammer, und hinterher enttäuschte er durch die angeborene unsichere Arroganz der Menschen seines Schlages. Er war schwerfällig und hatte ein pausbäckiges Engelsgesicht mit träge herabhängenden Wangen und einem dünnen, kleinen Mund.

Hearn hatte diese Eindrücke keinen Augenblick lang anzuzweifeln brauchen. Dalleson, Conn und Hobart hockten immer beisammen. Er sah Unterschiede, gegenwärtig mißfiel ihm Dalleson etwas weniger als die anderen; er erkundete ihre Gesichtszüge und Gewohnheiten, aber sein Widerwille traf alle gleichmäßig. Sie hatten drei Dinge gemeinsam, und dahinter verschwanden die Unterschiede. Zum ersten: Ihre Gesichter waren gerötet, und Hearns Vater, ein sehr erfolgreicher Unternehmer im Mittelwesten, hatte immer blühend ausgesehen. Zweitens hatten sie alle einen kleinen, dünnen Mund – eins seiner Vorurteile – und drittens, das Schlimmste, keiner von ihnen hätte jemals einen Zweifel an der Richtigkeit dessen aufkommen lassen, was er sagte oder tat.

Mitunter hatte ihm jemand gesagt, daß er Menschen immer nur abstrakt beurteile und nicht nach ihren konkreten Besonderheiten, als allzusehr vereinfachte Typen, und daran war etwas Wahres. Ihm widerstrebten die sechs Offiziere am Nachbartisch, ganz gleich, in welchem Maße sie Juden, Nigger, Russen, Engländer und Iren haßten, selbst einander liebten, ihre Frauen untereinander auf muntere Weise zu gewinnen suchten, sich miteinander betranken, die Maske fallen ließen und über die Stränge schlugen, wenn sie sonnabends abends ein Bordell aufstöberten. Durch ihr Beispiel hatten sie die besten Geister, die glänzendsten Begabungen aus Hearns Generation zu einer geistigen Beschränktheit welken lassen, die das Dreieck Conn-Dalleson-Hobart noch übertraf. Es lief darauf hinaus, entweder mitzumachen oder sich in das letzte kleine Rattenloch, das noch verblieb, zu verkriechen.

Jetzt schien das Zelt nur noch von Hitze erfüllt zu sein, die ihn fast erdrückte. Das Gemurmel, das Geklapper des Zinngeschirrs rieben wie eine Feile an seinem Gehirn. Eine Ordonnanz lief herbei und stellte eine Schüssel mit Büchsen-Pfirsichen auf den Tisch.

„Nehmen Sie zum Beispiel diesen Burschen...", Conn nannte einen berühmten Gewerkschaftsführer. „Nun, ich weiß es, bei Gott, ganz bestimmt" – seine rote Nase bekräftigte nickend seine Meinung –, „daß er sich ein Niggerweib zur Geliebten genommen hat."

Dalleson gackerte: „Himmel, man stelle sich das vor!"

„Ich habe aus guter Quelle erfahren, daß er sogar zwei kleine braune Bastarde von ihr hat, aber ich kann mich nicht dafür verbürgen. Alles, was ich sagen kann, ist, daß er Gesetzesvorlagen betreibt, die den Nigger zum lieben Gott machen sollen, und er hat dafür gute Gründe. Dieses Weib leitet die ganze Arbeiterbewegung, und das ganze Land, den Präsidenten eingeschlossen, unterliegt ihrem Einfluß, wenn sie mit ihrem Bauch angewackelt kommt."

Geschichte auf sexueller Basis!

Hearn empfand die Kühle und Schärfe seiner eigenen Worte: „Woher wissen Sie das eigentlich alles, Oberst?" Seine Glieder unter dem Tisch waren schwach vor Zorn.

Conn wandte sich überrascht zu Hearn um, starrte ihn über die sechs Fuß, die ihre Stühle voneinander trennten, an, der Schweiß stand ihm in dicken Tropfen auf der rotgefleckten Nase. Einen Augenblick war er im Zweifel, ob diese Frage freundlich gemeint war oder nicht, auf alle Fälle aber ärgerte ihn der darin enthaltene leichte Verstoß gegen die Disziplin. „Was meinen Sie damit, woher ich das wüßte, Hearn?" fragte er.

Hearn zögerte und versuchte, es in den Grenzen zu halten. Plötzlich wurde ihm bewußt, daß ihn alle Offiziere im Zelt anstarrten. „Ich glaube nicht, daß Sie allzuviel davon wissen, Oberst."

„Sie glauben nicht, eh, Sie glauben nicht, köstlich. Ich habe, zum Teufel, mehr Einblick in diese Arbeiterdinge als Sie."

Hobart sprang ein. „Ist also ganz in Ordnung, sich Niggerfrauen vorzunehmen und mit ihnen zu leben?" Er lachte, Beifall heischend. „Vollkommen in Ordnung, wie?"

„Ich verstehe nicht, wie Sie das alles wissen können, Oberst Conn", sagte Hearn abermals. Die Angelegenheit nahm die Form an, die er befürchtet hatte. Noch ein Wort mehr, und er würde vor der Wahl stehen, den Rückzug anzutreten oder eine Disziplinarstrafe entgegenzunehmen.

Seine erste Frage war beantwortet worden. War Conn aber eingeschnappt, konnte er ihn leicht weitertreiben. „Sie können ruhig Ihren Mund halten, Hearn. Wenn ich etwas sage, weiß ich, was ich tue."

Von Dalleson kam es wie ein Echo: „Wir glauben, daß Sie sich verdammt viel herausnehmen, Hearn." Ein beifälliges Gekicher ging durch das Zelt. – Keiner von ihnen ist mir zugetan, stellte Hearn fest. Er hatte es gewußt, aber jetzt traf es ihn wie ein Schlag. Der Leutnant an seiner Seite saß steif und reserviert da, sein Ellbogen zog sich sorgfältig einen Zentimeter von dem seinigen zurück.

Er hatte sich selbst in diese Lage gebracht, und nun blieb nichts anderes übrig als durchzuhalten. Sein Herz klopfte rasend vor Angst, in die sich etwas wie Neugier mischte, was ihm wohl widerfahren würde; Kriegsgericht vielleicht?

Während er sprach, empfand er voll Stolz die Sicherheit seiner Stimme. „Ich glaube, Oberst, daß Sie, um so vieles zu wissen, durch Schlüssellöcher gesehen haben müßten."

Vereinzeltes, überraschtes Gelächter antwortete ihm, und Conns Gesicht glühte vor Wut. Die Röte auf seiner Nase verbreitete sich langsam über Wangen und Stirn, und die blauen Adern hoben sich erschreckend deutlich ab mit einem Büschel purpurroter, mit Jähzorn angefüllter Verästelungen. Er suchte augenscheinlich nach Worten und benahm sich wie ein Spieler, der einen Ball hatte fallen lassen und ihn nun wie verrückt umkreiste, um ihn zu stoppen. Wenn er sprechen würde, müßte es furchtbar werden. Selbst Webber hatte zu essen aufgehört.

„Ich muß doch bitten, meine Herren!"

Der General rief es über das Zelt hinweg. „Ich möchte nichts mehr davon hören."

Es brachte alles zum Schweigen, und Stille senkte sich über das Zelt, in dem nur noch das Klappern des Geschirrs zu hören war, und dann folgte ein leises Stimmengewirr, unterdrückte Ausrufe; schließlich wandte man sich ungemütlich und befangen wieder dem Essen zu. Hearn war auf sich selbst wütend und empört über die Erleichterung, die er empfunden hatte, als der General eingriff.

Heilige Abhängigkeit!

Im Unterbewußtsein begriff er, daß der General ihn beschützen wollte, und eine vertraute, ihn verwirrende Erregung kam wieder über ihn, etwas Widerspenstiges und noch etwas anderes, worüber er sich nicht so ganz klar war.

Conn, Dalleson und Hobart starrten ihn an, ein Trio zappelnder Marionetten. Er hob seinen Löffel hoch, kaute auf dem Fruchtfleisch, dessen Süße sich so unvollkommen mit dem bitteren Geschmack in seiner Kehle und dem säuerlichen Aufruhr seines Magens vermengte. Er legte seinen Löffel nieder und starrte auf den Tisch. Conn und Dalleson sprachen befangen miteinander wie Menschen, die in einem Autobus oder Zug merken, daß ihnen Fremde zuhören. Er vernahm einige Bruchstücke ihrer Unterhaltung, die die Arbeit am Nachmittag betrafen.

Schließlich würde Conn die gleiche Magenverstimmung haben.

Der General stand auf und verließ das Zelt. Damit war die Erlaubnis, das Zelt zu verlassen, auch für die anderen gegeben. Conns und Hearns Augen trafen sich für einen Augenblick, und beide sahen verlegen beiseite. Nach einer Minute glitt Hearn von der Bank und ging hinaus. Seine Kleider waren vollständig durchfeuchtet, die Luft umspülte ihn wie kühles Wasser.

Er zündete sich eine Zigarette an und streifte verwirrt durch das Lager, bis er an den Stacheldraht kam, wieder unter den Kokospalmen zurückschlenderte und verdrießlich auf die lockere Ansammlung dunkelgrüner Zelte starrte. Nachdem er lange genug im Kreise herumgelaufen war, stieg er den Hang hinunter, der zur Küste führte, stapfte durch den Sand und stieß geistesabwesend Überbleibsel weggeworfener Rationen, die noch vom Invasionstag stammten, vor sich her. Einige Lastwagen fuhren vorbei, und eine Abteilung Soldaten mit Schaufeln auf den Schultern wühlte sich in einer Reihe durch den Sand. Draußen auf dem Wasser lagen einige Frachter vor Anker und schwankten träge in der mittäglichen Glut. Zu seiner Linken näherte sich ein Landungsboot einem Vorratslager.

Hearn war mit seiner Zigarette fertig und nickte kurz einem vorübergehenden Offizier zu. Das Nicken wurde erwidert, aber erst nach einigem Zögern. Er hatte sich schön in die Nesseln gesetzt, darüber gab es keinen Zweifel. Conn war ein verdammter Narr, aber er ein noch größerer Dummkopf gewesen. Es war die alte Geschichte; wenn er etwas nicht länger ertragen konnte, flammte er auf; das war eine Schwäche. Aber schließlich konnte er diesen Widerspruch, in dem er und die anderen Offiziere lebten, nicht mehr aushalten. In den Staaten war es anders gewesen. Die Kantinen lagen für sich, die Wohnquartiere ebenfalls, und wenn man sich einmal daneben benahm, fiel es nicht groß auf. Aber hier? Wo sie in Feldbetten schliefen, nur wenige Schritte von den Mannschaften entfernt, die auf dem Boden liegen mußten; wo ihnen die Mahlzeiten serviert wurden, schlechte, aber immerhin auf Tellern überreicht, während die anderen, auf ihrem Hintern hockend, ihr Essen verzehrten, nach dem man erst in der Sonne angestanden hatte. Und mehr noch: zehn Meilen entfernt wurden Männer getötet, und das war in moralischer Hinsicht etwas anderes, als wenn sie dreitausend Meilen entfernt getötet wurden. Ganz gleich, wie oft er nun schon in diesem Lager umhergelaufen war, dies Gefühl blieb. Das häßliche Grün des Dschungels, der wenige Yards hinter dem Stacheldraht begann, das hübsche Filigran der Kokosplamen gegen den Himmel, das krankhaft gelbe, überreife Aussehen der Dinge, alles zusammen nährte seinen Widerwillen. Er kletterte den Hang wieder hinauf und schaute über den Lagerplatz mit seinen großen und kleinen Zelten, den Lastwagen und Jeeps, die auf dem Wagenplatz zusammen standen, über die zum Essensappell angetretenen Soldaten in ihren grünen, schmutzigen Dienstuniformen. Die Männer hatten Zeit gehabt, das gröbste Buschwerk und Wurzelzeug zu entfernen und einige wenige Yards des widerstrebenden, verrotteten Bodens zu glätten. Aber weiter vorn, mitten im Dschungel, konnten die Fronttruppen diese Bodenbereinigung nicht vornehmen, denn es gab immer nur einen Aufenthalt von ein oder zwei Tagen, und außerdem war es gefährlich, sich zu exponieren. Sie schliefen im Dreck mit allerlei Gewürm, während die Offiziere meckerten, daß es keine Papierservietten gäbe und das Essen besser sein könnte.

Als Offizier trug man ein Schuldbewußtsein mit sich herum. Sie hatten es von Anfang an gefühlt. Sobald sie aus der Kadettenanstalt kamen, waren die Vorteile, die sie genossen, gleich als unangemessen empfunden worden; aber es war Konvention, das zu vergessen. Auch bot die Dienstvorschrift genügend Anhalt, sich zu beruhigen, wenn man es wünschte. Nur bei wenigen trieb sich dieses Schuldbewußtsein noch im Kopf herum.

Vielleicht stammte das Schuldbewußtsein schon von der Geburt her.

Es war so eine Sache mit der Armee. Es gab für alles Erleichterungen, kaum spürbar, aber sie waren nun einmal vorhanden. Wenn er sich selbst betrachtete: da war ein reicher Vater, ein vornehmes College, Geld, keine Schwierigkeiten außer denen, die er sich selbst bereitete; er empfand es und manche seiner Freunde gleichfalls. Es traf nicht auf allzu viele zu, die er im College kennengelernt hatte. Sie waren ausgemustert oder Soldaten oder Majore bei der Luftwaffe oder im höheren Geheimdienst in Washington oder sogar auf Kommandanten-Lehrgängen, aber alle, die er in der Vorbereitungsschule kennengelernt hatte, waren jetzt Fähnriche oder Leutnants. Für den Reichtum geborene Menschen und gewohnt, daß man ihnen Gehorsam erwies – aber das war nicht ganz richtig ausgedrückt. Es war nicht so sehr der Gehorsam, den sie erwarteten, es war mehr jene Art Sicherheit, die sie oder Menschen wie Conn, Hobart, sein Vater oder selbst der General zur Schau trugen.

Der General. Eine Spur von Widerwillen überfiel ihn abermals. Wäre der General nicht, würde er etwas anderes tun. Für das Offiziersdasein gab es nur im Kampf eine Entschuldigung. Aber außerhalb desselben mußte der Offizier mit sich selbst unzufrieden sein und voller Verachtung den anderen Offizieren gegenüber, einer noch größeren, als schon normalerweise vorhanden war. Es gab nichts und alles in diesem Hauptquartier; eine merkwürdige Befriedigung und den üblichen Ärger. Mit dem General zu arbeiten, war das einzige, was dafür entschädigte.

Da war immer dieser Widerwille, aber noch etwas anderes, Ehrfurcht vielleicht. Nie zuvor war Hearn jemandem begegnet, der dem General gleich gewesen wäre, und, mit Einschränkung, war er davon überzeugt, daß der General ein großer Mann war. Nicht nur wegen der außer Frage stehenden Brillanz seines Wesens; Hearn hatte Menschen gekannt, die geistig General Cummings gleichkamen. Es war auch bestimmt nicht sein Wissen, das erstaunlich vielseitig, wenn auch lückenhaft war. Wodurch sich der General wirklich auszeichnete, war eine fast einzigartige Gewandtheit, seine Gedanken unverzüglich in wirkungsvolle Handlungen umzusetzen; jedoch mochte diese Eigenart nicht so leicht in Erscheinung treten, selbst wenn man Monate mit ihm zusammen arbeitete.

Man konnte manches Widerspruchsvolle beim General feststellen. Da war vor allen Dingen, so glaubte Hearn, eine vollkommene Gleichgültigkeit allem Komfort gegenüber, soweit es seine eigene Person anging; und dennoch leistete er sich einen Aufwand, wie er einem General nun einmal zustand. Am Tage der Invasion hatte der General fast die ganze Zeit am Telefon verbracht, seine Angriffsmaßnahmen scheinbar aus dem Handgelenk festlegend, und fünf, sechs, ja acht Stunden lang hatte er pausenlos die Einleitungskämpfe dirigiert, ohne auch nur einmal eine Landkarte zu befragen, und ohne zu zögern, waren die Entscheidungen getroffen worden, nachdem ihm die Frontoffiziere die nötigen Informationen gemeldet hatten. Es war ein sehenswertes Schauspiel gewesen. Seine Konzentration mutete phantastisch an.

Am Nachmittag dieses Tages war Hobart hereingekommen und hatte den General gefragt: „Wo wünschen Sie, Sir, daß das Hauptquartier errichtet wird?"

Und Cummings hatte geknurrt: „Irgendwo, Mann, irgendwo", ganz im Gegensatz zu der beherrschten Art, mit der er sonst zu seinen Offizieren sprach. In diesem Augenblick war die Maske gefallen, und ein simples Tier, das nur mit seinem Knochen beschäftigt war, hatte sich enthüllt. Hearn hatte es mit unwilliger Bewunderung erfüllt; es würde ihn nicht mehr überrascht haben, wenn der General auf einem Nagelbrett geschlafen hätte.

Aber zwei Tage später, als sich der erste Tumult gelegt hatte, war das Zelt des Generals zweimal verlegt und Hobart sanft gerügt worden, weil er nicht einen ebeneren Platz ausgesucht hatte. Man kam aus den Widersprüchen bei ihm nicht heraus. Sein Ruf, den er sich im südlichen Pazifik erworben hatte, war fest gegründet. Noch bevor Hearn der Division zugeteilt war, hatte er nichts als Lob über seine Fähigkeiten gehört, ein beachtliches Lob der Etappe, wo das Geschwätz als beste Zerstreuung gilt. Doch der General glaubte nicht an seinen Ruf. Einige Male war ihre Unterhaltung sehr vertraulich geworden, und der General hatte beiläufig gemurmelt: „Ich habe Feinde, Robert, mächtige Feinde." Der sich selbst bedauernde Tonfall seiner Stimme war unangenehm hervorgetreten und hatte völlig im Gegensatz zu seiner sonstigen klaren und kühlen Einstellung gegenüber Menschen und Ereignissen gestanden. Er war Hearn im voraus als der sympathischste und befähigste Offizier im Divisionskommando angekündigt worden; sein Charme war allgemein bekannt, aber Hearn hatte bald entdeckt, daß er ein Tyrann war; gewiß, ein Tyrann mit einer Samtstimme, aber unleugbar ein Tyrann.

Auch war er ein fürchterlicher Snob. Hearn, der sich selbst einen Snob nannte, hätte dies sympathisch sein können, obwohl sein Snobismus anderer Art war; Hearn pflegte die Menschen genau einzuteilen, und wenn er fünfhundert Typen dazu benötigte, um alle Einzelheiten zu erfassen. Der Snobismus des Generals war einfacherer Art. Er kannte jede Schwäche und jedes Laster seiner Stabsoffiziere, aber dennoch blieb ein Oberst etwas Höheres als ein Major, ganz gleichgültig, was sie für Gewohnheiten hatten. Dies machte seine Freundschaft zu Hearn noch weniger erklärlich. Der General hatte ihn, sobald Hearn in der Division aufgetaucht war, nach einer halbstündigen Rücksprache zu seinem Adjutanten gewählt. Schritt für Schritt hatte ihm der General sein Vertrauen geschenkt. Dies war an sich verständlich; wie alle eitlen Männer suchte der General nach einem geistigen Ebenbild oder wenigstens einem

Ebenbild, das sich den Anschein von Geistigkeit gab, dem er seine nichtmilitärischen Gedanken auseinandersetzen konnte, und Hearn war der einzige im Stab, der genügend Intellekt besaß, um ihn zu verstehen. Und heute nun, vor kaum einer halben Stunde, hatte ihn der General aus einer Situation gerettet, die ihm äußerst gefährlich hätte werden können.

Während der zwei Wochen seit ihrer Landung hatte sich der General mit ihm fast jeden Abend in seinem Zelt unterhalten, und das sprach sich innerhalb der engen Grenzen des Lagers schnell herum. Der General wußte es und kannte auch die Widerstände, die es zur Folge haben mußte, und die Gefahr einer moralischen Auswirkung. Aber entgegen seinem Selbstinteresse und entgegen seinen Vorurteilen hielt der General weiter zu ihm, ja, er bemühte sich noch mehr, die unleugbare Bezauberung, die von seiner Person ausging, in Erscheinung treten zu lassen.

Wenn der General nicht gewesen wäre, hätte Hearn längst um eine Versetzung nachgesucht, noch bevor die Division nach Anopopei kam. Dieser Wunsch entsprang dem Bewußtsein, eine Dienerstellung einzunehmen, und dem ärgerlichen Kontrast, der immer wieder zwischen den gemeinen Soldaten und den Offizieren zutage trat. Vor allen Dingen war es aber der Ekel, den er den Stabsoffizieren gegenüber empfand und den er so wenig zu verbergen wußte. Das Rätsel, was wohl den General im Innersten bewege, war es, was Hearn in seinem Dienst verbleiben ließ. Während seines achtundzwanzigjährigen Lebens hatte es ihn immer lebhaft interessiert, in einem Mann oder einer Frau die letzten, verborgen gehaltenen Beweggründe zu entdecken, wodurch sie ihn ergötzten. Er hatte einmal geäußert: „Sobald ich den letzten schäbigen Beweggrund aufgedeckt habe, langweilen sie mich. Dann gibt es nur noch eins, zu versuchen, ihnen so schnell wie möglich adieu zu sagen." Und als Antwort darauf hatte er zu hören bekommen: „Hearn, Sie sind so verdammt gesund; Sie sind wie eine Muschel."

Und das stimmte, wahrscheinlich.

Jedenfalls war es nicht leicht herauszufinden, was den General im tiefsten Grunde bewegte. Er besaß ohne Zweifel die meisten der kleinen schmutzigen Gelüste und Begierden, die mit der Sittenstrenge der wöchentlichen Kunstdruckmagazine unvereinbar waren, aber dies machte ihn nicht geringer. Hier war ein Talent, etwas Besonderes, eine größere Begierde, als sie Hearn jemals zuvor begegnet war, und mehr noch, Hearn war bereits dabei, seine Objektivität zu verlieren. Der General gewann mehr Einfluß auf ihn, je mehr Hearn Zuneigung zu ihm verspürte, und gerade das war es, was Hearn widerstrebte.

Wenn er seine unantastbare Freiheit verlor, würde er in den gleichen banalen Sorgen und Wünschen untergehen, die seine Umgebung beherrschten.

Aber dennoch verfolgte er mit einer ironischen, beiläufigen Aufmerksamkeit, wie sich die Dinge zwischen ihnen beiden entwickelten.

Eine Stunde später sah er den General in seinem Zelt. Cummings war im Augenblick allein und prüfte die Berichte der Luftaufklärung. Hearn begriff sofort. Nachdem während der ersten zwei oder drei Tage des Feldzuges keine japanischen Luftangriffe auf Anopopei erfolgt waren, hatte man höheren Orts beschlossen, die Gruppe der Schlachtflieger, die der Aktion zugeteilt waren, auf einer anderen Insel, die über hundert Meilen entfernt war, einzusetzen. Man hatte keinen großen Nutzen von ihnen gehabt. Der General hoffte jedoch, die Luftunterstützung gegen die Toyaku-Stellung mit einzusetzen, sobald man den eroberten Flugplatz für den Bedarf der Luftwaffe genügend erweitert hatte. Er war wütend darüber, daß man die Flugzeuge für einen anderen Feldzug abgezogen hatte; das war um die Zeit, als er die Bemerkung über seine Feinde fallen ließ.

Er studierte jetzt die Berichte der Luftaufklärung vom neuen Kriegsschauplatz, um herauszufinden, ob irgendeine Maschine nutzlos eingesetzt worden sei. Bei jedem anderen würde man es als absurd und eine Art Kasteiung empfunden haben, nicht so beim General. Er vertiefte sich in jede Einzelheit des Berichtes, forschte nach schwachen Stellen, und wenn der eroberte Flugplatz einsatzbereit war, würde er eine Reihe kräftiger Argumente haben, die ihm die Berichte lieferten, in denen er jetzt studierte.

Ohne sich umzublicken, sagte der General über seine Schulter: „Sie haben sich heute verdammt töricht benommen."

„Ganz meine Ansicht." Hearn setzte sich.

Der General schob seinen Stuhl leicht beiseite und sah Hearn gedankenvoll an. „Es hing von mir ab, Sie da herauszuholen." Er lächelte, während er das sagte, und seine Stimme klang gekünstelt, leicht affektiert. Der General hatte verschiedene Redeweisen; wenn er mit den Soldaten sprach, flocht er einige harmlose Flüche ein, und seine Ausdrucksweise war weniger genau. Seinen Offizieren gegenüber war sie immer würdevoll und zurückhaltend, mit sorgfältig aufgebauten Sätzen. Hearn war der einzige, mit dem er in natürlicher Weise redete, und wenn er es nicht tat, wenn sich der „Zum-Untergebenen-Reden"-Tonfall einmengte, bedeutete es, daß er sehr ungehalten war. Hearn hatte einen Mann gekannt, der stotterte, sobald er eine Lüge aussprach; das war im höheren Sinne eine

Art Schlüssel. Der General war augenscheinlich wütend darüber, daß er Hearn in einer Weise zu Hilfe gekommen war, die das ganze Lager veranlassen würde, tagelang darüber zu reden.

„Ich bin mir dessen bewußt, Sir; es wurde mir hinterher klar."

„Wollen Sie mir sagen, Robert, warum Sie sich wie ein Dummkopf benommen haben?" Wieder klang es affektiert, fast weibisch. Hearn hatte gleich bei ihrem ersten Zusammensein den unvermittelten Eindruck gehabt, daß der General sehr selten sagte, was er denke, und Hearn hatte keinen Grund gehabt, seine Meinung zu ändern. Er kannte Männer, die obenhin wie der General waren, die die gleiche Spur weibischer Affektiertheit zeigten, die gleiche augenscheinlich gute Anlage zu äußerster Grausamkeit, aber hier schien es doch großartiger zu sein, verwickelter. Hier war eine weniger starre und nicht leicht durchschaubare Persönlichkeit, um sich ihr gegenüber noch behaglich fühlen zu können. Auf den ersten Blick sah der General nicht anders aus als andere hohe Offiziere. Er war von etwas überdurchschnittlicher Größe, gut im Fleisch, mit einem recht hübschen, sonnengebräunten Gesicht und ergrauendem Haar, aber es gab doch Unterschiede. Wenn er lächelte, sah er dem frischen, selbstzufriedenen, kühnen Typ vieler amerikanischer Senatoren und Geschäftsleute ähnlich; der Anschein des robusten, guten Burschen war jedoch nicht von Dauer. Es lag eine gewisse Leere im Gesicht wie bei Schauspielern in der Rolle amerikanischer Kongreßleute. So war seine Erscheinung – und doch wieder nicht. Hearn kam es immer vor, als ob das lächelnde Gesicht erstarrt sei.

Seine Augen verrieten ihn. Sie waren groß und grau und unheimlich wie blitzendes Glas. Beim Motome-Feldzug hatte es, bevor sie verladen wurden, eine Truppenbesichtigung gegeben, und Hearn war hinter dem General durch die Glieder gegangen. Die Leute zitterten vor Cummings und stotterten ihre Antworten mit heiseren, befangenen Stimmen. Dreiviertel davon war natürlich darauf zurückzuführen, daß sie mit einem General sprachen. Dabei hatte sich Cummings so heiter gegeben und alles versucht, es ihnen leicht zu machen, aber es war wirkungslos geblieben. Diese großen Augen mit der blaßgrauen Iris hatten wie leer ausgesehen, zwei Ovale von erschreckender Weiße. Hearn erinnerte sich an einen Zeitungsartikel, in dem der General beschrieben worden war. Er hätte das Aussehen einer vornehmen, klugen Bulldogge, und ein wenig zu derb hatte man hinzugefügt: „In ihm vereinigen sich wirkungsvoll Kraft, Zähigkeit und Ausdauer dieses tapferen Tieres mit dem Verstand, Charme und der Haltung eines College-Professors oder Staatsmannes." Das war nicht zutreffender als bei anderen Zeitungsberichten, aber es unterstrich die Lieblingsvorstellung, die Hearn vom General hatte. Für den einen Reporter war er „der Professor", ebenso wie er „der General", „der Staatsmann", „der Philosoph" für andere war. Jede dieser Posen enthielt eine täuschende Mischung von Echtem und Beabsichtigtem, es war, als nehme der General instinktiv jene an, die ihm im Augenblick behage, aber außerdem umgab er sich mit dem persönlichen Gewand, das seinen einzigartigen Impulsen entsprach.

Hearn lehnte sich in seinem Stuhl zurück. „Stimmt, ich glaube, ich war ein Dummkopf. Aber was tut's? Es bereitet mir Vergnügen, jemandem wie Conn die Meinung zu sagen."

„Es war eine völlig witzlose Tat. Ich hoffe, daß Sie es als unwürdig empfinden, auf seine Worte gelauscht zu haben."

„Nun gut, das war es."

„Sie sind sehr unerfahren. Ihre persönlichen Rechte hängen vollständig von meiner Laune ab, machen Sie sich das klar. Ohne mich sind Sie nichts weiter als ein Leutnant, der meines Wissens im militärischen Sinne ein Mann ohne eigene Seele ist. *Sie* hatten ihm nicht die Meinung zu sagen, sondern *ich*, und ich hatte nicht den Wunsch, es in diesem Augenblick zu tun. Ich glaube, Sie stehen besser auf, während ich mit Ihnen rede. Sie sollten anfangen, die Grundregeln zu beachten. Ich möchte, verdammt noch mal, nicht haben, daß jemand vorbeikommt und uns hier beide sitzen sieht, als ob die Division ein Kompaniegeschäft zwischen uns beiden sei."

Hearn stand mit einem jungenhaften dumpfen Gefühl des Widerstandes auf. „Bitte", sagte er sarkastisch.

Der General grinste ihn plötzlich höhnisch an.

„Ich habe ein gut Teil früher als Sie Conn seinen Schmutz anhäufen sehen. Es ist langweilig, Robert, weil es witzlos ist. Ich bin ein bißchen enttäuscht von Ihnen, daß Sie sich auf ein so niedriges Niveau hinabbegeben haben." Seine Stimme stichelte behutsam gegen Hearns anwachsende Verärgerung. „Ich habe Männer gekannt, die es beim Wühlen im Schmutz zu großer Fertigkeit brachten. Staatsmänner, Politiker; sie taten es zweckbewußt, und wahrscheinlich hatten sie eine Gänsehaut dabei. Sie könnten Ihrer gerechten Wut nachgeben, gewiß, aber die Motive für Ihren Zorn sind doch ziemlich billig. Worauf es ankommt, ist, sich selbst zum Instrument der eigenen Politik zu machen. Ob Sie es gern hören wollen oder nicht, damit erreicht ein Mann die größte Wirksamkeit, die ihm möglich ist."

Vielleicht. Das war etwas, was Hearn zu glauben begann. Aber dennoch murmelte er: „Meine Reichweite ist nicht so groß wie die Ihrige, General. Und deswegen liebe ich es nicht, mit dem Ellbogen gestoßen zu werden."

Cummings starrte ihn verblüfft an. „Sie wissen doch, daß es auch einen anderen Standpunkt gibt. Ich stimme mit Conn nicht überein. Aber in dem, was er sagt, ist ein guter Kern. Zum Beispiel: ‚Alle Juden sind laut.'" Cummings zuckte die Schultern. „Nicht alle, natürlich, sind laut, aber es steckt in dieser Rasse ein unverhältnismäßig großer Teil von Aufdringlichkeit; das muß man zugeben."

„Wenn dem so ist, muß man es verstehen lernen", murmelte Hearn. „Sie sind anderen Spannungen ausgesetzt!"

„Typisches liberales Geschwätz. Tatsache ist, daß Sie sie auch nicht mögen."

Hearn fühlte sich unbehaglich. Es gab wohl ein paar Spuren der Abneigung in ihm. „Ich bestreite das."

Cummings grinste wieder: „Oder nehmen Sie Conns Ansicht über ‚Nigger'; ein bißchen überspannt vielleicht, aber er kommt der Wahrheit näher, als Sie vermuten. Wenn jemand mit Negerinnen schläft..."

„In den Südstaaten tut man es", unterbrach Hearn.

„... oder wenn man ein Radikaler ist. Es ist für diese Männer eine Art Schutzmaßnahme, damit wollen sie ihrer Moral auf die Beine helfen." Cummings entblößte seine Zähne. „Wäre für Sie, zum Beispiel, so etwas möglich?"

„Vielleicht!"

Cummings starrte auf seine Fingernägel. War es Widersetzlichkeit? Plötzlich lachte er mit einer sarkastischen Freude. „Sie wissen, Robert, daß Sie ein Liberaler sind?"

„Unsinn."

Er sagte dies in aller Schärfe, als dränge es ihn, zu prüfen, wieweit er den Felsblock erschüttern könne; besonders, nachdem er einen Augenblick zuvor seine Zehen darunter gehabt hatte. Es war die größte Freiheit, die er sich bisher dem General gegenüber herausgenommen hatte, und außerdem eine, die am meisten dazu angetan war, den General aus der Fassung zu bringen. Eine banale und rüde Redeweise war ihm zuwider.

Des Generals Augen waren geschlossen, als ob er sein verletztes Inneres betrachtete. Als er sie wieder öffnete, sagte er mit leiser, geruhsamer Stimme: „Nehmen Sie Haltung an!" Er warf einen harten Blick auf Hearn und sagte dann: „Es wäre besser, wenn Sie mir jetzt eine Ehrenbezeigung erwiesen." Als Hearn dem nachgekommen war, lächelte der General in fast beleidigender Weise. „Eine ziemlich grausame Behandlung, wie, Robert? Aber nun gut, stehen Sie bequem."

Solch ein Hund! Und dennoch empfand Hearn widerstrebend und zornig Bewunderung. Der General behandelte ihn fast immer wie seinesgleichen; aber dann, in einem bestimmten Augenblick, ließ er ihn wie an einem Faden tanzen und stellte das elementare Verhältnis zwischen General und Leutnant auf so harte und unvermittelte Weise her, daß Hearn es wie einen Schlag mit einem nassen Handtuch empfand. Und hinterher wirkte seine Stimme wie eine falsche Salbe, die die Wunde reizte, anstatt sie zu heilen. „War nicht sehr fair von mir, wie, Robert?"

„Nein, Sir."

„Sie haben zu viele Filme gesehen, Robert. Wenn Sie im Besitz einer Waffe sind und schießen einen wehrlosen Mann nieder, dann sind Sie ein armseliges Geschöpf, ein Feigling. Sie denken, es ist eine alberne Idee, die ich da vortrage? Die Tatsache aber, daß Sie das Gewehr haben und nicht der andere, ist kein Zufall. Es ist das Ergebnis alles dessen, was Sie vollbracht haben. Es bedeutet, daß Sie – daß Sie bewußt danach strebten, dann ein Gewehr zu haben, wenn es benötigt wird."

„Das habe ich schon einmal gehört." Hearn bewegte leise einen Fuß.

„Wollen wir das Strammstehen noch einmal üben?" Der General kicherte. „Es ist eine Halsstarrigkeit in Ihnen, Robert, die mich enttäuscht. Ich hatte einige Hoffnungen in Sie gesetzt."

„Ich bin ein Widerspruchsgeist."

„Das ist es. Sie sind ... ach was, Sie sind ein Reaktionär wie ich. Es ist der größte Fehler, den ich bei Ihnen feststellte. Sie fürchten dieses Wort. Sie haben alles über Bord geworfen, Ihre Herkunft, alles, was Sie lernten, und das hat Sie nicht zerbrochen. Das war es, was mich zuerst an Ihnen beeindruckte. Ein junger verspielter Stadtmensch, der nicht zerbrochen ist, nicht kraftlos wurde. Wissen Sie, daß das eine Leistung ist?"

„Was wissen Sie von jungen Stadtmenschen, Sir?"

Der General zündete sich eine Zigarette an. „Alles. Das erscheint wie eine dünkelhafte Feststellung, der man geneigt ist, keinen Glauben zu schenken, aber diesmal ist sie zufällig wahr." Sein Mund verzog sich zu einem „Guter-Bursche"-Grinsen. „Das Dumme ist, etwas ist bei Ihnen hängengeblieben. Irgendwo hat es sich bei Ihnen so festgesetzt, daß Sie es nicht abschütteln können, daß ‚liberal' gut bedeutet und ‚reaktionär' böse. Diese beiden Wörter sind es, auf die Sie alles beziehen. Und darum wissen Sie im Grunde nichts."

Hearn scharrte mit dem Fuß. „Ich nehme an, daß ich mich jetzt setzen darf."

„Gewiß." Der General blickte ihn an, und dann murmelte er mit völlig tonloser Stimme: „Sie sind nicht verärgert, wie, Robert?"

„Nein, nicht mehr." Verspätet begriff er, daß der General eine starke Erregung bezwungen haben mußte, als er ihm befahl, Haltung anzunehmen. Es war schwer, festzustellen, was im Kopf des Generals vorging. Während ihrer ganzen Unterhaltung hatte sich Hearn in der Verteidigung befunden, jedes Wort abwägend und mit Befangenheit sprechend. Plötzlich wußte er, daß dies auch für den General zugetroffen hatte.

„Sie haben eine große Zukunft als Reaktionär", sagte der General. „Es ist nur schlimm, daß wir keine Denker auf unserer Seite haben. Ich bin eine Ausnahme, und bisweilen stehe ich recht allein da."

Immer gibt es zwischen uns diese unerklärliche Spannung, dachte Hearn. Ihre Worte quälten sich wie durch eine dicke, zähe, ölige Schicht an die Oberfläche.

„Sie sind ein Narr, wenn Sie nicht begreifen, daß das Jahrhundert der Reaktion begonnen hat, vielleicht ihr tausendjähriges Reich. Das ist das einzige von dem, was Hitler sagte, was nicht vollständig verrückt war." Jenseits der halb offenstehenden Zeltklappe breitete sich das Lager in seiner Weite und Vielfältigkeit vor ihnen aus; der rohe, gesäuberte Erdboden schimmerte in der frühen Nachmittagssonne. Es war jetzt ganz verlassen, die Soldaten waren im Arbeitseinsatz.

Der General hatte zwar diese Spannung verursacht, dennoch war er mit darin verwickelt. Er hielt zu Hearn – aus welchem Grund nur? Hearn wußte es nicht. Es gelang ihm nicht, den zauberischen Ausstrahlungen des Generals zu entrinnen, den Ausstrahlungen seiner Stärke. Er hatte Männer kennengelernt, die genauso dachten wie der General, er hatte zwei oder drei angetroffen, die weit tiefer veranlagt waren. Aber der Unterschied war, daß sie nicht zu handeln verstanden oder die Ergebnisse ihrer Handlungen verlorengingen. Sie blieben im komplizierten Getriebe des vollendeten Vakuums amerikanischen Lebens stecken. Der General hätte ein Dummkopf sein können; Tatsache war, daß er hier, auf dieser Insel, alles unter seiner Kontrolle hatte. Das gab allem, was er sagte, eine feste Basis. Und solange Hearn bei ihm war, konnte er den ganzen Vorgang verfolgen, von der Entstehung eines Gedankens bis zu den greifbaren Ergebnissen am nächsten Tage oder im nächsten Monat. Solchen Einblick zu haben, gehörte zu den Seltenheiten, und er war ihm bei allen Dingen verwehrt gewesen, die er in der Vergangenheit getan hatte. Es reizte ihn ungeheuer, es faszinierte ihn.

„Sie müssen es so sehen, Robert, als wären wir im Mittelalter einer neuen Ära und erwarteten die Renaissance wirklicher Macht. Im Augenblick übe ich hier eine ziemlich isolierte Funktion aus. Ich bin wirklich nicht mehr als ein höherer Mönch, der Abt meines kleinen Klosters sozusagen."

Er sprach weiter und weiter. Aus Ironie und Spott spann er ein einzigartiges Gewebe, während er aus der bebenden Spannung in seinem Innern, aus der Spannung gegenüber Hearn oder den fünftausend Soldaten oder dem Gelände oder gegenüber den Glücksumständen, die er zu formen wünschte, die ersehnte Befriedigung schöpfte.

Was für ein Ungeheuer, dachte Hearn.

Der Chor

ESSENFASSEN

Das Kantinenzelt liegt auf einem flachen Hang, von dem aus man die Küste überblickt. Davor steht eine niedrige Bedienungsbank mit vier oder fünf Essenkübeln. Die Soldaten kommen in ungeordneter Reihe mit geöffnetem und vorgestrecktem Eßgeschirr vorbei. Red, Gallagher, Brown und Wilson schlurfen heran, um ihre Rationen in Empfang zu nehmen. Im Vorübergehen schnüffeln sie nach dem Hauptgericht in einem großen viereckigen Kessel. Es ist angewärmtes Gulasch. Der zweite Koch, ein fetter Mann mit rotem Gesicht, einer kahlen Stelle am Kopf und einem unentwegt mürrischen Ausdruck, klatscht jedem eine Kelle voll ins Kochgeschirr.

RED: Was, zum Teufel, ist das für eine Brühe?
KOCH: Eulenscheiße. Was denn sonst?
RED: Gut! Ich dachte schon, es wär' was Ungenießbares. (Gelächter.)
KOCH (gut gelaunt): Mach, daß du weiterkommst, ehe ich dir eins draufgebe.
RED (deutet unterhalb seines Gürtels): Nimm einen Bissen hiervon.
GALLAGHER: Himmel, wieder dieses Gulasch!
KOCH (ruft zu den anderen Köchen und dem Küchenpersonal hinüber): Soldat Gallagher beschwert sich, Leute.
KÜCHENPERSONAL: Schick ihn in die Offiziersmesse.
GALLAGHER: Kriege ich ein bißchen mehr?
KOCH: Die Portionen sind wissenschaftlich vom Hauptquartier festgelegt. Geh weiter!
GALLAGHER: Du Schuft!
KOCH: Spiel mit dir selber! (Gallagher geht weiter.)

Brown: General Cummings ist der beste Kerl in der Armee.
Koch: Denkst wohl, du kriegst mehr Fleisch? Ist keins da.
Brown: Und du bist der windigste Kerl in der Armee.
Koch (wendet sich an das Küchenpersonal): Sergeant Brown hält Inspektion.
Brown: Weitermachen, Leute! (Brown geht weiter.)
Wilson: Ob ihr verfluchten Nahrungsmittelvernichter wohl mal das Gulasch anders zubereiten könnt?
Koch: Wenn's dampft, kocht's; wenn's brennt, ist's fertig: das ist unsere Devise.
Wilson (gackernd): Müßt euch wohl für alles ein System austüfteln, was?
Koch: Nimm einen Bissen hiervon.
Wilson: Hast zu warten, bis du dran bist, mein Junge. Da sind noch fünf andere von unserm Zug vor dir.
Koch: Auf dich warte ich gern. Weiter, weiter. Wer hält mal wieder den ganzen Betrieb auf?
(Die Soldaten gehen weiter.)

4

Am Ende des ersten Monats hatten die Fronttruppen die Basis der Halbinsel erreicht. Dahinter erstreckte sich die Insel nach beiden Seiten, und in etwa fünf Meilen Entfernung erhoben sich, parallel zum Meer laufend, die Gipfel des Watamai-Gebirges. Die Toyaku-Stellung zog sich links in fast gerader Linie von den Felsen bis ans Meer. Der General hatte es seinem Stab so dargestellt: „Die Hauptstraße der Insel zweigt auf der linken Seite in eine Sackgasse ab, die, bildlich gesprochen, rechts von einer Fabrikmauer, links von einem tiefen Graben (dem Meer) und vorn von der Toyaku-Stellung versperrt wird."

Er führte das Schwenkungsmanöver mit Glanz durch. Es umschloß vielerlei Probleme. Die Front war in einem Bogen von neunzig Grad nach vorn zu verlegen und zu stabilisieren, wobei die Kompanien auf dem linken Flügel an der See nur eine halbe Meile oder kaum mehr zurückzulegen hatten, während die Kompanien auf dem rechten Flügel in einem sechs Meilen langen Marsch durch den Dschungel dringen und zu jeder Stunde ungedeckt bleiben mußten.

Es gab zwei Möglichkeiten. Der sichere Plan war, das Bataillon auf dem rechten Flügel geradesweges ins Inland vordringen zu lassen, bis es die Felsen erreichte. Eine zeitweilige Frontlinie konnte dann als Diagonale gezogen werden, und langsam würde der rechte Flügel einschwenken und an den

Bergen entlang vorgehen, bis er der Toyaku-Front gegenüberstand. Das aber würde mehrere Tage, möglicherweise eine Woche, beanspruchen, und man hatte mit großem Widerstand der Japaner zu rechnen. Der weit gefährlichere Plan war, den rechten Flügel unmittelbar bis an die Felsen vorstoßen zu lassen, die an die Toyaku-Linie grenzten. Bei diesem Plan konnte die ganze Front die Schwenkung in einem Tage durchführen.

Aber es war sehr riskant. Ohne Zweifel würde Toyaku Streitkräfte bereit haben, die Spitze der vordringenden Truppen abzuschneiden und ihre Flanke zu umgehen. Während des ganzen Tages müßte die rechte Flanke ungedeckt bleiben. Der General ergriff seine Chance und formte sie zu seinem Vorteil. Am Vormarschtage zog er ein Bataillon vom Straßenbau ab und hielt es in Reserve. Er gab den Chefs der Kompanien auf dem rechten Flügel Befehl, durch den Dschungel vorzudringen, ohne sich um Flanken- oder Rückendeckung zu kümmern. Ihr Auftrag war einzig und allein, den Sechsmeilenmarsch durch das Niemandsland durchzuführen und abends auf den Felsen, die eine Meile von den Vorposten der Toyaku-Linie entfernt lagen, eine Verteidigungsstellung zu beziehen.

Der General sah richtig voraus. Toyaku ließ, während der Vormarsch im Gange war, eine Kompanie seiner Truppen um die Flanke herumschleichen, aber der General griff sie mit dem in Reserve gehaltenen Bataillon an und kreiste sie fast vollständig ein. Während einiger Tage kam es im Dschungel hinter den neuen Frontlinien der Division zu sehr unübersichtlichen Kampfhandlungen, aber danach waren nur noch wenige der in das Hinterland eingedrungenen japanischen Soldaten am Leben. Immerhin gab es Partisanen hinter der Front, und ein- oder zweimal fielen Lastwagen in einen Hinterhalt; aber das waren geringfügige Ereignisse. Der General selbst befaßte sich damit überhaupt nicht. Nach vollzogenem Schwenkungsmanöver war er vollauf damit beschäftigt, die neue Frontlinie zu errichten. Während der ersten zwei Tage hatten die Männer an dieser Front neue Pfade auszuhauen, Stacheldraht zu legen, Teile des Dschungels durch Feuer zu roden und Telefonleitungen zu den Flanken und zur Etappe zu ziehen. Vereinzelte japanische Angriffe beunruhigten den General nicht. Dann gingen vier Tage ins Land und ein fünfter. Mit jedem Tag verstärkte der General die Front und erhöhte die Geschwindigkeit, mit der die Straße zur Front gebaut wurde. Es war ihm klar, daß er zwei Wochen benötigen würde, bis sie die Fronttruppen erreichte, und bis dahin mußte er sich auf eine erhöhte Verteidigungsbereitschaft beschränken. Ein verstärkter Angriff Toyakus hätte ihm übel mitspielen können, aber dieses Risiko war in Kauf zu nehmen.

Zu gleicher Zeit wurde das Hauptquartierlager vorverlegt. Die Hauptstreitkräfte waren seit dem Landungstage fast fünfundzwanzig Meilen vorgerückt, und nun war die Radioverbindung schwierig geworden, und die Telefonkabel reichten nicht mehr aus. Das Quartier wurde um fünfzehn Meilen in ein anderes Kokospalmenwäldchen unmittelbar neben der Straße verlegt. Der Platz war nicht so angenehm wie beim Hauptquartier an der Küste. Die Soldaten der Hauptquartierkompanie hatten mehrere Tage damit zu tun, das Strauchwerk zwischen den Bäumen zu entfernen, Stacheldraht zu legen, Latrinen zu graben und ihre Zelte und Schützenlöcher einzurichten, aber als dies alles beendet war, machte das Quartier einen befriedigenden Eindruck. Es war viel heißer hier, weil kaum ein Luftzug durch den es allseitig umgebenden Dschungel drang, aber dicht neben dem ovalen, von Stacheldraht umgrenzten Platz floß ein Strom vorbei, und die Soldaten hatten keinen weiten Weg zum Bad.

Danach hatte der General die Pionierkompanie des Regimentes 460 jenseits der Straße untergebracht. Er wußte, daß er außer bei einem katastrophalen Rückzug das Quartier für die Dauer des Feldzuges nicht mehr zu verlegen brauchte, und so veranlaßte er, daß es ausgebaut wurde, je nachdem, wie es die Zeit zuließ. Man erstellte eine Duschanlage für die Offiziere, errichtete die Kantinenzelte und ebenso die Flachzelte für die Stabsoffiziere der Division. Der Boden im Quartier wurde jeden Morgen gesäubert, Kiessteige legte man längs der Wege an, und der Wagenplatz am Eingang bekam eine Überdachung aus leeren Benzinbehältern.

Diese Arbeiten bereiteten Cummings ein ständiges Vergnügen. Wie oft er es nun auch schon miterlebt hatte, die Errichtung eines Lagers befriedigte ihn jedesmal sehr. Eine Woche nach dem Schwenkungsmanöver kam er sich vor, als habe er ein kleines Dorf aufgebaut. Während des Tages gab es ein ununterbrochenes Kommen und Gehen der Männer, die mit der Errichtung des Lagers beschäftigt waren, und fortgesetzt trafen Lastwagen ein, oder sie fuhren ab. Auf der anderen Seite der Straße begann man die Werkstätten der Pioniere einzurichten, und während der stillen Dschungelnachmittage konnte der General sie arbeiten hören. Sein eigenes Lager war mehrmals vergrößert worden, und jetzt umschloß der Stacheldraht ein Oval von fast zweihundert Yards Länge und der halben Breite, mit über hundert Mannschaftszelten, einem Dutzend spitzer und flacher Zelte, einer Reihe von zwanzig weiteren doppelspitzigen Zelten, in denen die Offiziere hausten, drei Latrinen, zwei Feldküchen, über vierzig Lastwagen und Jeeps und fast dreihundert Soldaten.

Der Aufklärungszug war nur ein kleines Teilchen davon. Mit den fünf neuen Leuten umfaßte er jetzt vierzehn Mann, und ihr Abschnitt war von sieben Mannschaftszelten in Zwischenräumen von zehn Yards bestanden. Während der Nacht hatten zwei Mann eine Stunde lang Wache bei zwei Maschinengewehrstellungen, wo sie unmittelbar vor dem Stacheldraht hockten und in den Dschungel starrten. Tagsüber war das Gelände fast leer; von jedem Zug blieb ein Mann zurück, während die anderen an der Straße arbeiteten. Fünf Wochen waren seit dem Invasionstag vergangen, und mit Ausnahme einiger alltäglicher Sicherungspatrouillen im Umkreis des neuen Lagers hatte es für den Zug keinen Einsatz gegeben. Die Regenzeit kam näher, und mit jedem Tag wurde es heißer und härter, an der Straße zu arbeiten. Nach einer Woche im neuen Quartier sehnten sich viele, auch einige der Alten vom Motome-Feldzug, nach Kampf.

Das Abendessen war vorüber. Red hatte abgewaschen und ging zu Wilsons und Gallaghers Zelt hinüber. Den ganzen Tag war es ungewöhnlich heiß und drückend gewesen, mehr als an den Tagen und in den Nächten zuvor, und Red fühlte sich gereizt. Er hatte den Tag wie jeden anderen beim Straßenbau verbracht.

Gallagher und Wilson lagen ausgestreckt in ihrem Zelt, rauchten und schwiegen. „Nun, was hast du, Red?" fragte schließlich Wilson gedehnt.

Red wischte sich über die Stirn. „So ein Kind, dieser Wyman! Ist schon schlimm genug, mit so einem Boy Scout[1] wie Toglio zusammenzuliegen, aber Wyman, dieses Kind!" Er schnaufte. „Die hätten ihn besser mit einem Zuckerschnuller nach Übersee geschickt."

„Der Zug scheint seit den Neuen völlig durcheinander zu sein!" klagte Wilson. Er seufzte und fuhr sich mit dem Ärmel seiner Feldbluse über das Kinn, auf dem der Schweiß stand. „Das gibt heute noch was", sagte er gelassen.

„Noch mehr verfluchten Regen", knurrte Gallagher.

Dunkle, schieferfarbene Wolken überzogen den östlichen Himmel und bauten im Norden und Süden Gewitterköpfe auf. Die Luft war bleiern und feucht, bewegungslos. Selbst die Kokospalmen erschienen aufgebläht und erwartungsvoll, und ihre Blätter fielen matt auf den rohgeglätteten Boden des Lagers.

„Der Knüppelweg, den wir angelegt haben, wird wohl wieder fortgespült werden", sagte Gallagher. Red schaute mürrisch über das Lager. Die Zelte hingen schlaff und sahen dunkel aus, obwohl die Sonne mit trübrotem Glühen noch im Westen schien.

[1] Angehöriger einer amerikanischen Pfadfinderorganisation

„Hauptsache, daß wir uns die Schwänze nicht naß machen", sagte Red.

Er war einen Augenblick lang mit sich im Zweifel, ob er zu seinem Zelt zurückkehren sollte, um den Regenwassergraben zu vertiefen, der beim letzten nächtlichen Regenguß fast übergeflossen war, aber dann zuckte er die Achseln. Es war an der Zeit, daß Wyman lernte, es selbst richtig zu machen. Er bückte sich zur Grube nieder, in der Gallagher und Wilson lagen. Die Grube war etwa zwei Fuß tief und etwa so breit und so lang wie ein Doppelbett. Wilson und Gallagher schliefen auf zwei Decken Seite an Seite darin. Über ihren Köpfen hatten sie eine Bambusstange an zwei aufrechten Pfosten befestigt, darüber ihre miteinander verbundenen Zeltbahnen geworfen und die Enden auf jeder Seite der Grube am Boden befestigt. Im Zeltinnern konnte man knien, ohne mit dem Kopf an die Bambusstange zu stoßen, aber selbst einem achtjährigen Kinde wäre es nicht möglich gewesen, darin aufrecht zu stehen. Außen erhob sich das Zelt nicht mehr als zwei Fuß über dem Boden. Es war typisch für die meisten Mannschaftszelte im Lager.

Red legte sich zwischen die beiden und starrte durch das stumpfe Dreieck des Eingangs auf den Himmel und den Dschungel. Sie hatten die Grube ihren Körpern angepaßt, und Reds lange Beine ragten über den Regenwassergraben beim Eingang hinaus. Wenn der Regen durch die offene Seite hereingeweht wurde, sammelte er sich in diesem Graben, der tiefer als die Grube angelegt war. Jetzt war er noch schlammig.

„Das nächste Mal baut ihr euer Zelt richtig, damit ein Mann 'reinpaßt", sagte Red. Er lachte laut los.

„Wenn's dir nicht gefällt, scher dich zur Hölle!" murrte Gallagher.

„Typische Bostoner Gastfreundschaft!" sagte Red.

„Jawoll, wir haben keinen Platz für Landstreicher!" reizte ihn Gallagher. Die roten Flecken in seinem Gesicht sahen geschwollen und entzündet aus in dem schummrigen Licht.

Wilson kicherte. „Ich sag' immer: Schlimmer noch als ein verdammter Yankee ist ein Bursche aus Boston."

„Die würden dich erst gar nicht in die Stadt 'reinlassen, müßtest ja dort Schuhe tragen", knurrte Gallagher. Er steckte sich eine Zigarette an und wälzte sich auf den Bauch. „Sieh zu, daß du schreiben und lesen lernst, wenn du nach dem Norden willst", sagte er.

Wilson war ein wenig verletzt. „Hör mal, mein Junge", belehrte er ihn, „ich kann vielleicht nicht alles lesen, aber da gibt es nichts, was ich nicht kann, wenn ich mich darauf versteife." Er dachte an die Zeit, als Willy Perkins die erste Waschmaschine im Ort gekauft hatte und wie er, Wilson, sie wieder instand setzte, als sie entzweigig. „Es gibt nichts, was ich nicht wieder in Gang bringen kann, wenn es sich um irgendeine Maschine handelt", sagte er. Er nahm seine Augengläser ab und entfernte den Schweiß mit einem Zipfel seines Taschentuches. „Ich besinne mich, daß da mal ein Bursche mit einem englischen Motorrad in der Stadt war. Amerikanische waren ihm nicht gut genug. Er hatte was an seinem Kugellager verloren, und es gab kein passendes, und da habe ich ein amerikanisches Kugellager genommen und es montiert." Er streckte einen seiner dicken Finger Gallagher entgegen und fügte hinzu: „Fuhr hinterher genauso gut wie früher."

„Ganz ordentlich", grinste Gallagher, „aber in Boston kriegst du jede Art von Kugellagern, die du haben willst."

„Für einen Mann ist es besser, wenn er sich auch so helfen kann", murmelte Wilson.

Red kicherte. „Ich kann mir nicht vorstellen, wie man ohne so'n Ding besser dran sein sollte." Alle lachten. „Kein Mann sollte es ohne es machen", gab Wilson zu. Er strich mit seiner Hand nachdenklich über eine Erdwand der Grube. „In Boston", sagte Gallagher, „geben dir die Kameraden Bescheid, wenn sie eine haben." Gleich darauf aber schämte er sich. Er nahm sich vor, an diese Unterhaltung zu denken, wenn er Kaplan Hogan beichtete. Nach diesem Entschluß fühlte er sich erleichtert. Er vergaß immer, wenn er zur Beichte ging, was er Sündiges getan hatte. Bisweilen versuchte er, sich auf die schlimmen Dinge zu besinnen, ehe er Vater Hogan zu Gesicht bekam, aber es gelang ihm nicht, und er wußte dann nichts anderes, als vor ihn hinzutreten und zu sagen: „Vater, ich habe Gott gelästert."

Mary wußte so wenig von ihm, dachte Gallagher. Sie wußte nicht einmal, wie er fluchte. Aber das war eine schlechte Angewohnheit, die er bei der Armee angenommen hatte, beruhigte sich Gallagher. Er hatte zwar, wenn er mit seiner Bande zusammen war, auch gemeine Ausdrücke gebraucht, aber das zählte nicht. Damals war er fast noch ein Kind gewesen. Und niemals hatte er geflucht, wenn eine Frau zugegen war.

Gallagher begann an seine Bande zu denken. Was für Burschen das waren! stellte er mit Stolz fest. Damals, als sie Zettel austrugen, um McCarthy in Roxbury bei der Wahl durchzubekommen. Später hatte dieser in einer Rede bestätigt, daß er den Wahlsieg nur seinen treuen Anhängern zu verdanken habe. Und dann ihr Zug in Dorchester, als sie den Juden eine Lektion erteilten. Sie hatten sich ein Kind von elf Jahren, das gerade von der Schule nach Hause ging, aufgegriffen, es umringt, und Whitey Lydon hatte gefragt: „Was, zum Teufel, bist du?" Das Kind hatte gezittert und geantwortet: „Ich weiß nicht." – „Du bist ein ‚Mockey‘[1]", hatte Whitey gesagt, „ja, das bist du, ein verdammter ‚Mockey‘." Er hatte das Kind am Hemd festgehalten und gesagt: „Nun sag, was du bist!"

„Ich bin ein ‚Mockey‘", hatte das Kind gesagt, und es war nahe am Weinen.

„Richtig", hatte Lydon bestätigt, „buchstabiere es. Buchstabiere ‚Mockey‘."

Das Kind hatte gestammelt: „M-o-c-c-i."

Wie haben wir damals gebrüllt vor Lachen, dachte Gallagher. M-o-c-c-i. Das dumme Kind mußte eine solche Angst gehabt haben, daß es sich in die Hosen gemacht hatte. Diese verdammten Juden. Gallagher erinnerte sich, wie Lydon zur Polizei aufgestiegen war. Was muß das für eine Veränderung gewesen sein! Wenn er Glück hatte, könnte er auch einen solchen Posten erhalten. Für all die Arbeit aber, die er in seiner Freizeit beim Demokratischen Club geleistet hatte, bekam er keine Entschädigung. Woran lag das bei ihm? Er wünschte große Dinge zu tun. Er hätte beinahe eine Anstellung bei der Post bekommen, wenn nicht dieser Stadtrat Shapiro und sein widerlicher Neffe Abie oder Jakie gewesen wären. Gallagher empfand eine tiefe Abneigung. Immer gab es etwas, das ihm in die Quere kam. Er fühlte, wie der Zorn in ihm hochstieg, und da es ihn sehr befriedigte, es auszusprechen, brach er plötzlich los: „Sind jetzt zwei von diesen verdammten Juden in unserm Zug."

„Stimmt", sagte Red. Er wußte, daß jetzt eine von Gallaghers Tiraden beginnen würde, und es langweilte ihn. „Jawoll", seufzte er, „sind genau solche armen Schweine wie wir."

Gallagher wandte sich ihm zu: „Sind kaum eine Woche hier, und schon bringen sie den Zug durcheinander."

„Ich weiß nicht", murmelte Wilson, „dieser Roth ist ja nicht besonders, aber der andere, Goldstein oder Goldberg oder, weiß der Teufel, wie er heißt, ist kein schlechter Bursche. Wir haben heute zusammen gearbeitet und uns darüber unterhalten, wie man am besten einen Knüppelweg anlegt."

„Ich würde keinem von diesen verdammten Burschen trauen", sagte Gallagher stolz.

Red gähnte und zog die Füße hoch. „Es fängt an zu regnen", sagte er.

Vereinzelte Tropfen schlugen auf das Zelt. Der Himmel hatte eine einheitliche Färbung angenommen: die bleiern grüne Farbe undurchsichtigen Glases, aber dennoch war ein heller Schein vorhanden, als ob eine starke Lichtquelle hinter dem Glas stünde. „Es wird wieder saumäßig regnen", sagte er.

---

[1] Slangausdruck für Jude

Er streckte sich aus. „Habt ihr euer Zelt ordentlich festgemacht?"

„Ich denke", sagte Wilson. Draußen lief ein Soldat vorbei, und das Geräusch der vorüberhastenden Füße verdroß Red. Das altvertraute Geräusch: ein Mann versucht in Deckung zu kommen, bevor der Sturm losbricht. Er seufzte wieder. „Alles, was ich mein Leben lang erreichte, war, mir den Arsch naß zu machen", murmelte er.

„Weißt du", sagte Wilson, „der alte Stanley gibt mächtig an, seitdem er Korporal ist. Ich hörte, wie er sich vor den Neuen mit der Motome-Aktion brüstete. ,'ne harte Sache', sagte er." Wilson gluckste. „Ich war froh, Stanleys Meinung zu erfahren, denn ich war mir darüber noch gar nicht klar gewesen."

Gallagher spie aus. „Stanley soll mir nur nicht dumm kommen."

„Jawoll", sagte Red. Gallagher und Wilson glaubten sicherlich immer noch, daß er Angst gehabt hatte, mit Stanley anzubinden. Der Teufel möge sie holen. Als er erfahren hatte, daß Stanley Korporal werden sollte, hatte es ihn belustigt und zugleich mit Widerwillen erfüllt; aber es erschien ihm richtig. Stanley hatte das Zeug zum Unteroffizier. „Die meisten Menschen kommen voran, wenn sie jemand in den Hintern kriechen", murmelte er in sich hinein.

Aber es war für ihn noch nicht erledigt. Es wurde ihm plötzlich bewußt, daß er insgeheim gewünscht hatte, Korporal zu werden. Er mußte fast bitter auflachen; immer neue überraschende Feststellungen machte er an sich selber. – Die Armee hat mich eingefangen, dachte er. Die übliche Falle. Erst jagen sie dir Angst ein, und dann darfst du dir die Streifen annähen. Er würde es abgelehnt haben, wenn sie ihn gefragt hätten; nur würde es ihm einen Schlag versetzt haben, wenn er es getan hätte.

Es blitzte ganz in der Nähe, und wenige Sekunden später schien der Donner unmittelbar auf ihre Köpfe zu prasseln. „Mann, das war nahe", sagte Wilson.

Ein bedrohlicher Sturm stand am nun fast schwarzen Himmel. Red legte sich wieder zurück. Immer hatte er die Streifen abgelehnt, und nun ... Er tappte mit der Hand einige Male an seine Brust, leise und bekümmert. Er hatte sein Leben nur mit und in sich selbst gelebt, besorgt darum, sein bißchen Hab und Gut auf dem Rücken tragen zu können. Je mehr man besitzt, je mehr wünscht man sich, um ein angenehmes Leben zu haben. Das war einer seiner Grundsätze, aber im Augenblick gab er ihm wenig Trost. Er fühlte sich müde. Zu lange Zeit war er ein Einsamer gewesen.

„Es geht los", sagte Gallagher.

Ein bösartiger Wind klatschte gegen die Zelte. Der Regen kam sanft hernieder und klopfte auf das Gummigewebe, aber dann verstärkte er sich. Wenige Sekunden später waren die Tropfen groß wie Hagelkörner. Die Zelte begannen hin und her zu schwanken, in der Nähe gab es ein paar Donnerschläge, und dann folgte ein Wolkenbruch.

Die Männer im Zelt fuhren zusammen; das war nicht der übliche Sturm.

Wilson richtete sich auf und stützte mit seinem Gewicht die Zeltstange. „Himmel", murmelte er, „dieser Sturm kann einem den Kopf wegreißen." Das Blattwerk hinter dem Stacheldraht sah zerzaust aus, als wenn eine Viehherde es niedergetrampelt hätte. Wilson spähte einen Augenblick hinaus und schüttelte den Kopf. Der Lagerplatz war von einem grünen Vorhang strömenden Regens verhüllt, der Gras und Strauchwerk zu Boden schlug. Der Sturm war fürchterlich. Wilson hockte auf den Knien und fühlte dumpf, wie furchtbar es war. Obwohl er sich von der Zeltöffnung wegduckte, war sein Gesicht über und über naß. Es gab keine Möglichkeit, der Nässe zu entrinnen, die durch jede Naht und jeden Riß des Zeltes eindrang und durch die Öffnung wie Brandungsschaum hereinsprühte. Der Regenwassergraben war bereits voll und lief auf ihre Lagerstatt über. Gallagher sammelte die Decken zusammen. Die drei Männer hockten unter dem flatternden Zelt, versuchten es zu stützen und bemühten sich vergeblich, die Füße trocken zu halten. Draußen stand das Wasser in großen Lachen, die sich mehr und mehr ausbreiteten und Rinnsale gleich den Fühlern einer riesigen Amöbe über den Boden ausstreckten. „Ach, du lieber Gott", sagte Wilson.

Goldstein und Ridges waren vollständig durchnäßt. Als der Regen begann, hatten sie ihr Zelt verlassen, um die Pflöcke fest einzuschlagen. Goldstein hatte die Decken im Gummisack seines Dschungelrucksackes verstaut, kroch jetzt auf den Knien im Zelt herum und versuchte, es vor dem Sturm niederzuhalten. „Das ist ja furchtbar!" rief er.

Ridges nickte. Sein häßliches, unmutiges Gesicht war mit Wassertropfen bedeckt, und sein glattes rotes Haar drehte sich in einer Spirale über seinem Kopf. „Da kann man nur abwarten!" rief er zurück. Seine Stimme ging im Sturm unter, und Goldstein verstand nur „warten", es war wie ein Klagelaut, und sein Körper überzog sich mit einer Gänsehaut. Eine einzige graue, brüllende Gewalt schien die Welt zu erfüllen. Goldstein fühlte, wie sich sein Arm schmerzhaft verdrehte, als die Zeltstange mit einem bösartigen Ruck nach oben gerissen wurde. Er war so naß, daß seine grüne Felduniform schwarz aussah.

So muß es auf dem Grunde des Ozeans aussehen, sagte er sich. Er hatte von Unterwasserstürmen gelesen, und so mußten sie sein. Jenseits einer scheuen Ehrfurcht und seiner Sorge, ob das Zelt halten würde, faszinierte Goldstein das Unwetter. – Wahrscheinlich hatte die Erde so ausgesehen, als sie sich abzukühlen begann, dachte er, und er fühlte eine Erregung, als wohne er dem Schöpfungsakt bei. Es war albern, im gleichen Augenblick auch an das Zelt zu denken, aber er konnte es nicht ändern. Er war überzeugt davon, daß es stehenbleiben würde; die Pflöcke saßen drei Fuß tief, und der Boden war von lehmiger Beschaffenheit, so daß er einem großen Druck standhalten konnte. Wenn er nur gewußt hätte, daß hier solche Stürme möglich waren: er hätte dann einen Schutz gebaut, der jedem Orkan widerstand, und würde jetzt darunter liegen, trocken und ohne die geringste Sorge. Goldstein war auf Ridges zornig. Er hätte ihm sagen sollen, was für Stürme es hier gab. Er war einer von den Alten und hätte ihn vorbereiten müssen. Goldstein war in Gedanken bereits dabei, ein neues Zelt aufzurichten. Seine Schuhe waren voll Wasser, und er bewegte die Zehen, um die Füße zu erwärmen. – Wie ein Gummischieber, dachte er; wahrscheinlich hatte der Mann, der den Gummischieber erfand, eine ähnliche Erfahrung hinter sich.

Ridges beobachtete den Taifun mit einem Gefühl des Entsetzens und der Ergebenheit. Gottes mächtige Schwämme waren übervoll gewesen, sagte er sich. Das Blattwerk des Dschungels war in flatterndem Aufruhr, und der bleiern grüne Himmel überzog es mit so vielfarbigem, leuchtendem Grün, daß Ridges dachte, so müsse es im Garten Eden ausgesehen haben. Er empfand den bebenden Dschungel als einen Teil seiner selbst; die Erde, die sich in einen goldgelben Schlamm verwandelt hatte, schien ihm lebendig zu sein. Er blickte auf das phantastische Grün des Dschungels und dann wieder auf die orangebraune Erde, die fiebrig zuckte, als ob der Regen ihr viele Wunden geschlagen habe. Ridges erschrak vor der ungeheuren Macht, die hinter allem stand.

Der Herr gibt, der Herr nimmt, dachte Ridges feierlich. Stürme waren ein fester Bestandteil seines Lebens; er hatte gelernt, sie zu fürchten, sie zu ertragen und, schließlich, sie zu erwarten. Er sah seines Vaters gerötetes faltiges Gesicht mit den traurigen, ruhigen blauen Augen. „Ich sage dir, Ossie", hatte sein Vater gesagt, „ein Mann arbeitet und plagt sich ab, er legt seinen ehrlichen Schweiß hinein und versucht, seinen Lebensunterhalt aus dem Boden zu ziehen, und wenn alle Arbeit getan ist und der Herrgott sieht, daß es reift, dann nimmt er es mit einem Sturm hinweg." Vielleicht war dies die tiefste Erkenntnis, die Ridges besaß; es schien ihm, als habe er sich in seinem ganzen Leben mit seinem Vater immer nur abgequält, sei es mit dem dürren Land, den Insekten oder dem Mehltau; sie hatten ihre Felder mit einem einzigen alten Maultier bestellt, und oft genug war ihr Werk in einer schwarzen Nacht zerstört worden.

Er hatte Goldstein beim Einschlagen der Pflöcke geholfen, wie man seinem Nachbarn hilft, wenn man darum gebeten wird; und für Ridges stand es fest, daß ein Mann, mit dem man zusammen schlief, ein Nachbar blieb, auch wenn er einem fremd war. Aber insgeheim hatte er ihre Versuche, das Zelt zu sichern, als nutzlos empfunden. Gottes Wege sind Gottes Wege, sagte er sich, und ein Mensch sollte nicht versuchen, sie zu durchkreuzen. Wenn es dem Sturm bestimmt war, ihr Zelt fortzuwehen, würde er es tun, und hätten sie selbst einen Pflug, um es daran zu befestigen. Und weil er nicht wußte, ob es jetzt nicht auch in Mississippi regnete, betete er, daß der Sturm seines Vaters Ernte nicht zerstören möge. – Gerade erst ist gepflanzt worden, Herr. Bitte, spül es nicht weg. – Aber selbst in sein Gebet legte Ridges keine Hoffnung; er betete, um seiner Ehrfurcht Ausdruck zu geben.

Der Sturm raste durch das Lager wie mit einer großen Sichel; er zerschlitzte die Palmenblätter und trieb den Regen vor sich her. Als sie hinausblickten, sahen sie, wie ein Zelt von seiner Vertäuung hochgerissen und flatternd wie ein aufgeregter Vogel vom Sturm entführt wurde. „Ich bin neugierig, was an der Front los sein mag!" rief Goldstein. Die Vorstellung, daß es Lager wie das ihrige meilenweit verstreut im Dschungel gab, hatte ihn wie ein Schlag getroffen. Ridges zuckte mit den Achseln. „Sie wird halten, denke ich!" rief er zurück. Goldstein versuchte sich auszumalen, wie es wohl vorn aussähe. Seit er dem Aufklärungszug zugeteilt worden war, hatte er nur einige Meilen von der Straße zu sehen bekommen, an der sie arbeiteten. Nun stellte er sich einen Angriff während des Sturmes vor, und es ließ ihn zusammenzucken. Alle seine Kräfte hatte er auf die Zeltstange konzentriert, die er mit beiden Händen umklammerte. Die Japaner könnten jetzt vielleicht sogar unser Lager angreifen, dachte er. Er fragte sich, ob wohl irgendeine Wache an den Maschinengewehrstellungen stand. „Ein schneidiger General würde jetzt angreifen", sagte er.

„Sicher", antwortete Ridges ruhig. Der Sturm hatte einen Augenblick nachgelassen, und ihre Stimmen waren verhalten, als sprächen sie in einer Kirche. Goldstein ließ die Zeltstange los und fühlte, wie sich seine Arme entspannten. – Ermüdungsstoffe werden jetzt vom Blutstrom fortgeschwemmt, dachte er. Vielleicht war der Sturm endgültig vorüber. In der Zeltgrube war der Boden hoffnungslos verschlammt, und Goldstein fragte sich, wo sie heute nacht schlafen würden. Ihn schauderte; plötzlich war ihm das naßkalte Gewicht der durchgeweichten Kleidung gegenwärtig.

Aber der Sturm hob von neuem an, und zugleich begann wieder ihr stummer, zäher Kampf, das Zelt zu retten. Goldstein war es, als versuche er, eine Tür geschlossen zu halten, die ein weit stärkerer Mann auf der anderen Seite zu öffnen trachtet. Er beobachtete, wie zwei weitere Zelte vom Sturm weggerissen wurden und die Männer davonrannten, um irgendwo einen Schutz zu finden. Wyman und Toglio stürzten lachend und fluchend in ihr Zelt. „Unser Zelt ist weg!" schrie Wyman, und über sein junges, knochiges Gesicht zog sich ein breites Grinsen. „Himmel, das ist 'ne Sache!" brüllte er, und der Ausdruck auf seinem Gesicht lag zwischen Entzücken und Beunruhigung, als sei es ungewiß, ob man den Taifun für eine Katastrophe oder eine Zirkusvorstellung halten solle.

„Was ist mit euren Sachen?" rief Goldstein.

„Verloren, weggeblasen. Meine Maschinenpistole liegt in einer Pfütze."

Goldstein sah nach seinem Gewehr. Es lag auf einer Leiste oberhalb der Grube und war mit Wasser und Dreck bespritzt. Goldstein war wütend auf sich, weil er vergessen hatte, es in sein schmutziges Hemd zu wickeln, ehe der Sturm begann. – Ich bin noch ein Anfänger, sagte er sich. Einer von den Alten hätte daran gedacht, es zu schützen.

Das Wasser tropfte von Toglios dicker, fleischiger Nase. Er bewegte seine schwere Kinnlade und rief: „Meint ihr, daß euer Zelt halten wird?"

„Weiß nicht!" brüllte Goldstein. „Die Pflöcke, ja." Die vier waren äußerst beengt in dem Loch, obwohl sie nur auf ihren Absätzen hockten. Ridges stellte fest, daß seine Füße im Dreck versanken, und er verwünschte es, Stiefel anzuhaben. – Man macht sich mehr verrückt damit, sie trocken zu halten, als die ganze Sache wert ist, dachte er. Ein Wasserstrahl lief unentwegt an der Zeltstange entlang und tropfte auf seine gebeugten Knie. Seine Kleider waren so kalt, daß er die Wassertropfen als warm empfand. Er seufzte.

Ein mächtiger Windstoß fuhr in das Zelt, wölbte es wie einen Ballon, und dann brach die Zeltstange und riß das Tuch auf. Das Zelt fiel wie ein nasses Laken auf die vier Männer, und einige Sekunden lang strampelten sie darunter, bis es der Sturm davonzutreiben begann. Wyman kam das Lachen an; er tastete hilflos um sich. Er verlor das Gleichgewicht, setzt sich in den Dreck und bewegte sich kaum unter den Falten der Zeltbahn. „Himmel", lachte er. Es kam ihm vor, als hätte man ihn in einen Sack gesteckt, und er erstickte fast vor Gelächter. – Bin zu schwach, um mich aus einem Papiersack zu befreien, sagte er sich, und dieses Bild ließ alles noch komischer erscheinen. „Wo seid ihr denn?" schrie er, und dann füllten sich die Falten des Zeltes wie ein Segel, es riß sich vollständig los und wirbelte durch die Luft. Ein Stückchen Zeltbahn war an einem der Pflöcke hängengeblieben und flatterte im Sturm. Die vier Männer richteten sich in dem Loch auf, doch dann duckten sie sich gleich wieder unter der Gewalt des Sturmes. In einem klaren Himmelsstreifen, der unendlich weit von ihnen entfernt zu sein schien, konnten sie genau über dem Horizont die Sonne sehen. Der Regen war jetzt fast eisig, und sie zitterten. Die meisten Zelte im Lager waren weggerissen, und hier und da sah man einen Soldaten durch den Dreck springen, unter dem Anprall des Sturmes schwankend und mit den komischen, abgerissenen Bewegungen von Männern in einem Film, wenn er im falschen Tempo gedreht ist. „Verdammt, friere ich!" rief Toglio.

„Wir müssen hier weg", sagte Wyman. Er war mit Schmutz bedeckt, und seine Zähne klapperten. „Verfluchter Regen", sagte er.

Sie stolperten aus dem Loch hinaus und begannen zum Wagenstand zu rennen, wo sie im Windschutz der Wagen einige Deckung zu finden hofften. Toglio schwankte, als habe er Ballast verloren und treibe nun vor dem Wind her, ohne in der Lage zu sein, seine Glieder zu kontrollieren. Goldstein schrie ihm zu: „Ich hab' mein Gewehr vergessen!"

„Brauchst du jetzt nicht!" schrie er zurück.

Goldstein versuchte anzuhalten und sich umzuwenden, was ihm jedoch nicht gelang. „Man kann nie wissen!" hörte er sich selber rufen. Sie liefen Seite an Seite, aber es war, als ob sie sich diese Sätze durch einen riesigen Raum zubrüllten. Goldstein empfand einen Augenblick etwas wie Schadenfreude.

Eine ganze Woche hatten sie an der Errichtung ihres Quartiers gearbeitet. Jede ersparte Minute hatten sie darauf verwendet, um etwas Neues einzurichten, und nun war das Zelt verloren, die Kleider und das Schreibpapier durchnäßt, sein Gewehr würde wahrscheinlich rosten und der Boden zu naß sein, um darauf zu schlafen. Alles war vernichtet. Er empfand etwas von jener Art Fröhlichkeit, die bisweilen einen Mann überfällt, wenn er sich am Ende einer ungewöhnlichen Katastrophe sieht.

Er und Toglio wurden auf den Wagenplatz geweht. Sie stießen aneinander, als sie versuchten, eine Wendung zu machen, und flogen lang in den Dreck. Goldstein fühlte das Verlangen, überhaupt nicht mehr aufzustehen, aber dann stemmte er seine Hände gegen den Boden, richtete sich auf und lief schwankend hinter einen Wagen. Fast die ganze Kompanie befand sich in den Wagen oder hockte in ihrem Windschutz. Etwa zwanzig Mann standen mit ihm hinter dem seinen. Zitternd drängten sie sich aneinander, um Wärme zu finden, und ihre Zähne klapperten von dem eisigen Regen. Der Himmel über ihnen war eine ungeheure dunkle Schale, aus der der Donner krachte und dröhnte. Das einzige, was Goldstein erkannte, war der grüne Wagen und die nassen, grünschwarzen Uniformen der Männer.

„Jesus", sagte jemand. Toglio versuchte, sich eine Zigarette anzuzünden, aber sie wurde durchnäßt und kam zerbrochen in seinen Mund, ehe er die Streichhölzer aus der wasserdichten Tasche holen konnte. Er warf sie auf die Erde und beobachtete, wie sie sich in dem Schlamm auflöste. Trotz der Tatsache, daß er ihn völlig durchnäßt hatte, empfand er den Regen als schmerzhaft. Jeder Tropfen, der an seinem Rücken hinunterrann, war wie eine kalte Schnecke, erschreckend und widerwärtig. Er wandte sich an seinen Nachbar: „Ist dein Zelt auch weg?"

„Jawoll."

Das erleichterte Toglio. Er rieb sich sein schwarzes unrasiertes Kinn und empfand Mitgefühl für alle diese Männer; er liebte sie plötzlich, mit einer im gleichen Augenblick aufquellenden Wärme. – Sind doch alles gute Jungens, gute Amerikaner. Für Amerikaner gehört es sich, einer solchen Lage gewachsen zu sein und einfach über sie zu lachen, stellte er fest. Seine Hände waren kalt, und er steckte sie in die Zeugtaschen seiner grünen Hosen.

Red und Wilson, die nur wenige Schritte entfernt standen, hatten zu singen angefangen, Reds Stimme war tief und rauh, und Toglio lachte, als er zuhörte.

> Einst baut' ich eine Eisenbahn,
> fuhr um die Wette mit der Zeit

sangen sie und wippten auf und nieder, um ihre Füße zu erwärmen.

> Jetzt ist's vorbei –
> Bruder, hast du nicht 'ne Kleinigkeit?

Toglio brüllte vor Lachen. – Was ist dieser Red doch komisch, sagte er sich und begann mitzusummen.

> Einst baut' ich einen hohen Turm
> aus Stahl und Steinen, himmelweit,
> jetzt ist's vorbei –
> Bruder, hast du nicht 'ne Kleinigkeit?

Toglio fiel in die letzte Zeile mit ein, und Red nickte ihm zu. Die Arme über die Schultern gelegt, um sich gegenseitig zu wärmen, sangen die drei, so laut sie konnten. Der Sturm hatte um einige Grade nachgelassen, und bisweilen waren ihre Stimmen klar zu hören, aber es klang, als kämen sie aus großer Entfernung und ein wenig unwirklich, als höre man ein Radio aus einem anderen Zimmer, das fortwährend mal leiser, mal lauter gestellt wird.

> Hei, wie fühlten wir uns prächtig
> einst in khakibraunen Sachen,
> und beim Yankee-Doodle-Dröhnen
> stampften unsere Stiefel mächtig,
> ging's auch durch der Hölle Rachen.
> An der Trommel, das war ich!
> Weißt du noch, wie sie mich riefen?
> Al! Und Al blieb's alle Zeit,
> – wie wir stets zusammen schliefen?
> Kam'rad – eine Kleinigkeit?

Sie brachen in Lachen aus, als sie zu Ende waren, und Toglio schrie: „Was kommt jetzt dran? Wie wär's mit ‚Zeig mir den Weg, den wir nach Hause gehn'?"
„Ich kann nicht mehr singen!" rief Red. „Meine Kehle ist zu trocken. Ich brauch' einen Schnaps." Er spitzte seine Lippen und rollte die Augen, und Toglio lachte in den Regen. Was für ein furchtbar komischer Bursche dieser Red war. Alle waren famose Burschen.
Zeig mir den Weg, den wir nach Hause gehn, sang Toglio, und viele stimmten mit ein.

> Bin so müde, möcht' im Bett jetzt liegen,
> denn der Trunk vor einem Weilchen
> ist mir in den Kopf gestiegen.

Der Regen fiel kräftig und stetig, und Toglio überkam ein besinnliches, weiches Gefühl, während er die Worte sang. Es war ihm kalt, und trotz der Menschen neben ihm wurde er das Zittern nicht los. Er hatte ein Bild vor Augen, wie er an einem dämmernden Wintertag in einem Wagen fuhr und eine fremde Stadt von weitem mit ihrer Wärme und ihren Lichtern grüßte.

> Steh' ich an Land, bin ich auf weitem Meer,
> ein Lied zieht immer vor mir her:
> Zeig mir den Weg, den wir nach Hause gehn.

Es war fast dunkel, und unter den Kokospalmen hinter dem Wagen war es schwer, die Gesichter der Männer zu erkennen. Toglios Stimmung vertiefte sich, sie wurde schwermütiger und zärtlicher. Er erinnerte sich seiner Frau, wie sie den Weihnachtsbaum putzte, und eine Träne rann über seine behäbigen, fleischigen Wangen. Für eine Minute fühlte er sich weit fort vom Krieg, vom Regen, von allem. Er wußte, daß er nach einer kleinen Weile sich darum zu kümmern hatte, wo und wie er schlafen sollte, aber in diesem kurzen Augenblick war er ganz bei seinem Gesang, bewegte seine Zehen und ließ die weichen, gefühlvollen Erinnerungen, die die Lieder erweckt hatten, durch sein Gemüt fluten.

Ein Jeep wälzte sich durch den Dreck und hielt etwa dreißig Fuß vor ihnen an. Er sah General Cummings mit zwei anderen Offizieren aussteigen und stieß Red verstohlen an, damit er mit dem Singen aufhöre. Der General war barhäuptig und seine Uniform völlig durchnäßt, aber er lächelte. Toglio schaute ihn interessiert und mit einer gewissen Ehrfurcht an. Er hatte den General wiederholt im Lager gesehen, aber zum erstenmal war er ihm jetzt so nahe. „Nun, Leute", rief der General beim Näherkommen, „wie fühlt ihr euch – naß?" Toglio lachte gemeinsam mit den andern. General Cummings grinste. „Na", rief er, „ihr seid ja nicht aus Zucker!" Der Sturm verebbte, und mit einer natürlicheren Stimme sagte er zum Major und zum Leutnant, die bei ihm waren: „Ich glaube, der Regen wird aufhören; ich habe gerade mit Washington telefoniert, und das Kriegsministerium hat mir versichert, daß ihm befohlen wurde, sofort aufzuhören." Die beiden Offiziere lachten laut heraus, und Toglio mußte feststellen, daß auch er lachte. Der General war ein großartiger Bursche, das Muster des vollkommenen Offiziers.

„Ja, Leute", sagte der General laut, „ich glaube, daß kein Zelt übrigblieb. Sobald der Sturm vorüber ist, wollen wir ein paar Zeltbahnen von der Küste zu holen versuchen, aber ich bezweifle nicht, daß einige von euch während der Nacht naß bleiben werden. Es ist bedauerlich, aber ihr seid es gewohnt. An der Front ist es unruhig geworden, und einige von euch werden die Nacht an einem noch schlimmeren Ort verbringen müssen." Er schwieg einen Augenblick, stand im Regen, und dann fügte er mit Augenzwinkern hinzu: „Ich nehme an, daß keiner seine Wache verlassen hat, als der Sturm losbrach. Sollte jemand unter euch sein, der hier nichts zu suchen hat, für den wäre es verdammt besser, wenn er kehrtmachte, sobald ich euch verlassen habe." Ein unterdrücktes Gekicher war unter den Männern zu hören. Seitdem der Regen nachgelassen hatte, waren die meisten der Kompanie zu dem Wagen gekommen, bei dem der General redete. „Aber im Ernst, Leute, nach dem, was ich gehört habe, bevor die Verbindungen unterbrochen wurden, glaube ich, daß ein paar Japaner heute nacht in unsere Linien eindringen werden. Es ist daher besser, wenn sich jeder auf seinem Posten besonders wachsam verhält. Wir sind zwar ziemlich weit hinter der Front, aber doch nicht weit genug." Er lächelte wieder, dann ging er, gefolgt von den beiden Offizieren, zum Jeep zurück, und der Jeep fuhr los.

Red spie aus. „Verstehe, daß wir es die längste Zeit so gemütlich hatten. Ich wette zwei zu eins, daß sie uns heute nacht einen Scheißangriff aufhalten lassen."

Wilson schüttelte zornig den Kopf. „Wenn's einem gut geht, soll man nicht meckern. All die Neuen, die sich nach einem Kampf sehnten, werden noch ihre Meinung ändern."

Toglio unterbrach ihn. „Der General ist ein großartiger Bursche, was?" sagte er.

Red spie abermals aus. „Kein General ist was Großartiges. Sind alle Schweinehunde."

„Hör mal, Red", protestierte Toglio, „wo gibt es noch einen General, der so zu einer Bande von einfachen Soldaten spricht? Für meinen Geschmack ist er richtig."

„Er will sich nur lieb Kind machen", erklärte Red. „Was, zum Teufel, gehn uns seine Sorgen an? Ich hab' genug eigene."

Toglio seufzte und schwieg. – Was für ein widerspruchsvoller Bursche dieser Red ist, stellte er schließlich fest. Es hatte zu regnen aufgehört, und er beschloß, zu den Überresten seines Zeltes zurückzukehren. Dieser Gedanke machte ihn niedergeschlagen, aber Toglio würde sich niemals erlaubt haben, nun, nachdem der Sturm vorüber war, müßig zu sein. „Komm, wir wollen etwas unternehmen, um irgendwo schlafen zu können", sagte er. Red grunzte. „Wird keinen Zweck haben, wir werden heute noch an die Front gehen." Mit dem Einbruch der Nacht wurde die Luft wieder schwül.

Der General war in Sorge. Nachdem der Jeep den Wagenplatz verlassen hatte, sagte er zu seinem Fahrer: „Zur Hauptquartier-Batterie von der 151sten." Er wandte sich zu Major Dalleson und Leutnant Hearn um, die zusammengedrängt im Rücksitz saßen. „Wenn die keine Telefonverbindung zum zweiten Bataillon haben, werden wir uns noch eine Weile herumtreiben müssen, ehe die Nacht um ist." Der Jeep fuhr durch eine Öffnung im Stacheldraht, wandte sich nach rechts auf die Straße und dann der Front zu. Der General beobachtete es verdrießlich. Der Dreck auf der Straße war erheblich, und es würde noch schlimmer werden. Auf dem schlüpfrigen Weg rutschte und schleuderte der Wagen von einer Straßenseite auf die andere, aber in wenigen Stunden würde die Straße zäh und klebrig sein wie Lehm, und die Wagenräder würden bis zur Nabe darin versinken. Er schaute bedrückt auf den Dschungel zu beiden Seiten. Sie fuhren an einigen in Verwesung befindlichen Leichen japanischer Soldaten vorüber, und der General hielt den Atem an. Wie vertraut ihm dieser Gestank auch geworden war, er konnte ihn nicht ertragen und nahm sich vor, eine Bergungsabteilung mit der Inspizierung der Straße zu beauftragen, sobald die Unruhe vorüber war.

Die Nacht war hereingebrochen und erschien unheilvoll. In dem nur langsam durch die Dunkelheit dringenden Jeep hatte Cummings das erregende Gefühl, in der Luft zu schweben. Das stetige Geräusch des Motors, das schweigsame Verhalten der Männer im Wagen und das schwerfällige Rauschen des feuchten Dschungels schienen ihn von allem abzuschneiden, nur nicht von seinem schnell arbeitenden, äußerst konzentrierten Verstand. Ganz allein, irgendwo im Raum ausgesetzt, hatte er dies auszubaden. Der Taifun war mit überraschender Plötzlichkeit im Kielwasser eines japanischen Angriffs hereingebrochen. Zehn Minuten vor Beginn des Regens hatte Cummings eine Meldung vom Hauptquartier des zweiten Bataillons erhalten, daß schwerer Beschuß auf seinen Frontabschnitten liege. Dann hatte der Sturm die Telefonverbindungen zerrissen, sein Hauptquartier in die Luft gejagt, und das Radio wollte nicht mehr funktionieren. Er hatte keine Vorstellung von dem, was an der Front vorgehen könnte; vielleicht hatte jetzt Hutchins schon das zweite Bataillon zurückgezogen. Die Japaner, die in einer durch den Sturm geweckten Raserei vorwärts drangen, könnten vermutlich schon an verschiedenen Stellen in die Front eingebrochen sein. Ohne jede Nachricht mochte der Himmel wissen, was geschehen war. Wenn nur die Hauptquartier-Batterie die Telefonverbindung zur Front noch hatte!

Immerhin waren zwei Tage zuvor ein Dutzend Panzerwagen zum zweiten Bataillon gebracht worden. Heute nacht wäre es weder möglich gewesen, sie nach vorn zu bringen, noch konnten sie jetzt angreifen; aber wenn es notwendig sein sollte, ließe sich um sie herum eine Verteidigungsstellung aufbauen. Was für ein Chaos mochte da vorn bereits sein. Vielleicht war die ganze Front morgen schon in einzelne Igelstellungen aufgelöst. Und nichts konnte er unternehmen, bevor er die Telefonverbindung hatte. Was alles konnte inzwischen geschehen sein! Vielleicht war er in zwei Tagen dorthin zurückgeworfen, wo das Schwenkungsmanöver begonnen hatte.

Sobald er die Telefonverbindung bekam, mußten seine Entscheidungen unmittelbar getroffen werden. Er rief sich die

Persönlichkeiten der Frontoffiziere in den verschiedenen Kompanien, ja selbst in den einzelnen Zügen in Erinnerung und ihre Besonderheiten, sofern solche vorhanden waren. Sein scharfes Gedächtnis reproduzierte eine Fülle strategischer Einzelheiten und Zahlen; er wußte tatsächlich, wo jedes Geschütz und jeder Mann auf Anopopei standen, und dieses ganze Wissen lief jetzt in ungeordneter Folge durch seinen Kopf. Im Augenblick war er ein höchst einfaches Geschöpf. Alles in ihm arbeitete für einen einzigen Zweck, und aus Erfahrung wußte er, mit einer gläubigen, nicht zu begründenden Sicherheit, daß alle diese Informationen sich in entsprechende Handlungen umsetzen würden, sobald sie von ihm verlangt wurden. Wenn er nur für eine genügende Spannung in seinem Innern sorgte, die Instinkte würden ihn nicht verlassen.

Mit all diesen Überlegungen war eine ausgiebige und primitive Wut verknüpft. Der Sturm, der ihm in die Quere gekommen war, hatte sie zu beinahe kindischen Formen gesteigert. Von Zeit zu Zeit wurde seine Konzentration von einer Woge des Zweifels überspült und getrübt. „Nicht ein Wort über diesen Sturm!" murmelte er dann und sann vor sich hin. Eine Wetterdienstabteilung, die nicht funktionierte! Die Armee mußte es gewußt haben. – Warum gab man mir keine Nachricht? Nicht einen einzigen Bericht! Was für Stümper – oder war es Absicht? Versuchte man, ihm Schwierigkeiten zu machen?

In diesem Augenblick hielt der Fahrer am Straßenrand. Cummings wandte sich ihm zu. Er hätte ihn erschießen mögen, aber er murmelte nur: „Weiter, mein Sohn, wir haben jetzt keine Zeit dafür." Der Motor sprang wieder an, und sie fuhren weiter.

Daß sein Quartier zerstört worden war, war das Schmerzlichste von allem. Die Gefahr, in der die Division schwebte, beschäftigte ihn zwar völlig und verursachte eine tiefe Besorgnis, aber dennoch war sie abstrakter Art. Was ihn unmittelbar und persönlich getroffen hatte, war der Anblick der Trümmer seines Quartiers. Es war so etwas wie richtiger Kummer, der ihn befiel, wenn er daran dachte, wie die Regenbäche die Kieswege fortgeschwemmt hatten, wie sein Feldbett kopfüber in den Dreck gestampft und sein eigenes Zelt vernichtet wurde. Was für eine Verwüstung! Die Wut packte ihn wieder.

„Es wäre gescheiter, Licht zu machen, mein Sohn", sagte er zum Fahrer, „sonst geht es zu langsam." Im Hinblick auf die Partisanen, die vielleicht in der Nähe waren, mußte das einen Effekt haben, als ob jemand mit einer Kerze in der Hand durch einen Wald voller Räuber geht. Der General saß gespannt, aber in einer angenehmen Erregung da. Gefahr hatte einen Beigeschmack, an dem er das Wunderbare seiner Arbeit erkannte. „Sie sollten lieber auf beiden Seiten die Straße decken", sagte er zu Hearn und Dalleson. Sie streckten ihre Karabiner durch die Seitenöffnungen des Jeeps und musterten den Dschungel. Im Schein der Lampen erschien das Laub silbern und noch geheimnisvoller.

Leutnant Hearn fingerte am Magazin seines Karabiners, schob es zurück und klinkte es wieder ein, während er die kleine Waffe in seinen großen Händen hielt und die Mündung auf den Dschungel richtete. In ihm ging vielerlei vor; seine Stimmung war ein Gemisch von Erregung und Bedrücktsein. Nach dem wohlberechneten, in guter Ordnung erfolgten Vormarsch war die Front vielleicht jetzt schon auseinandergerissen, während sich ihr Jeep vorwärts tastete, einem Nervenstrang gleich, der einen Muskel sucht, um ihn in Aktion zu bringen. Der General hatte einmal zu ihm gesagt: „Ich liebe Chaos, es ist wie der schäumende Wirbel in einem Reagenzglas, bevor sich die Kristalle niederschlagen. Es bedeutet für mich eine Art Würze."

Das war Schmock aus dem wohlbekannten Zeitungsartikel, hatte Hearn damals bei sich festgestellt. Der General liebte kein Chaos, oder richtiger, nur dann, wenn er sich nicht selbst im Reagenzglas befand. Die einzigen, die es liebten, waren Männer wie er, Hearn; es machte ihnen nichts aus.

Bis jetzt hatte der General richtig gehandelt. Hearn erinnerte sich der ersten Niedergeschlagenheit, die alle befiel, als der Sturm vorüber war. Der General hatte fast eine Minute lang auf sein verschmutztes Feldbett gestarrt und dann eine Handvoll der schmierigen Erde aufgehoben und zwischen seinen Fingern geknetet. Durch diesen Sturm war ihnen allen der Boden unter den Füßen fortgezogen worden, nur der General hatte widerstanden, seine überraschende und überlegene Ansprache an die Soldaten gehalten, die mit jedem Teilchen ihres Körpers nur daran dachten, den Schwanz einzuziehen und sich irgendwohin zu verkriechen. Immerhin, das war verständlich; schließlich mußte ein General durch sein Auftreten seiner Befehlsgewalt Ausdruck geben.

Und auch in diesem Augenblick war er leicht zu verstehen. Hearn erkannte an seinem höflichen Tonfall, an der besonderen Art seiner Stimme, daß er an nichts anderes als den Feldzug dachte und an die Nacht, die vor ihm lag. Es veränderte den General vollkommen, er war tatsächlich nur ein Nervenende, das keinen anderen Wunsch hatte, als eine Aktion zu veranlassen.

Es bedrückte Hearn ebenso, wie es gleichzeitig seine Bewunderung herausforderte. Diese Art von Konzentration überstieg sein Verstehen, sie war unmenschlich. Er starrte mürrisch auf den Dschungel vor sich und wog den Karabiner in seinen Händen. Es war möglich, daß sie sich an der nächsten Kurve einem japanischen Maschinengewehr gegenübersahen, oder wahrscheinlicher noch, daß einige Partisanen sie mit ein oder zwei automatischen Waffen erwarteten. Sobald der Jeep um die Kurve bog, würde er von einem Dutzend Kugeln durchlöchert sein, und das würde das Ende seiner eigenen winzigen Lebensgeschichte, seines Am-Rande-Umhertastens und seiner unwichtigen Befriedigungen bedeuten. Und mit ihm würde, ebenso beiläufig, ein Mann verlorengehen, der vielleicht ein Genie war, und ein so ungewöhnlich großer Dummkopf wie Dalleson, und ein junger nervöser Fahrer, der wahrscheinlich einen guten Faschisten abgegeben hätte. So könnte es sein. An einer Straßenkurve.

Oder umgekehrt: es wäre möglich, daß er einen Mann tötete. Er brauchte nur sein Gewehr anzulegen, den Abzug zu betätigen, und ein Wesen, das von Begierde und Kümmernissen und vielleicht sogar Güte erfüllt war, würde nicht mehr existieren. Es würde so leicht sein, als zertrete man ein Insekt, vielleicht noch einfacher. Das war es, was seine Stimmung heraufbeschworen hatte. Alles war völlig durcheinander, keins der Glieder paßte mehr zum andern. Die Männer hatten beim Wagenplatz gesungen, und es war etwas Nettes daran gewesen, etwas Kindliches und Tapferes; und sie waren hier auf dieser Straße, ein winziger Punkt, der sich auf einer Linie durch das ungeheure Niemandsland des Dschungels bewegte. Und irgendwo anders mochte eine Schlacht im Gange sein. Die schweren Geschütze und das Feuer der kleinen Waffen, das sie ununterbrochen hörten, brauchten nichts Besonderes zu bedeuten; es konnte sich ebensogut über die ganze Front verteilen oder aber sich auf ein kleines Inferno konzentrieren. Überall fehlte der Zusammenhang. Vielleicht hatte die Nacht alles in einzelne Verbände zerrissen, so, wie es vorher gewesen war.

Er stellte wieder einmal Dallesons kolossalen Umfang gegenüber seinem eigenen mächtigen Körper fest, und es ärgerte ihn ein wenig. Nach einigen Augenblicken zog er eine Zigarette aus seiner Hemdtasche und suchte nach einem Streichholz.

„Besser nicht rauchen", grunzte Dalleson.

„Wir brennen doch Licht."

„Schon", grunzte Dalleson, und dann schwieg er. Er rückte im beengten Fond des Wagens etwas beiseite, und es verstimmte ihn, daß Hearn soviel Platz beanspruchte, um zu rauchen. Dalleson war nervös. Er machte sich weniger Sorge um einen Überfall; wenn es dazu kommen sollte, würde er es kühl aufnehmen und damit fertig werden. Was ihn bedrückte, war, was es wohl geben würde, wenn sie zur 151sten Batterie kämen. Er empfand Angst davor wie ein Student, der zu einem Examen geht. Als G-3 im Befehls- und Übungsdienst hatte Dalleson die Lage genauso gut zu kennen wie der General, wenn nicht besser, und ohne seine Karten und Aufzeichnungen fühlte sich Dalleson verloren. Womöglich war der General wegen einer Entscheidung von ihm abhängig, und das konnte schiefgehen. Er rutschte wieder auf seinem Sitz hin und her und schnüffelte ärgerlich den Rauch von Hearns Zigarette, und dann beugte er sich nach vorn und wandte sich mit leiser Stimme – wie er vermeinte – an den General, aber es wurde ein lautes, stotterndes Krächzen.

„Ich hoffe, es wird bei den 151ern alles in Ordnung sein, Sir!" schrie er.

„Ja", sagte der General und lauschte auf das zischende Geräusch der Gummireifen, die durch den Dreck platschten. Dallesons Gekrächze fiel ihm lästig. Nachdem sie bereits zehn Minuten mit Licht gefahren waren, hatte sich das Gefühl der Gefahr gelegt. Nun wurde er wieder unruhig. Wenn die Telefonverbindung nicht bestand, würden sie noch eine weitere halbe Stunde durch den Dreck fahren müssen und womöglich dann immer noch keine Verbindungen bekommen. Und gerade in diesem Augenblick brach der Japaner vielleicht durch.

Aber sie mußten die Verbindungen haben! Ohne sie – ohne sie würde es sein, als ob man ihm mitten in einem Schachspiel die Augen verbunden hätte. Zwar könnte er dann noch den nächsten Zug des Gegners beurteilen und ihm begegnen, aber es würde schon schwieriger sein, den nächsten voraus zu wissen und den übernächsten, und er würde Züge machen, die sinnlos, wenn nicht verhängnisvoll wären. Der Jeep glitt um eine Kurve, und als er sie hinter sich hatte, fiel das Wagenlicht auf die überraschten Augen eines Soldaten hinter einem Maschinengewehr, das an der Straßenseite postiert war. Der Wagen hielt vor ihm an.

„Was, zum Teufel, ist euch eingefallen, die Straße mit Licht zu befahren?" Er erblickte den General und plinkerte mit den Augen. „Verzeihung, Sir."

„Schon gut, mein Sohn, du hast völlig recht, und es gehört sich nicht, seine eigenen Befehle nicht zu befolgen." Der General lächelte, und der Soldat grinste zurück. Der Jeep wandte sich von der Straße ab in einen schmalen Weg, der zum Lager der Hauptquartier-Batterie führte. Es lag völlig im Dunkeln, und der General zögerte einen Augenblick, um sich zu orientieren. „Das Verdunkelungszelt ist dort drüben", sagte er vorausdeutend. Die drei Offiziere schritten durch die Dunkelheit und stolperten über das Wurzel- und Strauchwerk des unvollkommen gerodeten Bodens. Die Nacht war schwarz und voll einer merkwürdigen Spannung, die die Offiziere schweigen ließ. Auf dem fünfzig Yards langen Weg zum Verdunkelungszelt kamen sie nur an einem Mann vorüber.

Der General stieß den Vorhang beiseite und tastete sich widerwillig durch die dunkle Lichtschleuse. Augenscheinlich war auch dieses Zelt umgeworfen, durch den Dreck gezerrt und dann wieder aufgerichtet worden. Die Innenseiten waren schlammig. Am Ende der Lichtschleuse stieß er den zweiten Vorhang beiseite und trat ins Zelt. Ein Hauptmann und ein Soldat saßen an einem Schreibtisch.

Beide sprangen auf. „Sir?" sagte der Hauptmann.

Der General schnüffelte. Die Luft war außerordentlich feucht und muffig. Schon bildeten sich ein paar Schweißtropfen auf Stirn und Rücken. „Wo ist Oberst McLeod?" fragte er.

„Ich werde ihn holen, Sir."

„Nein, warten Sie eine Minute", sagte der General. „Wissen Sie, ob von hier aus eine Telefonverbindung zum zweiten Bataillon besteht?"

„Jawohl, Sir."

Der General fühlte eine große Erleichterung. „Verbinden Sie mich bitte." Er zündete sich eine Zigarette an und lächelte Leutnant Hearn zu. Der Hauptmann nahm den Hörer des Feldtelefons auf und kurbelte dreimal. „Wir haben nur Querverbindung über die B-Batterie, Sir."

„Ich weiß", sagte der General kurz. Das war eines der Dinge, die den General immer langweilten. Es gab nichts, was ihm nicht bekannt war.

Nach wenigen Minuten wurde dem General der Hörer übergeben. „Zweites Bataillon, Sir."

„Samson, bitte", sagte der General. Hinter dem Code-Namen verbarg sich Oberstleutnant Hutchins. „Samson, hier ist Kamel", sagte er, „ich spreche von Pivot Rot. Was ist los? Haben Sie Telefonverbindungen zu Paragon Weiß und Paragon Blau?"

„Hier ist Samson. Jawohl, die Leitungen sind in Ordnung." Seine Stimme war dünn und kam wie aus weiter Ferne, und im Hörer summte es. „Gestört", murmelte der General.

„Wir haben versucht, Sie zu erreichen", sagte Hutchins. „Wir haben den Angriff auf Paragon Weiß B und C und Paragon Rot B und G zum Halten gebracht." Er gab die Koordinaten durch. „Persönlich glaube ich, daß das nur ein Vorfühler war und daß sie es heute nacht noch einmal versuchen werden."

„Ja", sagte der General. Er war beschäftigt, die Möglichkeiten abzuschätzen. Sie brauchten Verstärkungen. Das erste Bataillon vom 459sten Infanterieregiment, das er in Reserve gehalten hatte und das an der Straße arbeitete, konnte in zwei Stunden in Bewegung gesetzt werden, aber er mußte mindestens eine Kompanie und einen Zug als Reserve zurücklassen. Vielleicht kam der Angriff ihm aber zuvor. Der General überdachte es und entschloß sich endgültig, nur zwei Kompanien vom ersten Bataillon in Marsch zu setzen und die anderen beiden zur Deckung des Rückzuges, falls er sich als notwendig erweisen sollte, zurückzubehalten, und aus den Hauptquartier- und Dienstkompanien alle verfügbaren Züge herauszunehmen. Er blickte auf seine Uhr. Es war jetzt acht. „Samson", sagte er, „um 23 Uhr treffen Weiß Able und Hund bei Ihnen ein. Diese haben die Verbindung mit Paragon Weiß und Paragon Rot aufzunehmen, wo sie nach passender Gelegenheit zu verwenden sind. Ich werde sie nach Erfordernis einsetzen."

In diesem Augenblick sah er alles mit außerordentlicher Klarheit vor sich. Die Japaner würden heute nacht angreifen, wahrscheinlich auf der ganzen Frontlinie. Aber bestimmt an den Flanken. Der Taifun dürfte Toyakus Truppen bei der Erreichung der Sammelpunkte behindert haben, und es bestand die Chance, daß die Japaner nicht allzu viele Panzerwagen in Gang bringen könnten. Es würde sich um keinen Scheinangriff handeln, mit dem man versuchte, mürbe Stellen in der Front zu erkunden. Bei dem aufgeweichten Boden und der damit verbundenen Behinderung würde sich Toyaku darauf beschränken, gegen ein paar Punkte vorzustoßen in der Hoffnung, hier durchbrechen zu können. Damit glaubte der General fertig zu werden. „Wir haben heute nacht mit einigen außerordentlich starken, örtlich begrenzten Angriffen zu rechnen", sagte er in den Apparat. „Ich wünsche, daß die Verbindungen zu allen Einheiten hergestellt werden und der Befehl durchgegeben wird, daß die Stellungen zu halten sind. *Es gibt keinen allgemeinen Rückzug."*

„Sir?" Die Stimme am anderen Ende der Leitung schien Zweifel auszudrücken.

„Dringen die Japaner ein, soll man sie lassen. Die Kompanien an den Flanken einer jeden Durchbruchsstelle haben ihre Stellungen zu halten. Ich bringe jeden Offizier vor ein Kriegsgericht, der seinen Verband aus taktischen Gründen zurückzieht. Was durchbricht, wird von der Reserve in Empfang genommen."

Dalleson war verwirrt. Seine Entscheidung wäre gewesen: In Anbetracht der neu herzustellenden Frontlinie und in Erwartung einiger starker japanischer Angriffe während der Nacht wäre es das Sicherste, die Truppen eine Meile oder zwei zurückzuziehen und zu versuchen, den Angriff bis zum Morgen zu verzögern. Er war froh, daß ihn der General nicht um seine

Meinung gefragt hatte. Es war ihm unverzüglich eingegangen, daß der General das Richtige tat und er sich irrte.

Hutchins sprach wieder: „Und was wird aus mir? Werde ich einige Mann erhalten?"

„Powerhouse wird um 23.30 Uhr bei Ihnen eintreffen", sagte der General. „Der Einsatz erfolgt zwischen Paragon Rot George und Paragon Rot Easy, bei den folgenden Koordinaten: 017.37–439.56 und 018.25–440.06." Der General bezeichnete diese Positionen aus dem Gedächtnis. Er hatte seine Karte im Kopf. „Als zusätzliche Unterstützung werde ich ihnen einen wiederaufgefüllten Zug von Paragon Gelber Zucker senden. Sie sind für Transportzwecke und als Seitenverbindung zu Paragon Weiß einzusetzen und, wenn möglich, später als Gefechtsunterstützung für Weißer Bäcker oder Katze. Wir werden das noch genau festlegen, wenn sich die Dinge entwickelt haben. Ich werde hier für diese Nacht vorübergehend eine Zentralstelle einrichten."

Dies alles strömte nur so aus ihm heraus; seine Entscheidungen kamen schnell und waren instinktiv die richtigen, wie er glaubte. Den General konnte man sich nicht glücklicher vorstellen als in diesem Augenblick. Er legte den Hörer auf und sah für eine Sekunde Hearn und Dalleson mit einem ganz unpersönlichen Wohlwollen an. „Wird heute nacht noch eine Menge zu tun geben", murmelte er. Heimlich beobachtete er den Hauptmann und den Soldaten, die ihn fast ehrfürchtig anblickten. Beinahe fröhlich wandte er sich an Dalleson.

„Ich habe Hutchins einen aufgefüllten Zug versprochen, ich denke, ich werde ihm Pioniere schicken, aber wir brauchen dafür noch eine Gruppe von irgendeinem anderen Zug."

„Wie wär's mit I und R, Sir?"

„Gut, wir wollen sie ihm für Erkundungszwecke zur Verfügung stellen. Geben Sie die Marschbefehle, aber sofort, Mann!" Er zündete sich eine Zigarette an und wandte sich an Hearn. „Ich denke, Sie verschaffen uns ein paar Feldbetten, Leutnant." In diesem Augenblick störte ihn Hearn nicht.

Dallesons Vorschlag, eine Gruppe vom Aufklärungszug dem Pionierzug beizugeben, war sein einziger Beitrag zu der Schlacht, die sich in dieser Nacht entwickelte.

5

ROTH träumte, daß er auf einer lieblichen Wiese nach Schmetterlingen jage, als ihn Minetta für die Wache weckte. Er murrte und versuchte weiterzuschlafen, aber Minetta schüttelte ihn. „Ich komm' ja schon", murmelte er ärgerlich. Er wälzte sich herum, brummte ein wenig, stützte sich auf Hände und Knie und schüttelte den Kopf. Drei Stunden Wache in der Nacht! Er stellte es sich mit Entsetzen vor. Wütend begann er sich die Schuhe anzuziehen.

Minetta erwartete ihn in der Maschinengewehr-Stellung. „Jesus, ist das gespenstisch heute nacht", flüsterte er. „Ich dachte schon, ich müßte ewig hier Wache stehen."

„War was los?"

Minetta blickte auf den schwarzen Dschungel. Es war gerade noch möglich, den Stacheldraht, zehn Yards vor dem Maschinengewehr, zu erkennen. „Mir war, als ob da ein paar Japaner herumschlichen", murmelte er. „Halt also die Ohren steif."

Roth fühlte eine üble Furcht. „Sicher?"

„Weiß nicht. War eine ständige Schießerei in der letzten halben Stunde. Ich glaube, es hat angefangen." Er lauschte. „Hör nur!" Ein Geschütz feuerte einige Meilen entfernt mit hohlem Klang. „Ich wette, die Japaner greifen an. Jesus, der Zug ist richtig mittendrin."

„Ich glaube, wir haben Glück gehabt", sagte Roth.

Minettas Stimme war sehr leise. „Weiß nicht. Eine verlängerte Wache ist auch nicht besser. Wart's nur ab. Drei Stunden in der Nacht sind genug, um dich vor Angst zittern zu machen. Wissen wir denn, ob der Japaner nicht schon durchgebrochen ist und hier angreift, bevor deine Wache um ist? Wir sind nur zehn Meilen von der Front, vielleicht haben sie hier schon Patrouillen eingesetzt."

„Ist verdammt Ernst", sagte Roth. Er sah Goldsteins Gesicht vor sich, wie er gleich nach dem Sturm seinen Rucksack packte. Goldstein war jetzt vorn im Kampf. Roth spürte eine merkwürdige Erregung. Er könnte getötet werden. Mancher von ihnen – Red, Gallagher, Sergeant Croft, Wyman, Toglio oder Martinez oder Ridges oder Wilson; alle waren jetzt vorn, mittendrin. Jeden konnte es treffen; es war furchtbar, wie schnell es geschehen konnte. Er hatte das Bedürfnis, einiges darüber Minetta mitzuteilen.

Aber Minetta gähnte. „Jesus, bin ich froh, daß ich's hinter mir habe." Er machte sich zum Gehen bereit, und dann wandte er sich um. „Du weißt, wen du zu wecken hast?"

„Sergeant Brown?"

„Richtig. Er schläft drüben mit Stanley." Minetta deutete ungefähr die Richtung an.

Roth murmelte: „Nur fünf Mann in diesem Abschnitt! Bedenke, fünf Mann sollen einen Abschnitt halten, für den ein ganzer Zug nötig ist."

„Das ist es ja gerade", sagte Minetta. „Wir haben keine Chance. Aber es wird keinen Durchbruch geben. Schließlich hat's da, wo jetzt der erste Zug ist, genug Soldaten." Er gähnte gelassen. „Nun gut, ich geh' jetzt", sagte er.

Roth fühlte sich sehr einsam, nachdem ihn Minetta verlassen hatte. Er starrte in den Dschungel und ließ sich in der Grube hinter dem Maschinengewehr so behutsam nieder, wie er nur konnte. – Das ist nichts für mich, meinte er bei sich; er hatte nicht die Nerven dazu. Das war etwas für jüngere Männer, für Jünglinge wie Minetta oder Polack oder für einen von den Alten.

Er saß auf zwei Munitionskästen, und die Griffe schnitten in seinen knochigen Körper. Er verlagerte sein Gewicht und streckte seine Füße. Die Grube war noch schlammig vom Unwetter, und alles um ihn herum fühlte sich feucht an. Seine Kleider waren es nun schon seit Stunden, und die Decken hatte er auf dem nassen Boden ausbreiten müssen. Was war das für ein Leben! Sicherlich würde er morgen erkältet sein. Er könnte von Glück sagen, wenn nicht eine Lungenentzündung daraus würde.

Um ihn war große Stille. Der Dschungel schwieg geheimnisvoll, und dieses Schweigen war so gebieterisch, daß es seinen Atem stocken ließ. Er saß wartend da, aber plötzlich war die ungeheure Leere gebrochen, und er vernahm die Geräusche des nächtlichen Waldes – der Grillen und Frösche und Eidechsen und das Rascheln der Bäume. Und dann schienen diese Laute wieder zu schwinden, oder sein Ohr vermochte sie nicht mehr aufzunehmen; einige Minuten lang war ein dauernder Wechsel zwischen Lärm und Stille, als beständen sie für sich getrennt und wären dennoch verbunden; es war wie bei gezeichneten Würfeln, die für das Auge abwechselnd hervor- oder zurücktreten. Roth begann zu grübeln. In einiger Entfernung gab es Gewitter, aber er fürchtete den Regen nicht. Lange Zeit lauschte er auf den Geschützdonner, der sich in der schweren, feuchten Nachtluft wie gedämpfter Glockenschlag anhörte. Er zitterte und kreuzte die Arme. Er erinnerte sich, was der Sergeant bei der Ausbildung über den Dschungelkampf gesagt hatte, wie sich die Japaner an eine Wache heranschleichen und den Posten erstechen. „Er bemerkt nichts", hatte der Sergeant gesagt, „nur in der letzten kleinen Sekunde, wenn es zu spät ist."

Roth empfand eine nagende Furcht in seinen Eingeweiden und blickte um sich. Ihn schauderte, als er über solch einen Tod nachdachte. Fürchterlich, was einem widerfahren konnte. Seine Nerven waren aufs äußerste gespannt. Während er versuchte, den Dschungel hinter der kleinen Rodung beim Stacheldraht mit den Augen zu durchdringen, überfiel ihn die gleiche panische Angst, die ein Kind bei einem Gruselfilm empfindet, wenn das Ungeheuer auf den Helden zukriecht. Etwas raschelte im Gebüsch, und Roth duckte sich in seiner Grube, und dann spähte er ein wenig darüber hinaus und bemühte sich, einen Mann zu unterscheiden oder irgendeinen deutbaren Gegenstand unter den vielen dunklen Formen im tiefen Schatten des Dschungels. Es wurde wieder ruhig, aber nach zehn Sekunden war das Geräusch wieder da. Es war ein hastiges Kratzen, und Roth saß wie erstarrt in seiner Grube und fühlte im ganzen Körper nichts anderes als das Klopfen seiner Pulse. Seine Ohren waren ungeheure Horchgeräte geworden, und er vermochte eine ganze Skala von schleichenden und kratzenden Geräuschen zu unterscheiden, von brechenden Zweigen, von raschelndem Laubwerk, Laute, die er zuvor nicht gehört hatte. Er beugte sich über das Maschinengewehr, und dann fiel ihm ein, daß er nicht wußte, ob es Minetta vollständig oder nur halb geladen hatte. Er müßte also den Hebel zurückschieben, um es zu entspannen und sich Gewißheit zu verschaffen, und er war im voraus entsetzt über den Lärm, der entstehen würde. Er nahm sein Gewehr auf und wollte den Hebel leise betätigen, aber er schnappte hörbar ein. Roth zuckte bei diesem Geräusch zusammen, und dann starrte er in den Dschungel und versuchte, die Stellen herauszufinden, woher die Geräusche kamen. Aber sie schienen überall zu sein; er konnte weder die Entfernungen abschätzen noch feststellen, was die Geräusche verursachte. Er hörte etwas rascheln und brachte sein Gewehr schwerfällig in die betreffende Richtung, und während er abwartete, brach ihm der Schweiß am Rücken aus. Einen Augenblick lang fühlte er sich versucht, blind und wütend drauflos zu schießen, aber er erinnerte sich, daß das sehr gefährlich war. – Vielleicht haben sie mich noch gar nicht entdeckt, dachte er, aber er glaubte es nicht. Daß er nicht schoß, hatte seinen Grund in Sergeant Browns Worten: „Wenn du schießt, ohne ein Ziel zu sehen, verrätst du die Lage deines Loches, und sie werden dir eine Handgranate hineinwerfen." Roth zitterte. Groll stieg in ihm hoch; seit geraumer Zeit war er überzeugt, daß die Japaner ihn beobachteten. – Warum kommen sie nicht? fragte er sich verzweifelt. Jetzt waren seine Nerven so überreizt, daß er einen Angriff begrüßt hätte.

Er preßte seine Füße in den dicken Schlamm der Grube, und während er weiterhin den Dschungel im Auge behielt, nahm er von seinen Schuhen etwas feuchte Erde und fing an sie wie einen Lehmklumpen zu kneten. Er war sich nicht bewußt, was er tat. Sein Nacken begann von der angespannten Haltung zu schmerzen. Es kam ihn vor, als ob die Grube entsetzlich offen daliege und keinesfalls genügend Schutz biete. Er empfand mit Verbitterung, daß man einen Mann veranlaßte, in einem ungeschützten Loch Wache zu halten, nur mit einem Maschinengewehr vor sich.

Hinter der ersten Wand des Dschungels erhob sich ein wildes Gebalge. Roth preßte die Kinnlade an, damit sie keinen Laut gebe. Ein Geräusch kam näher; es war, als ob Männer heranschlichen, sich einige Schritte vorwärts bewegten und anhielten, bevor sie den nächsten taten. Er fischte unter dem dreibeinigen Gestell des Maschinengewehrs nach einer Handgranate, und als er sie in der Hand hielt, fragte er sich, wohin er sie werfen sollte. Die Granate erschien ihm sehr schwer, und er fühlte sich so schwach, daß er bezweifelte, sie weiter als zehn Yards werfen zu können. Bei der Ausbildung waren sie belehrt worden, daß die wirkungsvollste Weite bei fünfunddreißig Yards lag, und nun hatte er Angst, daß er sich mit seiner eigenen Granate töten könnte. Er legte sie hinter das Maschinengewehr zurück und blieb weiter hocken.

Nach einer Weile verebbte seine Furcht. Eine halbe Stunde lang hatte er auf die Geräusche geachtet, um zu sehen, was sich daraus entwickeln würde, und als nichts geschah, kehrte sein Vertrauen zurück. Er machte sich nicht klar, daß, wenn dort Japaner wären, sie vielleicht zwei Stunden brauchten, um die fünfzig Yards bis zu ihm zurückzulegen; weil er die Ungewißheit nicht länger ertragen konnte, nahm er an, daß auch sie dies nicht vermöchten, und gewann nun die Überzeugung, daß nichts anderes im Dschungel sei als ein paar herumjagende Tiere. Er lehnte sich mit seinem Hemd gegen die feuchte Rückwand der Grube und fühlte eine Entspannung. Seine Nerven beruhigten sich langsam, aber plötzliche Geräusche, die immer wieder aus dem Dschungel drangen, rissen an ihnen; schließlich jedoch verebbte die Erregung.

Als eine Stunde vergangen war, wurde er schläfrig. Er dachte an nichts und lauschte nur auf die tiefe, alles überwölbende Stille des Waldes. Ein Moskito begann um Ohren und Nacken zu singen, und er wartete auf den Stich, um das Insekt dann zu zerdrücken. Es ließ ihn daran denken, daß allerlei Gewürm mit ihm zusammen in der Grube war, und er bekam eine Gänsehaut. Für einige Minuten hatte er die Überzeugung, daß eine Ameise ihm den Rücken hinunterliefe. Er erinnerte sich der Schaben, die sie in ihrer ersten Wohnung nach der Heirat hatten, und wie er seine Frau beruhigt hatte: „Du brauchst keine Angst zu haben, Zelda, ich weiß von meinen Studien her, daß Schaben keine große Plage sind." Zelda bildete sich außerdem ein, daß auch Wanzen da wären, und wie oft er ihr auch versicherte: „Die Schaben fressen die Wanzen auf, Zelda", fuhr sie dennoch im Bett hoch und griff angstvoll nach ihm: "Hermann, ich weiß bestimmt, es hat mich was gestochen."

"Aber ich sage dir doch, daß es unmöglich ist."

"Laß mich in Ruh mit deinen Schaben", flüsterte sie zornig im dunklen Schlafzimmer. "Wenn Schaben Wanzen fressen, dann müssen sie schließlich ins Bett kommen, nicht wahr?"

Roth fühlte ein stilles Vergnügen, als er sich daran erinnerte. Ihr Zusammenleben war nicht so gewesen, wie er es gehofft hatte. Es gab manchen Streit, und Zelda hatte eine scharfe Zunge; er dachte daran, wie sie ihn mit seiner Bildung aufzog, weil er damit kein Geld machen konnte. Es lag nicht nur an ihr, meinte er, aber es wahr auch ebensowenig sein Fehler. Keiner war da zu tadeln. Es war so, wie es einem als Kind erging, man bekam niemals das, was man sich wünschte. Er wischte sich die Hände mit einer entlangstreifenden Bewegung an seinen grünen Hosen ab. Zelda war in mancher Hinsicht eine gute Ehefrau. Sich an ihre Streitigkeiten zu erinnern, machte ihm genausoviel Mühe wie sich ihr Gesicht vorzustellen. Und während er jetzt über sie nachdachte, wurde sie in seiner Vorstellung eine andere Frau, viele Frauen. Unzüchtige Bilder traten vor seinen Geist.

Roth sah sich pornographische Aufnahmen von einem Modell machen, das er wie einen Cowboy angezogen hatte. Es trug einen Riesenhut, schmale Lederfransen über den Brüsten, und um die Hüften hingen winklig Pistolenhalfter und Patronengürtel. Er hörte, wie er die Pose vorschrieb, und das Mädchen gehorchte mit einer erregenden Gelassenheit. Sein Kreuz begann ihn zu schmerzen, während er dasaß und seinen Traum weiterspann.

Nach einer Weile wurde er wieder schläfrig und versuchte, dagegen anzukämpfen. Ein paar Geschütze feuerten ständig in einiger Entfernung, bisweilen mit lautem Gedröhn, dann klang es gedämpfter und schließlich wieder laut. Es gab ihm ein Gefühl der Sicherheit. Er lauschte kaum noch zum Dschungel hinüber. Seine Augen fielen ihm zu und blieben einige Sekunden geschlossen, während er am Rande des Schlafes dahintaumelte. Einige Male war er bereits am Einschlafen, als ihn ein plötzliches Geräusch im Dschungel wieder auffahren ließ. Er blickte auf die Leuchtzeiger seiner Uhr und stellte verdrossen fest, daß seine Wache noch eine Stunde dauern würde. Er legte sich zurück, schloß seine Augen in der bestimmten Absicht, sie in wenigen Sekunden wieder zu öffnen, und fiel in Schlaf.

Er erinnerte sich daran, als er fast zwei Stunden später erwachte. Es hatte wieder einmal zu regnen angefangen. Von einem sanften Sprühregen waren seine Sachen völlig durchtränkt, und die Nässe war in seine Stiefel eingedrungen. Er mußte niesen, und es bedrückte ihn, so lange geschlafen zu haben. – Ein Japaner hätte mich töten können, sagte er sich, und dieser Gedanke lies ihn hochfahren. Er stieg aus seinem Loch und ging stolpernd dorthin, wo Brown schlief. Er hätte ihn beinahe verfehlt, aber er hörte Brown flüstern: „Was, zum Teufel, trampelst du da herum wie ein Schwein im Busch?"

Roth war sanftmütig. „Ich konnte dich nicht gleich finden."

„Dummes Gerede", sagte Brown. Er streckte sich unter seiner Decke, und dann stand er auf. „Ich konnte nicht schlafen", sagte er. „Diese vielen verdächtigen Geräusche ... Wie spät ist es?"

„Nach drei Uhr dreißig."

„Du solltest mich doch um drei wecken?"

Diese Frage hatte Roth befürchtet. „Ich kam ins Grübeln", sagte er schwach, „und verlor das Gefühl für die Zeit."

„Scheiße!" sagte Brown. Er hatte seine Schuhe zugebunden und ging ohne ein weiteres Wort zur Stellung hinüber.

Roth blieb noch einen Augenblick stehen, der Gewehrriemen scheuerte seine Schulter, und dann begann er sich nach dem Platz umzusehen, wo Minetta schlief. Minetta hatte die Decken über sich gezogen, und Roth legte sich leise neben ihm nieder und versuchte, sie ihm wegzuziehen. Zu Haus hatte er immer darauf Wert gelegt, das Bettzeug dicht um sich herum zu haben, und nun, mit den freiliegenden Füßen, fühlte er sich sehr elend. Alles war naß. Der Regen fiel unaufhörlich auf die unbedeckten Glieder, und er fror. Die mehr nassen als feuchten Decken hatten einen dumpfen Geruch, der ihn an den Geruch von Füßen erinnerte. Er wälzte sich herum, um eine angenehmere Lage zu finden, aber überall schienen ihm die Wurzeln ins Kreuz zu stoßen. Als er die Decken vom Gesicht nahm, besprühte ihn der Regen. Mal geriet er in Schweiß, mal schauderte ihn, und er war nun überzeugt davon, daß er krank werden würde. – Warum habe ich nicht zu Brown gesagt, daß ich ihm eine halbe Stunde der Wache abnehmen wollte, fragte er sich plötzlich in bitterer Verzweiflung, weil ihm diese Antwort nicht rechtzeitig eingefallen war. Ich werde es ihm am Morgen sagen. Unter den Männern im Zug, so meinte er, ist keiner, der mich wirklich gern hat. Alle sind stumpfsinnig. Nicht ein einziger, der zu einem Neuen auch nur ein bißchen freundlich wäre. – Und bedrückt fühlte er seine Vereinsamung. Es fror ihn an den Füßen. Während er versuchte, seine Zehen zu bewegen, erkannte er die Nutzlosigkeit seines Bemühens, sie zu erwärmen. Er dachte an seine Frau und seinen Sohn, und es schien ihm, als könnte es nichts Schöneres im Leben geben, als zu ihnen zurückzukehren. Er glaubte den neuen mütterlichen Ausdruck in den Augen seiner Frau zu sehen, und sein Sohn würde ihn mit Entzücken und Hochachtung anblicken. Er dachte an ihn, der langsam heranwachsen würde, wie er ernsthafte Dinge mit ihm bespräche und ihn seine eigene Meinung haben ließe. Der Regen tropfte auf das Ohr, und er zog einen Zipfel der Decke wieder über den Kopf. Minettas Körper erschien ihm warm, und er rückte näher an ihn heran. Dann dachte er wieder an seinen kleinen Sohn und fühlte seinen Stolz schwellen. – Er glaubt, daß ich etwas bin, sagte sich Roth. Und ich werde es ihnen schon beweisen. – Seine Augen schlossen sich, und ein tiefer, bedeutungsvoller Seufzer zog durch den stäubenden nächtlichen Regen.

Dieser verfluchte Roth, sagte Brown zu sich, schläft auf der Wache und läßt uns beinahe zum Teufel gehen! So was darf einem Mann einfach nicht passieren; läßt seine Kameraden einfach im Stich. Das ist das Schlimmste, was ein Mann tun kann.

Jawohl, Sir, das ist das Schlimmste, was ein Mann tun kann. Mag ich auch Angst haben, und mögen meine Nerven zum Teufel sein, aber schließlich benehme ich mich doch wie ein Sergeant und beachte meine Pflichten. Es ist gewiß nicht leicht, vorwärtszukommen; ein Mann hat seine Arbeit zu leisten und Verantwortung zu übernehmen, und dann erntet er, was ihm zusteht. Ich hatte von Anfang an ein Auge auf Roth. Er ist kein Guter, er ist faul, ungeschickt und hat für nichts Interesse. Ich hasse diese Familienväter, die meckern, weil man sie schließlich doch noch erwischte. Zum Teufel noch mal, wer denkt denn an uns, die wir es nun schon zwei Jahre aushalten müssen, und der Himmel weiß, wie lange noch. Während wir kämpften, haben die es mit ihren Frauen getrieben und womöglich auch mit den unsrigen.

Brown verlagerte zornig sein Gesicht auf den Munitionskästen und schaute zum Dschungel hinüber, während seine Hand unwillkürlich über seine kurze Stupsnase fuhr. – Jawoll, wer denkt an uns, die wir in einem Drecklloch im Regen hocken und bei jedem verfluchten Geräusch in Schweiß ausbrechen, während diese Weiber nur darauf aus sind, sich eine schöne Zeit zu machen?

Ich hätte was Besseres tun sollen, als solch eine zweigleisige Hexe zu heiraten. Aber schon, als wir auf der höheren Schule waren, rieb sie sich an jedem, der Hosen trug. Oh, jetzt weiß ich eine ganze Menge mehr; ich weiß, daß es falsch ist, eine Frau zu heiraten, nur weil man sie auf andere Weise nicht bekommt und sie einen die ganze Zeit zum Narren machte; und dabei weiß ich bis heute nicht einmal, ob sie Jungfrau war. Da kann man wohl kaum noch von einer anständigen Frau reden, wenn die eigene Schwester zu einem gelaufen kommt und einem sagen muß, man möge sich darum kümmern, weil die Frau sich herumtreibt, wenn der Mann nicht da ist. Dann ist es weiß Gott an der Zeit, daß man seine Augen offenhält. Es gibt keine, der ein Mann außer Sichtweite trauen kann; wie oft habe ich mit verheirateten Frauen, die Kinder hatten, im Bett gelegen; es ekelt mich an, wie sie es treiben.

Brown nahm seinen Karabiner vom Knie und lehnte ihn gegen das Maschinengewehr. – Es ist schon schlimm genug, was die Männer hier durchmachen müssen, mit einem solchen Burschen wie diesem verfluchten Roth, der auf der Wache einschläft, und wenn man dann selber versucht, alle Dinge gerecht zu erledigen, so daß auf keinen Mann mehr als sein Anteil kommt, und wenn man sich jeden Tag fragen muß, ob es heute sein wird, daß es einen erwischt, dann darf man wohl von einer Frau so viel Anständigkeit verlangen, daß sie ihre Beine geschlossen hält. Aber nein, jede ist gerade soviel wert wie ein Schneeball in der Hölle. Die ganze Zeit über müssen wir uns selber helfen, tun es bis zum Überdruß, aber was, zum Teufel, bleibt uns denn sonst übrig? Ich sollte damit aufhören, es nimmt einem die Selbstachtung, und ich würde mich kräftiger fühlen, aber was soll man ohne so ein verdammtes Weibsbild machen, wenn man immer daran denken muß. Jeder Mann tut es. Bestimmt.

Und was wird sie jetzt machen? Sicherlich unterhält sie sich gerade in dieser Minute im Bett mit einem Burschen, und sie rechnen sich aus, was sie mit der Zehntausend-Dollar-Versicherung anfangen werden, wenn ich zum Teufel bin. Aber ich werde ihnen was. Ich werde diesen verfluchten Krieg durchstehen, mich von ihr trennen und Geld verdienen. Nach dem Kriege wird es eine Menge Möglichkeiten für einen Mann geben, Geld zu verdienen, vorausgesetzt, daß er sich vor keiner harten Arbeit scheut und Verantwortungsgefühl besitzt; da habe ich keine Angst. Alle sagen, ich bin ein guter Unteroffizier. Vielleicht als Pfadfinder nicht so gut wie Martinez, und vielleicht habe ich Blut in den Adern und nicht Eis wie dieser Croft, aber ich bin gerecht und nehme meine Aufgabe ernst. Ich bin nicht wie Red, der immer nur dumm daherschwätzt und Witze reißt, statt zu arbeiten. Ich gebe mir wirklich die größte Mühe, ein guter Unteroffizier zu sein, denn wenn man in der Armee nicht vorankommt, kommt man auch woanders nicht weiter. Wenn man etwas zu erledigen hat, soll man es so gut und richtig wie möglich erledigen, das ist meine Meinung.

Ein paar Geschütze feuerten für einige Minuten ununterbrochen, und Brown lauschte gespannt. – Die Jungens kriegen es wirklich, sagte er sich. Es ist so sicher wie die Hölle, daß die Japaner jetzt angreifen, und der Aufklärungszug ist mittendrin. Wir haben Pech mit unserem Zug, wahrhaftig, und ich hoffe nur, daß heute nacht keiner verwundet wird. – Er starrte in die Dunkelheit. – Ich bin gut dran, daß ich hinten bleiben konnte, und froh, nicht in Martinez' Schuhen zu stecken. Wird verdammt hart werden, heute nacht, und ich habe kein Bedürfnis, dabeizusein. Ich habe meinen Teil schon hinter mir – über ein Feld laufen zu müssen, während ein Maschinengewehr hinter einem her ist, oder im Wasser zu schwimmen, wenn ein Flakgeschütz auf einen gerichtet ist, das reicht aus für einen Mann. Ich bin stolz, Sergeant zu sein, aber bisweilen wünschte ich, ich wäre nur Soldat, und alles, was ich zu tun brauchte, wäre nur meckern, wie Roth. Ich muß an mich selber denken, kein anderer tut es für mich, und ich habe in diesem Krieg nicht deshalb Wasser und Blut genug geschwitzt, damit es mich jetzt noch erwischt.

Er tastete nach den Dschungelgeschwüren an seinem Mund. – Ich wünsche, weiß Gott, daß keiner von den Jungens heute nacht verwundet wird, sagte er bei sich.

Der Wagenverband mahlte sich träge durch den aufgeweichten Boden. Es war erst eine Stunde her, seitdem die Aufklärungsgruppe ihren Lagerplatz verlassen hatte, aber es kam ihnen länger vor. Fünfundzwanzig Mann waren in den Wagen gepackt worden, und da nur für zwölf Mann Sitze vorhanden waren, hockte über die Hälfte in einem Durcheinander von Gewehren, Rucksäcken, Armen und Beinen auf dem Boden. Jeder schwitzte, und die Schwärze der Nacht schien unvergleichlich dicht zu sein. Der Dschungel auf beiden Seiten strömte eine feuchte Wärme aus.

Niemand sagte etwas. Wenn die Männer aufhorchten, vernahmen sie das Motorengeräusch des ersten Wagens ein kurzes Stück vor sich. Gelegentlich kam der nachfolgende Wagen so nahe, daß sie die abgeblendeten Lampen wie zwei dünne Kerzen im Nebel leuchten sahen. Dunst lag über dem Dschungel, und in der Dunkelheit fühlten sich die Männer körperlos.

Wyman saß auf seinem Rucksack, und wenn er die Augen schloß und sich vom Wagen durchschütteln ließ, kam er sich vor wie in der Untergrundbahn. Die erregende Spannung, in der er sich befunden hatte, als Croft gekommen war, um ihn seine Sachen packen zu lassen, weil sie nach vorn gingen, war allmählich verebbt, und Wyman ließ sich von seiner Stimmung dahintreiben, die Langeweile und ein träger Strom von Gedanken und Erinnerungen abwechselnd erzeugten. Er dachte an die Zeit, als er seine Mutter auf einer Autobusfahrt von New

York nach Pittsburgh begleitete. Sein Vater war gerade gestorben, und seine Mutter suchte ihre Verwandten auf wegen Geld. Die Fahrt erwies sich als erfolglos, und auf der Rückfahrt, in einem Nachtomnibus, hatte seine Mutter mit ihm darüber gesprochen, was nun zu tun sei, und sie beschlossen, daß er sich Arbeit suchen sollte. Er dachte jetzt mit ein wenig Verwunderung daran. Damals war es die bedeutungsvollste Nacht seines Lebens gewesen. Und heute befand er sich auf einer anderen Fahrt, einer weit ereignisreicheren, ohne eine Vorstellung dessen jedoch, was geschehen würde. Er hatte das Gefühl, reifer geworden zu sein. Jene Dinge, die Jahre zurücklagen, waren unbedeutend geworden. Er versuchte, sich auszumalen, wie der Kampf sein würde, aber er vermochte es nicht. Er hatte ihn sich immer als etwas Gewaltiges vorgestellt, was pausenlos mehrere Tage andauerte. Aber nun war er über eine Woche hier in seinem Zug, und nichts hatte sich ereignet. Alles war friedlich und ruhig gewesen.

„Meinst du, daß wir heute nacht viel zu sehen kriegen, Red?" fragte er sanft.

„Frag den General", knurrte Red. Er hatte Wyman gern, aber er bemühte sich, unfreundlich zu ihm zu sein, weil ihn dieser Jüngling an Hennessey erinnerte. Red empfand einen tiefen Widerwillen vor dem, was ihm in dieser Nacht bevorstand. Er war durch manchen Kampf gegangen, so mancherlei Entsetzliches war ihm alltäglich geworden, er hatte so viele gefallene Männer gesehen, daß er sich keiner Hoffnung mehr wegen der Unverletzlichkeit seines Fleisches hingab. Er konnte genauso getötet werden. Er hatte sich damit seit langem vertraut gemacht und eine Muschel um dieses Wissen wachsen lassen und sich angewöhnt, nicht weiter als die nächsten Minuten zu denken. Immerhin war die gewonnene Einsicht beunruhigend und bedrückend; er hatte sie niemals ausgesprochen, und sie quälte ihn. Bis zu Hennesseys Tod hatte er den Tod der Männer, die er kannte, als etwas Großes, Zerstörerisches und Sinnloses hingenommen. Die Gefallenen waren einfach Männer, die nicht mehr um ihn waren. Sie vermischten sich in seinen Gedanken mit alten Freunden, die ins Lazarett abrückten und niemals zurückkehrten, oder mit Soldaten, die einer anderen Truppenabteilung zugeteilt wurden. Wenn er von Bekannten erfuhr, daß sie gefallen oder schwer verwundet waren, zeigte er sich sehr interessiert, ja selbst ein wenig bestürzt, aber es war doch mehr das Gefühl, von einem Freunde zu hören, der sich verheiratet oder einiges Geld verloren hat. Es war eben nur ein Geschehen, das jemandem widerfuhr, den er kannte, und Red hatte es immer dabei belassen. Wenn er sich der Dinge erinnerte, die Hennessey gesagt hatte, erschien ihm dieser Tod so auffällig, daß es ihn stets an den Rand einer wahnsinnigen Angst brachte.

Früher hatte er den Kämpfen zwar mit Widerwillen – im Hinblick auf die zu erwartenden Anstrengungen und Entbehrungen –, aber doch ruhig entgegengesehen, unter bewußtem Einschluß der Todesfälle, die sie verursachen würden. Aber in diesem Augenblick war die Erinnerung an den Tod zu frisch, und sie erfüllte ihn aufs neue mit Entsetzen.

„Soll ich dir mal was sagen?" sagte er zu Wyman.

„Ja?"

„Wenn man an einer Sache nichts ändern kann, soll man den Mund halten."

Wyman war verletzt und hüllte sich in Schweigen. Red fühlte sofort ein Bedauern und zog einen zerdrückten Riegel Tropenschokolade hervor, der mit Tabakresten aus dem Müll seiner Tasche bedeckt war. „He, willst du etwas Schokolade?" fragte er.

„Ja, danke."

Sie spürten die Nacht um sich herum. Es war still im Wagen, nur hin und wieder gab es Gemurmel und Flüche, wenn er ruckte und stieß. Aber natürlich waren alle Geräusche vorhanden, die ein Wagen nur hervorzubringen vermag. Er kreischte, ratterte und ächzte über die Schlammlöcher, und die Reifen zischten. Aber in ihrer Gesamtheit glichen alle Geräusche dem sanften, unaufhörlichen Schlagen der Wellen an eine Schiffswand. Es war ein melancholisches Geräusch. Die Männer lagen unbequem auf dem Boden, ihre Rücken stießen gegen die Knie der Männer hinter ihnen, und die Gewehre standen schief umher oder lagen schwer auf ihren Schenkeln. Croft hatte darauf bestanden, daß sie ihre Stahlhelme aufsetzten, und Red schwitzte unter dem ungewohnten Gewicht. „Wie ein Sandsack", sagte er zu Wyman.

Wyman fragte ermutigt: „Ich glaube, es wird heut nacht hart werden, was?"

Red seufzte und unterdrückte seinen Ärger. „Wird schon nicht so schlimm werden, Jungchen. Mußt deine Arschbacken zusammenklemmen, der übrige Teil deines Körpers paßt schon von selber auf."

Wyman lachte leise. Er hatte Red gern und beschloß, ihm nahe zu bleiben. Die Wagen hielten an. Die Männer regten sich, veränderten ihre Lage und ächzten, als sie die eingeengten Glieder bogen oder streckten. In den feuchten Sachen, die in der dicken Nachtluft nicht trocknen konnten, warteten sie geduldig mit hängenden Köpfen. Es gab kaum einen Luftzug, und sie fühlten sich schläfrig.

Goldstein begann unruhig zu werden. Nachdem die Wagen fünf Minuten gestanden hatten, wandte er sich an Croft:

„Sergeant, ist es recht, wenn ich hinausgehe und nachsehe, was uns aufhält?"

Croft knurrte. „Du bleibst gefälligst hier, Goldstein. Keiner geht 'raus und verirrt sich absichtlich."

Goldstein errötete. „Das habe ich nicht gemeint", sagte er. „Ich dachte, es könnte für uns gefährlich sein, hier zu sitzen, wenn die Japaner in der Nähe sind. Wissen wir denn, warum die Wagen anhalten?"

Croft gähnte, und dann schlug er mit kalter sachlicher Stimme zurück: „Ich will dir mal was sagen, Goldstein, du wirst noch mehr Dinge erleben, die dir Sorge machen werden. Bleib sitzen und spiel mit dir, wenn du Angst hast. Das Besserwissen überlaß mir." Einige im Wagen kicherten, und Goldstein fühlte sich beleidigt. Er empfand Abneigung gegen Croft und dachte über all die sarkastischen Worte nach, die Croft ihm versetzt hatte, seitdem er beim Zug war.

Die Wagen liefen wieder an und bewegten sich ruckartig im ersten Gang vorwärts, bis sie nach wenigen Hundert Yards wieder hielten. Gallagher fluchte.

„Hast du's so eilig?" fragte Wilson sanft.

„Mal müßten wir ja ankommen."

Sie standen mehrere Minuten, und dann bewegten sie sich weiter. Sie passierten eine feuernde Batterie dicht an der Straße, und Meilen vor ihnen war ebenfalls ein Geschütz in Aktion. Die Granaten heulten etwa eine Meile über ihnen durch die Luft, und die Männer lauschten schläfrig. Ein Maschinengewehr feuerte in einiger Entfernung. Das Knattern drang in einzelnen Schlägen zu ihnen; es klang wie Teppichklopfen. Martinez nahm seinen Stahlhelm ab und drückte seinen Schädel. Er hatte das Gefühl, als schlage man mit einem Hammer auf ihn ein. Ein japanisches Geschütz beantwortete das Feuer mit einem hohen, durchdringenden, schrillen Ton. Nahe dem Horizont erhob sich ein Lichtschein und verbreitete so viel Helle, daß sie einander sehen konnten. Ihre Gesichter sahen erst weiß und dann bläulich aus, als ob sie sich in einem Raum anblickten, der dämmrig und rauchig ist. „Wir kommen näher 'ran", sagte jemand. Nachdem das Licht erloschen war, entdeckten sie blassen Rauch gegen den Horizont, und Toglio sagte: „Da brennt was."

„Sieht nach einem schweren Kampf aus", meinte Wyman zu Red.

„Nein, die tasten sich nur gegenseitig ab", erklärte ihm Red. „Das würde verdammt anders sein, wenn die heute nacht was vorhätten." Maschinengewehre knatterten, und dann schwiegen sie. Einige Schrapnells krepierten mit dumpfem Knall; weiter entfernt begann ein Maschinengewehr zu feuern. Dann war wieder Stille, und die Wagen setzten ihren Weg auf der dunklen, aufgeweichten Straße fort.

Nach einigen Minuten hielten sie erneut. Im Hintergrund des Wagens versuchte jemand, eine Zigarette anzuzünden. „Mach das verfluchte Ding aus", fuhr Croft ihn an.

Der Soldat gehörte zu einem andern Zug und begann zu schimpfen: „Wer, zum Teufel, bist du eigentlich? Ich hab' das Warten satt."

„Mach das verfluchte Ding aus", sagte Croft abermals, und nach einer Pause löschte der Soldat die Zigarette aus. Croft fühlte sich gereizt und nervös. Er hatte keine Angst, aber er war ungeduldig und überwach.

Red überlegte, ob er sich eine Zigarette anzünden sollte. Er und Croft hatten seit ihrem Streit an der Küste kaum miteinander gesprochen, und es juckte ihn, Croft herauszufordern. Aber sogleich wußte er, daß er es nicht tun würde, und versuchte nun, sich klarzuwerden, was der wirkliche Grund dafür sei: das Verbot Licht zu machen oder die Angst vor Croft. Zum Teufel, ich werde es diesem Schweinehund schon geben, wenn die Zeit kommt, aber das Recht muß dann sicher auf meiner Seite sein!

Sie begannen wieder einmal, sich in Bewegung zu setzen. Nach einigen Minuten hörten sie leise Stimmen um sich herum auf der Straße, und der Wagen rollte in einen schmutzigen, sehr schmalen Seitenweg. Ein Ast schleifte über den Wagen. „Vorsicht!" schrie jemand, und alle duckten sich. Red zog ein paar Blätter aus seinem Hemd und verletzte sich den Finger an einem Dorn. Er wischte das Blut an der Rückseite seiner Hose ab und suchte nach seinem Rucksack, den er irgendwo hingeworfen hatte, als er den Wagen bestieg. Seine Beine waren steif, und er versuchte, sie zu entspannen.

„Nicht ohne Befehl absteigen", sagte Croft.

Die Wagen kamen zum Halten, und man lauschte auf die Schritte einiger Männer, die im Dunkeln umherliefen. Alles war erregend still. Sie saßen, warteten und sprachen im Flüsterton. Ein Offizier rüttelte am Gatter und sagte: „Aussteigen und beisammenbleiben." Sie begannen vom Wagen hinunterzuspringen und bewegten sich langsam und unsicher. Sie sprangen im Dunkeln fünf Fuß tief und wußten nicht, wie der Boden unter ihnen beschaffen war. „Tür schließen!" rief jemand, und ein Offizier sagte knapp: „Still verhalten."

Sie warteten nun im Freien. Die Wagen waren bereits auf der Rückfahrt, um den nächsten Transport durchzuführen. „Sind Offiziere dabei?" fragte der Offizier.

Einige Leute kicherten. „Ruhe bitte, die Unteroffiziere der Züge vortreten."

Croft und ein Sergeant vom Pionierzug kamen heran. „Die meisten meiner Leute sind im nächsten Wagen", sagte der Sergeant, und der Offizier befahl ihm, seine Leute zusammenzuholen. Croft sprach mit leiser Stimme eine Minute lang mit dem Offizier, dann versammelte er seine Männer um sich. „Wir müssen warten", sagte er. „Wir wollen dort am Baum zusammenbleiben." Es gab gerade so viel Licht, um den Baum zu erkennen. Sie gingen langsam hinüber. „Wo sind wir eigentlich?" fragte Ridges.

„Im Hauptquartier vom zweiten Bataillon", sagte Croft. „Da arbeitest du die ganze Zeit an der Straße und weißt nicht einmal, wo du bist?"

„Quatsch, ich arbeite und vergeude nicht meine Zeit mit Herumgaffen", sagte Ridges. Er lachte nervös, und Croft befahl ihm, sich ruhig zu verhalten Sie setzten sich um den Baum und warteten schweigend. In einem Wäldchen, etwa fünfhundert Yards entfernt, feuerte eine Batterie und erhellte einen Augenblick die Umgebung. „Was macht die Artillerie hier so nahe?" fragte Wilson.

„Unsere Artillerieunterstützung", erklärte einer.

Wilson seufzte. „Alles, was man tut, ist herumsitzen und sich den Schwanz naß machen."

„Scheint so", sagte Goldstein steif, „als ob sie die Sache hier ziemlich kläglich durchführen." Seine Stimme klang angeregt, als ob er eine Diskussion erwarte.

„Meckerst du schon wieder, Goldstein?" fragte Croft.

Dieser Antisemit! dachte Goldstein. „Ich habe nur meine Meinung geäußert", sagte er.

„Meinung!" Croft spie aus. „Weiber haben Meinungen."

Gallagher lachte leise und höhnisch. „Du, Goldstein, brauchst du 'ne Seifenkiste als Podium?"

„Du bist auch nicht lieber bei der Armee als ich", sagte Goldstein.

Gallagher machte eine Pause, dann lachte er höhnisch. „Quatsch", sagte er. „Wie wär's jetzt mit einer Portion ‚gefüllte Fische'?"[1] Er wartete einen Augenblick, und dann fügte er, begeistert über sich selbst, hinzu: „Jawohl, was Goldstein vermißt, sind ein paar dieser verdammten Fische." Ein Maschinengewehr begann wieder zu feuern, in der Nacht klang es sehr nah.

„Ich schätze deine Ausdrucksweise nicht", sagte Goldstein.

„Du weißt, was du mich kannst", sagte Gallagher. Einesteils schämte er sich, und um dies Gefühl zu unterdrücken, fügte er hinzu: „Halt bloß die Luft an."

[1] jüdisches Spezialgericht

„Ich verbitte mir diese Art", sagte Goldstein. Seine Stimme zitterte. Sein Innerstes war in Aufruhr. Die Vorstellung, daß es zu einer Prügelei kommen mußte, erregte ihn, aber es war ihm klar, daß sie notwendig war. – Alles, was die Gojim[1] verstanden, war eine Auseinandersetzung mit den Fäusten, dachte er.

Red griff ein. Er hatte immer ein unbehagliches Gefühl, wenn Menschen sich gehenließen. „Beruhigt euch", murmelte er. „Ihr bekommt in der nächsten Minute noch genug zum Prügeln." Er schnaufte. „Sich wegen der Armee zu prügeln! Meiner Meinung nach war es seit dem Tage, an dem sie Washington aufs Pferd setzten, immer nur ein fürchterlicher Mist."

Toglio unterbrach ihn. „Du benimmst dich daneben, Red. Es gehört sich nicht, so über George Washington zu reden."

Red schlug auf seine Knie. „Du bleibst ein richtiger Boy Scout, Toglio! Schwörst auf die Fahne, was?"

Toglio erinnerte sich einer Erzählung, die er gelesen hatte: „Der Mann ohne Vaterland". Red war so wie dieser Mann. „Ich glaube, über einige Dinge soll man nicht spotten", sagte er ernst.

„Soll ich dir mal was sagen?"

Toglio wußte, daß jetzt ein Scherz kommen würde, aber gegen seinen Willen fragte er: „Was?"

„Das einzig Schlimme an der Armee ist, daß sie niemals einen Krieg verloren hat."

Toglio war bestürzt. „Du meinst, daß wir diesen nun verlieren sollten?"

Red fühlte sich fortgerissen. „Was habe ich denn gegen diese verfluchten Japse? Denkst du, es kümmert mich, ob sie diesen verdammten Dschungel behalten oder nicht? Was hab' ich davon, wenn Cummings einen neuen Stern bekommt?"

„General Cummings ist in Ordnung", sagte Martinez.

„Es gibt auf der ganzen Welt keine guten Offiziere", behauptete Red. „Sie sind eine Bande von Aristokraten, für die sie sich halten. General Cummings ist keinen Deut besser als ich. Seine Scheiße schmeckt auch nicht grade wie Eiscreme."

Ihre Stimmen erhoben sich über den Flüsterton. Croft sagte: „Ruhe." Die Unterhaltung ärgerte ihn. Es meckerten immer die Männer, die nirgends hingehörten.

Goldstein zitterte noch immer. Das Gefühl der Schande war so heftig, daß ein paar Tränen in seine Augen traten. Daß Red dazwischengekommen war, enttäuschte ihn. Gallaghers Worte hatten Goldstein derartig aufgebracht, daß er wünschte, irgend-

---

[1] jiddisch, Bezeichnung für Nichtjuden

einen Verzweiflungsschritt zu unternehmen. Indessen wußte er auch, daß er vor Wut weinen würde, wenn er nur seinen Mund auftat, und so blieb er still und versuchte, sich zu beruhigen.

Ein Soldat kam auf sie zu. „Gehört ihr zur Aufklärungsgruppe?" fragte er.

„Jawoll", sagte Croft.

„Gut, dann folgt mir bitte."

Sie nahmen ihre Sachen auf und begannen durch die Dunkelheit zu marschieren. Es war kaum möglich, den Vordermann zu sehen. Nachdem sie einige Hundert Fuß weit gegangen waren, hielt der Soldat, der sie führte, an und sagte: „Wartet hier."

Red fluchte. „Das nächste Mal machen wir es wie beim Griffekloppen nach Nummern", sagte er. Die ihnen zugeteilte Batterie feuerte wieder; es klang sehr laut. Wilson warf seinen Rucksack von sich und murmelte: „Einige von uns armen Schweinen werden in der nächsten halben Minute zur Hölle geschickt." Er seufzte und setzte sich auf den nassen Boden. „Man sollte meinen, die hätten etwas Besseres zu tun, als eine ganze Gruppe die Nacht über 'rummarschieren zu lassen. Ich weiß nicht mehr, ob mir heiß oder kalt ist." Über dem Boden lag ein klebriger Dunst, und abwechselnd schauderten sie in den feuchten Kleidern und schwitzten in der schwülen Luft. Einige japanische Geschosse explodierten eine Meile entfernt, aber es beunruhigte sie nicht.

Männer eines anderen Zuges kamen in einer Reihe an ihnen vorbei. Ihre Gewehre klapperten gegen die Stahlhelme und Rucksackschnallen. Eine Leuchtkugel stieg in der Nähe auf. In ihrem Licht wirkten die Männer wie Schattenrisse. Die Gewehre hingen in unterschiedlichen Winkeln über die Schultern, und die Rucksäcke gaben ihnen ein unförmiges Aussehen. Das Geräusch ihrer Schritte ging durcheinander und klang genau wie das der Wagen, wie leiser Wellenschlag. Die Leuchtkugel erlosch. Die Männer verschwanden. Als sie ein Stück vorüber waren, hörte man noch das leise metallische Klingen ihrer Gewehre. In einiger Entfernung gab es ein Gefecht. Man hörte das Gewehrfeuer der Japaner. Red wandte sich an Wyman und sagte: „Hörst du es? Tick-buum, tick-buum. Du kannst es nicht verwechseln." Einige amerikanische Gewehre antworteten; ihr Feuer klang kräftiger, als ob man mit einem Ledergürtel auf einen Tisch schlage. Wyman bewegte sich beunruhigt. „Wie weit entfernt schätzt du die Japaner?" fragte er Croft.

„Verdammt, wenn ich das wüßte. Wirst sie früh genug zu sehen kriegen, mein Junge."

„Den Teufel wird er", sagte Red. „Wir werden hier die ganze Nacht 'rumsitzen."

Croft spie aus. „Du würdest dir doch nichts daraus machen, was, Valsen?"

„Nein, ich bin kein Held", sagte Red.

Wieder gingen Soldaten in der Dunkelheit vorüber, und einige Wagen fuhren ins Lager. Wyman legte sich lang auf den Boden. Er war ein wenig bekümmert, daß er seine erste Nacht im Felde damit verbrachte, Schlaf zu suchen. Die Feuchtigkeit drang durch sein Hemd, und er richtete sich wieder auf und schauderte. Die Luft war drückend. Er wünschte, er könnte sich eine Zigarette anzünden.

Sie warteten noch eine halbe Stunde, ehe der Befehl kam, weiterzumarschieren. Croft stand auf und folgte dem sie führenden Soldaten, während die übrigen hinterdreinzogen. Man brachte sie auf einen kleinen Platz im Busch, wo ein Zug Soldaten bei sechs Flakgeschützen herumstand. Es waren Siebenunddreißiger, kleine Geschütze von etwa sechs Fuß Länge mit sehr schlanken Läufen. Ein Mann konnte sie ohne große Schwierigkeit über einen ebenen, festen Boden ziehen.

„Wir gehen mit diesen Flakgeschützen zum ersten Bataillon", sagte Croft. „Wir haben zwei zu ziehen."

Croft ließ sie bei den Geschützen Aufstellung nehmen. „Ich weiß nicht, wie weich der verdammte Weg noch werden wird", begann er, „aber ich nehme an, daß es nicht zu schlimm kommt. Wir werden in der Mitte der Kolonne gehen und uns in drei Gruppen zu je drei Mann aufteilen. Eine Gruppe kann jeweils ausruhen. Ich gehe mit Wilson und Gallagher, und Martinez kann Valsen und Ridges nehmen, und Toglio nimmt, was übrigbleibt – Goldstein und Wyman. Dann haben wir alles zusammengekratzt", fügte er trocken hinzu.

Er ging zu einem Offizier und sprach einige Sekunden mit ihm. Als er zurückkam, sagte er: „Wir wollen Toglios Gruppe als erste ausruhen lassen." Er stellte sich hinter eins der Geschütze und versetzte ihm einen Stoß. „Das Schweinedings wird uns zu schaffen machen." Wilson und Gallagher begannen es gemeinsam mit ihm zu ziehen, und der andere Zug, der sich schon in Gruppen auf die Geschütze verteilt hatte, setzte sich in Bewegung. Sie zogen die Geschütze über den Lagerplatz und durch eine Öffnung im Stacheldraht, an der ein Maschinengewehr postiert war. „Macht's gut", sagte der Mann am Maschinengewehr.

„Halt die Luft an", antwortete Gallagher. Schon zerrte das Geschütz an seinen Armen.

Die Schützenkette bestand aus fünfzig Mann, die sich sehr langsam auf dem engen Pfad durch den Dschungel vorwärts bewegte. Nach hundert Fuß konnten sie ihre Vordermänner nicht mehr sehen. Die Zweige der Bäume an beiden Seiten des

Weges schlugen über ihnen zusammen, und sie kamen sich vor, als ob sie durch einen endlosen Tunnel gingen. Ihre Füße versanken im Boden, und nach wenigen Yards waren ihre Stiefel mit Dreckklumpen bedeckt. Die Männer an den Geschützen bewegten sich ruckartig ein Stück vorwärts, hielten, ruckten wieder an und hielten aufs neue. Alle zehn Yards saß das Geschütz fest, und die Männer zogen, bis ihnen die Kräfte aus den Fingern schwanden. Alles arbeitete und stolperte in einem elenden Tempo den Weg entlang. In der Dunkelheit stießen die Männer aufeinander und fuhren in die Mündungen des vorderen Geschützes oder blieben so weit zurück, daß der Zug schließlich auseinanderfiel, als hätte man ihn wie einen Wurm zerschnitten, dessen einzelne Teile für sich weiterlebten. Die Männer am Schluß der Kolonne waren am schlimmsten dran. Der Boden war von den vorangehenden und ihren Geschützen in einen Morast verwandelt worden, und es gab Stellen, wo sich zwei Gruppen vereinigen mußten, um ein einziges Geschütz über den gröbsten Schlamm hinwegzutragen.

Der Pfad war nur wenige Fuß breit. Dicke Wurzeln ließen die Männer fortgesetzt straucheln. Ihre Gesichter und Hände wurden von den Zweigen und Sträuchern zerkratzt und bluteten. In der vollkommenen Finsternis konnten sie nicht erkennen, wann der Pfad eine Biegung machte. Wenn er sich bisweilen senkte und sie ihre Geschütze über ein kurzes Stück rollen lassen konnten, landeten sie oft außerhalb des Weges. Dann wühlten sie im Buschwerk herum und mußten mit den Armen ihre Augen vor den Ranken bewahren und sich abmühen, das Geschütz wieder auf den Weg zu bringen.

Leicht hätten Japaner im Hinterhalt liegen können, aber es war unmöglich, sich leise zu bewegen. Die Geschütze quietschten und rumpelten und machten ein saugendes Geräusch, wenn die Reifen in den Dreck einsanken, und die Männer fluchten in hilfloser Wut und keuchten wie Ringer am Schluß einer langen Runde. Stimmen und Befehle klangen hohl und gingen in dem Chor der ordinären und heiseren Stoßseufzer der überanstrengten und verschwitzten Männer unter.

Inzwischen war eine Stunde vergangen, und nichts anderes gab es für sie, als das schlanke Geschütz vorwärts zu ziehen. Der Schweiß drang in die Kleider und rann ihnen in die Augen und machte sie blind. Sie fluchten, packten zu, stolperten und brachten die kleinen Geschütze nur wenige Fuß weiter, und mit der Zeit waren sie sich ihres Tuns gar nicht mehr bewußt.

Wenn eine Gruppe von der anderen abgelöst wurde, standen sie bei ihren Geschützen herum und versuchten, Luft zu schöpfen, und blieben etwas zurück, um auszuruhen. Alle zehn

Minuten mußte die Kette anhalten, um die Nachzügler aufrücken zu lassen. Dann warfen sich die Männer mitten auf den Weg, ohne darauf zu achten, wie schmutzig er war. Es kam ihnen vor, als ob schon Stunden vergangen seien. Sie waren außer Atem, und ihre leeren Magen begannen sie zu quälen. Einige der Männer warfen Ausrüstungsstücke fort, einer nach dem andern entledigte sich seines Stahlhelms. Die Luft war unerträglich drückend unter dem Baldachin des Dschungels; die Nacht brachte keine Erleichterung nach der Hitze des Tages, und es war, als tasteten sie sich durch einen endlosen, mit Samt ausgeschlagenen Gang.

Während einer der Pausen arbeitete sich der leitende Offizier zu Croft durch. „Wo ist Sergeant Croft?" rief er, und seine Frage wurde von den Männern weitergegeben, bis sie Croft erreichte.

„Hier, Sir." Sie stolperten aufeinander zu.

„Wie steht's mit Ihren Leuten?" fragte der Offizier.

„Alles in Ordnung."

Sie setzten sich am Wegrand nieder. „Verrückt, so etwas zu versuchen", japste der Offizier. „Aber wir müssen durch."

Croft hatte mit seinem mageren, drahtigen Körper die Anstrengungen verhältnismäßig gut vertragen, aber seine Stimme war ungleichmäßig, und er sprach in abgerissenen Sätzen. „Weit noch?"

„Eine Meile – eine Meile noch. Haben mehr als den halben Weg hinter uns, glaube ich. Man sollte es gar nicht erst angefangen haben."

„Brauchen sie vorn die Geschütze dringend?"

Der Offizier zögerte einen Augenblick, und dann versuchte er normal zu sprechen. „Ich glaube schon – es fehlen Panzerwaffen vorn – an der Front. Vor zwei Stunden haben wir einen Panzerangriff aufhalten können – beim dritten Bataillon. Es kam der Befehl, einige Siebenunddreißiger vom ersten Bataillon zu bringen. Ich glaube, daß sie dort einen Angriff erwarten."

„Dann ist es wohl besser, damit zu Rande zu kommen", sagte Croft. Es machte ihn hochmütig, daß der Offizier mit ihm gesprochen hatte. Der Mann sollte in der Lage sein, seine Angelegenheit allein zu ordnen.

„Ja, denke ich auch." Der Offizier stand auf und lehnte sich einen Augenblick an einen Baum. „Wenn ein Geschütz steckenbleiben sollte, lassen Sie es mich wissen. Weiter vorn – haben wir noch einen Strom zu überqueren. Dürfte wohl schwierig sein."

Er begann sich wieder nach vorn durchzutasten, und Croft wandte sich ab, um zu seinem Geschütz zu gelangen. Die Kette war jetzt fast zweihundert Yards auseinandergezogen.

Sie setzte sich wieder in Bewegung, und die Quälerei ging weiter. Ein- oder zweimal flackerte ein bleiches, bläuliches Licht von Leuchtkugeln über sie hinweg und verlor sich schnell im dichten Laub, durch das es eingedrungen war. Es hatte die Männer an ihren Geschützen in geradezu klassischen Bewegungen überrascht, die die Form und Schönheit antiker Friese zeigten. Ihre Uniformen erschienen doppelt schwarz von der Nässe und vom Schlamm des Weges. Und in dem Augenblick, als das Licht auf sie fiel, traten ihre Gesichter weiß und verzerrt hervor. Selbst die Geschütze waren von einer graziösen Schönheit; sie glichen Insekten, die sich auf ihren dünnen Hinterbeinen aufgerichtet hatten. Dann war die Finsternis wieder über ihnen zusammengeschlagen, und blind schleiften sie die Geschütze vorwärts, gleich einer Reihe von Termiten, die ihre Lasten zum Nest schleppen.

Ihre Erschöpfung hatte einen Grad erreicht, wo einem alles hassenswert erscheint. Ein Mann konnte im Dreck ausrutschen und keuchend liegenbleiben, ohne die Absicht zu haben, wieder aufzustehen. Seine Gruppe war gezwungen anzuhalten; und sie warteten erstarrt, bis sich der Soldat wieder einreihte. Soweit sie noch Atem hatten, fluchten sie.

„Verfluchter Dreck."

„Mann, geh weiter!" schrie irgend jemand.

„Leck mich am Arsch samt deiner Kanone."

„Laßt mich liegen. Mir ist nichts weiter, aber laßt mich hier liegen."

„Verdammt noch mal, los, Mann!"

Und dann mühten sie sich wieder einige Yards ab und stockten erneut. In der Dunkelheit verloren Entfernungen und Zeit ihre Bedeutung. Die Hitze war aus ihren Körpern verschwunden; sie erschauerten und zitterten jetzt in der feuchten Nacht, und alles um sie herum war naß und lasch; sie stanken, jedoch nicht länger mehr wie Tiere; ihre Kleider waren mit Dschungelschlamm bedeckt. Es war ein naßkalter, fauliger Geruch nach modernden Blättern und Fäkalien, der ihre Nasenflügel füllte. Sie wußten nur noch eins, daß sie sich in Bewegung halten mußten, und wenn sie an die Zeit dachten, wurde ihnen übel.

Wyman fragte sich, warum er nicht zusammenbreche. Sein Atem kam in langen, heißen Stößen, die Rucksackriemen scheuerten, seine Füße waren wund, und er konnte nicht sprechen, denn Kehle, Brust und Mund schienen einen Filzbelag zu haben. Er bemerkte den kräftigen, üblen Gestank nicht mehr, der aus seinen Kleidern kam. Irgendwo in sich selbst war er erstaunt, daß sein Körper solche Anstrengungen ertrug. Im allgemeinen war er ein schwerfälliger Junge, der nicht mehr arbeitete, als unbedingt nötig war. Die Erregungen der Arbeit, die Muskelanstrengungen, das Keuchen und das Ermüdungsgefühl waren Dinge, die er immer zu vermeiden gesucht hatte. In ihm waren unbestimmte Träume von einem Heldenleben, womit sich die Vorstellung einer ungeheuren Belohnung verband, die ihm das Dasein erleichtern und das Problem des Unterhaltes für seine Mutter und sich lösen würde. Er ging mit einem Mädchen und wünschte, mit den Streifen vor ihr zu prahlen. Er hatte sich den Kampf immer als etwas Erregendes vorgestellt, aber ohne Dreck und körperliche Erschöpfung. Er sah sich im Anblick vieler Maschinengewehre über ein Feld laufen, aber in seinen Träumen kam das Stechen in der Seite, weil er zu weit laufen mußte und zu schwer zu tragen hatte, nicht vor.

Niemals hatte er daran gedacht, daß man ihn an ein unbelebtes Stahlungeheuer ketten würde, das er zu ziehen hätte, bis seine Arme hoffnungslos zitterten und sein Körper nahe daran war, umzusinken. Bestimmt hatte er sich nicht vorgestellt, daß er einen schmalen Weg mitten in der Nacht entlangstolpern müßte, in Schuhen, die im Schlamm versanken. Jetzt zerrte er an seinem Geschütz, hob es mit Goldstein und Toglio an, wenn sie in ein Schlammloch gerieten, aber die Bewegungen waren nur noch mechanisch; kaum fühlte er mehr die zusätzliche Mühe, die es verursachte, wenn sie es bei den Radnaben herausziehen mußten. Er vermochte seine Hände nicht mehr zu schließen, und oftmals half alles Ziehen nichts: die Hände glitten ab, und das Geschütz blieb im Dreck.

Die Kolonne bewegte sich jetzt sehr viel langsamer als im Anfang, bisweilen vergingen fünfzehn Minuten, um ein Geschütz hundert Yards weiterzubringen. Dann und wann brach einer der Männer zusammen und wurde am Rand des Weges liegengelassen. Er mußte, wenn er sich wieder erholt hatte, den Rückweg allein finden.

Schließlich lief eine Botschaft die Kette entlang: „Durchhalten, wir sind gleich da", und für ein paar Minuten reichte es aus, um den Männern wieder Mut zu machen. Nachdem sie aber bei jeder neuen Biegung nichts anderes entdeckten als einen neuen Streifen Dreck und Finsternis, befiel sie hoffnungslose Enttäuschung. Es wurde nun schwerer, sie an die Geschütze zu bringen; jedesmal, wenn sie anhielten, waren sie bereit, alles im Stich zu lassen.

Einige Hundert Fuß, bevor sie das erste Bataillon erreichten, hatten sie einen Geländeeinschnitt zu überwinden. Der diesseitige Hang führte sehr abschüssig zu einem kleinen steinigen Bach hinunter, und der Gegenhang erhob sich fünfzehn Fuß steil über dem Grund. Das war der Strom, den der Offizier gemeint hatte. Als ihn die Männer erreichten, stockte die Kette und ließ die Nachzügler aufrücken. Jede Mannschaft mußte warten, bis die vorangegangene den Strom überschritten hatte. Jetzt, in der Nacht, war es eine außerordentlich schwierige Aufgabe, die Zeit brauchte. Die Männer glitten den Hang hinunter und mußten sich anstrengen, ihr Geschütz zurückzuhalten, damit es nicht vornüber herunterstürzte. Dann hatten sie es über die glitschigen Steine im Bach zu bringen, ehe sie sich auf der anderen Seite mit dem Wiederhinaufschleppen abquälen mußten. Die Hänge waren rutschig und boten keinen Halt. Immer wieder brachte eine Mannschaft ihr Geschütz fast auf die Spitze des Hanges, und dann glitt es wieder zurück, und alle Mühe war vertan.

Als Wyman, Toglio und Goldstein ihr Geschütz in Bewegung setzten, war eine halbe Stunde vergangen, und sie hatten sich ein wenig ausgeruht. Sie atmeten freier und riefen sich gegenseitig Anweisungen zu, während sie das Geschütz über den Rand des Hanges brachten. Es begann von ihnen fortzustreben, und sie mußten verzweifelten Widerstand leisten, um es vor dem Abstürzen zu bewahren. Diese Anstrengung verbrauchte bereits fast alle Kräfte, die sie inzwischen gesammelt hatten, und nachdem das Geschütz über den Strom gebracht worden war, fühlten sie sich genauso erschöpft wie nur je während des Marsches.

Sie warteten einige Augenblicke, um alles, was an Kraft noch in ihnen steckte, zusammenzuraffen, und dann begannen sie, sich den Hang zu erkämpfen. Toglio schnaufte wie ein Bulle. Seine Anordnungen kamen heiser und stoßweise, als quälten sie sich aus seinem Innern. „Los, schieben –, schieben", knurrte er, und die drei bemühten sich, das Geschütz in Gang zu bringen. Aber es widerstand, bewegte sich bedenklich zur Seite, und alle Kraft schien ihre zitternden Glieder zu verlassen. „Festhalten!" schrie Toglio. „Nicht rutschen lassen!" Sie verschränkten sich hinter dem Geschütz und versuchten, ihre Füße in dem feuchten Lehm des Hanges festzustemmen. „Noch mal schieben!" schrie er, und sie brachten es ein paar Schritte weiter. Wyman fühlte, wie sich in seinem Körper eine Sehne gefährlich zerrte und jeden Augenblick zu reißen drohte. Sie ruhten wieder aus, und dann schoben sie das Geschütz abermals einige Yards weiter. Langsam, Schritt für Schritt, kamen sie der Spitze näher. Sie waren vielleicht nur noch vier Fuß vom Ende des Hanges entfernt, als Wyman den Rest seiner Kräfte verlor. Er versuchte, das Letzte aus seinen zitternden Gliedern herauszuholen, aber er fürchtete, nun gleich zusammenzubrechen und stumpfsinnig hinter dem Geschütz zu liegen und es nur noch mit dem Gewicht seines zusammengesunkenen Körpers stützen zu können. Das Geschütz fing zu rutschen an, und er taumelte zur Seite. Toglio und Goldstein waren an den Speichen der beiden Räder verblieben. Als Wyman losgelassen hatte, war ihnen, als ob jemand das Geschütz nach unten ziehe. Goldstein gab nicht nach, bis schließlich die abwärts gleitenden Räder seine Finger abrutschen ließen, einen nach dem anderen, und dann hatte er gerade noch Zeit, heiser zu brüllen: „Vorsicht!", ehe das Geschütz krachend auf dem Grunde landete. Die drei Männer folgten niederstürzend im Kielwasser hinterher. Das Geschütz schlug auf Felsblöcke auf, und eines der Räder wurde zerschmettert. Sie tasteten es im Dunkeln ab, so, wie junge Hunde die Wunde ihrer Mutter lecken. Wyman begann vor Erschöpfung zu schluchzen.

Der Unfall rief einige Verwirrung hervor. Crofts Mannschaft wartete an ihrem Geschütz hinter ihnen, und er schrie hinunter: „Was gibt's für Aufenthalt? Ist was passiert?"

„Wir hatten – Pech!" schrie Toglio zurück. „Warten!" Es gelang ihm und Goldstein, das Geschütz auf die Seite zu legen. „Das Rad ist zum Teufel!" schrie Toglio. „Wir kriegen es nicht mehr vom Fleck."

Croft fluchte. „Schafft es aus dem Weg."

Sie versuchten es, bekamen es aber nicht von der Stelle.

„Wir brauchen Hilfe!" schrie Goldstein.

Croft fluchte abermals, und dann glitten er und Wilson den Hang hinunter. Nach einer Weile gelang es, das Geschütz so umzudrehen, daß sie es in das Flußbett hineinwälzen konnten. Ohne ein Wort ging Croft an sein Geschütz zurück, und Toglio und die anderen stiegen den Hang hinauf und taumelten den Weg entlang, bis sie das Lager des ersten Bataillons erreichten. Die Männer, die vor ihnen angekommen waren, lagen bewegungslos auf der Erde. Toglio streckte sich in den Dreck, und Wyman und Goldstein legten sich neben ihm nieder. Zehn Minuten lang sprach keiner von ihnen. Gelegentlich mochte eine Granate irgendwo im Dschungel über ihnen bersten und ihre Glieder zusammenzucken, aber das war das einzige Lebenszeichen, das sie von sich gaben. Männer kamen und gingen, und der Gefechtslärm rückte näher und wurde heftiger. Stimmen drangen zu ihnen durch die Dunkelheit. Irgend jemand schrie: „Wo ist der Gepäckzug für die B-Kompanie?" Sie kümmerten sich kaum darum. Auch alles übrige wurden sie kaum gewahr. Zuweilen hörten sie die Geräusche der Nacht, für ein paar Augenblicke lauschten sie auf das ständige Vibrieren des Dschungels, aber immer wieder versanken sie in Erstarrung und dachten an nichts mehr.

Croft, Wilson und Gallagher kamen mit ihrem Geschütz eine kurze Weile später an, und Croft rief nach Toglio.

„Was willst du? Hier bin ich", sagte Toglio. Er wollte sich nicht bewegen.

Croft kam zu ihm durch die Dunkelheit und setzte sich neben ihm nieder. Er atmete in tiefen Zügen wie ein Wettläufer. „Ich geh' den Leutnant suchen. Ich muß ihm Bericht erstatten. Wie, zum Teufel, konnte das nur geschehen?"

Toglio stützte sich auf seinen Ellbogen. Er haßte es, Erklärungen abgeben zu müssen, und fühlte sich verwirrt. „Ich weiß es nicht", sagte er. „Ich hörte Goldstein ‚Vorsicht' schreien, und dann schien es uns aus den Händen gerissen zu werden." Es ärgerte ihn, sich vor Croft entschuldigen zu müssen.

„Was, Goldstein schrie?" fragte Croft. „Wo ist er?"

„Hier, Sergeant." Goldsteins Stimme kam aus dem Dunkel neben ihm.

„Warum hast du ‚Vorsicht' gerufen?"

„Ich weiß es nicht. Ich fühlte plötzlich, daß ich das Geschütz nicht mehr länger halten konnte. Irgend etwas riß es mir aus der Hand."

„Und wer war der andere?"

Wyman erhob sich. „Ich denke, ich." Seine Stimme klang schwach.

„Hast du losgelassen?" fragte Croft.

Wyman fühlte ein wenig Angst, als er daran dachte, dies zuzugeben. „Nein", sagte er. „Nein, ich glaube nicht. Ich hörte Goldstein schreien, und dann kam das Geschütz auf mich zu. Es rollte zurück, so daß ich aus dem Weg mußte." Schon war es ihm nicht mehr ganz klar, wie es eigentlich geschah, und etwas in ihm versuchte ihn zu überzeugen, daß er die Wahrheit gesprochen hatte. Gleichzeitig jedoch fühlte er überrascht, daß er vor Scham errötete. „Ich nehme an, daß es mein Fehler war", platzte er ehrlich heraus, aber seine Stimme klang so müde, daß es ihr an Überzeugungskraft fehlte, und Croft glaubte, daß er Goldstein schützen wollte.

„So", sagte Croft. Eine wütende Erregung arbeitete in ihm. Er wandte sich zu Goldstein und sagte: „Hör mal, Itzig."

„Mein Name ist nicht Itzig", sagte Goldstein zornig.

„Geht mich 'n Dreck an, wie du heißt. Das nächstemal, wenn du wieder so was anstellst, bring' ich dich vor ein Kriegsgericht."

„Aber ich glaube nicht, daß ich losgelassen habe", protestierte Goldstein schwach. Er war sich selbst nicht mehr ganz sicher. Er vermochte die Reihenfolge der Ereignisse, als das Geschütz zu rutschen begann, nicht auseinanderzuhalten, und wußte nicht, ob er recht hatte. Er war der Meinung, daß Wyman zuerst aufgehört hätte, aber als Wyman erklärte, er sei der Schuldige, empfand Goldstein augenblicklich einen panischen Schrecken. Ebenso wie Croft nahm er an, daß Wyman ihn beschützen wollte. „Ich weiß es nicht", sagte er. „Ich glaube nicht, daß ich es war."

„Du glaubst nicht", unterbrach ihn Croft. „Höre mal, solange du im Zug bist, Goldstein, hast du nichts anderes getan, als dir auszudenken, wie man was besser machen könnte. Aber wenn's darum geht, ein bißchen zu arbeiten, drückst du dich. Ich habe genug von deinem Scheißdreck."

Wieder einmal fühlte Goldstein einen hilflosen Zorn. Es war eine Gemütsbewegung, die er nicht unter Kontrolle bringen konnte. Seine Erregung war noch stärker als sein Ärger; es erstickte ihn fast, so daß er nicht zu reden vermochte. Tränen der Verzweiflung traten in seine Augen, und er wandte sich ab und legte sich nieder. Dann richtete sich sein Zorn gegen ihn selbst, und er schämte sich hoffnungslos. – Ach, ich weiß es doch nicht, ich weiß es wirklich nicht, sagte er bei sich.

Toglio empfand ein gemischtes Gefühl von Erleichterung und Mitleid. Er war froh, daß die Schuld für den Verlust des Geschützes nicht bei ihm lag, aber dennoch war er unglücklich, daß irgend jemand getadelt wurde. Das Band ihrer gemeinsamen Anstrengungen, als sie sich zu dritt mit dem Geschütz abgequält hatten, bestand noch, und er dachte bei sich: Armer Goldstein! Er ist ein guter Bursche, aber er hat ziemlich viel Pech.

Wyman war zu erschöpft, um klar denken zu können. Nachdem er erklärt hatte, daß es sein Fehler gewesen sei, war er froh, daß man ihn nicht beschimpfte. Er war wirklich zu erschöpft, um folgerichtig darüber nachdenken zu können oder sich überhaupt auf etwas zu besinnen. Inzwischen war er überzeugt, daß Goldstein das Geschütz im Stich gelassen hatte, und das stimmte ihn zufrieden. Die Erinnerung an die ungeheuren Schmerzen in der Brust und im Kreuz, als sie den Hang hinaufkrochen, war noch sehr lebendig in ihm, und er wußte, daß er zwei Minuten nach Goldstein auch losgelassen hätte. Aus diesem Grunde hatte Wyman ein tiefes Mitempfinden für ihn.

Croft stand auf. „Das Geschütz werden sie für ein Weilchen nicht wiederbekommen", sagte er. „Ich wette, daß es den ganzen Feldzug über hier liegenbleiben wird." Er war so wütend, daß er Goldstein hätte schlagen mögen. Dann verließ er sie, ohne noch etwas zu sagen, und machte sich auf die Suche nach dem Offizier, der den Zug geführt hatte.

Die Männer des Zuges richteten sich am Boden ein und begannen zu schlafen. Gelegentlich mochte nahe im Dschungel eine Granate bersten, aber sie kümmerten sich kaum darum.

Die Schlacht hatte den ganzen Abend über wie ein Gewitter, das nicht losbrechen wollte, vor ihnen gestanden, und jetzt hätte sie erst ein Dammbruch wieder auf die Beine gebracht. Nicht einmal eingegraben hatten sie sich vor Müdigkeit.

Red brauchte länger als die anderen, um in Schlaf zu fallen. Seit vielen Jahren quälten ihn die Nieren, sobald er sich zu lange im Feuchten aufhielt. Jetzt schmerzten sie wieder, und er wälzte sich mehrmals auf dem nassen Boden herum und versuchte zu entscheiden, ob es weniger schmerzhaft sei, mit dem Rücken auf der feuchten Erde zu schlafen oder ihn der Nachtluft auszusetzen. Lange Zeit lag er wach und grübelte. Seine Laune umfaßte eine ganze Gefühlsskala vom Überdruß bis zum Kummer. Er dachte an die Zeit, als er arbeitslos in einer kleinen Stadt in Nebraska festsaß und darauf wartete, daß er einen Güterwagen erwischte, der ihn aus der Stadt brachte. Damals war es ihm wichtig erschienen, sich sein Essen nicht zusammenzubetteln, und er fragte sich, ob er diesen Stolz heute noch besäße. „Oh, damals war ich ein zäher Bursche", murmelte er vor sich hin. „Es hat mir gutgetan." Er fühlte einen kalten Luftzug am Rücken und drehte sich um. Es schien ihm, als wenn er in seinem ganzen Leben immer nur auf nackten, feuchten Plätzen geschlafen und sich nach Wärme gesehnt hätte. Ihm fiel ein, was ein alter Landstreicher einmal zu ihm sagte: „Einen halben Dollar in der Tasche, und der Winter kommt", und er empfand jene Schwermut wieder, die ihm von kalten, dämmrigen Oktobertagen her vertraut war. Er verspürte Hunger, und nach einer Weile stand er auf und wühlte in seinem Rucksack. Er griff eine K-Ration und lutschte an der Fruchtstange und spülte etwas Wasser aus seiner Feldflasche hinterher. Seine Decke war naß, dennoch wickelte er sich darin ein und fand ein wenig Wärme. Dann versuchte er wieder zu schlafen, aber der Nierenschmerz war zu groß. Schließlich setzte er sich auf, tastete nach einem Verbandspäckchen am Patronengürtel und zog das kleine Papierbeutelchen mit den schmerzstillenden Tabletten hervor. Er schluckte eine halbe und trank fast die Hälfte des restlichen Wassers in seiner Feldflasche. Einen Augenblick lang wünschte er alle zu nehmen, aber dann dachte er daran, daß er vielleicht verwundet werden könnte und sie noch brauchen würde. Das machte ihn wieder niedergeschlagen. Er starrte traurig in die Dunkelheit und konnte nach einiger Zeit die Körper der schlafenden Männer um sich herum erkennen. Toglio schnarchte, und Martinez hörte er leise etwas auf spanisch murmeln und dann plötzlich schreien: „Ich töte keinen Japs, Gott, ich töte keinen." Er seufzte und legte sich wieder nieder. Wer von ihnen hatte einen leichten Schlaf?

Eine Spur seines alten Zornes durchfuhr ihn. – Was geht mich das alles an, sagte er sich und lauschte bedrückt auf eine Granate, die über ihn hinwegsang. Diesmal klang es wie Rascheln von Zweigen im Winterwind. Er erinnerte sich, wie er einmal auf einer Landstraße entlanggegangen war, als es Abend wurde. Es war im Kohlendistrikt des östlichen Pennsylvania gewesen, und er hatte die Bergleute beobachtet, wie sie mit den noch vom Ruß und Kohlenstaub der Schicht angeschmutzten Gesichtern in ihren alten, verbeulten Fordwagen nach Hause fuhren. Es hatte dort keineswegs so ausgesehen wie im Kohlengebiet von Montana, dem er vor Jahren den Rücken kehrte, und doch war es dasselbe gewesen. Er war dahingeschritten und hatte an die Heimat gedacht, und dann hatte ihn jemand im Wagen mitgenommen und ihm einen Schnaps in einer lauten Bar bezahlt. Jener Abend strahlte jetzt glanzvoll in seiner Erinnerung. Einen Augenblick empfand er wieder die Erregung, die ihn beim Verlassen einer fremden Stadt in einem dunklen Güterwagen stets befiel. Solche Dinge waren kleine Lichtblicke in der langen Reihe der grauen Tage jener Jahre gewesen. Er seufzte wieder, als wollte er etwas von diesen Erinnerungen festhalten. – Niemand bekommt, was er sich wünscht, sagte er zu sich. Dieser Gedanke bereitete ihm nun ein fast angenehm sorgenvolles Gefühl. Er wurde schläfrig und grub seinen Kopf in seinen Unterarm. Ein Moskito begann um sein Ohr zu singen, und er lag still und hoffte, daß er fortfliegen würde. Der Boden schien von Insekten zu wimmeln. – Die kleinen Käfer gehören auch zu den Dingen, die mir vertraut sind, dachte er. Aus irgendeinem Grunde machte ihn dies lächeln.

Es fing an zu regnen. Red zog die Decke über den Kopf, und langsam sank er in einen dumpfen Schlummer, wobei die einzelnen Teile seines Körpers zu verschiedenen Zeiten zu schlafen begannen, so daß lange, nachdem er mit dem Grübeln aufgehört hatte, ein Teil seiner Sinne noch das Zittern eines überanstrengten Gliedes oder den Krampf darin verspürte. Die Artillerie feuerte jetzt ununterbrochen, und eine halbe Meile entfernt war anhaltendes Maschinengewehrfeuer zu hören. Fast schon im Schlaf merkte er, daß Croft zurückkehrte und sich auf einer Decke ausstreckte. Es regnete weiter. Nach einer Weile hörte er die Artillerie nicht mehr; aber selbst, als er vollständig eingeschlafen war, blieb noch ein letztes Teilchen seines Geistes wach, das immer noch aufnahm, was um ihn geschah. Obgleich er sich beim Erwachen nicht mehr daran erinnerte, hörte er die Männer eines Zuges vorbeimarschieren und erfaßte, daß die Flak-Geschütze auf die andere Seite des Lagers gezogen wurden. Dort mündete eine von Japanern gebaute Straße ins Lager, wie er sich im Schlaf erinnerte. – Die wollen sie jetzt sichern. – Wahrscheinlich lag er im Fieber.

Er träumte, bis er eine Stimme rufen hörte: „Aufklärung? Wo ist der Aufklärungszug?" Der Traum schwand. Er lag verschlafen da und hörte, wie Croft auf die Füße sprang und rief: „Hier, hierher!" Red begriff, daß er in wenigen Minuten aufstehen mußte, und kroch noch tiefer in seine Decken. Sein Körper schmerzte. Er fühlte, daß er ganz steif sein würde, wenn er sich erhob. „Auf, Leute, vorwärts, aufstehen!" schrie Croft. „Los, los, wir müssen weiter."

Red zog die Decke von seinem Gesicht. Es regnete immer noch, und seine Hand kam naß von der Oberfläche der Decke zurück. Wenn er die Decke in den Rucksack tun würde, mußte auch dieser naß werden. „Äääähhhrr." Angeekelt räusperte er sich und spie mehrmals aus. Er hatte einen fauligen Geschmack im Mund. Gallagher saß aufrecht neben ihm und brummte: „Verfluchte Armee, daß sie einen nicht schlafen lassen können. Hatten wir nicht schon genug heute nacht?"

„Wir sind Helden", sagte Red. Er stand auf und begann seine Decke zusammenzulegen. Auf der einen Seite war sie naß und auf der anderen schmutzig. Er hatte mit dem Gewehr neben sich geschlafen, es unter die Decke gesteckt, aber es war ebenfalls feucht. Red fragte sich, wann er sich wohl das letztemal trocken gefühlt habe. „Verfluchter Dschungel", sagte er.

„Vorwärts, Leute!" rief Croft. Eine Leuchtkugel erhellte das nasse, häßliche Strauchwerk um sie herum, und ihr Licht flackerte über die feuchtschwarzen Uniformen. Red sah, daß Gallaghers Gesicht mit Schmutz bedeckt war, und als er sein eigenes Gesicht befühlte, wurden seine Hände schmutzig. „Zeig mir den Weg, den wir nach Hause gehn", summte er. „Bin so müde, möcht' im Bett jetzt liegen."

„Denkste", sagte Gallagher. Sie packten gemeinsam ihre Rucksäcke und standen auf. Die Leuchtkugel war erloschen, und in der zurückkehrenden Finsternis waren sie wie blind. „Wohin geht es?" fragte Toglio.

„Zur A-Kompanie. Man erwartet dort einen Angriff", sagte Croft.

„Wir sind ein vom Pech verfolgter Zug", seufzte Wilson. „Wir haben doch unsere Arbeit mit den Flak-Geschützen schon geleistet. Ich schwöre dir, lieber gehe ich einen Panzer mit bloßen Händen an, ehe ich noch mal so'n Schweineding anrühre."

Die Gruppe marschierte in einer Reihe los. Das Lager des ersten Bataillons war sehr klein, so daß sie in dreißig Sekunden das Loch im Stacheldraht erreichten. Martinez führte sie vorsichtig den Weg zur A-Kompanie. Seine Schläfrigkeit wich sofort, er wurde hellwach. Im Augenblick konnte er nichts sehen, aber ein besonderer Sinn schien ihn die Wendungen des Pfades zu führen, so daß er kaum stolperte oder vom Wege abwich. Ganz allein ging er dreißig Yards den anderen voraus. Falls die Japaner den Pfad entlang im Hinterhalt lägen, wäre er als erster geschnappt worden. Doch empfand er kaum Furcht; Martinez' Angst entwickelte sich nur in der Untätigkeit; sobald er jemanden zu führen hatte, kehrte sein Mut zurück. Jetzt war sein Gehirn mit einer Unzahl von Geräuschen und Überlegungen belastet. Seine Ohren tasteten den vor ihm liegenden Dschungel nach Geräuschen ab, die ihm einen Mann verraten könnten, der im Unterholz neben dem Weg wartete; zugleich aber lauschten sie mißfällig auf das Gestolpere und Gemurmel der ihm Nachfolgenden. Er versuchte, den ununterbrochenen Lärm der Schlacht nach seinen Einzelheiten zu unterscheiden; er überprüfte, sobald sie über eine kleine Lichtung kamen, den Himmel, um nach dem Kreuz des Südens den Weiterweg zu bestimmen. Wo immer es ihm möglich war, merkte er sich irgendein Zeichen am Weg und fügte es den früher beobachteten hinzu. Zwischendurch wiederholte er für sich die Reihenfolge – Baum über dem Weg, schlammiges Wässerchen, Felsblock am Wege, Buschwerk über dem Weg. Es war eigentlich kein Grund dafür vorhanden, denn der Pfad führte nur vom ersten Bataillon zur A-Kompanie. Aber es war ihm zur Gewohnheit geworden und hatte sich bei den ersten Patrouillen so ergeben, und jetzt tat er es instinktiv.

Und ein anderer Teil seines Wesens war von Stolz erfüllt, daß er der Mann war, von dem die Sicherheit der übrigen abhing. Das gab ihm den nötigen Auftrieb und ließ ihn durch Gefahren schreiten, vor denen sein Wille und sein Körper zurückschreckten. Während des Marsches mit den Flak-Geschützen war er oftmals daran gewesen, aufzugeben, im Gegensatz zu Croft hatte er es nicht als Wettkampf empfinden können. Er war in der Tat bereit gewesen, zu erklären, daß es über seine Kräfte ginge und er schlappmachen würde. Aber etwas in ihm ließ ihn immer wieder Dinge tun, vor denen er sich fürchtete und denen er ablehnend gegenüberstand. Diesmal war es der Stolz, Sergeant zu sein, um den alle seine Gedanken und Handlungen kreisten. – Keiner sieht in der Dunkelheit so gut wie Martinez, sagte er zu sich selbst. Er berührte einen Zweig vor seinem ausgestreckten Arm, beugte seine Knie leicht und schritt unter ihm hindurch. Seine Füße waren wund, Rücken und Schultern schmerzten, aber das waren Übel, die er nun nicht mehr beachtete; er hatte eine Gruppe zu führen, und das war genug.

Diese auseinandergezogene Gruppe, die ihm nachfolgte, war von den verschiedensten Gefühlen erfüllt. Wilson und Toglio waren schläfrig, Red dagegen sehr wach und nachdenklich – er glaubte an Vorzeichen. Goldstein war elend dran und verbittert; diese Spannung, in der schwarzen, frühen Morgenstunde einen Weg entlangzuschleichen, stimmte ihn erst melancholisch und dann verdrießlich. Es überfiel ihn die Vorstellung, allein ohne Freunde, die ihn beklagen würden, sterben zu müssen. Wyman hatte sich noch nicht wieder erholt. Er war so müde, daß er fast bewußtlos dahinstolperte. Es war ihm gleichgültig, wohin er ging und was ihm bevorstand. Ridges war abgestumpft und geduldig. Er dachte kaum daran, was ihm die nächsten Stunden bringen könnten, noch gab er sich den Schmerzen in seinen Gliedern hin. Gelassen setzte er Schritt vor Schritt, und sein Geist bewegte sich träge wie ein unter einer Eisdecke erstarrter Strom.

Und da war noch Croft: angespannt, eifrig und ungeduldig. Jeden Abend war er mit seiner Gruppe übergangen worden. Der Kampflärm, den er die ganze Nacht gehört hatte, spornte ihn immer mehr an. Sein Geist bewahrte noch die Erinnerung an jene Stimmung, die ihn nach Hennesseys Tod befallen hatte. Jetzt fühlte er sich stark, unermüdlich und zu allem fähig; zwar waren seine Muskeln genauso überanstrengt wie die der anderen, aber sein harter Wille hatte den Körper ausgeschaltet. Er hungerte danach, in seiner Kehle wieder einmal seinen Puls heftig schlagen zu spüren, nachdem er einen Mann getötet hatte.

Der Karte nach betrug die Entfernung zwischen dem ersten Bataillon und der A-Kompanie nur eine halbe Meile. Aber der Pfad krümmte sich so oft, daß es praktisch eine Meile war. Die Männer setzten ihre Füße schwerfällig und unsicher auf. Ihr Gepäck lastete auf ihnen, und die Gewehre rutschten von den Schultern. Der unebene Weg war eigentlich nur ein Wildpfad, der teilweise erweitert worden war. Immer wieder wurden sie von den Zweigen an beiden Seiten des Weges zerkratzt. Der Dschungel war hier undurchdringlich. Es hätte eine Stunde in Anspruch genommen, um einen Pfad von nur hundert Fuß Länge freizulegen. In der Dunkelheit vermochten sie nichts zu sehen, und der Gestank des nassen Laubwerks war entsetzlich. Die Männer mußten eng aufgeschlossen hintereinandergehen, denn selbst bei kürzestem Abstand verloren sie sich aus den Augen, so daß jeder sich an seinen Vordermann hielt, um nicht abhanden zu kommen. Martinez konnte sie deutlich hören und danach die Entfernung beurteilen. Die Männer stolperten und stießen einander wie Kinder bei einem Spiel im Dunkeln. Sie gingen unbequem vornübergebeugt.

Ihre mißhandelten Körper hatten während der letzten Stunden weder Nahrung noch Schlaf im gewohnten Rhythmus zu sich nehmen können. Sie ließen Winde, deren Gestank in der stickigen Luft Ekel erregte. Die Männer am Ende der Reihe waren am schlimmsten dran. Es würgte sie, und sie fluchten; sie versuchten für zwei Sekunden den Atem anzuhalten und schauderten vor Ermüdung und Übelkeit. Gallagher ging am Schluß, und alle paar Minuten hustete und fluchte er. „Hört mit dem verdammten Furzen auf!" schrie er, und die Männer an der Spitze richteten sich einen Augenblick hoch und lachten.

„Gestank schlucken dein Leben lang", murmelte Wilson, und einige kicherten.

Manche fielen in Schlaf, während sie gingen. Ihre Augen blieben fast den ganzen Marsch über geschlossen, und während der Fuß in der Luft hing, träumten sie und erwachten wieder, wenn er die Erde berührte. Wyman wankte einige Minuten dahin, ohne etwas zu fühlen; sein Körper war völlig erstarrt. Er und Ridges dösten, und zehn oder fünfzehn Yards lang schliefen sie wirklich, so daß sie den Pfad verloren und zwischen das Unterholz stürzten. Der Lärm ließ alle in der Dunkelheit zusammenfahren. Mit einem Gefühl der Bedrückung wurden sie sich dabei bewußt, wie nahe sie der Front gekommen waren. Nur eine halbe Meile entfernt hörten sie Gewehrfeuer.

„Verflucht noch mal", flüsterte dann einer, „könnt ihr euch nicht ruhig verhalten?"

Der Marsch dauerte wohl nun schon eine halbe Stunde, aber nach den ersten Minuten hatten sie bereits das Zeitgefühl verloren. Mit den Händen am Vordermann krochen und glitten sie über den Dreck; sie fühlten sich wie in einer Tretmühle, und es war ihnen gleichgültig, wohin sie traten. Für die meisten entstand der Aufenthalt überraschend. Martinez kam zurückgelaufen und befahl ihnen, sich leise zu verhalten. „Sie hören euch zehn Minuten, ehe ihr kommt", flüsterte er. Stille breitete sich über die Männer. Die letzten hundert Yards legten sie mit einer lächerlichen Vorsicht zurück und spannten die Muskeln behutsam, bevor sie einen Schritt taten.

Es gab weder einen freien Platz noch Drahtverhaue bei der A-Kompanie. Der Weg unterteilte sich viermal wie bei einer Gabel, jede Unterteilung führte zu einer der verschiedenen Stellungen. Ein Soldat erwartete sie an der Gabelung und führte die Gruppe einen Weg entlang zu einigen Zelten, die mitten im Busch lagen. „Ich führe den zweiten Zug", erklärte er Croft. „Wir liegen etwa zweihundert Yards weiter flußabwärts. Dein Zug kann heute nacht hier in diesen Löchern bleiben und Wachen ausstellen. Es sind zwei Maschinengewehre da."

„Was geht vor?" flüsterte Croft.

„Ich weiß es nicht. Ich hörte, daß sie im Morgengrauen Angriffe an der ganzen Front erwarten. Wir mußten zu Beginn der Nacht einen Zug der C-Kompanie schicken und den Vorposten hier mit weniger als einem Zug halten." Es gab einen schleifenden Laut, als ob er sich über den Mund striche. „Komm, ich werde dir nun die Stellungen zeigen", sagte er und ergriff Crofts Ellbogen. Croft machte seinen Arm frei; er haßte es, von irgend jemand angefaßt zu werden.

Sie gingen einige Schritte den Pfad entlang, bis der Soldat vor einem Schützenloch haltmachte. Vorn war ein Maschinengewehr eingebaut, das seine Mündung durch das Gebüsch streckte. Croft spähte durch das Blattwerk, und im verstreuten Mondlicht konnte er den Flußlauf und einen Streifen des anderen Ufers erblicken. „Wie tief ist das Wasser?" fragte er.

„Vielleicht vier oder fünf Fuß. Es wird sie nicht aufhalten."

„Liegen weiter vorn noch Posten?" fragte Croft.

„Nichts. Und die Japaner wissen genau, wo wir sind. Sie haben Patrouillen ausgeschickt." Der Soldat fuhr sich wieder über den Mund und richtete sich auf. „Ich werde dir jetzt das andere Maschinengewehr zeigen." Sie beschritten einen holprigen Pfad, der aus dem Dschungel etwa zehn Fuß vom Wasserrand entfernt herausgehauen war. Einige Grillen zirpten laut. Der Soldat zitterte ein wenig. „Hier ist das andere", sagte er. „Zur Flankendeckung." Er blickte durch die Büsche und schritt zum Wasser hinunter. „Sieh es dir an", sagte er. Croft folgte ihm. Etwa fünfzig Yards zu ihrer Rechten begannen die Schroffen des Watamai-Gebirges. Croft blickte hinauf. Die Felsen erhoben sich fast senkrecht, vielleicht tausend Fuß hoch. Selbst in der Dunkelheit spürte er sie drohend über sich hängen. Er strengte seine Augen an und glaubte einen schmalen Streifen vom Himmel zu erkennen, dort wo sie endeten, er war aber nicht sicher. Er empfand eine merkwürdige Erregung. „Ich dachte nicht, daß sie so nahe sind", sagte er.

„O ja. Hat sein Gutes und sein Schlechtes. Man braucht sich keine Sorgen zu machen, daß sie von dort angreifen werden; aber immerhin, wir bilden die Flanke. Wenn sie hier kräftig angreifen, haben wir nicht viel, um sie aufzuhalten." Der Soldat zog sich in den Busch zurück und atmete langsam aus. „Ich muß dir sagen, daß die beiden Nächte hier genügt haben, um mir eine Gänsehaut zu verschaffen. Schau dir diesen Fluß an. Beim vollen Mondlicht beginnt er zu glänzen, und wenn du eine Weile darauf gestarrt hast, macht es dich völlig verrückt."

Croft blieb außerhalb des Dschungelrandes und blickte auf den Strom, der rechts eine Wendung machte und parallel zum Bergzug weiterfloß. Er wand sich wenige Yards vor den ersten

Felsen den japanischen Linien zu. Croft stellte fest, daß er auf jener Seite alles würde überblicken können. Zur Linken zog der Fluß, in hohe grasige Ufer eingebettet, schnurgerade dahin, wie eine Landstraße. „Wo liegst du?" fragte er.

Der Soldat zeigte auf einen Baum, der sich ein wenig vom Dschungel abhob. „Wenn du uns erreichen willst, mußt du zur Gabelung zurückgehen und dann den Pfad, der am weitesten nach rechts geht, nehmen. Du mußte ‚Buckeye'[1] rufen, wenn du kommst."

„Gut", sagte Croft. Sie sprachen noch einige Minuten zusammen, dann hakte der andere Soldat seinen Patronengürtel ein. „Himmel, ich sage dir, es treibt dich zum Wahnsinn, wenn du eine Nacht hier verbringst. Nichts als Wildnis ringsum, und du steckst mittendrin mit nichts weiter als einem lausigen Maschinengewehr." Er nahm sein Gewehr über und ging den Pfad entlang. Croft sah ihm eine Weile nach und kehrte dann zu seiner Gruppe zurück. Die Männer warteten an den drei Zelten. Er zeigte ihnen, wo die beiden Maschinengewehre untergebracht waren, unterrichtete sie kurz über das, was er erfahren hatte, und teilte die Wachen ein. „Es ist jetzt drei Uhr", erklärte er, „vier gehören zu dem einen Posten und fünf zum andern. Wir wollen Zwei-Stunden-Schichten einrichten; die Gruppe, die nur vier Mann hat, wird bei der nächsten Einteilung berücksichtigt." Er teilte sie auf und übernahm die erste Wache an seinem Maschinengewehr. Wilson übernahm freiwillig die Wache am anderen. „Ich will's hinter mir haben, damit ich durchschlafen kann", sagte Wilson. „Ich hab' es satt, gerade immer aufgeweckt zu werden, wenn ich träume."

Die Männer lächelten schwach.

„Und noch folgendes", fügte Croft hinzu. „Wenn was passiert, müssen die Schläfer verflucht schnell auf die Beine kommen und uns zu Hilfe eilen. Es sind nur ein paar Yards von den Zelten zu Wilsons Maschinengewehr und kaum weiter zu dem meinigen. Es wird nicht gerade drei Stunden dauern, bis ihr uns erreicht." Wieder lächelten einige. „Also gut, das ist alles", sagte Croft. Er verließ sie und ging zu seinem Maschinengewehr hinüber.

Er setzte sich am Rand des Loches nieder und starrte durch das Buschwerk auf das Wasser. Er war völlig vom Dschungel eingeschlossen, und nun, da er zur Untätigkeit verdammt war, fühlte er sich leer und ein wenig niedergeschlagen. Er bekämpfte seine Stimmung und begann verschiedene Gegenstände im Loch abzutasten. Da waren drei Kästen mit gegurteter Munition und sieben sauber aneinandergereihte Hand-

---

[1] Kastanie, Spitzname der Bürger von Ohio, dem „Kastanien-Staat", (wegen der zahlreichen Anpflanzungen)

granaten am Fuße des Maschinengewehres. Vor ihm lagen eine Kiste mit Leuchtraketen und eine Raketenpistole. Er nahm sie auf, öffnete leise den Verschluß, lud und sicherte sie wieder. Dann legte er sie neben sich. Einige Granaten zwitscherten über ihn hinweg und senkten sich herab. Er war etwas überrascht, wie nahe sie auf der anderen Seite des Flusses landeten. Aus einer Entfernung von wenigen Hundert Yards hörten sich die Explosionen sehr laut an; einige Schrapnellkugeln peitschten die Blätter an den Bäumen über ihm. Er brach den Stengel einer Pflanze ab, steckte ihn in den Mund und sog nachdenklich daran. Er vermutete, daß die Geschütze der A-Kompanie gefeuert hätten, und versuchte, sich den Weg dorthin vor Augen zu halten für den Fall, daß er seine Leute zurückziehen müßte. Er begann sich zu beruhigen und fühlte sich erleichtert. Die Bedrängnis ihrer Lage beschwichtigte seine Phantasie, die bisher dem Kampf vorausgeeilt war. Kühl und gelassen waren seine Gedanken. Er war sehr müde.

Die Schrapnells krepierten etwa fünfzig Yards vor der Front des zu seiner Linken befindlichen Zuges, und Croft spie aus. Es lag zu nahe, um nur Störungsfeuer zu sein; sicherlich hatte man etwas im Dschungel auf der anderen Seite des Flusses gehört, sonst hätten sie niemals Schrapnells so dicht vor der eigenen Front verwendet. Seine Hand untersuchte das Loch nochmals und entdeckte ein Feldtelefon. Croft nahm den Hörer ab und lauschte. Die Leitung war in Ordnung; wahrscheinlich beschränkte sie sich auf die Züge der A-Kompanie. Zwei Männer unterhielten sich mit so leiser Stimme, daß er sein Ohr anstrengen mußte.

„Geh noch weitere fünfzig hinauf und dann bring es zurück."
„Bist du sicher, daß dort Japaner sind?"
„Ich schwöre dir, ich habe sie sprechen hören."

Der Mond war jetzt ganz hervorgetreten, und die Uferstreifen auf beiden Seiten bekamen einen silbrigen Glanz. Undurchdringlich erhob sich dahinter die Dschungelwand auf der anderen Flußseite.

Der Mörser hinter ihm feuerte wieder; es waren grausam harte Schläge. Er beobachtete, wie die Schrapnells im Dschungel krepierten. Dann krochen sie bei den nachfolgenden Abschüssen näher an den Fluß. Ein Mörser auf der japanischen Seite antwortete, und eine Viertelmeile zur Linken hörte er einige Maschinengewehre sich gegenseitig beschießen; der Lärm war heftig und unregelmäßig. Croft sprach flüsternd in den Telefonapparat: „Wilson, Wilson!" Es kam keine Antwort, und er überlegte, ob er zu Wilson hinübergehen sollte. Croft verfluchte ihn innerlich, weil er den Apaarat nicht entdeckt hatte; aber dann machte er sich selber Vorwürfe. Er hätte

ihn rechtzeitig bemerken müssen, um die anderen darauf hinzuweisen, bevor sie eingeteilt wurden. Er blickte über den Fluß.
– Ein schöner Sergeant bin ich, sagte er zu sich.

Seine Ohren entschlüsselten alle Geräusche der Nacht, und durch lange Erfahrung wußte er die bedeutungslosen auszuschalten. Wenn ein Tier in seinem Nest raschelte, beachtete er es nicht; das Zirpen der Grillen übergingen seine Ohren, aber jetzt vernahmen sie ein gedämpftes, schleifendes Geräusch, das nur ein Mann auf engem Pfad im Dschungel verursachen konnte. Er starrte über den Fluß und versuchte, eine Stelle ausfindig zu machen, wo der Laubwall weniger dicht war. An einem Punkt zwischen seinem und Wilsons Maschinengewehr lag drüben ein Wäldchen von locker stehenden Kokospalmen, unter denen sich Soldaten hätten sammeln können. Während er diesen Platz beobachtete, glaubte er überzeugt davon zu sein, die Bewegungen eines Mannes gehört zu haben. Sein Mund verengte sich. Seine Hand tastete nach dem Griff des Maschinengewehres, und leise brachte er es in Richtung auf das Wäldchen. Das Rascheln wurde lauter. Männer schienen durch den Busch an eine Stelle zu schleichen, die seinem Maschinengewehr gegenüberlag. Croft mußte schlucken. Winzige elektrische Ströme schienen durch seine Glieder zu zucken, sein Kopf war leer und erschreckend klar, als hätte man ihn in einen Kübel mit Eiswasser getaucht. Er feuchtete seine Lippen an und veränderte leicht seine Stellung. Es war ihm, als könne er die Bewegungen seiner Muskeln hören.

Der japanische Mörser feuerte wieder, und Croft zuckte zusammen. Die Granaten kamen beim benachbarten Zug herunter und verursachten einen kreischenden, ohrenbetäubenden Lärm. Er starrte auf den im Mondschein glänzenden Fluß, bis sich seine Augen verwirrten. Er glaubte, in den dunklen Wirbeln des Wassers die Köpfe von Männern erkannt zu haben. Croft blickte einen Augenblick auf seine Knie nieder und dann wieder über den Fluß. Er spähte ein wenig mehr nach links oder rechts neben die Stelle, wo er die Japaner vermutete; er wußte, daß man im Dunkeln niemals einen Gegenstand unmittelbar anstarren durfte, um ihn genau zu erkennen. Etwas schien sich in dem Wäldchen zu bewegen, und aufs neue trat ihm der Schweiß aus und rollte seinen Rücken entlang. Die gekrümmte Haltung peinigte ihn. Croft empfand eine fast unerträgliche Spannung, aber sie war nicht frei von Lustgefühlen.

Er fragte sich, ob wohl Wilson die Geräusche bemerkt habe, und wie als Antwort auf seine Frage hörte er unmißverständlich den Riegel eines Maschinengewehres schnappen. Für Crofts geschärfte Sinne war es, als ob dieses Geräusch den ganzen Fluß entlangliefe, und er war wütend, daß Wilson damit seine Position verraten hatte. Das Rascheln im Gebüsch wurde lauter. Croft war jetzt überzeugt, von der anderen Seite des Flusses her flüsternde Stimmen vernommen zu haben. Er tastete nach einer Handgranate und legte sie vor sich hin.

Dann hörte er eine Stimme, die seinen Körper mit einer Gänsehaut überzog. Jemand rief über den Fluß: „Yank, Yank!" Croft erstarrte. Die Stimme war dünn und hoch, ein scheußliches Geflüster. – Ein Japaner, sagte sich Croft. Einen Augenblick lang vermochte er sich nicht zu rühren.

„Yank!" rief es wieder zu ihm herüber. „Yank. Wir kommen dich holen, Yank!"

Die Nacht lag wie eine schwere, erstickende Decke über dem Fluß. Croft rang nach Atem.

„Wir kommen dich holen, Yank!"

Croft war es, als hätte jemand plötzlich gegen seinen Rücken gestoßen, als griffe eine Hand das Rückgrat entlang über den Schädel in seinen Haarschopf. „Kommen dich holen, Yank", hörte er sich selber flüstern. Er war von dem tödlichen Entsetzen erfüllt, das man bei einem Alptraum verspürt, wenn man zu schreien versucht und keinen Laut hervorbringt. „Wir kommen dich holen, Yank!"

Einen Augenblick lang zitterte er furchtbar, und seine Hände schienen am Maschinengewehr angefroren zu sein. Er konnte den ungeheuren Druck in seinem Kopf nicht länger mehr ertragen.

„Wir kommen dich holen, Yank!" schrie die Stimme.

„Kommt und holt mich doch, ihr Schweinehunde!" brüllte Croft. Er schrie es mit jeder Faser seines Körpers, als hämmere er an eine eichene Tür. Für zehn Sekunden blieb alles ruhig. Nur das Mondlicht lag über dem Fluß und das eifrige, versponnene Zirpen der Grillen. Dann begann die Stimme wieder: „O ja, wir kommen, Yank, wir kommen!"

Croft riß den Griff zurück und rammte das Maschinengewehr fest. Sein Herz schlug rasend. „Aufklärungsgruppe, auf, auf!" schrie er mit allen Kräften.

Ein Maschinengewehr peitschte über den Fluß zu ihm herüber, und er duckte sich in seinem Loch. In der Dunkelheit spie es eine weitreichende, strahlend weiße Flamme wie eine Karbidfackel aus, und es dröhnte entsetzlich. Croft riß sich mit großer Willensanspannung zusammen. Er drückte den Abzug des Maschinengewehres, es hüpfte und bockte unter seiner Hand und spie wilde Garben in den Dschungel auf die andere Seite.

Aber dieser Lärm und das Vibrieren des Maschinengewehres beruhigten ihn. Er richtete es dorthin, wo er das Maschinengewehrfeuer der Japaner gesehen hatte, und hämmerte drauflos. Der Griff schlug heftig gegen seine Faust. Er mußte mit beiden Händen versuchen, es ruhig zu halten. Der heiße Metallgeruch des Laufes stieg wirbelnd zu ihm auf und brachte ihn in die Wirklichkeit zurück. Er duckte sich vor der zu erwartenden Antwort und zuckte unfreiwillig zusammen, als die Kugeln vorüberpfiffen.

Bii-auuuuu – bii-auuuuu! Etwas Erde flog von den Aufschlägen in sein Gesicht. Croft fühlte es nicht. Er besaß die äußere Unempfindlichkeit eines Mannes, der sich im Gefecht befindet. Er zuckte zwar bei Geräuschen zusammen, sein Mund verengte sich und lockerte sich wieder, seine Augen starrten – aber sein Gefühl war abgeschaltet. Croft betätigte erneut das Maschinengewehr, gab einen langen, bösartigen Feuerstoß und duckte sich wieder. Ein fürchterlicher Schrei durchriß die Nacht, und Croft grinste ein wenig. – Den hab' ich erwischt, dachte er. Er sah die heiße Kugel durch das Fleisch dringen und auf ihrem Wege die Knochen zerschmettern. „Aeiuuuhhh." Der Schrei ließ ihn erstarren, und in einer seltsam abirrenden Vorstellung hatte er auf einmal alle Geräusche, Bilder und den Geruch vor sich, die mit dem Einbrennen der Kälber verknüpft sind.

„Aufklärungsgruppe, vorwärts!" rief er wild und feuerte zehn Sekunden lang ununterbrochen, um ihr Vorgehen zu decken. Als er innehielt, hörte er einige Männer hinter sich herankriechen und flüsterte: „Aufklärung?"

„Ja." Gallagher fiel neben ihm in die Grube. „Mutter Maria", murmelte er. Croft fühlte, wie er neben ihm zitterte.

„Hör auf damit!" Er umklammerte fest seinen Arm. „Sind die anderen auf?"

„Jaa."

Croft blickte wieder über den Fluß. Alles war still. Die abgerissenen Feuerstöße schienen vergessen zu sein, ausgelöscht wie Funken an einem Schleifstein. Jetzt, nachdem Croft nicht mehr allein war, konnte er planen. Die Tatsache, daß seine Männer bei ihm waren, am Ufer entlang zwischen den beiden Maschinengewehren im Gebüsch verteilt, weckte sein Autoritätsgefühl. „Sie werden gleich angreifen", flüsterte er heiser in Gallaghers Ohr.

Gallagher zitterte wieder. „Oh, auch eine Art, einen aufzuwecken", versuchte er zu sagen, aber seine Stimme strauchelte.

„Gib acht", flüsterte Croft, „krauch die Front entlang und sage ihnen, sie sollen nicht eher feuern, bis die Japaner anfangen, den Fluß zu durchqueren."

„Unmöglich, ich kann es nicht", flüsterte Gallagher.

Croft fühlte sich versucht, ihn zu schlagen. „Geh!" flüsterte er.

„Ich kann nicht."

Das japanische Maschinengewehr peitschte über den Fluß, die Kugeln drangen heulend hinter ihnen in den Dschungel und zerschlitzten die Blätter. Die Leuchtspuren zuckten wie Blitze durch den Dschungel. Tausend Gewehre schienen über den Fluß auf sie zu schießen, und die beiden Männer preßten sich fest an den Boden des Loches. Der Lärm schlug prasselnd gegen ihr Trommelfell. Croft hatte Kopfschmerzen. Vom Maschinengewehrfeuer war er fast taub. Bii-auuuuu! Ein Querschläger warf weitere Erdklumpen auf sie. Croft merkte diesmal, wie sie auf seinen Rücken schlugen. Er versuchte den Augenblick zu erfühlen, in dem er seinen Kopf wieder heben konnte, um zu schießen. Das Feuer schien nachzulassen. Er erhob sich vorsichtig in Augenhöhe. Bii-auuuuu, bii-auuuuu! Er ließ sich zurücksinken. Das japanische Maschinengewehr bestrich den benachbarten Busch.

Dann gab es einen schrillen Lärm, und die Männer bedeckten ihre Köpfe mit den Armen. Raaa-Wummmmmm, raaa-wummmmmm, wummmmmm, wummmmmm! Die Schrapnells explodierten dicht neben ihnen. Eine unbekannte Gewalt hob Gallagher hoch, schüttelte ihn und ließ ihn wieder fallen. „O Gott!" schrie er. Ein Erdklumpen traf schmerzhaft seinen Nacken.

Raaa-wummmmmm, raaa-wummmmmm!

„Jesus, ich bin getroffen!" schrie jemand. „Ich bin getroffen. Ich bin getroffen."

Raaa-wummmmmm!

Gallagher war außer sich über die unerhörte Wucht der Explosion. „Aufhören. Ich bin erledigt!" schrie er. „Aufhören! – Ich ertrag's nicht mehr!" In diesem Augenblick wußte er nicht mehr, was ihn so brüllen ließ.

Raaa-wummmmmm, raaa-wummmmmm!

„Ich bin getroffen, ich bin getroffen!" schrie jemand. Das japanische Gewehrfeuer begann wieder. Croft lag auf dem Boden der Grube, die Hände auf die Erde gestützt und jeden Muskel angespannt.

Raaa-wummmmmm. Tiiiiiiiiin! Die Schrapnells heulten durch das Blattwerk.

Croft griff zur Raketenpistole. Das Feuer hatte noch nicht nachgelassen, aber durch den Lärm hindurch hörte er die Japaner rufen. Er streckte die Pistole in die Luft.

„Jetzt kommen sie", sagte Croft.

Er feuerte die Rakete ab und schrie: „Haltet sie auf!"

Ein schriller Schrei drang aus dem Dschungel. So schreit ein Mann, dem der Fuß zerschmettert wird. „Aeiiiiii, aeiiiiii!"

Die Rakete platzte in dem Augenblick, als die Japaner ihren Angriff begannen. Croft hatte eine unbestimmte Vermutung, daß das japanische Maschinengewehrfeuer aus der Flanke kam, aber dann begann er automatisch zu schießen, ohne hinzusehen, wohin er feuerte; er richtete den Lauf nach unten und schwenkte ihn von einer Seite zur anderen. Er konnte die Maschinengewehre nicht hören, aber er sah ihre Mündungen rauchen wie Auspuffrohre.

Er hatte ein Bild vor Augen, das ihn erstarren ließ; er sah die Japaner den schmalen Fluß überqueren und auf sich zulaufen. „Eeee-iiiiiiiiiih", hörte er wieder. Im Schein der Leuchtkugel sahen die Japaner versteint aus, wie vom Schein eines grellen Blitzes erhellt. Croft vermochte nichts mehr deutlich zu sehen; jetzt hätte er nicht sagen können, wo seine Hände endeten und das Maschinengewehr begann. Er versank in diesem Aufruhr des Lärms, und nur hin und wieder ätzte ein Schrei oder ein Ruf für einen Augenblick seine Sinne. Er hätte nicht vermocht, die Japaner zu zählen, die über den Fluß drangen. Er begriff nur, daß seine Finger bis zur äußersten Pflichterfüllung am Abzug bleiben mußten. Er hätte sie nicht lösen können. In diesen wenigen Augenblicken war er frei von Furcht. Er tat nichts weiter als schießen.

Die Reihe der über den Fluß angreifenden Männer begann sich zu lichten. Im Wasser kamen sie erheblich langsamer voran, und das zusammengefaßte Feuer raste gleich einem Sturm über offenes Feld auf sie zu. Sie begannen über die vor ihnen liegenden Leichen zu stolpern. Croft sah einen Soldaten hinter der Leiche eines anderen den Arm in die Luft stoßen, als wollte er etwas vom Himmel herunterholen, und Croft feuerte auf ihn, aber es schien fast Minuten zu dauern, ehe der Arm niedersank.

Er blickte nach rechts und sah drei Männer, die den Fluß an der Stelle zu überqueren versuchten, wo er eine Wendung machte, um dann parallel zum Gebirge weiterzuströmen. Er schwenkte mit dem Maschinengewehr hinüber und gab einen Feuerstoß. Einer fiel, die anderen verharrten unsicher, und dann begannen sie zu ihrem eigenen Ufer zurückzulaufen. Croft hatte keine Zeit, sie zu verfolgen, denn einige Soldaten hatten das diesseitige Ufer erreicht und liefen auf ihn zu. Er feuerte drauflos, und fünf Yards vor ihm brachen sie zusammen.

Croft feuerte und feuerte und suchte sich seine Zielscheiben mit den flinken Bewegungen eines Fußballspielers, der nach dem Ball springt. Sobald er Soldaten fallen sah, griff er eine andere Gruppe an. Die Linie der Japaner zerbrach in kleine Gruppen von Männern, die zu wanken begannen und dann flohen.

Die Leuchtkugel erlosch, und Croft konnte für einen Augenblick nichts sehen. Es war wieder still geworden. Er tastete nach einer anderen Rakete in fast verzweifelter Eile. „Wo liegt sie denn?" flüsterte er zu Gallagher.

„Was?"

„Scheiße." Crofts Hand fand die Munitionskiste und lud die Pistole noch einmal. Jetzt begann er in der Dunkelheit zu sehen, und er zögerte. Aber etwas bewegte sich noch am Fluß, und er schoß die Rakete ab. Als sie zerplatzte, verharrten einige japanische Soldaten bewegungslos im Wasser. Croft schwenkte das Maschinengewehr herum und feuerte. Einer der Soldaten blieb unglaubwürdig lange aufrecht. Sein Gesicht war ausdruckslos, es sah leer und überrascht aus, auch nachdem die Kugeln seine Brust durchbohrt hatten.

Nun rührte sich nichts mehr am Fluß. Im Schein der Leuchtkugel erschienen die toten Körper schlaff und unmenschlich wie Kornsäcke. Ein Soldat begann mit dem Gesicht im Wasser abwärts zu treiben. Am Ufer, in der Nähe des Maschinengewehres, lag ein japanischer Soldat auf dem Rücken. Ein breiter Blutstrom sprang aus seinem Körper, und aus dem aufgerissenen Bauch quoll es wie die Eingeweide beim Geflügel. Ohne Überlegung richtete Croft einen Feuerstoß auf ihn und spürte eine Spur von Genugtuung, als er den Körper zucken sah.

Einen Verwundeten hörte er japanische Worte stöhnen. Alle Augenblicke schrie er auf. Der Schrei wirkte zusammen mit dem grausamen bläulichen Licht der Leuchtkugel peinigend. Croft nahm eine Handgranate auf. „Dieser Hund macht mir zuviel Geschrei", sagte er. Er riß den Zünder heraus und warf die Handgranate auf das gegnerische Ufer. Sie fiel wie ein Beutel mit Bohnen auf einen der Körper, und Croft zog Gallagher mit sich nach unten. Die Explosion war mächtig, und doch wirkte sie leer, nur wie ein Windstoß, der Fensterscheiben eindrückt. Einen Augenblick später war der Widerhall verklungen.

Croft hörte gespannt auf die Geräusche, die über den Fluß drangen. Er vernahm das leise, verstohlene Schleifen der sich in den Dschungel zurückziehenden Männer.

„Gebt ihnen einen Feuerstoß!" schrie er.

Alle Männer der Gruppe begannen wieder zu feuern, und Croft bestrich eine Minute lang den Dschungel in kurzen Stößen. Er hörte Wilsons Maschinengewehr ununterbrochen rattern. „Ich glaube, wir haben ihnen einen Denkzettel gegeben", sagte Croft zu Gallagher. Die Leuchtkugel erlosch, und Croft richtete sich auf. „Wen hat es erwischt?" rief er hinaus. „Toglio."

„Schlimm?" fragte Croft.

„Es geht", flüsterte Toglio. „Hab' 'ne Kugel im Ellbogen."

„Kannst du bis zum Morgen damit warten?"

Einen Augenblick war Schweigen, dann antwortete Toglio schwach: „Jaa, ich glaube."

Croft verließ sein Loch. „Ich komme 'runter", kündete er an. „Feuer einstellen." Er ging den Pfad entlang, bis er Toglio erreichte. Red und Goldstein knieten bei ihm, und Croft sprach mit leiser Stimme zu ihnen: „Gebt es weiter: wir müssen bis zum Morgen in unseren Löchern bleiben. Ich glaube zwar nicht, daß sie heute nacht zurückkommen, aber man weiß nie. Und keiner darf einschlafen. Es ist nur noch eine Stunde bis zum Morgengrauen, und so braucht ihr euch deswegen nicht zu bepissen."

„Ich könnte sowieso nicht schlafen", keuchte Goldstein. „Was für eine Art, einen so aus dem Schlaf zu reißen." Es war dasselbe, was Gallagher festgestellt hatte.

„Jawoll, ich hab' auch nicht grade ruhig auf meinem Arsch gesessen, als ich wartete, bis sie kamen", sagte Croft. Ihn schauderte für einen Augenblick in der frischen Luft des nahen Morgens, und in einem Anfall von Schamgefühl wurde er sich bewußt, daß er zum erstenmal in seinem Leben wirkliche Angst gehabt hatte. „Diese Schweinehunde von Japanern", sagte er. Seine Beine waren müde, und er kehrte zu seinem Maschinengewehr zurück. Wie ich diese Hunde hasse, sagte er zu sich. Eine fürchterliche Wut arbeitete in seinem erschöpften Körper.

„Eines Tages hole ich mir einen Japs", flüsterte er vernehmlich. Noch immer schwemmte der Fluß langsam die Leichen stromabwärts.

„Ist gut so", sagte Gallagher. „Wenn wir hier noch zwei Tage bleiben, verpesten die Hunde die ganze Gegend."

Im Zeitraffer

SAM CROFT · DER JÄGER

Ein schlanker Mann von mittlerer Größe, der sich aber so emporreckte, daß er groß erschien. Sein schmales, kantiges Gesicht wirkte völlig ausdruckslos, und nichts Überflüssiges war an seine harte, schmale Kinnlade, seine hageren, straffen Wangen und die gerade kurze Nase verschwendet worden. Seine eiskalten Augen waren ungewöhnlich blau. Er war tüchtig und stark und im allgemeinen uninteressiert, und der Hauptzug seines Wesens war eine überlegene Verachtung, die er allen Menschen gegenüber an den Tag legte.

Schwäche haßte er, und lieben tat er eigentlich nichts. Auch in ihm gab es einen Traum, aber er hatte noch keine Gestalt gewonnen, und Croft wurde sich nur selten seines Traumes bewußt.

NEIN, aber warum ist nun Croft so?

Oh, dafür hat man Antworten. Er ist so, weil die Gesellschaftsordnung verderbt ist. Er ist so, weil ihn der Teufel sich auserwählt hat; weil er ein Texaner ist; weil er Gott leugnet.

Er wurde solch ein Mann, weil die einzige Frau, die er jemals geliebt hat, ihn betrog; oder weil er von Geburt aus so war oder weil er sich nicht einordnen konnte.

Crofts Vater, Jesse Croft, pflegte zu sagen: "Nun ja, mein Sam ist ein niederträchtiger Junge. Ich nehme an, daß er schon so geboren wurde." Aber dann dachte Jesse Croft an seine kränkelnde Frau, ein schwaches, süßes und sanftes Weib, und mochte hinzusetzen: "Natürlich bekam Sam Muttermilch wie nur je einer, aber ich glaube, daß sie ihm sauer wurde, weil sie sein Magen gar nicht anders angenommen hätte." Dann mochte er wohl glucksend lachen, sich in die Hand schneuzen und sie an der Rückseite seiner blaßblauen Baumwollhose abwischen. (Im Anblick der schmutzigen Holzscheune und den roten, trockenen Boden des westlichen Texas unter seinen Füßen.) "Warum? Nun, ich erinnere mich, daß ich einmal Sam zur Jagd mitnahm, er war man erst so eine kleine Rotznase, kaum groß genug, eine Flinte zu halten. Aber er war ein mißgünstiger Jäger von Anfang an. Ich sage dir, er hatte es nicht gern, daß ihm jemand in die Quere kam. Das konnte ihn schon in Wut bringen, als er noch so'n kleiner Zwerg war.

Er konnte es nicht ertragen, daß ihm jemand über war.

Ich vermochte ihn nicht zu ändern. Ich hab' ihn bis aufs Blut geschlagen, und er gab keinen Ton von sich. Stand einfach da und sah mich an, als ob er mir eins zurückgeben oder mir eine Kugel durch den Kopf schießen wollte."

Croft begann frühzeitig zu jagen. Im Winter, auf den niederdrückend weiten Flächen von Texas, mußte man fast erstarrt über zwanzig Meilen auf ausgefahrenen, hartgebackenen Wegen in dem offenen, ratternden Ford zurücklegen, während einem der scharfkörnige Staub wie Schmirgel ins Gesicht wehte. Die beiden großen Männer vor ihm sagten kaum etwas, und der eine, der nicht am Steuer saß, hauchte auf seine Finger. Wenn sie den Wald erreichten, war die Sonne gerade erst dabei, sich über den braunroten Hügelrändern zu erheben.

Da, sieh mal, mein Junge, diese Spur, das ist eine Hirschspur. Da muß man schon ein sehr tüchtiger Mann sein, um der

Spur nachzugehen und den Hirsch aufzuspüren. Du aber setzt dich hierher und wartest und setzt dich so, daß der Wind gegen dich weht, und wirst eine lange Zeit zu warten haben.

Der Junge sitzt zitternd zwischen den Bäumen. Ich bin doch nicht verrückt, auf irgend so 'nen alten Hirsch zu warten. Ich werde ihn aufspüren.

Er stelzt durch den Wald mit dem Wind im Gesicht. Es ist schummrig, die Bäume sind silberbraun, und der Boden sieht aus wie dunkler olivfarbener Samt. Wo steckt nur der Hirsch? Er stößt einen Zweig aus dem Weg und erstarrt, als er einen Bock durch das Gebüsch streifen hört. Verflucht! Ist der schnell.

Jetzt ist er vorsichtiger. Er findet eine Hirschspur, kniet nieder und fährt mit dem Finger die Hufspuren leise entlang, und eine Erregung überkommt ihn. Ich werde den Hirsch aufspüren.

Zwei Stunden lang schleicht er durch den Wald, bedenkt vorsichtig, wohin er den Fuß setzt, tritt erst mit dem Absatz auf und drückt langsam die Zehen nieder, bevor er sein Gewicht verlagert. Wenn ihm dornige Zweige im Anzug hängenbleiben, nimmt er einen nach dem anderen sorgfältig ab.

Auf einer kleinen Lichtung erblickt er einen Hirsch – und sein Blut gefriert. Der Wind weht sanft gegen sein Gesicht, und er vermeint das Tier zu riechen. Verflucht, flüstert er vor sich hin. Was für ein altes großes Tier. Der Hirsch wendet sich langsam um und blickt ihn aus einer Entfernung von hundert Yards an. Das verdammte Tier kann mich doch nicht sehen.

Der Knabe hebt seine Flinte und zittert so sehr, daß das Visier schwankt. Er senkt sie wieder und verflucht sich selbst. Wie ein altes Weib! Er hebt sie wieder hoch, hält sie ruhig, visiert, bis der Lauf einige Zentimeter unter den Muskel des Vorderlaufes zeigt. Ich werde ihn durch's Herz schießen.

Baa-wummm!

Das war das Gewehr eines anderen, und der Hirsch bricht zusammen. Der Knabe läuft fast weinend vorwärts. Wer hat ihn geschossen? Es war mein Hirsch. Ich werde den Hund, der ihn tötete, erschießen.

Jesse Croft lacht ihn aus. Hübsch sitzenbleiben, wo ich dich hingesetzt habe, mein Junge.

Ich habe den Hirsch aufgespürt.

Du hast den Hirsch mir zugetrieben, ich hörte dich schon kommen, als du noch eine Meile weg warst.

Du bist ein Lügner. Du bist ein gottverdammter Lügner. Der Knabe wirft sich auf seinen Vater und versucht ihn zu schlagen.

Jesse Croft gab ihm einen Schlag über den Mund, und der Junge sitzt am Boden. Du alter Schweinehund, brüllt er und springt wieder auf seinen Vater zu.

Jesse wehrt ihn ab und lacht. Bist eine kleine Wildkatze, was! Aber du mußt noch zehn Jahre warten, ehe du deinem Vater eins auswischen kannst.

Es war mein Hirsch.

Wer's bekommt, hat gewonnen.

Die Tränen erstarren in den Augen des Knaben und trocknen auf. Er weiß, wenn er nicht gezittert hätte, würde er den Hirsch zuerst geschossen haben.

„Ja, Sir", sagte Jesse Croft, „in keiner Sache konnte es Sam ertragen, daß man ihm überlegen war. Als er um die zwölf herum war, gab es unten bei Harper so einen verrückten Jungen, der meinen Sam regelmäßig verprügelte." (Er kratzte sich hinten an seinem grauen, zottigen Haarschopf und hielt seinen Hut in der Hand.) „Das ging Tag für Tag so, aber Sam lief immer wieder hin und fing am nächsten Tag eine neue Prügelei an. Und ich sage Ihnen, es endete damit, daß er den Jungen windelweich schlug.

Und dann, als er älter wurde, so um siebzehn herum, machte er sich daran, Pferde für den Jahrmarkt im August zuzureiten, und bald war er als der beste Reiter im Bezirk bekannt. Dann kam einmal ein Bursche den langen Weg von Denison herunter und besiegte ihn in einem ordentlichen Wettbewerb mit Richtern und all dem Zeug. Ich erinnere mich, daß es Sam so kränkte, daß er zwei Tage lang zu niemandem sprach."

„Er ist aus gutem Stamm", erklärte Jesse Croft seinem Nachbarn. „Wir waren eine von den ersten Familien, die hierherzogen, das muß jetzt schon sechzig Jahre her sein, und Crofts gab es in Texas schon über hundert Jahre früher. Ich nehme an, daß in einigen dieser Alten dieselbe Niederträchtigkeit steckte, die Sam mitgekriegt hat. Vielleicht war es überhaupt das, was sie hierher brachte."

Hirsche jagen, sich prügeln und auf dem Jahrmarkt Pferde zähmen, macht in Stunden gerechnet vielleicht zusammen zehn Tage im Jahr aus. Aber es gibt noch anderes; das weite, flachgestreckte Land, die Hügel in der Ferne, die endlosen Mahlzeiten in der großen Küche mit seinen Eltern, Brüdern und den Vorarbeitern der Ranch.

Da sind die Gespräche im Schlafhaus, die leisen, nachdenklichen Stimmen.

Ich sage dir, das kleine Ding wird an mich denken, wenn sie nicht völlig besoffen war.

Dann habe ich mir den verdammten Nigger angesehen und zu ihm gesagt, du Junge, du verdammtes schwarzes Schwein, und ich habe gleich das Beil genommen und ihm glattweg über den Kopf geschlagen. Aber der Hund hat nicht mal groß geblutet. Wenn man einen Neger am Kopf töten kann, dann kann man auch einen Elefanten erledigen.

Eine Hure ist nichts Richtiges für einen Mann. Ich muß es schließlich fünf- oder sechsmal haben, bevor ich zufrieden bin, und dies alberne Geschäft mit dem Einmal-Reinstecken und dann nach dem Hut greifen und fortgehen, macht dich ja verrückter, als die Sache wert ist.

Ich hatte gleich ein Auge auf diesen Herdenführer aus dem Süden, auf diesen Roten mit dem Fleck hinterm Ohr, und richtig, als das heiße Wetter kam, ist er gemein geworden.

Samuel Crofts Erziehung.

Und Tag für Tag der Staub der Herden an den langen, in der Sonne schimmernden Nachmittagen. Einem Mann beginnt es langweilig zu werden, und es ist nicht das Richtige, vor Schlafsucht fast aus dem Sattel zu fallen. Dann denkt man, wie es in der Stadt sein könnte. (Bars und Hurenhäuser und Läden.)

Sam, juckt es dich nicht?

Ein träges, schläfriges Pulsieren in seinen Lenden. Die Sonne spiegelt sich im Fell seines Pferdes und badet seine Oberschenkel in der lastenden Hitze. Ja, ein wenig.

Sie stellen jetzt eine Abteilung der Nationalgarde in Harper auf.

Ach?

Ich hab' mir gedacht, da werden sich manche Weiber an die Uniform hängen, und zum Schießen kriegst du auch Gelegenheit.

Vielleicht komme ich mit dir. Er schwenkt sein Pferd nach links und reitet davon, um einen Nachzügler anzutreiben.

Als Croft seinen ersten Menschen tötete, trug er die Uniform der Nationalgarde. Auf den Ölfeldern gab es bei Liliput einen Streik, und ein paar Streikbrecher waren verletzt worden.

Sie riefen die Garde zur Hilfe. (Die Hunde, die den Streik angezettelt haben, kamen vom Norden, von New York. Es gibt viele anständige Burschen auf den Ölfeldern, aber die Roten haben ihnen die Köpfe verdreht; das nächste, was sie fordern werden, wird sein, daß man den Negern den Arsch küßt.) Die Soldaten bildeten eine Kette vorm Eingangstor der Anlage und standen schwitzend in der schwülen Sommersonne. Die Streikposten schrien und verhöhnten sie.

He, Jungens, jetzt haben sie sogar die Boy Scouts aufgerufen.

Man sollte sich diese bezahlten Streikbrecher vorknöpfen.
Croft steht in der Kette mit verkniffenem Mund.
Sie werden uns angreifen, sagt der Nachbar zu ihm.
Der Leutnant der Garde ist ein Schnittwarenhändler. Falls sie mit Steinen werfen, legt ihr euch besser nieder, Leute. Wenn es schlimmer wird, schießt zwei Salven über ihre Köpfe.
Ein Stein fliegt durch die Luft. Die Menge steht feindselig draußen vor dem Gitter, und hin und wieder fliegt auch ein Schimpfwort gegen die Soldaten.
Keiner von diesen Hunden sollte mir so kommen, sagt Croft.
Ein Stein trifft einen der Soldaten, und sie werfen sich nieder und richten ihre Gewehre über die Köpfe der vordringenden Menge.
Laßt uns den Vorplatz aufräumen.
Etwa zehn Menschen beginnen auf das Gitter zuzugehen. Einige Steine fliegen über die Köpfe hinweg in die Soldaten hinein.
Also dann los, Leute, piepst der Leutnant, feuert über sie hinweg!
Croft visiert. Er hat das Gewehr auf die Brust des vordersten Mannes gerichtet, und fühlt eine seltsame Versuchung.
Ich will den Abzug nur gerade mal ein bißchen andrücken.
Baa-wummm! Der Schuß geht in der Salve unter, aber der Mann fällt.
Croft fühlt eine dumpfe Erregung.
Der Leutnant flucht. Um Gottes willen, wer hat ihn erschossen, Leute?
Ich glaube, Leutnant, es wird keine Möglichkeit geben, das herauszubekommen, sagt Croft. Er beobachtet die Menge, wie sie in panischer Angst davonläuft. Diese Bande, sagt er zu sich. Sein Herz klopft. Seine Hände fühlen sich sehr trocken an.

„Ich erinnere mich an dieses Mädchen, die Janey, die er heiratete. Ich will nur eins sagen, sie war eine richtiggehende Rumtreiberin", sagte Jesse Croft. (Er spuckte aus und zertrat es nachdenklich mit dem Schuh.) „Ein niederträchtiges Ding. Ich sage dir, die war gerade die richtige für ihn, bis sie sich trennten. Keines der Mädchen, die meine Jungens heirateten, hätte es mit ihr aufnehmen können. Ich bin ein alter Mann, aber ich sage dir, es fing mich an zu jucken, wenn ich sie ansah und daran dachte, ich könnte es mit ihr." (Er kratzte sich heftig an den Hosen.) „Es war Unsinn, daß Sam so was heiratete. Wenn ein Mann ein solches Stück nicht anders kleinkriegt, als daß er ihr einen Ehering anstecken muß, dann gebe ich keinen Pfifferling für die Ehe. Eine Frau, die ihr Ding so liebt, wird niemals mit einem Mann zufrieden sein, sobald er ihr alltäglich geworden ist." (Er streckte seinen Finger dem Mann entgegen, mit dem er sprach.) „Ich halte das für ein Lebensgesetz."

Oh, du, mach weiter, du Hund, mach weiter. Ich bring' dich um, wenn du aufhörst.
Wer ist der richtige Mann für dich?
Du bist es! Weiter, weiter, weiter!
Es gibt keinen, der es so kann wie ich.
Keiner, keiner, oh, du bist wie eine richtige F...maschine.
Das Aufeinandergleiten der Körper.
Ich mache es besser als jeder andere.
Ja, Baby, ja, du kannst es.
Ich bin wie eine alte F...maschine. (Knall – die – Peitsche, Knall – die – Peitsche!)

Nachdem sie geheiratet haben, mietet Croft von seinem Vater ein kleines Haus auf der Ranch. Er und Janey erschöpfen sich aneinander ein stilles wortarmes Jahr hindurch über tausend Vorfälle hinweg, die sie vergessen; aber es wirkt sich aus. Abends sitzen sie im Wohnzimmer beisammen, hören Radio und sprechen selten miteinander. Auf plumpe, instinkthafte Art versucht Croft eine Annäherung.
Wollen wir ins Bett gehen?
Ist noch zu früh, Sam.
Aha. Und der Zorn beginnt in ihm zu arbeiten. Wie hatten sie sich umeinander gerissen, sich fast krank gefühlt, wenn sie zusammen waren und andere Leute dabeisaßen. Jetzt, im Schlaf, sind ihre Körper verschränkt; aber etwas ist zwischen sie getreten. Und die Nächte veränderten sie, und all das Neue, dieses schwerfällige Zusammenleben, das gemeinsame Abwaschen, und der Austausch flüchtiger Küsse.
Ehe aus Kameradschaft.
Aber er brauchte keinen Kameraden. An den stillen Abenden im billig eingerichteten Wohnzimmer auf der weiten Texasebene wuchs die Wut in ihm. Da war vieles, was er nicht auszudrücken vermochte. (Der ungeheure Raum der Nacht.) Ihre Leidenschaft, die nun fast erloschen war. Da waren ihre Ausflüge zur Stadt, die gemeinsamen Trinkgelage, die gelegentlichen Zärtlichkeiten – ein schwacher Abklatsch ihres früheren Hingerissenseins –, die verwirrten und das unvermeidliche Ende nur hinausschoben.
Es endete damit, daß er allein in die Stadt ging und eine Hure nahm, wenn er betrunken war, und sie bisweilen in stummem Zorn schlug. Für Janey ergaben sich daraus andere Männer, Männer von der Ranch, und einmal war es einer seiner Brüder.

„Ich gebe keinen Pfifferling für eine Frau mit hitzigen Hosen", sagte Jesse Croft später.

Croft fand es nach einem Krach ebenfalls.

Und dann noch etwas, du treibst dich in der Stadt herum, gut, aber glaube nicht, daß ich hier still sitze. Ich könnte dir Dinge erzählen.

Was für Dinge?

Willst du es unbedingt wissen? Wirst es schon noch erfahren. Du kannst mich nicht behandeln, wie du willst.

Was für Dinge?

Sie lacht. Ich red' nur so.

Croft schlägt ihr ins Gesicht, greift sie bei den Handgelenken und schüttelt sie.

Was für Dinge?

Du Hund. (Ihre Augen blitzen ihn an.) Du weißt es sehr gut.

Er schlägt sie so hart, daß sie stürzt.

Du bildest dir ein, daß du es am besten kannst, schreit sie.

Croft steht zitternd da, und dann reißt es ihn aus dem Raum. (Verdammte Hure.) Zuerst ist alles tot in ihm, dann fühlt er Zorn und Scham und dann nichts mehr. In diesem Augenblick ist seine ursprüngliche Liebe wieder da, und in seiner Kehle fühlt er, wie sehr er sie braucht. (Nichts als eine alte F... maschine.)

„Wenn Sam einen von den Burschen erwischt hätte, die es mit ihr getrieben haben, hätte er ihn umgebracht", sagte Jesse Croft. „Er rannte umher, als wollte er uns alle mit seinen Händen erwürgen, und dann lief er in die Stadt und schwankte wie ein Betrunkener. Und als er zurückkam, hatte er sich zur Armee gemeldet."

Dann gab es nur noch die Frauen anderer Männer.

Du wirst von mir denken, daß ich eine ziemlich leichtsinnige Frau bin, wenn ich mit dir ausgehe.

Aber nicht doch. Jeder braucht mal einen netten Abend.

So ist es. (Sie trinkt ihr Bier.) Das ist auch meine Meinung. Man braucht einen netten Abend. Denkst du auch wirklich nicht schlecht von mir?

Himmel, du siehst viel zu gut aus, als daß ich schlecht von dir denken könnte. (Ober, noch ein Bier.)

Und später. Jack behandelte mich nicht richtig. Du verstehst?

Vollkommen, Liebling, ich verstehe dich. Sie gehen zusammen ins Bett.

Da ist nichts Schlechtes dabei, sagt sie.

Nicht das geringste. (Und – knall – die – Peitsche!)

Alles Huren, denkt er.

Seine Vorfahren haben gesiedelt, gearbeitet, sich geplagt, ihre Ochsen getrieben, ihre Weiber in Schweiß gebracht, und über tausend Meilen weit sind sie gezogen.

Er siedelte und arbeitete in sich selber, und ein unendlicher Haß schwelte in ihm.

(Alle sind sie nur eine Bande von Huren.)
(Alle sind nur eine Bande von Hunden.)
(Alles nur Wild, das man jagen muß.)
Ich hasse alles, was nicht in mir ist.

6

Die Kämpfe, die am Abend nach dem Sturm begonnen hatten, zogen sich bis in den nächsten Nachmittag hinein, und der Angriff, den die Aufklärungsgruppe zurückschlug, war nur einer von vielen gleichartigen, die den Fluß hinauf und hinunter während vieler Stunden aufflackerten und schließlich in einem erschöpften und kläglichen Patt endeten. Fast jede einzelne Frontkompanie wurde irgendwann einmal darin verwickelt, und die äußeren Umstände blieben sich fast immer gleich. Eine Abteilung von dreißig, fünfzig oder hundert Japanern versuchte, gegen eine Gruppe oder einen Zug amerikanischer Soldaten, die mit automatischen Waffen in den Gruben hockten, über den Fluß vorzudringen. In der Nacht hatten es die Japaner zunächst an Cummings' linker Flanke am Meer versucht, und in der Morgendämmerung waren sie gegen die beiden Kompanien an den Berghängen, wo der Aufklärungszug die äußerste rechte Flanke deckte, vorgegangen. Aber beide Versuche waren fehlgeschlagen. Dann griff Toyaku in den frühen Morgenstunden die Mitte der Front an, und es gelang ihm, einer Kompanie eine ziemliche Schlappe beizubringen und eine andere zu zwingen, sich fast bis zum Hauptquartier des zweiten Bataillons zurückzuziehen. Der General, der sich noch bei der Hauptquartier-Batterie der 151sten befand, traf eine schnelle Entscheidung, bestätigte die taktischen Überlegungen, die er in der Nacht zuvor angestellt hatte, und gab Befehl, daß die mittlere Front die Stellungen zu halten hätte.

Toyaku gelang es, vierhundert Männer und vier oder fünf Panzer über den Fluß zu bringen, ehe die Artillerie und die Gegenangriffe des Generals am Rande des Einbruchs ein weiteres Vordringen zu kostspielig machten. Selbst im gefährlichsten Augenblick war es für Cummings kein größeres Problem, als etwa einen dicken Mann zu vertreiben, der mit seinem

Hinterteil den Überzug einer Couch durchgedrückt hat und nun versucht, sich mit Drehen und Wenden aus dem Loch zu befreien. Der General griff mit seinen Reserven an, konzentrierte die gesamte Artillerie der Division auf eine natürliche Lichtung, wo sich die Japaner hinter seinen Linien zusammengezogen hatten, und mit Hilfe der Panzer, die nur eine Viertelmeile von der tiefsten Einbruchstelle der Japaner entfernt in Bereitschaft lagen, gelang es ihm, das Hinterteil zu durchlöchern. Es war die bis dahin größte Schlacht und die erfolgreichste. Am späten Nachmittag waren die japanischen Streitkräfte dezimiert, und die Überlebenden verschwanden wieder im Dschungel, wo einer nach dem anderen während der nachfolgenden Woche herausgeschnitten wurde, wobei es ihnen nicht gelang, sich auf eigene Faust über den Fluß zu ihrer Front zurückzuziehen. Zum zweitenmal war es dem General gelungen, den in seine Linien eingebrochenen Feind zu schlagen, und er äußerte sich hierüber zu Hearn ausführlich. „Dies gehört, wie ich es nenne, zu meiner ‚Unter-dem-Tisch-Taktik'. Ich bin die kleine Frau, die dem Lüstling erlaubt, seine Hand unter ihren Rock zu stecken, ehe sie sie ihm abschlägt."

Das Ende der Schlacht versickerte in wenigen Tagen. Es gab noch einige örtlich begrenzte Feuergefechte und Patrouillen-Zusammenstöße, aber der General hatte, wie Hearn zugeben mußte, mit untrüglichem Instinkt aus den vielen Nebenkämpfen, den verwirrten und sich oft widersprechenden Patrouillenberichten klar herausgefunden, daß die Schlacht für Toyaku in dem Augenblick ungünstig entschieden war, als die Niederlage im Mittelabschnitt feststand. Der General verbrachte den nächsten Tag damit, die Wiederherstellung der Schützenlöcher in seinen Frontlinien zu veranlassen und seine Reserve wieder mit der Arbeit an der Straße zu beschäftigen. Zwei oder drei Tage später gelang ihm nach lebhafter Patrouillentätigkeit ein ungehindertes Vordringen über eine Meile, was die Spitze der Front bis auf wenige Tausend Yards an die Toyaku-Stellung heranbrachte. Er schätzte, daß noch weitere zwei Wochen erforderlich sein würden, um die Straße bis an die Front zu bauen, und in einer weiteren Woche sollte dann die Toyaku-Stellung durchbrochen werden. Er war in der Woche nach der Schlacht außergewöhnlich umgänglich, und als typisches Zeichen dafür nährte er Hearn fortgesetzt mit seinen privaten strategischen Maximen. „Toyaku ist im offensiven Sinne erledigt", erklärte er Hearn. „Wenn man sich bei einem Feldzug für die Defensive entschlossen hat, muß man damit rechnen, daß man bei Gegenstößen ein Fünftel seiner Streitkräfte verliert, um sich dann schließlich doch endgültig einzugraben. Toyaku hat sich verzettelt. Die Japaner pflegen bei ihren Feldzügen stets wie eine Henne darüber zu brüten; sie sitzen unruhig herum, und wenn die Spannung zu groß wird, dann brechen sie blindlings los. Dieses Paradoxon ist stets aufs neue faszinierend. Sie kennen ihr Go-Spiel, das aus nichts anderem als geradezu hektischen Bewegungen, Flankenumgehungen und Einkreisungen besteht. Wenn sich die Japaner dann doch zum Kampf entschließen, benehmen sie sich wie verwundete Tiere, die angreifen, weil ihnen die Fliegen zu lästig werden. So kann man's nicht machen. Sobald man in seinem Verband überflüssige Vorsichtsmaßnahmen trifft, Posten in Abschnitte stellt, wo sie nicht notwendig sind oder sie aus irgendeinem andern Grund sinnlos beschäftigt, während sie dringend Ruhe brauchten, dann begeht man als Befehlshaber eine unmoralische Handlung. Je weniger Leerlauf und unvergeudete Kraft, um so größeren Druck können Sie auf ihren Gegner ausüben. Und um so günstiger werden die Zufälle für Sie sein, die sich Ihnen anbieten."

Und die Folge war, daß er zwei Tage nach der Schlacht die Hauptquartiergruppen erneut ihr Lager einrichten ließ. Die Zelte wurden wieder aufgestellt, die Wege im Offiziersabschnitt mit Kies bestreut, und der Boden im Zelt des Generals erhielt einen Holzbelag. Die Offiziersmesse bekam einen günstigeren Platz, und nach den Erfahrungen beim Sturm stützte man das Zelt durch weitere Bambusstäbe, die es an den Seiten aufrecht hielten. Frisches Fleisch traf ein und wurde in zwei gleich große Quanten geteilt. Das eine Quantum bekamen die hundertachtzig Soldaten und das andere die achtunddreißig Offiziere. Der elektrische Eisschrank des Generals wurde ausgepackt und vom Ölgenerator, der das Lager mit Strom versorgte, gespeist.

Hearn war empört. Wieder einmal ärgerte er sich über eins der kleinen Rätsel, die der General ihm aufgab. Die Fleischverteilung war eine offensichtliche Ungerechtigkeit, die Hobart als G-4 im Verpflegungsdienst hätte begehen können, aber Hobart war nicht der Schuldige. Hearn war im Zelt des Generals gewesen, als Hobart grinsend hereinkam und Cummings berichtete, daß Frischfleisch angekommen sei. Der General hatte die Achseln gezuckt und dann eine unmißverständliche Anweisung getroffen, wie das Fleisch zu verteilen sei. Es war Hearn unglaublich erschienen. Der General mußte mit seinem unleugbaren Einfühlungsvermögen wohl gewußt haben, welche Wirkung ein solches Vorgehen auf die Soldaten ausübte, und dennoch hatte er ihren Unwillen, den er heraufbeschwor, mißachtet. Bestimmt hatte er es nicht seines eigenen Bauches wegen getan, denn Hearn konnte während der folgenden Mahlzeiten beobachten, wie Cummings appetitlos in dem Fleisch herumstocherte und fast immer seinen Teller halb gefüllt stehenließ.

Noch würde er es aus Gleichgültigkeit getan haben; denn der General überlegte jede einzelne seiner Handlungen. Nachdem Hobart gegangen war, hatte der General Hearn mit seinen großen, grauen, nahezu ausdruckslosen Augen angestarrt und dann sonderbar gezwinkert. „Ich muß Sie bei guter Laune halten, Robert; vielleicht lassen Sie sich dann nicht mehr so gehen, wenn das Essen besser wird."

„Sehr rücksichtsvoll von Ihnen, Sir."

Dann hatte der General plötzlich laut herausgelacht, mit einer befremdlichen Heiterkeit, an der er fast erstickte. Es begann mit einer Reihe glucksender Laute, führte zu einem Erstickungsanfall und endete damit, daß er sich in seinem Stuhl aufrichtete und in sein mit einem seidenen Monogramm versehenes Taschentuch spuckte.

„Ich glaube, es ist nun an der Zeit, für die Abendunterhaltung der Offiziere ein Zelt zu errichten", sagte er schließlich. „Sie sind ja nicht allzusehr beschäftigt im Augenblick, Robert; ich will Sie damit beauftragen."

Ein seltsamer Auftrag. Aber Hearn begann ihn später zu verstehen. Er ließ sich vom Feldwebel der Hauptquartier-Kompanie eine Abteilung Soldaten geben und sie die Wurzeln und das Unkraut auf dem dafür bestimmten Platz entfernen, ihn mit Kies bestreuen und das Zelt darüber errichten. Dann wurde ein tiefer Regenwassergraben rundherum ausgehoben. Er erfand einen doppelten Vorhang, um es zu einem Verdunklungszelt zu machen, und über die miteinander verknüpften Ecken wurden Leinenstreifen gedeckt, damit kein Lichtschimmer in die Nacht hinausdringen konnte. Als das beendet war, ließ Hearn an einem Nachmittag Bambus schneiden und einige Schreibtische und zwei Spieltische daraus bauen. Während der Arbeit hatte er seine Anordnungen voller Verdruß erteilt, wohl wissend, daß sie mit Widerwillen aufgenommen wurden, und manche verbitterte Bemerkung geflissentlich überhört, die auf ihn gemünzt war. Der General hatte ihm diesen Auftrag gegeben, eben weil Hearn dies alles haßte, und wiederum war Hearn nun entschlossen, ihn makellos auszuführen. Er wurde übergenau bei kleinen Nachlässigkeiten, die bei der Errichtung des Zeltes unterliefen, und einige Male gab es mit dem verantwortlichen Sergeanten Meinungsverschiedenheiten. Alles schön und gut, aber die Befriedigung, die der General sich hier verschaffte, erschien ihm ein wenig zu einfältig.

Die Lehre jedoch, die hinter der Lehre steckte, trat erst ein wenig später hervor. Der Soldat, der damit beauftragt war, den Generator tagsüber zu bedienen, bekam das Erholungszelt der Offiziere als zusätzliche Arbeit. Er hatte die Seitenbahnen am

Morgen aufzurollen und sie abends wieder herunterzulassen und zu befestigen. Außerdem unterlag es ihm, die Coleman-Lampen mit Öl zu füllen und sie anzuzünden, da man in der Nacht auf den Generator wegen des Lärmes verzichtet hatte.

Einige Tage, nachdem die Einrichtung des Zeltes beendet war, betrat es Hearn eines Abends und fand es noch unbeleuchtet. Ein paar Offiziere tappten suchend umher. „He, Hearn", rief ihm einer zu, „wie wär's, wenn Sie sich aufmachen würden, um uns etwas Licht zu verschaffen?"

Er stelzte zum Zelt der Ordonnanz hinüber, die für das Erholungszelt verantwortlich war, und schrie sie an. „Was ist los, Rafferty, haben Sie zuviel zu tun?"

„Jesus, Leutnant, verzeihen Sie, ich habe es ganz vergessen."

„Gut, ich will es hoffen, aber nun stehen Sie nicht länger da, und starren Sie mich nicht so an." Und er hörte sich hinzufügen: „Machen Sie schon, Mann, vorwärts", und als Rafferty das Zelt verließ und zum Wagenplatz hinübertrottete, um Öl zu holen, sah Hearn ihm mit Widerwillen nach. – Ein stumpfsinniges Luder, dachte er, und gleich darauf wurde er mit Schrecken gewahr, wie sich eine Spur von Abneigung den einfachen Soldaten gegenüber in ihm festsetzte. Sie war geringfügig, aber ohne Zweifel vorhanden. Die Soldaten hatten versucht, ihn während der Errichtung des Zeltes zu ärgern und jeden möglichen Vorteil für sich auszubeuten. So waren sie schon gewesen, bevor sie mit der Arbeit begannen, ja, ehe sie ihn überhaupt kennenlernten; ihr Mißtrauen war instinktiv und vorsätzlich, und jetzt verübelte er ihnen ihr Verhalten.

Plötzlich begriff er des Generals Absicht. Etwas Neues war hinzugekommen. Wenn er früher mit den Soldaten zusammen arbeitete, war er stets streng zu ihnen gewesen, weil er der Meinung war, daß Sympathien bei besonderen Aufgaben nicht am Platze seien. Männer, die eine Arbeit zu verrichten haben, lehnen sich immer gegen den auf, der sie ausführen läßt. Das bedeutete nichts weiter, und er hatte es ihnen nicht nachgetragen.

Aber jetzt war es anders. Eine Abneigung gegen sie begann sich in ihm festzusetzen. Der Gesichtspunkt des Generals war völlig klar: Cummings war Offizier, und während der langjährigen Ausübung seines Berufes mußte er, ob er wollte oder nicht, die gefühlsmäßigen Vorurteile seiner Klasse in sich aufgenommen haben. Der General wollte ihm klarmachen, daß Hearn ebenfalls zu dieser Klasse gehöre. Hearn erinnerte sich daran, wie ihn Cummings' blasse unheilverkündende Augen angestarrt und ihm dann zugezwinkert hatten. „Ich muß Sie bei guter Laune halten, Robert." Jetzt sah Hearn klarer. Seitdem er mit dem General zusammen war, wußte er, daß es ihm leicht gelingen würde, am Ende des Krieges zum Rang eines Stabsoffiziers aufzusteigen, falls er es wünschte. Sein Ehrgeiz wurde davon angesprochen, auch wenn er diesem Ehrgeiz mißtraute. Cummings hatte ihn durchschaut, und Cummings war es auch, der ihm erklärt hatte, daß er diesen Ehrgeiz befriedigen könnte, wenn er, sofern er dies überhaupt wollte, sich stark genug machen würde, sein Unbehagen und seine Vorurteile gegenüber dem Offiziersstand zu überwinden.

Man muß seine eigene Klasse verstehen und sich innerhalb ihrer Grenzen entwickeln. Eine marxistische Lehre mit anderen Vorzeichen.

Hearn war sehr beunruhigt darüber. Er war in der Aristokratie der reichen Familien des Mittelwestens aufgewachsen, und obgleich er mit ihr gebrochen, eigene Ideen und Vorstellungen angenommen hatte, die im Widerspruch zu den ihrigen standen, hatte er doch niemals das geistige Gepäck seiner ersten achtzehn Jahre wirklich von sich geworfen. Das Schuldbewußtsein, das er in sich spürte, seine Empörung über Ungerechtigkeiten waren niemals ganz echt. Diese wunde Stelle in ihm verheilte nun nicht, weil er fortgesetzt daran rieb, und er wußte es. Er wußte auch in diesem Augenblick, daß außer allen sonstigen Gründen, die ihn veranlaßten, mit Conn in der Offiziersmesse Streit zu suchen, der dringlichste der war, daß er Angst davor hatte, sich nicht genug darüber aufzuregen, was Conn sagte. Ähnliches traf für allzu viele seiner Reaktionen zu. Und da sein unmittelbares Selbstinteresse ihn eigentlich zu den Ideen seines Vaters zurückführen müßte, wußte er keine Richtung, in die er sich wenden sollte, jene vielleicht ausgenommen, die ihn in eine allerdings isolierte Stellung auf der Linken brachte. Längere Zeit hatte er geglaubt, dort eine neue Basis zu finden, und ebensolange hatte er deren Politik gutgeheißen, weil seine Freunde und Bekannten in New York sie als selbstverständlich hinnahmen, aber jetzt, in der Abgeschlossenheit seines militärischen Daseins unter der bohrenden Kritik des Generals, begann er sich davon abzuwenden.

Er schritt zum Erholungszelt zurück und ging hinein. Rafferty hatte die Lampen gefüllt und angezündet, und das allabendliche Hereinströmen der Offiziere war bereits im Gange. An beiden Tischen wurde schon gespielt, und verschiedene Offiziere benutzten die Schreibtische.

„He, Hearn, hast du Lust zu pokern?" Es war Mantelli, einer von Hearns wenigen Freunden im Hauptquartier.

„Ja, gern." Hearn zog einen Stuhl heran. Seitdem das Zelt errichtet worden war, hatte Hearn aus stummem Trotz dem General gegenüber alle Abende hier verbracht. In Wirklichkeit fand er es langweilig und ungemütlich, denn es wurde entsetzlich heiß im Zelt, und die Luft verdickte sich durch Zigaretten- und Zigarrenqualm, aber sein Bleiben gehörte mit zum ununterbrochenen Tauziehen zwischen dem General und ihm. Der General hatte von ihm gewünscht, daß er das Zelt errichten sollte – nun gut, dann wollte Hearn es auch benutzen. Heute abend, nach dem Vorfall mit Rafferty, flößte ihm die Vorstellung, mit dem General zusammen zu sein, geradezu Furcht ein. Es gab sehr wenige Menschen, die er fürchtete, aber es wurde ihm allmählich klar, daß der General dazugehörte. Hearn war an der Reihe, die Karten zu geben. Er begann sie zu mischen und zu verteilen und tat es mechanisch und ohne große Anteilnahme. Er fing dabei an zu schwitzen, zog seine Feldbluse aus und hängte sie über seinen Stuhl. So war es jeden Abend. Gegen elf Uhr saßen alle Offiziere in ihren Unterhemden, und das Zelt stank von Schweiß und Tabakrauch.

„Die Karten meinen es gut mit mir heute abend." Mantelli grinste, sein kleiner Mund umschloß eine Zigarre.

Das Stimmengewirr in der rauchgesättigten Luft war bereits sehr groß. Irgendwo fern im Dschungel feuerte ein Geschütz einmal, und das Geräusch zuckte durch Hearns Kopf, als hätte es einen entzündeten Nerv berührt. – Der allabendliche Rauchauspuff der Front, murmelte er für sich.

Er hatte erst wenige Runden mit mittelmäßigem Glück gespielt, als es eine Unterbrechung gab. Zum erstenmal trat der General ins Zelt. „Achtung!" brüllte jemand.

„Stehen Sie bequem, meine Herren", sagte der General leise. Er starrte durch das Zelt, seine Nasenflügel schnupperten den Geruch. „Hearn!" rief der General.

„Sir?"

„Ich brauche Sie." Er winkte leicht mit der Hand, seine Stimme war hart und unpersönlich. Während Hearn noch seine Feldbluse zuknöpfte, verließ der General das Zelt.

„Geh, lauf zum Papa", grinste Mantelli.

Hearn war zornig. Normalerweise hätte ihn die Tatsache, daß der General zu ihm kam, geschmeichelt, aber die Stimme des Generals hatte er als demütigend empfunden. Für einen Augenblick überlegte er tatsächlich, ob er im Zelt bleiben sollte. „Ich werde mir das Geld später zurückholen", sagte er zu Mantelli.

„Heute abend doch wohl nicht mehr, was?" spottete einer der Offiziere am Tisch.

„Die Stimme meines Herrn", sagte Hearn.

Er hatte seine Feldbluse zugeknöpft, stieß den Stuhl auf seinen Platz zurück und schritt durch das Zelt. In einer Ecke tranken ein paar der Offiziere den zugeteilten Whisky. Er hörte sie singen, und dann tastete er sich durch die doppelten Vorhänge der Lichtschleuse. Nach der Helle im Zelt war er so geblendet, als er in die dunkle, kühle Nacht hinaustrat, daß er fast mit dem General zusammenstieß.

„Verzeihung, ich dachte, Sie seien vorausgegangen", murmelte Hearn.

„Schon gut." Der General ging langsam auf sein Zelt zu, und Hearn verhielt seine Schritte. Hatte ihn der General vielleicht gehört, als er sagte: „Die Stimme meines Herrn?" Ach, zum Teufel damit.

„Was haben Sie für mich, General?"

„Wir werden es besprechen, wenn wir im Zelt sind."

„Ja, Sir." Es war in diesem Augenblick etwas Widerstrebendes zwischen ihnen. Sie gingen schweigend dahin, ihre Schuhe knirschten auf dem Kiesweg. Einzelne Soldaten gingen an ihnen in der Dunkelheit vorüber; bei Einbruch der Nacht ruhte nahezu jede Tätigkeit im Lager. Hearn konnte fast greifbar den Ring der Soldaten spüren, die in ihren Löchern rings um das Lager Wache hielten. „Es ist ruhig heute nacht", murmelte er.

„Ja."

Am Eingang zum Generalszelt gab es nochmals einen Zusammenstoß. Hearn hielt beim Vorhang an, um dem General den Vortritt zu lassen, während Cummings mit einer Wendung die Hand auf Hearns Rücken legte, um ihn zu bedeuten, er möge vorangehen. Beide wollten zu gleicher Zeit ins Zelt treten, und Hearn stieß dabei den General in die Seite, so daß er durch das Gewicht von Hearns schwerem Körper ein oder zwei Fuß zurückprallte.

„Verzeihung."

Es kam keine Antwort, und ein wenig verärgert teilte Hearn die Vorhänge und ging als erster hinein. Als Cummings nachfolgte, war sein Gesicht ungewöhnlich blaß, und die Unterlippe ließ den Eindruck zweier Zähne sehen. Entweder hatte ihn der Zusammenprall mehr verletzt, als Hearn annahm, oder hatte er sich aus Verlegenheit auf die Unterlippe gebissen? Aber warum nur? Charakteristischer für Cummings wäre es gewesen, wenn er sich über den Vorfall belustigt gezeigt hätte.

In anhaltendem Trotz setzte sich Hearn, ohne um Erlaubnis zu fragen. Der General schien etwas sagen zu wollen, aber dann schwieg er. Er nahm den anderen Stuhl von seinem Schreibtisch, rückte ihn ein wenig Hearn gegenüber und starrte ihn fast eine Minute ausdruckslos an. In seinem Gesicht war etwas Neues, was Hearn bisher nie bemerkt hatte. Die leeren grauen Augen mit ihren großen erschreckend geweiteten Pupillen kamen ihm mißgestimmt vor. Hearn hatte den Eindruck, daß er sie berühren könnte, ohne daß die Lider zucken würden. Hinter der leichten Verzerrung seines Mundes, der

Anspannung aller vertikalen Muskeln in seinem Gesicht schien ein seltsamer Schmerz zu stehen.

Ein wenig erschrocken fragte sich Hearn, was in dem General vorgegangen sein mochte, daß er ihn aufsuchte. Wollte er ihn nur demütigen? Auf dem aufgeräumten Tisch des Generals lag nichts, was auf eine Arbeit für ihn deuten ließ. Hearn starrte auf eine Karte von Anopopei, die auf einen großen Zeichentisch geheftet war. Die Okarina, auf der der General seine kleine Melodie spielte.

Wieder einmal fiel es Hearn auf, wie öde es im Zelt des Generals aussah. Wo auch immer, auf Motome, in seiner Schiffskabine oder hier, niemals schien er an einem Platz wirklich zu leben. Alles sah unfreundlich aus. Das Feldbett schien nicht zum Schlafen zu dienen, der Tisch war leer, und der dritte unbenutzte Stuhl stand genau im rechten Winkel zur größten der beiden Kisten. Der Boden war makellos sauber, ohne jeden Schmutzfleck. Das Licht aus der Coleman-Lampe warf lange Licht- und Schattenkegel über all die rechtwinkligen Gegenstände des Zeltes, so daß es wie ein Bild abstrakter Malerei aussah.

Und Cummings starrte ihn noch mit unergründlichem Blick an, als kenne er ihn überhaupt nicht. Übereinstimmend mit dem Pulsschlag ihres Blutes, feuerten in der Ferne abermals einige Geschütze. „Ich habe mich etwas gefragt, Robert", sagte der General schließlich.

„Ja, Sir?"

„Sie wissen, daß ich Sie herzlich wenig kenne." Seine Stimme war gedehnt und farblos.

„Was ist los – habe ich Ihnen Ihren Whisky gestohlen?"

„Vielleicht haben Sie es – bildlich gesprochen." Was zum Teufel, meinte er? Der General lehnte sich in seinem Stuhl zurück. Die nächste Frage kam gleichmütiger. „Wie geht es mit dem Erholungszelt?"

„Gut."

„Die Armee hat noch nicht ausgeknobelt, wie man die Luft in einem Verdunklungszelt ventilieren kann."

„O ja, es stinkt mächtig." Es hatte also den General nach ihm verlangt. Armer, kleiner, reicher Knabe. „Aber ich kann mich nicht beklagen, ich habe hundert Dollar beim Pokern gewonnen."

„An zwei Abenden?"

„Nein, es waren drei."

Der General lächelte dünn. „Richtig, es waren drei."

„Als ob Sie es nicht wüßten."

Der General zündete sich eine Zigarette an und löschte das Streichholz mit einer kleinen Handbewegung. „Ich versichere Ihnen, Robert, daß ich einiges andere im Kopf habe."

„Ich sagte nicht, daß Sie es nicht hätten."

Der General blickte ihn mit einem beabsichtigt selbstbewußten Augenaufschlag an. „Sie besitzen eine Dreistigkeit, die Sie eines Tages noch dazu bringen wird, daß man Sie standrechtlich erschießt." In seiner Stimme lag ein unterdrücktes Grollen, und mit großer Überraschung sah Hearn, daß des Generals Finger zitterten. Ein Verdacht stieg plötzlich in seinem Kopf auf, und dann sank er wieder zusammen wie ein Stück Zwirnsfaden, das ein Nadelöhr verpaßt und ein wenig herumzittert, bevor es sinkt.

„Verzeihung."

Aber das schien das Falscheste zu sein, was er hätte sagen sollen. Der Mund des Generals erblaßte wieder, er lehnte sich in seinem Feldstuhl zurück, stieß heftig den Rauch aus, und dann beugte er sich in einer väterlichen, munteren, unglaublich gut geheuchelten Art zu Hearn hinüber. „Sie sind immer noch ein bißchen verärgert wegen der Fleischverteilung, nicht wahr?" fragte er.

Verärgert! Der General hatte das Wort schon einmal gebraucht. Ein nicht sehr passendes in diesem Augenblick. Saß Hearn denn jetzt am Steuer? Er war ein wenig unheimlich, dieser Gedanke, daß der General zu ihm gekommen war. Hearn fühlte sich ungemütlich. Und instinktiv kapselte er sich ein; etwas sträubte sich in ihm, weil er spürte, sogleich nach Dingen gefragt zu werden, die er nicht preiszugeben wünschte. Niemals hatte der General Vertrauliches berührt. Bisweilen war zwischen ihnen das stillschweigend gestattete freundschaftliche Verhalten, so, wie es zwischen vielen Generälen und ihren Adjutanten, zwischen Stabsoffizieren und ihren Ordonnanzen besteht. Dann aber gab es Augenblicke, wo sie sich näher waren – in ihren Diskussionen und gelegentlich bei einem kleinen Klatsch. Aber auch hierbei traten ihre Gegensätze hervor. Hearn fragte sich, wo der Knochen eigentlich stecke, um den es dem General ging.

„Ich gebe zu, daß ich verärgert war", sagte Hearn schließlich. „Dieser Betrug am einfachen Soldaten wird die Liebe zu Ihnen nicht vergrößern."

„Sie werden Hobart oder Mantelli oder dem Messe-Sergeanten die Schuld geben. Aber das ist ja nicht der eigentliche Punkt. Im Grunde sind Sie ja gar nicht so davon betroffen, das wissen Sie selber."

Verdammt wäre ich, wenn ich es zugeben würde. „Und wenn ich es wäre, würden Sie mich sicher nicht verstehen."

„Ich glaube, daß ich es könnte. Ich besitze wahrscheinlich einen normalen Sinn für ein anständiges Verhalten."

„Hm."

„So dürfen Sie nicht denken, Robert. Die Wurzel für die Schwäche der Liberalen entspringt genau ihrer verzweifelten Unsicherheit, wenn sie Entscheidungen zu treffen haben."

„Es ist leicht, mit solchen Begriffen zu operieren", murmelte Hearn.

„Ach, meinen Sie, Mann? Wenn Sie sich nur einmal bemühen würden, bis zum Ende zu folgen, würde keine Ihrer Ideen fortdauern. Sie meinen doch sicher, daß es wichtig ist, den Krieg zu gewinnen?"

„Gewiß, aber was hat das mit dem Fleisch zu tun?"

„Gut, dann hören Sie bitte zu. Aber Sie können sich darauf verlassen, daß ich nicht sehr lange darüber nachgedacht habe. Als ich so alt war wie Sie, vielleicht ein wenig älter, hat mich eins vor allen Dingen beschäftigt, und das war, herauszufinden, was eine Nation befähigt, gut zu kämpfen."

„Ich glaube dann, wenn eine Übereinstimmung besteht zwischen dem, was Volk und Staat wollen, ganz gleich, ob es sich dabei um Gutes oder Böses handelt."

Der General schüttelte den Kopf. „Das ist die liberale Auffassung. Sie würden überrascht sein, wie geringfügig dieser Faktor ist." Die Lampe begann zu flackern, und er griff hinüber und richtete den Brenner, wobei sein Gesicht einen Augenblick lang durch die unterhalb seines Kinns befindliche Lichtquelle theatralisch angestrahlt wurde. „Es gibt zwei Hauptgründe. Das Kampfpotential einer Nation hängt von der Menge des Menschen- und Kriegsmaterials ab. Und die andere Gleichung lautet: Der einzelne Soldat ist ein um so besserer, je niedriger sein Lebensstandard war."

„Das sollte alles sein?"

„Es gibt noch einen anderen wichtigen Faktor, der mich seit einiger Zeit beschäftigt. Wenn der Kampf sich auf eigenem Boden abspielt, wird sich die Kampfkraft wahrscheinlich ein wenig erhöhen."

„Jetzt nähern Sie sich meinem Standpunkt."

„Ich zweifle aber, ob Sie erkennen, wie kompliziert es ist. Wenn ein Soldat auf dem Boden seines eigenen Landes kämpft, hat er es auch leichter zu desertieren; ein Problem, das mich hier auf Anopopei nicht zu beschäftigen braucht. Es ist richtig, die Vaterlandsliebe fällt mehr ins Gewicht, aber denken Sie über das andere nach. Vaterlandsliebe ist was sehr Schönes und ein moralischer Faktor beim Beginn eines Krieges. Aber im Kampf kann man sich auf solche Gefühle nicht verlassen, und je länger ein Krieg dauert, um so weniger Wert haben sie. Wenn ein Krieg bereits zwei Jahre dauert, gibt es nur zwei Dinge, die eine Armee in gutem Stand erhalten: überlegenes Kriegsmaterial und niedriger Lebensstandard. Warum, glauben

Sie, wiegt ein Regiment, das sich aus Männern der Südstaaten zusammensetzt, zwei Regimenter mit Männern aus den Oststaaten auf?"

„Ich glaube nicht, daß dies der Fall ist."

„Nun, zufällig ist es aber so." Der General führte überlegen seine Fingerspitzen aneinander und blickte Hearn an. „Ich hausiere hier nicht mit Theorien. Das sind Erfahrungen. Und die Folgerungen daraus bringen mich als General in eine dumme Situation. Wir haben den höchsten Lebensstandard der Welt, und man müßte daraus schließen, damit auch die schlechtesten Kämpfer aller Armeen. Oder zumindest, daß sie es ihrem ursprünglichen Zustande nach sind. Diese Soldaten lebten in einem verhältnismäßigen Wohlstand, waren in gewissem Sinne verwöhnt, und als Amerikaner erfreuten sich die meisten von ihnen der eigentümlichen Offenbarungen unserer Demokratie. Sie haben eine übertriebene Vorstellung von den Rechten, die ihnen als Einzelwesen zustehen, und keine von den Rechten der anderen. Bei einem Mann vom Lande ist das umgekehrt, und ich sage Ihnen, daß er den besten Soldaten abgibt."

„So wäre es also Ihre Aufgabe, sie zu erniedrigen."

„Richtig! Sie zu erniedrigen. Jedesmal, wenn ein Soldat sieht, daß ein Offizier bevorzugt wird, macht es ihn ein bißchen kleiner."

„Ich sehe das nicht ein. Es scheint mir eher, daß es seinen Haß vergrößert."

„Gewiß. Aber seine Furcht ist noch größer. Es soll mir ganz gleich sein, was Sie mir für einen Mann überlassen wollen – wenn ich ihn nur lange genug behalten kann, werde ich ihm Furcht beibringen. Jedesmal, wenn einem Soldaten das, was Sie Ungerechtigkeit nennen, widerfährt, wächst sein Minderwertigkeitsgefühl." Er strich sich über das Haar an seiner Schläfe. „Ich weiß von einem amerikanischen Straflager in England, das zur Abschreckung dienen soll, sobald die Invasion in Europa beginnt. Die Methoden werden grausam sein, und vielleicht wird es einen Krach deswegen geben, aber es ist nun einmal notwendig. In unserer eigenen Etappe befindet sich ein Rekrutendepot, wo tatsächlich der Versuch gemacht wurde, den Oberstkommandierenden zu töten. Sie sind nicht imstande, das zu begreifen, Robert, aber ich versichere Ihnen, Robert, um eine Armee schlagkräftig zu erhalten, muß jeder Mann in eine Stufenleiter der Angst eingespannt sein. Soldaten in Straflagern, Deserteure oder Männer in Rekrutendepots liegen im Hinterhalt der Armee, und dementsprechend muß die Disziplin dort härter durchgeführt werden. Die Armee arbeitet am besten dort, wo jeder einzelne Angst hat vor dem Mann, der über ihm steht, und Verachtung für seine Untergebenen zeigt."

„Und wo habe ich mich da einzureihen?" fragte Hearn.

„Sie? – Noch gar nicht. Sie genießen so etwas wie einen päpstlichen Dispens." Der General grinste ihn an und entzündete eine weitere Zigarette. In die eingetretene Stille klang eine Lachsalve aus dem Erholungszelt über das Lager.

Hearn beugte sich vor. „Nehmen Sie nun zum Beispiel den Soldaten, der gerade jetzt auf Wache ist und dieses Gelächter hört. Ich kann mir gut vorstellen, daß eine Zeit kommen könnte, wo er wünschen wird, das Maschinengewehr umzudrehen."

„Oh, kann sein. Diese Zeit kommt gewöhnlich dann, wenn eine Armee zu unterliegen beginnt. Bis dahin aber wird der Haß eingedämmt. Er bringt sie nur dazu, ein bißchen besser zu kämpfen. Da sie diesen Haß an uns nicht auslassen können, sucht er sich einen Weg nach vorn."

„Sie spielen ein großes Spiel", sagte Hearn. „Wenn wir den Krieg verlieren, haben Sie die Revolution auf dem Gewissen. Es scheint mir in Ihrem Interesse dann besser zu sein, den Krieg durch zu gute Behandlung der Leute zu verlieren, um die nachfolgende Revolution zu vermeiden."

Cummings lachte. „So würde ein liberales Wochenjournal schreiben, nicht wahr? Sie sind ein Esel, Robert. Wir werden diesen Krieg nicht verlieren, und selbst, wenn wir es sollten, glauben Sie, daß Hitler eine Revolution zulassen würde?"

„Damit würden Sie feststellen, daß Männer Ihresgleichen den Krieg auf keinen Fall verlieren können."

„Männer Ihresgleichen!" äffte ihn der General nach. „Das ist wieder mal ein Stückchen Marxismus, wie? Die Verschwörung der Monopolkapitalisten. Was wissen Sie überhaupt vom Marxismus?"

„Ich habe mich damit ein wenig beschäftigt."

„Ich bezweifle es. Ich bezweifle, daß Sie es wirklich getan haben." Der General zerdrückte nachdenklich den Rest seiner Zigarette. „Sie deuten die Geschichte falsch, wenn Sie diesen Krieg als eine große Revolution ansehen. Er ist eine Konzentration der Macht."

Hearn zuckte die Achseln. „Ich bin kein guter Student der Geschichte, ich bin kein Denker. Ich glaube nur, daß es zu nichts Gutem führt, wenn man Menschen zum Hassen bringt."

„Ich wiederhole, daß es unwichtig ist, ob sie gegen Sie aufgebracht sind. Denken Sie einmal darüber nach, Robert, bei all dem Haß, den es in der Welt gegeben hat, sind überraschend wenige Revolutionen daraus hervorgegangen." Er tippte mit seinem Fingernagel an sein Kinn, ein wenig nachdenklich, als wäre er in das kratzende Geräusch seines Bartes vertieft. „Selbst die russische Revolution können Sie als einen Fortschritt der Raumorganisierung ansehen. Die Maschinentechnik dieses Jahrhunderts verlangt eine Konsolidierung. Und nun beginnt es, gefährlich zu werden, denn dies bedeutet, daß die Masse der Menschen der Maschine untertan werden muß, eine Vorstellung, die ihr instinktmäßig keine Freude macht."

Hearn zuckte abermals die Achseln. Die Diskussion hatte die zwischen ihnen übliche Form angenommen. Die weniger greifbaren und mehr prinzipiellen, abstrakten Kriterien, die er anzuwenden pflegte, hatten ihren Wert nicht verloren, aber jemand, der so dachte wie der General, würde seine Ideen nur als Gefühle werten, als falsche Gefühle obendrein, was ihm Cummings ja mehrmals bestätigt hatte. Dennoch machte er einen Versuch. „Es gibt noch andere Dinge", sagte er ruhig. „Ich kann nicht begreifen, wie Sie das ständige Auftauchen bestimmter großer, ethischer Ideen oder ihre Neuformung einfach übergehen können."

Der General lächelte leise. „Politik, Robert, hat mit Geschichte nicht mehr zu tun als Moralgesetze mit den Bedürfnissen des einzelnen Menschen."

Sätze, nichts als Sätze. Hearn fühlte einen gewissen Widerwillen. „General, wenn Sie in der Zeit nach diesem Krieg die nächste Konsolidierung durchführen werden, dürften die Amerikaner der vierziger Jahre von der gleichen Angst befallen sein wie die Europäer in den dreißiger, als sie wußten, daß sie der nächste Krieg erledigen würde."

„Wahrscheinlich. Angst ist die Bestimmung des Menschen im zwanzigsten Jahrhundert."

„Äääähr." Hearn zündete sich eine Zigarette an und stellte überrascht fest, daß seine Hände zitterten. In diesem seltenen Augenblick war der General zu durchschauen. Cummings hatte diese Diskussion mit einem bestimmten Zweck begonnen; er hatte die richtige Gewichtsverteilung wiederherstellen, seine überlegene Haltung festigen wollen, die er aus irgendeinem Grunde angetastet gesehen hatte, als sie das Zelt betraten.

„Sie sind zu halsstarrig, Robert, um nachzugeben." Der General stand auf und ging zu der Holzkiste hinüber. „Um Ihnen die Wahrheit zu sagen, ich holte Sie nicht zu einer Diskussion, ich dachte, daß wir vielleicht eine Partie Schach spielen könnten."

„Gern." Hearn fühlte sich überrascht und ein wenig unbehaglich. „Ich glaube nicht, daß ich Ihnen viel entgegenzusetzen habe."

„Wir wollen sehen." Der General errichtete einen kleinen Klapptisch zwischen ihnen und begann die Figuren auf das Brett zu stellen. Hearn hatte ein- oder zweimal mit ihm über Schach gesprochen, und der General hatte beiläufig ein gemeinsames Spiel angedeutet, aber Hearn hatte nicht damit gerechnet. „Wollen Sie wirklich spielen?" fragte er.

„Gewiß."

„Wenn jemand hereinkommt, wird es ein hübsches Bild sein."

Der General grinste. „Unerlaubt, wie?" Er hatte die Aufstellung beendet und nahm einen roten und einen weißen Bauern, verbarg jeden in einer Faust und streckte sie Hearn zur Wahl entgegen. „Ich liebe diese Figuren sehr", sagte der General heiter. „Es ist handgeschnitztes Elfenbein, nicht so kostbar, wie Sie vielleicht meinen, aber der Mann, der sie schnitzte, hat sein Handwerk verstanden."

Hearn hatte, ohne seine Meinung zu äußern, den roten Bauern bekommen, und der General begann mit der Eröffnung. Hearn machte den konventionellen Gegenzug, stützte seinen Kopf bequem in seine breiten Hände und versuchte, die Figuren zu studieren. Er stellte fest, daß er nervös war; sowohl angeregt als zugleich auch niedergedrückt; die Unterhaltung hatte ihn unruhig gemacht, und die Tatsache, daß er hier mit dem General Schach spielte, störte ihn. Es ließ alles zwischen ihnen beiden noch offener zutage treten. Es war etwas irgendwie Unanständiges daran, und er begann sein Spiel mit dem Empfinden, daß es für ihn peinlich sein würde, zu gewinnen.

Während der ersten Züge spielte er ziemlich sorglos. Er dachte eigentlich überhaupt nicht nach, sondern lauschte statt dessen auf das gedämpfte Rumpeln der Geschütze und das ständige Flackern der Coleman-Lampe. Bisweilen glaubte er, das Blattwerk draußen vorm Lager rauschen zu hören, und dieses Geräusch stimmte ihn schwermütig. Er begann auf das in tiefe Konzentration versunkene Gesicht des Generals zu starren. Dieser Gesichtsausdruck war der gleiche wie am Tage der Invasion oder wie in jener Nacht, als sie gemeinsam im Jeep gefahren waren. Und wieder beeindruckte es ihn durch seine Kraft und Unmittelbarkeit.

Hearn wachte auf, um festzustellen, daß er sich bereits nach sechs Zügen in Bedrängnis befand. Unbedacht hatte er eine Schachregel verletzt, dadurch, daß er einen Springer zweimal gezogen hatte, ehe seine Entwicklung beendet war. Noch war seine Lage nicht gefährlich, der Springer stand nur in der vierten Reihe, und Rückzugsfelder konnten ihm leicht genug geöffnet werden, aber der General begann nun einen überraschenden Angriff. Hearn fing an, sein Spiel genau zu studieren. Der General könnte jetzt dadurch gewinnen, daß er seine Entwicklung vervollständigte und alle Vorteile aus der leicht überlegenen Stellung zog, die ihm die durchgeführte Entwicklung bieten würde. Aber es könnte lange dauern, und es würde unzweifelhaft schwierig sein, das Spiel zu beenden. Indessen startete der General einen Bauernangriff, der sich nachteilig auswirken mußte, falls er fehlschlug; denn dadurch wurde Cummings' Entwicklung verzögert, und seine Königsbauern würden den König freistellen.

Hearn erwog seine Gegenzüge und verlor sich rasch in die schwindelerregenden Höhen des Schachspiels, wo er die gesamte Lage mit einem Teil seines Verstandes aufnehmen und zugleich die vielen Gegenzüge überprüfen mußte, die der General auf jeden eigenen Zug tun könnte, und die entsprechenden, noch komplizierteren Antworten, die darauf zu erteilen waren. Dann gab er dies auf und versuchte, die verschiedenen Varianten zu berechnen, die sich ergeben würden, wenn er eine andere Figur zöge.

Doch es war hoffnungslos. In einer ihn fast erschreckenden Aufeinanderfolge fühlte sich Hearn erst beunruhigt, dann bedroht und schließlich durch das Voranschreiten der gegnerischen Bauernoffensive abgeschnitten. Hearn hatte auf dem College der Schachgruppe angehört und zu verschiedenen Zeiten seines Lebens diesem Spiel großes Interesse entgegengebracht. Er war ein genügend guter Spieler, um zu erkennen, was für ein ausgezeichneter der General war, und um etwas vom Charakter eines Mannes aus der Art seines Spieles zu entziffern. Der General war glänzend im Aufbau, und mit kalter Berechnung wußte er jeden Vorteil aus der leichten Überlegenheit, die er zu Beginn gewonnen hatte, zu ziehen. Hearn gab nach dem fünfundzwanzigsten Zug auf, nachdem er einen Springer und einen Bauern im Tausch gegen zwei Bauern verloren hatte, und setzte sich ermüdet in seinem Stuhl zurück. Das Spiel hatte ihn eingefangen, sein Interesse erneut geweckt und ihn mit dem dumpfen Wunsch erfüllt, ein neues zu beginnen.

„Sie sind nicht schlecht", sagte der General.

„Ich spiele leidlich", murmelte Hearn. Jetzt, nachdem das Spiel beendet war, vernahm er wieder die Geräusche des Dschungels draußen vorm Lager.

Der General tat die Figuren in das Kästchen zurück und schien jede einzelne mit den Fingerspitzen zu liebkosen, bevor er sie in den mit grünem Samt ausgeschlagenen Behälter legte. „Das ist wirklich das Spiel für mich, Robert. Ich habe eine einzige Leidenschaft: Schach."

Was wollte der General nur von ihm? Hearn fühlte sich plötzlich belästigt. Ihre Unterhaltung, das Schachspiel schienen aus einer zwingenden Notwendigkeit, die hinter den gepflegten, verschlossenen Gesichtszügen des Generals verborgen blieb, einander zu folgen. Hearn wurde von einer unerklärlichen Stimmung eingefangen, und seine Widerspenstigkeit, womöglich noch um einiges vergrößert, kehrte zurück. Die Luft im Zelt schien schwerer geworden zu sein.

„Schach", stellte Cummings fest, „ist unerschöpflich. In der Tat: konzentriertes Leben."

Hearns Verdrießlichkeit wuchs. „Ich bin anderer Meinung", sagte er und lauschte auf die geringschätzige Betonung, die seine klare, scharfe Stimme den Worten gab. „Das, was mich beim Schach anregt und schließlich doch enttäuscht, ist, daß es nichts mit dem Leben zu tun hat."

„Was denken Sie eigentlich, was Krieg ist?"

Da waren sie wieder aneinandergeraten. Hearn wünschte diesmal eine Diskussion zu vermeiden. Er war es müde, vom General überfahren zu werden. Einen Augenblick lang hatte er Lust, den General zu schlagen, das graue Haar in Unordnung gebracht und das Blut aus seinem Mund sickern zu sehen. Es war ein heftiger und augenblicklicher Impuls; als er verflogen war, fühlte er sich nur abermals gedemütigt. „Ich weiß es nicht, aber Krieg ist gewiß kein Schachspiel. Man kann es eventuell von der Marine sagen, wo alle Manöver auf der glatten Oberfläche mit allen Typen unterschiedlicher Feuerstärke auszuführen sind. Wo alles eine Frage von Kraft, Raum und Zeit ist – aber Krieg ist eher wie ein blutiger Fußballkampf. Er beginnt wie ein Spiel und verläuft anders, als man es berechnet hat."

„Es ist komplizierter, aber es kommt auf dasselbe heraus."

Hearn schlug sich in einer plötzlichen Erbitterung auf den Oberschenkel. „Himmel, es gibt noch mehr Seiten in dem Buch, als Sie gelesen haben. Sie setzen eine Gruppe oder eine Kompanie von Männern ein, und was, zum Teufel, wissen Sie denn darüber, was in ihren Köpfen vorgeht. Bisweilen frage ich mich, wie Sie die Verantwortung tragen können, sie für irgend etwas anzusetzen. Treibt es Sie nicht zum Wahnsinn?"

„Hier hauen Sie wieder einmal daneben, Robert. In der Armee bedeutet die Vorstellung einer individuellen Persönlichkeit nur eine Behinderung. Natürlich gibt es Unterschiede bei den Männern in jedem einzelnen Heeresverband, aber das gleicht sich aus und ergibt einen Durchschnittswert. Die und die Kompanie ist gut oder mäßig, tüchtig oder ungeeignet für diesen oder jenen Auftrag. Ich arbeite in größerem Maßstab mit Durchschnittswerten."

„Sie stehen so verdammt hoch darüber, daß Sie überhaupt nichts mehr sehen. Die unmögliche Berechnung der Moral, die doch mit einzuschließen wäre, verhindert es, eine verantwortungsvolle Entscheidung zu treffen."

„Trotzdem. Man trifft die Entscheidungen, und es geht, oder es geht nicht."

Es war etwas Unsauberes an dieser Unterhaltung im Hinblick darauf, daß zu gleicher Zeit irgendwo an der Front ein Mann in seinem Loch vor Entsetzen erstarrte. Hearns Stimme war ein wenig schrill, als hätte ihn dies Entsetzen berührt. „Wie wollen Sie zum Beispiel so etwas mit in Rechnung stellen: Es gibt Männer, die seit anderthalb Jahren von Amerika weg sind. Wie können Sie berechnen, ob es besser ist, noch mehr Männer töten zu lassen, damit der Rest schneller nach Hause kommt, oder sie für lange Zeit hier zu belassen, bis sie langsam zugrunde gehen, während ihre Frauen sie betrügen. Wie wollen Sie das einkalkulieren?"

„Die Antwort ist, daß ich mich damit gar nicht befasse." Der General tupfte wieder mit dem Fingernagel an seinen Bart. Nach einer kleinen Pause sagte er: „Aber was ist los, Hearn? Ich wußte gar nicht, daß Sie verheiratet sind."

„Ich bin es auch nicht."

„Oder haben Sie ein Mädchen zurückgelassen und einen Abschiedsbrief bekommen?"

„Nein, ich habe keine abgerissenen Fäden hinter mir gelassen."

„Warum also dann diese Frauen, die ihre Männer betrügen? Es liegt in ihrer Natur, daß sie es tun."

Hearn grinste vor plötzlichem Genuß an seiner eigenen Kühnheit, die ihn zugleich erstaunte: „Wie, Sir, sprechen Sie aus persönlicher Erfahrung?" Gleich darauf erinnerte er sich, daß der General verheiratet war; wahrscheinlich war es für den General eine unbedeutende Angelegenheit, denn er hatte niemals darüber gesprochen, und Hearn wußte davon nur durch andere Offiziere. Jedenfalls aber bedauerte er seine Worte.

„Vielleicht aus persönlicher Erfahrung, vielleicht", sagte der General. Seine Stimme veränderte sich auf einmal. „Ich muß Sie daran erinnern, Robert, daß jede Freiheit, die Sie sich herausnehmen, von meiner Duldung abhängt. Ich glaube, Sie sind ein wenig zu weit gegangen."

„Verzeihung."

„Schweigen Sie."

Hearn schwieg und beobachtete das Gesicht des Generals, das abwesend erschien. Seine Augen waren zusammengekniffen, als versuche er, etwas zu erkennen, was eine Handbreit vor seinem Gesicht liegt. Zwei weiße Flecke hatten sich unter seiner Unterlippe gebildet, fast unmittelbar an den Mundwinkeln.

„Um Ihnen die Wahrheit zu sagen, Robert, meine Frau ist eine Hexe."

„Oh."

„Sie hat nichts ausgelassen, um mich zu erniedrigen."

Hearns Erstaunen ging in Empörung über. Wieder war da dieses Selbstbemitleiden in Cummings' Stimme. – Du solltest auf keinen Fall solche Dinge erzählen, zumindest nicht mit diesem Tonfall. – Augenscheinlich waren da zwei verschiedene Generäle. „Oh, es tut mir sehr leid", murmelte er schließlich.

Die Coleman-Lampe war am Erlöschen, und flackernd warf sie lange Lichtstreifen durch das Zelt. „Wirklich, Robert? Gibt es wirklich etwas, was Ihnen nahegeht?" In diesem seltenen Augenblick war die Stimme des Generals völlig nackt. Aber dann streckte er seinen Arm aus und brachte die Lampe wieder in Ordnung. „Sie wissen, daß Sie sich nicht wie ein Mensch verhalten?" sagte der General.

„Vielleicht."

„Haben Sie jemals eine Annäherung gestattet?"

War es das, was er bezweckte? Hearn starrte in seine Augen, die einen Glanz bekommen hatten und fast flehend aussahen. Er hatte das Gefühl, daß der General, wenn er, Hearn, nur lange genug regungslos verharrte, leise den Arm ausstrecken und vielleicht sein Knie berühren würde.

Aber nein, das war ja lächerlich.

Plötzlich stand Hearn auf und ging erregt einige Schritte durch das Zelt, blieb stehen und blickte auf das Feldbett des Generals.

Sein Bett. Um Gottes willen, geh davon weg, ehe der General es zu deuten weiß. Er drehte sich um und sah den General an, der sich nicht bewegt hatte, wie ein großer versteinerter Vogel dasaß und wartete – auf etwas, was sich nicht ausdrücken ließ.

„Ich weiß nicht, was Sie meinen, General." Glücklicherweise klang seine Stimme spröde genug.

„Ach, das macht nichts." Der General blickte auf seine Hände. „Wenn Sie mal 'raus müssen, Robert, tun Sie es um Gottes willen, aber hören Sie auf, herumzulaufen."

„Ja, Sir."

„Wir werden unseren Streit nie zu Ende bringen."

Das klang besser. „Gut, aber warum wünschen Sie nur, daß ich zugeben soll, daß Sie ein Gott sind?"

„Wenn es einen Gott gäbe, Robert, würde er sein wie ich."

„Einer, der mit Durchschnittswerten rechnet."

„Genau das."

Ach, so würde das immer weitergehen; reden, reden und

reden. Aber im Augenblick schwiegen sie, jedoch waren sie sich beide in einer bedrückenden, verlegenen Weise bewußt, daß sie sich im Grunde nicht mochten.

Die Unterhaltung flackerte wieder auf, wurde bedeutungsloser und wandte sich dem Feldzug zu. Nach einer schicklichen Pause verließ Hearn den General und ging in sein Zelt. Aber Hearn fiel es schwer, einzuschlafen, während er in der Dunkelheit auf das Rauschen der Palmenzweige lauschte. Um ihn herum breitete sich über viele Meilen hinweg der Dschungel aus und über ihm die unendliche Fläche des südlichen Himmels mit seinen ihm ungewohnten Sternbildern.

Etwas war heute abend geschehen, aber es erschien ihm jetzt als etwas Überspanntes, etwas, was das gewohnte Maß überstieg. Er glaubte, nicht richtig zugehört zu haben. Die Szene begann zu verblassen und sich traumhaft zu verwirren. Aber er lachte verhalten, wie er da auf seinem Feldbett lag.

Der letzte schäbige Beweggrund.

Alles, was man lange genug untersucht, wird schließlich schmutzig. Aber während er lachend dalag, sah er sich zugleich selbst; er bemerkte, wie das Lachen seinen dicken Körper erschütterte, sah den Schopf seines schwarzen Haares, seine Gesichtszüge, wie sie sich in krampfhafter Fröhlichkeit verzogen.

Eines Morgens hatte ihm eine Frau, die eine Zeitlang seine Freundin gewesen war, einen Spiegel gebracht und zu ihm gesagt: „Da schau hinein, du siehst wie ein Affe aus, wenn du im Bett liegst."

Seine Heiterkeit war jetzt ein wenig übersteigert. Seine Glieder lagen wie im Fieber. Himmel, was für eine merkwürdige Situation.

Als der Morgen kam, wußte Hearn nicht mehr genau, ob überhaupt etwas geschehen war.

Der Chor

WEIBER

Der zweite Zug ist damit beschäftigt, eine neue Latrine zu graben. Es ist Nachmittag, die Sonne fällt durch die Kokospalmen und glänzt auf der gerodeten Erde. Minetta und Polack arbeiten langsam unten in der Grube. Sie haben ihre Hemdsärmel aufgekrempelt, und breite, feuchte Streifen sind auf ihren Hosen unterhalb des Gürtels zu sehen. Alle zehn oder fünfzehn Sekunden kommt ein Spaten voll Erde aus dem Loch und fällt klatschend auf den Erdwall neben der Latrine.

Minetta (seufzend): Ein glücklicher Hund, dieser Toglio. (Er stützt seinen Fuß auf die Schaufel.) Du denkst, daß wir von Glück sagen müssen, hier hinten zu sein? Vorn aber kannst du verwundet und nach Hause geschickt werden. (Er schnauft.) Auch wenn er nun seinen Ellbogen nicht mehr so gut gebrauchen kann.

Polack: Wer braucht einen Ellbogen bei einer Frau.

Brown (sitzt auf einem Baumstumpf neben der Grube): Und ich sage euch, Jungens, Toglio wird heimkommen und seine Frau dabei erwischen, wie sie sich mit irgend jemand 'rumtreibt. Du kannst doch keiner Frau trauen.

Stanley (liegt neben Brown ausgestreckt): Ach, ich weiß nicht, ich kann meiner Frau vertrauen. Frauen sind doch verschieden.

Brown (bitter): Sie sind alle gleich.

Minetta: Mag sein, aber ich verlaß mich auf meine Freundin.

Polack: Ich gebe für keine einen Pfifferling.

Brown (polkt eifrig an seiner Stupsnase): Das meine ich auch. (Er spricht zu Minetta, der mit dem Graben aufgehört hat.) Und du verläßt dich auf deine Freundin, was?

Minetta: Bestimmt. Sie weiß schon, daß sie was Gutes gekriegt hat.

Brown: Du glaubst, du kannst es ihr besser machen als irgendein andrer?

Minetta: Bis jetzt hat mich noch keiner darin geschlagen.

Brown: Ich will dir mal was sagen, du bist ein Kindskopf. Du weißt noch gar nicht, wie man es richtig macht. Sag mal, Minetta, bist du überhaupt schon mal dabei erwischt worden? (Stanley und Polack brüllen vor Lachen.)

Minetta: Ha, ha, ha, ha.

Brown: Ich will dir mal was sagen, Minetta, du solltest dich selbst mal befragen. Glaubst du, daß an dir was Besondres ist?

Minetta: Wie soll ich das sagen.

Brown: Gut, dann will ich es dir sagen: gar nichts. Du bist auch nur ein ganz gewöhnlicher Junge. An keinem von uns ist was Besonderes, weder an Polack noch an dir, oder an Stanley, oder an mir. Wir sind nichts weiter als ein Haufen einfacher Soldaten. (Er ist entzückt von sich.) Jawoll. Solange du zu Hause bist und ihnen jede Nacht ein Stückchen Fleisch 'reinschiebst, sind sie alle nur Herzchen und Täubchen. Dann bringen sie sich um für dich; aber kaum bist du weg, denken sie an andere.

Minetta: Meine Rosie denkt an mich.

Brown: Jawoll ja! Sie fängt an nachzudenken, wie schön es wäre, wenn man es immer haben könnte. Hör mal, sie ist ein junges Mädchen, und wenn sie so hübsch ist wie meine Frau, vermißt sie es bestimmt. Und dann lungert da eine Menge

Burschen herum, eine Menge von Vier-F-Leuten und Kommandos, und nicht lange wird's dauern, bis sie sich zu einer Verabredung beschwatzen läßt. Und dann geht sie tanzen und reibt sich an diesen Burschen.

MINETTA: Rosie hat mir geschrieben, daß sie zu keinem Tanz geht. (Polack und Brown lachen.)

POLACK: Er glaubt diesen Huren.

MINETTA: Jawoll, ich habe sie mehrmals auf die Probe gestellt und sie niemals bei einer Lüge ertappt.

BROWN: Das beweist nur, daß sie heller ist als du. (Stanley lacht bedrückt.) Höre mal, zwischen uns beiden gibt es keine Unterschiede, besonders da nicht, wo es sich ums Lieben handelt. Sie haben es genauso gern wie die Männer, und es ist für sie verflucht leichter, es zu bekommen.

POLACK: (mit Fistelstimme): Ich weiß nicht, warum ich bei den Mädchen nicht beliebter bin – wo ich mich doch so gern hinlege. (Alle lachen.)

BROWN: Was glaubst du wohl, was deine Freundin jetzt macht? Ich will es dir sagen. Jetzt ist es in Amerika sechs Uhr morgens. Sie ist gerade dabei, neben einem Burschen im Bett aufzuwachen, der es genauso gut kann wie du und dem sie es genauso macht wie dir. Ich sage dir, Minetta, es gibt keine, der du trauen kannst. Sie betrügen dich alle.

POLACK: Keins der verfluchten Weiber taugt was.

MINETTA (schwach): Ich mach' mir darüber keine Sorgen.

STANLEY: Bei mir ist es etwas anderes, ich habe ein Kind.

BROWN: Die mit Kindern sind die schlimmsten. Die langweilen sich besonders und haben es noch nötiger. Nein, keine Frau taugt was.

STANLEY (blickt auf seine Uhr): Wir sind jetzt mit Schippen dran. (Er springt in die Grube und ergreift eine Schaufel.) Jesus, was seid ihr Burschen für Betrüger. Warum, zum Teufel, drückt ihr euch vor eurem Anteil. (Er schippt für eine Minute wild drauflos, und dann hält er an. Der Schweiß strömt ihm hinab.)

POLACK (grinsend): Ich bin froh, daß ich mich um keine Hexe zu kümmern brauche, die mich betrügt.

MINETTA: Du kannst mich mal. Hältst dich wohl für verdammt großartig?

7

NACH dem mißlungenen Nachtangriff der Japaner blieb die erste Gruppe drei Tage lang in ihrer Stellung. Am vierten Tag rückte das erste Bataillon eine halbe Meile vor, und der Aufklärungszug verlegte sich zusammen mit der A-Kompanie.

Ihre neue Stellung befand sich auf einer Hügelkuppe, die in ein schmales, mit Kunaigras bestandenes Tal blickte. Den Rest der Woche verbrachten sie mit dem Ausheben neuer Schützenlöcher, dem Auslegen von Stacheldraht und den üblichen Patrouillen. An der Front war es ruhig geworden. Beim Zug geschah nichts, und selten sahen sie andere Soldaten, mit Ausnahme derer, die zum Zug der A-Kompanie gehörten, der auf einem benachbarten, nur wenige Hundert Yards von dem ihrigen entfernten Hügel seine Stellung bezogen hatte. Die Abhänge des Watamai-Gebirges waren immer noch nahe zu ihrer Rechten, und nachmittags schienen die Felsen über ihnen zu hängen wie eine Welle, die sich in der Brandung zu überschlagen droht.

Die Männer verbrachten ihre Tage, indem sie auf dem Hügel in der Sonne lagen. Es gab für sie nichts weiter zu tun, als zu essen und zu schlafen, Briefe zu schreiben und in ihren Löchern Wache zu halten. Am Morgen war es angenehm und frisch, aber nachmittags wurden die Männer verdrießlich und schläfrig, und nachts vermochten sie nicht richtig zu schlafen, denn der Wind bewegte das Gras im Tal zu ihren Füßen, und es sah aus, als wenn sich Männer ihrem Hügel näherten. Jede Nacht geschah es ein- bis zweimal, daß die Wache die ganze Gruppe alarmierte, und dann saßen sie fast eine Stunde in ihren Löchern und versuchten, in dem ungewissen Silberlicht des Mondes die Ebene mit den Augen zu durchdringen.

Gelegentlich hörten sie in der Ferne das Knattern einiger Gewehre, es klang wie das Knistern trockener Zweige bei den ländlichen Herbstfeuern. Oder vereinzelte Granaten zogen im Bogen über sie hinweg, seufzten und murmelten, bevor sie jenseits in den Dschungel krachten. Nachts klang das Maschinengewehrfeuer tief und hohl, wie das schwermütige, rätselvolle Dröhnen der Trommeln wilder Stämme. Fast immer vernahmen sie irgendwelche Geräusche, die von einer Granate, einem Mörser oder dem eindringlich schrillen Hämmern eines schweren Maschinengewehres stammen mochten, aber diese Laute kamen so weit her und waren dazu so gedämpft, daß sie sie meist überhörten. Die Woche ging in einer sie nur leicht bedrückenden Spannung vorüber, in die sich eine unbestimmte Furcht mischte, die von der sich zu ihrer Rechten auftürmenden Mauer des Watamai-Gebirges herrührte.

Jeden Tag gingen drei Essenholer zum Zug der A-Kompanie auf den benachbarten Hügel hinüber und kamen mit einer Kiste voll Zehn-Tage-Rationen und zwei Fünf-Gallone-Behältern voll Wasser zurück. Der Marsch verlief immer ohne Zwischenfälle, und die Männer unternahmen ihn nicht ungern, weil er das Gleichmaß der Tage unterbrach und ihnen die Gelegenheit verschaffte, mit jemand anderem als nur immer mit den Männern des eigenen Zuges zu sprechen.

Am letzten Tage der Woche stiegen Croft, Red und Gallagher hintereinander ihren Hügel hinab, wanden sich durch das sechs Fuß hohe Kunaigras in dem Tälchen, traten in einen Bambuswald ein, und von dort folgten sie dem Pfad, der zur A-Kompanie führte. Sie füllten ihre leeren Wasserbehälter, verschnürten sie, um sie tragen zu können, und unterhielten sich einige Minuten mit den Männern, bevor sie den Rückweg antraten. Croft führte sie, und als er den Anfang des Pfades erreicht hatte, hielt er an und gab Red und Gallagher Zeichen, heranzukommen.

„Hört mal", flüsterte er. „Was macht ihr denn für einen fürchterlichen Lärm, wenn ihr den Hügel herunterkommt. Ihr glaubt wohl, weil die Strecke nur kurz ist und ihr ein bißchen was zu tragen habt, könnt ihr gleich herumtrampeln wie eine Schweineherde."

„Schon gut", murmelte Gallagher verdrießlich.

„Also los, weiter", murmelte Red. Er und Croft hatten während der ganzen Woche kaum ein Wort gewechselt.

Die drei Männer gingen langsam den Hügelpfad abwärts und hielten einen Abstand von zehn Yards. Red stellte bei sich fest, daß er jetzt behutsamer seine Füße setzte und war zornig darüber, weil er Crofts Anordnungen beachtete. Während er dahinschritt, versuchte er, sich wieder einmal zu prüfen, ob es die Angst vor Croft sei oder ob er sich nun aus Gewohnheit vorsichtiger bewege. Er war sich noch nicht schlüssig geworden, als er sah, wie Croft plötzlich anhielt und durch das Buschwerk am Wege schlich. Croft wandte sich um, blickte auf ihn und Gallagher, und dann winkte er ihnen lautlos zu. Red beobachtete sein Gesicht. Crofts Mund und Augen waren ausdruckslos, aber in der ganzen Haltung seines Körpers lag etwas Gebieterisches. Red kroch an seine Seite. Als sie alle drei beisammen waren, legte Croft seinen Finger an die Lippen und deutete durch einen Spalt im Blattwerk. Etwa fünfundzwanzig Yards entfernt war eine schmale Mulde, eine kleine Lichtung im Dschungel, und mittendrin lagen drei japanische Soldaten mit den Köpfen auf ihren Rucksäcken am Boden ausgestreckt, und ein vierter saß mit dem Gewehr im Schoß neben ihnen und stützte das Kinn in seine Hand. Croft blickte eine Sekunde lang angespannt hinüber, und dann schaute er Red und Gallagher mit einem wilden Ausdruck an. Seine Kinnbacken waren angespannt, und ein kleiner Hautknorpel unterhalb seines Ohres zuckte einige Male. Mit größter Sorgfalt schlüpfte er aus seiner Traglast und stellte sie geräuschlos auf die Erde.

„Wir können nicht ohne Lärm durch die Büsche", flüsterte er fast unhörbar. „Ich werde eine Handgranate werfen, und dann stürzen wir uns auf sie. Verstanden?"

Sie nickten stumm und streiften ihr Gepäck ab. Red starrte durch das wenige Buschwerk, das sie von der Lichtung trennte. Wenn es nicht gelingen sollte, die Japaner mit der Handgranate zu töten, würden sie bei ihrem Angriff alle drei ungedeckt sein. Jedoch dachte er nicht im besonderen daran, er lehnte sich überhaupt gegen das Ganze auf. Es erschien ihm unglaubhaft. Ihn packte immer dasselbe Empfinden, wenn er erkannte, daß es im nächsten Augenblick zu einem Kampf käme. Er hielt es immer für unmöglich, daß er sich tatsächlich vorwärts bewegen, sein Gewehr abfeuern und sein Leben wagen würde, und dennoch tat er es jedesmal wieder. Red fühlte zugleich auch den Zorn, der damit verbunden war, die Wut über seinen Wunsch, das Herannahende zu vermeiden. – Ich bin ebenso tapfer wie jeder andere, versuchte er sich verbissen klarzumachen. Er schaute Gallagher an, dessen Nase blaß geworden war, und Red wunderte sich, daß es ihm verächtlich vorkam, obwohl ihn doch die gleiche Angst erfüllte. Crofts Nasenflügel hatten sich geweitet, und seine Pupillen waren sehr dunkel und blickten kalt. Red haßte ihn, weil Croft Freude daran empfand.

Croft ließ eine Handgranate aus seinem Gürtel gleiten und löste die Sicherung. Red spähte wieder durch die Blätter auf die Rücken der japanischen Soldaten. Er konnte das Gesicht des Sitzenden sehen, was alles noch unwirklicher machte. Es war ihm, als würde ihn etwas ersticken. Der japanische Soldat hatte ein freundliches Gesicht mit weit auseinanderstehenden Schläfen und einem kräftigen Kinn. Seine Augen blickten sanft wie die einer Kuh, und seine dicken Hände sahen derb und schwielig aus. Red empfand einen Augenblick lang ein von der Situation unabhängiges und widersinniges Vergnügen, was dem Bewußtsein entsprang, daß man ihn selbst nicht sah. Aber alles war mit Angst vermischt und dem Gefühl, es könne nicht Wirklichkeit sein. Er vermochte es einfach nicht zu glauben, daß der Soldat mit dem breiten, freundlichen Gesicht in der nächsten Sekunde tot sein würde.

Croft öffnete seine Hand, der Griff der Granate sprang ab und rollte einige Fuß beiseite. Der Zünder puffte, und ein zischendes Geräusch zerstörte die Stille. Die Japaner hörten es, sprangen mit überraschten Schreien auf die Füße und bewegten sich in der schmalen Mulde unentschlossen einige Schritte vor und zurück. Red beobachtete den entsetzten Ausdruck auf dem Gesicht eines Soldaten, hörte das Zischen der Granate, das sich mit dem Sausen in seinem Ohr und dem Klopfen seines Herzens vermengte, und dann, als Croft die Granate in die Mulde warf, ließ er sich zu Boden fallen. Er griff nach seinem Gewehr und starrte angestrengt auf einen Grashalm. Er hatte noch Zeit zu denken, ehe die Granate zerplatzte, daß er besser daran getan hätte, sein Gewehr am Morgen zu reinigen. Er hörte einen fürchterlichen Schrei, dachte sogleich an den Soldaten mit dem breiten Gesicht, und dann war er schon auf und stürzte krachend und stolpernd durch das Gebüsch.

Sie standen zu dritt am Rand der Mulde und blickten nach unten. Die vier japanischen Soldaten lagen bewegungslos in dem zertretenen Kunaigras. Croft blickte sie an und spie gelassen aus. „Geh hin und sieh nach", befahl er Red.

Red glitt hinunter. Mit einem Blick konnte er feststellen, daß zwei der Soldaten bestimmt tot waren; einer von ihnen lag auf dem Rücken und hielt seine Hände verkrampft vor einer blutigen Masse, die ehemals sein Gesicht gewesen war, und der andere lag gekrümmt auf der Seite mit einer großen Wunde in der Brust. Die anderen beiden lagen vornübergestreckt, und er konnte keine Wunden entdecken.

„Mach sie fertig!" rief Croft hinunter.

„Sie sind tot."

„Mach sie fertig."

Red hatte ein leises Angstgefühl. – Wenn ich nicht mit dabei wäre, würde es dieser Hund selbst getan haben, dachte er. Er stand über dem einen der regungslosen Körper und visierte mit seinem Gewehr das Genick an. Er schöpfte ein wenig Atem, und dann gab er einen Feuerstoß. Er fühlte nichts außer der zitternden Bewegung des automatischen Gewehrs. Dann erkannte er, daß es der Soldat war, der mit dem Gewehr über den Schenkeln aufrecht dagesessen hatte. Einen Augenblick lang schwebte er am Rande einer tiefen Beklommenheit, aber er unterdrückte sie und ging zu dem letzten Soldaten hinüber.

Während er auf ihn niederblickte, fühlte er eine Woge vieler flüchtiger Erregungen. Wenn man ihn aber gefragt hätte, würde er wahrscheinlich geantwortet haben: Ich fühle, verdammt noch mal, gar nichts. Aber sein Nacken erschien ihm steif, und sein Herz klopfte heftig. Er empfand großen Widerwillen vor dem, was er zu tun hatte, und dennoch spürte er, während er auf den Körper starrte und den Nacken des Mannes anvisierte, eine gewisse Neugier. Er legte seinen Finger an den Abzug, nahm Druckpunkt und wartete mit Spannung auf den Augenblick, wo er abdrücken, die Kugeln ein Häufchen kleiner, runder Löcher in den Körper schlagen und der Leichnam unter der Gewalt der Einschläge zusammenzucken würde. All dies hatte er vor Augen und drückte ab – aber nichts geschah. Sein Gewehr hemmte. Er wollte es zu säubern beginnen, als sich der Körper zu seinen Füßen plötzlich herumrollte. Es dauerte fast eine Sekunde, bevor Red begriff, daß der Japaner lebte. Die beiden Männer starrten sich mit aufgerissenen, verzerrten Gesichtern an, und dann sprang der Japaner auf. Im Bruchteil einer Sekunde hätte ihn Red mit dem Kolben niederschlagen können, aber seine Enttäuschung über das Versagen des Gewehrs und der Schock über die Feststellung, daß der Soldat noch lebte, vereinigten sich, um ihn völlig zu lähmen. Er beobachtete den japanischen Soldaten, der aufstand, einen Schritt auf ihn zu machte, und dann arbeiteten seine Muskeln plötzlich, und er schleuderte sein Gewehr nach ihm. Es ging daneben, und wieder starrten sich beide aus einer Entfernung von nur drei Yards an.

Niemals würde Red das Gesicht des Japaners vergessen. Es war gelb, und die Haut um Augen, Wangen und die Nasenflügel waren fest gespannt, so daß es einen hungrig forschenden Ausdruck hatte. Niemals glaubte er das Gesicht eines Mannes so genau gesehen zu haben. Sein Blick erfaßte jede Unreinheit der Haut; er sah die Mitesser auf der Stirn, eine kleine Warze neben der Nase und die Schweißtropfen in den tiefen Höhlen unter seinen Augen. Eine halbe Sekunde blickten sie einander so an, dann zog der Japaner plötzlich sein Bajonett, und Red wandte sich zur Flucht. Er sah den anderen einen Ausfall gegen ihn machen, und durch seinen Kopf zuckte es: Gruselfilm. Es kostete ihn Mühe, über seine Schulter zu schreien: „Halt ihn fest, halt ihn fest, Croft!"

Dann stürzte Red und lag bewegungslos an der Erde, fast ohne Bewußtsein. Er versuchte, sich auf den zuckenden Schmerz vorzubereiten, den das Messer verursachen würde, wenn es in seinen Rücken drang, und er hielt den Atem an. Er hörte sein Herz klopfen und klopfen. Dann wurden seine Sinne klarer, und sein Körper entspannte sich wieder. Das Herz klopfte und klopfte. Plötzlich wurde ihm bewußt, daß nichts geschehen würde.

Crofts klare, kühle Stimme schlug an sein Ohr. „Verdammt noch mal, Red, wie lange willst du denn noch hier liegenbleiben?"

Red rollte sich herum und setzte sich auf. Er unterdrückte mit Anstrengung ein Stöhnen, und es schauderte ihn. „Jesus", sagte er.

„Nun, wie gefällt dir dein Freund?" fragte Croft sanft.

Der Japaner stand mit erhobenen Händen einige Yards entfernt. Er hatte das Bajonett fallen lassen; es lag zu seinen Füßen. Croft ging hinüber und stieß es fort.

Red blickte den japanischen Soldaten an, und eine Sekunde lang trafen sich ihre Augen. Beide blickten zur Seite, als hätten sie sich bei etwas Beschämendem ertappt. Red merkte plötzlich, wie schwach er sich fühlte.

Aber dennoch wollte er diese Schwäche Croft gegenüber nicht zeigen. „Warum, zum Teufel, habt ihr euch so lange Zeit gelassen?" fragte er.

„Wir kamen so schnell, wie wir konnten", sagte Croft.

Gallagher fiel rasch ein, sein Gesicht war blaß, und sein Mund zitterte. „Ich wollte den Hund erschießen, aber du standst im Weg."

Croft lachte obenhin, dann sagte er: „Ich glaube, wir haben ihn mehr erschreckt als er dich, Red. Er hielt verteufelt schnell an, als er uns sah."

Red schauderte es abermals. Gegen seinen Willen bewunderte er Croft, und zugleich widerstrebte es ihm, sich nunmehr in seiner Schuld zu wissen. Er wollte in irgendeiner Weise seinen Dank anbringen, aber er vermochte die Worte nicht zu formen.

„Ich denke, wir können jetzt gehen", sagte Red.

Crofts Gesichtsausdruck schien sich zu verändern. Eine blitzende Erregung trat in seine Augen. „Warum gehst du nicht, Red?" fragte er. „Gallagher und ich kommen in zwei Minuten nach."

Red bezwang sich zu sagen: „Soll ich den Japaner nehmen?" Nichts wünschte er weniger. Es war ihm unmöglich, den Soldaten anzusehen.

„Nein", sagte Croft. „Gallagher und ich werden uns um ihn kümmern."

Red erkannte, daß mit Croft etwas nicht in Ordnung war. „Ich könnte ihn ruhig nehmen", sagte er.

„Nein, das machen wir."

Red blickte auf die toten Körper, die schlaff in der grünen Mulde lagen. Einige Insekten schwirrten bereits um den Leichnam mit dem verstümmelten Gesicht. Wieder erschien ihm alles, was er erlebt hatte, unwirklich. Er sah auf den Soldaten, vor dem er geflohen war; sein Gesicht kam ihm bereits gleichgültig und klein vor. Er fragte sich, warum er ihm nicht in die Augen zu blicken vermochte. – Himmel, bin ich erledigt, dachte er. Seine Beine zitterten, als er sein Gewehr wieder aufnahm. Er war zu müde, um noch viel zu sagen. „Also, dann sehen wir uns auf dem Hügel wieder", murmelte er.

Dunkel empfand er, daß er nicht fortgehen sollte, und während er den Pfad hinunterging, fühlte er wieder das seltsame Scham- und Schuldgefühl, das der japanische Soldat in ihm erweckt hatte. – Dieser Croft ist ein Schweinehund, sagte er zu sich. Red fühlte sich bleiern wie im Fieber.

Als er fort war, setzte sich Croft auf die Erde und zündete sich eine Zigarette an. Er rauchte heftig, ohne etwas zu sagen.

Gallagher saß neben ihm und blickte auf den Gefangenen. „Wir wollen ihn schnell erledigen und dann machen, daß wir weiterkommen", platzte er heraus.

„Bemach dich nicht", erklärte Croft gelassen.

„Warum willst du das arme Schwein noch quälen?" fragte Gallagher.

„Er beklagt sich ja nicht", sagte Croft. In diesem Augenblick, als hätte er die Unterhaltung verstanden, kniete der Gefangene nieder und begann in hohen Tönen zu schluchzen. Immer wieder wandte er sich ihnen zu, streckte seine Arme mit bittenden Bewegungen aus und schlug mit den Händen auf die Erde, als sei er verzweifelt, sich ihnen nicht verständlich machen zu können. Aus der Flut der Worte konnte Gallagher etwas herausfischen, was wie „kud-zai, kud-zai" klang.

Gallagher war noch ein wenig außer Fassung durch die Plötzlichkeit, mit der der Kampf begonnen und geendet hatte. Sein Mitleid mit dem Gefangenen schwand, und an seine Stelle trat eine heftige Verärgerung. „Hör schon auf mit deiner Kud-zai-Scheiße!" brüllte er den Japaner an.

Der Soldat verstummte einen Augenblick, und dann begann er aufs neue zu flehen. Seine Worte hatten verzweifelte Eile und rieben sich an Gallaghers Nerven. „Du redest mit den Händen wie ein verdammter Jude!" schrie er.

„Sei ruhig", sagte Croft.

Der Soldat näherte sich ihnen, und Gallagher blickte ihm unbehaglich in die schwarzen, flehenden Augen. Ein kräftiger Fischgeruch kam aus seinen Kleidern. „Stinken können die", sagte Gallagher.

Croft ließ den Japaner nicht aus den Augen. Etwas arbeitete offenbar in ihm, denn der Knorpel unter seinem Ohr zuckte fortwährend. Croft dachte in diesem Augenblick überhaupt nichts; es ärgerte ihn, daß hier etwas nur zur Hälfte erledigt worden war. Er erwartete immer noch den Feuerstoß aus Reds Gewehr, das nicht losging. Mehr noch als Red hatte er sich die zuckenden Bewegungen des Körpers vorgestellt, wenn die Kugeln hineinschlagen würden, und nun fühlte er sich äußerst unbefriedigt.

Er blickte auf seine Zigarette, und impulsiv gab er sie dem japanischen Soldaten.

„Wozu das?" fragte Gallagher.

„Laß ihn doch rauchen."

Der Gefangene sog den Rauch gierig und zugleich mit einem Anflug von Selbstbewußtsein ein. Seine Augen flogen mißtrauisch zwischen Croft und Gallagher hin und her, und der Schweiß glitzerte auf seinen Wangen.

„He, du", sagte Croft, „setz dich."

Der Japaner sah ihn verständnislos an. „Setz dich." Croft machte einige Bewegungen mit den Händen, und der Gefangene hockte sich mit dem Rücken gegen einen Baum.

„Hast du was zum Essen da?" fragte Croft Gallagher.

„Einen Riegel Schokolade von meiner Zuteilung."

„Gib her", sagte Croft. Er nahm die Schokolade und gab sie dem Soldaten, der ihn mit verwirrten Augen anblickte. Croft deutete mit den Händen an, daß er sie essen solle. Der Gefangene verstand ihn, streifte das Papier ab und schlang die Schokolade hinunter. „Gott verdammt, ist der hungrig", sagte Croft.

„Was, zum Teufel, soll das alles?" fragte Gallagher. Er war vor Erbitterung fast den Tränen nahe. Er hatte sich die Schokolade einen Tag lang aufgespart, und der Verlust schmerzte ihn; mehr noch aber schwankte er zwischen Wut und einem widerstrebenden Mitleid für den Gefangenen. „Was ist dieser arme Hund dürr", sagte er mit einer überlegenen Zuneigung, die er vielleicht auch einem armseligen Köter gegenüber, der im Regen steht, empfunden hätte. Gleich darauf aber sah er das letzte Stück Schokolade im Mund des Japaners verschwinden, und er murmelte zornig: „Das verfluchte Schwein."

Croft dachte an die Nacht zurück, als die Japaner versucht hatten, den Fluß zu überschreiten. Ein Schauder überkam ihn, und lange Zeit starrte er den Gefangenen an. So stark war seine Erregung, daß er die Zähne zusammenbeißen mußte. Aber was es eigentlich war, was ihn so erregte, vermochte er nicht zu sagen. Er griff zur Feldflasche und nahm einen Schluck. Er sah, wie der Gefangene ihn beobachtete, als er das Wasser hinunterschluckte, und impulsiv reichte er ihm die Feldflasche. „Da, trink", sagte er. Croft blickte ihn an, während der Japaner mit langen gierigen Zügen trank.

„Ich werd' verrückt", sagte Gallagher, „was ist in dich gefahren?"

Croft antwortete nicht. Er blickte weiterhin auf den Gefangenen, der mit dem Trinken fertig war. Tränen der Freude standen im Gesicht des Japaners, er lächelte plötzlich und deutete auf seine Brusttasche. Croft zog eine Brieftasche hervor und öffnete sie. Er fand eine Fotografie, die den japanischen Soldaten in Zivil und neben ihm seine Frau und zwei kleine Kinder mit runden Puppengesichtern zeigte. Der japanische Soldat deutete auf sich selbst, und mit zwei Bewegungen seiner Hand über dem Erdboden zeigte er, wie groß seine Kinder seien.

Gallagher blickte auf das Bild, und es durchzuckte ihn. Er dachte an seine Frau und fragte sich, wie wohl sein Kind aussehen würde, wenn es erst da war. Mit Schrecken wurde er sich bewußt, daß seine Frau vielleicht jetzt in den Wehen lag. Plötzlich sagte er zu dem Japaner: „In einigen Tagen bekomme ich auch ein Kind."

Der Gefangene lächelte höflich, und Gallagher zeigte zornig auf sich, und dann hielt er seine beiden Hände zwei Handbreit auseinander. „Ich", sagte er, „ich."

„Ahhhhhhh", sagte der Japaner. „Chüsai!"

„Jawoll, tschie-zei", sagte Gallagher.

Der Gefangene schüttelte leise den Kopf und lächelte wieder.

Croft ging auf ihn zu und gab ihm eine weitere Zigarette. Der japanische Soldat verbeugte sich tief und nahm das Streichholz entgegen. „Arigato, arigato, domo arigato", sagte er.

Croft fühlte seine Schläfen vor Erregung hämmern. Neue Tränen traten in die Augen des Gefangenen, und Croft beobachtete es gelassen. Er spähte zur kleinen Mulde hinüber und sah, wie eine Fliege über den Mund eines der Toten kroch.

Der Gefangene hatte einen tiefen Zug getan und lehnte sich an den Baumstamm zurück. Seine Augen waren geschlossen, und zum erstenmal war etwas wie ein verträumter Ausdruck auf seinem Gesicht. Croft fühlte, wie ihm die Spannung in die Kehle glitt und seinen Mund trocken und bitter und begehrlich machte. Bis jetzt war ihm der Kopf wie hohl gewesen, aber plötzlich brachte er sein Gewehr in Anschlag und richtete es auf den Kopf des Gefangenen. Gallagher wollte Einspruch erheben, da öffnete der Japaner die Augen.

Er fand keine Zeit mehr, den Ausdruck seines Gesichts zu verändern, als die Kugel ihm in den Schädel drang. Er sackte vornüber und rollte zur Seite. Immer noch lächelte er, aber es sah jetzt ein wenig töricht aus.

Gallagher versuchte zu sprechen, vermochte es jedoch nicht. Er fühlte eine entsetzliche Angst, und er mußte wieder an seine Frau denken. – O Gott, beschütze Mary, mein Gott, beschütze Mary, wiederholte er bei sich, ohne zu wissen, was er sagte.

Croft starrte fast eine Minute auf den Japaner. Sein Pulsschlag beruhigte sich, und er spürte, wie die Spannung in seiner Kehle und um seinen Mund nachließ. Plötzlich wurde ihm bewußt, daß in irgendeinem Teil seines Wesens, tief versteckt, beschlossen worden war, den Gefangenen zu töten – schon in dem Augenblick, als er Red fortschickte. Jetzt fühlte er sich erleichtert. Das Lächeln auf dem Gesicht des toten Mannes belustigte ihn, und ein hämisches Lachen kam von seinen Lippen. „Himmel", sagte er. Zugleich dachte er an die Japaner, die den Fluß überquerten, und er stieß mit dem Fuß an den Toten. „Himmel", sagte er, „dieser Japaner ist richtig glücklich gestorben." Und das Lachen in seinem Innern schwoll noch heftiger an.

Im Laufe des Vormittags erhielt die Aufklärungsgruppe den Befehl, weiter nach hinten zu marschieren. Sie falteten ihre Zeltbahnen, verstauten ihre Decken in den Dschungelrucksäcken, füllten ihre Feldflaschen mit Wasser, das Red, Gallagher und Croft geholt hatten, und aßen ihre Rationen, während sie auf die Soldaten warteten, die sie ablösen sollten. Um Mittag traf eine Gruppe der A-Kompanie in ihrer Stellung ein, und die Aufklärungsgruppe stieg ihren Hügel hinunter und nahm den Weg, der zurück zum ersten Bataillon führte. Es war ein langer Marsch auf einem lehmigen Pfad durch den Dschungel, und nach einer halben Stunde fielen sie wieder in den langweiligen beschwerlichen Trott durch den Dreck. Einige von ihnen aber jubelten; Martinez und Wyman fühlten einen Druck von sich genommen, und Wilson dachte an Whisky. Croft war wortkarg und nachdenklich, und Gallagher und Red fühlten sich nervös und gereizt und zuckten bei jedem unerwarteten Geräusch zusammen. Red ertappte sich dabei, daß er sich fortgesetzt umsah.

Nach einer Stunde erreichten sie das erste Bataillon, und nach kurzer Rast schlugen sie einen Seitenweg zum zweiten Bataillon ein. Am späten Nachmittag kamen sie dort an, und Croft erhielt für die Gruppe den Befehl, ihr Lager innerhalb des Bataillonslagers für die Nacht aufzuschlagen. Die Männer warfen ihre Rucksäcke ab, zogen ihre Decken heraus und setzten ihre Zelte wieder zusammen. Vor ihnen war eine Maschinengewehrstellung, und sie hatten keine Lust, noch weitere Schützenlöcher auszuheben. Sie saßen herum und unterhielten sich, ruhten sich aus, und nach und nach kam die Erregung der letzten Woche zurück. „Verflucht", sagte Wilson, „hatten die uns aber in eine einsame Gegend gesteckt. Ich möchte da nicht mal meine Flitterwochen verbringen."

Er fühlte sich unruhig. Ein Kitzel war in seiner Kehle, und er hatte ein Ziehen in den überanstrengten Armen und Beinen. „Mann", verkündete er, „ich könnte jetzt gut ein hübsches Fläschchen gebrauchen." Er streckte seine Glieder aus und gähnte halb verzweifelt. „Ich will euch mal was sagen", sagte er, „ich hörte von einem Messe-Sergeanten hier herum, der macht einen anständigen Schnaps." Niemand antwortete ihm, und er stand auf. „Ich denke, ich werde mich mal ein bißchen umtun, ob ich uns nicht etwas Schnaps verschaffen kann."

Red sah gereizt auf. „Woher, zum Teufel, hast du denn das Geld? Ich denke, du hast alles oben auf dem Hügel verloren?" Sie hatten jeden Tag Poker gespielt.

Wilson war beleidigt. „Höre mal zu, Red", erklärte er, „daß ich ganz pleite war, hat es noch nie gegeben. Ich will nicht behaupten, daß ich grade ein großer Pokerspieler bin, aber ich wette mit dir, daß es nicht viele Männer gibt, die sagen könnten, daß sie mir im Kartenspiel über gewesen sind." In der Tat hatte er sein ganzes Geld verloren, aber ein merkwürdiger Stolz hielt ihn davon ab, es zuzugeben. In diesem Augenblick bekümmerte es Wilson noch nicht, wie er den Whisky bezahlen sollte, falls er welchen auftrieb. Sein Interesse beschränkte sich darauf, ihn erst einmal ausfindig zu machen.

Laßt mich nur erst mal Schnaps finden, dachte er, und dann werde ich schon wissen, wie ich ihn trinke.

Er ging davon. Nach etwa fünfzehn Minuten kam er grinsend zurück. Er setzte sich neben Croft und Martinez nieder und begann mit einem Zweig auf den Boden zu klopfen. „Hört mal", sagte er, „ich hab' da so 'nen kleinen Messe-Sergeanten, der Schnaps braut dahinten im Wald. Ich habe mit ihm gesprochen und ihn 'rumbekommen, uns einen Preis zu machen."

„Wieviel?" fragte Croft.

„Ich muß sagen", sagte Wilson, „er ist ziemlich hoch, aber es ist ein guter Stoff. Er hat Pfirsiche, Aprikosen und Rosinen und 'ne Menge Zucker und Hefe gebraucht. Er hat mich kosten lassen, er ist verdammt gut."

„Wieviel?" fragte Croft nochmals.

„Also, er muß fünfundzwanzig von diesen Pfunden für drei Feldflaschen haben. Ich werde mich niemals mit den Pfunden auskennen, aber ich denke, es wird nicht mehr als fünfzig Dollar sein."

Croft spie aus. „Fünfzig Dollar – denkste! Es macht achtzig Kröten. Verdammt viel für drei Feldflaschen."

Wilson nickte. „Aber was dann, zum Teufel, wenn uns morgen die Köpfe weggeblasen werden?" Er wartete ab, und dann fügte er hinzu: „Weißt du was, wir wollen Red und Gallagher mit dazunehmen, da macht es für jeden nur fünf Pfund, weil wir dann fünf sind. Fünf mal fünf macht fünfundzwanzig. Stimmt's?"

Croft erwog es bei sich. „Wenn du Red und Gallagher 'rumbekommst, machen Martinez und ich mit." Wilson ging zu Gallagher hinüber und verließ ihn mit fünf australischen Pfund in der Tasche. Dann machte er halt, um mit Red zu sprechen, und erwähnte den Preis. Red fuhr hoch. „Fünf Pfund auf jeden für drei lausige Feldflaschen, Wilson? Für fünfundzwanzig Pfund kannst du fünf Feldflaschen kriegen, Wilson."

„Du weißt, daß du sie nicht kriegst, Red."

Red fluchte. „Wo, zum Teufel, sind deine fünf Pfund, Wilson?"

Wilson zeigte Gallaghers Geld. „Hier, Red."

„Gehört sicherlich einem andern, was?"

Wilson seufzte. „Auf mein Wort, Red, ich verstehe nicht, wie du, zum Teufel noch mal, so was von einem Kameraden denken kannst." In diesem Augenblick war er sehr aufrichtig.

„Na schön, hier sind meine fünf", brummte Red. Er war noch immer überzeugt, daß Wilson log, aber es bekümmerte ihn nicht weiter. Er brauchte auf alle Fälle was zum Trinken und hatte nicht die Kraft, selber Schnaps aufzutreiben. Sein Körper erstarrte für einen Augenblick, als er sich den Schrecken vergegenwärtigte, den ihm unterwegs der Schuß aus Crofts Gewehr verursacht hatte. „Wir können uns gegenseitig nur das Leben schwermachen; das ist, zum Teufel, alles, was wir können." Er vermochte den Gedanken an den Tod des japanischen Gefangenen nicht abzuschütteln. Da war etwas Schlechtes dran. Weil der Japaner nicht gleich getötet worden war, hätte er darauf rechnen können, als Gefangener behandelt zu werden. Aber mehr noch. Er, Red, hätte dableiben sollen. (Die ganze Woche nach der Nacht am Fluß. Das mörderische Feuer.) Er seufzte. Mochte Wilson sich einen vergnügten Tag machen, es war schwer, Schnaps zu kriegen. Wilson sammelte das übrige Geld von Croft und Martinez ein, nahm vier leere Feldflaschen an sich und machte sich auf den Weg zum Messe-Sergeanten. Er zahlte die zwanzig Pfund, die man ihm vorgeschossen hatte, und kam mit vier gefüllten Feldflaschen zurück. Eine davon verbarg er unter der zusammengelegten Decke in seinem Zelt, dann ging er zu den anderen hinüber und machte die Flaschen von seinem Gürtel los. „Es wird besser sein, wenn wir ihn schnell austrinken", sagte er, „der Alkohol greift vielleicht das Metall an."

Gallagher nahm einen Schluck. „Was, zum Teufel, ist das für'n Zeug?" fragte er.

„Oh, das ist ein guter Stoff", versicherte ihm Wilson. Er tat einen langen Zug und atmete vergnügt aus. Der Schnaps strömte durch Kehle und Brust und ließ sich warm im Magen nieder. Er fühlte, wie er durch alle Glieder drang und eine wohltuende Wärme seinen Körper zu entspannen begann. „Mann, das tut aber gut", sagte er. Mit dem Alkohol im Körper und in dem Bewußtsein, daß noch mehr nachfolgen würde, war ihm behaglich zumute, und er versuchte, philosophische Dinge zu reden. „Wißt ihr was", sagte er, „Whisky ist eine Sache, ohne die ein Mensch nichts tun sollte. Das ist das Verfluchte an diesem Krieg, daß ein Mann nicht aus sich herauskann und die Dinge vollbringt, die ihm wirklich Spaß machen und die keinem andern ein Haar krümmen."

Croft stöhnte unhörbar und wischte den Rand der Feldflasche ab, bevor er trank. Red ließ etwas Sand durch seine Finger laufen. Der Schnaps war süß und scharf gewesen, er hatte seine Kehle gereizt und schließlich den ganzen Körper. Red rieb die eine Seite seiner plumpen roten Nase und spie ärgerlich aus. „Es wird dich keiner fragen, was du gern tun möchtest", erklärte er Wilson. „Die schicken dich irgendwohin, wo dir der Arsch ausgeblasen wird." Für einen Augenblick sah er wieder die Toten in der grünen Mulde liegen und das nackte zerrissene Fleisch. „Mach dir doch nichts vor", sagte er, „ein Mensch ist nicht wichtiger als eine verfluchte Kuh."

Gallagher erinnerte sich, wie die Arme und Beine des japanischen Gefangenen noch eine Sekunde lang zuckten, nachdem ihn Croft erschossen hatte. „Wie bei einem Küken, dem man den Hals umgedreht hat", murmelte er finster.

Martinez blickte auf. Sein Gesicht sah erschöpft aus, und Schatten lagen unter seinen Augen. „Schweig doch", sagte er. „Wir wissen das alle." Seine Stimme, die sonst immer ruhig und höflich war, hatte einen zornigen, schneidenden Klang, der Gallagher erstaunte und stumm machte.

„Laßt die Flasche 'rumgehen", schlug Wilson vor. Er legte sich zurück und trank den letzten Tropfen aus. „Ich denke, wir gehen gleich an die zweite 'ran."

„Wir haben alle dafür bezahlt", sagte Croft. „Wir wollen aufpassen, daß wir auch den gleichen Anteil bekommen." Wilson kicherte.

Sie saßen in der Runde, von Zeit zu Zeit ließen sie die Feldflasche kreisen und unterhielten sich unbekümmert mit immer verschwommener werdenden Stimmen, noch ehe die zweite Flasche leer war. Die Sonne stieg im Westen abwärts, und zum erstenmal sah man die Schatten der Bäume und der dunkelgrünen Zelte. Goldstein, Ridges und Wyman saßen dreißig Yards entfernt und sprachen leise miteinander. Gelegentlich drang ein belangloses Geräusch durch das Kokospalmenwäldchen – ein Wagen fuhr die Straße entlang, die ins Lager führte, oder Soldaten riefen sich bei einer Arbeit etwas zu. Jede Viertelstunde feuerte ein Geschütz, das eine Meile von ihnen entfernt war, und mit halbem Ohr lauschten sie auf die Explosion der Granaten. Es gab nichts zu sehen außer dem Stacheldraht vor ihnen und dem dichten Dschungelgebüsch hinter dem Wäldchen.

„Also, morgen geht's zur Hauptquartier-Kompanie zurück. Wir wollen darauf trinken", sagte Wilson.

„Ich hoffe, daß wir für den Rest des Feldzuges an der verfluchten Straße arbeiten werden", sagte Gallagher.

Croft fingerte schläfrig an seinem Gürtel. Die Wachheit und die Erregung, die er empfunden hatte, als er den Gefangenen tötete, waren auf dem Marsch einer leeren, verdrießlichen Teilnahmslosigkeit gegen alles um ihn gewichen. Die Dumpfheit blieb, während er trank, aber sie war eine andere geworden.

Sein Geist war vernebelt. Minutenlang saß er bewegungslos da, ohne zu sprechen, und achtete angespannt auf das seltsame Kreisen und Wühlen in seinem Körper. Sein Bewußtsein schwankte vor Trunkenheit wie das Spiegelbild eines von Wellen umplätscherten Pfahlwerkes. Er dachte an Janey wie an eine betrunkene Hure, und ein schwerer Klotz legte sich schmerzvoll auf seine Brust. – Knall die Peitsche, murmelte er bei sich, und dann kreisten seine Gedanken um die trägen Gefühlserinnerungen, die mit einem Pferderitt verknüpft waren oder mit dem Ausblick von einem Hügel hinunter in ein Tal. Der Alkohol breitete sich weiter in seinen Gliedern aus und rief einen Augenblick lang all die vielfältigen angenehmen Erregungen wach, die er empfunden hatte, als die Sonne heiß auf den Sattel niederbrannte und er den Geruch des warmen Leders und des feuchten Pferdes spürte. Die Hitze zauberte die in der Sonne glänzende grüne Mulde wieder vor seine Augen, wo die toten Körper der Japaner lagen, und den erstaunten Ausdruck, der auf dem Gesicht des Gefangenen gelegen hatte, kurz bevor er sterben mußte. Und abermals kam ihn ein Lachen an und zitterte zwischen seinen dünnen, schmalen Lippen wie ein Speichelfaden, der aus dem Mund eines kranken Mannes sickert. „Himmel", murmelte er.

Wilson fühlte sich ausgezeichnet. Der Whisky hatte seinen Körper mit einem rosigen Gefühl wunschlosen Wohlbehagens erfüllt, und verschwommene, unzüchtige Bilder kamen ihm in den Sinn. Er spürte ein schwellendes Gefühl im Kreuz, und seine Nasenflügel zitterten vor Erregung, als er sich an den gärenden Schweißgeruch einer heißen Frau erinnerte. „Es gibt nichts, was ich im Augenblick lieber täte, als bei einer Frau zu liegen. Damals, als ich Boy im Hotel Main war, wohnte dort ein Mädchen, eine kleine Sängerin in einer Varietétruppe, die in der Stadt spielte. Sie klingelte stets nach mir, damit ich ihr was zum Trinken brachte. Ich war damals noch fast ein Kind und zu dumm, um was anzufangen; aber als ich eines Tages in ihr Zimmer kam, stand sie nackt da und wartete auf mich. Ich sage dir, ich bin drei Stunden lang nicht mehr hinuntergegangen und habe mich nicht um meinen Dienst gekümmert; und es gab nichts, was sie nicht für mich tat." Er seufzte und nahm einen langen Schluck. „Wir liebten uns jeden Nachmittag, über zwei Monate lang, und sie sagte mir, daß es keinen Mann gäbe, der mir gleich wäre." Er zündete sich eine Zigarette an, und seine Augen zwinkerten hinter den Gläsern. „Ich bin ein guter Bursche, jeder kann's bestätigen. Es gibt nichts, was ich nicht wieder ganz machen könnte, keine einzige Maschine kann mich zum Narren halten; aber wenn es erst um Frauen geht, bin ich ein ganz verfluchtes Aas. Es gibt eine Menge Frauen, die mir gesagt haben, sie fanden noch keinen wie mich." Er fuhr sich mit der Hand über seine mächtige Stirn und seine goldgelbe Haarmähne. „Aber es ist verteufelt schwer für einen Mann, wenn er keine Frau bekommen kann." Er nahm einen weiteren Schluck. „In Kansas wartet eine Kleine auf mich, die nicht weiß, daß ich verheiratet bin. Als ich in Fort Riley war, habe ich mich mit ihr 'rumgetrieben. Das kleine Ding schreibt mir nun die ganze Zeit Briefe, Red kann's bestätigen, weil er sie mir vorliest, und sie wartet darauf, daß ich zurückkomme. Meiner Alten habe ich erklärt, sie sollte lieber mit ihren Klagebriefen aufhören, über die Kinder, und warum ich nicht mehr Geld nach Hause schicke, oder sie könnte sich darauf verlassen, daß ich nicht mehr zu ihr zurückkomme. Scheiße! Das kleine Ding in Kansas gefällt mir verdammt besser. Sie versteht ein Essen zu kochen, wie es ein Mann braucht."

Gallagher knurrte. „Solche verliebten Knacker wie du denken an nichts anderes als huren und fressen."

„Gibt's denn, zum Teufel, was Besseres?" fragte Wilson gelassen.

„Ein Mann sollte sehen, daß er vorwärtskommt; darauf kommt's an", sagte Gallagher. „Man schuftet, um was zu erreichen." Sein Gesicht erstarrte. „Ich werde ein Kind bekommen, womöglich wird es gerade jetzt geboren, während ich hier saufe, aber niemals hat sich mir irgendeine Chance geboten, das ist verdammt wahr." Er stieß einen kleinen zornigen Seufzer aus, und dann beugte er sich erregt vor. „Hört mal zu, es gab Zeiten, wo ich ganz allein umherlief und – ich – ich dachte mir Verschiedenes aus, und ich glaubte, daß ich mal was Großes werden könnte." Er hielt verbittert inne. „Aber immer kam mir etwas in die Quere." Er schien ärgerlich nach weiteren Worten zu suchen, und dann sah er niedergeschlagen beiseite.

Red fühlte sich sehr betrunken und sehr tiefsinnig. „Ich will euch mal was sagen – keiner von uns wird es zu was bringen. Ihr seid alle feine Burschen, aber was ihr in die Hände bekommt, ist immer nur das dreckige Ende vom Stock. Das beschissene Ende, das ist alles, was ihr bekommt."

Croft brach in lautes Gelächter aus. „Bist ein anständiger Kerl, Gallagher!" rief er mit schwerer Zunge und klopfte ihm auf den Rücken. Er war plötzlich von einer Heiterkeit erfüllt, in der er alles umarmen wollte. „Und du, du bist ein alter Jagdhund, Wilson. Du bist ein verdammter alter Lüstling." Seine Stimme war schwerfällig, und die andern sahen in ihrer Trunkenheit unbehaglich auf. „Ich wette, daß du schon mit einer steifen Rute geboren wurdest." Wilson begann zu kichern. „Das glaube ich auch."

Sie lachten heftig alle zusammen, und Croft schüttelte den Kopf, als ob er den Wirbel darin beschwichtigen wollte. „Ich werde euch mal was sagen", meinte er. „Ihr seid alle feine Burschen. Ihr seid alle nur Küken und alle noch gelb, aber ihr seid feine Burschen. Da ist verdammt nichts Schlechtes an euch." Er lächelte verkniffen mit schiefem Mund, und dann brach er wieder in Lachen aus. Er tat einen langen Zug aus der Flasche. „Japskiller ist der gottverdammt beste Freund, den ein Mann haben könnte. Mexikaner oder nicht, keiner ist ihm über. Und selbst Red, dieses verdammte alte Schwein, das ich eines Tages noch erschießen werde, will sein Bestes mit seinem vernagelten Verstand."

Red fühlte, wie ihn die Angst wieder ansprang, als bohre man ihm einen Zahn an. „Schnauze, Croft", sagte er.

Croft lachte vor unbändiger Fröhlichkeit. „Du kannst mich", sagte er mit unmißverständlicher Bewegung.

Red fiel wieder in seine traurige Beklommenheit zurück. „Ihr seid alle große Schweine", sagte er und fuhr mit dem Arm unbestimmt durch die Luft.

Croft begann plötzlich zu kichern. Es war das erstemal, daß ihn die Männer kichern hörten. „Genau wie Gallagher sagte: dieses dumme Schwein zuckte im Dreck wie ein Huhn, dem man den Hals umgedreht hat."

Wilson gackerte mit ihm; er wußte nicht, warum Croft lachte, aber das störte ihn nicht. Alles um ihn herum war verwirrt und ungewiß und vergnüglich. Er fühlte nur eine alles umfassende Zuneigung für die Männer, mit denen er trank. Seinem sich nur noch matt regenden Verstand erschienen sie wie etwas Höheres und sehr Liebenswertes. „Der alte Wilson wird euch niemals im Stich lassen", gluckste er.

Red schnaufte und rieb sich seine Nasenspitze, die gefühllos geworden war. Er merkte, wie sich alles maßlos verwirrte, wenn er versuchte, die vielen verschiedenen Gedanken in seinem Kopf zu ordnen. „Wilson", sagte er, „du bist zwar ein guter Kamerad, aber großartig bist du grade nicht. Ich will euch mal was sagen, unsere ganze Bande ist nicht grade großartig."

„Red besoffen", sagte Martinez.

„Nichts als Schweine seid ihr!" schrie Red. Alkohol machte ihn selten glücklich. In Gedanken durchlief er in monotoner Folge eine Reihe schmutziger Kneipen, in denen die Männer vor sich hin tranken und resigniert auf den Boden ihrer schimmernden Gläser starrten. Für eine Sekunde hatte er die leuchtenden Ringe am Fuß des Glases vor Augen. Er schloß sie, und die Ringe schienen jetzt in seinem Gehirn zu kreisen. Er fühlte, wie er vor Trunkenheit schwankte, öffnete seine Augen wieder und setzte sich gewaltsam auf. „Ihr könnt mich alle", sagte er.

Sie schenkten ihm keine Beachtung. Als Wilson um sich blickte, entdeckte er Goldstein, der allein beim Nachbarzelt saß und einen Brief schrieb. Plötzlich erschien es ihm beschämend, zu trinken, ohne alle andern von der Gruppe eingeladen zu haben. Einige Sekunden lang beobachtete er, wie Goldsteins Bleistift eilig kritzelte und er stumm die Lippen bewegte, während er schrieb. Wilson stellte bei sich fest, daß er Goldstein gern hatte, und irgendwie störte es ihn, daß Goldstein nicht mittrank. – Dieser Goldstein ist ein feiner Bursche, sagte er sich, aber er sitzt immer in der Patsche. – Es schien Wilson, als ob Goldstein irgend etwas Wichtiges fehle, um das Leben richtig zu verstehen.

„He, Goldstein", brüllte er, „komm 'rüber!"

Goldstein blickte auf und lächelte mißtrauisch. „Ach, vielen Dank, aber ich schreibe gerade einen Brief an meine Frau." Seine Stimme war sanft, aber es lag ein Klang darin, als erwarte er ängstlich, man wolle ihn 'reinlegen.

„Ach, laß diesen alten Brief", sagte Wilson, „der kann warten." Goldstein seufzte, stand auf und ging hinüber. „Was willst du?" fragte er.

Wilson lachte. Die Frage erschien ihm albern. „Trinken sollst du, zum Teufel. Was denn sonst?"

Goldstein zögerte. Er hatte gehört, daß der Schnaps, den man im Dschungel brannte, oftmals giftig war. „Was ist das für 'ne Sorte?" fragte er gedehnt. „Ist es richtiger Whisky oder so'n Dschungelsaft?"

Wilson war beleidigt. „Mann, es ist guter Schnaps. Ich würde nicht erst lange fragen, wenn mir jemand einen anbietet." Gallagher schnaufte. „Trink das verfluchte Zeug oder laß es bleiben, Itzig", sagte er.

Goldstein errötete. Aus Furcht, ihre Mißbilligung herauszufordern, war er schon entschlossen, anzunehmen, aber dann schüttelte er den Kopf. „Nein, ich danke", sagte er. Er dachte: Wenn ich mich nun damit vergifte? Das wäre so eine Sache, Natalie allein ihrem Schicksal zu überlassen. – Ein Mann, der Weib und Kind hat, durfte nichts riskieren. Er schüttelte abermals den Kopf und blickte auf ihre verschlossenen Gesichter. „Danke, ich möchte wirklich nicht", sagte er mit seiner sanften, hastigen Stimme und wartete argwöhnisch auf eine Erwiderung.

Alle zeigten ihm ihre Verachtung. Croft spie aus und blickte beiseite. Gallagher schaute selbstbewußt drein. „Die trinken ja alle nicht", murmelte er.

Goldstein begriff, daß er sich nun umdrehen und an seinen Brief zurückgehen sollte, aber er machte einen schwachen Versuch, sich zu rechtfertigen. „Oh", sagte er, „ich trinke ganz gern. Hin und wieder mal in Gesellschaft oder vor den Mahlzeiten." Seine Worte verloren sich. Als ihn Wilson angesprochen hatte, war er sich sofort und bitter bewußt geworden, daß es Ärger geben würde, aber er hatte den Warnungen in seinem Innern nicht zu gehorchen vermocht.

Wilson sah zornig aus. „Goldstein, du bist ein Kindskopf, nichts weiter." Aus seiner Überlegenheit und guten Laune heraus fühlte er sich leutselig bekümmert über jemand, der so stumpfsinnig wie Goldstein war und eine angebotene Chance nicht richtig zu schätzen wußte.

„Nun geh schon und schreib deinen Brief!" schrie Red. Er war in einer fürchterlichen Laune, und Goldsteins gedemütigtes und verwirrtes Aussehen beleidigte ihn. Er verachtete Goldstein, weil er seine Gefühle nicht verbergen konnte; und mehr noch, weil er, Red, halb belustigt und halb verärgert, sofort gefühlt hatte, was kommen würde, als Wilson Goldstein zum Schnaps einlud. Er empfand ein ironisches Vergnügen darüber. Tief in seinem Innern war eine Spur von Zuneigung für Goldstein vorhanden, aber er erstickte sie. „Ein Mann taugt nichts, wenn er sich nicht beherrschen kann", murmelte Red.

Goldstein wandte sich schroff um und ging fort. Der Kreis der trinkenden Männer rückte enger zusammen. Ein fast sichtbares Band umschloß sie. Sie öffneten die dritte Feldflasche.

„Es war ein Fehler", sagte Wilson, „zu versuchen, ein bißchen nett zu ihm zu sein."

Martinez nickte. „Männer gezahlt für Schnaps, trinken ihn; kein Freischnaps."

Goldstein versuchte wieder, sich in seinen Brief zu vertiefen. Aber es wollte ihm nicht gelingen. Er dachte darüber nach, was man zu ihm gesagt und was er geantwortet hatte, und wünschte, ihnen die Antworten erteilt zu haben, die ihm jetzt einfielen. – Warum müssen sie mich immer ärgern? fragte er sich, und einen Augenblick lang fühlte er sich den Tränen nahe. Er nahm den Brief auf und las ihn nochmals durch. Aber er konnte sich nicht konzentrieren. Er plante, nach dem Krieg eine Schweißerei-Werkstatt aufzumachen, und hatte, seitdem er in Übersee war, mit seiner Frau darüber korrespondiert. Kurz bevor Wilson ihn anrief, hatte er im Schreiben innegehalten. Mit dem Bleistift in der Hand und freudig erregt, stellte er sich vor, wie es sein würde, wenn er erst seine eigene Werkstatt besäße; wie er dann als angesehener Mann mit zur Gesellschaft gehören würde. Es war nicht ein In-den-Tag-Hineinträumen, wenn er so an seine Werkstatt dachte; er hatte den Platz bereits ausgesucht und sich sehr genau ausgerechnet, wieviel Geld er und seine Frau sparen könnten, wenn der Krieg noch ein Jahr oder längstens zwei Jahre – hoffnungsvoll erwartete er ein baldiges Kriegsende – dauern würde. Er hatte sogar berechnet, wieviel mehr sie sparen könnten, wenn er Korporal oder Sergeant würde.

Das war das einzige Vergnügen, das ihm, seitdem er die Staaten verlassen hatte, geblieben war. Nachts lag er wach im Zelt und machte Zukunftspläne oder dachte an seinen Sohn oder stellte sich vor, wo seine Frau wohl in diesem Augenblick sei. Und bisweilen, wenn er sie auf Besuch bei Verwandten glaubte, versuchte er, sich die Unterhaltung auszumalen, und schüttelte sich fast vor unterdrückter Heiterkeit, wenn er sich der Familienspäße erinnerte.

Aber jetzt gelang es ihm nicht, sich in diese Gedanken einzuspinnen. Sobald er versuchte, sich die helle, fröhliche Stimme seiner Frau zurückzurufen, drang das unflätige Gelächter der Männer, die zu seiner Linken noch immer tranken, in sein Ohr. Einmal füllten sich seine Augen mit Tränen, und er schüttelte zornig den Kopf. – Warum hassen sie mich nur? fragte er sich. Er hatte sich doch so bemüht, ein guter Soldat zu sein. Niemals war er bei einem Marsch ausgefallen, er war kräftig wie jeder andere, und er hatte schwerer gearbeitet als die meisten von ihnen. Niemals hatte er, wenn er Wache stand, vor Angst sein Gewehr abgefeuert, wie sehr er sich auch dazu versucht fühlte, aber keiner nahm davon Notiz. Croft hatte seinen wirklichen Wert niemals erkannt.

Sie sind nur eine Bande von Antisemiten, sagte er sich. Weiter reicht der Verstand der Gojim nicht, als sich mit leichten Frauenzimmern herumzutreiben und sich wie die Schweine zu besaufen. – Tief in ihm vergraben war der Neid darüber, daß er niemals viele Frauen gehabt hatte und keine unbeschwerten, lauten Saufkumpane. Er war es nun müde, noch länger zu erhoffen, daß er sich mit ihnen anfreunden würde; sie wollten mit ihm nichts zu tun haben, sie haßten ihn. Goldstein klatschte voll Verzweiflung seine Faust in die Handfläche. – Wie kannst du es zulassen, Gott, daß diese Antisemiten leben? – Er war nicht strenggläubig, aber er glaubte an einen Gott, an einen persönlichen Gott, mit dem er streiten und den er gewiß auch tadeln durfte. – Warum verhinderst du nicht, daß solche Dinge geschehen? fragte er bitter. Es schien ihm eine einfache Sache zu sein, und Goldstein wurde irre an seinem Gott, an den er glaubte wie an einen gütigen Vater, der nur ein wenig gedankenlos und träge war.

Goldstein nahm seinen Brief wieder auf und fing an zu schreiben: „Ich weiß nicht, Liebling, bisweilen habe ich alles hier so über und möchte es im Stich lassen. Es ist furchtbar, daß ich es eingestehen muß, aber ich hasse die Soldaten, mit denen ich hier zusammen bin, eine Bande von Grobianen. Ehrlich, Liebling, es ist schwer, sich seine Ideale immer wieder vor Augen zu halten. Bisweilen frage ich mich, selbst im Hinblick auf die Juden in Europa, wofür wir kämpfen." Er überlas, was er geschrieben hatte, und dann strich er es heftig aus. Eine eisige Angst umfing ihn während der nächsten Minuten.

Er fühlte, daß er sich veränderte. Plötzlich begriff er es. Er hatte sein Vertrauen verloren und war seiner selbst nicht mehr sicher. Er haßte alle Männer, mit denen er zusammen lebte und arbeitete, und er konnte sich aus der Vergangenheit keiner Zeit erinnern, in der er nicht alle Menschen seiner Umgebung gemocht hatte. Goldstein stützte einen Augenblick seinen Kopf auf, und dann begann er lebhaft zu schreiben: „Ich habe eine Idee, die ich für recht gut halte. Ich denke mir, daß es gut sein könnte, mit Alteisenhändlern zusammenzuarbeiten. Die haben vieles, was nur ein bißchen zusammengeschweißt zu werden braucht, um es wieder verwendbar zu machen."

Wilson verspürte Unruhe in sich. Jetzt saß er schon einige Stunden auf demselben Fleck, und seine friedliche Stimmung sank langsam zusammen. Seine Trinkgelage verliefen alle nach dem gleichen Schema: während der ersten Stunden fühlte er sich glücklich und zeigte sich wohlwollend zu jedermann, und je mehr er trank, um so überlegener kam er sich jedem gegenüber vor, der nicht trank. Aber nach einiger Zeit hatte er das Bedürfnis nach einer besonderen Sensation. Er begann sich zu langweilen und nüchtern zu werden und vermochte dann nicht mehr still zu sitzen; er rutschte hin und her, und plötzlich verließ er die Kneipe oder das Haus und lief davon, irgendwelchen erhofften Abenteuern entgegen. Oftmals erwachte er dann am nächsten Tag im Bett einer fremden Frau, im Rinnstein oder auf dem Sofa im Wohnzimmer seines kleinen Fachwerkhauses. Und selten konnte er sich daran erinnern, was mit ihm geschehen war.

Jetzt trank er die letzten Tropfen der dritten Feldflasche aus und seufzte hörbar. Seine Zunge war sehr schwer geworden. „Was, zum Teufel, wollen wir jetzt anstellen, Leute?" fragte er.

Croft schwang sich auf seine Füße und lachte. Er hatte den ganzen Nachmittag vor sich hin gegluckst. „Ich geh' schlafen", verkündete er.

Wilson schüttelte den Kopf und beugte sich vor, um Croft am Bein festzuhalten. „Sergeant – ich nenne dich Sergeant, obwohl du nur so ein gottverdammtes Küken bist –, Sergeant, du hast keine Veranlassung, dich zu verkriechen, wenn es erst in einer Stunde oder auch erst in zwei Stunden dunkel wird."

Gallagher lachte schiefmäulig. „Siehst du denn nicht, daß der verrückte Croft jetzt besoffen ist?"

Croft beugte sich hinunter und ergriff Gallagher beim Kragen. „Ganz gleich, wie sehr ich betrunken bin – es hat keiner von euch so mit mir zu sprechen, nicht einer." Er stieß Gallagher plötzlich zurück. „Ich erinnere mich wohl, was du gesagt hast, du Hund." Seine Stimme ertrank. „Ich weiß es sehr genau, warte nur bis morgen." Er brach ab, lachte wieder, und dann schritt er ein bißchen unsicher zu seinem Zelt hinüber.

Wilson rollte die leere Feldflasche hin und her. Er rülpste. „Was, zum Teufel, wollen wir jetzt machen?" fragte er abermals.

„Verfluchter Schnaps zu schnell alle", sagte Martinez. Eine sanfte Traurigkeit begann in ihm hochzusteigen, als er daran dachte, wieviel Geld er ausgegeben hatte.

Wilson beugte sich vor. „Hört mal, Leute, ich habe eine Idee. Ihr wißt doch, daß die Japaner rollende Hurenhäuser haben, die sie bis an die Front bringen."

„Wo hast du denn das her?" fragte Gallagher.

„Ich hab's gehört. Es ist ganz sicher. Also, wollen wir uns nicht in der Nacht in ihre Schwanzreihe einschleichen und uns eine von den Gelben vornehmen?"

Red spie aus. „Wozu? Willst du feststellen, ob ihre Schlitze horizontal sind?"

„Das ist chinesisch", sagte Wilson.

Gallagher beugte sich erregt vor und sagte: „Wilson, du treibst es sicher auch mit Negerinnen."

Wilson lachte. „Ach, Scheiße", sagte er dann. Er hatte seinen Plan bereits vergessen.

Red mußte wieder einmal an die Toten in der Mulde denken. Er fühlte eine merkwürdige Erregung, wenn er sich daran erinnerte, wie sie ausgesehen hatten. Ein Angststoß fuhr durch seinen wirbligen Kopf, und wieder blickte er hinter sich. „Warum wollen wir nicht sehen, ob wir uns ein paar Andenken verschaffen können!" schrie er plötzlich wild.

„Wo?"

„Hier müßten doch einige tote Japaner 'rumliegen", sagte Red und widerstand dem Impuls, hinter sich zu blicken.

Wilson kicherte. „Natürlich, da sind welche", sagte er aufgeregt. „Etwa zwei- bis dreihundert Yards von dem Schnapskübel des Messe-Sergeanten entfernt hat es eine Schlacht gegeben. Ich erinnere mich, wie wir dicht daran vorübergekommen sind."

Martinez sagte erregt: „Nacht, wie wir zum Fluß gingen, und die Japaner kamen. Diese Nacht kamen Japaner fast bis hier."

„Stimmt", sagte Wilson. „Ich hörte, daß sie Panzer hier hatten."

„Also, dann wollen wir gehen", murmelte Red. „Wir brauchen ein paar Andenken."

Wilson stand auf. „Wenn ich einen sitzen habe, muß ich mich immer 'rumtreiben." Er reckte seine Arme. „Also, Leute, los."

Die andern sahen ihn dumm an. Der Stumpfsinn hatte sich ihrer bemächtigt, und ihre Unterhaltung war beiläufig und sinnlos fortgesetzt worden. Sie sprachen, ohne zu wissen, was sie eigentlich sagten, und nun erschraken sie über Wilsons Tatkraft. „Also los, Leute, vorwärts", wiederholte er.

Sie gehorchten ihm, weil sie von sich aus nichts zu entscheiden vermochten und sie auch jedem anderen gehorcht hätten, der ihnen irgend etwas befohlen haben würde. Wilson nahm sein Gewehr auf, und sie legten, da sie ihn dies tun sahen, auch die ihrigen über die Schultern.

„Wo, zum Teufel, gehen wir denn hin?" fragte Gallagher.

„Ihr braucht mir nur zu folgen, Leute", sagte Wilson. Er stieß ein trunkenes Indianergeheul aus.

Einer hinter dem anderen trotteten sie in einer unordentlichen Reihe los. Wilson führte sie durch das Lager. Seine gute Laune kam zurück. „Zeig mir den Weg, den wir nach Hause gehn", begann er zu singen.

Einige Soldaten starrten sie an, und Wilson machte halt. „Leute", sagte er, „es könnten uns welche von den verfluchten Offizieren beobachten, darum benehmt euch wie Soldaten, verdammt noch mal."

„Augen rechts", brüllte Red. Plötzlich wurde er vergnügt.

Sie begannen sich jetzt mit übertriebener Vorsicht zu bewegen, und als Gallagher stolperte, drehten sie sich empört um. „Gottverdammt, Gallagher", tadelte ihn Wilson leise. Er schritt munter aus, nur mit einer winzigen Unsicherheit in den Beinen, und pfiff sich eins. Sie erreichten die Lücke im Stacheldraht und wanderten durch ein Feld mit brusthohem Kunaigras. Gallagher blieb beim Stolpern und Fluchen, und jedesmal wandte sich Wilson um und legte einen Finger an die Lippen.

Nach hundert Yards waren sie wieder am Dschungelrand. Sie strichen parallel zu ihm durch das Gras, bis sie einen Pfad fanden. In der Ferne feuerte ein Geschütz, und Martinez zuckte zusammen. Er schwitzte vom Gehen und fühlte sich sehr niedergedrückt. „Wo verdammtes Schlachtfeld?" fragte er.

„Genau am Ende des Pfades", sagte Wilson. Er erinnerte sich der vierten Feldflasche voll Whisky, die er versteckt hatte, und begann wieder zu kichern. „Nur ein kleines Weilchen",

erklärte er ihnen. Sie stolperten hundertfünfzig Yards den Pfad entlang, ehe er in eine schmale Straße mündete. „Das ist die Straße der Japaner", sagte Wilson.
„Wo sind die verdammten Japaner?" fragte Gallagher.
„Meilenweit weg", versicherte ihm Wilson. „Hier haben wir sie doch zurückgeschlagen."
Gallagher schnüffelte. „Ich kann sie schon riechen", verkündete er.
„O ja", sagte Wilson. „Ich hörte, daß hier 'ne Menge 'rumliegen sollen."
Die Straße führte durch ein Kokospalmenwäldchen und dann zu einem mit Kunaigras bestandenen Feld. Mit jedem Schritt, den sie weitergingen, wurde der vertraute Gestank, der sich zu beiden Seiten aus der Ebene erhob, heftiger. Es war ein süßlicher Verwesungsgeruch wie nach Kot, Küchenabfällen und Sumpf. Er schwankte in seiner Stärke und Eigenart; bisweilen roch es wie in einem Stinktierkäfig.
„Jesus", fluchte Red. Er umging einen toten japanischen Soldaten, der zermalmt auf der Straße lag.
Im Wäldchen am Rande des Feldes waren die Palmenzweige abgerissen. Die Stämme sahen schwarz oder braun aus, als wären sie nach einer langen Hitzeperiode verdorrt. Die meisten Äste waren heruntergeschlagen, und die Stümpfe ragten vereinsamt und nackt empor wie Pfahlwerk zur Ebbezeit. Nichts Grünes war dem Wald mehr verblieben.
Ringsum in der Landschaft standen die schwarzen Silhouetten ausgebrannter Panzer. Bisweilen vermengten sie sich mit den gerupften Bäumen und dem in ihrem Umkreis verbrannten Gras, so daß sie sich versteckten wie die Gesichter berühmter Männer im Blattwerk eines Vexierbildes. Splitter waren über das ganze Feld verstreut. Tote japanische Soldaten lagen überall umher, und auf einem kleinen Hügel, auf dem sich die Japaner für einige Stunden eingegraben hatten, waren große Löcher von den Artilleriegeschossen aufgewühlt worden.
Die Männer marschierten über das Feld, das sich etwa eine Viertelmeile erstreckte. Im Gras erblickten sie die verkrümmten Körper, die nicht aussahen, als hätten sie sich zur Ruhe niedergelegt, denn sie waren in fürchterlichen Verzerrungen erstarrt. Die Soldaten umgingen sie und liefen auf der Straße weiter. Einige Yards entfernt fanden sie eine zerstörte japanische Zugmaschine und einen amerikanischen Tank aneinandergelehnt, wie alte Häuser, die am Einstürzen sind. Sie waren zusammen ausgebrannt und sahen schwarz und verkrüppelt aus. Die Leichen hatte man noch nicht fortgetragen. Der japanische Fahrer war von seinem Sitz heruntergestürzt. Sein Kopf, vom Ohr bis zur Kinnlade zerschmettert, lag

faulend auf dem Laufbrett des Wagens. Eines der Beine war durch das zersplitterte Glas des Windschutzes gepreßt und das andere an der Hüfte abgerissen worden und lag im rechten Winkel zu seinem Kopf, als ob es ein Teil sei, der nicht dazugehörte.

Nahe dabei sahen sie einen anderen Japaner auf dem Rücken liegen. Er hatte ein großes Loch in seinen Eingeweiden, die in einem dicken, weißen Haufen wie die schwellenden Fangarme einer Seerose heraushingen. Das Fleisch seines Bauches wirkte sehr rot, und seine Hände hielten im Todeskrampf die Wunde umschlossen. Es war, als wollte er auf sie hinweisen. Er hatte ein gleichgültiges, angenehmes Gesicht mit unausgeprägten Zügen und schien im Tode auszuruhen. Seine Beine und sein Hintern waren geschwollen, so daß sich die Hosen spannten wie die enganliegenden Beinkleider eines napoleonischen Dandy. Es sah aus wie die Glieder einer Puppe, bei der die Füllung herausgeplatzt ist.

In einem Winkel zu ihm befand sich ein dritter Soldat, der eine furchtbare Wunde in der Brust hatte. Hüfte und Oberkörper waren verbrannt worden, als er anscheinend versucht hatte, von der Zugmaschine wegzukommen. Nun lag er mit gespreizten Beinen und angezogenen Knien auf dem Rücken. Das versengte Uniformtuch war zerfallen und hatte die verbrannten Genitalien freigelegt. Sie waren nur noch kleine Aschenstumpen. Das Schamhaar sah wie Stahlwolle aus.

Wilson stöberte in den Trümmerstücken herum, und dann seufzte er. „Sie haben ihnen schon alle Andenken abgenommen."

Gallagher schwankte betrunken hin und her. „Wer? Wer, zum Teufel? Wilson, du Lügner, du hast sie selbst gestohlen."

Wilson beachtete ihn nicht. „Es ist eine verdammte Schande, kann ich nur sagen, wenn man Männern, die eine ganze Woche lang ihren Kopf riskiert haben, nicht ein einziges Andenken übrigläßt." Er schwieg verbittert. „Eine gottverdammte Schande", wiederholte er dann.

Martinez stieß mit dem Schuh an die Genitalien der verbrannten Leiche. Sie zerfielen mit einem dünnen, knirschenden Geräusch; es war, als stoße man mit dem Finger an die Aschenkuppe einer Zigarre. Er empfand ein flüchtiges Vergnügen dabei, das jedoch in seiner tiefen Niedergeschlagenheit wieder unterging. Der Schnaps hatte ihn mutlos gemacht, was durch diese Wanderung noch verstärkt wurde. Er fühlte weder Entsetzen noch Furcht vor den Leichen. Seine eigene Todesangst hatte keine Beziehung zu den Gerüchen und zu den grausamen Verunstaltungen, die der Tod einem Körper aufzwingen konnte. Er hätte nicht zu sagen gewußt, warum er so niedergedrückt war, und suchte nach einem Grund. Er bedauerte, daß er so viel Geld für den Whisky ausgegeben hatte. Seit einer halben Stunde bemühte er sich, auszurechnen, wie lange es wohl dauern würde, bis er das Geld von seiner Löhnung wieder zusammen hätte.

Red lehnte sich an die Zugmaschine. Er fühlte sich schwindlig und streckte einen Arm über das Schutzblech aus. Seine Hand stieß an eine verwesende Frucht. Eilig ließ er sie fallen. Sie war rot und sah wie ein Pfirsich aus, aber nie zuvor hatte er so etwas gesehen. „Himmel, wo kommt denn das her?" fragte er schwerfällig.

„Das ist japanische Nahrung", sagte Wilson.

„Woher haben die das?"

„Weiß nicht." Wilson zuckte die Schultern und stieß die Frucht beiseite.

Trotz seiner Trunkenheit empfand Red plötzlich Angst. Einen Augenblick lang dachte er an Hennessey. „Wo, zum Teufel, Wilson, sind denn die Andenken?" fragte er verbittert.

„Ihr braucht mir nur zu folgen, Leute", sagte Wilson.

Sie gingen von den Fahrzeugen fort und machten einen kleinen Erkundungszug von der Straße weg auf den Hügel, wo sich die Japaner eingegraben hatten. Einst waren hier Schützenlöcher gewesen, die die ganze Oberfläche des Hügels bedeckten, bis die Artillerie sie zerstörte. Überall lagen tote japanische Soldaten, etwa zwanzig bis dreißig, in Gruppen zu zweien, dreien oder vieren, verstreut umher; dazwischen Tausende von kleinen Trümmerstücken; außerdem faulende Rationen, halbgeleerte Kisten mit Ausrüstungsgegenständen, deren Inhalt ringsum verschüttet war, Rucksäcke, verrostete Gewehre, Schuhe, Feldflaschen, verwesende Fleischteile. Es gab keine fünf Quadratmeter Raum, in dem nicht irgendein Abfall lag. Ein scharfer Geruch wie nach brennendem Müll stieg von dem Hügel empor. Die seit einer Woche toten Japaner waren zu dicken Männern mit riesigen Gliedmaßen aufgeschwollen, und ihre Hintern hatten die Kleider gesprengt. Die Toten sahen grün und purpurn aus, und Maden nisteten in ihren Wunden und bedeckten ihre Füße.

Jede Made war etwa anderthalb Zentimeter lang und sah wie eine kleine Schnecke aus, nur daß sie eine fischige Färbung hatte. Die Maden bedeckten die Leichen in Klumpen, so wie Bienen den Kopf des Bienenzüchters umschwirren. Von dem Fleisch war kaum noch etwas zu sehen; selbst die kleinste zerfetzte Stelle war von ihnen bedeckt. Gallagher sah mit trunkenen Augen, wie ein Zug von Maden in dem aufgerissenen Mund eines Toten verschwand. Irgendwie erwartete er, daß die Maden einen Laut von sich geben müßten, und ihre vollkommene Stummheit ängstigte ihn. Der Gestank war furchtbar, und Wilson bemerkte die Fliegen, die sich gierig auf die Leichen setzten.

„Verdammte Fliegen", murmelte er. Er schritt um einen Toten herum und hob einen kleinen Pappkarton vom Boden auf. Die Pappe war durchnäßt und fiel unter seinen Händen auseinander. Er nahm einige Glasröhrchen, die eine dunkle Flüssigkeit enthielten, in die Hand und starrte sie ein paar Sekunden verdrießlich an. „Was ist das?" fragte er. Niemand antwortete ihm, und er warf sie fort. „Nun möchte ich bloß wissen, wo die verdammten Andenken sind?"

Wilson versuchte, den Kolben eines verrosteten Gewehres aufzuheben. „Eines Tages werde ich mir eines von ihren Samurai-Schwertern holen", verkündete er. Er stieß mit dem Kolben an eine Leiche und verzog das Gesicht. „Nichts als stinkendes Aas, das ist alles, Mann, was uns übrigbleibt."

Einige Rippen stachen aus der Brust des Toten hervor. Im Licht des späten Nachmittags schimmerten sie silbern. Das offenliegende Fleisch hatte sich in ein krankes Braungrün verfärbt. „Sieht aus wie 'ne Lammschulter", stellte Wilson fest. Er seufzte wieder und begann den Hügel hinabzuwandern. Am entgegengesetzten Hang gab es ein paar natürliche Höhlen. In der einen lag ein halbes Dutzend toter Männer über vielen Büchsen und Kisten ausgestreckt. „He, Leute", schrie Wilson, „ich hab' was entdeckt!" Er war stolz auf sich selbst. Die trunkenen Sticheleien der anderen hatten sein Ehrgefühl verletzt. „Wenn der alte Wilson euch sagt, daß er was finden wird, dann findet er's auch."

Ein Lastwagen rumpelte die Straße zum Lager hinab. Wilson winkte ihm kindisch nach, dann hockte er sich auf seine Absätze und starrte in die Höhle. Die anderen traten an seine Seite und prüften sie ebenfalls. „Da stecken eine Menge Holzkästchen drin, Leute."

„Sind ja nur Kisten", sagte Red.

„Das meine ich ja", erklärte Wilson. „Wir packen sie aus, und wenn wir Kästchen finden, nehmen wir sie mit."

Red fluchte. „Kisten kannst du auch bei der Hauptquartier-Kompanie bekommen."

„Nein", erklärte Wilson, „die Kisten, die wir da bekommen, sind alt und morsch. Diese hier sind richtig gebaut, so wie 'ne Kiste sein muß."

Red sah wieder hinein. „Ich müßte verrückt sein, wenn ich 'ne Kiste den ganzen Weg zurückschleppen würde."

Martinez ging einige Yards weiter. Er hatte eine Leiche entdeckt, in deren offenstehendem Mund Goldzähne glänzten. Fasziniert davon konnte er seinen Blick nicht abwenden. Das waren mindestens sechs oder sieben Zähne aus reinem Gold, und Martinez blickte sich scheu nach den anderen um, die in die Höhle eindrangen.

Eine Gier, diese goldenen Zähne zu besitzen, ergriff ihn plötzlich. Er konnte hören, wie sich die Männer in der Höhle stritten und sich gegenseitig beschimpften, während er unentwegt auf den offenen Mund des Toten starrte. – Nicht gut für ihn, belehrte er sich. Er versuchte aufgeregt, den Wert der Zähne abzuschätzen. Vielleicht dreißig Dollar, meinte er.

Er wandte sich ab und kehrte wieder zurück. Auf dem Schlachtfeld war es sehr still. Im Augenblick hörte er nichts anderes als das heftige Gesumme der Fliegen auf dem Hügel. Unten in der Ebene stank alles. Wo man hinsah, lagen die Trümmer verstümmelter Menschen und Wagen verstreut umher. Alles war rostrot und schwarz wie auf dem Hof eines Alteisenhändlers, und nur da und dort schimmerte ein Streifen grünen Grases. Martinez schüttelte den Kopf: alles stinkt. Ein fortgeworfenes Gewehr lag zu seinen Füßen, und ohne weitere Überlegung nahm er es auf und schmetterte den Kolben gegen den Mund des Toten. Es klang, als ob eine Axt in einen feuchten, verrotteten Holzklotz eindringe. Er hob das Gewehr noch einmal und schmetterte es nieder. Die Zähne sprangen heraus. Einige fielen auf den Boden, andere blieben auf der zertrümmerten Kinnlade liegen. Martinez sammelte vier oder fünf der goldenen Zähne in wahnsinniger Eile auf und ließ sie in seine Tasche fallen. Er schwitzte furchtbar, und die Angst schien von dem heftig schlagenden Herzen durch den Körper gepumpt zu werden. Er atmete ein paarmal tief ein. Langsam beruhigte er sich. Er empfand eine Mischung von Schuld und Freude und erinnerte sich der Zeit, wo er als Kind der Mutter einige Pennies aus der Geldtasche gestohlen hatte. „Verflucht", sagte er. Er fragte sich aufgeregt, wann er die Zähne wohl würde verkaufen können. Der klaffende, zertrümmerte Mund des Toten störte ihn. Er drehte den Körper mit seinem Fuß um und legte ein Gewimmel von Maden frei. Ihn schauderte. Angst ergriff ihn wieder, und er wandte sich ab und ging zu den Männern in der Höhle zurück.

Die Höhle war nicht groß und die Luft darin feucht und bedrückend. Die Männer gerieten in Schweiß, obwohl es hier eher kühl war. Die Leichen lagen wie Mehlsäcke über den Kisten, und wenn die Männer versuchten, sie zu bewegen, wimmelten die Maden darunter wie Schwärme kleiner Fische. Im Innern der Höhle war alles durcheinandergeworfen: verkohlte Gegenstände, verrostete Metallstücke. Granatsplitter, aufgebrochene Munitionskisten und einige Häufchen grauer Asche, wie man sie in Abfallkästen findet. Auch menschliche Körperteile. Ein versengtes Schienbein ragte aus einem Schmutz- und Aschenhaufen hervor. Der Gestank war durchdringend und betäubend wie Äther.

„Wir werden nicht eine von diesen verfluchten Kisten bekommen", sagte Red. Es war ihm übel, und sein Rücken hatte zu schmerzen begonnen von der Anstrengung, die Körper mit den Fingerspitzen fortzubewegen.

„Wir wollen das dreckige Geschäft aufgeben", sagte Gallagher. Das Sonnenlicht lag grell vor dem Eingang der Höhle.

„Ihr wollt doch jetzt nicht aufgeben?" ermunterte sie Wilson. Er war entschlossen, einen der Behälter mitzunehmen.

Martinez rann der Schweiß in die Augen. Er war verwirrt und ungeduldig. „Wir gehen jetzt, was?" schlug er vor.

Wilson stieß einen Körper beiseite und fuhr mit einem Schrei zurück. Eine Schlange bewegte langsam ihren Kopf über einem der Behälter hin und her. Die Männer verzogen sich ängstlich an die gegenüberliegende Wand. Red drückte an der Sicherung seines Gewehres und zielte auf den Kopf der Schlange. Seine Arme schwankten, und völlig vertieft starrte er in ihre flachen Augen. „Verfehl sie nicht", flüsterte Wilson.

Der Schuß donnerte mit dem Lärm eines Artilleriegeschosses von Wand zu Wand. Der Kopf der Schlange war zerschmettert, und ihr Körper wand sich einige Sekunden lang in wilden Zuckungen. Die Männer beobachteten es scheu. Ihre Ohren waren vom Schuß taub. „Wir wollen machen, daß wir hier 'rauskommen!" schrie Gallagher.

In der wahnsinnigen Eile, mit der sie versuchten hinauszugelangen, stolperte einer über den andern. Sie waren von Panik ergriffen. Wilson wischte sein Gesicht ab und atmete vor der Höhle tief auf. „Es scheint so, als werde ich niemals ein Kästchen bekommen", sagte er gleichmütig. Er fühlte sich jetzt sehr müde, und seine Ruhelosigkeit hatte sich in sich selbst erschöpft. „Ich denke, wir gehen jetzt zurück", sagte er.

Die Männer stiegen den Hügel hinunter und schlugen den Weg zum Lager ein. Sie kamen an einem ausgebrannten Panzer vorüber, der, verrottet, mit zerbrochenen und verrosteten Ketten auf der Straße lag und wie das Skelett eines Reptils aussah. „Verfluchte Schlange wird bald so aussehen", sagte Martinez.

Red grunzte. Er betrachtete einen Toten, der fast nackt auf dem Rücken lag. Es waren keine Wunden am Körper festzustellen, und die Hände krallten sich in die Erde, als versuchten sie zum letzten Male, ihr die ewig verhüllte Antwort zu entreißen. Die nackten Schultern waren in Todesqual zusammengezogen, und leicht hätte man sich den Ausdruck des Schmerzes um den Mund vorstellen können, aber der Tote lag ohne Kopf da, und Red empfand ein dumpfes Unbehagen, daß er das Gesicht des Mannes niemals zu sehen bekommen würde. Der Nacken endete in einem blutigen Stumpf. Der Körper schien in einem Gehäuse des Schweigens zu ruhen.

Der Gestank der Höhle war noch in seiner Nase, und er fühlte denselben Ekel, der ihn einmal erfaßt hatte, als er, mitten auf einem Rasen, in menschlichen Kot trat. Er war sich klar darüber, daß in kurzer Zeit dieser faulende Körper in die Erde sinken würde; nichts mehr würde davon übrigbleiben. Aber jetzt stank er, und ein furchtbares Entsetzen überfiel ihn. Er hatte auch immer noch den Geruch der Höhle in der Nase, und das vergrößerte sein Entsetzen. Der Übergang von dem leichten Verwesungsgeruch zu dem durchdringenden, grauenhaften Gestank wurde ihm so bewußt, daß es ihn überlief, als ob kalte Hände ihn umkrallten. Es war ein Geruch, wie er ihn beim Öffnen eines Sarges erwartet hätte, und er wurde ihn nicht los, solange er auf die Leiche sah und wieder nicht hinsah – nichts denkend und sich nur dumpf bewußt, wie es damit stand: mit dem Leben und mit dem Tod und mit seiner eigenen Vergänglichkeit.

Plötzlich fühlte sich Red sehr nüchtern und ausgehöhlt. Die anderen waren bereits viele Yards auf der Straße weitergegangen, aber er konnte seinen Blick noch nicht abwenden und war von einer Erregung erfüllt, der er keinen Ausdruck zu geben vermochte. Tief in seinem Innern dachte er daran, daß dies einmal ein Mann gewesen war, der Hoffnungen und Wünsche gehabt hatte. Red konnte an seinen eigenen Tod nicht recht glauben. Dieser Tote war ein Kind, ein Jüngling gewesen und zum Mann herangewachsen, er hatte Träume gehabt und Erinnerungen. Mit Überraschung und Schrecken, als sehe er zum erstenmal eine Leiche, stellte er nun fest, was für ein zerbrechliches Ding der Mensch ist.

Er ging weiter und blickte auf das Gewirr der Trümmer, die der Krieg links und rechts der Straße zurückgelassen hatte. Der Geruch bedrückte ihn. – Sie bringen sich gegenseitig um wie ein Haufen Termiten, dachte er. Er holte die anderen Männer ein und schritt neben ihnen verdrießlich durch das Kokospalmenwäldchen den Pfad entlang. Der Alkohol war verflogen, und sie schwiegen. Red hatte Kopfschmerzen. Er stolperte über eine Wurzel, fluchte, und dann murmelte er: „Da kann nichts Besonderes am Menschen sein, wenn er nach seinem Tode so stinkt."

Weiter hinten, beim zweiten Bataillon, hatte Wyman eine langhaarige, schwarz- und goldgefärbte Raupe mit einem Holzstückchen durchbohrt. Die Raupe begann sich im Kreis zu bewegen, und dann fiel sie auf den Rücken. Sie versuchte verzweifelt, sich wieder aufzurichten, als Wyman seine Zigarette dicht an den Rücken des Tieres brachte. Es krümmte sich und lag dann ausgestreckt, während es sein Hinterteil wie ein L abbog und seine Beinchen hilflos in der Luft zappelten. Es sah aus, als ob es verzweifelt nach Atem ringe.

Ridges hatte es mit Unbehagen beobachtet. Sein langes, verdrießliches Gesicht zog sich finster zusammen. „Das darfst du nicht tun", sagte er.

Wyman war in die Zuckungen der Raupe vertieft, und die Unterbrechung ärgerte ihn. Er fühlte eine Spur von Scham. „Was sagst du, Ridges? Was ist denn schon Wichtiges an einer Raupe?"

„Ach", seufzte Ridges, „sie hat dir doch nichts getan. Warum läßt du sie nicht in Ruhe?"

Wyman wandte sich an Goldstein. „Dieser Prediger regt sich über eine Wanze auf." Er lachte sarkastisch, und dann sagte er: „Ich habe wohl eines von Gottes Geschöpfen getötet, was?"

Goldstein zuckte die Achseln. „Jedermann hat seinen eigenen Standpunkt", sagte er sanft.

Ridges zog seinen Kopf eigensinnig ein. „Es ist leicht, sich über einen Mann lustig zu machen, der an das geschriebene Wort glaubt."

„Aber Fleisch ißt du, nicht wahr?" fragte Wyman. Es machte ihm Spaß, die besseren Argumente diesmal für sich zu haben, während er sich meistens den Männern der Gruppe unterlegen fühlte. „Wie kannst du nur Fleisch essen, zum Teufel, und dich darüber aufregen, daß man einen Wurm tötet?"

„Das ist doch zweierlei. Ich esse doch keine Raupe."

Wyman streute etwas Erde auf die Raupe und beobachtete, wie sie sich zu befreien versuchte. „Ich habe nicht bemerken können, daß du Hemmungen hattest, ein paar Japaner umzulegen", sagte er.

„Das sind ja auch Heiden", sagte Ridges.

„Entschuldige bitte", sagte Goldstein, „aber hier, glaube ich, irrst du dich. Ich habe vor einigen Monaten einen Artikel gelesen, in dem gesagt wurde, daß es über hunderttausend Christen in Japan gibt."

Ridges schüttelte den Kopf. „Gut, ich würde auch nicht einen von ihnen töten wollen", sagte er.

„Aber du mußt es", sagte Wyman. „Warum gibst du nicht zu, daß du im Unrecht bist?"

„Der Herr wird mich davor bewahren, einen Christen zu erschießen", sagte Ridges hartnäckig.

„Äääääh."

„Das ist mein Glaube", sagte Ridges. In Wirklichkeit war er sehr aufgeregt. Das sich krümmende Insekt hatte ihm in Erinnerung gebracht, wie die Leichen der japanischen Soldaten an jenem Morgen aussahen, nachdem sie versucht hatten, den Fluß zu überqueren. Es erinnerte ihn auch an die Tiere, die auf der Farm seines Vaters hatten sterben müssen. Bisher hatte er sich mit der Feststellung beruhigt: daß die Japaner Heiden seien; aber Goldstein wußte es anders. Hunderttausend war eine große Zahl; das war für ihn mindestens die Hälfte der japanischen Bevölkerung, und nun dachte er mit Schrecken daran, daß einige der Toten, die im Fluß gelegen hatten, sicher Christen gewesen waren. Er sann darüber einen Augenblick nach, und dann kam ihm die Erleuchtung. Das war ja ganz einfach.

„Glaubst du, daß der Mensch eine Seele hat?" fragte er Wyman.

„Weiß ich nicht. Was, zum Teufel, ist eine Seele?"

Ridges kicherte. „Sieh an, du hältst dich für überlegener, als du bist. Die Seele ist das, was den Menschen verläßt, nachdem er gestorben ist – das, was zum Himmel aufsteigt. Darum sieht er auch so häßlich aus, so wie du ihn hast im Fluß liegen sehen, weil er nicht mehr derselbe ist, der er vorher war. Da ist etwas sehr Wichtiges, seine Seele nämlich, von ihm gegangen."

„Wer, zum Teufel, kann das wissen", sagte Wyman. Er kam sich sehr weise vor.

Die Raupe starb unter der letzten Handvoll Erde, mit der er sie bedeckt hatte.

Wilson hatte die letzte Feldflasche voll Whisky auf der Nachtwache ganz allein geleert. Es machte ihn wieder betrunken und ließ seine Rastlosigkeit aufleben. Er saß am Rand des Schützenloches, starrte unruhig durch den Stacheldraht und veränderte seine Stellung alle paar Minuten. Sein Kopf fiel von einer Seite auf die andere. Wilson hatte Mühe, seine Augen offenzuhalten. Ein Busch, der etwa fünfzehn Yards vor dem Stacheldraht lag, ärgerte ihn. Er warf einen Schatten in den Dschungel hinein und verhinderte, daß Wilson einen Ausschnitt der Umgebung überwachen konnte. Je länger er ihn anstarrte, um so mehr fühlte er sich durch ihn belästigt. – Verfluchter Busch, sagte er bei sich, du verbirgst womöglich einen Japaner, was? Er schüttelte den Kopf. Kein verdammter Japs soll sich an mich heranschleichen.

Er kroch aus dem Loch und ging einige Schritte fort. Seine Beine waren unsicher, was ihn ebenfalls verdroß. Er setzte sich wieder in das Loch und starrte auf den Busch. „Wer, zum Teufel, hat dir befohlen, ausgerechnet da zu wachsen?" fragte er. Als er die Augen schloß, drehte es sich in seinem Kopf, und in seinem Mund hatte er ein Gefühl, als ob er auf einem

Schwamm kaue. – Mit diesem verfluchten Busch kann man nicht mal auf der Wache schlafen, sagte er sich. Er seufzte, und dann stieß er den Griff des Maschinengewehres vor und zurück. Er blickte den Lauf entlang und zielte auf den Fuß des Busches. „Ich könnte dir befehlen, dort nicht zu wachsen", murmelte er, und dann zog er am Drücker. Der Griff des Maschinengewehres bockte, während Wilson einen langen Feuerstoß hinausjagte. Als er innehielt, stand der Busch immer noch da, und zornig feuerte Wilson abermals.

Die Männer der Aufklärungsgruppe, die etwa zehn Yards hinter ihm schliefen, erfüllte der Lärm mit Entsetzen. Er riß sie heftig aus ihrem Schlaf, als hätten sie einen elektrischen Schlag bekommen, der ihre Köpfe in den Sand gestreckt und an ihren Knien gezerrt hatte. Sie wußten nicht, daß es Wilson war, der schoß; sie dachten, es handle sich wieder um einen japanischen Angriff, und während einiger fürchterlicher Sekunden taumelten sie zwischen Schlaf und Wachsein durch alle möglichen, angsterfüllten Überlegungen.

Goldstein glaubte auf Wache zu sein und geschlafen zu haben. Verzweifelt rief er: „Ich habe nicht geschlafen, ich schloß nur meine Augen, um die Japaner zu täuschen; ich stand bereit, ich schwöre es, ich schwöre es."

Martinez wimmerte: „Ich Zähne zurück, ich verspreche, Zähne zurück." Wyman träumte, daß er das Flakgeschütz losließ, und sagte: „Es war wirklich nicht mein Fehler, Goldstein hat losgelassen." Er empfand ein Schuldbewußtsein, aber im nächsten Augenblick war er wach und hatte alles vergessen.

Red lag auf seinem Bauch und dachte, daß es der Soldat mit dem Bajonett sei, der nach ihm schoß. „Komm nur 'ran, du Hund, du Schweinehund", murmelte er.

Gallagher glaubte, daß sie ihn holen kämen.

Und Croft verspürte einen Augenblick lang die gleiche wahnsinnige Angst wie damals, als die Japaner über den Fluß hinweg angriffen und er sich mit Händen und Füßen an das Maschinengewehr gebunden fühlte. Beim zweiten Feuerstoß lösten sich die Fesseln, und er schrie auf: „Kommt und holt mich doch!" Der Schweiß sammelte sich auf seinem Gesicht, und dann kroch er auf dem Boden zu Wilson hinüber. „Auf, auf, Leute, vorwärts!" brüllte er. Noch war es ihm nicht ganz klar, ob sie am Fluß seien oder nicht.

Wilson feuerte abermals, und nun erfaßte Croft, daß es Wilson war, der schoß, und kein Japaner. Im nächsten Augenblick wurde ihm auch klar, daß sie sich weit weg vom Fluß im Lager des zweiten Bataillons befanden. Er ließ sich neben Wilson in das Loch fallen und umklammerte seinen Arm. „Auf was feuerst du denn?" Croft war jetzt vollständig wach.

„Ich hab' ihn erwischt", sagte Wilson. „Ich habe den Schweinehund erledigt."

„Wen?" flüsterte Croft.

„Den Busch." Er deutete nach vorn. „Dort. Ich konnte nicht durch ihn hindurchsehen. Er hat mich in Schweiß gebracht." Die anderen Männer der Gruppe krochen vorsichtig heran. „Und du hast keinen Japaner gehört?" fragte Croft.

„Zum Teufel, nein", sagte Wilson. „Ich hätte doch das Maschinengewehr nicht benutzt, wenn ich einen Japaner gesehen hätte, sondern das Gewehr. Ich werde doch nicht die Stellung solch einem lausigen Japaner verraten, nicht wahr?"

Croft unterdrückte einen heftigen Wutanfall. Er ergriff Wilson bei den Schultern und schüttelte ihn, obwohl Wilson bedeutend größer war als er. „Ich schwöre dir", sagte er mühsam, „ich schwöre dir, wenn du noch einmal so etwas anstellst, Wilson, schieße ich dich nieder. Ich ..." Er brach ab und zitterte vor Erregung. „Geht zurück!" rief er den Männern zu, die herankrochen. „Es ist weiter nichts als ein verfluchter, falscher Alarm."

„Wer hat geschossen?" flüsterte jemand.

„Geht zurück!" befahl Croft.

Er wandte sich wieder an Wilson. „Wegen all der Sachen, die du bereits ausgefressen hast, stehst du bei mir jetzt auf der schwarzen Liste." Er verließ das Loch und schritt zu seinen Decken zurück. Er bemerkte, daß seine Hände noch immer zitterten.

Wilson war bestürzt. Er mußte daran denken, wie fröhlich Croft am Nachmittag gewesen war, und konnte seine plötzliche Erregung nicht fassen. – Warum ist er so aufgebracht? – Er kicherte vor sich hin, aber dann erinnerte er sich, daß ihn Croft geschüttelt hatte. Das machte ihn zornig. – Wenn ich ihn auch noch so lange kenne, sagte sich Wilson, hat er keine Veranlassung, mich so zu behandeln. Wenn er es noch einmal tun sollte, werde ich ihm eins versetzen. – Er richtete sich verdrießlich auf und blickte über den Stacheldraht hinweg. Der Busch war oberhalb der Wurzel abgerissen. Nun hatte er einen freien Ausblick. – Das hätte ich schon längst tun sollen! – Er fühlte sich durch Crofts Heftigkeit sehr verletzt. Wegen so einem bißchen Maschinengewehrfeuer. Dann aber wurde ihm plötzlich klar, daß jetzt sicherlich das ganze Lager wach war und jeder angespannt lauschte. – Ach, du lieber Gott, seufzte Wilson, immer gibt es Ärger, wenn ich betrunken bin, und kicherte wieder vor sich hin.

Am nächsten Morgen kehrte die Gruppe in das Lager des Hauptquartiers und der Hauptquartierkompanie zurück. Sieben Tage und acht Nächte waren sie fortgewesen.

Im Zeitraffer

RED VALSEN · DER FAHRENDE SÄNGER

Alles an ihm war knochig und höckerig. Er war über sechs Fuß groß, ohne mehr als einhundertfünfzig Pfund zu wiegen. Als Silhouette schien sein Profil nur aus einer großen, knolligen Nase und einer langen, tief nach unten reichenden Kinnlade zu bestehen, was gemeinsam mit dazu beitrug, daß sein Gesicht stets vor Ärger gerötet erschien. Es zeigte einen Ausdruck höchster Verachtung, aber dahinter blickten seine müden Augen in einem beinahe schmerzlichen Blau ruhig und vereinsamt aus einem Netz von Runzeln und Sommersprossen hervor.

DER Horizont ist immer begrenzt. Niemals weitet er sich über die Hügel hinaus, die die Stadt umgeben; niemals reicht er über die gekrümmten alten Holzhäuser der Bergarbeiter hinweg oder erhebt sich über die Türme der Schachtanlagen. Die hellbraune Erde der Montanahügel hat sich im Tal niedergelassen. Du mußt bedenken, daß der Bergwerksgesellschaft alles gehört. Vor langer Zeit hat sie die Schienen ins Tal gelegt, die Gruben erbohrt, die Holzhäuser der Arbeiter gebaut, die Konsumläden und sogar eine Kirche errichtet. Seit dieser Zeit gehört ihr die ganze Stadt. Die Löhne kommen aus dem Schacht und versickern in ihrer Kasse, ganz gleich, ob man einen Schluck in einer Kneipe trinkt, Nahrung oder Kleidung kauft oder die Miete bezahlt. Nichts bleibt davon übrig. Alle Horizonte enden am Bergwerksaufzug.

Und Red lernt das frühzeitig. Was soll er sonst lernen, nachdem der Vater bei einem Grubenunglück umgekommen ist? Manche Dinge sind unveränderlich, und dazu gehört in dieser Stadt der Bergwerksgesellschaft, daß der älteste Sohn die Familie ernährt, wenn der Vater umgekommen ist. 1925, als Red dreizehn ist, gibt es Bergarbeitersöhne, die noch jünger sind als er und in den Gruben arbeiten. Darüber geht der Bergarbeiter mit Achselzucken hinweg. Er ist der älteste Sohn der Familie; das genügt.

Inzwischen ist er vierzehn geworden und kann einen Bohrer handhaben. Das gibt gutes Geld für ein Kind, aber unten im Schacht am äußersten Ende des Stollens ist der Raum so beengt, daß man nicht aufrecht stehen kann. Selbst ein Kind muß gebückt arbeiten, und seine Füße scharren im Abfall des Gesteins, das übriggeblieben ist, nachdem man den letzten Wagen gefüllt hat. Es ist heiß, natürlich, und feucht, und das Licht von ihren Helmlampen verliert sich schnell in den dunklen Gängen. Der Bohrer ist sehr schwer, und ein Junge muß das Ende fest an seine Brust drücken und den Griff mit aller Kraft umspannen, während der Bohrer im Felsen zittert.

Wenn das Loch gebohrt und die Ladung untergebracht ist, ziehen sich die Bergarbeiter in einen Seitengang zurück, bis das Dynamit explodiert. Das abgesprengte Gestein wird auf kleine Wagen geladen, und wenn sie gefüllt davongerollt sind, muß der Schienenstrang von dem daraufgefallenen Schutt gereinigt werden. Dann kommt ein anderer Wagen zurück, und aufs neue beginnen sie zu schaufeln. Zehn Stunden am Tag dauert seine Arbeit, und sechs Tage hat seine Arbeitswoche. Im Winter sieht er den Himmel nur an Sonntagen.

Pubertät im Kohlenstaub.

An den Abenden im späten Frühjahr sitzt er mit seinem Mädchen in einem kleinen Park am Ende der Straße, die der Gesellschaft gehört. Hinter ihm liegt die Stadt, und die braunen nackten Hügel, die in der Dämmerung versinken, rollen nach Westen. Lange, nachdem es im Tal schon dunkel geworden ist, können sie die letzten Strahlen des Sonnenuntergangs hinter den westlichen Bergspitzen noch sehen.

Eine wunderbare Aussicht, murmelt das Mädchen.

Zum Teufel damit, ich will fort von hier. (Red mit achtzehn.)

Ich frage mich immer, was wohl auf der anderen Seite der Berge sein mag, sagt das Mädchen leise.

Er schleift mit den Schuhen durch das borstige dünne Gras des Parkes. Ich habe unruhige Füße mitbekommen, ich bin wie mein Alter; er war stets voller Ideen, hatte ein Bündel Bücher, aber meine Mutter nahm sie weg und verkaufte sie. So sind die Frauen.

Aber wie kannst du denn fortgehen? Sie braucht doch das Geld, das du verdienst.

Nun höre mal, wenn die Zeit 'ran ist, gehe ich auf und davon. Ein Mann kann wohl einen Ort verlassen, wo er niemandem zu Dank verpflichtet ist. (Er starrt in die Dunkelheit. Immer ist da diese große Ungeduld, der Zorn und das andere, was der Sonnenuntergang hinter den beengenden Hügeln in ihm erregt.) Du bist ein gutes Kind, Agnes. (Das Gefühl, etwas Geringfügiges zu verlieren, und das angenehme Sichselbstbemitleiden, während er daran denkt, sie zu verlassen.) Aber ich sage dir, ich will nicht solch ein Leben führen, wie es mein Alter tat. Ich denke nicht daran, meine Eingeweide in der Grube auszuschwitzen.

Du wirst vieles unternehmen, Red.

Sicher. (Er atmet die würzige Abendluft und den Geruch der Erde. Das Bewußtsein der Kraft. Die herausfordernden

Berge.) Ich muß dir mal was sagen, weißt du, daß ich nicht an Gott glaube?

Das solltest du nicht sagen, Red!

(Unter der Decke hatte der zerquetschte Leichnam seines Vaters wie flachgedrückt dagelegen.) Doch, ich glaube nicht an Gott.

Ich auch nicht bisweilen, sagt Agnes.

Ja, mit dir kann man sprechen, du bist verständig.

Und dennoch willst du weggehen.

Ach ja. (Noch etwas anderes weiß er. Ihr Körper ist jung und kräftig, und er kennt den Geruch ihrer Brüste, der dem der gepuderten Haut eines Kindes ähnlich ist; aber alle Frauen werden in dieser Stadt eines Tages wie Holz.) Denke nur an diesen Burschen, Joe Mackey, der Alice, meine eigene Schwester, mit einem Kind sitzenließ, aber ich kann ihm nicht gram sein. Du mußt das einsehen, Agnes.

Du bist grausam.

Ja, mag sein. (Es klingt wie Lob für den Achtzehnjährigen.)

Natürlich merkt man erst völlig, wie man vom Bergwerk abhängt, wenn es stillsteht.

Für eine Woche ist es ganz schön; man jagt Kaninchen, ein- oder zweimal gibt es Fußballspiele, aber dann verliert es seinen Reiz. Die meiste Zeit muß man zu Hause verbringen, und mit Ausnahme der Küche sind alle Räume Schlafräume. Seine jüngeren Brüder machen immer nur Lärm, und Alice ist verdrossen, wenn sie ihren Bastard nährt. Solange er arbeitete, war es leichter, aber jetzt ist er immer mit ihnen zusammen.

Ich werde diese Stadt verlassen, sagt er schließlich.

Was willst du? Um Himmels willen, nein, sagt seine Mutter. Genau wie der Vater. (Eine kleine, untersetzte Frau, die ihren schwedischen Akzent niemals ganz verloren hat.)

Ich kann es nicht länger mehr ertragen, ich komme hier um. Eric ist alt genug, um im Bergwerk zu arbeiten, sobald es wieder in Gang kommt.

Du darfst nicht weggehen.

Du hast mir keine Vorschriften zu machen! schreit er. Was, zum Teufel, hat man schon davon, außer dem bißchen Fressen.

Bald wird Eric im Bergwerk arbeiten. Du wirst heiraten. Eine hübsche Schwedin.

Er setzt seine Tasse heftig nieder. Zum Teufel damit, sich durch eine Heirat binden zu lassen. (Agnes. Diese Vorstellung ist nicht unangenehm, aber er lehnt sich wütend dagegen auf.) Ich werde weggehen, ich will mein Leben nicht hinter einem Bohrer vergeuden, jeden Augenblick in der Erwartung, daß der verfluchte Stollen zusammenbricht.

Seine Schwester kommt in die Küche. Du Lausejunge, bist doch erst achtzehn, wie kannst du da von Fortgehen reden?

Halt du dich da 'raus! schreit er.

Ich brauch' mich nicht 'rauszuhalten, es ist mehr noch meine Angelegenheit als Mamas. Dazu taugt ihr Männer nur, uns in Schwierigkeiten zu bringen und dann zu türmen. Nein, du darfst es nicht tun! schreit sie.

Warum nicht? Etwas Essen für dich wird immer dasein.

Vielleicht werde ich auch gehen, vielleicht werde ich mich sterbenselend fühlen, immer hier herumlungern zu müssen ohne einen Mann, der mich heiraten wird.

Das ist das einzige, was du siehst. Du wirst mich nicht halten, verflucht noch mal.

Du bist genauso wie der Lausejunge, der mich im Stich gelassen hat. Es gibt nichts Elenderes als einen Mann, der nicht den Mut hat, den Sorgen ins Auge zu sehen.

(Zitternd.) Und wenn ich an Joe Mackeys Stelle gewesen wäre, hätte ich dich genauso verlassen. Das war das Klügste, was er jemals getan hat.

Nimm nur Partei gegen deine Schwester.

Was, zum Teufel, konnte er denn noch erwarten, nachdem er das Beste von dir bekommen hatte. (Sie schlägt ihn. Tränen des Ärgers und der Schuld steigen in seine Augen. Er drängt sie zurück und starrt die Schwester an.)

Seine Mutter seufzt. Also, dann geh schon. Es ist schlimm, wenn sich die Familie gegenseitig anfällt wie die Tiere. Geh.

Und was wird mit der Grube? (Er fühlt sich schwach werden.)

Eric. Sie seufzt wieder. Eines Tages wirst du einsehen, wie schlecht du heute abend warst, bei Gott.

Er muß fort. Hier ist er in einer Grube gefangen. (Aber es gibt ihm keine Beruhigung.)

1931. All die langen Fahrten enden immer wieder im Landstreicherdschungel.

Aber im einzelnen ist es verschieden:

Im Güterwagen 'raus aus Montana, durch Nebraska nach Iowa.

Für ein Essen tageweise in Farmhäusern.

Ernte- und Speicherarbeiten.

Dünger aufhäufen.

In Parkanlagen schlafen und wegen Landstreicherei festgenommen werden.

Als er aus dem Landesarbeitshaus entlassen wird, geht er zurück in die Stadt, kauft sich für den einen Dollar, den er verdient hat, ein gutes Essen und ein Päckchen Zigaretten und erwischt nachts einen Güterzug, der ihn aus der Stadt hinausbringt. Das Mondlicht überflutet silbern die Kornfelder. Er rollt sich auf dem Wagen zusammen und beobachtet den Himmel. Eine Stunde später springt ein anderer Landstreicher auf. Er hat eine Flasche Whisky, und sie trinken ihn aus und rauchen Reds Zigaretten auf. Während er auf dem Rücken im Wagen liegt, zittert bisweilen der Himmel über ihm beim Rasseln und Stoßen der Wagen. Es ist gar nicht so übel.

Himmel, heute ist ja Sonnabend abend, sagt der andere Landstreicher.

Ja.

In der Grubenstadt gab es an jedem Sonnabend ein Tanzvergnügen in den unteren Räumen der Kirche. Die runden Tische waren mit weiß- und blaugewürfelten Tischtüchern bedeckt, und jede Familie saß an einem der Tische; die Bergarbeiter mit ihren erwachsenen Söhnen, den Frauen, Töchtern, Großeltern und den ganz Kleinen. Immer waren Babys da, die schläfrig an den Brüsten ihrer Mütter sogen.

Kleinstädtisch.

Nur daß es stank. Die Bergarbeiter brachten eine Flasche mit und fielen in dumpfe Trunkenheit: Müde Männer am Wochenende. Um Mitternacht stritten sie sich mit ihren Frauen. Der Vater beschimpfte die Mutter – so war es seine ganze Kindheit über –, während die Kapelle der Bergwerksgesellschaft, Violine, Gitarre und Klavier, einen Contretanz oder eine Polka wimmerte.

Einem Bergarbeiterkind, das sonnabends nachts betrunken auf einem Güterwagen liegt, erscheint es noch immer wie ein Vergnügen. Und der Himmel erstreckt sich Millionen von Meilen weit über die silbernen Kornfelder.

Im Dschungel der Landstreicher, auf dem Marschland außerhalb der Stadt, liegen an der Eisenbahnlinie ein paar Buden im Grün verstreut. Die Dächer bestehen aus verrosteten Blechplatten, und drinnen wächst das Gras durch die Planken. Die meisten Männer schlafen draußen auf der Erde und waschen sich in dem braunen, trägen Fluß, der sich durch die feuchten Felder neben dem Bahndamm schlängelt. Die Zeit dehnt sich unter der Sonne; die Fliegen schimmern goldgrün gegen die grauen und gelblichen Müllhaufen. Nur wenige Frauen sind auf dem Feld, und nachts sind Red und einige der anderen Männer mit ihnen zusammen. Tagsüber ziehen sie durch die Stadt, leeren die Müllkästen und versuchen, eine kleine Dienstleistung zu ergattern. Meist aber sitzen sie im Schatten und lassen die Züge vorüberbrausen und schwätzen.

Ich hab' es von Joe, daß sie uns hier bald 'rausschmeißen werden.

Diese Hunde.

Man müßte eine Revolution machen, Leute; ich sage euch, was wir machen müßten, wäre ein Marsch auf Washington.

Hoover wird euch 'rausschmeißen. Mach dir doch nichts vor, Mack.

Ich sehe uns schon marschieren. Ich liebe Paraden und den Trommelklang.

Hört mal zu, Jungens, ich habe es von Anfang an beobachtet, es sind die verfluchten Juden, diese verfluchte Internationale der Juden.

Mack, du weißt ja nicht, was du sprichst; was wir brauchen, ist eine revolutionäre Bewegung. Wir werden ausgebeutet. Wir brauchen die Diktatur des Proletariats.

Bist du am Ende Kommunist? Hör mal, ich habe einmal ein eigenes Geschäft gehabt, ich war ein großer Mann in meiner Stadt, hatte Geld auf der Bank, alles ging gut, aber dann hat man gegen mich gearbeitet.

Die Großen haben Angst vor uns. „Wär' das 'ne Freud, wärst du erst tot, du Schuft." Was meint ihr wohl, was diese Lieder anderes bedeuten? Das ist die einzige Zeile, an die sie sich erinnern.

Red sitzt schläfrig daneben. (Alles Scheiße. Billiges Geschwätz. Das einzige ist, sich selbst in Gang und den Mund geschlossen zu halten.)

Du denkst, ich bin Kommunist? Höre mal, ich studiere die Natur des Menschen, ich habe mir mein Wissen selber beigebracht. Amerikanische Sehnsüchte, nichts weiter sind diese Lieder, Opium für das Volk, Phrasen, um einen Mann zu narren. Höre mal, die halten uns immer nur in Bewegung, um uns in Ruhe auszubeuten.

Ääääh.

Sie werden uns hier 'rausschmeißen, Leute.

Ich gehe sowieso, sagt Red, meine Füße jucken mich.

Irgendwie ist es, als könne man niemals untergehen. Immer scheint die Vorsehung dir einen kleinen Verdienst zu verschaffen, oder ein Paar Schuhe können gerade dann gekauft werden, wenn die an deinen Füßen bereits im Winde flattern. Irgendwie läuft einem immer ein kleines Geschäft über den Weg, oder eine Mahlzeit bringt dich wieder in Gang, oder es gibt eine neue Stadt, in die man geht, und jeden Monat oder alle zwei Monate schwingt man sich in der Dämmerung auf einen Güterzug, und es macht Spaß, zu sehen, wie sich nachts weithin das Land erstreckt, wenn man nicht zu hungrig ist.

So wie ein paar Strohhalme, die man in den Fluß geworfen hat, selbst in den Stromschnellen oben bleiben, gibt es immer jemand, der einem einen Schnaps spendiert. Man hält sich aufrecht, und der Sommer vergeht, und die Nächte werden kühl (einen halben Dollar in der Tasche, und der Winter steht vor der Tür), aber da gibt es dann immer noch einen Schienenweg, der nach dem Süden führt, und schließlich auch ein Gefängnis, wo man nachts schlafen kann.

Und wenn man wieder herauskommt, hat man für eine Weile eine Unterstützung und vielleicht ein paar Anstellungen, als Tellerwäscher, in einer Schnellimbißstube, als Dachdecker, als Landarbeiter, als Anstreicher, Installateur und vielleicht bei einer Tankstelle.

1935 arbeitet er fast ein Jahr lang in einem Restaurant als der beste Tellerwäscher, den es jemals hatte. (Das Stoßgeschäft dauert von zwölf bis drei hinten in der Küche. Die Teller kommen klappernd den Speiseaufzug herunter, die Speise- und Soßenreste werden mit der Hand abgewischt, der Lippenstift an den Gläsern abgerieben und das Geschirr in ein Gestell gelegt. Am anderen Ende der Maschine, in der der Dampf zittert und singt, werden sie herausgezogen, und der Schlußmann greift die Teller mit der Zange, balanciert sie zwischen seinen Fingerspitzen, während er sie hintereinanderstellt. Du darfst sie nicht mit der bloßen Hand anfassen, Jack.)

Nach der Arbeit kehrt Red in sein möbliertes Zimmer zurück (2,50 die Woche, der Teppich auf der Treppe ist im Laufe der Zeit vom Schmutz verdreckt und wippt unter seinen Füßen wie Torf) und legt sich aufs Bett. Wenn er nicht zu sehr erschöpft ist, steht er nach einer Weile wieder auf und schlendert zur Kneipe an der Ecke. (Der graue, zersprungene Asphalt, die überquellenden Müllkästen auf den Bürgersteigen, das stechende Licht der Neon-Leuchtreklame, in der zwei Buchstaben fehlen.)

Ein Mann denkt immer über sein Leben nach. Ich sage dir, Red, ich habe einmal gedacht, daß es ein Fehler war, zu heiraten. Ich war daran, verrückt zu werden, weißt du, und begann mich zu fragen, wozu ich mich eigentlich abmühe, aber, ääh, du kommst drüber weg. Nimm zum Beispiel diese beiden da drüben, wie sie sich abknutschen. Im Augenblick glaubt keines von beiden, ohne das andere leben zu können – das haben meine Frau und ich auch mal gemeint. Ich werde nicht verrückt, ich weiß Bescheid, und ihr Verhältnis wird einmal genauso enden wie bei dir, bei mir und jedem andern.

(Das Bier ist schal und schmeckt nach Metall.) Ich, sagt Red, habe mich wenig mit Frauen abgegeben. Die wollen einen nur einfangen; ich hab' genug gesehen.

Ach, das ist nicht das Schlimmste, es ist manches Gute an einer Ehe und an den Frauen, aber es wird nicht so, wie du hoffst, daß es werden könnte, wenn du damit anfängst. Ein verheirateter Mann hat schon seine Sorgen, weiß Gott, Red, und manchmal möchte ich an deiner Stelle sein.

Jawoll. Ich begnüge mich mit der Ein-Dollar-Anni.

Im Bordell tragen die Mädchen Büstenhalter und Spitzenhemden mit einem exotischen Muster, was eine Schauspielerin in diesem Jahr eingeführt hat. Sie hocken wie Königinnen in einer Pose im Wohnraum mit seinen Aschenbechern und beschädigten, modernen Möbeln.

Also, Pearl, komm.

Er folgt ihr auf dem grauen, löchrigen Teppich über die Treppe und beobachtet, wie sie sich mechanisch in den Hüften wiegt.

Hab' dich lange nicht gesehen, Red.

Vor zwei Wochen grade.

Ja, das letztemal gingst du zu Roberta. Sie hat sich über dich beklagt, Liebling.

In dem Zimmer liegt die Decke am Fußende des Bettes zusammengefaltet und verschmutzt von den Schuhen anderer Männer. Pearl summt vor sich hin. (Studentin Betty hat sich die Lippen für Harvard rotgemacht.) Sie läßt seinen Dollar unter das Kopfkissen gleiten. Mach es sanft, Red, Mutti hat einen langen, harten Tag hinter sich.

Die Erregung zieht seinen Rücken entlang und läßt die Lenden gefüllt und unbefriedigt.

Ist jemand im Haus?

Aber nein, Liebling, was denkst du, was Eddy tun würde, wenn er herausbekäme, daß wir Mädels uns verschenken.

Er zieht sich schnell an und fühlt ihren Arm auf seiner Schulter. Tut mir leid, Red, aber hör mal, wenn du das nächste Mal kommst, sprech' ich mit dir ein bißchen französisch. Nur wir beide, ja?

In diesem Augenblick ist ihr Mund weich, und ihre Brüste scheinen sich zu dehnen. Er berührt einen Augenblick ihre Brustwarze, und in vorgetäuschter Leidenschaft schwillt sie unter seinem Finger.

Bist ein gutes Kind, Pearl.

Eins der besten.

Die elektrische Birne ist nackt, und das Licht dringt grausam in seine Augen. Er atmet den Duft ihres Puders, den süßen Duft ihrer Achselhöhlen.

Wie hat es mit dir angefangen, Pearl?

Das werde ich dir mal bei einem Glas Bier erzählen.

Draußen ist die Luft frisch wie ein saurer, kühler Apfel. Er fühlt eine tiefe Traurigkeit, die sich angenehm in ihm ausbreitet, aber als er wieder in seinem Zimmer ist, kann er nicht einschlafen.

Ich bin zu lange in dieser Stadt. (Die braunen, nackten Hügel versinken in der Dämmerung. Die Nacht rollt dem westlichen Himmel entgegen.) Wo ist die Schönheit, die wir jung verloren?

Er richtet sich auf und blickt aus dem Fenster. Himmel, wie fühle ich mich alt, dreiundzwanzig, und schon ein alter Mann. Nach einer Weile sinkt er in Schlaf.

Am Morgen dringt der Schweiß ätzend in seine Augen, und die Gestelle mit den Tellern dampfen. Du mußt den Lippenstift abreiben, bevor du die Gläser hineintust.

Ich denke, ich werde wieder weiterziehen. Es ist nicht gut, in regelmäßigem Lohn zu stehen.

Aber diesmal ist wenig Hoffnung darin.

Eine Parkbank ist wirklich zu klein für einen Mann, um bequem darauf schlafen zu können. Wenn seine Füße über den Rand hinaushängen, drückt das Holz sich in die Kniekehlen ein, und wenn er sie hochzieht, erwacht er von einem Krampf in der Hüfte. Für einen knochigen Mann ist es unmöglich, auf der Seite zu schlafen. Die Bretter reiben sich an den Hüftknochen, und seine Schulter wird steif. Er kann nur auf dem Rücken liegen und seine Knie zum Himmel emporstrecken, mit den Händen unter dem Kopf, und wenn er sich aufrichtet, sind seine Finger viele Minuten taub.

Red ist von einem erschütternden Schlag erwacht. Er springt auf und sieht den Polizisten seinen Stock heben, um nochmals auf die Sohlen seiner Schuhe zu schlagen.

Ich geh' ja schon, nimm's nicht krumm.

Du solltest auch was Besseres wissen, als hier 'rumzulungern, Mac.

In der trügerischen Dämmerung gegen vier Uhr morgens ziehen die Milchwagen durch die stillen Straßen. Red beobachtet, wie die Pferde in ihre Futtersäcke schnauben, und wandert zum Bahnhof hinunter. In einer Nachtimbißstube, gegenüber dem Gewirr der schwarzen Schienenstränge des Bahnhofs nimmt er eine Tasse Kaffee und einen Pfannkuchen zu sich, bis es Morgen wird. Lange Zeit starrt er auf den schmutzigen Fußboden und den weißen Ladentisch mit den Kaffeeringen und den runden Zelluloidglocken über den Kuchenstücken. Einmal fällt er mit dem Kopf auf dem Tisch in Schlaf.

Ääääh, ich habe es zu lange gemacht. Es ist nicht gut, an einem Fleck zu hocken, aber es ist auch nicht gut, sich herumzutreiben. Man weiß nicht mehr, was man sich eigentlich wünscht, wenn es einen wieder fortzieht.

Zuerst sieht es aus, als ob es eine Zeit verhältnismäßigen Wohllebens wird, aber dann ist es wie der Schwanz eines Kometen; es verbrennt zu nichts. Er nimmt die Stellung eines Fahrers auf einer Lastwagen-Nachtroute von Boston nach New York an und hält es zwei Jahre aus. Die Route 1 gräbt sich fest in ihm ein. Von Boston über Providence, Groton, New London, New Haven, Stamford, in die Bronx auf die Märkte, und dann in der nächsten Nacht zurück. Er hat ein Zimmer auf der 48. West, nahe der 10. Avenue, und er kann Geld sparen, wenn er will.

Aber er haßt dieses Fahren. Das ist Grubenarbeit im Freien. Es macht seinen Rücken schmerzen, und von den Tausenden, ja Millionen von kleinen Erschütterungen beginnen seine Nieren zu schrumpfen, und morgens ist sein Magen zu rebellisch, um ihm ein Frühstück anzubieten. Vielleicht hat es zu viele Parkbänke in seinem Leben gegeben, zuviel Regen an zu vielen ungeschützten Plätzen; auf alle Fälle tut ihm die Arbeit nicht gut. Die letzten hundert Meilen fährt er immer mit zusammengebissenen Zähnen. Er trinkt eine Menge und treibt sich in den Kneipen der 9. und der 10. Avenue herum, und hin und wieder verbringt er seine Freizeit, indem er von einem Kino ins andere wandert und sich die wiederaufgenommenen, geschmacklosen alten Filme in der 42. Street ansieht.

Eines Abends kauft er sich in einer Kneipe einen gewöhnlichen Seemannsausweis für zehn Dollar von einem Betrunkenen, der dabei ist, unter den Tisch zu sinken, und kündigt seine Stellung. Aber nachdem er sich eine Woche lang bei der South Street aufgehalten hat, wird er es müde und gibt sich dem Trunk hin. Als nach einer weiteren Woche sein Geld zu Ende ist, verkauft er den Seemannsausweis für fünf Dollar und verbringt einen Nachmittag mit dem Whisky, den er sich dafür kaufen kann.

In der Nacht erwacht er in einer Gasse mit einer Schorfkruste auf der Wange. Wenn er das Gesicht verzieht, fühlt er, wie die Kruste platzt. Ein Polizist greift ihn auf und schickt ihn nach Bellevue, wo er zwei Tage festgehalten wird; dann verlegt er sich für zwei Wochen aufs Betteln.

Aber es endet glücklich. Endlich bekommt er eine Anstellung als Tellerwäscher in einem Luxusrestaurant in der 60. East. Schließt dort Freundschaft mit einer Kellnerin und lebt mit ihr in zwei möblierten Zimmern in der 27. Street West. Sie hat ein achtjähriges Kind, das Red liebt, und zwei Jahre lang geht alles gut.

Red wechselt als Nachtclerk in ein Asyl auf der Bowery hinüber. Es ist leichter als Teller waschen und bringt ihm fünf

Dollar mehr ein, dreiundzwanzig in der Woche. Dort bleibt er während der letzten zwei Jahre vor Kriegsausbruch, schlendert durch die Bowery in der feuchten, stinkenden Sommerhitze und in den naßkalten Wintern, wenn es von den Wänden tropft und der braune Mörtel sich mit grauen Flecken überzieht. Die langen Nächte verbringt er, ohne an etwas zu denken; er lauscht stumpfsinnig auf den regelmäßigen Lärm der vorüberfahrenden Züge der 3. Avenue-Hochbahn und wartet auf den Morgen, damit er heim zu Lois gehen kann.

Mehrmals in der Nacht läuft er durch den Hauptraum, wo vierzig oder fünfzig Männer unbequem auf ihren eisernen Feldbetten schlafen, achtet auf das ständige leise Husten und riecht das scharfe Formalin und die Körper der alten Trunkenbolde; es ist ein saurer, muffiger Geruch. Die Flure und das Badezimmer stinken nach Desinfektionsmitteln, und über den Aborten hängt fast immer ein Betrunkener, der sich erbricht und sich schläfrig am Porzellan nahe dem Drücker festhält. Er schließt die Tür und geht in das Spielzimmer, wo ein paar alte Männer um einen verbrauchten, runden Tisch Pinochle spielen. Der Fußboden unter ihnen ist schwarz vor Schmutz und Zigarettenstummeln. Red hört ihre nie zu Ende geführten gemummelten Unterhaltungen.

Maggie Kennedy war eine gut aussehende Frau, und sie sagte zu mir – Gott, was sagte sie doch gleich?

Ich erklärte Tommy Meldoon, er hätte keine Veranlassung, mich einzusperren, und ich sage dir, als ich ihm meine Meinung gesagt hatte, ließ er mich laufen. Sie haben alle Angst vor mir, seitdem ich Ricchios Kinnlade zerschmettert habe, du kennst ihn, er war der Bezirkssergeant damals, im Jahre..., warte mal, ich sage es dir gleich, ich habe ihm das Kinn in der Neujahrsnacht vor acht Jahren zerschlagen, es war 1924, nein, warte, 33, das kommt näher.

Immer die gleichen Geschichten. He, ihr Rumköppe, macht doch nicht so einen verdammten Krach, wir haben ein paar zahlende Gäste im Nebenzimmer. Ich werde euch 'rausschmeißen.

Einen Augenblick ist Stille; dann sagt einer von ihnen mit seiner leisen, mummelnden Stimme: Gib nicht so an, junger Mann, und falls du nicht deinen Mund halten kannst, müßte ich dir eine 'reinschlagen.

Komm 'raus auf die Straße, da können wir es erledigen.

Ein anderer tritt an Red heran und flüstert ihm zu: Laß ihn lieber in Ruh, sonst wirft er dich die Treppe 'runter. Deinem Vorgänger hat er das Genick gebrochen.

Ach! Red grinst. Tut mir leid, Großpapa, daß ich dich gestört habe. Das nächste Mal will ich mich besser benehmen.

Mach das, mein Sohn, und wir ersparen uns gegenseitigen Ärger.

Gegenüber auf der anderen Straßenseite kann er einen elektrischen Musikapparat in einer Kneipe lärmen hören.

Wieder hinter seinem Pult, dreht er das Radio an und läßt es leise spielen. (Die gelben Blätter fallen nieder!) Einer der Männer wacht schreiend auf. Red geht hinein und beruhigt ihn, klopft ihm auf die Schulter und legt ihn auf sein Feldbett zurück.

Am Morgen ziehen sich die Landstreicher eilig an, und um sieben ist der große Raum leer. In der Dämmerung schon huschen sie die kalten Straßen entlang, haben die Mützen tief über die Augen gezogen und die Kragen ihrer schäbigen Jacken hochgeschlagen. Es ist, als schämten sie sich, als wünschten sie einander nicht ins Gesicht zu sehen, und wie Automaten eilen die meisten in die Gassen an der Canal Street, um in einer Suppenküche einen Kaffee in Empfang zu nehmen. Red läuft erst eine Weile durch die Straßen, bevor er den Bus zur 27. West nimmt. Die lange Nachtwache bedrückt ihn stets.

Während der Fahrt blickt er zu Boden. Alles ist Dreck.

Aber dann in dem möblierten Zimmer macht ihm Lois sein Frühstück auf einer Heizplatte, und Jackie, das Kind, kommt ihm entgegengelaufen und zeigt ihm ein neues Schulbuch. Red fühlt sich müde und glücklich.

Ja, mein Kind, das ist ein sehr hübsches, sagt er und klopft ihm auf die Schulter.

Nachdem Jackie fort ist zur Schule, setzt sich Lois mit ihm zum Frühstück nieder. Seitdem er im Asyl arbeitet, haben sie nur noch ihre Morgen zusammen. Um elf geht sie in ihr Restaurant.

Sind die Eier hart genug für dich, Liebling? fragt sie.

Ja, wunderbar.

Draußen im beginnenden Morgen lärmen einige Lastwagen durch die 10. Avenue. Der Verkehr hat noch seinen Früh-am-Morgen-Klang.

Himmel, es ist großartig, sagt er laut.

Es gefällt dir, was, Red?

Ja.

Sie spielt mit ihrem Glas. Höre mal, Red, ich ging gestern zu einem Anwalt, um die Scheidung von Mike zu erreichen.

Ja?

Ich kann es für hundert Dollar, vielleicht auch etwas mehr, durchbringen, aber warum, zum Teufel, sollte ich es; ich meine, wenn nichts dabei herauskommt, wäre es vielleicht besser, es zu lassen.

Ich weiß nicht, Kindchen, sagt er zu ihr.

Red, ich will dich nicht fragen, ob du mich heiraten willst, du weißt, ich quäle dich nicht, aber ich muß an die Zukunft denken.

Da liegt sie wieder vor ihm, die Entscheidung. Sie würde bedeuten, daß er ihr sagen müßte, daß es zu Ende ist.

Ich weiß es nicht, Lois, das ist verdammt wahr. Ich habe dich sehr gern, und du bist ein gutes Kind. Ich möchte dich nicht verlassen, und es ist sehr anständig von dir, aber ich muß darüber nachdenken. Ich bin nicht danach geschaffen, um irgendwo für immer zu bleiben.

Du mußt gerecht sein, Red. Entscheide dich so oder so.

Aber der Krieg kommt, bevor er sich entscheiden kann. In dieser Nacht sind die alten Trinker im Asyl sehr aufgeregt.

Im letzten Krieg war ich Sergeant, und ich werde hingehen und sie fragen, ob sie mich wieder haben wollen.

Sicher, sie werden dich zum Major machen.

Ich sage dir, Red, die brauchen mich. Sie brauchen jeden von uns.

Einer läßt eine Flasche herumgehen, und impulsiv schickt Red einen der Männer mit einer Zehndollarnote hinunter, um etwas Whisky zu kaufen.

Lois könnte diese zehn Dollar gut gebrauchen, und nun weiß er die Antwort. Er kann sie heiraten und dadurch aus dem Krieg bleiben, aber er ist noch nicht alt, und er hat es noch nicht satt. Krieg hält dich in Bewegung.

Ein langer, langer Weg sich vor uns windet, singt einer der Landstreicher.

Es wird jetzt mit vielem aufgeräumt werden. Ich hörte, daß sie einige Nigger nach Washington geschickt haben, das ist Tatsache, ich hab's in der Zeitung gelesen; jetzt wird der Nigger noch dem Weißen sagen, was er zu tun hat.

Der Krieg wird das alles ordnen.

Ach, Quatsch, mischt sich Red ein, die Großen werden noch ein bißchen größer werden. Aber er ist aufgeregt. Vorläufig, Lois, keine feste Bindung.

Armer Jackie. Es ist ein bißchen unbehaglich. Aber wenn du nachgibst und mit dem Herumwandern aufhörst, wirst du verrecken.

Wir wollen einen trinken.

Es ist mein Schnaps, schreit Red, aber es macht nichts, laßt uns trinken. (Gelächter.)

Auf seinem letzten Urlaub, bevor er nach Übersee geht, wandert Red durch San Franzisko. Er steigt auf den Telegrafenhügel und erschauert im Herbstwind, der über den Gipfel fegt. Ein Tanker liegt vorm Goldenen Tor, er beobachtet ihn, und dann blickt er nach Oakland hinein, so weit er nach Osten sehen kann. (Hinter Chikago ist das Land tausend Meilen weit flach bis hinüber nach Illinois und Iowa und halb nach Nebraska hinein. Man kann in der Eisenbahn einen ganzen Nachmittag in einem Magazin lesen und dann zum Fenster hinausblicken, und die Landschaft wird genauso aussehen, wie man sie beim erstenmal erblickte. Die Vorläufer des Gebirges beginnen als sanfte Wellen in der Ebene, nach hundert Meilen werden sie selbständige Hügel, und erst nach fast tausend Meilen wirkliche Berge. Und an diesem Wege liegen auch die braunen Hügel und steilen Berge von Montana.) Vielleicht sollte ich ihnen einen Brief schreiben. Oder Lois.

Ach, man soll nicht rückwärts schauen.

Zwei Fähnriche lachen und sind zärtlich mit jungen Mädchen in Pelzmänteln am anderen Ende des gepflasterten Gipfels. Ich könnte nun wieder hinuntersteigen.

Er geht durch Chinatown und landet in einem Varieté. Es ist Freitagnachmittag und das Theater fast leer. Die Girls schleppen sich durch ihre Tänze, die Komiker mühen sich mit ihren Witzen ab. Nach der letzten Szene und dem Schlußbild geht das Licht wieder an, und die Verkäuferinnen beginnen Nestlestreifen und die bebilderten Programmhefte anzubieten. Red bleibt sitzen und döst ein wenig. Was für ein elender Ort.

Es gibt für ihn nichts mehr zu unternehmen, und während des ganzen Films dachte er an das Schiff, mit dem er nun bald reisen würde. Weiter und weiter wird es dich mit fortnehmen, und niemals wirst du, zum Teufel, wissen, wo es landet. Solange du ein Kind bist, können sie dir nichts beibringen, und wenn du es nicht mehr bist, erscheint dir nichts mehr neu. Nichts anderes bleibt zu tun übrig, als sich vorwärtstreiben zu lassen und niemals zurückzublicken.

Nachdem der Film zu Ende ist und die Bühnenschau wieder beginnt, lauscht er noch einen Augenblick auf die Musik, und dann geht er hinaus. In der schmerzhaften Nachmittagssonne kann er die Kapelle noch spielen hören.

Wir werden ihn schlagen, den schmutzigen kleinen Japs.

Ach, zum Teufel damit.

8

LEUTNANT Dove hatte nunmehr seine nackten Beine vollständig mit Sand bedeckt und stöhnte: „Mein Gott, ist das grausam."

„Was ist grausam?" fragte Hearn.

Dove strampelte sich mit den Zehen durch den Sand. „Nun hiersein zu müssen. Mein Gott, an einem so heißen Tag! Vor einem Jahr war ich in Washington, und Sie können sich denken, daß sich da manches tat. Dieses verdammte Klima hier!"

„Ich war vor anderthalb Jahren in Washington", sagte Conn mit seiner Whiskystimme.

Jetzt fing es an. Hearn seufzte in sich hinein, ließ sich langsam auf den Sand nieder, bis sein Kopf die Erde berührte, und streckte seine Brust der Sonne entgegen. Die Hitze war fast greifbar, und er fühlte, wie sich die Sonnenstrahlen durch die Augenlider bohrten und auf der Regenbogenhaut wilde rote Kreise entstehen ließen. Der Dschungel strömte von Zeit zu Zeit seinen feuchten, schwefligen Atem aus. Es war wie ein warmer Luftzug, der von einem Ofen ausgeht, wenn die Tür geöffnet wird.

Hearn setzte sich wieder aufrecht, schlang die Arme um seine behaarten Knie und starrte die Küste entlang. Einige der Offiziere, die mit ihnen gekommen waren, schwammen bereits im Meer, und andere spielten Bridge auf einer Decke im Schatten einer vereinzelt stehenden Kokospalme, die sich über den Strand beugte. Fast hundert Yards entfernt warf Major Dalleson auf einer schmalen Landzunge Steine in die Luft und schoß mit seinem Karabiner danach. Hin und wieder hörte man das harmlos klingende „Pop" des Karabiners. Die Farbe des Wassers hatte sich vom Blau des frühen Morgens in ein dunkles Violett verwandelt, und die Sonne glitzerte darauf wie Lampenlicht auf nächtlichem, nassem Asphalt. Fast eine Meile entfernt, zur Rechten, näherte sich puffend ein Landungsboot, das Vorräte von einem weit draußen verankerten Frachter übernommen hatte, langsam der Küste.

Sonntag am Meer. Es war ein wenig unglaubwürdig. Wenn man noch ein paar gestreifte Sonnenschirme und die übliche Anzahl von Frauen und Kindern dazugetan hätte, wäre kaum ein Unterschied gegenüber dem Strandleben in einem der Luxusbadeorte vorhanden gewesen, in denen seine Familie den einen oder anderen Sommer verbracht hatte. Vielleicht hätte das Landungsboot durch ein Segelboot ersetzt werden müssen, und Dalleson sollte fischen, anstatt nach Steinen zu schießen, aber auch so kam es jenem Bild sehr nahe.

Nein, es war völlig unglaubwürdig. Es war vielleicht auch taktlos, daß sie sich hier, fünfundzwanzig Meilen von der Front entfernt, wo sich an diesem Sonntagmorgen die Patrouillen gegen die Toyaku-Stellung vorschoben, bis zur äußersten Spitze der Halbinsel für ihre Strandunterhaltung zurückgezogen hatten. „Geht, meine Kinder, und Gott beschütze euch!" hatte der General tatsächlich gesagt. Und natürlich erregte es den Haß der Soldaten des Hauptquartiers, die an diesem Morgen entlang der Straße und am Dschungelsaum, in dessen Nähe die Offiziere badeten, für die Patrouillen verantwortlich waren. Aber größer noch war, nach Cummings' Meinung, ihre Furcht.

Ich hätte nicht mitgehen sollen, entschied Hearn. Aber das Hauptquartier wäre an diesem Morgen, nachdem es die meisten Offiziere verlassen hatten, völlig vereinsamt gewesen. Der General hätte sich bestimmt wieder mit ihm unterhalten wollen, und es erschien Hearn jetzt wichtig, sich von ihm fernzuhalten. Außerdem mußte er zugeben, daß es hier sehr angenehm war. Seit langem hatte er Körper und Geist nicht mehr in der Sonnenhitze entspannen können.

„Die Bestimmung des Menschen im zwanzigsten Jahrhundert ist Angst", hatte der General gesagt.

Aber der Mensch des zwanzigsten Jahrhunderts nahm dennoch sein Sonnenbad. Sehr schön. Hearn zerrieb einen zusammengebackten Sandklumpen zwischen seinen Fingern zu Staub.

„Ach, das muß ich Ihnen erzählen", sagte jetzt Dove. „Einmal hatten wir eine Gesellschaft bei Fischler im Wardman-Park-Hotel – Oberstleutnant Fischler, ein Studiengenosse meines Bruders an der Cornell-Universität, ein verdammt feiner Bursche, der eine Menge von Prominenten kennt und darum auch das Zimmer im Wardman Park bekam. Zu vorgerückter Stunde ging er doch umher und goß jedem ein paar Tropfen Schnaps ins Haar! Gut gegen Schuppen, meinte er. Ach, es war großartig." Dove kicherte in Erinnerung daran.

„Ach nein", sagte Conn, „wirklich?"

Hearn blickte Dove an. Leutnant Dove, im Sonderauftrag. Ein Cornell-Mann, ein Deke[1]–, ein vollkommenes Arschloch. Er war sechs Fuß und zwei Zoll groß und wog über hundertsechzig Pfund, mit kurzem, steifem, aschblondem Haar und einem glatten, angenehmen, leeren Gesicht. Er sah eher wie ein Harvard-Clubmitglied der Baseballmannschaft aus.

Conn polkte an seiner roten Nasenknolle und sagte mit seiner heiseren, selbstbewußten Stimme: „Ja, das stimmt, in Washington haben wir manche gute Zeit gehabt. Brigadegeneral Caldwell und Generalmajor Simmons – Sie kennen sie? –, alte Freunde von mir, und dann war da noch dieser Bursche von der Marine, Konteradmiral Tannache, mit dem ich auch gut Freund wurde, ein verdammt feiner Mann und ein guter Offizier." Conn blickte auf seinen Bauch, der sich in kräftigen Konturen gleich oberhalb seiner Shorts erhob, als wäre ein aufgeblasener Fußball darin. „Wir hatten manche

---

[1] Mitglied des DKE (Delta, Kappa, Epsilon), einer Studentenvereinigung

tolle Stunde. Dieser Caldwell ist auf Draht, wenn es um Weiber geht. Wir haben Dinge erlebt, bei denen sich Ihre Haare gesträubt haben würden."

„Oh, das gab es bei uns auch", schaltete sich Dove eifrig ein. „Ich dürfte mit Jane nicht mehr nach Washington zurückkehren, weil es da zu viele Mädchen gab, und wenn wir zusammen dem einen oder anderen begegneten, würde dies nicht angenehm sein. Jane ist ein großartiges Kind, eine wunderbare Frau, aber, Sie verstehen, sie nimmt es mit der Kirche ernst und kann sich schrecklich aufregen."

Leutnant z. D. Dove. Er war der Division als Dolmetscher fast um die gleiche Zeit wie Hearn zugeteilt worden, und mit erstaunlicher und überraschender Naivität hatte er jedem auseinandergesetzt, daß sein Rang dem eines Hauptmanns in der Armee entspräche und daß die Verantwortung, die er als Leutnant z. D. trüge, größer sei als die eines Majors oder Oberstleutnants. Er hatte dies allen Offizieren in der Offiziersmesse auf Motome erzählt und sich dementsprechend beliebt gemacht. Conn hatte eine Woche lang mit ihm nicht gesprochen. Aber so, wie ein Zungenfehler wahre Liebe nicht behindert – oder wie es sonst im Gedicht heißen mag –, waren sie jetzt voneinander entzückt. Hearn besann sich, wie ihm Dove, gleich nachdem sie bei der Division eingetroffen waren, einmal gesagt hatte: „Sie wissen es, Hearn, denn Sie haben das Empfinden dafür, weil Sie ein genauso gebildeter Mann sind wie ich, aber es herrscht doch bei den Offizieren in der Armee ein rauher Ton. Bei der Marine ist das gepflegter." Augenscheinlich hatte sich nun Dove selbst bezwungen, denn er war mit Conn jetzt einverstanden.

Bisweilen war jeder mit jedem einverstanden, wenn es um Klatsch über ihre Bekanntschaften ging. Selbst Conn und er hatten Frieden gemacht. Natürlich haßten sie sich, aber das war nun vergessen, weil es so bequem war. Eine Woche nach ihrem Streit war Conn ins G-2-Zelt gekommen, hatte sich kräftig geräuspert und dann gesagt: „Scheint heute kühler zu werden."

„Ja", hatte Hearn erwidert.

„Ich habe heute eine Menge zu erledigen und schätze das kühlere Wetter daher sehr", hatte Conn hinzugefügt, und damit waren sie an dem Punkt angelangt, wo sie einander wieder zunicken konnten. Heute hatte er sich am Strand mit Dove unterhalten, und Conn war hinzugekommen.

„Ja, Sir", wiederholte Conn, „das waren Gesellschaften. Sie sprachen da von diesem Einfall mit dem Schnaps und den Schuppen – wie war doch sein Name, Fischler? Besteht da eine Verwandtschaft mit Commodore Fischler?"

„Ich glaube nicht."

„Der Commodore ist nämlich ein guter Freund von mir. Ich erinnere mich gerade daran, wie Caldwell mal eine Frau vorhatte, und wehe, wenn die sich ihren Schnaps nicht oben und unten eingeflößt hätte."

„Himmel, sie hätte sich ja zu Tode verbrennen können", erklärte Dove.

„Die nicht. Das war ihre Spezialität. Caldwell schüttete sich fast aus vor Lachen. Er liebte solche Späße sehr, dieser Caldwell."

Dove war augenscheinlich schockiert. „Ich muß schon sagen, daß ich so was nicht miterlebt habe. Himmel, und wir sitzen hier im Freien, und der Kaplan wird sicherlich in diesem Augenblick seinen Gottesdienst abhalten."

„Sie haben recht, wir sollten an einem Sonntag wirklich nicht davon reden", pflichtete Conn bei, „aber, zum Teufel noch mal, wir sind doch alle Männer." Er zündete sich eine Zigarette an und spießte das Streichholz in den Sand. Der Knall von Dallesons Karabiner ertönte wieder, und einige Rufe drangen von den Offizieren herüber, die sich in der seichten Brandung mit Wasser bespritzten. „Ich habe mal über unsere Gesellschaften nachgedacht", sagte Conn. „Wenn sie gelingen sollen, werden zwei Dinge benötigt: genügend Alkohol und ein paar willige Schlitze."

Hearn blickte den Strand entlang. Wahrscheinlich konnte man alle Geselligkeiten auf vier Typen zurückführen. Da gab es die eine, für die die Zeitungen ihre Spalten zur Verfügung stellten, mit den Senatoren und den Prominenten, den Industrieleuten, den hohen Offizieren, den ausländischen Würdenträgern. Selbst sein Vater hatte einmal an solch einem Fest teilgenommen und sich ohne Zweifel elend dabei gefühlt. Aber das ging wohl allen so. Es war die höchste Blüte industriekapitalistischer Kultur, und sich zu vergnügen, vertrug sich nicht mit der Wahrung gesellschaftlicher Formen, der Zurschaustellung der Macht und den vollendeten Gesprächen über das Wetter. Jeder haßte jeden, selbstverständlich; und kamen sie, um Geschäfte zu machen, dann fanden sie, daß es sich nicht schickt; waren sie Snobs und besaßen sie geistige Fähigkeiten, verachteten sie die Männer, die zwar die Macht hatten, aber denen es an Umgangsformen fehlte.

Dann gab es die Geselligkeiten in den Hotels mit den Stabsoffizieren und der entsprechend geringeren Prominenz, mit der „Amerikanischen Legion – Bezirk Washington" und den kleineren Geschäftsleuten, die nette Fabriken in Indiana besaßen, und mit Bühnenmädchen. Solange sie nicht betrunken waren, lag eine verzweifelte Langeweile über ihnen, aber dann hatten sie ein paar wundervolle Stunden und kehrten mit wiederaufgefrischten Lenden und mit neuen Erzählungen für die Pullman-Wagen an ihre Schreibtische in Washington und Indiana zurück. Bisweilen, wenn es dir beschieden war, dicht an einen Prominenten heranzukommen, der sich als ein richtiger Bursche erwies, würdet ihr zur vollkommenen Übereinstimmung gelangen und euer Geschäft mit ein paar betrunkenen Umarmungen bestätigen und mit der sentimentalen Erkenntnis, daß doch jeder ein verdammt feiner Bursche sei; und ein Theatermädchen würde dir ins Ohr schreien: „Hör schon endlich damit auf, Liebling." Sein Vater hatte niemals davon gesprochen, aber sicher hatte er auch solche Art Gesellschaften mitgemacht.

Und dann waren da die Gesellschaften, die seine eigenen Freunde gaben, mit den geruhsam durchgehaltenen Trinkereien und der ausgemachten Freudlosigkeit. Da waren alle diese Intellektuellen des amerikanischen College – soweit sie nicht schon angekränkelt waren – mit ihren klaren, vernünftigen Stimmen, ihren guten Manieren, ihrer Liebenswürdigkeit, ihrem Takt und ihrem verzweifelt traurigen und so hellsichtigen Verstand. Sie waren nun alle bei der Verwaltung oder als Offiziere mit geheimen Aufgaben beschäftigt, und jetzt sprachen sie von Roger, der in irgendeinem Sonderauftrag untergetaucht war, oder sie ergründeten bisweilen hoffnungsvoll, bisweilen überdrüssig und mit einer abwegigen, hilflosen und unendlich überlegenen Haltung politische Dinge. Sie besaßen einen schneidenden Witz, aber ungenügende Informationen und eine welke Hoffnungslosigkeit und einen zu trockenen Verstand, und ihre ernsten Betrachtungen über Begierden und Laster würden niemals mit ihren Körpern übereingestimmt haben. Sie waren wie William-Blake-Engel von langweiliger Reinheit und schwebten über Pferdeäpfeln.

Und schließlich gab es Doves Gesellschaften. Es gab sie wirklich und zu allen Zeiten in San Franzisko, Chikago, Los Angeles und New York. „Amerikanische Legion – Jungmannschaft." Manchmal waren sie gehaltvoller, man muß ihnen den guten Willen zugestehen. Im richtigen Licht durch das richtige Glas betrachtet, hatten diese Geselligkeiten gelegentlich etwas Zauberhaftes und zugleich Trauriges. Und sie waren mit den hoffnungsvollen Erwartungen der Hinreise ausgeschmückt, all den vorweg genossenen großen klingenden Namen, die sie mit heimbringen würden. Und immer gab es da junge Leute, Flugzeugführer und Luftwaffensoldaten, gut aussehende Mädchen in Pelzen, ein oder zwei Regierungssekretäre, eine kleine Arbeiterin, noch als Überbleibsel der Studentenveranstaltungen; denn immer war es solch ein Mädchen, mit dem man was anstellen konnte. Auf eine geheimnisvolle Weise durfte man sich bei den Frauen der niederen Klassen darauf verlassen, daß sie sich kopulierten wie die Kaninchen. Und sie alle ließen mit einer sentimentalen und versteckten „englischen" Haltung, die völlig nachgeahmt war, erkennen, daß sie bald ihr Leben lassen müßten. Sie stammte aus Büchern, die sie niemals gelesen hatten, und von Filmen, die sie nicht hätten sehen sollen. Sie wurde auch von den Tränen ihrer Mütter genährt und von der erschreckenden und völlig unglaubhaften Tatsache, daß viele von ihnen wirklich starben, nachdem sie nach Übersee gegangen waren. Aber sie wurde von falschen Wurzeln gespeist; niemals hätten sie die Romantik des drohenden Todes mit dem banalen technischen Vorgang des Fliegens und dem nüchternen, ereignislosen Leben in den Lagern bei den Flugplätzen in Verbindung bringen können. Aber nichts destoweniger hatten sie es als Talisman entdeckt, dieses Wissen um den baldigen Tod, und sie trugen es auf so zauberhafte Weise zur Schau, daß man es ihnen glaubte, wenn man mit ihnen zusammen war. Und sie taten auch so zauberhafte Dinge, wie, sich gegenseitig Whisky ins Haar zu gießen oder Matratzen in Brand zu stecken und sich im Vorübergehen die Hüte von ehrwürdigen Geschäftsleuten zu schnappen. Von allen Gesellschaften waren diese vielleicht die besten, aber er war für sie schon zu alt gewesen.

„Und wir würden, verdammt noch mal, nicht Ruhe gegeben haben, bis wir festgestellt hätten, ob das Haar bis auf den Bauch hinaufreichte", beendete Conn eine Geschichte.

Dove lachte. „Wenn Jane wüßte, was ich für Dinge getan habe."

Ihr Gespräch hatte ihn zum Schluß wieder aufgebracht. – Ich werde prüde, stellte Hearn fest. Er empfand Widerwillen, wofür kein rechter Grund vorhanden war. Er streckte Arme und Beine aus, ließ seinen Oberkörper langsam zu Boden gleiten und spürte, wie seine Bauchmuskeln sich anspannten. Es hatte einen Augenblick gegeben, wo er sich versucht fühlte, Conns und Doves Köpfe zu umfassen und sie aneinanderzuschlagen. Nun gut, er war ein roher Bursche, aber in letzter Zeit hatte er zu viele solcher Gedanken gehabt, damals in der Offiziersmesse, und als er wünschte, den General zu schlagen, und wie jetzt eben wieder. Das kam daher, weil er einen mächtigen Körper hatte. Er hob seinen Kopf, starrte auf seine Körpermasse und kniff in die Fettrolle, die sich auf seinem Bauch gebildet hatte. Die Haut unter dem Brusthaar war verblaßt. Noch fünf Jahre oder höchstens zehn, und er würde sich die Frauen kaufen müssen. Wenn der Körper eines starken Mannes erst Fett anzusetzen beginnt, dann kommt er bald aus der Form.

Hearn zuckte die Schultern. Dann würde es wie bei Conn enden; der Teufel sollte es holen. Dann würde er es sich kaufen müssen und darüber schwätzen, und es war wahrscheinlich sehr viel leichter, als die Frauen loszuwerden, die irgend etwas an ihm suchten, was er nicht besaß oder was zu geben ihn nicht interessierte.

„Sie sah es sich an und sagte: ‚Major' – ich war damals Major –, ‚was werden sie jetzt noch erfinden? Weiße, silberne, goldene, nächstens werden sie noch die amerikanische Flagge 'raufmalen.'" Conn lachte und spie in den Sand.

Warum hörten sie nicht auf? Hearn rollte sich auf seinen Bauch und fühlte, wie die Sonne jeden Winkel seines Körpers durchwärmte. Er hatte nun bald eine Frau nötig. Es war nur ein Sprung bis zur nächsten Insel, wenige Hundert Meilen entfernt, wo es Eingeborene geben sollte und wo er es sich ein bißchen angenehm machen könnte.

„He", sagte er plötzlich zu Conn und Dove, „wenn ihr keine Mädchen herbringen könnt, warum laßt ihr dieses Thema nicht eine Weile beiseite?"

„Sie halten es wohl nicht mehr aus?" fragte Conn lächelnd.

„Es ist grausam", sagte Hearn, Dove nachahmend. Er zündete sich eine Zigarette an und schüttelte den Sand aus der Packung.

Dove sah ihn an und versuchte ein anderes Thema. „Sagen Sie mal, Hearn, ich dachte gerade daran, heißt Ihr Vater nicht William?"

„Ja."

„Wir hatten einen William Hearn, der vor fünfundzwanzig Jahren ein Deke war, kann er das gewesen sein?"

Hearn schüttelte den Kopf. „Himmel, nein, mein Vater kann weder lesen noch schreiben. Das einzige, was er kann, ist Schecks unterschreiben."

Sie lachten, „Warten Sie mal", sagte Conn, „Bill Hearn, Bill Hearn, weiß Gott, ich kenne ihn, er hat einige Fabriken im Mittelwesten, Indiana, Illinois, Minnesota?"

„Stimmt."

„Sicher", sagte Conn, „Bill Hearn. Sie ähneln ihm, jetzt, wo ich wieder daran denke. Ich sah ihn damals, als ich 37 die Armee verließ, um für zwei Gesellschaften Kapital zusammenzuholen. Wir sind gut miteinander ausgekommen."

Es war möglich. Sein Vater würde sein glattes schwarzes Haar nach hinten geworfen und mit seinen fleischigen, feuchten Händen Conn auf den Rücken geklopft haben. „Was, zum Teufel, reden Sie da, Mann", konnte er seinen Vater brummen hören, „entweder legen Sie mir Ihre Unterlagen auf den Tisch, und wir reden dann ein bißchen ernsthaft, oder Sie geben zu, daß Sie nichts weiter als ein verdammter Betrüger sind" – mit einem scharmanten Zwinkern –, „und dann wollen wir eins trinken, was wir, zum Teufel noch mal, doch eigentlich nur tun sollten." Ach nein, mit Conn stimmte was nicht, es paßte nicht zu ihm.

„Vor einem Monat sah ich sein Bild in den Zeitungen – ich bekomme zehn Zeitungen regelmäßig zugesandt – und habe feststellen müssen, daß Ihr Alter Herr etwas zugenommen hat."
„Ich glaube, er hält sein Gewicht man gerade." Er war in den letzten drei Jahren krank gewesen und hatte für einen Mann seiner Größe gerade nur Normalgewicht. Conn kannte seinen Vater nicht. Natürlich nicht. Conn war auch 1937 kein Feldwebel gewesen. Man verläßt nicht als Stabssergeant die Armee, um Gesellschaften zu organisieren. Und plötzlich wurde es Hearn auch klar, daß er sich mit den Generälen Caldwell und Simmons in Washington nicht herumgetrieben hatte, wahrscheinlich hatte er mal mit ihnen getrunken, oder noch wahrscheinlicher war er vor dem Kriege Unteroffizier bei ihnen gewesen. Alles war aufgeblasen und ein wenig geschmacklos bei ihm. Conn, der große Mann; mit seinem Bauch, seiner rotgefleckten Knollennase, seinen herabhängenden Tränensäcken und seinen wäßrigen Augen, mit denen er jetzt Hearn voller Ernst anstarrte. Bestimmt kannte er Bill Hearn. Und wenn man Conn auf die Folterbank gelegt hätte, würde er es beschworen haben. Er glaubte selbst, daß er ihn kannte.

„Hören Sie, wenn Sie Bill Hearn einmal wiedertreffen, erzählen Sie ihm doch, daß Sie mich gesehen haben, oder schreiben Sie es ihm."

Was mag in Conns Kopf während der fünfundzwanzig Jahre bei der Armee vorgegangen sein oder besonders während der letzten fünf Jahre, als er entdeckt hatte, daß er im Offizierselement zu schwimmen verstand?

Pop! machte Dallesons Karabiner.

„Ich werde es ihm erzählen. Warum besuchen Sie ihn nicht? Er würde sich freuen, Sie zu sehen."

„Ich möchte es; ich habe so etwas wie Verlangen, ihn wiederzusehen. Er ist der freundlichste Mann der Welt."

„Sicher." Hearn spürte einen angenehmen Kitzel und hielt sich mit Mühe zurück hinzuzufügen: Vielleicht kann er Ihnen eine Anstellung als Portier verschaffen, damit Sie ihm die Leute vom Leibe halten.

Statt dessen stand er auf. „Ich werde ein bißchen ins Wasser gehen", verkündete er. Er lief den Strand hinunter, warf sich flach aufs Wasser, tauchte unter und fühlte, wie seine Spottlust, sein Ekel und sein Überdruß von der köstlichen Kühle des Wassers, das seinen heißen Körper umspülte, fortgewaschen wurden. Als er wieder auftauchte, spie er das Wasser übermütig aus und begann zu schwimmen. Die Offiziere am Strand lagen weiterhin in der Sonne, spielten Bridge und unterhielten sich.

Zwei von ihnen warfen sich unentwegt einen Ball zu. Vom Wasser her sah der Dschungel recht hübsch aus.

Einige Geschütze brummten sehr leise am Horizont. Hearn tauchte wieder unter und kam langsam hoch. Der General hatte einmal, voll Stolz auf seinen Geistesblitz, gesagt: „Korruption ist der Zement, der die Armee vor dem Auseinanderbrechen bewahrt." Conn? Cummings hatte es nicht auf ihn gemünzt, aber immerhin war er ein Teil der Armee.

Schön und gut. Was war Korruption anderes als zu wissen, was Anstand ist, und sich nicht danach zu verhalten? Und wie war General Cummings hier einzuordnen? Das war eine schwierige Frage, die sich nicht so leicht beantworten ließ. Auf alle Fälle stand für ihn fest, sich vom General fernzuhalten. Cummings hatte ihn allein gelassen, und nun wollte er den Spieß umdrehen. Er stand im flachen Wasser und schüttelte seinen Kopf, um seine Ohren wieder klar zu bekommen. Das Schwimmen tat gut, verdammt gut. Sauber. Er machte einen Überschlag im Wasser, und dann holte er aus und schwamm mit gleichmäßigen Stößen die Küste entlang. Conn war wahrscheinlich weiterhin mit seinem Geschwätz, mit dem Mythos Conn beschäftigt.

„Wakara, was bedeutet umareru?" fragte Dove.

Leutnant Wakara streckte seine dürren Glieder aus und bewegte nachdenklich die Zehen. „Nun, ich glaube, es bedeutet geboren werden."

Dove schielte die Küste entlang und beobachtete einen Augenblick Hearn beim Schwimmen. „Ach ja, sicher, umareru – geboren werden. Umashi masu, umasho. Das sind die Grundformen des Verbs, nicht wahr? Es fällt mir jetzt wieder ein." Er wandte sich Conn zu und sagte: „Ich weiß nicht, was ich ohne Wakara anfangen sollte. Man hat schon einen Japaner nötig, um sich in dieser verdammten Sprache durchzufinden." Er klopfte Wakara auf den Rücken und fügte hinzu: „He, Tom, hab' ich recht?"

Wakara nickte. Er war ein kleiner dünner Mann mit einem ruhigen, feinsinnigen Gesicht, ein wenig traurigen Augen und einem dürren Bärtchen. „Der gute alte Wakara", sagte Dove. Wakara blickte weiterhin auf seine Beine. Vor einer Woche hatte er Dove zu einigen Offizieren sagen hören: „Wissen Sie, man überschätzt unsere japanischen Übersetzer. Ich muß alles in unserem Verband selber tun, dazu bin ich ja auch beauftragt, aber eine große Hilfe ist dieser Wakara keinesfalls. Ich habe seine Übersetzungen dauernd zu verbessern."

Dove massierte jetzt seine knochige Brust mit einem Handtuch, das er mitgebracht hatte. „Es ist großartig, in der Sonne zu schwitzen", murmelte er, und dann wandte er sich wieder an Wakara. „Ich hätte dieses Wort wissen müssen; es ist wegen des Tagebuches, wissen Sie, das wir dem toten japanischen Major abgenommen haben. Ein faszinierendes Dokument. Haben Sie schon einen Blick hineingeworfen?"

„Noch nicht."

„Oh, es ist wunderbar. Keine militärischen Enthüllungen, aber dieser Bursche ist verrückt. Die Japaner sind unheimlich, Wakara."

„Sie sind Narkotisierte", sagte Wakara kurz.

Conn mischte sich in das Gespräch. „Ich stimme mit Ihnen überein, Wakara. Sie müssen wissen, daß ich damals, 33, in Japan war und das Volk ungebildet fand. Sie können ihm nichts beibringen."

„Ach, ich wußte gar nicht, daß Sie dort waren, Oberst", sagte Dove, „kennen Sie ein wenig die Sprache?"

„Es langweilte mich immer, damit anzufangen. Ich mochte die Bevölkerung nicht und wünschte keine Beziehungen zu ihr zu haben. Es war mir schon klar, daß es zu einem Krieg kommen würde."

„Wirklich?" Dove formte mit seinem Handballen einen kleinen Hügel im Sand. „Es muß für Sie eine wertvolle Erfahrung gewesen sein. Wußten Sie, Wakara, als Sie dort waren, daß die Japaner daran dachten, Krieg zu führen?"

„Nein, ich war zu jung, ich war noch ein Kind." Wakara zündete sich eine Zigarette an. „Ich glaube es keineswegs."

„Nun, dann sicherlich nur, weil es Ihr Volk ist", bedeutete ihm Conn.

Pop! machte Dallesons Karabiner.

„Vielleicht", sagte Wakara. Er stieß den Rauch sorgfältig aus. An der Biegung der Küste sah er einen Soldaten patrouillieren, und er neigte seinen Kopf auf die Knie und hoffte nicht gesehen zu werden. Es war ein Fehler, hier mit hinausgegangen zu sein; diese amerikanischen Soldaten waren von der Idee, einem Japaner Schutz angedeihen zu lassen, nicht sehr angetan.

Conn trommelte nachdenklich auf seinem Bauch. „Es ist verdammt heiß, ich denke, ich werde schwimmen gehen."

„Ich auch", sagte Dove. Er stand auf, rieb sich etwas Sand von den Armen, und nach einer fühlbaren Pause fragte er: „Kommen Sie mit, Wakara?"

„Nein, nein, vielen Dank, ich bin noch nicht recht vorbereitet." Er beobachtete sie beim Fortgehen. Dove war ein komischer Mann, ein ziemlich typischer, stellte Wakara fest. Dove hatte ihn die Küste entlangkommen sehen und ihn sofort angerufen, um diese alberne Frage wegen umareru zu stellen, und dann nicht mehr gewußt, was er mit ihm anfangen sollte.

Wakara war es ein wenig müde geworden, je nach Laune behandelt zu werden.

Er streckte sich in dem Sand aus und war nun ruhig, weil er sich wieder allein wußte. Lange Zeit starrte er auf den Dschungel, der sich rasch verdichtete und nach dreißig oder vierzig Yards undurchdringlich war. Ein Bild, das man einzufangen versuchen müßte; man könnte die Einzelheiten des Dschungels auf der Leinwand aus einem dunkelgrünen Hintergrund heraustreten lassen, aber die Technik war problematisch. Sicherlich würde es ihm nicht gelingen, nachdem er seit zwei Jahren nicht mehr gemalt hatte. Wakara seufzte. Vielleicht wäre es besser gewesen, bei seiner Familie im Internierungslager geblieben zu sein. Wenigstens hätte er dann malen können.

Während er sich die Sonne auf den Rücken brennen ließ und vor ihm der Sand in strahlender Helle glitzerte, fühlte sich Wakara niedergeschlagen. Was hatte Dove über Ishimaras Tagebuch gesagt? „Ein faszinierendes Dokument." War Dove wirklich davon so berührt? Wakara zuckte die Schultern. Es war ihm unmöglich, Amerikaner wie Dove zu verstehen, allerdings ebensowenig die Japaner selbst. Jetzt in der Gefangenschaft. Es hatte mal eine Zeit gegeben, während seines letzten Jahres in Berkeley, wo seine Malerei eine gewisse Beachtung gefunden hatte und viele der amerikanischen Studenten sehr freundlich zu ihm gewesen waren. Aber natürlich war dies durch den Krieg alles zerstört worden.

Ishimara, S., Major der Infanterie in der japanischen Armee. So hatte er unterschrieben, und inzwischen war er zur Anonymität ausgelöscht.

„Haben Sie schon einen Blick hineingeworfen, Wakara?" hatte Dove gefragt.

Wakara grinste, während er in den Sand starrte. Er hatte seine eigene Übersetzung bereits in der Brusttasche. Armer Ishimara, wer du auch gewesen sein magst, die Amerikaner haben deinen Leichnam geplündert, und irgendein Unteroffizier hat das Tagebuch zurückgebracht.

Nein, dachte Wakara, ich habe schon zuviel von einem Amerikaner an mir, um diese seltsamen Dinge wirklich zu verstehen, die in Ishimaras Kopf vorgegangen waren. Würde ein Amerikaner Tagebuch führen und eine Stunde vor einem Angriff darin schreiben? Dieses bedauernswerte Ishimara-Schwein! Verbohrt, verbohrt wie alle diese Japaner. Wakara entfaltete seine Übersetzung und überlas sie einen Augenblick:

> Die Sonne war rot heute abend, als sie unterging; rot wie das Blut unserer Soldaten, die heute starben. Rot wie morgen mein eigenes Blut.
>
> Ich kann nicht schlafen, heute nacht; ich muß weinen.

Voller Schmerz habe ich an meine Kindheit gedacht und mich der Gespielen erinnert, meiner Schulfreunde, und der Spiele, die wir gemeinsam spielten. Ich denke an das Jahr, das ich mit meinen Großeltern in der Präfektur von Choshi verbrachte.

Ich weiß, ich bin geboren, um zu sterben. Ich wurde geboren, ich lebte, und ich werde sterben. Daran denke ich in dieser Nacht.

Ich glaube nicht an den Kaiser, Seine Himmlische Hoheit, ich muß es gestehen.

Ich muß sterben. Geboren werden und sterben.

Ich frage mich: warum? Ich bin geboren worden, um zu sterben.

Warum? Warum? Was hat es für einen Sinn?

Wakara zuckte die Schultern. Ein Philosoph, ein Dichter; es gab viele Japaner, die so waren. Und doch starben sie nicht wie Dichter; sie starben bei ekstatischen Massenausbrüchen, im Massenwahn. Naze, naze, desu ka? Ishimara hatte es in großen, zitternden Buchstaben geschrieben: Warum? Warum ist es so? Und dann ist er dahingegangen und in der Nacht des großen japanischen Angriffes am Fluß gefallen. Er fiel, nachdem er ohne Zweifel inmitten dieser gestaltlosen, rasenden Masse mitgebrüllt hatte. Wer konnte das ganz begreifen? fragte sich Wakara.

Als zwölfjähriges Kind war ihm Japan wie das wunderbarste und schönste Land, das er jemals gesehen hatte, vorgekommen. Alles war so klein gewesen; ein Land, das für die Größe von Zwölfjährigen gebaut zu sein schien. Wakara kannte Choshi, wo Ishimara ein Jahr mit seinen Großeltern verbrachte. Vielleicht hatte er sogar einmal mit ihnen gesprochen. Auf der Halbinsel von Choshi konnte man zwei Meilen weit alles genau erkennen. Da waren die großen Felsen, die mehrere Hundert Fuß tief hinab in den Pazifik stürzten, da waren Miniaturwäldchen in solcher Vollkommenheit, als wären sie aus Smaragden geschnitzt, da waren kleine Fischerstädtchen, aus grauem Holz und Felsen erbaut, da waren die Reisfelder, die schwermütigen, kleinen Hügel und die engen, erstickenden Gassen der Stadt Choshi mit ihrem Geruch nach Fischeingeweiden und menschlichem Dung, das Menschengewimmel auf den blutbespritzten Docks an der Fischereiküste. Nichts lag brach; seit tausend Jahren war das Land gepflegt worden.

Wakara drückte seine Zigarette im Sand aus und kratzte seinen dünnen Bart. So war es in allem gewesen. Ganz gleich, wohin man ging, überall war Japan schön, von einer unwirklichen, vollkommenen Schönheit wie ein Miniaturpanorama auf einem Ausstellungsstand. Tausend Jahre lang oder vielleicht noch länger hatten die Japaner wie schäbige Wächter neben ihren kostbaren Juwelen gelebt. Sie hatten das Land bebaut und sich vermehrt und nichts für sich übrigbehalten. Selbst als Zwölfjähriger hatte er erkannt, daß die Gesichter der Frauen anders dreinblickten als die amerikanischer Frauen. Und nun, in der Rückschau, war es ihm, als hätte eine seltsame, besondere Nachdenklichkeit auf diesen japanischen Frauengesichtern gelegen, als ob sie sogar dem Wunsch entsagt hätten, an Freuden auch nur zu denken, die ihnen niemals beschieden sein würden.

Hinter der Schönheit stand die Öde ihres Daseins, die ihrem Leben nichts als Mühe und Selbstverleugnung brachte. Die Japaner waren ein abstraktes Volk, das eine abstrakte Kunst entwickelt hatte, das in Abstraktionen dachte und seine Sprache damit anfüllte. Sie hatten nach innen gewandte Zeremonien erfunden, die nichts bedeuteten, und lebten in der größten Furcht vor ihren Beherrschern wie kein anderes Volk.

Und vor einer Woche hatte sich ein Bataillon dieser gedankenvollen Menschen todeswütig und mit lauten, Entsetzen erregenden Schreien in den Kampf gestürzt. Oh, dachte Wakara, er verstand es, daß die Amerikaner, die in Japan gewesen waren, die Japaner am meisten haßten. Vor dem Krieg waren sie so geistvoll, so reizend gewesen; die Amerikaner hatten sie wie Lämmchen aufgehoben und waren nun wütend, daß die Lämmchen sie gebissen hatten. Alle diese Gespräche, das höfliche Ausweichen, das verlegene Lächeln der Japaner bekamen plötzlich eine andere Bedeutung; es war seit dem Kriege bösartig geworden. Wie ein Mann hatten sich die Japaner gegen sie verschworen. Es lag etwas völlig Verkommenes darin. Vielleicht zehn von zwei oder drei Millionen japanischer Landleute, die getötet wurden, besaßen eine Vorstellung, warum sie erschlagen wurden. Selbst in der amerikanischen Armee war dieser Prozentsatz viel größer.

Aber getötet wurden sie, weil die Japaner narkotisiert waren; seit tausend Jahren. Wakara zündete sich abermals eine Zigarette an und ließ den Sand durch seine Finger laufen.

Pop! tönte es vom Karabiner.

Nun, daran konnte er nichts ändern. Vielleicht würden die Amerikaner einmarschieren, und nach zwanzig oder dreißig Jahren würde wahrscheinlich das Land wieder das gleiche sein. Das Volk würde wieder im alten künstlichen, abstrakten Geleis dahinleben und aus sich heraus das Elixier für eine andere hysterische Idee der Aufopferung entwickeln. Was waren zwei oder drei Millionen im Sinne der malthusianischen Lehre vom

Heraufkommen des Ostens. Er fühlte es selbst und verstand es besser als die Amerikaner.

Ishimara war ein Narr gewesen. Er wußte nichts von Dingen wie Bevölkerungsdichte; er sah es nur mit seinen eigenen, kurzsichtigen Augen und beobachtete mit atavistischem Angstgefühl den Untergang der Sonne. Die rote Sonne und sein eigenes Blut: das war es, was Ishimara begriff. Das war die dem Japaner erlaubte Vorstellung. Tief verborgen im eigenen Herzen, im persönlichen Niederschlag eines Tagebuches durften sie Philosophen, geistvolle Denker sein, die jedoch nichts von dem Fahrzeug verstanden, das sie fortbewegte. Wakara spie aus, und mit einer nervösen, verstohlenen Bewegung bedeckte er es mit Sand und schaute sich an der Küste um.

Sie waren Narkotisierte.

Und er stand allein, ein weiser Mann ohne Heimat.

Die Flut kehrte wieder, und die Landspitze, auf der Major Dalleson seinen Karabiner abfeuerte, wurde langsam überschwemmt. Als eine kleine Welle um seine Knöchel plätscherte, zog er sich einige Schritte zurück, und dann beugte er sich nieder, um einen neuen Kiesel aufzuheben. Er hatte nun schon fast eine Stunde lang nach Steinen geschossen, und begann zu ermüden. Seine breite Brust und sein Bauch waren von der Sonne gerötet, sein Körperhaar glatt vom Schweiß, und der Hosenbund seiner baumwollenen Shorts, dem einzigen Kleidungsstück, das er trug, war vollkommen durchnäßt. Er grunzte, blickte auf die Kiesel in seiner Hand und wählte einen aus, den er zwischen Daumen und Zeigefinger hielt. Dann lehnte er sich wie ein Tier vornüber, so daß sich sein Gesicht fast parallel zum Boden befand und die Mündung seines Karabiners senkrecht dicht neben seine Zehen zeigte. Er beugte sich noch weiter vor, bis sein Kopf nur noch einen Fuß von den Knien entfernt war, und dann richtete er sich mit einem Ruck auf, während er mit der linken Hand den Stein in die Luft warf und den Karabiner mit dem rechten Arm erhob. Für einen Augenblick bekam er den Stein als kleinen Staubfleck am blauen Himmel ins Visier, dann drückte er den Abzug, und der Stein zersplitterte.

„Himmel", sagte Dalleson mit Befriedigung, wischte sich mit dem kräftigen Unterarm den Schweiß von den Augen und leckte das ausgedunstete Salz aus den Mundwinkeln. Dieser Stein war der vierte in einer Reihe von Treffern.

Er wählte einen neuen aus, ging in seine Stellung, warf ihn hoch und verfehlte ihn diesmal. „Nun gut, ich habe im Durchschnitt drei von fünfen getroffen", sagte er zu sich. Das war in Ordnung; er hatte sein gutes Augenmaß noch nicht verloren.

Er würde an seinen Schützenklub drüben in Allentown schreiben und ihnen darüber berichten.

Das Tontaubenschießen würde klappen. Er mußte es versuchen, sobald er zurück war. Wenn er von fünf Steinen drei mit einem Karabiner traf, müßte man ihm schon die Augen verbinden, wenn er eine Tontaube mit einem Gewehr verfehlen sollte. Sein Ohr schmerzte ihn ein wenig, in einer vertrauten Weise vom Lärm des Karabiners.

Conn und Dove bewegten sich hundert Yards entfernt im Wasser, und er winkte ihnen zu. Eine weitere Welle umspülte seine Knöchel. Besser noch, er würde seinem Klub ein Bild senden, statt zu schreiben.

Dalleson sah sich um und blickte über den Strand, wo die Offiziere Bridge spielten. „He, Leach, wo, zum Teufel, stecken Sie?" brüllte er.

Ein großer, schlanker Offizier mit hagerem Gesicht und silbergeränderten Augengläsern setzte sich auf. „Hier bin ich, Major, was wünschen Sie?"

„Haben Sie Ihre Kamera bei sich?" Leach nickte unsicher. „Gut, würden Sie sie mir bitte bringen?" rief Dalleson. Leach war sein Assistent, Hauptmann in der Befehls- und Übungsabteilung.

Dalleson grinste ihn an, als er mit der Kamera ankam. Leach war ein angenehmer, netter Kerl, der seine Arbeit gut machte und darauf aus war, gefällig zu sein. „Hören Sie, Leach, ich würde gern ein Bild von mir haben, wie ich nach den Steinen schieße."

„Es wird ein bißchen schwer sein, Major, es ist nur so eine kleine, alte Box mit einem Verschluß für $1/25$ Sekunde."

Dalleson runzelte die Stirn. „Ach was, das wird schon reichen."

„Nun, Major, aber ich muß Ihnen leider sagen, ich will ganz offen sein" – Leachs Stimme hatte einen leichten südlichen Akzent –, „ich würde Ihnen sehr gern gefällig sein, aber ich habe nur noch drei Aufnahmen, und es ist so schwer, Filme zu bekommen."

„Ich werde sie Ihnen natürlich bezahlen", bot Dalleson an.

„Ach nein, daran habe ich nicht gedacht, aber sehen Sie..."

Dalleson unterbrach ihn. „Kommen Sie schon, Mann, ich habe Sie doch nur um ein Bild gebeten. Für wen, zum Teufel, werden Sie sie schon verknipsen? Doch sicherlich nur für Hinz und Kunz."

„Nun gut, Major."

Dalleson strahlte. „Großartig, nun passen Sie auf, Leach, was ich wünsche, ist folgendes: Sie gehen da ein bißchen auf die Landspitze, und ich möchte, daß ich selbst drauf bin, natürlich, und im Hintergrund der Dschungel, so daß meine Freunde wissen, wo, zum Teufel, das Bild gemacht wurde, und dann will ich, daß der Stein mit draufkommt, wenn er in der Luft zerplatzt."

Leach blickte gequält drein. „Major, das kriegen Sie nicht alles drauf. Das würde einen Winkel von neunzig Grad erfordern, und die Linse dieser Kamera umfaßt nicht mehr als fünfunddreißig."

„Ach, Mann, lassen Sie mich in Ruhe mit diesen verdammten Fachausdrücken, es scheint mir doch nicht so verflucht schwer zu sein, ein kleines Bild zu machen."

„Es gäbe die Möglichkeit, Sie von hinten zu knipsen, mit Ihnen im Vordergrund, und die Kamera dann so zu neigen, daß sie den Stein noch einfängt, aber ich sage Ihnen, Major, es ist reine Materialvergeudung, denn der Stein wird gar nicht zu sehen sein, weil er zu klein ist."

„Leach, machen Sie es doch nicht so kompliziert, ich habe ja auch schon fotografiert. Ist doch nichts weiter nötig, als den verdammten Knopf zu drücken. Hören wir doch auf, so viele Worte zu machen."

Leach hockte sich, offensichtlich verstimmt, hinter Dalleson und turnte einige Sekunden herum, um den richtigen Blickwinkel zu finden. „Wollen Sie versuchsweise einen Stein hochwerfen, Major?" fragte Leach. Dalleson warf einen in die Luft. „Lassen wir doch dieses langweilige Probieren", murrte er.

„Nun gut, Major, ich bin bereit."

Dalleson beugte sich vornüber, richtete sich auf und schoß nach dem Stein, als dieser auf der Spitze der Parabel angelangt war. Er verfehlte ihn und wandte sich an Leach. „Wir wollen noch eine versuchen."

„Gut", sagte Leach widerwillig.

Diesmal traf Dalleson den Stein, aber Leach hatte zu spät reagiert und erst losgedrückt, als die Steinsplitter bereits umherflogen. „Verflucht noch mal, Mann!" brüllte Dalleson.

„Ich gebe mir die größte Mühe, Major."

„Gut, aber beim nächsten Mal vergessen Sie nicht wieder zu drücken." Dalleson warf die Steine in seiner Hand fort und suchte nach einem größeren.

„Das ist das letzte Bild auf dem Film, Major."

„Himmel, ja, wir wollen es drangeben." Dalleson wischte sich wieder den Schweiß aus den Augen, beugte sich vornüber und starrte auf seine Knie. Sein Herz klopfte ein wenig rasch. „Sie drücken los, sobald Sie den Karabiner hören", brummte er.

„Ja, Sir."

Hoch flog der Stein, und der Karabiner streckte sich ihm entgegen. Es gab einen erregenden Augenblick, wo er ihn im

Visier nicht erwischte, und als er zu fallen begann, fing er ihn mit dem vorderen Visier ein, glich gefühlsmäßig aus, tastete nach der Sicherung und verspürte erst den leichten Zug des Schaftes und dann den Gegenstoß, als er abdrückte.

„Diesmal bekam ich ihn, Major."

Die kleinen Wasserringe, die die Steinsplitter verursacht hatten, breiteten sich immer noch aus. „Himmel", sagte Dalleson wieder fröhlich, „das macht Spaß, Leach."

„Sicher, Sir."

„Lassen Sie mich dafür bezahlen."

„Nun..."

„Ich bestehe darauf", sagte Dalleson. Er ließ das Magazin aus dem Karabiner gleiten und feuerte den in der Kammer verbliebenen beträchtlichen Rest in die Luft. „Sagen wir einen Viertel für die drei Bilder. Ich hoffe, daß sie gut herauskommen werden." Er klopfte Leach auf den Rücken. „Kommen Sie, mein Sohn, und lassen Sie uns beide schwimmen gehen. Himmel, wir haben es uns verdient."

Das war in Ordnung.

9

DER Aufklärungszug hatte wieder mit der Arbeit an der Straße begonnen, seitdem er von der Front zurück war. Die Frontkompanien verlegten ihre Stellungen mehrmals nach vorn, und die Männer in der Etappe vernahmen gerüchtweise, daß sie bereits dicht vor der Toyaku-Stellung lägen. Tatsächlich erfuhren sie sehr wenig darüber, wie es mit dem Feldzug weiterging. Die Tage wiederholten sich in ihrem ereignislosen Ablauf. Die Männer wußten nicht mehr zu sagen, an welchem Tage das eine oder andere geschehen war. Nachts standen sie Wache; eine halbe Stunde nach Beginn der Morgendämmerung wurden sie geweckt, nahmen ihr Frühstück ein, wuschen ihr Eßgeschirr ab, rasierten sich und wurden auf Lastwagen verladen, mit denen man sie durch den Dschungel an den Straßenabschnitt brachte, an dem sie arbeiteten. Gegen Mittag kamen sie zurück; nach dem Essen fuhren sie wieder hinaus und arbeiteten bis zum späten Nachmittag. Dann kehrten sie zum Abendbrot heim, nahmen vielleicht ein Bad im Fluß dicht beim Lager, und bald nach Einbrechen der Dunkelheit gingen sie schlafen. Die nächtliche Wache dauerte eineinhalb Stunden; sie hatten sich völlig daran gewöhnt und vergessen, wie es war, acht Stunden hintereinander zu schlafen. Die Regenzeit war nun da. Ständig waren sie durchnäßt. Nach einiger Zeit empfanden sie es nicht mehr als lästig. Feuchte Kleider schienen ihnen etwas Selbstverständliches zu sein, und es machte Mühe, sich daran zu erinnern, wie sie sich in trockenen Uniformen gefühlt hatten.

Eine Woche nach ihrer Rückkehr traf eine Ladung Post auf der Insel ein. Es waren die ersten Briefe, die die Männer seit vielen Wochen erhielten, und einen Abend lang veränderte es das gewohnte Lebensbild. Am gleichen Abend wurde eine der nicht häufigen Bierrationen ausgegeben. Die Männer brachten ihre drei Büchsen schnell hinter sich und hockten herum, ohne viel zu sprechen. Es war zu wenig gewesen, um sie betrunken zu machen; sie waren nur übellaunig und nachdenklich davon geworden. Es hatte das Tor ihrer Erinnerungen aufgestoßen und sie verdrießlich und hungrig nach Dingen gemacht, die sie nicht zu benennen wußten.

An dem Abend, als sie Post bekommen hatten, trank Red sein Bier mit Wilson und Gallagher und kehrte erst bei Dunkelwerden in sein Zelt zurück. Er hatte keinen Brief erhalten, was ihn jedoch nicht überraschte, da er seit über einem Jahr niemandem geschrieben hatte; dennoch fühlte er eine Spur von Enttäuschung. Niemals hatte er an Lois geschrieben und so auch nichts von ihr gehört. Sie kannte nicht einmal seine Anschrift. Aber bisweilen, gewöhnlich bei einem abendlichen Postappell, überkam ihn eine kleine, sekundenschnelle und vernunftlose Hoffnung. Die Angelegenheit mit Lois war zwar eingeschlafen, aber dennoch...

Seine Niedergeschlagenheit hatte sich verschlimmert, während er mit den anderen Männern zusammen war. Gallagher war geschäftig dabei, an seine Frau zu schreiben, während er die fünfzehn Briefe überflog, die er von ihr empfangen hatte, um einiges zu beantworten, wonach sie fragte, und Wilson führte Klage über seine Frau. „Ich habe diesem verfluchten Weib so sehr meine Liebe gegeben, daß sie es niemals vergessen wird, und nun macht sie mich dauernd verrückt, warum ich ihr nichts von meiner Löhnung schicke."

„Du wirst noch im Gefängnis enden", hatte Red geknurrt.

Während er zu seinem eigenen Zelt zurückging, war er sehr verstimmt. Beim Eintreten stieß er eine leere Bierbüchse beiseite und kroch in die Grube. Er fluchte ein wenig, während er die durcheinanderliegenden Decken im Dunkeln glättete. „Das sieht der verdammten Armee wieder mal ähnlich", sagte er zu Wyman, „drei Büchsen Bier! Sie finden immer was Neues, um einen zu foppen."

Wyman drehte sich auf seinem Lager um und sagte sanft: „Ich habe nur eine getrunken, wie wär's, willst du die andern beiden?"

„Ach, danke Kindchen." Red zögerte. Eine Freundschaft hatte sich zwischen ihnen beiden stillschweigend entwickelt, seitdem sie zusammen hausten, aber in der letzten Zeit räumte ihm Wyman zu viele Vergünstigungen ein. – Du beginnst dir einen Kameraden heranzuziehen, und dann wird er dir weggeblasen, dachte Red. Immer mehr erinnerte ihn Wyman an Hennessey. „Du solltest dein Bier besser selber trinken, Kindchen", sagte er, „die werden so bald kein neues 'rausrücken."

„Ach, ich mach' mir nicht viel aus Bier."

Red öffnete eine Büchse und reichte sie Wyman. „Komm, wir wollen jeder eine trinken." Wenn er beide getrunken hätte, wäre er wohl benebelt genug gewesen, um leicht Schlaf zu finden. Seit ihrem Marsch an die Front hatte Red ständig Schmerzen in den Nieren, was ihn nachts nicht schlafen ließ. Und in der Schlaflosigkeit tauchte immer wieder das Bild vor seinen Augen auf, wie er darauf gewartet hatte, von dem japanischen Soldaten durchbohrt zu werden. Aber zwei Büchsen Bier wären ein großes Geschenk gewesen, ein zu großes. Es würde Wyman einen Anspruch an ihn verschafft haben. Und es war besser, niemandem etwas zu schulden.

Schweigend tranken sie für einige Minuten. „Hast du viel Post bekommen, Kindchen?" fragte Red.

„Einen ganzen Stoß von meiner Mutter." Wyman zündete sich eine Zigarette an und blickte beiseite.

„Wie geht's eigentlich deiner Freundin Soundso?"

„Ich weiß nicht, ich habe von ihr nichts bekommen."

Red verzog im Dunkeln sein Gesicht. Wymans Benehmen hätte es ihm schon sagen müssen. Bier verschenken und allein im Zelt vor sich hin zu träumen – das hätte genügt, um zu erkennen, daß mit Wyman etwas nicht in Ordnung war und daß es besser gewesen wäre, eine Unterhaltung zu vermeiden. „Ach, zum Teufel, Kindchen, sie wird schon schreiben", platzte er heraus.

Wyman machte sich an seiner Decke zu schaffen. „Ich finde mich da nicht durch, Red; seitdem ich in Übersee bin, habe ich keine Post mehr von ihr erhalten, während sie mir damals, als ich noch in den Staaten war, jeden Tag schrieb."

Red spülte sich mit einem Schluck Bier den Mund. „Äääh, das liegt wieder einmal an der verdammten Feldpost", sagte er.

„Daran habe ich auch erst gedacht, jetzt glaube ich es nicht mehr. Im Rekrutendepot hatte ich nicht damit gerechnet, aber es gab hier bereits zwei Postappelle, und jedesmal bekam ich einen Stoß Briefe von meiner Mutter und von ihr nichts."

Red beschäftigte sich mit seiner Nase und seufzte.

„Um dir die Wahrheit zu sagen, Red, ich fürchtete, jetzt einen Brief von ihr zu erhalten; es wäre wahrscheinlich ein Abschiedsbrief gewesen."

„Es gibt so viele Frauen, Kindchen, und es ist besser, wenn du es frühzeitig begreifst."

Wymans Stimme klang beleidigt. „Sie ist nicht so, Red. Sie ist ein wunderbares Kind. Ach, Himmel, ich weiß nicht, aber sie war wirklich so ganz anders."

Red brummte. Wymans Gefühle machten ihn verlegen, und er ahnte, daß er nun noch manches zu hören bekommen würde. Er trank einen Schluck und lächelte verlegen. – Die Bezahlung für das verdammte Bier, sagte er für sich. Plötzlich stellte er sich wieder vor, wie Wyman den Abend über ganz allein vor sich hin gebrütet hatte, und er versuchte nun, ihn zu beruhigen. „Es ist bitter, herumzusitzen und grübeln zu müssen", sagte er. Es war aber nur ein kleiner Teil seines Wesens, der es mitempfand. Die Sorgen anderer Männer langweilten ihn gewöhnlich. Jeder bekam seine Nase einmal gestaucht, und jetzt war Wyman an der Reihe.

„Wie bist du denn mit ihr bekannt geworden?" fragte er.

„Ach, sie ist die jüngere Schwester von Larry Nesbitt, einem Kameraden von mir, von dem ich dir, wie du dich vielleicht erinnerst, schon erzählt habe."

„Jaaa." Red hatte eine schwache Erinnerung.

„Nun, ich bin oft bei ihm zu Haus gewesen. Sie war aber fast noch ein Kind, und ich habe sie niemals sehr beachtet. Aber dann – zwei Monate bevor ich Soldat wurde – ging ich wieder zu ihm, aber er war nicht da, und jetzt fiel sie mir auf; sie schien mir plötzlich erwachsen zu sein. Und ich fragte sie, ob sie mit mir spazierengehen würde, und wir saßen in einem Park und unterhielten uns, und ..." Wyman brach ab. „Ich konnte mit ihr über so viele Dinge sprechen, und ich weiß nicht, wie es kam, wir saßen da auf einer Bank im Park, und ich erzählte ihr, daß ich Sportberichter, und sie mir, daß sie Modezeichnerin werden möchte, und ich begann zu lachen, bis mir bewußt wurde, daß sie es ernsthaft wünschte. Und lange Zeit unterhielten wir uns beide über unsere Pläne." Er trank sein Bier aus.

„Eine Menge Menschen gingen an uns vorüber", sagte Wyman, „und wir begannen ein Spiel – weißt du, wir versuchten zu erraten, was die Vorübergehenden für ein Leben führten und ob sie sich glücklich fühlten oder nicht. Und dann begannen wir unsere Freunde zu analysieren und redeten immer weiter."

Red grinste. „Und dann hast du sie gefragt, was sie über dich denkt?"

Wyman sah ihn überrascht an. „Woher weißt du das?"

„Ach, ich habe es nur vermutet." Red erinnerte sich an den Park am Ende der Hauptstraße in seiner Grubenstadt. Einen

Augenblick lang trat Agnes' Gesicht in Erscheinung, und er hörte wieder den Klang einer Stimme: „Weißt du, daß ich nicht an Gott glaube?" Es stimmte ihn nachdenklich, und er lächelte vor sich hin. Dieser Abend war so schön gewesen, wie später keiner mehr. „Zu welcher Jahreszeit war es – Sommer?" fragte er Wyman.

„Ja, früh im Sommer."

Red lächelte wieder. – Es widerfährt allen diesen verrückten jungen Menschen, dachte er, und alle meinen sie, es ist etwas Besonderes daran. – Wahrscheinlich war Wyman ein schüchterner Junge gewesen, und er konnte ihn nun vor sich sehen, wie er dort im Park einem Mädchen Dinge erzählte, die er sonst niemandem anvertraut hätte. Und natürlich war das Mädchen genauso wie er. „Ich weiß, wie du es meinst, Kindchen", sagte er.

„Und du sollst auch noch wissen, daß sie dann gestand, sie liebe mich", sagte Wyman trotzig, als erwarte er, daß Red lachen würde. „Nach diesem Abend waren wir ständig beisammen."

„Was hat deine Mutter dazu gesagt?"

„Ach, sie sah es nicht gern, aber es kümmerte mich nicht. Ich wußte, daß ich sie 'rumkriegen würde."

„Manchmal ist es schwer", sagte Red. „Man weiß nicht, wo man hineinrennt."

Wyman schüttelte den Kopf. „Höre, Red, es klingt albern, aber wenn ich bei Claire war, wußte ich, daß aus mir etwas werden würde. Nach einem Rendezvous, als ich sie verlassen hatte und für mich allein umherlief, da, hol's der Teufel, wußte ich, daß ich eines Tages etwas Großes werden würde. Ich war dessen ganz sicher." Er hielt einen Augenblick inne und war versunken in das, was er gesagt hatte.

Red wußte nicht, was er antworten sollte. „Ach, Kindchen, viele glauben, es auf die gleiche Weise zu fühlen."

„Nein, mit uns war es anders, Red. Wirklich etwas Besonderes."

Red zuckte zusammen. „Ich weiß nicht", murmelte er, „dies Gefühl hat eine Menge Menschen, und aus irgendeinem Grunde zerplatzt es dann, und sie sind aufeinander nicht mehr gut zu sprechen."

„Wir nicht, Red. Ich sagte doch, sie liebte mich." Er begann darüber wieder zu grübeln, und sein Gesicht bekam einen angespannten Ausdruck. Er hüllte sich fest in seine Decke, und dann sagte er: „Sie kann mich doch nicht belogen haben, Red, so eine war sie nicht, sie war kein leichtfertiges Ding." Er schwieg, und dann platzte er heraus: „Meinst du, daß sie mich angelogen hat?"

„Nee, wohl nicht", sagte Red. Es war ihm, als fühle er einen Schlag. „Nee, gelogen wird sie nicht haben, aber Menschen ändern sich."

„Sie nicht", sagte Wyman. „Es war so ganz anders mit uns." In seiner Stimme lag Verzweiflung darüber, daß es ihm nicht gelingen wollte, seinen Gefühlen die richtigen Worte zu geben.

Red dachte an die Mutter, die Wyman würde unterstützen müssen, wenn er ihre Tochter heiratete, und mit einem schnellen Gedankensprung erfaßte er alles, was dies umschließen würde – Streit, Geldsorgen, das Verlöschen ihrer Jugend, bis sie schließlich so aussehen würden wie die Menschen, die damals an ihnen im Park vorübergegangen waren. Für Red lag es völlig klar. Wenn nicht bei diesem Mädchen, würde es bei einem anderen für Wyman zutreffen, und es machte keinen Unterschied, denn alle würden nach dreißig Jahren gleich aussehen, und niemals würde Wymann groß vorankommen. Er sah ein Zukunftsbild aus Wymans Leben, und es regte ihn auf. Er wünschte sehr, Wyman etwas Angenehmeres mitzuteilen als nur seine Meinung, daß das alles so unwichtig sei. Aber er vermochte sich nichts auszudenken und legte sich in seine Decken gehüllt nieder. Sein Rücken schmerzte ihn. „Äääh, es ist schon das beste, wenn du versuchst, es zu verschlafen, Kindchen", sagte er.

„Ja, gewiß", murmelte Wyman.

Wie in einem Fieberrückfall empfand Red den ihm vertrauten Schmerz des alternden, schwermütigen und sich weise fühlenden Mannes.

Croft und Martinez hatten beide keine Post erhalten, sie bekamen niemals welche. Ridges wurde ein Brief von seinem Vater übergeben. Er war unbeholfen auf schwach liniertem Papier, auf dem sich die Bleistiftzüge tief eingedrückt hatten, geschrieben. Ridges gab ihn an Goldstein, damit er den Brief vorlese.

Er lautete:

„Liber Sohn, ich und alle von uns vermissen Dich. Die Ärnte war im Herbst, und wir machen ein wenich Gelt, genuch zum Leben, Gott sei Dank. Sim ist fast einen halben Fuß gewachsen, und Deine andern Brüder und Schwestern leisten ihm Gesellschaft, Mutter fühlt sich ziemlich guht. Der alte Henry hat seine drei Morgen verloren, ist eine Schannde, aber die Gesellschaft giebt ihm keine Antwort. Wir bestähtigen das Gelt, daß Du gesant hast; Du bist ein guhter Sohn, sagen wir alle. Dein libender Vater."

„Ein sehr schöner Brief", sagte Ridges, als Goldstein zu Ende gelesen hatte. „Pa hat eine gute Handschrift."

„Es ist ein sehr netter Brief", sagte Goldstein. Er überlas noch einmal die letzten Zeilen in einem der Briefe, die ihm seine Frau gesandt hatte. „Danny fragte gestern nach Dir. Ich habe ihm immer wieder erzählt, daß der Pappi bei den Soldaten ist, und er hat Dich nicht ein bißchen vergessen. Oh, er ist so schlau, Joey, und ich wünschte, Du könntest es miterleben, wie er heranwächst, es gibt nichts Schöneres. Gestern sagte er: ‚Wann kommt Pappi zurück vom Bum-Bum-Machen?' Ich wußte nicht, ob ich lachen oder weinen sollte. Manny Straus versprach mir, ein paar Bilder von ihm zu machen..."

Goldstein nippte an seinem Bier und spürte eine entsetzliche Sehnsucht.

Gallagher hatte Wilson einen der Briefe von Wilsons Frau am nächsten Morgen noch einmal vorgelesen. Wilson lachte mehrmals zornig auf, während Gallagher las:

„Ich laß mir das nicht länger gefallen, denn ich war Dir immer eine guute Frau, und Du weißt das, ich hab Dir immer das Geld gegeben, das Du haben wolltest, und hab jetzt Anspruch auf hundertzwanzig Dollar im Monat, hab mit Wes Hopekinds unten im Bezirksamt gesprochen, und er sagt, daß Du mir das Geld geben mußt, die Armee sorgt dafür, und Du kanns nichts dran machen. Wenn Du es nicht selber tuhst, Woodrow, werde ich einen Brief an die Armee schreiben, ich kenne die Adresse, weil mir Wes gesagt hat, wie ich es machen mus. Ich habe es satt, Dir eine guute Frau zu sein, wenn Du nicht verstest..."

„Nun, wie gefällt dir dieser alte Scheißkram?" fragte Wilson. Er war zornig und grübelte über seine Antwort nach. „Du mußt mir heut abend einen Brief schreiben. Ich werde ihr klarmachen, daß sie nichts bekommen wird." Er entwarf in Gedanken ein paar Sätze: „Ich erkläre Dir, es wäre besser für Dich, wenn Du Dich wie ein anständiges Weib benehmen würdest und mit diesen Belästigungen aufhörtest, oder Du kannst Dich verdammt darauf verlassen, daß ich nicht zu Dir zurückkomme." Er strich „verdammt" wieder. Wilson hatte ein dunkles Vorurteil gegen die Anwendung von Flüchen in einem Brief. „Es gibt eine Menge Frauen, die sich freuen würden, wenn sie mich hätten, und Du weißt das. Ich kann eine Frau nicht ertragen, die immer darauf aus ist, dem Mann den letzten Cent abzunehmen. Wenn ich ein bißchen Geld bei der Armee brauche, muß ich es auch haben. Ich wünsche wegen dieser Unterstützung nichts mehr zu hören." Wilson fühlte sich im Recht und war verbittert, und diese Sätze zu entwerfen, bereitete ihm ein großartiges Vergnügen. Sein Kopf war voll von Dingen, die er ihr noch sagen wollte, und es freute ihn jedesmal, wenn er einen schlagenden Satz fand.

Er saß am Grubenrand im Eingang des Zeltes und blinzelte in die Sonne. „Nimm dagegen das andere Mädchen", sagte er zu Gallagher, „die ist richtig. Ich bekam einen Brief von ihr, den mir Red beim letzten Postappell vorgelesen hat, und sie schrieb mir, daß sie mich in Kansas zurückerwartet, daß wir dann heiraten und nach dem Süden gehen können. Das ist eine Frau! Sie hat für mich gekocht, mir die Sachen geflickt und mir für die Sonnabendbesichtigung die Hemden gestärkt und hat mich so gut geliebt, wie ich es seit langem nicht mehr bekommen habe."

Gallagher spie angeekelt und neidisch aus. „Was bist du doch für ein Schwein! Wenn du sie schon so liebst, warum sagst du ihr nicht, daß du verheiratet bist, und brichst mit ihr?"

Wilson sah Gallagher an, als ob dieser verrückt geworden sei. „Himmel, Mann", erregte er sich, „warum sollte ich ihr das sagen? Ich weiß doch nicht, wie mir zumute ist, wenn ich aus der Armee 'raus bin. Vielleicht könnte ich nach Kansas gehen und mit der anderen Frau brechen. Das kann man nie voraussagen. Es wäre doch eine verdammte Schande, wenn ich es ihr erzählen würde, und sie wäre dann nicht mehr da, wenn ich nach ihr Verlangen hätte." Er schüttelte den Kopf und kicherte. „Je weniger du deiner Frau erzählst, um so besser bist du dran."

Gallagher wurde wütend. „Ihr verdammten Kracher, ihr seid wie die Tiere."

„Ach."

Gallaghers Zorn schwoll an. Solch ein Bursche wie Wilson scharwenzelte herum, machte sich das Leben leicht und ließ andere dafür zahlen. Das war ungerecht. Er blickte auf und starrte neidvoll und von seiner Rechtschaffenheit überzeugt in den Dschungel.

Nach einer Weile beruhigte er sich und sah wieder auf seine Post. Am Abend zuvor hatte er nur Zeit gefunden, die Briefe zu lesen, die er von seiner Frau bekommen hatte. Es waren alles alte Briefe, der neueste war einen Monat alt, und überrascht mußte er sich sagen, daß er wahrscheinlich inzwischen Vater geworden war. Das Datum, das ihm seine Frau für die Geburt des Kindes angegeben hatte, lag bereits einige Tage zurück; aber er konnte es noch nicht glauben. Ihm war, als wäre das, worüber sie geschrieben hatte, erst an dem Tage geschrieben worden, an welchem er den Brief las. Wenn sie ihm zum Beispiel schrieb, daß sie morgen eine ihrer Freundinnen besuchen werde, glaubte er am nächsten Tag, daß jetzt Mary bei ihrer Freundin sei. Natürlich belehrte ihn seine Vernunft, aber gefühlsmäßig geschah für ihn alles erst jetzt, während er die Briefe las.

Nun befaßte er sich mit der übrigen Post. Er überflog einen Brief seiner Mutter und las Wilson einige der komischeren

Stellen aus einem Brief vor, den er von Whitey Lydon erhalten hatte. Dann öffnete er einen großen, dicken Umschlag und zog eine Zeitung hervor. Sie hatte kleines Format, nur acht Seiten Umfang und war schlecht gedruckt. „Ich habe hierfür gearbeitet", sagte er zu Wilson.

„Ich habe nie gewußt, daß du Reporter warst."

„Nee, das ist ein politisches Blatt. Der Hauptausschuß der Partei gibt es zu den ersten Wahlen heraus." Er sah nach dem Datum. Es war im Juni gedruckt. „Verdammt alt", sagte er. Der Neid packte ihn, als er die Namen am Kopf der Seite überflog; einer seiner Freunde, der nicht, wie er, Soldat war, leitete jetzt die Inseratenabteilung. Gallagher wußte, was das bedeutete. Bei der letzen Wahl, ehe er Soldat wurde, war er in seinem Bezirk von Tür zu Tür gegangen, um Beträge für die Zeitung hereinzuholen. Wer die meisten Gelder brachte, wurde zum Propagandachef ernannt und erhielt gewöhnlich eine Anstellung bei der Schulkommission in seinem Bezirk. Er war nur mit wenigen Hundert Dollar zurückgeblieben, und man hatte ihn vertröstet, daß er sicherlich im nächsten Jahr siegen würde.

„Mein Pech, jetzt Soldat zu sein", sagte er grollend. Er begann die Zeitungen zu lesen; eine fette Überschrift erregte seine Aufmerksamkeit.

VERRÄTER ANDREWS IM NEUNTEN BEZIRK WERFT IHN RAUS!

Wieder ist der alte Andrews-Rummel in Aktion, so wie beim letztenmal, als er für die Wahlen mit seinem Kriegsruf: „Andrews gegen Kommunismus" startete. Erinnern Sie sich noch? Und was hat er gegen den Kommunismus unternommen? N-i-c-h-t-s, soviel wir wissen. Einer seiner Mitarbeiter im Hauptquartier war ein Vizepräsident der CIO[1], und ein anderer war ein Direktor der Anti-Nazi-Liga von New York, jener Liga, die, wie Sie wissen, nicht der Anweisung Vater Coughlins folgen wollte und den Katholiken Franco zu boykottieren wünschte.

Nun, Jimmy Andrews, alter Junge, erinnere dich daran, die alte, graue Mähre ist nicht mehr, was sie einmal war, und darum hüte dich davor, mit dem falschen Fuß aufzutreten. Halte die Öffentlichkeit oder die Veteranen nicht zum besten und überlege dir gut, was du sagen willst. Hilf den Veteranen, aber mach dich nicht lustig über sie! Wir sehen dir auf die Finger, Jimmy Andrews, und die Wähler vom neunten Bezirk dulden keinen Verräter. Achte auf die Männer, mit denen du umgehst. In der Partei ist kein Platz für Männer wie dich. Wir haben das alte Spiel satt.

[1] Congress of Industrial Organizations (Gewerkschaft)

WIR DULDEN KEINE VERRÄTER
KEINE KOMMUNISTEN
SETZT ANDREWS VOR DIE TÜR

Gallagher fühlte einen dumpfen Zorn in sich aufsteigen, während er dies las. Das war genau die Sorte Burschen, vor denen man sich in acht nehmen mußte, diese verdammten Kommunisten. Er erinnerte sich an seine Kraftfahrerzeit, als die AFL[1] versucht hatte, sie zu organisieren. Er hatte es dem Bezirksausschuß gemeldet; der Organisator war nicht mehr zurückgekommen. Manches war seltsam daran gewesen; er hatte wohl gemerkt, wie einige Jungens aus der Partei mit den roten Arbeiterführern schöntaten, der große Joe Durmey zum Beispiel, und dieser Bursche Jim Andrews, aber sie hatten keinen Grund, mit Verrätern zu verhandeln. Das war Gallaghers Meinung. Das waren auch dieselben Jungens, die immer gegen ihn arbeiteten; kein Wunder, wenn er niemals vorankam. Neid durchzuckte ihn, wenn er an Whitey Lydon dachte. Alle kamen voran, während er hier in der Klemme steckte. Keinem konnte man trauen. Einer fraß den andern.

Er faltete die Zeitung und stopfte sie in seine Tasche. Croft rief zur Arbeit. Sie kamen aus ihren Zelten und schlenderten zum Lastwagen hinüber, der sie an den Teil der Straße bringen sollte, wo sie arbeiteten. Die Sonne war erst vor einer Stunde aufgegangen, und der Morgen hatte noch eine reine, jungfräuliche Atmosphäre. Noch war es nicht heiß. Gallagher erinnerte sich undeutlich früher Sommermorgen, wenn er zu irgendeiner Arbeit unterwegs und das Pflaster noch kühl und frisch von der Sommernacht war. Er hatte die Zeitung vergessen und summte vor sich hin, als er auf den Wagen kletterte.

Im Postraum, einem spitzen Zelt mit zwei Feldtischen, sortierte der Schreiber einige Briefe, die fehlgeleitet worden waren. Ein Stoß von zwanzig für Hennessey bestimmter Briefe war darunter, die ein dünner Bindfaden zusammenhielt und seit einigen Stunden an einer Ecke des Tisches lagen. Schließlich wurden sie vom Schreiber bemerkt. Voller Stolz pflegte er zu behaupten, daß er sich jedes Namens im Regiment erinnere, und nun ärgerte es ihn, daß er Hennessey nicht unterbringen konnte.

„Wurde Hennessey vielleicht versetzt von der Hauptquartier-Kompanie?" fragte er seinen Gehilfen.

„Ich weiß es nicht, der Name kommt mir bekannt vor." Der Gehilfe dachte einen Augenblick nach, und dann sagte er:

---

[1] American Federation of Labour (Gewerkschaft)

„Warte mal, ich besinne mich jetzt, Hennessey fiel an dem Tag, als wir ankamen." Es freute ihn, daß er sich daran erinnerte, während der Schreiber es vergessen hatte.

„Richtig", sagte der Schreiber hastig. „Es erwischte ihn unmittelbar an der Küste, ich sprach noch mit Brown darüber." Er blickte auf die gebündelten Umschläge, seufzte und drückte einen Stempel darauf: „Empfänger gefallen." Als er dabei war, die Briefe in einen Sack zu seinen Füßen zu stecken, fiel ihm der Absender auf. Er überflog die Umschläge und entdeckte, daß es überall derselbe war. „He, sieh dir das mal an!" sagte er zu seinem Gehilfen.

Der Absender lautete auf allen Briefen: „Ma und Pa, 12 Riverdale Avenue, Tacuchet, Indiana." Der Gehilfe las es für sich, und einen Augenblick lang sah er einen rotwangigen Mann und eine Frau mit grauem Haar vor sich: Ma und Pa auf den Tausenden von Plakaten für alkoholfreie Getränke, Mundspülwasser und Zahnpasta. „Ach, ist das nicht traurig?" sagte er.

„Sicher."

„Es macht einen nachdenklich", sagte der Gehilfe.

Nach dem Mittagessen saß Gallagher in seinem Zelt, als Croft ihn rief. „Was gibt's?" fragte Gallagher.

„Der Kaplan möchte dich sprechen", sagte Croft.

„Warum?"

„Ich weiß es nicht." Croft zuckte die Achseln. „Geh ihn nur besuchen; bevor du zurück bist, sind wir fort, und dann hast du für den ganzen Nachmittag Wache im Lager."

Gallagher schritt über den Lagerplatz und blieb vor dem Zelt des Kaplans stehen. Das Herz schlug ihm heftig, und er versuchte, eine Hoffnung zu unterdrücken, die in ihm aufkeimte. Vor der Landung auf Anopopei hatte er den Kaplan gefragt, ob er noch einen Assistenten benötige, und der Kaplan hatte ihm versprochen, ihn zu berücksichtigen. Für Gallagher hätte dies bedeutet, daß er nicht mehr im Kampf eingesetzt werden würde. Oftmals hatte er von dieser Möglichkeit geträumt.

„Guten Tag, Vater Leary", sagte er. „Ich hörte, daß Sie mich zu sprechen wünschen." Seine Stimme klang höflich und ein wenig befangen, und er schwitzte vor Anstrengung, sich gut zu benehmen.

„Setz dich, Gallagher." Vater Leary war ein großer, hagerer Mann mittleren Alters, mit blondem Haar und sanfter Stimme.

„Worum handelt es sich, Vater?"

„Bediene dich erst, mein Sohn." Vater Leary zündete ihm eine Zigarette an. „Hast du viel Post von zu Haus bekommen?"

„Meine Frau hat mir fast jeden Tag geschrieben, Vater. Sie wird in diesen Tagen ein Kind bekommen haben."

„Ja." Vater Leary schwieg; er fuhr sich mit dem Finger über die Lippen, und dann setzte er sich plötzlich. Er legte seine Hand auf Gallaghers Knie. „Mein Sohn, ich habe leider eine schlechte Nachricht für dich."

Gallagher fühlte einen Kälteschauer. „Was ist geschehen, Vater?"

„Du weißt, mein Sohn, daß es viele Dinge gibt, die schwer zu begreifen sind. Dir bleibt nur dein Glaube, daß recht geschieht, was geschieht; daß Gott alles versteht und sieht und nur das Beste tut, selbst dann, wenn wir meinen, es nicht verstehen zu können."

Gallagher fühlte sich unbehaglich, aber dann überfiel ihn eine wahnsinnige Angst. Die wildesten Gedanken rasten durch seinen Kopf. Er platzte heraus: „Ist mir meine Frau davongelaufen?" Gleich darauf aber schämte er sich, es gesagt zu haben.

„Nein, mein Sohn, es hat einen Todesfall gegeben."

„Meine Mutter?"

Vater Leary schüttelte den Kopf. „Nicht deine Eltern."

Gallagher dachte, daß sein Kind bei der Geburt gestorben sei. Eine leichte Beruhigung überkam ihn. Das wäre nicht so schlimm, ging es ihm durch den Kopf. Einen Augenblick fragte er sich abermals stumpfsinnig, ob ihn Vater Leary vielleicht doch gerufen habe, um ihm die Stelle eines Assistenten zu geben.

„Nein, mein Sohn, es tut mir leid, es ist deine Frau."

Die Worte schienen durch einen gefühllosen Gallagher hindurchzugehen. Er saß da, ohne zu antworten und ohne an irgend etwas zu denken. Ein Insekt flog brummend durch die zurückgeschlagenen Zeltbahnen herein, und er beobachtete es.

„W–a–a–s?" fragte er.

„Deine Frau ist im Kindbett gestorben, Gallagher." Vater Leary blickte zur Seite. „Aber sie haben dein Kind gerettet."

„Mary war nicht sehr kräftig", sagte Gallagher. Das Wort „tot" bildete sich in ihm, und weil es für ihn bisher nur eine Bedeutung gehabt hatte, sah er Marys Körper zusammenzucken wie die Körper der japanischen Soldaten, die in der Mulde getötet worden waren. Er begann haltlos zu zittern. „Tot", sagte er. Das Wort hatte keinen Sinn. Er saß starr da, seine Gedanken hatten sich tief in einen geschützten Teil seines Verstandes zurückgezogen, und des Kaplans Worte fielen unverstanden auf die betäubte Oberfläche seines Hirns. Einige Augenblicke war es ihm, als höre er eine Geschichte mit an, die irgend jemanden betraf, der für ihn ohne Interesse war. Das einzige, was ihm seltsamerweise wichtig erschien, war, sich gut zu benehmen, um den Kaplan zu beeindrucken. „Ohhhhhh", sagte er schließlich.

„Die Nachricht, die ich erhielt, war nur kurz, aber ich werde dir die Einzelheiten mitteilen, sobald ich sie erfahren habe, mein Sohn. Es ist furchtbar schwer, so weit von zu Hause fort zu sein, ohne die geliebte Frau noch ein letztes Mal zu sehen."

„Ja, es ist furchtbar schwer, Vater", sagte Gallagher mechanisch. So, als ob eine Dämmerung wiche, begann Gallagher langsam die Gegenstände um sich herum zu unterscheiden und die Nachricht, die er gehört hatte, zu begreifen. Sein Verstand sagte ihm, daß etwas Böses geschehen sein mußte, und er hoffte, daß sich Mary über diese Nachricht nicht aufregen würde. Plötzlich wurde ihm klar, daß sich Mary nicht mehr aufregen könnte, und vor diesem Widerspruch prallte er zurück. Er starrte dumpf auf das Holz des Stuhles, auf dem der Kaplan saß. Er kam sich vor, als wäre er in der Kirche, und unwillkürlich blickte er auf seine Hände und versuchte, einen feierlichen Ausdruck anzunehmen.

„Das Leben geht weiter, mein Sohn. Es ist nicht ohne Bedeutung, daß das Kind gerettet wurde. Wenn du es wünschst, will ich für dich nachfragen, wer sich um das Kind kümmern wird. Vielleicht können wir einen Urlaub für dich erwirken."

Gallaghers Geister erwachten. Er würde seine Frau sehen. Aber Mary war ja tot. Diesmal schreckte sein Verstand nicht so weit zurück. Er saß nun da und dachte daran, wie angenehm es heute morgen in der Sonne gewesen war, als er auf den Wagen kletterte, und dumpf wünschte er in diesem Augenblick, zurückkehren zu können.

„Mein Sohn, du mußt Mut fassen."

„Ja, Vater." Gallagher stand auf. Er spürte seine Fußsohlen nicht, und als er über seinen Mund strich, fühlte er sich unter seinen Fingern fremd und geschwollen an. Einen Augenblick lang überfiel ihn panischer Schrecken, und er mußte an die Schlange in der Höhle denken. – Ich wette, daß sie so einen verdammten Juden als Arzt hatte, sagte er zu sich; aber dann vergaß er diese Vorstellung wieder. Immerhin hinterließ es in ihm ein zufriedenes Gefühl, recht zu haben. „Nun, Vater, vielen Dank", sagte er.

„Geh in dein Zelt, mein Sohn, und leg dich nieder", sagte Vater Leary.

„Ja, Vater." Gallagher schritt durch das Lager. Da sich die Männer im Arbeitseinsatz befanden, war es wie ausgestorben. Das gab ihm ein angenehmes Gefühl der Vereinsamung. Er gelangte zu seinem Zelt, ließ sich niederfallen und streckte sich auf der Decke aus. Er spürte nichts außer einer ungeheuren

Müdigkeit. Der Kopf schmerzte ihn, und er fragte sich beiläufig, ob er eine Atebrin-Tablette aus seinem Verbandpäckchen nehmen sollte. – Vielleicht bekomme ich Malaria, sagte er zu sich. Er erinnerte sich an Marys Gesichtsausdruck in den ersten Tagen ihrer Ehe, wenn sie einen Teller mit Essen vor ihn hinstellte. Ihre Handgelenke waren sehr schmal, und er konnte auch die goldenen Haare auf ihrem Unterarm sehen.

„Ich wette, daß dieser Arzt ein verdammter Jude war", sagte er laut. Der Klang seiner Stimme erschreckte ihn, und er rollte sich auf den Rücken. Er wurde zornig, während er darüber nachdachte, und ein- oder zweimal murmelte er: „Der Jud hat sie umgebracht." Er fühlte, wie die Spannung nachließ. Ein tröstliches Selbstbemitleiden überkam ihn, und er überließ sich ihm mehrere Minuten lang. Sein Hemd war feucht, und alle Augenblicke knirschte er mit den Zähnen, um die Anspannung der Kinnlade zu spüren, was ihm guttat.

Plötzlich schauderte ihn, und er war sich nun voll bewußt, daß seine Frau tot war. Ein furchtbarer Schmerz erfüllte ihn, und ein Sehnen schwoll in seiner Brust an, bis er zu weinen begann. Nach einigen Minuten merkte er, daß er weinte, und ein wenig entsetzt drängte er die Tränen zurück, die nichts mit ihm zu tun zu haben schienen. Es war, als läge um sein Empfinden eine Isolierschicht, deren Abschirmung aber nur ein paar Augenblicke andauerte, so daß ihn der Schmerz immer aufs neue ergriff.

Er dachte an die Japaner in der Mulde und sah Mary nacheinander in den verkrampften Stellungen dieser Toten. Er zitterte wieder, und ein Gefühl des Entsetzens, des Ekels und der Angst erfaßte ihn. Er umklammerte die Decke und murmelte, ohne zu wissen, was er sagte: „Ich bin zu lange nicht zur Beichte gegangen." Plötzlich spürte er den Geruch seiner Sachen. „Ich stinke; ich brauche ein Bad", sagte er. Der Gedanke begann ihn zu belästigen, und er beschloß, hinunter an den Strom zu gehen und seine Kleidung abzustreifen. Er ging aus dem Zelt, fühlte sich aber zu schwach, um die hundert Yards zurückzulegen. Er hielt vor Reds Zelt an und füllte aus einer Kanne einen Stahlhelm mit Wasser. Als er den Helm auf die Erde setzte, neigte sich dieser, und das Wasser floß ihm über den Fuß. Er zog sein Hemd aus, füllte den Stahlhelm abermals und goß das Wasser über seinen Nacken. Es erschreckte ihn mit seiner Kälte, und er erschauerte. Gedankenlos zog er sein Hemd wieder an und taumelte zu seinem Zelt zurück, wo er sich niederlegte, ohne für die nächste halbe Stunde an irgend etwas zu denken. Die Sonnenhitze drückte auf das Gummigewebe der Zeltbahn. Er wurde schläfrig und nickte schließlich ein. Sein Körper zuckte bisweilen im Schlaf.

Im Zeitraffer

GALLAGHER

DER REVOLUTIONÄR
DER ANDEREN SEITE

Ein untersetzter Mann mit einem Körper wie ein Drahtbündel, was ihm ein knorriges und unwirsches Aussehen verlieh. Sein Gesicht war klein und häßlich, übersät mit Narben von einer schweren Pockenerkrankung, die seine Haut mit purpurroten Flecken gemustert hatte. Vielleicht war es die Farbe seines Gesichtes oder auch die Form seiner langen, irischen Nase, die sich übelnehmend zur Seite bog, daß er immer so grimmig aussah. Dabei war er erst vierundzwanzig Jahre alt.

MEILENWEIT stehen in South Boston, Dorchester und Roxbury die grauen Holzhäuser in ihrem Schmutz, ihrer Trostlosigkeit und Einöde reihenweise nebeneinander. Die Straßenbahnwagen klappern durch die Wildnis aus Pflastersteinen und ausgetrocknetem Holz; die Ziegelsteine sind alt, und wenn man mit den Fingerspitzen heftig darauf reibt, zerfallen sie zu Pulver. Alle Farben sind in dem vorherrschenden Grau untergegangen; selbst die Gesichter der Menschen haben es schließlich angenommen. Nicht länger mehr sind sie Juden oder Italiener oder Iren – ihre Züge sind verwischt und wie von einem grauen Mörtel überzogen, der sie alle gleichförmig und staubig macht. Das geht bis in ihre Sprache hinein. Sie alle sprechen im gleichen bedrückten, rauhen und trockenen Tonfall.

Von Bürgern gegründet und von Spießbürgern verwaltet; alles fließt mit einer glatten Oberfläche dahin, alles ist schön in Boston, den Zeitungen nach, die sich alle gleichen; alles geht gut in der Politik, weil sich auch die politischen Parteien gleichen. Jedermann gehört zur Mittelklasse, jedermann bis hinunter zu den Landstreichern, die sich dösend auf der Untergrundbahn ausstrecken, die nach Maverick Square in East Boston sonnabends bis zwei Uhr nachts fährt. Irgendwann einmal werden sie sich wohl dagegen gewehrt haben, hinter der grauen Mörtelschicht zu verschwinden, aber jetzt ist alles darin versunken.

Unter der Oberfläche, der glatten Oberfläche der Bostoner Zeitungen, dem „Herald", der „Post", dem „Traveller", dem „Daily Record" und der „Boston American", liegt eine tödliche Gleichförmigkeit und eine tückische, bösartige Leidenschaftlichkeit, so, wie sie aus den Betrunkenen hervorbricht, die mit ihrem Lärm die Untergrundbahnen mehr füllen als die Betrunkenen irgendeiner anderen Stadt; es tritt um den Scollay

Square in Erscheinung, wo sich die Wollust schmutzige und widernatürliche Kanäle sucht. Und etwas davon liegt im Straßenverkehr, in seinem rasenden, bösartigen, donnernden Lärm, und erreicht seinen Höhepunkt, wenn die Kinder in den Gassen niedergeschlagen und die Synagogen und Friedhöfe mit Worten und Zeichen beschmiert werden. „Die verdammten Juden" und daneben Kreuz oder Hakenkreuz. „Ich bin entsetzt; dies zu hören", sagen nacheinander Gouverneur Curley, Gouverneur Saltonstal, Gouverneur Tobin.

Die Kinder fechten ihre Bandenkämpfe mit Steinen, Stöcken und Schlagringen aus; an Wintertagen sind die Schneebälle mit Steinen beschwert. Natürlich ist es harmlos, nur ein Ausleben des Gesunderhaltungstriebes.

He, Gallagher, Lefty Finkelsteins Bande will uns bekriegen.

Wir werden es ihnen geben, diesen Hunden. (Furcht ist etwas Fremdes für die Bande und liegt ganz unten im Magen verstaut.) Ich werde ihn mir kaufen.

Wir wollen Packy, Al und Fingers holen und den Juden eine Abreibung geben.

Wann wollen wir losgehen?

Warum, zum Teufel, fragst du? Hast du Angst?

Wer hat Angst? Ich will meinen Knüppel holen.

(Auf dem Wege kommt er an einer Synagoge vorbei. Zitterst wohl, was? Er spuckt sie an.) He, Whitey, das soll Glück bringen.

He, Gallagher, die Kinder haben Angst.

Paß auf deinen Alten Herrn auf, wenn er einen sitzen hat.

Zu Hause zuckt die Mutter bei jedem Geräusch zusammen und geht auf den Zehenspitzen. Sein Alter Herr sitzt am runden Tisch des Wohn- und Eßzimmers und krallt in seiner dicken Faust die gelbe Spitzendecke zusammen. Dann breitet er sie wieder über den Tisch aus.

Verdammt noch mal, sicher hat ein Mann ... du Aas. He, Peg!

Was ist, Will?

Sein Vater reibt sich Nase und Kinn. Hör auf mit diesem verdammten Herumgehusche, geh wie eine Frau, verflucht noch mal.

Ja, Will?

Das ist alles, mach, daß du wegkommst.

Wenn dein Alter Herr ein so großes Schwein ist wie Will Gallagher, laß ihn besser allein, wenn er einen sitzen hat. Sonst gibt's eins an die Kinnlade.

Er sitzt stumpfsinnig am runden Tisch und schlägt mit der Faust mehrmals darauf. Er starrt auf die Wand. (Die braunen

Bilder der einstmals grünen Schäfermädchen in einem Waldtal. Sie stammen aus einem Kalender.) Gottverlassenes Dasein.

Das Altarbild auf der Etagere zittert, als er den Tisch mit den Fäusten bearbeitet.

Will, du solltest nicht soviel trinken!

Halt den Mund! Halt deinen dummen Mund.

Er kommt schwerfällig auf die Füße und schwankt zur Wand hinüber. Das Glas über den Schäfermädchen zersplittert, als er es auf den Boden wirft. Er streckt sich auf dem schäbigen graubraunen Sofa aus, blickt auf die graue, dünne, abgetretene Stelle im Teppich. Sich abarbeiten, wofür?

Seine Frau versucht, die Flasche vom Tisch zu schnappen. Laß sie da!

Will, vielleicht bekommst du was anderes zu arbeiten.

So – so. Weißt nichts anderes als zu plärren, ich brauch' ein bißchen dies, ein bißchen das. Vom Kaufmann, vom Fleischer. Aber läßt ruhig zu, daß mir der Rücken zerbricht, wenn ich mich mit dem verdammten Wagen herumquäle. Was anderes. Ich sitze in der Klemme, in einer Falle. Wirst du gleich die Flasche hinstellen!

Er steht auf, taumelt auf sie zu und schlägt sie. Sie gleitet auf den Boden und liegt dort, ohne sich zu bewegen, und gibt nur ein dumpfes, leidenschaftsloses Wimmern von sich. (Ein schlankes, jetzt ausgemergeltes Weib.)

Hör auf mit dem verfluchten Gewimmere! Er blickt stumm auf sie nieder, wischt sich abermals über die Nase und wankt gegen die Tür. Geh mir aus dem Weg, Roy. An der Tür stolpert er, seufzt, und dann torkelt er die Straße hinunter in die Nacht hinein.

Gallagher blickt auf seine Mutter. Er fühlt sich leer, dem Weinen nahe. Komm, Ma. Er hilft ihr hoch. Sie beginnt laut zu weinen, und wie erstarrt stützt er sie.

Du solltest deinen Mund halten, wenn der Alte Herr einen sitzen hat, denkt er.

Später geht er in sein Zimmer und liest in einem Buch, das er von der Bibliothek geliehen hat. König Arthur und die Ritter der Tafelrunde. Jungenhaft träumt er von Frauen und wählt sich eine im lila Gewand aus.

Ich werde nicht so wie mein Alter Herr werden. (Er wird seine Frau mit dem Schwert verteidigen.)

Der strahlend ruhmvolle Weg der Jugend.

Seine Lehrer auf der höheren Schule können sich seiner nicht erinnern; ein mürrischer Schüler ohne Begeisterung. Er verläßt sie ein Jahr vor dem Abschluß, kurz vor dem Ende der Depression und nimmt eine Stellung als Liftboy an. Sein Alter Herr ist in diesem Jahre arbeitslos, und seine Mutter geht tagsüber fort und macht in den Ziegeldachhäusern und den Häusern im Kolonialstil in Brookline und Newton sauber. Abends geht sie gleich nach dem Essen schlafen, während sein Alter Herr unten in der Eckkneipe auf jemand wartet, der ihm eine Unterhaltung und einen Schnaps anbietet.

Roy beginnt beim Demokratischen Klub seines Bezirkes herumzulungern. In den hinteren kleinen Räumen gibt es die Pokerspiele, die Würfelspiele und das Geschwätz über politische Täuschungsmanöver. Vorn, im großen Raum neben dem Eingang, kommen die Kinder herein. Zigarrenrauch, Anzüge aus Serge, Kellner.

Wartende Mädchen.

Und die Werbungsgespräche. Steve Macnamara, der es in der Partei zu etwas gebracht hat:

Schaut mal her, Jungens. Ein Mann kann arbeiten, daß ihm die Eingeweide heraushängen, wenn er es sich schwermachen will. Was hat er davon? Das einzig Richtige ist Politik; in der Politik kann man etwas werden, ihr seid ein paar Jahre dabei und zeigt, daß ihr die richtigen Burschen seid, und dann seid ihr gemachte Leute, und die Organisation kümmert sich um euch. Ich erinnere mich, als ich noch so'n kleiner Bursche war wie ihr, habe ich bewiesen, daß ich willens war, zu arbeiten, und nun habe ich es geschafft. Wir haben hier keinen schlechten Bezirk, es ist leicht, hier die Stimmen herauszuziehen.

Jawohl, stimmt Gallagher zu.

Höre mal, Roy, ich habe ein Auge auf dich geworfen, du bist richtig. Ich sehe, daß du dir hier deine Zukunft bauen kannst, und so sollltest du den Leuten zu verstehen geben, daß du bereit bist, mitzuarbeiten. Ich weiß, daß du es bist, aber du mußt es ihnen beweisen. Ich will dir mal was sagen, die Wahlen werden im nächsten Monat ausgeschrieben, und da gibt es eine Menge Laufarbeit, Propagandazettel sind auszutragen, und wir brauchen Jungens, die sich unter die Leute mengen und ein bißchen schreien, wenn unsere Kandidaten ihre Reden halten, und wir werden ihnen sagen, an welchen Stellen.

Jawohl, geht in Ordnung.

Hör mal, damit ist bestimmt eine Menge Geld zu machen; wenn du mit den Jungens zusammenbleibst, gibt es viele Gelegenheiten. Man kann leicht sein Geld verdienen, und eines Tages bist du ein gemachter Mann. Ich will damit sagen, ich weiß, daß du – und ich sehe bestimmt richtig, ich habe die Menschen studiert – mit von der Partie sein wirst; du hast das Zeug zu einem Politiker, weißt du, du hast Charme.

Ich werde immer abends kommen.

Gut, wie alt bist du jetzt? Fast achtzehn. Wenn du erst zwanzig bist, wirst du zehnmal soviel leisten können wie jetzt.

Auf dem Nachhauseweg trifft er ein Mädchen, mit dem er ein- oder zweimal gesprochen hat, und er hält an, um sich vor ihr aufzuspielen.

Ich habe meine Stellung satt, ich bekomme eine bessere, platzt er heraus.

Was für eine?

Etwas Großartiges. (Plötzlich ist er befangen.) Eine große Sache.

Sei nicht so geheimnisvoll, Roy, und hab mich nicht zum besten. (Sie kichert.)

Doch. (Er weiß nicht, was er sagen soll.) Doch, ich bin jetzt auf dem richtigen Weg, ich werde mir meinen Platz erobern.

Dafür bist du der richtige Kerl.

Jawoll. (Er blickt sie an, raucht mit gekünstelter Gleichmütigkeit eine Zigarette und tut sehr selbstbewußt.) Jawoll. (Er blickt sie wieder an und fühlt sich plötzlich beunruhigt.) Ich hoffe dich bald wiederzusehen.

Als er zwanzig ist, hat er eine neue Anstellung; er arbeitet in einem Warenhaus. (Roy, du hast eine Menge geleistet, hat Steve Macnamara gesagt, laß dir von andern nichts weismachen, und die Jungens hier wissen es wohl, du eroberst dir deinen Platz. Es veranlaßt ihn zu sagen: So, aber Whitey steht auf der Liste der Bezahlten, und ich habe ebensoviel geleistet wie er. – Nun höre mal, Roy, laß nur nicht jemanden hören, was du da redest. Himmel, die werden noch denken, daß du ein Querkopf bist; du hast dir jetzt hier selbst einen Namen gemacht und solltest es nicht darauf ankommen lassen, ihn zu verlieren.)

Eines Abends geht er nach Cambridge, um ein Mädchen zu besuchen, aber sie versetzt ihn. Es endet damit, daß er durch die Straßen läuft und am Ufer des Charles-Flusses entlangwandert. Diese verfluchte Hexe. Aber keine soll mich zum Narren halten. Für den Richtigen packen sie alles aus, aber sie geben einem keine Chance. Die Karten sind schlecht verteilt, immer kommt etwas dazwischen, und ich erwische stets die falschen. Ich mache mich für den Klub verrückt, und was springt dabei für mich heraus?

Er läßt sich auf einer Bank nieder und blickt auf das langsam vorüberfließende Wasser. Die Lichter der Harvard-Gebäude spiegeln sich darin. Immer nur arbeiten, arbeiten, arbeiten, und wer, zum Teufel, gibt einem was dafür? Ich sitze fest, aber wenn ich eine dicke Geldtasche hätte, würde sie wohl auf mich gewartet und auch ihre Beine bereitgelegt haben. Ich wette, daß sie mit irgend so einem Judenjungen davongelaufen ist, der was hatte. Ich weiß nicht, sie alle verstehen es, Geld zusammenzuraffen, sie raffen und raffen und raffen, und man könnte meinen, das ist alles, was das Leben bedeutet. Ekelhaft.

Zwei Harvard-Studenten gehen vorüber, und er wird augenblicklich steif vor Angst. Darf ich überhaupt hier sitzen? Himmel, ich hätte mich hier nicht hinsetzen sollen.

Ich mußte den Atem anhalten, sage ich dir. Markova im Sprung zu sehen, war das Ungewöhnlichste, Erregendste, was ich jemals erlebt habe. Einfach herrlich, ja geradezu fürchterlich, schreckerregend, nein wirklich, es war schreckerregend!

Diese Narren! Was für ein Gewäsch das nun wieder war, eine Unterhaltung wie unter Weibern. Er wendet sich ab und blickt auf die Lichter in den Harvard-Gebäuden. Irgend jemand sollte diese Banditen einfach auslöschen. Er beobachtet die Automobile, die auf der Memorial Drive entlangsausen. Los, gebt Gas, gebt Gas, fahrt so schnell, wie ihr wollt, zum Teufel, und brecht euch das Genick. Dieses Harvard, dieses gottverdammte Nest der Linken! Irgend jemand sollte diesen ganzen verfluchten Platz in die Luft blasen. Man arbeitet sich ab, damit solche Jungens herumsitzen und sich wie Weiber benehmen und leben wie der Herrgott in Frankreich. Warum haben sie es so, ääh, die Karten sind niemals richtig gemischt. Ich könnte jeden von diesen Burschen umbringen; es müßte sich jemand darum kümmern; eine Bombe sollte man schmeißen.

Über eine Stunde sitzt er auf seiner Bank, und schließlich beruhigt er sich. Der Fluß fließt träge vorüber, gemustert und zitternd gleich dem Lichterspiel auf einem Flitterkostüm. Ihm gegenüber spiegelt sich das Licht der Schlafräume und der Handelsschule im Wasser, und die Automobile im Hintergrund erscheinen wie kleine Lebewesen. Er fühlt die Erde in der Frühlingsnacht unter sich keimen, und die süße, weiche Luft. Die Sterne am Himmel sind wie glänzende Knöpfe auf dem warmen, weichen Samt der Nacht.

Himmel, wie ist es schön hier draußen! Ein Spiel unbestimmter Sehnsüchte. Es macht einen nachdenklich. Er seufzt. Wirklich wundervoll, es macht besinnlich. Eine Frau, die daran teilhaben könnte. Ich muß etwas werden.

Ehrfurcht. Eine Nacht wie diese läßt dich wissen, daß es einen Gott gibt. Diese albernen Atheisten. Himmel, es ist herrlich, wirklich herrlich, es läßt dich hoffen, daß die Dinge in Ordnung kommen.

Er sitzt dort, in die Nacht versunken. Ich bin nicht wie die anderen, es ist etwas Besonderes an mir. Wieder seufzt er. Junge, man müßte... Er sucht nach einem Begriff, als wolle er mit der Hand einen Fisch im Wasser fangen. Himmel, man müßte...

Roy, du bist der Richtige für uns, ich brauch' dir das nicht erst zu sagen, du weißt, daß wir dir sehr bald ein Einkommen verschaffen werden, und um dir zu zeigen, was die Jungens von dir denken, sollst du für eine Weile in einer kleinen Organisation arbeiten, die nicht direkt mit uns zusammenhängt (Macnamara bewegt abwehrend seine Hand), aber es werden, ohne Namen zu nennen, einige von den Großen dabeisein, ein paar von denen, die gegen die Internationale arbeiten, weißt du?

Auf der Liste steht er jetzt mit einer Wochenentschädigung von zehn Dollar, obwohl er nur nachts arbeitet. Das Büro ist im Dachgeschoß eines zweistöckigen Gebäudes und besteht aus einem Tisch in einem Raum, der mit gebündelten politischen Schriften und Magazinen angefüllt ist. Hinter dem Tisch ist eine große Fahne mit einem Kreuz und den darin verschlungenen Buchstaben C und U.

„Christliche Union" ist der Name dieser Organisation, Gallagher, Christliche Union, ihr gehörst du jetzt an, und wir sind dabei, den verfluchten Verrätern das Rückgrat zu brechen. Das Land braucht etwas Blut, oder hast du Angst vor Blut? fragt der große Bursche hinter dem Tisch. Er hat blaßbraune Augen wie Mattglasscheiben. Wir sind dabei, uns zu mobilisieren und uns bereit zu halten; die jüdische Internationale versucht, uns in Krieg zu verwickeln, und wir müssen sie als erste drankriegen, du weißt, wie sie uns alle Geschäfte wegnehmen, und wir lassen es zu und verlieren unsere Chance; sie sind obenauf, aber auch wir haben Freunde.

Er verkauft Magazine an den Straßenecken. (Lesen Sie über die große fremdländische Verschwörung! Kaufen Sie Vater Kilians Magazin und erfahren Sie die Wahrheit!) Er geht zu den Geheimbesprechungen und trainiert eine Stunde in der Woche in einem Schützenklub, der die alten Springfield-Karabiner benutzt.

Was ich wissen möchte, ist, wann es nun endlich losgeht, ich möchte etwas von einer Aktion sehen.

Du mußt nicht ungeduldig sein, Gallagher, alles braucht seine Zeit, wir müssen alles genau berechnen, bevor wir damit an die Öffentlichkeit treten. Wir wollen, daß dieses Land den richtigen Kurs steuert. Wenn wir anfangen und du von Anfang an mit dabei bist, kommst du vorwärts.

Ja. (Nachts kann er manchmal nicht schlafen. Lustvoll erregende Träume. Ein schmerzendes Etwas in seiner Brust.) Ich schwöre, daß ich platzen werde, wenn wir nicht – wenn wir nicht losschlagen.

Aber...

Endlich die Freundin; die Hormone verwandeln sich nicht länger mehr in Essig.

Weißt du, sagt Gallagher zu Mary, du bist wirklich ein wunderbares Kind. Ich ... es ist herrlich, mit dir zu sprechen.

Es ist eine wunderbare Nacht, Roy. (Während sie die Küste entlangblickt und die Lichter des Bostoner Hafens sucht, die wie Sternbilder am ungewissen, bewölkten Himmel zittern. Sie nimmt eine Handvoll Sand auf und läßt ihn auf ihren Schuh niederfallen. Im Schein des Freudenfeuers glänzt ihr Haar wie Gold. Ihr hageres, langes, mit Sommersprossen bedecktes und melancholisches Gesicht sieht angenehm, fast lieblich aus.)

Soll ich dir ein paar Würstchen rösten?

Wir wollen uns lieber unterhalten, Roy.

Um sie herum haben die Pärchen, die mit ihnen gekommen sind, das Feuer verlassen und sich kichernd in die schattigen Mulden des Strandes zurückgezogen. Ein Mädchen kreischt aus vorgetäuschter Angst, und das regt ihn auf; beunruhigt glaubt er die feuchten, schmatzenden Liebesgeräusche zu hören.

Ja, es ist ein wunderbarer Abend, wiederholt er. Er fragt sich, ob er es wohl mit ihr tun könnte, und wird plötzlich scheu. Sie ist nicht so, sie ist ein reines Kind, ein gutes, frommes Mädchen. Er fühlt sich wegen seines Verlangens schuldbewußt.

Es gibt so vieles, worüber ich mit dir sprechen möchte.

Sicher, Roy.

Nun, siehst du, wir gehen schon zwei Monate zusammen; was denkst du eigentlich über mich? Er errötet über die Robustheit, mit der ein Teil seines Bewußtseins auf eine körperliche Befriedigung hofft. Das Gekicher am Strand wird lauter. Ich meine, liebst du mich?

Ich glaube, Roy, du bist wirklich ein feiner Kerl, und du weißt auch, daß du ein anständiger Junge bist und nicht so frech wie all die andern.

O ja. Er ist enttäuscht und ein wenig beleidigt, aber dennoch läßt er einen Stolz in sich keimen. Ich habe andere Dinge im Kopf.

Ich weiß, daß du immer an etwas zu denken scheinst, Roy, aber ich habe keine Ahnung, was in deinem Kopf eigentlich vorgeht, und ich wünschte, es zu wissen, weil ich glaube, daß du so verschieden von den andern bist.

Wie meinst du das?

Nun, du bist schüchtern. Nein, ich meine nicht wirklich schüchtern, aber du bist so nett.

Du solltest mich einmal mit den Jungens sprechen hören. (Sie lachen.)

O ich glaube, da bist du wie die andern. (Ihre Hand fällt unabsichtlich auf sein Knie, und sie zieht sie krampfhaft und verwirrt zurück.) Ich wollte, du würdest öfter zur Kirche gehen.

Ich gehe ziemlich regelmäßig.

Gewiß, aber irgend etwas quält dich, und ich frage mich, was es sein könnte. Du bist so geheimnisvoll.

Ja? Es gefällt ihm.

Roy, du scheinst immer auf irgend etwas sehr böse zu sein, und es beunruhigt mich. Mein Vater hat über dich gesprochen, und er sagte, du bist in der Christlichen Union. Ich verstehe nichts von Politik, aber ich kannte einen von diesen, Jackie Evans, das war ein abscheulicher Junge.

Ach, der ist in Ordnung. Es hat was mit dem Klub zu tun; du mußt wissen, daß sie mich ausprobieren, aber es ist nichts Wichtiges.

Ich möchte nicht, daß du Ärger bekommst.

Warum?

(Sie blickt ihn an, ihre Augen sind duldsam und ruhig, diesmal legt sie ihre Hand auf seinen Arm.) Du weißt warum, Roy.

In seiner Kehle fühlt er eine Spannung, und seine Brust schmerzt vor Innigkeit und Gier. Er zittert, als er das Mädchen wieder kichern hört. Es ist wunderbar, hier am City Point, sagt er. (Die lustvoll erregenden Träume – ohne Ziel.) Ich sage dir, Mary, wenn ich ruhiger wäre – seine Stimme ist kräftig in der Spannung des Verzichtes –, würde ich mich mit ihnen nicht soviel abgeben, denn du weißt, daß ich dich öfter sehen möchte.

Möchtest du?

Er lauscht auf das Geräusch der Brandung. Ich liebe dich, Mary, sagt er plötzlich und fühlt sich steif und kalt dabei und reizvoll bedrängt von einer ihn flüchtig berührenden Ungewißheit.

Ich glaube, ich dich auch, Roy.

Ja? Nach einer Weile küßt er sie sanft, dann gieriger, aber ein Zipfel seines Bewußtseins bleibt zurückhaltend und kühl. O ich liebe dich, Kindchen, sagt er heiser und versucht, seinen Zweifel zu beruhigen. Seine Augen blicken beiseite.

City Point ist ganz herrlich, sagt sie.

In der Dunkelheit können sie den Abfall, mit dem der Strand bedeckt ist, nicht sehen, das Seegras und das Treibholz, die Kondome, die träge am Gischtsaum auf und nieder rollen wie eklige kleine Meeresgeschöpfe, die an die Küste geworfen sind.

Ja, das ist schon was, sagt er langsam.

He, da ist ja Roy, wie geht's dem alten Ehemann, wie fühlst du dich, wo du nun deine Regelmäßigkeit hast, wie?

Ach, gut. (Er zittert leicht in der Septemberdämmerung, die frostig auf dem grauen Steinpflaster und den schmutzigen

Holzhäusern liegt.) Himmel, ist das kalt draußen. Ich wünschte, das verdammte Wahllokal wäre geöffnet.

Ich freue mich, daß du heute da bist, Roy, du weißt, daß wir mit dir zufrieden sind, aber wir bekommen nicht viel von dir zu sehen.

Äääh, ich habe die CU verlassen, murmelt er, und ich dachte, die Jungens, weißt du, würden nicht sehr erfreut sein, mich zu sehen.

Gut, du hättest es ihnen sagen können, aber unter uns, der Klub will damit nichts mehr zu tun haben, für eine Weile, auf Druck von oben. Sie sollen aus dem Staat verschwinden, hörte ich. Es zahlt sich immer aus, beim Klub zu bleiben, du gehst dabei nicht den falschen Weg. Ich wette, daß du hier der Hauptmacher bei der Wahl sein könntest, wenn du nicht bei der CU gewesen wärst. Aber ich hoffe, man trägt es dir nicht nach, Roy.

Nee. (Er fühlte einen dumpfen Widerwillen. Dahin zurück, wo er begonnen hat.) Ich wette, daß einige von den reichen Juden in der Partei die CU lahmgelegt haben.

Könnte sein.

Meine Frau wollte, daß ich sie aufgebe.

Wie geht es ihr?

Gut. (Er stellt sie sich schlafend vor und hört ihr kräftiges, überraschend männliches Schnarchen.)

Geht's gut in der Ehe? Was tust du jetzt?

Ja, fein. Ich fahre jetzt einen Wagen – wie mein Alter Herr. (Mary hat eine Spitzendecke für den Tisch gekauft.)

Höre mal, diese Roten, die M'Gillis aufgestellt haben – dieser M'Gillis ist ein schwarzer Ire, wie er im Buche steht, stell dir vor, ein gottloser Bursche; nun jedenfalls machen sich die Großen wegen der Wahlen seinetwegen keine Sorgen, aber es gibt in diesem Bezirk eine Bande von Gewerkschaftsleuten, und Mac sagt, wenn wir uns hier richtig herausstellen, können die nichts werden.

Arbeiten wir wieder mit Doppelwählern? fragt Gallagher.

Ja, aber ich habe mir was Eigenes ausgedacht. (Er holt einige Flaschen mit Tomatenpüree aus einem Papierbeutel und beginnt sie auf den Bürgersteig zu entleeren.)

Was machst du denn da?

Oh, das ist eine feine Sache, das haut hin. Das zieht, verstehst du. Du stellst dich hier hin und gibst die Propagandazettel für Haney aus und verschaffst ihnen ein kleines Schauspiel; das kann nicht schiefgehen.

Bestimmt, das ist eine gute Sache. (Warum ist mir das nicht eingefallen?) Deine Idee?

Alles von mir. Mac war wirklich sehr davon angetan, als ich es ihm erklärte. Er rief Nolan an, der der Sergeant ist von den beiden Bullen, die bei der Wahl eingesetzt werden, und sie werden uns keinen Ärger machen.

Gallagher steht neben dem Tomatensaft und beginnt seine Rede, während sich die ersten Wähler vor dem Wahllokal anstellen:

Sehen Sie sich an, was hier geschehen ist. Das ist Blut, das widerfährt anständigen Amerikanern, wenn sie versuchen, gegen die Roten zu stimmen. Sie werden einfach von den Fremdlingen niedergeschlagen, die hinter M'Gillis stehen. Das ist M'Gillis' Werk, Blut, Menschenblut.

Während einer Ruhepause blickt er prüfend auf den Tomatensaft, der ihm zu rot erscheint. Er bestreut ihn ein wenig mit Schmutz. (Arbeiten und immer wieder arbeiten, und dann hat irgend so ein aufgeweckter Bursche eine glänzende Idee und heimst alles für sich ein. Diese verdammten Roten, nichts als Ärger hat man durch sie.)

Hier, sehen Sie sich das an, ruft er aus, als sich einige Wähler nähern.

Wo gehst du hin, Roy? fragt Mary. Ihre Stimme hat einen weinerlichen, nörgelnden Klang. Er wendet sich in der Tür um und schüttelt den Kopf. Ich geh' mal eben grade weg. Sie schneidet die gekochte Kartoffel in zwei Hälften und steckt sich einen gehörigen Bissen in den Mund. Einige Kartoffelkrümchen bleiben an ihren Lippen haften, was ihn ärgert. Gibt's nichts anderes als immer nur Kartoffeln? fragt er.

Roy, wir haben doch heute Fleisch.

Ja, ich weiß. Fragen ziehen durch seinen Kopf. Er wünscht sie zu fragen, warum sie niemals mit ihm abends zusammen ißt, sondern ihm immer zuerst serviert; er wünscht ihr zu sagen, daß er es nicht gern hat, danach gefragt zu werden, wohin er geht.

Du gehst doch nicht zur CU-Versammlung, wie? fragt sie.

Was geht dich das an? (Warum ziehst du niemals ein Kleid über diesen Unterrock?)

Roy, du läufst in dein Unglück, ich mag diese Männer nicht; du wirst dir im Klub damit schaden. Du weißt doch, daß sie jetzt im Krieg nichts mit ihnen zu tun haben wollen.

Es ist nichts Unrechtes an der CU. Laß mich zufrieden, verdammt noch mal.

Roy, du sollst nicht fluchen.

Er schlägt die Tür zu und geht in die Nacht hinaus. Es schneit ein wenig, und an den Straßenecken knirschen seine Schuhe durch den gefrierenden Schmutz. Er niest ein paarmal. Ein Mann muß 'raus und etwas – etwas Zerstreuung haben. Da hat man nun seine Ideale und kämpft für eine Organisation, und schon kommt die Frau und möchte einem in den Arm fallen. Eines Tages werde ich dort was erreicht haben.

Im Versammlungsraum ist die Luft heiß und riecht metallisch nach den Heizkörpern, und der Geruch der nassen Kleider ist säuerlich. Er zerdrückt einen Zigarettenstummel mit dem Fuß.

Nun, wir sind jetzt im Krieg. Leute, sagt der Redner, wir haben für unser Land zu kämpfen, aber wir wollen auch nicht unsere inneren Feinde vergessen. (Er schlägt mit der Faust auf den Tisch, über den eine Fahne mit einem Kreuz gebreitet ist.) Da sind die fremdländischen Elemente, von denen wir uns befreien müssen, die Verrat treiben und das Land beherrschen wollen. (Zurufe von den hundert Leuten, die auf Klappstühlen sitzen.) Wir müssen zusammenstehen, oder man wird uns unsere Frauen rauben, und der rote Hammer des roten jüdisch-faschistischen Rußland wird deine Tür zerschmettern.

Der gibt es ihnen, sagt der Mann neben Gallagher.

Jawoll, Wat ist richtig. Gallagher fühlt eine angenehme Wut in sich aufsteigen.

Wer nimmt euch die Geschäfte weg, wer versucht sich an eure Frauen und Töchter, ja selbst an eure Mütter heranzumachen, weil sie vor nichts haltmachen; wer greift sich Sie und Sie heraus, weil Sie weder ein Roter noch ein Jude sind und Sie sich nicht vor einem niederträchtigen, verfluchten Kommunisten beugen wollen, der den Namen des Herrn nicht achtet und vor nichts zurückschreckt?

Umbringen müßte man sie! schreit Gallagher. Es schüttelt ihn vor Erregung.

Das ist es, Leute, wir müssen damit aufräumen; nach dem Krieg müssen wir eine richtige Organisation auf die Beine stellen. Ich habe hier Telegramme von unseren Mitkämpfern – Patrioten und Freunden im gleichen Maße –, und sie alle stehen zu uns. Ihr seid alle von Anfang an dabei, und wer von euch zur Armee kommt, möge sich im Waffengebrauch üben, so daß später – später einmal ... Ihr wißt, um was es geht, Leute. Wir werden nicht geschlagen werden, und mit der Zeit werden wir wachsen.

Nach der Versammlung geht Gallagher in eine Kneipe. Die Kehle ist ihm trocken, und in der Brust liegt ein schmerzliches Bangen. Während er trinkt, verläßt ihn seine Wut, und er wird traurig und verbittert.

Im letzten Augenblick bescheißen sie dich doch immer, sagt er zu dem Mann neben sich. Sie hatten beide gemeinsam die Versammlung verlassen.

Es ist alles Verrat.

Das ist es, gottverfluchter Verrat. Aber sie werden mich nicht kleinkriegen, ich komme doch noch nach oben.

Auf dem Weg nach Hause gleitet er in eine Pfütze und macht sich seine Hosenbeine naß bis zur Hüfte hinauf. – Verfluchte Schweinerei, brüllt er, während er auf dem Bürgersteig liegt, Verrat, nur um einen Burschen kleinzukriegen, aber ihr werdet mich nicht kleinkriegen.

Er schlurft in seine Wohnung und zieht seinen Mantel aus. Seine Nase ist schmerzhaft empfindlich. Er niest prustend und flucht vor sich hin.

Mary wacht in ihrem Stuhl auf und blickt ihn an. Du bist ja ganz naß.

Das ist alles, was du zu sagen weißt? Ich bin – ich bin ... ach, zum Teufel, was verstehst du davon.

Roy, jedesmal, wenn du nach Hause kommst, bist du so.

Alles nur Versuche, um einen Mann zu ducken; das einzige, woran du interessiert bist, ist das verfluchte Geld, das ich heimbringe, gut, ich werde dir all das Geld geben, was du willst.

Roy, sprich nicht so mit mir. Ihre Lippe zittert.

Fang schon an zu heulen, los, heule nur, ich kenne dich doch. Ich geh' schlafen.

Komm her!

Roy, ich nehme es dir nicht übel, ich weiß nicht, was in dich gefahren ist, aber etwas ist in dir, was ich nicht verstehen kann, was willst du von mir?

Laß mich zufrieden.

O Roy, du bist ganz naß, zieh deine Hosen aus, Liebling, warum mußt du immer trinken, es macht dich nur verbittert. Ich habe für dich gebetet, wirklich, ich tat es für dich.

Ach, laß mich in Ruh. Er sitzt da und starrt einige Minuten auf die Spitzendecke. Ääah, ich weiß es nicht, ich weiß es nicht.

Wofür lebt man?

Für die morgige Arbeit.

(Er wollte die Dame im lila Gewand mit seinem Schwert verteidigen.)

Er schläft auf dem Stuhl ein, und am Morgen hat er eine Erkältung.

10

DIE Erstarrung wich nicht von Gallagher. An den Tagen, die der Nachricht von Marys Tod folgten, arbeitete er wie besessen an der Straße, schaufelte ohne Unterbrechung an den Wassergräben und legte einen Baum nach dem andern um, wenn sie einen Knüppeldamm zu bauen hatten. Er unterbrach seine Arbeit kaum in den Pausen, die es in jeder Stunde gab, und abends aß er sein Essen allein, rollte sich in seine Decken, und mit den Knien fast am Kinn schlief er erschöpft ein. Wilson konnte mitten in der Nacht hören, wie es ihn schüttelte, und er pflegte dann seine Decke über ihn zu legen und das Unglück zu beklagen, das Gallagher widerfahren war. Gallagher gab kein Zeichen seines Kummers, nur daß er magerer wurde und seine Augen verschwollen aussahen, als hätte er eine lange Sauferei hinter sich oder achtundvierzig Stunden lang auf einen Sitz Poker gespielt.

Die Männer versuchten, seinen Kummer nachzuempfinden, aber schließlich hatte das Ereignis eine Abwechslung in die monotone Reihenfolge der Tage beim Straßenbau gebracht. Für eine kurze Zeit verharrten sie in stillem Mitleid, wenn er nahe bei ihnen stand, sprachen mit leisen Stimmen und fühlten sich unbehaglich dabei. Dann begann dieses Empfinden lästig zu werden, sobald er sich zu ihnen setzte, weil er die übliche Unterhaltung störte. Red schämte sich deswegen ein wenig, dachte eines Nachts auf der Wache darüber nach und kam zu dem Ergebnis, daß er nichts tun könne. – Es ist hart, aber ich kann es nicht ändern. – Er starrte in die Dunkelheit und zuckte die Schultern. – Zum Teufel noch mal, es ist Gallaghers blutige Nase und nicht meine.

Die Post begann fast täglich einzutreffen, und es geschah etwas Fürchterliches. Gallagher empfing weiterhin Briefe von seiner Frau. Der erste kam einige Tage nach der Unterhaltung mit Vater Leary an. Er war fast einen Monat vorher abgesandt worden. Wilson sammelte an diesem Tage die Briefe für den Zug im Postraum ein und war im Zweifel, ob er Gallagher den Brief aushändigen sollte. „Es wird merkwürdig für ihn sein", sagte er zu Croft.

Croft zuckte die Schultern. „Man weiß nicht, vielleicht verlangt er danach." Croft war neugierig, wie er es aufnehmen würde.

Wilsons Stimme war gleichmütig, als er Gallagher den Brief gab.

„Etwas Post für dich, mein Junge."

Wilson fühlte sich verwirrt und schaute beiseite.

Gallaghers Gesicht wurde blaß, als er den Brief erblickte. „Der ist nicht für mich", murmelte er. „Ein Irrtum."

„Er ist für dich, mein Junge." Wilson legte einen Arm um Gallaghers Schulter, aber Gallagher schüttelte ihn ab. „Willst du, daß ich ihn wegwerfe?" fragte Wilson.

Gallagher blickte auf das Datum des Umschlages. Er zitterte ein wenig. „Nein, gib her," stieß er hervor. Er entfernte sich ein paar Yards und riß ihn auf. Er vermochte die Worte nicht zu unterscheiden und konnte nicht lesen. – Heilige Maria, Joseph und Jesus, sagte er für sich. Seine Augen erfaßten ein paar Zeilen, und ihr Sinn drang in sein Bewußtsein. „Ich mache mir Sorgen um Dich, Roy. Du regst Dich über alles so leicht auf, und ich bete für Deine Gesundheit jeden Abend. Wenn ich an das Baby denke, liebe ich Dich so sehr, aber bisweilen kann ich nicht glauben, daß es schon so schnell kommen soll. Nur noch drei Wochen, hat der Doktor gesagt." Gallagher faltete den Brief zusammen und lief wie blind umher. Der rote Pickel an seiner Kinnlade zuckte. „O Christus, Erlöser," sagte er laut.

Gallagher konnte Marys Tod nicht fassen. Nachts auf der Wache ertappte er sich dabei, wie er an seine Rückkehr dachte und sich vorstellte, wie ihn Mary begrüßen würde. Eine dumpfe Verzweiflung überkam ihn dann, und er sagte mechanisch vor sich hin: „Sie ist tot, sie ist tot, aber ich kann es nicht glauben." Er hatte sich empfindungslos gemacht.

Jetzt, nachdem Marys Briefe alle paar Tage eintrafen, begann er sich einzubilden, daß sie noch lebte. Wenn ihn jemand nach seiner Frau gefragt hätte, würde er gesagt haben: sie ist gestorben; aber trotzdem dachte er an sie in der gleichen Weise wie zuvor. Wenn sie ihm schrieb, daß das Kind in zehn Tagen kommen würde, rechnete er sich die Zeit aus und bestimmte ein Datum, das zehn Tage nach der Lektüre des Briefes lag. Wenn sie ihm mitteilte, daß sie am vorangegangenen Tage ihre Mutter besucht hatte, dachte er: das war gestern, um die Zeit, als wir Essen faßten. Seit Monaten wußte er von ihrem Leben nur durch ihre Briefe, und es war ihm zu sehr zur Gewohnheit geworden, als daß es damit nun aufhören könnte. Er begann sich glücklich zu fühlen; er erwartete ihre Briefe, wie er es immer getan hatte, und dachte abends an sie, bevor er in Schlaf fiel.

Nach einigen Tagen gelangte er jedoch zur fürchterlichen Erkenntnis der Wirklichkeit. Der Tag ihrer Niederkunft kam näher und näher, und schließlich mußte der letzte Brief eintreffen, und sie würde tot sein. Nichts würde mehr hinterher kommen. Niemals würde er wieder von ihr hören. Gallagher schwankte zwischen panischem Entsetzen und einem Nichtdaran-glauben-Wollen; bisweilen war er fest überzeugt, daß sie lebte – die Unterhaltung mit dem Kaplan konnte nur ein Traumbild gewesen sein. Dann, als einige Tage vorübergegangen waren, ohne daß er einen Brief erhielt, trat sie in den Hintergrund, und er wurde sich klar darüber, daß er sie niemals wiedersehen würde. Meistens aber stimmten ihn die Briefe abergläubisch. Er begann zu glauben, daß sie nicht gestorben sei, daß sie aber sterben würde, wenn er keinen Weg ausfindig machte, es zu verhindern. Der Kaplan hatte ihn mehrmals gefragt, ob er einen Urlaub wünsche, aber es war ihm unmöglich, daran zu denken; er hätte dann zugeben müssen, was er nicht wahrhaben wollte.

Im Gegensatz zu seiner früheren Arbeitswut begann er jetzt von dem Arbeitskommando fortzulaufen und lange Wanderungen die Straße entlang zu unternehmen. Man hatte ihn mehrmals davor gewarnt, weil Japaner im Hinterhalt liegen könnten, aber das kümmerte ihn nicht. Einmal ging er den ganzen Weg bis ins Lager zurück, eine Strecke von sieben Meilen. Die Männer glaubten, er würde den Verstand verlieren; gelegentlich sprachen sie des Abends über ihn, und Croft sagte dann: „Der Junge beginnt mit den Augenlidern zu flattern." Sie fühlten, daß sie nicht helfen konnten, und wußten nicht, was sie ihm sagen sollten. Red schlug vor, ihm keine weiteren Briefe mehr auszuhändigen, aber die anderen Männer hatten eine Scheu davor, weil sie um den unvermeidlichen Ablauf eines Verhängnisses wußten. Gallagher störte sie nicht länger. Sie beobachteten ihn, so, wie sie einen Kranken beobachtet hätten, der nicht mehr lange zu leben hat.

Der Schreiber im Postzelt wurde davon unterrichtet, und er besuchte den Kaplan, der wiederum mit Gallagher sprach. Aber als Vater Leary ihm nahelegte, weitere Briefe nicht mehr in Empfang zu nehmen, wehrte sich Gallagher und murmelte: „Sie wird sterben, wenn Sie mir die Briefe nicht geben." Der Kaplan verstand seine Worte nicht, aber er erkannte die Stärke seines Gefühls. Er war verwirrt und fragte sich, ob er nicht empfehlen solle, Gallagher in ein Hospital zu schicken, aber er hatte ein Entsetzen vor Anstalten für Geisteskranke und war gegen sie voreingenommen. Heimlich stellte er einen Urlaubsantrag für Gallagher, der aber vom Hauptquartier abgelehnt wurde, das ihm mitteilte, das Rote Kreuz habe sich eingeschaltet und das Kind sei in der Obhut von Marys Eltern. Es endete auch beim Kaplan damit, Gallagher nur zu beobachten.

Und Gallagher wanderte weiter umher, in Dinge vertieft, über die er nicht sprach, und die Männer sahen ihn bisweilen lächeln, als ob er ein geheimes Wissen verborgen hielte. Seine Augen wurden röter und die Lider entzündet. Er litt unter Alpdruck, und Wilson wachte eines Nachts auf, als Gallagher seufzte: „Lieber Gott, du kannst sie nicht sterben lassen, ich verspreche dir, ein guter Mensch zu sein, ich schwöre es dir." Wilson schauderte es, und er legte seine Hand auf Gallaghers Mund. „Du hast einen Alpdruck, Junge," flüsterte er.

„Schon gut." Gallagher wurde ruhig, und Wilson beschloß, es Croft am nächsten Tag mitzuteilen, aber am Morgen war Gallagher ernst und ruhig und arbeitete eifrig an der Straße, und Wilson schwieg.

Einige Tage später wurde der Zug zu einer Entladearbeit an die Küste beordert. Gallagher hatte am Abend zuvor den letzten Brief von seiner Frau erhalten und versucht, seine letzte Kraft zusammenzuraffen und ihn zu lesen; er war schwermütig und zerstreut. Er schenkte der Unterhaltung der Männer im Wagen keine Beachtung, und sobald sie an der Küste angekommen waren, lief er davon. Sie hatten Kisten mit Nahrungsmitteln von einem Landungsboot zu entladen, und das drückende Gewicht der Kisten brachte ihn aus der Fassung. Er warf seine Last zu Boden, murmelte: „Scheiße" und ging seines Weges.

Croft rief hinter ihm her: „Wo willst du hin?"

„Weiß nicht; bin bald zurück." Er sagte es, ohne sich umzuwenden, und um weiteren Fragen zu entgehen, begann er über den Sand zu traben. Nachdem er hundert Yards gelaufen war, fühlte er sich plötzlich ermüdet und verlangsamte seine Schritte. An einer Biegung der Küste machte er halt, wandte sich um und blickte uninteressiert auf die Männer zurück. Verschiedene Landungsboote liefen mit brummenden Motoren auf die Küste zu, und die Männer standen in zwei Reihen zwischen den abgeladenen Kisten und den Booten. Dunst hatte sich über dem Meer ausgebreitet und verbarg fast die wenigen Frachtschiffe, die verankert vor Land lagen. Er ging um die Biegung herum und kam zu ein paar Flachzelten unmittelbar an der Küste. Die Vorhänge waren aufgerollt. Er konnte einige Männer auf Feldbetten liegen sehen, die sich miteinander unterhielten. Stumpfsinnig las er die Aufschrift: „5279 Quartiermeister Transportkompanie." Er seufzte und setzte seinen Weg fort. – Diese verfluchten Quartiermeister haben immer nur Ruhepausen, sagte er vor sich hin, aber ohne eigentliche Verbitterung.

Er schritt an dem Küstenstreifen vorüber, wo Hennessey gefallen war. Mitleid überkam ihn, und er hielt an, um eine Handvoll Sand durch seine Finger laufen zu lassen. – Das Bürschchen wußte nicht einmal, worauf es ankommt, dachte er. Er erinnerte sich plötzlich, wie sie Hennessey vom Wasser fortgetragen hatten und sein Helm mit einem dumpfen Laut herabgefallen und mit einem knirschenden Geräusch über den Sand gerollt war. – Der Junge ist tot, mehr ist ihm nicht widerfahren. – Er zitterte, als er an den Brief in seiner Hemdtasche dachte. Er hatte flüchtig auf das Datum gesehen, und es war ihm klargeworden, daß es der letzte Brief war. – Vielleicht aber schreibt sie doch noch einen, dachte er und stieß einen Sandklumpen beiseite. Er setzte sich nieder und blickte sich mit der unheilwitternden Haltung eines Tieres um, das in seinem Käfig beim Fressen ist, und dann riß er den Umschlag auf. Das Geräusch zerrte an seinen Nerven; er begann sich der Letztmaligkeit jeder seiner Bewegungen klarzuwerden. Plötzlich wurde er sich der Ironie bewußt, Hennessey bemitleidet zu haben. „Ich habe verdammt genug eigene Sorgen", murmelte er. Das Briefpapier in seinen Händen fühlte sich armselig dünn an.

Als er zu Ende gelesen hatte, überflog er den letzten Absatz noch einmal. „Roy, mein Lieber, das wird der letzte Brief für die nächsten Tage sein. Die Wehen haben bereits begonnen, und Jamie ist fortgegangen, um Doktor Newcome zu holen. Ich sorge mich sehr, weil er mir sagte, ich werde es schwer haben, aber sei nicht beunruhigt, es wird alles gut gehen, ich weiß es. Ich wünschte, Du könntest bei mir sein. Nimm Dich nur selbst sehr in acht, ich fürchte mich davor, allein zu sein. Ich liebe Dich so sehr, Liebling."

Er faltete den Brief zusammen und steckte ihn in die Tasche zurück. Er fühlte einen dumpfen Schmerz, seine Stirn brannte. Einige Minuten lang dachte er an nichts, und dann spie er verbittert aus. Äääh, diese verdammten Weiber. Das ist alles, was sie wissen, Liebe, ich liebe dich, Liebling, nur um einen Mann zu ducken. Er zitterte wieder; er erinnerte sich seit langem zum erstenmal an die Enttäuschungen und den Ärger in seiner Ehe. Jede Frau wünscht einen Mann zu bekommen, aber wenn sie ihn hat, vernachlässigt sie sich, hol's der Teufel. Er mußte daran denken, wie blaß Mary morgens ausgesehen und wie die linke Wange sich im Schlaf aufgebläht hatte. Kleine Vorfälle, lästige Ereignisse aus ihrem Leben brodelten in seinem Hirn und quollen auf wie Kohl in einem Topf, der am Kochen ist. Sie pflegte zu Haus ein enganliegendes Haarnetz zu tragen; und dann ihre Angewohnheit, immer in einem Unterrock mit abgenutztem Saum herumzusitzen. Das Schlimmste aber war etwas, was er sich niemals ganz eingestanden hatte; die Wände des Badezimmers waren dünn, und er konnte die Geräusche hören, die sie machte. In den drei Jahren ihrer Ehe war sie verwelkt. Sie achtete nicht mit der nötigen Sorgfalt auf sich, dachte er bitter. In diesem Augenblick haßte er die Erinnerungen an sie, haßte das Leid, das sie ihm in den vergangenen letzten Wochen verursacht hatte. – Immer nur diese Liebesdinge, und sie kümmern sich den Teufel darum, wie sie aussehen. – Er spie abermals in den Sand. Sie haben nicht einmal – Manieren. Er meinte „Anstand". Gallagher dachte an Marys Mutter, die dick und sehr nachlässig war, und er fühlte eine unbestimmte Wut über die verschiedensten Dinge – daß sie so ungeheuer dick war, über den Geldmangel, der ihn zwang, in einer dürftigen, schmutzigen Wohnung zu leben, über die unausgenutzten Ruhepausen, weil ihm der Tod seiner Frau so viel Schmerz bereitet hatte. Gottverdammt, niemals kam er an irgendeine Sache heran. Er dachte an Hennessey, und sein Mund zog sich zusammen. Man wurde einfach weggeblasen – wozu, wofür nur? Er zündete sich eine Zigarette an, warf das Streichholz fort und blickte ihm nach. Diese verfluchten Juden, ihretwegen einen Krieg zu führen! Er dachte an Goldstein; eine Schweinebande, ein Geschütz zu verlieren und nicht mal einen Trunk anzunehmen, wenn er einem kostenlos angeboten wurde. Er wälzte sich auf die Füße und begann weiterzugehen. Schmerz und Haß klopften dumpf in seinem Gehirn.

An der Küste war eine Riesenalge angeschwemmt worden, und er ging zum Wasser hinunter und betrachtete sie. Sie war dunkelbraun und sehr lang, etwa fünfzig Fuß, und ihre dunkle, gummiartige Oberfläche glänzte schlangengleich und flößte ihm Schrecken ein. Er erinnerte sich der Leichen in der Höhle. „Was waren wir doch für betrunkene Schweine", sagte er. Er empfand Reue oder richtiger gesagt, er ließ ein Reuegefühl in sich entstehen, weil er fühlte, daß er etwas Schlechtes getan hatte. Die Alge ängstigte ihn, und er ging weiter.

Nach einigen Hundert Yards setzte er sich auf eine Düne, von der er das Meer überblicken konnte. Ein Sturm zog herauf, und plötzlich wurde ihm kalt; eine große, etwa dreißig Meilen lange und sehr dunkle Wolke in der Gestalt eines flachen Fisches hatte fast den ganzen Himmel überzogen. Ein Windstoß hatte sich aufgemacht und peitschte Sandstreifen über den Strand. Gallagher saß da und wartete auf den Regen, der nicht kam. Er fühlte sich angenehm traurig. Er genoß die Einöde und das Bedrückende des Schauspiels, das schwache Schäumen der Wogen am Strand. Ohne es ganz bewußt zu tun, begann er eine Frau in den Sand zu zeichnen. Sie hatte große Brüste, eine schmale Taille und starke Hüften. Er blickte ernst darauf nieder und erinnerte sich, daß Mary sich ihrer mageren Brüste geschämt hatte. Einmal hatte sie gesagt: „Ich wünschte, sie wären üppiger."

„Warum?"

„Weil ich weiß, daß du es lieber hast."

Er hatte sie angelogen: „Nee, sie sind mir gerade so recht."

Ein Hauch von Zärtlichkeit stieg in ihm auf. Sie war sehr zierlich gewesen, und er mußte daran denken, daß sie ihm bisweilen wie ein kleines Mädchen erschienen war, und wie ihn ihre Ernsthaftigkeit belustigt hatte. Er lachte leise, und dann begriff er plötzlich, ohne sich dagegen wehren zu können, daß sie endgültig tot war und er sie nie wiedersehen würde. Dieses Wissen durchflutete ihn hemmungslos wie ein Wasserstrom, wenn sich das Schleusentor geöffnet hat. Er hörte sich seufzen, und dann war er sich der Laute, die er in seiner Qual ausstieß, nicht mehr bewußt. Er fühlte nur einen ungeheuren Kummer, der ihn weich umhüllte und die Geschwüre der Verbitterung, des Grolls und der Furcht aufbrechen ließ. Er gab sich ihm erschöpft hin, während er weinend auf dem Sand lag. Die sanfteren, zärtlichen Erinnerungen an Mary kehrten zurück. Er dachte daran, wie sich ihre Körper im glühenden, gleitenden Rhythmus verschlungen hatten, und dumpf begriff er die Bedeutung ihres Lächelns, mit dem sie ihm die Frühstücksbüchse aushändigte, wenn er morgens zur Arbeit ging; er dachte an die letzte Nacht seines Urlaubs, bevor er nach Übersee ging, in der sie voll trauriger, sich aneinanderklammernder Zärtlichkeit gewesen waren. Sie hatten einen Mondscheinausflug zum Bostoner Hafen gemacht, und es traf ihn wie ein Schlag, als er sich daran erinnerte, wie sie stumm im Heck des Schiffes gesessen, einander bei den Händen gehalten hatten, während sie in zärtlichem, hingebungsvollem Schweigen das ungestüme Kielwasser beobachteten. – Sie war ein gutes Mädchen, sagte er zu sich. Er meinte, ohne es genau zu formulieren, daß kein anderer Mensch ihn jemals so völlig verstanden hatte, und er fühlte eine geheime Beruhigung, als er sich klarmachte, wie sehr sie ihn verstanden und geliebt hatte. Dies öffnete wieder die Wunde seines Verlustes, und viele Minuten lang weinte er bitterlich, ohne zu wissen, daß er es tat, nichts anderes empfindend als seinen völlig von Schmerz erfüllten Körper. Ab und zu dachte er an den letzten Brief, und das verursachte immer neue Wogen des Schmerzes. Fast eine Stunde lang mußte er geweint haben.

Schließlich war er völlig erschöpft und fühlte sich gereinigt und friedlich. Zum erstenmal erinnerte er sich daran, daß er ein Kind besaß, und fragte sich, wie es wohl aussehe und ob es wohl ein Junge sei. Für einen Augenblick machte es ihm eine besondere Freude, daran zu denken, und er meinte: wenn es ein Junge ist, will ich früh beginnen, ihn zu trainieren. Er wird ein Berufs-Baseballspieler werden, da steckt Geld hinter. – Seine Gedanken verflogen, und sein Sinn wurde leer und ruhig. Er blickte traurig auf den dichten Dschungel hinter sich und überlegte, wie lange er zu seinem Rückweg brauchen würde. Der Wind fegte immer noch den Strand entlang. Gallaghers Erregungen verblaßten und lösten sich auf wie Dampf. Er war wieder traurig gestimmt und dachte an kühle und einsame Dinge, an den Wind an einer winterlichen Küste.

Es ist eine Schande, daß Gallagher solch ein Unglück zustoßen mußte, dachte Roth. Die Männer hatten eine einstündige Ruhepause während ihrer Entladearbeit und aßen ihre Rationen. Roth war auf einem kleinen Spaziergang an der Küste unterwegs. Jetzt dachte er daran, wie Gallagher ausgesehen hatte, als er zurückgekommen war. Seine Augen waren sehr gerötet gewesen, und für Roth stand es fest, daß er geweint hatte. – Immerhin, seufzte Roth, weiß er es zu tragen. Er ist ein ungebildeter Bursche, ohne Erziehung, und verfügt wahrscheinlich nicht über allzuviel Gefühl. – Roth schüttelte den Kopf und stapfte weiterhin durch den Sand. Gedankenversunken ruhte sein Kinn fast auf der Brust, und sein unglückseliger Buckel trat noch mehr in Erscheinung.

Die große Regenwolke, die den ganzen Morgen über am Himmel gestanden hatte, war fortgeweht, und die Sonne lag sehr heiß auf seiner grünen Dienstmütze. Er hielt an und wischte sich die Stirn. – Dieses tropische Wetter ist so unbeständig, meinte er bei sich, sehr ungesund; es trägt Krankheitskeime in sich. – Seine Beine und Arme schmerzten von der Arbeit, die Kisten vom Schiff zum Stapelplatz zu tragen, und er seufzte. – Ich bin zu alt für solche Sachen. Sie sind gut für jemand wie Wilson oder Ridges oder selbst für Goldstein, aber es ist nichts für mich. – Ein schiefes Lächeln spielte um seinen Mund. – Ich habe diesen Goldstein falsch beurteilt; bei seiner Größe ist er sehr gut gebaut, ein kräftiger Bursche, aber er hat sich verändert; ich weiß nicht, was mit ihm los ist. Die ganze Zeit ist er schon so verdüstert. Etwas lastet auf ihm. Es ist irgend etwas los mit ihm, seitdem die Gruppe von der Front zurückgekommen ist; wahrscheinlich sind es die Kämpfe, die verändern einen. Als ich ihn kennenlernte, war er ein so fröhlicher Bursche, eine richtige Pollyanna[1]; ich dachte, daß er mit jedem auskommen würde. Man soll doch seinen ersten Eindrücken nicht nachgeben. So einer wie Brown, der so selbstbewußt ist, gibt was auf erste Eindrücke, darum ist er auf mich nicht gut zu sprechen, nur weil ich eines Nachts zu lange auf der Wache blieb; als wenn ich versucht hätte, ein paar Minuten für mich selbst herauszuschlagen. Dann hätte er einen Grund gehabt; aber auf diese Weise gegen mich eingestellt zu sein!

Roth rieb seine Nase und seufzte. Ich könnte gut Freund mit ihnen sein, aber was habe ich mit ihnen gemeinsam? Sie verstehen mich nicht, und ich verstehe sie nicht. Um sich mit ihnen anzufreunden, braucht man ein gewisses Zutrauen, das ich nicht besitze. Wenn nur damals nicht die Depression gewesen wäre, als ich vom College herunterkam. Aber warum soll ich mir etwas vormachen, ich bin kein Draufgänger, ich werde niemals viel Erfolg haben. Man kann sich nicht allzulange was vormachen. Ich sehe es hier in der Armee. Sie wissen, daß ich nicht soviel körperliche Arbeit leisten kann, und das genügt für sie, um auf mich herabzublicken. Sie wissen nicht, was in meinem Kopf vorgeht, sie fragen auch nicht danach.

[1] Heldin in Erzählungen von Eleanor Hodgman Porter (1868–1920). Ein Mädchen mit unbegrenztem Optimismus, das in jeder Sache etwas Gutes findet.

Was bedeuten edlere Gedanken für sie, geistige Fragen? Wenn sie es zuließen, könnte ich mit ihnen gut Freund sein. Ich bin ein reifer Mann. Ich habe Erfahrung, und ich könnte ihnen manche Dinge erklären, aber würden sie denn auf mich hören? – Roth schnalzte verzweifelt mit der Zunge. So ist es immer mit mir gewesen. – Selbst wenn ich eine Stellung bekäme, die meinen Fähigkeiten entspräche, würde ich nicht viel aus mir machen können.

Er kam jetzt an die Stelle der Küste, wo die Alge angeschwemmt worden war, und neugierig ging er hin, um sie zu untersuchen. – Eine Riesenalge; darüber müßte ich eigentlich was wissen, es war mal mein Hauptgebiet, aber leider habe ich alles vergessen. – Dieser Gedanke verbitterte ihn. Was hat die ganze Schule für einen Sinn, wenn man nichts im Kopf behält. Er sah sich die Alge an und nahm das vordere Ende in die Hand. – Sie sieht wie eine Schlange aus. Ein einfacher Organismus. An seinem Schwanzende hat er einen Anker, mit dem er sich an Steinen festhält, und vorn einen Mund und dazwischen eine Verbindung. Was könnte es Einfacheres geben. Ein Elementarorganismus; Braunalge, natürlich, das ist es; wenn ich mich genügend anstrenge, bringe ich es wieder zusammen. Macrocystis oder so heißt sie; volkstümlich Teufels Schuhband, oder ist es doch eine andere? Macrocystis pyrifera, ich erinnere mich, daß wir die Vorlesung darüber hatten. Vielleicht sollte ich wieder mal ein wenig Botanik treiben, es ist zwölf Jahre her, daß ich es tat, ich könnte mein Gedächtnis auffrischen, und jetzt gibt es auch bessere Anstellungen. Ein sehr interessantes Gebiet.

Er ließ den Vorderteil der Alge fallen. – Das ist eine ungewöhnliche Pflanze; ich wünschte, ich könnte mich noch an etwas mehr erinnern. Alle diese Meerespflanzen sind es wert, daß man sich mit ihnen befaßt, Plankton, Grünalgen, Braunalgen, Rotalgen, ich bin erstaunt, wieviel ich noch weiß. Ich werde an Zelda schreiben und sie fragen, ob sie meine Botanikhefte finden kann, vielleicht beginne ich wieder zu studieren.

Er ging zurück und beobachtete den Seegang und das Treibholz am Meeresstrand. – Tote Dinge, dachte er, alles lebt, um zu sterben. Ich kann bereits fühlen, daß ich älter werde; vierunddreißig, wahrscheinlich habe ich die Hälfte meines Lebens schon hinter mir, und was kann ich vorzeigen? Es gibt einen jiddischen Ausdruck dafür, Goldstein wird ihn kennen. Aber es bekümmert mich nicht, daß ich niemals ein Wort Jiddisch gelernt habe. Es ist besser, sich mit aufgeklärten Menschen abzugeben, so wie ich es mache.

Ach, wie meine Schultern schmerzen, warum geben sie uns nicht mal einen Tag frei? – In der Entfernung konnte Roth die

Männer sehen, und er wurde unruhig. – Oh, sie arbeiten bereits wieder. Sie verstehen nur Witze zu reißen, und wie könnte ich ihnen erzählen wollen, daß ich mir irgendeine Alge angesehen habe? Sie würden es nicht verstehen. Warum habe ich nicht eher an meine Rückkehr gedacht?

Bedrückt und verzagt begann Roth zu laufen.

„Was bist du – Sizilianer?" fragte Polack Minetta. Sie schlurften gemeinsam durch den Sand. Minetta warf stöhnend seine Kiste mit Lebensmitteln auf einen der beiden neuen Stapel, die sie begonnen hatten. „Nein, Venezianer", sagte er. „Mein Großvater war ein hohes Tier, mußt du wissen, ein Aristokrat in der Nähe von Venedig." Sie drehten sich um, um zum Landungsboot zurückzukehren. „Woher weißt du von diesen Dingen?" fragte Minetta Polack.

„Äääh, woher meinst du wohl?" fragte Polack. „Ich habe mal mit ein paar Italienern zusammen gelebt, ich weiß mehr darüber als du."

„Nein, bestimmt nicht", sagte Minetta. „Ich möchte darüber zu niemandem was sagen, du weißt ja, wie die Jungens sind, die denken nur, ich will ihnen was weismachen, aber du kannst mir glauben, daß es die reine Wahrheit ist, ehrlich. Wir gehörten damals, im alten Land, wirklich zur Gesellschaft, zum Adel. Mein Vater hat sein Leben lang nichts getan, es sei denn, daß er zur Jagd ging. Wir hatten einen richtigen kleinen Staat."

„Ach."

„Du glaubst, ich will dir was aufbinden. Bitte sieh mich an. Du siehst, daß ich nicht wie ein Italiener aussehe, ich habe hellbraunes Haar und helle Haut. Du solltest die anderen aus meiner Familie sehen. Sie sind alle blond, ich bin das schwarze Schaf. So wie sie die Aristokraten beschreiben, die haben alle helle Haut. Die Stadt, aus der wir stammen, ist nach einem meiner Ahnen benannt, dem Herzog von Minetta."

Polack setzte sich nieder. „Was sollen wir uns abrackern, wir wollen es uns ein bißchen bequem machen."

Minetta fuhr eifrig in seiner Rede fort. „Höre mal, ich weiß, daß du mir nicht glaubst, aber wenn du jemals nach New York kommen und mich besuchen solltest, werde ich dir einige von unseren Familienmedaillons zeigen. Mein Vater kramte sie immer hervor, um sie uns zu zeigen. Heiliger Strohsack, wir hatten eine ganze Kiste voll davon."

Croft ging an ihnen vorüber und rief über die Schulter: „Nun, Leute, los, hört auf zu schwatzen."

Polack seufzte und stellte sich auf seine Füße. „Ich will dir mal was sagen, das ist hier alles ein Dreck. Was geht es Croft an, wenn wir es uns leicht machen?"

„Der Junge ist streifenhörig", sagte Minetta.
„Das sind sie alle", antwortete Polack.
Minetta nickte. „Laß mich nur mal einen von diesen Burschen nach dem Krieg treffen."
„Was willst du tun, Croft einen Schnaps spendieren?"
„Glaubst du, ich kümmere mich um ihn?" sagte Minetta. „Höre mal, ich habe am Boxturnier um den ‚Goldenen Handschuh' teilgenommen, ich habe vor keinem dieser Burschen Angst." Polacks Grinsen verwirrte ihn.
„Der einzige Bursche, mit dem du es aufnehmen kannst, ist Roth", sagte Polack.
„Äääh, Scheiße, es hat keinen Sinn, sich mit dir zu unterhalten."
„Bin dir wohl zu ungebildet, was?"
Sie hoben zwei Kisten aus der Reihe hoch und begannen zum Vorratsstapel zurückzugehen. „Junge, ich kann das nicht mehr ertragen", brach Minetta wütend los. „Ich verliere meinen ganzen Ehrgeiz."
„Äääh."
„Du glaubst, ich bin nichts, was?" fragte Minetta. „Du solltest mich mal als Zivilist gesehen haben. Ich verstand mich anzuziehen, ich hatte Lebensinteressen, ich war maßgebend in allen Dingen. Ich könnte Unteroffizier sein, wenn ich Lust gehabt hätte, der Streifen wegen zu katzbuckeln, so wie es Stanley tut, aber es lohnt sich nicht. Man muß den Respekt vor sich selber wahren."
„Was regst du dich denn auf?" fragte Polack. „Du mußt wissen, daß ich hundertfünfzig in der Woche machte und meinen eigenen Wagen hatte. Ich war bei Lefty Rizzo, aber als Teilhaber. Es gab keine Dame von Welt, die ich nicht hätte haben können, Modelle, Schauspielerinnen, gut aussehende Huren. Und ich hatte nicht mehr als zwanzig Stunden in der Woche zu arbeiten, nein, warte mal, es waren fünfundzwanzig, etwa vier Stunden jeden Abend von fünf bis neun Uhr, sechsmal in der Woche, und ich brauchte nichts weiter zu machen, als das Geld von den Burschen in Empfang zu nehmen und es abzuliefern. Hast du mich einmal klagen hören? Es ist nun mal so, wie die Karten verteilt sind", sagte Polack. „Das einzige, was zu tun übrigbleibt, ist, sich zu ducken und die Schnauze zu halten."
Polack war etwa einundzwanzig, schätzte Minetta. Er fragte sich, ob er ihn mit dem Geld anlog. Es war Minetta immer unbehaglich, daß er niemals erkannte, was in Polacks Kopf vorging, während Polack immer seine Gedanken zu erraten schien. Da er nicht wußte, was er antworten sollte, griff er Polack an.
„Sich ducken? Bist du freiwillig zur Armee gegangen?"
„Du weißt, daß ich nicht draußen bleiben konnte."

Minetta schnaufte. „Ich weiß es, weil niemand, der noch ein bißchen Verstand im Kopf hat, hineingehen würde, wenn er nicht müßte." Er warf seine Kiste auf eine andere und ging zu den Booten zurück. „Wenn du in der Armee bist, stehst du außerhalb der Gesellschaft. Sie tun nicht das geringste für dich, wenn dir was zustößt. Sieh Gallagher an. Dem armen Hund stirbt die Frau, und er steckt hier drin."

Polack grinste. „Willst du wissen, warum sich Gallagher so elend fühlt?"

„Ich weiß es."

„Nein, du weißt es nicht. Ich hatte einen Vetter, dessen Frau bei einem Unfall getötet wurde. Jesus, du hättest sehen sollen, wie er sich anstellte. Und wofür? Einer Frau wegen? Ich habe versucht, mit ihm zu reden und sagte zu ihm: ,Höre mal, warum, zum Teufel, läßt du das ganze Wasser laufen? Es gibt eine Menge Frauen. In sechs Monaten wirst du es abgeschüttelt haben und nicht mehr wissen, wie sie aussah.' Er starrt mich an und beginnt zu heulen: ,Oh, oh, oh', und ich versuche abermals, es ihm klarzumachen. Und was sagt er daraufhin zu mir?" Polack hielt inne.

„Na und?"

„Er sagt: ,Zum Teufel noch mal, sechs Monate, aber was mache ich heut nacht?'"

Unwillkürlich mußte Minetta lachen. „Und du erwartest, daß ich dir das glaube?"

Polack zuckte mit den Schultern und nahm eine Kiste auf. „Was kümmert es mich, ob du mir glaubst. Ich hab's dir erzählt und damit gut." Er begann weiterzugehen. „He, weißt du, wie spät es ist?"

„Zwei Uhr."

Polack seufzte. „Noch zwei Stunden lang diese Scheißarbeit." Er schlurfte durch den Sand. „Warte mal, ich will dir noch von der Dame erzählen, die ein Buch geschrieben hat", sagte er.

Um drei Uhr hatte der Zug seine letzte Nachmittagspause. Stanley streckte sich auf dem Sand neben Brown aus und bot ihm eine Zigarette an. „Los, kannst ruhig eine nehmen, ich muß dir doch immer mit Zigaretten aushelfen."

Brown stöhnte und streckte seine Arme aus. „Ich werde alt. Ich will dir mal was sagen, ein Mann kann eine solche Arbeit, die er sonst gut leisten könnte, in dieser Tropenhitze nicht durchhalten."

„Warum gibst du nicht zu, daß du Unsinn redest?" In Stanleys Haltung gegenüber Brown war eine Veränderung eingetreten, seitdem Stanley Korporal geworden war. Er stimmte jetzt nicht mehr mit Brown in allem überein und neckte ihn immer häufiger. „In der nächsten Woche wirst du wie Roth sein", sagte er.

„Schnauze!"

„Geht in Ordnung, Sergeant, aber ich durchschaue dich."
Stanley hatte die Veränderung bei sich selbst nicht beachtet. Während der ersten Monate im Zug war er äußerst eifrig gewesen, niemals hatte er etwas gesagt, ohne zu überlegen oder zu fühlen, welchem Zweck es diente, er hatte seine Freunde mit Sorgfalt ausgesucht und alles danach ausgerichtet, was Brown wünschte oder nicht wünschte. Ohne es genau zu analysieren, hatte er Browns Einstellung zu Männern, von denen Brown keine besondere Meinung hatte, kopiert. Umgekehrt fand es Stanley klug, diejenigen Männer in sein Herz zu schließen, von denen Brown beifällig sprach. Aber er hatte sich niemals selbst darüber genauen Aufschluß gegeben: er wußte, daß er Korporal werden wollte, aber auch das hatte er sich nicht eingestanden. Er gehorchte in bezug auf Brown einzig und allein den Winken und Warnungen seines Verstandes.

Brown hatte es begriffen, insgeheim über ihn gelacht und ihn schließlich doch zum Korporal vorgeschlagen. Ohne sich darüber klarzuwerden, hatte sich Brown von Stanley abhängig gemacht. Seine Bewunderung, der ihm dargebrachte Respekt und das zur Schau getragene große Interesse an allem, was Brown äußerte, hatten es ihm angetan. Brown hatte immer vermutet, daß Stanley ein Arschkriecher sei, aber geglaubt, ihn zu durchschauen. Dennoch hatte er mit Croft gesprochen und Stanley zum Korporal befördern lassen. Kein anderer als er war Brown eingefallen. Bei allen übrigen fand er Einwände. Er hatte die Quelle für seinen Widerwillen gegen die anderen, die in Betracht kamen, vergessen, aber es war Stanley gewesen, der es ihm eingeblasen hatte. Zu seiner eigenen Verwunderung hatte er Stanley Croft gegenüber gepriesen.

Später, als Stanley sich daran gewöhnt hatte, Befehle zu erteilen, war sein verändertes Wesen in Erscheinung getreten. Seine Stimme entfaltete Autorität, er begann die Männer zu schikanieren, die ihm mißfielen, und er näherte sich Brown mit einer gewissen Vertraulichkeit. Er wußte, daß ihm Brown jetzt nicht mehr von Nutzen sein konnte; er würde so lange Korporal bleiben, bis einer der Sergeanten verwundet oder gefallen war. Zuerst hatte er Brown weiterhin seine Hochachtung bezeigt und ihm nach dem Mund geredet, aber dann wurde er sich seiner Heuchelei mit einem gewissen Unbehagen bewußt. Er achtete jetzt darauf, wenn sich Brown offensichtlich unkorrekt verhielt. Er begann seine eigene Meinung zu haben, und mit der Zeit brüstete er sich damit.

Stanley stieß gemächlich den Zigarettenrauch aus und wiederholte: „Jawohl, genau wie Roth wirst du werden." Brown gab keine Antwort, und Stanley spie aus. „Ich will dir mal was über diesen Roth sagen", erklärte er. Seine Stimme hatte einen befehlenden Tonfall angenommen, genau wie die Browns. „In Wirklichkeit meint er es nicht so, er hat nur kein Glück. Er gehört zu der Sorte, die immer versagt, weil sie nichts wagt."

„Mach dir doch nichts vor, mein Junge", erklärte Brown. „Es gibt nicht viele Männer, die etwas wagen, wenn es heißt, eine Kugel aufzuhalten."

„Nee, das meinte ich nicht", sagte Stanley. „Du mußt sein ziviles Leben betrachten. Er wollte vorwärtskommen, genauso wie du und ich, aber er hatte nicht Mumm genug, bei irgendeiner Sache dahinterzuhaken. Er war zu bedächtig; man muß aber schon ein aufgewecktes Bürschchen sein, wenn man ein großes Leben führen will."

„Was, zum Teufel, hast du denn selbst getan?" fragte Brown.
„Ich habe was gewagt und es auch durchgeführt."

Brown lachte. „Jawohl, vielleicht eine Dame verführt, wenn der Ehemann abwesend war."

Stanley spie abermals aus. Es war eine Angewohnheit, die er von Croft übernommen hatte. „Ich will dir mal was sagen. Als Ruthie und ich uns eben zusammengetan hatten, gab es eine Gelegenheit, einige Möbel von einem Burschen zu kaufen, der die Staaten verließ. Es war ein verdammt günstiges Angebot, aber er verlangte Bargeld. Ich hatte keins, und mein Alter Herr gerade auch nicht. Für etwa 300 Moneten konnten wir ein ganzes Wohnzimmer bekommen, das neuntausend wert war. Wenn man ein paar Leute einladet, verstehst du, macht es doch einen guten Eindruck. Was glaubst du, was ich nun getan habe? Die Händchen gefaltet und geklagt, daß es eine Schande sei, und die Sache laufen lassen? Zum Teufel, nein. Ich nahm das Geld von der Garage, bei der ich angestellt war."

„Was heißt das, du nahmst das Geld?"

„Oh, es war nicht so schwer, wenn man die Kniffe kennt. Ich war da als Buchhalter, und wir nahmen täglich tausend Dollar für Reparaturen ein. Es war eine Großgarage. Ich nahm das Geld aus der Tageskasse und hielt die Rechnungen für drei Wagen, deren Gesamtreparaturkosten dreihundert Dollar ausmachten, bis zum nächsten Tag zurück. Diese Wagen gingen nachmittags 'raus, und ich mußte sie ungebucht lassen, damit zwischen den Eingängen und den Quittungen der Reparatur-Abteilung kein Loch entstand. Am nächsten Tag buchte ich sie und hielt dafür andere im Werte von dreihundert Dollars zurück."

„Und wie lange hast du das gemacht?" fragte Brown.

„Zwei ganze Wochen lang, wie gefällt dir das? Es gab zwei Tage, an denen wir nur Zahlungseingänge für zwei Wagen hatten, und ich schwitzte Blut, denn dadurch, daß ich dreihundert entnommen hatte, war kaum noch was in der Kasse. Natürlich hatte ich die Eingänge vom Tage zuvor nicht gebucht, aber es waren so wenige Wagen repariert worden, daß es ein verdammter Spaß gewesen wäre, wenn jemand an diesem Tag einen Blick in die Bücher getan hätte."

„Ach, und wie bist du da nun 'rausgekommen?" fragte Brown.

„Das wird dich umwerfen. Nachdem wir die Möbel gekauft hatten, nahm ich ein Darlehen über dreihundert und gab die Möbel als Sicherheit, und dann tat ich die dreihundert zurück und zahlte das Darlehen in monatlichen Raten ab. Aber die Möbel hatte ich verdammt billig. Vielleicht hinterläßt das keinen guten Eindruck von mir, aber ich würde sie niemals bekommen haben, wenn ich es nicht gewagt hätte."

„Ganz ordentliche Sache", gab Brown zu. Es hatte ihn beeindruckt; hier war eine Seite Stanleys, die er bisher nicht gekannt hatte.

„Es war allerhand, das durchzustehen, kann ich dir sagen." Stanley erinnerte sich der Nächte, in denen er während der beiden Wochen sorgenvoll wachgelegen hatte. Befürchtungen aller Art, die ihn nachts überfielen, hatten ihm zu schaffen gemacht. In den schwarzen Stunden vor Morgengrauen waren ihm seine Buchungen verrückt und unmöglich vorgekommen; immer wieder ging er im Geiste durch, was er in den Büchern geändert hatte, und es schien ihm falsch zu sein; er war überzeugt davon, daß man es am nächsten Tag entdecken würde. Er versuchte, sich zu konzentrieren, und ertappte sich dabei, wie er in Gedanken einige Additionen immer und immer wieder vornahm. „Acht plus fünfunddreißig macht ... macht ... acht plus fünfunddreißig macht drei und vier im Sinn..." Sein Magen wurde rebellisch; er vermochte kaum mehr etwas zu essen. Bisweilen lag er schwitzend in seinem Bett, völlig ein Opfer der Angst und Verzweiflung. Er fragte sich, warum denn keiner merkte, was er tat.

Darunter litt das Eheleben. Er war gerade erst achtzehn geworden, als er wenige Wochen zuvor heiratete, und in seiner Unerfahrenheit hatte er die Gewalt über sich verloren. Seine Liebeserregung war nervös und verklang schnell; ein paarmal hatte er in den Armen seiner Frau über dieses Versagen geweint. Er hatte so jung geheiratet, weil er verliebt gewesen, aber auch, weil er von sich sehr überzeugt war. Die Leute hatten ihm immer gesagt, daß er für seine Jahre älter aussehe, und er glaubte, Belastungen spielend auf sich nehmen zu können, weil er meinte, daß er sie ertragen würde. Aus gleichem Grunde kaufte er auch die Möbel, und in seinem Angstzustand überwältigten ihn die Anforderungen der Ehe, und sein Versagen in diesem Fall erhöhte die Angst im anderen.

Nachdem er das Geld zurückgegeben hatte, wurde sein Liebesleben ein wenig vollkommener, aber etwas von dem notwendigen Vertrauen blieb verloren. Unbewußt sehnte er sich nach den Tagen vor seiner Ehe zurück, in denen er mit seiner Frau lange, von Leidenschaft erfüllte Stunden verbracht hatte. Stanley ließ sich jedoch wenig davon anmerken; niemals erzählte er ihr, wie der Kauf der Möbel zustande gekommen war, und wenn sie beisammenlagen, täuschte er eine große Leidenschaft vor, bis er selbst daran glaubte. Er war von der Garage zu einem Buchhaltungsbüro hinübergewechselt, wo er als Schreiber tätig war und in den Abendstunden einen Buchhaltungskurs nahm. Er lernte andere Wege des Geldverdienens kennen, und ihr Kind wurde wohlüberlegt in die Welt gesetzt. Neue Geldsorgen kamen und weitere Nächte, in denen er bewegungslos und schwitzend in seinem Bett lag und versuchte, in der Dunkelheit die Zimmerdecke zu erkennen. Aber am Morgen kehrte sein Selbstvertrauen zurück, und es schien ihm wert genug, das Wagnis einzugehen.

„War allerhand, das durchzustehen", sagte er abermals zu Brown. Die Erinnerungen daran waren unbehaglich, aber dennoch erfüllten sie ihn mit großem Stolz. „Wenn man irgend etwas erreichen will, muß man wissen, worauf es ankommt", sagte er.

„Ja, man muß wissen, wem man in den Arsch kriechen kann", gab ihm Brown zu verstehen.

„Das ist das Geringste", sagte Stanley kühl. Brown besaß noch einige Waffen, die er gegen ihn anwenden konnte.

Stanley blickte auf die Männer, die ausgestreckt am Strand lagen, und suchte nach einer besseren Antwort. Er bemerkte Croft, der am Küstenrand entlangstelzte und den Dschungel absuchte. Er beobachtete ihn.

„Was hat Croft?" fragte er.

„Wahrscheinlich hat er was gesehen", sagte Brown. Er stellte sich auf die Füße. Überall rührten sich die Männer des Zuges wie Vieh, das seine Köpfe einem neuen Geräusch oder Geruch zuwendet.

„Ääh, Croft hat immer etwas zu schnüffeln", brummte Stanley.

„Gleich wird's was geben", murmelte Brown.

In diesem Augenblick feuerte Croft in den Dschungel und warf sich zu Boden. Der Lärm der Schüsse war unerwartet laut. Die Männer zuckten zusammen und fielen kopfüber in den

Sand. Ein japanisches Gewehr erwiderte das Feuer, und die Männer begannen wahllos in den Dschungel zu feuern. Stanley schwitzte so stark, daß er das Visier nicht erkennen konnte. Er lag mit betäubten Sinnen da und duckte sich unwillkürlich jedesmal, wenn eine Kugel vorüberstrich. Es klang, als ob eine Biene vorbeisumme, und überrascht stellte er fest, daß einer von ihnen verwundet werden könnte. Gleich darauf wurde er sich der Albernheit dieses Gedankens bewußt und begann leise zu lachen. Hinter sich, an der Küste, hörte er jemand schreien, und dann verstummte die Schießerei. Ein lang anhaltendes, unbehagliches Schweigen lastete auf den Männern, und Stanley beobachtete, wie die Luft über dem Sand flimmerte.

Schließlich stand Croft vorsichtig auf und sprang in den Dschungel. An seinem Rande gab er den nächstliegenden Männern Zeichen, näher zu kommen, und Stanley starrte vor sich in den Sand und hoffte, daß ihn Croft nicht bemerken würde. Es entstand eine Pause von mehreren Minuten, dann tauchten Croft, Wilson und Martinez aus dem Unterholz wieder auf und kamen an den Strand zurück.

„Zwei von ihnen haben wir erwischt", sagte Croft. „Ich glaube nicht, daß noch weitere da waren, sonst hätten sie ihre Rucksäcke dagelassen, als sie türmten." Er spie auf den Sand. „Wer ist verletzt worden?" fragte er.

„Minetta", sagte Goldstein. Er beugte sich über ihn und preßte einen Notverband gegen Minettas Bein.

„Laß mal sehen", sagte Croft. Er riß Minettas Hosenbein auf und blickte auf die Wunde. „Nur ein Kratzer", sagte er.

Minetta stöhnte: „Wenn du ihn hättest, würdest du nicht so reden."

Croft grinste. „Du wirst am Leben bleiben, mein Junge." Er wandte sich um und blickte auf die Männer, die sich um ihn gesammelt hatten. „Gottverdammt", sagte er, „verteilt euch. Es könnten sich noch einige Japaner hier herumtreiben." Die Männer empfanden eine nervöse Erleichterung und unterhielten sich aufgeregt. Croft blickte auf seine Uhr. „Es sind nur noch vierzig Minuten, bis unser Wagen kommt. Verteilt euch an der Küste und haltet die Augen offen. Wir laden nicht weiter ab".

Er wandte sich an einen Steuermann der Landungsboote, der neben ihm stand, und fragte ihn: „Stellt ihr heute nacht Wachen bei den Kisten auf?"

„Jawoll."

„Ich glaube, daß euch die Japaner wach halten werden." Croft zündete sich eine Zigarette an und ging wieder zu Minetta hinüber. „Du mußt hier liegenbleiben, mein Junge, bis der Wagen kommt. Drücke den Verband dagegen, und es wird dir nichts passieren."

Stanley und Brown unterhielten sich, während sie auf ihren Bäuchen lagen und den Dschungel beobachteten. Stanley fühlte sich sehr schwach. Er versuchte, sein Entsetzen zu überwinden, aber er mußte immer wieder daran denken, wie sicher sie sich geglaubt hatten, während die Japaner ganz in der Nähe waren. – Niemals weiß man, ob man sicher ist, murmelte er für sich. Alle seine Nerven schienen bloßzuliegen, er fühlte, daß er im nächsten Augenblick irgend etwas Verrücktes sagen würde. Er wandte sich an Brown und gab den ersten besten Gedanken von sich: „Ich bin neugierig, wie es Gallagher aufgenommen hat."

„Was meinst du damit?"

„Nun, bei den getöteten Japanern wird er wieder an seine Frau denken."

„Äääh", sagte Brown, „er hat gar nicht kapiert, was los war."

Stanley blickte zu Gallagher hinüber, der sich ruhig mit Wilson unterhielt. „Es scheint, als ob er jetzt darüber hinwegkommt", sagte Stanley.

Brown zuckte die Schultern. „Ich mache mir Sorgen um den Burschen, aber ich will dir mal was sagen, vielleicht ist er glücklich dran."

„Das meinst du doch nicht wirklich."

„Wenn du eine Frau los wirst, weißt du niemals, ob es nicht gut ist. Ich kenne Gallaghers Frau nicht, aber er ist kein kräftiger Bursche, und wahrscheinlich war er nicht fähig, ihr allzuviel geben zu können. Himmel, aber die betrügen dich ja auch dann, wenn du ihnen so viel gegeben hast, daß du ihnen in der Erinnerung bleibst. Ich würde nicht überrascht sein, wenn sie einen kleinen Seitensprung gemacht hat, besonders in den ersten Monaten, als sie wußte, daß das Kind kommen würde, und es kein Wagnis war, sich mit irgend jemand herumzutreiben."

„Du kannst immer nur an so was denken", murmelte Stanley. Einen Augenblick lang haßte er Brown. Browns Frauenverachtung ließ seine eigene Eifersucht und seine Befürchtungen wieder aufflackern, die er im allgemeinen in der Gewalt hatte. Einige Sekunden lang war er überzeugt, daß ihn seine Frau hintergehe, und obgleich er diesen Gedanken von sich wies, blieb er verärgert und nervös.

„Ich will dir mal sagen, was ich darüber denke", sagte Brown. „Nimm nur mal das, was wir soeben erlebt haben. Du sitzt da und unterhältst dich harmlos und – wumm, schon geht's los. Man weiß nie, was einem zustoßen kann. Du meinst, Minetta ist seine Sorgen los? Er lernt erst noch dazu. Höre mal, ich sage dir, wir werden sie nicht einen Augenblick los werden. Ehe ich nicht zurück bin und mit meinen Füßen die Erde der Vereinigten Staaten wieder betreten habe, gebe ich meine

Meinung nicht auf, daß ich niemals wissen kann, wann es mich erwischt. Eine Weile hat man Ruhe, und dann kommt wieder etwas Neues."

Stanley fühlte eine unbestimmte Angst aufsteigen. Er wußte, daß es zum Teil die Angst vor dem Tode war, den er zum erstenmal wirklich fürchtete, aber daß sie auch aus seinen Gedanken stammte, die ihn vor Beginn des Gefechtes bewegt hatten. Sie kam aus seiner Eifersucht und seiner Unzulänglichkeit in der Liebe, aus den Nächten, in denen er schlaflos und wie wahnsinnig dagelegen hatte. Er empfand es jetzt schmerzvoll, über Gallagher und die Plötzlichkeit nachzudenken, mit der seine Frau gestorben war. – Man paßt genau auf, dachte er, und dann erwischt es einen von hinten. Es ist eine Falle. – Ihm war sehr unbehaglich zumute. Er blickte sich um und lauschte auf das Geschützfeuer in der Ferne. Er schwitzte und war nahe daran zu wimmern. Der heiße Tag, der gleißende Sand und die nervöse Müdigkeit nach dem Gefecht, alles vereint hatte die letzte Kraft aus ihm herausgezogen. Er fühlte sich sehr schwach, maßlos erschreckt und konnte es nicht verstehen. Außer einigen wenig ereignisreichen Patrouillen hatte er keine Kampferfahrung, und mit heftigem Widerwillen und mit Angst dachte er daran, noch Schlimmeres erleben zu müssen. Er fragte sich, wie er Männer in den Kampf führen sollte, wenn er selbst von Furcht besessen war; aber zugleich wußte er, daß er noch einen zweiten Streifen haben wollte und dann noch einen, und das würde ihn vorwärtstreiben. Irgend etwas war bei ihm durcheinandergeraten, etwas war auf den Kopf gestellt worden, und er murmelte: „Die verfluchte Hitze macht einen ganz schwach." Er saß in Schweiß gebadet da, von Entsetzen benommen.

„Du glaubst, alle Kniffe zu kennen, aber du bist weit davon entfernt", sagte Brown. „In der Angelegenheit mit der Garage warst du glücklich. Du denkst, wir wissen, wo die Japaner sind? Ich sage dir, Stanley, es ist dasselbe wie mit dir damals. Woher, zum Teufel, wolltest du wissen, ob nicht irgend etwas schiefging? Es ist dasselbe bei meinem eigenen Spiel als Verkäufer. Es gibt Tricks, es gibt die verschiedensten Wege, um an das große Geschäft heranzukommen, aber sicher bist du niemals."

„Jawoll", sagte Stanley. Er hörte nicht recht zu. Stanley rebellierte gegen alles, was ihn bedrückte und ihn neidisch machte und ihn immer wieder antrieb, irgendeinen Vorteil aufzuspüren. Er wußte nicht, was ihn innerlich dazu bewegte, aber ohne es in Worte bringen zu können, fühlte er, daß er noch in vielen Nächten seines Lebens schwitzend daliegen würde, eine Beute quälender Vorstellungen.

11

Der Feldzug hatte sich versteift. Nach einer Woche erfolgreichen Vordringens, die dem vereitelten Versuch der Japaner, den Fluß zu überqueren, folgte, hatte Cummings eine Pause von wenigen Tagen eintreten lassen, um die Front zu verstärken und das Straßennetz zu vervollständigen. Es war als vorübergehende Ruhepause gedacht, um anschließend die Toyaku-Stellung zu durchbrechen, aber diese Pause wurde verhängnisvoll. Als Cummings die Offensive wiederaufnahm, waren seine taktischen Bewegungen genau so gut durchdacht wie zuvor, die Unterrichtung seines Stabes vollkommen, die Patrouillen sorgfältig angelegt – aber nichts kam voran. Der Front war eine kleine Chance gegeben worden sich zu festigen, aber wie ein ermüdetes Tier hatte sie mehr getan; sie war in Schlaf gefallen, sie bereitete sich auf einen Winterschlaf vor. Eine tiefe und unerschütterliche Lethargie hatte die Fronttruppen ergriffen.

Nach den ersten beiden Wochen, die der Ruhepause folgten, nach einer Reihe ausgedehnter Patrouillen und kräftiger örtlicher Angriffe hatte er in einigen Abschnitten einen Fortschritt von insgesamt vierhundert Yards erzielen können und drei japanische Vorposten gefangengenommen. Die Kompanien führten weiterhin Gefechtspatrouillen durch, wurden in flüchtige Feuergefechte verwickelt und zogen sich dann wieder in ihr Lager zurück. Die wenigen Male, bei denen es gelang, ein wichtiges Geländestück zu nehmen, hatten es die Männer beim ersten ernsthaften Gegenangriff wieder fahrenlassen. Ein sicheres Zeichen für die widerstrebende Haltung der Truppen, waren die Verluste an besten Frontoffizieren. Cummings kannte die Art der Gefechte, die sich dadurch andeutete. Man unternahm einen Angriff auf irgendeinen starken Punkt, die Leute begannen zurückzubleiben, die Zusammenwirkung ging verloren, und schließlich blieben nur noch einige gute Offiziere und Unteroffiziere übrig, die nun mit einer ihnen überlegenen Truppe zu kämpfen hatten, weil ihnen die Unterstützung fehlte.

Cummings unternahm verschiedene Inspektionsfahrten an die Front und bemerkte, daß die Leute feste Lager bezogen hatten. Sie waren verbessert worden, man hatte sorgfältig Entwässerungsgräben ausgehoben, die Schützenlöcher waren überdacht worden, und bei einigen Kompanien hatte man Holzstege durch den Schlamm gelegt. Die Leute würden es nicht getan haben, wenn sie eine Offensive erwartet hätten. Es zeugte von Sicherheit und Dauerhaftigkeit und bedeutete eine gefährliche Änderung in ihrem Verhalten. Sobald sie zur Ruhe kamen und lange genug an einem Ort verblieben, wurde er ihnen vertraut, und es war dann unverhältnismäßig schwerer, sie wieder in den Kampf zu bringen. Sie hockten jetzt wie Hunde in ihren Hütten, und Cummings war sich bewußt, daß sie verdrießlich bellen würden, wenn man ihnen Befehle erteilte.

Jeder Tag, der ohne entscheidende Veränderungen an der Front vorübergehe, würde ihre Teilnahmslosigkeit erhöhen, aber dennoch wußte Cummings, daß er augenblicklich machtlos dagegen war. Nach einer ausgiebigen Vorbereitung hatte er einen Großangriff mit guter Artillerieunterstützung und Bombereinsatz, der ihm erst nach vielen Anforderungen zugestanden worden war, gestartet, hatte seine Panzer eingesetzt und seine Reservetruppen, und nach vierundzwanzig Stunden war alles versandet. Die Truppen hatten selbst vor unbedeutendem Widerstand haltgemacht und auf einem schmalen Raum vielleicht eine Viertelmeile erobert. Als es vorüber war und man die Verluste ermittelt und die kleinen Frontveränderungen gesichert hatte, lag immer noch die gesamte Toyaku-Stellung ungebrochen und unbedroht vor ihm. Es war erniedrigend.

Es war in der Tat bestürzend. Die Berichte vom Corps an die Armee wurden von Mal zu Mal ungeduldiger. Bald würde die entstandene Stockung wie bei einer Verkehrsstockung den ganzen Weg entlang bis nach Washington reichen, und Cummings konnte sich ohne Schwierigkeiten die Unterhaltungen vorstellen, die in gewissen Räumen des Kriegsministeriums vor sich gingen. „Was ist da los? Was ist mit Anopopei? Warum geht es nicht weiter? Wessen Division ist es, Cummings'? So, Cummings', man sollte den Mann absetzen und einen anderen beordern."

Er hatte wohl gewußt, daß es gefährlich war, den Truppen eine Woche Ruhepause zu geben, aber er hatte es in Kauf nehmen müssen, um die Straße fertigzubekommen, und nun hatte es sich als Bumerang erwiesen. Der Schock war tief in das Selbstvertrauen des Generals eingedrungen. Der Vorgang erschien ihm oft unglaublich, und er litt unter der Verwirrung und dem Entsetzen eines Fahrzeugführers, der feststellen muß, daß ihm der Wagen nicht mehr gehorcht, sondern losfährt und hält, wann es ihm beliebt. Er wußte von diesen Dingen; die militärischen Lehrbücher waren mit solchen furchterweckenden Anekdoten angefüllt, aber niemals hatte er geglaubt, daß so etwas ihm widerfahren würde. Es war einfach nicht zu fassen. Vor fünf Wochen noch hatte er die Truppen zu bewegen vermocht, als wären sie ein verlängerter Teil seines eigenen Körpers. Und jetzt hatte er anscheinend ohne jeden Grund oder aus Gründen, die er nicht ermitteln konnte, die Kontrolle darüber verloren. Ganz gleich, wie er sie zu formen versuchte, die

Leute fielen immer wieder in eine klitschige, zähe Masse zusammen, wie Waschlappen, die zu weich und naß sind, um die Gestalt zu bewahren, die man ihnen zu geben wünscht. Nachts lag er schlaflos auf seinem Feldbett und litt unter einer unerträglichen Enttäuschung; bisweilen glühte er vor ohnmächtiger Wut. Eines Nachts, als er stundenlang wie ein Epileptiker, der sich von einem Anfall erholt, dagelegen hatte, öffneten und schlossen sich unentwegt seine Hände, während die Augen starr auf die verschwommenen Konturen der Zeltstange gerichtet waren. Die Kraft, die Dringlichkeit seines Verlangens, die keinen Ausdruck fand und sich immer mehr verstärkte, schien durch alle seine Glieder zu strömen und in sinnloser Wut an die Grenzen seines Körpers zu pochen. Er wünschte alles in seine Gewalt zu bekommen, jede Einzelheit, und er vermochte nicht einmal sechstausend Männer zu bewegen. Selbst ein einzelner Mann hätte ihn aufhalten können.

Einmal hatte er eine wütende Anstrengung gemacht; er hatte jenen Angriff in Gang gebracht, die Truppen zu ununterbrochenen Patrouillen eingesetzt, aber tief in seinem Innern, uneingestanden, hatte er Angst empfunden. Ein neuer Angriff, den er tagelang von Major Dalleson und dem G-3-Stab hatte ausarbeiten lassen, war bereits mehrmals verschoben worden. Immer hatte es dafür gute, gewichtige Gründe gegeben – ein großer Schiffsnachschub war fällig geworden und mehrere Liberty-Schiffe wurden in wenigen Tagen erwartet, oder es schien ihm ratsamer, erst einige geringfügige Geländeteile einzunehmen, die den Angriff ernsthaft hätten behindern können. Aber im Grunde hatte er einfach Angst; ein neuer Fehlschlag würde entscheidende Bedeutung gewinnen. Er hatte an den ersten Angriff zu vieles drangegeben, und wenn der neue scheiterte, würden Wochen und möglicherweise Monate vergehen, bevor ein dritter angesetzt werden könnte. Inzwischen aber würde er abgelöst worden sein.

Sein Geist unterlag einer gefährlichen Abspannung, und sein Körper wurde seit einiger Zeit von einer schmerzhaften Diarrhöe gepeinigt. In dem Bemühen, seine Krankheit zu beheben, wurde die Offiziersmesse den schärfsten Inspektionen unterzogen, aber trotz der erhöhten Sauberkeit dauerte seine Diarrhöe an. Es war gegenwärtig schwer, ihm auch nur das Geringste recht zu machen, und es beeinflußte alles in seiner Umgebung. Heiße, feuchte Tage schlichen dahin, und die Offiziere im Hauptquartier hackten nacheinander, hatten geringfügige Streitereien und verfluchten die endlose Hitze und den ununterbrochenen Regen. Nichts schien sich in dem dichten, erstickenden Dschungelraum zu bewegen. Und es kam dahin, daß niemand mehr wünschte, daß sich etwas bewegte. Die

Division ging langsam und unvermeidlich in die Brüche, und er fühlte sich ohnmächtig, es zu verhindern.

Hearn bekam die Folgen in ihrer ganzen Unmittelbarkeit zu spüren. Nach der aufregenden und ihn faszinierenden Intimität, die der General seiner Adjutantentätigkeit in den ersten Wochen verliehen hatte, war sie rasch in die übliche, lästige und erniedrigende Routine zurückgesunken. In ihrer beider Verhalten war eine Veränderung eingetreten; sie hatte sich still vollzogen, und das Endergebnis war, daß er eine formelle und unzweifelhaft untergeordnete Stellung einnahm. Nicht länger mehr vertraute sich der General ihm an, hielt ihm Vorlesungen, und die seiner Stellung zukommenden Aufträge, die bisher zwischen ihnen stillschweigend als Spaß aufgefaßt worden waren, wurden nun zwingend und ekelhaft. Nachdem sich der Feldzug von Tag zu Tag mehr festgefahren hatte, sah der General strenger auf die Einhaltung der Disziplin in seinem Hauptquartier, und Hearn litt unter ihrer Härte. Jeden Morgen machte es sich Cummings zur Aufgabe, sein Zelt zu inspizieren, und fast jedesmal kritisierte er Hearn wegen der Art, wie er die Ordonnanz überwachte. Es gab immer nur einen ruhigen, mit einem Seitenblick auf Hearn scheu vorgebrachten Verweis, aber es störte ihn und ermüdete ihn schließlich.

Und dann gab es diese anderen Aufträge, diese törichten und witzlosen, die schnell ihren Verdruß bereitenden Charakter offenbarten, sobald sie nur oft genug wiederholt wurden. Einmal, es war fast zwei Wochen nach ihrer letzten langen Unterhaltung an dem Schachabend, hatte ihn der General einige Sekunden lang ausdruckslos angestarrt und dann gesagt: „Hearn, ich glaube, daß ich gern jeden Morgen frische Blumen in meinem Zelt haben möchte."

„Frische Blumen, Sir?"

Und der General hatte mit einem höhnischen Grinsen geantwortet: „Doch, es scheint mir, als wenn es davon genug im Dschungel gibt. Veranlassen Sie also Clellan, jeden Morgen einige zu pflücken. Mein Gott, Mann, die Sache ist doch einfach genug."

Einfach genug, aber es vermehrte die Spannung zwischen Clellan und ihm, die Hearn verdroß. Entgegen seinem eigenen Willen schenkte er der Tätigkeit Clellans bei seiner morgendlichen Aufgabe im Zelt erhöhte Beachtung, und es kam zu einem erniedrigenden Zweikampf zwischen ihnen. Zu seiner Überraschung mußte Hearn entdecken, daß ihn der General verwundbar gemacht hatte; er begann sich darum zu kümmern, daß das Zelt ordentlich hergerichtet wurde. Jeden Morgen näherte er sich jetzt mit Widerwillen dem Generalszelt, warf sich, bildlich gesprochen, in die Brust, und dann ging er hinein, um seine Fehde mit Clellan fortzusetzen.

Sie war von Clellan begonnen worden. Er war ein großer, hagerer Mann aus dem Süden von einer anmaßenden Gelassenheit, einer selbstverständlichen Haltung, an seiner Person nichts in Frage stellen zu lassen. Er hatte von Anfang an einigen Anweisungen Hearns Widerstand entgegengesetzt. Hearn hatte es zuerst übersehen und sich ein wenig belustigt über die Art und Weise, wie Clellan von seiner Aufgabe Besitz ergriff, aber jetzt war sich Hearn klar darüber, daß auch er selbst einiges zu dieser Fehde beitrug.

Eines Morgens kam es fast zum Krach. Hearn trat ins Zelt, als Clellan gerade seine Arbeit beendete; Hearn prüfte sie, während Clellan mit herabhängenden Händen neben dem Feldbett des Generals stand. Hearn befühlte das Bett, das sehr sauber gemacht war, die zweite Decke lag quadratisch gefaltet am Fußende, das Kopfkissen, mit eingeschlagenen Enden, in der Mitte am oberen Ende des Bettes. „Gute Arbeit, Clellan," sagte Hearn.

„Meinen Sie, Leutnant?" Clellan bewegte sich nicht.

Hearn ging weiter und prüfte die Zeltklappen. Sie waren ordentlich und gleichmäßig hochgezogen, und als er an einer der Schnüre zog, löste sich der Knoten nicht. Er schritt nach draußen und prüfte die Pflöcke. Sie standen in einer Linie und waren alle im gleichen Winkel eingeschlagen. Und da in der Nacht ein schwerer Regen niedergegangen war, wußte er, daß sie Clellan bereits wieder gerichtet haben mußte. Er ging ins Zelt zurück und blickte auf den Holzfußboden, der gekehrt und aufgewischt worden war. Clellan starrte mürrisch auf Hearns Füße. „Sie machen es wieder schmutzig, Leutnant", sagte er.

Hearn blickte auf die Fußspuren, die er hinterlassen hatte. „Tut mir leid, Clellan", sagte er.

„Macht 'ne Menge Arbeit, Leutnant."

Hearn brauste auf. „So groß ist sie doch wohl nicht, Clellan."

„Sie ist wohl für uns alle nicht zu groß", sagte Clellan gedehnt.

Verdammt noch mal! Nun gut, er hatte diese Antwort verdient. Hearn wandte sich ab und untersuchte den Kartentisch. Der Überzug war glatt darübergespannt, und die roten und blauen Bleistifte lagen geschärft und getrennt in ihren Behältern. Er schritt umher, öffnete die Truhe des Generals, um zu sehen, ob seine Kleidungsstücke sauber gestapelt waren, setzte sich an den Tisch, öffnete die Schubladen und prüfte das Innere. Um Staub zu finden, fuhr er mit dem Finger unter die Leiste. Hearn brummte unwillig und stand auf, um den Regengraben, der rings um das Zelt lief, zu besichtigen. Clellan hatte bereits den Schlamm vom nächtlichen Regen entfernt, der

Graben war sauber und zeigte frische Erde. Hearn ging wieder hinein.

„Clellan", sagte er..

„Ja?"

„Alles scheint heute in Ordnung zu sein bis auf die Blumen. Sie könnten sie erneuern."

„Ich möchte sagen, Leutnant", sagte Clellan breit, „es scheint mir nicht so, als ob sich der General viel aus den Blumen macht."

Hearn schüttelte den Kopf. „Bringen Sie sie ihm trotzdem."

Clellan rührte sich nicht. „Gestern sagte der General zu mir: ‚Clellan, wessen Idee ist das eigentlich mit diesen verdammten Blumen?' Ich sagte ihm, daß ich es nicht wüßte, aber ich sagte, ich nehme an, die Ihrige."

„Das hat der General gesagt?" Hearn fühlte sich belustigt, und dann wurde er wütend. Solch ein Hund! Er zündete sich eine Zigarette an und stieß langsam den Rauch aus. „Ich gebe Ihnen den Auftrag, die Blumen zu erneuern, Clellan. Schließlich bekomme ich die Beschwerden zu hören."

„Leutnant, ich sehe den General vielleicht zehnmal am Tag. Ich denke, daß er es mir sagen würde, wenn er etwas gefunden hätte, was ich nicht richtig mache."

„Sie haben meinen Auftrag gehört, Clellan."

Clellan warf seine Lippen auf und wurde ein wenig rot. Offensichtlich war er verärgert. „Sie sollten wissen, Leutnant, daß der General auch nur ein Mensch ist, er ist nicht besser als Sie oder ich, und es ist sinnlos, sich vor ihm zu fürchten."

Das war genug. Er hätte verdammt sein müssen, wenn er hier noch länger stehenblieb, um sich mit Clellan zu streiten. Er schickte sich an, aus dem Zelt zu gehen. „Sie holen diese Blumen, Clellan", sagte er kühl, bevor er das Zelt verließ.

Widerlich. Erniedrigend. Hearn starrte mürrisch auf die roh bearbeitete Erde des Lagers, während er zur Offiziersmesse zum Frühstück hinüberging. Das konnte nun so weitergehen, ein Jahr oder zwei Jahre lang, ein tägliches und widerliches Stück Arbeit, das man jeden Morgen auf leeren Magen hinter sich zu bringen hatte. Jede Entgegnung, die Clellan machen konnte, würde seine Selbstachtung erhöhen; und jedesmal, wenn er getadelt wurde, würde es seinen Haß, den Haß des Unterdrückten, befriedigen. Manchmal ist es gut, ein einfacher Soldat zu sein. Hearn stieß mit seinem Fuß einen Stein beiseite.

Ach, diese armen Offiziere! Hearn grinste über sich selber und winkte Mantelli zu, der sich ebenfalls der Offiziersmesse näherte.

Mantelli kam zu ihm herüber und klopfte ihm auf den Rücken. „Halt dich von Papa heute fern."

„Was ist los?"

„Gestern abend hat das Corps ein paar Zigarren verteilt. Sie erklärten, Cummings möge nun seinen Arsch in Bewegung setzen. Himmel! Er will mir die Führung der Hauptquartier-Kompanie beim Angriff übertragen." Mantelli nahm seine Zigarre aus dem Mund und streckte sie wie einen Spieß vor.

„Du kannst doch nur dein Essen in Angriff nehmen."

„Wenn's doch so wäre! Ich habe immer nur Schreibtischarbeit gemacht, Plattfüße, Hollandia[1], USA, Kriegsministerium; ich trage Augengläser, und ich huste – hör bloß."

Hearn stieß ihn spielerisch in die Seite. „Möchtest du vielleicht eine Unterredung beim General?"

„Sicher, damit ich Krach kriege." Sie gingen zusammen hinein.

Nach dem Frühstück meldete sich Hearn im Generalszelt. Cummings saß an seinem Tisch und studierte einen Bericht von der Bauabteilung der Luftwaffe. „Sie werden den Flugplatz nicht vor zwei Monaten fertig haben. Sie haben mir die Priorität gestrichen."

„Das ist aber schlimm, Sir."

„Natürlich erwartet man nun, daß ich den verdammten Feldzug auch ohne ihn gewinne." Der General packte ihn zerstreut an, als wüßte er nicht, wer vor ihm stünde. „Wir sind im Augenblick die einzige im Einsatz befindliche Division, die keinerlei Luftunterstützung hat." Er wischte sich sorgfältig den Mund und blickte Hearn an. „Ich glaube, das Zelt war heute morgen recht gut in Ordnung."

„Ich danke Ihnen, Sir." Hearn ärgerte sich über die Freude, die ihm das Lob bereitete.

Cummings zog aus einer Schublade seines Tisches ein paar Augengläser, reinigte sie bedächtig und setzte sie auf. Das war eins der wenigen Male, wo ihn Hearn Augengläser tragen sah; sie ließen ihn älter erscheinen. Nach einem Augenblick nahm Cummings sie wieder ab und hielt sie in der Hand.

„Habt ihr jüngeren Offiziere euren Alkohol bekommen?"

„Wieso, ja, ich glaube schon."

„Hm." Cummings faltete seine Hände.

Nun, was soll das alles, fragte sich Hearn. „Warum fragen Sie?" sagte er schließlich.

Aber der General antwortete nicht. „Ich mache heute morgen eine Fahrt zum zweiten Bataillon. Wollen Sie Richman veranlassen, daß er den Jeep in zehn Minuten bereit hat?"

„Gehe ich mit Ihnen, Sir?"

„Äh, nein. Sie gehen zu Horton. Ich möchte, daß Sie an die Küste fahren und ein paar Extrasachen für die Offiziersmesse holen."

[1] Insel im südlichen Pazifik

„Ja, Sir." Ein wenig verwirrt ging Hearn zum Wagenstand und übergab Richman, dem Fahrer des Generals, den Befehl, und dann lief er weiter zu Major Horton, der ihm eine Liste für die Dinge aushändigte, die er von einem Liberty-Schiff draußen im Hafen kaufen sollte.

Hearn übernahm eine Abteilung von drei Männern vom Feldwebel der Hauptquartier-Kompanie, ergatterte einen Wagen und fuhr hinunter zur Küste. Es war bereits heiß, und die Sonnenstrahlen, die durch den Morgendunst hindurchbrachen, erhitzten die aus dem Dschungel aufsteigende feuchte, nach Fäulnis riechende Luft. Gelegentlich wurden auf der Fahrt die Abschüsse einiger Geschütze vernehmbar und verhallten hinter ihnen wie fernes Donnerrollen. Als Hearn das Ende der Halbinsel erreicht hatte, war er in Schweiß geraten.

Nach einigen Minuten gelang es ihm, ein Landungsboot zu bekommen, und sie fuhren zum Ankerplatz der Frachtschiffe. Als sie auf dem ruhigen Wasser ein paar Meilen zurückgelegt hatten, schien Anopopei fast vollständig in Dunst eingehüllt zu sein, und eine trübgelbe, stechende Sonne bahnte sich ihren Weg durch das sich träge bewegende Wolkengewölbe. Selbst auf dem Wasser war es ungewöhnlich heiß.

Das Landungsboot drosselte den Motor ab und glitt längsseits an den Frachter. Als es anstieß, ergriff Hearn die Leiter und kletterte an Deck. Von der Reling starrten einige Matrosen auf ihn herunter, und der leere Ausdruck ihrer Gesichter, der zugleich kritisch und leicht geringschätzig war, verwirrte ihn. Durch die Sprossen der Leiter schaute er auf das Landungsboot, das sich rückwärts dem Ladekran am Bug des Schiffes näherte. Hearn war von der leichten Anstrengung des Kletterns wieder in Schweiß geraten.

„Wer ist der Diensthabende am Lager?" fragte er einen der Matrosen an der Reling.

Der Matrose blickte ihn an, und ohne etwas zu sagen, stieß er seinen Daumen in die Richtung einer Luke. Hearn ging an ihm vorüber, öffnete die schwere Lukentür und stieg die Treppe hinunter. Die Hitze überfiel ihn mit unerwarteter Wucht. Er hatte vergessen, wie unerträglich heiß es in einem Schiffsraum werden konnte.

Und natürlich stank es. Er kam sich vor wie ein Insekt, das durch die Eingeweide eines Pferdes krabbelt. „Verflucht", murmelte er voll Ekel. Wie üblich, roch das Schiff nach abgestandenem Essen – Fettgeruch und der ekelhafte Gestank eines Gullys waren darin vermischt. Zerstreut fuhr er mit seinem Finger über eine Schottentür und brachte ihn feucht zurück. Im ganzen Schiff schwitzten die Schottentüren eine Schicht von Öl und Wasser aus.

Er ging behutsam den Gang entlang, der eng war und spärlich beleuchtet. Auf den eisernen Fußbodenplatten versperrten bisweilen Haufen von Kriegsmaterial, nachlässig mit Segeltuch bedeckt, den Weg. Einmal glitt er auf etwas Öligem und Glattem aus und fiel beinahe. „Dreckloch", fluchte er. Er war wütend, maßlos wütend, wofür kein Grund vorlag. Hearn blieb stehen und fuhr sich hastig mit seinem Ärmel über die Stirn. – Zum Teufel noch mal, was ist mit dir los?

„Habt ihr jüngeren Offiziere euren Alkohol bekommen?" hatte der General gefragt, und etwas hatte sich dabei in Hearn heftig geregt. Seitdem waren seine Nerven durcheinander und empfindlich. Was hatte der General damit gemeint?

Nach einigen Augenblicken stieß er weiter in den Gang vor. Das Lagerbüro war in einer mittelgroßen Kabine jenseits des Ganges; es war unordentlich angefüllt mit Rationspackungen, Holzteilen zerbrochener Kisten, einem Papierhaufen, der aus einem überlaufenden Papierkorb stammte, und einem großen abgenutzten Tisch, der in eine Ecke gerückt war.

„Sind Sie Kerrigan?" fragte Hearn den am Tisch sitzenden Offizier.

„Stimmt, mein Lieber, was kann ich für Sie tun?" Kerrigan hatte ein hageres, ziemlich zerschlagenes Gesicht, einige Zähne fehlten ihm.

Hearn starrte ihn einen Augenblick an, und Zorn stieg wieder in ihm hoch. „Das ‚mein Lieber' können Sie sich ruhig schenken." Er war selbst ziemlich erstaunt über seine Wut.

„Wie Sie wünschen, Leutnant."

Hearn versuchte angestrengt, sich zusammenzunehmen. „Ich habe ein Boot längs liegen, und hier ist die Anforderung für die gewünschten Dinge. Es wäre mir angenehm, wenn wir es erledigen könnten, ohne uns gegenseitig die Zeit zu stehlen."

Kerrigan ging den Zettel durch. „Das ist für die Offiziersmesse, äh, Leutnant?" Er pickte sich die einzelnen Sachen laut heraus. „Fünf Kisten Whisky, einen Karton Salatöl, einen Karton Mayonnaise" – Kerrigan sprach es mit einem komischen Akzent wie Meionneise aus – „zwei Kisten Hühnerkeule in Büchsen, ein Paket Gewürze, ein Dutzend Worcestershire-Flaschen, ein Dutzend Chilliflaschen und eine Kiste Tomatenpüree." Er blickte auf. „Ist 'ne kleine Liste. Ausgesuchter Geschmack. Ich vermute, morgen werden Sie noch ein Schiff 'rübersenden, um ein paar Flaschen Mostrich zu holen." Er seufzte. „Einfach anstreichen und holen, anstreichen und holen." Er strich mit seinem Bleistift das meiste aus. „Ich kann Ihnen nur den Whisky geben, wir sind hier kein Laden."

„Bitte wollen Sie beachten, daß die Anforderung von Horton im Auftrag des Generals gezeichnet wurde."

Kerrigan zündete sich eine Zigarette an. „Wenn der General auf diesem Schiff was zu sagen hätte, würde ich anfangen, mich für ihn in Schweiß bringen zu lassen." Er blickte Hearn fröhlich an. „Einer von Hortons Leuten, irgend so ein Hauptmann, hat gestern bereits die Waren für das Divisionshauptquartier übernommen. Wir sind keine Hausierer für Offiziersmessen, wie Sie wissen. Sie müssen die Vorräte in Bausch und Bogen übernehmen und können sie dann an der Küste löschen."

Hearn hielt sich zurück. „Es handelt sich um Ankäufe. Ich habe Geld von der Offiziersmesse, um zu bezahlen."

„Aber ich bin nicht verpflichtet, sie Ihnen auszuhändigen, und ich werde es verdammt sicher nicht tun. Wenn Sie Büchsenfleisch haben wollen, das könnte ich Ihnen geben und brauchte dafür keinen Pfennig aus Ihrer Tasche. Aber wegen dieser kleinen Extradinge werden Sie wohl warten müssen, bis ein Marineschiff wieder auftaucht. Ich will mit dieser Meionneise nichts zu tun haben." Er kritzelte etwas auf den Anforderungsschein. „Nehmen Sie das mit nach Raum 2, dann werden Sie Ihren Whisky bekommen. Wenn ich es nicht müßte, würde ich Ihnen auch den Whisky nicht geben."

„Gut, danke, Kerrigan."

„Jederzeit, Leutnant, jederzeit zu Diensten."

Hearn schritt den Gang entlang, seine Augen funkelten. Das Schiff rollte in einer Dünung, er taumelte gegen eine Schottentür und schlug schmerzhaft mit der Hand gegen das Metall, als er den Stoß auffangen wollte. Er hielt an und wischte sich den Schweiß von Stirn und Mund.

Er müßte verdammt sein, wenn er ohne diese Dinge zurückkommen würde. Er ärgerte sich wieder über Kerrigans Lächeln und zwang sich zu einem Grinsen. Das war daneben gegangen; aber trotzdem, Kerrigan hatte Haltung und war amüsant. Es gab noch andere Wege, an die Dinge heranzukommen, und er würde sie ausfindig machen. Er hatte nicht die Absicht, vor den General hinzutreten und Erklärungen abzugeben.

Er kam in den Raum Nr. 2 und stieg die Treppe in den Kühlraum hinunter. Er händigte dem Diensthabenden seinen Schein aus.

„Nur fünf Kisten Whisky, hm?"

Hearn rieb sein Kinn. Ein Dschungelgeschwür hatte sich nahe an einem Mundwinkel gebildet und juckte. „Wie wäre es, wenn Sie mir auch das übrige geben würden, Jack?" fragte er unvermittelt.

„Das geht nicht; Kerrigan hat es durchgestrichen."

„Ich würde es mich zehn Pfund kosten lassen, wenn Sie mir das Zeug geben."

Der Matrose war ein kleiner Mann mit einem besorgten Gesicht. „Ich kriege es nicht weg. Was dann, wenn Kerrigan mich beim Verladen sieht?"

„Er ist in seinem Büro beschäftigt und wird nicht 'rauskommen."

„Ich kann es nicht wagen, Leutnant. Es würde bei der Inventur bemerkt werden."

Hearn kratzte sich am Kopf. Er fühlte, daß sich Hitzepickel auf seinem Rücken bildeten. „Wir wollen in die Gefrieranlage gehen, ich möchte mich etwas abkühlen." Sie öffneten eine der schweren Türen und unterhielten sich drinnen, während sie von Truthähnen und Schinken auf den Fleischhaken und Kisten mit Coca-Cola umgeben waren. Einer der Truthähne war angeschnitten, und Hearn pflückte sich ein paar Streifen des weißen Fleisches und aß es auf, während er sprach. „Sie wissen doch verdammt gut, daß es bei der Inventur nicht herauskommen kann", sagte Hearn auf gut Glück. „Ich habe selbst mit solchen Dingen zu tun gehabt, Jack. Über Lebensmittel kann man nicht Buch führen."

„Wer weiß, Leutnant."

„Wollen Sie mir etwa einreden, daß Kerrigan niemals hier 'runterkommt, um einiges für sich selbst zu holen?"

„Gut, aber es ist ein gefährliches Ding, Ihnen was zu geben."

„Wie wäre es mit zwölf Pfund?"

Der Matrose überlegte. „Vielleicht fünfzehn?"

Jetzt hatte er ihn. „Zwölf ist das Äußerste", sagte er heftig. „Ich handle nicht."

„Nun gut, ich will es wagen."

„Sie sind ein großartiger Junge." Hearn trennte ein weiteres Stück vom Truthahn ab und aß es mit Genuß. „Sie können die Kisten bereitstellen. Ich werde meine Leute holen und sie 'raufbringen lassen."

„Gut, Leutnant, aber machen Sie schnell, ja?"

Hearn ging auf Deck, lehnte sich über die Reling und rief seinen Leuten im Landungsboot zu, daß sie an Bord kommen sollten. Nachdem sie die Strickleiter erklommen hatten, führte sie Hearn in den Raum hinunter, und jeder nahm einen Packen und trug ihn auf Deck. Nach drei Gängen war alles nach oben gebracht, der Whisky, das Hühnerfleisch in Büchsen und alle Gewürze, und in wenigen Minuten war es im Krannetz verstaut und ins Boot hinuntergelassen. Hearn bezahlte dem Matrosen seine zwölf Pfund. „Los, Leute, wir wollen machen, daß wir wegkommen!" rief er aus. Jetzt, nachdem alles vorüber war, wurde er besorgt, daß Kerrigan auf Deck erscheinen und den Abtransport entdecken könnte. Sie kletterten ins Boot hinunter, und Hearn zog eine Plane über die Sachen.

Als sie sich abstoßen wollten, sah er Kerrigan von der Reling herunterblicken. „Wenn Sie nichts dagegen haben, Leutnant", rief Kerrigan, „möchte ich einen Blick auf das werfen, was Sie da wegbringen."

Hearn grinste. „Werft den Motor an", schrie er dem Steuermann zu, und dann blickte er mit unschuldigem Gesicht Kerrigan an. „Zu spät, Mann", rief er hinauf. Aber der Motor hustete, knatterte, und dann blieb er weg. Kerrigan, der es beobachtete, begann herabzuklettern.

„Werft den Motor an!" schrie Hearn wütend. Er starrte auf den Steuermann. „Mann, los!"

Der Motor knatterte aufs neue, schien sich zu fangen, ließ wieder nach, aber dann lief er gleichmäßig. Am Heck entstand Kielwasser, Kerrigan befand sich auf der Mitte der Strickleiter. „Gut, nun aber los!" schrie Hearn.

Das Boot setzte sich langsam in Bewegung und ließ Kerrigan hilflos gestrandet auf der Strickleiter zurück. Einige Matrosen blickten lachend auf ihn hinunter, als er wieder nach oben zu klettern begann. „Auf Wiedersehen, Kerrigan!" schrie Hearn. Er war sehr fröhlich. „Gottverdammt, Mann", sagte er zum Steuermann, „das war höchste Zeit, daß Sie den Motor in Gang brachten." Das Landungsboot sprang sicher über die Wellen, während es zur Küste fuhr. „Tut mir leid, Leutnant."

„Ist schon in Ordnung." Er fühlte sich entspannt, außerordentlich entspannt im Vergleich zu der Aufregung, die das Verladen der Nahrungsmittel verursacht hatte, und überrascht stellte er fest, wie naß seine Kleidung geworden war. Wasser sprühte über die vordere Rampe, und Hearn stand in dem Behälter bei den Nahrungsmitteln und ließ sich bespritzen. Über ihm brach die Sonne durch die Wolken. Die Wolkendecke zog sich in dünnen Fetzen auseinander wie Papier, das sich von der Flamme wegrollt. Wieder einmal wischte er sich die Stirn und fühlte seinen Kragen wie einen nassen Strick um den Hals liegen.

Nun gut, zwölf Pfund, das war nicht schlecht. Hearn grinste. Kerrigan würde ihm mindestens fünfzehn Pfund, vielleicht sogar zwanzig für diese Dinge abverlangt haben. Er war ein Aas, und der General ebenfalls. Cummings hatte angenommen, daß er ohne den Whisky zurückkommen würde. Bestimmt. Gestern hatte Horton über einen Proviantmeister gesprochen. „Mit diesem Hund kann man nicht zusammen arbeiten", hatte Horton erklärt. Und dieser Proviantmeister war Kerrigan.

Der General hatte ihn mit diesem Sonderauftrag ausgesandt, während er eindeutig einem der Offiziere aus Hortons Abteilung zugekommen wäre. Irgendwie hatte Hearn den Grund dafür erfühlt, wie hätte er sich sonst in eine Bestechungsaffäre eingelassen oder wäre wütend geworden, weil Kerrigan ihm freche Antworten gab? Der General hatte auf ihn einwirken wollen. Hearn setzte sich auf die mit einer Plane bedeckten Kisten, zog sein Hemd aus und rieb seinen feuchten Körper damit ab und behielt es fest in seinen Händen. Dann zündete er sich eine Zigarette an.

Hearn kam vor Mittag im Lager an und stürzte zum Generalszelt zur Berichterstattung. Er genoß die Vorstellung, Cummings eine Enttäuschung zu bereiten, aber der General war nicht da. Hearn setzte sich auf seine Truhe und sah sich widerwillig im Zelt um. Nichts war seit dem Morgen, als Clellan darin gearbeitet hatte, verändert worden, und in dem Sonnenlicht, das durch die offenen Vorhänge hereinfiel, erschien alles rechteckig, kantig und unfreundlich, und nichts deutete darauf hin, daß es von irgend jemandem bewohnt sei. Der Boden war fleckenlos, die Decken waren straff über die Matratze gezogen, nichts auf dem Tisch war in Unordnung. Hearn seufzte und fühlte ein unbestimmtes Unbehagen in sich aufsteigen. Immer das gleiche seit jener bestimmten Nacht.

Der General legte ihm Schrauben an. Die Aufträge, die ihm Cummings erteilte, waren gewiß leicht zu erledigen, aber immer war etwas Erniedrigendes daran. In gewissem Sinne kannte ihn der General besser als er sich selbst. Wenn er einen Auftrag erhielt, würde er ihn ausführen, selbst wenn er dabei als Schweinehund dastehen würde. Aber jedes weitere Mal, das er sich zum Schweinehund machen ließ, wurde es leichter. Schlau ausgedacht. Diese Angelegenheit mit Kerrigan war aus einem anderen Gesichtswinkel zu sehen. Wenn man sie nüchtern betrachtete, lief es darauf hinaus, einen Mann zu bestechen, mit ein paar Lebensmitteln davonzuschleichen und in Schweiß zu geraten, bis man sie in Sicherheit hatte. Auf einer anderen Ebene gehörte dies zu den Dingen, die seinen Vater vielleicht gereizt hätten. „Jeder hat seinen Preis, und es gibt verschiedene Wege, um ihm das Fell über die Ohren zu ziehen." Oh, es gab genug Gemeinplätze, um es zu bemänteln. Und der General wollte ihm zeigen, daß er, Hearn, keineswegs über solche Dinge erhaben war. Es war immer dasselbe: das Erholungszelt in fünfzig oder vielleicht hundert Abwandlungen.

„Sie haben vergessen, Robert, daß Sie so etwas wie einen päpstlichen Dispens genießen." Gut, aber wo war dieser Dispens? Er, Hearn, war nichts weiter als ein Leutnant, der sich durch den Druck von oben und unten bedrängt fühlte, der nicht begabter war als irgendein anderer Offizier, um seine Laufbahn mit einigem Anstand und etwas Zurückhaltung zu absolvieren. Wenn das genügend lange durchgeführt wurde, würden seine Reaktionen unter dem Einfluß der Angst automatisch werden. Irgendwie zog man dem General gegenüber immer den kürzeren. Selbst an jenem Schachabend war er es gewesen, der sich nicht wohl gefühlt hatte, und nicht Cummings; er hatte auf seinem Feldbett gelegen und versucht, sich alle Kränkungen ins Gedächtnis zurückzurufen.

„Habt ihr jüngeren Offiziere euren Alkohol bekommen?" Was, zum Teufel, hatte er damit gemeint? Impulsiv öffnete Hearn das Likörschränkchen des Generals und prüfte die angebrochenen Flaschen. Man konnte damit rechnen, daß Cummings jeden Abend ein oder zwei Zoll Whisky trank, und aus einer merkwürdigen Knauserei pflegte er jeweils den Inhalt der Flasche mit einem Bleistift anzuzeichnen, bevor er sie wegstellte. Hearn hatte dies belustigt und als interessanten, kleinen Schnörkel bei den vielen Widersprüchen des Generals festgestellt.

Heute aber war der Inhalt der Whiskyflasche mindestens zweieinhalb Zoll unter die letzte Bleistiftmarkierung gesunken. Cummings mußte dies am Morgen festgestellt und einen Vorwurf gegen ihn in seine Frage gelegt haben: „Habt ihr jüngeren Offiziere euren Alkohol bekommen?" Als ob er ihn getrunken hätte! Aber das war doch albern! Cummings sollte es besser wissen.

Es hätte möglicherweise Clellan sein können. Es sah aber Clellan nicht ähnlich, daß er seine einbringliche Ordonnanzstellung beim General für einen Trunk aufs Spiel setzte. Außerdem war Clellan gewitzt genug, um die Markierung selbst vorzunehmen, wenn er einen Schluck trinken wollte.

Plötzlich sah Hearn Cummings am gestrigen Abend in seinem Zelt sitzen – schon im Begriff sich niederzulegen – und nachdenklich das Etikett der Whiskyflasche anstarren. Er hatte vielleicht schon seinen Bleistift ergriffen, zögerte noch einen Augenblick, und dann ließ er die Flasche unmarkiert und tat sie in das Schränkchen zurück. Wie mag sein Gesicht in diesem Augenblick ausgesehen haben?

Nun, das war nicht mehr belustigend. Jedenfalls nicht mehr nach dem Erholungszelt, den Blumen und Kerrigan. Bis zu diesem kleinen Vorfall hätte er die Einfälle des Generals als Streiche ansehen können, die seinen merkwürdigen Trieben und Begierden entsprangen. Es war eher wie eine Neckerei unter Freunden gewesen. Aber das war jetzt bösartig. Und auch ein wenig erschreckend. Bei der Mannigfaltigkeit seiner Aufgaben und dem Druck, der auf ihm lastete, fand Cummings noch Zeit, solche Dinge zu ersinnen; vielleicht um sich von der größeren Enttäuschung, die er fühlte, zu erholen.

Und dies hatte ihrem Verhältnis vielleicht immer zugrunde gelegen, wie Hearn jetzt zu verstehen glaubte. Er war das

Kätzchen gewesen, das Hündchen, das sein Herr verhätschelte und streichelte, dem er Leckerbissen vorlegte, bis es einmal die Vermessenheit hatte, das Herrchen zu beißen. Und seitdem wurde er nun mit dem besonderen, vollendeten Sadismus gequält, den die meisten Menschen nur Tieren gegenüber aufbringen. Er bedeutete nur eine Zerstreuung für den General, und das nahm er ihm jetzt in einem kalten, wortlosen Zorn übel, der sich noch verstärkte, als ihm klar wurde, daß er sich die Rolle des Hundes hatte gefallen lassen, daß er sogar tief vor sich verborgen den Traum des Hundes träumte, eines Tages seinem Herrn zu gleichen. Und Cummings hatte es wahrscheinlich belustigt erkannt.

Er erinnerte sich einer Geschichte, die ihm Cummings von einem Angestellten im Kriegsministerium erzählte, der verurteilt worden war, nachdem man einige kommunistische Dokumente in seinen Schreibtisch gelegt hatte.

„Ich bin überrascht, daß das Erfolg hatte, nachdem Sie erklären, daß jedermann wußte, daß der Mann harmlos war."

„Solche Dinge haben immer Erfolg, Robert. Sie können noch nicht begreifen, wie wirkungsvoll die große Lüge ist. Der Durchschnittsmensch darf nicht wagen, die Menschen, die an der Macht sind, zu verdächtigen, daß sie die gleichen bösen Gedanken haben wie er selber, nur daß sie bei ihnen größere Wirkung erzielen, wenn sie in die Tat umgesetzt werden. Außerdem gibt es keinen Menschen, der seine eigene Unschuld beschwören könnte. Tatsache ist, daß wir alle schuldig sind. Dieser Bursche nun begann sich zu fragen, ob er vielleicht doch der Partei angehöre. Warum, glauben Sie, blieb Hitler so lange unbelästigt? Die armselige Mentalität der Diplomaten konnte einfach nicht glauben, daß er nicht das alte Spiel nur mit einigen neuen Kniffen spielen wollte. Man mußte ein außenstehender Beobachter sein, wie Sie oder ich, um zu erkennen, daß er den Menschen des zwanzigsten Jahrhunderts interpretierte."

Bestimmt wäre Cummings fähig gewesen, jene Dokumente einzuschmuggeln, wenn er es für notwendig erachtet hätte. So, wie er die Whisky-Angelegenheit durchgeführt hatte. Aber Hearn wünschte nicht, eine Schachfigur des Generals zu werden, die sich beliebig bewegen ließ. Es war kein Zweifel, Cummings sah in ihm nur einen Zeitvertreib.

Hearn blickte sich im Zelt um. Es hätte ihm ein Vergnügen gemacht, auf den General zu warten, um ihm mitzuteilen, daß er alles mitgebracht habe; aber es wäre ein schmutziges Vergnügen gewesen, und Cummings hätte ihn durchschaut. „Sie haben sich ein bißchen strecken müssen, wie, Robert?" würde er vielleicht sagen. Hearn zündete sich eine Zigarette an und ging zum Papierkorb hinüber, um das Streichholz hineinzuwerfen.

Da war wieder die instinktive Reaktion: Wirf kein Streichholz auf den Fußboden des Generals! Er hielt inne. Schließlich gab es eine Grenze für seine Schikanen.

Dieser saubere Fußboden! Wenn man es nüchtern betrachtete, ohne den Glorienschein des militärischen Drum und Dran, war es etwas Albernes, Unnatürliches und Empörendes.

Er warf das Streichholz neben die Truhe des Generals und dann, mit dumpf klopfendem Herzen, die Zigarette sorgfältig mitten auf den fleckenlosen Fußboden, setzte seinen Absatz darauf und zerquetschte sie mit Nachdruck, und dann blickte er verwundert und mit beunruhigendem Stolz um sich.

Cummings sollte es sehen. Er sollte es ruhig sehen.

Im G-1-Zelt war die Luft gegen Mittag erstickend geworden. Major Binner wischte seine stahlgefaßten Augengläser ab, hustete kummervoll und entfernte Schweißtropfen von seiner glatten Schläfe. „Das ist eine ernste Angelegenheit, Sergeant", sagte er ruhig.

„Ja, Sir, ich weiß es."

Major Binner blickte einen Augenblick auf den General. Dann trommelte er auf seinen Schreibtisch und blickte den Soldaten an, der vor ihm in straffer Haltung stand. Einige Schritte entfernt, in der Nähe der Eckstangen des Zeltes, ging Cummings auf kleinem Raum hin und her.

„Wenn Sie gestehen, Sergeant Lanning, wird das großen Einfluß auf Ihr Verfahren haben", sagte Binner.

„Major, ich weiß nicht, was ich gestehen soll", protestierte Lanning. Er war ein kleiner, ziemlich untersetzter Mann mit blondem Haar und hellblauen Augen.

„Die Tatsachen würden genügen", sagte Binner gedehnt mit seiner verdrießlichen Stimme.

„Also, wir gingen auf Patrouille, und da wir dieselbe Gegend erkunden sollten wie am Vortag, sah ich den Grund dafür nicht ein."

„War es Ihre Sache, dies zu beurteilen?"

„Nein, Sir, gewiß nicht, aber ich konnte feststellen, daß die Leute nicht sehr erfreut darüber waren, und nachdem wir eine halbe Meile gegangen waren, ließ ich meine Gruppe sich in einer kleinen Mulde niederlegen, wartete eine Stunde, und dann kam ich zurück und gab meinen Bericht."

„Und dieser Bericht war völlig falsch", sagte Binner betont. „Sie sagten, Sie seien an einem Ort gewesen, zu dem – an dem Sie auch im Umkreis einer Meile nicht hätten gewesen sein können."

In Cummings' Zorn mischte sich eine leichte Verachtung gegen Binner, weil er im Satz gestolpert war.

„Ja, Sir, das stimmt", sagte Sergeant Lanning.

„Die Idee kam Ihnen genau in dieser Weise? Sie ist Ihnen sozusagen erst eingefallen?"

Cummings mußte sich zurückhalten, um nicht zu unterbrechen und die Befragung zu beschleunigen.

„Ich verstehe Sie nicht, Major", sagte Lanning.

„Wie viele Male haben Sie schon auf Patrouille Ihre Pflicht versäumt?" fragte Binner verdrießlich.

„Es war das erstemal, Sir."

„Welche anderen Sergeanten in Ihrer Kompanie oder in Ihrem Bataillon haben falsche und irreführende Patrouillenberichte gegeben?"

„Keiner, Sir, ich habe von keinem gehört."

Der General schritt unversehens auf ihn zu und starrte ihn an. „Lanning, wünschen Sie jemals wieder in die Staaten zurückzukommen oder wollen Sie hier in einem Straflager versauern?"

„Sir", stammelte Lanning, „ich bin seit drei Jahren im Verband, und..."

„Es kümmert mich nicht, und wenn Sie zwanzig Jahre bei uns wären. Wer sind die anderen Sergeanten, die falsche Patrouillenberichte gegeben haben?"

„Ich weiß keinen, Sir."

„Haben Sie eine Freundin?"

„Ich bin verheiratet, Sir."

„Wollen Sie Ihre Frau wiedersehen?"

Lanning errötete. „Sie hat mich vor einem Jahr verlassen, Sir. Ich erhielt einen Abschiedsbrief."

Die Schuhe des Generals machten ein kratzendes Geräusch, als er sich abwandte. „Major, Sie können den Mann morgen vor das Kriegsgericht bringen." Er hielt am Zelteingang inne. „Lanning, ich warne Sie nochmals, Sie sollten lieber die Wahrheit sagen. Ich brauche den Namen jedes Unteroffiziers in Ihrer Kompanie, der gleiches getan hat."

„Ich weiß von keinem, Sir."

Cummings stelzte hinaus und ging über den Lagerplatz, mit weichen Knien vor ohnmächtiger Wut. Diese Unverschämtheit von diesem Lanning! „Ich weiß von keinem, Sir." Die ganze Front bestand aus solchen Unteroffizieren, und es war anzunehmen, daß drei Viertel ihrer Berichte falsch waren. Wahrscheinlich fälschten selbst die Frontoffiziere ihre Patrouillenberichte. Und das schlimmste war, daß er nichts dabei tun konnte. Wenn er Lanning vor ein öffentliches Kriegsgericht stellte, gäbe es Berichte darüber, und im ganzen Südpazifik würde es überall heißen, daß seine Leute unglaubwürdig geworden seien. Selbst wenn ihm Lanning sagen würde, wer die anderen Unteroffiziere seien, könnte er keine Aktion unternehmen. Die Männer, die an ihre Stelle kommen würden, wären wahrscheinlich noch schlimmer. Aber er müßte verdammt sein, wenn er Lanning ohne Strafe in seine Kompanie zurückgehen ließe. Sollte er am Halm vertrocknen. Sie konnten warten, bis der Feldzug vorüber war (falls er jemals endete), und ihm dann im Gerichtsverfahren machen, und in der Zwischenzeit würde es noch eine Anzahl von Verhören und Androhungen geben, daß er am nächsten oder übernächsten Tag vor ein Gericht gestellt werden würde. Von einer zornigen Befriedigung, die sich aus sich selbst steigerte, angetrieben, schritt der General dahin. Wenn dies Lanning nicht zermürben würde, gab es noch andere Wege. Aber die Leute sollten noch begreifen lernen, und wenn er ihnen die Nasen in den Dreck stoßen müßte, daß hinter allen Strapazen das Ziel lag, den Feldzug zu gewinnen. Sie liebten ihre Lager, nicht wahr? Es gab Methoden, das in Ordnung zu bringen. Man könnte morgen schon eine allgemeine Truppenbewegung nach der einen oder anderen Seite ausführen, Frontberichtigungen von wenigen Hundert Yards veranlassen, mit neuen Schützenlöchern, die zu graben waren, neuem Stacheldraht, den man auslegen, und neuen Zelten, die man errichten mußte. Und wenn sie dabei waren, bereits wieder Holzfußstege und Latrinen anzulegen, könnte man sie aufs neue in Bewegung setzen. Diese amerikanische Vorliebe, am eigenen Besitz herumzubasteln; bau dir ein Haus, werde fett darin und stirb!

Die Disziplin müßte in der ganzen Division verschärft werden. Wenn die Leute sich vor Patrouillen drückten, dann gab es auch Simulanten im Lazarett. Er würde ein Memorandum an das fliegende Lazarett richten, damit sie alle zweifelhaften Fälle 'raussetzten. Es gab zuviel Nachsicht im ganzen Verband und zu viele Männer, die seiner Autorität Widerstand entgegensetzten und gegen ihn arbeiteten. Oh, sie wären mit einem neuen Befehlshaber glücklicher gewesen, einem Schlächter, der sinnlos ihr Leben opferte. Gut, wenn sie sich nicht zusammenreißen wollten, würden sie ihren Schlächter bald bekommen. Es gab ringsum genug, die darauf warteten.

Wütend kam er in sein Zelt zurück, setzte sich an seinen Schreibtisch und ertappte sich dabei, wie er mit einem Bleistift spielte. Er warf ihn beiseite und starrte mit heftigem Ekel auf die Landkarte neben seinem Feldbett. Sie schien ihn jetzt zu verhöhnen.

Aber irgend etwas war mit dem Zelt nicht in Ordnung, etwas hatte sich verändert, seitdem es Clellan am Morgen instand gesetzt hatte. Er wandte sich um und überblickte das Zelt mit einem seltsamen Gefühl der Beklemmung.

„Himmel!" Es war ein Mittelding zwischen erregtem Schrei und Stöhnen. Schmerz und Furcht durchzuckten ihn. Mitten auf dem Boden lagen das Streichholz und der zertretene Zigarettenstummel, ein häßliches Gemisch aus schwarzer Asche, verschmiertem Papier und braunem Tabak.

Auf dem Tisch lag eine Notiz für ihn, die er bisher nicht bemerkt hatte:

Sir,
habe auf Sie gewartet, aber Sie ließen sich nicht blicken. Die ausgewählten Sachen habe ich mitgebracht.

Hearn

Dann war es also Hearn gewesen, der den Fußboden beschmutzt hatte. Natürlich. Cummings schritt auf das Streichholz und den Zigarettenstummel zu, nahm beides mit größtem Abscheu auf und warf es in den Papierkorb. Etwas schwarze Asche blieb zurück, die er mit seinem Schuh verrieb. Gegen seinen Willen zwang ihn etwas, an seinen Fingern zu schnüffeln, obwohl er sich vor dem Stummelgeruch ekelte.

In seinen Eingeweiden spürte er einen Diarrhöe-Krampf, der ihm den Schweiß austrieb. Er langte hinüber, nahm das Feldtelefon auf, kurbelte einmal und murmelte hinein: „Suchen Sie Hearn und schicken Sie ihn mir in mein Zelt." Dann rieb er heftig seine linke Wange, die taub geworden zu sein schien.

„So etwas zu tun!" Seine Wut begann jetzt zu wirken; sein Mund verengte sich, sein Herz schlug überrasch, und es juckte ihn in den Fingerspitzen. Es war fast unerträglich. Er ging zu seinem Eisschrank hinüber, goß sich ein Glas Wasser ein und trank in kleinen hastigen Schlucken. Einen Augenblick lang lag unter der rasenden Wut ein anderes Gefühl, eine merkwürdige Mischung aus Ekel und Furcht vielleicht oder etwas Ähnlichem, eine seltsame Erregung, eine augenblickliche Schwäche, als sei er ein junges Mädchen, das sich schließlich doch vor den Augen fremder Männer auszog. Aber seine Wut drängte es beiseite, sie schwoll an, bis sie alle Kanäle seines Gefühls erfaßt hatte und ihn erzittern ließ. Wenn er in diesem Augenblick ein Tier in seinen Händen gehabt hätte, würde er es erwürgt haben.

Noch eine andere Befürchtung wurde offenbar. Was Hearn getan hatte, war gleichbedeutend mit dem Versuch eines Soldaten, Hände an seine Person zu legen. Für Cummings war dies ein Symbol des Losgelöstseins von seiner Truppe, ihres Widerstandes gegen ihn. Die Angst vor ihm, der Respekt, den ihm seine Soldaten bezeigten, war nur noch ein vernunftgemäßer, nur ein Zugeständnis gegenüber seiner Macht, sie bestrafen zu können, und das genügte nicht. Es fehlte jene andere Furcht, jene unvernünftige, in der seine Machtbefugnisse ihnen ungeheuerlich erschienen und es einer Art Gotteslästerung gleichkam, wollte man sich gegen ihn auflehnen. Der Zigarettenstummel am Boden war eine Drohung, eine Lossage von ihm. Das stand auf der gleichen Ebene wie Lannings Disziplinlosigkeit oder wie ein japanischer Angriff gegen seine Linien, dem man unmittelbar und unbarmherzig begegnen mußte. Je länger man solchen Widerstand hinnahm, um so größer wurde er. Das mußte ausgemerzt werden.

„Sie wünschten mich zu sehen, Sir?" Es war Hearn, der ins Zelt trat.

Cummings wandte sich langsam um und blickte ihn an. „Ja, setzen Sie sich, ich habe mit Ihnen zu sprechen." Seine Stimme war kühl und gefaßt. Jetzt, da Hearn vor ihm stand, gelang es ihm, seinen Zorn unter Kontrolle zu bekommen und zu einem Instrument seines Handelns zu machen. Sehr bedächtig zündete er sich eine Zigarette an. Seine Hände waren ruhig geworden, und gelassen stieß er den Rauch aus. „Es ist schon eine Weile her, daß wir eine kleine Unterhaltung miteinander hatten, Robert."

„Ja, Sir, das stimmt."

Seit jenem Schachabend. Und beide waren sich dessen bewußt. Cummings betrachtete Hearn mit Widerwillen. Hearn mahnte ihn durch sein Dasein an einen Fehler, den er begangen hatte, an eine Schwäche, der er unterlegen war, und es war ihm seitdem unerträglich geworden, mit ihm zusammen zu sein. („Meine Frau ist eine Hexe, Robert.") Cummings krümmte sich in der Erinnerung daran und war empört über seine damalige Schwäche. Damals ...

Nun hatte er Hearn vor sich, der mit seinem schweren Körper ausgestreckt auf dem Feldstuhl saß; nicht ganz so entspannt, wie es schien, mit seinem verdrießlichen Mund und seinen kalten Augen, mit denen er ihn ebenfalls anstarrte. Einmal hatte er geglaubt, daß in Hearn etwas steckte; etwas Glänzendes, was sich mit seinem eigenen Glanz messen könnte, eine Hinneigung zur Macht, das heißt jener besondere Machthunger, den zu befriedigen allein lohnte; aber er hatte sich geirrt. Hearn war ein Vakuum mit nur aus der Oberfläche kommenden Handlungen und Erregungen. Ohne Zweifel hatte er die Zigarette rein impulsiv zertreten.

„Ich möchte Ihnen einen kleinen Vortrag halten, Robert." Bis jetzt wußte Cummings noch nicht, wie er fortfahren sollte. Er glaubte sich auf seinen Instinkt verlassen zu können. Und nun hatte er den Weg. Man mußte es in den geistigen Rahmen spannen, Hearn hineinlocken, ohne daß ihm bewußt wurde, daß es heute zu einem Ende kommen würde.

Hearn zündete sich eine Zigarette an. „Ja, Sir?" Er hielt das Streichholz noch in der Hand, und beide blickten darauf. Es entstand eine merkliche Pause, während er damit hantierte, und dann beugte er sich vor, um es in den Aschenbecher zu werfen.

„Sie sind erfreulich ordentlich", sagte Cummings scharf.

Hearn hob seine Augen, suchte eine Sekunde lang die des Generals und erwog behutsam seine Antwort. „Das kommt vom Elternhaus", sagte er kurz.

„Es scheint mir, Robert, als ob Sie manches von Ihrem Vater hätten lernen können."

„Ich wußte nicht, daß Sie ihn kennen", sagte Hearn ruhig.

„Ich bin mit seinem Typ vertraut." Cummings streckte sich. Nun rasch die andere Frage, da Hearn nicht vorbereitet darauf war. „Haben Sie sich jemals die Frage vorgelegt, Robert, warum wir diesen Krieg führen?"

„Sie wünschen eine ernsthafte Antwort, Sir?"

„Ja."

Hearn knetete mit seinen großen Händen seine Oberschenkel. „Ich weiß nicht, ob ich ganz sicher bin, aber trotz aller Widersprüche glaube ich doch, daß sich das Recht objektiv auf unserer Seite befindet. Jedenfalls in Europa. Hier dagegen ist es meiner Meinung nach ein imperialistisches Würfelspiel. Entweder lausen wir oder die Japaner Asien. Und ich bilde mir ein, das unsere Methoden etwas weniger drastisch sind."

„Ist das alles?"

„Ich behaupte nicht, die Geschichtsentwicklung im voraus zu kennen. Ich könnte Ihnen die richtige Antwort wahrscheinlich erst in hundert Jahren erteilen." Er zuckte die Schultern. „Ich bin überrascht, daß Sie meine Meinung zu hören wünschen, General." Seine Augen hatten wieder einen müden, absichtlich teilnahmslosen Ausdruck angenommen. Hearn hatte Haltung, das war unleugbar.

„Es scheint mir, Robert, als ob Sie doch ein bißchen mehr wüßten."

„Nun gut, ich weiß mehr. Es gibt im Krieg eine Art Osmose, oder wie Sie es nennen wollen. Die Sieger neigen stets dazu, die – die, äh, die Lebensform des Unterlegenen anzunehmen. Wir könnten nach dem Siege leicht Faschisten werden, und dann wäre die Antwort wirklich ein Problem." Er sog gierig an seiner Zigarette. „Ich bin nicht für eine weite Vorausschau. Mangels einer besseren Überzeugung, meine ich, daß es eine schlimme Sache ist, wenn Millionen Menschen getötet werden, nur weil ein Gewaltmensch außer Rand und Band ist."

„Nur daß es Sie im Grunde gar nicht bedrückt, Robert."

„Wahrscheinlich nicht. Aber solange Sie mir nicht eine Überzeugung vorweisen, die die meinige ersetzen könnte, stehe ich dazu."

Cummings grinste ihn an. Sein Zorn hatte sich in einen kühlen, wirkungsvollen Entschluß niedergeschlagen. Hearn tappte jetzt unsicher umher, und der General hatte es bemerkt. Immer, wenn Hearn seine Ideen zu entwickeln hatte, fühlte er sich offensichtlich unbehaglich und versucht, den Schlußfolgerungen auszuweichen.

Hearn schien in diesem Augenblick darin vertieft zu sein. „Wir kommen zu immer größeren Organisationen, und ich kann nicht erkennen, wie die Linke die Schlacht in Amerika gewinnen will. Bisweilen denke ich, daß es Gandhi ist, der recht hat."

Cummings lachte laut heraus. „Sie hätten sich keinen ahnungsloseren Mann aussuchen können. Passive Resistenz, äh, Sie würden sich gut für diese Rolle eignen. Sie, Clellan und Gandhi!"

Hearn straffte sich in seinem Stuhl. Die Mittagssonne, die nach dem Abzug der Wolken grell schien, lag gleißend und grausam über dem Lager und begrenzte scharf die Schatten unter den Zeltvorhängen. Cummings beobachtete durch das dünne Blattwerk die zweihundertfünfzig Mann lange Reihe, die auf einem abschüssigen Hang in etwa hundert Yards Entfernung mühselig zum Essen marschierte.

„Es scheint mir", sagte Hearn, „als ob Clellan mehr auf Ihrer Seite steht. Und da wir gerade von ihm sprechen, könnten Sie ihm nicht sagen, daß die Idee mit den Blumen von Ihnen stammt?"

Cummings lachte wieder. Das hatte also gewirkt. Er öffnete weit seine Augen und war sich der Wirkung der ausdruckslosen weißen Augäpfel wohl bewußt. Dann schlug er sich in vorgetäuschter Fröhlichkeit auf die Schenkel. „Haben Sie genug Alkohol bekommen, Robert?" Natürlich, das war es gewesen, was ihn veranlaßt hatte, die Zigarette auf dem Fußboden zu zerdrücken.

Hearn gab kaum Antwort, aber seine Kinnlade zitterte kaum merklich.

Cummings lehnte sich voll innerlicher Freude zurück. „Wir sind ein bißchen abgekommen. Ich war dabei, Ihnen den Sinn des Krieges auseinanderzusetzen."

„Tun Sie das." Hearns scharfe, leicht bedrückte Stimme verriet ein wenig seine Verwirrung.

„Ich liebe es, ihn als einen historischen Entwicklungsprozeß der Macht zu sehen. Es gibt Länder, in denen Kräfte und Energiequellen latent vorhanden sind, sie sind sozusagen voll von potentieller Energie. Und es gibt große Pläne, um sie freizustellen und sie wirksam werden zu lassen. Die kinetische Energie eines Landes ist die Organisation, die zusammengefaßte Anstrengung; Faschismus, wie Sie es nennen." Er rückte ein wenig seinen Stuhl beiseite. „Historisch gesehen, liegt der Sinn dieses Krieges darin, Amerikas potentielle Energie in kinetische umzuwandeln. Der Plan des Faschismus ist viel gesünder, wenn Sie es recht bedenken, als der des Kommunismus, weil er sich fest auf der wirklichen Natur des Menschen aufbaut, nur daß er im falschen Land gestartet wurde, in einem Land, das nicht genug wahre potentielle Macht besitzt, um sich vollständig zu entwickeln. In Deutschland mit seinem Grundmangel an Naturschätzen mußte es notwendigerweise zu Exzessen kommen. Aber die Idee, der Plan, war gut." Cummings wischte sich den Mund. „So wie Sie es, Robert, nicht mal schlecht ausdrücken: es findet eine Osmose statt. Amerika ist dabei, diese Ideen aufzugreifen und sie jetzt durchzuführen. Wenn man Macht geschaffen hat, Material, Armeen, vergeht so etwas nicht von selbst. Unser Vakuum als Nation ist mit entfesselter Kraft angefüllt, und ich erkläre Ihnen, daß wir jetzt aus dem Stauwasser der Geschichte heraus sind."

„Wir sind Schicksal geworden, äh?" fragte Hearn.

„Genau das. Die entfesselten Ströme werden nicht mehr versickern. Sie scheuen davor zurück, Hearn, aber genauso könnten Sie der Welt Ihren Rücken zuwenden wollen. Ich erkläre Ihnen, daß ich dies alles genau studiert habe. Im vergangenen Jahrhundert hat sich der ganze historische Prozeß dahin entwickelt, immer größere Machtzusammenballungen zu schaffen; dieses Jahrhundert bringt neue physikalische Kräfte, eine Ausweitung unseres Universums und politische Kräfte, eine politische Organisation, um dies alles erst zu ermöglichen. Zum erstenmal in unserer Geschichte, sage ich Ihnen, sind die mächtigen Männer in Amerika sich ihrer wirklichen Ziele bewußt geworden. Passen Sie auf. Nach dem Krieg wird unsere Außenpolitik weit nackter werden und weniger heuchlerisch als je zuvor. Wir werden nicht länger mit der linken Hand unsere Augen verdecken, während wir mit der rechten eine imperialistische Klaue ausstrecken."

Hearn zuckte die Schultern. „Sie glauben, daß sich das alles so leicht entwickeln wird, ohne Widerstand?"

„Mit geringerem Widerstand, als Sie annehmen. Sie sind vom College mit der einzigen Vorstellung heruntergekommen, daß jedermann angekränkelt und korrupt sei. Und das ist ziemlich richtig. Nur die, die reinen Herzens sind, sind gesund, und sie gehören einer aussterbenden Art an. Ich erkläre Ihnen, daß fast die ganze Humanität bereits tot ist und man nur versucht, sie wiederauszugraben."

„Und die wenigen, die Besonderen?"

„Was glauben Sie denn, was einem Mann am meisten am Herzen liegt?"

Hearn grinste und sah Cummings prüfend an. „Ein netter Arsch, wahrscheinlich."

Die Antwort verletzte Cummings tief und ließ ihn in sich zusammensinken. Er war ganz in die Unterhaltung versunken gewesen, ohne dabei Hearn besonders zu beachten; nur darauf versessen, seine Thesen zu entwickeln. Diese obszöne Antwort rührte neue kleine Wirbel des Argwohns in ihm auf und ließ seinen Zorn zurückkehren.

Im Augenblick jedoch überging er es. „Ich bezweifle es."

Hearn zuckte abermals die Schultern. Sein Schweigen hatte eine beunruhigende Bedeutung.

Es war etwas Unzugängliches und Unerreichbares an Hearn, was Cummings immer gereizt und auf besondere Weise verwirrt hatte. Ein Loch da, wo ein Mensch sein sollte. In diesem Augenblick wünschte er heftig, so sehr, daß sich seine Zähne aufeinanderpreßten, irgendein Gefühl in Hearn zu erregen. Frauen würden gewünscht haben, Liebe in ihm zu erwecken, aber ihm selbst war darum zu tun, Hearn angst- und schamerfüllt zu sehen, und sei es nur für einen Augenblick.

Cummings fuhr mit ruhiger und ausdrucksloser Stimme fort: „Der Durchschnittsmann pflegt sich stets mit anderen Männern zu vergleichen, um seine Unter- oder Überlegenheit festzustellen. Frauen zählen nicht. Sie sind nur ein Zeiger, ein Maßstab unter anderen Maßstäben, um die Überlegenheit zu messen."

„Sind Sie zu diesen Ergebnissen selbst gekommen, Sir? Eine eindrucksvolle Analyse!"

Hearns Sarkasmus ärgerte ihn abermals. „Ich bin mir wohl bewußt, Robert, daß Sie sich erst in den Anfangsgründen alles dessen befinden, aber Sie gehen nicht weiter; Sie bleiben immer wieder stecken, kehren zum Anfangspunkt zurück und beginnen aufs neue. Die Wahrheit ist, daß der Mensch im Anbeginn eine große Vision hatte, die alsbald von den Forderungen und Grausamkeiten der Natur getrübt wurde, und dann, als er begann, die Natur zu bändigen, wurde diese Vision von dem zweiten großen Mantel verdeckt – dem wirtschaftlichen Existenzkampf und der wirtschaftlichen Lebensangst. Die große Vision ist beschmutzt und geschmälert worden, aber eines Tages wird uns unsere Technik in den Stand setzen, sie zu realisieren." Er stieß langsam den Rauch aus. „Es gibt da diese volkstümliche, falsche Auffassung, die den Menschen als Mittelding zwischen Tier und Engel sieht. In Wirklichkeit aber ist der Mensch auf dem Wege, sich vom Tier zum Gott zu entwickeln."

„Des Mannes größter Wunsch wäre also Allmacht?"

„Jawohl. Es ist nicht die Religion, das ist klar, es ist auch nicht die Liebe oder das Gebiet des Geistes, das sind alles nur Beschwichtigungsmittel, Vergünstigungen, die wir selbst ersonnen haben, als uns die Grenzen unserer Existenz von dem großen Traum trennten, Gott zu werden. Wenn wir in die Welt gestoßen werden, sind wir Gott, und unsere Begrenzung liegt im Universum. Es gehört zum schlimmsten Trauma unseres Daseins, daß wir beim Älterwerden entdecken, daß wir nicht das Universum sind."

Hearn fuhr sich zwischen Hals und Kragen. „Das heißt doch, daß Ihr größter Wunsch auf Allmacht zielt, nichts weiter."

„Und der Ihrige ebenfalls, ob Sie es eingestehen oder nicht."

Hearns scharfe Stimme wurde ein wenig durch Ironie gemildert. „Und was für Morallehren habe ich nun daraus zu ziehen?"

Cummings' Spannung veränderte sich. Er hatte eine tiefe Befriedigung empfunden, dies alles darzustellen; ein Vergnügen, das von dem anderen Grund seiner Unterhaltung mit Hearn unabhängig war. „Ich habe versucht, Sie zu beeindrukken, Robert. Die einzige Moral der Zukunft ist die Moral der Macht, und ein Mensch, der damit nicht ins reine kommt, ist verdammt. Es gibt keine Besonderheit der Macht. Sie kann nur von oben nach unten wirken, und wenn sie auf dem Wege dahin Widerstand verspürt, ruft dies nur eine größere Machtentfaltung hervor, die nach unten gerichtet ist und den Widerstand vernichtet."

Hearn blickte auf seine Hände. „Noch sind wir nicht in der Zukunft."

„Sie können die Armee, Robert, als eine Vorschau auf die Zukunft nehmen."

Hearn blickte auf seine Uhr. „Es ist Zeit, daß ich zum Essen gehe." Draußen vor dem Zelt erschien die Erde im Glanz der hochstehenden Sonne fast weiß.

„Sie werden zum Essen gehen, wenn ich Sie entlasse."

„Ja, Sir." Hearn scharrte mit dem Fuß leise den Boden und starrte Cummings ruhig und ein wenig unsicher an.

„Sie haben heute diese Zigarette auf den Boden geworfen, nicht wahr?"

Hearn lachte. „Ich glaube, daß das der eigentliche Grund unserer Unterhaltung war."

„Es schien Ihnen die einfachste Sache von der Welt zu sein, wie? Sie waren mit einigen meiner Maßnahmen nicht einverstanden und gaben einer kindischen Laune nach. Aber das gehört zu den Dingen, die ich nicht erlauben darf." Der

General hielt die halb aufgerauchte Zigarette in seiner Hand und schwenkte sie leicht, während er sprach. „Wenn ich diese hier auf den Boden werfe, würden Sie sie aufheben?"

„Ich glaube, daß ich Ihnen antworten würde, Sie mögen sich zum Teufel scheren."

„Ich bin sehr erstaunt, Hearn. Ich habe Sie zu lange verwöhnt. Sie wollen einfach nicht glauben, daß ich es ernst meine, nicht wahr? Ich nehme an, Sie sind sich darüber im klaren, daß ich Sie vor ein Kriegsgericht bringe, wenn Sie sie nicht aufheben, und Sie fünf Jahre hinter Gittern verbringen können."

„Ich zweifle, ob Sie die Macht dazu haben."

„Ich habe sie. Es würde eine Menge Schwierigkeiten geben. Über Ihre Verurteilung würde man berichten, nach dem Krieg könnte es darüber ein wenig Stunk geben, und ich könnte persönlich davon betroffen werden, aber ich würde durchhalten. Selbst wenn Sie am Ende siegen würden, kämen Sie mindestens auf ein oder zwei Jahre ins Gefängnis, ehe die endgültige Entscheidung gefallen wäre."

„Meinen Sie nicht, daß das ein wenig infam ist?"

„Es ist fürchterlich infam, es muß so sein. Sie kennen den alten Mythos vom Göttlichen Eingriff. Wer Gott lästert, den trifft der Blitz. Das war auch ein wenig infam. Wenn die Strafe nur im Rahmen des Vergehens bleibt, mindert es die Macht. Die einzige Möglichkeit, sich die notwendige Ehrfurcht und Gehorsamkeit zu verschaffen, besteht in einer ungeheuerlichen und in keinem Verhältnis dazu stehenden Machtentfaltung. Wenn Sie dies bedenken, was glauben Sie jetzt, was Sie tun werden?"

Hearn knetete abermals seine Oberschenkel. „Ich verabscheue es, es ist eine unfaire Zumutung. Sie wollen in unserer Diskussion siegen, dadurch, daß ..."

„Sie erinnern sich, daß ich Ihnen einmal die Geschichte von dem Mann mit dem Gewehr erzählte?"

„Ja."

„Es ist kein Zufall, daß ich die Macht habe. Auch nicht, daß Sie sich jetzt in dieser Lage befinden. Wenn Sie sich Ihres Handelns bewußter gewesen wären, hätten Sie die Zigarette nicht hingeworfen; und Sie hätten es auch bestimmt nicht getan, wenn ich irgendeiner dieser tobenden, ungeistigen Generäle der üblichen Sorte gewesen wäre. Sie konnten einfach nicht glauben, daß ich es ernst meine; das ist es."

„Vielleicht."

Cummings warf seine Zigarette vor Hearns Füße. „Nun gut, Robert, ich befehle Ihnen, sie aufzuheben", sagte er ruhig.

Es entstand eine lange Pause. Unter seinem Brustbein konnte Cummings sein Herz schmerzvoll schlagen hören. „Ich hoffe, Robert, daß Sie sie aufheben. Um Ihretwillen." Wieder einmal starrte er in Hearns Augen.

Und langsam begriff Hearn, daß er es tatsächlich so meinte. Man sah es Hearn an. Eine Vielzahl feinster und miteinander verknüpfter Gefühle strömte unter der Oberfläche seines Gesichtes. „Wenn Sie mit mir spielen wollen", sagte er. Zum ersten Male konnte Cummings feststellen, daß Hearns Stimme unsicher geworden war. Nach einigen Augenblicken beugte sich Hearn hinunter, nahm die Zigarette auf und ließ sie in den Aschenbecher fallen. Cummings zwang sich, dem Haß in Hearns Augen zu begegnen. Er fühlte eine ungeheure Genugtuung.

„Wenn Sie wollen, können Sie jetzt zum Essen gehen."

„General, ich möchte zu einer anderen Division versetzt werden." Hearn war dabei, sich eine neue Zigarette anzuzünden, seine Hände waren nicht ganz ruhig.

„Und wenn ich das nicht berücksichtige?" Cummings war ruhig, beinahe heiter. Er lehnte sich in seinem Stuhl zurück und klopfte leise mit dem Fuß auf den Boden. „Offen gestanden liegt mir nicht viel daran, Sie weiterhin als Adjutanten um mich zu haben. Sie sind noch nicht bereit, die Lehre zu verstehen. Ich denke, ich werde Sie kaltstellen. Wollen Sie sich daher nach dem Essen zu Dallesons Abteilung verfügen und eine Zeitlang unter ihm arbeiten."

„Ja, Sir." Hearns Gesicht war wieder ausdruckslos geworden. Er ging dem Ausgang des Zeltes zu und blieb stehen. „General?"

„Ja?" Nun, nachdem es vorüber war, wünschte Cummings, daß ihn Hearn verließe. Der Sieg begann seinen Reiz zu verlieren, und ein gewisses Bedauern und kleine, absonderliche Vorbehalte begannen ihn anzuekeln.

„Wie wäre es, jeden Mann der Truppe, alle sechstausend, herzubeordern und sie Ihre Zigaretten aufheben zu lassen? Wie werden Sie sie damit beeindrucken?"

Das war es, was seine Freude getrübt hatte. Cummings wurde es jetzt klar. Das war das andere, größere Problem. „Ich werde es schaffen, Leutnant, aber ich glaube, Sie sollten sich besser um Ihre eigenen Dinge Sorgen machen."

Nachdem Hearn gegangen war, blickte Cummings auf seine Hände. „Wenn die Macht Widerstand verspürt, ruft dies nur eine größere Machtentfaltung hervor, die nach unten gerichtet ist." Aber das hatte bei den Fronttruppen nicht gewirkt. Hearn hatte er zerbrechen können, auch bei irgendeinem anderen einzelnen Mann würde es gelingen, aber bei der Masse war es anders, sie leistete ihm noch Widerstand. Er atmete aus und fühlte sich ein wenig müde. Es müßte einen Weg geben, und er würde ihn finden. Einmal hatte ihm Hearn ja auch Widerstand geleistet.

Und in seiner gehobenen Stimmung, die so lange gedämpft gewesen war, schrumpften der Kummer und die Enttäuschungen der vergangenen letzten Wochen ein wenig zusammen.

Hearn wandte sich seinem Zelt zu und ließ die Mahlzeit aus. Fast eine Stunde lang lag er auf seinem Feldbett mit dem Gesicht nach unten, brennend vor Scham und hilfloser Wut und aus Ekel vor sich selbst. Er litt unter einer qualvollen Demütigung, die ihn in ihrer Heftigkeit verhöhnte. Vom ersten Augenblick an, als er hörte, daß der General nach ihm gefragt hatte, war er sich bewußt gewesen, Ärger zu bekommen, und er war mit der Zuversicht ins Zelt getreten, daß er nicht nachgeben würde.

Aber dennoch hatte er sich vor Cummings gefürchtet, richtig gefürchtet, als er ins Zelt trat. Alles in ihm hatte danach verlangt, sich zu weigern, die Zigarette aufzuheben, und in einer müden, erstarrten Willenlosigkeit hatte er es dennoch getan.

„Das einzig Wichtige ist, daß man Haltung hat", hatte er einmal gesagt und aus Mangel an sonstigen Thesen danach gelebt, und bis heute war es ein nützlicher Führer gewesen. Das einzig Wichtige wäre gewesen, sich seine Integrität durch keinen ultimativen Befehl jemals zerstören zu lassen, und hier hatte es einen ultimativen Befehl gegeben. Hearn fühlte sich, als ob eine riesige Eiterbeule in seinem Innern geborsten sei und der Eiter nun seinen Blutstrom vergifte und ungestüm durch alle Kanäle seines Körpers dringe und ihn verändere. Er würde Abwehrkräfte entwickeln oder sterben müssen, wirklich sterben, und in diesem Augenblick – es gab wenige ähnliche in seinem Leben – war er sich seiner Fähigkeiten nicht mehr ganz sicher. Es erschien ihm unglaubhaft; er würde etwas unternehmen müssen, aber er wußte nicht was. Dieser Zustand war unerträglich. Die mittägliche Hitze brütete grausam im Innern des Zeltes. Er lag bewegungslos da, das breite Kinn in die Decke seines Feldbetts gestemmt und mit geschlossenen Augen, als ließe er noch einmal alles an sich vorüberziehen; alles, was er in seinem Leben erfahren hatte und das noch nicht Erfahrene dazu. Es tobte durch seinen Körper mit einer Heftigkeit und Verzweiflung wie etwas, was zu lange Zeit niedergehalten worden war.

Niemals glaubte ich, daß ich vor ihm zu Kreuze kriechen würde.

Das war es, was ihn zutiefst getroffen hatte und was sich klarzumachen so entsetzlich schwer war.

Im Zeitraffer

ROBERT HEARN
DER UNFRUCHTBARE SCHOSS

Ein stattlicher Mann mit einem schwarzen Haarschopf, einer dünnen, scharfen Stimme und einem gedrungenen, unbeweglichen Gesicht. Seine ruhigen, braunen Augen blickten kühl über den kurzen, plumpen, nur leicht gekrümmten Bogen seiner Nase. Sein breiter, dünner Mund war ausdruckslos, kaum mehr als die obere Begrenzung der schweren Kinnpartie. Er liebte nur wenige Menschen, und die meisten, die mit ihm nur einige Minuten gesprochen hatten, fühlten sich unbehaglich.

Im Mittelpunkt liegt die nervenaufpeitschende City.

Tausend oder zweitausend Meilen lang senken sich Erde und Straßen sanft zu ihr hinab. Die Berge ducken sich zu Hügeln, verlaufen in die Ebene und schwingen in sanften Windungen und Wellen aus. Niemand erfaßt ganz diese sich weit erstreckende Tischplatte Amerikas.

Die kleinen Plätze, die heranwachsenden Orte, die große Stadt und die Schienenwege, die zu ihr hinführen.

Den Zusammenhalt.

(Alle diese begeisterten Pläne, Zigarrenrauch und Kohlenrauch, der würgende Ölgestank, die erschreckende Leidenschaft für Unruhe, wie die eines aufgeschreckten Ameisenhaufens, die weit ausgreifenden, hungrigen, hastigen Pläne Tausender von Menschen, deren Bedeutung über eine Straße, ein Kaffeehaus nicht hinausreicht und nur ein einziges Gefühl, das für den Augenblick. Der historischen Vergangenheit gedenkt man mit einem Achselzucken; ihre Höhepunkte reichen nicht an die unserer Zeit heran.

Der ungeheure Egoismus der Stadtmenschen.

Wie wollte man seinen eigenen Tod, seine eigene Bedeutungslosigkeit in der gigantischen Schöpfung aus Menschenhand begreifen unter diesen Marmorgewölben, den Dachfirsten und den Schornsteinen, in diesem Mittelpunkt des Handelns. Immer glaubt man, daß die Welt mit dem eigenen Tod endet. Das Leben ist hier wuchtiger, gewaltsamer und schwerer als sonstwo.)

Und im Humusboden um den Pilz herum wachsen die Vorstädte.

Seitdem wir den neuen Flügel angebaut haben, besitzen wir jetzt zweiundzwanzig Zimmer; der Himmel mag wissen, was wir damit sollen, ruft Bill Hearn aus. Aber Ina kann man nichts sagen, sie denkt sich aus, daß sie es braucht, und schon haben wir es.

Aber Bill, sagt Ina. (Eine hübsche Frau, die jünger und schlanker aussieht, als man bei der Mutter eines zwölfjährigen Sohnes erwartet. Jedoch keine Schönheit. Da sind der dünne, harte Mund, die leicht vorstehenden Zähne, die Saftlosigkeit der Frau aus dem Mittelwesten.)

Nun gut, ich bin so bequem wie ein alter Schuh, sagt Bill Hearn. Ich mach' keinem was vor, und ich komme von einer alten, zusammengekratzten Farm, und ich schäme mich deshalb keineswegs. Ich sehe ein, daß man ein Besuchszimmer oder ein Wohnzimmer, zwei Schlafzimmer, eine Küche und vielleicht noch ein Trinkzimmer im unteren Stockwerk braucht, aber damit ist es dann genug. Meinen Sie nicht auch, Mrs. Judd?

(Mrs. Judd ist dicker, weicher und nichtssagender.) Ich glaube es auch, Mr. Hearn. Mr. Judd und mir gefällt unsere Wohnung im Alden-Park-Block großartig, und eine Wohnung ist so leicht in Ordnung zu halten.

Germantown ist ein hübscher Fleck. Wir müssen Judds mal besuchen, Ina.

Kommen Sie jederzeit, ich werde Ihnen die Aussicht zeigen, sagt Mr. Judd. Dann schweigen sie und essen verlegen und dämpfen das Geräusch der Tischgeräte. Wir haben einen hübschen Ausblick, ergänzt Mrs. Judd.

Es ist der einzige Ort, wohin man vor der Hitze Chikagos fliehen kann, sagt Ina. Wir sind zu weit hinter New York zurück. Denken Sie, noch kein Hotel hat einen Dachgarten. Für Mai ist es sehr heiß. Ich kann es kaum erwarten, daß wir nach Charlevoix gehen. (Ausgesprochen: Choliveul.)

Michigan ist ein grünes Land, sagt Bill Hearn.

Nach einer Pause des Schweigens wendet sich Mrs. Judd an Robert Hearn und sagt: Du bist ein großer Junge für deine zwölf Jahre, Bobby; ich dachte, du wärst schon etwas älter.

Nein, Madame, erst zwölf. Er nimmt linkisch seinen Kopf zur Seite, als der Diener die gebratene Ente vor ihn hinsetzt.

Ach, kümmern Sie sich nicht um Bobby; er ist immer ein bißchen scheu, brummt Bill Hearn, er ist nicht aus meinem Holz geschnitzt. Er streicht sein dünnes, schwarzes Haar über die kahle Stelle auf seinem Schädel. Seine kleine, rote Nase sitzt wie ein Knopf zwischen den runden, schwitzenden Wangen.

Als wir in Hollywood waren, sagt Mrs. Hearn, wurden wir durch einen der Hilfsdirektoren bei der Paramount herumgeführt, einen Juden, aber einer von den netten. Er hat uns alles über die Stars erzählt.

Ist es wahr, daß Mona Vaginus ein Flittchen ist? fragt Mrs. Judd.

(Flüsternd und auf Bobby blickend.) Oh, ein schreckliches Flittchen, genau das, was sie im Film darstellt. Aber sie hat kaum noch Chancen für die Zukunft, nachdem nur noch Tonfilme gedreht werden.

Das ist nicht der Augenblick, um über Geschäfte zu sprechen, Mr. Judd von Budd. (Hearn lacht.) Ich glaube, Sie hören es oft genug, Judd von Budd, aber Tatsache ist, daß Sie nun mal Geschäftsmann sind, um Geschäfte zu machen, und komischerweise trifft das auch auf mich zu, und so kommt's nur drauf an, daß man sich über die Preise einigt; aber die Sache mit der Thompson-Maschine hat einen Haken, sie ist veraltet, und wenn das neue Modell 'rauskommt, kann man mit dem alten Fußball spielen. Und dann möchte man jetzt in der Fabrik die Toilettenbecken noch parfümieren für alle diese Polacken, die einen Waschlappen nicht von ihrer Unterwäsche unterscheiden können. Da muß ich mit meinen Aufträgen vorsichtig sein. Ich bereite mich auf eine Pleite vor, denn unsere Wirtschaft hat sich zu stark entwickelt, und die Preise bei Budd machen es auch nicht leichter.

Mr. Judd und ich wollen nach Paris reisen. Die petits-fours und das Halbgefrorene werden serviert.

Was ich sagen wollte, willst du morgen mit mir zu den Autorennen nach Indianapolis fahren? fragt Bill Hearn.

Der arme Kleine ist eingeschlafen, sagt Ina, während sie ihn heimlich mit dem Ellbogen anstößt.

Meine Güte, ist das heiß, sagt Mrs. Judd.

Ina langt hinüber und knipst die Nachttischlampe an. Bill, wie konntest du die Judds nur fragen, wo der Mount Holyoke liegt? Wenn du was nicht weißt, frag doch nicht so viel.

Was macht es schon aus, wenn ihre Tochter da hingeht? Die verdammten Judds kümmern mich nicht. Ich möchte dir mal was sagen, Ina, dieser ganze Gesellschaftskram beeindruckt mich überhaupt nicht, weil es doch nur das Geld ist, was zählt, und da wir ja keine Tochter haben, brauchen wir uns darum nicht zu kümmern. Und Robert mit all den Büchern, die er liest, wird sich nicht viel aus der Gesellschaft machen; besonders nicht, wenn du niemals da bist in diesem verfluchten Haus und eine Negerköchin ihn bemuttern muß.

Bill, ich wünsche nicht, daß du so mit mir sprichst.

Schon gut, aber aus einem Schweineohr kannst du nichts anderes machen, Ina. Ich habe mein Geschäft, und du hast deine soziale Fürsorge, und jeder von uns beiden sollte glücklich sein. Nur kommt es mir vor, als solltest du ein bißchen mehr Zeit für Robert haben. Der Junge ist groß und gesund, aber es steckt kein Leben in ihm, er ist kalt wie ein Fisch.

Er wird im Sommer in ein Zeltlager gehen, und im Herbst kommt er in ein Landschulheim.

Richtiger wär's, wenn wir noch ein Kind gehabt hätten oder eine ganze Schar von Kindern.

Wir wollen davon nicht sprechen, Bill. Ina kuschelt sich unter die Bettdecke.

Nein, von dir ist es nur Egoismus, das sage ich dir, Ina.
Bill!

Nun, Jungens, sagt der Lagerleiter, wenn ihr gute Jungens seid und mitarbeitet und rechtschaffen und ordentlich seid, dann erfüllt ihr eure Pflicht. Wer hat denn heut' morgen sein Bett nicht gemacht?

Keiner antwortet. Warst du es nicht, Hearn?
Ja.
Der Lagerleiter seufzt. Jungens, ich sehe mich gezwungen, diesem Zelt Roberts wegen einen Tadel zu geben.

Ich sehe aber nicht ein, warum ich mein Bett zudecken soll, wenn ich es abends wieder aufdecken muß. Die Kinder kichern.

Was ist los, Hearn, willst du ungezogen sein, und wie willst du mal groß werden, wenn du dein Bett nicht machst? Und warum bist du nicht wie ein Mann vorgetreten und hast gesagt, daß du der Schuldige bist?

Ach, lassen Sie mich in Ruh.

Noch einen Tadel, sagte der Lagerleiter. Jungens, es liegt bei euch, Robert Benehmen beizubringen.

Aber er macht die beiden Tadel am Nachmittag beim Mannschaftsboxkampf wieder wett. Unbeholfen schiebt er sich gegen den anderen Jungen vor, seine Arme sind müde von den schweren Handschuhen, und verzweifelt fuchtelt er mit seinen Fäusten herum.

Sein Vater ist auf einen Tag zu Besuch gekommen. Gib's ihm, gib's ihm, an den Kopf, in den Magen, gib es ihm!

Der andere Junge stößt ihn ins Gesicht, und Robert wartet einen Augenblick, senkt seine Handschuhe und betupft die verunstaltete Nase. Ein anderer Schlag läßt ihm das Ohr klingen. Nicht nachlassen, Bobby, schreit sein Vater. Ein danebengehender Schlag saust ihm um den Kopf, und der Unterarm des Gegners kratzt sein Gesicht. Er ist nahe daran, zu weinen.

In den Bauch, Robert!

Seine Schwünge kommen fieberhaft; er drischt drauflos. Der andere Junge läuft in einen Schlag hinein, sitzt überrascht am Boden, und dann kommt er langsam hoch. Robert schlägt abermals zu, trifft ihn, der Junge geht nochmals nach unten, und der Schiedsrichter beendet den Kampf. Bobby Hearn Sieger durch technischen K.o., schreit er, das macht vier Punkte für die Blauen. Die Jungen brüllen, und Robert Hearn steckt in einer heftigen Umarmung, nachdem er aus dem Boxring heraus ist, der auf dem Rasen errichtet wurde. Du hast es ihm aber gegeben, Bobby, ich sagte dir doch, du sollst ihm eins auf den Bauch geben, das wäre das richtige gewesen, Junge. Aber du hast es gut gemacht, du hast keine Angst, 'ranzugehen und durchzustehen.

Er macht sich von der Umarmung frei. Laß mich allein, Papa, laß mich allein gehen. Und er läuft über das Gras zu seinem Zelt und bemüht sich, nicht loszuheulen.

Da gibt es die Sommer in Charlevoix, das geräumige Haus im Vorort von Chikago, die Welt der weiten, grünen Grasflächen, der ruhigen Strandbäder, der Crocketanlagen und Tennisplätze. Da gibt es die verborgenen und zur Schau getragenen Besonderheiten der Reichen, Dinge, die er als selbstverständlich hinnimmt und erst später begreift und unterscheiden lernt. Da sind die sechs Jahre im Fieldmont-Landschulheim mit noch mehr Jungen und Tadeln, der gelegentlichen Strafpredigt, der besonderen Ethik des „richtigen Jungen", die exklusiveren Vorbereitungsschulen des Ostens nachgeahmt ist:

Du sollst nicht lügen Du sollst nicht betrügen
Du sollst nicht fluchen Du sollst nicht petzen
und gehst zur Kirche.

Und im Hintergrund natürlich immer die dröhnende Stimme, die fleischige Hand Bill Hearns, irgendwie – und kaum glaubhaft – gehören auch dazu der Tanzunterricht am Sonnabendmorgen und das nicht nachlassende gierige Emporstreben Ina Hearns. Bobby, warum hast du nicht Elizabeth Perkins zu deinem Juniorentanz eingeladen?

Tief im Schoß, der mich beschützt,
und grünes Gras von Haus zu Haus ...

Aber das begreift er erst später.

Gleich nach dem Abschluß im Fieldmont-Landschulheim hat er ein Trinkgelage mit einigen Klassenkameraden in einem Wochenendhaus in den Wäldern, die einem der Väter gehören. Ein zweistöckiges Haus mit einer eingebauten Bar.

Abends sitzen sie in einem der oberen Schlafzimmer beisammen und lassen die Flasche kreisen, während jeder hastig und affektiert trinkt.

Wenn das mein Alter Herr wüßte.

Zum Teufel mit deinem Alten Herrn. Sie sind alle entsetzt. Aber es war Carsons, der so sprach; sein Vater hatte 1930 Selbstmord begangen. Carsons konnte man es verzeihen.

Auf unseren Abschied von Fieldmont! Wir haben ein gutes Stück Zeit da verbracht.

Das läßt sich nicht leugnen.

Der Direktor war nicht schlecht, aber ich wurde niemals schlau aus ihm, und erinnert ihr euch, wie gut seine Frau aussah?

Auf das Wohl dieser Frau! Ich hörte, daß sie ihn im letzten Jahr für einen Monat im Stich ließ.

Ach nein. Die Flasche kreist zum zweitenmal und zum drittenmal.

Alles in allem hatten wir eine schöne Zeit, aber ich bin froh, daß ich jetzt 'raus bin; ich wollte nur, ich könnte mit euch Jungens nach Yale gehen.

In einer Ecke beugt sich der Fußballkapitän der vergangenen Saison zu Hearns Ohr. Ich wünschte, ich könnte im nächsten Herbst wieder zurückkommen. Was für eine Mannschaft hätten wir mit den Junioren herausgestellt. Denk an meine Worte, Haskell wird in vier Jahren Amerikaklasse sein, und da wir gerade bei diesem Gegenstand sind, Bob, ich möchte dir gern einen kleinen Rat geben, denn ich habe dich seit langer Zeit beobachtet; du bemühst dich nicht nach deinen Kräften, du bist kein Kämpfer, du hättest zur Mannschaft gehören können, denn du bist groß und hast eine natürliche Anlage, aber es kümmert dich nicht, und es ist eine Schande, denn du solltest dich mehr anstrengen.

Steck deinen Kopf in den Eiseimer.

Hearn ist betrunken, schreit der Kapitän.

Seht euch den alten Hearn in der Ecke an. Ich wette, daß er sich Adelaide kirre gemacht hat.

Sie ist ein scharfes Mädchen, aber sie treibt es mit zu vielen. Ich wette, daß Lantry Sorgen mit ihr hatte, ehe er nach Princeton ging.

Ach, Herrschaften, macht euch bloß keine Sorgen um solche Dinge! Ich habe eine Schwester, die sich nicht herumtreibt, aber ich würde mich nicht darum kümmern, wenn sie es täte.

Das sagst du nur, weil sie es nicht tut, ich glaube, wenn sie es täte ... oh, was geht mir der Schnaps im Kopf 'rum. Wer ist betrunken?

Yippiiii! Hearn steht mitten im Zimmer mit zurückgeworfenem Kopf, den keuchenden Mund am Flaschenhals. Ich bin ein Schweinehund, und was seid ihr?

Mann, ist der erledigt!

Los, fordert mich auf, aus dem Fenster zu springen, und paßt auf, wie ich alles dransetze. Schwitzend und mit einem vor plötzlichem Zorn roten Gesicht stößt er einen der Jungen beiseite, öffnet das Fenster und schwankt auf dem Fensterbrett. Ich springe jetzt.
Haltet ihn zurück.
Yippiiiiii! Und fort ist er, in die Dunkelheit hinausgesprungen. Es gibt einen dumpfen Aufprall, das Geräusch zerbrechender Zweige, und sie laufen erschrocken ans Fenster. Was ist mit dir, Hearn? Alles in Ordnung? Wo steckst du, Hearn?
Fieldmont, Fieldmont über alles, brüllt Hearn auf deutsch zu ihnen hinauf, während er im Dunkeln auf der Erde liegt und lacht. Er war zu betrunken, als daß er sich hätte verletzen können.
Was Hearn doch für ein altes Ei ist, sagen sie. Wißt ihr noch, wie er im vorigen Jahr erledigt war?

Der letzte Sommer vor dem College ist eine Kette aus goldenen Tagen und strahlenden Strandplätzen. Das zauberische, elektrische Licht der Lampen an Sommerabenden, die Tanzkapelle im Badeklub, eine Flugkarte zu romantischen Winkeln, die Berührung und der Geruch junger Mädchen, der Duft des Lippenstiftes und des Puders, und der feine, trockene Ledergeruch der verstellbaren Autositze. Immer stehen Sterne am Himmel, und immer liegt Mondschein silbern auf dunklen Bäumen. Auf den Autostraßen bohrt das Licht einen schimmernden Tunnel durch das sie überwölbende Blattwerk.
Und er hat eine Freundin, einen großen Fang, die junge Schönheit der diesjährigen Sommerkolonie, Miss Sally Tendecker vom Lake Shore Drive, und das unvermeidliche Gepräge der Weihnachtsfeiertage, Pelzmäntel, Parfüm und College-Tanzveranstaltungen in den nach Farben benannten Räumen der großen Hotels.
Bob, du fährst schneller als alle, die ich kenne, du wirst dich noch eines Tages damit umbringen.
Hm. Er ist noch unbeholfen im Gespräch mit Mädchen und im Augenblick ganz darin vertieft, die Kurve zu nehmen. Sein Buick schwingt im großen Bogen nach links, wehrt sich dagegen, versucht wieder nach rechts wegzurutschen und kommt dann gerade aus der Kurve heraus. Eine Sekunde lang hat es eine panische Erregung gegeben, dann kam das Aufatmen und schließlich das Frohlocken, als der Wagen geradeaus weiterrast.
Du bist ein Wilder, Bob Hearn.
Ich weiß nicht.
Was geht nur in deinem Kopf vor, Bob?
Er parkte den Wagen neben der Autostraße, wendet sich ihr zu, und plötzlich sprudeln die Worte von seinen Lippen. Ich

weiß nicht, Sally, bisweilen denke ich ... aber das stimmt nicht, es geht mir so viel im Kopf herum, aber ich habe eigentlich zu nichts rechte Lust. Ich gehe nur nach Harvard, weil mein Vater etwas über Yale fallenließ. Aber ich weiß nicht, da ist noch etwas anderes, ich kann es nicht in Worte fassen, und ich hasse es, vorwärtsgetrieben zu werden, ach, weiß der Teufel.

Sie lacht. Oh, was bist du für ein verrückter Junge, Bob, wahrscheinlich lieben dich deshalb alle Mädchen.

Du liebst mich?

Nun hör dir das an! Aber natürlich, Bobby. Neben ihm auf dem Lederpolster ist das Parfüm ein wenig zu stark, ein wenig zu erwachsen für ein Mädchen von siebzehn Jahren. Und er spürt das Verlangen hinter ihrer Neckerei, lehnt sich hinüber und küßt sie mit klopfendem Herzen. Und sieht im voraus die Rendezvous an allen Feiertagen, den College-Wochenenden, die gleichen wie in ihrem Sommeraufenthalt, die grünen Rasenflächen in den Vororten und die Gespräche mit den Freunden seines Vaters, die große Hochzeit.

Du weißt, wenn ich Arzt werden will, kann ich keine großen Pläne machen, denn acht Jahre oder zehn Jahre ist eine lange Zeit.

Bob Hearn, was bist du eingebildet. Was glaubst du denn, was es mich kümmert? Du bist zu eingebildet, das ist alles.

Nun, mein Sohn, bevor du zum College gehst, möchte ich gern über ein paar Dinge mit dir sprechen. Wir hatten ja nicht viel Gelegenheit, miteinander zu reden, aber, zum Teufel, wir sind doch recht gute Kameraden, meine ich, und jetzt, wo du zum College gehst, solltest du immer wissen, daß du dich auf mich verlassen kannst. Es wird einige Frauen geben, du wärst, zum Teufel, nicht mein Sohn, wenn es nicht so wäre; natürlich jetzt nicht mehr, seitdem ich verheiratet bin – eine offenkundige Lüge, über die beide hinweggehen –, aber wenn du jemals in Druck kommen solltest, kannst du immer auf mich rechnen; ja, zum Teufel, mein Alter Herr pflegte mir zu sagen, wenn du mit einem der Müllermädchen jemals Scherereien bekommen solltest, laß es mich wissen – das alberne Dunkel um den Großvater, der bisweilen ein Farmer, bisweilen ein Fabrikbesitzer war –, und das gilt auch für dich, Bob, und denke daran, daß es immer leichter und natürlicher ist, eine Frau abzufinden, als sich an sie zu binden; du brauchst mir nur Bescheid zu geben und den Brief mit „persönlich" zu bezeichnen, dann geht alles in Ordnung.

Ja, gut.

Und was das Medizinstudium anlangt, gut, auch das geht in Ordnung, wir haben hier eine Menge Freunde und wir können dich in eine hübsche Praxis setzen oder in die irgendeines alten Quacksalbers, der sich zur Ruhe setzen will.

Ich möchte mich der Forschung widmen.

Forschung. Höre mal, Bobbo, es gibt keinen, wie du weißt, unter unseren Bekannten, der sich nicht eine Wagenladung von Forschern kaufen und wieder verkaufen könnte, das ist nur so eine verrückte Idee, die du irgendwo aufgelesen hast, und du wirst deine Meinung ändern, das kann ich dir jetzt schon sagen. Was wir, deine Mutter und ich, wirklich davon halten, ist, daß es schließlich doch im Geschäft enden wird, wo du auf jeden Fall hineingehörst.

Nein.

Gut, ich will nicht mit dir streiten, du bist jetzt noch so ein verdammt närrischer Junge, aber du wirst deine Meinung ändern.

Er tappt durch die ersten Wochen seines Anfängerjahres und wandert verwirrt durch die Universitätsanlagen. Jeder hier weiß so viel mehr als er – instinktmäßig lehnt er sich gegen sie auf; sie sind schlimme Überbleibsel von dem Humus um den Pilz – alle schwätzen leichthin über Dinge, über die er sich nur allein, in seinem Herzen, Gedanken machte.

Sein Zimmerkamerad biedert sich mit ihm an; er ist das Produkt einer anderen Stadt des Mittelwestens, eines anderen Landschulheims. Weißt du, wenn Ralph Chestley mal kommt – ist er nicht ein großartiger Bursche? –, solltest du mit ihm bekannt werden. Delphic Club! Das ist schon eine gute Sache; uns wird es nicht gelingen, sage ich dir; aber natürlich, wir haben Widerstände gegen uns. Wenn ich gewußt hätte, was ich jetzt weiß, würde ich nach dem Osten, nach Exeter oder Andover gegangen sein, obwohl sie nicht so gut sind, wie ich gehört habe. Aber wenn wir mit dem richtigen Burschen bekannt werden, könnten wir in den Speakers Club kommen, das ist nicht so schwer, und bestimmt in den Hasty Pudding Club. Man sollte jedoch in den Final Club hineinkommen, das ist die Masche, obwohl ich gehört habe, daß sie neuerdings demokratischer geworden sind.

Darüber habe ich mir noch keine Gedanken gemacht.

Gut, du solltest es aber, du mußt die Dinge sorgfältig anpacken.

Seine erste anmaßende Äußerung. Ach, hol's der Teufel!

Nun, sieh mal, Hearn, wir kommen doch gut miteinander aus, darum verdirb es mir nicht; ich meine, die Chancen, die man hat, können einem durch den Zimmerkameraden leicht verdorben werden. Mach nur nichts Tolles; du weißt, was ich meine.

Im ersten Jahr hat Hearn wenig Gelegenheit, etwas Tolles zu machen. Die schiefe Ebene ist nicht so glatt. Er geht in der Arbeit unter, sieht seinen Zimmerkameraden selten, verbringt fast alle Nachmittage im Labor und die Abende mit dem Studium. Er macht sich einen genauen Arbeitsplan, der selbst die Viertelstunde umfaßt, die er sich für die Witzbeilagen am Sonntagmorgen erlaubt und den Kinobesuch am Sonnabendabend. Er ackert sich durch die langen Nachmittage, bucht die Veränderungen des Thermometers und notiert dazu die Schwankungen des Hydrometers. Es gibt einen Nerv in dem Kopf des Frosches, den er zu sezieren versucht. Beim viertenmal hat er mit seinem Skalpell Erfolg, und aus dem getrockneten, präparierten Fleisch des Kopfes schimmert der dünne Nerv wie ein winziger Speichelfaden. In den Triumph darüber mischt sich ein bedrückendes Gefühl. Ist es wirklich mein Wunsch, so etwas zu tun?

In den Vorlesungsräumen döst er gegen seinen Willen. Die Stimme des Assistenten mit den stahlumränderten Augengläsern und dem knochigen Gesicht des Wissenschaftlers schlägt wie trunken an sein Ohr. Seine Augen schließen sich.

Meine Herren, ich möchte Sie bitten, jetzt das Phänomen der Alge zu betrachten. Nereocystis lütkeana, macrocystis pyrifera, pelagophycus porra, schreibt er an die Tafel. Sie sind eine sehr bedeutende Erscheinungsform der Meeresflora. Beachten Sie bitte: sie haben keine Wurzeln, keine Blätter und empfangen kein Sonnenlicht. Die Riesenalge bildet unter Wasser richtige Pflanzendschungel, lebt ohne Fortbewegung und nimmt ihre Nahrung unmittelbar aus dem Element des Meeres.

Der Bourgeois unter den Pflanzen, murmelte der Student neben ihm, und Hearn ist aufgewacht und überrascht von der übereinstimmenden, erregenden Erkenntnis. Fast genauso hätte er es selbst formuliert.

Nur durch Stürme, fährt der Dozent fort, wird sie an Land gespült. Normalerweise müssen wir sie uns im dichten Dschungel der Meerespflanzen lebend vorstellen, immer am selben Fleck, im eigenen Lebenselement. Diese Arten sind im Wasser verblieben, während andere Wasserpflanzen sich ans Land begaben. Ihre braune Farbe, die ihnen in den trüben Unterwasserwäldern von Vorteil ist, wäre im strahlenden Licht des Tages verhängnisvoll. Der Dozent hebt einen welken, seilähnlichen, braunen Stengel empor. Wollen Sie das bitte herumgehen lassen.

Ein Student hebt seine Hand. Welches ist ihr Hauptnutzen, Sir?

Oh, es gibt die verschiedensten Verwendungen, sie bilden in erster Linie Dünger. Pottasche kann aus ihnen gewonnen werden.

Aber solche Augenblicke sind selten. Er ist leer und hungert nach Wissen. Der Kessel wünscht gefüllt zu werden.

Langsam gewöhnt er sich ein. Er trifft sich mit einigen Studenten und geht bummeln. Im Frühjahr seines Anfängerjahres besucht er aus Neugier eine Veranstaltung des Dramatischen Clubs der Universität. Der Vorsitzende ist ehrgeizig, und die Diskussion über die geplanten Veranstaltungen hat Niveau.

Es ist vollkommen abwegig, wenn man darüber nachdenkt. Es ist einfach lächerlich, uns diesen albernen Musiklärm vorzusetzen, wir müssen höhere Ansprüche stellen.

Ich kenne ein Radcliffe-Mädchen, die Stanislawsky studiert hat, sagt jemand gedehnt. Wenn wir ein nettes Programm zusammenbringen, können wir sie gewinnen und seine Methode kennenlernen.

Oh, wunderbar, wir wollen Tschechow aufführen.

Ein schlanker Jüngling mit horngefaßten Augengläsern steht auf und bittet um Gehör. Wenn wir schon die Puppe abstreifen wollen, dann fordere ich, ich muß es fordern, daß wir The Ascent of F-6[1] aufführen. Es ist gerade herausgekommen und noch nirgends aufgeführt worden; es wäre einfach lächerlich, das auszulassen; denkt nur, was es uns für Ruhm einbringen würde.

Ich kann mit dir, Ted, über Auden und Isherwood nicht übereinstimmen, antwortet jemand.

Es ist ein dunkelhaariger, untersetzter Student, der mit einer gewichtigen Stimme spricht. Ich denke, wir sollten Odets aufführen, er ist der einzige Bühnenschriftsteller Amerikas, der die Dinge ernst nimmt und sich wenigstens um die Enttäuschungen und Hoffnungen des einfachen Mannes kümmert.

Buuuuuh, schreien einige. O'Neill oder Eliot sind die einzigen.

Eliot gehört nicht in denselben Stall wie O'Neill. (Gelächter.)

Sie streiten sich eine Stunde lang, und Hearn lauscht auf die Namen. Einige sind ihm bekannt, Ibsen, Shaw und Galsworthy, aber er hat niemals von Strindberg, Hauptmann, Marlowe, Lope de Vega, Webster und Pirandello gehört. Immer weitere Namen werden genannt, und er begreift verzweifelt, daß er lesen muß.

Im späten Frühjahr seines ersten Jahres macht er damit einen Anfang, entdeckt einen Band Housman aufs neue, der ihn schon auf der Vorbereitungsschule genährt hat, aber er fügt Dichter wie Rilke, Blake und Stephen Spender hinzu. Um die Zeit, als er in den Sommerferien nach Hause fährt, hat er Anglistik als Hauptfach gewählt, er meidet den Strand an

[1] Ein Theaterstück von W. H. Auden und Christopher Isherwood

vielen Nachmittagen, die Sally Tendeckers und ihre Nachfolgerinnen, und verbringt die Nächte mit der Niederschrift von Kurzgeschichten.

Sie sind mäßig genug, aber sie stehen augenblicklich im Brennpunkt seiner Erregung und verschaffen ihm einen begrenzten Erfolg. Als er nach Harvard zurückkehrt, stellt er bei den Herbst-Wettbewerben eines der literarischen Magazine zusammen, strahlt trunken im Licht der Anerkennung und kommt davon, ohne sich allzusehr etwas darauf einzubilden.

Langsam erst, dann schneller, verändert er sich. Er liest alles, verbringt einen großen Teil seiner Zeit bei Fogg, geht an den Freitagnachmittagen zu den Symphoniekonzerten und läßt den stimulierenden, angenehmen Geruch antiker Möbel und Stiche und den malzigen Duft leerer Bierkannen in den alten Räumen des Hauses auf sich wirken. Im Frühling wandert er durch die prangenden Straßen von Cambridge, streift am Charles-Fluß entlang oder steht am Abend schwatzend im Hauseingang und hat das unbändige Gefühl des Freiseins.

Verschiedene Male geht er mit einigen Freunden zu Saufereien am Scollay Square. Es ist eine selbstbewußte Angelegenheit in alten Anzügen und wird eine immer gleichförmig verlaufende Reise durch all die Kneipen und Spelunken.

Eine Vorübung, um die Bars in der Third Avenue herauszufinden, mit dem Sägemehl auf dem Fußboden.

Liegen erbrochene Speisereste an der Erde, sind sie entzückt. Alle sind eine Gemeinschaft brüderlicher Menschen. Man tanzt mit den Filmstars. Aber die Stimmung ändert sich. Nachdem sie betrunken sind, überfällt sie die süße Melancholie später Frühlingsabende; sie erkennen, wie alle Hoffnungen und Wünsche der bösen Vergänglichkeit der Zeit gegenüberstehen. Es ist eine schöne Stimmung.

Himmel, sieh dir diese Menschen an, sagt Hearn, da kann man doch nur von tierhaften Wesen sprechen.

Was erwartest du denn, sagt ein Freund, sie sind das Abfallprodukt einer auf Erwerb gerichteten Gesellschaft; Abfall, nichts weiter, der Eiterherd in Spenglers Weltstadt.

Jansen, das plapperst du doch nur nach, was weißt du schon von einer auf Erwerb gerichteten Gesellschaft, vom Abfall; ich könnte dir manches darüber erzählen, es ist ziemlich verwickelt. Du bist nur Echo, nichts weiter.

Du auch, wir sind alle nur Nachschwätzer, Parasiten, Treibhausblumen. Man muß sich von diesen Dingen frei machen und sich der Bewegung anschließen.

Was ist los, fragt Hearn, willst du mir politisch kommen?

Nichts von Politik; Politik ist Scheiße, alles ist Scheiße. Er macht mit seinem Arm eine wegwerfende Bewegung.

Hearn umschließt mit der Hand sein Kinn. Wenn nichts anderes übrigbleibt, weißt du, werde ich ein Dandy, kein kleiner Schöntuer natürlich, verstehst du, sondern eine hübsche, aufrecht stehende Säule der Gesellschaft, die auf den grünen Rasenplätzen lebt. Bisexuell. Es darf keinen toten Punkt geben; Mann oder Frau, beide sind gleich aufregend.

Jansens Kopf schwankt hin und her. Komm mit zur Marine.

Nein, danke. Euer maschinenhaftes Liebesleben ist nichts für mich. Es ist das Schlimme mit den Amerikanern, weißt du, daß sie nicht zu lieben verstehen; unser Leben kennt keine Verfeinerung; jeder Intellektuelle trägt verschlossen seinen Babbitt in sich herum. Oh, ein nettes Bonmot. Willst du es haben, Jansen?

Wir sind alle unecht.

Sicher.

Für eine kleine Weile erscheint alles großartig. Sie fühlen sich weise und erhaben und ein wenig traurig, und die Welt da draußen ist korrupt, und sie sind die beiden einzigen, die darum wissen. Weltschmerz, Melancholie, Weltanschauung; das allein zählt.

Nur daß es nicht immer so geht. Ich plappere nach, sagt Hearn. Aber es gibt Zeiten, wo er über das Geschwätz, die leichte Niedergeschlagenheit und den meist angenehm empfundenen Ekel über sich selbst hinausgelangt. Bisweilen gibt es Dinge, die man vollbringen kann.

Er brütet darüber während des ganzen Sommers und hat eine Auseinandersetzung mit seinem Vater.

Ich will dir mal was sagen, Robert, ich weiß nicht, wo du alle diese verrückten Gewerkschafts-Ideen aufgelesen hast, aber wenn du bedenkst, was sie für eine Gangsterbande sind, und daß es für meine Leute besser ist, wenn sie von mir abhängen, wo ich ihnen um Christi willen so oft aus Schwierigkeiten geholfen und ihnen Weihnachtsgratifikationen gezahlt habe, warum hältst du dich nicht davon fern? Verdammt noch mal, du weißt ja nicht, was du redest.

Du wirst niemals begreifen, was Patriarchat bedeutet.

Vielleicht ist es nur ein großes Wort, aber es scheint mir, daß es dir sehr leicht fällt, die Hand zu beißen, die dich füttert.

Gut, darüber wirst du dich nicht länger mehr ärgern müssen.

Ach, hör schon auf!

Aber nach einer Reihe weiterer Beschwörungen und Streitigkeiten geht er vorzeitig zur Universität zurück, nimmt eine Anstellung als Tellerwäscher im Georgian an und hält es durch, als die Vorlesungen wiederaufgenommen werden. Versuche zur Versöhnung werden gemacht; Ina kommt nach Boston, zum erstenmal seit drei Jahren, und widerstrebend wird ein

Waffenstillstand geschlossen. Von Zeit zu Zeit schreibt er nach Hause, aber er nimmt kein Geld mehr an, und das Juniorenjahr ist eine Tretmühle für ihn; er wirbt Mitglieder für College-Clubs, vermittelt das Bügeln der Wäsche für die Neuangekommenen, hat törichte Wochenendbeschäftigungen, und als Ersatz für die Tellerwäscherei spielt er den Kellner im selben Restaurant. Nichts davon macht er gern, aber er fühlt sich in einem neuen Entwicklungsprozeß und entdeckt neue Kraftquellen in seinem Innern. Nicht länger mehr ist er im Zweifel, ob er von seinen Eltern Geld annehmen soll oder nicht.

Und er fühlt, wie er in diesem Jahr heranreift, zäher wird, und wundert sich darüber, findet aber keine Erklärung dafür. Vielleicht besitze ich die Starrköpfigkeit meines Vaters. Die innerlichsten Dinge, die beherrschenden Züge sind gewöhnlich nicht zu erklären. Achtzehn Jahre lang hat er in einem Vakuum gelebt und die üblichen und immer gleichen Sehnsüchte des jungen Menschen bis zum Überdruß empfunden. Dann war er in die aufregende, neue Welt des College gekommen und hatte zwei Jahre damit verbracht, darin aufzugehen, aus der Verpuppung zu kriechen und die Fühler auszustrecken. Und dann hatte dieser Entwicklungsprozeß, den er niemals ganz verstand, begonnen. Der gelegentliche Streit mit dem Vater, der zur offenen Rebellion wurde und augenblicklich jedes Maß überstieg, war immer nur ein Teil des Ganzen gewesen, begriff er nun. Auch einzelnes, was er inzwischen vergessen hatte, war in diesem Ganzen mit enthalten.

Es gab noch die alten Freunde, die er immer noch schätzte, aber ihr Reiz war verblaßt. In der täglichen Tretmühle des Kellnerdaseins, seiner Bibliotheksarbeit, der Unterrichtung von Klubkameraden hatte sich eine gewisse Ungeduld entwickelt. Worte und immer wieder nur Worte, während es jetzt andere, realere Dinge gab, einen Arbeitsplan, der notwendigerweise eingehalten werden mußte. Nur noch wenige Stunden verbringt er beim Magazin, und die Vorlesungen langweilen ihn.

Die Zahl Sieben hat eine tiefe Bedeutung für Thomas Mann. Hans Castorp verbringt sieben Jahre auf dem Berg, und wie Sie sich wohl erinnern werden, haben die sieben ersten Tage ein besonderes Gewicht. Die meisten der Hauptfiguren haben sieben Buchstaben in ihrem Namen, Castorp, Claudia, Joachim; und selbst Settembrini gehört dazu, weil sein Name im Lateinischen die Zahl Sieben umschließt.

Das Niederschreiben der Notizen in ehrfurchtsvoller Hinnahme. Sir, fragte Hearn, warum ist das wichtig? Ich muß frei heraussagen, daß ich den Roman voll hochtrabender Langerweile fand. Und diese Angelegenheit mit der Zahl Sieben ist ein Musterbeispiel deutscher Lehrhaftigkeit, eine spielerische Hingabe an alle diese literarischen Spitzfindigkeiten. Vielleicht ist es virtuos, aber es berührt mich nicht.

Seine Worte verursachen eine kleine Unruhe, und es schließt sich eine zurückhaltende Diskussion daran, die der Dozent sanft beendet, ehe er in seinem Vortrag fortfährt; aber es ist bezeichnend für Hearns Ungeduld. Im Jahr zuvor hätte er sich so nicht geäußert.

Einen Monat lang gibt es sogar politische Flitterwochen. Er liest einiges von Marx und Lenin, wird Mitglied der John-Reed-Gesellschaft und diskutiert hartnäckig und unentwegt mit den Mitgliedern.

Ich verstehe nicht, wie du dich so über die Syndikalisten äußern kannst; sie sind in Spanien von großem Nutzen, und wenn man mit den darin enthaltenen Elementen nicht zu einer Zusammenarbeit kommen kann...

Hearn, du übersiehst die Grunddinge. Es besteht ein historisch bedingter, großer politischer Gegensatz zwischen den Syndikalisten und uns, und zu keiner Zeit war es, historisch gesehen, weniger angebracht, die Massen mit einer unannehmbaren und verwirrenden Utopie zu zersetzen. Wenn du dir die Mühe machen würdest, die Revolution zu studieren, würdest du feststellen, daß die Anarchisten in Zeiten großer Kraftentfaltung einen Rekord an Sinnlichkeit und politischer Ausschweifung aufstellen und dazu neigen, eine feudale Disziplin mit terroristischen Führern aufzurichten. Warum studierst du nicht die Laufbahn von Batko Machno im Jahre 1919? Hast du dir klargemacht, daß selbst Koropatkin sich von den anarchistischen Exzessen so abgestoßen fühlte, daß er sich nicht gegen die Revolution stellte?

Dann sollten wir also lieber den Krieg in Spanien verlieren?

Und was wäre, wenn er von falschen Elementen auf unserer Seite gewonnen würde, die keine Verbindung mit Rußland wünschen? Wie lange, glaubst du, würden sie dem gegenwärtigen faschistischen Druck widerstehen?

Das geht mir ein wenig zu weit in die Zukunft. Er blickt sich im Raum um, sieht die sieben Mitglieder auf der Couch, dem Fußboden und in den beiden abgenutzten Stühlen ausgestreckt sitzen. Es scheint mir richtiger, erst das zu tun, was im Augenblick nötig ist, und sich um das übrige später Sorgen zu machen.

Das ist bürgerliche Moral, Hearn, die in der Mittelklasse harmlos ist, in Anbetracht ihrer Neigung zur Passivität, aber die Vertreter der kapitalistischen Gesellschaft nutzen dieselbe Moral zu anderen Zwecken.

Nach der Versammlung sitzt er mit dem Vorsitzenden, dessen ernstes Eulengesicht ziemlich betrübt dreinschaut, über einem Glas Bier bei McBride zusammen. Hearn, ich habe dich als Mitglied begrüßt, ich muß es zugeben, aber ich habe mich selbst geprüft und glaube nun, daß ein Überbleibsel bürgerlichen Strebens in dir steckt. Du stammst aus einer Klasse, die ich noch immer beneide, weil meine Erziehung unvollkommen blieb; aber ich muß dir nun doch sagen, daß es besser ist, wenn du uns wieder verläßt; denn du bist nicht so weit in deiner Entwicklung, daß wir dich belehren könnten.

Also ein bürgerlicher Intellektueller, was, Al?

Da ist was Wahres dran, Robert. Du hast dich gegen die Lügen des Systems aufgelehnt, aber es ist nur eine nebelhafte Rebellion. Du wünschst Vollkommenheit; du bist ein bürgerlicher Idealist und daher ungebunden.

Ist dieses Mißtrauen gegen den bürgerlichen Intellektuellen nicht ein wenig überholt?

Nein, Robert. Es liegt in der marxistischen Anschauung begründet, und die Erfahrungen im letzten Jahrhundert haben ihre Richtigkeit bestätigt. Wenn sich ein Mensch der Partei aus geistigen oder intellektuellen Gründen anschließt, dann wird er sie wieder verlassen, sobald sich das besondere psychologische Klima, das ihn in erster Linie veranlaßte beizutreten, verändert. Nur der Mensch, der zur Partei kommt, weil ihn die wirtschaftliche Ungleichheit jeden Tag seines Lebens aufs neue erniedrigt, ergibt einen guten Kommunisten. Du bist in wirtschaftlicher Hinsicht unabhängig und daher frei von Furcht und ohne rechtes Verständnis.

Ich glaube, daß ich euch verlassen werde, Al. Trotzdem können wir Freunde bleiben.

Gewiß. Sie schütteln sich ziemlich verlegen die Hände und gehen auseinander. Ich habe mich selbst geprüft und glaube, daß ein Überbleibsel bürgerlichen Strebens in dir steckt. Was für ein Fleischkloß, denkt Hearn. Er fühlt sich belustigt und empfindet zugleich ein wenig Verachtung. Als er an einer Reihe von Geschäften vorüberkommt, spiegelt er sich für einen Augenblick und betrachtet sein dunkles Haar und die gekrümmte, kräftige Nase. Ich sehe mehr wie ein Judenjunge aus als ein Sproß des Mittelwestens. Aber wenn ich blondes Haar hätte, würde Al sich erst recht geprüft haben.

Aber da gab es noch etwas. Du wünschst Vollkommenheit. Vielleicht – oder war es etwas anderes, etwas schwerer zu Definierendes?

In seinem Seniorenjahr geht er aus sich heraus, spielt Rugby am College mit überraschendem und wildem Vergnügen. Eines der Spiele wird er niemals vergessen. Aus der gegnerischen Mannschaft ist einer durch eine Lücke durchgebrochen, stutzt einen Augenblick, steht stocksteif da und ist hilflos, als ihn Hearn angreift. Sein Angriff wird mit aller Wucht geführt, und der Spieler muß mit einem verrenkten Knie vom Platz genommen werden, während Hearn hinterher trottet.

Wie fühlst du dich, Ronnie?

Gut. War ein großartiger Angriff, Hearn.

Es tut mir leid; aber er weiß, daß es nicht so ist. Es hatte ihm einen plötzlichen Genuß verschafft, als er erkannte, daß der Gegner hilflos war und geradezu darauf wartete, eins versetzt zu bekommen. Aber nicht einmal zynische Befriedigung fühlt er über seinen Sieg.

Und auch auf anderen Gebieten. Er wird zu einer bekannten Persönlichkeit, als er eine Debütantin aus der DeWolfe Street verführt. Er tritt auch mit Menschen in Verbindung, die er durch seinen Zimmerkameraden im Juniorenjahr – jetzt im Speaker Club – kennengelernt hat, und bekommt nach vier Jahren eine verspätete Einladung zu einer der Tanzveranstaltungen der Brattle Hall.

Die Männer, die in einer Reihe an der Wand entlang sitzen, plaudern oberflächlich miteinander und mischen sich dann unter die Tanzenden mit einem Mädchen, das sie kennen, oder dem Mädchen eines ihrer Bekannten. Hearn raucht ziemlich gelangweilt eine Zigarette und noch eine, und dann fordert er ein kleines blondes Mädchen auf, das mit einem großen blonden Klubkameraden tanzte.

Der Versuch einer Unterhaltung:

Und Sie heißen Betty Carreton, äh, und wo gehen Sie zur Schule?

Oh, ich bin bei Miss Lucy.

Ach. Und dann die Flegelei, der er nicht widerstehen kann. Und lehrt euch Miss Lucy auch, wie ihr euch vor der Ehe zu verhalten habt?

Was sagten Sie?

Immer öfter zeigt er diese unerklärliche Sprunghaftigkeit. Irgendwoher aus diesem verschlungenen und mürben Gewebe, aus den Äußerungen Als, Jansens, der Magazinleute, der literarischen Kritiker des College, der ästhetischen Salons, der modernen Wohnzimmer in den ruhigen Nebenstraßen von Cambridge stammte das uneingestandene Verlangen, die Tanzveranstaltungen der Brattle Hall langweilig zu finden und sich darüber erhaben zu fühlen. Entweder dies oder Spanien.

Eines Nachts kommt er mit sich ins reine. Er kann den Brattle-Hall-Dingen gegenüber wirklich gleichgültig sein, weil es sich um Veranstaltungen minderer Art handelt, die er durch sein Training auf den grünen Rasenflächen, beim Tanzunterricht und seinen Nachtfahrten auf dem Heimweg von Charlevoix längst hinter sich gelassen hat. Soziale Zäune zu vollenden, ist etwas für die anderen, für die Salonlöwen, die sich damit abquälen und sich von dieser besonderen Herausstellung des Reichtums anziehen lassen.

Und Spanien, das weiß er, ist ihm nicht Ernst genug. Dieser Krieg kommt in sein letztes Stadium, und nichts in Hearn verlangt, sich eine Befriedigung dadurch zu verschaffen, daß er daran teilnimmt. Es überragt nicht die anderen Wünsche, die er hat. Er steckt in den Abschlußarbeiten und der anschließenden geselligen Woche, ist kühl und freundlich zu seinen Eltern und zugleich ihrer überdrüssig.

Was wirst du machen, Bob, brauchst du irgendeine Hilfe? fragt Bill Hearn.

Nein, ich bin dabei, es mit New York aufzunehmen, ich habe dort von Ellisons Vater eine Anstellung versprochen bekommen.

Das ist der richtige Platz, Bob, sagt Bill Hearn.

Ja, für vier vergnügte Jahre. Und innerlich lehnt er sich auf: Geh weg, laß mich in Ruh'. Laßt mich alle zufrieden. Nur daß er inzwischen gelernt hat, es nicht mehr laut zu sagen.

Für sein Abschlußthema erhält er eine Auszeichnung: Eine Studie über die allumfassende Sehnsucht bei Herman Melville.

Durch die nächsten zwei Jahre kommt er leicht hindurch und sieht sich bewußt und belustigt als „Der junge Mann in New York". Er ist erst Lektor und dann Assistent des Herausgebers bei Ellison & Co.: Harvard, Sektion New York, wie er es nennt. Ein Zimmer mit einer Kochnische in einer der East-Sixty-Straßen. Oh, ich bin ein richtiger gelernter Mann der Literatur, wird er von sich sagen.

Ich muß gestehen, daß ich mich mit der Sache sehr geschunden habe, sagt die Verfasserin historischer Romane zu ihm. Ich habe mich besonders mit den Beweggründen der Julia, dieser schlauen Hexe, abgequält, aber ich glaube, daß es mir doch gelungen ist, die Wirkung herauszustellen, auf die es mir bei ihr ankam. Aber was mir noch Sorge macht, ist die Figur des Randall Clandeborn.

Ja, Miss Helledell – noch zwei vom selben, Ober. Er zündet sich eine Zigarette an und dreht sich langsam in der ledergepolsterten Nische um. Was sagten Sie, Miss Helledell?

Glauben Sie, daß Randall gelungen ist?

Randall Clandeborn, hmm (welcher ist es nur?). Ah, ja, ich glaube, daß er im ganzen gut gelungen ist, aber vielleicht braucht er noch eine schärfere Herausarbeitung. Wir können darüber noch sprechen, wenn wir wieder im Büro sind. (Nach den Getränken wird er Kopfschmerzen haben.) Um es offen zu sagen, Miss Helledell, ich mache mir keine Sorgen um Ihre Personen, ich weiß, daß es Ihnen gelingen wird.

Meinen Sie wirklich, Mister Hearn? Ihr Urteil bedeutet für mich ganz besonders viel.

O doch, es wird schon gut werden.

Und wie finden Sie George Andrew Johannesson?

Offen gestanden, Miss Helledell, würde ich dies lieber mit Ihnen besprechen, wenn wir das Manuskript vor uns haben. Die Personen sind mir vollkommen im Kopf, aber ich habe ein so schlechtes Namengedächtnis. Es ist eine Schwäche von mir, für die ich um Verzeihung bitte.

Und dann kommt das intellektuelle Spiel, alles zerpflücken zu müssen, bis keine Federn mehr auf ihrem Hut sind.

Oder dieser junge ernste Romanschriftsteller, der aber nicht ganz ausreichend ist, seinem Urteil nach.

Ja, sehen Sie, Mister Godfrey, ich glaube, daß Sie da wirklich ein verdammt gutes Buch geschrieben haben, und es ist geradezu eine Schande, daß die Lage auf dem Buchmarkt nun einmal so ist, wie sie ist. Es ist nicht ganz die Zeit dafür, vielleicht geht es 1936; wenn es in den Zwanzigern herausgekommen wäre, würde es großartig aufgenommen worden sein. George, zum Beispiel, schätzt es außerordentlich hoch.

Ja, ich verstehe schon, aber es scheint mir doch, als ob Sie es wagen könnten, nach all dem Zeug, was Sie da herausgebracht haben; gewiß, ich weiß – Brot und Butter –, aber ein seriöses Buch herauszubringen, ist die einzige Entschuldigung eines Verlegers für seine Existenz.

Sicher, es ist eine verdammte Schande. Sorgenvoll nippt er an seinem Getränk. Sie sollen wissen, daß wir, wenn Sie mal ein anderes Manuskript haben, sehr daran interessiert sind.

Im sommerlichen Wochenende:

Sie müssen sich einmal mit Carnes unterhalten; was hat dieser Mann für einen köstlichen Humor! Ich will damit nicht sagen, daß er besonders fein ist. Man merkt, daß er sich die Bildung selbst erworben hat, aber als Gärtner ist er ein Fund. Selbst die Einheimischen betrachten ihn als einen Einzelgänger mit seinem Lancashire-Dialekt, sagt seine Gastgeberin und stellt ihr Glas hin.

Und durch die Halle ist der Klatsch leicht mit anzuhören. Ich kann Ihnen sagen, was das für ein Flittchen ist! Diese Frau ist unglaublich! Wenn sie auf Tournee ging, hatte sie ihren Liebhaber fest an der Hand, an den Genitalien sozusagen, und als er anfing, mit der armen kleinen Judy herumzupoussieren, hatte Beroma verdammt nichts anderes tun können, als jeden einzuladen, nur nicht die kleine Judy und das Corpus delicti.

Nachmittags im Büro: Er trifft heute ein, Hearn, leider, wir sind alle eingeladen. Ellison hat betont, daß unsere Anwesenheit erwartet wird.

Ach, du lieber Himmel.

Sie müssen sich ihm nähern, wenn er fünf oder sechs hinter sich hat. Er sagt die aufregendsten Dinge. Und sprechen Sie mit seiner Frau, seiner neuen; sie ist phantastisch.

In der Bar mit einem Harvard-Studiengenossen:

Hearn, du hast keine Ahnung, was es bedeutet, am Space zu arbeiten. Dieser Mann! Er ist fürchterlich, er ist ein Faschist. Die Schriftsteller, die er um sich versammelt hat, alle diese Talente, plagen sich fürchterlich ab, aus Angst, sie könnten ihre Zweihundert in der Woche verlieren. Sie haben kein Vertrauen zu sich. Ich sage dir, mein Magen dreht sich jedesmal um, wenn ich sehe, wie sie das besondere Gesöff zusammenbrauen, auf das er sich so geschickt versteht. Er drückt seine Zigarette aus. Warum bist du mit bei dieser Bande?

Aus Spaß.

Glaubst du nicht, daß du dabei bist, die Schriftstellerei am falschen Ende anzupacken?

Nein, ich bin kein Schriftsteller, ich bin nicht besessen genug.

Himmel, Millionen sind es, ich weiß nicht, ob auch nur einer von ihnen etwas wert ist.

Wer überhaupt?

Man besäuft sich und hurt und stellt sich irgendwie morgens wieder auf die Beine.

So ist es.

Und die Frauen:

Hearn, sagt sie mit ihrer tiefen, heiseren Stimme, du bist wie eine Muschel, nichts anderes als eine verfluchte Muschel. Wenn du fünfzigtausend von uns gehabt hast, dann hörst du auf damit und hängst es auf die Leine zum Trocknen. Du hast gelernt, mit Frauen umzugehen, und du glaubst, das genügt zum Leben. Du hast einen Fäkalienkomplex, was? Du kannst es nicht leiden, daß man dich anrührt. Du hast mich ganz verrückt gemacht, bist eine Million Meilen weit weg von mir, und nichts geht dir nahe. Nichts ist dir so viel wert, daß es dich berührt.

Oh, sagt das Mädchen leise mit ihrer kindlichen atemlosen Stimme, du bist wirklich gut. Es ist so viel Güte in dir, aber das ist falsch, verstehst du, denn wahres Mitgefühl ist von Übel. Als ich im Krankenhaus war, gab es ein paar Minuten, da liebte ich den Doktor, und dann habe ich mich überhaupt nicht mehr um ihn gekümmert, und als ich in der Nervenbehandlung war, blieb ich bei meiner Meinung, daß jede Bindung schädlich ist und nur die Freiheit etwas gilt, und darum brauchst du mich auch nicht, weil du frei und gut bist.

Ihre Stimme ist biegsam und klangvoll. Ach, Liebling, was sollte ich denn machen, es war alles so vollkommen abgeschmackt, alle diese albernen Anfänger, die mich anekelten, sie waren natürlich völlig davon überzeugt, daß sie die Dinge besser konnten als ich, und, Himmel, du hättest einige in ihren Rollen sehen sollen, sie mußten einfach Mißfallen erregen, und sie schöpften die Sahne von jeder Sache ab, von allem, was zwischen Eddy und mir war. Ich hätte die Naive im „Lied am Morgen" spielen können, und ich verstehe nicht, daß ich mich mit dir abgebe, es ist doch nur Zeitvergeudung.

Es gibt noch anderes. Andere Frauen, andere Nächte, in denen sie ineinander versunken sind, bis die lustvolle Spannung unerträglich wird. Es gibt reiche Liebesernten, die sich bisweilen über Monate erstrecken, wenn es um die eine Frau, die eine Affäre geht, das erregende Wissen um das Geheimnis ihrer beider Lenden; es gibt wunderbare, tief erfühlte und immer andersartige Umarmungen, unzüchtige und ungestüme oder sanft verspielte; süße und unschuldige bisweilen, wie bei Jungverliebten.

Aber niemals hält es an.

Ich kann dir nicht erklären, warum es so ist, sagt er eines Nachts zu einem Freunde, aber jedesmal, wenn ich eine neue Liebesaffäre beginne, weiß ich, wie sie zu Ende geht. Das Ende jeder Sache steckt für mich bereits in ihrem Anfang. Alles nur Versuche.

Falls du meinen Psychoanalytiker...

Der Teufel soll ihn holen. Wenn ich befürchten müßte, daß mir der Schwanz abgeschnitten wird oder sonst was, dann will ich es gar nicht erst erfahren. Das ist keine Heilung, sondern eine Demütigung, ein deus ex machina. Herausfinden, was falsch und Hokuspokus ist, und dann ein simpler Mensch werden, nach Chikago zurückkehren, Kinder zeugen und zehntausend Menschen in irgendeiner Fabrik meines Vaters, die er bestimmen wird, schikanieren? Nein! Höre mal, dann ist alles, was du je durchgemacht hast, und was du erfahren hast, sinnlos vertan.

Und wenn du nicht gehst, wirst du noch kränker werden.

Aber ich fühle mich nicht krank. Ich fühle mich völlig – erhaben, ich mach' mir einen Dreck daraus und warte ab.

Vielleicht. Er weiß selbst nicht die richtige Antwort, macht sich aber kaum Sorge darum. Monatelang geht während der oberflächlichen Reaktionen, der Vergnügungen und der Langeweile herzlich wenig in seinem Kopf vor.

Als der Krieg in Europa beginnt, beschließt er, der kanadischen Luftwaffe beizutreten, aber seine Sehschärfe bei Nacht ist nicht ausreichend. Er denkt daran, New York zu verlassen, und er glaubt schließlich, es nicht ertragen zu können, länger dort zu bleiben. Es gibt Nächte, wo er einfach losgeht, durch Brooklyn oder die Bronx wandert, den Autobus oder die Hochbahn benutzt, um bis ans Ende zu gelangen und die stillen Straßen neugierig zu durchstreifen. Öfter noch wandert er abends durch die Elendsviertel und genießt die sonderbare Melancholie, die ihn bei der Beobachtung einer alten Frau erfaßt, die auf der Zementstufe vor ihrem Haus sitzt und in deren stumpfen Augen sich die sechzig oder siebzig Jahre ihres Lebens in immer gleichen Häusern wie diesen und Straßen wie dieser spiegeln; das klingende, schwermütige Echo von Kinderstimmen, das vom harten Asphalt widerhallt.

Es treibt ihn dazu, sich der Bewegung wieder anzuschließen, und durch einen Freund wird er Organisator eines Gewerkschaftsverbandes in einer Stadt im Norden. Es folgen ein Monat Ausbildungsunterricht und ein Winter, wo er in einer Fabrik tätig ist und die Männer erfaßt. Und dann kommt wieder ein Ausbruch. Nachdem die Mehrheit beisammen und der Verband anerkannt ist, beschließen die Führer, nicht zu streiken.

Hearn, du kannst das nicht verstehen, du kannst dir nicht erlauben, es zu verurteilen, du bist ein reiner Dilettant in Arbeiterdingen, die dir alle einfach erscheinen, es aber nicht sind.

Gut, aber was hat es für einen Sinn, den Verband aufzubauen, wenn wir nicht streiken wollen? Dann locken wir ihnen nur die Beiträge aus der Lohntüte.

Höre mal, ich kenne den Ausschuß, der gegen uns steht. Wenn wir streiken, ziehen sie die Anerkennung zurück, schmeißen uns 'raus und bringen eine Bande von Streikbrechern auf die Beine; denn du darfst nicht vergessen, daß wir hier in einer Mühlenstadt leben.

Dann werden wir es vor dem Arbeitsgericht austragen.

Sicher, und nach acht Monaten wird es eine Entscheidung zu unseren Gunsten geben, aber was, zum Teufel, machen die Leute inzwischen?

Warum haben wir dann überhaupt die Verbandssache begonnen und die Leute mit dem ganzen Scheißkram belästigt? Aus Gründen der hohen Politik?

Du weißt nicht genug, um darüber urteilen zu können. Die CIO würde im nächsten Jahr hier sein; Starkleys Leute, alles durchweg Rote. Du hattest einen Zaun zu errichten; aber du bist ja noch ein Kind in solchen Dingen; du stellst dir alles so einfach vor: dieses machen und jenes bekommen, gut; ich sage dir aber, auf diese Weise geht es nicht, du mußt erst einen Zaun um diese Burschen machen.

Er begreift: das Verlegerspielen ist zu Ende und auch dies hier und alles andere dazu. Ein Dilettant, der um die Sache herumgeht. Alles ist Scheiße, alles ist nachgeahmt, alles gerinnt, wenn man es berührt. Es war nicht nur diese Erfahrung. Da war noch etwas anderes, nicht genau zu Erfassendes; ein Streben. Aber wonach?

Auf einen Einfall hin geht er auf einige Wochen nach Chikago zu seinen Eltern zurück.

Nun, Bob, es hat keinen Sinn, sich was vorzumachen, du hast nun gearbeitet und erfahren, was wichtig ist; du könntest jetzt ganz gut zu mir kommen. Bei den Kriegsaufträgen für Europa und der Ausweitung der Heere könnte ich dich gut gebrauchen; ich bin so verdammt groß geworden, daß ich die Fabriken gar nicht mehr alle kenne, wo ich meine Finger drin habe, und es dehnt sich immer noch mehr aus. Ich sage dir, es ist alles anders geworden seit der Zeit, als ich ein Kind war, alles ist miteinander verknüpft, verstehst du, es ist alles unübersichtlich geworden, aber es macht Vergnügen, wenn man daran denkt, wie großartig sich die Werke entwickelt haben. Und alles ist fundiert, sage ich dir. Du bist mein Sohn und genauso wie ich, und der einzige Grund, warum du dich herumgetrieben hast, war der, daß dir nichts groß genug war, um dich darin zu verbeißen.

Vielleicht. Und er wundert sich und fühlt, wie seine tiefere Sehnsucht sich in ihm regt. Ich möchte darüber nachdenken.

Verrottet ist alles, warum sollte man dann nicht doch den breiteren Weg wählen?

Er trifft Sally Tendecker-Randolph auf einer Gesellschaft und spricht mit ihr in einer Ecke.

Oh, sicher, Bob, ich bin jetzt gezähmt, zwei Kinder, und Don (ein Klassenkamerad aus der Vorbereitungsschule) nimmt an Gewicht zu, du würdest ihn nicht wiedererkennen. Wenn ich dich ansehe, kommen mir wieder die Erinnerungen.

Nach den Einleitungen haben sie eine flüchtige Affäre, und er treibt sich einen Monat lang auf den Landsitzen ihres Kreises herum; und dann werden es zwei Monate (die zwei Wochen hatten sich ausgedehnt).

Eine komische Lage. Sie sind fast alle verheiratet, haben ein oder zwei Kinder und Gouvernanten, und man sieht die Kinder bisweilen beim Zubettgehen. Fast jeden Abend ist abwechselnd eine Gesellschaft in einem der Häuser am Lake Shore Drive, und die Frauen und ihre Ehemänner mischen sich untereinander und sind immer betrunken. Alles ist zufällig, die Erregungen sind heftig, die Liebeleien häufiger als die Ehebrüche.

Und einmal in der Woche gibt es gewöhnlich einen netten, öffentlichen Krach oder ein bacchantisches Gelage. Es widert ihn langsam an.

Nun, alter Bursche, sagt Don Randolph zu ihm, du und Sally, ihr wart doch einmal große Freunde, und vielleicht seid ihr es noch; bei Gott, ich weiß es nicht (ein betrunkenes, anklagendes Anstarren), aber Tatsache ist, daß Sally und ich uns lieben, es ist eine große Leidenschaft. Ich habe mich herumgetrieben wie ein Hund, eine Frau in unserem Büro und Alec Johnsons Frau, Beverly; du hast uns zurückkommen und vor ihrem Haus halten sehen, o mein Gott, großartig, aber ich bin ein Hund, kein moralischer Mensch, und ich bin ... ich bin .. (Er beginnt zu weinen.) Die Kinder sind wunderbar, aber Sally ist ein Biest zu ihnen. Er steht auf und taumelt über die Tanzfläche, um Sally von ihrem Partner zu trennen.

Hör auf zu trinken.

Geh weg, Don, Liebling.

Die Randolphs haben es wieder miteinander, kichert jemand. Und dann dreht es sich in seinem Kopf, und Hearn fühlt, daß er betrunken ist.

Du erinnerst dich, Bob, sagt Sally, du weißt, was für Fähigkeiten ich habe und wie talentiert ich bin. Ich sage dir, nichts kann mich aufhalten, aber Don benimmt sich unmöglich, er möchte mich im alten Gleis halten, und, mein Gott, er ist pervers, was für Dinge könnte ich dir erzählen, und mißlaunig; wir haben einmal zweieinhalb Monate verbracht, ohne uns anzurühren; und du weißt ja selbst, daß er nicht sehr geschäftstüchtig ist. Mein Vater hat mir genug darüber erzählt, aber mir sind durch die Kinder die Hände gebunden, mir fehlt was Richtiges, verstehst du, etwas, wo ich zupacken könnte. Wenn ich doch ein Mann wäre! Diese Verabredungen, um Klammern für Dorothys Zähne machen zu lassen, und dann die Angst vor dem Krebs, du kannst dir nicht denken, welche Sorgen eine Frau sich darüber macht. Manchmal werde ich mit den Dingen nicht fertig; und einmal war da ein Fliegerleutnant, jung, aber wirklich sehr hübsch, sehr süß, ach, aber so naiv, und du kannst dir nicht denken, wie alt ich mich fühle. Ich beneide dich, Bob, wenn ich doch nur ein Mann wäre.

Er weiß, daß ihn das alles nicht fesselt, der Lake Shore Drive mit seinen Konventionen und die Unterhaltungen mit Leuten, die ihn langweilen, der Bürozwang und der Versuch, sich den ehrgeizigen Heiratsplänen seiner Mutter zu entziehen, die alle Impulse in Warenladungen und Verbindungen umsetzt; die Anforderungen des Krieges und seiner Repräsentanten, der verantwortlichen Senatoren, die Reisen in Pullman-Wagen und die Tennisplätze, die Hingabe an das Golfspiel, die auserwählten Hotels und der Duft der Liköre und der Teppiche in den Räumen. Darin steckte seine ursprüngliche Befriedigung, aber inzwischen hatte er viele andere Dinge kennengelernt.

Wieder in New York, schreibt er für eine Rundfunkgesellschaft, aber es ist nur, um eine Lücke zu füllen, und er weiß es. Fast nebenher, ohne größere Anteilnahme, tut er eine Menge für das Englische Hilfswerk und verfolgt an Hand der Überschriften in den Zeitungen den Fortschritt Moskaus und denkt, wenn auch nicht ernsthaft genug, daran, der Partei beizutreten. Bisweilen wirft er des Nachts seine Bettdecke von sich, liegt nackt, fühlt die Luft des späten Herbstes durch das Fenster dringen und hört mit einem dumpfen Schmerz die Hafengeräusche, die mit dem Nebel herüberströmen. Einen Monat vor Pearl Harbour tritt er in die Armee ein.

Auf dem Truppentransporter, der zwei Jahre später im kühlen Winterzwielicht unter der Goldenen-Tor-Brücke in den Pazifik hinausgleitet, steht er an Deck und starrt auf San Franzisko, das langsam wie ausglühende Holzkloben im Kamin verblaßt. Nach einer Weile kann er nur noch den dünnen Landstrich erkennen, der das Wasser vom dunklen Abendhimmel trennt. Die kalten Wogen schlagen an den Rumpf des Schiffes.

Ein neuer Lebensabschnitt. In dem vergangenen hatte er immer nur Ausschau gehalten und war mit dem Kopf gegen die Wand seines eigenen Gehäuses gerannt.

Er duckt sich in eine Luke und zündet sich eine Zigarette an. Man sagt: „Ich sehne mich nach etwas", aber das gibt dem Vorgang eine Bedeutung, die er in Wirklichkeit nicht hat, denkt er. Niemals findet man heraus, was einen wirklich in Gang hält, und mit der Zeit wird es unwichtig.

Dort ist Amerika, und überall sind da Städte, und Kehricht liegt jetzt auf den Stufen, und alles ist den elektrischen Lichtern untertan.

(Alle diese begeisterten Pläne, Zigarrenrauch und Kohlenrauch, die erschreckende Leidenschaft für Unruhe, wie die eines aufgescheuchten Ameisenhaufens. Wie wollte man seinen eigenen Tod, seine eigene Bedeutungslosigkeit in der gigantischen Schöpfung aus Menschenhand begreifen unter diesen Marmorgewölben, den Dachfirsten und Schornsteinen in diesem Mittelpunkt des Handels?)

Jetzt war es verschwunden, das Wasser hatte fast ganz das Land in sich aufgesogen, und die weite, tiefe Nacht des Pazifik stand darüber. Und in ihm war die Sehnsucht nach dem Land, das nun versunken war.

Nicht Liebe, auch nicht notwendigerweise Haß, aber immerhin ein Gefühl, wo er keines erwartet hatte.

Immer ist es Macht, die sich auf einen stürzt und verlockt.

Hearn seufzt und tritt wieder an die Reling. Und alle diese strahlenden jungen Menschen, seine Jugendgefährten, waren mit ihren Köpfen gegen Wände gerannt, hatten sich mit Dingen abgequält, bis sie ermatteten und alles zum Stillstand kam.

Eine Schar Enteigneter aus dem rauhen, getroffenen Herzen Amerikas.

12

MINETTA war nach seiner Verwundung dem Divisionslazarett überwiesen worden. Es war sehr klein. Acht Flachzelte, von denen jedes zwölf Mann aufnehmen konnte, waren auf einer Rodung nahe an der Küste errichtet worden. Die Zelte standen zu viert in zwei Reihen, und um jedes Zelt war ein vier Fuß hoher Wall aus Sandsäcken aufgeworfen. Das war das ganze Lazarett, nur daß noch einige Zelte dazugerechnet werden mußten, in denen die Feldküche, der Arzt und das Personal untergebracht waren.

Immer war es still im Lazarett. Am Nachmittag wurde die Luft drückend und das Innere der Zelte unter der heftigen Sonne unerträglich heiß. Die meisten Patienten dösten vor sich hin, murmelten gequält aus ihrem Schlaf oder stöhnten vor Wundschmerzen. Man konnte nicht viel tun. Einige der Genesenden spielten Karten, lasen in einem Magazin oder nahmen ein Bad unter der Dusche, die man in der Mitte des Platzes aufgestellt hatte. Ein ehemaliger Ölbehälter war als Wasserspeicher auf einem aus Palmenstämmen errichteten Gerüst befestigt worden. Es gab drei Mahlzeiten am Tag, und morgens machte der Arzt seine Runde.

Minetta war anfangs sehr zufrieden. Seine Wunde war kaum mehr als ein einige Zoll langer Kratzer am Oberschenkel. Die Kugel war nicht ins Fleisch gedrungen und die Blutung nicht stark gewesen. Schon eine Stunde nach seiner Verwundung hatte er, nur leicht hinkend, umhergehen können. Im Lazarett hatte er sein Feldbett und Decken bekommen, sich behaglich ausgestreckt und bis zum Abend in Magazinen gelesen. Ein Arzt hatte ihn flüchtig untersucht, die Wunde verbunden und ihn bis zum nächsten Morgen allein gelassen. Minetta fühlte eine angenehme Schwäche. Er litt noch ein wenig unter dem empfangenen Schock, der ausgereicht hatte, ihn in einen gewissen Zustand der Erschöpfung zu versetzen, der ihn aber zugleich hinderte, an die Bestürzung und die Schmerzen zurückzudenken, die er empfunden hatte, als ihn die Kugel traf.

Zum erstenmal seit sechs Wochen konnte er durchschlafen, ohne zur Wache geweckt zu werden; das Feldbett fühlte sich weich an und erschien ihm im Vergleich zu seiner Lagerstätte auf dem Erdboden märchenhaft. Als er erwachte, war er lebhaft und fröhlich. Bis der Arzt kam, spielte er mit einem seiner Zeltkameraden Dame. Sie waren nur wenige Patienten, und Minetta hatte eine schwache und angenehme Erinnerung daran, wie er sich mit ihnen am Abend zuvor in der Dunkelheit unterhalten hatte. Hier ist es richtig, stellte Minetta fest. Er hoffte, daß sie ihn einen Monat lang im Lazarett behalten oder ihn gar auf eine andere Insel bringen würden. Schon begann er sich einzubilden, daß seine Wunde ernsthafter Natur sei.

Der Arzt indessen, der nur einen Blick auf das Bein warf und den Verband wieder anlegte, erklärte: „Sie können morgen wieder zurück."

Das versetzte Minetta einen Schlag. „Meinen Sie, Sir?" versuchte er eifrig zu sagen. Er veränderte seine Lage auf dem Feldbett, tat, als ob es ihm Beschwerden bereite, und fügte hinzu: „Ja, ich würde gern zu meinen Kameraden zurückkehren."

„Gut, Sie nehmen es leicht", sagte der Doktor. „Wir wollen mal sehen, ob es morgen geht." Er machte einen kurzen Vermerk in sein Notizbuch und ging zum nächsten Bett. – Dieser Schweinehund, sagte sich Minetta, dabei kann ich kaum laufen. – Und wie, um das zu beweisen, begann sein Bein ein wenig zu schmerzen, und verbittert dachte er: Die kümmern sich nicht darum, ob man hier am Leben bleibt oder stirbt. Die sind nur daran interessiert, einen dahin zurückzuschicken, wo man als Kugelfang dient. Er wurde verdrießlich und döste durch den ganzen Nachmittag. Nicht einmal genäht haben sie die Wunde!

Gegen Abend begann es zu regnen, und er fühlte sich behaglich und sicher unter dem Zeltdach. – Junge, was bin ich froh, daß ich heute nacht nicht auf Wache muß, sagte er sich. – Er lauschte, wie der Regen auf das Zelt prasselte, und dachte mit einem angenehmen Gefühl des Mitleids an die Männer im Zug, die sich aus ihren feuchten Decken schälten, um sich zitternd hinter das Maschinengewehr im schlammigen Loch zu hocken, während der Regen durch ihre Kleider drang. „Ohne mich", sagte er.

Aber dann erinnerte er sich an die Worte des Arztes. Morgen würde es wieder regnen wie jeden Tag. Er würde zur Arbeit an der Straße oder an der Küste zurückkehren, nachts Wache stehen und vielleicht bald auf Patrouille gehen, wobei er nicht nur verwundet, sondern getötet werden könnte. Er dachte daran, daß er an der Küste auch in Gefangenschaft kommen könnte, und plötzlich geriet er in Verwunderung. Auf einmal erschien es ihm nicht möglich, von solch einem kleinen Ding von Kugel verwundet worden zu sein. Der Lärm der Schießerei, die Aufregung, die er verspürt hatte, kehrten in seine Erinnerung zurück und ließen ihn erschauern. Es kam ihm alles unwirklich vor, so wie einem Menschen sein eigenes Gesicht unwirklich wird, wenn er zu lange in einen Spiegel blickt. Minetta zog die Decke über seine Schultern. Sie werden mich morgen nicht zurückschicken, versicherte er sich.

Am Morgen nahm Minetta vor dem Besuch des Arztes den Verband ab und prüfte die Wunde. Sie war fast verheilt. Die Ränder hatten sich einander genähert, und der Zwischenraum war mit neuem, rosigem Fleisch ausgefüllt. Bestimmt würden sie ihn heute entlassen. Minetta blickt sich um. Die anderen Männer waren beschäftigt oder schliefen, und mit einer schnellen Bewegung riß er die Wunde wieder auf. Es begann zu bluten. Mit zitternden Fingern befestigte er den Verband wieder und empfand eine schuldbewußte Freude. Unter der Decke rieb er alle paar Minuten an der Wunde, damit die Blutung nicht aufhöre. Mit nervöser Ungeduld erwartete er den Besuch des Arztes. Sein Oberschenkel fühlte sich unter dem Verband heiß und klebrig an. Minetta wandte sich an den Soldaten im benachbarten Feldbett. „Mein Bein blutet wieder", sagte er. „Es ist komisch mit diesen Wunden."

„Ja."

Als ihn der Arzt untersuchte, verhielt sich Minetta still. „Ich sehe, daß Ihre Wunde wieder offen ist."

„Ja, Sir."

Der Arzt sah auf den Verband. „Sie haben ihn doch nicht geöffnet, wie?" fragte er.

„Gewiß nicht, Doktor. Es hat gerade erst angefangen zu bluten." Er durchschaut mich, stellte Minetta fest. „Nun, ist alles in Ordnung, Sir? Komme ich heute zu meinem Zug zurück?" tastete er vor.

„Es wird besser sein, noch einen Tag zu warten, mein Sohn. Sie hätte sich auf diese Weise nicht mehr öffnen dürfen." Der Arzt begann ihn wieder zu verbinden. „Lassen Sie aber diesmal den Verband unberührt", sagte er.

„Ja, warum nicht, aber sicher, Sir." Er beobachtete den Arzt beim Weggehen. Minetta war niedergeschlagen. Das kann ich nicht noch einmal versuchen, sagte er sich.

Den ganzen Tag über war er unruhig und versuchte, einen Weg zu finden, um noch im Lazarett bleiben zu können. Jedesmal, wenn er sich vorstellte, zu seinem Zug zurückkehren zu müssen, war er aufs neue verzweifelt. Er dachte an die endlosen, von Arbeit und Gefechten erfüllten Tage, die vor ihm lagen und sich ewig wiederholen würden. Nicht mal einen richtigen

Kameraden hat man im Zug. Dem Polack ist nicht zu trauen. Er dachte an Brown und Stanley, die er haßte, und an Croft, vor dem er Angst hatte. – Sie bilden eine verdammte Clique, sagte er sich. Er dachte an den Krieg, der sich endlos hinziehen würde. Nach dieser Insel würde eine andere drankommen und dann wieder eine ... Äääh, da ist kein Ende abzusehen. Er schlief ein wenig und fühlte sich beim Erwachen noch elender. – Ich kann es nicht durchhalten, sagte er sich, ich ertrage es nicht. Wenn ich Glück gehabt hätte, wäre ich richtig verwundet worden und nun schon in einem Flugzeug unterwegs nach Amerika. – Minetta grübelte darüber nach. Einmal hatte er sich Polack gegenüber damit gebrüstet, daß er niemals, wenn er je in ein Lazarett käme, zu seinem Zuge zurückkehren würde. „Laß mich mal erst 'reinkommen, dann werde ich es schon machen."

Es mußte einen Weg geben. Minetta entwickelte eine verrückte Idee nach der anderen. Er wollte sich das Bajonett in die Wunde stoßen oder sich vom Lastwagen fallen lassen, wenn er zur Hauptquartier-Kompanie zurückkehrte. Er wälzte sich auf seinem Feldbett und fühlte Mitleid mit sich selber. Er hörte ein leises Stöhnen von einem der anderen Betten, und es verursachte ihm Unbehagen. – Ich werde noch verrückt werden, wenn der nicht ruhig wird, sagte er sich.

Diese Idee ging ihm durch den Kopf, ohne daß sie gleich Gestalt annahm, und dann richtete er sich erregt vor Entsetzen auf, daß er den Gedanken wieder verlieren könnte. – Oh, das ist es, das ist das Richtige, sagte er sich. Er bekam Angst, als er daran dachte, wie schwer es sein würde. – Habe ich die Nerven dazu? – Er lag bewegungslos und versuchte sich zu erinnern, was er über die Soldaten gehört hatte, die deswegen entlassen worden waren. – Jesus, auf Station VIII zu kommen, dachte er. Er erinnerte sich an einen Soldaten im Ausbildungszug, einen dünnen, nervösen Mann, der im Glied zu weinen begann, wenn er sein Gewehr abfeuerte. Dieser Soldat war ins Lazarett gekommen, und Wochen danach hatte er erfahren, daß er entlassen worden sei. – O, Mann! sagte Minetta für sich. Er hatte ein glückseliges Empfinden, als ob er schon entlassen wäre. – Ich bin genauso klug wie diese Jungens, ich könnte es bewerkstelligen. Nervenschock, das ist es, ein Nervenschock! Bin ich nicht verwundet worden? Aber glaube nur nicht, daß die Armee einen Jungen entläßt, wenn er verwundet ist! Sie drücken dir ein Heftpflaster auf, und dann schicken sie dich zurück. Kanonenfutter, das ist das einzige, was sie im Auge haben. – Minetta fühlte sich im Recht.

Die schlechte Laune verebbte, und dann überfiel ihn wieder Angst. – Ich wünschte, ich könnte mit Polack darüber sprechen, er würde wissen, wie man es anstellt. – Minetta blickte auf seine Hände. – Ich bin ebenso tüchtig wie Polack. Ich kann schon draußen sein, während er noch darüber redet. – Er stützte den Kopf in die Hand. – Sie werden mich nur ein paar Tage hier behalten und mich dann an ein anderes Lazarett für Geisteskranke weiterschicken. Wenn ich dort bin, wird es mir gelingen, sie nachzuahmen. – Plötzlich fühlte er sich wieder niedergeschlagen. – Dieser Arzt hat was gegen mich, ich werde es schwer mit ihm haben. – Minetta humpelte zu einem Tisch in der Zeltmitte und nahm ein Magazin auf. – Wenn ich draußen bin, könnte ich Polack einen Brief schreiben und ihn fragen: „Wer ist nun verrückt?" – Minetta begann zu kichern, als er sich Polacks Gesicht beim Lesen vorstellte. Es ist nur eine Nervenfrage.

Er legte sich nieder und blieb für eine halbe Stunde bewegungslos mit dem Magazin auf dem Gesicht. Die Sonne hatte das Zelt so erhitzt, daß es im Innern wie in einem Kesselraum war, und Minetta fühlte sich schwach und elend. Er spürte einen Krampf, und plötzlich stand er ohne Überlegung auf und schrie los: „Der Teufel soll sie alle holen!"

„Mensch, beruhige dich", sagte ein Soldat vom Nachbarbett.

Minetta schleuderte das Magazin nach ihm und brüllte: „Draußen vor dem verfluchten Zelt ist ein Japs! Da, grade vor uns, grade vor uns!" Er blickte wild um sich und schrie: „Wo ist mein Gewehr, gib mir mein Gewehr!" Er schüttelte sich vor Erregung. Er ergriff sein Gewehr und richtete es auf den Zelteingang. „Da ist der Japs, da ist er!" schrie er und schoß. Er nahm es dumpf wahr, ein wenig von seiner Kühnheit verwirrt. – Ich hätte Schauspieler werden sollen, ging es ihm durch den Kopf. Er wartete darauf, daß sich die Soldaten auf ihn stürzen würden, aber keiner rührte einen Finger. Sie beobachteten ihn behutsam und blieben vor Erstaunen und Furcht erstarrt auf ihren Betten liegen. „An die Gewehre, Leute! Sie greifen an!" schrie er und warf sein Gewehr auf den Boden. Er stieß danach und ging zu seinem Feldbett hinüber, hob es an und schleuderte es wieder zu Boden. Er stürzte sich auf die Erde und begann zu brüllen. Dann lag ein Soldat über ihm, Minetta wehrte sich einen Augenblick lang und gab nach. Er hörte die Männer rufen und das Geräusch der Füße, die sich ihm näherten. – Ich wette, das hat geklappt, sagte er sich. Er begann zu zittern und beförderte etwas Speichel auf seine Lippen. – Das wird seine Wirkung tun. – Ihm stand aus einem Film das Bild eines Verrückten vor Augen, der Schaum vor dem Mund gehabt hatte.

Jemand riß ihn hoch und setzte ihn auf ein Feldbett. Es war der Arzt, der seine Wunde verbunden hatte. „Wie heißt der Mann?" fragte er.

„Minetta", sagte jemand.

„Gut", erklärte der Arzt, „hören Sie auf damit, Minetta. Damit kommen Sie nicht weiter."

„Leck mich am Arsch, du hast den Japs laufen lassen!" schrie Minetta.

Der Arzt schüttelte ihn. „Minetta, Sie sprechen mit einem Offizier der amerikanischen Armee! Wenn Sie nicht anständig antworten, werde ich Sie vor ein Kriegsgericht stellen."

Einen Augenblick lang war Minetta erschrocken. – Jetzt sitze ich drin, sagte er sich, aber immerhin hier drin. – Das war die Pointe seines niederträchtigen Scherzes. Er stieß ein beinahe hysterisches Lachen aus. Der Klang seines gewollt fröhlichen Gelächters ermutigte ihn, und er verstärkte es noch. – Sie können mir gar nichts tun, wenn ich es richtig mache, dachte er dumpf. Er hörte plötzlich auf zu lachen und sagte: „Leck mich am Arsch, du japanisches Schwein!" In der Stille, die entstand, hörte er einen Soldaten sagen: „Der ist wirklich verrückt", und jemand antwortete: „Hast du gesehen, wie er mit dem Gewehr fuchtelte? Himmel, ich dachte schon, er würde uns alle umbringen."

Der Arzt wurde nachdenklich. „Sie schauspielern, Minetta, ich durchschaue Sie", sagte er plötzlich.

„Du bist ein Japs." Minetta ließ Speichel über seine Unterlippe tröpfeln. Er kicherte wieder. – Jetzt habe ich ihn, dachte er.

„Geben Sie ihm ein Schlafmittel", sagte der Arzt zu der neben ihm stehenden Ordonnanz, „und bringen Sie ihn in Zelt VII."

Minetta blickte ausdruckslos auf den schmutzigen Boden. Das war das Zelt, in dem die Schwerverwundeten lagen, wie er gehört hatte. Er spie auf den Fußboden. „Du verfluchter Japs", schrie er den Arzt an. Als ihn die Ordonnanz anpackte, machte er sich steif, aber dann gab er nach und begann töricht zu kichern. Er rührte sich nicht, als man die Nadel in seinen Arm stieß. – Ich werde es durchführen können.

„Nun, Jack, komm mit", sagte die Ordonnanz. Minetta stand auf und ging über die Rodung. Er fragte sich, was er nun tun müßte. Er hielt die Ordonnanz fest und flüsterte ihr zu: „Du bist ein verdammter Japs, aber ich werde keinem etwas sagen, wenn du mir fünf Dollar gibst."

„Komm, Jack", sagte die Ordonnanz müde.

Minetta schlenderte hinter ihm her. Als sie zum Zelt VII kamen, begann er wieder zu brüllen. „Ich geh' nicht 'rein! Da ist ein verdammter Japs drin, der mich töten will! Ich geh' nicht 'rein!"

Die Ordonnanz packte ihn mit einem Ringergriff am Arm und stieß ihn ins Zelt. „Laß mich los! Laß mich los! Laß mich los!" schrie Minetta. Sie machten vor einem Feldbett halt, und die Ordonnanz wies ihn an, sich niederzulegen. Minetta setzte sich auf das Feldbett und fing an, sich die Schuhe auszuziehen. – Ich sollte mich besser für eine Weile ruhig benehmen, sagte er sich. Das Schlafmittel begann zu wirken. Er legte sich zurück und schloß die Augen. Eine Sekunde lang wurde ihm klar, was er angestellt hatte, und tief in seiner Brust lag ein erregendes Gefühl des Verlorenseins. Mehrmals schluckte er. In seinem Kopf kochte es vor Freude, Furcht und Stolz. – Ich muß es nur durchhalten. In ein paar Tagen werde ich hier 'raus sein.

Wenige Minuten später war er eingeschlafen und wachte erst am nächsten Morgen auf. Er brauchte einige Zeit, bis er sich an die Vorfälle des vergangenen Tages erinnerte, und abermals befiel ihn Angst. Einen Augenblick lang überlegte er, ob er sich wieder normal benehmen und es vertuschen sollte; aber wenn er daran dachte, zu seinem Zug zurückkehren zu müssen... Nein, Jesus, nein! Er mußte es durchführen. Minetta setzte sich auf und sah sich im Zelt um. Es lagen drei Soldaten darin. Zwei hatten verbundene Köpfe, der dritte lag bewegungslos auf dem Rücken und starrte stumpfsinnig auf die Zeltstange. – Der gehört auf Station VIII, sagte sich Minetta schaudernd, aber dann mußte er über die darin steckende Ironie lächeln. Einen Augenblick später begann er sich wieder zu ängstigen; wahrscheinlich mußte man sich als Verrückter so benehmen, sich nicht bewegen und kein Wort sagen. Vielleicht hatte er gestern zu dick aufgetragen. Minetta war in Sorge. Er beschloß, sich genauso zu verhalten. – Ohne Stimmaufwand ist es verdammt leichter, sagte er sich.

Um neun kam der Arzt durch, und Minetta lag regungslos auf dem Rücken und brabbelte von Zeit zu Zeit ein paar Worte. Der Arzt streifte ihn mit einem Blick, verband ihm wortlos das Bein und ging weiter. Minetta fühlte sich halb beruhigt, halb beleidigt. – Die kümmern sich nicht darum, ob du stirbst, sagte er sich abermals. Er schloß seine Augen und begann nachzudenken. Der Morgen ging harmlos vorüber; er fühlte sich guter Dinge und hoffnungsvoll. Und wenn er an den Besuch des Arztes dachte, nahm er es als ein gutes Zeichen, daß er ihm keine Beachtung geschenkt hatte. – Die haben mich aufgegeben; die werden mich bald auf eine andere Insel schicken.

Er stellte sich vor, wie es bei der Heimkehr sein würde. Er dachte an die Auszeichnungen, die er tragen würde, und malte sich aus, wie er durch die Straßen in der Nachbarschaft ginge und sich mit den Leuten unterhielte. „War schlimm, was?" würden sie fragen. „Nun, so schlimm war es gar nicht", würde er antworten. „Mach mir doch nichts vor, es muß doch ziemlich schlimm gewesen sein." Er würde den Kopf schütteln. „Ich kann mich nicht beklagen, ich hatte es gut." Minetta lachte vor sich hin. Und sie würden herumgehen und sagen: „Dieser Steve Minetta ist ein großartiger Junge, das muß man zugeben. Wenn man bedenkt, was er alles durchgemacht hat und wie bescheiden er dabei ist ..."

Darauf kam es an, stellte Minetta fest, erst mußte man wieder zu Hause sein. Er sah sich auf den Gesellschaften. Er würde sein Glück machen. Die Mädchen würden nach Männern Ausschau halten, und leicht wollte er es ihnen nicht machen. – Rosie wird dann zu haben sein, sagte er sich. Er würde nach seiner Rückkehr ein bequemes Leben führen. Ein Junge müßte ja verrückt sein, wenn er sich eine Stellung suchte, nur um sich abzurackern. Was hatte man schon davon.

Nach den vielen Stunden, die er regungslos gelegen hatte, begannen ihn sexuelle Phantasien zu belästigen. Die Sonne hatte das Zelt wieder erhitzt, und er lag in einer angenehmen Umhüllung aus Wärme und Schweiß. Vor seinen Augen ließ er lange Verführungsszenen mit allen Einzelheiten ablaufen, und kleine sinnliche Schauer durchzuckten ihn, als er sich vorstellte, wie fest sich das Fleisch über Rosies Hüfte angefühlt hatte. – Rosie ist ein gutes Kind, sagte er sich, eines Tages werde ich sie heiraten. – Er erinnerte sich ihres Parfüms, der schimmernden, erregenden Augenwimpern. – Sicher nimmt sie eine Fettcreme dafür, meinte er, aber es ist nur gut, wenn ein Mädchen alle Kniffe kennt. – Er dachte an die Frauen, die er in den verschiedenen Orten, wo er als Soldat gewesen war, gehabt hatte, und seine Phantasie bemächtigte sich ihrer. Er rechnete aus, mit wie vielen er zusammengelegen hatte. – Vierzehn, das ist ganz ordentlich für mein Alter; es wird nicht viele geben, die mich darin schlagen können. – Wieder gab er sich sexuellen Bildern hin, aber es wurde peinigend. Alle waren so leicht zu haben. Man brauchte ihnen nur was vorzumachen, ihnen zu erzählen, daß man sie liebe. Eine Frau kann einem schon zusetzen. Er begann wieder an Rosie zu denken und wurde böse. – Sie betrügt mich; dieser Brief, in dem sie mir schrieb, daß sie mit niemandem tanzen würde, bis ich zurück sei, ist ein Dreck wert. Ich kenne sie. Dafür tanzt sie viel zu gern. Wenn sie hierbei schon lügt, lügt sie wahrscheinlich immer. – Er wurde eifersüchtig und machte seiner Verzweiflung Luft, indem er plötzlich laut losschrie: „Gebt es dem Japs!" Was für eine leichte Sache das war! Er schrie es abermals.

Die Ordonnanz stand von ihrem Stuhl auf, näherte sich ihm und gab ihm eine Spritze in den Arm. „Ich dachte, du hättest dich nun beruhigt, Jack."

„Dieser Japs!" schrie Minetta.

„Jaa, jaa." Die Ordonnanz wandte sich ab und setzte sich wieder. Nach einer kurzen Weile schlief Minetta ein und wachte nicht vor dem nächsten Morgen auf.

Er fühlte sich wie betäubt. Er hatte Kopfschmerzen, und seine Glieder waren taub. Der Arzt ging durchs Zelt, sah ihn überhaupt nicht an, und Minetta wurde wütend. – Diese verfluchten Offiziere, die glauben, die ganze Armee ist nur dazu da, damit sie ein gutes Leben haben. – Er empfand einen tiefen Groll. – Ich bin ebensogut wie irgendeiner; wie kommt dieser Hund dazu, mir Befehle zu erteilen? – Er wälzte sich voll Unbehagen auf seinem Feldbett. – Das ist eine Gemeinheit. – Er fühlte eine unbestimmte Verbitterung allem gegenüber. – Die ganze Welt ist Betrug; wenn du nicht oben bist, kriegst du immer nur das beschissene Ende des Stockes in die Hand. Alle sind gegen dich. – Er dachte daran, wie Croft seine Wunde betrachtet und gelacht hatte. – Er gibt einen Dreck für jeden und möchte uns so bald wie möglich tot sehen. – Der Schock, der Schmerz und die Verwirrung, die er empfunden hatte, als die Kugel ihn traf, kehrten verblaßt zurück. Zum erstenmal hatte er wirklich Angst. – Ich werde nicht heimkehren. Ich werde als erster fallen. – Er bewegte seine Lippen. – Niemals kann man sich sicher fühlen. Ach, ist das ein Leben! – Er grübelte den ganzen Nachmittag darüber nach. Innerhalb von zwei Tagen hatte sich seine heitere Stimmung über das Gefühl der Langeweile, des Grolls, in eine leichte Verzweiflung verwandelt. – Ich bin ein guter Mensch, sagte er sich. Ich habe das Zeug zu einem Unteroffizier, wenn sie mir nur eine Chance gegeben hätten; aber von Croft war das nicht zu erwarten. Er pflegt einen Jungen nur anzusehen und hat sein Urteil schon fertig. – Er stieß die Decke beiseite. – Warum sollte ich mich anstrengen und meinen Kopf drangeben? Ich könnte es tun, aber es zahlt sich nicht aus. Die sollten sich irren, wenn sie glaubten, daß er sich für nichts und wieder nichts anstrengen würde. – Er erinnerte sich der Ausbildungszeit, wo er den Zug bei den Übungen geführt hatte. – Es gab keinen Soldaten, der mir über gewesen wäre, dachte er, aber allmählich verliert man den Ehrgeiz. Ich bin ein Vagabund geworden. Ich weiß zuviel, das ist das Schlimme. Es hat keinen Sinn, mitzumachen; die Armee gibt einem keine Chance. – Darüber wurde er traurig, und mit einer besinnlichen Genugtuung dachte er daran, wie sein Leben zerstört wurde. – Ich weiß, worauf es ankommt, ich bin zu klug, um meine Zeit mit etwas Belanglosem zu vergeuden. Wenn ich aus der Armee 'raus bin, werde ich nicht wissen, was ich mit mir anfangen soll. Ich werde nicht fähig sein zu arbeiten; ich würde versagen. Das einzige wird sein, daß ich auf Schwanzjagd gehe. – Er drehte sich auf sein Gesicht. –

Was, zum Teufel, gibt es sonst schon im Leben? – Er seufzte. – Es ist schon so, wie Polack sagt, man muß einfach drauflosgehen. – Dieser Gedanke bereitete ihm ein rachsüchtiges Vergnügen. Er sah sich als Totschläger im Gefängnis, während ihm Tränen des Mitleids in die Augen traten. Er wälzte sich unruhig wieder auf die Seite. – Ich muß hier 'raus. Wie lange werden sie es noch so treiben, ohne nach mir zu sehen und sich um mich zu kümmern? Wenn sie mich hier nicht bald wegbringen, werde ich wirklich verrückt. – Der Stumpfsinn in der Armee belustigte ihn. – Die können einen Soldaten auf diese Weise glatt verlieren, nur weil sie sich nicht um ihn kümmern.

Er fiel in Schlaf und wachte mitten in der Nacht durch Stimmen und Geräusche der Ordonnanzen auf, die Verwundete ins Zelt brachten. Gelegentlich sah er die rötlichen skeletthaften Umrisse einer Hand, die eine Taschenlampe abdeckte, und winzige Lichtstrahlen, die unheimliche Schatten über das Gesicht eines Verwundeten warfen. – Was geht hier vor? fragte sich Minetta. Er konnte einen Mann stöhnen hören, und sein Kopf überzog sich mit einer Gänsehaut. Der Arzt kam herein und sprach kurz mit einer Ordonnanz. „Beobachten Sie den Abfluß aus der Brustwunde und geben Sie ihm ein Betäubungsmittel in doppelter Stärke, wenn er zu unruhig ist."

„Ja, Sir."

Weiter wissen sie nichts, dachte Minetta, spritzen und abermals spritzen. Ich könnte auch so ein Knochensäger werden. – Er beobachtete die Vorgänge mit halb geöffneten Augen und lauschte sorgfältig auf die Unterhaltung zwischen den beiden Verwundeten mit den verbundenen Köpfen. Er hörte sie zum erstenmal sprechen. „He, Ordonnanz", fragte der eine, „was ist los?"

Die Ordonnanz trat heran und sprach kurze Zeit mit ihnen. „Es gab heute eine lebhafte Patrouillentätigkeit. Diese Jungens sind vom Bataillonslazarett gekommen."

„Weißt du, ob die E-Kompanie mit dabei war?"

„Mußt den General fragen", sagte der Sanitäter.

„Ich bin froh, daß ich nicht dabei war", murmelte einer der Verwundeten.

„Mach dir nicht in die Hosen, Jack", sagte die Ordonnanz.

Minetta drehte sich um. – Was für ein Erwachen! dachte er. Am anderen Ende des Zeltes lag ein Verwundeter, der schluchzte; es war, als ob sich die Laute aus Brust und Kehle herauspressen müßten. Minetta schloß die Augen. – Was für eine Welt! dachte er widerwillig. Seine Verdrossenheit unterdrückte einen Teil der Angst, die er empfand. Plötzlich nahm er das monotone Geräusch des Dschungels draußen vor dem Zelt wahr, und es erfüllte ihn mit dem Entsetzen, das ein Kind empfindet, das nachts im Finstern aufwacht. „Jesus", murmelte er. Mit Ausnahme geringfügiger Handlungen, wie die Benutzung des Stechbeckens unter dem Feldbett, die Aufnahme der Nahrung, die man ihm hingestellt hatte, war er zweieinhalb Tage lang untätig gewesen, und es hatte ihn ruhelos gemacht. – Ich kann es nicht durchhalten, sagte er sich. Der Verwundete, der geweint hatte, begann jetzt zu schreien. Minetta fand es so schauerlich, daß er seine Zähne aufeinanderpreßte und die Decke über die Ohren zog. „Niiii-yuuuuuuuu, niiii-yuuuuuaa", heulte der Patient, das Geräusch einer Granate nachahmend, und dann schrie er wieder: „Gott, du mußt mich retten, du mußt mich retten!"

Es entstand eine lange, lautlose Pause in dem dunklen Zelt, und einer der Verwundeten murmelte: „Noch ein Verrückter."

„Zum Teufel noch mal, was sollen wir in dieser Irrenanstalt?"

Minetta zitterte. – Dieser Verrückte könnte mich während des Schlafs umbringen. – In seinem Oberschenkel, der fast verheilt war, begann es zu pochen. – Ich muß wach bleiben. – Er warf sich unruhig hin und her, lauschte auf die Grillen und die anderen Tiere draußen im Busch. In der Ferne fielen einige Schüsse, und abermals schauderte ihn. – Bis zum Morgen bin ich verrückt geworden, dachte er und kicherte vor sich hin. Er fühlte Hunger und eine Leere im Magen. – Warum habe ich mich bemüht, hier 'reinzukommen?

Einer der neuen Patienten begann zu stöhnen, bis es in ein gurgelndes Keuchen überging. – Das klingt nicht gut, dachte Minetta. Der Tod. Einen Augenblick lang glaubte er ihn greifnahe zu fühlen. Er hatte Angst zu atmen, als ob die Luft verpestet sei. In der Dunkelheit schienen sich die Dinge um ihn herum zu bewegen. – Was für eine Nacht! sagte er sich. Sein Herz schlug heftig. – Oh, Jesus, bring mich hier 'raus!

Sein Leib war gespannt und unruhig, es würgte ihn mehrere Male. – Ich werde keinen Schlaf finden, das steht fest. – Eifersucht stürmte wieder auf ihn ein. Minetta sah Rosie vor sich, wie sie sich einem anderen Mann hingab; es fing damit an, daß sie allein zum Tanz ins „Rosenland" ging, und endete in seiner Vorstellung mit dem Unvermeidlichen. Er fühlte, wie ihm der kalte Schweiß auf den Schultern und den Oberschenkeln ausbrach. Er begann sich um seine Familie zu sorgen. – Sie werden einige Monate lang nichts von mir zu hören bekommen. Wie sollte ich ihnen auch, zum Teufel, einen Brief schreiben? Sie werden glauben, daß ich tot bin. – Es versetzte ihm einen

Schlag, als er sich vorstellte, wie sich seine Mutter ängstigen würde. Himmel, wie hatte sie schon angegeben, wenn er mal erkältet war! Italienische und jüdische Mütter sind alle so. Er versuchte das Unbehagen, das ihm der Gedanke an seine Mutter bereitete, zu unterdrücken, und dachte wieder an Rosie. – Wenn sie nichts von mir hört, wird sie sich mit irgend jemand herumtreiben. Es verbitterte ihn. – Ääääh, hol's der Teufel! Ich habe Frauen gehabt, die es besser konnten. Es gibt noch genug andere. Er erinnerte sich, wie es ihn erregt hatte, wenn ihre Augen lustvoll aufblitzten, und er fühlte einen einlullenden Kummer und Mitleid mit sich selbst. Er sehnte sich nach ihr.

Der Soldat, der im Kampf einen Nervenzusammenbruch erlitten hatte, schrie abermals, und Minetta setzte sich schaudernd auf. – Ich muß etwas Schlaf haben, ich halt' das nicht mehr aus. – Er begann zu brüllen: „Da ist ein Japs, ich sehe ihn, ich sehe ihn, ich werde ihn töten!" Er stand von seinem Feldbett auf und ging über den schmutzigen Boden. Die Erde fühlte sich feucht und kalt unter seinen nackten Füßen an. Jetzt zitterte er wirklich.

Die Ordonnanz stand von ihrem Stuhl auf und seufzte: „O Mann, was für eine Abteilung!" Er nahm eine Nadel vom Nebentisch und näherte sich Minetta. „Leg dich hin, Jack."

„Leck mich am Arsch." Er ließ sich zu seinem Feldbett zurückführen.

Er hielt den Atem an, während die Nadel ins Fleisch drang, und dann atmete er auf. „Oh, was für eine Zeit!" stöhnte er.

Der Soldat mit der verletzten Brust keuchte wieder, aber Minetta schien es weit entfernt zu sein. Er sank zusammen, fühlte sich behaglich und warm und dachte über das Schlafmittel nach. – Eine gute Sorte – ich werde noch opiumsüchtig werden. Äääh, ganz gleich, nur hier 'raus! – Er fiel in Schlaf.

Als er morgens erwachte, stellte er fest, daß einer der Patienten gestorben war. Die Decke war dem Toten über den Kopf gezogen worden, und seine Füße erhoben sich spitz. Minetta hatte das Empfinden, als ob ihm eine Eishand über den Rücken striche. Er blickte zu ihm hinüber und wandte sich ab. Es war eine Hülle des Schweigens um den Toten. – Es liegt was Fremdes, Andersartiges um einen Jungen, wenn er tot ist, dachte Minetta. Er empfand eine plötzliche Neugier, das Gesicht unter der Decke anzusehen. Er fragte sich, wie es wohl aussehe. Wenn niemand im Zelt gewesen wäre, würde es hinübergegangen sein und die Decke hochgehoben haben. – Das ist der Junge mit dem Loch in der Brust, sagte er sich. Wieder wurde ihm angst. Wie konnten sie einen einfach hier liegenlassen, wenn irgend so ein armer Joe unmittelbar neben einem starb! Entsetzen durchfuhr ihn. Er fühlte, daß ihm ein wenig übel wurde. Das Schlafmittel hatte heftigen Kopfschmerz hinterlassen, sein Magen war in Unordnung, und seine Glieder schmerzten. – O Jesus, ich muß hier 'raus!

Zwei Ordonnanzen traten ins Zelt, legten den Toten auf eine Bahre und trugen ihn hinaus. Keiner der Patienten sagte etwas, und Minetta ertappte sich dabei, wie er immer noch auf das leere Feldbett starrte. – Noch so eine Nacht kann ich nicht ertragen. – Es würgte ihn, und Magensäure stieg ihm in den Mund, die er automatisch hinunterschluckte. Zum Teufel!

Als das Frühstück kam, vermochte er es nicht anzurühren. In Gedanken versunken saß er da. Er wußte, daß er keinen weiteren Tag im Lazarett aushalten würde. Er wünschte, wieder zurück bei seinem Zug zu sein. Nur hier 'raus!

Der Arzt kam, und Minetta beobachtete ihn stillschweigend, als er den Verband vom Oberschenkel nahm. Die Wunde war bis auf einen schmalen Spalt neuen rosafarbenen Fleisches ganz verheilt. Der Arzt schmierte eine rote antiseptische Salbe darauf, legte aber den Verband nicht mehr an. Minettas Herz schlug rasend. Sein Kopf zitterte und war leer wie ein Loch.

Der Klang seiner Stimme überraschte ihn. "He, Doktor, wann komme ich 'raus?"

"Was ist los mit Ihnen?"

"Ich weiß nicht, ich bin heute morgen aufgewacht – wo bin ich eigentlich?" Minetta lächelte verwirrt. "Ich besinne mich, daß ich mit meinem Bein in einem anderen Zelt lag, und jetzt bin ich hier. Was hat das zu bedeuten?"

Der Arzt sah ihn ruhig an. Minetta zwang sich zurückzustarren, aber trotz aller Anstrengung endete es mit einem schwachen Grinsen.

"Wie ist Ihr Name?" fragte der Arzt.

"Minetta." Er gab seine Nummer an. "Kann ich heute 'raus, Doktor?"

"Ja."

Minetta hatte ein gemischtes Gefühl von Beruhigung und Enttäuschung. In diesem Augenblick wünschte er geschwiegen zu haben.

"So, und dann, Minetta, wenn Sie sich angezogen haben, möchte ich mit Ihnen sprechen." Der Arzt wandte sich ab und sagte über die Schulter: "Entwischen Sie mir aber nicht! Das ist ein Befehl, ich muß mit Ihnen sprechen."

„Ja, Sir." Minetta zuckte die Achseln. – Was ist los? fragte er sich. Jetzt, als er daran dachte, wie leicht er es bewerkstelligt hatte, empfand er ein wenig Freude. – Es kommt nur darauf an, seine Gedanken schnell bei der Hand zu haben, dann wird man mit allem fertig. Er zog seine Sachen an, die man am Kopf des Feldbetts zusammengerollt eingeschnürt hatte, und schlüpfte in seine Schuhe. Die Sonne war noch nicht sehr heiß, und er fühlte sich gut gelaunt. Das war nichts für mich, dachte er, ich kann nicht die ganze Zeit auf dem Hintern liegen. – Er sah auf das Feldbett, in dem der Soldat gestorben war, und zuckte die Achseln, um sich zu beruhigen. – Was bin ich froh, hier 'rauszukommen. Er erinnerte sich plötzlich der gestrigen Patrouillentätigkeit und war niedergeschlagen. – Hoffentlich setzen sie den Zug für so was nicht ein. – Ob er einen Fehler gemacht hatte?

Als er angezogen war, verspürte er Hunger, ging in die Lazarettmesse und unterhielt sich mit dem ersten Koch. „Du wirst doch einen Jungen nicht ohne Frühstück im Bauch an die Front zurückschicken, was?" fragte er.

„Gut, gut, nimm dir nur was."

Minetta schlang gierig die gummiartigen Reste eines Rühreis aus Trockenei hinunter und trank ein wenig lauwarmen Kaffee, der noch im großen Kessel zurückgeblieben war. Der Chlorgeschmack war so stark, daß Minetta das Gesicht verzog. – Da könnte man gleich Jod trinken, dachte er.

Er klopfte dem Koch auf den Rücken. „Danke, Kamerad", sagte er. „Ich wünschte, sie würden bei uns auch so gut kochen wie hier."

„Jawoll."

Minetta holte sich Gewehr und Stahlhelm vom Lazarettsergeanten und schlenderte zum Arztzelt hinüber. „Sie wollten mich sprechen, Doktor?" fragte er.

„Ja."

Minetta setzte sich auf einen Klappstuhl.

„Stehen Sie auf!" sagte der Doktor und blickte Minetta kalt an.

„Sir?"

„Minetta, die Armee hat keine Verwendung für solche Leute wie Sie. Was Sie da gemacht haben, war ziemlich niederträchtig."

„Ich weiß nicht, wovon Sie sprechen, Sir." In Minettas Stimme lag eine leise Ironie.

„Geben Sie keine frechen Antworten!" sagte der Arzt scharf. „Ich hätte Sie vor ein Kriegsgericht gebracht, wenn es nicht zu lange dauern würde. Und im Grunde wäre es gerade das, was Sie wollten."

Minetta schwieg. Er fühlte, daß er rot wurde, und stand angespannt und wütend da. Er hätte den Arzt töten mögen.

„Antworten Sie mir!"

„Jawohl, Sir!"

„Wenn Sie das noch mal tun, werde ich persönlich dafür sorgen, daß Sie zehn Jahre dafür bekommen. Ich werde eine Meldung an Ihren Kommandeur machen, damit Sie für eine Woche in eine Strafkompanie versetzt werden."

Minetta versuchte hochmütig dreinzuschauen. Er schluckte einmal, und dann sagte er: „Warum putzen Sie mich jetzt so 'runter, Sir?"

„Halten Sie den Mund!"

Minetta starrte ihn an. „Wünschen Sie noch etwas, Doktor?" fragte er schließlich.

„Machen Sie, daß Sie 'rauskommen. Sollten Sie zurückkommen, wäre es besser mit einem Loch im Bauch."

Minetta stelzte verdrießlich hinaus. Er zitterte vor Wut. Diese gottverdammten Offiziere. Sie sind alle gleich. Er stolperte über eine Wurzel und stampfte zornig auf den Boden. – Laß mich ihn nur nach dem Krieg erwischen. Ich werde es dem Schweinehund geben. – Er schritt die Straße entlang, die am Rand des Lazarettplatzes vorüberführte, und wartete auf einen Lastwagen, der von der Küste kam. Mehrmals spie er aus. – Dieses dumme Schwein hat wahrscheinlich vor dem Krieg kaum was zum Leben gehabt. Irgend so'n Doktor. – Schamgefühl überkam ihn. – Ich bin schon so verrückt, daß ich heulen könnte, dachte er.

Nach einigen Minuten brummte ein Wagen heran und hielt vor ihm. Er kletterte hinten hinauf, setzte sich auf eine Kiste, in der Kleinwaffenmunition war, und kränkte sich. – Da wird ein Junge verwundet, und wie behandeln sie ihn? Wie einen Hund! Sie scheren sich den Teufel was um uns. War ich nicht bereit, aus eigenem Willen zurückzugehen, und er behandelte mich, als ob ich ein Verbrecher gewesen sei. Äääh, leck mich am Arsch, das sind Banditen! Er stieß sich den Stahlhelm aus der Stirn. – Ich müßte verdammt sein, wenn ich mich nochmals anstrengen würde. Für mich ist es erledigt, wenn sie mich auf diese Weise behandeln. Nun gut. – Dieser Gedanke verschaffte ihm etwas Beruhigung. „Nun gut, also", sagte er schließlich.

Er starrte in den dichten Dschungel, der auf beiden Seiten des Wagens vorüberglitt. Nun gut. Er zündete sich eine Zigarette an. Nun gut.

Red sah Minetta beim Essenfassen, als der Zug von der Straßenarbeit zurückkehrte. Nachdem er sich durchgereiht hatte, setzte er sich neben Minetta und legte sein Eßbesteck auf den Boden. Mit einem Grunzen lehnte er seinen Rücken bequem gegen einen Baum. „Grade zurück, was?" Er nickte Minetta zu.

„Ja, heute morgen."

„Bei dem kleinen Kratzer haben sie dich ziemlich lange dabehalten", sagte Red.

„Ja." Minetta schwieg einen Augenblick, und dann fügte er hinzu: „Nun, du weißt ja, wie es geht, es ist schwer, 'rein-, und schwer, wieder 'rauszukommen." Er schluckte einen Bissen Wiener Würstchen hinunter. „Ich hatte es dort recht gut."

Red stocherte in dem Brei aus zerquetschten Trockenkartoffeln und grünen Bohnen mit dem Löffel herum. Es war das einzige Eßgerät, das er besaß; vor ein paar Monaten hatte er Messer und Gabel fortgeworfen. „Sie haben dich gut behandelt, wie?" Seine Neugierde verdroß ihn selber.

„Verdammt anständig", sagte Minetta. Er trank einen Schluck Kaffee. „Nur, daß ich einen kleinen Zusammenstoß mit dem Arzt hatte, einem Schweinehund. Ich verlor meine Fassung, hatte Streit mit ihm, und so komme ich jetzt in eine Strafkompanie; aber sonst war alles großartig."

„So", sagte Red. Schweigend aßen sie weiter.

Red fühlte sich nicht gut. Die Nierenschmerzen hatten seit Wochen zugenommen. Heute morgen hatte er sich an der Straße beim Schwingen einer Spitzhacke zu sehr gereckt und mitten im Schwung einen so fürchterlichen Schmerz empfunden, daß er seine Zähne zusammenbeißen mußte und ihm die Hände zitterten. Gleich darauf war er gezwungen gewesen, seine Arbeit einzustellen, und während des ganzen Vormittags hatte er ein dumpfes, ständiges Schmerzgefühl im Rücken gehabt. Nur mit großer Anstrengung war es ihm gelungen, sich über das Gatter am Ende des Wagens hinaufzuziehen. „Du wirst alt, Red", hatte Wyman mit seiner kindlichen Stimme gesagt.

„Ach ja." Die Erschütterung des Wagens, wenn er über Unebenheiten hinwegfuhr, hatte seine Schmerzen noch erhöht, und Red war schweigsam geworden. Ununterbrochen war das Feuer der Artillerie zu hören gewesen, und die Männer hatten sich über einen Angriff, den man bald erwartete, unterhalten. Sie werden uns wieder einsetzen, hatte Red gedacht, und es wäre besser, wenn ich zuvor wieder in Ordnung käme. Für einen Augenblick hatte er sich erlaubt, ans Hospital zu denken, aber dann diesen Gedanken voll Widerwillen unterdrückt. – Ich bin niemals vor etwas davongerannt und werde es auch diesmal nicht. – Aber er hatte weiterhin unbehaglich über die Schulter zurückgeblickt. Die Woche ist noch nicht zu Ende, hatte er sich gesagt.

„Sie haben dich also wirklich anständig behandelt, was?" fragte Red abermals.

Minetta setzte seinen Kaffee nieder und blickte behutsam zu Red auf. „Aber ja, es war alles in Ordnung."

Red zündete sich eine Zigarette an, und dann brachte er sich unbeholfen auf die Füße. Während er sein Geschirr in dem Behälter mit heißem Wasser abwusch, fragte er sich, ob er in die Sprechstunde des Arztes gehen sollte. Irgendwie kam es ihm beschämend vor.

Er versuchte einen Kompromiß zu finden, als er bei Wilsons Zelt haltmachte. „Was meinst du, mein Junge, ich sollte, glaube ich, zum Arzt gehen, kommst du mit?"

„Weiß nicht, von einem Arzt kann man kaum Gutes erwarten."

„Ich dachte, du wärst krank."

„Bin ich auch. Ich kann dir nur sagen, Red, daß mein Inneres zum Teufel ist. Ich brauche nur ein bißchen Wasser zu lassen, und gleich brennt es wie Feuer."

„Du brauchst ein paar Affendrüsen."

Wilson kicherte. „Ja, so was Ähnliches wird es wohl sein."

„Zum Teufel, wir sollten doch lieber hingehen", schlug Red vor.

„Ach, sieh mal, Red, wenn sie es nicht sehen können, sind sie machtlos. Diese Hunde kennen nur eins: Schwanz ansehen oder Aspirin. Außerdem hasse ich es, mich vor der Straßenarbeit zu drücken. Bisweilen mag ich ein Schweinehund sein, aber keiner kann mir nachsagen, daß ich nicht meine Arbeit mache."

Red zündete sich eine Zigarette an, schloß seine Augen und versuchte, mit einer Grimasse den plötzlichen Krampf im Rücken zu unterdrücken. Als er vorüber war, murmelte er: „Los, komm mit, wir machen uns einen freien Tag."

Wilson seufzte. „Nun gut, aber wohl fühle ich mich dabei nicht."

Sie gingen ins Ordonnanzzelt und nannten dem Kompanieschreiber ihre Namen. Dann schritten sie über das Lager zum Zelt des Hilfslazaretts. Einige Soldaten standen drinnen an und warteten auf die Untersuchung. An der einen Seite des Zeltes waren zwei Feldbetten, ein halbes Dutzend Männer saß darauf und beschmierte die Geschwüre an den Füßen mit einer roten Wundsalbe. Ein Sanitäter untersuchte sie.

„Geht langsam voran", beklagte sich Wilson.

„Immer wenn man sich anstellen muß, geht es langsam", sagte Red. „Alles bringen sie in Reih und Glied. Anstellen, anstellen! Weiter geschieht nichts."

„Ich fürchte, wenn wir zurückkommen, werden wir uns nach den Weibern anstellen müssen."

Sie unterhielten sich gelangweilt, während die Reihe sich vorwärts bewegte. Als Red vor den Sanitäter kam, war er einen Augenblick lang befangen. Er mußte an die abgerissenen Vagabunden denken, deren Glieder von Rheumatismus, Gicht und Syphilis verkrümmt waren. Ihre Augen zeigten einen leeren Ausdruck, und gewöhnlich waren sie betrunken. Einmal hatten sie sich an ihn herangemacht und ihn murmelnd um eine Tablette angebettelt.

Jetzt war es umgekehrt, und eine Sekunde lang brachte er kein Wort heraus. Der Sanitäter sah ihn ungeduldig an.

„Ich hab's im Rücken", murmelte Red endlich verwirrt.

„Nun, dann zieh dein Hemd aus, ich kann durch die Sachen nicht durchsehen", sagte der Sanitäter grob.

Damit war das Eis für Red gebrochen. „Wenn ich es ausziehe, wirst du auch nicht mehr sehen", brauste er auf. „Es sind die Nieren."

Der Sanitäter seufzte. „Ihr Jungens denkt euch immer was Neues aus. Geh 'rüber zum Doktor." Red sah dort eine kleinere Reihe und ging hinüber, ohne dem Sanitäter zu antworten. Er war von Zorn erfüllt. – Ich brauche mir das nicht bieten zu lassen, sagte er sich.

Wilson trat einen Augenblick an ihn heran. „Die wissen gar nichts. Schicken einen immer nur von einem zum andern."

Red sollte gerade untersucht werden, als ein Offizier ins Zelt trat und den Arzt begrüßte. „Komm hier herüber!" rief ihm der Arzt zu. Sie sprachen einige Minuten zusammen, während Red aufmerksam zuhörte. „Ich habe mir eine Erkältung zugezogen", sagte der Offizier. „Kommt von dem verdammten Klima. Kannst du mir was geben, um sie wieder loszuwerden, aber bleib mir mit deinem verdammten Aspirin vom Leibe." Der Arzt lachte. „Ich habe was für dich, Ed; wir haben etwas mit der letzten Schiffsladung bekommen. Lange nicht genug für alle, aber du bekommst was."

Red wandte sich an Wilson und schnaufte: „Wenn wir mit einer Erkältung kommen, geben sie uns ein Strafkommando." Er sagte es laut genug, damit die Offiziere es hören konnten, und der Arzt blickte ihn kühl an. Red hielt seinen Blick aus.

Als der Offizier gegangen war, wandte sich der Arzt an Red. „Was ist mit Ihnen?"

„Nierenentzündung."

„Die Diagnose werde ich stellen, wenn Sie nichts dagegen haben."

„Ich weiß aber, daß es eine ist", sagte Red. „In den Staaten hat es mir der Arzt gesagt."

„Ihr scheint alle immer gleich zu wissen, was ihr habt." Der Arzt fragte nach den Symptomen und hörte unaufmerksam zu. „Also gut, wenn Sie Nierenentzündung haben, was soll ich tun?"

„Deswegen bin ich ja hergekommen."

Der Arzt blickte widerwillig auf die Zeltstange. „Ich nehme an, daß Sie daran denken, ins Hospital zu gehen."

„Ich wünsche nur, wiederhergestellt zu werden." Die Worte des Arztes waren ihm unbehaglich. War er wirklich deswegen hierhergekommen?

„Wir haben vom Hospital heute eine Anweisung bekommen, auf Simulanten zu achten. Wie kann ich wissen, ob Sie mir die Symptome nicht vormachen?"

„Sie können ja einen Versuch anstellen."

„Sie vergessen, daß wir Krieg haben." Er langte unter seinen Tisch und händigte ihm eine Packung Wundtabletten aus. „Nehmen Sie das mit reichlich Wasser, und wenn Sie mir was vorgemacht haben sollten, schmeißen Sie sie weg." Red erbleichte. „Der nächste", sagte der Arzt.

Red drehte sich um und ging aus dem Zelt. „Zum Teufel, das ist das letztemal, daß ich mich mit einem dieser verdammten Sanitäter abgegeben habe." Er zitterte vor Wut. („Wenn Sie mir was vorgemacht haben sollten ...") Er dachte an die Plätze, wo er übernachtet hatte, an die Parkbänke und die zugigen Gänge im tiefen Winter. Äääh, hol's der Teufel!

Red erinnerte sich an einen Soldaten, der gestorben war, weil man ihn nicht ins Hospital aufnahm. Drei Tage quälte er sich mit Fieber herum, weil nach der Vorschrift des Standhospitals niemand aufgenommen werden durfte, der unter 40 Grad Fieber hatte. Am vierten Tag war er, wenige Stunden nach der Einlieferung ins Hospital, an galoppierender Schwindsucht gestorben.

Sicher, das war alles gut von ihnen überlegt, dachte Red. Wenn man erst eine anständige Wut auf sie hat, wird man es sich zehnmal überlegen, bevor man zu ihnen geht, und auf diese Weise bleibt man an der Front. Hin und wieder geht dabei der eine oder andere drauf, aber was, zum Teufel, bedeutet das schon für die Armee? Diese Quacksalber haben die Anweisung, sich so niederträchtig zu verhalten, von oben bekommen. – Er empfand eine bittere, selbstgerechte Genugtuung über diese Feststellung. – Man sollte glauben, daß man kein Mensch mehr sei.

Aber gleich darauf wurde ihm bewußt, daß sein Zorn auch der Angst entstammte. – Fünf Jahre früher hätte ich dem Arzt meine Meinung gesagt. – Es war der alte Dreh und eben das Schlimme in der Armee. Man hatte den Mund zu halten und es zu ertragen. Innerhalb eines Monats war man soweit, alles zu tun, was von einem gewünscht wird, sagte er sich. Aber es wurde sinnlos, überhaupt was zu tun, wenn man sich herumstoßen ließ. Und es gab keinen Ausweg.

Wilsons Stimme schreckte ihn auf. „Komm, Red, wir wollen gehen."

„Ach." Sie gingen zusammen fort.

Wilson war still, und seine breite hohe Stirn lag in Falten. „Red, ich wünschte, wir wären gar nicht erst hingegangen."

„Ja."

„Ich muß mich operieren lassen."

„Gehst du ins Hospital?"

Wilson schüttelte den Kopf. „Nein, der Doktor hat gesagt, ich kann warten bis nach dem Feldzug. Es hat keine Eile."

„Was hast du denn?"

„Verdammt, wenn ich das wüßte", sagte Wilson. „Der Bursche da meinte, bei mir drinnen sei alles versaut. Eine Geschlechtssache." Er pfiff für einen Augenblick, und dann fügte er hinzu: „Mein Alter Herr ist an einer Operation gestorben, und ich möchte mich keiner aussetzen."

„Äääh", sagte Red, „es wird nicht so schlimm sein, sonst hätten sie es gleich gemacht."

„Ich komme nicht dahinter, Red. Du weißt, daß ich mich fünfmal angesteckt und mich jedesmal selbst auskuriert habe. Ein Kamerad von mir hat es mir anvertraut, es sind Pirdon- oder Pridion- oder irgendsolche Tabletten, und ich nahm sie und brachte mich wieder in Ordnung, aber der Arzt meint, daß es nicht stimmt."

„Er weiß sicher nicht, was es wirklich ist."

„Ach, bestimmt, er ist ein Dummkopf, aber sicher ist, Red, daß ich innen erledigt bin. Ich kann kaum ohne Schmerz Urin lassen, der Rücken tut mir weh, und bisweilen habe ich einen Krampf." Wilson winkte ab. „Es ist doch ein verdammtes Leben, Red. Du hältst die Liebe für was Hübsches und Wärmendes, und du fühlst dich so wohl dabei, daß du vor Freude schreien möchtest, und dann endet es damit, daß du dir dein Inneres kaputt gemacht hast. Ich kann das nicht verstehen, und ich sage dir, ich glaube, daß der Mann sich irrt. Ich bin aus irgendeinem anderen Grunde krank. Liebe kann einem Mann nichts schaden."

„Doch", sagte Red.

„Gut, aber da stimmt was nicht, das ist meine Meinung; es wäre doch sinnlos, wenn eine so gute Sache dir schließlich nur Schaden bringt." Er seufzte. „Red, ich schwöre dir, das Ganze ist völlig verrückt."

Sie gingen zu ihren Zelten zurück.

Im Zeitraffer

WOODROW WILSON
DER UNÜBERWINDLICHE

Er war ein großer Mann, um die Dreißig, mit einer schönen Mähne goldbraunen Haares, einem gesunden, frischen Gesicht und ausgeprägten breiten Zügen. Wenig paßte ein Paar silbergefaßte Augengläser dazu, die ihm auf den ersten Blick einen studierten oder doch pedantischen Ausdruck verliehen. „Bei all den vielen, die ich gehabt habe – dieses kleine Biest werde ich nie vergessen", sagte er und fuhr mit dem Handrücken über seine hohe Stirn und seinen goldenen Haarschopf.

LANGSAMER Verfall, Leiden und Tod, Eintönigkeit und Gewalttätigkeit, das sind die Vorstellungen, die sich einem aufdrängen. Die Hauptstraße zeigt ihre flitterhafte Wohlhabenheit mit Verdruß; sie ist heiß und mit Menschen angefüllt, und die Geschäfte sind klein und schmutzig. Mädchen gehen matt und erhitzt auf ihren schlanken Beinen einher; ihre Gesichter sind angemalt und starren auf die bunten Plakate der Kinohäuser; sie kratzen den Pickel an ihrem Kinn und werfen schiefe Blicke aus ihren unverschämten Augen, während die Sonne blendend auf dem mit Schmutz bedeckten Asphalt liegt und die zerknitterten und zertrampelten Papierabfälle plastisch hervortreten läßt.

Hundert Yards weiter liegen die Seitenstraßen grün und lieblich, und das Blattwerk der Bäume stößt oben zusammen. Die Häuser sind alt und hübsch. Man geht über eine Brücke und blickt auf einen schmalen Wasserlauf hinab, der sich sanft um ein paar runde Felsblöcke windet. Man hört die Laute der wachsenden Natur und das Seufzen der Blätter in der schwellenden Frühlingsluft des Maimonats. Ein wenig weiter entfernt pflegt das kleine zerfallene, schloßähnliche Haus mit den zerbrochenen Fensterläden und den sich abblätternden Säulen zu stehen, und das trübe Schwarzgrau des Gemäuers sieht wie ein Zahn aus, dessen Nerv man getötet hat. Dieses Haus verändert den lieblichen Eindruck, den die Straßen erwecken, und brennt ihnen das Zeichen der Vergänglichkeit auf.

Die Raseneinfriedung in der Stadtmitte ist verwahrlost. General Jackson steht auf seinem Sockel und blickt nachdenklich auf die Pyramide aus Zementkugeln, und an der alten Kanone fehlt das Verschlußstück. Dahinter erstreckt sich an den Straßen entlang das Negerviertel bis ins offene Land der Farmer.

Hier im Getto der Schwarzen liegen die auf ihren Pfosten zusammengesunkenen Buden und zweiräumigen Hütten aus vertrocknetem, mürbem und splitterndem Holz, und die Ratten und Schaben huschen über die verdorrten Planken. Die Hitze läßt alles verwittern.

An seinem Ende, fast schon auf dem freien Land, leben die besitzlosen Weißen in gleichen Hütten und hoffen, eines Tages zur anderen Seite der Stadt aufzusteigen, wo die Schuhverkäufer, die Bankgehilfen und die Mühlenaufseher in rechteckigen Häusern und gradlinigen Straßen wohnen, wo die Bäume noch nicht alt genug sind, um den Himmel zu verdecken.

Und über allem liegt die träge, erschlaffende Mailuft, die im späten Frühling erstickend ist.

Einige Menschen empfinden nichts als Hitze. Woodrow Wilson, der fast sechzehn ist, sitzt, die Beine von sich gestreckt, auf einem Holzklotz an der sandigen Straße und döst in der Sonne. Seine Lenden sind von Wärme durchströmt, und ein träges Behagen erfüllt ihn. In zwei Stunden werde ich Sally Ann sehen. Der Geruch ihres heißen Körpers, der Anblick ihrer Brüste und ihrer Scham kitzelt vor Gier seine Nase. Mensch, ich wünschte, es wäre schon Abend. Ein Mann schmilzt in der Sonne weg, wenn er an so was denkt. Er seufzt und bringt seine Beine in eine bequeme Lage.

Ich glaube, Pa wird es ausschlafen.

Hinter der schief verzogenen Tür in der kleinen Vorhalle schläft sein Vater auf einer verrosteten, durchgedrückten Couch. Sein feuchtes Unterhemd hat sich auf der Brust zusammengeschoben.

Es gibt keinen, der so trinken kann wie Pa. Er kichert vor sich hin. Außer mir, in ein oder zwei Jahren. Verdammt, am besten liegt man immer nur in der Sonne.

Zwei farbige Jungen kommen vorbei und führen ein Maultier am Halfter. Er richtet sich auf.

He, ihr Nigger, wie heißt euer Muli?

Die Jungen blicken ängstlich auf, und einer von ihnen scharrt mit dem Fuß im Sand. Josephine, murmelt er.

Gut, mein Junge. Er kichert leise vor sich hin. Mann, was bin ich froh, daß ich heute nichts zu arbeiten habe. Er gähnt. Hoffentlich bekommt Sally Ann nicht heraus, daß ich noch nicht neunzehn bin. Auf jeden Fall liebt sie mich. Sie ist ein gutes, kleines Ding.

Ein etwa achtzehnjähriges Negermädchen geht an ihm vorüber. Vor ihren nackten Füßen wirbeln kleine Staubwölkchen empor. Sie trägt keinen Büstenhalter unter ihrem Pullover, und ihre wippenden Brüste sehen voll und weich aus. Sie hat ein rundes, sinnliches Gesicht.

Er starrt sie an und verändert wieder die Lage seiner Beine. Verdammt! Sie wiegt sich leise in ihren starken Hüften, und er beobachtet ihren Gang mit Vergnügen.

Eines Tages muß ich auch das versuchen.

Er seufzt wieder ein wenig und gähnt. Die Sonne läßt die köstliche Lust in seinen Lenden fast unerträglich werden. Meiner Meinung nach braucht ein Mann nicht viel, um glücklich zu sein.

Er schließt seine Augen. Ein Mann kann sich eine ganze Menge Vergnügen verschaffen.

Im Fahrradladen ist es dunkel, und die Bänke sind beschmiert. Er dreht das Fahrrad herum und untersucht die Handbremse. Er kannte bisher nur die Rücktrittbremse und ist überrascht. Ich denke, ich werde Wiley fragen, wie man diese kleinen Dinger anbringt. Er will zu seinem Chef gehen, aber dann hält er inne. Das könnte ich auch selbst herausbekommen, stellt er fest.

Er schielt verstohlen in das Halbdunkel, verfolgt den Lauf der Feder an der Verbindungsstange und drückt den Bremsfuß gegen das Rad. Er forscht weiter und findet eine lose Schraubenmutter, wodurch die Drahtverbindung unterbrochen ist, und zieht sie fest. Jetzt ist die Bremse wieder in Ordnung.

War ein pfiffiger Mann, der das erfunden hat, sagt er bei sich. Er ist dabei, das Fahrrad wegzustellen, als er sich entschließt, es noch einmal vorzunehmen. Ich muß alle Einzelheiten dieser Bremse kennenlernen.

Nach einer Stunde, in der er sie auseinandergenommen und wieder zusammengesetzt hat, grinst er glücklich. Es geht doch nichts über so ein technisches Ding. Mit großer Befriedigung zeichnet er in seinem Kopf die Drähte, Schrauben und Hebel nach, die zu einer Handbremse gehören.

Alle diese technischen Sachen sind einfach. Man kann von selbst dahinterkommen. Er pfeift leise vor Vergnügen. Ich wette, daß es in ein paar Jahren nichts mehr geben wird, was ich nicht wieder in Ordnung bringen kann.

Aber in ein paar Jahren arbeitet er in einem Hotel. Der Fahrradladen war in der Depression geschlossen worden, und als einziges hatte er eine Anstellung als Boy gegen Trinkgeld in einem Fünfzig-Zimmer-Hotel am Ende der Hauptstraße bekommen. Es bringt ihm etwas Geld ein, und Frauen und Alkohol sind immer zur Hand. Wenn er Nachtdienst hat, kommt es selten vor, daß er kein Mädchen im Hotel findet, mit dem er sich für ein paar Stunden die Zeit vertreiben kann.

Einer seiner Kameraden besitzt einen alten Ford, und an den Wochenenden, wenn er dienstfrei hat, ziehen sie damit über die sandigen Straßen, einen Schnapskrug zwischen sich, der auf der losen Gummimatte neben der Schaltung zittert. Bisweilen haben sie zwei Mädchen bei sich, und an vielen Sonntagen wachen sie in einem fremden Zimmer auf und wissen nicht, was geschehen ist.

Eines Sonntags erwacht er wieder einmal und ist verheiratet. (Er dreht sich schläfrig in seinem Bett um und legt seinen Arm um den runden Körper neben sich. Das Laken liegt über seinem Kopf, und er blickt auf die warme Haut und das tiefschwarze Haar des Dreiecks. Er steckt seinen Finger in das Rund ihres Nabels.) Wach auf, Kindchen. Er versucht, sich an ihren Namen zu erinnern.

Guten Morgen, Woodrow. Sie hat ein plumpes, herbes Gesicht, gähnt gleichmütig und wendet sich ihm zu. Guten Morgen, mein Ehemann.

Ehemann? Er schüttelt den Kopf, und langsam bringt er die Ereignisse des vergangenen Abends zusammen. Wollen Sie beide wirklich getraut werden? hatte der Richter gefragt. Er beginnt zu lachen. Verdammt! Er denkt darüber nach, wo er sie getroffen hat.

Wo ist der alte Slim?

Er und Klara sind im Nebenzimmer.

Ist der alte Slim auch verheiratet? Geschähe ihm recht! Wilson muß wieder lachen. Er beginnt, sich an ihr Liebeslager zu erinnern und fühlt aufs neue eine Erregung aufsteigen. Leise streichelt er sie. Du bist großartig, Liebling, soweit ich mich erinnere.

Du bist ein feiner Mann, Woodrow, sagt sie heiser.

Jaaa. Im Augenblick ist er nachdenklich. (Mal hätte ich doch heiraten müssen. Ich komme von Pa weg und in das Haus in der Tolliver Street, und wir können einen Hausstand gründen.) Er sieht sie wieder an und blickt auf ihren Körper. (Ich weiß alles, was ich getan habe, selbst als ich betrunken war.) Er kichert. Verheiratet, verdammt! Wir wollen uns küssen, Liebling.

Einen Tag, nachdem sein erstes Kind geboren worden war, unterhält er sich mit seiner Frau im Krankenhaus.

Alice, mein Liebling, ich möchte gern, daß du mir etwas Geld gibst.

Wozu, Woodrow, du weißt, warum ich den Daumen drauf halte; es kann mit dir wieder was passieren, Woodrow, und wir brauchen das Geld für das Baby und das Krankenhaus.

Er nickt. Alice, ein Mann muß hin und wieder einen trinken gehen. Ich habe eine verdammt schwere Arbeit in der Garage, und ich möchte mir dann mal ein bißchen was gönnen, ich bin ganz ehrlich zu dir.

Sie blickt ihn mißtrauisch an. Daß du mir nicht zu einer andern Frau gehst.

Ich habe es über, Alice. Aber wenn du nicht einmal deinem eigenen Mann traust, ist das schlimm. Ich bin eigentlich beleidigt, daß du so mit mir sprichst.

Sie unterschreibt einen Scheck über zehn Dollar und malt sorgfältig ihren Namen. Er weiß, wie stolz sie auf ihr Scheckbuch ist. Du hast eine schöne Handschrift, sagt er.

Kommst du morgen früh wieder, Liebling?

Bestimmt.

Nachdem er den Scheck kassiert hat, geht er in eine Kneipe. Ich weiß nicht, eine Frau ist doch das verdammteste Geschöpf, was Gott je geschaffen hat, verkündet er. Du heiratest sie, und sie ist ein ganz bestimmtes Ding für dich, aber ich will verdammt sein, wenn sie nicht später grade das Gegenteil wird. Du heiratest eine Jungfrau, und sie entpuppt sich als Hure; und du heiratest eine Hure, und es ist wie verdammt, sie kümmert sich ums Kochen und Nähen und hält ihre Beine vor jedem andern geschlossen und, verdammt noch mal, mit der Zeit selbst vor dir. (Gelächter.) Ich sage dir, jetzt bin ich mal für ein paar Tage ein freier Mann.

Er wandert die Straße hinunter und wird von einem Auto mitgenommen, das durchs Buschland fährt. Nachdem man ihn abgesetzt hat, nimmt er seine Schnapskruke auf die Schulter und schlendert einen Weg entlang, der durch verkrüppelte Pinien führt. An einer Farmerhütte hält er an und stößt die Tür auf. Klara, mein Liebling.

Woodrow – wie kommst du hierher?

Ich hab' mir ausgerechnet, daß ich dich schon lange nicht mehr gesehen habe. Der alte Slim sollte es besser wissen, als für eine Woche wegzugehen – Geschäft hin, Geschäft her.

Ich denke, er war dein Freund?

Sicher, aber seine Frau gefällt mir besser. (Sie lachen.) Komm her, Liebling, wir wollen eins trinken. Er zieht sein Hemd aus und hält sie auf seinem Schoß. Es ist ungewöhnlich heiß in der Hütte, und er drückt sie an sich. Ich muß dir mal was sagen, ich hatte früher so'n kleines Hurending zwölfmal in einer Nacht, und so wie es mir jetzt geht, wo soll ich mit dem Honig da drinnen hin, ich denke, ich werde ihn mit dir ...

Es ist besser, wenn du nicht so viel trinkst, Woodrow; es schlägt nieder.

Nichts schlägt mich nieder. Ich bin ein Mann, dem das Lieben Spaß macht. Er setzt den Krug an den Mund und wirft genießerisch seinen Nacken zurück, während ein paar Tropfen über sein Ohr rinnen und sich in den goldenen Haaren auf seiner Brust verlieren.

Woodrow, es ist wirklich niederträchtig von dir, und es gibt nichts Gemeineres als einen Mann, der seine Frau anlügt und das ganze ersparte Geld ausgibt, während sie im Hospital mit seinem Baby liegt, jammert Alice.

Ich will nicht mit dir streiten, Alice, und wir wollen endlich damit aufhören. Ich bin doch meistens ein guter Ehemann, und du hast keinen Grund, so mit mir zu sprechen. Ich brauch' nun mal ein bißchen Vergnügen und hab' es mir verschafft, und es wäre besser, wenn du jetzt aufhören würdest, mit mir herumzustreiten.

Woodrow, ich bin dir ein gutes Weib, ich bin dir seit dem ersten Tag unserer Ehe so treu wie nur eine Frau treu sein kann, und du hast jetzt ein Kind bekommen und einen Hausstand gegründet, und du kannst dir denken, wie mir war, als ich 'rausbekam, daß du einen zweiten Scheck in meinem Namen unterschrieben und unser ganzes Geld abgehoben hast.

Ich dachte mir, daß es dir Freude bereiten würde, wenn ich mir damit was Gutes antue, aber jede Frau wünscht ja immer nur, daß man bei ihr herumhockt.

Und dann bist du von diesem Drecksweib krank geworden.

Nun hör endlich auf, mit mir zu streiten, ich habe Pyridin, oder wie das Zeug heißt, genommen, und es bringt mich in Ordnung. Ich habe mich selbst viele Male damit kuriert.

Man kann daran sterben.

Red doch keinen Unsinn. (Er fürchtet sich ein wenig, unterdrückt es aber schnell.) Die Sorte Mann, die immer krank ist, ist die, die sich in den Ecken 'rumdrückt. Du hast dein Vergnügen, und es bekommt dir gut. (Er seufzt und tätschelt ihren Arm.) Nun, komm, Liebling, hör mit dem Stänkern auf; du weißt, ich liebe dich und kann bisweilen schrecklich zärtlich zu dir sein.

Er seufzt wieder vor sich hin. (Selbst wenn man tun könnte, was man möchte, würde man doch noch in Druck kommen. So, wie ich gelogen und mich herumgetrieben habe und fünfzig Yards nach Süden gegangen bin, wo ich doch zehn nach Norden gehen wollte.)

Er spaziert mit seinem ältesten Töchterchen, das jetzt sechs Jahre alt ist, die Hauptstraße hinunter. Nun, wohin schaust du denn, May?

Ich gucke nur so, Pappi.

Nun gut, mein Liebling.

Er beobachtet, wie sie auf eine Puppe in einer Fensterauslage starrt. Zu ihren Füßen ist ein Preiszettel über 4,59 Dollar angebracht. Nun, möchtest du die Puppe gern haben?

Ja, Pappi.

Sie ist sein Lieblingskind, und er seufzt. Liebling, du machst deinen Pappi bankrott. Er tastet in seiner Hosentasche umher und holt eine Fünf-Dollar-Note heraus. Sie sollte für den Rest der Woche reichen, und heute ist Mittwoch. Nun gut, wir wollen 'reingehen, Liebling.

Pappi, wird Mammi auch nicht zanken, wenn du sie mir kaufst?

Nun, Liebling, Pappi wird schon aufpassen. Innerlich muß er lachen. (Was sie für ein kluger, kleiner Käfer ist!) Er tätschelt zärtlich ihren mageren Körper. (Einer wird eines Tages mit ihr glücklich werden.) Komm 'rein, May.

Auf dem Heimweg denkt er an den Krach, den es mit Alice wegen der Puppe geben wird. (Ach was, hol's der Teufel, wenn sie anfängt, werde ich ein bißchen auftrumpfen, und sie wird schnell damit aufhören. Man muß ihr Angst einjagen, das ist das einzige, womit man bei einer Frau was erreichen kann.) Komm, May.

Er geht mit ihr die Straße zurück, während er seinen Freunden zunickt und mit ihnen spricht. (Ich weiß nicht, wie davon ein Kind kommen kann. Das eine ist ein Ding und das andre ein andres. Man wird ganz verrückt, wenn man sich hinsetzt und drüber nachdenkt und sich fragt, was nun weiter geschehen soll. Zum Teufel, man soll es an sich herankommen lassen, und es wird schon weiter gehen.)

Das Kind verzögert seine Schritte, und er nimmt es hoch. Komm, Liebling, du trägst die Puppe, und ich trage dich, und so kommen wir hübsch voran.

Man muß es nur leicht nehmen, dann bekommt man auch seinen Spaß. (Er fühlt sich heiter und zufrieden und setzt den Heimweg fort. Als Alice sich über den Preis für die Puppe aufregt, trumpft er auf und gießt sich einen ein.)

13

Cummings machte sich eine geschäftige Woche, nachdem Hearn Dallesons Abteilung überwiesen worden war. Der letzte und stärkste Angriff gegen die Toyaku-Linie, den Cummings seit fast einem Monat hinausgeschoben hatte, war nun unumgänglich notwendig geworden. Die Art der Mitteilungen, die er von Corps und Armee erhalten hatte, erlaubte keine weitere Verzögerung, und außerdem hatte Cummings seine Horcher in den höheren Abteilungen; er wußte, daß er innerhalb der nächsten vierzehn Tage einen Erfolg aufweisen mußte. Sein Stab hatte den Angriffsplan in seinen letzten Einzelheiten und Variationen ausgearbeitet, und planmäßig sollte der Angriff in drei Tagen beginnen.

Aber Cummings fühlte sich nicht glücklich dabei. Die Kampfkraft, die er zusammenziehen konnte, war relativ stark im Hinblick auf die wenigen Tausend Menschen, die darin eingesetzt waren, aber immerhin handelte es sich um einen Frontalangriff, und es lag kein Grund zu der Annahme vor, daß er erfolgreicher sein würde als der vorangegangene, fehlgeschlagene. Die Leute würden vorgehen und dann wahrscheinlich beim ersten ernsthaften Widerstand zum Halten kommen. Es würde kein Zwang für sie bestehen, weiter vorzugehen.

Cummings spielte seit einigen Wochen mit einem anderen Plan, dessen Durchführung aber davon abhing, daß er Marineunterstützung erhielt, und das blieb zweifelhaft. Er streckte einige vorsichtig tastende Fühler aus und empfing sich widersprechende Antworten, die ihn unentschlossen machten. Notgedrungen hatte er diesen zweiten Plan beiseite schieben müssen, um einen realeren, greifbareren zu entwickeln. Aber immer war es dieser andere Plan, der ihn beschäftigte, und eines Morgens entschied er auf einer Besprechung mit seinen Stabsoffizieren, daß ein zusätzlicher Plan entwickelt würde, der die Marineunterstützung mit einbezog.

Dieser andere Plan war einfach und kraftvoll. Die äußerste rechte Flanke der Toyaku-Linie lag unmittelbar am Meer, eine oder zwei Meilen hinter der Stelle, an der die Halbinsel mit der Insel zusammenhing. Sechs Meilen dahinter gab es einen kleinen Küsteneinschnitt, die Botoi-Bay. Der neue Plan des Generals sah nun vor, etwa tausend Mann hier im Hinterhalt landen und sie diagonal zu der Mitte der Toyaku-Linie vorrücken zu lassen. Zu gleicher Zeit würde er den in seiner Stärke allerdings verminderten Frontalangriff vorantreiben, bis die Vereinigung mit den Landungstruppen vollzogen war. Diese Aktion versprach erfolgreich zu werden, wenn die Landung gelang.

Und darin lag der Unsicherheitsfaktor. Der General verfügte über genügend Landungsboote, die ihm für das Heranbringen von Material aus den Frachtern zugeteilt worden waren, um den Abtransport der Landungstruppen, falls notwendig, in einem Zug zu bewältigen. Aber die Botoi-Bay lag so gut wie außerhalb der Reichweite seiner Geschütze, und die Luftaufklärung hatte ergeben, daß fünfzig oder gar hundert japanische Einheiten in Bunkern und stahlverstärkten Geschützständen an diesem Küstenstrich eingegraben lagen. Weder Artillerie noch Sturzbomber konnten sie ausheben. Man bedurfte dazu wenigstens eines oder besser noch zweier Zerstörer, die sich bis auf Schußweite, etwa tausend Yards, der Küste nähern mußten. Wenn er ein Bataillon ohne diese Schiffsunterstützung ansetzen müßte, würde es zu einem blutigen und katastrophalen Gemetzel kommen.

Andererseits war die Botoi-Bay auf fünfzig Meilen an der Küste die einzige Stelle, wo überhaupt Truppen landen konnten. Hinter Botoi wuchs einer der dichtesten Dschungelwälder wahrhaft bis ins Meer, und näher zur eigenen Front waren Steilufer, die für die Landungstruppen unmöglich zu erstürmen waren. Es gab also keine andere Lösung. Um die Toyaku-Linie von hinten anzugreifen, brauchte man die Marine.

Was Cummings bewog, diese Landung in der Flanke zu erwägen, war die „psychologische Kraft", wie er es nannte. Die Leute, die bei Botoi landen würden, befänden sich im Hinterland des Feindes, ohne einen sicheren Weg zum Rückzug zu haben. Die einzige Sicherheit bestand im Vorwärtsstürmen und in der Vereinigung mit den eigenen Truppenverbänden. Sie *mußten* einfach vorwärts gehen. Und umgekehrt würden dies auch die frontal angreifenden Truppen mit größerer Bereitwilligkeit tun. Cummings wußte aus Erfahrung, daß die Leute besser kämpften, wenn sie glaubten, daß ihr Teil der Aufgabe der leichtere sei. Sie würden es als angenehm empfinden, bei der Landungsaktion nicht beteiligt zu sein, und, was noch wichtiger war, glauben, daß der ihnen entgegenwirkende Widerstand wegen des Angriffs im Rücken weniger heftig und entschlossen wäre.

Sobald man die Ausarbeitung des Planes für den Frontalangriff beendet hatte, war es nur noch eine Frage weniger Tage, die man abwarten mußte, um alles Material an die Front bringen zu können. Cummings hatte eine Sonderbesprechung mit seinen Stabsoffizieren einberufen, ihnen den neuen Plan entwickelt und Befehl gegeben, ihn zusätzlich zu dem Hauptplan auszuarbeiten, damit er bei sich bietender Gelegenheit zur Verfügung stehe. Zu gleicher Zeit forderte er durch bestimmte Kanäle drei Zerstörer an und ließ seinen Stab an die Arbeit gehen.

Nach einem eiligen Frühstück kehrte Major Dalleson in sein G-3-Zelt zurück und begann die Pläne für die Botoi-Invasion auszuarbeiten. Er setzte sich vor seinen Tisch, öffnete seinen Kragen, spitzte ein paar Bleistifte langsam an, in Gedanken vertieft und mit feuchter, herunterhängender Unterlippe, ergriff ein weißes Blatt Papier und schrieb: „Aktion Coda" in großen Blockschriftbuchstaben an den Kopf des Blattes. Er seufzte behaglich und zündete sich eine Zigarre an. Einen Augenblick lang war er durch das Wort „Coda" irritiert, das ihm ungeläufig war. „Wahrscheinlich bedeutet es Code", murmelte er vor sich hin, und dann dachte er nicht weiter darüber nach. Gewissenhaft zwang er sich zur Konzentration auf die vor ihm liegende Arbeit. Es war eine Sache, die ihm lag.

Ein Mann mit mehr Phantasie hätte diesen Auftrag nur widerwillig ausgeführt, denn er bestand eigentlich nur darin, lange Verzeichnisse von Mannschaften und Kriegsmaterial zusammenzustellen und einen Terminkalender einzurichten, wozu die gleiche Geduld, die die Zusammenstellung eines Kreuzworträtsels erforderte, nötig war. Aber Dalleson hatte an dem ersten Teil dieser Arbeit Gefallen, weil er wußte, daß er es schaffen würde, während es andere Aufträge gab, bei denen er sich dessen nicht so sicher war. Diese Art Aufträge konnte man leicht bewältigen, indem man sich an die Angaben hielt, die in dem einen oder anderen Kriegshandbuch zu finden waren. Und es erfüllte Dalleson mit jener Befriedigung, die ein unmusikalischer Mensch empfinden mochte, der ein Musikstück wiedererkennt.

Dalleson begann damit, die Zahl der Lastwagen abzuschätzen, die erforderlich sein würden, um die Invasionstruppen von ihren Frontabschnitten an die Küste zu bringen. Da dann der Frontalangriff unzweifelhaft schon lief, war es unmöglich, jetzt schon zu entscheiden, welche Truppen Verwendung fänden. Das würde von einer noch in der Zukunft liegenden Situation abhängen, aber bestimmt würde eines der vier Schützenbataillone, die sich auf der Insel befanden, eingesetzt werden. Dalleson unterteilte das Ganze in vier getrennte Probleme und setzte für jedes eine unterschiedliche Anzahl von Lastwagen ein. Dann würden noch Lastwagen für den Landangriff benötigt werden, aber diese Aufgabe zu lösen war Sache des G-4. Dalleson sah auf und blickte mürrisch auf die Schreiber und Offiziere in seinem Zelt.

„He, Hearn!" rief er.

„Ja?"

„Bringen Sie dies zu Hobart und sagen Sie ihm, er möge feststellen, von wem wir die Lastwagen bekommen können."

Hearn nickte, nahm das Blatt Papier, das ihm Dalleson aushändigte, und schlenderte aus dem Zelt, während er vor sich hin pfiff. Dalleson beobachtete ihn mit einem beunruhigenden und beinahe feindseligen Ausdruck. Er kam mit Hearn nicht zu Rande. Er wußte es nicht zu erklären, aber er empfand ihm gegenüber Unbehagen und eine leichte Unsicherheit. Er hatte immer das Gefühl, als ob sich Hearn über ihn lustig mache, aber er fand nichts Bestimmtes, um es festzunageln. Dalleson war ein wenig erstaunt gewesen, daß Hearn ihm vom General zugewiesen wurde, aber es war schließlich nicht seine Angelegenheit. Er hatte Hearn mit der Überwachung der Zeichner und der Karten-Pausen beauftragt und ihn fast ganz vergessen. Hearn hatte seine Arbeit zur leidlichen Zufriedenheit erledigt, und da fast immer über ein Dutzend Männer im Zelt anwesend war, hatte ihm Dalleson wenig Aufmerksamkeit geschenkt, wenigstens anfangs. Später war es ihm vorgekommen, als hätte Hearn eine neue Atmosphäre verbreitet. Es gab ein heimliches Schmunzeln über gewisse langweilige und sinnlose Maßnahmen, und einmal hatte Dalleson mit anhören können, wie Hearn sagte: „Sicher, dieser alte Knochen kümmert sich auch noch um unser Zu-Bett-Gehen. Er hat keine Kinder, und Hunde mögen ihn nicht, was kann man also anderes erwarten?" Ein schallendes Gelächter war diesen Worten gefolgt, das plötzlich abbrach, als sie merkten, daß Dalleson sie beobachtete. Seit dieser Zeit hatte Dalleson den Eindruck, als ob Hearn ihn damit gemeint habe.

Dalleson wischte sich über die Stirn, wandte sich seinem Tisch wieder zu und begann die Zeiten der Ein- und Ausschiffung für das Landungsbataillon auszurechnen. Während er damit vorankam, lutschte er befriedigt an seiner Zigarre und legte alle Augenblicke eine Pause ein, um mit dem Finger in seinem Mund nach Tabakresten zu fischen, die sich zwischen die Zähne gesetzt hatten. Gewohnheitsmäßig blickte er von Zeit zu Zeit auf und sah durchs Zelt, um zu prüfen, ob die Landkarten an ihren Plätzen lagen und die Männer an ihren Tischen arbeiteten. Klingelte das Telefon, hielt er inne, wartete darauf, daß es jemand bediene, und schüttelte finster den Kopf, wenn es ihm zu lange dauerte. Sein Tisch war quer zu einer der Eckstangen des Zeltes aufgestellt worden, wodurch er jederzeit einen freien Blick über das Lager hatte. Ein leichter Wind war aufgekommen, der das niedergetretene Gras zu seinen Füßen leise erzittern ließ und ihm das breite, rote Gesicht kühlte.

Der Major war eines von den vielen Kindern einer armen Familie und hatte sich glücklich geschätzt, die höhere Schule hinter sich gebracht zu haben. Bis zu seinem Eintritt in die Armee, 1933, war ihm eine ganze Reihe günstiger Gelegenheiten entgangen und manches Pech widerfahren. Seine Anlage zu harter und dauernder Arbeit und seine absolute Aufrichtigkeit waren wenig beachtet worden, denn als junger Mensch war er schüchtern und schweigsam gewesen. In der Armee jedoch stellte er den Typ des vollkommenen Soldaten dar. Als Unteroffizier erledigte er alle Dinge, die seiner Überwachung unterlagen, mit einer peinlichen Gründlichkeit, und die weiteren Rangerhöhungen folgten schnell. Wenn jedoch der Krieg nicht gekommen wäre, würde Dalleson wahrscheinlich bis zu seiner Pensionierung Feldwebel geblieben sein.

Die ständig anwachsende Zahl der eingezogenen Männer brachte es mit sich, daß er Offizier wurde, und schnell stieg er vom Leutnant zum Oberleutnant und dann zum Hauptmann auf. Seine Kompanie hatte er bei der Ausbildung gut geführt. Seine Soldaten zeigten Disziplin, gingen aus Inspektionen gut hervor, und ihre Marschordnung war genau. Man sagte von seinen Soldaten, daß sie stolz auf ihre Kompanie seien. Dalleson brüstete sich damit, und seine Reden waren die Quelle manchen Spottes geworden. „Ihr seid die verdammt besten Soldaten in der verdammt besten Kompanie des verdammt besten Bataillons im verdammt besten Regiment..." und so weiter, aber hinter ihrem Spott nahmen sie ihn doch ernst. Er bevorzugte das alte Schema, und es war ganz natürlich, daß er zum Major aufrückte.

Aber als Major kam für Dalleson der Ärger. Er mußte feststellen, daß er nur selten in unmittelbaren Kontakt mit den einfachen Soldaten kam. Er hatte fast ausschließlich mit Offizieren zu tun, und das hinterließ in ihm ein Gefühl der Hilflosigkeit. In der Tat war ihm der Umgang mit Offizieren unbehaglich. Selbst als Hauptmann hatte er sich noch zu dreiviertel als einfacher Soldat gefühlt, und jetzt vermißte er die Zeit, wo sein leicht vulgäres Benehmen die Leute begeistert hatte. Als Major mußte er auf seine Manieren achten, und er war nie ganz sicher, ob er sich richtig benahm. Schließlich fühlte er insgeheim, ohne es sich ganz einzugestehen, daß er dieser Stellung nicht gewachsen war. Der hohe Rang der Männer, mit denen er zusammen arbeitete, bestürzte ihn, und bisweilen erdrückte ihn die mit seiner Arbeit verknüpfte große Verantwortung.

Die Tatsache, daß er der G-3-Offizier war, hatte viel zu diesem Unbehagen beigetragen. In dieser Funktion gehörte er dem Kommandostab der Division an und war für die Operationen und die Ausbildung verantwortlich. Um das zu meistern, mußte man über glänzende Gaben verfügen, von Grund aus mit den Dingen vertraut und wendig sein und zugleich ein Vielerlei von Einzelheiten beherrschen. In einer anderen Division hätte sich Dalleson wahrscheinlich nicht halten können, aber General Cummings hatte sich stets viel mehr unmittelbar mit den Operationen befaßt, als es im allgemeinen ein Divisionskommandeur tat. Es gab kaum einen Plan, den er nicht selbst anregte, und praktisch keine militärische Aktion, wie geringfügig sie auch sein mochte, die er nicht persönlich überwachte. Dadurch brauchte der Major nur einige Schattierungen in die Zeichnungen, die der General entwarf, einzufügen, und es wurden ihm keineswegs alle Talente, die ein G-3 haben sollte, dabei abgefordert. Das befähigte den Major geradezu, seinen Posten halten zu können; denn das Beispiel seines Vorgängers, eines Oberstleutnants, der für diese Stellung wie geschaffen war, bewies es; er war gerade deswegen versetzt worden – er hatte Funktionen an sich gerissen, die der General sich selbst vorbehielt.

Der Major quälte sich durch seine Aufgabe oder, richtiger gesagt, er schwitzte sich durch sie hindurch, denn was er nicht mit Glanz bewältigen konnte, versuchte er mit harter Arbeit wettzumachen. Mit der Zeit lernte er die täglichen Vorfälle, den Mechanismus der Verplanung, die Formblätter, die er auszufüllen hatte, zu meistern, aber immer war ihm unbehaglich dabei zumute. Er fürchtete seinen schwerfälligen Verstand und brauchte entsetzlich lange, um eine Entscheidung zu treffen, wenn er seine Unterlagen nicht vor Augen hatte und die Zeit drängte. Eine Nacht wie jene, die er mit dem General beim Beginn des japanischen Angriffs verbracht hatte, flößte ihm noch heute Entsetzen ein, wenn er sich erlaubte, daran zu denken. Er wußte, daß er nicht in der Lage gewesen wäre, die Truppen auch nur mit einem Teil der Leichtigkeit und Schnelligkeit zu bewegen, wie es der General am Telefon vermocht hatte, und er fragte sich, wie er es hätte bewerkstelligen sollen, wenn ihm der General die Aufgabe überlassen hätte. Angstvoll stellte er sich immer wieder vor, in eine Lage zu geraten, die die besonderen Qualitäten seines Ranges erfordern könnte, die er nicht besaß. Jede andere Stellung hätte er daher einem G-3 vorgezogen.

Doch niemals dachte der Major daran, um eine Versetzung einzukommen; nichts hätte ihm mehr widerstanden. Er hatte jedem seiner Vorgesetzten die Treue gehalten, wenn er fühlte, daß er ein fähiger Offizier war; und niemand hatte ihn bisher mehr beeindruckt als der General. Es wäre ihm unfaßbar erschienen, den General zu verlassen, wenn man es ihm nicht gerade befohlen hätte. Er würde, falls das Lager von den Japanern überrannt worden wäre, wahrscheinlich bei der Verteidigung des Generals in seinem Zelt das Leben gelassen haben. Das war die einzige romantische Idee, die in seinem schwerfälligen Geist und Körper wohnte. Und außerdem war der Major von dem Ehrgeiz besessen, durchzuhalten. Natürlich war es nur ein verhaltener Ehrgeiz, denn die Hoffnung des Majors, General zu werden, konnte nicht größer als die eines reichen Kaufmanns im Mittelalter sein, der davon träumte, König zu werden. Der Major wünschte, es zum Oberstleutnant und vielleicht noch zum Oberst zu bringen, ehe der Krieg zu Ende ging, und in seiner Stellung als G-3 bestand Aussicht darauf. Seine Rechnung war einfach genug. Er besaß den heftigen Wunsch, auch nach dem Krieg in der Armee zu bleiben, und er rechnete sich nun aus, daß ein Oberstleutnant mindestens als Hauptmann im Nachkriegsheer bleiben könnte. Nächst dem Feldwebel war es dieser Rang unter allen Rängen, den er am liebsten bekleidet hätte; auch schien es ihm nicht ganz korrekt zu sein, unter den Offiziersrang zu sinken. So quälte er sich, wenn auch unglücklich, weiterhin mit seiner Aufgabe ab, die er als Chef der Operationen zu erfüllen hatte.

Nachdem er mit der Terminaufstellung fertig war, machte er sich an die Marschbefehle, die erforderlich waren, um ein Bataillon von der Front an die Küste zu bringen. An sich war das nichts Kompliziertes, aber da er nicht wußte, welches Bataillon herausgezogen werden würde, entwarf er vier verschiedene Befehle für den Rückzug und für die Bewegungen der in die Lücke einrückenden Truppen. Es hielt ihn, obwohl er einen Teil seiner Arbeit Leach und einem anderen Assistenten übertragen hatte, den ganzen Nachmittag über beschäftigt, weil er ihre Arbeit noch überprüfte. Der Major war sehr gründlich und sehr langsam.

Schließlich beendete er diese Arbeit, und nun skizzierte er versuchsweise einen Marschbefehl für das Bataillon nach der Landung an der Botoi-Bay. Hierbei konnte er sich an frühere Vorgänge nicht anlehnen. Der General hatte den Angriff nur in Umrissen beschrieben und alles ziemlich unbestimmt gelassen. Aus Erfahrung aber wußte Dalleson, daß er dem General nur irgend etwas zu unterbreiten hatte; er würde es doch zerreißen, und ihm dann die Einzelheiten für die Aktion angeben. Er hoffte, es diesmal vermeiden zu können, aber es kam ihm unwahrscheinlich vor, und so zeichnete er, während er in dem heißen Zelt reichlich schwitzte, den Angriffsweg an einem der Hauptpfade entlang auf und schätzte die Zeiträume für jede Einzelheit. Er wischte sich die Stirn und versuchte vergeblich, seine Angst vor sich zu verbergen. Das ständige Stimmengewirr im Zelt, das geschäftige Hin und Her zwischen den Tischen, die bei ihrer Arbeit vor sich hinsummenden Zeichner störten ihn. Einige Male blickte er auf und sah anklagend auf einen, der sich unterhielt, und dann beugte er sich mit vernehmbarem Stöhnen wieder über seine Arbeit.

Häufig läutete das Telefon, und gegen seinen Willen begann Dalleson auf die Gespräche zu lauschen. Einmal schwatzte Hearn einige Minuten lang mit einem anderen Offizier am Telefon, bis Dalleson schließlich seinen Bleistift hinwarf und schrie: „Herrgott noch mal, warum hört man nicht endlich auf und geht an seine Arbeit!" Ohne Zweifel war Hearn damit gemeint, der etwas in den Apparat murmelte, anhängte und Dalleson nachdenklich anstarrte.

„Haben Sie Hobart die Papiere gegeben?" fragte er Hearn.

„Ja."

„Was, zum Teufel, haben Sie seitdem getan?"

Hearn grinste und zündete sich eine Zigarette an. „Nichts Besonderes, Major." Von einigen Schreibern war ein unterdrücktes Kichern zu vernehmen.

Dalleson stand auf und war von seiner plötzlichen Wut selbst überrascht. „Ich wünsche von Ihnen keine frechen Antworten zu erhalten, Hearn." Das machte es noch schlimmer. Es ging nicht an, einen Offizier in Gegenwart einfacher Soldaten zu tadeln. „Gehen Sie hinüber und helfen Sie Leach."

Einige Sekunden stand Hearn regungslos, dann nickte er, schlenderte gelassen zu Leachs Tisch hinüber und setzte sich neben ihn. Dalleson hatte Mühe, sich in seine Arbeit zurückzufinden. Während der Wochen, die seit der Erstarrung der Front vergangen waren, hatte Dalleson seinerseits dafür Sorge getragen, daß seine Leute in Gang blieben. Es bedrückte ihn häufig, daß seine Untergebenen träge wurden und ihre Arbeit vernachlässigten. Um dies zu ändern, war er sehr hinter seinen Schreibern her und ließ sie alle Schriftstücke noch einmal schreiben, die einen einzigen Fehler oder auch nur ein radiertes Wort enthielten. Ständig schrie er seine jüngeren Offiziere an, damit sie mehr Arbeit leisteten. Im Grunde steckte in seinem Verhalten eine Art Aberglauben. Dalleson glaubte, daß die übrige Division dem Beispiel folgen würde, wenn seine kleine Abteilung tadellos in Ordnung war. Ein Teil des Unbehagens, das ihm Hearn bereitete, entsprang Dallesons Überzeugung, daß auch Hearn sich wenig um seine Arbeit kümmerte. Das war gefährlich. „Ein einziger Mann kann den ganzen Verband versauen", war einer von Dallesons Grundsätzen. Hearn war ein bedrohlicher Faktor. Es war ihm heute zum erstenmal vorgekommen, daß ein Untergebener rund heraus erklärte, nichts getan zu haben. Wenn das erst einmal einriß... Dalleson kränkte sich während des restlichen Nachmittags darüber, arbeitete den Marschbefehl höchst unsicher aus, und eine Stunde vor dem Abendappell glaubte er, den Schlachtplan so weit fertig zu haben, um ihn dem General präsentieren zu können.

Er ging in Cummings' Zelt, übergab ihm den Plan, stand unbehaglich daneben und wartete auf die Kommentare. Cummings prüfte ihn sorgfältig und sah ab und zu auf, um sich kritisch zu äußern. „Ich sehe, daß Sie vier verschiedene Rückzugsbefehle und Sammelplätze vorgesehen haben."

„Ja, Sir."

„Ich glaube nicht, daß das nötig ist, Major. Wir werden einen Sammelpunkt hinter dem zweiten Bataillon bestimmen, und jede Einheit, welche wir auch auswählen werden, kann sich dorthin absetzen. Sie wird in keinem Fall mehr als fünf Meilen zu marschieren haben."

„Ja, Sir." Dalleson kritzelte eilig ein paar Notizen auf seinen Schreibblock.

„Ich glaube, daß es richtiger ist, hundertacht Minuten statt hundertvier für den Marsch mit den LMGs zu bewilligen."

„Ja, Sir."

Und so weiter. Cummings machte seine Einwendungen, und Dalleson fuhr fort, sie auf seinem Block festzuhalten. Cummings beobachtete es mit leiser Verachtung. – Dalleson hat einen Verstand mitbekommen wie ein Schaltbrett, sagte er sich. Wenn der Stecker in eins der Gehirnlöcher paßt, kann er die erforderliche Antwort geben, aber sonst ist er verloren.

Cummings seufzte und zündete sich eine Zigarette an. „Wir müssen die Arbeit der Stabsoffiziere noch besser in Übereinstimmung bringen. Wollen Sie Hobart und Conn sagen, daß ich sie morgen mit Ihnen gleich als erste zu sehen wünsche?"

„Ja, Sir."

Der General kratzte sich an der Oberlippe. Das wäre Hearns Aufgabe gewesen, wenn er noch Ordonnanz sein würde. Cummings behalf sich jetzt ohne Ordonnanz. Er stieß den Zigarettenrauch aus. „Nebenbei gesagt, Major, wie geht es mit Hearn?" fragte Cummings und gähnte beiläufig, obwohl er sehr gespannt war. Seitdem Hearn aus seinem Gesichtsfeld verschwunden war, überfielen ihn öfter ein gewisses Bedauern und bestimmte Wünsche. Aber er unterdrückte sie. – Schade, es hätte doch sehr schön sein können, dachte Cummings. Aber Hearn kann nicht mehr zurückkommen. Das ist nun vorbei.

Dalleson legte seine Stirn in Falten. „Hearn ist in Ordnung, Sir. Ich kann ihm nur nicht seine frechen Antworten abgewöhnen."

Während Cummings jetzt darüber nachdachte, empfand er eine kleine Enttäuschung. Die wenigen Male, bei denen er in der Offiziersmesse einen Blick auf Hearn geworfen hatte, war sein Gesicht ausdruckslos, wenn nicht finster wie immer gewesen. Hearn würde niemals gezeigt haben, was er dachte, aber dennoch... Die Bestrafung hatte ihre Wirkung bereits verloren und war im täglichen Einerlei vergessen worden. Der General fühlte das Verlangen, die Beleidigung, die er Hearn zugefügt hatte, zu vertiefen. Das Bild, das er von ihrer letzten Unterhaltung bewahrte, befriedigte ihn jetzt nicht mehr ganz. Irgendwie war Hearn zu leicht davongekommen.

„Ich denke daran, ihn abermals zu versetzen", sagte Cummings ruhig. „Was meinen Sie dazu?"

Dalleson war verwirrt. Er hatte nichts dagegen, Hearn zu verlieren, es sagte ihm eher zu, aber das Verhalten des Generals war ihm rätselhaft. Cummings hatte ihm niemals etwas über Hearn gesagt, und Dalleson war immer noch der Meinung, daß Hearn zu den Günstlingen des Generals gehöre. Er konnte den Grund der Frage nicht erkennen. „Mir ist es gleich, Sir", sagte er schließlich.

„Nun gut, aber es ist wichtig genug, daß wir es im Gedächtnis behalten. Ich habe meine Zweifel, ob Hearn einen guten Stabsoffizier abgeben wird." Wenn Dalleson so gleichgültig Hearn gegenüber war, hatte es wenig Sinn, ihn dort zu lassen.

„Er ist ungefähr Durchschnitt", sagte Dalleson behutsam.

„Wie wäre es mit einer Einheit an der Front?" sagte Cummings gleichmütig. „Wüßten Sie, wo wir ihn hinstecken könnten?"

Das verwirrte Dalleson noch mehr. Es war sehr merkwürdig, daß sich ein General damit befaßte, wohin man einen Leutnant versetzte.

„Gewiß, Sir, die Baker-Kompanie vom 458sten ist augenscheinlich knapp an Offizieren, denn die Patrouillenberichte ihrer Züge sind immer von einem Sergeanten unterzeichnet. Dann ist da noch die F-Kompanie, die zwei Offiziere braucht, und ich glaube, auch die Charley-Kompanie vom 459sten braucht einen."

Nichts davon sagte Cummings besonders zu. „Gibt es sonst nichts?"

„Dann wäre noch der I- und R-Zug der hiesigen Hauptquartier-Kompanie, der aber eigentlich keinen Offizier nötig hat."
„Warum nicht?"
„Der Sergeant des Zuges ist einer der besten Leute im 458sten, Sir. Ich wollte schon mit Ihnen darüber sprechen, denn ich glaube, nach Beendigung des Feldzuges sollte man ihn zum Offizier befördern. Er heißt Croft. Ein ausgezeichneter Mann."

Cummings fragte sich, was Dalleson wohl unter einem ausgezeichneten Soldaten verstehe. Wahrscheinlich ist dieser Mann ein völliger Analphabet mit einer gewissen Portion gesundem Menschenverstand und auf jeden Fall ein Mann ohne Nerven. Er tastete wieder an seinem Mund herum. – Beim I- und R-Zug könnte ich noch ein Auge auf Hearn haben. „Nun gut, ich werde darüber nachdenken. Es hat keine Eile", sagte er zu Dalleson.

Nachdem Dalleson gegangen war, warf sich Cummings in seinen Stuhl und saß lange Zeit in Gedanken versunken regungslos da.

Die Sache mit Hearn war noch nicht erledigt. Seine Wünsche, die ihren Höhepunkt in dem Befehl erreicht hatten, die Zigarette aufzuheben, waren noch nicht versiegt, noch nicht ganz. Und außerdem stand immer noch die Frage vor ihm, ob er die Marineunterstützung erhalten würde.

Unvermittelt fühlte sich Cummings wieder niedergeschlagen.

In dieser Nacht hatte Hearn einige Stunden Dienst im G-3-Zelt. Die Seitenvorhänge waren heruntergerollt, der doppelte Eingang war errichtet worden und die Ecken überdeckt, um es zu einem Verdunklungszelt zu machen. Und wie immer war es innen drückend und feucht. Hearn und der Schreiber vom Dienst saßen dösend auf ihren Stühlen. Sie hatten die Hemden aufgeknöpft und hüteten ihre Augen vor dem Licht der Coleman-Lampen. Der Schweiß lief ihnen das Gesicht hinunter. Es war die rechte Zeit zum Nachdenken; denn außer der Entgegennahme der stündlichen Telefonberichte von der Front, gab es nichts zu tun, und die nackten Tische, die leeren Schreibpulte und die überdeckten, auf Pappe befestigten Landkarten, die sie umgaben, erzeugten eine feierliche und besinnliche Stimmung. Gelegentlich klang das Störungsfeuer wie gedämpftes Donnerrollen durch die Nacht.

Hearn streckte sich und blickte auf seine Uhr. „Um welche Zeit werden Sie abgelöst, Stacey?" fragte er.

„Um zwei Uhr morgens, Leutnant." Hearns Ablösung war um drei. Er seufzte, reckte seine Arme und ließ sich in seinen Stuhl zurückfallen. Ein Magazin lag auf seinem Schoß, aber er blätterte es nur durch und warf es gelangweilt auf einen Tisch. Nach einer Weile zog er einen Brief aus seiner Brusttasche und las ihn langsam nochmals. Er kam von einem College-Freund:

„Hier in Washington sind die Anzeichen deutlich zu erkennen. Die Reaktionäre haben Angst. Entgegen dem, was sie gern glauben möchten, wissen sie, daß dies ein Volkskrieg zu werden verspricht. Die kommende Weltrevolution liegt in der Luft. Es ist eine Volksbewegung, und sie setzen die bekannten alten Waffen dagegen ein, um sie aufzuhalten. Nach dem Krieg wird es eine Hexenverfolgung geben, aber sie wird danebengehen, und der Grundanspruch des Volkes auf kommunale Freiheit wird erhoben werden. Du kannst Dir nicht vorstellen, was für Angst die Reaktionäre haben, es ist für sie ein Kampf auf Leben und Tod."

Im gleichen Tonfall ging es weiter. Hearn beendete die Brieflektüre und zuckte mit den Achseln. Bailey war immer ein Optimist gewesen, ein überzeugter marxistischer Optimist.

Nur daß das alles einen Dreck wert war. Gewiß würde es nach dem Krieg eine Hexenverfolgung geben, aber es würde kaum eine von der Angst diktierte sein. Was hatte doch Cummings gesagt? Amerikas Kräfte waren in Bewegung geraten, und sie würde nicht mehr rückgängig gemacht werden können. Cummings hatte keine Angst. Jedenfalls nicht in jenem Sinne. Wenn man ihm zuhörte, waren seine Ruhe und unerschütterliche Sicherheit das Beängstigende. Die Rechte war zum Kampf bereit, aber diesmal ohne Angst, und lauschte nicht verwirrt auf den unaufhaltsamen Schritt der Geschichte. Diesmal waren ihre Männer die Optimisten und in der Offensive. Da war diese von Cummings niemals ausgesprochene These gewesen, die aber verborgen in seinen Ausführungen steckte: die Geschichte lag im Zugriff der Rechten, und nach dem Krieg würden die politischen Auseinandersetzungen heftig werden. Es bedurfte nur eines Anstoßes, einer kräftigen Offensive, und die Geschichte gehörte ihnen für dieses Jahrhundert und vielleicht noch für das nächste. Der Liga der allmächtigen Männer.

Natürlich war das alles nicht so einfach, nichts war einfach, aber schon hatten sich die mächtigen Männer in Amerika erhoben und in Marsch gesetzt, und einige von ihnen waren sich ihrer besonderen Träume durchaus bewußt. Und die Waffen lagen bereit für die Männer vom Schlage seines Vaters, die instinktiv im gleichen Sinne handelten, wenn sie auch nicht wußten oder sich nicht darum kümmerten, wohin der Weg führte. Wahrscheinlich mußte man die Zahl auf ein oder zwei Dutzend Männer beschränken, die zudem kaum alle miteinander in Verbindung und keineswegs alle auf dem Boden der gleichen Erkenntnis standen.

Aber mehr noch. Man könnte dieses Dutzend Männer umbringen, und es würde ein anderes Dutzend an ihre Stelle treten und danach wieder ein anderes und so fort. Aus dem vielfältigen Druck und Gegendruck der Geschichte entwickelte sich der

Grundtyp des zwanzigsten Jahrhunderts. Dieser besondere Mensch, der den Satz „Die natürliche Bestimmung... ist Angst" erfunden hatte und verkörperte. Die Technik hatte die Seele überrundet. („Die Masse der Menschen muß der Maschine untertan werden, eine Vorstellung, die ihnen instinktmäßig keine Freude macht.") Und in den Randgebieten, an den Bruchstellen, entstanden die besonderen Spannungen, die dem Traum zur Geburt verhalfen.

Hearn überflog den Brief mit leichtem Ekel. „Der Mensch mußte Gott absetzen, um ihn zu vollenden, um ihm gleich zu werden." Wie Cummings. Oder hatte es Cummings gesagt? Bisweilen verwischten sich die Grenzen zwischen diesen Geistern für ihn. Cummings hätte es gesagt haben können. Wirklich, es war genau Cummings' Idee. Er faltete den Brief zusammen und steckte ihn wieder ein.

Wohin nun führte ihn dies alles? Ja, wohin? Manchmal, ja, des öfteren hatte er sich davon angezogen gefühlt. Mehr noch, es hatte ihn angeregt, das zu tun, wozu Cummings befähigt war. Das war es. Würde er die Verkleidungen und unsicheren und falschen Haltungen ablegen, die er angenommen hatte, war er im Grunde genau wie Cummings. Ohne solche Äußerungen wie „Die Frau ist eine Hexe", aber selbst dann noch; denn konnte er sie ernst nehmen? Cummings hatte recht gehabt. Sie waren beide gleich, und das hatte zunächst Intimität erzeugt, gegenseitige Zuneigung und schließlich Haß.

Soweit es ihn betraf, war es noch immer so zwischen ihnen. Jedesmal, wenn er Cummings sah, und war es auch nur für einen Augenblick, sprangen ihn Angst und Haß an. Es war immer die gleiche schmerzliche Erregung wie damals, als er sich bückte, um die Zigarette aufzuheben. Es war noch immer gleich beleidigend und aufschlußreich. Er hatte sich nie das Ausmaß seiner eigenen Eitelkeit klargemacht, die Haß erzeugte, wenn sie verletzt wurde. Gewiß hatte er bisher keinen Menschen so gehaßt wie Cummings. In der Woche, die er im G-3-Zelt unter Dalleson verbracht hatte, war er wie ein Halbtoter gewesen. Er hatte die alltäglichen Vorfälle und seine Arbeit automatisch hingenommen, während in seinem Innern eine unerträgliche Verzweiflung glühte. Vor kurzem hatte er sich davon frei gemacht; aber heute nachmittag hatte er sich an Dalleson gerieben, und das war ein Vorzeichen, daß weitere Dinge geschehen würden, die ihm nicht behagen dürften. Wenn er noch länger hier blieb, würde er sich wahrscheinlich an eine Reihe unbedeutender Auflehnungen vergeuden, die nur weitere Demütigungen nach sich zögen. Er mußte fort von hier, sich versetzen lassen, aber Cummings würde es nicht erlauben. Die Wut, die ihm die ganze Woche über fast die Kehle zugeschnürt hatte, stieg aufs neue in ihm hoch. Wenn er doch einfach zu Cummings gehen und ihn um einen Zug an der Front ersuchen könnte, aber das würde kläglich ausgehen. Alles andere würde ihm Cummings bewilligen, nur das nicht.

Das Telefon klingelte, und Hearn nahm den Hörer auf. Die Stimme am anderen Ende sprudelte ihm entgegen. „Hier Paragon Rot, Fehlanzeige für 0030 bis 0130."

„Gut." Hearn hängte ein und starrte auf die Meldung, die er auf einen Block gekritzelt hatte. Es war einer der üblichen Berichte, die jede Stunde von jedem Bataillon telefonisch durchgesagt wurden. In einer normalen Nacht gingen fünfzig solcher Berichte ein. Er ergriff seinen Bleistift, um den Bericht im Journal zu verbuchen, als Dalleson ins Zelt trat. Stacey, der Schreiber, der über seinem Magazin eingedöst war, sprang auf, und Dalleson, dessen Haar schnell überkämmt schien und dessen Gesicht vom Schlaf noch gerötet war, blickte forschend durch das Zelt. Des Lichtes wegen blinzelte er mit den Augen. „Alles in Ordnung?" fragte er.

„Ja", sagte Hearn. Es war ihm plötzlich klar, daß Dalleson aus Sorge über den Feldzug aufgewacht war, und es freute ihn.

„Ich hörte das Telefon klingeln", sagte Dalleson.

„Es war Paragon Rot mit einer Fehlanzeige, das ist alles."

„Haben Sie es schon verbucht?"

„Nein, Sir."

„Nun, dann machen Sie es, Mann." Dalleson gähnte.

Hearn hatte erst wenige Berichte im Journal verbucht. Er blickte auf den früheren, um das Schema zu prüfen. Dann kopierte er es.

Dalleson trat heran, sah auf die Eintragungen und fingerte an der Federklammer. „Wollen Sie es beim nächstenmal bitte sauberer eintragen."

Er müßte verdammt sein, wenn er sich wie ein Kind von Dalleson Belehrungen gefallen ließe. „Ich werde mein Bestes tun", murmelte er sarkastisch.

Dalleson fuhr mit seinem dicken Zeigefinger über die Eintragungen. „Für welche Zeit war der Bericht?" fragte er unvermittelt.

„0030 bis 0130."

„Warum, zum Teufel, haben Sie ihn dann nicht so eingetragen? Herrgott noch mal, Mann, Sie haben es unter 2330 bis 0030 gebucht. Können Sie nicht mal lesen? Wissen Sie denn, zum Teufel, nicht, wie spät es ist?"

Hearn hatte sogar die Zeitangabe des vorangegangenen Berichtes kopiert. „Verzeihung", murmelte er und war wegen dieses Irrtums auf sich selber wütend.

„Was haben Sie sonst noch mit diesem Bericht zu machen?"
„Das weiß ich doch nicht. Es ist keine Arbeit, die ich gewohnt bin."
„Nun, dann lassen Sie mich es Ihnen erklären", sagte Dalleson mit Behagen. „Wenn Sie sich von den Spinnweben in Ihrem Gehirn frei gemacht haben, werden Sie wissen, daß dies ein Gefechtsbericht ist, so daß Sie ihn, nachdem er im Journal und auf der Landkarte verbucht wurde, in meine Mappe ‚Zeitberichte' legen müssen, und nachdem ich sie durchgesehen habe, was morgen der Fall sein wird, haben Sie die Mappe des Vortages zu leeren, den Inhalt in die Mappe ‚Alte Berichte' zu tun und einen Schreiber eine Kopie anfertigen zu lassen für die Journalmappe. Das ist ja wohl nicht allzu schwer zu begreifen für einen Mann mit College-Bildung, wie?"

Hearn zuckte die Achseln. „Da es sich bei diesem Bericht um eine Fehlmeldung handelt, warum macht man dann so viel Wesens damit?" Er grinste und freute sich über die Gelegenheit, zurückschlagen zu können. „Es erscheint mir wenig sinnvoll."

Dalleson wurde wütend. Er blickte finster auf Hearn, seine Wangen verdunkelten sich, und sein Mund wurde von der kräftigen Kinnlade zusammengepreßt. Ein erstes, kleines Schweißbächlein lief an seinem Auge und an der Backe hinunter. „Es erscheint Ihnen nicht sinnvoll, he", wiederholte er, „es erscheint Ihnen nicht sinnvoll!" Wie ein Kugelstoßer auf einem Bein anspringt, um die Kraft seines Stoßes noch zu erhöhen, wandte sich Dalleson zu Stacey um und sagte: „Es erscheint Leutnant Hearn nicht sinnvoll!" Stacey kicherte unbehaglich, während Dalleson sein Gleichgewicht mit einem wütenden Sarkasmus zu halten suchte. „Nun, Leutnant, Sie sollten wissen, daß es eine Menge Dinge gibt, die nicht sinnvoll erscheinen, vielleicht ist es wenig sinnvoll, daß ich ein Soldat bin", spottete er, „vielleicht ist es unnatürlich, daß Sie Offizier sind, vielleicht ist auch das nicht sinnvoll", wiederholte er Hearns Ausdruck, „vielleicht sollte ich irgend etwas anderes als Soldat sein: vielleicht, Leutnant, sollte ich ein, ein..." Dalleson suchte nach dem passendsten, verächtlichsten Wort, und während er seine Fäuste zusammenpreßte, schrie er: „Vielleicht wäre es für mich natürlicher, ein Dichter zu sein!"

Hearn war immer mehr erblaßt, während der Redeschwall fortging. Vor Zorn war er im Augenblick unfähig, ein Wort herauszubringen. Zugleich erschreckte und verwunderte es ihn, wie sehr sich Dalleson erregte. Sah man von dem üblichen militärischen Gebaren ab, schien Dalleson einem Mann zu ähneln, der mit Gepäckstücken überladen ist und dessen Hosenträger jeden Augenblick zu platzen drohen. Hearn schluckte und packte die Tischdecke. „Mäßigen Sie sich doch bitte, Major", murmelte er.

„Was sagten Sie?"

Aber sie wurden durch Cummings' Eintritt unterbrochen. „Ich habe nach Ihnen gesucht, Major, und ich dachte mir, daß ich Sie hier finden würde." Cummings sagte es mit einer seltsamen, außerordentlich genauen und klaren Stimme, die aber völlig gefühllos klang. Dalleson trat zurück und richtete sich instinktiv auf, als wolle er strammstehen. „Was gibt es, Sir?" Und Hearn ärgerte sich über sich selbst, daß er durch diese Unterbrechung eine Beruhigung verspürte.

Cummings rieb sich langsam das Kinn.

„Ich erhielt eine Nachricht von einem Freund im Generalhauptquartier."

Er sprach gleichmütig, als ob es ihn nicht betreffe.

„Sie kam direkt aus der Nachrichtenzentrale."

Diese Erklärung war unnötig, und es war merkwürdig für Cummings, daß er Überflüssiges sagte. — Hearn starrte ihn an. Der General ist bestürzt, stellte er fest. Bis jetzt hatte Hearn gerade dagestanden, und der Schweiß lief an ihm hinunter. Es war ihm peinvoll, den General dicht vor seinen Augen zu haben, und sein Herz schlug heftig.

Der General lächelte und zündete sich eine Zigarette an. „Wie geht es, Stacey?" fragte er den Schreiber.

„Gut, danke sehr, Sir." Das war einer von Cummings' Kniffen. Er erinnerte sich stets an die Namen der einfachen Soldaten, mit denen er einmal gesprochen hatte.

„Ich muß Ihnen leider sagen, Major", fuhr Cummings mit sachlicher Stimme fort, „daß ich befürchte, Ihre Arbeit an der Operation Coda ist umsonst gewesen."

„Keine Schiffe, Sir?"

„Ich fürchte, nein. Mein guter Freund meldet mir, daß wenig Aussicht vorhanden ist." Cummings zuckte mit den Achseln. „Wir müssen also die Operation Plunger so vom Stapel lassen, wie sie geplant ist. Nur mit einer kleinen Ausnahme, ich glaube, wir sollten erst den Vorposten gegenüber der I-Kompanie nehmen. Ich möchte, daß Sie noch heute nacht Taylor den Befehl schicken, morgen früh vorzustoßen."

„Ja, Sir."

„Lassen Sie uns einen Blick darauf werfen." Er wandte sich an Hearn. „Leutnant, wollen Sie mir bitte die Landkarte reichen."

„Sir...?" begann Hearn.

„Ich sagte, Sie sollen mir die Landkarte geben." Cummings wandte sich wieder an Dalleson.

„Diese hier?"

„Wo ist denn sonst noch eine?" fragte Cummings barsch.

Die Karte war auf einer Holztafel mit darübergelegtem Zellophan befestigt. Sie war zwar nicht schwer, aber unförmig in ihrem Ausmaß, und Hearn, der den Boden nicht sehen konnte, mußte sich vorsichtig damit bewegen.

Es wäre unnötig gewesen, sie fortzunehmen, machte er sich plötzlich klar. Cummings hätte einfach hinübergehen können, und außerdem kannte er sie auswendig.

„Machen Sie schon, Mann!" bellte Cummings.

Von dem Augenblick an, da Hearn über Cummings geneigt stand, war alles wie vergrößert. Er erkannte jede Falte in Cummings' Gesicht, sah das von der Hitze feuchte, rötliche Kinn und die großen, leeren Augen, die ihn gleichgültig und verächtlich anstarrten.

Cummings streckte seinen Arm aus. „Nun, geben Sie sie schon her, und halten Sie sie nicht länger fest." Seine Hand griff danach.

Hearn ließ vorzeitig los, vielleicht warf er auch die Tafel hin, jedoch dieser Unterschied war gleichgültig, denn er wünschte, daß Cummings die Karte fallen lassen sollte. Und es gelang. Das Holz schlug dumpf an das Handgelenk des Generals und stürzte zu Boden.

Beim Fallen traf es Cummings' Schienbeine.

Die Tafel überschlug sich am Boden, und die Landkarte mit dem Zellophanschutz zerriß. Hearn starrte Cummings an und fühlte Entsetzen und Freude in eins. Er hörte seine Stimme, die versuchte, kühl und ein wenig ironisch zu sein. „Verzeihen Sie bitte, Sir."

Der Schmerz war heftig. Für Cummings war er in dem Augenblick, wo er sich bemühen mußte, Haltung zu wahren, unerträglich. Zu seinem Erschrecken fühlte er, daß ihm die Tränen kamen. Er schloß die Augen und versuchte verzweifelt, die Tränen durch Zwinkern zurückzudrängen. „Gott verdammt", brüllte er, „warum passen Sie nicht auf?" Es war das erste Mal, daß jemand Cummings schreien hörte, und Stacey zitterte.

Das Brüllen beruhigte ihn indessen, und er vermochte der Versuchung zu widerstehen, sein Schienbein zu reiben. Der Schmerz verwandelte sich in ein dumpfes Pochen. Aber Cummings fühlte sich nahezu erschöpft, und in seinem Innern spürte er einen Diarrhöekrampf. Um ihn zu unterdrücken, beugte er sich im Stuhl vor. „Wollen Sie das Zellophan erneuern, Hearn."

„Ja, Sir."

Dalleson und Stacey krabbelten auf dem Boden herum, um die Teile der zerrissenen Karte aufzulesen. Hearn blickte auf

Cummings mit ausdruckslosen Augen, und dann bückte er sich ebenfalls.

„Hat es Sie verletzt, Sir?" Seine Stimme war leicht bekümmert.

„Danke, es ist schon gut."

Im Zelt war die Hitze noch unerträglicher geworden. Cummings wurde von einer leichten Schwäche übermannt. „Wenn Sie die Karte wieder in Ordnung haben, wollen Sie sich dann um die Aktion kümmern, Major", sagte er.

„Ja, Sir", erwiderte Dalleson vom Boden.

Cummings ging hinaus und lehnte sich einige Sekunden an die Eckstange des Zeltes. Die Nachtluft empfand er in seinen feuchten Sachen fast als kühl. Er blickte um sich, und dann rieb er sorgfältig sein Schienbein, bevor er über das Lager davonhinkte.

Er hatte beim Verlassen seines Zeltes die Coleman-Lampe ausgelöscht, legte sich nun im Dunkeln auf sein Feldbett nieder und starrte auf die schwachen Umrisse des Zeltes. Seine Augen funkelten ein wenig wie die einer Katze, und ein Mann, der ins Zelt getreten wäre, hätte sie zuerst bemerkt, ehe er anderes erkannt haben würde. Im Schienbein pochte es mächtig, und sein Magen war unruhig. Der Schlag hatte alles, was die Anspannung der letzten beiden Monate an Unruhe und Unordnung hervorgerufen hatte, aufgewühlt. Die Haut juckte ihm, als ob er die Krätze habe, und sein Körper war aus unerfindlichem Grund wie in Schweiß gebadet. Aber dieser Vorgang war ihm vertraut, er nannte es „in den Nähten platzen"; er war ihm auf Motome widerfahren und auch schon früher bei bestimmten Anlässen, eine unabwendbare Reagenz seines Körpers. Er nahm es geduldig, mit einer fast ergebenen Bereitwilligkeit, hin. Cummings ließ es treiben. Sein Verstand pflegte für einige elende Stunden im Kielwasser hinterdrein zu folgen. Er wußte, daß er sich in einem anschließenden Schlaf wieder erholen und sich am folgenden Morgen erfrischt und kräftig fühlen würde.

Diesmal nahm er ein mildes Beruhigungsmittel und schlief in weniger als einer Stunde ein. Als er aufwachte, war es noch dunkel, aber er hatte kein Ruhebedürfnis mehr, und sein Geist war außerordentlich lebendig. Das Schienbein schmerzte noch, und nachdem er es eine Minute lang im Dunkeln gerieben hatte, zündete er die Coleman-Lampe neben seinem Feldbett an und prüfte die Schwellung sorgfältig.

Das war kein Zufall gewesen. Hearn hatte die Karte absichtlich fallen lassen, oder zumindest war es nur zur Hälfte Zufall. Cummings war dessen sicher. Und diese Gewißheit ließ sein Herz mächtig klopfen. Vielleicht hatte Hearn sogar gewünscht, daß es geschehe; es war ein gewisses Aufmerken in Hearn zu spüren gewesen, als er ihm gesagt hatte, er möge ihm die Karte bringen. Cummings schüttelte den Kopf. Es war nutzlos, die Sache aufzubauschen. Er wußte, daß es das beste war, es auf sich beruhen zu lassen. Obwohl er erst einige Minuten wach war, empfand er eine schmerzvolle Klarsichtigkeit. Hinter dieser Klarsichtigkeit stand Angst.

Er würde Hearn versetzen. Es würde gefährlich sein, länger den Daumen draufzuhalten. Es würde noch weitere Vorfälle und Widersetzlichkeiten geben, und schließlich könnte es zu einem Kriegsgerichtsverfahren kommen, was nur Schereien brachte. Damals, bei der Zigarettenangelegenheit, würde er es ausgetragen haben, und er würde es heute noch tun, wenn es sich so entwickelte; aber die Verhandlung würde ungünstig für ihn sein. Es war zwar nicht zu erwarten, daß man ihn höheren Orts fallenließe, aber man könnte es übel vermerken.

Hearn mußte weg. Cummings empfand darüber Genugtuung und zugleich Enttäuschung. Er konnte Hearn versetzen, wohin er wollte, aber es blieb etwas von seiner Widersetzlichkeit zurück, die zu unterdrücken ihm nicht ganz gelungen war. Das bohrte in ihm. Er blinzelte in die Lampe, drehte sie ein bißchen tiefer, und dann preßte er seinen Oberschenkel und erkannte verstimmt, daß er eine von Hearns Bewegungen nachgeahmt hatte.

Wo sollte er ihn hinbringen? Es war nicht so furchtbar wichtig; jener Aufklärungszug, den Dalleson erwähnt hatte, würde genügen. Und Hearn könnte so im Bereich des Hauptquartiers bleiben. Er würde wissen, wie es mit Hearn weiterginge. Jedenfalls hatte er sich am Morgen gleich darum zu kümmern. Wenn er Dalleson wegen des Vorpostens bei der I-Kompanie sprechen würde, konnte er es so einrichten, daß es schien, als ob Dalleson die Versetzung veranlaßt habe. So würde es besser und weniger auffällig sein.

Cummings legte sich auf sein Bett, verschränkte die Hände hinter dem Kopf und starrte wieder einmal auf die Zeltstange. Als wolle sie ihn verspotten, blickte die auf Leinwand gezogene Karte von Anopopei auf ihn nieder und verwickelte ihn in unbehagliche Grübeleien. Der Zorn und die Enttäuschung, die er beim Empfang der Nachricht, wahrscheinlich keine Marineunterstützung zu bekommen, verspürt hatte, kehrten zurück. Er hatte sich allzu großen Hoffnungen hingegeben. Jetzt vermochte er seine Gedanken von der Landung an der Botoi-Bay nicht mehr abzuwenden. Es sollte noch eine andere Möglichkeit geben. Bestimmt könnte man sie finden, und sein Geist malte sich die Wirkung der Zangenbewegung aus. Er fragte sich, ob er es ohne Marineunterstützung wagen sollte, aber es würde wieder ein Blutbad geben wie damals mit den

Gummibooten. Er könnte es nur unternehmen, wenn die Küste von Botoi unverteidigt wäre.

Darin steckte der Kern einer neuen Idee. Wenn er die Küstenverteidigung vorher mit einem Truppenteil zerstörte und dann erst die eigentlichen Landungstruppen aussandte ... Vielleicht konnte eine kleine Abteilung nachts diesen Küstenabschnitt besetzen, und am Morgen darauf konnten die anderen Truppen landen. Aber das war zu gewagt. Eine nächtliche Landung – dafür waren seine Truppen nicht erfahren genug.

Eine Angriffstruppe, die zunächst Botoi nahm, konnte einen Ersatz für die Marine bilden. Aber wie sollte man es machen? Es war unmöglich, eine Kompanie von der eigenen Front aus hinüberzusenden, dazu mußte die gegnerische Front durchbrochen werden. Vielleicht konnte er Truppen zwanzig Meilen hinter der japanischen Front landen und sie an der Küste entlang vordringen lassen, aber der Dschungel war zu dicht. Es würde Stellen geben, wo sie die Küste verlassen müßten, und der Dschungelwald hinter der Küste von Botoi wiederum war undurchdringlich. Wenn er nun ...

Eine vage Idee war in ihm aufgetaucht, und er klammerte sich sofort daran nur in dem Bewußtsein, eine neue Idee zu haben. Er stand auf und tappte mit nackten Füßen über die Holzplanken, um einige Luftaufnahmen auf seinem Tisch zu überprüfen. Würde eine Kompanie genügen?

Es war durchaus möglich. Er könnte eine Kompanie in Landungsbooten um die Insel herumschicken, sie an der unberührten südlichen Küste landen lassen, die von Toyaku mit seinen Truppen durch den Watamai-Gebirgszug getrennt war. Sie konnten unmittelbar durch die Mitte der Insel vorgehen, den Paß beim Mount Anaka überqueren, in das Hinterland der japanischen Stellungen hineinsteigen, von dort aus die Botoi-Bay angreifen und ihre Stellungen halten, bis ein Bataillon zur Landung kam. Es war ein erfolgversprechender Angriff; denn die Küstengeschütze bei Botoi würden gegen das Meer gerichtet sein, und wie immer würden die japanischen Stellungen wenig Beweglichkeit im Feuerbereich haben.

Er rieb sich das Kinn. Im rechten Augenblick zu handeln, darin lag hier die Schwierigkeit. Aber es war ein großartiger Plan, und das Ungewöhnliche und Kühne daran verlockte Cummings sehr. Indessen ließ er sich nicht fortreißen. Immer, wenn er sich mit neuen Plänen beschäftigte, wurde sein Verstand sachlich und befaßte sich mit dem Nächstliegenden. Schnell schätzte er die Entfernungen. Von der Küste bis zur japanischen Seite des Passes waren es fünfundzwanzig Meilen und von dort sieben Meilen bis zur Botoi-Bay. Ohne verzögernde Zwischenfälle konnte es eine Kompanie in drei Tagen bewältigen, und wenn sie sich beeilte, sogar in zwei. Er studierte die Luftkarten. Das Gelände war natürlich furchtbar, aber nicht undurchdringlich wie auf der anderen Seite der Insel. Am Meeresrand gab es einen Dschungelsaum von nur wenigen Meilen Breite, und dann war ein Marsch durch ein verhältnismäßig offenes Gelände über Hügel und durch Kunaigras erforderlich, bis sie die Bergkette und den Paß erreichten. Auch das war zu bewältigen. Es blieb nur das Problem, einen Weg durch den Dschungel im japanischen Hinterland zu finden, sobald sie den Paß hinter sich hatten. Aber wenn er eine ganze Kompanie ausschicken würde, geriet sie gewiß in einen Hinterhalt.

Cummings lehnte sich in seinem Sessel zurück und dachte nach. Er würde erst aufklären lassen müssen. Es würde zu kostspielig, zu gewagt sein, eine Kompanie eine Woche lang darin zu verwickeln, wenn es sich nachher als undurchführbar herausstellte. Eine Patrouille aus wenigen Soldaten, aus ein oder zwei Gruppen, würde besser sein. Sie könnten einen Weg bahnen, die Pfade im japanischen Hinterland ausfindig machen, auf dem gleichen Weg zurückkehren und von den Booten wiederaufgenommen werden. Würden sie ohne Schwierigkeiten zurückkommen, könnte er eine Kompanie aussenden und den Plan durchführen. Cummings starrte einige Sekunden lang auf die Lampe. Die erste Aufklärungspatrouille würde fünf, höchstens sechs Tage benötigen, und nach ihrer Rückkehr konnte er eine Kompanie vorschicken, die Botoi vielleicht in drei Tagen erreichte. Sicherheitshalber müßte er für alles zusammen zehn oder elf Tage drangeben, da er nicht vor morgen abend damit beginnen konnte. Sein Frontalangriff aber würde in zwei Tagen starten, und bis er so weit wäre, die Botoi-Bay-Landung ins Werk zu setzen, würden neun Tage vergangen sein. Mit etwas Glück könnten ihm einige Einbrüche gelingen, aber es war unwahrscheinlich, daß der Frontalangriff besonders erfolgreich sein würde. Der Zeitpunkt konnte günstig sein. Er zündete sich eine Zigarette an. Die Sache hatte ihren Reiz.

Wen konnte er auf die erste Patrouille schicken? Er dachte sogleich an den Aufklärungszug, und dann forschte er in seinem Gedächtnis nach, was er von den Leuten wußte. Sie waren damals in den Gummibooten gewesen, aber nur wenige waren übriggeblieben, und seit dieser Zeit hatte sich der Zug ziemlich untätig verhalten. In der Nacht, als die Japaner über den Fluß angriffen, hatten sie ihre Pflicht erfüllt, und zwar sehr gut. Da war dieser Zugführer Croft, den Dalleson erwähnt hatte. Noch besser aber war, daß es sich um einen kleinen Zug handelte, so daß man alle Männer fortschicken konnte. Müßte er einen größeren Zug unterteilen, würden die Männer, die man auswählte, ihr Pech verwünschen.

Er empfand einen kleinen Schlag, als ihm klar wurde, daß Hearn morgen dem Zug zugeteilt werden sollte. Es war keine besonders glückliche Idee, einen Offizier mit hinauszuschicken, der mit seinem Zug nicht vertraut war, aber er konnte die Durchführung einer solchen Patrouille keinem Unteroffizier überlassen. Und Hearn war intelligent und besaß für einen so langwierigen Auftrag auch die notwendigen körperlichen Eigenschaften. In diesem Augenblick schätzte Cummings Hearn völlig sachlich ein, als handle es sich darum, die Vorzüge oder Nachteile eines Pferdes zu prüfen. Hearn konnte es bewerkstelligen; wahrscheinlich hatte er etwas von einem Befehlshaber an sich.

Dann setzte die Reaktion ein. Dieser neue Plan enthielt manches große Risiko, es hing fast zuviel davon ab. Einige Augenblicke dachte Cummings daran, ihn fallenzulassen. Aber der erste Einsatz war gering genug. Ein Dutzend oder fünfzehn Männer, und wenn es schlecht ausging, war nichts verloren. Außerdem war ja die Schiffsunterstützung noch nicht ganz abzuschreiben. Er konnte vielleicht ins Generalhauptquartier fliegen, sobald der Angriff lief, und versuchen, diese Zerstörer doch noch zu bekommen.

Er kehrte zu seinem Feldbett zurück und legte sich nieder. In seinem Pyjama hatte er die Luft im Zelt als kühl empfunden. Ihn schauerte. Eine erwartungsvolle, gehobene Stimmung war in ihm. Er sollte es versuchen und Hearn aussenden.

Wenn er Erfolg haben sollte ... Eine Sekunde lang erlaubte er sich, mit dem Ruhm zu spielen, den ihm ein solcher Sieg bringen würde. Er löschte die Lampe, ruhte auf seinem Feldbett und blickte wieder in die Finsternis. Irgendwo in der Ferne feuerte Artillerie.

Er wußte, daß er vor dem Morgen keinen Schlaf finden würde. Einmal fühlte er wieder, wie es in seinem Schienbein pochte, dann lachte er laut heraus und war fast erschrocken über den Klang seiner Stimme in dem leeren, dunklen Zelt. Dies alles geschah nicht beiläufig. Der Plan hatte sich in versteckten Kammern seines Gehirns entwickelt, um im richtigen Augenblick ans Licht zu treten. Jetzt paßten seine verschiedenen Verhaltungsweisen Hearn gegenüber zusammen. Man fand immer den Zusammenhang, wenn man sich nur richtig danach umsah.

„Aber dennoch, ich muß diese Patrouille ernst nehmen."

Oder war es nicht so? Sie erschien ihm zu gleicher Zeit als eine glänzende und eine undurchführbare Idee, und dieses Durcheinander, die Vielfältigkeit seiner Überlegungen erregten und verärgerten ihn gleichzeitig, so daß er nahe daran war, abermals loszulachen.

Statt dessen gähnte er. Diese Patrouille war ein gutes Vorzeichen. Zu lange waren ihm keine Ideen mehr gekommen, jetzt aber hatte er die Gewißheit, daß noch viele andere in der nächsten Woche nachfolgen würden. In welcher Zwangsjacke seine Truppenbewegungen auch gesteckt haben mochten, jetzt waren sie davon befreit, ebenso wie er sich von Hearn befreit hatte. Im tiefsten Grunde war es eine Notwendigkeit und entsprach der Art, wie man darauf reagierte.

Im Zeitraffer

GENERAL CUMMINGS
EIN TYPISCH AMERIKANISCHES ABKOMMEN

Auf den ersten Blick sah der General nicht anders aus als andere hohe Offiziere. Er war von etwas überdurchschnittlicher Größe, gut im Fleisch, mit einem recht hübschen, sonnengebräunten Gesicht und ergrauendem Haar, aber es gab doch Unterschiede. Wenn er lächelte, sah er dem frischen, selbstzufriedenen, kühnen Typ vieler amerikanischer Senatoren und Geschäftsleute ähnlich; der Anschein des robusten „guten Burschen" war jedoch nicht von Dauer. Es lag eine gewisse Leere im Gesicht. So war seine Erscheinung, und doch wieder nicht. Hearn kam es immer vor, als ob das lächelnde Gesicht erstarrt sei.

Die Stadt bestand seit langem in diesem Teil des Mittelwestens; 1910 waren es mehr als siebzig Jahre. Aber die City war jüngeren Datums. „Nun, so lange ist das noch nicht her", werden sie sagen, „ich kann mich an die Zeit erinnern, wo sie aus nichts anderem bestand als einem Postgebäude, dem Schulhaus, der alten Presbyterianer-Kirche und dem Stadthotel. Der alte Ike Cummings hatte damals den Gemischtwarenladen, und eine Zeitlang gab es auch einen Burschen, der die Haare schnitt, aber nicht für lange, er ging dann woanders hin. Und dann" – mit einem Augenaufschlag – „gab es eine Stadthure, die ihren Geschäften im ganzen Bezirk nachging."

Und natürlich vergeudete Cyrus Cummings (er wurde nach dem älteren McCormick genannt), wenn er in Bankgeschäften nach New York fuhr, nicht seine Zeit. „Ich sage Ihnen", werden die Leute erklären, „sie mußten diese Fabrik hierherbringen. Cy Cummings hatte damals, im 96er Jahr, McKinley seine Unterstützung nicht umsonst gegeben; er ist ein Yankee-

Kaufmann. Damals hatte er noch kein richtiges Bankgeschäft, aber nachdem er die Schulden der Farmer in der Woche vor der Wahl eingetrieben hatte, wurden wir hier ein McKinley-Bezirk. Cy ist noch gerissener als der alte Ike, und als der noch seinen Laden hatte, konnte ihm niemand ein krankes Pferd andrehen."
Der alte Mann auf der altmodischen Kekstrommel speit in sein gerändertes abgenutztes Taschentuch. „Natürlich" (mit einem Grinsen), „ich will nicht sagen, daß irgend jemand in der Stadt Cy mehr liebt als nötig, aber die Stadt (mit abermaligem Grinsen) ich meine, die Stadt schuldet ihm, das ist so sicher wie die Hölle, eine ganze Menge an Dankbarkeit oder an harten Dollars."

Die Stadt liegt mitten auf der großen amerikanischen Ebene. Ein paar niedrige Hügel und Rinnsale begrenzen sie. Es ist ein unbedeutendes Fleckchen Erde auf dem langgestreckten, flachen Gesicht des Mittelwestens, und man findet kaum ein paar Bäume auf der dem Wind abgewandten Seite der Bahndämme. Die Straßen sind breit, und die blühenden Ulmen- und Eichenbäume mildern im Sommer das kahle Äußere der im Queen-Anne-Stil erbauten Häuser und werfen geheimnisvolle Schatten in die Winkel der Giebelfenster und auf die stumpfen Dächer. In der Hauptstraße sind nur wenige Gebäude mit Stuckfassaden übriggeblieben. Eine Menge Geschäfte gibt es jetzt dort und Sonnabend nachmittags so viele Farmer, daß man die Straße mit Kopfsteinen zu pflastern beginnt, damit die Pferde nicht länger im Schlamm steckenbleiben.

Obwohl Cy Cummings der reichste Mann in der Stadt ist, unterscheidet sich sein Haus von den anderen nicht sehr. Die Cummings bauten es vor dreißig Jahren, zu einer Zeit, als es ganz allein am Rande der Stadt lag und man im frühen Herbst oder Frühjahr bis zu den Hüften im Dreck watete, wenn man zu ihm gelangen wollte. Aber jetzt hat die Stadt es eingeschlossen, und es gibt für Cummings kaum noch eine Möglichkeit, Veränderungen zu treffen.

Die schlimmsten Veränderungen muß man seiner Frau in die Schuhe schieben. Die Leute, die sie kennen, sagen, sie hat schuld. Sie ist eine elegante Frau aus dem Osten, mit Kultur. Cy ist ein tüchtiger Geschäftsmann, aber ohne Geschmack, und diese neue Eingangstür an der Vorderseite mit den nach innen zu öffnenden Fenstern ist was Französisches. Sie hat auch den Namen dafür auf dem Kirchenkränzchen genannt, „Nuvelle" oder so ähnlich. Und Cy Cummings mußte ihretwegen zur Episkopalischen Kirche übertreten und sich zum Werkzeug für den Bau des Kirchengebäudes hergeben.

Eine merkwürdige Familie, werden die Leute sagen, komische Menschen.

Im Wohnzimmer, mit den Porträts an den Wänden, den braun nachgedunkelten Landschaften in den goldenen Muschelrahmen, den düsteren Vorhängen, den braunen Möbeln und dem Kamin – in diesem Wohnzimmer sitzt die Familie beisammen.

Debs, dieser Bursche, macht mir wieder Kummer, sagt Cy Cummings. (Ein scharfgeschnittenes Gesicht, ein halbkahler Schädel und silbergefaßte Augengläser.)

Wirklich, mein Lieber? Die Frau wendet sich ihrer Stickarbeit zu und fügt einen weiteren goldenen Faden in den Hintern des Cupido auf der Mitte der kleinen Serviette. (Eine hübsche Frau, ein bißchen aufgeregt, mit langem Kleid und dem zeitgemäßen eindrucksvollen Busen.) Warum gibt es wieder Ärger?

Äääh, schnaubt Cy und bringt damit seinen grundsätzlichen Widerwillen über die Bemerkungen seiner Frau zum Ausdruck.

Aufhängen, sagt Ike Cummings mit der zitternden Stimme des alten Mannes. Im Krieg (Bürgerkrieg) pflegten wir sie uns zu greifen und sie auf eine Mähre zu setzen. Dann gaben wir ihr eins auf das Hinterteil und paßten auf, daß sie nicht ausschlug.

Cy raschelte mit seiner Zeitung. Ist nicht nötig, sie gleich aufzuhängen. Er schaut auf seine Hände und lacht hart. Ist Edward schon zu Bett gegangen?

Sie blickt auf, und ihre Antwort kommt hastig und nervös. Ich glaube; jedenfalls sagte er es. Er und Matthew sagten, daß sie schlafen gingen. (Matthew Arnold Cummings ist der Jüngere.)

Ich werde mal nachsehen.

Im Schlafzimmer der Jungen schläft Matthew, und der siebenjährige Edward sitzt in einer Ecke und zieht kleine Fäden durch einen Fetzen Stoff. Der Vater geht auf ihn zu, bis sein Schatten über das Gesicht des Jungen fällt. Was machst du da, mein Junge?

Das Kind sieht wie versteinert auf. Nähen. Ma sagte, ich darf es.

Gib her. Und das Nähzeug fliegt in den Papierkorb. Komm mal 'rauf, Lisa.

Er hört den leidenschaftlichen Streit im Flüsterton – um den schlafenden Bruder nicht zu wecken –, der seinetwegen tobt. Ich möchte nicht, daß er sich wie ein verdammtes Mädchen benimmt, du hast sofort damit aufzuhören, ihn mit allen diesen Büchern zu füttern, mit diesem ganzen weibischen Firlefanz. (Baseballschläger und Handschuhe verstauben auf dem Dachboden.)

Aber ich bin es doch nicht – ich habe ihm nicht das geringste gesagt.

Du hast ihm nicht erlaubt zu nähen?

Bitte, Cyrus, laß ihn in Ruhe. Der Schlag rötet seine Wange vom Ohr bis zum Mund. Der Junge sitzt auf dem Boden, und die Tränen fallen in seinen Schoß.

Und in Zukunft benimmst du dich wie ein Mann, verstanden?

Erst als sie fort sind, kommt ihm allerhand zum Bewußtsein. Die Mutter hatte ihm das Nähzeug gegeben und ihm gesagt, er könnte es im stillen tun.

In der Kirche geht die Predigt zu Ende. Wir sind alle Kinder Christi und unseres Herrn, Werkzeuge seines Erbarmens und auf die Erde gesetzt, um als Werkzeuge seiner Gnade zu wirken, den Samen der Brüderlichkeit und der guten Werke auszusäen.

Eine schöne Predigt, sagt die Mutter.

Jaaa.

Stimmt das, was er sagte? fragt Edward.

Gewiß, sagt Cyrus, nur mußt du es mit einem Körnchen Vorsicht aufnehmen. Das Leben ist hart, und niemand schenkt dir was. Du mußt für dich allein stehen. Jede Hand ist gegen dich, das wirst du bald herausfinden.

Dann stimmt es also nicht, Vater?

Das wollte ich damit nicht sagen. Er hat recht, und ich habe recht. Die Religion geht ihren Weg und das Geschäft den seinen, aber es ist auch ein christlicher.

Die Mutter streichelt seine Schultern. Es war eine wunderbare Predigt, Edward.

Fast jeder haßt mich in der Stadt, sagt Cyrus. Auch dich hassen sie, Edward; es ist gut, wenn du es frühzeitig erfährst. Es gibt nichts, was sie mehr hassen als den Erfolg, und sicher wirst du ebenfalls Erfolg haben. Aber auch, wenn sie dich nicht lieben, können sie dir doch die Stiefel lecken.

Mutter und Sohn packen ihre Leinwand und die Staffeleien zusammen und kehren an dem kühlen Frühlingsnachmittag von ihrem Ausflug vor die Stadt zurück, wo sie die mageren Hügel auf der Ebene skizziert haben.

War es schön, Eddie, mein Liebling? In ihrer Stimme liegt neuerdings ein leichtes Girren, eine besondere Wärme, wenn sie allein sind.

Es gefällt mir, Ma.

Als ich ein kleines Mädchen war, wünschte ich mir immer einen kleinen Jungen, mit dem ich fortgehen und malen könnte, so wie wir es taten. Nun, komm, ich will dir ein lustiges Lied beibringen, während wir nach Hause gehen.

Wie sieht Boston aus? fragt er.

Oh, es ist eine große Stadt. Sie ist schmutzig, kalt, und jedermann ist immer geputzt.

Wie Pa?

Sie lacht zweifelnd. Ja, wie Pa. Doch erzähl ihm nichts davon, was wir heute getan haben.

War es nicht richtig?

Doch, aber nun komm schnell nach Haus und sag ihm kein Wort davon, es soll unser Geheimnis bleiben.

Er haßt sie plötzlich und ist still und mürrisch, während sie in die Stadt zurückkehren. Am Abend erzählt er alles dem Vater und lauscht mit einer Art entzückter Angst auf den Streit, der daraufhin folgt.

Ich sage dir, daß alles mit dem Kind nur dein Fehler ist, du verzärtelst ihn und weckst nur das Schlechte in ihm. Du kannst eben Boston nicht vergessen, wie, ist es nicht so? Wir sind dir alle hier nicht fein genug.

Cyrus, bitte.

Ich will verdammt sein, wenn ich ihn nicht in eine Militärschule schicke. Er ist alt genug, um für sich selbst zu sorgen; mit neun Jahren hat ein Junge damit anzufangen, sich wie ein Mann zu benehmen.

Ike Cummings nickt. Militärschule ist das richtige. Der Junge hört gern vom Krieg erzählen.

Was zum Teil hinter dem Ganzen steckt, ist die Unterhaltung, die Cyrus mit dem Stadtarzt gehabt hat. Der sagenhafte Bart, die harten, schlauen Augen; sie hatten ihn angezwinkert und Verständnis gefunden. Nun gut, Mr. Cummings, dazu kann ich kaum etwas tun, das geht über meine Kräfte. Wenn er ein wenig älter wäre, würde ich sagen, bringen Sie den Jungen zu Sally, damit Leben in ihn kommt.

Das erste Lebewohl mit zehn Jahren, die Eisenbahnfahrt, der Abschied von den schmutzigen Straßen am Stadtrand, den armseligen Einfamilienhäusern, vom Geruch in seines Vaters Bank und von der Wäsche auf der Leine.

Leb wohl, mein Sohn, mach es gut, hörst du?

Er hat die Entscheidung des Vaters gefühllos aufgenommen, aber jetzt zittert er fast unmerklich unter der Hand auf seiner Schulter.

Leb wohl, Ma. Sie weint, und er fühlt eine leise Verachtung und fast ein wenig Mitleid.

Lebt wohl, und er taucht im Kloster unter und widmet sich dem täglichen Einerlei der Schule, dem Polieren der Knöpfe und dem Bettenmachen.

Er beginnt sich zu verändern. Er stand zuvor schon nicht gut mit den anderen Jungen, aber jetzt ist er eher kalt als schüchtern. Die Wasserfarben, die Bücher, „Der kleine Lord Fauntleroy", „Ivanhoe", „Oliver Twist", haben an Bedeutung verloren; er vermißt sie nicht mehr. In den nachfolgenden Jahren bekommt er die besten Zeugnisse seiner Klasse, wird ein kleiner Sportsmann, der dritte in der Tennismannschaft. Genau wie seinen Vater schätzt man auch ihn, aber er ist nicht beliebt.

Und dann die Zusammenstöße: Er steht während der Inspektion am Sonntagmorgen stramm aufgerichtet neben seiner Pritsche, schlägt die Hacken zusammen, als der leitende Oberst mit dem Gefolge der Unterrichtsoffiziere vorüberkommt, und wartet erstarrt auf den Kadettenoberst, einen großen dunkelhaarigen Jüngling.

Cummings, sagt der Kadettenoberst.

Ja, Sir.

Dein Gürtel hat Grünspan in den Ösen.

Ja, Sir. Und er beobachtet ihn, wie er weitergeht, und ist von Angst und doch froher Aufregung durchschüttelt, daß er aufgefallen ist. Ein erregendes Phänomen – denn, um nicht aufzufallen, nimmt er keinen Anteil an den üblichen lebhaften Auseinandersetzungen, wie sie zu einer Privatschule für Jungen gehören.

Neun Jahre lang die nüchternen Kasernen, das gemeinsame Schlafen, die Sorgen um Uniform und Ausrüstungsgegenstände, die anstrengenden Märsche und die gleichgültigen Ferien. Jeden Sommer besucht er seine Eltern auf sechs Wochen, findet sie merkwürdig und fühlt eine Entfremdung seinem Bruder gegenüber. Mrs. Cyrus Cummings geht ihm jetzt mit ihrem Heimweh auf die Nerven.

Erinnerst du dich noch, Eddie, wie wir damals zu den Hügeln hinaufgingen und malten?

Ja, Mutter. –

Er macht seinen Abschluß als Kadettenoberst.

Zu Haus erregt er in seiner Uniform Aufsehen. Die Leute wissen, daß er nach West Point kommen wird, und man präsentiert ihn den jungen Mädchen, die er höflich und gleichgültig behandelt. Er ist jetzt recht hübsch, nicht zu groß, sein Körperbau ist ansehnlich, und sein Gesicht hat einen klugen, polierten Ausdruck.

Cyrus spricht mit ihm. Nun, mein Sohn, bist du vorbereitet auf West Point?

Ja, Sir, ich denke.

Hm. Warst du gern auf der Militärschule?

Ich tat mein Bestes, Sir.

Cyrus nickt. West Point gefällt ihm. Schon vor langem hatte er entschieden, daß der kleine Matthew Arnold das Bankgeschäft weiterführen soll, und es ist besser, wenn der ihm fremdgewordene, steife Sohn in der Uniform aus dem Haus kommt. Es ist eine gute Idee, dich dahin zu schicken, sagt Cyrus.

Warum? Sein Gewissen ist rein, aber trotzdem läuft ihm ein heftiges Angstgefühl über den Rücken. Seine Handflächen sind immer feucht, wenn er mit seinem Vater spricht. Warum? – Ja, Sir. (Irgendwie weiß er, welche Antwort Cyrus zu hören wünscht.) Ja, Sir. Ich hoffe, daß ich in West Point etwas leisten werde, Sir.

Du wirst es, wenn du mein Sohn bist. (Während er sein herzliches Geschäftslachen ausstößt, klopft er ihm auf den Rücken.)

Und abermals ... Ja, Sir. Und er zieht sich zurück. Das ist seine übliche Reaktion.

Das Mädchen, das er heiraten wird, trifft er im Sommer seines zweiten West-Point-Jahres. Zwei Jahre ist er nicht zu Hause gewesen, weil die Ferien nicht lang genug waren, um die Reise zu unternehmen, aber er vermißt die Stadt nicht. Als diesmal die Ferien anbrechen, geht er nach Boston und besucht die Verwandten seiner Mutter.

Die City entzückt ihn. Die Manieren seiner Verwandten kommen ihm wie eine Offenbarung vor, nach dem aufdringlichen, neugierigen Benehmen der Leute seiner Heimatstadt. Er ist zunächst sehr höflich, sehr schweigsam und sich bewußt, daß er nicht eher frei sprechen kann, bis er gelernt haben wird, die Fehler, die er nicht machen darf, zu vermeiden. Aber es gibt aufregende Dinge. Er geht durch die Straßen von Beacon Hill, steigt eilig die engen Seitenpfade zum Regierungsgebäude hinauf, steht regungslos davor und beobachtet das Spiel der Lichter auf dem Charles-Fluß, der eine halbe Meile unter ihm liegt. Er wundert sich über die stumpfschwarzen Türklopfer und die anderen aus Messing. Er starrt auf all die vielen schmalen Türen und legt vor den alten schwarzgekleideten Damen, die freundlich und ein wenig zweifelnd wegen seiner Kadettenuniform lächeln, die Hand an die Mütze.

Das ist es, was ich liebe!

Boston gefällt mir sehr, sagt er einige Wochen später zu seiner Kusine Margaret. Sie sind miteinander vertraut geworden.

Wirklich? sagt sie. Es wird ein bißchen schäbig. Vater sagt, es gibt immer weniger Lokale, wo man hingehen kann. (Ihr Gesicht ist reizvoll schmal und angenehm kühl. Obwohl ihre Nase ein wenig lang ist, biegt sie sich an der Spitze etwas auf.)

Oh, natürlich, diese Iren, sagt er verächtlich, aber er hat ein leichtes Unbehagen dabei, weil er sich bewußt ist, wie abgedroschen seine Antwort ist.

Onkel Andrew klagt stets darüber, daß sie die Regierung von Boston weggenommen haben, ich hörte ihn neulich sagen, daß es jetzt wie in Frankreich sei, wo er gewesen ist, weißt du; die einzigen Karrieren kann man jetzt nur noch im Staatsdienst (Auswärtiges Amt) oder in der Uniform machen, aber selbst dort sind die Aussichten zweifelhaft. (Sie wird sich bewußt, daß sie einen Fehler gemacht hat, und fügt schnell hinzu:) Er hat dich sehr gern.

Das freut mich.

Es ist komisch, weißt du, sagt Margaret, noch vor vier Jahren war Onkel Andrew ganz dagegen, ich muß es dir gestehen. (Sie lacht und steckt ihren Arm durch den seinen.) Er hat immer die Marine bevorzugt. Er sagt, sie haben dort bessere Manieren.

Oh. (Einen Augenblick lang sieht er alles zerstört. Ihre ganze Höflichkeit, die sie ihm als Verwandten erwiesen, und die freundliche Aufnahme beurteilt er jetzt von der anderen Seite der Tür. Er versucht alles, was er von ihren Worten in Erinnerung behalten hat, umzukehren und vom neuen Gesichtspunkt aus zu prüfen.)

Das bedeutet gar nichts, sagt Margaret. Wir sind alle solche Heuchler. Es ist furchtbar, das sagen zu müssen, aber du mußt wissen, daß wir in der Familie nur gelten lassen, was uns paßt. Ich war erst furchtbar erschrocken, als ich mir das klarmachte.

Dann bin ich also der Richtige, sagt er leichthin.

O nein, keineswegs. (Sie beginnt zu lachen, und er fällt ein wenig zögernd mit ein.) Du bist nichts anderes als der Vetter aus dem Westen. Damit ist es noch nicht getan. (Ihr langes Gesicht macht jetzt einen fröhlichen Eindruck.) Aber ernsthaft, bis jetzt haben wir nur Marineoffiziere gehabt. Tom Hopkinson und Thatcher Lloyd, ich glaube, du hast sie bei Dennis getroffen, nun, das sind alles Marineleute, deren Väter Onkel Andrew sehr gut kennt. Aber er hat dich gern. Ich glaube, er hatte was mit deiner Mutter.

Nun, das bessert die Lage. (Sie lachen abermals, setzen sich auf einer Bank nieder und werfen Steine in den Charles-Fluß.)

Du bist so lustig, Margaret.

Oh, ich bin auch nur eine Heuchlerin. Wenn du mich erst kennst, wirst du sagen, ich sei schrecklich launenhaft.

Ich wette, daß ich das nicht sagen werde.

Oh, ich habe geweint, weißt du, richtiggehend geschluchzt, als Minot und ich beim Bootsrennen vor zwei Jahren verloren haben. Es war zu dumm. Vater erwartete, daß wir gewännen, und ich hatte solche Angst, was er nun sagen würde. Du kannst hier nichts tun, ohne daß man gleich Gründe anführt, warum irgend etwas nicht ratsam ist. (Für einen Augenblick klingt ihre Stimme fast verbittert.) Du bist anders als wir alle, du bist ernst, bist bedeutend. (Ihre Stimme ist wieder lustig.) Vater sagte mir, daß du der Zweite in deiner Klasse bist. Ein Zeichen von schlechten Manieren.

Wäre dir der Dritte wünschenswerter?

Das kommt für dich nicht in Betracht. Du wirst mal General werden.

Das glaube ich nicht. (Seine Stimme hat während der letzten Wochen den Bostoner Tonfall angenommen, sie ist höher und ein wenig lässiger geworden. Er kann der Erregung, ja vielleicht Überspanntheit, in die ihn Boston versetzt, keinen Ausdruck geben. Jedermann hier ist so vollendet.)

Du willst mich nur foppen, sagt er. (Zu spät wird ihm klar, daß er einen unfeinen Ausdruck des Mittelwestens gebraucht hat, und es bringt ihn einen Augenblick lang aus dem Gleichgewicht.)

O nein, ich bin überzeugt davon, daß du ein großer Mann werden wirst.

Ich liebe dich, Margaret.

Das mußt du wohl jetzt, nachdem ich dich so gelobt habe. (Sie kichert wieder und sagt listig:) Vielleicht wünsche ich sogar, daß du mich liebst.

Als er sie am Ende der Sommerwochen verläßt, umarmt sie ihn und flüstert in sein Ohr: Ich wünschte, wir wären endgültig verlobt, so daß du mich küssen könntest.

Ich auch. Aber es ist das erstemal, daß er an sie als Frau denkt, die zum Lieben da ist, und nun erschrickt er ein wenig und hat ein leeres Gefühl. Auf der Heimfahrt im Zug ist sie schon nicht mehr das unruhestiftende Einzelwesen, sondern nichts weiter als der nette Mittelpunkt ihrer Familie und Bostons, das hinter ihm versinkt. Er fühlt eine ihm bisher unbekannte und ihn befriedigende Übereinstimmung mit seinen Klassenkameraden, als er über sein Mädchen spricht. Es ist wichtig, eins zu haben, stellt er fest.

Unentwegt lernt er Neues und begreift bereits, daß sein Geist auf verschiedenen Ebenen arbeiten muß. Das ist das, was er für die Wahrheit hält: der objektive Zustand der Welt, den sein Geist herausschälen muß; da ist die „tiefere Schicht", wie er es nennt, wobei seine Pritsche in den Wolken schwebt und er nicht wissen will, was darunter ist; da ist weiterhin, und sie ist sehr wichtig, die Ebene, auf der er Dinge wegen ihrer Wirkung auf die Menschen, mit denen er zusammen lebt und arbeitet, sagen und tun muß.

Das erlebt er in dramatischer Weise in der Unterrichtsstunde über „Kriegsgeschichte und Taktik". (Der braungetünchte Raum, die schwarzen Tafeln vorn an der Wand, die Bänke, auf denen die Kadetten in der unantastbaren Symmetrie nach altem Vorbild, den Feldern eines Schachbrettes gleich, sitzen.)

Sir (er erhielt die Erlaubnis zum Sprechen), ist es richtig, daß man sagt: Lee war der bessere General als Grant? Ich weiß, daß ihre Taktiken sich nicht vergleichen lassen, aber Grant wußte etwas von Strategie. Was nutzt die ganze Taktik, Sir, wenn die – die Technik der Soldaten und das Kriegsmaterial nicht ausreichend entwickelt oder nicht vorhanden sind; denn ist die Taktik nicht nur ein Teil des Ganzen? War unter diesem Gesichtswinkel Grant nicht der größere, weil er versuchte, auch das Nichtgreifbare einzukalkulieren? Er war vielleicht nicht sehr fest im Reglement, aber er hatte Phantasie genug, um sich das Fehlende auszudenken. (Die Klasse brüllt.)

Es lag ein dreifaches Vergehen vor. Er hatte sich widersprochen, sich auflehnend verhalten, und obendrein war er witzig gewesen.

Cummings, Sie werden in Zukunft ihre Meinung knapper vorbringen.

Ja, Sir.

Zufälligerweise sind Sie im Unrecht. Sie alle werden bald herausfinden, daß Erfahrung mehr wert ist als Theorie. Es ist unmöglich, in die Strategie alles einzubeziehen; diese Dinge pflegen sich irgendwie auszugleichen, so wie es bei Richmond geschah und jetzt im Schützengrabenkrieg in Europa. Die Taktik ist das Entscheidende. (Er schreibt es an die Tafel.)

Und dann, Cummings ...

Sir?

Wenn Sie das Glück haben werden, am Ende der zwanziger Jahre ein Bataillon zu befehligen, würde es erheblich besser sein, wenn Sie sich mit den strategischen Problemen eines Zuges befassen würden (sein Sarkasmus erregt unterdrücktes Gelächter), anstatt mit denen einer Armee. (Sie erkennen die Billigung in seinen Augen, und die Klasse gibt ihrem Gelächter freien Lauf, daß es Cummings ins Fleisch schneidet.)

Noch wochenlang bekommt er es zu hören. He, Cummings, wie viele Stunden brauchst du, um Richmond zu nehmen?

Sie haben dich als Berater der Franzosen gewählt, Ed, wie ich höre. Mit deinen besonderen Ansichten wird es gelingen, die Hindenburgstellung zu durchbrechen.

Er lernt viel daraus und begreift neben anderen Dingen, daß er nicht beliebt ist und man ihn nie lieben wird. Er darf keinen Fehler machen und sich vor der Meute nicht bloßstellen. Er wird warten müssen. Aber er fühlt sich verletzt und kann sich nicht zurückhalten, darüber an Margaret zu schreiben. Und für sein Gekränktsein findet er einen Ausgleich: es gibt eine Welt mit anderen Manieren, von der diese Männer keine Ahnung haben.

Beim Schulabschluß druckt „Die Haubitze" seinen Bericht ab, setzt „Der Stratege" darunter und fügt, um es zu mildern, weil es im Widerspruch zu der sanften Art der jährlichen Magazine steht, ein wenig unklar hinzu: „Hübsch ist, wer Hübsches tut."

Er verbringt einen abgebrochenen Urlaub mit Margaret, es folgt die Ankündigung ihrer Verlobung und der schnelle Abtransport in den Krieg nach Europa.

Er sitzt in der Planungsabteilung des Generalhauptquartiers im übriggebliebenen Flügel eines Schlosses. Er hat den weißgetünchten Raum, den zuvor ein Hausmädchen bewohnte, wovon er nichts ahnt, für sich in Anspruch genommen. Der Krieg hat auf angenehme Weise die tödliche Routine, das Einerlei der Formblätter, den Kleinkram bei den Entwürfen für Truppenbewegungen verändert. Der Lärm der Artillerie bedeutet ihm eine Bereicherung seiner Arbeit, der nackte, zerrissene Erdboden dort draußen spricht für die Wichtigkeit seiner Zahlen.

Er erlebt einen Abend, an dem ihm alles klar wird und es in seinem Innern ins Gleichgewicht kommt.

Er fährt mit seinem Oberst, einem Chauffeur und zwei anderen Offizieren zur Inspektion an die Front. Es geht im Picknickstil mit eingepackten Broten und Thermosflaschen voll heißem Kaffee vor sich. Die Proviantbüchsen, die sie mitnehmen, werden sie jedoch kaum verwenden können. Sie fahren die Straßen hinter der Front entlang, holpern über die Wasserlöcher und Granattrichter und klatschen durch den Dreck. Eine Stunde lang bewegen sie sich über die weite verwüstete Ebene unter dem grauen Nachmittagshimmel, der nur von den Abschüssen der Geschütze, dem grausamen, bösartigen Flakkern der Leuchtkugeln erhellt wird. Es ist wie Wetterleuchten an einem schwülen Sommerabend. Eine Meile vor den Gräben gelangen sie an eine niedrige Hügelkette, die fast den Horizont verdeckt. Sie halten an und gehen langsam den Verbindungsgraben entlang, der vom Morgenregen her fußhoch mit Wasser gefüllt ist. Als sie sich dem nächsten Graben nähern, führt der Verbindungsgraben im Zickzack weiter und wird tiefer. Alle hundert Yards schwingt sich Cummings auf die Brustwehr und starrt vorsichtig in das trübe Niemandsland.

In den Reservegräben machen sie halt und beziehen in einem festen Unterstand ihre Stellung. Sie lauschen respektvoll der Unterhaltung zwischen ihrem Oberst und dem Regimentskommandeur des Frontabschnittes. Er ist ebenfalls des bevorstehenden Angriffs wegen hierhergekommen. Eine Stunde vor Dunkelwerden beginnt die Artillerie ein abtastendes Sperrfeuer, das sich immer mehr an die feindlichen Gräben heranschiebt und sich schließlich in einem fünfzehn Minuten dauernden Bombardement darauf konzentriert. Die deutsche Artillerie antwortet, und alle paar Minuten saust eine abirrende Granate in der Nähe ihres Beobachtungsstandes nieder. Die Granatwerfer haben das Feuer aufgenommen, und nun wächst der allgemeine Lärm derartig an, daß alles andere darin erstickt, und die Männer schreien müssen, wenn sie einander verstehen wollen.

Es ist soweit, sie gehen los! brüllt jemand.

Cummings nimmt sein Fernglas vor die Augen und blickt durch den Schlitz in der Wand des Unterstandes. In der Dämmerung sehen die mit Schmutz bedeckten Männer auf der bleichen Ebene wie silbrige Schatten aus. Es hat wieder zu regnen angefangen, und halb gehend, halb laufend schwanken sie vorwärts, fallen auf ihre Gesichter, rennen zurück oder kriechen auf den Bäuchen durch den bleifarbenen Dreck. Die deutschen Linien sind lebendig geworden, und wütend erwidern sie das Feuer. Feuerschein und Getöse sind so heftig, daß seine Sinne davon betäubt werden. Schließlich empfindet er es nur als Geräuschkulisse für die auf der Ebene vorgehende Infanterie.

Die Männer bewegen sich jetzt sehr langsam und sind vornübergebeugt, als ob sie gegen Wind ankämpfen müßten. Er ist über die Schwerfälligkeit des Ganzen und über die Lethargie verwundert, mit der sie vorgehen und fallen. Der Angriff sieht planlos aus, keine Willenskraft scheint in diesen Männern zu stecken. Sie treiben wie Blätter in einem Teich, in den ein Stein geworfen wurde, nach allen Richtungen, und doch geht die Bewegung im ganzen nach vorn. Auch Ameisen haben, so gesehen, nur eine Richtung.

Durch das Fernglas verfolgt er einen Soldaten, der vorwärts läuft, seinen Kopf in den Dreck drückt, aufsteht und weiterrennt. Es ist, als beobachte man von einem hochgelegenen Fenster aus eine Menschenmenge oder als versuche man, aus den wimmelnden Jungen in einer Hundezüchterei ein Einzelwesen herauszufinden. Es ist merkwürdig und etwas unwirklich, daß alle Gruppen schließlich doch aus Einzelwesen bestehen.

Der Soldat fällt, liegt zuckend im Schlamm, und Cummings schwenkt sein Fernglas auf einen anderen.

Sie sind bei den deutschen Gräben! schreit jemand.

Aufgeregt hält er Ausschau und sieht einige Männer über die Brustwehr springen, während sie das Bajonett vorstrecken wie Stabhochspringer, die sich mit dem Stab der Latte nähern. Sie bewegen sich jedoch so gemächlich, und nur wenige Männer folgen ihnen nach, daß es ihm rätselhaft erscheint. Wo sind die übrigen, ist er gerade dabei zu fragen, als der Regimentskommandeur zu schreien beginnt: Sie nehmen ihn, diese guten

Jungens, sie nehmen ihn! Er hält das Telefon in der Hand und schreit hastig Befehle hinein.

Die deutsche Artillerie feuert jetzt auf die soeben genommenen Gräben, und weitere Reihen von Männern dringen nun langsam durch die Dämmerung über die ruhige Fläche vor, machen einen Bogen um die Gefallenen und tauchen in den deutschen Gräben unter. Es ist fast dunkel. Im Osten, wo ein Haus brennt, hat der Himmel einen rosafarbenen Anstrich bekommen. Er kann nichts mehr durch das Fernglas sehen, legt es nieder und starrt über das Schlachtfeld mit stiller Verwunderung. Es macht einen urwelthaften Eindruck; so hat er sich immer die Oberfläche des Mondes vorgestellt. In den Kratern schimmert das Wasser und gleitet in gekräuselten Schatten um die Körper der Gefallenen.

Was halten Sie davon? Der Oberst stößt ihn leise an.

Oh, es war ... Aber er kann keine Worte finden. Es war zu ungeheuerlich, zu erschütternd gewesen. Die trockenen, langen Schlachtschilderungen aus den Lehrbüchern waren vor ihm lebendig geworden und häuften sich nun in seinem Kopf. Er kann immer nur an den Mann denken, der diesen Angriff befohlen hat, und versucht, sich dieses rätselhafte Wesen vorzustellen. Was für ein ... Mut. Diese Verantwortung! (Er wählt den militärischen Ausdruck, weil ihm ein zutreffendes Wort fehlt.)

Über alle diese Männer war ein einziger gesetzt, der ihnen Befehle erteilen konnte und dadurch vielleicht für immer die Struktur ihres Lebens veränderte. Er blickt nachdenklich über das dunkle Schlachtfeld, und die größte Vision, die er jemals gehabt hat, ergreift qualvoll von ihm Besitz.

Was für Dinge man tun konnte!

Dies alles konnte man befehlen! Er ist von der Gewalt dieses Gefühls, diesem wütenden, alles übersteigenden, grenzenlosen Machthunger tief getroffen.

Er kommt als Hauptmann (auf Zeit) zurück, wird in ein und demselben Befehl befördert und zugleich wieder zum Leutnant (auf Dauer) zurückversetzt. Die Heirat mit Margaret findet gegen den leisen Widerstand ihrer Eltern statt. Es folgen kurze Flitterwochen, dann lassen sie sich in einer Garnison nieder und treiben in dem angenehm oberflächlichen Kreis der geselligen Zusammenkünfte und Tanzvergnügungen im Offizierklub an den Sonnabendabenden dahin.

Eine Zeitlang ist ihr Liebesleben phantastisch:

Er muß sie unterwerfen, sie in sich einsaugen, sie zerreißen und sich einverleiben.

Die ersten Monate über bleibt dieses Motiv unter ihrer beiderseitigen Unerfahrenheit und Fremdheit verborgen, aber schließlich muß es in Erscheinung treten. Ein halbes, fast ein ganzes Jahr lang ist ihr Liebesleben wild und kraftvoll, so daß er bisweilen vor Erschöpfung und Enttäuschung an ihrer Brust schluchtzt.

Liebst du mich, gehörst du mir, du mußt mich lieben!

Jaja.

Ich werde dich zerreißen, ich werde dich fressen, oh, du wirst mir ganz gehören, du wirst mir ganz gehören, du Hexe!

Überraschend profane Worte, die er von sich selbst zu hören bekommt.

Margaret gefällt es, regt es auf; sie hält es für Leidenschaft, blüht auf und wird rundlich. Aber es hält nur eine Zeit vor. Nach einem Jahr wird ihr in aller Nüchternheit offenbar, daß sie allein ist, daß er nur Kämpfe mit sich selber auf ihrem Körper austrägt, und etwas beginnt in ihr zu welken. Hinter sich hatte sie alle Autorität gelassen, die mit der Familie, den Straßen Bostons und dem Fluidum der Geschichte, das ihnen anhaftete, zusammenhing. Sie hatte sich davon frei gemacht, um nun von einer noch erschreckenderen Autorität, von größeren Ansprüchen eingefangen zu werden.

Natürlich liegt dies alles außerhalb ihrer Gespräche. Es würde unerträglich sein, spräche man darüber. Aber ihr Eheleben verändert sich, es wird eine Art vorgetäuschter Kameradschaftsehe, die eine große Leere umschließt. Sie lieben einander jetzt selten, und wenn es geschieht, bleibt es schmerzvoll in seiner Vereinzelung. Er zieht sich von ihr zurück, leckt seine Wunden und läuft verwirrt in dem Kreis umher, den er nicht zu durchbrechen vermag. Ihr Leben in der Gesellschaft gewinnt mehr an Bedeutung.

Sie ist beschäftigt damit, ihr Haus in Ordnung zu halten, und führt eine genaue Liste all der sorgfältig zu erteilenden und anzunehmenden Einladungen zu Vergnügungen und Besuchen. Die Zusammenstellung der Liste für die Gesellschaft, die sie einmal im Monat geben, nimmt sie zwei Stunden in Anspruch.

Einmal debattieren sie eine Woche lang darüber, ob sie den General in ihr Haus einladen könnten, und beide bringen die spitzfindigsten Einwendungen vor. Sie kommen schließlich überein, daß es gegen den guten Geschmack verstieße und ihn beleidigen würde, selbst wenn er käme. Aber einige Tage später ringt Hauptmann Cummings wieder mit diesem Problem, wacht gegen Morgengrauen auf und meint, daß es eine Chance ist, die er sich nicht entgehen lassen darf.

Der Plan wird sorgfältig vorbereitet. Sie suchen sich ein Wochenende aus, an dem der General keine Verpflichtungen hat, und es scheint, als ob er davon frei bleiben würde. Margaret bekommt von der Hausordonnanz des Generals heraus, was er gern ißt; auf einer Tanzveranstaltung der Garnison spricht sie zwanzig Minuten lang mit seiner Frau, und sie entdecken dabei einen gemeinsamen Bekannten von ihres Vaters Seite her.

Sie schicken die Einladungen hinaus, und der General nimmt an. Sie haben eine aufgeregte Vorbereitungswoche und durchleben die Anspannung, die die Gesellschaft mit sich bringt. Der General kommt herein, steht am Büfettisch und pickt nicht ohne Gier den geräucherten Truthahn und die Garnelen heraus, um die sie nach Boston geschickt hatte.

Schließlich wird es ein Erfolg, und der General lächelt Cummings ein wenig nebelhaft zu. Er ist nach dem achten Whisky von der protzigen und reichdrapierten Zimmereinrichtung (er hatte Ahorn erwartet), von dem scharfen, süßlichen Geschmack der Garnelensoße, die den vom Trunk belegten Gaumen durchdringt, sehr angetan. Als er sich verabschiedet, klopft er Cummings auf die Schulter und zwickt Margarets Wange. Die Spannung ist vorüber, und die jungen Offiziere und ihre Frauen beginnen zu singen. Aber die Gastgeber sind zu erschöpft, und die Gesellschaft geht zeitig auseinander.

Als sie sich hinterher gegenseitig beglückwünschen, ist Cummings befriedigt.

Aber Margret macht es wieder zunichte; sie bringt es jetzt leicht fertig, Dinge zu verderben. Ehrlich gesagt, Edward, frage ich mich, was das für einen Sinn hatte. Du kannst doch nicht früher avancieren, und der alte Furz (sie hat sich ein wenig das Fluchen angewöhnt) wird bereits tot sein, wenn er dich für den Generalsrang vorschlagen soll.

Man muß früh anfangen, seinen Ruf zu festigen, sagt er eilig. Er hat sich allen diesen Sitten und Gebräuchen pflichteifrigst unterworfen, aber er wünscht darüber nicht befragt zu werden.

Ach, was ist das für eine vage Antwort. Ich glaube, es war töricht, ihn überhaupt einzuladen. Ohne ihn wäre es viel lustiger geworden.

Lustig? (Dies trifft seine empfindliche Stelle und läßt ihn vor Zorn schwach werden.) Es gibt wichtigere Dinge als Vergnügen! Es ist ihm, als hätte er eine Tür hinter sich zugeschlagen.

Du läufst Gefahr, langweilig zu werden.

Schweig, schreit er fast, und sie beugt sich vor seinem Zorn. Aber so ist es zwischen ihnen. Wieder einmal hat es sich bestätigt.

Ich weiß nicht, was in dich gefahren ist, murmelt er.

Es gibt noch andere Gemütserregungen, die aus anderen Richtungen kommen. Eine Zeitlang wandert er durch die Runden der trinkfreudigen Männer im Offiziersklub, spielt Poker und erlaubt sich einige wenige Seitensprünge. Aber es endet so wie bei Margaret, erniedrigend. In den nächsten Jahren bleibt er für sich und opfert sich ganz seinem Dienst.

Hierin zeigt er Talent. Er begreift alle Probleme vollständig, grübelt des Nachts im Bett darüber nach, wie er die verschiedenen Soldaten am besten behandeln und seine Befehlsgewalt am wirkungsvollsten ausüben könnte. Tagsüber verbringt er fast die ganze Zeit mit der Kompanie, überwacht den Arbeitseinsatz und führt laufend Inspektionen durch. Seine Kompanien sind in der ganzen Garnison am besten in Stand und die zu ihnen gehörenden Straßenzüge selbstverständlich die saubersten und nettesten.

Am Sonnabendmorgen muß jeweils ein Zug jeder Kompanie das Unkraut vor den Kasernen entfernen.

Er hat alle Patentreinigungsmittel für Messing geprüft, das beste ausgewählt und einen Befehl erlassen, daß die Soldaten nur diese Marke verwenden.

Bei der täglichen Latrineninspektion ist er seinen Leuten immer einen Schritt voraus. Eines Morgens liegt er auf Händen und Füßen, hebt den Gullydeckel hoch und verdonnert den Zug, weil er das Abflußrohr verdreckt vorgefunden hat.

Auf seinen Inspektionen führt er eine Nadel bei sich, um in den Ritzen auf den Treppen nach Staub zu forschen.

Beim Gymkhana, das die Garnison jeden Sommer veranstaltet, gewinnt seine Mannschaft regelmäßig. Bereits vom ersten Februar an beginnt er sie dafür einzuüben.

Nach jeder Mahlzeit wird der Boden der Mannschaftskantine mit heißem Wasser geschrubbt.

Immer ist er an der Spitze seiner Leute. Bei einer großen Sonnabendinspektion, zu der ein General zu Besuch erwartet wird, befiehlt er den Soldaten, die Sohlen ihrer Extraschuhe, die am Fußende ihrer Feldbetten zur Schau gestellt werden, mit Schuhcreme einzuschmieren.

Er ist dafür bekannt, daß er auf dem Exerzierplatz ein Gewehr auseinandernimmt und den freien Raum bei der Schlagbolzenfeder nach Schmutz untersucht.

Es ist ein ständig umlaufendes Witzwort seiner Kompanie, daß der Alte die Absicht haben soll, den Leuten zu befehlen, daß sie ihre Schuhe ausziehen, bevor sie die Kaserne betreten.

Aber die Stabsoffiziere stimmen darin überein, daß Hauptmann Cummings einer der besten jungen Offiziere ist, die die Garnison besitzt.

Auf einem Familienbesuch in Boston wird Margaret ausgefragt.

Denkt ihr immer noch nicht an Kinder?

Nein, ich glaube nicht, lachte sie. Ich fürchte mich davor. Wahrscheinlich würde Edward das Kind die Wiege schrubben lassen.

Meinst du nicht, daß sieben Jahre lange genug sind?

Oh, sicher. Aber ich weiß nicht.

Es ist nicht gut, zu lange damit zu warten.

Margaret seufzt. Die Menschen sind komisch, wirklich komisch. Man glaubt, daß sie etwas Bestimmtes vorstellen, und dann zeigen sie sich von einer ganz neuen Seite.

Ihre Tante wirft die dünnen Lippen auf. Es war immer meine Meinung, Margaret, daß du besser daran getan hättest, einen Mann zu heiraten, den wir kennen.

Was für eine törichte Meinung. Edward wird eines Tages ein berühmter General sein. Wir brauchen nur einen Krieg, und ich werde mich wie Josephine fühlen.

(Mit bösem Blick.) Du brauchst nicht schnippisch zu werden, Margaret. Ich hatte immer gehofft, daß dich die Ehe fraulicher machen würde. Es ist nicht klug, jemand zu heiraten, über den man nichts weiß, und ich habe dich immer in Verdacht gehabt, daß du gerade aus diesem Grunde Edward geheiratet hast. (Bedeutungsvolle Pause.) Ruth, Thatchers Frau, trägt jetzt ihr drittes Kind.

(Margaret ist wütend.) Ich möchte wissen, ob ich auch einmal, wenn ich alt bin, so gemein sein werde wie du.

Ich fürchte, daß du immer nur eine freche Antwort haben wirst, meine Liebe.

Margaret betrinkt sich auf den Tanzveranstaltungen an den Sonnabendabenden ein wenig zu häufig. Bisweilen ist ein Skandal nicht mehr weit.

Ich sehe, Sie sitzen ganz allein, Hauptmann, bemerkt eine der Offiziersdamen.

Ja, ich fürchte, daß ich ein bißchen altmodisch bin. Der Krieg und ... (Ihr Mann hat nach 1918 das Offizierspatent erhalten.) Ich muß immer wieder bedauern, daß ich nicht gut tanzen gelernt habe. (Seine Manie, sich von den anderen Berufsoffizieren unterscheiden zu wollen, bildet sich in diesen Jahren heraus.)

Ihre Frau tanzt aber gut.

Ja. (Auf der anderen Seite des Raumes steht Margaret in einem Kreis von Männern. Sie lacht jetzt laut, und ihre Hand liegt auf dem Ärmel eines Leutnants.) Mit Verdruß und Ekel starrt er zu ihr hinüber.

Nach Webster[1]: *Haß*, Subst., heftiger Widerwillen oder Abscheu, verbunden mit Übelwollen.

---

[1] Amerikan. Wörterbuch

In den meisten Ehen ist er als ein Fädchen vorhanden, in Cummings Ehe jedoch wird er stärker, bis er alles umschlingt.

Aber es geht in der kalten Form vor sich. Kein Streit. Keine Beleidigungen.

Er besteht nur noch aus Fleiß und Studium. Abends pflegt er im Wohnzimmer ihres Hauses, das mit in der langen Reihe der Garnisonsgebäude steht, zu lesen. Fünf oder sechs Abende der Woche sind damit ausgefüllt. Mit Riesenschritten holt er nach, was ihm an Bildung fehlte: Zuerst in der Philosophie und dann in der Politik, Soziologie, Psychologie, Geschichte und selbst in der Literatur und Kunst. Er saugt es mit einer phantastischen Auffassungsgabe und Gedächtniskraft, die er bisweilen entwickelt, in sich hinein. Alles, was er aufnimmt, verwandelt er unmittelbar in das, was der besonderen Art seines Geistes entgegenkommt.

Bei den seltenen Unterhaltungen geistiger Art, die er in dieser Garnison finden kann, tritt es ein wenig in Erscheinung. Ich finde Freud recht anregend, sagt er. Seiner Meinung nach ist der Mensch ein wertloses Geschöpf, und worauf es allein ankommt, ist, ihn auf beste Art unter Kontrolle zu halten.

1931 ist ihm Spengler besonders geistesverwandt. Vor seiner Kompanie hält er kurze, vorsichtige Ansprachen.

Ich brauche Ihnen nicht zu sagen, wie schlimm die Dinge stehen. Einige von Ihnen sind aus diesem Grunde bei der Armee. Aber es liegt mir daran, Ihnen klarzumachen, daß wir eines Tages eine wichtige Aufgabe zu erfüllen haben könnten. Wenn Sie die Zeitung lesen, werden Sie wissen, daß überall Soldaten zu den Waffen gerufen wurden. Es könnte große Veränderungen geben, und im Ernstfall ist es dann Ihre Pflicht, den Befehlen der Regierung, die Ihnen durch mich übermittelt werden, zu gehorchen.

Die Pläne, die niemals ganz ausreiften und zu Papier gebracht wurden, lösen sich schließlich in nichts auf. 1934 ist Major Cummings weit mehr an Auslandsberichten interessiert.

Ich sage Ihnen, daß Hitler kein Strohfeuer ist, debattiert er, es steckt der Keim einer Idee darin, und was noch mehr bedeutet, man muß ihm politisch Kredit geben. Er spielt auf dem deutschen Volk mit einer vollendeten Kunstfertigkeit. Das Siegfriedsideal liegt ihnen doch im Blut.

1935 wird Cummings wegen einiger Neuerungen an der Infanterieschule in Fort Benning erwähnt.

1936, während seines Jahres auf der Kriegsakademie in Washington, gilt er als der hoffnungsvollste Stabsoffizier. Er erregt einige Wellen in der Gesellschaft Washingtons, befreundet sich mit Kongreßleuten und sieht die prominentesten Gastgeberinnen der Stadt. Eine Zeitlang droht es ihm, der militärische Ratgeber der Washingtoner Gesellschaft zu werden.

Immer weiter entwickelt er sich. Verwirrungen und Gegenströmungen bleiben unter der Konzentration verborgen, mit der er arbeitet. Auf einem Dreißig-Tage-Urlaub im Sommer 1937 besucht er seinen Schwager, der seine Ferien in Maine verbringt. Sie haben sich während des Dienstaufenthaltes Cummings' in Washington befreundet.

Eines Nachmittags im Segelboot:

Du mußt wissen, Edward, daß ich mit meiner Familie nie übereinstimmte. Es war nicht dein Fehler, daß sie dich nie ganz anerkannt haben. Ich glaube, daß dich ihr rückständiges Verhalten schmerzen mußte, aber schließlich wirst du Verständnis dafür gehabt haben.

Ich glaube ja, Minot. (Da ist dieses andere Netz der Erregungen und Bestrebungen, das ihn gelegentlich immer wieder einfängt. Diese unbeschreibliche Vollkommenheit Bostons, die sich ihm einmal zugeneigt und jene seltsame Befriedigung, aber auch Beunruhigung hinterlassen hat. Er hatte in Washington seine Vorteile daraus gezogen, dessen ist er sich zynisch bewußt, aber es bleibt doch stets die Unsicherheit und Anziehungskraft.) Seine Worte kommen ihm übertrieben vor, als er sich jetzt sagen hört: Margaret hat sich herrlich benommen.

Eine wunderbare Frau, meine Schwester.

Ja.

Es ist eine Schande, daß ich dich damals nicht besser gekannt habe. Du hättest großartig in den Staatsdienst gepaßt; ich habe deine Entwicklung beobachtet, Edward. Ich glaube, daß du mehr Phantasie und Takt besitzt, wenn eine Situation sie erfordert, und daß du schneller begreifst, worauf es ankommt, als irgendeiner in meiner Bekanntschaft. Es ist schade, daß es jetzt zu spät ist.

Bisweilen glaube ich, daß ich da gut hineingepaßt hätte, stimmt ihm Cummings zu. Aber weißt du, in ein oder zwei Jahren werde ich Oberstleutnant und dann unabhängig vom Dienstalter sein. Es ist vielleicht ein bißchen unklug, damit zu prahlen, aber ein Jahr danach bin ich Oberst.

Hm. Sprichst du eigentlich Französisch?

Eine ganze Menge. Ich habe drüben einiges gelernt und behalten.

Der Schwager streicht sich das Kinn. Weißt du, Edward, es gibt zwar Regierungsgesetze, aber im Amt hat man doch geteilte Ansichten darüber. Ich muß dir mal was sagen, ich frage mich, ob man dich nicht für ein kleines Geplänkel nach Frankreich schicken könnte? Natürlich nur in deiner Eigenschaft als Offizier, nicht offiziell.

Wie meinst du das, Minot?

Oh, das ist nicht so klar auszudrücken. Ein paar Worte da und dort. Es gibt eine Gruppe im Amt, die unsere Spanien-Politik zu ändern wünscht. Ich glaube nicht, daß sie Erfolg haben wird, denn es würde sich katastrophal auswirken und gerade so sein, als ob man Gibraltar den Russen aushändigte. Was mir Sorge macht, ist Frankreich. Solange es unentschlossen ist, glaube ich nicht, daß wir eine Chance haben, von uns aus etwas anderes zu versuchen.

Soll ich es am Zaun halten?

So Großes nicht. Ich habe einige Zusicherungen erhalten, einige Kreditzusagen, die vielleicht einen kleinen Druck an gewissen Stellen ausüben könnten. Du weißt ja, daß in Frankreich jeder zu kaufen ist und keiner saubere Hände hat.

Die Frage ist nur, ob ich abkommen kann.

Wir sind dabei, eine Militärkommission nach Frankreich und Italien zu schicken. Ich werde es sicherlich beim Kriegsministerium durchsetzen können. Du wirst eine kurze Anweisung erhalten, aber das braucht dich nicht zu beunruhigen.

Ich habe großes Interesse daran, sagt Cummings. Die Probleme, wie das bewerkstelligt wird... Er beendet den Satz nicht.

Das Wasser plätschert, die zerteilten Wellen laufen am Heck wieder zusammen, so sanft und geschmeidig wie bei einem Kätzchen, das sein Fell leckt. Hinter dem Segelboot liegt das Sonnenlicht über der Bay und blinkt auf der Oberfläche des Wassers.

Wir könnten umkehren, sagt der Schwager.

Die Küste ist bewaldet, schimmert olivgrün, eine Bucht in einsamer Wildnis.

Es erstaunt mich immer wieder, sagt er zu Cummings. Ich würde mich nicht wundern, noch Indianer in den Wäldern anzutreffen. Ein unberührtes Stück Land, dieses Maine.

Das Büro ist kleiner, als er erwartet hatte, noch lederner und irgendwie auch schmutziger. Die Karte von Frankreich ist mit Bleistiftschmierereien bedeckt, und eine Ecke ist umgebogen wie ein Eselsohr in einem Buch.

Ich bitte, mich des Raumes wegen zu entschuldigen, sagt der Mann. (Sein Akzent ist geringfügig, vielleicht liegt es nur an der zu korrekten Aussprache.) Als Sie mir zuerst die Art Ihres Auftrages darlegten, glaubte ich, daß es vielleicht besser sei, uns hier zu treffen; nicht daß es etwas zu verbergen gäbe, aber an der Börse würden Sie zuviel Aufsehen erregen. Es gibt überall Spione.

Ich verstehe. Es war schwer, Sie ausfindig zu machen. Die Gesellschaft, mit der wir in Verbindung stehen, schlug Monsieur de Vernay vor, ich glaube aber, er steht der Sache zu fern, um sie beurteilen zu können.

Sie sagten, es würden Kredite eingeräumt werden?

Mehr als genug. Aber ich muß betonen, daß das nicht offiziell ist. Es besteht ein stillschweigendes Übereinkommen...

Stillschweigend?

Eine Verständigung mit der Leeway Chemical, daß sie bereit ist, Investierungen bei solchen französischen Firmen vorzunehmen, die *Sie* für gut halten. Kein Bestechungsmanöver. Ein ordnungsgemäßes Geschäftsabkommen, und ich glaube, daß die Profite für Sallevoisseux Frères groß genug sein werden, um sie zu akzeptieren und Sie in die Lage zu versetzen, einige sich wohl als notwendig erweisende Arrangements zu treffen.

On s'arrangera.

Ich würde natürlich gern noch weitere Einzelheiten über die Maßnahmen hören, die Sie zu ergreifen gedenken.

Ah, Major Cummings, ich kann Ihnen die Stimmen von fünfundzwanzig Abgeordneten der Kammer zusagen.

Ich glaube, daß es besser sein würde, wenn es erst gar nicht zu einer Abstimmung käme. Es gibt andere Wege.

Ich glaube nicht, daß ich meine Verbindungen preisgeben kann.

(Der springende Punkt.) Monsieur Sallevoisseux, ein Mann von Ihrem – Weitblick wird ohne Zweifel einsehen, daß eine Transaktion von dem Umfang, wie sie die Leeway Chemical vorschlägt, etwas konkretere Angaben von Ihrer Seite erforderlich macht. Der Beschluß, Kredite nach Frankreich zu geben, ist vor einigen Jahren erfolgt; es ist jetzt nur die Frage, wer sie erhält. Ich habe – die notwendigen finanziellen Zusagen von Ihrer Seite vorausgesetzt – die Vollmacht bei mir, mit Sallevoisseux Frères zu fusionieren. Wenn Sie nicht in der Lage sein sollten, mir klare Zusicherungen zu geben, werde ich leider gezwungen sein, nach anderer Seite zu verhandeln, deren Unterlagen ich bereits prüfe.

Ich würde das sehr bedauern, Major Cummings.

Ich würde es meinerseits bedauern.

Sallevoisseux windet sich auf seinem Stuhl und starrt durch das schmale, hohe Fenster auf das Kopfsteinpflaster der Straße hinunter. Die Signale der französischen Automobile wirken für Cummings aufpeitschend.

Es gibt natürlich Verbindungen. Zum Beispiel – ich werde Ihnen die Zusagen, die Dokumente und den Einblick später geben –, zum Beispiel habe ich Freunde bei Les Cagoulards, die gewisse Firmen, nicht aus der Chemikalienindustrie, denen sie geholfen haben, beeinflussen könnten. Umgekehrt könnten diese Firmen, falls es sich als notwendig erweist, eine Gruppe von fünfundsiebzig Abgeordneten in ihren Entscheidungen kontrollieren. (Er hebt seine Hand.) Ich weiß, daß es Ihnen lieber ist, wenn es zu keiner Abstimmung kommt, aber das kann niemand für Sie zuverlässig verhindern. Ich könnte dagegen die Abstimmung von gewissen Unsicherheiten freimachen. Ein Teil dieser Abgeordneten hat die Möglichkeit, Mitglieder des Ministeriums zu beeinflussen.

Er hält inne. Politik ist etwas recht Kompliziertes.

Ich kenne sie gut.

Es gibt im Auswärtigen Amt verschiedene Radikalsozialisten an hohen Stellen, die ich selbst beeinflussen könnte. Von einem Geheimdienst kann man Informationen über sie kaufen. Mit ihrer Wohlgesonnenheit ist also zu rechnen. Dann gibt es Dutzende von Journalisten, verschiedene Herren von der Bank von Frankreich, deren *dossiers intimes* in meinem Besitz sind. Eine Gruppe von Sozialisten wird wiederum von einem Arbeiterführer kontrolliert, mit dem ich ein Abkommen habe. Diese Verbindungen, die zwar alle nur indirekt sind, summieren sich und ergeben die notwendige Streuung. Sie müssen bedenken, daß ich nicht allein arbeite. Vor achtzehn Monaten wird man nichts erledigen können; außerdem ist das politische Geschehen der Welt damit verflochten, und man wird den Dingen nicht auf unbegrenzte Zeit ausweichen können.

Sie unterhalten sich mehrere Stunden lang und arbeiten die ersten Bedingungen des Vertrages aus.

Beim Fortgehen lächelt Cummings. Auf weite Sicht gesehen, ist das, was wir tun, das Beste für Frankreich und Amerika.

Sallevoisseux lächelt ebenfalls.

Natürlich, Major Cummings. Ein typisch amerikanisches Abkommen, nicht wahr?

Sie werden mir die Aktenstücke, die Sie an Hand haben, zeigen; geht es morgen?

D'accord!

Einen Monat später, nachdem seine Rolle in diesen Verhandlungen beendet ist, geht Cummings nach Rom. Dort erreicht ihn ein Telegramm seines Schwagers:

Vorverhandlungen befriedigend. Gute Arbeit. Gratuliere.

Er spricht mit einem italienischen Oberst als Mitglied der Militärkommission.

Ich würde Ihnen gern, Signor Maggiore, einen Einblick in unsere Arbeit verschaffen, die wir auf dem Gebiet der Ruhrerkrankungen während unseres erfolgreichen afrikanischen Feldzuges geleistet haben. Wir konnten eine weitere Reihe sanitärer Maßnahmen entwickeln, die sich um dreiundsiebzig Prozent wirkungsvoller gegenüber den fürchterlichen, bösartigen Erscheinungen dieser Krankheit erwiesen haben.

Die Sommerhitze ist erstickend. Trotz des Vortrages, den der italienische Oberst gehalten hat, leidet Cummings an einer Diarrhöe und wird von einer ernsten Erkältung geplagt. Eine peinvolle Woche verbringt er völlig erschöpft im Bett. Von seinem Schwager trifft ein Brief ein:

Ich bin der Meinung, daß es zwar gemein ist, Dir die gehobene Stimmung, in der Du Dich nach der Erledigung Deines netten Auftrages in Paris verständlicherweise befinden wirst, zu zerstören, aber ich muß Dir wirklich einiges Wichtige mitteilen. Wie Du weißt, ist Margaret in den letzten beiden Wochen mit mir in Washington zusammen gewesen, und sie hat sich, um es so zurückhaltend wie möglich auszudrücken, sehr merkwürdig benommen. In einer gewissen Weise vergißt sie sich derartig, wie es ihrem Alter nicht mehr angemessen ist. Ich muß gestehen, daß es mir Mühe macht, zu glauben, daß sie meine Schwester ist. Wenn ich nicht an Dich gedacht hätte, wäre sie von mir gebeten worden, mein Haus zu verlassen. Ich bin wirklich entsetzlich betrübt darüber, Dir Deinen Aufenthalt in Rom zu verleiden, der doch ein Ferienaufenthalt sein sollte, aber wenn Du es machen kannst, glaube ich, daß es gut wäre, wenn Du Dich mit Deiner Rückkehr befassen würdest. Besuche Monsignor Truffenio und bestelle ihm Grüße von mir. –

Diesmal ist es ein müder Haß. Hoffentlich macht es nicht zuviel Aufsehen, flucht er vor sich hin. In der Nacht hat er einen Alpdruck und wacht vom Fieber geschüttelt in seinem Bett auf. Zum erstenmal seit Jahren muß er an seinen Vater denken; er erinnert sich an seinen nun schon Jahre zurückliegenden Tod, und etwas von der Angst, die dieser Tod verursacht hatte, kehrt zurück. Um Mitternacht steht er impulsiv auf, geht durch die Straßen und findet schließlich in einer Gasse eine Kneipe, in der er sich betrinkt.

Ein kleiner Mann stößt ihn plumpvertraulich an. Signor Maggiore, wollen Sie jetzt mit mir nach Hause kommen?

Er geht schwankend mit und ist sich dessen, was er wünscht, nur ungefähr bewußt, aber er bekommt es nicht. In einer anderen Gasse wird er von dem kleinen Mann und einem Spießgesellen angefallen, die Taschen werden ihm ausgeleert, und sie lassen ihn liegen, bis er vom grellen Glanz der Sonne und von dem starken Geruch, den sie in der mit Abfällen besäten römischen Gasse hervorruft, aufwacht. Er macht sich auf den Heimweg in sein Hotel, ohne daß er von gar zu vielen gesehen wird, nimmt ein Bad und bleibt einen ganzen Tag lang im Bett. Er hat ein Gefühl, als sei er auseinandergebrochen.

*

Ich muß gestehen, Eure Eminenz, daß ich Ihre Kirche seit vielen Jahren bewundere. Ihre Größe liegt in der gewaltigen Idee, die hinter ihr steht.

Der Kardinal neigt sein Haupt. Ich freue mich, daß ich dir eine Audienz gewähren konnte, mein Sohn. Du hast bereits ein gutes Werk hinter dir, ich habe von deiner Tätigkeit in Paris gegen den Antichrist vernommen.

Ich habe für mein Land gearbeitet. (In dieser Formulierung macht es ihn weniger verlegen.)

Es gibt noch eine größere Aufgabe.

Ich bin mir dessen bewußt, Eure Eminenz – aber es gibt Zeiten, wo ich große Ermüdung spüre.

Vielleicht solltest du dich auf eine wichtige Änderung vorbereiten.

Bisweilen scheint es mir so. Ich habe auf Ihre Kirche immer mit Bewunderung gesehen.

Er geht durch den großen Hof des Vatikans und starrt lange Zeit auf den Petersdom. Die Zeremonie, der er soeben beiwohnte, bewegte ihn, und die Musik schwingt noch in seinem Innern.

Vielleicht sollte ich meinen Glauben wechseln.

Aber während der Heimfahrt auf dem Schiff denkt er an andere Dinge und liest mit stiller Genugtuung in den Zeitungen, die er mit aufs Schiff nahm, daß Leeway Chemical die Verhandlungen mit Sallevoisseux Frères aufgenommen hat.

Mann, was bin ich froh, von diesem Froschland und diesen Katzelmachern wegzukommen, sagt einer der Offiziere, der ebenfalls der Militärkommission angehört, zu ihm.

Jaa.

Ein rückständiges Land, dieses Italien; auch wenn sie behaupten, daß Musso eine Menge getan hat. Sie können es behalten. Immer sind es die katholischen Länder, die rückständig bleiben.

Das glaube ich auch.

Es wird ihm jetzt völlig klar: Was ihm in der römischen Gasse widerfuhr, war eine Warnung, und in Zukunft wird er sehr vorsichtig sein müssen. Es darf niemals wieder geschehen. Die Kirchenangelegenheit ist, in ihrem Licht besehen, verständlich, aber zu diesem kritischen Zeitpunkt eine höchst unzweckmäßige Angelegenheit. Ich werde bald Oberst sein! Ich kann einen Glaubenswechsel nicht wagen!

Cummings seufzt. Ich habe eine Menge hinzugelernt.

Ja, ich auch.

Cummings blickt auf das Wasser hinunter. Langsam heben sich seine Augen und umschließen den Horizont. Oberstleutnant – Oberst – Brigadier – Generalmajor – Generalleutnant – General?

Wenn es bald zum Krieg käme, würde es mir helfen!

Aber was später? Die Politiker waren doch wichtiger. Nach dem Krieg...

Er darf sich politisch nicht betätigen. Es sind zu viele Überraschungen möglich. Es könnte Stalin sein oder auch Hitler. Aber der wirkliche Weg zur Macht würde in Amerika immer der des Antikommunismus sein.

Ich muß meine Augen offen halten.

Der Chor

WAS IST EINE MILLION-DOLLAR-WUNDE?

Die Latrine am frühen Morgen. Es ist eine sechssitzige, abseits im Busch und ohne Segeltuch. An jedem Ende ist auf einem Stück Holz eine Papierrolle aufgespießt, die von einer Konservenbüchse überdeckt ist.

Gallagher: An einem so verrückten Morgen wie heute möchte man wünschen, daß einen eine Kugel erwischt.

Wilson: Das Dumme dabei ist nur, daß man sich die Stelle nicht aussuchen kann.

Stanley: Wenn man es könnte, würde mich die Armee nicht mehr lange halten.

Gallagher: Äääh, es gibt nicht eine einzige verdammte Stelle, wo man eine Million-Dollar-Wunde hinbekommen könnte, ohne daß es einen schmerzt.

Stanley: Bisweilen denke ich, man könnte ein Bein drangeben und damit die Sache loswerden.

Wilson: Es ist aber schlimm, wenn du so ein verfluchtes Bein losgeworden bist, und der Ehemann steht gerade in der Tür, während du bei seiner Frau liegst. Wie willst du dann wegkommen? (Gelächter.)

Martinez: Vielleicht einen Arm verlieren.

Stanley: Jesus, das ist noch schlimmer, ich möchte es nicht. Wie willst du, zum Teufel, ohne Arm eine Anstellung bekommen oder gar, Jesus, ohne beide Arme?

Gallagher: Äääh, die verdammte Regierung wird dich unterhalten.

Wilson: Aber du kannst dann nicht mit dir spielen, wenn du Lust dazu hast.

Gallagher (angeekelt): Ha.
Martinez: Verwundet werden, gut, lieber tot, ohne verwundet zu werden. Verdammt.
Stanley: Leicht gesagt. (Pause.) Für eine Million-Dollar-Wunde würde Ridges seinen Kopf hergeben. (Gelächter.)
Gallagher: Für Roth und Goldstein wäre es dasselbe, wenn sie eine Kugel auf den Schwanz bekämen; sie würden nicht mal den Unterschied merken.
Stanley: Jesus, hört auf damit, ich krieg 'ne Gänsehaut.
Gallagher: Die Armee bleibt immer im Vorteil; man kommt nicht mal mit einer Verwundung da 'raus.
Stanley: Ich würde jederzeit einen Fuß in Kauf nehmen. Ich würde heute schon die Papiere dafür unterschreiben.
Martinez: Ich auch. Nicht so schlimm. Toglios Ellbogen kaputt, kommt weg.
Wilson: Gottverdammt, das war 'ne Sache! Ich sage euch, Leute, ich kann mich kaum noch besinnen, wie dieser beschissene Toglio aussah, aber ich werde nie vergessen, daß er mit einem kaputten Ellbogen 'rausgekommen ist.

(Das Gespräch geht weiter.)

DRITTER TEIL

PFLANZE UND GESPENST

Wer aber der Weiseste von euch ist, der ist auch nur ein Zwiespalt und Zwitter von Pflanze und von Gespenst. Aber heiße ich euch zu Gespenstern oder Pflanzen werden?
NIETZSCHE

1

DER Aufklärungszug brach am nächsten Nachmittag zur Patrouille auf. Sie bestiegen ihr Boot einige Stunden vor der Dämmerung. In kurzer Zeit hatte es die Halbinsel umrundet und wühlte sich langsam durch das Meer der westlichen Spitze Anopopeis zu. Die Dünung war schwer. Obwohl es der Steuermann immer im Raum einer Meile von der Küste entfernt hielt, rollte und stampfte das Boot und nahm fortgesetzt Wasser über, das über die vordere Rampe hinwegsprühte und den Boden entlangfloß. Das Boot war klein und genauso beschaffen wie eines der Landungsboote am Invasionstag, und für eine Reise um die halbe Insel war es armselig ausgerüstet. Die Männer hockten auf ihren Pritschen, hüllten sich in ihre Decken und bereiteten sich auf eine elende Fahrt vor.

Leutnant Hearn stand eine Zeitlang am Heck beim Steuermann und starrte in den Bauch des Bootes hinunter. Er war ein wenig müde. Nur eine Stunde, nachdem Dalleson ihm erklärt hatte, daß er dem Aufklärungszug zugeteilt worden sei, waren ihm bereits die Instruktionen für die Patrouille übergeben worden, und den Rest des Tages hatte er damit verbracht, die Ausrüstung der Leute zu überprüfen, die Essenrationen zu fassen und sich in die Landkarten und Befehle zu vertiefen, mit denen er von Dalleson versorgt worden war. Er hatte sich dieser Arbeit automatisch mit großem Ernst hingegeben und alle Gedanken auf später verschoben, die mit seiner Überraschung und Freude darüber, daß er von Cummings' Stab versetzt worden war, zusammenhingen.

Er zündete sich eine Zigarette an und blickte wieder auf die Männer hinunter, die in der rechteckigen Vertiefung beisammenhockten. Alle dreizehn waren auf einen Raum, der nicht größer als dreißig Fuß lang und acht Fuß breit war, mit ihren Ausrüstungsgegenständen, ihren Rucksäcken, Gewehren, ihren Patronengürteln, ihren Feldflaschen und Pritschen zusammengedrängt worden. Er hatte versucht, ein Boot zu bekommen, bei dem die Schlafkojen an den Wänden entlang eingebaut waren, aber es war unmöglich gewesen. Nun beanspruchten die Pritschen allein fast den ganzen verfügbaren Platz. Die Männer hatten die Füße hochgezogen, um sie vor dem Wasser zu schützen, das den Boden entlangspülte. Sie zuckten jedesmal unter ihren Decken zusammen, wenn das Wasser im Bogen über die vordere Rampe sprühte.

Hearn prüfte ihre Gesichter. Er hatte es sich angelegen sein lassen, sich ihre Namen unverzüglich einzuprägen, aber das war kaum ein Ersatz dafür, daß er sonst nichts weiter über sie wußte, und es war bestimmt wichtig, sich rasch eine Meinung über sie als Einzelwesen zu bilden. Er hatte sich mit ihnen ein wenig betont gleichmütig unterhalten und ein paar Scherze eingeflochten, aber es lag ihm nicht, und er wußte auch, daß es ihm nicht gut anstand. Aus der Beobachtung jedes einzelnen glaubte er mehr lernen zu können. Nur war das natürlich ein recht langsamer Vorgang, und morgen früh bereits würden sie an der Küste landen und die Patrouille beginnen. Aber auch das kleinste Wissen um sie konnte von Bedeutung sein.

Während Hearn ihre Gesichter prüfte, stellte er ein leichtes Unbehagen auf ihnen fest. Er empfand das beinahe körperlich; es erweckte ein leichtes Schuld- und Schamgefühl in ihm, so wie es ihm ergangen war, wenn er durch die Slums wanderte und sich der feindseligen Haltung ihrer Bewohner, die ihn beobachteten, bewußt wurde. Jedesmal, wenn ihn einer der Männer anstarrte, fiel es ihm schwer, nicht den Blick abzuwenden. Die meisten von ihnen hatten harte Gesichter. Ihre Augen blickten leer; etwas wie Kälte und Abwesenheit lag in ihrem Ausdruck. In ihrer Gesamtheit waren die Männer zurückhaltend und steif, so als wollten sie zeigen, daß sie keine zusätzlichen Belastungen und Erregungen mehr ertragen könnten. Die Farbe ihrer Haut war blasser, fast gelblich geworden, und im Gesicht, an Armen und Beinen hatten sie Dschungelgeschwüre. Fast alle hatten sich vor dem Beginn der Reise rasiert, aber dennoch sahen ihre Gesichter struppig und ihre Uniformen vernachlässigt aus.

Er blickte auf Croft, der eine saubere grüne Uniform trug. Er hockte auf seiner Pritsche und schärfte sein Grabenmesser an einem kleinen Wetzstein, den er aus der Tasche gezogen hatte. Hearn wußte, daß Croft vielleicht der Beste von allen war, oder richtiger gesagt, er hatte heute morgen, als sie sich über die Patrouille unterhielten, die meiste Zeit mit ihm verbracht, aber keineswegs konnte er behaupten, daß er ihn nun bereits kenne. Croft hatte zugehört, genickt, gelegentlich zur Seite gespuckt und, wenn es notwendig war, mit ein paar nüchternen Worten, die er leise, fast tonlos murmelte, geantwortet. Offensichtlich hatte Croft seinen Zug gut in der Hand, er war zäh und befähigt, und Hearn hatte guten Grund anzunehmen, daß Croft ihm sein Vorhandensein im Zug übelnahm. Die Zusammenarbeit mit ihm würde schwierig sein, denn Croft verstand mehr als er, und wenn er, Hearn, nicht aufpaßte, würde es der Zug bald merken. Er beobachtete beinahe mit Bewunderung Crofts Arbeit am Messer. Er war in den Anblick der Hände versunken, die sich über dem Schleifstein hin und her bewegten. Etwas Erstarrtes war an diesem Mann, lag um seinen zusammengekniffenen Mund und in dem angespannten Blick. – Croft ist ein zäher Bursche, das stimmt schon, sagte sich Hearn. Das Boot machte jetzt eine Wendung und stand gegen die Wellen. Hearn umklammerte seine Strebe fester, während es gegen eine Woge ankämpfte.

Da war Sergeant Brown, den er ein wenig kannte. Das war der, der mit seiner Stupsnase, den Flecken im Gesicht und mit seinem hellbraunen Haar wie ein Junge aussah. Der typische amerikanische Soldat – die gefällige Mischung, die in den Tabakwolken der sich bis zum Kater hinziehenden Konferenzen der Anzeigenbüros geboren worden war. Brown sah wie alle diese lachenden Soldaten in den Anzeigen aus; vielleicht war er ein bißchen kleiner, gedrungener und herber, als es erlaubt war. Brown hatte in der Tat ein komisches Gesicht, stellte Hearn fest. Nah besehen war Browns Haut mit Dschungelgeschwüren betupft, seine Augen blickten stumpf und abwesend, und im Gesicht waren Falten. Er sah überraschend alt aus.

Aber andererseits sahen alle alten Krieger so aus. Sie ließen sich von den anderen leicht unterscheiden. Da war Gallagher, der wahrscheinlich immer so ausgesehen hatte wie jetzt, aber außerdem seit langem dem Zug angehörte. Und da war Martinez, der anfälliger schien, empfindsamer als die anderen. Seine schönen Gesichtszüge waren nervös, seine Augenlider zuckten, als sich Hearn heute morgen mit ihm unterhalten hatte. Er war offensichtlich derjenige, der am ehesten schlappmachen würde, aber wahrscheinlich war er trotzdem ein guter Soldat. Mexikaner waren immer gute Unteroffiziere.

Da war Wilson und schließlich der andere, den sie Red nannten. Hearn beobachtete Valsen. Ein ungleichmäßiges Gesicht mit einem robusten, zornigen Ausdruck, was die Bläue seiner Augen noch hervorhob. In seinem Lachen lag eine heisere, sarkastische Schärfe, als ob ihm alles zuwider wäre und er im voraus schon wüßte, daß ihm auch Zukünftiges zuwider sein würde. Mit Valsen lohnte es wahrscheinlich, sich zu unterhalten, aber bestimmt war er unnahbar.

In ihrer Gesamtheit ergänzten sie sich in ihren Eigenschaften. Sie wirkten härter und gemeiner, als sie es im einzelnen waren. Wie sie da auf ihren Pritschen lagen, schienen ihre Gesichter das einzig Lebendige im Raum zu sein. Ihre Sachen waren abgetragen, zu einem hellen Grün verblaßt. Die Wände des Bootes waren braun von Rost. Alles war starr und ohne rechte Farbe bis auf das Fleisch in ihren Gesichtern. Hearn warf seine Zigarette fort.

Zu seiner Linken war die Insel nicht mehr als eine halbe Meile von ihm entfernt. An dieser Stelle war der Strand schmal, und die Kokospalmen zogen sich fast bis ans Wasser hinunter. Dahinter wuchs der Busch als ein dichtes Gewirr von Wurzeln, Ranken und Pflanzen, von Bäumen und Blattwerk. Im Inland erhoben sich einige plumpe Hügel, deren Kammlinien sich in den sie bedeckenden Wäldern verloren. Die Hügel waren häßlich, oftmals zerrissen, mit einigen Flecken nackten Gesteins dazwischen. Es sah wie das Fell eines Bisons aus, wenn es im Sommer die Wolle verliert. Hearn fühlte das Gewicht und den Widerstand der Landschaft. Wenn das Gelände ihres Landungsplatzes genauso war, würde es eine Höllenarbeit geben, um vorwärts zu kommen. Plötzlich hatte diese Patrouille etwas Unwirkliches, Phantastisches an sich.

Für einen Augenblick hörte er wieder das gleichmäßige Dröhnen des Motors. Cummings hatte ihn auf diese Patrouille geschickt, und darum durfte er diesem Auftrag und Cummings' Motiven mißtrauen. Es schien ihm unbegreiflich, daß Cummings ein Fehler unterlaufen sein sollte, als er ihn versetzte. Bestimmt wußte der General auch hier, wozu er es tat.

War es möglich, daß die Versetzung unmittelbar von Dalleson ausging? Hearn bezweifelte es. Mit Leichtigkeit konnte er sich die Unterhaltung vorstellen, bei der Cummings die Idee Dalleson zuschob. Und diese Patrouille war nichts weiter als eine Auswirkung dessen, was der General mit der Versetzung bezweckt hatte.

Immerhin war es doch ein wenig zu ungewöhnlich. Er hatte zwar entdeckt, daß der Haß des Generals dauerhaft war, aber er konnte nicht glauben, daß Cummings einen Zug für eine ganze Woche drangab, nur um kleinliche Rache zu üben. Dafür hätte es andere und leichtere Wege gegeben. Außerdem war Cummings ein zu gründlicher militärischer Fachmann, um so verschwenderisch umzugehen. Er mußte diese Patrouille tatsächlich als eine wichtige Angelegenheit angesehen haben. Was Hearn jedoch beunruhigte, war die Frage, ob sich der General seiner persönlichen Motive bewußt gewesen ist.

Gewiß, es schien kaum glaubhaft, daß man dreißig oder vierzig Meilen durch unberührte Dschungelwaldungen und über Hügel marschieren, einen Paß überschreiten, das Hinterland der Japaner erforschen und dann zurückkehren könnte. Je sorgfältiger er es durchdachte, um so schwieriger kam es ihm vor. Er war zwar unerfahren, und vielleicht konnte der Auftrag leichter durchgeführt werden, als er vermutete, aber auch im besten Fall blieb es ein fragwürdiges Unternehmen.

Es schwächte seine Befriedigung über die Versetzung ein wenig ab. Was auch Cummings' Beweggründe gewesen sein mochten, es gab keine andere Aufgabe, die ihm mehr zugesagt hätte. Er sah den Ärger, die Gefahren, die unvermeidlichen Enttäuschungen voraus, aber schließlich war es ein richtiges Unternehmen. Zum erstenmal seit vielen Monaten gab es wieder einige ehrliche und einfache Dinge zu tun, wie er es sich gewünscht hatte. Könnte er es meistern und nähme es einen Verlauf, wie er es erhoffte, würde er mit den Männern zu einer Art Liaison kommen. Es war ein guter Zug.

Er war überrascht. Diese Haltung schien etwas zu naiv, zu idealistisch für ihn zu sein. In dem Augenblick, wo man sie in einen anderen Rahmen stellte, wurde sie lächerlich. Ein guter Zug. Gut wofür? Um eine Sache auf eine bessere Weise für eine Einrichtung durchzuführen, die er verachtete und deren Struktur ihm Cummings freigelegt hatte? Oder vielleicht, weil es *sein* Zug war, sein Kind? Die Privatbesitz-Idee also. Er konnte Spuren davon in seinem Innern entdecken. Vaterschaft! Es stimmte schon, er mußte grinsen, er war noch nicht reif für Cummings' neue Gesellschaft, in der alles nur zugeteilt, aber nichts besessen wurde.

Jedenfalls würde er seine persönlichen Motive später herausbekommen. Im Augenblick wußte er, daß es für ihn besser so war, wie es ist. Zu den meisten Männern des Zuges hatte er rasch und instinkthaft Zuneigung gefaßt, und er wünschte, für ihn selbst überraschend, daß sie diese Zuneigung erwiderten. Er hatte sich deswegen bereits angestrengt, einige Andeutungen gemacht, daß er ein guter Bursche sei, und dabei einige Kniffe angewandt, die er unbewußt von gewissen Offizieren und seinem eigenen Vater übernommen hatte. Es gab eine besondere Art, die die Leute mochten und die stets Erfolg hatte, wenn es sich um Amerikaner handelte. Man kam ihnen näher, doch wiederum nicht zu gefährlich nahe, und behielt die Oberhand. Es gab eine Technik darin, die man so ausbilden konnte, daß man trotz alledem ein richtiger Schweinehund blieb. Er aber wünschte darüber hinauszugelangen.

Worauf kam es schließlich an? Cummings zu beweisen, daß er unrecht hatte? Hearn ging einen Augenblick mit sich zu Rate, dann gab er es auf. Zum Teufel mit dieser Tiefenforschung. Es lohnt nie, über etwas nachzudenken, wenn man nicht genügend darüber weiß. Er war zu kurze Zeit im Zug, um eine Entscheidung zu treffen.

Unmittelbar unter ihm lagen Red und Wilson auf benachbarten Pritschen und unterhielten sich. Impulsiv stieg er zu ihnen hinunter.

Er nickte Wilson zu. „Wie geht's?" fragte er. Vor einer Stunde hatte Wilson unter dem Gelächter der Männer die Bordwand erklettert und sich auf den Rand gehockt.

„Ach, nicht allzu schlecht, Leutnant", seufzte Wilson. „Ich hoffe, daß ich es bis morgen überwunden haben werde."

Valsen schnaubte. „Mach dir doch keine Sorgen. Trink eine Gallone Verdauungssalz und du wirst wieder gesund."

Wilson schüttelte den Kopf. Sein heiteres Gesicht wurde plötzlich nachdenklich und ein wenig besorgt, was gar nicht zu seinen freundlichen Gesichtszügen paßte. „Ich hoffe immer noch, daß der verdammte Doktor unrecht hat und keine Operation nötig wird."

„Was fehlt Ihnen?" fragte Hearn.

„Ach, da drinnen ist alles zum Teufel, Leutnant, eine Menge Dreck, und der Doktor meint, es muß herausgeschnitten werden." Wilson schüttelte den Kopf. „Ich kann es mir nicht erklären", seufzte er. „Ich habe mich ein paarmal angesteckt, aber es war 'ne Kleinigkeit, es wieder loszuwerden."

Das Boot klatschte und stampfte, als es eine Wellenkette überwand, und Wilson biß vor plötzlichem Schmerz die Zähne zusammen.

Red zündete sich eine Zigarette an. „Glaub doch um Gottes willen keinem von diesen verrückten Knochensägern!" Er stand auf, spie über die Bordwand und beobachtete, wie der Speichel augenblicklich von der Gischt des Kielwassers aufgesogen wurde. „Jeder Doktor hat nur Pillen für dich übrig und einen Schlag auf die Schulter, und dann steckt er dich wieder in die Armee. Alles, was sie wissen, sind Pillen."

Hearn lachte. „Sprechen Sie aus Erfahrung, Valsen?"

Aber Red antwortete nicht, und nach einem Augenblick seufzte Wilson wieder. „Ich wünschte, daß sie uns nicht gerade heute weggeschickt hätten. Wenn man mir früher irgendwas auftrug, ist es mir immer recht gewesen, ob im Arbeitseinsatz oder diese Sache hier, es hätte mir verdammt nichts ausgemacht, aber diese Krankheit hasse ich."

„Himmel, Sie werden sie schon wieder loswerden", sagte Hearn leichthin.

„Ich hoffe, Leutnant." Wilson nickte. „Ich bin kein Drückeberger, und die Männer können Ihnen bestätigen, daß ich lieber arbeite als herumliege und schwitze und mich langweile, aber jetzt, in diesem elenden Zustand, fühle ich mich, als ob ich einen Dreck wert wäre. Es scheint mir, als ob ich nichts mehr tun könnte, was mir bisher selbstverständlich war." Er bewegte einen seiner großen dicken Finger vor Hearn, der beobachtete, wie die rotblonden Haare auf seiner Brust in der Sonne schimmerten. „Vielleicht habe ich in der letzten Woche ein wenig gemeckert, und Croft hat mich deswegen die ganze Zeit am Arsch gehabt. Es ist eine verdammte Sache, wenn einem ein Kamerad, mit dem man zwei Jahre im selben Zug zusammen ist, plötzlich sagt, daß man immer nur etwas zu meckern hat."

Red schnaubte. „Mach dir nichts draus, Wilson. Ich werde dem verdammten Pionier jetzt sagen, daß er das Boot behutsamer über die Wellen bringen soll." Der Steuermann gehörte zu einer Pionier-Kompanie. „Ich werde ihm sagen, daß er dich sanft betten soll." Sarkasmus und ein wenig Verdruß lagen in Reds Stimme.

Hearn stellte fest, daß Valsen nicht ein einziges Wort unmittelbar an ihn gerichtet hatte, seitdem er mit ihnen sprach. Und warum erzählte ihm Wilson das alles? Dachte er an ein Alibi? Aber Hearn glaubte es nicht. Die ganze Zeit über hatte Wilson fast abwesend geredet, so, als ob er mit sich selbst über etwas ins reine kommen wollte. Hearns Anwesenheit schien ihm nicht ganz ins Bewußtsein gedrungen zu sein, und Valsen wiederum kam ihm widerspenstig vor.

Nun gut, soll's der Teufel holen! Er würde sie nicht zwingen. Er streckte sich, gähnte verstohlen und sagte: „Laßt euch nicht aus der Ruhe bringen, Leute."

„Jaa, Leutnant", murmelte Wilson.

Red gab keine Antwort. Sein Gesicht, das immer noch verdrießlich und leicht erregbar schien, wandte sich kalten Blickes Hearn zu, als er wieder zum Stand des Steuermannes hinaufkletterte.

Croft war mit dem Schärfen seines Messers fertig, und während sich Hearn und Wilson noch unterhielten, arbeitete er sich zum Schutzdach an der vorderen Rampe durch. Stanley, dem diese Gelegenheit günstig erschien, schloß sich ihm an. Es war hier angenehmer, denn obgleich der Boden auch feucht war, lief das herüberspritzende Wasser den ansteigenden Bug zum Hinterschiff hinunter und blieb nicht in Pfützen stehen.

Stanley redete eifrig: „Es ist schandbar, daß sie den Offizier zu uns gesteckt haben. Es gibt keinen, der den Zug besser zu behandeln versteht, als dich, und sie sollten dich lieber befördert haben, statt daß sie uns ein solches Neunzig-Tage-Wunder bescherten."

Croft zuckte mit den Achseln. Hearns Versetzung hatte ihn tiefer getroffen, als er zugegeben haben würde. Zu lange Zeit hatte er die Befehlsgewalt über den Zug gehabt, so daß es ihm schwerfiel, einzusehen, daß nun einer über ihm stand. An dem Tag, als Hearn schon bei ihnen war, hatte sich Croft, bevor er einen Befehl erteilte, mehrmals ins Gedächtnis rufen müssen, daß er nicht länger mehr seine alte Machtbefugnis ausüben konnte.

Hearn war sein Widersacher. Ohne es sich selbst einzugestehen, lag dies Gefühl allem zugrunde, was Croft tat. Automatisch machte er Hearn für seine Versetzung selbst verantwortlich und nahm es ihm übel. Aber die Sache war noch verwickelter. Da er sich zu lange an Armeebefehle gebunden gefühlt hatte, durfte er sein Verhalten nicht billigen. Einem Befehl Widerstand entgegenzusetzen und unlustig bei der Ausführung zu sein, war für Croft unmoralisch. Außerdem konnte er nichts daran ändern. „Wenn man nichts daran ändern kann, soll man seinen Mund halten", war einer seiner wenigen Kernsprüche.

Er gab Stanley keine Antwort, aber er fühlte sich geschmeichelt.

„Ich glaube, daß ich mich auf die menschliche Natur verstehe", sagte Stanley, „und ich kann dir versichern, daß es mir verdammt lieber wäre, wenn du die Patrouille führen würdest als so ein Leutnant, den sie uns auf einer Schüssel präsentieren."

Croft spie aus. Stanley ist ziemlich scharf, sagte er sich. Natürlich war er ein Arschkriecher, aber wenn ein Mann sonst in Ordnung war, würde er nichts gegen ihn einzuwenden haben. „Kann sein", gab er zu.

„Nun stell dir mal diese Patrouille vor, die bestimmt schwer sein wird. Wir brauchen jemand, der weiß, worauf es ankommt."

„Was hältst du von dieser Patrouille?" fragte Croft gelassen. Er duckte sich, als Wasser über sie hinwegsprühte.

Stanley war der Meinung, daß es Croft gefallen würde, wenn er die Patrouille widerspruchslos hinnahm. Aber er wußte auch, daß er trotzdem vorsichtig antworten mußte. War er begeistert, würde ihm Croft mißtrauen, denn keiner von den Männern war auf diese Patrouille versessen. Stanley fingerte an seinem Schnurrbart, der immer noch dünn und ungleichmäßig war, trotz der Pflege, die er ihm angedeihen ließ. „Ich weiß nicht, einer mußte sie ja machen, und warum dann nicht wir?

Um dir die Wahrheit zu sagen, Sam", wagte er sich vor, „es mag dir wie Quatsch vorkommen, aber ich mach' mir nichts draus, daß es uns getroffen hat. Man wird ja von dem ewigen Herumlungern müde und wünscht sich, mal wieder was unternehmen zu können."

Croft strich sich über sein Kinn. „Meinst du es wirklich?"

„Ja, ich würde es nicht jedem sagen, aber es ist wirklich meine Meinung."

„Hm." Halb absichtsvoll hatte Stanley eine der Grundleidenschaften Crofts berührt. Nach einem Monat, der nur aus Arbeitsdienst und unwichtigen Sicherheitspatrouillen bestanden hatte, waren Crofts Nerven vor Gier nach Aktivität am Zerspringen. Jede größere Patrouille wäre ihm recht gewesen. Aber diese hier... Wie diese hier angelegt war, das beeindruckte ihn sehr. Obgleich er es nicht zeigte, war er ungeduldig; über die Stunden an Bord dieses Schiffes hinwegzukommen, war das Schlimmste. Den ganzen Nachmittag über hatte er mit sich selber über die möglichen Wege debattiert und sich das Gelände ins Gedächtnis zurückgerufen. Er hatte nur eine Luftaufnahmekarte vom hinteren Teil des Landes gesehen, aber die hatte er im Kopf.

Und wieder einmal versetzte es ihm einen Stoß, als ihm einfiel, daß Zug und Patrouille nicht von ihm geführt wurden.

„Ja, das ist richtig", sagte Croft. „Ich sage dir, dieser Cummings, der sich das ausgedacht hat, ist ein kluger Bursche."

Stanley nickte. „Die ganze Zeit über meckern die Jungens, wie sie es besser machen könnten, aber seine Aufgabe ist doch weiß Gott schwer."

„Das glaube ich auch", sagte Croft. Er blickte einen Augenblick zur Seite, und dann stieß er Stanley leise an. „Sieh mal." Er beobachtete, wie Wilson und Hearn miteinander sprachen, und empfand eine Spur von Eifersucht.

Unbewußt ahmte Stanley Crofts Redeweise nach. „Meinst du, daß der alte Wilson ein Arschkriecher ist?"

Croft lachte ruhig und kühl. „Verdammt noch mal, ich weiß es nicht. Er drückt sich in letzter Zeit."

„Ob er wirklich krank ist?" fragte Stanley zweifelnd.

Croft schüttelte den Kopf. „Du kannst Wilson nicht weiter trauen, als du ihn werfen kannst."

„So hab' ich ihn immer eingeschätzt." Stanley fühlte sich zufrieden. Brown sagte stets, daß niemand mit Croft auskäme, aber er wußte es nur nicht richtig anzustellen. Croft war in Ordnung, man mußte ihm nur von der richtigen Seite kommen. Es war wichtig, mit seinem Vorgesetzten auf gutem Fuße zu stehen.

Stanley hatte während seiner Unterhaltung mit Croft sehr angespannt zugehört. Genauso war es in den ersten Wochen auch Brown gegenüber gewesen, aber jetzt hatte sich die Aufmerksamkeit Croft zugewandt. Nichts, was er Croft gegenüber äußerte, war absichtslos. Aber es geschah ganz mechanisch. Niemals dachte er bewußt, daß es gut sei, mit Croft übereinzustimmen. Er glaubte selber, was er im Augenblick sagte. Sein Geist arbeitete schneller und wirkungsvoller als seine Zunge, so daß Stanley bisweilen von seinen eigenen Worten überrascht war. „Jaa, Wilson ist ein komischer Bursche", murmelte er.

Eine Sekunde lang war Stanley jedoch niedergeschlagen. Vielleicht hatte er zu spät angefangen, mit Croft auf guten Fuß zu kommen. Was nutzte es jetzt, nachdem der Leutnant in ihrem Zug war? Einer der Gründe, weswegen er Hearn nicht leiden mochte, war der, daß er gehofft hatte, Croft würde zum Offizier befördert werden, und dann hätte sich für ihn die Chance ergeben, die entstandene Lücke auszufüllen. Er konnte sich weder Martinez noch Brown als Zugsergeanten vorstellen. Im Augenblick war sein Ehrgeiz unsicher geworden, eben weil er sich nicht schlüssig werden konnte. Stanley hatte nicht ein einziges bestimmtes Ziel vor Augen; seine Träume gingen immer in eine unbestimmte Richtung.

Als Croft und Stanley miteinander sprachen, fühlten sie sich von ihrer Gleichartigkeit angezogen. Croft begann eine leise Zuneigung zu verspüren. – Dieses Jungchen ist gar nicht so übel, sagte er sich.

Der Boden unter ihren Füßen zitterte, als das Boot gegen einige Wellen schlug. Die Sonne war fast schon untergegangen, und der Himmel über ihnen mit Wolken bedeckt. Es war ein wenig kühl geworden, und sie rückten zusammen, um sich ihre Zigaretten anzuzünden.

Gallagher hatte sich ebenfalls zum Bug vorgearbeitet. Er stand stumm neben ihnen; sein dünner, knochiger Körper zitterte ein wenig. Sie lauschten auf das Wasser, das über den Boden des Bootes schwappte. „Eine Minute fühlt man sich heiß und in der andern kalt", murmelte Gallagher.

Stanley lächelte ihn an. Er hielt es für notwendig, Gallagher rücksichtsvoll zu behandeln, seitdem seine Frau gestorben war, aber es verdroß ihn. Im Grunde empfand er für Gallagher nur Verachtung, und es ärgerte ihn, daß durch Gallagher jedesmal ein unbehagliches Gefühl in ihm entstand. „Wie geht es dir, Junge?" fragte er jedoch.

„Gut." Aber Gallagher war bedrückt. Der graue Himmel machte ihn traurig. Seit Marys Tod unterlag er Wetterstimmungen, und oftmals geriet er in eine sanfte Melancholie, die ihn fast zu Tränen brachte. Er fühlte wenig Willenskraft und überraschend wenig Verbitterung. Seine zornige Maske blieb indessen, und es kam sogar gelegentlich zu einem Ausbruch, bei dem er die heftigsten Worte gebrauchte, aber Red und Wilson und einige der andern hatten die Veränderung bemerkt. „Jaa, es geht mir gut", murmelte er wieder. Stanleys Sympathie verwirrte ihn, denn er spürte, daß sie verlogen war; Gallagher war empfindsamer geworden.

Er fragte sich, warum er sich eigentlich den beiden zugesellt hatte, und dachte daran, sich wieder auf seine Pritsche zurückzuziehen, aber hier war es wärmer. Der Bug legte sich auf die Seite, das Boot stieß unter seinen Füßen, und Gallagher grunzte. „Wie lange werden sie uns hier noch wie die Sardinen quetschen", murrte er.

Nach einer Pause unterhielten sich Croft und Stanley wieder über die Patrouille, und Gallagher hörte widerwillig zu. „Soll ich dir sagen, wie diese Schweinerei ausgehen wird?" stieß er hervor. „Wir werden von Glück sagen müssen, wenn wir da herauskommen, ohne daß uns die verfluchten Köpfe abgerissen werden." Im gleichen Augenblick überfiel ihn Reue, in die sich Angst mischte. – Ich muß mit diesem Fluchen aufhören, sagte er sich. Als vor eineinhalb Wochen der letzte Brief eingetroffen war, hatte Gallagher sich zu ändern versucht. Fluchen war Sünde, glaubte er und fürchtete, noch mehr Strafe zu bekommen.

Daß man über die Patrouille sprach, erschreckte ihn, und sein Reuegefühl vermehrte noch seine Angst. Wieder einmal sah er sich tot auf dem Schlachtfeld liegen, und ein Schauer lief über seinen Rücken. Er konnte den toten japanischen Soldaten, den Croft erschossen hatte, vor sich sehen, wie er noch immer in der grünen Mulde lag.

Stanley beachtete ihn nicht. „Was wirst du machen, wenn wir nicht durch den Paß kommen?" – Es ist wichtig, alle diese Dinge zu wissen, sagte er sich. Es könnte dazu kommen, daß er die Führung des Zuges übernehmen muß. Man weiß nie, was es für Zufälle geben kann. – Wenn er auch jetzt noch nicht im Amt saß, malte er sich doch alle Zufälle aus, die über sie hereinbrechen könnten, und machte sich dadurch von den Gedanken frei, die darum kreisten, wer von ihnen vielleicht getötet wurde.

„Ich will dir mal einen kleinen Rat geben", sagte Croft. Die Worte hörten sich aus diesem Munde merkwürdig an; fast nie gab er einen Ratschlag. „Wenn man in der Armee nicht auf dem einen Weg weiterkommt, ist es verdammt besser, es auf einem andern zu versuchen."

„Was willst du dann unternehmen, um über den Berg zu kommen?"

„Bin ich der Führer? Der Leutnant ist es."

Stanley zog ein Gesicht. „Äääh." Er fühlte sich, wenn er mit Croft zusammen war, sehr jung, aber niemals versuchte er, es zu verbergen. Ohne es sich selbst zu begründen, meinte er, daß es Croft lieber sehen würde, wenn er sich nicht allzusehr hervortat.

„Wenn es mein Zug wäre, wüßte ich schon den Weg", fügte Croft hinzu.

Gallagher hörte stumpfsinnig zu und war nicht ganz bei der Sache. Die Unterhaltung über die Patrouille empfand er als unerlaubt. Da er abergläubisch war, hatte sich sein Kopf mit Tabus angefüllt, und er hielt es für gefährlich, einen bevorstehenden Kampf zu bereden. In seiner Niedergeschlagenheit sah er Erschöpfung, Gefahr und Elend voraus, bis es in Selbstmitleid überging und sich ein paar Tränen in seinen Augen bildeten. Um sie zu unterdrücken, sagte er zornig zu Stanley: „Du glaubst, etwas im voraus berechnen zu können? Du wirst zufrieden sein müssen, wenn dir der Kopf nicht weggeblasen wird." Beinahe hätte er wieder geflucht.

Diesmal konnten sie ihn nicht übersehen. Im Augenblick dachte Stanley daran, wie harmlos, fast lächerlich Minetta verwundet worden war und was für stürmische Gefühle ihn damals erregt hatten. Sein Selbstvertrauen war verschwunden. „Du redest da eine ganze Menge", sagte er zu Gallagher.

„Du weißt, was du mich kannst."

Stanley schritt auf ihn zu, dann aber hielt er an. Gallagher war viel kleiner als er, und so würde er nicht viel Ruhm ernten. Stanley kam es vor, als wolle er sich mit einem Krüppel einlassen. „Höre mal, Gallagher, ich könnte dich entzweibrechen", sagte er. Es waren Reds Worte am Morgen der Landung gewesen, es wurde ihm aber nicht bewußt.

„Äääh." Gallagher rührte sich jedoch nicht. Er hatte Angst vor Stanley.

Croft beobachtete die beiden teilnahmslos. Gallaghers Worte ärgerten auch ihn. Niemals hatte er den japanischen Angriff am Fluß vergessen, und bisweilen träumte er, daß eine riesige Wasserwoge auf ihn niederzufallen drohte, während er hilflos darunterlag. Er brachte diesen Traum zwar nicht mit dem Nachtangriff in Zusammenhang, aber er fühlte, daß der Traum auf eine schwache Stelle in seinem Innern hindeutete. Gallagher hatte ihn verwirrt, und der Gedanke an seinen eigenen Tod stand einen Augenblick lang deutlich vor ihm. Es ist eine verdammte Sache, was mir da im Kopf herumgeht, sagte er sich. Aber er konnte sich nicht sofort davon frei machen. Croft hatte den Tod immer als etwas Gesetzmäßiges angesehen. Sooft ein Mann im Zug oder in der Kompanie gefallen war, hatte er eine grimmige Befriedigung darüber empfunden, als sei etwas Unvermeidliches eingetroffen. Was ihn jetzt aber bedrückte, war die Vorstellung, daß er nun selbst an der Reihe sein könnte. Croft besaß nicht jene besondere Art von Pessimismus und Fatalismus, wie sie Red und Brown zu eigen war. Er glaubte keineswegs, daß seine Chance davonzukommen immer kleiner wurde, je länger er im Felde stand. Croft war der Meinung, daß es einem Mann vorbestimmt sei, ob er fallen sollte oder nicht, und ganz von selbst hatte er sich dabei ausgenommen. Aber jetzt war er sich dessen nicht mehr sicher. Es überkam ihn etwas wie eine Vorahnung.

Nach der nicht ausgetragenen Prügelei standen sie in Gedanken versunken schweigend hinter der Rampe und spürten die dumpfe, einlullende Gewalt des Meeres hinter der dünnen Metallhaut des Schiffes. Red hatte sich ihnen jetzt zugesellt, und so standen sie alle stumm nebeneinander, duckten sich vor dem Sprühregen und schauderten von Zeit zu Zeit. Stanley und Croft begannen wieder über die Patrouille zu sprechen, und Red hörte mit Abneigung zu. Daß sein Rücken schmerzte, brachte ihn aus dem Gleichgewicht. Das Stoßen und Schaukeln des Bootes, die zusammengedrängten Pritschen, die Männer in dem beengten Raum, ja selbst Stanleys Stimme empfand er als Belästigung.

„Weißt du was", vertraute sich Stanley Croft an, „ich möchte nicht sagen, daß ich mich über diese Patrouille freue, denn es ist immerhin ein Wagnis, weißt du. Man kann auch ein kleinerer Unteroffizier sein als ich, aber trotzdem seine Pflichten haben, und es gehört Erfahrung dazu, um sie gut zu erfüllen." Seine Stimme hatte einen höflichen Tonfall; Red klang es zu höflich, und er schnaubte höhnisch.

„Man muß nur seine Augen offenhalten", sagte Croft. „Die meisten Männer im Zug laufen umher wie die Schafe mit dem Blick auf dem Boden."

Red seufzte vor sich hin. Er hatte für Stanleys Ehrgeiz nur Verachtung übrig, aber etwas anderes stand noch hinter seinem Hohn, was er nur teilweise erkannte. Im tiefsten Grunde seines Herzens war er ein wenig neidisch, und dieser Widerspruch bedrückte ihn. – Äääh, dachte er, jeder von uns zerreißt sich sein Herz, und was hat man davon? – Er stellte sich vor, wie Stanley in den nächsten Monaten höher und höher steigen, aber dennoch niemals glücklich sein würde. – Mancher von uns würde schon glücklich sein, wenn er nicht eine Kugel in den Bauch bekäme. – Er fühlte, wie sich die Haut auf seinem Rücken zusammenzog, und unvermittelt drehte er sich um und starrte auf die nackte Metallwand der Bugrampe. Seit dem Tag, an dem er hilflos auf dem Boden gelegen und den japanischen Soldaten erwartet hatte, der ihn töten wollte, wurde er immer wieder von

Angst befallen. Oftmals fuhr er des Nachts aus dem Schlaf hoch und wälzte sich in seinen Decken, während er grundlos zitterte.

Warum, zum Teufel, wünsche ich eigentlich Unteroffizier zu werden? fragte er sich. Wird dir einer aus der Gruppe getötet, wirst du nicht aufhören können, daran zu denken. Ich wünsche von keinem Befehle zu erhalten, und ich wünschte auch keinem, daß er mir welche erteilte. – Er blickte auf Hearn, der im hinteren Teil des Bootes stand, und fühlte, wie ihm ein dumpfer Zorn in der Kehle saß. Diese verdammten Offiziere! Red schnaufte. Eine Bande von College-Jungens, die das Ganze für ein Fußballspiel hielten. – Dieser Hund hat noch seine Freude an dieser Sache. – Tief in seinem Innern brütete ein leidenschaftlicher Haß gegen jeden in der Armee, der sein Leben bedrohen könnte. – Was wird, zum Teufel noch mal, sich der General schon daraus machen, wenn wir kaputtgehen? Es ist nichts weiter als ein verfluchtes Experiment. Wir armen Versuchskaninchen.

Stanley belustigte ihn und reizte ihn, ironisch zu werden. Schließlich machte sich seine Erregung in Worten Luft. „He, Stanley, du glaubst wohl, daß sie dir einen Silberstern geben werden?"

Stanley blickte ihn an, und sofort spannte sich etwas in ihm. „Du kannst mich, Red."

„Mußt noch ein bißchen warten, Liebling", sagte Red. Er lachte laut und roh heraus und wandte sich an Gallagher. „Sie werden ihm noch das ‚Purpurne Arschloch' verleihen."

„Hör mal, Red", sagte Stanley und versuchte, etwas Bedrohliches in seine Stimme zu legen. Er wußte, daß ihn Croft beobachtete.

„Äääh", schnaubte Red. Trotz allem wünschte er keine Prügelei. Sein Rücken, selbst wenn er nicht gerade schmerzte, hatte ihn schwach und gleichgültig gemacht. Plötzlich wurde ihm klar, daß sich Stanley und er in den wenigen Monaten seit sie auf Anopopei waren, verändert hatten. Stanley sah dicker, ruhiger und sicherer aus. Er war noch im Wachsen. Red indessen empfand die traurige Magerkeit seines Körpers. Trotz alledem aber, trotz seiner Zweifel ließ ihn der Stolz nicht los. „Nimmst mehr ins Maul, als du schlucken kannst, Stanley."

„Was mußt du Gallagher noch aufputschen?"

Gallagher bekam es wieder mit der Angst zu tun und war unwillig, daß man ihn in die Sache verwickelte. In den vergangenen Wochen war er ganz für sich geblieben und hatte sich unbeteiligt verhalten. Seine gelegentlichen Wutausbrüche hatten ihn noch apathischer gemacht. Jetzt konnte er aber nicht kneifen, denn Red war einer seiner besten Kameraden. „Red braucht mich nicht aufzuputschen", murmelte er.

„Ihr Jungens glaubt wunder was für Kerle zu sein, nur weil ihr ein bißchen länger dabei seid als ich."

„Kann schon sein", sagte Gallagher.

Stanley wußte, daß er Red zum Schweigen bringen mußte, falls er Crofts Hochachtung behalten wollte. Aber er fühlte sich dazu nicht imstande. Reds spöttische Einstellung der Patrouille gegenüber hatte seine Zuversicht wieder zerstört; plötzlich wurde er sich bewußt, daß es ihm Schrecken einflößte, sobald er an sie dachte. Er holte tief Atem. „Das ist jetzt nicht der richtige Zeitpunkt, Red, aber warte ab, bis wir zurück sind."

„Kannst mir ja 'nen Brief schicken."

Stanleys Mund zog sich zusammen, aber er fand keine Antwort. Er blickte Croft an, dessen Gesicht unbeweglich war. „Ich wünschte euch Jungens bei meiner Gruppe zu haben", sagte er zu Red und Gallagher. Sie lachten laut heraus.

Croft war verstimmt. Er hatte zwischen dem Wunsch, eine Prügelei zu erleben, und dem Gefühl, daß dies eine schlimme Sache für den Zug sein würde, hin und her geschwankt. Jetzt besaß er nur noch Verachtung für Stanley. Ein Unteroffizier mußte wissen, wie er einen Mann in Schach hielt, und das hier war Stümperei gewesen. Croft spie über die Bordwand. „Was ist los, kommt ihr schon jetzt in Hitze?" sagte er gelassen. Jedes zwecklose Reden irritierte ihn.

Dann waren sie wieder still. Die Spannung zwischen ihnen war zusammengesunken wie ein nasses Stück Papier, das unter seinem eigenen Gewicht zusammensackt. Alle außer Croft waren insgeheim darüber froh. Der Gedanke an die vor ihnen liegende Patrouille hüllte sie wie in ein graues Tuch ein. Jeder zog sich schweigend in sich zurück und beschäftigte sich mit seinen persönlichen Sorgen. Die näherkommende Nacht war wie ein böses Vorzeichen.

In einiger Entfernung konnten sie den Mount Anaka sich über der Insel erheben sehen. Er stieg kühl und abweisend aus dem Dschungel zu seinen Füßen empor, bis hinauf in die niedrig ziehenden Wolken. In dem grauen Zwielicht sah er wie ein ungeheurer, alter, grauer Elefant aus, der sich mürrisch auf den Vorderbeinen erhoben hatte, während die Hinterbeine im grünen Gras seines Lagerplatzes verborgen blieben. Der Berg erschien weise und mächtig und von erschreckender Höhe. Gallagher versenkte sich in seinen Anblick. Ein Begriff von der Schönheit dieses Berges streifte ihn, aber er konnte es nicht ausdrücken. Die Idee, die ständig in ihm vorhanden war, die Vision eines schöneren und saubereren und herrlicheren Daseins, das ihn über den Schmutz erhob, in dem er zitternd jetzt leben mußte, drängte nach Worten. Beinahe hätte er vermocht, seinem Gefühl Ausdruck zu verleihen, aber es ging vorüber und hinterließ als schwachen Abglanz seines Entzückens nur eine etwas getrübte Freude. Er benetzte seine Lippen und beklagte wieder einmal den Tod seiner Frau.

Croft war tief erregt. Der Berg zog ihn an, schien ihn zu verspotten und entflammte seinen Ehrgeiz durch seine Größe. Noch niemals hatte er den Berg so deutlich gesehen. Während sie im Dschungelschlamm steckten, hatten die Felsenabstürze des Watamai-Gebirges den Berg verdeckt. Jetzt starrte er ihn an, prüfte seine Kammlinie und empfand instinktiv den Wunsch, ihn zu besteigen, um auf der Spitze zu stehen und das ganze ungeheure Gewicht des Berges unter seinen Füßen zu haben. Er verspürte Ehrfurcht und Gier und jene besondere, einzigartige Erregung, die er bei Hennesseys Tod und bei der Ermordung des japanischen Gefangenen empfunden hatte. Fast war es Haß, mit dem er den Berg anstarrte. Die Männer um sich hatte er nahezu vergessen. „Dieser Berg ist ungeheuer alt", sagte er schließlich.

In Red hingegen war nichts als Schwermut und müde Gleichgültigkeit. Crofts Worte berührten ihn nur wenig. Er sah sich den Berg gelassen, fast gefühllos an. Als er seinen Blick fortwandte, wurde er von der gleichen Angst gequält, die jeder im Zug früher oder später an diesem Tag empfunden hatte. Gleich den andern fragte sich Red, ob es diese Patrouille sein werde, bei der sie das Glück im Stich lassen würde.

Goldstein und Martinez unterhielten sich über Amerika. Zufällig hatten sie benachbarte Pritschen gewählt, und so lagen sie in ihre Decken eingehüllt den ganzen Nachmittag nebeneinander. Goldstein fühlte sich recht glücklich. Er hatte Martinez bisher nicht besonders nahegestanden, aber nachdem sie sich mehrere Stunden unterhalten hatten, faßten sie Vertrauen zueinander. Goldstein machte es immer froh, wenn er freundschaftlich mit jemand umgehen konnte; es entsprach seiner heiteren, vertrauensvollen Art. Daß jedoch seine Freundschaften niemals von Dauer waren, war mit ein Grund, sich in seinem Zug unglücklich zu fühlen. Menschen, mit denen er lange, herzliche Gespräche geführt hatte, beachteten ihn am nächsten Tag nicht mehr oder beleidigten ihn, was er einfach nicht begreifen konnte. Entweder war man Freund miteinander oder nicht. Für ihn gab es kein Mittelding, und es war daher nicht zu verstehen, daß sich der vermeintliche Freund plötzlich treulos verhielt. Und da er sich so oft betrogen glaubte, fühlte er sich meistens unglücklich.

Trotzdem kam es niemals zu einer völligen Entmutigung. Im Grunde war er ein lebhafter Mensch, ein positiver Mensch. Waren seine Gefühle wieder einmal gekränkt worden und hatte sich ein Freund als unzuverlässig erwiesen, dann gab sich

Goldstein zwar seinem Schmerz hin, aber fast immer überwand er ihn bald. Diese Enttäuschungen brachten es mit sich, daß er sich in Wort und Tat nun vorsichtiger und überlegter benahm. Seine entgegenkommende Art ließ ihn jedoch ohne wirkliche Abwehrwaffen; beim ersten freundlichen Wink war er sofort wieder bereit, alle Enttäuschungen zu vergessen und ihn einfach und herzlich zu erwidern. Jetzt war es ihm, als ob er Martinez bereits kenne. Hätte er seiner Meinung Ausdruck gegeben, würde er wohl gesagt haben: Martinez ist wirklich ein feiner Bursche. Vielleicht ein bißchen still, aber ein hübscher Junge, und für einen Sergeanten sehr umgänglich.

„In Amerika, weißt du", sagte Martinez, „viele Chancen."

„Oh, das ist richtig", nickte Goldstein verständnisvoll. „Ich weiß auch, wie ich mir ein eigenes Geschäft einrichten kann, denn ich habe viel darüber nachgedacht, und ein Mann muß sich schon was einfallen lassen, wenn er vorwärtskommen will. Es spricht vieles für eine regelmäßige Entlöhnung und Sicherheit, aber ich möchte lieber mein eigener Chef sein."

Martinez nickte. „Viel Geld im eigenen Geschäft, was?"

„Bisweilen."

Martinez dachte darüber nach. Geld! Ein wenig Schweiß entstand in seiner Handfläche. Ihm fiel Ysidro Juaninez ein, der Bordellinhaber, den er als Junge so bewundert hatte. Ihn schauderte, als er sich daran erinnerte, wie Ysidro einen Haufen Dollarnoten in der Hand gehalten hatte.

„Nach dem Krieg – verlasse vielleicht die Armee."

„Bestimmt solltest du das tun", sagte Goldstein, „ein so intelligenter und zuverlässiger Junge, wie du bist."

Martinez seufzte. „Aber..." Er wußte nicht, wie er es ausdrücken sollte. Immer wurde er verlegen, wenn er gestehen wollte, daß er Mexikaner sei. Er glaubte, daß man dies für schlechte Manieren halten könnte und den Gesprächspartner dadurch beleidigen würde. Es entsprang seinem Gefühl, daß es einzig und allein sein Fehler sei, wenn ihm die guten Stellungen verschlossen blieben. Außerdem hoffte er insgeheim, daß man ihn für einen reinen Spanier halten könnte.

„Aber, ich bin ungebildet", sagte er.

Goldstein schüttelte bedauernd den Kopf. „Das ist allerdings ein Hindernis. Ich habe mir auch immer eine College-Bildung gewünscht, und ich merke, wie sie mir fehlt. Aber im Geschäftsleben kommt man mit einem guten Kopf durch. Ich glaube an Ehrlichkeit und Gediegenheit; die wirklich großen Leute haben es mit Anständigkeit zu etwas gebracht."

Martinez nickte. Er fragte sich, wie groß wohl der Raum sein müßte, in dem ein wirklich reicher Mann sein Geld aufbewahrt. Er dachte an elegante Anzüge, glänzende Schuhe und handbemalte Schlipse und eine nicht abreißende Kette schlanker blonder Mädchen voll kühner, kühler Anmut und sprödem Charme. „Ein reicher Mann macht alles, wozu er Lust hat", erklärte er bewundernd.

„Sicher, aber wenn ich reich wäre, würde ich den anderen helfen wollen. Und ich wünsche mir nur, gesund zu sein und ein hübsches Haus zu haben und ein wenig Sicherheit. Kennst du New York?"

„Nein."

„Da gibt es einen Vorort, in dem ich gern leben möchte", sagte Goldstein und nickte mit dem Kopf. „Ein wirklich schöner Ort, mit netten, gebildeten Leuten, die Kultur haben. Ich möchte nicht, daß mein Sohn mal so aufwachsen muß wie ich."

Martinez nickte verständnisvoll. Bestimmte Vorstellungen oder Wünsche lagen ihm fern. Immer hatte er sich klein gefühlt, wenn ihm jemand seine kühnen, vollendeten Pläne entwickelte. „Amerika ist ein gutes Land", sagte er mit Überzeugung. Im Augenblick durchglühte ihn Vaterlandsliebe. Es war ihm, als sähe er ein Klassenzimmer vor sich und hörte die Kinder singen: „An dich denke ich, mein Vaterland." Zum erstenmal nach vielen Jahren sah er sich wieder als Flieger, und eine unbestimmte Sehnsucht erfüllte ihn. „Gut lesen gelernt", sagte er. „Lehrerin hielt mich für klug."

„Sicher", sagte Goldstein zustimmend.

Der Wellengang war jetzt weniger rauh, und das Wasser sprühte nicht mehr so oft über die Rampe. Martinez blickte über das Boot hin, lauschte für einen Augenblick auf die Gesprächsfetzen, die er erwischte, und zuckte wieder mit den Schultern. „Lange Reise", sagte er.

Gallagher war zu seiner Pritsche zurückgekehrt, die neben Martinez stand, und streckte sich, ohne ein Wort zu sagen, darauf aus. Goldstein fühlte sich unbehaglich. Seit über einem Monat hatte er nicht mehr mit ihm gesprochen. „Es ist ein Wunder, daß keiner seekrank ist", sagte Goldstein schließlich. „Diese Boote sind für große Fahrten wenig geeignet."

„Roth und Wyman seekrank", sagte Martinez.

Goldstein zog stolz seine Schultern hoch. „Mir macht es nichts aus. Ich bin an Bootsfahrten gewöhnt. Einer meiner Freunde hatte ein Segelboot auf Long Island, und im Sommer war ich oft mit ihm zusammen. Es hat mir sehr viel Spaß gemacht." Er dachte an den Sund und die bleichen Dünen, die ihn umgaben. „Es war da wunderbar. In seiner Schönheit ist Amerika nicht zu schlagen."

„Das kannst du noch mal sagen, Bruder", schnaufte Gallagher plötzlich.

Das war die übliche Art, mit der sich Gallagher stets ins Gespräch mischte, stellte Goldstein fest. Er meint es nicht böse. „Bist du jemals Boot gefahren, Gallagher?" fragte er höflich.

Gallagher richtete sich auf einem Ellbogen hoch. „Äääh, ich bin mal für eine Weile auf dem Charles-Fluß hinter West Roxbury Kanu gefahren. Damals mit meiner Frau." Erst nachdem er es gesagt hatte, kamen ihm die Gedanken. Sein Gesicht veränderte sich sofort und nahm einen starren, betroffenen Ausdruck an.

„Oh, Verzeihung", sagte Goldstein hastig.

„Laß nur." Gallagher fühlte sich verwirrt, weil ihm ein Jude seine Sympathie bezeigte. „Denk nicht mehr dran", fügte er wie abwesend hinzu. Ein sanftes Gefühl überkam ihn wieder; er schwamm in Selbstmitleid und nicht unangenehmen sorgenvollen Gedanken. „Sieh mal", sagte er plötzlich, „du hast doch ein Kind, nicht wahr?"

Goldstein nickte. „O ja", antwortete er eifrig. „Mein Junge ist jetzt drei Jahre alt. Warte mal, ich werde dir ein Bild von ihm zeigen." Mit einiger Anstrengung drehte er sich auf der Pritsche um und zog eine Brieftasche hinten aus der Hose. „Es ist kein gutes Bild", entschuldigte er sich, „aber es ist wirklich eins der hübschesten Kinder, die du dir vorstellen kannst. Zu Hause haben wir ein großes Bild von ihm, das ein Berufsfotograf gemacht hat; es könnte nicht besser sein und hätte einen Preis verdient."

Gallagher starrte auf das Bild. „Jaa – jaa, es ist ein schlaues Kerlchen, das stimmt." Er war ein wenig befangen, und das Lob, das schwerfällig aus seinem Munde kam, behagte ihm nicht sehr. Er blickte wieder auf das Bild, und jetzt sah er es erst wirklich. Er seufzte. In einem der Briefe, die er seit Marys Tod nach Haus schrieb, hatte er nach einem Bild seines Kindes gefragt. Seitdem hatte er mit wachsender Ungeduld darauf gewartet. Es war ihm eine wichtige Stütze in seinem Leben geworden. Viele dumpfe, untätige Stunden vertat er damit, daß er von seinem Kind träumte und sich fragte, wie es wohl aussehen würde. Obwohl er es noch nicht erfahren hatte, nahm er an, daß es ein Junge sei. „Das ist wirklich ein schlaues Kind", sagte er mit rauher Stimme. Einen Augenblick umklammerte er die Kante seiner Pritsche. Um seine Verwirrung zu verbergen, stieß er hervor: „He, wie ist es eigentlich, wenn man ein Kind hat?"

Goldstein zögerte, um die richtige Antwort zu geben. „Oh, es gibt eine Menge – Freude." Er war nahe daran gewesen, „nochis" zu sagen. „Aber auch eine Menge Kummer. Und natürlich Mehrausgaben."

„Jaa." Gallagher nickte zustimmend.

Goldstein fuhr in seinem Gespräch fort. Es war ein wenig bedrückend, da Gallagher derjenige im Zug war, den er am meisten haßte. Die Wärme und Freundlichkeit, die er jetzt für ihn empfand, überraschte ihn. Goldstein war sich bewußt, daß er hier als Jude zu einem Andersgläubigen sprach. Jede Bewegung, jedes Wort war von dem starken Wunsch beeinflußt, guten Eindruck zu machen. Obwohl es ihn an sich freute, wenn ihn die Menschen gern hatten, so kam doch die größere Befriedigung von der Vorstellung, daß sie einen Juden liebten. Und so sagte er nur Dinge, die Gallagher gefallen konnten.

Während er über seine Familie sprach, empfand Goldstein eine heftige Sehnsucht, und das Gefühl des Verlorenseins überfiel ihn abermals. Bilder glückseligen Familienlebens zogen durch seinen Kopf. Er erinnerte sich einer Nacht, wo er in der Dunkelheit kichernd mit seiner Frau zusammengelegen und sie auf die kleinen wichtigtuerischen Schnarchlaute ihres Babys gelauscht hatten. „Erst wenn man Kinder hat, lohnt es sich zu leben", sagte er mit Nachdruck.

Martinez stellte erschreckt fest, daß er selber ja auch Vater war. Zum erstenmal seit Jahren erinnerte er sich wieder an Rosalitas Schwangerschaft. Er zuckte die Schultern. Waren es jetzt sieben Jahre? Oder acht? Er hatte zu zählen aufgehört. Verflucht! Nachdem er sich von dem Mädchen frei gemacht hatte, war sie ihm nur als eine Quelle von Ärger und Sorgen in Erinnerung geblieben.

Aber die Tatsache, daß er ein Kind hatte, erfüllte ihn mit eitler Freude. Ich bin verdammt richtig, sagte er zu sich. Ihm war zum Lachen zumute. Martinez macht ein Kind und läuft davon. Es steckte eine boshafte Genugtuung darin, wie bei einem Kind, das einen Hund quält. – Was, zum Teufel, hat sie damit angestellt? – Er hatte sie verführt. Seine Eitelkeit schwoll an. Er hatte ein kindliches Vergnügen an seiner Manneskraft und an dem Eindruck, den er auf Frauen machte. Daß das Kind unehelich war, erhöhte seine Selbstachtung; irgendwie wurde seine Handlung dadurch ungewöhnlicher, großartiger.

Er empfand Goldstein gegenüber eine duldsame, fast leutselige Zuneigung. Bis zu diesem Nachmittag hatte er ein wenig Angst vor ihm gehabt und sich ihm gegenüber unbehaglich gefühlt. Einmal gab es eine Meinungsverschiedenheit, und Goldstein hatte widersprochen. Sobald so etwas geschah, kam sich Martinez unvermeidlich wie ein Schuljunge vor, den der Lehrer tadelt. Ihm war als Sergeant niemals recht wohl zumute gewesen. Aber jetzt sonnte er sich in Goldsteins Zuneigung. Er glaubte nicht mehr, daß Goldstein ihn damals verachtet habe. – Goldstein ist in Ordnung, sagte Martinez bei sich.

Er wurde das Zittern des Bootes wieder gewahr, während es sich langsam durch die Wellen kämpfte. Es war jetzt fast dunkel. Er gähnte und zog sich mit seinem Körper tiefer unter die Decke zurück. Er spürte leichten Hunger. Unentschlossen fragte er sich, ob er eine Büchse öffnen oder nur ruhig liegen sollte. Er dachte an die Patrouille, und die plötzliche Furcht, die dies in ihm erweckte, machte ihn wieder wach. Oh, er stieß den Atem aus. Nur nicht daran denken, nur nicht daran denken.

Plötzlich merkte er, daß Gallagher und Goldstein zu sprechen aufgehört hatten. Er blickte auf und sah, wie fast alle Männer auf ihren Pritschen standen oder sich über Steuerbord lehnten. „Was gibt's da zu sehen?" fragte Gallagher.

„Sonnenuntergang, glaube ich", sagte Goldstein.

„Sonnenuntergang?" Martinez blickte auf den Himmel über sich. Er war fast schwarz und mit häßlichen bleifarbenen Wolken verhangen. „Wo ist der Sonnenuntergang?" Er stand mit gespreizten Füßen im Gestänge seiner Pritsche und hielt nach Westen Ausschau.

Der Sonnenuntergang in seiner gewaltigen Strahlungskraft, wie sie nur in den Tropen anzutreffen ist, war herrlich. Der ganze Himmel, bis auf einen schmalen Streifen am Horizont, schien düster vom drohenden Regen. Die Sonne war schon untergegangen, aber unmittelbar an der Stelle, wo Himmel und Wasser zusammentrafen, leuchteten ihre Strahlen in einem farbigen Band, das sich in einem Halbkreis auf dem Meer spiegelte, so daß es wie eine Hafenbucht aussah. Aber in seinen lebhaften, karminroten, goldgelben und grünen Farben war es ein seltsamer, traumhafter Hafen. Eine Reihe kleiner Wolken, die wie unförmige Bratwürste geformt und prächtig purpurrot angestrahlt waren, zog darüber hin. Nach einer Weile kam es den Männern vor, als sähen sie eine Insel aus dem Märchenland. Jede Einzelheit glühte und war nur eine schwankende Wirklichkeit. Dort gab es einen Küstensaum, dessen Strand glänzend golden leuchtete, und an dieser trügerischen Küste wuchsen Bäume, die im Zwielicht ein herrliches Lila angenommen hatten. Nichts in ihren Erinnerungen kam dieser Küste gleich. Sie besaß jede erdenkliche Felsform, und ihre Dünen schienen einsam und wie zu Eis erstarrt, aber zugleich lebte sie und war von zitternder Wärme. Auf purpurnem Hintergrund erstreckte sich das Land in rosafarbenen und violetten Mulden, bis es sich schließlich in die Wolken über dem Hafen verlor. Das Meer vor ihnen, das vom Sonnenuntergang beleuchtet war, hatte das tiefe, klare Blau des Himmels an Sommerabenden.

Es war eine Insel der Sinnenlust, ein biblisches Land, voll roten Weins und goldener Küsten und blauer Bäume. Die Männer konnten sich nicht davon losreißen. Die schwankende Insel vor ihnen war das Bild des Himmels, wie ihn sich ein orientalischer König vorstellen mochte, und erregte eine heftige und schmerzliche Sehnsucht in ihnen. Es war die Vision all der Schönheit, nach der sie immer Ausschau gehalten hatten, all der Begeisterung, der sie sich hatten hingeben wollen. Für ein paar Minuten war der trostlose Weg durch die schweigenden Dschungelmonate, den sie ohne Hoffnung und ohne Begeisterung gegangen waren, ins Nichts versunken. Wenn sie allein gewesen wären, hätten sie vielleicht ihre Arme ausgestreckt.

Aber es war nicht von Dauer. Langsam, unabwendbar begann die Märchenküste in der sie umhüllenden Nacht zu versinken. Die goldenen Dünen verblaßten, wurden graugrün und dunkel. Die Insel ging im Meer unter, und die Flut der Nacht spülte über die rosigen und lavendelfarbenen Hügel. Nach einer kleinen Weile waren nur noch das grauschwarze Meer, der düstere Himmel und das böse, schäumende Grauweiß des Kielwassers übriggeblieben. Kleine phosphoreszierende Teilchen wirbelten im Schaum. Der tote schwarze Ozean war wie ein Spiegelbild der Nacht. Ein kaltes Bild, das Gefahr und Tod umschloß. Die Männer fühlten, wie es sie mit schweigendem Entsetzen erfüllte. Sie gingen zu ihren Pritschen zurück, legten sich für die Nacht nieder und zitterten für eine Weile in ihren Decken.

Es begann zu regnen. Das Boot stieß und wühlte sich durch die Dunkelheit, nur hundert Yards von der Küste entfernt. Und über allen lag die plötzliche, schreckenerregende Vorstellung der morgigen Patrouille. Traurig schlug das Meer gegen die Bootswände.

2

Der Zug landete am frühen Morgen des nächsten Tages an der rückseitigen Küste von Anopopei. Der Regen hatte während der Nacht aufgehört, die Luft war frisch und kühl, und im Sonnenschein war es schön an der Küste. Die Männer lungerten für einige Minuten am Strand umher, beobachteten, wie sich das Boot von der Küste absetzte und seine Rückreise antrat. In fünf Minuten war es eine halbe Meile entfernt, aber es schien bereits verschwunden zu sein, es war nur noch ein sanftes Schweben auf dem hellglitzernden tropischen Meer. Gedankenvoll starrten die Männer hinter ihm drein und beneideten den Steuermann, der bei Einbruch der Nacht zu dem sicheren Lager und zu warmem Essen zurückgekehrt sein würde. – Solch einen Posten sollte man haben, dachte Minetta.

Der Morgen besaß noch den jungen Glanz einer frisch geprägten Münze. Der Gedanke, daß sie sich hier an einer unerkundeten Küste befanden, erregte die Männer nur wenig. Der Dschungel hinter ihnen sah vertraut aus, der Strand, den hübsche, zart geformte Muscheln bedeckten, war öde und verlassen. Später würde er in der Hitze flimmern, aber im Augenblick sah die Küste genau wie jede andere aus, in der sie zuvor gelandet waren. Sie streckten sich in den Sand, rauchten, lachten und warteten, daß die Patrouille beginnen sollte, während sie der Sonne dankbar waren, daß sie ihre Sachen trocknete.

Hearn war ein wenig aufgeregt. In wenigen Minuten würden sie ihren Marsch über vierzig Meilen in einem fremden Land, die letzten zehn durch das japanische Hinterland, beginnen. Er wandte sich an Croft und deutete wieder auf die Luftaufnahmekarte, die sie zwischen sich auf dem Sand ausgebreitet hatten. „Es scheint mir, Sergeant, als ob es am besten wäre, wenn wir an diesem Fluß entlang" – er deutete auf die Mündung eines Stromes, der sich wenige Hundert Yards weiter abwärts an der Küste aus dem Dschungel ins Meer ergoß – „so weit vordringen, wie wir können, und uns dann einen Weg durch den Dschungel bis zum Kunaigras bahnen."

„Soweit ich sehen kann, gibt es keinen andern Weg", sagte Croft. Hearn hatte recht, und das ärgerte ihn. Er rieb sich sein Kinn. „Es wird viel mehr Zeit beanspruchen, als Sie denken, Leutnant."

„Kann sein." Croft bereitete Hearn ein wenig Unbehagen. Croft wußte eine Menge, das war offensichtlich, aber man mußte ihn jedesmal erst fragen, ehe er von seinen Kenntnissen etwas beisteuerte. Ein Mann aus den Südstaaten! Er war wie Clellan. Hearn fingerte am Kartenrand. Der Sand unter seinen Füßen fühlte sich bereits warm an. „Es sind nur zwei Meilen durch den Dschungel."

Croft nickte verdrießlich. „Auf eine Luftaufnahme können Sie sich nie verlassen. Dieser verdammte Fluß kann uns vielleicht dahin führen, wohin wir wollen, aber sicher ist das nicht." Er spie in den Sand. „Es bleibt verdammt nichts anderes übrig, als loszumarschieren und zu sehen, was kommt."

„Richtig", sagte Hearn und verschärfte seine Stimme. „Dann wollen wir aufbrechen."

Croft blickte auf die Männer. „Also, Leute, es geht los."

Die Männer warfen die Rucksäcke wieder über, strampelten mit den Armen, um das Gewicht zu verteilen und die einschneidenden Riemen zu verlagern. In wenigen Minuten hatte sich eine auseinandergezogene Reihe gebildet, die durch den Sand zu stapfen begann. Als sie die Mündung des Flusses erreichten, ließ Hearn halten. „Erklären Sie ihnen, was wir vorhaben", sagte er zu Croft.

Croft zuckte die Achseln. „Wir werden an diesem Fluß aufwärts gehen, so weit wir kommen. Ihr müßt damit rechnen, daß ihr euch dabei den Arsch naß macht. Wenn sich jemand beklagen will, sollte er es daher lieber jetzt tun." Er hob seinen Rucksack etwas höher auf die Schulter. „Es ist nicht anzunehmen, daß wir bei dieser Entfernung Japaner antreffen, was aber nicht heißen soll, daß ihr nun mit der Nase am Boden wie die verfluchten Schafe dahintrottet. Haltet eure Augen offen." Er starrte sie an und prüfte ihren Ausdruck, als sie seinen Blick erwiderten. Er empfand eine leise Freude darüber, daß die meisten die Augen niederschlugen. Seine Zunge bewegte sich, als frage er sich, ob noch etwas zu sagen sei. „Haben Sie noch etwas, Leutnant?"

Hearn fuhr an seinem Karabinerriemen entlang. „Ja, da ist in der Tat noch etwas zu sagen." Er blinzelte in die Sonne. „Leute", sagte er gleichmütig, „ich kenne keinen von euch, und ihr kennt mich nicht. Vielleicht habt ihr auch nicht den Wunsch, mich kennenzulernen." Einige kicherten, und plötzlich grinste er. „Nun, es ist gleich, ich bin nun mal euer Baby, das in eurem Schoß gelandet ist, und ihr müßt mich hinnehmen im Guten und im Bösen. Ich persönlich glaube, daß wir gut miteinander auskommen werden. Ich werde versuchen, gerecht zu sein, aber denkt daran, daß ihr mit der Zeit den Schwanz nachziehen werdet und ich euch antreiben muß, und dann werdet ihr mich zu hassen beginnen. Nun gut, vergeßt aber dabei nicht, daß ich genauso müde bin wie jeder von euch und daß ich mich selbst am meisten hassen werde." Sie lachten, und einen Augenblick lang hatte er das Gefühl, daß sie zu ihm gehörten, so, wie ein Redner weiß, wenn seine Zuhörer mitgehen. Seine Befriedigung war groß, ja, es überraschte ihn, daß er sich so sehr darüber freute. – Ich bin doch Bill Hearns Sohn, dachte er. „Also, dann kann's weitergehen."

Croft führte und war über Hearns Rede verstimmt. Vollkommen falsch; ein Zugführer durfte sich nicht anbiedern. Hearn würde sie auf diese Weise nur aufsässig machen. Croft hatte stets nur Verachtung für einen Zugführer gehabt, der sich darum bemühte, mit den Leuten auf eine Stufe zu kommen. Das war weibisch und unzweckmäßig. – Er wird mir den ganzen Zug versauen, zum Teufel noch mal, sagte er sich.

In der Mitte schien der Fluß tief zu sein, aber an den Ufern entlang war ein etwa fünfzehn Yards breiter Streifen flachen Wassers, das plätschernd über Steine sprang. Die vierzehn Männer gingen in einer Reihe hintereinander. Die Bäume des Dschungels auf beiden Seiten des Flusses vereinigten sich über ihren Köpfen, und nachdem sie die erste Flußbiegung hinter sich hatten, liefen sie wie in einem Tunnel, dessen Wände aus Blattwerk bestanden und dessen Boden mit Schlamm bedeckt war. Das Sonnenlicht sickerte mühsam durch das ungeheure Geflecht aus Blättern, Palmenzweigen, Ranken, Ästen und Bäumen. Es wurde vom Dschungel aufgesogen, war nur noch ein samtener grüner Schimmer und rief ein Stimmung hervor wie unter den ineinandergreifenden Gewölben einer Kathedrale. Ringsum waren sie vom Dschungel umgeben, von Dämmerung und vom Rauschen des Wassers, von den Geräuschen und Gerüchen der tiefsten Dschungelwildnis. Der feuchte Geruch des Farnkrautes, der Fäulnis und des Wachstums bedrängte sie und löste ein erstickendes, würgendes Gefühl aus. „Verflucht, stinkt das!" murmelte Red. Zu lange hatten sie im Dschungel gelebt, so daß ihnen der Gestank schon gar nicht mehr aufgefallen war. In der Nacht aber, auf dem Meer, waren ihre Sinne erfrischt worden. Sie hatten vergessen, wie bedrückend und feucht-dick die Dschungelluft sein konnte.

„Riecht wie ein Niggerweib", verkündete Wilson.

Brown lachte nervös. „Wann, zum Teufel, hast du jemals eine Niggerin gehabt?" Er war bedrückt. Der heftige Gestank nach Fruchtbarkeit und Verwesung erweckte in ihm eine leise Ahnung, daß Schlimmes bevorstand.

Der Strom wand sich weiter durch den Dschungel. Schon hatten sie vergessen, wie er an seiner Mündung im Sonnenlicht aussah. Ihre Ohren waren von dem plötzlichen Rascheln der Insekten und der anderen Dschungeltiere erfüllt, dem feinen, wütenden Schwirren der Moskitos, dem heiseren Plappern der Affen und Sittiche. Die Männer schwitzten furchtbar. Obwohl sie erst wenige Hundert Yards marschiert waren, litten sie in der trägen Luft unter Atemnot, und schwarze, feuchte Streifen entstanden auf ihren Uniformen, da, wo ein Gurt sie drückte. In dieser frühen Morgenstunde strömte der Dschungel Nebel aus. Vor ihren Beinen teilte sich die hüfthohe Nebelschicht und schloß sich schneckenhaft träge hinter ihnen. Für die Männer am Kopf der Reihe erforderte jeder Schritt eine ungewöhnliche Willensanstrengung. Sie zitterten vor Ekel, und oftmals hielten sie an, um Luft zu schöpfen. Die Feuchtigkeit des Dschungels tropfte auf alles hernieder. Die Bambusgruppen erstreckten sich bis an den Flußrand, aber ihr spitzes, zartes Blattwerk ging im Chaos der Ranken und Äste unter. Das Dickicht kletterte an den Baumstämmen empor und wuchs über ihre Köpfe. Zwischen dem Wurzelwerk und den Steinen stand der schwarze Schlamm. Das Wasser plätscherte über die Hindernisse im Flußbett, aber sein freundliches Klingen versank in dem schrillen Geschrei der Vögel und im Summen der Insekten.

Die Männer fühlten, wie das Wasser langsam, aber unvermeidlich durch die eingefetteten wasserdichten Stiefel eindrang und ihnen bis an die Knie emporschlug, wenn sie einen tieferen Teil zu durchwaten hatten. Das Gewicht ihrer Rucksäcke wurde schwerer, die Arme begannen taub zu werden und ihre Rücken zu schmerzen. Die meisten hatten dreißig Pfund an Eßwaren und Decken zu schleppen, und mit den beiden Feldflaschen voll Wasser, den zehn Munitionsgurten, mit den zwei oder drei Handgranaten, dem Gewehr und der Machete trug jeder fast sechzig Pfund an Ausrüstungsgegenständen auf seinem Körper verteilt, was dem Gewicht eines sehr schweren Koffers entsprach. Die meisten ermüdeten schon nach den ersten hundert Yards. Kaum waren sie etwa eine halbe Meile gegangen, flog ihnen der Atem; die Schwächeren spürten bereits den säuerlich faden Geschmack der Erschöpfung auf der Zunge. Die Undurchdringlichkeit des Dschungels, der ungesunde Nebel, die feuchten Geräusche, die Belästigungen durch die Insekten verloren allmählich ihre Schrecken. Sie empfanden das Bedrückende der Wildnis nicht mehr so stark. Der Reiz, den das Durchqueren des Tunnels anfangs hervorgerufen hatte, ließ nach und verging schließlich in den gleichmäßigen, zermürbenden Anforderungen des Marsches. Trotz Crofts Hinweis gingen sie mit gesenkten Köpfen dahin, den Blick auf die Füße gerichtet.

Der Fluß verengte sich, und der Streifen flachen Wassers wurde schmal wie ein Fußweg. Sie begannen jetzt zu steigen. Schon entstanden im Fluß kleine Wasserfälle, wenn er auf einer kurzen Strecke über Felsblöcke schäumte. Die Steine unter ihren Füßen waren nach und nach durch Flußsand ersetzt worden und später durch Schlamm. Die Männer hielten sich näher am Ufer, aber nun wurden sie vom Blattwerk gepeitscht, das sich ihnen in den Weg stellte. Sie kamen immer langsamer voran.

An einer weiteren Biegung machten sie halt und überblickten die Flußstrecke, die vor ihnen lag. An dieser Stelle wuchs das Dickicht bis ins Wasser, und Croft, der sich dieses neue Problem überlegt hatte, watete in die Mitte des Stromes. Fünf Yards vom Ufer entfernt hielt er an. Das Wasser reichte ihm fast bis zum Gürtel und zog wirbelnd an ihm vorbei. „Wir müssen uns ans Ufer halten, Leutnant", stellte er fest. Er begann sich seinen Weg am Rand des Flusses entlang zu bahnen, indem er sich an den Zweigen festhielt, während ihm das Wasser bis an die Hüften ging. Mühsam folgten ihm die Männer. Es gelang ihnen, die nächsten hundert Yards gegen die Strömung voranzukommen, während sie sich gleich ihm am Buschwerk entlangzogen. Ihre Gewehre glitten allmählich von ihren

Schultern und rutschten fast ins Wasser, und ihre Füße versanken im ekelerregenden Flußschlamm. Ihre Hemden wurden vom Schweiß genauso durchnäßt wie ihre Hosen vom Wasser. Sie schwitzten nicht nur vor Ermüdung und wegen der dumpffeuchten Luft, sondern auch aus Angst. Der Fluß leistete so heftigen Widerstand, als sei er ein lebendiges Wesen, das sich knurrend um ihre Füße wälzte. Ihre Hände begannen von den Dornen und messerscharfen Blättern zu bluten, und das Gewicht ihrer Rucksäcke wurde immer drückender.

Schließlich wurde der Fluß wieder breiter und flacher. Die Strömung war nicht mehr so heftig, und sie kamen, als sie durch das knietiefe Wasser wateten, besser voran. Nach einigen Windungen gelangten sie zu einem großen, flachen Felsblock, den der Fluß umströmte, und Hearn ließ eine Ruhepause einlegen.

Die Männer fielen nieder und lagen mehrere Minuten stumm und regungslos da. Hearn war ein wenig besorgt. Er konnte sein Herz schlagen hören. So schlug es bei einer vorzeitigen Ermüdung, und seine Hände zitterten ein wenig. Während er ausgestreckt auf dem Rücken lag, beobachtete er über seine Brust hinweg, wie sich sein Magen hastig hob und senkte. – Ich bin in keiner guten Verfassung, sagte er sich. Die nächsten Tage und besonders der erste Tag würden anstrengend sein; er war seit langem aus der Übung. Aber das würde sich geben, er kannte seine Kräfte.

Und er gewöhnte sich allmählich an die Spannung, die es verursachte, an der Spitze zu sein. Es war irgendwie erregender, als erster zu gehen. Oftmals hatte er angehalten, wenn er vor einem unerwarteten Geräusch zusammenzuckte oder irgendein Tier über den Weg huschte. Es gab Riesenspinnen, deren Körper so groß wie eine Walnuß und deren Beine so lang wie die Spannweite seiner Finger waren. So etwas konnte einem schon zusetzen. Er hatte bemerkt, daß es Martinez und Brown genauso aus der Fassung brachte. Sich auf unbekanntem Boden zu bewegen, erzeugte eine besondere Art Furcht, und mit jedem weiteren Schritt in den Dschungel stellten sich neue Schwierigkeiten ein.

Croft konnte man kaum ein Unbehagen anmerken. Das war schon ein Bursche, der war in Ordnung! Wenn er nicht aufpaßte, würde Croft zum eigentlichen Führer des Zuges werden. Das Schlimme war, daß Croft mehr wußte als er, und es wäre dumm gewesen, sich mit ihm zu überwerfen; bis jetzt hatte der Marsch einen walderfahreneren Soldaten erfordert.

Hearn richtete sich auf und blickte um sich. Noch immer lagen die Männer auf dem Felsen ausgestreckt. Einige von ihnen unterhielten sich oder warfen Steine über das Wasser, und Valsen streifte sorgfältig die Blätter von einem Baum ab, der über den Felsen hing. Hearn sah auf seine Uhr. Fünf Minuten waren seit Beginn der Ruhepause vergangen, und weitere zehn Minuten konnten nichts schaden. Es würde gut sein, ihnen eine anständige Pause zu gönnen. Er streckte sich wieder aus, spülte sich den Mund mit einem Schluck aus der Feldflasche, und dann schwatzte er ein paar Minuten mit Minetta und Goldstein.

Als sein Atem wieder ruhiger ging, begann Brown sich mit Martinez zu unterhalten.

Brown war niedergeschlagen. Die Geschwüre an seinen Füßen hatten zu jucken und zu schmerzen begonnen, und er wußte, daß es auf dem Weiterweg noch schlimmer werden würde. Töricht malte er sich aus, wie angenehm es sein würde, wenn er mit nackten Füßen in der Sonne liegen und seine Wunden in der Hitze trocknen lassen könnte.

„Das wird eine verfluchte Schweinerei", seufzte er.

Martinez nickte. „Fünf Tage draußen, lange Zeit."

Brown dämpfte seine Stimme. „Was, zum Teufel, hältst du von diesem Neuen?"

„Gut." Martinez zuckte die Achseln. „Netter Junge." Er gab seine Antwort mit Vorsicht. Die Männer wußten, daß er mit Croft befreundet war, und meinten bestimmt, er sei auf Hearn nicht gut zu sprechen. Mit Croft war alles in bester Ordnung gewesen. „Vielleicht zu freundlich", meinte Martinez. „Zugführer sollten grob sein."

„Dieser Bursche sieht mir ganz danach aus, als ob er sich gemein benehmen könnte", sagte Brown. Er war sich über Hearn noch nicht schlüssig geworden. Brown schätzte Croft nicht besonders, er fühlte, daß ihn Croft verachtete, aber diese Situation war ihm wenigstens vertraut. Bei einem neuen Leutnant mußte man achtgeben, daß man stets sein Bestes hergab, und dennoch konnte man Mißfallen erregen. „Scheint trotzdem ein ganz anständiger Bursche zu sein", sagte Brown sanft. Ihn bedrückte jedoch etwas ganz anderes. Er zündete sich eine Zigarette an und atmete bedächtig aus. Seine Lungen waren vom Marsch noch überanstrengt. Die Zigarette schmeckte ihm nicht, aber er rauchte sie weiter. „Ich schwöre dir, Japskiller", stieß er hervor, „immer, wenn wir auf Patrouille sind, wünschte ich, ich wäre noch gemeiner Soldat. Diese Burschen glauben immer, daß wir es leicht haben, besonders die Rekruten. Sie denken, als Unteroffizier hat man ein leichtes Leben und kann sich erholen." Er befühlte eines der Geschwüre an seinem Kinn. „Sie denken, zum Teufel, nicht daran, was wir für eine Verantwortung tragen. Nimm mal so einen wie Stanley. Er hat noch nichts

Schweres durchgemacht und ist daher noch ehrgeizig und wünscht vorwärtszukommen. Ich sage dir, Japskiller, ich war zwar verflucht stolz, als ich Sergeant wurde, aber ich weiß nicht, ob ich es noch mal machen würde."

Martinez zuckte die Achseln. Er fand es ein wenig lustig. „Ist schwer", brachte er vor.

„Zum Teufel noch mal, ja, es ist hart." Brown riß ein Blatt von einem Zweig, der über den Felsen hing und kaute nachdenklich darauf. „Du glaubst wunder, was du tun kannst, und dann sind auf einmal deine Nerven hin. Ich sage dir – dir kann ich es ja sagen, weil du weißt, was los ist –, aber würdest du noch einmal Sergeant werden wollen?"

„Wer weiß." Aber für Martinez bestand kein Zweifel; er würde es noch einmal werden. Einen Augenblick sah er die drei Winkel auf seiner olivgrauen Uniform vor sich und empfand, wie immer, einen verlegenen Stolz dabei.

„Weißt du, was mir am meisten Sorge macht, Japskiller? Daß meine Nerven hin sind. Bisweilen fürchte ich, daß ich verrückt werde und überhaupt nichts mehr anpacken kann. Du verstehst, wie ich es meine?" Brown hatte sich darüber oftmals Gedanken gemacht. Es gab ihm eine Art Befriedigung, dies jetzt einzugestehen, als ob er sich rechtzeitig für sein Versagen entschuldigen möchte und dessen Schwere, wenn es einmal zutage treten sollte, mildern könnte. Er ließ einen Stein über das Wasser springen und beobachtete das Wellengekräusel.

Insgeheim verachtete Martinez Brown. Es gefiel ihm, daß Brown Angst hatte. – Japskiller hat Angst, stimmt, sagte er sich, aber Japskiller wird es nicht zugeben.

„Das schlimmste ist nicht", sagte Brown, „daß es einen erwischt. Himmel, dann weiß man von nichts mehr, sondern daß einer von den Jungens in deiner Gruppe eine Kugel abbekommt, und es ist deine Schuld. Jesus, das kriegst du niemals wieder aus deinem Kopf 'raus. Ich sage dir, erinnerst du dich noch an die Patrouille damals auf Motome, als es MacPherson erwischte? Ich konnte nichts dazu, aber was, zum Teufel, glaubst du, wie ich mich gefühlt habe, als ich ihn liegenlassen mußte, mich davonmachte und ihn zurückließ?" Brown schnippte seine Zigarette nervös fort. „Sergeant zu sein ist nicht ganz so leicht, wie man annimmt. Zuerst, als ich bei der Armee war, wünschte ich vorwärtszukommen, aber jetzt frage ich mich bisweilen, was, zum Teufel, hast du eigentlich davon?" Er versank in Gedanken, und dann seufzte er. „Und doch weiß ich nicht, der Mensch ist nun mal so – ich glaube nicht, daß ich als gemeiner Soldat zufrieden wäre. Sergeant zu sein ist schon was." Diese Feststellung verschaffte ihm stets aufs neue Befriedigung. „Es zeigt dir, daß du doch ein bißchen was Besonderes bist. Ich sage dir, ich kenne meine Verantwortung wohl, ich werde mich nicht vor ihr drücken. Ganz gleich, in was für eine Hölle ich geraten sollte, ich weiß verdammt genau, daß ich nicht nachlassen werde. Und dafür werde ich ja schließlich auch bezahlt." Eine sentimentale Stimmung überkam ihn. „Es beweist dir, daß sie Vertrauen in dich setzten, als sie dich zum Sergeanten machten. Und ich werde keinen im Stich lassen, so einer bin ich nicht. Ich glaube, es gibt nichts Gemeineres."

„Man muß dabeibleiben", stimmte Martinez zu.

„Das ist es. Was für ein Schweinehund müßte das sein, der das Geld von der Regierung nimmt und dann türmt? Nun, ich glaube, Japskiller, wir beide kommen aus einer schönen Gegend unseres Vaterlandes, und ich würde es nicht über mich bringen, mich vor meinen Nachbarn später einmal zu zeigen, wenn ich nicht stolz auf mich sein könnte. Ich persönlich, weil ich aus Kansas komme, habe es lieber als Texas, aber das ist ganz gleich, wir stammen aus zwei der verdammt besten Staaten unseres Vaterlandes. Du brauchst dich nicht zu schämen, Martinez, wenn du irgend jemandem sagst, daß du Texaner bist."

„Ja." Martinez war von diesem Namen sehr angetan. Er liebte es, sich als Texaner zu betrachten, aber niemals hätte er gewagt, sich selbst so zu bezeichnen. Irgendwo tief in seinem Innern hatte sich die Angst eingenistet. Da war die Erinnerung an all die schlanken weißen Männer, die so langsam sprachen und so kühle Augen hatten. Er fürchtete sich vor dem Ausdruck dieser Augen, den sie annehmen könnten, wenn er ihnen erklärte: Martinez ist Texaner. Rasch war seine Stimmung wieder verflogen. Er fühlte sich unbehaglich. Ich bin ein besserer Unteroffizier als Brown, versicherte er sich, aber das beruhigte ihn nicht. Brown besaß ein Art Selbstsicherheit, die Martinez nie gekannt hatte. Und immer, wenn er zu solchen Menschen sprach, sank in ihm etwas zusammen. Martinez empfand dann die niedergehaltene böse Lust, die Verachtung und die Furcht eines Dieners, der weiß, daß er seinem Herrn überlegen ist.

„Schöne Gegend des Vaterlandes", stimmte er zu. Seine Laune war ihm verdorben. Er empfand nicht den Wunsch, sich mit Brown noch länger zu unterhalten, murmelte etwas vor sich hin und ging zu Croft hinüber.

Brown blickte um sich. Polack hatte während der Unterhaltung nur wenige Fuß entfernt neben ihnen ausgestreckt gelegen. Seine Augen waren jetzt geschlossen, und Brown stieß ihn sanft an. „Schläfst du, Polack?"

„Hu?" Polack richtete sich auf und gähnte. „Jaa, ich glaube, ich war eingenickt." In Wirklichkeit war er hellwach gewesen und hatte dem Gespräch gelauscht. Es verschaffte ihm jedesmal eine besondere Befriedigung zu lauschen; nicht weil er erwartete, unmittelbar daraus Nutzen zu ziehen, sondern weil es ihm einfach Spaß machte. „Das ist die einzige Möglichkeit, um sich ein Bild von einem Burschen zu machen", hatte er einmal zu Minetta gesagt. Jetzt gähnte er abermals. „Ach, ich habe tatsächlich geschlafen. Was ist los, geht's weiter?"

„In ein paar Minuten, glaube ich", sagte Brown. Er hatte Martinez' Verachtung wohl gespürt. Es hatte ihm Unbehagen bereitet, und nun war er darauf aus, sein Gleichgewicht wiederzufinden. Er streckte sich neben Polack hin und bot ihm eine Zigarette an.

„Nee, ich muß meinen Atem sparen", erklärte Polack. „Wir haben noch einen langen Weg vor uns."

„Kann man nicht leugnen", gab Brown zu. „Weißt du, ich habe immer versucht, meine Gruppe von Patrouillen fernzuhalten, aber vielleicht ist das falsch gewesen. Sie ist jetzt in keiner guten Verfassung." Er war sich keineswegs bewußt, wie sehr er übertrieb. Im Augenblick glaubte Brown seinen Worten und dachte mit Selbstbewunderung daran, wie er sich schützend vor seine Gruppe gestellt hatte.

„War richtig, uns da 'rauszuhalten. Das erkennen wir alle an", sagte Polack. Bei sich selbst aber dachte er: Was für ein Quatsch! Brown amüsierte ihn. Das sind doch immer dieselben Burschen. Strampeln wie verrückt, um die Streifen zu bekommen, und wenn sie sie haben, machen sie sich Kopfschmerzen, ob sie ein anständiger Mensch sind oder nicht. Er hielt sein langes spitzes Kinn in der Hand und strich seinen blonden Haarschopf aus der Stirn. „Wirklich", sagte Polack, „glaubst du, die Jungens in deiner Gruppe wüßten nicht, welche Vorteile du ihnen verschafft hast? Wir wissen sehr wohl, daß du in Ordnung bist."

Brown hörte es gern, obwohl er an Polacks Aufrichtigkeit zweifelte. „Ich will dir mal was sagen, ich will ganz offen mit dir reden", sagte er, „du bist nun schon ein paar Monate beim Zug, und ich habe dich beobachtet. Du hast ein kluges Köpfchen, Polack, und du weißt den Mund zu halten."

Polack zuckte die Schultern. „So bin ich eben."

„Aber nimm nun mal meine Lage. Ich muß euch bei guter Laune halten. Du weißt es vielleicht nicht, aber im Ausbildungsbuch findest du es schwarz auf weiß. Ich sagte mir, wenn du dich um die Leute kümmerst, werden sie sich auch um dich kümmern."

„Sicher, wir stehen hinter dir." So wie Polack die Sache ansah, wäre er ein Narr gewesen, wenn er nicht seinem Chef nach dem Mund geredet hätte.

Brown suchte nach etwas. „Es gibt verschiedene Möglichkeiten, um sich als Unteroffizier wie ein Schweinehund zu benehmen, aber ich ziehe es vor, meine Leute anständig zu behandeln."

Was, zum Teufel, will der von mir? dachte Polack. „Das einzig Richtige", sagte er.

„Jawoll, aber viele Unteroffiziere begreifen es nicht. Die Verantwortung kann dich erdrücken. Du kannst dir nicht vorstellen, was für Sorgen es dabei gibt. Ich will nicht behaupten, daß ich mich davor drücken möchte, denn, um die Wahrheit zu sagen, du mußt dich schon schinden, wenn du vorwärtskommen willst; dafür gibt es keinen kürzeren Weg."

„Nee." Polack kratzte sich.

„Nimm mal diesen Stanley. Er ist viel zu aufgeweckt, mehr als ihm guttut. Weißt du, daß er mal eine ziemlich tolle Sache in der Garage angestellt hat, wo er beschäftigt war?" Brown erzählte Polack die Geschichte und sagte abschließend: „Sicher ein tolles Ding, aber auf diese Weise kommt man in Druck. Man muß bei einer Sache bleiben, und wenn Sorgen kommen, soll man sie hinnehmen."

„Sicher." Polack stellte fest, daß er Stanley unterschätzt hatte. Es war nützlich, dies über ihn erfahren zu haben. Stanley hatte mehr auf dem Kasten als Brown. – Jesus, dachte Polack, dieser Brown wird noch an einer Tankstelle enden und glaubt, ein großer Geschäftemacher zu sein. – Stanley hatte die richtigen Einfälle. Man mußte etwas machen, was vielleicht ein bißchen zu gewagt war, aber wenn man den Mund zu halten verstand, ging es gut.

„Also dann, Leute", rief der Leutnant.

Polack stand auf und verzog das Gesicht. Wenn dieser Leutnant etwas anderes als Steine im Kopf hätte, würde er an die Küste zurückgehen und sie Pilze rösten lassen, bis das Boot kam. Aber er sagte nur: „Ich brauch' mal wieder ein bißchen Bewegung." Brown lachte.

Auf einer Strecke von hundert Yards blieb der Fluß flach und ohne Hindernisse. Während sie marschierten, schwätzten Brown und Polack miteinander. „Als junger Mensch hatte ich alle möglichen Vorstellungen", sagte Brown. „Über Heiraten, Kinder und so, aber weißt du, wenn man ein bißchen erfahrener wird, merkt man, daß es nicht viel Frauen gibt, denen man trauen kann."

Dieser Brown ist der Bursche danach, daß er sich von einer Frau ins Geschirr spannen läßt, dachte Polack. Sie braucht nichts weiter zu tun, als ja zu sagen, wenn er redet, und schon glaubt er, daß sie vollkommen ist.

„Nein", sagte Brown. „Wenn man älter wird, verliert man eine Menge davon. Es wird einem klar, daß es nicht viele Dinge gibt, auf die man sich verlassen kann." Es machte ihm ein bitteres Vergnügen, das auszusprechen. „Das einzige, was Wert hat, ist das verdammte Geld, sage ich dir. Wenn du im Geschäftsleben stehst, kannst du beobachten, was sich die großen Jungens für ein schönes Leben machen. Ich erinnere mich an einige von den Gesellschaften im Hotel. Mann, die Damen, die da waren! Was für ein Leben!"

„Man kann schon ein feines Leben haben", stimmte Polack zu. Er dachte an eine Gesellschaft, die sein Chef, Lefty Rizzo, gegeben hatte, Polack schloß seine Augen für eine Sekunde und fühlte, wie ihn ein leidenschaftliches Gefühl durchzog. Die Blonde hatte ihr Geschäft verstanden. „Jawoll."

„Wenn ich jemals von der Armee wegkomme", sagte Brown, „mache ich viel Geld. Ich habe es satt, mich herumstoßen zu lassen."

„Vorläufig haben sie noch nichts Besseres für dich."

Brown blickte auf Polack, während er neben ihm durch das Wasser watete. Polack ist kein so übler Bursche, dachte er. Ein bißchen filzig und ohne Bildung. Wahrscheinlich würde er nirgends vorwärtskommen. „Was stellst du dir vor, was du mal tun wirst, Polack", fragte Brown.

Polack fühlte das Demütigende in Browns Worten. „Ich komme schon durch", sagte er kurz. Wie ein Peitschenhieb überkam ihn die Erinnerung an seine Familie, und er verzog das Gesicht. Was für ein stumpfsinniger Polacke sein alter Herr gewesen war! Armselig in seinem ganzen Leben. – Äääh, es macht zäh, stellte er fest. So ein Bursche wie Brown mußte immer den Mund aufreißen; aber wenn man seinen Weg zum Glück herausgefunden hatte, mußte man schweigen können. In Chikago würde es ihm gelingen; das war eine Stadt! Weiber, Lärm und eine Menge großer Geschäftemacher. „Dieser verdammte Dschungel kann mir gestohlen bleiben", sagte er. Das Wasser war jetzt etwas tiefer, und er fühlte, wie es gegen seine Kniekehlen spritzte. Wenn er nicht zur Armee gekommen wäre, würde er jetzt wahrscheinlich erfolgreich unter Kabriskie arbeiten. „Äääh", sagte Polack.

Brown war mutlos. Er wußte nicht warum, aber die bedrückende Luft und die widerspenstige Strömung hatten ihn bereits erschöpft. Eine unerklärliche Angst hatte ihn eingefangen. „Junge, was hasse ich diese verdammte Schlepperei!" sagte er.

Das Flußbett stieg jetzt in einer Folge kleiner Kaskaden bergan. Als sie um eine Biegung herumkamen, wurden sie von der gewaltigen Strömung des niederstürzenden Wassers fast umgerissen. Es war erschreckend kalt. Die Männer taumelten ans Ufer und hielten sich in der Nähe des dichten Buschwerks auf, das bis an den Wasserrand wuchs. „Los, wir müssen weiter!" rief Croft. Das Ufer war fast fünf Fuß hoch, wodurch es schwierig wurde, voranzukommen. Die Männer gingen an den feuchten Lehmwänden des Ufers entlang. Ihre Augen befanden sich mit dem Dschungelboden auf gleicher Höhe. Sie streckten die Arme aus, griffen nach einer Wurzel und zogen sich daran vorwärts. Mit ihrer Brust streiften sie die Böschung, während ihre Füße durch das Wasser platschten. Ihre Hände und Gesichter wurden zerkratzt, ihre grünen Uniformen mit Schlamm bedeckt. Auf diese Weise ging es etwa zehn Minuten lang weiter.

Das Gelände wurde wieder eben. Einige Fuß vom Ufer entfernt gingen sie in einer Reihe und quälten sich mit dem Schlamm ab. Bisweilen vernahmen sie wieder die vielfältigen, feuchten Geräusche des Busches, das Geschrei der Vögel und der anderen Tiere, das Rauschen des Wassers; meist aber hörten sie nur ihr eigenes verzweifeltes Gestöhn. Sie waren sehr müde geworden. Die Schwächeren hatten bereits die Kontrolle über ihre Gliedmaßen verloren, schwankten in der Strömung oder blieben mehrere Sekunden lang stecken, während die Traglasten ihnen die Knie krümmten.

Sie gelangten jetzt an Stromschnellen, die so mit Felsen durchsetzt und reißend waren, daß sie unüberwindbar schienen. Croft und Hearn besprachen sich für eine Minute, und dann kletterten Croft und Brown auf das Ufer, hackten sich einen kurzen Weg in das Buschwerk, schnitten einige kräftige Ranken ab, die sie durch große, eckige Knoten miteinander verknüpften. Croft begann das eine Ende um seinen Gürtel zu binden. „Ich werde jetzt quer durchgehen, Leutnant", sagte er.

Hearn schüttelte den Kopf. Bis jetzt war Croft der wirkliche Führer des Zuges gewesen, aber das hier konnte er selbst tun. „Ich will es selber versuchen, Sergeant."

Croft zuckte die Achseln.

Hearn befestigte das Rankenseil um seinen Gürtel und stieg in die Stromschnellen hinein. Er beabsichtigte, das Seil ans andere Ufer hinüberzubringen, so daß es den Männern als Stütze dienen konnte. Aber es war schwieriger, als er erwartet hatte. Hearns Rucksack und Karabiner waren bei Croft geblieben, aber auch ohne Belastung stellte die Überquerung große Anforderungen an ihn. Während er von Felsblock zu Felsblock wankte, glitt er mehrmals auf die Knie. Einmal tauchte er vollständig unter, prallte mit der Schulter an eine Steinkante, und als er wieder auftauchte, schnappte er nach Luft und war vor Schmerz einer Ohnmacht nahe. Er brauchte fast drei Minuten, um fünfzig Yards vorwärts zu kommen. Als er schließlich das andere Ufer erreichte, war er am Ende seiner Kräfte und einen Augenblick lang unfähig, sich zu bewegen. Er keuchte und hustete das Wasser aus, das er geschluckt hatte. Dann richtete er sich auf, band das Rankenseil um einen Baum, während Brown das andere Ende an den Wurzeln eines kräftigen Busches befestigte.

Croft war der erste, der nachkam. Er trug neben seinem eigenen auch noch Hearns Rucksack und dessen Gewehr. Langsam kämpften sich die Männer einer nach dem anderen durch den Strom, während sie sich am Seil festhielten. Einige schlangen die Trageriemen ihrer Rucksäcke darum und zogen sich Hand über Hand am Seil entlang, während sich ihre Beine mit der wirbelnden Strömung abmühten oder ängstlich versuchten, sich von den Felsblöcken fernzuhalten. Das Wasser wäre ihnen zwar nur bis an die Hüften gegangen, wenn sie hätten aufrecht bleiben können, so aber waren sie vollständig durchnäßt, als sie das andere Ufer erreichten. Sie sammelten sich in einem flachen Becken oberhalb der Stromschnellen, saßen keuchend im Wasser und waren im Augenblick völlig gefühllos.

„Jesus", murmelte einer von ihnen immer aufs neue. Die Gewalt der Strömung hatte sie erschreckt. Jeder war am Seil insgeheim darauf gefaßt gewesen, zu ertrinken.

Nach einer Pause von zehn Minuten setzten sie ihren Marsch fort. Es kamen längere Zeit keine Stromschnellen mehr, aber der Fluß strömte nun über eine Kette von Felsblöcken, und alle zehn oder fünfzehn Yards mußten sie eine hüfthohe Steinbarriere und eine felsige Plattform überwinden, über die nur wenig Wasser floß. Fast jedem von ihnen war das Gewehr naß geworden, und die Handgranaten, die nur am Löffelgriff in den Patronengurten hingen, waren immer wieder in Gefahr, vom Wasser fortgerissen zu werden. Alle Augenblicke stieß jemand einen dumpfen Fluch aus.

Der Fluß verengte sich. An einigen Stellen waren die Ufer nicht mehr als fünf Yards auseinander, und der Dschungel wölbte sich so dicht über dem Wasser, daß ihnen die Zweige ins Gesicht schlugen. Sie duckten sich unter dem Blattwerk und krochen über die Felsplatten. Die Überquerung der Stromschnellen hatte sie sehr geschwächt. Die meisten waren zu müde, um die Beine anzuheben. Als sie zu einer neuen Felsbarriere kamen, warfen sie ihre Körper über den Rand und versuchten rutschend die Höhe zu überwinden, wie Lachse, die sich während der Laichzeit einen Fluß hinaufarbeiten. Der Strom nahm viele Zuflüsse auf; alle hundert Yards trat ein Rinnsal oder ein kleiner Bach aus dem Dschungel heraus, und Croft pflegte dann prüfend stehenzubleiben, ehe er weiterging.

Nach dem Gang durch die Stromschnellen war Hearn froh gewesen, Croft eine Zeitlang die Führung des Zuges überlassen zu können. Er stolperte mit den anderen hinter ihm drein. Es wollte ihm nicht gelingen, wieder ruhiger zu atmen.

Sie kamen an eine Gabelung, wo sich der Fluß in zwei Arme teilte. Croft ging mit sich zu Rate. Da man die Sonne im Dschungel nicht sah, war es nur Martinez und ihm möglich, die Richtung, in der sie marschierten, festzustellen. Croft hatte schon früher bemerkt, daß sich die größeren Bäume nach Nordwesten neigten, und es mit dem Kompaß nachgeprüft. Sie mußten von einem Wirbelsturm gebeugt worden sein, als sie noch jung waren. Er nahm sie nun als zuverlässige Führer, und während sie am Fluß entlangmarschierten, hatte er die Richtung ständig überwacht. Er war jetzt überzeugt, daß sie dem Ende des Dschungels sehr nahe sein mußten. Über drei Meilen waren sie schon vorgedrungen, und im wesentlichen bewegte sich der Fluß auf die Hügel zu. Aber welchem der beiden Wasserarme man nun folgen sollte, war unmöglich zu entscheiden. Sie liefen in einem Winkel auseinander, und es war denkbar, daß sich beide meilenweit parallel zu den freiliegenden Hügeln durch den Dschungel wanden. Croft und Martinez unterhielten sich darüber, und dann wählte Martinez einen hohen Baum aus und begann ihn zu erklettern.

Er zog sich an den Ranken empor, die den Stamm umwanden, und stützte sich mit den Füßen auf die Höcker des Baumes. Nachdem er die höchste Verästelung erreicht hatte, kroch er auf einem Ast vorsichtig weiter. Am äußersten Ende blickte er über die Landschaft. Unter ihm breitete sich der Dschungel wie eine grüne Samtdecke aus. Den Fluß konnte er nicht mehr sehen, aber kaum eine Meile weiter brach der Dschungel plötzlich ab, und eine Reihe nackter gelber Hügel führte zu den fernen Abhängen des Mount Anaka. Martinez zog seinen Kompaß hervor und bestimmte die Richtung. Es befriedigte ihn sehr, jetzt mit einer Sache beschäftigt zu sein, die ihm völlig vertraut war.

Er kletterte hinab und sprach mit Croft und dem Leutnant. „Hier entlang", sagte er und zeigte auf einen der beiden Wasserarme, „vielleicht zwei- bis dreihundert Yards, dann Weg hauen. Kein Fluß im Hügel vor uns." Er deutete in die Richtung des offenen Geländes, das er gesehen hatte.

„Gut, Japskiller." Croft freute sich. Die Nachricht hatte ihn nicht überrascht.

Der Zug setzte sich wieder in Bewegung. Der Wasserlauf, den Martinez ausgewählt hatte, war sehr schmal, und der Dschungel darüber fast vollständig geschlossen. Nach hundert Yards waren sie gezwungen, auf Händen und Knien durch das

Wasser zu kriechen und ihre Köpfe vor den Blättern und Dornen zu ducken, die herniederhingen. Schließlich war der Fluß nicht breiter als ein Fußweg und begann in verschiedene kleine Rinnsale, die von den Felsen im Wald herabsickerten, auseinanderzulaufen. Ehe sie eine Viertelmeile hinter sich hatten, entschied Croft, daß sie nun den Weg aushauen müßten. Das Wasser machte eine Schleife zum Ozean zurück, und es würde sinnlos sein, ihm noch länger zu folgen.

„Ich werde jetzt den Zug für die Arbeit einteilen", erklärte er Hearn, „aber wir beide wollen uns ausnehmen, weil wir noch genug zu tun bekommen werden."

Hearn keuchte. Er hatte keine Vorstellung davon, was hier das Übliche und Notwendige sein könnte, und war viel zu müde, um sich Sorgen darüber zu machen. „Wie Sie wollen, Sergeant." Hinterher aber fühlte er sich bedrückt. Wenn man mit Croft zusammen war, ergab es sich zu leicht, ihm alle Entscheidungen zu überlassen.

Croft blickte mit dem Kompaß in der Hand in die Richtung, in die er vordringen wollte, und fand in etwa fünfzig Yards Entfernung einen Baum im Busch, der gut anzuvisieren war. Er sammelte den Zug um sich und teilte ihn in drei aus je vier Männern bestehende Gruppen. „Wir wollen jetzt den Weg schlagen", erklärte er. „Wenn ihr damit beginnt, richtet euch nach dem Baum, und haltet euch zehn Yards links davon. Jede Gruppe hat fünf Minuten zu arbeiten und dann zehn Minuten Ruhe. Wir wollen aber nicht den ganzen Tag damit zubringen, und es gibt auch keinen Grund zum Faulenzen. Bevor wir beginnen, wollen wir noch zehn Minuten rasten, und dann kannst du, Brown, mit deinen Männern anfangen."

Der Weg war eine Viertelmeile weit durch dichtes Buschwerk, Ranken, Unterholz, Bambusschößlinge, um Bäume herum und durch dornige Hecken zu schlagen. Es war ein langwieriges, mühseliges Handwerk. Zwei Männer arbeiteten immer Seite an Seite, schlugen mit ihren Macheten in das grüne Gewirr und trampelten mit den Füßen nieder, soviel sie nur vermochten. Sie kamen zwei Yards in der Minute voran. Durch die weniger dichten Stellen ging es schneller, dafür mußten sie im Bambusdickicht Zoll um Zoll heraushauen. Drei Stunden hatten sie für den Weg im Fluß entlang gebraucht, und um die Mittagszeit, nachdem sie zwei Stunden mit dem Heraushacken des Weges verbracht hatten, waren sie nicht mehr als zweihundert Yards weitergekommen. Aber es machte ihnen nichts aus. Jeder hatte ja nur zwei oder drei Minuten während einer Viertelstunde zu arbeiten, und so erholten sie sich allmählich von ihrer Erschöpfung. Wenn sie nicht arbeiteten, lagen sie ausruhend und Witze reißend auf dem Weg. Die Tatsache, daß sie doch schon so weit gekommen waren, stimmte sie fröhlich. Instinktiv spürten sie, daß die offenen Hügel kein Problem mehr bieten würden. Nachdem sie sich durch das Wasser und den Flußschlamm gequält hatten, wobei sie viele Male davon überzeugt gewesen waren, niemals ans Ende zu gelangen, verspürten sie über das Erreichte jetzt Stolz und Freude. Zum erstenmal glaubten einige von ihnen an das glückliche Gelingen der Patrouille.

Roth und Minetta indessen fühlten sich elend. Minetta befand sich seit seiner Lazarettwoche in schlechter Verfassung, und Roth war niemals sehr bei Kräften gewesen. Der lange Flußmarsch hatte sie grausam mitgenommen; sie waren übermüdet, und die Ruhepausen halfen ihnen nichts. Die Arbeit am Weg wurde zur Qual. Sobald er drei- oder viermal seine Machete geschwungen hatte, war Roth nicht mehr in der Lage, seine Arme zu heben. Die Machete schien schwer wie eine Axt zu sein. Er hob sie mit beiden Händen hoch und ließ sie kraftlos auf den Zweig oder die Ranke vor seiner Nase niederfallen. Alle Augenblicke entglitt das Messer seinen schwitzenden, gefühllosen Fingern und fiel klirrend zu Boden.

Minettas Finger hatten sich mit Blasen überzogen. Der Griff der Machete rieb gegen die Handfläche und preßte den Schweiß in die Wunden. Schwerfällig und heftig ging er das Unterholz an, brachte sich durch seinen Starrsinn in Wut, aber dann stockte er, verschnaufte und fluchte stöhnend über das schlüpfrige grüne Gewirr. Er arbeitete mit Roth zusammen, und sie waren sich gegenseitig im Wege. In ihrer Erschöpfung stießen sie aneinander, und jedesmal fing Minetta darüber zu fluchen an. Sie haßten sich genauso heftig, wie sie den Dschungel, die Patrouille und Croft haßten. Minetta grübelte darüber nach, warum Croft nicht mitarbeitete. Das brachte seine Erbitterung auf den Höhepunkt. „Es ist für diesen verdammten Croft leicht, zu befehlen, was wir tun sollen, wenn er selbst nichts tut. Ich sehe nicht, daß er sich ein Bein ausreißt", murmelte Minetta. „Wenn ich Zugführer wäre, würde ich meine Leute nicht so behandeln. Ich würde gerechterweise mit ihnen zusammen arbeiten."

Ridges und Goldstein befanden sich fünf Yards hinter ihnen. Alle vier Männer gehörten zur selben Gruppe, und theoretisch hatten sie sich in die Fünf-Minuten-Schicht zu teilen. Aber nach ein oder zwei Stunden arbeiteten Goldstein und Ridges drei Minuten und schließlich vier. Ridges wurde ungehalten, als er Minetta und Roth bei der Handhabung der Machete beobachtete. „Scheiße", tadelte er sie, „habt ihr Stadtmenschen nicht mal gelernt, mit so einem kleinen Messer umzugehen?"

Außer Atem und wütend, wie sie waren, gaben sie keine Antwort, was Ridges noch mehr ärgerte. Er hatte ein feines

Empfinden für Ungerechtigkeiten, gleichviel, wem sie widerfuhren, und hier stand fest, daß es nicht gerecht war, wenn er und Goldstein mehr arbeiteten als die beiden andern. „Ich habe die gleichen Anstrengungen hinter mir wie ihr", beklagte er sich, „ich bin denselben Fluß entlangmarschiert. Es liegt kein Grund vor, daß Goldstein und ich alle Arbeit machen."

„Halt die Schnauze!" schrie Minetta zurück.

Croft trat hinzu. „Was ist hier los?" fragte er.

„Nichts", sagte Ridges nach einer Pause. Er stieß sein heiseres Gelächter aus. „'n Dreck, wir haben uns nur unterhalten." Obwohl er über Minetta und Roth aufgebracht war, dachte er nicht daran, sich bei Croft zu beklagen. Sie gehörten zur gleichen Gruppe, und Ridges würde es als gemein empfunden haben, sich über einen Mann zu beschweren, mit dem er zusammen arbeitete. „Nichts ist los", wiederholte er.

„Hör mal, Minetta", sagte Croft mit spöttischer Verachtung, „du und Roth seid die unfähigsten Kerle, die ich je gehabt habe. Nehmt endlich eure Finger aus dem Arsch." Seine kühle, scharf betonende Stimme schlug sie wie eine Birkenrute.

Sobald Minetta genügend unter Druck gesetzt war, entwickelte er einen überraschenden Mut. Er warf jetzt seine Machete zu Boden und wandte sich an Croft. „Ich sehe nicht, daß du einen Finger rührst. Es ist verdammt einfach ..." Er hatte vergessen, was er sagen wollte, und konnte nur wiederholen: „Nicht einen Finger rührst du."

Ein aufgewecktes New Yorker Kind, sagte sich Croft. Zornig blickte er ihn einen Augenblick an. „Wenn wir zum nächsten Fluß kommen, kannst *du* den verdammten Rucksack des Leutnants 'rüberbringen, und dann brauchst *du* nicht mehr zu arbeiten." Er ärgerte sich, daß er überhaupt antwortete, und wandte sich für einen Augenblick ab. Er hatte sich von der Wegearbeit ausgenommen, weil es ihm nötig erschienen war, sich als Führer des Zuges bei Kräften zu halten. Hearn hatte ihn mit der Durchquerung der Stromschnellen in Erstaunen versetzt. Als er am Rankenseil nachfolgte, begriff er, was es für Kraft erfordert haben mußte. Es hatte ihn angestachelt, aber insgeheim auch bedrückt. Er wußte, daß ihm der Zug jetzt noch unterstand, aber wenn Hearn erst einige Erfahrungen gesammelt hatte, konnte es leicht dazu kommen, daß Hearn die Führung der Patrouille übernahm.

Croft gestand sich dies alles nicht bis ins letzte ein. Sein soldatisches Gewissen sagte ihm, daß es gefährlich war, Hearn Widerstand zu leisten, und daß die Gründe für manche seiner Handlungen einer Überprüfung nicht standhalten würden. Er fragte zwar selten danach, was seinen Handlungen zugrunde lag, aber jetzt wollte er aus Angst nicht danach forschen, und das machte ihn wütend. Er trat wieder auf Minetta zu und starrte ihn an. „Verdammt noch mal, Mann, willst du noch länger meckern?"

Minetta hatte Angst zu antworten. Er begegnete Crofts Blick, solange er es wagen konnte, und dann senkte er seine Augen. „Äääh, komm schon", sagte er zu Roth. Sie hoben ihre Macheten auf und fuhren mit der Arbeit fort. Croft beobachtete sie noch einige Sekunden, wandte sich dann um und ging prüfend den neuen Pfad entlang.

Roth dachte, daß er an diesem Vorfall schuld hatte. Wieder überkam ihn das niederdrückende Gefühl des Versagens, das er nie los wurde. – Ich tauge zu nichts, tadelte er sich selbst. Er führte einen Schlag mit der Machete, und der Aufprall riß sie ihm aus der Hand. „Oh." Mühselig bückte er sich, um sie aufzuheben.

„Du kannst gleich aufhören", sagte Ridges zu ihm. Er nahm eine der Macheten auf, die sie hingeworfen hatten, und begann Schulter an Schulter mit Goldstein zu arbeiten. Wenn Ridges mit seinen ruhigen Bewegungen auf das Buschwerk einhieb, sah sein gedrungener Körper nicht mehr plump, sondern eher geschmeidig aus. Von hinten machte er den Eindruck eines Tieres, das dabei ist, sein Nest zu bauen. Er war stolz auf seine Stärke. Wenn sich seine kräftigen Muskeln anspannten und streckten und ihm der Schweiß den Rücken hinunterlief, war er vollkommen glücklich und versank in die Anforderungen der Arbeit und die Gerüche seines Körpers.

Auch Goldstein fand diese Tätigkeit annehmbar. Die zuverlässigen Bewegungen seiner Glieder bereiteten auch ihm Vergnügen, aber seine Befriedigung war nicht ungetrübt. Er war gegen Handarbeit voreingenommen. Immer ist es die einzige Beschäftigung, die ich finden kann, dachte er: Er hatte Zeitungen verkauft, in einem Warenlager gearbeitet, war dann Schweißer geworden, und stets hatte es ihn bedrückt, daß er keine Stellung finden konnte, bei der er sich die Hände nicht verunreinigte. Diese Voreingenommenheit saß tief in ihm und entstammte den Erinnerungen und Lehren seiner Kindheit. Während er mit Ridges zusammen arbeitete, empfand er daher zugleich Freude und Widerwillen. – Für Ridges ist es das Richtige, meinte Goldstein, er ist Landmann, aber ich würde mir etwas anderes vorziehen. – Er mußte über sein Schicksal selbst mitleidig lächeln. – Wenn ich eine ordentliche Erziehung gehabt hätte, Bildung besäße, könnte ich etwas Besseres aus mir machen.

Als sie von der nächsten Gruppe abgelöst wurden, nagte es immer noch an ihm. Mühselig ging er den Weg zu seinem Gewehr und seinem Rucksack zurück und setzte sich traurig nieder. Ach, so vieles hätte er vollbringen können. Eine tiefe und grenzenlose Sorge bedrückte ihn. Er bemitleidete sich selbst, aber sein Mitleid wuchs über ihn hinaus und umfaßte schließlich alle Menschen. – Äääh, es ist hart, es ist sehr hart, dachte er. Er hätte nicht zu sagen vermocht, was ihn im Grunde zu dieser Feststellung veranlaßte, es war wohl die Erkenntnis, die schlechthin seinem Wesen entsprach.

Goldstein war von dieser Stimmung nicht überrascht. Er war an sie gewöhnt und wußte sie richtig einzuschätzen. Tagelang konnte er fröhlich und mit jeder Arbeit einverstanden sein, zu der er abkommandiert wurde, und jedermann gern haben. Dann tauchte er plötzlich auf unerklärliche Weise – denn die sichtbaren Gründe waren stets geringfügig – in einer von ihm selbst erzeugten Düsternis unter.

Jetzt badete er geradezu in Mutlosigkeit. Ach, was hatte das alles für einen Sinn? – Wozu wird man geboren, warum arbeitet man? Man wird geboren, und dann stirbt man. Ist das alles? – Er schüttelte den Kopf. – Nimm diese Familie Levine zum Beispiel. Sie hatte einen so vielversprechenden Sohn mit einem Stipendium an der Columbia-Universität, der dann bei einem Autounfall umkam. – Warum? Wozu geschah das? Er kannte diese Familie nur flüchtig, aber die Erinnerung daran rührte ihn fast zu Tränen. Warum mußte so etwas geschehen? Dann ergriffen ihn andere Sorgen, kleinere und größere, in zufälliger Folge. Er erinnerte sich der Armut seines Elternhauses und wie die Mutter ein Paar Handschuhe verloren hatte, die sie sehr schätzte. – Äääh! seufzte er wieder. Ein hartes Leben. Er hatte alles um sich vergessen, den Zug und die Patrouille. Aber selbst Croft, was würde er schließlich davon haben? Geboren werden und sterben. Diese Erkenntnis gab ihm ein überlegenes Gefühl. Abermals schüttelte er den Kopf.

Minetta saß neben ihm. „Was hast du nur?" fragte er schroff. Seine Sympathie für Goldstein war gedämpft, seit er Ridges' Partner war.

„Ach, ich weiß es nicht." Goldstein seufzte. „Ich habe über etwas nachgedacht."

Minetta nickte. „Jaa." Er blickte den Pfad entlang, den sie aus dem Dschungel herausgehauen hatten und der sich ziemlich gerade erstreckte, fast hundert Yards weit, ehe er eine Biegung um einen Baum machte, und überall lagen die Männer ausgestreckt auf dem Boden oder saßen auf ihren Rucksäcken. Hinter sich konnte er hören, wie die Macheten pausenlos schlugen. Das Geräusch bedrückte ihn. Er veränderte seine Lage, da er die Feuchtigkeit des Bodens an seinem Hintern spürte.

„Das ist das einzige, was einem in der Armee übrigbleibt, herumsitzen und grübeln", sagte Minetta.

Goldstein zuckte die Schultern. „Ist nicht immer gut. Für mich ist es besser, wenn ich nicht zuviel denke."

„Ja, für mich auch." Minetta erkannte, daß Goldstein vergessen hatte, wie wenig er und Roth geleistet hatten, und das erweckte aufs neue seine Zuneigung für ihn. Goldstein war nicht so wie die andern, die einem so etwas nachtragen. Minetta mußte wieder an seine Auseinandersetzung mit Croft denken. Der Zorn, der ihn während des Streites erfüllt hatte, war vergangen; jetzt dachte er nur noch an die möglichen Folgen. „Croft, dieser Schweinehund!" sagte er. Um nicht daran denken zu müssen, spielte er sich in eine Entrüstung hinein.

„Croft!" sagte Goldstein geringschätzig. Er blickte sich vorsichtig um. „Als wir den Leutnant bekamen, dachte ich, daß die Dinge nun anders würden, denn er schien mir ein netter Bursche zu sein." Goldstein wurde sich plötzlich bewußt, wieviel Hoffnung er darauf gesetzt hatte, daß Croft nicht länger mehr die Befehlsgewalt haben würde.

„Äääh, nichts hat er unternommen", sagte Minetta. „Hör mal, ich würde keinem Offizier trauen. Solchen Burschen wie Croft fassen die mit Handschuhen an."

„Aber er muß doch schließlich den Zug übernehmen", sagte Goldstein. „Wenn man so einem wie Croft alles überläßt, sind wir nur Dreck für ihn."

„Er hat was gegen uns", erklärte Minetta mit unsicherem Stolz. „Aber ich habe keine Angst vor ihm. Ich habe ihm meine Meinung gesagt, wie du gesehen hast."

„Ich sollte es auch getan haben." Goldstein war aufgebracht. Warum konnte er den Leuten nicht seine Meinung sagen? „Ich bin zu friedfertig", sagte er laut.

„Jawoll, das bist du", sagte Minetta. „Du darfst dich von diesen Burschen nicht überrennen lassen. Du mußt es ihnen geben. Als ich im Lazarett war, hat mich ein Arzt zu schikanieren versucht; dem habe ich aber meine Meinung gesagt." Minetta glaubte es wirklich.

„Gut, wenn man so ist."

„Sicher." Minetta fühlte sich geschmeichelt. Die Schmerzen in seinen Armen hatten nachgelassen, und ein müdes, sanftes Gefühl der Erleichterung durchzog ihn. Goldstein ist richtig; ein Grübler, sagte sich Minetta. „Ich habe mich viel auf Tanzvergnügungen 'rumgetrieben und Mädels zum besten gehabt, wie du weißt. Du hättest mich mal zu Haus in einer Gesellschaft sehen sollen! Da war ich die Hauptperson. Aber ich bin nicht nur so; wenn ich zum Beispiel mit Rosie ausging, hatten wir manches ernste Gespräch. Himmel, worüber haben wir uns alles unterhalten. So bin ich nämlich in Wirklichkeit", erklärte Minetta, „ich habe eine gute Anlage zum Philosophen." Es war das erstemal, daß er sich so sah, und diese Klassifizierung gefiel ihm. „Die meisten Jungens werden, wenn sie zurückkommen, nichts anderes machen als vorher. Sich mit den Mädchen 'rumtreiben. Aber wir sind nicht so. Das weißt du ja."

Seine Vorliebe für Diskussionen weckte Goldstein aus seiner Melancholie. „Ich muß dir mal was sagen, ich habe mich oft gefragt, ob das eigentlich alles lohnt." Die traurigen Falten, die sich von der Nase bis zu den Mundwinkeln zogen, vertieften sich, während er sprach, und ließen ihn noch nachdenklicher erscheinen. „Vielleicht wären wir glücklicher, wenn wir weniger grübeln würden. Es ist vielleicht besser, einfach nur zu leben und leben zu lassen."

„Dasselbe, was ich mich auch gefragt habe", sagte Minetta. Seine verschwommenen Gedanken machten ihn unruhig, dabei fühlte er sich, als sei er an den Rand einer tiefen Erkenntnis gelangt. „Bisweilen, weißt du, frage ich mich, was das alles eigentlich für einen Sinn hat. Als ich im Lazarett war, starb einer von den Jungens mitten in der Nacht. Immer wieder muß ich an ihn denken."

„Ach, das ist fürchterlich", sagte Goldstein. „Er starb, ohne daß jemand bei ihm war." Er schnalzte mitleidsvoll, und plötzlich stiegen ein paar Tränen in seine Augen.

Minetta sah ihn bestürzt an. „Jesus, was ist dir?"

„Ich weiß nicht. Es ist alles so traurig. Wahrscheinlich hatte er Eltern und eine Frau."

Minetta nickte. „Es ist schon was Seltsames mit euch Juden. Ihr macht euch mehr Sorgen um euch und die andern als die übrigen Menschen."

Roth, der bis jetzt schweigend neben ihnen gelegen hatte, richtete sich auf. „Ich möchte davon ausgenommen werden." Die Verallgemeinerung kränkte ihn so, als wäre er von einem Betrunkenen beschimpft worden.

„Was soll das heißen?" schnappte Minetta zu. Roth hatte ihn gereizt. Er brachte ihm ins Gedächtnis, daß sie bald an ihre Arbeit zurück mußten und Croft sie beobachten würde. „Wer, zum Teufel, hat dich denn herausgefordert, Roth?"

„Ich bin der Meinung, daß deine Feststellung jeder Grundlage entbehrt." Die abweisende Haltung zwang Roth zur Verteidigung. So ein zwanzigjähriges Bürschchen glaubt schon alles zu wissen, sagte er sich. Er schüttelte den Kopf und erklärte in seiner pathetischen Art: „Das ist ein großes Problem. Eine solche Feststellung ist ..." Er fuhr mit der Hand verächtlich durch die Luft.

Minetta hatte seine eigene Bemerkung sehr gefallen, und er war böse über Roths Einmischung. „Was glaubst du, wer nun recht hat, Goldstein? Ich oder dieser Leichenbitter?"

Gegen seinen Willen mußte Goldstein lachen. Solange Roth nicht in seiner Nähe war, hatte er eine gewisse Zuneigung für ihn; aber Roth war immer so langsam, so feierlich in allem, was er sagte. Es machte Goldstein nervös, abzuwarten, bis Roth einen Satz zu Ende brachte. Außerdem war ihm Minettas Feststellung nicht unsympathisch gewesen. „Ich weiß nicht, aber ich glaube, da steckt ein guter Kern in dem, was du sagtest."

Roth lächelte säuerlich. Daran war er gewöhnt. Immer stellte man sich gegen ihn. Früher, beim Arbeitseinsatz, hatte er Goldstein verachtet, weil er so tüchtig war. Er hatte es wie Verrat empfunden. Daß Goldstein jetzt mit Minetta übereinstimmte, überraschte ihn nicht. „Ohne jede Grundlage", wiederholte er.

„Ist das alles, was du zu sagen weißt?" Minetta lachte höhnisch. „Oh-ne je-de Grund-la-ge", äffte er ihn nach.

„Nun gut, nimm mal meine Person zum Beispiel." Roth überging Minettas Ironie. „Ich bin zwar Jude, aber nicht fromm. Muß also wohl darüber weniger gut unterrichtet sein als du, was, Minetta? Wie willst du eigentlich wissen, was ich fühle? Ich habe mit Juden nichts gemein. Ich betrachte mich als Amerikaner."

Goldstein zuckte die Achseln. „Du schämst dich wohl?" fragte er ruhig.

Roth stieß verärgert den Atem von sich. „Genau die Sorte Fragen, die ich nicht mag." Sein Herz klopfte gewaltig, weil es ihn aufregte, die Diskussion in ihre leeren, unsympathischen Gesichter hinein zu führen. Eine heftige Angst ließ ihm den Schweiß auf die Handflächen treten. „Ist das das einzige, was du gefunden hast?" fragte er schrill.

Ääh, diese Katzelmacher und Juden sind sich gleich, sagte Minetta bei sich. Immer regen sie sich über nichts auf. Er war über diesen Streit erhaben.

„Höre mal, Roth", sagte Goldstein. „Warum meinst du wohl, daß Croft und Brown dir nicht zugetan sind? Es ist nicht deiner Person, es ist deines Glaubens wegen; der Dinge wegen, von denen du sagst, daß sie dich nichts angehen." Dennoch fühlte er sich unsicher. Roth verwirrte ihn; es kränkte ihn, Roth als Juden ansehen zu müssen, denn er fühlte, daß er bei den Gojim keinen guten Eindruck hinterließ.

Roth versetzte es einen Schlag, daß ihn Croft und Brown nicht mögen sollten. Er wußte es zwar, aber es kränkte ihn, jetzt, da es ausgesprochen wurde. „Ich würde das nicht sagen", protestierte er. „Das hat mit dem Glauben nichts zu tun." Er war vollständig durcheinander. Es würde ihm mehr behagt haben, wenn er hätte annehmen können, daß der Glaube die Ursache ihrer Abneigung war; aber damit wurden andere Probleme berührt, das Vorgefühl, daß er auch weiterhin versagen könnte. Er wünschte, die Arme um seinen Kopf zu schließen, die Knie an seinen Körper zu ziehen, den leidigen Streit um sich herum zu verbannen und zugleich das unaufhörliche Hakken der Macheten, die leisen Gespräche und die Nötigung, sich eine mühebeladene Stunde nach der andern immer wieder anstrengen und verausgaben zu müssen. Plötzlich erschien ihm der Dschungel wie eine Zuflucht, wie ein Bollwerk gegen alle Anforderungen, die man noch an ihn stellen würde. Er sehnte sich danach, vor den Männern zu fliehen und in ihm unterzutauchen. „Ich weiß es wirklich nicht", sagte er. Es schien ihm jetzt wichtig, den Streit beizulegen.

Sie verstummten, lagen wieder auf ihren Rucksäcken und überließen sich ihren privaten Sorgen. Minettas Müdigkeit drang bis in seine Träumereien und machte ihn traurig. Er dachte an Italien, das er mit seinen Eltern als Kind besucht hatte. Nur wenige Erinnerungen waren davon zurückgeblieben. Er konnte sich auf die Stadt besinnen, in der sein Vater geboren worden war, und ein wenig auch auf Neapel, aber das übrige blieb verschwommen.

In dem Geburtsort seines Vaters breiteten sich die Häuser über dem Abhang eines Hügels aus und lagen in einem Netz enger Gäßchen und schmutziger Höfe. Am Fuß des Hügels sprang ein kleiner Bach über Felsblöcke und stürzte sich wild ins Tal hinunter. Morgens trugen die Frauen ihre Wäsche in Körben, wuschen sie auf den flachen Felssteinen am Ufer und kneteten, schlugen und schrubbten sie mit den urtümlichen Bewegungen der Landfrauen, die sich ihrer Arbeit völlig hingeben. Am Nachmittag holten die Jungen Wasser aus demselben Bach und trugen es langsam den Hügel hinauf. Mühselig erklommen ihre kleinen braunen, von der Arbeit sehnigen Beine den Fußweg zur Stadt.

Das waren die wenigen Einzelheiten, deren er sich zu erinnern vermochte, aber sie rührten ihn auf. Selten hatte er an die Stadt zurückgedacht und die italienischen Worte fast vergessen, die er einst wußte. Aber wenn er schlecht gelaunt oder nachdenklich war, erinnerte er sich wieder der Sonnenhitze zwischen den Häusern in den Gassen und an den scharfen, gärenden Geruch des Düngers auf den Feldern.

Jetzt dachte er zum erstenmal seit vielen Monaten über den Krieg in Italien nach und fragte sich, ob wohl die Stadt durch Bomben zerstört worden sei. Es war unvorstellbar. Die kleinen Häuser aus Felssteinen und Mörtel müßten ewig sein. Und dennoch ... Er fühlte sich sehr bedrückt. Selten hatte er eine Rückkehr in diese Stadt in Erwägung gezogen, aber in dieser flüchtigen Sekunde erschien es ihm als das Begehrenswerteste.

Jesus, wenn dieser Ort zerstört wäre! Für einige Augenblicke sah er alle zerstörten Städte und die Leichen auf den Straßen vor sich und hörte den pausenlosen, gedämpften Kanonendonner am Horizont. In diesem Gesamtbild fehlte selbst nicht die Patrouille auf einer Insel, jedoch in einem anderen Ozean. Alles auf der Welt wird zerstört. Diese Erkenntnis überwältigte ihn. Seine Gedanken zerstreuten sich und kehrten schwankend zu dem Stein zurück, auf dem er saß, und dann beschäftigte er sich wieder mit dem erbärmlichen Zustand seines übermüdeten Körpers. – Äääh, alles ist viel zu gewaltig, man geht darin unter. Immer steht etwas Verdammtes über einem. – Gegen seinen Willen sah er den Heimatort zerstört, die kalten, zertrümmerten Wände zum Himmel emporgereckt wie die Arme toter Soldaten. Es bestürzte ihn und flößte ihm ein Gefühl der Schuld ein, als er sich den Tod seiner Eltern vorstellte. Er versuchte den bedrückenden Bildern zu entfliehen. Ihn packte die Wut über alle diese Verwüstungen. Wieder erschien es ihm unvorstellbar, daß die Frauen nicht mehr ihre Wäsche auf den Steinen waschen sollten. Er schüttelte den Kopf. Äääh, dieser verrückte Mussolini! Aber er fühlte sich nicht ganz sicher; sein Vater hatte ihm immer gesagt, daß Mussolini Wohlstand ins Land gebracht habe, und Minetta hatte es hingenommen. Er konnte sich der Diskussionen zwischen seinen Onkeln und seinem Vater erinnern. Sie waren so verdammt arm, daß sie wohl einen Burschen nötig gehabt hätten, der die Dinge für sie in Schwung brachte. Er erinnerte sich auch an einen Vetter seines Vaters, der in Rom ein großer Bonze war und 1922 mit Mussolini marschierte. Durch Minettas ganze Kindheit zogen sich die Berichte über jene Tage. „Alle jungen Männer und Vaterlandsfreunde kämpften 'zweiundzwanzig mit Mussolini", hatte der Vater erklärt, und Minetta hatte davon geträumt, mitzumarschieren und ein Held zu werden.

Alles war durcheinander. Sein Verstand sah nicht weiter, als seine Augen blickten. Und diese fanden bereits einen Widerstand an dem dichten, feuchten Gewirr des Dschungels. „Äääh, dieser verrückte Mussolini!" sagte er noch einmal, um sich zu beruhigen.

Goldstein regte sich neben ihm. „Komm, wir sind wieder an der Reihe."

Minetta brachte sich auf die Füße. „Daß die uns, zum Teufel, niemals eine anständige Pause geben können, Himmel, wir haben uns doch eben erst hingesetzt." Er blickte auf Ridges, der mit schräger Schulter den rauhen, schmalen Pfad entlangschritt. Von Minettas Träumereien war nichts anderes mehr übriggeblieben als Widerwillen und Müdigkeit, die sie hervorgerufen hatten.

„Komm, Minetta!" rief Ridges zurück. „Wir müssen arbeiten." Ohne eine Anwort abzuwarten, quälte er sich weiter voran, um die Gruppe, die bis jetzt gearbeitet hatte, abzulösen. Ridges war verärgert und zugleich in Verlegenheit. Während der Ruhepause war er mit sich zu Rate gegangen, ob die Zeit ausreiche, sein Gewehr zu reinigen, und zu der Entscheidung gekommen, daß es nichts Ordentliches werden würde, wenn er nur zehn Minuten darauf verwandte. Das ärgerte ihn nun. Das Gewehr war feucht und beschmiert, und wenn er sich nicht bald darum kümmerte, würde es rosten. – Scheiße, sagte er bei sich, daß ein Mann niemals Zeit hat, eine Sache zu erledigen, weil sie ihn gleich wieder antreiben, etwas anderes zu tun. – Er empfand eine gehässige Freude über den Stumpfsinn in der Armee, aber zugleich Schuldbewußtsein. Er hatte sich zuwenig um einen wertvollen Gegenstand gekümmert, und das war gegen sein Verantwortungsgefühl. – Die Regierung gibt mir diese Maschinenflinte, weil sie meint, ich werde sie in acht nehmen, und nun tue ich es nicht. Das Gewehr wird seine hundert Dollar wert sein, dachte Ridges, und das war für ihn eine große Summe. Ich würde es gesäubert haben, aber warum geben sie mir nicht genug Zeit? – Es war zu schwierig für ihn, sich klar darüber zu werden. Er seufzte, nahm seine Machete auf und begann mit der Arbeit. In wenigen Sekunden hatte ihn Goldstein erreicht.

Nach fünfstündiger Quälerei gelangte der Zug an das Ende des Dschungels, der hier von einem anderen Wasserlauf begrenzt wurde, auf dessen jenseitigem Ufer sich gelbe, nur mit Kunaigras und gelegentlich auch mit Buschwerk bestandene Hügel nach Norden erstreckten. Das Sonnenlicht gleißte und wurde von den schimmernden nackten Hängen und von dem klaren, leuchtenden Himmelsbogen zurückgestrahlt. Die Männer, die sich an das Zwielicht des Dschungels gewöhnt hatten, blinzelten, fühlten sich unsicher und empfanden ein wenig Angst vor dem weiten, offen vor ihnen liegenden Land. Es war alles so nackt und schmerzhaft.

Ein ungeheurer Raum.

Im Zeitraffer

JOEY GOLDSTEIN
DER HAFEN VON BROOKLYN

Ein handfester Mann von vielleicht siebenundzwanzig Jahren mit blondem, glattem Haar und lebhaften blauen Augen. Seine Nase ist scharf geschwungen, und tiefe, traurige Falten ziehen sich von seiner

Nase bis zu den Mundwinkeln. Wenn diese Falten nicht gewesen wären, würde er sehr jung ausgesehen haben. Seine Redeweise ist schnell und aufrichtig und ein wenig atemlos, als fürchte er, daß man ihn nicht zu Ende reden ließe.

Der Süßwarenladen ist klein und schmutzig wie alle diese Läden an der mit Kopfsteinen gepflasterten Straße. Wenn es nieselt, werden die Kopfsteine blank, glänzen an der Spitze, und aus den Eisendeckeln der Kanalisationsschächte dampft es. Der nächtliche Nebel verbirgt die Diebe und die Banden, die lärmend durch die Dunkelheit wandern, die Prostituierten und die sich paarenden Liebesleute in den dunklen Schlafzimmern mit den schwitzenden, besudelten braunen Tapeten. Die Häuserwände sind im Sommer wie mit Geschwüren besetzt und naßkalt im Winter. Ein abgestandener Geruch liegt über diesem Stadtteil, eine Mischung aus den Gerüchen der Essenabfälle, des in die Spalten zwischen den Kopfsteinen zerflossenen Pferdedungs, von Teer, von Rauch, dem säuerlich feuchten Geruch der Stadtmenschen, dem Geruch der Kohlen- und Gasöfen in den Wohnungen, die keine Warmwasserversorgung kennen. Alle Gerüche haben sich völlig miteinander vermengt und ihre Eigenart verloren.

Tagsüber stehen die Händler an den Bordsteinen und preisen Früchte und Gemüse an. Frauen mittleren Alters in schwarzen abgetragenen Kleidern greifen mit bösartigen, erfahrenen Fingern widerwillig an die Lebensmittel und prüfen ihre Festigkeit. Vorsichtig treten die Frauen vom Bürgersteig hinunter, um den Pfützen in den Rinnsteinen auszuweichen, starren auf die Fischköpfe, die der Besitzer des Fischladens gerade auf die Straße geworfen hat, und müssen sich einer leisen Versuchung erwehren. Das Blut macht die Kopfsteine zuerst glänzen, dann verblaßt es, nimmt einen rosigen Schimmer an, bis es im Schmutzwasser vergeht. Nur der Fischgeruch bleibt und vermischt sich mit dem Geruch des Pferdedungs, des Teers und den üppigen unbestimmbaren Düften aus den Delikateßwarenläden.

Der Süßwarenladen liegt am Ende der Straße. Es ist ein winziger Raum, verschmierter Dreck sitzt entlang den Fensterrahmen, und Rost verdrängt überall die Farbe. Das Ladenfenster kann mühselig verschoben werden, um einen Verkaufstisch zu schaffen, an dem die Leute von der Straße aus kaufen können, aber die Scheibe ist zerbrochen, und Staub legt sich auf die Süßigkeiten. Drinnen gibt es einen schmalen Ladentisch aus Marmor und davor einen zwei Fuß breiten Raum, wo die Kunden auf dem zerfressenen Wachstuch stehen können. Im

Sommer ist es erstickend heiß, so daß einem das Pech aus den Schuhen dringt. Auf dem Ladentisch stehen zwei Glasbehälter mit Metalldeckeln und einem gekrümmten Schöpflöffel. In den Gläsern ist Kirsch- und Orangenessenz. (Coca-Cola ist noch nicht modern.) Zwischen ihnen steht auf einem Holzbrett ein gelbbrauner feuchter Halwawürfel. Die Fliegen sind so träge, daß man sie kitzeln müßte, ehe sie wegfliegen.

Es ist unmöglich, den Raum sauberzuhalten. Mrs. Goldstein, Joeys Mutter, ist eine fleißige Frau, und morgens und abends wischt sie auf, wäscht den Ladentisch, staubt die Süßwaren ab und scheuert den Fußboden, aber der Schmutz ist zu alt. Er hat sich in die tiefsten Risse des Ladens eingefressen, und genauso ist es ein Haus weiter und in der nächsten Straße. Er ist in die Poren und Zellen alles Lebendigen und Toten eingedrungen. Der Laden ist nicht sauberzuhalten, und jede Woche wird er ein wenig schmutziger, ein wenig eitriger zusammen mit der verfallenden Straße.

Moshe Sefardnick, der Alte, sitzt hinten im Raum auf einem Klappstuhl. Niemals gibt es eine Arbeit für ihn, und in der Tat ist er zu alt dafür, zu verwirrt. Niemals hat der alte Mann Amerika verstanden. Es ist zu groß, zu schnell, und die vertriebenen, unterdrückten Kasten aus Jahrhunderten welken hier. Immer ist die Menschheit in Bewegung. Die Nachbarsleute kommen zu etwas Geld und verlassen die East Side, um nach Brooklyn zu gehen, in die Bronx, auf die vornehme West Side. Einige von ihnen verlieren ihr kleines Geschäft, ziehen die Straße hinunter an einen anderen elenden Fleck oder gehen aufs Land. Er selbst war ein Hausierer gewesen; im Frühjahr vor dem ersten Weltkrieg war er mit seinen Waren auf dem Rücken die schmutzigen Straßen der kleinen New-Jersey-Städte entlanggewandert und hatte Scheren, Nadeln und Zwirn verkauft. Aber er hatte es nie richtig verstanden, und jetzt in den Sechzigern ist er vorzeitig verbraucht, ein alter Mann, der nach hinten in einem winzigen Süßwarenladen verbannt ist und in den Gedankengewölben des Talmud lebt. (Wenn ein Mann den Wurm im Kopf hat, kann man ihn herauslocken, so man ein grünes Blatt dicht auf das Ohr legt, auf daß der Wurm herauskomme.)

Sein Enkel, Joey, jetzt sieben, kommt heulend mit einer Beule auf der Stirn aus der Schule nach Haus. Ma, sie haben mich verprügelt, sie haben mich verprügelt, sie haben mich Schienie[1] genannt.

Wer hat das getan?

---

[1] Slangausdruck für Jude

Die italienischen Kinder, eine ganze Bande, sie haben mich verprügelt.

Die Klage dringt in den Verstand des Alten und verändert seinen Gedankenstrom. Die Italiener. Er zuckt die Achseln. Ein unzuverlässiges Volk; während der Inquisition ließen sie die Juden in Genua ein, aber in Neapel ... Neapel.

Er zuckt wieder die Schultern und beobachtet die Mutter, die das Blut abwäscht und ein Heftpflaster auf die Wunde drückt. Ach, mein armer Joey.

Der alte Mann lächelt in sich hinein, das überlegene, feine Lächeln des Pessimisten, der überzeugt davon ist, daß die Dinge sich zum Schlechten wenden. Nu, dieses Amerika ist nicht viel anders. Der alte Mann sieht die Gesichter der Gojim auf die Opfer starren.

Joey! ruft er mit rauher, gebrochener Stimme.

Was ist, *zaddie?*

Die Gojim, wie nannten sie dich?

Schienie.

Wieder zuckt der Großvater die Achseln. Ein anderer Name. Einen Augenblick erwacht ein längst begrabener Zorn in ihm. Er starrt auf die noch ungeformten Gesichtszüge des Knaben, auf das helle blonde Haar. In Amerika sehen selbst die Juden wie Gojim aus. Blondes Haar. Der alte Mann richtet sich auf, um zu reden. Er spricht jiddisch. Sie haben dich geschlagen, weil du ein Jude bist, sagt er. Weißt du, was ein Jude ist?

Ja.

Der Großvater spürt, wie die Liebe zu seinem Enkel in ihm aufwallt. Er ist so hübsch, so gut. Er aber ist ein alter Mann und wird bald sterben. Und das Kind noch zu jung, um ihn zu verstehen. Wieviel Weisheit könnte er ihm mitgeben.

Es ist eine schwierige Frage, was ein Jude ist. Es ist keine Rasse, sagt er, nicht einmal eine Glaubensgemeinschaft mehr. Vielleicht niemals eine Nation. Undeutlich merkt er, daß er das Kind bereits verloren hat. Aber er spricht weiter, als ob er laut denke.

Was ist es dann? Jehuda Halevy sagt, Israel ist das Herz aller Nationen. Was den Körper angreift, greift auch das Herz an, und das Herz ist zugleich das Gewissen, das unter den Sünden der Nationen zu leiden hat. Noch einmal zuckt es in seinen Schultern. Es macht schon keinen Unterschied mehr, ob er es laut sagt oder nur noch mit bewegten Lippen denkt. Es ist ein interessantes Problem, aber ich persönlich glaube, daß ein Jude ein Jude ist, weil er leidet. *Olla* Juden leiden.

Warum?

Werden wir uns darum den Messias verdienen? Der alte Mann weiß es nicht mehr sicher. Es macht uns zugleich besser und schlimmer als die Gojim, denkt er.

Aber einem Kinde soll man immer Antwort geben. Er reckt sich, konzentriert sich und sagt ohne Zuversicht: Auf daß wir ausdauern. Dann spricht er weiter, und einen Augenblick ist alles ganz klar. Wir sind ein vertriebenes Volk, von Unterdrückern umgeben. Immer müssen wir von einem Unglück ins andere wandern, und es macht uns kräftiger und schwächer als andere Menschen und läßt uns die andern Juden mehr lieben und mehr hassen als die andern Menschen. Wir haben so viel gelitten, daß wir nun wissen, wie man ausdauern kann. Wir werden immer ausdauern.

Der Knabe versteht fast nichts davon, aber er hat die Worte aufgenommen und sie in seinem Gedächtnis vergraben, und vielleicht wird er sie später wieder hervorholen. Er sieht auf seinen Großvater, auf die knotigen, sehnigen Hände und bemerkt den Zorn, die zitternde Klugheit in seinen blassen alten Männeraugen. Leiden. Es ist das einzige Wort, das Joey Goldstein versteht. Er hat die Scham und die Angst, in die ihn die Prügelei versetzte, bereits vergessen. Er zupft an dem Heftpflaster auf seiner Schläfe und fragt sich, ob er wohl hinausgehen kann, um zu spielen.

Die Armen sind große Reisende. Immer wieder gibt es neue Geschäfte, neue Gelegenheiten, neue Orte, an denen man leben könnte, neue Erwartungen, die aus den alten, vertrauten Enttäuschungen auferstehen.

Da ist der Süßwarenladen in der East Side, der zugrunde geht, und mit dem nächsten wird es ebenso sein und auch noch mit dem übernächsten. Da wird umgezogen in die Bronx, nach Manhattan, in Süßwarengeschäfte nach Brooklyn. Der Großvater stirbt, die Mutter ist allein mit Joey und läßt sich endlich in einem Süßwarenladen in Brownsville nieder, mit dem gleichen Ladenfenster, das man etwas mühselig nach außen schieben kann, und mit dem gleichen Staub auf den Süßigkeiten.

Mit der Zeit ist er acht, neun, schließlich zehn Jahre alt geworden. Joey steht morgens um fünf auf, verkauft Zeitungen und Zigaretten an die zur Arbeit eilenden Männer, geht um sieben Uhr dreißig selbst fort, zur Schule, und ist erst wieder zurück, wenn es beinahe Zeit ist, ins Bett zu gehen. Und fast immer ist die Mutter den ganzen Tag über im Laden.

Die Jahre vergehen langsam in dieser Arbeitsleere. Ein einsames Leben. Er ist ein seltsamer Junge, so erwachsen, erklären die Verwandten seiner Mutter. Und er ist eifrig darin, zu gefallen. Ein netter Verkäufer, einer von der ehrlichen Sorte, aber er hat keine Anlagen zum großen Geschäftemacher, zum Mann an der Spitze. Er ist nichts weiter als Arbeiter, und die besondere, vertrauliche Zuneigung, die zwischen der Mutter und ihm besteht, ist nichts anderes als die von Menschen, die viele Jahre zusammen gearbeitet haben.

Er hat ehrgeizige Pläne. Während der Zeit, da er die höhere Schule besucht, gibt es unerfüllbare Träume vom College, Ingenieur oder Wissenschaftler zu werden. In seiner knappen Freizeit liest er technische Bücher und denkt daran, den Süßwarenladen im Stich zu lassen. Aber als er es schließlich tut, wird nichts anderes daraus als Arbeit in der Versandabteilung eines Warenhauses, während die Mutter einen Jungen anstellt, der nun die Arbeiten übernimmt, die er früher getan hat.

Und es gibt keine Berührung mit den anderen. Seine Sprache ist verschieden, sehr unterschiedlich, ganz und gar verschieden von den Männern, mit denen er zusammen arbeitet, von den wenigen Jungen, die er in seinem Wohnblock kennt. Da ist wirklich nichts von dem heiseren, rauhen, leidenschaftlichen Akzent der Brooklyner vorhanden. Er spricht wie seine Mutter: ein wenig formell, fast ohne Akzent, und hat eine Vorliebe für etwas zu großartige Worte, da, wo es einfachere auch tun würden. Und auch abends, wenn er auf einer der Treppenstufen sitzt und sich mit den Jünglingen unterhält, mit denen er zusammen aufgewachsen ist, die er beim Schlagballspiel und beim Fußball viele Jahre lang in den Straßen beobachtet hat, ist der Unterschied zwischen ihnen und ihm festzustellen.

Sieh dir den Busen an, sagt Murray.

Klasse! sagt Benny.

Joey lächelt unbehaglich, sitzt zwischen einem Dutzend anderer Jünglinge auf den Stufen und beobachtet die Blätter der Brooklyn-Bäume, die im behaglichen, bürgerlichen Rhythmus zu seinen Häupten rascheln.

Sie hat einen reichen Vater, sagt Riesel.

Heirate sie doch.

Und zwei Stufen tiefer streiten sie sich um Baseball-Ergebnisse. Was meinst du? Ich weiß, daß du wetten möchtest. Was setzt du?

Goldsteins Backenmuskeln sind schon müde vom Grinsen des unbeteiligten Außenseiters.

Murray stößt ihn an. Warum kommst du nicht mit zum Spiel der „Giants"?

Ach, ich weiß nicht, ich habe mich mit Baseball nie richtig befassen können.

Ein anderes Mädchen tänzelt im Brooklyner Zwielicht vorüber, und Riesel, dieser Rowdy, stelzt hinter ihr her und bewegt sich wie ein Affe. Whiiiiiih, flötet er, und ihre Absätze klappen mit kokettem, liebeshungrigen Geräusch über das Pflaster, als wollten sie ausdrücken, daß das Vögelchen für diese Nacht bereit ist, auszufliegen.

Wie der Busen wippt.

Du bist nicht bei den Panthern, nicht wahr, Joey? sagt das Mädchen, das auf der Gesellschaft neben ihm sitzt.

Nein, aber ich kenne sie gut, es sind nette Burschen, sagt er. In diesem Jahr, seinem neunzehnten, als er die höhere Schule verlassen hat, zieht er sich einen blonden Bart heran, der aber nicht gedeihen will.

Ich hörte, daß Larry heiraten will.

Evelyn ebenfalls, sagt Joey.

Jaa, einen Rechtsanwalt.

In der Kellermitte auf einem frei geräumten Platz tanzen sie in einem kühnen Stil, strecken die Hintern heraus und bewegen sich unverschämt in den Schultern. *Im Sternenstaub eines Liedes.*

Tanzt du, Joey?

Nein. Eine augenblickliche Wut gegen alle andern. Sie haben Zeit zum Tanzen, Rechtsanwälte und geschniegelt zu sein. Aber es geht vorüber. Es ist unbedeutend, nur daß es ihn verstimmt.

Entschuldige mich, Lucille, sagt er zu seiner Gastgeberin, aber ich muß jetzt gehen, ich muß früh aufstehen. Bitte, entschuldige mich bei deiner Mutter.

Und wieder zu Haus, verbringt er mit seiner Mutter um halb elf die der Geselligkeit entzogene Stunde vor einem Glas heißen Tee auf dem von der Zeit benagten Tablett aus weißem Porzellan und ist augenscheinlich schlecht gelaunt.

Was ist dir, Joey?

Nichts. Und es ist ihm unerträglich, daß sie es weiß. Ich habe morgen viel zu tun, sagt er.

Sie sollten in der Schuhfabrik deine Leistungen mehr anerkennen, wenn du so viel arbeitest. –

Er hebt den schweren Karton von der Erde hoch, stemmt sein Knie dahinter und wirft ihn über seinen Kopf hinweg, so daß er oben auf dem sieben Fuß hohen Stapel landet. Der neue Mann neben ihm quält sich mit der gleichen Arbeit schwerfällig ab.

Sieh mal, sagt Joey, du mußt das Beharrungsvermögen überwinden und die Schwungkraft ausnutzen. Es ist sehr wichtig, wie man solche Dinge anpackt, sonst kannst du dir leicht einen Bruch holen oder sonst noch alles mögliche. Ich habe es genau studiert. Seine kräftigen Rückenmuskeln ziehen sich nur leicht zusammen, als er einen anderen Karton hinaufbefördert. Aber laß nur, du wirst den Dreh bald 'raus haben, sagt er fröhlich. Man muß bei solcher Arbeit vieles beachten.

Eine einsame Arbeit. Langweilige Dinge, wie etwa das Durchblättern der jährlichen Kataloge, die von der Sheffielder Ingenieurschule und anderen versandt werden.

Aber schließlich trifft er auf einer Gesellschaft ein Mädchen, mit dem er sich unterhalten kann, ein hübsches, dunkelhaariges kleines Wesen mit einer sanften, scheuen Stimme und einem reizvollen Muttermal am Kinn, auf das sie sich was einbildet. Sie ist ein oder zwei Jahre jünger als er, gerade von der höheren Schule herunter, und sie möchte Schauspielerin oder Dichterin werden. Sie bringt ihn dazu, sich mit ihr die Symphonien Tschaikowskijs (die fünfte ist ihr die liebste) anzuhören, sie liest „Schau heimwärts, Engel" und arbeitet als Verkäuferin in einem Geschäft für Frauenmoden.

Oh, ich glaube, daß es keine schlechte Stellung ist, sagt sie, aber es ist – die Mädchen sind dort wirklich nicht sehr gebildet; es ist nichts Besonderes, es lohnt nicht, darüber zu reden. Ich würde gern etwas anderes tun.

Oh, auch ich wünschte manches andere zu unternehmen, sagt er.

Das solltest du auch, Joey, du bist etwas Besonderes; ich sehe schon, wir sind hier die einzigen Intellektuellen. (Sie lachen, und auf plötzliche und magische Weise fühlen sie sich verbunden.)

Bald folgten die langen Unterhaltungen auf dem rechteckig gepolsterten Kissen des kastanienbraunen Sofas im Besuchszimmer ihrer Eltern. Sie diskutieren über das Problem, ob sie heiraten oder einen Beruf ergreifen soll. Sie tun es rein akademisch, theoretisch, und natürlich betrifft es sie beide nicht. Sie sind nur Philosophen, die über das Leben nachdenken. Und durch das vielfältig nach innen geschlungene, heitere Gewebe junger Liebender oder, richtiger gesagt, junger Liebkosender gelangen sie auf den ältesten Weg der Welt und den zugleich trügerischsten, weil sie ihn für den einzigartigsten halten. Als sie verlobt sind, vergessen sie die Einzelheiten, die sie zum Treueschwur brachten. Die zwischen ihnen bestehenden Intimitäten, die langen, geflüsterten Unterhaltungen im Besuchszimmer, in billigen Restaurants, das Wispern und Händchenhalten in der dunkelsamtenen Höhle der Filmtheater erregen und erwärmen sie. Sie vergessen das meiste von dem, was sie zur Liebe getrieben hat, und geben sich jetzt nur den Auswirkungen hin. Und natürlich ändern sich ihre Unterhaltungen, und neue Themen werden diskutiert. Scheue, sensible Mädchen pflegen gewöhnlich Dichterinnen zu werden oder, vom Leben verbittert, einsam in Bars zu trinken; aber hübsche, scheue, sensible jüdische Mädchen heiraten gewöhnlich und bekommen Kinder, nehmen jährlich zwei Pfund zu, und ihre Sorgen kreisen mehr um die Wiederauffrischung alter Hüte, das Ausprobieren eines neuen Kochtopfes als um den Sinn des Lebens. Nach ihrer Verlobung spricht Natalie von ihren Plänen.

O Liebling, du weißt, daß ich dir nicht zusetzen möchte, aber mit dem Geld, das du verdienst, können wir nicht heiraten.

Denn ich nehme nach allem an, daß du nicht die Absicht hast, mich in einer Wohnung ohne Warmwasser leben zu lassen. Eine Frau möchte es doch gleich richtig haben, und ein hübsches Daheim ist furchtbar wichtig, Joey.

Ich weiß, wie du es meinst, antwortete er, aber Natalie, mein Liebes, das ist nicht leicht; man redet viel von rückläufiger Konjunktur, und ich sage dir, es könnte leicht wieder eine Depression geben.

Joey, so zu reden paßt gar nicht zu dir; was ich an dir gerade so liebe, ist deine Kraft und dein Optimismus.

Sicher, aber du veranlaßt mich dazu. Er sitzt schweigend da. Du weißt, und ich sage es dir noch mal, daß ich eine Idee habe; ich denke daran, zur Schweißerei überzugehen. Es ist zwar ein neues Gebiet, aber nicht mehr so neu, daß es noch nicht fundiert wäre. Natürlich glaube ich, daß Plastic[1] oder Fernsehen die kommenden Dinge sind, aber dies Gebiet ist noch zu unzuverlässig, und mir fehlt auch die Vorbildung dafür; damit muß ich mich abfinden.

Das klingt vernünftig, Joey. Sie denkt nach. Das ist gar kein so schlechter Beruf; und vielleicht kannst du in ein paar Jahren einen Laden haben.

Eine Werkstatt.

Eine Werkstatt, eine *Werkstatt*, das ist doch keine Schande. Da bist du dann dein eigener Herr.

Sie besprechen es gemeinsam und entscheiden, daß er ein Jahr lang einen Abendkursus nehmen muß, bis er ausgebildet ist. Dieser Gedanke verstimmt ihn. Es wird mir dann nicht mehr möglich sein, dich so oft zu sehen. Vielleicht nur zwei Abende in der Woche, und ich frage mich, ob das gerade sehr gesund ist.

O Joey, du verstehst mich nicht. Wenn ich mich zu etwas entschlossen habe, bleibe ich dabei; ich kann warten, du brauchst dir keine Sorge um mich zu machen. Sie lacht weich und zärtlich.

Für ihn beginnt ein sehr schweres Jahr. Er arbeitet vierundvierzig Stunden im Versandgeschäft, verschlingt sein Abendbrot und bemüht sich, in Klassenraum und Werkstatt während der Abendstunden aufmerksam zu bleiben. Um zwölf kommt er nach Haus, geht schlafen und zwingt sich, den Anforderungen des nächsten Morgens gewachsen zu sein. Dienstag und Donnerstag sieht er Natalie abends nach dem Unterricht, bleibt zum Mißvergnügen ihrer Eltern und trotz der Nörgeleien seiner Mutter bis zwei und drei Uhr morgens.

Es gibt Streit darüber.

---

[1] Neuer Werkstoff

Joey, ich habe nichts gegen das Mädchen, sie ist wahrscheinlich ein sehr hübsches Kind, aber ihr seid noch nicht in der Lage zu heiraten, und um des Mädchens willen wünschte ich, daß ihr nicht heiraten würdet. Sie wird wahrscheinlich in einer so wenig netten Wohnung nicht leben wollen.

Aber gerade deswegen verstehst du sie nicht, du unterschätzt sie; sie weiß genau, was uns bevorsteht. Wir gehen nicht blindlings hinein.

Ihr seid doch noch Kinder.

Sieh mal, Mama, ich bin jetzt einundzwanzig und dir immer ein guter Sohn gewesen, nicht wahr? Ich habe immer schwer gearbeitet, und ein bißchen Vergnügen und ein bißchen Glück darf ich wohl erwarten.

Du sprichst, Joey, als ob ich es dir nicht gönnte. Natürlich bist du immer ein guter Sohn gewesen. Ich wünsche dir alle Freuden der Welt, aber du zerstörst deine Gesundheit, du bleibst zu lange auf und lädst zu viel Verantwortung auf dich. Oh (Tränen bilden sich in ihren Augen), ich wünsche doch nur, daß du glücklich wirst, verstehe mich doch. Wenn es einmal soweit sein wird, würde ich glücklich sein, dich verheiratet zu sehen, und ich hoffe nur, daß du dann eine Frau bekommst, die du verdienst.

Aber ich verdiene ja nicht einmal Natalie.

Unsinn! Für dich ist keine gut genug.

Mama, du mußt dich damit abfinden. Ich werde sie heiraten!

Sie zuckt die Schultern. Nu, du hast noch ein halbes Jahr vor dir, und dann mußt du versuchen, als Schweißer eine Stellung zu finden. Ich wünsche nur, daß du diese Frage unvoreingenommen betrachtest, und wenn die Zeit kommt, werden wir weitersehen.

Aber ich habe mich bereits entschlossen. Es ist kein Problem mehr. Ich schwöre dir, Mama, daß du mich damit nur bockig machst.

Sie verstummt, und ein paar Minuten lang essen sie schweigend; beide machen sich Sorgen und bringen innerlich neue Argumente vor, die sie jedoch nicht auszusprechen wünschen, aus Furcht, es könnte von neuem beginnen. Schließlich seufzt sie und blickt ihn an.

Joey, du solltest nichts darüber zu Natalie sagen, ich habe nichts gegen sie, das weißt du. Vorsichtig und schon halb überzeugt sieht sie auch der zweiten Möglichkeit ins Auge.

Nach seiner Ausbildung bekommt er eine Anstellung für fünfundzwanzig Dollar, und dann heiraten sie. Für die Hochzeitsgeschenke kommen fast vierhundert Dollar zusammen.

Das reicht für eine Schlafzimmereinrichtung aus einem Spezialgeschäft; außerdem für eine Couch und zwei Stühle im Wohnzimmer. Sie ergänzen die Ausstattung durch ein paar Bilder, eine schlechtgedruckte Kalenderszene, die weidende Kühe bei Sonnenuntergang zeigt, eine billige Wiedergabe der „Blauen Tür" und einen Macfield Parrish aus einer Anzeige. Auf einen Ecktisch stellt Natalie ihre Hochzeitsbilder, die wie Buchumschläge in einem Doppelrahmen stehen. Seine Mutter stiftet eine Etagere und eine Anzahl dünn bemalter Tassen und Untertassen, auf denen sich dicke, nackte Engel rundum jagen. Sie lassen sich in einer Dreizimmerwohnung nieder, sind sehr glücklich, sehr zärtlich und gehen ineinander auf. Am Ende des ersten Jahres verdient er fünfunddreißig in der Woche, und sie bewegen sich vorschriftsmäßig im Kreis ihrer Freunde und Verwandten. Joey wird ins Bridge eingeführt. Ihre Ehestreitigkeiten sind selten und gehen schnell vorüber, und die Erinnerungen daran werden von der Lawine der angenehmen und gleichförmig sich wiederholenden Alltäglichkeiten, aus denen ihr Leben besteht, begraben.

Ein- oder zweimal kommt es zu Spannungen. Joey, sagen sie, ist sehr leidenschaftlich, und die Tatsache, daß sie ihn weniger oft braucht als er sie, ist bisweilen häßlich und bitter. Das heißt nicht, daß ihr Zusammensein immer mißlingt oder daß sie auch nur darüber sprechen oder nachdenken, aber dennoch fühlt er sich bisweilen verschmäht. Er begreift ihre unerwartete Kühle nicht; während der Verlobungszeit waren ihre Zärtlichkeiten so leidenschaftlich gewesen.

Nachdem der Knabe geboren ist, gibt es andere Probleme. Er verdient vierzig Dollar in der Woche, und an Wochenenden hilft er die Sodafontäne im Drugstore an der Ecke bedienen. Er ist müde und oftmals von Sorgen bedrückt. Bei ihrer Niederkunft kommt es zum Kaiserschnitt, und sie müssen Schulden machen, um den Arzt zu bezahlen. Ihre Narbe stört ihn. Ohne daß er es will, erfüllt ihn der Anblick mit Widerwillen, und sie bemerkt es. Sie geht vollständig in ihrem Kind auf und ist zufrieden, eine Woche nach der andern zu Haus bleiben zu können. An den langen Abenden hat er oft Sehnsucht nach ihr, hält sich aber zurück und schläft unruhig. Eines Nachts endet ihr Zusammensein im Streit.

Er hat eine schlechte Angewohnheit dabei. Immer muß er sie, trotz seiner Vorsätze, fragen: Erregt es dich? Ihr Lächeln ist so, daß es ihn irgendwie zornig macht.

Doch, sagt sie dann.

Er wird langsamer und legt seinen Kopf an ihre Schulter, ruht aus und atmet tief. Dann bewegt er sich wieder.

Wie ist dir jetzt? Bist du nahe daran, Natalie?

Wieder ihr Lächeln. Alles in Ordnung, Joey, mach dir keine Sorge.

Während der gleitenden Bewegung ist er für einige Minuten mit seinen Gedanken weit fort und denkt an ein weiteres Kind. Das erste war gekommen, nachdem sie sich vorher darüber unterhalten hatten und darin übereinstimmten, daß sie sich ein Baby wünschten; aber jetzt kann er sich kein zweites leisten und ist besorgt, ob ihr Pessar ordentlich sitzt. Er glaubt es fühlen zu können, und es stört ihn. Plötzlich spürt er den Druck in seinen Lenden, den Schweißausbruch auf seinem Rücken, und unvermittelt hält er inne und ruht wieder aus.

Bist du soweit?

Mach dir keine Sorge um mich, Joey.

Zorn ergreift ihn. Du sollst mir sagen, ob du so weit bist!

O Liebling, heute abend wird es nichts mit mir, aber es ist nicht wichtig, mach weiter, denk nicht an mich, es ist ganz unwichtig.

Der Streit ist für beide erniedrigend und kühlt sie ab. Er haßt es und findet es fade, allein zu einer Entspannung zu kommen und nachher von dem Mißlingen bedrückt auf seinem Bett zu liegen.

Zum erstenmal flucht er. Hol's der Teufel! Und er läßt sie im Bett zurück, geht zum Fenster hinüber und starrt auf das graue Pergament des Rouleaus. Er zittert, zum Teil vor Kälte.

Sie kommt zu ihm und schmiegt ihren Körper an den seinen, um ihn zu wärmen. Ihre Zärtlichkeit ist tastend und unsicher, und es beleidigt ihn. Er fühlt ihre Mütterlichkeit. Geh weg, ich will keine – keine Mutter! stößt er hervor, hat gleich ein schlechtes Gewissen und ist dann über seine schrecklichen Worte entsetzt.

Ihr Mund formt sich zu einem leeren Lächeln und verzieht sich plötzlich zum Weinen. Auf dem Bett schluchzt sie wie ein kleines Mädchen. Nach zweieinhalbjähriger Ehe wird ihm jetzt klar, daß sie jedesmal, wenn sie so lächelt, der Hysterie nahe ist und vielleicht sogar Ekel empfindet. Dieses Wissen läßt sein Herz erstarren.

Nach einem Augenblick wirft er sich neben sie nieder, streichelt ihren Kopf und versucht, ihre Tränen zum Versiegen zu bringen, während seine plumpe Hand ihr über Stirn und Gesicht streicht.

Am Morgen erscheint alles nicht mehr so schrecklich, und nach einer Woche hat er es fast vergessen. Aber für ihn bedeutet es das Ende oder fast das Ende dessen, was er von der Ehe erhofft hat; und für Natalie bedeutet es, daß sie nun Erregung heucheln muß, um ihn nicht zu verletzen. Ihre Ehe senkt sich tiefer, wie um felsigen Grund zu finden. Der Vorfall bedeutet nichts Akutes, nichts besonders Gefährliches. Er tritt hinter dem Kind zurück, der Anschaffung neuer und der Auswechslung alter Möbel, der Unterhaltung über eine Lebensversicherung, die sie schließlich eingehen. Außerdem gibt es noch die Probleme seiner Arbeit, sein langsames Vorankommen und die Eigentümlichkeiten der Männer an seiner Arbeitsstätte. Er geht mit einigen von ihnen kegeln, und Natalie schließt sich der Schwesternschaft im Tempel ihres Bezirks an und veranlaßt sie, Tanzkurse einzurichten. Der Rabbiner ist ein junger Mann, der sehr beliebt ist, weil er modernen Ansichten huldigt. Mittwoch abends haben sie einen Wärter für das Baby und lauschen im Gesellschaftsraum auf die Vorträge des Rabbiners über erfolgreiche Bücher.

Sie kommen vorwärts, setzen Gewicht an und spenden Geld für Hilfsorganisationen zur Unterstützung von Emigranten. Sie sind aufrichtig, freundlich und glücklich und fast bei jedermann beliebt. Als der Sohn älter wird und zu sprechen beginnt, macht er ihnen viel Freude. Sie sind zufrieden, und ihre Ehegewohnheiten hüllen sie wie ein warmes Bad ein. Sie empfinden niemals große Freude, sind aber kaum je bedrückt, und nichts Bedrängendes überschreitet je die Grenze oder wird brutal.

Der Krieg bricht aus, Joey verdoppelt sein Gehalt durch Überstunden und Beförderung. Zweimal kommt er vor die Ausmusterungskommission und wird jedesmal zurückgestellt; aber 1943, als sie die Familienväter einzuziehen beginnen, versucht er für sich, als Rüstungsarbeiter, keine Ausnahme zu erwirken. Er hat ein Schuldgefühl, wenn er an sein privates Dasein denkt, und es erfüllt ihn mit Unbehagen, in Zivilkleidung durch die Straßen zu gehen. Aber mehr noch, er hat Überzeugungen, liest von Zeit zu Zeit die „PM[1]", obwohl er zu sagen pflegt, daß es ihn viel zu sehr aufregt. Er bespricht seine Gründe mit Natalie und wird gegen den Protest seines Chefs eingezogen.

Während er auf die Vereidigung wartet, unterhält er sich in der frühen Morgenstunde mit einem Mann, der gleich ihm Familienvater und ein stattlicher Bursche mit einem Schnurrbart ist.

Ach nein, ich sagte meiner Frau, daß sie zu Hause bleiben soll, erklärt Joey, ich denke mir, daß es für sie zu aufregend sein würde.

Ich habe eine schreckliche Zeit hinter mir, sagt der andere, um alles in Ordnung zu bringen; es ist ein Verbrechen, wie wenig Geld ich für meinen Laden bekommen habe.

[1] Post Meridiem, eine Zeitung

Nach wenigen Minuten entdecken sie, daß sie gemeinsame Bekannte besitzen. Aber ja, sagt der neue Freund – Manny Silver, ein netter Bursche –, wir waren zwei Jahre bei Grossingers zusammen, aber er ist ein bißchen zu voreilig für meinen Geschmack. Eine hübsche Frau; sie sollte nur auf ihr Gewicht mehr achtgeben. Ich weiß noch, wie unzertrennlich sie waren, als sie geheiratet hatten, aber selbstverständlich muß man ausgehen und mit andern Menschen in Berührung kommen. Es tut nicht gut für die Ehe, wenn man die ganze Zeit miteinander allein bleibt.

Leb wohl, vertraute Welt.

Bisweilen war sie einsam und leer gewesen, aber immerhin ein Hafen. Da gab es alle diese Freunde, Menschen, die man sogleich verstand, und jetzt in der Armee, in der nackten, fremden Welt der Kasernen und Lager sucht Goldstein nach einer neuen Antwort, nach neuer Sicherheit. In seinem elenden Zustand verwittern seine alten Angewohnheiten wie Rinde im Winter, und er besitzt keine schützende Umhüllung mehr. Sein Verstand beginnt zu arbeiten, durchforscht alle Zellen seines Gehirns und wird nüchterner. Das alte Erbgut tritt zutage, das, so lange verwischt, in der schützenden Umgebung der Straßen Brooklyns geruht hat.

(Wir sind ein gehetztes Volk, von Bedrückern umgeben ... immer müssen wir von einem Unglück ins andere wandern ... nirgends erwünscht im fremden Land.)

Geboren werden, um zu leiden. Und obwohl er sich mit allen Fasern seines Herzens und seines Geistes zurück nach Hause, nach seinem Hafen sehnt, beginnen Körper und Beine gewichtiger zu werden und seine Hüften gedrungener.

Goldstein wendet sein Gesicht in den Sturm.

3

DER Zug durchwatet den Wasserlauf und sammelt sich auf der andern Seite. Hinter ihnen gibt der Dschungel nicht den geringsten Einblick in den Pfad, den sie ausgehauen haben. Während der letzten zwanzig Yards, als sie bereits die Hügel erspähten, hatten die Männer nur noch wenig Buschwerk ausgehackt und waren durch das restliche Unterholz auf den Bäuchen gekrochen. Eine japanische Patrouille würde den neuen Pfad kaum entdecken.

Hearn sprach zu ihnen. „Es ist jetzt drei Uhr, Leute, wir haben noch einen weiten Weg vor uns, und ich möchte, daß wir vor Einbruch der Dunkelheit noch mindestens zehn Meilen hinter uns bringen." Einige murrten. „Was ist los, wollt ihr Spaßvögel jetzt schon anfangen zu murren?" sagte Hearn.

„Haben Sie ein Herz, Leutnant!" rief Minetta.

„Was wir heute nicht schaffen, müssen wir morgen erledigen", sagte Hearn. Er fühlte sich leicht verärgert. „Wünschen Sie ihnen etwas zu sagen, Sergeant?"

„Ja, Sir." Croft starrte sie an, während er am durchnäßten Kragen seines grünen Hemdes fingerte. „Ich möchte, daß sich jeder den Pfad genau einprägt. Ihr könnt ihn an den drei Felsen dort ausmachen oder an dem vorgebeugten, kleinen Baum, und wenn sich einer von euch aus irgendeinem Grunde verirrt und sich daran erinnert, wie diese Hügel hier aussehen, dann braucht er sich nur südlich zu halten, und sobald er den Wasserlauf erreicht, wird er wissen, ob er sich nach rechts oder links wenden soll." Er machte eine Pause und rückte eine Handgranate an seinem Gürtel zurecht. „Von jetzt an gehen wir in offenem Gelände, es ist mithin Patrouillendisziplin einzuhalten. Ich wünsche nicht, daß geschrien oder geschimpft wird, und dann wäre es wirklich verdammt besser, wenn ihr die Augen offenhieltet. Wenn wir einen Kamm überqueren, müssen wir es schnell und leise tun. Und wenn ihr wie Schafe dahintrottet, werdet ihr in einen Hinterhalt fallen ..." Er rieb sich das Kinn. „Ich weiß nicht, ob wir zehn Meilen oder zwei zurücklegen werden, das kann man nie voraussagen, aber auf alle Fälle müssen wir es ordnungsgemäß tun, ganz gleich, um was für eine Entfernung es sich handelt." Ein leises Gemurmel kam von den Männern, und Hearn errötete ein wenig. Croft hatte ihm tatsächlich widersprochen.

„Also, Leute, es geht weiter", sagte er scharf. Sie bildeten eine weit auseinandergezogene Reihe. In ihrer Ermüdung kamen sie nur langsam voran. Die Tropensonne strahlte auf sie nieder und wurde von jedem Grashalm zurückgeworfen, so daß es sie blendete. In der Hitze floß der Schweiß in Strömen. Ihre Uniformen, die erstmals im Boot durch die sprühende Gischt durchnäßt worden waren, hatten seit fast vierundzwanzig Stunden nicht mehr getrocknet werden können und klebten an ihren Körpern. Der Schweiß rann ihnen in die Augen, so daß sie schmerzten; die Sonne brannte auf ihre grünen Mützen, das hohe Kunaigras peitschte ihre Gesichter, und die nicht enden wollenden Hügel verschlangen ihre Kräfte. Wenn sie sich einen Hang hinaufquälten, hämmerten ihre Herzen, sie seufzten vor Überanstrengung, und ihre Gesichter brannten vom Fieber. Stille schwebte über den Hügeln, und in ihrer Tiefe und Eindringlichkeit wurde sie ihnen unheimlich. Im Dschungel hatten die Männer nicht mehr an die Japaner gedacht; das dichte Unterholz und der wütende

Widerstand des Flusses hatten ihre ganze Aufmerksamkeit beansprucht. In einen Hinterhalt zu fallen, war der letzte ihrer Gedanken gewesen.

Aber jetzt, zwischen den weiten, offen und still daliegenden Hügeln, gebar ihre Erschöpfung erneut die Angst. Die Hügel starrten auf sie herab, während sie sich in einem Tal bewegten; und wenn sie einen Kamm überschritten, hatten sie das Gefühl, sich bloßzustellen, so daß sie glaubten, auf Meilen hin gesehen zu werden. Es war ein schönes Land; die Hügel waren kanariengelb und erstreckten sich in endloser Folge in weich schwingenden Linien, aber die Männer wußten mit der Schönheit nichts anzufangen. Sie haßten die Vereinsamung und kamen sich wie Insekten vor, die an einem endlosen Strand entlangkrabbeln.

Eine Meile lang durchquerten sie ein tiefes, weites Tal, und die Sonne strahlte auf sie nieder. Das Kunaigras wuchs zu erschreckender Höhe empor. Jeder Grashalm war ein Zoll breit und viele Fuß hoch. Bisweilen schleppten sie sich hundert Yards weiter, während das Gras über ihren Köpfen zusammenschlug. Es erweckte eine neue Art Entsetzen in ihnen und trieb sie zu noch größerer, unerträglicher Eile an. Sie meinten durch einen Wald zu tappen, aber auf diesen Wald war kein Verlaß. Er wankte und schwankte, schlug raschelnd gegen ihre Glieder, war weich und nachgiebig und daher widerlich. Sie hatten Angst, die Männer an der Spitze zu weit vorangehen zu lassen, denn sie konnten nicht mehr als zwei oder drei Yards übersehen, und so heftete sich einer an die Fersen des andern, während das Gras ihnen das Gesicht peitschte. Alle Augenblicke wurde eine Wolke von Mücken aufgestört, die sie peinigend umschwirrten und ihr Fleisch mit einem Dutzend winziger Stiche durchlöcherte. Auch viele Spinnen gab es, und ihre Netze legten sich über Gesicht und Hände, was die Männer fast zur Raserei brachte. Blütenstaub und Grasstückchen reizten die freiliegende Haut ihrer Körper.

Wie ein abgeschossener Pfeil zog Martinez seinen Weg durch das Feld. Meistens war das Gras für ihn viel zu hoch, um ihm einen Überblick zu gestatten, aber er richtete sich nach der Sonne und hielt keinen Augenblick an. In nur zwanzig Minuten war das Tal durchquert, und nach einer kurzen Ruhepause ging es mühselig wieder über die Hügel. Hier war ihnen das hohe Gras willkommen, denn sie hielten sich daran fest, um den Aufstieg zu erleichtern, und beim Abstieg griffen sie danach, wenn sie zu fallen drohten. Und pausenlos schlug die Sonne auf sie ein.

Ihre anfängliche Furcht, von feindlichen Soldaten gesehen zu werden, war von den Anforderungen des Marsches überdeckt worden. Aber ein neues, andersgeartetes Entsetzen begann von ihnen Besitz zu ergreifen. Das Land erstreckte sich in so unendlicher Weite und verlor sich in eine so vollkommene Stille, daß sie sich erst jetzt seiner Unberührtheit und seines geheimnisvollen, hinterhältigen Widerstandes wirklich bewußt wurden. Sie erinnerten sich eines Gerüchtes, nach dem Eingeborene einst auf diesem Teil der Insel gelebt hatten, aber vor Dezennien an einer Typhusepidemie zugrunde gegangen waren; die wenigen Überlebenden hatten sich auf eine andere Insel zurückgezogen. Bis jetzt hatten sie niemals an diese Eingeborenen gedacht, es sei denn, daß sie die Spuren ihrer Arbeit vermißt hatten; aber jetzt, inmitten des tiefen, summenden Schweigens der Hügel und des Sonnenlichtes gerieten sie in eine nervöse Erregung, die sie bisweilen plötzlich anhalten und dann wieder vorwärts eilen ließ, während ihre Gliedmaßen vor Anstrengung zitterten. Martinez führte sie in grausamer Hast, als ob er verfolgt würde. Mehr als die andern gedachte er in demütiger Ehrfurcht der Menschen, die hier gelebt hatten und gestorben waren. Es kam ihm wie Entweihung vor, sich durch dieses leere Land zu bewegen und die seit langem unberührte Erde aufzuwühlen.

Crofts Gefühl war ein anderes. Er war auf unbekanntem Boden, und der Gedanke, daß keines Menschen Schritt diese Erde seit vielen Jahren berührt hatte, erfüllte ihn mit einer tiefen instinkthaften Erregung. Land war ihm immer vertraut gewesen. Im meilenweiten Umkreis von seines Vaters Ranch kannte er die Art jedes Felsblockes, und dieses unerforschte Land hier machte ihn neugierig. Jeder neue Ausblick, den er von der Kuppe eines Hügels gewann, befriedigte ihn sehr. Dies alles gehörte ihm, war das große Gebiet, in dem er mit seinem Zug die Patrouille durchführen konnte.

Aber dann erinnerte er sich an Hearn und schüttelte den Kopf. Croft war wie ein hochgezüchtetes Pferd, das Sporen nicht kannte. Er preßte seine Lippen zusammen, als ihm klar wurde, daß er nicht länger mehr frei war. Er wandte sich um und sagte zu Red, der hinter ihm ging: „Gib es weiter – schneller gehen!"

Der Befehl lief die Reihe entlang, und die Männer bewegten sich womöglich noch schneller. Je mehr sie sich vom Dschungel entfernten, um so größer wurde ihre Angst, erschien ihnen jeder Hügel als zukünftiger Widersacher bei der Rückkehr. Der Zug wurde nur von dieser Angst vorwärts getrieben. Drei Stunden lang marschierten sie mit nur wenigen Ruhepausen. In stillschweigender Übereinkunft trieben sie sich gegenseitig in der lautlosen Stille voran. Als die Dämmerung begann und sie haltmachten, um das Nachtlager zu beziehen, waren auch die Kräftigsten ausgelaugt und die Schwächeren nahe am Zusammenbrechen. Roth lag eine halbe Stunde lang auf der Erde, ohne sich zu rühren, und nur Hände und Beine zuckten, ohne daß er es verhindern konnte. Wyman hockte vornübergebeugt und erbrach sich, ohne etwas herauszubringen. Die letzten zwei Stunden hatte sie nur die Angst vor dem Zurückbleiben durchhalten lassen. Ihre Nerven versahen sie zeitweise mit einer trügerischen Kraft, aber jetzt, da sie rasteten, waren die Männer so schwach und ihre Finger so taub, daß sie nicht mehr die Schnallen der Rucksäcke lösen und die Decken für die Nacht herausholen konnten.

Keiner von ihnen sagte etwas. Sie lagerten sich im Kreis, und die es vermochten, stopften die Rationen in sich hinein, tranken Wasser und bereiteten ihre Lagerstatt. Sie hatten sich in einer Mulde nahe einem Hügelkamm niedergelassen. Bevor es dunkel wurde, hielten Hearn und Croft im engeren Umkreis des Lagers nach dem besten Platz für den Wachposten Ausschau. Dreißig Yards oberhalb der Männer gewannen sie von der Hügelkuppe aus einen Überblick über das Gelände, das sie am nächsten Tag durchqueren mußten. Zum ersten Male, seit sie im Dschungel untergetaucht waren, sahen sie den Mount Anaka wieder vor sich. Er war näher als je zuvor, obwohl er immer noch zwanzig Meilen entfernt sein mußte. Hinter dem zu ihren Füßen liegenden Tal liefen die gelben Hügel nur eine kurze Strecke weiter, dann nahmen sie eine dunklere, erst gelbbraune, dann braune Färbung an und schließlich den graublauen Ton der Felswände. Der Abenddunst zog über die Hügel und verbarg den westlich vom Mount Anaka gelegenen Paß, den sie überschreiten sollten. Auch der Berg wurde jetzt undeutlich, dunkler, färbte sich lavendelblau, schien sich aufzulösen und im verdämmernden Tag unterzugehen. Nur die Kammlinien blieben scharf. Über der Spitze hockten dünne dunkle Wolken, deren Umrisse sich im Dunst verloren.

Croft setzte sein Fernglas an und blickte hinüber. Der Berg war wie eine Felsenküste und der eingetrübte Himmel ein Ozean, der seine Gischt an ihren Strand spritzte. Die um die Spitze ziehenden Nebelbänke sahen wie Wasserschaum aus. Immer mehr entdeckte Croft durch das Glas und vertiefte sich in den Anblick. Berg, Wolken und Himmel kamen ihm deutlicher und eindringlicher in ihrem eisigen schweigenden Kampf vor, als er es je an einem Ozean oder einer Küste erlebt hatte. Die Felsen schienen sich in der Dunkelheit zusammenzudrängen, als wollten sie gemeinsam den anstürmenden Wogen widerstehen. Dieser Kampf spielte sich scheinbar in unendlicher Entfernung ab, und der Gedanke, daß sie vielleicht am nächsten Abend auf dem Gipfel stehen könnten, erfüllte ihn mit einem lustvollen Vorgefühl. Es erzeugte in ihm eine tiefe Erregung. Er hätte keinen Grund dafür anzugeben gewußt, aber dieser Berg quälte ihn, lockte und schien eine lang gehegte Sehnsucht befriedigen zu können. Er war so rein und abweisend.

Dann aber wurde ihm bewußt, daß sie den Berg nicht besteigen würden. Es enttäuschte ihn und machte ihn zornig. Sollte der nächste Tag ohne Zwischenfall vorübergehen, würden sie bei Einbruch der Nacht den Paß durchqueren. Niemals ergäbe sich dann für ihn eine Gelegenheit, den Berg anzugehen. Während er sein Glas dem Leutnant aushändigte, war es Croft, als habe man ihn beiseite geschoben.

Hearn war sehr müde. Er hatte den Marsch ohne Zwischenfall überstanden, ja, seinem Gefühl nach glaubte er sich fähig, ihn sogar noch fortsetzen zu können, aber sein Körper forderte Ruhe. Hearn war verdrießlich, und als er durch das Glas blickte, verwirrte ihn der Berg und flößte ihm zunächst Ehrfurcht und dann Angst ein. Er war so ungeheuerlich, so mächtig. Es durchzuckte ihn, als er beobachtete, wie der Nebel um die Bergspitze brodelte. Er hatte den Eindruck eines Meeres, das gegen eine Felsenküste schlug, und wider alle Vernunft strengte er seine Ohren an, als müßte er den Lärm dieses titanischen Kampfes hören können.

Weit in der Ferne, hinter dem Horizont, war etwas zu vernehmen, was wie Brandungsgeräusch oder dumpf rollender Donner klang.

„Hören Sie?" Er berührte Crofts Arm.

Beide lauschten aufmerksam, während sich ihre Körper an die Hügelspitze lehnten. Wieder konnte er das schwache Donnerrollen hören, das dumpf durch die einbrechende Nacht herüberdrang.

„Das ist Artillerie, Leutnant. Kommt von der andern Seite des Berges. Ich glaube, da ist ein Angriff im Gange."

„Sie haben recht." Sie schwiegen wieder, und Hearn gab Croft den Feldstecher. „Wollen Sie noch mal sehen?"

„Gern, wenn es Ihnen nichts ausmacht." Croft nahm das Glas wieder vor die Augen.

Hearn blickte ihn an. Ein bestimmter Ausdruck lag in Crofts Gesicht. Er konnte ihn nicht deuten, aber ein plötzlicher Schauder überzog seinen Rücken. In diesem Augenblick war Crofts Gesicht feierlich, die dünnen Lippen standen auseinander, und die Nasenflügel bebten. Hearn war es, als könne er jetzt in Croft hineinschauen, als blicke er in einen Abgrund. Er wandte sich ab und betrachtete seine Hände. Diesem Croft war nicht zu trauen. Irgendwie verschaffte ihm diese einfache Feststellung Sicherheit. Noch einmal blickte er auf die Wolken und den Berg, und es verwirrte ihn noch mehr. Die Felswände waren gewaltig, und über den verdunkelten Himmel zog ein Nebelschwaden nach dem andern. So sahen die Küsten aus, an denen die großen Schiffe zerschellten und in wenigen Minuten sanken.

Croft nahm das Glas von den Augen und steckte es in den Behälter zurück. „Kommen Sie, wir müssen die Wache einrichten, bevor es zu dunkel wird", sagte Hearn.

Sie wandten sich um und glitten den Hügel hinab zu den Männern unten in der Mulde.

Der Chor

ABLÖSUNG

Nachts in der Mulde, während sie Seite an Seite liegen

Brown: Hör mal, bevor wir aufbrachen, erfuhr ich, daß die Ablösungsquote nächste Woche bekanntgegeben wird und daß auf das Hauptquartier diesmal zehn Männer kommen.

Red (grunzend): Ja, die Ordonnanzen werden sie heimschicken!

Minetta: Während hier die Männer fehlen, werden da ein Dutzend Ordonnanzen für die lausigen Offiziere zurückgehalten!

Polack: Würdest du nicht auch gern Ordonnanz sein?

Minetta: Bin doch nicht verrückt, ich hab' doch noch Achtung vor mir selber.

Brown: Ich mach' keinen Witz, Red, aber vielleicht sind wir beide diesmal mit dabei.

Red: Wieviel waren es denn im letzten Monat?

Martinez: Einer; im Monat davor zwei.

Red: Jawoll, einer auf die Kompanie! Wir haben hundert Männer im Hauptquartier, die achtzehn Monate dabei sind. Kannst dich freun, Brown, in hundert Monaten kommst du dran.

Minetta: Äääh, ist schon 'ne Schweinerei.

Brown: Was geht es dich an, Minetta. Du bist ja noch nicht mal so lange in Übersee, um braun gebrannt zu sein.

Minetta: Wenn ihr nicht mal 'rauskommt, werde ich es wohl nach achtzehn Monaten auch nicht schaffen. Himmel, wie'n Gefängnis!

Brown (nachdenklich): Weißt du, daß es einen grade dann erwischt? Erinnerst du dich noch an Shaughnessy? Er war bereits zur Ablösung eingeteilt, hatte schon seine Marschbefehle und sonst alles beisammen, und die schicken ihn auf Patrouille, und dabei erwischt es ihn.
Red: Sicher, nur weil sie ihn ausgesucht hatten. Hört mal, Jungens, laßt es sausen. Ihr kommt nicht 'raus aus der Armee, keiner.
Polack: Ich will euch mal was sagen, wenn ich meine achtzehn Monate um habe, werde ich die Ablösung schon bewerkstelligen. Man muß bloß Mantelli in den Arsch kriechen oder dem verdammten dicken Feldwebel, und wenn du ein bißchen Geld im Poker machst, schiebst du ihnen zwanzig, dreißig Pfund zu und sagst: „Hier, für 'ne Zigarre, für 'ne Ablösungszigarre, nehmen Sie nur." Es gibt schon Wege.
Brown: Mein Gott, Red, Polack könnte recht haben. Erinnerst du dich an Sanders, den sie heraussuchten. Was, zum Teufel, war der schon? Nichts war an ihm, was ihn empfehlen konnte, nur daß er Mantelli im vergangnen Jahr in den Arsch gekrochen ist.
Red: Mach das nicht, Brown, sage ich dir! Fang nicht mit Mantelli an, sonst hat er dich schließlich so gern, daß er es nicht über sich bringt, dich gehen zu lassen.
Minetta: Was kommt schon dabei 'raus! Diese verfluchte Armee gibt dir mit der einen Hand, was sie dir mit der andern wieder wegnimmt. Du gehst dabei langsam vor die Hunde.
Polack: Man wird klug dabei.
Brown (seufzend): Äääh, es macht einen krank. (Er wendet sich in seinen Decken um.) Gute Nacht.
Red (liegt auf seinem Rücken und starrt zu den Sternen hinauf): Diese Ablösung sollte ein Verfahren sein, um die Männer nach Hause zu bringen, aber in Wirklichkeit ist es ein Verfahren, um es zu verhindern.
Minetta: So ist es, gute Nacht.
Mehrere Stimmen: Gute Nacht ... gute Nacht.
(Die Männer schlafen und sind umschlossen von den Hügeln und der flüsternden Stille der Nacht.)

4

DER Zug verbrachte in der Mulde eine unbehagliche Nacht. Die Männer waren zu müde, um festen Schlaf zu finden, und erschauerten unter ihren Decken. Wenn die Wache an sie kam, stolperten sie den Hügel hinauf und starrten auf die Grasfläche des zu ihren Füßen liegenden Tals. Alles war kühl und silbern im Mondschein. Die Hügel hatten ein verdorrtes Aussehen. Die Männer, die unten in der Mulde schliefen, erschienen dem Wachposten weit entfernt und nicht mehr dazugehörig. Jeder fühlte sich einsam auf der Wache, entsetzlich allein, als blicke er auf Täler und Krater einer Mondlandschaft. Und obwohl sich nichts bewegte, war es nie ganz still. Der Wind zog geheimnisvoll über den Hügel, das Gras raschelte und beugte sich in schimmernden Wogen vor und zurück. Die Nacht hing mit tiefem Schweigen herab.

Im Morgengrauen falteten sie ihre Decken, packten ihre Rucksäcke, aßen eine Ration, kauten langsam und ohne Genuß kalten Schinken mit Ei aus der Büchse und viereckiges Knäckebrot. Ihre Glieder waren steif vom vorangegangenen Marsch und ihre Kleider noch feucht vom Schweiß. Die Älteren wünschten, daß die Sonne höher steige; aus ihren Körpern schien alle Wärme gewichen zu sein. Red hatte wieder Nierenschmerzen, Roth Rheuma in der rechten Schulter, und Wilson bekam einen Diarrhöekrampf, nachdem er gegessen hatte. Alle fühlten sich stumpf und willenlos und streiften den vor ihnen liegenden Marsch kaum mit einem Gedanken.

Croft und Hearn waren wieder auf die Hügelkuppe gestiegen und besprachen den Weitermarsch. An diesem frühen Morgen lag noch Nebel im Tal, und Berg und Paß blieben verhüllt. Sie blickten nach Norden auf den Watamai-Gebirgszug. Wie eine Wolkenbank erstreckte er sich im Dunst, so weit sie sehen konnten, erhob sich steil zum Mount Anaka und stürzte plötzlich links zum Paß hinab, um sich aufs neue zu erheben.

„Es sieht verdammt danach aus, als ob die Japaner den Paß überwachen", meinte Croft.

Hearn zuckte die Achseln. „Sie hätten auch ohne das noch genug zu tun, er liegt doch ziemlich weit hinter ihren Linien."

Der Dunst löste sich auf, und Croft blickte durch das Glas in die Ferne. „Das möchte ich nicht sagen, Leutnant. Der Paß ist schmal genug, so daß ihn ein Zug halten könnte, bis die Hölle gefriert." Er spie aus. „Aber natürlich müssen wir es herausbekommen." Die Sonne begann die Hügelkämme freizulegen. Die Schatten in den Mulden und auf den Hängen lichteten sich.

„Es bleibt uns nichts andres übrig", murmelte Hearn. Ihre gegenseitige Abneigung war bereits wieder zu spüren. „Mit einigem Glück könnten wir heute abend hinter den japanischen Linien ein Lager beziehen und morgen das Hinterland erkunden."

Croft hatte Zweifel. Seinem Instinkt und seiner Erfahrung nach würde der Paß eine gefährliche Angelegenheit sein; ihn zu durchqueren ein nutzloses Unternehmen; aber es gab keinen

Ausweg. Man könnte den Mount Anaka ersteigen, aber sicher wollte Hearn davon nichts hören. Er spie abermals aus. „Ich glaube auch, es bleibt nichts andres übrig." Aber er war voller Unruhe. Je länger er auf den Berg blickte ...

„Wir wollen aufbrechen", sagte Hearn.

Sie kehrten zu den Männern zurück, nahmen die Rucksäcke auf und begannen zu marschieren. Hearn wechselte sich mit Brown und Croft in der Führung ab, während Martinez fast immer dreißig oder vierzig Yards allein vorausging. Das Gras war vom Nachttau glitschig, und oftmals rutschten die Männer hangabwärts aus und keuchten, wenn sie sich dann den nächsten Hang emporarbeiten mußten. Hearn indessen fühlte sich gut. Sein Körper hatte sich von den Strapazen des gestrigen Tages erholt, war kräftiger jetzt, nachdem er die Erschöpfung überwunden hatte. Mit steifen Muskeln und einer schmerzenden Schulter war Hearn erwacht, hatte sich aber ausgeruht und guter Dinge gefühlt. Jetzt waren seine Beine fest, und er spürte, daß er größere Reserven besaß. Als sie den ersten Hügelkamm überschritten, schnallte er seinen Rucksack höher und wandte sein Gesicht einen Augenblick der Sonne entgegen. „Also, Leute, wir wollen es heute schaffen!" rief er ihnen fröhlich zu, als sie vorüberzogen. Er hatte sich von der Spitze abgesetzt, ging von Mann zu Mann und stimmte seinen Schritt mit den ihrigen ab.

„Wie geht's heute, Wyman, fühlen Sie sich etwas besser?"

Wyman nickte. „Ja, Sir. Tut mir leid, daß ich schlappmachte."

„Zum Teufel, es ging uns allen nicht besser; aber heute wird es anders sein." Er schlug Wyman auf die Schulter und ging zu Ridges weiter. „Eine Menge Land, was, mein Junge?"

„Jawoll, Leutnant, überall viel Land." Ridges grinste.

Eine Weile ging er neben Wilson her und scherzte mit ihm. „Nun, düngst du noch immer den Boden, mein Junge?"

„Jawoll. Ich habe meinen Korken verloren und weiß nicht mehr, wie ich es jetzt halten soll."

Hearn stieß ihn sanft in die Rippen. „Bei der nächsten Rast schneiden wir dir einen Stöpsel."

Alles war so leicht, war wunderbar. Er wußte kaum, warum er es tat, aber es bereitete ihm viel Vergnügen. Er hatte alle Vorurteile aufgegeben und machte sich wegen der Patrouille kaum noch Sorgen. Wahrscheinlich würden sie heute Erfolg haben, und morgen abend konnten sie an die Rückkehr denken. In wenigen Tagen würde die Patrouille beendet sein und sie sich alle wieder im alten Lager befinden.

Er dachte an Cummings und empfand einen mürrischen Haß. Plötzlich hatte er nicht mehr den Wunsch, daß die Patrouille zu Ende gehe. Im Augenblick war ihm die gute Laune verdorben. Was sie auch vollbrachten, es würde zu Cummings' Gunsten sein.

Hol's der Teufel! Immer, wenn man eine Sache zu Ende denkt, gerät man in Bedrängnis. – Das richtige war, nur einen Fuß vor den andern zu setzen. „Also, Leute, weiter, nicht nachlassen", sagte er ruhig, während sie hinter ihm einen Hang hinaufgingen.

Und da waren noch andere Probleme. Croft. Mehr als zuvor würde er seine Augen offenhalten, sich alles genau ansehen müssen, um sich in den wenigen Tagen die Erfahrungen anzueignen, die Croft in Monaten und Jahren gesammelt hatte. Daß er, Hearn, die Befehlsgewalt innehatte, verdankte er nur sorgfältigem Balancieren. In gewissem Sinne konnte Croft ihn zu Fall bringen, wenn er es wünschte. Auf der Hügelkuppe gestern abend ... Croft übte seine Befehlsgewalt in schlechter Weise aus. Er schüchterte die Leute ein.

Während sie weitergingen, unterhielt er sich wiederum mit den Männern, aber die Sonne wurde heißer, und alle ermüdeten aufs neue und wurden ein wenig nervös. Seine Annäherungsversuche waren jetzt weniger spontan.

„Wie geht's, Polack?"

„Kann nicht klagen." Polack ging schweigend weiter.

Es war ein Widerstand gegen ihn vorhanden. Sie waren vorsichtig und vielleicht mißtrauisch. Er war Offizier, und so waren sie aus Instinkt auf der Hut. Aber es steckte noch mehr dahinter, als er fühlte. Croft war seit langem bei ihnen, hatte den Zug so vollständig in seine Hand bekommen, daß sie wahrscheinlich nicht glauben konnten, daß Croft nun nicht mehr der Führer sei. Sie hatten Angst, Hearn zu antworten, aus Sorge, daß Croft sich daran erinnern würde, wenn er eines Tages das Kommando wieder übernahm. Es kam darauf an, ihnen klarzumachen, daß er für immer beim Zug bleiben würde. Aber dazu brauchte man Zeit. Wenn er doch eine Woche mit ihnen zusammen im Lager verbracht und einige leichtere Patrouillen vor dieser hier mit ihnen durchgeführt hätte! Hearn zuckte abermals die Schultern und wischte sich den Schweiß von der Stirn. Die Sonne brannte heftig.

Und immer neue Hügel erhoben sich vor ihnen. Den ganzen Morgen über quälte sich der Zug durch das hohe Gras. Während sie sich durch die Täler hindurcharbeiteten und sich auf den Hängen abmühten, kamen sie ständig höher. Wieder litten sie unter Atemnot, und ihre Gesichter glühten vor Sonnenbrand und Anstrengung. Kein Wort fiel mehr. Hintereinander in einer Reihe zogen sie mürrisch dahin.

Die Sonne bewölkte sich, und es begann zu regnen. Zuerst war es angenehm, denn der Regen war kühl und ließ eine Brise über das Gras hinwegziehen, aber bald weichte der Boden auf, und ihre Schuhe bezogen sich mit Dreck. Nach und nach wurden die Männer vollständig durchnäßt. Mit niederhängenden Köpfen und mit abwärts gerichteten Gewehren, um das Eindringen des Regens zu verhindern, sahen sie wie eine Reihe welker Blumen aus. Alles sackte an ihnen nach unten.

Die Gegend hatte sich verändert, war felsiger geworden. Die Hügel erhoben sich steiler, und einige waren mit hüfthohem Buschwerk und breitblättrigen Pflanzen bedeckt. Zum ersten Male, seit sie den Dschungel verlassen hatten, durchschritten sie eine Baumgruppe. Der Regen hörte auf, und sogleich begann die Sonne, die genau über ihren Köpfen stand, wieder zu brennen. Es war Mittag. Der Zug rastete in einem kleinen Wäldchen, die Männer öffneten ihre Rucksäcke und aßen eine weitere Ration. Wilson spielte widerwillig mit seinem Knäckebrot und schlang ein Stückchen Käse hinunter. „Soll stopfen", erklärte er Red.

„Zum Teufel noch mal, für irgend etwas muß es ja gut sein."

Wilson lachte, aber er war verwirrt. Den ganzen Morgen über war er von der Diarrhöe geplagt worden und hatte Schmerzen im Rücken und in der Leistengegend gespürt. Er konnte nicht begreifen, daß ihn sein Körper so im Stich ließ. Er war immer stolz darauf gewesen, ebensoviel leisten zu können wie jeder andere, und jetzt schleppte er sich am Ende der Reihe dahin und mußte sich selbst über die kleinsten Hügel hinwegziehen, indem er sich am Kunaigras festhielt. Unter den Krämpfen war er zusammengebrochen; er hatte fürchterlich geschwitzt, und sein Rucksack lastete auf seinen Schultern wie ein Zementblock.

Wilson seufzte. „Ich sage dir, Red, bei mir ist innen alles kaputt. Wenn ich zurück bin, muß ich mich operieren lassen. Ich tauge sonst zu nichts mehr."

„Ja."

„Ich glaube, Red, daß ich euch alle jetzt nur aufhalte."

Red lachte laut. „Glaubst du vielleicht, daß wir es eilig haben?"

„Es bedrückt mich die ganze Zeit. Was dann, wenn wir in irgend etwas hineingeraten, sobald wir den Paß überschreiten? Mann, ich weiß gar nicht mehr, wie es einem mit geschlossenem Arsch zumute ist."

Red lachte. „Ääh, mach dir nichts draus, mein Junge." Er war nicht geneigt, sich mit Wilsons Sorgen zu befassen. – Ich kann nichts daran ändern, sagte er sich. Unlustig aßen sie weiter.

Wenige Minuten später gab Hearn den Befehl zum Weitermarsch. Die Männer bildeten wieder ihre Reihe, durchquerten das Wäldchen und plagten sich in der Sonne. Obwohl es zu regnen aufgehört hatte, waren die Hügel schmierig und dampften im Sonnenschein. Sie erstreckten sich in endloser Folge vor ihnen. Die Männer trotteten mit zusammengesunkenen Körpern dahin. Langsam, in einer fast hundert Yards auseinandergezogenen Reihe, schwankten sie durch das Gras, und jeder war in seine Schmerzen vertieft. Die Füße brannten, und die Schenkel zitterten vor Ermüdung. Um sie herum schimmerten die Hügel in der Mittagsglut, und ein grenzenloses, bedrückendes Schweigen lag über allem. Nur das unentwegte Schwirren der Insekten war zu hören, und es war ihnen nicht unangenehm. Bei Croft und Ridges und selbst bei Wilson ließ es freundliche Bilder von Landschaften, die in der Sommerhitze dalagen, entstehen, wo alles ruhig und freundlich war und höchstens ein Schmetterling seine zitternden Fluglinien an den Himmel kritzelte. Sie gaben sich müßig einer langen Kette von Erinnerungen hin, als ob sie im Anblick fruchtbarer Felder auf einer Landstraße dahinschlenderten und den scharfen, feuchten, gärenden Geruch der Erde nach einem Regen, die uralte heftige Ausdünstung des gepflügten Landes und schwitzender Pferde aufnähmen.

Alles war von blendendem Sonnenlicht und Hitze erfüllt. Nahezu eine Stunde lang gingen sie ständig bergauf; dann machten sie an einem Wasserlauf halt, um ihre Feldflaschen zu füllen, ruhten sich fünfzehn Minuten aus und gingen wieder weiter. Ihre Kleider waren nun mindestens ein dutzendmal durchnäßt worden: von der sprühenden Gischt, im Fluß, vom Schweiß, beim Schlafen auf der feuchten Erde, und jedesmal, wenn sie trockneten, blieben weiße Salzstreifen zurück, und unter ihren Achselhöhlen und Gürteln begann das Tuch zu faulen. Sie hatten sich wund gelaufen, waren mit Blasen bedeckt und hatten Sonnenbrand. Einige begannen bereits zu hinken, aber trotzdem waren alle diese Beschwerden minderer Art. Man beachtete sie kaum mehr. Das endlose mühselige Marschieren hatte die Männer in bleiernen Stumpfsinn fallenlassen, sie fieberten von der stechenden Sonne. Die Müdigkeit hatte sie zersetzt und war in jede Zelle ihres Körpers eingedrungen. Zu oft hatten sie die Bitterkeit der Anstrengung zu spüren bekommen, und die übermüdeten Beine hatten sie über so viele Hügel schleppen müssen, daß sie nun empfindungslos geworden waren. Sie hielten sich weiter in Gang, ohne zu wissen, wo sie gingen. Dumpf und stumpf taumelten sie hin und her. Das Gewicht des Rucksacks drückte sie zu Boden, aber sie empfanden ihn als Teil ihres Körpers, wie einen Stein, der mit ihrem Rücken verwachsen ist.

Das Buschwerk wuchs höher und reichte ihnen fast bis an die Brust. Die dornigen Zweige griffen nach den Gewehren und verhakten sich in ihren Kleidern. Sie zwängten sich durch die Büsche, bis die Widerhaken sich so fest an die Uniformen klammerten, daß sie haltmachen mußten, um sich von den Dornen zu befreien. Dann stürzten sie weiter. Die Männer dachten an nichts anderes als an das Stückchen Boden vor ihren Augen. Kaum blickten sie noch zu dem Hügel hinauf, den sie gerade erstiegen.

Am frühen Nachmittag machten sie im Schatten einiger Felsen eine längere Rast. Die Zeit lief beim Zirpen der Grillen und dem müden Flug der Insekten träge dahin. Die aufs äußerste ermatteten Männer begannen einzuschlafen. Hearn hatte keine Lust, sich zu erheben, aber die Pause dauerte schon zu lange. Er stand auf, warf seinen Rucksack über und rief: „Los, Leute, aufstehen!" Es kam keine Antwort, was ihn nervös machte. Bestimmt hätten sie Croft sofort gehorcht. „Vorwärts Leute, wir müssen weiter! Wir können nicht den ganzen Tag nur herumliegen." Er sagte es im dienstlichen Tonfall, und nun erhoben sich die Soldaten langsam und mürrisch aus dem Gras. Er hörte sie murren und wurde sich bewußt, daß sie sich ihm verbittert widersetzten.

Seine Nerven waren doch empfindlicher, als er geglaubt hatte. „Schluß jetzt mit dem Gemurre!" hörte er sich scharf sagen. Plötzlich fühlte er, daß er ihrer überdrüssig war.

„So ein Schweinehund", murmelte einer.

Es bestürzte ihn und erhöhte seinen Verdruß. Aber er versuchte, es zu unterdrücken. Ihr Verhalten war verständlich genug. Bei der Ermüdung, die sie spürten, mußten sie jemand haben, auf den sie schimpfen konnten, und es war ganz gleich, was er tat; früher oder später würden sie ihn hassen. Mit seinen Annäherungsversuchen verärgerte er sie nur und machte sie verwirrt. Croft würden sie gehorchen, denn er befriedigte ihren Wunsch, jemanden hassen zu können. Er ermutigte sie dazu, war völlig erhaben darüber und erhielt dafür Gehorsam. Diese Erkenntnis bedrückte Hearn.

„Wir haben noch einen langen Weg vor uns", sagte er etwas ruhiger.

Die mühselige Reise ging weiter. Sie waren jetzt dem Mount Anaka wesentlich näher gekommen. Jedesmal, wenn sie einen Kamm überschritten, konnten sie die sich hoch auftürmenden Felswände sehen, die den Paß begrenzten, und sogar einzelne Bäume in dem Waldgürtel unterhalb der Felsen erkennen. Die Landschaft, ja selbst die Atmosphäre war eine andere geworden. Es war jetzt kühler und die Luft spürbar dünner. Es war ihnen, als ob sie ein wenig in den Lungen brannte.

Sie erreichten den Zugang zum Paß um drei Uhr. Croft erkletterte die letzte Hügelkuppe, kroch hinter einen Busch und prüfte das vor ihm liegende Gelände. Ein Tal erstreckte sich etwa eine Viertelmeile weit unter ihm. Es war wie eine Grasinsel, die am anderen Ende von der Bergkette und links und rechts von Hügeln umgeben war. Jenseits des Tales durchbrach der Paß in einer gewundenen steinigen Schlucht zwischen steilen Wänden die Felskette. Der Boden war von Laubwerk verdeckt, und dahinter mochte sich leicht eine Anzahl Männer verbergen.

Er starrte auf einige Erhebungen am Eingang des Passes und durchforschte das Buschwerk zu ihren Füßen. Er verspürte eine geheime Befriedigung darüber, daß sie so weit vorgedrungen waren. – Wir haben ein verdammt großes Stück Land durchquert, sagte er zu sich. Durch die Stille, die über den Bergen hing, konnte er den dumpfen Kanonendonner hören und den hin und wieder ansteigenden gedämpften Lärm einer Schlacht, der von drüben herüberklang.

Martinez war zu ihm herangekommen. „Alles in Ordnung, Japskiller", flüsterte er, „wir wollen uns an die Hügel am Rand des Tales halten. Wenn jemand im Paß sitzen sollte, würde er uns sehen, wenn wir das freie Feld überquerten." Martinez nickte, kroch über die Kuppe des Hügels hinweg und wandte sich nach rechts, um im Bogen das Tal zu umgehen. Croft winkte mit dem Arm, daß der Zug nachfolgen sollte, und begann sich abwärts zu bewegen.

Sie schritten sehr langsam voran und duckten sich ins hohe Gras. Martinez machte jeweils nur dreißig Schritte, und dann hielt er an, ehe er weiterging. Etwas von seiner Vorsicht war auf die Männer übergegangen. Ohne daß man es ihnen gesagt hätte, waren sie sehr behutsam. Sie schüttelten ihre Ermüdung ab, ihre stumpfen Sinne wurden aufmerksam, und sie gelangten sogar zu einer gewissen Kontrolle über ihre Glieder. Sie achteten jetzt darauf, wohin sie die Füße setzten, hoben jedesmal die Beine an, traten fest auf und vermieden jedes Geräusch. Bei der Stille, die über dem Tal lastete, erschraken sie bei jedem unverhofften Rascheln und stockten, wenn ein Insekt zu zirpen begann. Ihre Spannung wuchs. Sie erwarteten, daß irgend etwas geschehen würde. Der Mund wurde trocken, und das Herz schlug heftig.

Von der Stelle, wo Croft das Tal überprüft hatte, bis zum Paßeingang waren es nur wenige Hundert Yards, aber durch den Umweg, den Martinez machte, wurde es mehr als eine halbe Meile. Sie brauchten dafür fast eine halbe Stunde, und ihre Aufmerksamkeit verringerte sich dadurch zusehends. Die Männer, die am Ende der Reihe gingen, hatten bisweilen minutenlang zu warten und mußten dann eilig springen, um die Verbindung mit den Vorangehenden zu halten. Es erschöpfte und verärgerte sie. Die Ermüdung gewann wieder die Oberhand und setzte sich in ihren Rücken und in den erschöpften Sehnen ihrer Schenkel fest. Halb am Boden warteten sie auf das Zeichen, daß sie weitergehen konnten, während die Rucksäcke grausam auf den Schultern lasteten. Der Schweiß rann in ihre Augen, so daß sie tränten. Der Reiz der anfänglichen Spannung war verflogen, sie waren wieder voller Verdruß. Einige von ihnen murrten, und Wilson benutzte einen längeren Halt, um sich zu erleichtern. Sie begannen weiterzugehen, als er noch damit beschäftigt war, und die Reihe geriet in Unordnung. Die hinteren Männer flüsterten es den vorderen zu, um die Führung zum Halten zu veranlassen, und so gab es einige Minuten lang eine hin und her gehende Bewegung und allgemeines Geflüster. Als Wilson fertig war, gingen sie wieder weiter, aber die Disziplin war durchbrochen. Wenn sich die Männer auch nicht laut unterhielten, so summierten sich doch die Geräusche, die sie verursachten. Und durch die nachlassende Aufmerksamkeit beim Gehen wurden sie noch vermehrt. Gelegentlich deutete Croft mit der Hand an, daß sie sich ruhig verhalten sollten, aber er hatte nicht viel Erfolg damit.

Sie gelangten zu den Felsen am Fuß des Mount Anaka, hielten sich wieder links und bewegten sich von Felsblock zu Felsblock vorwärts. Schließlich kamen sie an ein offenes Gelände ohne Deckung, eine Ausbuchtung des größeren Tales. Hundert Yards erstreckte es sich bis zum ersten Absatz im Paß. Es blieb nichts anderes übrig, als es zu überqueren. Hearn und Croft hockten sich hinter einen Felsvorsprung und besprachen das weitere Vorgehen.

„Wir müssen uns in zwei Gruppen teilen, Leutnant. Die eine hat das Feld zu überqueren, während sie von der andern gedeckt wird."

„Das ist auch meine Meinung", nickte Hearn. Es war seltsam und eigentlich widersinnig angenehm, hinter dem Felsvorsprung zu sitzen und die warme Sonne mit dem Körper aufzusaugen. Er holte tief Atem. „So wollen wir es machen. Sobald die erste Gruppe den Paß erreicht hat, kann die zweite nachkommen."

„Jaa." Croft rieb sich das Kinn und sah den Leutnant prüfend an. „Ich werde die Gruppe führen, was, Leutnant?"

Nein! Das mußte er verhindern. „Ich werde es übernehmen, Sergeant, und Sie die Deckung."

„Nun gut, Leutnant." Er schwieg einen Augenblick. „Sie nehmen am besten Martinez' Gruppe mit den älteren Leuten."

Hearn nickte. Er glaubte, eine Spur von Überraschung und Enttäuschung in Crofts Ausdruck entdeckt zu haben, was ihn befriedigte. Gleich darauf ärgerte er sich über sich selbst. Es war einfach kindisch.

Er wandte sich zu Martinez um und hob einen Finger, um anzudeuten, daß er die erste Gruppe benötige. Gleich darauf waren die Männer um ihn. Hearn konnte die Spannung in seiner Kehle spüren, und als er zu sprechen begann, war seine Stimme heiser, nur noch ein Flüstern. „Wir bewegen uns auf das Wäldchen zu und werden von der zweiten Gruppe gedeckt. Ich brauche wohl nicht erst zu betonen, daß ihr jetzt die Augen offenhalten müßt." Er tastete nach seiner Kehle, als hätte er noch etwas zu sagen vergessen. „Haltet mindestens fünf Yards Abstand." Einige Männer nickten zustimmend.

Hearn stand auf, kletterte über den Felsrand und begann über das Feld in Richtung auf die Büsche, die den Eingang des Passes bedeckten, loszumarschieren. Links und rechts konnte er hinter sich die Schritte seiner Gruppe hören. Automatisch hielt er das Gewehr mit beiden Händen umklammert an seiner Seite. Das Feld war hundert Yards lang und etwa dreißig breit, auf der einen Seite von Felswänden und auf der andern von dem mit Gras bestandenen Tal begrenzt. Es senkte sich ein wenig, und Felsblöcke lagen verstreut umher. Die Sonne brütete darüber, und ihre Strahlen wurden von den Steinen und Flintenläufen zurückgeworfen. Die Stille war vollkommen und hatte etwas Feierliches.

Hearn empfand mit seinen wunden, angeschwollenen Fußballen schmerzhaft jeden Schritt, aber es war, als sei dieser Schmerz weit von ihm entfernt. Beiläufig spürte er, daß seine Hände, die das Gewehr umschlossen, feucht waren. Die Spannung staute sich in seiner Brust und war bereit, sich bei jedem unerwarteten Geräusch, bei jedem Anstoßen an einen Stein oder beim Scharren seiner Füße auszulösen. Er schluckte und sah sich einen Augenblick nach seinen Männern um. Seine Sinne waren ungewöhnlich wach, und hinter allem lag eine freudige Erregung.

Einige Blätter schienen sich im Wäldchen bewegt zu haben. Er hielt unvermittelt an und starrte über die fünfzig Yards hinweg, die ihn davon trennten. Da er aber nichts Verdächtiges bemerkte, winkte er, daß sie weitergehen sollten, und sie folgten ihm nach.

Bii-Yauuuu!

Der Schuß prallte von den Felswänden zurück und verlief sich heulend in die Weite. Ein erschreckendes Gewehrfeuer kam plötzlich aus dem Wäldchen, und die Männer duckten sich davor wie ein Weizenfeld unter einer Bö. Hearn ließ sich hinter einem Felsblock zu Boden fallen und blickte sich nach den Männern um, die ihrerseits in Deckung krochen, fluchten und einander anschrien. Das Gewehrfeuer ging gleichmäßig und bösartig weiter und steigerte sich in einem Crescendo. Es klang wie der dürre, prasselnde Lärm eines Waldbrandes. Die Kugeln summten wie Insekten vorüber oder prallten vom Gestein ab, sausten durch die Luft und heulten wie Metall, das man gewaltsam auseinanderreißt. Bii-Yauuuuu! Bii-Yauuuu! Tii-Yooooong! Die Männer warfen sich hinter die Felsblöcke, zitterten hilflos und fürchteten sich, die Köpfe zu heben. Hinter ihnen begann Croft mit seiner Gruppe in das Wäldchen zu schießen. Die Felswände warfen den Lärm zurück ins Tal hinunter, wo er sich vielfältig brach, wie gegeneinander laufende Wellen in einem Bach. Die Männer wurden von diesem Lärm so überschüttet, daß sie fast ertaubten.

Hearn lag ausgestreckt hinter dem Felsblock. Seine Glieder zuckten, und der Schweiß rann ihm in die Augen. Sekundenlang starrte er vor sich hin auf die Adern und Risse des Gesteins. Er war völlig betäubt und willenlos. Alles in ihm war erloschen. Der Wunsch, seinen Kopf zu bedecken und untätig abzuwarten, bis der Kampf sein Ende gefunden hatte, war übermächtig in ihm. Er hörte, wie seine Lippen einen Laut ausstießen, und war erstaunt, daß er es getan hatte. Zugleich mit der ihn überraschenden unmännlichen Angst fühlte er Ekel vor sich selber. Er konnte es nicht glauben. Er war zwar niemals zuvor im Kampf gewesen, aber sich so zu verhalten ...

Bii-Yauuuuu! Gesteinssplitter und Staub ließen sich auf seinem Nacken nieder und verursachten ein leichtes Jucken. Das Gewehrfeuer war hartnäckig. Er hatte das Gefühl, als ob es unmittelbar auf ihn gerichtet sei, und unbewußt zuckte er jedesmal zusammen, wenn eine Kugel vorüberkam. Alles Wasser in seinem Körper schien an die Oberfläche getreten zu sein, der Schweiß tropfte unaufhörlich von den Brauen in seine Augen, vom Kinn und von der Nasenspitze. Das Gefecht dauerte erst fünf oder zehn Sekunden, und schon war er vollständig durchnäßt. Es war, als läge ein Stahlband über seinen Schlüsselbeinen und schnüre ihm die Kehle ab. Sein Herz hämmerte, als ob man mit einer Faust gegen eine Wand schlage. Eine Zeitlang war er nur darauf bedacht, seinen Schließmuskel zusammenzupressen, und die Vorstellung, sich zu beschmutzen, brachte ihn dem Wahnsinn nahe. „Nein! Nein!" Die Kugeln schwirrten mit einem unbeschreiblich feinen Geräusch vorüber.

Er mußte hier weg! Aber seine Arme umschlangen den Kopf, und jedesmal zuckte er zusammen, wenn eine Kugel an einem Felsblock abprallte. Hinter sich hörte er die Männer schreien, die Worte flogen unzusammenhängend hin und her. Woher kam seine Furcht? Er mußte sie abschütteln. Was war mit ihm geschehen? Etwas Unfaßbares. Für einen Augenblick hatte er das Bild vor Augen, wie er angst- und schamerfüllt Cummings' Zigarette berührte, nach der er sich gebückt hatte. Ihm war, als könne er jetzt alles hören: den keuchenden Atem der Männer, die hinter den Felsblöcken verstreut lagen, die Japaner, die sich im Wäldchen miteinander verständigten, sogar das Rascheln des Grases und das heftige Zirpen der Grillen im Tal. Hinter ihm war die andere Gruppe immer noch am Feuern. Als ein japanischer Feuerschlag auf seinem Felsblock niederprasselte, duckte er sich und preßte seinen Körper fest an. Gestein und Staub fielen schmerzend auf seinen Nacken.

Warum unternahm Croft nichts? Und plötzlich wurde er sich bewußt, daß er darauf wartete, Croft würde die Führung übernehmen, daß seine scharfe Kommandostimme ertöne, die ihn von hier wegführte. Es versetzte ihn in rasende Wut. Er ließ sein Gewehr an der Seite des Felsens entlanggleiten und drückte ab.

Aber das Gewehr ging nicht los; es war noch gesichert. Es machte ihn noch wütender. Ohne sich ganz bewußt zu werden, was er tat, richtete er sich auf und feuerte einige Schüsse in das Wäldchen.

„Alles zurück!" brüllte er. „Auf! Auf! Zurück!" Nur mit halbem Bewußtsein hörte er sich mit schriller und wütender Stimme schreien. „Lauft! Lauft!" Ein paar Kugeln pfiffen an ihm vorbei, aber seitdem er wieder auf den Füßen stand, erschien es ihm bedeutungslos. „Zurück zu den andern!" brüllte er aufs neue und rannte von Felsblock zu Felsblock. Es war ihm, als gehöre diese gellende Stimme nicht mehr ihm. Er drehte sich um und feuerte abermals. Er jagte fünf Schüsse hinaus, so schnell er es vermochte und wartete dann stumpf und bewegungslos. „Feuern! Gebt ihnen einen Feuerstoß!"

Einige der Männer richteten sich auf und feuerten. Scheu gemacht und verwirrt blieben die Japaner im Wäldchen einige Augenblicke ruhig. „Weiter! Lauft weiter!"

Die Männer krabbelten auf die Füße, blickten ihn schweigend an und begannen auf den Felsvorsprung zuzulaufen, von dem sie ausgegangen waren. Sie wandten sich zum Wäldchen um, gaben einige Schüsse ab, rannten zwanzig Yards weiter, hielten an, um abermals zu feuern, und flüchteten schließlich in wildem Durcheinander, wobei sie wie Tiere vor Angst und Not stöhnten. Die Japaner im Wäldchen schossen wieder, aber die Männer achteten nicht mehr darauf. Sie waren wie von Sinnen. Einmal in Bewegung, wünschten sie nur eins – hinter den Felsvorsprung in Sicherheit zu kommen.

Einer nach dem andern erkletterte keuchend den letzten Felsblock und ließ sich auf der andern Seite hinunterfallen.

Ihre Körper waren in Schweiß gebadet. Hearn war einer der letzten. Er rollte über den Boden und kam auf die Knie. Brown, Stanley, Roth, Minetta und Polack feuerten weiter, und Croft half ihm auf die Füße. Sie krochen hinter den Felsen. „Sind alle zurück?" keuchte Hearn.

Croft sah sich rasch um. „Scheint so." Er spie aus. „Los Leutnant, wir müssen weiter, sonst kreisen sie uns ein."

„Sind alle da?" rief Red. Er hatte eine lange Hautabschürfung auf einer Wange, die von Staub und Schmutz verschmiert war. Der Schweiß rann wie Tränen darüber hinweg. Die Männer kletterten in den Felsenschutz und schrien zornig und aufgeregt durcheinander.

„Fehlt einer, zum Teufel?" schrie Gallagher.

„Alles da!" brüllte jemand zurück.

Im Wäldchen war es still geworden. Nur gelegentlich zirpte eine Kugel über ihre Köpfe hinweg.

„Wir müssen weiter."

Croft schielte über den Felsrand, durchforschte einen Augenblick das Feld, konnte aber niemand entdecken. Er duckte sich sofort, als ihn ein paar Schüsse verjagen wollten. „Sollten wir nicht gehen, Leutnant?"

Hearn vermochte sich einen Augenblick lang zu nichts aufzuraffen. Er stand noch im Bann seiner Erregung. Er konnte nicht begreifen, daß er sich vorübergehend in Sicherheit befand. Seine Kräfte waren angestaut. Er hätte gewünscht, die Männer weitere hundert Yards und immer weiter zu treiben, seine Kommandos hinauszuschreien und vor Wut zu brüllen. Er rieb sich den Kopf. Es war ihm unmöglich, einen Gedanken zu fassen. Zu sehr war er erschüttert. „Also gut, gehen wir", stieß er hervor. Die Erregung, die in ihm steckte, war von einer Süße, wie er sie zuvor nie empfunden hatte.

Der Zug setzte sich springend ab und hielt sich nahe an den Felsriffen des Mount Anaka. Dann liefen sie weiter. Die hinteren Männer schlossen sich dicht an die voraufaufenden an. Sie hatten einen niedrigen Hügel zu überqueren, auf den man vom Wäldchen aus Einblick hatte, aber dieses Wäldchen lag jetzt einige Hundert Yards hinter ihnen. Sie zogen nur ein paar verstreute Schüsse auf sich, als einer nach dem andern über den Gipfel sprang. Zwanzig Minuten lang hielten sie ihren Lauf durch und entfernten sich, am Fuß des Berges, immer weiter nach Osten. Sie hatten schon eine Meile zurückgelegt und waren vom Eingang des Passes durch viele kleine Hügel getrennt, ehe sie haltmachten. Hearn folgte Crofts Beispiel, wählte eine Mulde nahe an einer Hügelkuppe und setzte vier Mann an den Rand. Die andern warfen sich nieder und keuchten atemlos.

Sie waren schon zehn Minuten in der Mulde, ehe sie entdeckten, daß Wilson fehlte.

5

Als der Zug in den Überfall geriet, hatte Wilson hinter einem Felsblock nahe am hohen Gras Deckung genommen. Er war erschöpft, ohne Gefühl und zufrieden gewesen, das Gefecht über sich hinweggehen zu lassen. Als Hearn den Befehl zum Rückzug gab, war er gehorsam aufgestanden, einige Schritte zurückgelaufen und hatte sich dann umgewandt, um die Japaner zu beschießen.

Die Kugel schlug ihm so heftig in den Magen, als hätte er einen Schlag auf den Solarplexus erhalten. Es riß ihn herum, ließ ihn einige Schritte taumeln und dann in das hohe Gras stürzen. Er lag dort ein wenig überrascht, und das erste, was er empfand, war Zorn. „Wer, zum Teufel, hat mich geschlagen?" murmelte er. Er rieb seinen Bauch, dachte daran, aufzustehen, um den Mann zu packen, der ihm den Schlag versetzt hatte, aber als er seine Hand zurückzog, war sie blutig. Wilson schüttelte den Kopf, vernahm wieder das Gewehrfeuer und später die Rufe der Männer aus seinem Zug, die nur dreißig Yards entfernt hinter dem Felsvorsprung hockten. „Alles da?" hörte er jemand schreien.

„Jawoll, ich bin hier", murmelte er und glaubte, es laut gesagt zu haben, es war aber kaum mehr als ein Flüstern. Er rollte sich plötzlich erschreckt auf seinen Bauch. – Verflucht, die Japaner haben mich erwischt. – Er schüttelte den Kopf. Beim Sturz hatte er seine Augengläser im Gras verloren und blinzelte. Er konnte das Feld sehen, das nur zwei Yards von ihm entfernt begann, und es beruhigte ihn, daß es leer war. Verflucht, bin ich ausgepumpt! Er ruhte ein wenig aus und versank langsam in Bewußtlosigkeit. Traumhaft hörte er, wie sein Zug sich entfernte, aber er machte sich keine Gedanken darüber. Alles war ruhig und friedlich, nur in seinem Magen war ein dumpfes Pochen.

Plötzlich stellte er fest, daß das Feuer schwieg. Ich muß zurück ins Gras, wo mich die Japaner nicht finden können. Er versuchte, sich zu erheben, fühlte sich aber zu schwach. Langsam und vor Anstrengung stöhnend kroch er einige Yards weiter in das hohe Gras zurück, ruhte sich aus und war zufrieden, als er jetzt das Feld nicht mehr sah. Ihm schwindelte, und Wohlbehagen durchzog seinen Körper. – Kommt mir vor, als ob ich beschwipst bin. Er schüttelte verwirrt den Kopf. – Er erinnerte sich daran, wie er einmal wunderbar betrunken in einer Barnische gesessen hatte, die Hand auf den Hüften einer

Frau. Er hatte die Absicht gehabt, in wenigen Minuten mit ihr nach Haus zu gehen, und jetzt fühlte er eine prickelnde Erregung, als er wieder daran dachte. „Nun gut, Liebling", hörte er sich sagen und blickte auf die Wurzeln des Kunaigrases vor seiner Nase.

Ich werde sterben, sagte er sich. Ein kalter Schauer durchfuhr ihn, und Wilson wimmerte einen Augenblick. Er malte sich aus, wie die Kugel seinen Körper und die Eingeweide zerrissen hatte, und es wurde ihm übel. Etwas Galle trat ihm in den Mund. „All das Gift da drinnen wird jetzt durcheinander gebracht; ich werde bei draufgehen." Aber seine Sinne schwanden wieder und ließen ihn in einer warm umhüllenden Schläfrigkeit und Schwäche ruhen. Er empfand keine Todesfurcht mehr. – Die Kugel wird meine Eingeweide säubern. Der ganze Eiter wird 'rauskommen, und ich werde dann wieder in Ordnung sein. – Das stimmte ihn fröhlich. – Pappi hat immer von Großpappi erzählt, daß er sich ein altes Negerweib kommen ließ, um sich schröpfen zu lassen, wenn er Fieber hatte. Das mache ich jetzt auch durch. – Er blickte stumpfsinnig auf den Boden. Das Blut hatte sein Hemd durchnäßt, was ihm Unbehagen bereitete. Er drückte seine Hand darauf und lächelte schwach.

Seine Augen starrten auf den zwei Zoll entfernten Boden. Die Zeit hing regungslos über ihm. Er fühlte die Sonnenhitze auf seinem Rücken, sank zusammen und tauchte in dem geschwätzigen Rhythmus des Tierlebens um sich her unter. Er erforschte den Quadratfuß Erde, den seine Augen erfassen konnten, wie durch ein Vergrößerungsglas, bis er jedes einzelne Staubkorn genau und vollständig erkannte. Nicht länger mehr war der Boden nur ein braunes Etwas; er war ein Schachbrett aus einzelnen Kristallen, die rot, weiß, gelb und schwarz gefärbt waren. Sein Sinn für Größenordnung war geschwunden. Er dachte, daß er von einem Flugzeug aus auf Felder hinunterblicke, auf ein Fleckchen Wald. Das hohe Gras verschwamm vor seinen Augen; schon wenige Zoll über dem Boden löste es sich in Nebel auf und trieb wie Dampfwolken dahin. Die Wurzeln waren überraschend weiß, mit einer kräftigen, geschuppten, braun getüpfelten Rinde, so daß sie Birkenstämmen gleichsahen. Alles, was er erblickte, hatte die Größe eines Waldes, aber es war ein neuartiger Wald, wie er ihn nie zuvor gesehen hatte, und ein sehr seltsamer.

Einige Ameisen zogen im Zickzack an seiner Nase vorüber, wandten sich um, blickten ihn an und zottelten dann weiter. Sie schienen die Größe von Kühen zu haben oder sahen wie Kühe aus, die man von der Spitze eines hohen Berges erblickt. Er beobachtete sie, bis sie seinem Blick entschwanden.

Das sind verdammt kluge kleine Dinger, dachte er undeutlich. Sein Kopf ruhte auf seinem Unterarm; der Wald verdunkelte sich vor seinen Augen und stellte sich auf den Kopf, als Wilson ohnmächtig wurde.

Zehn Minuten später tauchte er langsam aus seiner Bewußtlosigkeit wieder auf. Er lag regungslos und taumelte zwischen Wachsein und Schlafen. Jeder seiner Sinne schien sich von den anderen losgelöst zu haben. Er starrte leer vor sich hin auf den Boden oder atmete mit geschlossenen Augen oder ließ nur die Ohren wachen; oder sein Kopf rollte zur Seite, und die Nase sog den schwachen Geruch der Erde ein, den scharfen würzigen Geruch der Graswurzeln oder den trockenen Geruch verdorrter Zellen.

Aber etwas war nicht in Ordnung. Er richtete den Kopf hoch, lauschte und hörte die Stimmen von Männern zehn Yards entfernt auf dem Feld. Er starrte durch das hohe Gras, konnte aber nichts erkennen. Er dachte, daß es vielleicht mit seinem Zug zusammenhing. Es würgte ihn in der Kehle, als er versuchte, Worte zu bilden, aber dann erstarrte er vor Entsetzen.

Da waren Japaner im Feld oder zumindest hörte er, wie sich Männer in fremden, merkwürdig hohen Lauten erregt und fast atemlos unterhielten. – Wenn mich die Japaner hier finden ... Er war aufs äußerste bestürzt. Alle Berichte über japanische Greueltaten flatterten durch seinen Kopf. – Diese Schweinehunde werden mir die Genitalien abschneiden. – Er fühlte, wie er den Atem verhielt, ihn langsam durch die Nase entweichen ließ, und wie sich die Haare in seinen Nasenlöchern dabei bewegten. Er konnte die Japaner herumlungern hören, und plötzlich drangen einzelne Worte in sein Ohr.

„Doko?"
„Tabun koko."

Sie schleiften durch das Gras und bewegten sich um ihn herum. Er hörte sie näher kommen. Unvermittelt begann er die Laute für sich zu wiederholen: „Doko koko cola, doko koko cola." Er grub sein Gesicht in die Erde und preßte seine Nase in den Boden. Jeder Muskel in seinem Gesicht arbeitete, um auch das geringste Geräusch zu vermeiden. Ich muß an mein Gewehr herankommen. Aber er hatte es ein oder zwei Yards entfernt zurückgelassen, als er sich tiefer ins Gras verkroch. Wenn er sich jetzt bewegte, um es zu holen, würden sie ihn hören.

Er versuchte, eine Entscheidung zu treffen, fühlte sich aber zu schwach und den Tränen nahe; es war alles zuviel für ihn. Er drückte sein Gesicht an den Boden und bemühte sich wieder, den Atem anzuhalten. Die Japaner lachten.

Wilson erinnerte sich der Toten, deren Ruhe er in der Höhle gestört hatte, und begann sich zu verteidigen, als ob er schon gefangen sei. – Sieh mal, ich habe doch nur nach einem kleinen Andenken gesucht, das müßt ihr doch verstehen. Ich habe ihnen nichts getan. Ihr könnt dasselbe mit meinen Kameraden tun, und ich schere mich den Teufel darum. Wenn ein Mann tot ist, dann ist er tot, und es macht ihm nichts mehr aus. – Die Japaner streiften fünf Yards entfernt durch das Gras. Einen Augenblick dachte er daran, rasch zu seinem Gewehr zu eilen, aber er hatte vergessen, in welche Richtung er gekrochen war. Das Gras hatte sich wieder aufgerichtet und keinen Eindruck hinterlassen. Ach, verflucht! Er straffte seinen Körper und drückte seine Nase gegen die Erde. Seine Wunde blutete wieder, und mit geschlossenen Augen sah er blaue, goldene und rote konzentrische Kreise. Wenn ich hier nur weg könnte!

Die Japaner hatten sich niedergesetzt und sprachen miteinander. Einer von ihnen legte sich ins Gras zurück, und das Rascheln drang in Wilsons Ohren. Er versuchte zu schlucken, aber es steckte etwas in seiner Kehle. Er hatte Angst, daß er sich erbrechen müßte, lag mit offenem Mund da, und der Speichel lief ihm über die Lippen. Er schnupperte seinen eigenen Geruch, den galligen seiner Angst und den säuerlichen seines Blutes; es roch nach abgestandener Milch. Seine Gedanken trugen ihn einen Augenblick in das Zimmer zurück, in dem May, sein Kind, geboren worden war. Er spürte den Geruch des Babys nach Milch, Puder und Urin, der in seinen eigenen Geruch überging. Er hatte Angst, daß ihn die Japaner riechen könnten.

„Yuki masu", sagte einer von ihnen.

Er hörte, wie sie aufstanden, leise lachten und dann fortgingen. Es sauste in seinen Ohren und klopfte in seinem Schädel. Er krampfte die Fäuste zusammen und preßte erneut sein Gesicht gegen den Boden, um sein Schluchzen zu ersticken. Sein Körper war schwächer und erschöpfter, als er es je erlebt hatte. Selbst sein Mund zitterte. Verdammt. Er begann das Bewußtsein zu verlieren, versuchte, sich aufzurichten, aber es war vergeblich.

Wilson erwachte erst nach einer halben Stunde. Er kam ganz langsam zu sich, und sein Verstand blieb getrübt. Lange Zeit lag er still, die Hand unter dem Bauch, um das heraussickernde Blut aufzufangen. – Wo, zum Teufel, sind sie alle hin? fragte er sich. Jetzt erst wurde ihm bewußt, daß er völlig allein war. Sich davonzumachen und einen Mann einfach liegenzulassen! Er erinnerte sich der Japaner, die sich wenige Fuß von ihm entfernt unterhalten hatten, aber er konnte sie nicht mehr hören. Seine Angst kehrte zurück. Einige Minuten verharrte er wieder regungslos. Er konnte noch nicht glauben, daß die Japaner fortgegangen waren.

Er fragte sich, wo der Zug jetzt sei, und er war verbittert, daß man ihn verlassen hatte. – Ich bin zu vielen ein verdammt guter Kamerad gewesen, und die machen sich einfach davon und lassen mich liegen. Es ist niederträchtig, so zu handeln. Wenn ich einer von ihnen wäre, würde ich bestimmt dageblieben sein. – Er seufzte und schüttelte den Kopf. Aber diese Ungerechtigkeit schien etwas Entlegenes, beinahe Abstraktes, zu betreffen.

Wilson erbrach sich ins Gras. Der Geruch war ihm zuwider; er zog den Kopf zurück und kroch ein paar Fuß weiter. Seine Verbitterung steigerte sich plötzlich. – Ich habe verdammt viel für diese Männer getan, und niemals haben sie es anerkannt. Als ich ihnen damals den Schnaps besorgte, dachte der alte Red, daß ich ihn betrügen wollte. – Wilson seufzte. – Was war das für eine Art, einem Kameraden zu mißtrauen; zu glauben, daß ich ihn betrog. – Er schüttelte den Kopf. – Und als ich den verdammten Busch zur Hölle jagte, hat mich Croft gleich angefahren. So ein kleiner Bursche, zerbrechen hätte ich ihn können, wenn er mich nicht überrascht hätte. Eine verdammte Schweinerei, sich so aufzupusten, nur weil ich ein bißchen in die Gegend knallte. – Seine Gedanken sprangen weiter und zogen große Befriedigung aus all den Vorfällen, bei denen ihn die Männer mißverstanden hatten. – Ich habe Goldstein was zu trinken gegeben oder ihm wenigstens einen Schluck angeboten, und er hat sich dabei wie verrückt angestellt und nichts genommen. Und dann dieser Gallagher, der mich einen alten Kracher und Lumpen nannte. Das hätte er nicht tun dürfen. Ich war verdammt nett zu ihm, als seine Frau starb, aber keiner von ihnen hat jemals etwas anerkannt. Sind einfach davon, um ihren eigenen Arsch zu retten, und alles andere kümmert sie nicht. – Er fühlte sich sehr schwach. – Croft durfte nicht so auf mir herumreiten, seitdem ich krank war; ich kann nichts dafür, daß mein Inneres kaputt ist. – Er seufzte wieder, und das Gras verschwamm vor seinen Augen. – Einfach auf und davon, ohne sich im geringsten darum zu kümmern, was mir passiert ist. -- Er dachte an den weiten Weg, der hinter ihm lag, und fragte sich, ob er ihn zurückkriechen könnte. Er zog sich ein paar Fuß weit über den Boden und kam vor Schmerzen nicht weiter. Er begriff langsam, daß er schwerverwundet und meilenweit von jedem Menschen entfernt allein der nackten Wildnis ausgesetzt war. Aber er konnte es nicht ganz fassen und sank vor Erschöpfung, die das Kriechen verursacht hatte, in Betäubung zurück. Er hörte jemand stöhnen und dann noch einmal und war verwundert, daß er selbst gestöhnt hatte. Verdammt!

Die Sonne brannte auf seinen Rücken und hüllte seinen Körper in angenehme Wärme. Langsam meinte er zu fühlen, wie er in die Erde versank und ihre Wärme sich um ihn ausbreitete. Das Gras, die Wurzeln und der Boden, alles roch nach Sonnenlicht. Sein Geist schwebte zu den gepflügten Äckern und dampfenden Pferden zurück; zu dem Nachmittag, an dem er auf einem Stein am Straßenrand gesessen und das farbige Mädchen beobachtet hatte, das vorüberging, während ihre Brüste gegen das Baumwollkleid hüpften. Er versuchte, sich an den Namen des anderen Mädchens zu erinnern, zu dem er an jenem Abend gegangen war, und begann zu kichern. – Ich bin neugierig, ob sie wußte, daß ich erst sechzehn war. – Seine Verwundung hatte eine dumpfe Neigung zum Erbrechen erzeugt, einen Druck, der fast der aufquellenden Erregung in seinen Lenden ähnlich war. Er trieb weiter im Strom der Erinnerung. Er war weder ganz in der Straße, in der sein Geburtshaus stand, noch in dem grasbedeckten Tal, das ihn jetzt barg. Undeutliche Lustgefühle durchjagten ihn. Das hohe, verschwommene und schwankende Gras erschien ihm wie ein Wald. Er wußte nicht, ob er noch im Dschungel war oder nicht, und seine Nase sog die Gerüche um sich herum ein, die sich in den heftigen Gestank des Dschungels verwandelten. – Verflucht, könnte man doch wieder einmal eine Frau riechen!

Das Blut sickerte stärker über seine Finger, er schwitzte und dachte an feuchte Dinge, schwamm in Bildern aus seinem Liebesleben und rief sich deutlich zurück, wie Bauch, Hüften und Mund einer Frau sich anfühlten. Heftig strahlte die Sonne, und es tat ihm gut. – Sie macht einen Mann verrückt, wenn er nicht regelmäßig lieben kann. Ich wette, es kommt davon, daß mich meine Eingeweide im Stich gelassen haben und voller Eiter sind. – Seine Träumerei wurde durch diesen Gedanken unterbrochen. – Ich will keine Operation; sie werden mich damit umbringen. Wenn ich zurück bin, werde ich ihnen sagen, daß sie mit mir nicht machen können, was sie wollen; ich werde ihnen sagen, daß ich den ganzen Eiter ausgeblutet habe und meine Eingeweide wieder in Ordnung sind. – Er begann ein wenig zu kichern. – Verflucht, wenn diese alte Wunde erst mal geschlossen sein wird, werde ich zwei Bauchnarben haben, eine natürliche und eine andere. Bin neugierig, was Alice dazu sagen wird, wenn sie es sieht.

Die Sonne verschwand hinter einer Wolke. Er verspürte Kälte und erschauerte. Sein Verstand wurde für eine kurze Zeit ganz klar; er war entsetzt und fühlte sich sehr elend. – Sie können mich doch hier nicht liegenlassen; sie müssen doch kommen, um mich zurückzuholen. – Das Gras raschelte im Wind; besorgt lauschte er und war einer Erkenntnis nahe, der er sich nicht ganz bewußt werden wollte. Er erhob sich, brachte es fertig, sich einen Augenblick auf die Füße zu stellen, warf einen Blick über die Hügel und die Felswände des Mount Anaka, und dann stürzte er vornüber. Kalter Schweiß brach ihm aus. – Ich bin ein Mann, sagte er sich, ich kann nicht vor die Hunde gehen. Ich habe mir von niemand etwas bieten lassen, und ich werde es jetzt nicht anders halten. Wenn ein Mann Angst hat, taugt er zu nichts mehr.

Aber die Glieder waren ihm kalt, und er zitterte ununterbrochen. Die Sonne, die wieder hervorgetreten war, erwärmte ihn nicht. Er hörte sich stöhnen und abermals stöhnen. Er krümmte sich in plötzlichen Krämpfen. „Verdammter Hund", schrie er plötzlich. Er empfand eine heftige Wut auf den Schmerz und hustete Blut auf seine Fingerspitzen. Es erschien ihm wie das Blut eines andern, und er war überrascht, wie warm es sich anfühlte. „Ich muß durchhalten", murmelte er, dann fiel er wieder in Ohnmacht.

Alles war schiefgegangen. Der Eingang zum Paß war verschlossen, und in diesem Augenblick würden die Japaner wahrscheinlich eine Nachricht an ihr Hauptquartier schicken. Das Geheimnis der Patrouille war gelüftet. Croft brüllte fast vor Wut, als er erfuhr, daß Wilson vermißt wurde. Sein dünner Mund war weiß und verzerrt, während er sich auf einen Stein niedersetzte. Er schlug mit der Faust mehrere Male in seine Handfläche und starrte vor sich hin.

„Dieser Idiot", murmelte er. Im ersten Impuls wollte er Wilson seinem Schicksal überlassen. Aber sie mußten zurückgehen, es war Vorschrift, und er begriff, daß es keine andere Entscheidung gab. Er überlegte bereits, was mit Wilson geschehen sein konnte und wen er mit auf die Suche nehmen sollte.

Er sprach mit Hearn. „Ich nehme nur ein paar Männer mit, Leutnant. Zu viele würden nichts nützen, und wir setzen uns nur der Gefahr aus, daß noch andere verwundet werden."

Hearn nickte. Sein großer Körper war in sich zusammengesunken, aber seine kühlen Augen waren aufmerksam, ein wenig nachdenklich. Er sollte selbst mit zurückgehen, denn es würde ein Fehler sein, Croft die Initiative zu überlassen. Zugleich aber war ihm klar, daß Crofts Erfahrung von größerem Nutzen sein würde. Außerdem gab es noch andere Überlegungen, wobei er sich selbst mißtraute. Auch er war zornig gewesen, als er hörte, daß Wilson vermißt wurde, und sein erster Impuls war, ihn im Stich zu lassen.

Zu viele widerspruchsvolle und zweideutige Wünsche durchzogen ihn in diesem Augenblick. So etwas war ihm bisher nicht widerfahren. Er mußte sie abwehren und sich zusammennehmen. „Nun gut, nehmen Sie, wen Sie brauchen." Er zündete sich eine Zigarette an und starrte auf seine Beine. Croft war damit entlassen.

Die Männer schritten aufgeregt und wütend in der Mulde umher und waren außer sich über die Plötzlichkeit, mit der die Ereignisse auf sie niedergestürzt waren. Sie fuhren aufeinander los.

Brown und Red stritten sich. „Ihr Hunde wart ja nicht dabei, ihr habt bloß hinter dem verdammten Felsen gehockt. Konntet ihr eure dämlichen Köpfe nicht hoch genug 'rausstecken, um zu sehen, ob jemand verwundet wurde?" fluchte Red.

„Was für ein Quatsch, Red. Wenn wir euch nicht gedeckt hätten, wärt ihr doch alle zugrunde gegangen."

„Äääh, Blödsinn! Ihr wußtet nichts anderes, als euch hinter den Felsen zu drücken."

„Leck mich am Arsch, Red."

Red schlug sich an den Kopf. „Jesus Christus, ausgerechnet Wilson."

Gallagher wanderte hin und her und klatschte sich mit der Hand an die Stirn. „Wie, zum Teufel, haben wir ihn nur verloren?" fragte er. „Wo mag er jetzt stecken?"

„Setz dich hin, Gallagher", rief Stanley.

„Halts Maul."

„Ihr könnt alle euer Maul halten", fuhr Croft dazwischen. „Verfluchtes Weiberpack!" Er stand auf und blickte sie an. „Ich brauche ein paar Männer, um Wilson zu suchen. Wer geht mit?" Red nickte, und Gallagher nickte ebenfalls zum Einverständnis.

Die andern blieben einige Sekunden auffällig still. „Scheiße, dann werde ich auch mitgehen", verkündete Ridges.

„Ich brauche noch einen."

„Ich komme mit", sagte Brown.

„Ich nehme keinen Unteroffizier. Der Leutnant braucht dich."

Er sah umher und starrte sie an. – Ich darf's nicht wagen, sagte sich Goldstein. Was soll aus Natalie werden, wenn mir irgend etwas passiert. – Aber er fühlte sich schuldbewußt, als alle andern schwiegen. „Ich komme mit", sagte er hastig.

„Gut, wir wollen für den Fall, daß wir es eilig haben sollten, unsere Rucksäcke hierlassen."

Sie nahmen ihre Gewehre, verließen einer hinter dem andern die Mulde und machten sich auf den Weg zum Feld, wo sie in den Feuerüberfall geraten waren. Lang auseinandergezogen gingen sie schweigend in einem Abstand von je zehn Yards. Die Sonne neigte sich dem Westen zu und blendete sie. Die Männer waren jetzt ein wenig widerspenstig.

Sie folgten dem Rückzugsweg, gingen schnell ohne Aufenthalt, und nur beim Überqueren der Hügel nahmen sie Deckung. Hin und wieder stießen sie auf Buschwerk und kleine Baumbestände, aber sie schenkten ihnen kaum einen Blick. Croft war davon überzeugt, daß Wilson beim Überfall verwundet worden war und auf dem Feld lag.

Sie brauchten weniger als eine halbe Stunde, um den Felsvorsprung zu erreichen, und näherten sich ihm vorsichtig in geduckter Haltung. Niemand schien in der Gegend zu sein, alles war still. Croft kroch über die Felsplatte, hob langsam den Kopf und durchforschte das Feld. Er konnte nichts entdecken, auch keine Bewegung im Wäldchen am anderen Ende des Feldes.

„Verflucht, o dieser verfluchte Bauch!"

Die Männer erstarrten, als sie es hörten. Irgend jemand stöhnte vor ihnen in nur zwanzig Yards Entfernung. „Verflucht, ohhhhh."

Croft blickte ins Gras. „Ohhhhh, der verfluchte ..." Die Stimme ging in gemurmelten Flüchen unter.

Er glitt von der Felsplatte hinunter und trat zu den andern, die mit heruntergenommenen Gewehren nervös auf ihn warteten. „Ich denke, daß es Wilson ist, kommt." Er ging nach links, glitt über die breite, flache Oberfläche des Felsens und ließ sich ins Gras fallen. In wenigen Minuten fand er Wilson und drehte ihn behutsam um. „Er ist verwundet, na schön." Croft starrte ihn mit leisem Mitgefühl, in das sich eine Spur von Widerwillen mischte, an. – Wenn ein Mann verwundet wird, ist das seine eigene Schuld, dachte er.

Sie knieten neben Wilson im Gras nieder und waren darauf bedacht, die Köpfe gebeugt zu halten. Wilson hatte wieder das Bewußtsein verloren. „Wie wollen wir ihn zurückbringen?" fragte Goldstein flüsternd.

„Das laß meine Sorge sein", murmelte Croft abweisend. Er war im Augenblick mit etwas anderem beschäftigt. Wilson hatte laut gestöhnt, und falls die Japaner noch im Wäldchen waren, mußten sie ihn gehört haben. Es wäre nicht zu begreifen gewesen, wenn sie nicht zurückgekommen wären, um ihn zu töten. So blieb als einzige Antwort nur, daß sie sich zurückgezogen hatten. Ihr Gewehrfeuer war zu vereinzelt gewesen und im ganzen zu schwach, als daß mehr als eine Gruppe im Wäldchen gelegen haben konnte. Unzweifelhaft hatte es sich nur um einen vorgeschobenen Posten gehandelt, der den Befehl hatte, sich zurückzuziehen, sobald er Patrouillen zu Gesicht bekam.

Mithin war der Eingang zum Paß nicht mehr bewacht. Er fragte sich, ob er Wilson liegenlassen und die andern auf eine

Erkundung mit sich nehmen sollte. Aber es erschien ihm zwecklos; sie würden nicht durchkommen, weil tiefer im Paß sicherlich noch mehr Japaner steckten. Es blieb die einzige Möglichkeit, über den Berg zu klettern. Er starrte abermals zu ihm hinauf, und der Anblick erweckte einen leisen erwartungsvollen Schauder.

Aber da war Wilson, um den man sich zuerst kümmern mußte. Es verdroß ihn. Und noch anderes hatte er sich klarzumachen. Als der Überfall begonnen hatte, war er für eine Sekunde gelähmt gewesen. Nicht aus Furcht; er vermochte einfach nicht, sich zu bewegen. In Erinnerung daran fühlte er sich jetzt ein wenig enttäuscht, ein wenig wie verspottet, als hätte er eine günstige Gelegenheit versäumt, aber was für eine Gelegenheit? Er wußte es selbst nicht genau. Die Erregung war die gleiche gewesen wie die, die er jetzt empfand, als ihm klar wurde, daß er den Paß nicht würde erkunden können. Bevor er zu feuern begann, hatte er eine Hemmung verspürt, und dabei ... Irgend etwas war es, was er unterlassen hatte. — Ich habe es verpaßt, sagte er sich bitter, ohne genau zu wissen, was er damit meinte.

Und hier lag nun Wilson. Bestimmt würden sechs Mann nötig sein, um ihn sicher an die Küste zurückzubringen. Croft war nahe daran, loszufluchen.

„Nun gut, zieht ihn durchs Gras, bis wir an den Felsvorsprung kommen, und dann können wir ihn tragen." Er ergriff Wilson am Hemd und zerrte ihn über den Boden, während Red und Gallagher ihm dabei halfen. Sie erreichten die Felskante in weniger als einer Minute und brachten Wilson hinüber. Auf der andern Seite legten sie ihn nieder, und Croft begann eine behelfsmäßige Trage anzufertigen. Er zog sein Hemd aus, knöpfte es zu und steckte sein Gewehr durch einen Ärmel und Wilsons Gewehr durch den andern. Die Läufe ragten unten heraus, und die Schäfte wölbten die Ärmelaufschläge. Mit seinem Gürtel band er Wilsons Handgelenke zusammen und wickelte ihn in eine Decke.

Die fertige Trage war über drei Fuß lang, der Hemdgröße entsprechend. Sie legten sie unter Wilsons Hintern, ließen die zusammengebundenen Hände hinter Ridges' Nacken gleiten, und Ridges packte die beiden Gewehrkolben. Red und Goldstein ergriffen je einen der Gewehrläufe an Wilsons Hüfte, und Gallagher stand vorn und hielt Wilsons Knöchel. Croft übernahm die Sicherung.

„Wir wollen machen, daß wir hier wegkommen", murmelte Gallagher. „Hier ist es nicht geheuer."

Sie lauschten unbehaglich in die Stille und starrten auf die Felsabstürze.

Sie sahen auf Wilson und beobachteten, wie das Blut im Rhythmus seines langsamen Pulsschlages hervorsickerte. Sein Gesicht war blaß geworden, fast weiß. Es sah fremd aus. Sie konnten nicht glauben, daß es Wilson sein sollte. Es war irgendein verwundeter Mann.

Red empfand einen Augenblick lang eine unbestimmte Trauer. Er hatte Wilson gern, und Wilson war ein Teufelskerl gewesen, aber sein Mitempfinden für ihn war jetzt nicht sehr groß. Er war zu müde und wünschte, von hier wegzukommen. „Wir sollten ihm lieber so einen verdammten Verband anlegen."

„Ja."

Sie setzten Wilson wieder nieder. Red öffnete sein Verbandpäckchen und nahm die flache Pappschachtel heraus, die die Binde enthielt. Mit steifen Fingern wickelte er sie aus, drückte die aseptische Seite an Wilsons Wunde und band den Streifen leicht um seinen Körper. „Soll ich ihm Wundtabletten geben?"

„Nicht bei einem Bauchschuß", sagte Croft.

„Glaubst du, daß er lange machen wird?" fragte Ridges heiser.

Croft zuckte die Schultern. „Er ist kräftig wie ein Ochse."

„Der alte Wilson ist nicht umzubringen", murmelte Red. Gallagher blickte beiseite. „Los, wir wollen gehen."

Sie verließen den Platz und legten langsam und behutsam den Weg über die Hügel bis zur Mulde zurück, wo sie den restlichen Zug zurückgelassen hatten. Es wurde ein hartes Stück Arbeit, und häufig mußten sie rasten und sich beim Tragen abwechseln.

Wilson gewann langsam sein Bewußtsein wieder und murmelte bisweilen etwas Unzusammenhängendes. Fast eine Minute lang schien er ganz wach zu sein, aber er erkannte niemanden.

„Doko koko cola", murmelte er mehrmals und kicherte leise.

Sie hielten an, wischten das Blut von seinem Mund, und dann gingen sie weiter. Sie brauchten mehr als eine Stunde, um den Zug zu erreichen, und waren sehr müde, als sie anlangten. Sie legten Wilson nieder, ließen ihn von der Trage gleiten und warfen sich selbst auf die Erde, um auszuruhen. Die andern Männer versammelten sich voller Unruhe um sie, stellten Fragen und zeigten sich erfreut, daß Wilson gefunden worden war; aber sie waren zu erschöpft, um viel zu reden. Croft begann zu fluchen. „Verdammt noch mal, Leute, steht hier nicht länger mit den Fingern im Arsch herum!" Bestürzt sahen sie sich an.

„Minetta, Polack, Wyman und Roth gehen in das Wäldchen und schlagen zwei sechs Fuß lange Stangen ab mit einem

Durchmesser von zwei Zoll; und bringt noch zwei achtzehn Zoll lange Latten mit."

„Wofür?" fragte Minetta.

„Wozu, zum Teufel, soll es schon sein? Für eine Tragbahre. Los, geht an eure Arbeit, Leute."

Brummend nahmen sie zwei Macheten auf und verließen hintereinander die Mulde, um ins Wäldchen zu gehen. Gleich darauf konnte man sie Bäume schlagen hören. Croft spie angeekelt aus. „Diese Männer können einem die Eingeweide gefrieren machen." Einige kicherten nervös. Wilson, der abermals bewußtlos war, lag völlig still in der Mitte der Mulde. Gegen ihren Willen mußten sie ihn immer wieder anblicken.

Croft war zu Hearn gegangen, und nachdem sie einige Augenblicke zusammen gesprochen hatten, riefen sie Brown, Stanley und Martinez zu sich heran. Es war vier Uhr nachmittags und die Sonne noch sehr heiß. Croft, der befürchtete, Sonnenbrand zu bekommen, zog die Gewehre aus den Hemdärmeln, schüttelte das Hemd ein paarmal und zog es wieder an. Er verzog sein Gesicht wegen der Blutspuren darin, und dann sagte er: „Der Leutnant meint, daß es alle Unteroffiziere gemeinsam besprechen sollten." Er sprach mit Nachdruck, um ihnen klarzumachen, daß die Idee nicht von ihm stamme. „Wir müssen einige mit Wilson zurücksenden, und ich denke, daß wir nun bestimmen sollten, wen wir entbehren können."

„Wie viele wollen Sie abkommandieren, Leutnant?" fragte Brown.

Hearn hatte darüber noch nicht nachgedacht. Wie viele mußten es sein? Er zuckte die Schultern und versuchte, sich zu erinnern, wie viele für eine solche Arbeit in Betracht kamen. „Oh, ich denke sechs", sagte er.

Croft schüttelte den Kopf und entschied barsch: „Sechs können wir nicht entbehren, Leutnant; vier werden auch reichen."

Brown pfiff. „Das wird eine Schweinearbeit für vier Leute."

„Jaa, vier Männer, nicht sehr gut", sagte Martinez sarkastisch. Er wußte, daß er nicht zum Träger gewählt werden würde, und dies verbitterte ihn. Seine Nerven waren vom Überfall her noch so gespannt. Es war ihm klar, daß sich Brown selbst in das Transportkommando hineindrängen würde, während er mit dem Zug weitermarschieren müßte.

Hearn mischte sich ein. „Sie haben recht, Sergeant; wir können nur vier Träger entbehren." Seine Stimme war gleichmütig und sicher, als wäre er schon seit langem ihr Vorgesetzter. „Wir können nicht voraussagen, ob nicht noch jemand verwundet wird, und dann brauchen wir auch für ihn Träger."

Das war das Falscheste, was er sagen konnte. Alle blickten verdrießlich drein und verkniffen den Mund. „Hol's der Teufel!" stieß Brown hervor. „Wir haben bis jetzt ziemlich viel Glück gehabt, bis auf Hennessey und Toglio – warum mußte es jetzt Wilson erwischen?"

Martinez rieb sich die Fingerspitzen und starrte zu Boden. Er schlug nach einem Insekt auf seinem Nacken. „Seine Nummer war dran."

„Wir können ihn vielleicht noch gut nach hinten bringen", sagte Brown. „Sie beabsichtigen, einen Unteroffizier mit den Trägern zurückzusenden, nicht wahr, Leutnant?"

Hearn wußte nicht, was der Vorgang erforderte, aber es war nichts dagegen zu sagen. „Ich glaube, daß ich einen von euch Unteroffizieren entbehren kann."

Brown wünschte dieser Unteroffizier zu sein. Er hatte es vor den andern verheimlicht, aber nichtsdestoweniger hinter dem Felsvorsprung die Nerven verloren. „Ich denke, daß Martinez mit zurückgehen kann", sagte er nicht ohne List, denn er wußte, daß Croft Martinez benötigte. Dennoch versuchte Brown, wenn auch auf einer anderen Ebene, unparteiisch zu sein.

„Japskiller brauche ich", sagte Croft kurz. „Ich denke, daß du gehen solltest, Brown." Hearn nickte.

„Wie Sie wollen." Brown fuhr sich mit der Hand über das kurzgeschnittene braune Haar und fingerte an einem Dschungelgeschwür am Kinn. Er hatte ein unbestimmtes Schuldbewußtsein. „Wen soll ich mitnehmen?"

Croft dachte nach. „Wie wäre es mit Ridges und Goldstein, Leutnant?"

„Sie kennen die Männer besser als ich."

„Nun, allzu gut sind sie nicht, aber kräftig, und wenn du sie antreibst, Brown, werden sie sich nicht vor der Arbeit drücken. Sie waren gut zu gebrauchen, als wir jetzt Wilson zurücktrugen." Croft sah zu ihnen hinüber. Er erinnerte sich, daß Stanley, Red und Gallagher sich auf dem Boot fast in den Haaren gelegen hatten. Stanley hatte den Rückzug angetreten und dürfte jetzt nicht allzuviel wert sein. Immerhin war er ein heller Junge, wahrscheinlich aufgeweckter als Brown.

„Wen noch?"

„Ich denke, du brauchst jetzt noch einen guten Mann nach den beiden Unzuverlässigen. Wie wär's mit Stanley?"

„Sicher."

Stanley wußte nicht genau, was er wollte. Einesteils beruhigte es ihn, zurück an die Küste geschickt zu werden und der Patrouille den Rücken zu kehren, aber andererseits fühlte er sich betrogen. Wenn er beim Zug blieb, hatte er später Chancen bei Croft und beim Leutnant. Er hatte seit dem Überfall keine Sehnsucht nach weiteren Kämpfen, aber dennoch ... Es ist

Browns Fehler, sagte er sich. „Wenn ich gehen soll, gehe ich natürlich, aber mir ist, als sollte ich lieber beim Zug bleiben."

„Nee, du gehst mit Brown."

Welche Antwort Stanley auch darauf hätte geben können, sie würde ihn nicht befriedigt haben. Ebensogut hätte er eine Münze werfen können, um eine Entscheidung zu treffen, um schließlich doch zu wünschen, daß sie auf die andere Seite gefallen wäre. Und so schwieg er.

Hearn kratzte sich in der Achselhöhle. Was für eine verfluchte Schererei. Er sog an einem Grashalm und spie gelassen aus. Als sie Wilson zurückgebracht hatten, war er – nun gut, er war verstimmt gewesen. Das war sein erstes und ehrliches Gefühl. Wenn sie ihn nicht gefunden hätten, wäre die Patrouille verhältnismäßig einfach verlaufen, aber nun waren sie zu wenige. Es war eine verdammte Sache für einen Zugführer. Er mußte gewissen Dingen ins Auge sehen. Die Patrouille bedeutete mehr für ihn, als sie sollte. Und alles war so verzwickt; er wußte nicht, was er jetzt zu tun hatte. Er mußte sich in sich selbst zurückziehen und darüber nachdenken.

„Wo, zum Teufel, bleiben die Leute mit den Stangen für die Bahre?" fragte Croft nervös. Er fühlte sich auf einmal niedergeschlagen und ein wenig ängstlich. Die Unterredung war zu Ende, und sie standen unbehaglich umher. Wenige Fuß entfernt delirierte Wilson und zitterte unter der Decke. Sein Gesicht war sehr weiß, sein sonst voller roter Mund hatte ein bleifarbenes Rosa angenommen und war in den Mundwinkeln verkniffen. Croft spie aus. Wilson gehörte zu den Alten, und es traf ihn mehr, als wenn es einer vom Ersatz gewesen wäre. Nur wenige von den alten Leuten waren übriggeblieben. Brown, mit seinen erledigten Nerven; Martinez; Red, der krank, und Gallagher, mit dem nicht mehr viel los war. Einige gingen damals bei dem Überfall auf die Schlauchboote drauf; andere während der Monate auf Motome. Und nun Wilson. Es ließ in Croft die Frage entstehen, wann er an der Reihe sein würde. Niemals würde er die Erinnerung an jene Nacht loswerden, als er in seinem Schützenloch in der Erwartung, daß die Japaner den Fluß überquerten, gezittert hatte. Seine Nerven waren aufgerauht. Er dachte mit einem lustvollen Zorn in der Kehle daran, wie er den Gefangenen in der Mulde tötete. – Laßt mich nur an einen Japs herankommen! – Er fühlte sich jetzt auf seiner Patrouille behindert und war wütend. Seine Wut umschloß alles. Er starrte zum Mount Anaka empor, als wolle er sich mit einem Gegner messen. In diesem Augenblick haßte er auch den Berg und empfand sein Dasein als persönliche Herausforderung.

In hundert Yards Entfernung konnte er die Arbeitskolonne sich zur Mulde zurückquälen sehen. Die Stangen, die sie geschnitten hatten, schwankten auf ihren Schultern. Faule Hunde! Er mußte sich zurückhalten, um sie nicht anzubrüllen.

Brown beobachtete verdrießlich ihr Näherkommen. In einer halben Stunde würde er mit seinen Trägern aufbrechen, eine Meile oder mehr marschieren und dann das Nachtlager beziehen, mutterseelenallein in der Wildnis, mit einem Verwundeten als Gesellschafter. Er fragte sich, ob er den Weg zurückfinden würde, und war sich dessen keineswegs sicher. Was dann, wenn die Japaner Patrouillen ausgesandt hatten? Brown empfand Verbitterung. Es gab keinen Ausweg. Es schien, als hätte sich alles gegen sie verschworen. Sie waren betrogen worden, nichts weiter. Er hätte nicht zu sagen vermocht, wer sie betrogen hatte, aber diese Vorstellung nährte seine Verbitterung und war beinahe angenehm.

Als sie im Wäldchen die Bahrenhölzer schnitten, fand Roth einen Vogel. Es war ein winziges Ding, kleiner als ein Sperling, mit weichen orangefarbenen Federn und einem lahmen Flügel. Er hüpfte schwerfällig umher und schilpte mitleiderregend, als ob er müde sei. „Oh, sieh mal", sagte Roth.

„Was ist?" fragte Minetta.

„Da, der Vogel." Roth warf seine Machete hin und näherte sich ihm vorsichtig, während er mit der Zunge schnalzte. Der Vogel gab einen leisen piepsenden Laut von sich und duckte seinen Kopf wie ein scheues Mädchen zur Seite. „Ach, sieh nur, er ist verletzt", sagte Roth. Er streckte seine Hand aus, und als sich der Vogel nicht bewegte, ergriff er ihn. „Oh, was fehlt dir denn?" fragte er zärtlich und lispelte ein wenig, als spräche er mit einem Kinde oder einem Hund. Der Vogel sträubte sich und versuchte fortzufliegen, aber dann ergab er sich in sein Schicksal, und seine kleinen Augen beobachteten ängstlich Roths Finger.

„He, laß mal sehen", verlangte Polack.

„Laß ihn in Ruhe, er hat Angst", jammerte Roth. Er wandte sich ab, um den Vogel vor den andern zu behüten, und hielt ihn dicht an sein Gesicht. Sein Mund formte kleine zärtliche Laute. „Was ist denn, mein Kleines?"

„Äääh, um Himmels willen", murmelte Minetta. „Komm, Mensch, wir wollen weiter." Sie hatten das Zuschneiden der Stangen beendet, und er und Polack hatten sie eine aufgenommen, während Wyman die beiden Querstücke und die Macheten nahm. Sie gingen zur Mulde zurück, und Roth folgte mit dem Vogel hinterdrein.

„Was, zum Teufel, macht ihr denn so lange?" schrie Croft.

„Wir arbeiteten so schnell, wie wir konnten", sagte Wyman zurückhaltend.

Croft schnaufte. „Dann los, wir wollen die Tragbahre bauen." Er nahm Wilsons Decke, breitete sie glatt über seinen Umhang aus und legte dann die Stangen auf jede Seite in vier Fuß Entfernung parallel zueinander nieder. Er schlug die Decke und den Umhang um jede Stange und begann sie, so fest wie er nur konnte, einzurollen. Die Querstangen wurden an den Enden eingekerbt, und als die Längsstangen zwanzig Zoll auseinander waren, schob er das Quergestänge an seinen Platz, etwa sechs Zoll von den Enden entfernt. Dann nahm er seinen und Wilsons Gürtel und band die Querstangen fest. Als er damit fertig war, hob er die Bahre an und ließ sie wieder fallen. Sie hielt, aber er war noch nicht zufrieden. „Gebt mir eure Hosengürtel", befahl er ihnen. Eifrig arbeitete er weiter, und als er damit zu Ende war, bildete die Bahre ein genaues Rechteck, das von den beiden Seiten- und Querstangen gebildet wurde. An Stelle der Leinwand waren Decke und Umhang. Darunter waren die Gürtel wie Streben diagonal angebracht, um zu verhüten, daß die Traghölzer sich verschoben. „Ich denke, nun wird es halten", murmelte er. Er verzog sein Gesicht, blickte auf und stellte fest, daß sich der Zug in einem Kreis um Roth versammelt hatte.

Roth war nur mit seinem Vogel beschäftigt. Jedesmal, wenn er seinen kleinen Schnabel aufsperrte und versuchte, in seinen Finger zu beißen, hatte Roth ein mütterliches Gefühl. Der Schnabel des Vogels war so schwach. Sein ganzer Körper flog und zitterte vor Anstrengung, und trotzdem war kaum ein Druck an den Fingern zu verspüren. Der kleine Körper fühlte sich warm an, und ein feiner Moschusduft ging von ihm aus, der Roth an Gesichtspuder erinnerte. Er konnte nicht anders, als den Vogel an seine Nase zu halten und daran zu schnüffeln und mit den Lippen seine weichen Federn zu berühren. Die Augen des Vogels waren so blank und aufmerksam. Vom ersten Augenblick an hatte er den Vogel liebgewonnen. Er war so niedlich. Und alles, was sich an zurückgedrängter Zuneigung seit Monaten in ihm angesammelt hatte, ergoß sich über diesen Vogel. Er liebkoste ihn, atmete seinen Duft ein, untersuchte seinen verletzten Flügel und war voller Zärtlichkeit. Es war genau dieselbe Freude, die er empfunden hatte, wenn sein Kind ihn an den Brusthaaren zupfte. Und im Unterbewußtsein freute er sich über das Interesse der Männer, die um ihn herumstanden. Endlich einmal war er der Mittelpunkt ihrer Aufmerksamkeit.

Er hätte sich keinen schlechteren Zeitpunkt aussuchen können, um Croft zu reizen.

Croft schwitzte von der Arbeit, die ihm das Herrichten der Bahre verursacht hatte. Und als er damit fertig war, nagten die Probleme der Patrouille an ihm. Und tief in seinem Innern wurde seine Wut wieder lebendig und flackerte auf. Alles ging verquer, und da spielte dieser Roth mit einem Vogel, und fast der ganze Zug stand um ihn herum!

Sein Zorn übermannte ihn. Er durchschritt die Mulde und hielt vor der Gruppe um Roth an.

„Was, zum Teufel, gibt's hier zu tun?" fragte er mit leiser, gepreßter Stimme.

Alle blickten auf und waren sofort auf der Hut. „Nichts", murmelte einer von ihnen.

„Roth!"

„Ja, Sergeant?" Seine Stimme zitterte.

„Gib mir den Vogel!"

Roth händigte ihm den Vogel aus, und Croft hielt ihn einen Augenblick. Er konnte den Puls des Vogels in seiner Handfläche schlagen fühlen. Die kleinen Augen blickten ängstlich umher, und Croft spürte, wie die Wut ihm bis in die Fingerspitzen drang. Es würde die einfachste Sache von der Welt sein, den Vogel mit der Hand zu zerdrücken; er war nicht größer als ein Stein, aber etwas Lebendiges. Seltsame Ströme liefen durch seine Nervenmuskeln wie Wasser, das sich seinen Weg durch Risse in einem Felsmassiv bahnt. Er schwankte zwischen Mitleid für den Vogel und einer lustvollen Erregung, die ihm in der Kehle saß. Er konnte sich nicht entscheiden, ob er die weichen Federn streicheln oder den Vogel in seinen Fingern zerquetschen sollte. Verwirrende, mächtige Stromstöße zuckten durch sein Hirn. Es war, als ob eine Karte auf der Kante stand, die im nächsten Augenblick fallen mußte.

„Kann ich ihn zurückhaben, Sergeant?" fragte Roth.

Der Klang dieser Stimme, der Stimme eines Geschlagenen, ließ Crofts Finger sich zusammenkrampfen. Stumpfsinnig vernahm er den Schreckensschrei des Vogels und das Zerbrechen der Knochen. Kraftlos fiel er gegen Crofts Handfläche, und diese Bewegung verursachte ihm zuerst Übelkeit, aber dann bekam die Wut die Oberhand. Er schleuderte den Vogel mehr als hundert Fuß weit über die Mulde hinweg. Kräftig stieß er den Atem aus. Ohne sich dessen bewußt geworden zu sein, hatte er ihn einige Sekunden angehalten. Die Reaktion ließ nun seine Knie erzittern.

Für lange Zeit sagte niemand etwas.

Aber dann waren sie wie aufgepeitscht. Rigdes erhob sich wütend und schritt auf Croft zu. Seine Stimme war vor Wut belegt. „Was hast du da getan? Was hast du mit dem Vogel gemacht? Was soll das ...?" Er stammelte vor Erregung.

Goldstein starrte Croft voller Entsetzen an. „Wie konntest du so etwas tun? Was hat dir denn der Vogel getan? Warum tatest du das? Es ist, als ob – als ob ..." Er suchte nach dem niederträchtigsten Verbrechen. „Es ist, als ob du ein Baby getötet hättest."

Croft trat unbewußt einige Schritte zurück. Durch die Wucht ihres Widerstandes war er augenblicklich in die Passivität gedrängt. „Halt dich zurück, Ridges", murmelte er.

Das Zittern seiner Stimme in der Kehle regte ihn auf und ließ seine Wut zurückkehren. „Ich sage euch, Leute, haltet den Mund. Ich befehle es!" rief er aus.

Der Aufruhr stockte und verblieb im ungewissen. Ridges war sein ganzes Leben lang ein umgänglicher Mensch gewesen und an Auflehnung nicht gewöhnt. Aber dieses hier ... Nur die Furcht vor Crofts Autorität hielt ihn davon ab, sich auf ihn zu stürzen.

Und Goldstein sah sich vor ein Kriegsgericht gestellt und in Schande und sein Kind am Verhungern. Auch er hielt inne. „Ohhh", stöhnte er hilflos und verzweifelt.

Red reagierte langsamer und bedächtiger. Die Feindschaft zwischen ihm und Croft mußte früher oder später einmal zum Austrag kommen; er wußte es; und ebenso wußte er, daß er Angst vor Croft hatte. Aber dies alles gestand er sich nicht ein. Er fühlte jetzt nur Zorn und begriff, daß die Gelegenheit günstig war. „Was ist los mit dir, Croft? Wirfst mit Befehlen um dich, um deinen Arsch zu retten?" brüllte er.

„Von dir habe ich grade genug, Red."

Sie starrten sich gegenseitig an. „Diesmal ist der Brocken ein bißchen zu groß gewesen."

Croft wußte es. Dennoch ist ein Mann ein Narr, wenn er seine Sache nicht durchsteht, sagte er sich. „Willst du was von mir, Red?"

Das wollte Valsen. Croft mußte beizeiten aufgehalten werden, sonst würde er sie vollständig überrennen. Hinter seiner Wut und seinen Befürchtungen stand ein bestimmter Zwang. „Jawoll."

Sie starrten sich weiterhin eine Sekunde lang an, aber diese Sekunde zerfiel in viele kleine Teile, während der sie sich ihres Tuns bewußt wurden und beschlossen, den ersten Schlag zu führen, aber diese Entscheidung dann doch wieder verwarfen. Und dann unterbrach sie Hearn und stieß sie roh auseinander. „Aufhören, seid ihr denn verrückt geworden?" Es waren nicht mehr als fünf Sekunden vergangen, seitdem Croft den Vogel getötet hatte. „Was ist hier geschehen, was geht hier vor?"

Sie wichen langsam und bedrückt zur Seite. „Nicht das geringste, Leutnant", sagte Red. Bei sich selbst dachte er, daß er verrückt sein müßte, wenn er einen verdammten Leutnant zur Unterstützung brauchte. Er fühlte sich stolz und erleichtert, aber andererseits war es ihm nicht recht, daß die Auseinandersetzung verschoben wurde.

„Wer hat angefangen?" fragte Hearn.

Ridges begann zu sprechen. „Er hatte keinen Grund, den Vogel zu töten. Er kam einfach und nahm ihn Roth aus der Hand und tötete ihn."

„Stimmt das?"

Croft war unsicher, was er antworten sollte. Hearns Stimme ärgerte ihn. Er spie zur Seite.

Hearn zögerte und starrte Croft an. Dann grinste er und war sich ein wenig bewußt, wie sehr er diesen Augenblick genoß. „Nun gut, wir wollen es erledigen", erklärte er. „Wenn ihr euch prügeln wollt, dann prügelt euch nicht mit Unteroffizieren." Ihre Augen wurden verbittert. Für einen Augenblick zuckte durch Hearn ein Impuls, ähnlich dem, den Croft verspürt hatte, als er den Vogel tötete. Er wandte sich an Croft und blickte ihm fest in die bewegungslosen glitzernden Augen. „Diesmal haben Sie unrecht, Sergeant. Ich denke, Sie werden sich bei Roth entschuldigen." Irgend jemand kicherte.

Croft blickte ihn ungläubig an. Er atmete mehrmals tief ein.

„Los, Sergeant, entschuldigen Sie sich."

Wenn Croft ein Gewehr in der Hand gehabt hätte, würde er wahrscheinlich Hearn in diesem Augenblick erschossen haben. Das wäre ganz mechanisch vor sich gegangen. Aber mit sich selbst zu Rate gehen und dann erst den Gehorsam verweigern, das war eine andere Sache. Er wußte, daß er nachgeben mußte. Wenn nicht, würde der Zug auseinanderfallen. Seit zwei Jahren hatte er ihn geformt. Zwei Jahre lang war die Disziplin aufrechterhalten worden, und ein einziger Riß wie dieser konnte alles zerstören, was er geschaffen hatte. Das war sein einziges Moralgesetz oder kam einem solchen wenigstens nahe. Ohne Hearn anzublicken, schritt er auf Roth zu und starrte ihn mit zuckenden Mundwinkeln an. „Tut mir leid", stieß er hervor. Die ihm ungewohnten Worte fielen wie Blei von seiner Zunge. Er hatte das Gefühl, als ob Ungeziefer auf seiner Haut umherkrieche.

„So, damit ist es erledigt", sagte Hearn. Er spürte, wie sehr es Croft verbitterte, und es freute ihn ein wenig. Aber Cummings hatte wahrscheinlich das gleiche Gefühl gehabt, als er ihm damals befahl, den Zigarettenstummel aufzuheben. Und plötzlich empfand Hearn Ekel vor sich selbst.

„Der Zug soll sich mit Ausnahme der Wachposten hier versammeln", befahl er.

Die Männer traten heran. „Wir haben beschlossen, Sergeant Brown, Korporal Stanley, Goldstein und Ridges mit Wilson zurückzuschicken. Wünschen Sie daran etwas zu ändern, Sergeant?"

Croft starrte Valsen an. Es war ihm unmöglich, einen Gedanken zu fassen. Er rang mit einer Idee, aber es war ihm, als ob er sich mit Kissen herumbalge. Es würde das beste sein, sich Valsens jetzt zu entledigen, aber er vermochte den Schritt nicht zu tun. Durch Zufall waren zwei der Männer, die sich ihm widersetzten, beim Transportkommando. Wenn er Red mitgehen ließe, würden die Männer glauben, daß er Angst vor ihm habe. Das war so neu für Croft und stand so völlig im Gegensatz zu seinen früheren Gedankengängen, daß es ihn verwirrte. Er wußte nur, daß irgend jemand für den Schimpf, den man ihm angetan hatte, büßen mußte. „Nee, nichts", stieß er wieder hervor. Er war überrascht, wie schwer es ihm fiel, zu sprechen.

„Gut, dann können die Leute gleich aufbrechen", sagte Hearn. „Die übrigen..." Er hielt inne. Was sollte mit ihnen geschehen? „Wir bleiben hier zur Nacht. Ich denke, sie werden alle die Ruhe gebrauchen können. Morgen werden wir dann einen Weg durch den Paß finden!"

Brown begann zu sprechen. „Leutnant, könnte ich nicht noch vier weitere Männer, sagen wir für die ersten anderthalb Stunden, mitbekommen? Auf diese Weise kämen wir schneller vorwärts, so daß wir morgen, wenn wir weitergehen, genügend weit von den Japanern weg sind."

Hearn dachte nach. „Gut, aber sie müssen bei Dunkelheit wieder zurück sein." Er blickte umher und wählte auf gut Glück Polack, Minetta, Gallagher und schließlich Wyman. „Die übrigen gehn auf Posten, bis die andern zurück sind."

Er zog Brown beiseite und sprach einige Minuten mit ihm. „Sie wissen den Weg, den wir durch den Dschungel geschlagen haben?"

Brown nickte.

„Nun gut, folgen Sie ihm bis zur Küste, und dann warten Sie auf uns. Es kann zwei Tage dauern oder noch ein bißchen länger. In spätestens drei oder vier Tagen sind wir zurück. Wenn das Boot kommt, ehe wir da sind, und Wilson ist noch am Leben, dann nehmen Sie es und senden Sie uns ein andres."

„Geht in Ordnung, Sir."

Brown versammelte die Träger um sich, ließ Wilson auf die Bahre legen und begann loszumarschieren.

Nur fünf Männer blieben in der Mulde zurück, der Leutnant, Croft, Red, Roth und Martinez. Sie richteten sich jeder an einer Erhebung am Rand der Mulde ein und überwachten die

Täler und Hügel um sich herum. Sie beobachteten, wie die Träger über die südlichen Hügel davongingen, während sich die beiden Gruppen alle paar Minuten beim Tragen ablösten. Nach einer halben Stunde waren sie außer Sicht, und nichts war mehr auf den Hügeln und an den stummen Bergwänden zu entdecken. Der späte Nachmittagshimmel überzog sich bereits mit den goldenen Farben des Sonnenuntergangs. Im Westen, vielleicht eine Meile von ihnen entfernt, hatten die Japaner im Paß ihr Lager bezogen, und hoch vor ihnen, außer Sichtweite, war die höchste Kammlinie des Mount Anaka. Jeder von ihnen brütete vor sich hin, allein mit seinen Gedanken.

Bei Einbruch der Nacht blieben Brown, Stanley, Ridges und Goldstein allein mit Wilson. Eine Stunde vor Dunkelwerden waren die Hilfsträger umgekehrt, und Brown hatte, nachdem er mit seinen Leuten noch eine halbe Meile weitergegangen war, beschlossen, für die Nacht haltzumachen. Sie ließen sich in einem winzigen Wäldchen, genau unterhalb des Sattels zwischen zwei kleinen Hügeln, nieder, breiteten ihre Decken in einem Kreis um Wilson aus, legten sich hin und unterhielten sich schläfrig. Die Dunkelheit brach herein, und im Wald wurde es sehr finster. Angenehm müde, wie sie sich fühlten, rollten sie sich behaglich in die Decken ein.

Der Nachtwind war kühl und raschelte in den Blättern. Es sah nach Regen aus. Die Männer weilten mit ihren müßig umherschweifenden Gedanken bei Sommernächten, in denen sie nach Sonnenuntergang vor ihren Türen gesessen und beobachtet hatten, wie sich die Regenwolken zusammenzogen, und es gemütlich fanden, weil sie unter sicherem Dach waren. Dieses Bild weckte einen Strom nachdenklicher Erinnerungen an Sommertage, an die Klänge der Tanzmusik an den Wochenendabenden, an die vom Geruch der Blätter gesättigte Luft. Der Besitz an solchen Erinnerungen machte sie reich und stimmte sie weich. Sie dachten wieder an Dinge, die ihnen seit Monaten fremd geworden waren: an das erregende Gefühl, einen Wagen auf einer Landstraße entlangzufahren, während die Scheinwerfer einen goldenen Kegel aus dem Blattwerk herausschnitten; an Zärtlichkeiten und ungestüme Liebe in einer atemlosen Nacht. Und sie vergruben sich noch tiefer in ihre Decken.

Wilson gelangte wieder zum Bewußtsein. Von einer Schmerzenswolke zur andern trug es ihn empor, während er Unverständliches stöhnte und murmelte. Sein Leib schmerzte ihn furchtbar. Wilson machte schwache Versuche, seine Knie an die Brust zu ziehen. Es war ihm, als habe man seine Knöchel zusammengebunden, als müsse er sich davon befreien, um wach zu werden. Sein Gesicht war mit Schweißtropfen bedeckt. „Laß mich los, laß mich los, du verdammter Schweinehund, laß meine Beine los!"

Er fluchte laut, und die Männer schreckten aus ihren Träumen hoch. Brown beugte sich über ihn und fuhr mit dem angefeuchteten Zipfel des Taschentuchs über Wilsons Lippen. „Beruhige dich, Wilson", sagte er sanft. „Du mußt dich ruhig verhalten, Junge, sonst lockst du die Japaner an."

„Laß mich los, verdammt noch mal!" brüllte Wilson. Der Schrei erschöpfte ihn, und Wilson fiel auf die Bahre zurück. Dumpf fühlte er, wie er wieder zu bluten begann. Dadurch entstanden neue Empfindungen in ihm, denen er sich hingab. Er wußte nicht, ob er schwimme oder sich die Hosen naßgemacht habe. „Einfach hineingepißt", murmelte er und erwartete die Hand, die ihn schlagen würde. „Woodrow Wilson, du bist ein altes Schwein", hörte er eine Frau sagen. Er kicherte und duckte sich vor dem Schlag. „Ach, Mammi, ich wollte es nicht." Er schrie die Worte hinaus, bettelte und schreckte auf der Bahre zurück, als versuche er, einem Schlag auszuweichen.

„Wilson, du mußt dich ruhig verhalten." Brown strich über seine Schläfen. „Hab keine Angst, mein Junge, wir passen auf dich auf."

„Ja – ja." Etwas Blut rann aus seinem Mund. Er lag bewegungslos und fühlte, wie das Blut auf seinem Kinn zu trocknen begann. „Regnet es?"

„Nee. Hör mal, mein Junge, du mußt dich der Japaner wegen ruhig verhalten."

„Hm." Aber diese Laute erweckten ihn aus seiner Erstarrung und flößten ihm Angst ein. Wieder war es ihm, als ob er draußen im Feld ins hohe Gras zurücksinke und jeden Augenblick erwarte, daß ihn die Japaner finden würden. Er begann leise zu schluchzen, ohne sich bewußt zu werden, daß das Weinen aus seinem Innern kam. Ich muß durchhalten. Aber dabei fühlte er, wie das Blut aus seinem Leib sickerte und nach neuen Wegen in den Muskelfalten seiner Lenden suchte, um schließlich in eine Pfütze zwischen seinen Oberschenkeln zu münden. Ich werde sterben. Er wußte es. Als könnte er in seinen Leib hineinblicken, hatte er das Bild der aufgerissenen und verschlungenen Eingeweide vor sich, aus denen das Blut hervorschoß.

„Sieht wie ein weibliches Ding aus", hörte er sich murmeln, aber in Wirklichkeit brüllte er.

„Wilson, du mußt deinen Mund halten."

Die Furcht schwand, eingelullt durch Browns Hand, und hinterließ nur noch eine unbestimmte Unruhe. Diesmal flüsterte Wilson wirklich. „Es ist eine verdammte Sache, und ich begreife es nicht. Zwei sind im Bett und drei wachen auf; zwei sind nur im Bett, und wenn sie aufwachen, sind's drei." Er wiederholte es wie einen Kehrreim. „Was, zum Teufel, hat das eine mit dem andern zu tun; man preßt sich ineinander, und heraus kommt ein Kind." Er legte halb vor Schmerz sein Gesicht in Falten, dann wurde er wieder ruhiger und erinnerte sich, wie eine Frau roch, wenn sie über ihm lag. Das Bild schwand und ging in eine Reihe konzentrischer Kreise über, die sich wie im Ätherrausch in seinen Kopf bohrten. Ich muß durchhalten. Wenn sie dich operiert haben und du ein Loch im Bauch hast, darfst du nicht einschlafen. Pappi schlief ein und wachte tot auf. Seine Seele flatterte. Er sah sich, losgelöst von sich selbst, als einen Mann, der im Sterben war. Er kämpfte entsetzt dagegen an und wollte dem Bild nicht glauben, so wie jemand, der in einen Spiegel spricht, nicht glauben will, daß das Gesicht, das ihn anblickt, wirklich ihm gehört. Sein Traumbild ließ ihn immer neue Höhlen entdecken, schließlich glaubte er, sein Töchterchen sagen zu hören: „Pappi schlief ein und wachte tot auf."

„Nein!" schrie Wilson. „Woher hast du diese Idee, May?"

„Du hast ein schlaues Töchterchen", sagte Brown. „Heißt sie May?"

Wilson hörte ihn und kam von einer endlosen Reise zurück. „Wer ist da?"

„Brown. Wie sieht denn May aus?"

„Sie ist ein verdammter kleiner Teufel", sagte Wilson. „Der reizendste kleine Käfer, den ich mir je gewünscht habe." Er verzog sein Gesicht zu einem schwachen Lächeln. „Ich kann dir sagen, sie kann einen schon durcheinanderbringen, und sie weiß es. Ein richtiger kleiner Teufel von einem Mädchen."

Der Schmerz in seinem Leib wuchs wieder an. Keuchend lag Wilson da, völlig den folternden Anforderungen seines Körpers hingegeben wie eine Frau in den Wehen. „Ohhhh", stöhnte er schwer.

„Hast du noch andre Kinder?" fragte Brown schnell. Er strich mit leisen zärtlichen Bewegungen über Wilsons Stirn, als wolle er ihn beruhigen.

Aber Wilson hörte ihn nicht. Er war nur mit seinen Schmerzen beschäftigt und kämpfte dumpf mit fast hysterischer Verzweiflung dagegen an, wie ein Mann, der sich mit seinem Gegner in einem dunklen endlosen Treppenhaus im Handgemenge befindet. Er klagte und jammerte vor Schmerzen und tauchte in Bewußtlosigkeit unter. Hinter den geschlossenen Augenlidern schien sein Verstand zu rotieren.

Brown fuhr fort, über Wilsons Stirn zu streichen. In der Dunkelheit schienen seine Finger mit Wilsons Gesicht in eins überzugehen, als gehörten sie zusammen. Brown schluckte. Seltsame Gefühle arbeiten in ihm. Wilsons Schmerzensschreie hatten ihn völlig wach gemacht und wegen der feindlichen Patrouillen in Sorge versetzt. Sie erschütterten die Sicherheit des Wäldchens und unterstrichen die Einsamkeit ihrer Lage, die Weite und Leere der Hügel, die ihren kleinen Wald umstanden. Wenn er ein unerwartetes Geräusch vernahm, fuhr er unbewußt zusammen. Aber da war noch etwas anderes als Furcht, was auf einer höheren Ebene lag. Jedesmal, wenn Wilsons Körper vor Schmerz zusammenzuckte, ging es in Browns Finger über, wanderte durch seine Arme und drang tief in Herz und Seele ein. Ohne es zu wissen, zuckte er zur gleichen Zeit. Es war, als ob sein Gehirn von allen Ermüdungsgiften der Erfahrung reingewaschen worden sei, befreit von den schützenden Schwielen, den scharfen Salzen, den Krebsgeschwüren der Erinnerung. Auf einmal war er empfindsamer geworden und weniger verbittert. Etwas, was dieser grenzenlosen Dunkelheit der Nacht entstammte, dem zärtlichen Schutz des Wäldchens, dem in seinen Schmerz versunkenen, verwundeten Mann zu seiner Seite, hatte ihn aller Hüllen beraubt, ihn ganz auf sich selbst gestellt, daß er jetzt wie ein freiliegender Nerv war, der auf jeden Windhauch und jedes Geräusch reagierte, die von den trübe verschwimmenden Hügeln in das Wäldchen hereinwehten.

„Beruhige dich doch, mein Junge", flüsterte er.

Alles, was er verloren hatte – die Leidenschaften und Sehnsüchte seiner Kindheit, die Hoffnungen, die in Bitternis zerronnen waren – alles rauschte in ihm. Daß Wilson von seinem Kind sprach, erweckte einen alten Wunsch in Brown; vielleicht zum erstenmal, seitdem er verheiratet war, wünschte er sich, Vater zu sein, und die Zärtlichkeit, die er jetzt für Wilson empfand, hatte wenig mit der belustigten Leutseligkeit zu tun, die er ihm gewöhnlich erzeigte. Wilson war in diesem Augenblick nicht der wirkliche Wilson. Er war für ihn, in der kurzen Dauer dieses neuen Gefühls, die Fleischwerdung alles dessen, was Brown ersehnte. Er war sein Kind, aber er war zugleich die Verkörperung seiner Enttäuschungen und Demütigungen. Für wenige Sekunden war Wilson ihm ein lebendigeres Wesen, als es je zuvor ein anderer Mann oder eine Frau gewesen war.

Nur daß es nicht lange anhielt. Es war, als ob Brown mitten in der Nacht aufgewacht sei, hilflos im Banne dessen, was die Träume aufgewühlt hatten. Während er zum Bewußtsein, zum Wachsein gelangte, blieb er für eine Zeitlang regungslos und taumelte, von jeder Erfahrung losgelöst, in seinen Traumgedanken. Alle Alltäglichkeiten, die sein Leben greifbar und erträglich gemacht hatten, waren versunken. Er war verloren auf der weiten Ebene der Dunkelheit, ein Ungeschützter, der in sich selbst nicht nur alle Vergangenheit und Gegenwart mit den pulsenden Gezeiten seines Körpers umschloß, er war das Urbild aller Menschen und Wesen, die versteckt in den ersten Wäldern aufwachten. Er war in diesem Augenblick der Mensch schlechthin, im Guten und im Bösen.

Aber dann muß er unvermeidbar aus diesem Meer auftauchen, die vertrauten Bettpfosten mit seinen Blicken einfangen, das blasse Rechteck des Fensters und den dumpfen alltäglichen Geruch seines Körpers wahrnehmen. Und der Abgrund aus Angst und Lebenslust schrumpft zum Normalen zusammen und ist fast vergessen. Und er beginnt über die Sorgen nachzudenken, die ihm der kommende Tag bereitet.

So begann Brown an seine Frau zu denken, erinnerte sich ihrer zunächst mit Sehnsucht und einer Woge lang verhaltener Liebe, sah ihr Gesicht über dem seinigen und spürte ihre üppigen Brüste an seinem Nacken. Aber das Ungewöhnliche und die Nacktheit seines Empfindens schwanden. Er hörte Goldstein und Ridges miteinander sprechen, fühlte Wilsons feuchte Stirn und war wieder in die Sorgen und Probleme zurückversetzt, die die beiden vor ihm liegenden Tage betrafen. Während er die Bettpfosten vor sich sah, klammerte sich sein Herz an das Bild seines Weibes, so wie ein Hund an seinem Knochen festhält, aber dann stieß er es von sich und versank aufs neue in Verbitterung. Jetzt treibt sie sich herum mit allem, was Hosen trägt.

Er begann über die Schwierigkeiten des Rücktransportes nachzudenken. In seinem Körper steckte noch die große Ermüdung von den vergangenen beiden Tagen, und die vor ihnen liegenden Hügel würden große Anforderungen stellen und sie erschöpfen, nun, nachdem die Hilfsträger zum Zug zurückgekehrt waren. Der Marsch am nächsten Tag stand scharf vor seinen Augen. Sie würden nun zu viert ohne Unterstützung pausenlos zu arbeiten haben, und kaum, daß sie am nächsten Morgen eine Viertelstunde marschiert waren, würden sie sich grausam erschöpft fühlen, sich dahinschleppen und alle Augenblicke rasten müssen. Wilson wog zweihundert Pfund, und wenn sie ihr Gepäck an die Tragbahre banden, könnten es leicht dreihundert werden. Das waren fünfundsiebzig Pfund für den einzelnen Träger. Er schüttelte den Kopf. Er wußte aus Erfahrung, wie ihm die Erschöpfung zusetzte, wie sie seinen Willen zerstörte und seinen Verstand trübte. Er war der Führer dieses Kommandos und hatte die Pflicht, sie durchzubringen, aber er war sich seiner selbst nicht sicher.

Immerhin war er jetzt, nach all dem Durchlebten – seiner Sympathie für Wilson, der innerlichen Reinigung, die er verspürt hatte, und dem Rückfall in die Verbitterung – für einige Minuten sehr ehrlich zu sich selbst. Er wußte, daß er das Kommando ersehnt hatte, weil er Angst hatte, weiterhin beim Zug zu sein; er mußte es gut durchführen. – Ein Unteroffizier ist zu nichts mehr nutze, wenn er die Nerven verliert und es sich anmerken läßt, sagte sich Brown. Aber es stand noch anderes dahinter. Auf irgendeine Weise wäre er über die Monate, ja vielleicht Jahre hinweggekommen. Kämpfe gab es in Wirklichkeit nur selten, und selbst dann ging vielleicht alles harmlos aus; vielleicht bemerkte niemand, was er für Angst hatte, und keiner würde dadurch gefährdet werden. Wenn er nur sonst seine Arbeit gut machte, konnte vielleicht alles klappen. Seit dem Motome-Feldzug verstand er verdammt besser als Martinez, die Leute zu drillen, meinte er.

Was ihm nur teilweise bewußt wurde, war seine Befürchtung, daß es einmal zu einem vollständigen Zusammenbruch kommen, daß er selbst in der Garnison nicht mehr zu verwenden sein könnte. Ich muß durchhalten, oder ich verliere meine Streifen. Für einen Augenblick wünschte er dies sogar; es schien ihm, daß das Leben dann um vieles leichter sein könnte, wenn er sich keine Sorgen mehr machen mußte und nicht länger mehr Verantwortung trug. Er lehnte sich innerlich gegen die ermüdenden Befehle auf, die ihn zwangen, die Männer beim Arbeitseinsatz zu überwachen, damit ihre Leistung gut wurde. Die Aufregung, die ihn befiel, wenn ein Offizier oder Croft die Arbeit seiner Gruppe prüfte, wuchs mit jedem Mal.

Aber dennoch wußte er, daß er niemals seinen Posten als Sergeant aufgeben konnte. Ich bin einer von zehn, sagte er sich, und sie haben gerade mich ausgewählt, weil ich die andern überragte. Das wurde sein Bollwerk gegen alles; gegen seine eigenen Zweifel, gegen die Untreue seiner Frau. Er konnte es nicht aufgeben. Aber zugleich brachte es weitere Qualen. Oftmals empfand er ein geheimes Schuldbewußtsein. Wenn er nicht gut genug war, würde man ihn davonjagen, und so versuchte er, es zu verbergen. Ich muß Wilson zurückbringen, schwor er sich selber. Da liegt er und ist hilflos; er hängt völlig von mir ab, und ich habe den Befehl erhalten, diese Aufgabe durchzuführen. Es war alles ganz klar. Aber die Angst blieb, und während er sanft über Wilsons Stirn strich, starrte er in die Dunkelheit hinaus.

Goldstein und Stanley unterhielten sich miteinander, und Brown drehte sich zu ihnen um. „Seid doch leise, damit er nicht wieder aufwacht."

„Ja", stimmte Stanley sanft und ohne Groll über den erteilten Tadel zu. Er und Goldstein hatten eifrig über ihre Kinder gesprochen, und durch die Dunkelheit fühlten sie sich kameradschaftlich verbunden.

„Weißt du", fuhr Stanley fort, „wir erleben die beste Zeit unserer Kinder nicht mit. Jetzt wachsen sie heran und beginnen die Dinge zu begreifen, und wir müssen hierbleiben."

„Es ist schlimm", gab Goldstein zu. „Als ich fortging, konnte Davy kaum sprechen, und jetzt schreibt mir meine Frau, daß er sich am Telefon wie ein Alter unterhält. Es ist kaum zu glauben."

Stanley schnalzte mit der Zunge. „Sicher, ich sage dir ja, den besten Teil versäumen wir. Wenn sie erst älter sind, wird es nicht mehr dasselbe sein. Ich besinne mich, daß mir mein Alter Herr nichts mehr beibringen konnte, als ich herangewachsen war. Was war ich doch für ein Dummkopf." Er sagte das gelassen, fast aufrichtig. Stanley hatte herausgefunden, daß ihn die Menschen gern hatten, wenn er solche Geständnisse von sich gab.

„So sind wir ja alle", pflichtete Goldstein bei. „Ich glaube, das hängt mit dem Wachstum zusammen. Aber wenn du dann älter wirst, siehst du klarer."

Stanley schwieg für eine Minute. „Ich muß dir sagen – und mir ist es gleich, wie die andern darüber denken –, es geht doch nichts über Verheiratetsein." Sein Körper war steif geworden, und Stanley drehte sich behutsam in seiner Decke um. „Über eine Ehe geht nichts."

Goldstein nickte im Dunkeln. „Es verläuft natürlich anders, als man es sich ursprünglich denkt, aber ich persönlich wäre ohne Natalie nur ein halber Mensch. Es macht dich seßhafter und läßt dich die Verantwortung ernst nehmen."

„Ja." Stanley schlug mit der Hand auf den Boden. „Aber dennoch, in Übersee zu sein, bekommt einer Ehe nicht."

„Nee, natürlich nicht."

Es war nicht genau die Antwort, die Stanley erwartet hatte. Er dachte einen Augenblick nach und suchte nach der rechten Formulierung. „Warst du jemals – nun, du weißt schon – eifersüchtig?" Er sprach sehr leise, so daß ihn Brown nicht hören konnte.

„Eifersüchtig? Nein, das kann ich nicht sagen", erklärte Goldstein nachdrücklich. Er verstand, was Stanley bedrückte, und sogleich versuchte er, ihn zu besänftigen. „Hör mal", sagte er, „ich hatte niemals das Vergnügen, deine Frau kennenzulernen, aber du solltest dir keine Sorgen um sie machen. Die Jungens, die immer nur so von den Frauen sprechen, kennen nichts Besseres. Sie haben sich zuviel 'rumgetrieben..." Goldstein kam ein Gedanke. „Hör mal, das kannst du leicht feststellen, es sind immer diejenigen, die sich mit, nun sagen wir, losen Frauenzimmern herumtreiben und dann eifersüchtig sind, weil sie sich selber nicht trauen können."

„Das glaube ich auch." Aber es befriedigte Stanley nicht. „Ich weiß nicht, aber ich denke, es hängt damit zusammen, daß wir hier im Pazifik sitzen und nichts zu tun haben."

„Gewiß. Aber du hast doch keinen Grund, dir Sorgen zu machen. Deine Frau liebt dich doch, nicht wahr? Nun, daran mußt du immer denken. Eine anständige Frau, die ihren Mann liebt, tut nichts, was sie nicht tun sollte."

„Schließlich hat sie auch ein Kind", stimmte Stanley zu. „Eine Mutter pflegt sich nicht herumzutreiben." Seine Frau erschien ihm in diesem Augenblick als etwas Abstraktes. Er dachte an sie nicht als „sie", sondern als „x". Immerhin war er beruhigt durch das, was Goldstein gesagt hatte. „Sie ist jung, aber, weißt du, sie ist eine gute Ehefrau, die es ernst nimmt. Und es war sehr - klug von ihr, daß sie die Schuld auf sich nahm!" Er kicherte und war instinktiv entschlossen, sich alles vom Herzen zu reden. „Weißt du, wir haben nämlich in unserer Hochzeitsnacht eine Menge Verdruß gehabt. Natürlich wurde es später bereinigt, aber in der ersten Nacht ging nicht alles gut."

„Oh, das Problem hat jeder."

„Sicher. Ich sage dir, auch alle diese Burschen, die immer so prahlen, und selbst unser Wilson hier." Er senkte seine Stimme. „Hör mal, du kannst mir nicht erzählen, daß die nicht denselben Ärger haben."

„Sicher. Es ist immer schwierig, sich aufeinander abzustimmen."

Er hatte Goldstein gern. Die verbindende Nacht, das Rascheln der Blätter im Wald hatten ihren feinen Einfluß auf ihn und öffneten das Tor zu allen seinen Sorgen. „Sieh mal", sagte er plötzlich, „was hältst du eigentlich von mir?" Er war noch jung genug, um diese Frage für den Höhepunkt jedes vertraulichen Gesprächs zu halten.

„Oh." Goldstein pflegte solche Fragen so zu beantworten, wie es die Leute gern hören wollten. Er war nicht bewußt unehrlich, er war stets voller Wärme für jeden Menschen, der eine Frage an ihn stellte, selbst wenn es kein Freund war. „Hm. Ich möchte sagen, daß du ein kluger Bursche bist, der mit den Füßen fest auf der Erde steht. Und außerdem bist du ehrgeizig, das ist immer gut. Ich meine, daß du sicherlich vorankommen wirst." Bis zu diesem Augenblick hatte er Stanley genau aus den gleichen Gründen niemals besonders gemocht. Nur daß er es sich nicht eingestanden hätte. Goldstein besaß einen selbstverständlichen Respekt vor Erfolg. Nachdem ihm Stanley nun seine Schwächen offenbart hatte, war

Goldstein bereit, aus seinen Qualitäten Tugenden zu machen. „Du bist reif für dein Alter, wirklich sehr reif", schloß Goldstein.

„Nun, ich habe immer versucht, mehr zu leisten, als ich sollte." Stanley fingerte an seiner langen geraden Nase herum, zupfte an seinem Schnurrbart, der während der vergangenen zwei Tage struppig geworden war. „Ich war der Erste in unserer Juniorenklasse auf der höheren Schule", sagte er abschätzend. „Ich sollte bestimmt nicht damit prahlen, aber es hat mich gelehrt, mit Menschen umzugehen."

„Es muß für dich eine wertvolle Erfahrung gewesen sein", sagte Goldstein nachdenklich.

„Weißt du", gestand Stanley, „viele von den Jungens im Zug sind nicht gut auf mich zu sprechen, weil ich erst später hinzugekommen und Korporal geworden bin. Sie halten mich für einen Arschkriecher, aber sie haben verdammt unrecht damit. Ich habe einfach meine Augen offengehalten und getan, was mir befohlen wurde; aber ich sage dir, das ist eine verdammt schwerere Aufgabe, als du dir vorstellen kannst. Diese Jungens glauben, daß sie an der Reihe gewesen wären, und tun nichts, als sich beim Arbeitseinsatz zu drücken und einem Schwierigkeiten zu bereiten. Sie können einem schon zusetzen." Seine Stimme wurde vor Vertrauensseligkeit heiser. „Ich weiß, daß ich mir eine schwere Aufgabe gestellt habe, und ich kann nicht gerade sagen, daß ich keine Fehler gemacht habe, aber ich will ja lernen, und ich wünsche, daß ich mich anstrengen muß. Ich nehme es verdammt ernst. Kann man noch mehr verlangen?"

„Nein, das kann keiner", stimmte Goldstein zu.

„Ich sage dir, Goldstein, ich habe dich lange genug beobachtet. Du bist ein guter Bursche. Ich habe dich arbeiten sehen, und kein Unteroffizier könnte mehr verlangen. Und ich möchte nicht, daß du etwa glaubst, es würde nicht anerkannt." Wieder einmal fühlte sich Stanley Goldstein auf unerklärliche Weise überlegen. In seiner geschmeidigen warmen Stimme lag ein Hauch von Herablassung. Er war jetzt der Unteroffizier, der mit seinem Rekruten sprach. Tatsächlich hatte er vergessen, daß er noch zwei Minuten zuvor erregt darauf gewartet hatte, daß Goldstein ihm sagen würde, er möge ihn gut leiden.

Goldstein war angenehm berührt, aber zugleich widerstand es ihm. Das war das Typische in der Armee! Auf die Meinung eines Jüngeren so viel Wert zu legen!

Wilson stöhnte wieder. Sie hörten zu sprechen auf, wandten sich in ihren Decken um und stützten sich auf die Ellbogen, um zu lauschen. Brown war mit einem Seufzer aufgestanden und versuchte ihn zu beruhigen. "Was fehlt dir, mein Junge, was hast du?" fragte er sanft, als ginge er mit einem Baby um.

"Oh, mein Bauch bringt mich um, dieser Hund."

Brown wischte ihm den Schweiß ab. "Weißt du, wer mit dir spricht?"

"Du bist es, Brown, nicht wahr?"

"Ja." Brown fühlte sich beruhigt. Wilson mußte es besser gehen. Es war das erstemal, daß er ihn erkannt hatte. "Wie fühlst du dich, Wilson?"

"Gut, aber ich kann nichts sehen."

"Es ist ja Nacht."

Wilson begann leise zu kichern. "Ich dachte schon, daß mich das Loch im Bauch blind gemacht hat." Er bewegte seinen ausgedörrten Mund, und in der Dunkelheit klang es wie die erstickten Klagelaute einer Frau. "Es ist eine verdammte Schweinerei." Er schien sich auf seiner Bahre umzudrehen. "Wo, zum Teufel, bin ich denn?"

"Wir bringen dich zur Küste zurück; Stanley, Goldstein, Ridges und ich."

Wilson durchdachte es langsam. "Ich bin nicht mehr bei der Patrouille, wie?"

"Nein, keiner mehr von uns, mein Junge."

Er kicherte wieder. "Ich wette, daß Croft verrückt gespielt haben wird. Die Schweinehunde werden mich jetzt operieren und den ganzen Dreck 'rausschneiden, was?"

"Gewiß, sie werden dich wieder in Ordnung bringen."

"Wenn's dann vorüber ist, werde ich zwei Bauchnabel haben, einen richtigen und einen andern. Das wird eine verdammte Attraktion für die Weiber sein." Er versuchte zu lachen und begann leise zu husten. "Aber erst mit zwei Piephänsen, da wäre ich nicht mehr zu schlagen."

"Du bist ein altes Schwein."

Wilson fröstelte. "Ich schmecke Blut in meinem Mund. Ist das schlimm?"

"Das kann dir nichts tun", log Brown. "Es kommt eben an beiden Seiten heraus."

"Trotzdem ist es eine Schweinerei, wenn es einen Mann wie mich, der schon so lange beim Zug ist, bei solch einem Scheißüberfall erwischt." Er legte sich nachdenklich zurück. "Ich wünschte, das Loch im Bauch würde sich endlich beruhigen."

"Wird alles in Ordnung kommen."

"Hör mal, da waren Japaner hinter mir her im Feld, nur zwei Yards von mir entfernt; sie haben sich unterhalten und schnatterten irgendwas von doky cola oder so. Sie hatten es auf mich abgesehen." Er fing an zu zittern.

Er ist wieder bei Sinnen, dachte Brown. „Frierst du, mein Junge?"

Bei diesen Worten schauerte Wilson zusammen. Während er sprach, war das Fieber langsam von ihm gewichen, und nun fühlte er sich kalt und feucht. Jetzt zitterte er vor Kälte.

„Willst du noch eine Decke?" fragte Brown.

„Ja, wenn du noch eine hast?"

Brown ging zurück zu den beiden andern, die sich unterhielten. „Hat einer zwei Decken?" fragte er.

Keiner antwortete sofort. „Ich habe nur eine", sagte Goldstein. „Aber ich kann auch in meinem Umhang schlafen." Ridges war eingeschlummert. „Ich werde auch in meinem Umhang schlafen", erbot sich Stanley.

„Ihr beide könnt zusammen mit einer Decke und einem Umhang schlafen." Brown kehrte zu Wilson zurück und deckte ihn mit seiner eigenen Decke und der Decke und dem Umhang der andern zu. „Fühlst du dich nun besser, mein Junge?"

Wilsons Kälteschauer ließen nach. „Es geht mir gut", murmelte er.

„Na, siehst du."

Beide schwiegen für einige Augenblicke, und dann begann Wilson wieder zu sprechen. „Du sollst wissen, daß ich das alles sehr anerkenne, was ihr für mich tut." Eine dankbare Erregung stieg in ihm auf, und Tränen traten in seine Augen. „Ihr seid verdammt anständige Kerle, und es gibt nichts Gutes, was ich euch nicht gönnte. Gute Kameraden zu haben ist das einzig Wertvolle für einen Mann, und ihr haltet wirklich zu mir. Ich schwöre dir, Brown, wenn wir uns auch bisweilen ein bißchen angepißt haben, aber wenn ich erst wiederhergestellt bin, wird es nichts geben, was ich nicht für dich tun würde. Ich werde nie vergessen, was du mir für ein Kamerad gewesen bist."

„Ach, Scheiße."

„Nein, nein, ein Mann braucht, braucht..." In seinem Eifer begann er zu stottern. „Ich erkenne es sehr an, du sollst wissen, daß ich dir immer ein Kamerad sein werde. Du sollst wissen, daß es immer einen Menschen geben wird, der nichts auf dich kommen lassen wird."

„Sei lieber ruhig", sagte Brown.

Wilson erhob seine Stimme. „Ich werde jetzt schlafen, aber glaube nur nicht, daß ich das nicht alles anerkenne." Seine Sinne verwirrten sich wieder.

Nach einigen Minuten wurde er still.

Brown starrte in die Finsternis hinaus, und abermals schwor er bei sich selber: Ich muß ihn zurückbringen. Es war aber mehr ein Anflehen der Allmacht, die ihn erschaffen hatte.

Im Zeitraffer

WILLIAM BROWN
HEUTE KEINEN KUCHEN

Er war etwas über mittlerer Größe, ein bißchen fett, mit einem jungenhaften Gesicht, einer breiten Stupsnase, Sommersprossen und rötlichbraunem Haar. Aber um seine Augen waren Falten, und einige Dschungelgeschwüre an seinem Kinn. Auf den zweiten Blick wurde einem klar, daß er leicht achtundzwanzig Jahre alt sein konnte.

Überall bei den Nachbarn ist Willie Brown beliebt. Er ist ein so ehrlicher Junge und hat das lustige Durchschnittsgesicht, wie man es von allen Läden her kennt und wie es gerahmt über den Schreibtischen in den Banken und Büros im ganzen Land zu finden ist.

Du hast einen nett aussehenden Jungen, pflegen sie zu seinem Vater, James Brown, zu sagen.

Gewiß, ein hübscher Junge, aber du solltest erst meine Tochter sehen. Sie ist ein Juwel.

Willie Brwon ist allgemein beliebt. Die Mütter seiner Freunde mögen ihn alle gern, und die Lehrerinnen verhätscheln ihn.

Aber er versteht das auszugleichen. Ach, diese alte Krähe, sagt er von seiner Lehrerin, ich würde sie nicht einmal anspucken. (Dabei spuckt er auf den verrotteten Rasen des Schulhofes.) Weiß der Teufel, warum sie mich nicht in Ruhe läßt.

Auch seine Familie ist nett. Guter Stamm. Der Vater arbeitet bei der Eisenbahn in Tulsa, auch wenn er auf dem Rangierbahnhof angefangen hat. Im Vorort haben sie ihr eigenes Häuschen mit einem hübschen Stück Land dabei. Jim Brown ist verläßlich und immer damit beschäftigt, an seinem Haus herumzubasteln, Rohrleitungen zu legen oder an der Schwelle einer Tür zu hobeln, die klemmt.

Das ist nicht die Sorte Mann, die Schulden macht.

Ella und ich versuchen, uns nach unseren Einnahmen zu richten, erklärt er bedauernd. Wenn wir feststellen, daß wir unseren Etat überschritten haben, sparen wir es am Alkohol für die Woche wieder ein. (Fast entschuldigend.) Ich halte Alkohol sowieso für Luxus, besonders jetzt, wenn man gegen das Gesetz verstößt, um sich welchen zu verschaffen, und man nie sicher ist, ob man nicht blind davon wird.

Er hält sich auf dem laufenden. „Saturday Evening Post" und „Collier's Magazin" und früher noch, Anfang der Zwanziger, hatte er ein Dauerabonnement auf „Reader's Digest".

Das kommt ihm bei seinen Gesprächen, wenn er Besuche macht, zustatten, und die einzige Unehrlichkeit, die man jemals bei ihm feststellen konnte, war die, daß er die Quelle verschwieg, wenn er sich über die Aufsätze unterhielt.

Wußtest du, daß 1928 dreißig Millionen Menschen Zigaretten rauchten? sagt er zum Beispiel.

„Literary Digest" unterrichtet ihn über Politik. Bei der letzten Wahl stimmte ich für Herbert Hoover, gibt er fröhlich zu, obgleich ich immer Demokrat gewesen bin, solange ich mich erinnern kann. Aber ich glaube, das nächste Mal werde ich wieder die Demokraten wählen. So, wie ich es ansehe, soll man eine Partei eine Zeitlang an der Macht lassen und dann der andern eine Chance geben.

Und Mrs. Brown nickt mit dem Kopf dazu. Ich laß mich von Jim in der Politik leiten. Sie fügt nicht hinzu, weil sie sich um den Haushalt kümmert, aber man kann annehmen, daß es so ist. Nette Menschen, eine nette Familie, und natürlich geht's am Sonntag in die Kirche. Mrs. Browns einzige heftige Äußerung gilt der Neuen Moral. Ich weiß nicht, die Menschen haben keine Gottesfurcht mehr. Die Frauen trinken in den Bars, und Gott weiß, was sie sonst noch tun. Das ist nicht richtig, auf keinen Fall ist es christlich.

Mr. Brown nickt nachsichtig dazu. Er hat nur wenige Vorbehalte, aber er gesteht im vertraulichen Gespräch ein, daß alle Frauen nun einmal religiöser empfinden, wahrhaft fromm sind, mehr als Männer.

Natürlich sind sie sehr stolz auf ihre Kinder, und sie werden mit Begeisterung erzählen, wie Patty ihrem Bruder William das Tanzen beibringt, nachdem er nun auf der höheren Schule ist.

Wir haben uns Sorgen gemacht, jetzt grade in der Depression und so, sie auf die Universität zu bringen, aber ich glaube, wir kommen jetzt durch. Mr. Brown, wird sie hinzufügen, hatte sich immer gewünscht, daß seine Kinder auf die Universität kommen, nachdem er sie selbst so entbehrt hat.

Bruder und Schwester sind wirklich Freunde. Im Vorderzimmer, wo das Ahornsofa von der Vase – die ehemals als Blumentopf verwendet wurde, bis der Gummibaum einging – und vom Radio flankiert wird, bringt sie ihm bei, wie er sie zu führen hat.

Sieh, so, Williechen, es ist ganz einfach. Du mußt nur keine Angst davor haben, mich richtig zu halten.

Wer hat denn Angst, dich zu halten?

Du stellst dich nicht ungeschickt an, sagt sie aus ihren Erfahrungen im Seniorenjahr der höheren Schule. Du wirst bald deine Rendezvous haben.

Ja, erklärt er widerwillig. Aber er spürt den Druck ihrer kleinen kecken Brüste. Er ist fast so groß wie sie. Wer wird Rendezvous haben?
Du natürlich.
Sie scharren über den glatten roten Steinfußboden. He, Patty, wenn Tom Elkins dich besuchen kommt, laß mich mit ihm sprechen. Ich möchte wissen, ob er glaubt, daß ich in zwei Jahren groß genug bin für die Fußballmannschaft.
Tom Elkins, dieser alte Narr.
(Es ist Gotteslästerung.) Er sieht sie voll Abscheu an. Was ist los mit Tom Elkins?
Schon gut, Willie, du wirst in die Mannschaft kommen.

Niemals wird er groß genug dafür, aber in seinem Juniorenjahr organisiert er den Beifall bei den Wettkämpfen und spricht mit seinem Vater, um einen gebrauchten Wagen zu bekommen.
Du wirst es nicht verstehen, Pa, aber ich brauche ihn wirklich. Man muß so viel 'rumlaufen. Am letzten Freitag, als ich die ganze Bande zusammenzutrommeln hatte, um sie für das Watsworth-Spiel einzuüben, habe ich den ganzen Nachmittag damit vergeudet, um alle zusammenzuholen.
Bist du sicher, mein Sohn, daß das nichts Übertriebenes ist?
Ich brauche ihn wirklich, Pa. Ich werde sogar im Sommer arbeiten, um es dir zurückzuzahlen.
Darum geht es nicht, nur bin ich der Meinung, daß du dich davor hüten solltest, ein Verschwender zu werden. Ich will dir was sagen, ich werde mit Mutter darüber sprechen.
Aber er siegt und grinst. Im Hintergrund seines Bewußtseins und unter der Oberfläche seiner aufrichtigen Miene während der Unterhaltung ist die Erinnerung an viele andere Siege. (Die Jünglinge unterhalten sich im Umkleideraum nach der Turnstunde.) Die tiefgründigen Gespräche in den Kellerräumen, die in Klubräume umgewandelt wurden.
Der Volksmund: Wenn du ein Mädchen haben willst, mußt du einen Wagen besitzen.
Sein Seniorenjahr ist nur Vergnügen. Er ist Mitglied der SV (Studentenverwaltung) und organisiert den Tanzunterricht. Die vielen Verabredungen am Sonnabendabend im Kronentheater und einige Male im Ausflugsgasthaus vor der Stadt. Dann gibt es die Freitags-Gesellschaften bei den Schülerinnen. Während eines Teils des Jahres befindet er sich sogar in festen Händen.
Und immer wieder Beifallsorganisator. Er hockt mit seinen weißen Flanellhosen und dem weißen Sweater, der im Herbstwind nicht mehr warm genug ist, in der Kniebeuge. Vor ihm

brüllen tausend junge Menschen. Die Mädchen springen in ihren grünkarierten Hemden auf und nieder; ihre Knie sind rot vor Kälte.

Wir wollen ein Cardley ausbringen, schreit er, während er mit dem Megaphon hin und her läuft. Es entsteht eine Pause, die erwartungsvolle Stille, bis er einen Arm ausstreckt, ihn über den Kopf hochschwingt und dann senkt.

C–a–r–d–l–e–y!
Hoch Cardley – Cardley hoch!
Hoooooch, hooooooooch!

Und die Jungen und Mädchen brüllen, beobachten ihn, wie er radschlägt, wieder auf die Beine kommt und in die Hände klatscht. In einer andachtsvollen, fast anbetenden Haltung ist er dem Spielfeld zugewandt. Alles gehört ihm. Eintausend junge Menschen warten auf ihn.

Es ist einer der ruhmreichen Augenblicke, von denen er später zehren wird.

In der Pause zwischen der Basketball- und Baseballsaison nimmt er sich seinen Wagen vor und bringt einen Auspufftopf an. (Er hat den Lärm des Auspuffs satt.) Schmiert das Getriebe ab und malt das Chassis zartgrün an.

Mit seinem Vater gibt es bedeutungsvolle Unterhaltungen.

Wir müssen uns ernsthaft überlegen, was du werden willst, Willie.

Ich habe mir so etwas wie Ingenieur in den Kopf gesetzt, Pa. (Das kommt nicht überraschend. Sie haben oft darüber gesprochen, aber diesmal sind sich beide stillschweigend bewußt, daß es Ernst ist.)

Nun, das höre ich gern, Willie. Ich brauch' dir nicht erst zu sagen, daß mir immer daran lag, deinen eigenen Willen zu entwickeln, aber ich könnte mir nichts Besseres wünschen.

Maschinen machen mir wirklich Spaß.

Ich habe es bemerkt, mein Sohn. (Pause.) Interessieren dich Flugzeugmotoren?

Ich glaube, es wird das Hauptgebiet werden.

Sicher, mein Junge, ich denke, daß du gut gewählt hast. Das wird das kommende Geschäft. Sein Vater klopft ihm auf die Schulter. Aber ich muß noch etwas erwähnen, Willie, ich habe feststellen müssen, daß du ein kleiner Angeber geworden bist. Es lohnt zwar nicht, darüber zu sprechen, und uns gegenüber hast du gute Manieren, aber dein Verhalten ist nicht richtig, mein Junge. Es ist gut, daß man es selber weiß, wenn man etwas besser machen kann als der Nebenmann, aber es ist nicht sehr klug, es ihn fühlen zu lassen.

Daran habe ich nie gedacht. Er schüttelt den Kopf. Hör mal, Pa, das ist nichts Schlimmes, aber ich werde in Zukunft darauf achten. (Eine Einsicht.) Da habe ich wirklich etwas von dir gelernt.

Der Vater schmunzelt und ist angenehm berührt. Sicher, Willie, dein Alter Herr kann dir noch einiges beibringen.

Du bist ein großartiger Bursche, Pa. Sie sind ein Herz und eine Seele. Er fühlt sich erwachsen werden und darf mit seinem Vater wie mit einem Freunde reden.

Im Sommer arbeitet er im Kronentheater als Platzanweiser. Es ist eine angenehme Stellung. Bald kennt er die Hälfte aller Besucher und kann mit ihnen ein wenig schwatzen, bevor er ihnen die Plätze zeigt. (Es ist gut, sich mit jedermann anzufreunden; man kann nie wissen, wie man einen Menschen mal braucht.)

Langweilig ist es nur nachmittags, wenn kaum einer kommt. Gewöhnlich sind es einige Mädchen, mit denen er sich unterhalten kann; aber nachdem er mit seinem Schatz aus dem Seniorenjahr gebrochen hat, ist er nicht mehr sehr daran interessiert. Ich mag keine Hochzeitsglocken, gibt er weise von sich.

Eines Tages indessen trifft er Beverly. (Ein schlankes dunkeläugiges, schwarzhaariges Mädchen mit erregendem rotgemaltem Mund.) Wie hat dir der Film gefallen, Gloria, fragt er die andere, mit der sie zusammen ist.

Ich denke, er war ziemlich doof.

Ja. Fürchterlich. Hallo! (Zu Beverly.)

Hallo, Willie!

Er lächelt verdutzt. Woher kennst du mich?

Oh, ich war eine Klasse unter dir in der Schule. Du hast doch den Beifall organisiert.

Die einleitenden strahlenden Gespräche. Er ist erfreut. So, du kennst mich also, wie?

Dich kennt doch jeder, Willie.

Sicher? Sie lachen.

Bevor sie sich trennen, hat er eine Verabredung mit ihr getroffen.

Die heißen Sommernächte, das Flüstern der Bäume, die schwellende Erde. Sie fahren mit seinem Wagen auf der Autostraße zur Stadt hinaus zu einem auf einem Hügel gelegenen Park. Sie ringen miteinander im Wagen, stoßen mit ihren Knien und Kehrseiten gegen die Schalthebel, das Steuerrad und die Fensterknöpfe.

Komm, Liebling, ich tu' dir nichts, wenn du nicht willst, aber komm.

Nein, ich kann nicht, bitte, besser nicht.

Himmel, ich liebe dich doch, Beverly.

Ich dich auch, Willie. (Das Radio im Wagen spielt: Wenn es regnet, regnet Geld vom Himmel. Ihr Haar hat einen sauberen, würzigen Geruch. Er genießt den zarten Duft ihrer Brustwarze und fühlt, wie sie sich unter seinem Griff windet und stöhnt.)
O Kindchen.
Ich kann nicht, Willie. Ich liebe dich so sehr. Aber bitte, ich kann nicht.
Ich wünschte, wir wären verheiratet.
Oh, ich auch. (Sie zerwühlt sein Haar mit ihrem Mund.) Ohhh.

Der Bericht: Hast du sie gehabt, Willie?
Ich bin mit ihr gestern abend fast bis zum Letzten gekommen, doch ich werde sie kriegen. Was ist sie doch für eine Dame!
Wie hat sie sich benommen?
Sie stöhnte. Himmel, ich werde mit ihr weiterkommen. Ich werde sie stöhnen lassen.
Äääh, schlimm, wenn sie nicht wollen.
Der Volksmund: Wenn sie sich nicht hinlegt, ist sie kalt; legt sie sich hin, ist sie eine Hure.
Ich werde sie doch kriegen. Vergiß nicht, daß sie noch Jungfrau ist. (Im Hintergrund hat er ein schlechtes Gewissen – ich liebe dich, Beverly.)
Im ernsten Gespräch: Weißt du, daß ich heute nacht von dir geträumt habe, Willie?
Ich auch. Erinnerst du dich an den Film, den wir neulich sahen, „Captain Blood"? Ich finde, daß du Olivia de Haviland ähnlich siehst. (Er fühlt seine Liebe ganz in Übereinstimmung mit der auf der weißen Leinwand in der dunklen Höhle.)
Du bist so süß. (Der unsagbare Reiz eines Mädchens, das Mutter spielt. Der rote Bogen ihrer Lippen.) Wenn du nicht so süß wärst, würde ich nicht – so weit gehen. Du darfst keine schlechte Meinung von mir haben.
Aber nein. (Neckend.) Ich würde eine noch bessere haben, wenn – nun, du weißt schon.
Hm, Mammi weiß es besser. (Schweigen. Ihr Kopf an seiner Schulter.) Ich freue mich immer, wenn ich an uns denke.
Ich auch.
Glaubst du, daß jeder so ist wie wir? Ich frage mich, ob Madge so zärtlich ist wie ich; sie kichert immer, wenn ich sie aushorchen will. (Anzeichen der praktisch denkenden Frau.) Irgendwas stimmt da nicht. (Wieder die Jungfrau.) Freust du dich nicht, wenn du daran denkst?
Ja, es macht alles viel – Spaß. (Aber er sagt es tiefernst.)

Ich fühle mich älter, seitdem ich dich kenne, Willie.

Ich weiß, was du meinst. Himmel, es ist wunderbar, sich mit dir zu unterhalten. (Sie hat so viele Vorzüge; sie fühlt sich so weich an, und ihr Mund erregt ihn so sehr, und sie ist eine gute Tänzerin, sieht im Badeanzug prachtvoll aus, und außerdem ist sie intelligent. Man kann sich mit ihr unterhalten. Bei keiner anderen war es so. Er glüht, berauscht von seiner ersten Liebe.) O Beverly.

An der Universität ist er in einer guten Verbindung untergekommen, aber es enttäuscht ihn leise, daß die Einweihungszeremonien verboten sind. (Er sieht sich selbst als leitender Senior.) Aber es ist schön. Er lernt Pfeife rauchen und wird in die Annehmlichkeiten des Collegelebens eingeführt. Bruder Brown, als Anwärter des wohlbekannten Tau Tau Epsilon wirst du nun mit den ersten Riten vertraut gemacht. Mit anderen Worten, du wirst deine Jungfernschaft verlieren.

Das Bordell ist kostspielig und lebt vom College. Er hat vorher davon gehört und ist betrunken genug, um ohne Furcht seine Pflicht zu erfüllen. Später singt und lärmt er im Collegehof.

Ruhe!

Du bist ein wunderbares Schwein. (Ein neues Thema.)

Niemals glaubt er, daß er straucheln könnte, er hat die besten Absichten der Welt, aber irgendwie sind technische Zeichnungen, Trigonometrie und Physik usw. weniger lebendig, als er sich vorgestellt hat. Er versucht seinem Studium nachzukommen, aber anderes ist verlockender. Wenn man den ganzen Nachmittag im Labor zugebracht hat, wünscht man hinauszukommen.

Es ist so wunderbar, bei langen, tiefen Gesprächen betrunken in der Taverne zu hocken. Ich habe ein Mädchen, Bert, ich sage dir, unvergleichlich. Sie ist herrlich, sieh dir mal ihr Bild an. Es ist eine verdammte Schande, daß ich mich herumtreibe und sie betrüge und ihr Liebesbriefe schreibe.

Zum Teufel, mein Junge, sie wird's auch nicht anders machen.

Nein, das darfst du nicht sagen, oder du beleidigst mich. Sie ist verdammt anständig.

Sicher, sicher, aber mach dir meinen Standpunkt zu eigen: Was sie nicht weiß, macht sie nicht heiß.

Er denkt darüber nach und beginnt zu kichern. Ich muß dir gestehen, daß ich genauso denke. Trinken wir noch eins.

Ich wünschte, ich könnte euch sagen, Jungens (leicht betrunken), was uns das alles, zum Teufel, noch nach Jahren bedeuten wird. Ich werde nichts davon vergessen; auch wenn ich nicht mehr auf dem College bin. Ach, Scheiße, ich bin nur ein einfacher Junge, verdammt noch mal.

Wovon, zum Teufel, sprichst du eigentlich, Brown?

Verflucht, wenn ich das wüßte. (Gelächter.) Zum Teufel mit der morgigen Physikprüfung. Es kocht mir in den Adern.

Amen. –

Im Juni, nach seinem Hinauswurf, ist es schwer, seinem Vater unter die Augen zu treten, aber er kommt mit Entschlüssen zurück.

Sieh mal, Pa, ich weiß, daß ich dich schrecklich enttäuscht habe und daß es eine verdammte Schande ist, nachdem du so viel für mich geopfert hast, aber ich glaube nicht, daß ich für solche Dinge geschaffen bin. Ich versuche keine Entschuldigung für meine Intelligenz vorzubringen, denn ich glaube noch immer, daß sie ebensogut ist wie bei den andern Burschen meines Alters. Aber ich bin ein Junge, der was anderes braucht, um seine Zähne hineinzuschlagen. Ich glaube, daß ich mehr zum Verkäufer oder was Ähnlichem tauge. Ich muß Menschen um mich haben.

(Der tiefe Seufzer.) Vielleicht, vielleicht. Aber es hat keinen Sinn, um vergossene Milch zu weinen, das ist meine Meinung. Ich werde mit einigen meiner Freunde sprechen.

Er bekommt eine Anstellung bei einer Landmaschinen-Gesellschaft, verdient fünfzig Dollar in der Woche, ehe sein erstes Jahr um ist. Er führt Beverly bei seinen Leuten ein und besucht mit ihr Patty, die jetzt verheiratet ist.

Glaubst du, daß sie mich gut leiden wird? fragt Beverly.

Sicher.

Sie heiraten im Sommer und lassen sich in einem Haus mit sechs Räumen nieder. Er hat jetzt fünfundsiebzig Dollar erreicht, aber sie stecken immer ein wenig in Schulden; die Ausgaben für Alkohol belaufen sich auf zwanzig bis fünfundzwanzig Dollar in der Woche, wobei ihr Ausgehen mit eingerechnet ist.

Immerhin, sie haben keine schlechte Zeit. Die Hochzeitsnacht ist eine Schlachtbank, aber er erholt sich schnell, und nach einer gehörigen Zwischenzeit wird ihr Liebesleben üppig und vielfältig. Sie haben ein geheimes Verzeichnis:

Auf Treppenstufen.

Beverlys ordinäre Art, wenn sie in Hitze gerät.

Versuche mit Verkleidungen.

– – (Er wagt es nicht zu benennen, weil er es an Orten gehört hat, die er ihr gegenüber nicht erwähnt. Sie tut es nicht, weil sie es nicht wissen darf.)

Und natürlich gibt es noch die andern Dinge, die keine Beziehung dazu zu haben scheinen:

Gemeinsam die Mahlzeiten einzunehmen, bis es langweilig wird.

Mit anzuhören, wie jeder dieselben Geschichten verschiedenen Leuten erzählt.

Seine Angewohnheit, an der Nase zu polken.

Ihre Angewohnheit, ihre Strümpfe auf der Straße festzumachen.

Das Geräusch, wenn er in sein Taschentuch spuckt.

Die Art, wie sie an einem vertanen Abend verdrießlich wird ...

Aber es gibt auch manche harmlosen Vergnügungen:

Sich über die Leute zu unterhalten, die sie getroffen haben.

Der Klatsch über Freunde.

Miteinander zu tanzen. (Nur, weil sie gute Tänzer sind. Ein zufälliges Wunder.)

Ihr von seinen Geschäftssorgen zu erzählen ...

Und die unverfänglichen Dinge:

Im eigenen Automobil zu fahren.

Ihr Bridge- und Ma-Jongg-Klub.

Seine Klubs: Rotary, die Hochschul-Gesellschaft, die Junioren-Abteilung der Handelskammer.

Kirchgang.

Radio.

Kino.

Bisweilen, wenn er unruhig ist, hat er die schlechte Angewohnheit, einen Abend mit seinen Studienfreunden zusammen zu sein.

Der Junggeselle: Das einzige, was ich gegen die Ehe einzuwenden habe, ist, daß die Menschen zu uninteressant sind, als daß man sie zwingen sollte, ein ganzes Leben miteinander zu verbringen.

Brown: Du weißt nicht, was du redest. Wart nur ab, bis du dran bist und es hübsch und regelmäßig bekommst, ohne Angst, angeschmiert zu werden. Das Richtige bei Frauen ist, zu versuchen ...

Der Volksmund (dreckige Witze): Mein Gott, die achtundneunzigste Tour.

Mitten in der Nacht: Nun geh, laß mich allein, Willie, ich denke, wir waren uns einig, ein paar Tage auszulassen.

Wer?

Du. Du hast gesagt, wir haben uns zu sehr aneinander gewöhnt.

Vergiß, was ich gesagt habe.

Ohhh. (Verbitterung und Unterwürfigkeit.) Du bist ein richtiger alter Jagdhund, nichts weiter. Immer nur wünschst

du, es wo 'reinzustecken. (Die Legierung aus Zärtlichkeit und Gereiztheit, das Einzigartige der Ehe.)
Die Erschütterungen von draußen. Seine Schwester, Patty, wird geschieden. Er hört darüber reden, erfährt nur Andeutungen, aber er macht sich Sorgen. Er fragt sie, wie er glaubt, sehr behutsam aus, aber sie fährt auf ihn los.
Was meinst du damit, Willie, Brad hätte statt meiner geschieden werden können?
Nichts meine ich, ich habe dich nur gefragt.
Hör mal, Williechen, du darfst mich nicht so ansehen. Ich bin nun einmal so, wie ich bin, und damit basta, verstehst du?
Es setzt sich bei ihm fest, bohrt sich tief hinein und kommt in den Monaten, die nachfolgen, bisweilen zum Ausbruch. Es geschieht, daß er mitten am Tag, mitten in einem Bericht aufhört und sich dabei ertappt, wie er auf seinen Bleistift starrt. Du stellst dich nicht ungeschickt an! sagt Patty, schlank, knusprig und jungfräulich; ältere Schwester – und halb Mutter.
Aufpeitschende Erinnerungen. Ich versteh' nicht das geringste mehr. Wie kommt es nur, daß sie sich so verändern können? Warum kann eine Frau nicht anständig bleiben?
Du wirst niemals so werden, nicht wahr, Beverly?
Aber nein, Liebling, wie kannst du das nur denken?
Sie sind sich sehr nahe in diesem Augenblick, und seine Sorgen zerrinnen. Ehrlich gesagt, Bev, wenn man alles mitmachen will, rast die Zeit dahin. Ich muß mal Atem schöpfen; du weißt, was ich meine. Die eigene Schwester, das kann einen schon in Aufruhr bringen.
In den Bars, in den Raucherabteilen, im Umkleideraum des Golfklubs, überall sprechen sie über Patty Brown.
Ich schwöre dir, Bev, wenn ich dich einmal dabei erwische, bringe ich dich um.
Aber Liebling! Du kannst mir doch vertrauen. Der plötzliche Ausbruch seiner Leidenschaft erregt sie.
Ich fühle mich verdammt alt, Bev.

Er faßt das achtzehnte Loch ins Auge und schätzt die Neigung des Rasens. Es ist ein Fünf-Fuß-Schuß, und er sollte es schaffen können, aber plötzlich weiß er, daß er das Loch verfehlen wird. Der Griff des Schlägers vibriert in seiner Hand, während der Ball einen Fuß zu kurz zu liegen kommt. Wieder verfehlt, mein Junge, sagt Mr. Cranborn.
Es ist heute kein Tag für mich, glaube ich. Wir könnten uns ebensogut umziehen gehen. In seiner Hand bleibt ein taubes Gefühl. Langsam schlendern sie zurück. Sie sollten mit nach Louisville kommen, mein Junge, und es wird mir ein Ver-

gnügen sein, Sie zu meinem Klub mitzunehmen, sagt Mr. Cranborn.

Ja. Gern.

Unter der Brause singt Mr. Cranborn: „Als du eine Tulpe trugst, und ich trug eine ..."

Was machen wir heute abend, mein Sohn?

Ich denke, wir sehen uns die Stadt an, Mr. Cranborn, machen Sie sich keine Sorgen, ich werde Sie schon herumführen.

Ich habe allerhand über diese Stadt gehört.

Ja, Sir, und das meiste stimmt. (Unzüchtiges Geschwätz von der benachbarten Brause.)

Im Nachtklub besprechen sie Geschäftliches. Jedesmal, wenn er sich zurücklehnt, fühlt er die eingetopfte Palme an seinem Haar, so daß er sich schließlich vorbeugt und den Rauch von Mr. Cranborns Zigarre einatmet. Nun, Sie müssen einsehen, Sir, daß wir einen Anspruch auf einen kleinen Verdienst haben, wenn Sie bedenken, was alles dazugehört, um das Räderwerk in Gang zu halten; und Sie werden doch nicht wünschen wollen, daß wir unsere Ware für nichts abgeben; um so weniger, als Sie es auch nicht tun würden. Das wäre dann kaum noch als Geschäft zu bezeichnen, nicht wahr? Das fünfte Glas ist fast leer, und seine Kiefer sind schwammig und schwer. Die Zigarette hängt ihm ein wenig von den Lippen. (Ich sollte mit dem Trinken nachlassen.)

Ist ein richtiger Standpunkt, mein Sohn, ein richtiger Standpunkt, aber dann bleibt immer noch die Frage, ob man es nicht billiger machen kann als der Nachbar, und das gehört ebenfalls zum Geschäft, zum Wettbewerb. Sie suchen ihr Schäfchen ins trockene zu bringen und ich das meinige. Auf diese Weise kommen die Dinge voran.

Sicher, Sir, ich weiß, was Sie meinen. Einen Augenblick lang fürchtet er, daß sich die ganze Sache in seinem Kopf rundum dreht, und er denkt daran, hinauszustürzen, um etwas frische Luft zu atmen. Wollen es einmal von diesem Standpunkt aus betrachten.

Wer ist das kleine blonde Mädchen im Ensemble, Brown? Ist sie Ihnen bekannt?

(Er kennt sie nicht.) Nun, ja, Sir, aber offen gesagt, Sie würden nicht wünschen wollen, mit ihr bekannt zu werden. Sie hat ein wenig zu oft genippt und, offen gesagt, da steckt gleich der Arzt dahinter. Aber ich kenne einen recht anständigen Ort.

In der Vorhalle kann ihn das Garderobenmädchen telefonieren hören. Er lehnt, um sich aufrecht zu halten, mit dem Gesicht zum Telefon an der Wand. Die Nummer ist besetzt, und einen Augenblick lang ist ihm zum Weinen zumute.

Hallo, Eloise? fragt er. Die Frauenstimme am andern Ende kommt knatternd durchs Telefon.

Es macht mehr Spaß, wenn er mit der Bande aus seinem Büro unterwegs ist.
Ich sage dir, ich habe so etwas noch nie gesehen, nimmt sie doch einen halben Dollar einfach so vom Tisch auf, richtig von einer Ecke des Tisches. Wenn ich es nicht tatsächlich dort erlebt hätte, würde ich annehmen, man müßte nach Paris oder zu Negerhuren gehen, um so etwas zu sehen.
Erst die Fülle macht die Welt.
Ja, ist auch meine Meinung. Es geht so vieles in den Köpfen der Menschen vor, wovon man keine Ahnung hat.
Was glaubst du, was im Kopf unseres Chefs vorgeht?
Hu, heute abend sprechen wir nicht vom Geschäft, das ist ausgemacht. Los, starten wir eine Runde.
Sie beginnen zu trinken und erschöpfen sich in den Pflichtrunden.
Ich will euch mal was sagen, Leute, erklärt Brown, viele Menschen glauben, daß Verkaufen ein leichter Beruf ist, dabei haben wir es, weiß Gott, schwerer als irgendeiner, habe ich nicht recht?
Keiner hat's schwerer.
Richtig. Nun, als ich noch auf der Universität war, ehe sie mich 'rauswarfen, und ich wurde hinausgeworfen, das sollt ihr wissen, weil ich glaube, daß man ein verfluchter Narr ist, wenn man einen falschen Stolz besitzt, und daß man keinen Erfolg haben kann, wenn man sich nicht so gibt, wie man wirklich ist. Und ich bin so gewöhnlich wie ein alter Schuh, und ich sage es jedem, der es hören will.
Brown, du bist ein großartiger alter Schweinehund.
Nun, ich freue mich, daß du das sagst, Jennings, weil ich weiß, daß du es auch so meinst, und es bedeutet viel für mich. Ein Mann rackert sich ab, und er braucht ein paar Freunde, Menschen, von denen er weiß, daß sie ihm Vertrauen schenken und ihn gern haben, denn wenn er das nicht hat, was für einen Sinn hat dann seine Arbeit?
Genauso ist es.
Ich bin recht glücklich, und ich sage es jedem ins Gesicht; natürlich habe ich auch meine Sorgen, wer, zum Teufel, hat keine, aber schließlich sind wir heute abend nicht beisammen, um zu heulen, wie? Und ich muß euch noch sagen, daß ich eine bildschöne Frau habe, das ist die reine Wahrheit.
Einer von der Bande lacht laut heraus. Brown, auch ich habe eine hübsche Frau, aber ich schwöre dir, wenn du erst mal zwei Jahre verheiratet bist, kann eine Frau wie ein Waschbär aussehen, das ist ganz gleich für das Vergnügen, das du dabei hast.

Ich kann nicht ganz mit dir übereinstimmen, Freeman, aber was Wahres ist dran. Er fühlt, wie ihm die Worte vom Mund tropfen und sich in dem Gewirr des Gläserklingens und der Unterhaltung verlieren.

Los, kommt, wir wollen zu Eloise gehen.

Und dann das unvermeidliche Daraufzurückkommen.

Freeman, du sagtest vor einer Weile etwas, was mich bewegt hat, aber ich möchte dir doch sagen, daß ich eine wunderbare Frau habe und daß es keine gibt, die besser ist. Ich glaube, es ist eine Schande, wie wir uns mit Gott weiß was für Mädchen herumtreiben und dann zu unseren Frauen zurückkehren. Es ist eine verfluchte Sache, das muß ich schon sagen: Wenn ich an sie denke und an das, was ich tue, muß ich mich mächtig schämen.

Eine verfluchte Sache.

Sicher. Man sollte meinen, daß wir ein bißchen Verstand haben, aber die verdammte Wahrheit ist, daß wir uns mit den Weibern abgeben und saufen und ...

Und uns ein verdammt vergnügtes Leben machen.

Ein verdammt vergnügtes Leben, beendet Brown. Genau das wollte ich sagen, Jennings, aber du bist mir zuvorgekommen. Er stolpert und sitzt auf dem Pflaster.

Verfluchte Sache.

Er wacht in seinem Bett auf, während Beverly ihn entkleidet. Ich weiß, was du sagen wirst, Liebling, murmelt er, aber ich habe meine Sorgen. Da bemüht man sich darum, was durchzusetzen, Geld zu machen, etwas auf die Beine zu stellen, damit man seine Schulden abzahlen kann, und es kommt nicht voran. Es ist, es ist schon ein hartes Leben, wie der Prediger sagt.

Und am Morgen, während er sich seine Kopfschmerzen wegmassiert, überschlägt er, was es gekostet hat, und fragt sich, was Beverly in der vergangenen Nacht getan hat.

(Das Augenzwinkern und das komische, ängstliche Benehmen der Männer, die in der Nacht zuvor ausgegangen waren. Um zehn Uhr trifft ihn Freeman auf der Toilette.)

Himmel, was habe ich für einen Brummschädel.

Ich fühle mich heute ganz schwindlig, sagt Brown. Warum, zum Teufel, tun wir das eigentlich?

Um aus dem alten Gleis 'rauszukommen, glaube ich.

Ach ja, Mann!

6

In derselben Nacht inspizierte Cummings auf der anderen Seite des Berges die Stellungen. Der Angriff war anderthalb Tage lang gut vorangekommen, und die Frontkompanien hatten den eroberten Raum von einer viertel Meile auf eine halbe

Meile vertieft. Die Division war wieder in Bewegung und dabei erfolgreicher, als er erwartet hatte. Der lange regennasse Monat voller Untätigkeit und Erstarrung schien zu Ende zu sein. Die F-Kompanie war mit der Toyaku-Stellung in Berührung gekommen, und nach dem letzten Bericht, den Cummings am Nachmittag erhalten hatte, war es einem verstärkten Zug der E-Kompanie gelungen, ein japanisches Lager in der Flanke der F-Kompanie gefangenzunehmen. In den nächsten Tagen würde der Angriff durch japanische Gegenangriffe ins Wanken kommen, aber wenn die Front hielt – und er war unterwegs, um sich darum zu kümmern, daß sie hielt –, könnte die Toyaku-Stellung innerhalb zweier Wochen durchbrochen sein.

Insgeheim überraschte ihn dieser Fortschritt. Über einen Monat hatte er den Angriff vorbereitet, das Kriegsmaterial gehortet, seine Schlachtpläne von einem Tag zum anderen all diese endlosen Wochen hindurch, die dem vereitelten Vorstoß der Japaner über den Fluß gefolgt waren, revidiert. Er hatte alles getan, was ein Befehlshaber tun konnte, und trotzdem war ihm trübe zumute gewesen. Die Erinnerung an die Lagerplätze vorn an der Front mit ihren überdachten Schützenlöchern und den durch den Schlamm gelegten Fußsteigen hatten ihn aufs neue bedrückt. Es zeugte davon, mit welcher Sicherheit sich die Männer eingenistet hatten. Man schien sie nicht mehr von der Stelle bewegen zu können.

Jetzt wußte er, daß er sich geirrt hatte. Die Erfahrungen, die man bei jedem Feldzug gewinnt, sind immer verschieden, und er hatte einen dunklen Grundsatz daraus gewonnen: Sobald die Männer nur lange genug an einem Ort blieben, begannen sie unruhig zu werden und, gelangweilt durch die eintönige Wiederholung der Tagesabläufe, wurden sie von neuem Mut beseelt. – Es ist falsch, eine Kompanie abzulösen, die nicht vorankommt, sagte er sich. Man muß sie nur lange genug im Dreck steckenlassen, dann werden sie aus freien Stücken zum Angriff übergehen. – Es war Zufall gewesen, daß er seine Befehle gerade gegeben hatte, als die Männer wieder darauf brannten, vorzugehen, und tief in seinem Innern wußte er, daß er damit Glück gehabt hatte. Ihre moralische Haltung war von ihm völlig falsch beurteilt worden.

Wenn er nur einige Kompaniechefs hätte, die etwas Fingerspitzengefühl besäßen, würde alles viel leichter sein und in Übereinstimmung gebracht werden können; aber es war wohl zuviel verlangt, wollte man von einem Kommandeur auch noch Empfindsamkeit erwarten, neben all den andern Fähigkeiten, die er haben sollte. – Nein, es ist mein Fehler, ich hätte es trotzdem erkennen müssen. – Vielleicht war dies der Grund, daß ihn der rasche Angriffserfolg kaum stolz machte. Natürlich war es sehr angenehm, weil die Hauptlast nun von ihm genommen war. Der Druck vom Armeekorps hatte nachgelassen, und die Furcht, daß er mitten im Feldzug abgelöst werden könnte, die eine Zeitlang alles verdunkelt hatte, war nun zurückgetreten und würde gänzlich verschwinden, wenn es weiterhin gut voranginge. Im Grunde war aber etwas Unbefriedigendes nur durch ein neues Unbefriedigtsein ersetzt worden. Cummings war durch den Verdacht beunruhigt – einen nur schwachen Verdacht, den er sich kaum richtig eingestand –, daß er mit dem Erfolg kaum mehr zu tun hatte als ein Mann, der auf einen Knopf drückt und auf den Fahrstuhl wartet. Es trübte seine Genugtuung und ärgerte ihn auf besondere Weise. Es war wahrscheinlich, daß der Angriff früher oder später zum Erliegen kam, und wenn er morgen die Truppe im Flugzeug verlassen würde, könnte der augenblickliche Angriffserfolg der bestehenden Chance schaden, Marineunterstützung für die Botoi-Bay-Operation zu bekommen. Eigentlich müßte er erklären, daß der Feldzug nur durch die Flankeninvasion gewonnen werden könnte, aber das würde bedenklich sein, weil er dann seinen Erfolg als gering hinstellen mußte.

Immerhin, die Dinge hatten sich verändert. Reynolds hatte ihm ein vertrauliches Memorandum geschickt, aus dem hervorging, daß die Armee der Botoi-Idee nicht mehr unbedingt ablehnend gegenüberstehe, und wenn er die maßgeblichen Männer sprechen könnte, würde er es bewerkstelligen. Ihre Gewogenheit war ausnutzbar.

In der Zwischenzeit aber mußte er sich selbst was vormachen, das war ihm klar. In diesen Tagen, während er in seinem Befehlszelt gesessen und die eingegangenen Berichte gelesen hatte, war er immer ein wenig verärgert gewesen. Er war sich wie ein Politiker in der Wahlnacht vorgekommen, der feststellte, daß der Kandidat, den die Partei aufgestellt hatte, gewann, und sich nun kränkte, weil er versucht hatte, einen anderen Mann zu nominieren. Die ganze verdammte Angelegenheit war nicht sehr geistreich, sondern ziemlich altbacken, und kein Befehlshaber würde sie als Erfolg gebucht haben. Es ließ einem die Galle hochkommen, wenn man zugeben mußte, daß die Armee im Recht war.

Außerdem war sie es gar nicht. Es würde vorn an der Front schwierig werden, und die Armee weigerte sich, das einzusehen. Einen Augenblick lang dachte Cummings an die Erkundungspatrouille, die er auf die andere Seite des Berges gesandt hatte, und zuckte die Achseln. Falls sie durchkam und einen Bericht von einigem Wert zurückbrachte, wenn er tatsächlich eine Kompanie auf ihrem Weg vorschicken und die Botoi-Bay-Invasion auf diese Weise in Gang setzen könnte, würde das großartig sein und tiefen Eindruck machen. Aber zu vieles stand dem entgegen. Am besten war es, Hearns Patrouille in den Berechnungen auszulassen, bevor er nicht zurückgekehrt war.

Aber trotz all seiner inneren Vorbehalte war er tätig gewesen, hatte dem Fortschritt der Offensive seine ganze Aufmerksamkeit geschenkt und sich auf alle eingehenden Berichte gestürzt. Es war eine Arbeit, die große Anforderungen an ihn stellte und ihn erschöpfte, und wenn die Nacht kam, war er zu müde gewesen und brauchte etwas Zerstreuung. Fast immer, wenn sich die Division in Bewegung befand, hatte er es als sehr reizvoll empfunden, die Front täglich zu besichtigen, aber jetzt in der Nacht war es unmöglich, die Infanteriestellungen zu besuchen. Er entschied sich daher für die Artillerie.

Cummings telefonierte nach seinem Jeep und dem Fahrer, und um acht Uhr abends machte er sich auf den Weg. Es war fast Vollmond. Cummings lehnte sich im Vordersitz des Jeeps zurück und beobachtete, wie das Wagenlicht mit dem Laub des Dschungels spielte. Da sie weit genug hinter der Front waren, brauchten sie nicht zu verdunkeln. Der General rauchte vor sich hin und spürte den Wind angenehm über sein Gesicht streichen. Er kam sich wie ausgelaugt vor, aber immer noch angespannt. Die vorüberziehende Landschaft, der Lärm des Motors, das Schaukeln auf dem Sitzkissen und der Duft seiner Zigarette lullten ihn ein und beschwichtigten seine Nerven, als umhülle ihn ein warmes Bad. Er begann sich fröhlich zu fühlen und angenehm leer.

Nach fünfzehn Minuten erreichten sie eine Batterie von 105ern, die dicht an der Straße lag. Impulsiv befahl er dem Fahrer einzuschwenken, und der Jeep holperte über eine Überwölbung aus leeren, zusammengefügten Gasolinbehältern, die man mit Erde bedeckt hatte. Die Räder wühlten sich durch den Dreck des Wagenstandes und kamen auf einem verhältnismäßig trockenen Fleck zum Stehen. Die Wache am Eingang hatte den Hauptmann telefonisch unterrichtet, der herantrat, um den General zu begrüßen.

„Sir?"

Cummings nickte. „Will mich nur mal ein bißchen umsehen. Wie arbeitet die Batterie?"

„Ausgezeichnet."

„Die Batterie sollte vor etwa einer Stunde die Munition für zweihundert Salven erhalten. Haben Sie sie bekommen?"

„Ja, Sir." Der Hauptmann machte eine Pause. „Sie kümmern sich wohl um alles, Sir?"

Cummings fühlte sich geschmeichelt. „Haben Sie Ihren Leuten gesagt, wie erfolgreich die konzentrierte Feuerunterstützung des Bataillons heute nachmittag gewesen ist?" fragte er.

„Ich habe etwas davon erwähnt, Sir."

„Sie können es nicht nachdrücklich genug betonen. Wenn die Leute ihren Auftrag ordentlich ausgeführt haben, ist es gut, wenn man es anerkennt. Es ist wichtig, daß sie das Gefühl für ihren Anteil am Erfolg bekommen."

„Ja, Sir."

Der General ging vom Jeep fort, und der Hauptmann blieb ihm zur Seite. „Ihr Allgemeinbefehl lautet: jede Viertelstunde Störungsfeuer, nicht wahr?"

„Seit gestern abend."

„Wie haben Sie die Ruhepausen für die Mannschaften eingeteilt?"

Der Hauptmann lächelte etwas überlegen. „Ich habe die Mannschaft an jedem Geschütz in zwei Gruppen geteilt, Sir, und jeder Halbzug hat eine Stunde Dienst, um vier Salven abzugeben. Auf diese Weise verlieren die Leute nur eine halbe Stunde Schlaf."

„Ich halte das für eine recht gute Einteilung", stimmte der General zu. Sie kreuzten einen Platz, auf dem das Messe- und das Ordonnanzzelt errichtet worden waren. Im Mondlicht erschienen die Zelte silbern, mit steil herabfallenden Wänden, was ihnen das Aussehen winziger Kathedralen gab. Sie schritten hinüber und schlenderten einen schmalen Steig entlang, der fünfzig Fuß weit aus dem Buschwerk herausgeschnitten worden war. An seinem Ende befanden sich eng beieinander die vier Haubitzen. Die beiden äußeren Geschütze trennten nicht mehr als fünfzig Yards. Die Mündungen zeigten über den Dschungel hinweg auf die japanischen Linien. Das Mondlicht besprenkelte die Geschütze mit den Schattenbildern des über ihnen befindlichen Laubes. Hinter den Geschützen lagen fünf Flachzelte unregelmäßig im Busch verstreut und tauchten fast ganz in dem tiefen Schatten des Dschungels unter. Das war tatsächlich die ganze Batteriestellung: der Wagenpark, das Material, die Haubitzen und die verschiedenen Zelte. Der General hatte es mit einem Blick erfaßt und beobachtete die wenigen Kanoniere, die zwischen den Lafettenschwänzen des einen Geschützes ausgestreckt lagen. Es überkam ihn eine leise Sehnsucht. Einen Augenblick lang fühlte er sich müde und empfand ein kleines vorübergehendes Bedauern, daß er nicht mehr selbst Kanonier sein konnte, mit keinem anderen Interesse als dem, sich den Bauch zu füllen, und mit nichts Hassenswerterem beschäftigt, als eine Geschützstellung auszuheben. Eine seltsame, nicht zu ihm passende Stimmung überfiel ihn und weckte eine neue Art nachsichtigen Selbstmitleids.

Aus einem der Flachzelte konnte er gelegentlich den Ausbruch eines Gelächters und derben Spott vernehmen.

Immer hatte er allein sein müssen, sich für diesen Weg entschieden und würde ihm nun nicht mehr untreu werden; er wünschte es auch gar nicht. Die besten Dinge, Dinge, die es wert waren, daß man sie vollbrachte, die auch der schärfsten Kritik standhielten, mußte man für sich allein vollbringen. In solchen Augenblicken aber, wenn einen die Zweifel durchzogen und man nicht wachsam war, konnte man leicht den Versuchungen unterliegen. Cummings starrte auf die ungeheure dunkle Masse des Mount Anaka, der sich aus der Finsternis nur wie ein gewaltigerer, intensiverer Schatten vom Himmel abhob. Der Berg war die Achse der Insel und ihr Schlüssel.

Zwischen uns besteht etwas Verwandtes, sagte er sich. Wenn man es auf mystische Weise betrachtet, konnte man sagen, daß der Berg und er sich verstanden. Notwendigerweise waren sie beide abweisend und einsam und herrschten in den höheren Regionen. Heute nacht würde Hearn vielleicht den Paß überwunden haben und unmittelbar im Schatten des Anaka marschieren. Es versetzte ihm einen merkwürdigen Stich, den Zorn und Hoffnung verursachten, und er war nicht ganz sicher, ob er sich wünschte, daß Hearn Erfolg haben sollte. Das Problem, was er mit Hearn anfangen würde, war noch nicht gelöst und konnte vor Hearns Rückkehr auch nicht gelöst werden.

Der Hauptmann störte ihn in seinen Träumereien. „In einer Minute schießen wir, Sir. Wollen Sie mit dabeisein?"

Der General fuhr zusammen. „Ja." Er schlenderte neben dem Hauptmann zu dem Geschütz hinüber, um das sich die Kanoniere versammelt hatten. Als sie ankamen, beendeten die Männer die Ausrichtung des Geschützes, und einer von ihnen brachte die lange, schlanke Granate in das Verschlußstück. Sie verstummten und wurden steif, als Cummings näher trat. Sie standen mit den Händen auf dem Rücken verlegen herum und wußten nicht, ob sie stramm stehen sollten. „Steht bequem, Leute", sagte Cummings.

„Alles fertig, DiVecchio?" fragte einer von ihnen.

„Jaa."

Der General blickte auf DiVecchio, einen kleinen, vierschrötigen Mann, der seine Hemdsärmel hochgekrempelt hatte und dem eine Strähne schwarzen Haares in die Stirn fiel. – Ein Mann aus der Stadt, dachte der General mit einem aus Leutseligkeit und Verachtung gemischten Gefühl.

Einer der Soldaten kicherte vor Verlegenheit. Sie waren sich alle seiner Anwesenheit sehr bewußt, fürchterlich bewußt, so wie junge Burschen sich vor einem Zigarettengeschäft unbehaglich fühlen, weil eine Frau mit ihnen redet. Wenn er nur vorübergegangen wäre, würden sie gemurmelt oder sich vielleicht über ihn lustig gemacht haben. Er genoß das seltsame, heftige, fast aufregende Vergnügen, das es ihm bereitete.

„Ich denke, daß *ich* das Geschütz abfeuern werde, Hauptmann", sagte er.

Die Kanoniere starrten ihn an, und einer von ihnen summte vor sich hin. „Habt ihr was dagegen, wenn ich das Geschütz abfeuere?" fragte der General fröhlich.

„Hm?" fragte Di Vecchio. „Nee, warum sollten Sie nicht, Sir?"

Der General trat an die Stelle des ersten Mannes außerhalb der Lafettenschwänze beim Aufzugmechanismus und ergriff die Abzugsschnur. Es war eine kurze Kordel mit einem Griff am Ende. „In wieviel Sekunden, Hauptmann?"

„In fünf, Sir." Der Hauptmann hatte nervös auf seine Uhr geschaut.

Der Kordelgriff lag angenehm in der Handfläche des Generals. Er starrte auf den komplizierten, geheimnisvollen Mechanismus des Verschlusses und der Federung, und Angst und Erregung erfüllten ihn in gleicher Weise. Wie von selbst hatte er eine gelassene, selbstsichere Haltung angenommen. Jedesmal, wenn er an eine ihm nicht ganz vertraute Sache heranging, wollte er instinktiv den Eindruck von Gleichmut erwecken. Jedoch machte ihm jetzt das Geschütz als Ganzes Sorge. Seit West Point hatte er keins mehr abgefeuert und nicht in Erinnerung, wie groß Lärm und Erschütterung gewesen waren. Aber im ersten Weltkrieg hatte er zwei Stunden lang unter Artilleriebeschuß gelegen und eine nie zuvor empfundene, heftige Lebensangst gefühlt. Etwas davon klang jetzt in ihm nach. Kurz bevor er losfeuerte, war alles in seiner Vorstellung: die harte Detonation, das Hinausgleiten der Granate in den nächtlichen Himmel, ihr Pfeifen beim Herabkommen und der Augenblick, wo sie auf der japanischen Seite landen und jenes urhafte Entsetzen hervorrufen würde. Eine seltsame Aufregung zitterte eine Sekunde lang in seinen Gliedern und war vergangen, ehe er sich ihrer ganz bewußt wurde.

Der General zog an der Kordel.

Der Knall machte ihn augenblicklich taub und durchschüttelte ihn mit ungewohnter Gewalt. Er fühlte mehr, als daß er es sah, wie eine zwanzig Fuß lange Flamme aus dem Rohr hervorschoß, vernahm dumpf den durch die dunklen, dichten Dschungelgewölbe dahinwogenden Lärm des Abschusses. Die Gummibereifung und die Lafettenschwänze zitterten immer noch leise vom Rückstoß.

Alles war im Bruchteil einer Sekunde vor sich gegangen. Der Luftsog war an ihm vorbeigerast, hatte sein Haar zerwühlt und seine Augen verschlossen, ehe er sich darüber klar wurde. Nach und nach vermochte der General seine Sinneseindrücke wieder zu kontrollieren. Im Kielwasser der Detonation klammerte er sich daran, so wie ein Mann im Sturm einem Hut nachjagt. Er holte tief Atem, lächelte und hörte sich gleichmütig sagen: „Ich möchte jetzt nicht auf der andern Seite sein." Er sagte es, weil, wie stets, ein Teil seines Geistes zugleich die objektive Situation erfaßte. Der Männer in seinem Umkreis war er sich dabei nicht bewußt gewesen. Langsam entfernte er sich vom Geschütz und zog den Hauptmann mit fort.

„Geschützfeuer bei Nacht ist immer noch ein bißchen eindrucksvoller", murmelte er. Sein Gleichgewicht war leicht erschüttert. Niemals würde er das zu einem Fremden gesagt haben, wenn er nicht noch völlig im Bann des Abschusses gestanden hätte.

„Ich verstehe Sie gut, Sir. Auch mich erregt es jedesmal aufs neue, wenn die Batterie nachts feuert."

Nun, dann war es in Ordnung. Cummings war sich klargeworden, daß er beinahe einen Fehler gemacht hätte. „Ihre Batterie scheint in gutem Zustand zu sein, Hauptmann."

„Danke, Sir."

Aber er hörte schon nicht mehr hin. In Gedanken verfolgte er den Weg der Granate, wie sie sich mit Urweltgeheul hinabstürzte. Wie lange würde es dauern? Eine halbe Minute vielleicht? Seine Ohren erwarteten gespannt die Explosion.

„Ich komme nie ganz darüber hinweg. Es muß für die andere Seite die Hölle bedeuten."

Cummings lauschte auf den dumpfen Lärm der Detonation, die Meilen entfernt im Dschungel erfolgte. Er sah das blendende, vernichtende Flammenbündel, hörte die Schreie und das singende Geräusch der durch die Luft sausenden auseinandergerissenen Eisenteile. – Ob es wohl einen getötet hat? fragte er sich. Er wurde sich bewußt, mit welcher Spannung er auf den Aufschlag der Granate gewartet und welche Erleichterung er dabei gespürt hatte. Nun waren alle seine Sinne erschöpft und befriedigt. – Dieser Krieg oder überhaupt Krieg hat etwas Seltsames an sich, dachte er ein wenig kindlich. Aber er wußte, was er bedeutete, Langeweile und Routine, Vorschriften und Maßnahmen waren an der Oberfläche, aber darunter lag ein nacktes, zitterndes Herz, das einem viel zu schaffen machte, wenn man mitten hineingestellt wurde. Alle tiefen, dunklen Sehnsüchte des Menschen, die Opfer auf den Hügelkuppen und die heftigen Begierden der Nacht und des Schlafes – war dies nicht alles in dem brüllenden Bersten einer Granate enthalten, diesem Blitz und Donner aus Menschenhand? Er dachte diese Dinge nicht genauso, aber Spuren davon, ihre gefühlsmäßigen Entsprechungen, Vorstellungen und Erregungen versetzten ihn in eine Art Trancezustand. Es war ihm, als wäre er in einem Säurebad von allen Schlacken befreit worden. Sein ganzes Wesen war nun bis in die Fingerspitzen darauf vorbereitet, das Wissen in Besitz zu nehmen, das hinter allem stand. Er schwebte angenehm in den vielfältig verschlungenen Schichten des Daseins. Die Soldaten draußen im Dschungel waren nach dem Schema in seinem Verstand dirigiert worden, aber außerdem lebte er in diesem Augenblick auf verschiedenen Ebenen zugleich. Nur ein Teil seines Wesens feuerte das Geschütz ab. Dieser umfassende, brüllende Komplex an Gerüchen, Geräuschen und Bildern, der sich durch die andern Geschütze der Division unendlich vervielfachte, war in einer winzigen Windung seines Gehirns enthalten. Die ungeheure Gewalt, das dunkle Zusammenwirken, alles war seinem Verstand entsprungen. In dieser Nacht und in diesem Augenblick fühlte er eine derartige Macht in sich, daß er jenseits von einer Empfindung der Freude stand; er war ruhig und besonnen.

Später, als er im Jeep zu seinem Hauptquartier zurückkehrte, war er ausgezeichneter Laune. Sein Körper war immer noch angespannt, fieberte noch ein wenig, aber die Erregung, die ihn jetzt erfüllte, war ohne Bedrückung und trieb sein Hirn zu äußerster Tätigkeit an. Es waren aber mehr zufällige, unbestimmte Gedanken. Er vergnügte sich mit ihnen wie ein Kind, das sich in einem Spielwarenladen ungehindert austoben, jedes Ding berühren und, wenn es seiner müde ist, wieder fortwerfen darf. Cummings war sich dieses Vorganges nicht ganz unbewußt. Immer regte ihn eine neuartige körperliche Tätigkeit dazu an und durchtränkte alle seine Empfindungen.

Als er sein Zelt erreichte, blickte er flüchtig auf die wenigen Depeschen, die sich in seiner Abwesenheit angesammelt hatten. Im Augenblick war er ohne Lust, sie durchzusehen und die sorgfältige Arbeit des Verdauens und genauen Einprägens der wichtigen Einzelheiten zu erledigen. Er trat vor das Zelt und atmete die Nachtluft ein. Im Lager war es still geworden, fast geisterhaft still. Der Mondschein durchleuchtete den Dunst über der Lichtung und bedeckte das Blattwerk mit zarten silbernen Netzen. In seiner Stimmung kam Cummings jetzt jedes vertraute Ding unwirklich vor. – Wie fremd die Erde in der Nacht sein kann! seufzte er.

Wieder im Zelt, zögerte er einen Augenblick, und dann schloß er ein kleines grünes Aktenschränkchen, das an der Seite seines Tisches stand, auf und nahm ein schweres, wie ein Gesetzbuch schwarz eingebundenes Buch hervor. Es war ein Tagebuch, in dem er seit vielen Jahren seine persönlichen Gedanken flüchtig festhielt. Früher hatte er sich mit Margaret darüber unterhalten, aber nach den ersten Ehejahren, nachdem sie sich voneinander entfernt hatten, war ihm das Tagebuch noch mehr ans Herz gewachsen. In den späteren Jahren waren viele Bände gefüllt, versiegelt und aufbewahrt worden.

Dennoch kam er sich jedesmal, wenn er Tagebuch schrieb, vor, als ob er etwas Verbotenes tue, einem Knaben gleich, der sich mit schlechtem Gewissen ins Badezimmer einschließt. Wenn auch auf einer höheren Ebene, so waren doch viele der Gefühle, die ihn dabei bewegten, dieselben, und so hatte er sich fast unbewußt eine Entschuldigung bereitgelegt für den Fall, daß man ihn dabei überraschte. „Wenn Sie einen Augenblick warten wollen, Major (Oberst oder Leutnant), ich muß nur noch schnell ein Memorandum schreiben."

Nun wandte er sich der ersten leeren Seite seines Tagebuches zu, hielt den Bleistift in der Hand und dachte einige Augenblicke nach. Viele neue Gedanken hatte er auf der Rückfahrt von der Batteriestellung gehabt, und er erwartete, daß sie sein Verstand – er wußte es – wieder hervorbringen würde. Es überkam ihn das Gefühl, die weiche, eiförmige Oberfläche des Kordelgriffes wieder in der Hand zu halten, als habe man ein wildes Tier fest am Strick.

Dieses Bild brachte eine Reihe von Gedanken in Bewegung. Er setzte das Datum an den Kopf der Seite, rollte noch einmal seinen Bleistift zwischen den Fingerspitzen und begann zu schreiben:

Es scheint mir nicht ganz sinnlos zu sein, Waffen für etwas anderes als nur für Maschinen zu halten; für Persönlichkeiten, ja vielleicht sogar für menschliche Wesen. Die Geschütze, die ich heute nacht besichtigte, gaben mir diese Idee ein; aber wie sehr hat das Ganze auch Ähnlichkeit mit einem Zeugungsprozeß, nur daß der Endeffekt ein anderer ist.

Dieses Bild war ihm nicht angenehm. Er empfand den Hinweis auf das sexuelle Symbol mit einigem Widerwillen und dachte an DiVecchio.

Die Haubitze ist wie eine Bienenkönigin, die, soviel ich weiß, von den gemeinen Arbeitsbienen ernährt wird. Die Phallus-Granate dringt durch eine schimmernde Stahl-Vagina, schwingt sich durch den Himmel und entfacht die Erde, den Mutterschoß, wie es wohl poetisch ausgedrückt wird.

Sogar die Kommandoworte bei der Artillerie sind offensichtliche Anspielungen. Vielleicht befriedigt es eine unbewußte Lust in uns, dem Tod zu dienen. Spreizt die Lafettenbeine. Gerade richten. Fertigmachen. Ich erinnere mich an die Übungsklasse, die ich einmal inspizierte, wie sich die Kadetten über die Ausdrücke lustig machten, und an die Worte des jungen Offiziers: „Wenn du die Granate nicht einmal in das große Loch stecken kannst, weiß ich nicht, was aus dir werden soll, wenn du erst älter bist." Vielleicht verdient diese Bemerkung eine Analyse. Sollte es nicht schon Psychoanalytisches darüber geben?

Aber dann sind da noch andere Waffen. Diese hinterlistigen kleinen Explosivkörper in Europa, die die Deutschen anwenden. Oder sogar unsere eigene Erfahrung am Hügel 318 auf Motome. Gefährliche Dinger wie Ungeziefer; flache, schwarze, häßliche kleine Dinger, die den Menschen mit Übelkeit und Entsetzen erfüllen, ihn schon beim Geraderücken eines Bildes heulen machen – im Vorgefühl einer Explosion oder des Entsetzens, das ein paar schwarze Schaben hervorbringen können, die an der aufgedeckten Stelle über die Wand huschen.

Sind nicht Panzer und Lastwagen wie plumpe, schwere Dschungeltiere, wie Elefant und Rhinozeros? Das Maschinengewehrfeuer der geschwätzige Lärm vieler Lebewesen? Oder das Gewehr, ein durchaus persönlicher Arm, eine Vermehrung menschlicher Kraft? Können wir das nicht alles miteinander in Beziehung setzen?

Und wiederum umgekehrt, sind nicht in der Schlacht die Menschen mehr Maschinen als Lebewesen? Ist das nicht eine einleuchtende, annehmbare These? Die Schlacht eine Organisation von Tausenden von Maschinenmenschen, die mit gelenkten Bewegungen über ein Feld stürzen, die wie Motoren in der Sonne dampfen; und wiederum zittern und erkalten wie flüssiges Eisen, wenn man es ins Wasser wirft? Ich entdecke bei meinen Gedankengängen, daß wir Menschen nicht mehr so weit von der Maschine entfernt sind. Es ist nicht länger mehr so, als ob man Äpfel und Pferde addieren wollte. Eine Maschine ist gleich soundso viel Menschen. Die Marine hat das besser erfaßt als wir. Die Nationen, deren Führer nach Gottähnlichkeit streben, verherrlichen die Maschine. Ich frage mich, ob sich dies auf mich anwenden läßt.

Er lehnte sich zurück und zündete sich eine Zigarette an. Der Zylinder in der Coleman-Lampe begann zu summen, und Cummings richtete sich auf, um ihn in Ordnung zu bringen. Dabei erinnerte er sich einen Augenblick lang an Hearns Gesichtsausdruck, wie er vor ihm gesessen und um seine Versetzung gebeten hatte. Der General zuckte die Schultern, lehnte sich wieder zurück und starrte auf seinen Schreibtisch. Sobald er einen Gedanken zu Papier gebracht hatte, erschien es ihm weniger bedeutend und sogar erkünstelt zu sein; Cummings empfand es mit Unbehagen. Vielleicht hätte er mit dem Schreiben aufgehört, aber die Erinnerung an Leutnant Hearn regte ihn auf. Es war, als habe sich eine Falltür in seinem Verstand geöffnet. Er drängte die Erinnerung an ihn heftig beiseite, zog einen Strich unter seinen letzten Satz und begann, über etwas anderes zu schreiben.

Neulich dachte ich über eine recht faszinierende Kurve nach, die ganz Verschiedenes bedeutet: die asymmetrische Parabel, die

so aussieht	*oder so*	*oder so*	*oder so*
⌢	⌢	⌢	⌢

Apropos: Spenglers Lebensform für alle Kulturen (Kindheit, Jugend, Reife, Alter; oder Knospen, Blühen, Reifen, Faulen). Umseitige Kurve ist die Lebenslinie für alle Kulturen. Jede Epoche erreicht anscheinend ihren Höhepunkt erst nach der Überschreitung der Mitte. Der Niedergang erfolgt schneller als der Aufstieg. Ist die Kurve nicht damit zugleich die Kurve der Tragödie? Es scheint mir ein gültiges Gesetz zu sein, daß die Entwicklung eines Charakters länger dauert als sein Zusammenbruch.

Noch anders gesehen ist diese Kurve die Kontur der seitlich betrachteten Brust eines Mannes oder einer Frau.

Cummings hielt inne und hatte ein ungewohntes, nervöses Gefühl, als ob Nadeln auf seinem Rücken spielten. Der neue Vergleich störte ihn, und die nächsten Sätze, die er niederschrieb, bedeuteten ihm wenig.

... Brust eines Mannes oder einer Frau; wohl die Elementarkurve der Liebe. Es ist die Kurve aller menschlichen Kraftentwicklung (wenn man die Ebene der Kindheit und des Alters außer acht läßt), und es scheint auch die Kurve der sexuellen Anspannung und Entspannung zu sein, der physikalischen Grundlage des Lebens überhaupt.

Was ist diese Kurve aber nun eigentlich? Sie gibt den grundsätzlichen Weg jedes Projektiles wieder, eines Balles, Steines, Pfeiles (Nietzsches Pfeil der Sehnsucht) oder Artilleriegeschosses. Es ist sowohl die Kurve der todbringenden Granate als auch das Sinnbild des Lebens-Liebes-Impulses. Es ist die Seinslinie schlechthin, wobei Leben und Tod nichts anderes als verschiedene Blickpunkte auf derselben Flugbahn sind. Der Lebensblickpunkt ist das, was wir sehen und fühlen würden, wenn wir rittlings auf einer Granate säßen. Es ist das, was wir im Augenblick erleben. Vom Todesblickpunkt aus betrachtet sehen wir die Granate als ein Ganzes, wissen um ihr unerbittliches Ende und kennen den Punkt, auf den sie auf Grund unausweichbarer, physikalischer Gesetze zusteuert, von dem Zeitpunkt an, wo sie ihren ursprünglichen Antrieb erhielt, als sie in die Luft hinausgejagt wurde.

Um es noch weiter auszuführen: auf ihrem Weg wird die Granate von zwei entgegenstehenden Kräften beeinflußt. Wären sie nicht vorhanden, würde sie sich immer weiter in derselben geraden Linie nach oben bewegen ↗. Die Kräfte sind Schwerkraft und Luftwiderstand, und ihre Wirkung ist proportional zum Quadrat der Zeit. Sie werden größer und größer, sie wachsen gewissermaßen aus sich selbst. Das Geschoß wünscht diesen Weg zu nehmen ↗. Die Schwerkraft zieht nach unten ↓, und der Luftwiderstand geht in diese Richtung ←. Diese nagenden Kräfte wachsen mehr und mehr an, je mehr Zeit vergeht; sie beschleunigen den Niedergang und verkürzen die Kurve. Wäre nur die Schwerkraft vorhanden, würde der Weg ein symmetrischer sein:

Aber durch den Luftwiderstand entsteht die tragische Kurve:

Betrachtet man die Kurve nun hintergründig, dann tritt an die Stelle der Schwerkraft der Tod (wer aufwärts steigt, muß niedergehen), und an Stelle des Luftwiderstandes tritt der Widerstand des Lebens – das Beharrungsvermögen der Masse oder der Massen, wodurch das Idealbild verwaschen, der nach oben gehende Schwung einer Kultur geschwächt und verlangsamt und ihr Untergang herbeigeführt wird.

Der General hielt inne und blickte mit leerem Gesichtsausdruck auf sein Tagebuch. Er wiederholte bei sich bis zum Überdruß: „Das Beharrungsvermögen der Masse oder das Beharrungsvermögen der Massen, das Beharrungsvermögen der Masse oder das ..." Plötzlich ekelte es ihn.

Nichts als Wortspielerei. Alles, was er geschrieben hatte, erschien ihm jetzt sinnlos und verschroben. Es erfüllte ihn mit heftigem Widerwillen. Mit Nachdruck zog er durch jeden seiner Sätze einen Strich. Mitten auf der Seite brach der Bleistift ab, er warf ihn fort und trat vors Zelt, während sein Atem ein wenig zu schnell ging.

Es war alles zu leicht bei der Hand gewesen; es war zu primitiv. Gewiß gab es eine höhere Ordnung, aber man konnte sie nicht auf eine einfache Kurve zurückführen. Die Dinge entzogen sich ihm.

Er starrte über das schweigende Lager, blickte zu den Sternen des pazifischen Himmels auf und vernahm das Rauschen der Kokospalmen. In seiner Einsamkeit überspannten sich abermals seine Sinne, und er verlor das intime Bewußtsein von der Größe seines Körpers. Ein tiefer, grenzenloser Ehrgeiz wallte wieder in ihm auf, und wenn seine Gepflogenheiten nicht so stark festgelegt gewesen wären, hätte er seine Arme zum Himmel emporgestreckt. Seit seiner Kindheit hatte er nicht wieder solch einen Hunger nach Wissen empfunden. Alles lag vor ihm; wenn er es doch nur zu greifen vermöchte! Wenn man es gestalten könnte – wenn man diese Kurve gestalten könnte!

Ein Geschütz feuerte und erschütterte das Gewebe der Nacht.

Cummings lauschte auf den Widerhall, und ein Schauder ergriff ihn.

7

In der Abenddämmerung glühten die Felswände des Mount Anaka in roten und goldenen Tönen und warfen ihren Schimmer hinüber auf die Hügel und Ebenen zu seinen Füßen. Im

Lager hatte sich das, was vom Zug übriggeblieben war, zur Nacht eingerichtet. Die vier Männer, die man Brown zur Unterstützung für die erste Stunde zuteilte, waren soeben zurückgekehrt und ordneten ihre Decken. Gallagher hatte die Wache auf der kleinen Erhebung bezogen, die die Mulde überragte, und die übrigen aßen ihre Ration oder hockten im Gras beieinander, um sich zu erholen.

Wyman bürstete sich seine Zähne mit großer Sorgfalt, ließ ein paar Tropfen Wasser aus seiner Feldflasche auf die Borsten fallen und massierte dann gedankenversunken sein Zahnfleisch.

„He, Wyman", rief Polack, „stell doch mal das Radio für mich an, bist du so nett?"

„Nee, bloß nicht, ich kann's nicht mehr hören!" schrie Minetta.

Wyman errötete. „Hört mal, Jungens, schließlich bin ich immer noch ein zivilisierter Mensch", piepste er. „Wenn ich mir meine Zähne putzen will, tue ich es."

„Selbst seine besten Freunde werden es ihm nicht sagen", witzelte Minetta.

„Äääh, leck mich am Arsch, ich hab's satt."

Croft bewegte sich in seinen Decken und richtete sich auf einem Ellbogen auf. „Hört mal, Leute, ihr solltet jetzt ruhig sein, oder wollt ihr uns die Japaner auf den Hals bringen?"

Was sollte man darauf antworten? „Schon gut", murmelte jemand.

Roth hatte sie gehört. Während er im Gras hockte, schaute er sich ängstlich über die Schulter um. Hinter ihm war nichts als das weite dunkle Hügelgewoge. Er mußte sich beeilen. Das Papier war im Rationskarton, aber gerade, als er danach langte, bekam er einen neuen Krampf. Er stöhnte und hielt sich die Lenden, während es in seinem Leib arbeitete.

„Himmel", hörte er einen der Leute flüstern, „wer, zum Teufel, scheißt da – ein Elefant?"

Zu Roths Übelkeit und Schwäche trat nun noch Verlegenheit. Er ergriff das Papierbündel, beendete sein Geschäft und zog seine Hosen hoch. Er war so schwach. Er legte sich auf seinem Umhang nieder und zog die Decke über sich. – Warum mußte mir das jetzt passieren? dachte er. Während der ersten beiden Tage war sein Leib fest und verstopft gewesen, aber das würde er seinem jetzigen Zustand vorziehen. – Es ist eine Nervenreaktion des Vogels wegen, sagte er sich. Diarrhöe wird ebensosehr durch die Nerven wie durch Nahrung verursacht. Als sollte seine Feststellung bestätigt werden, rührte es sich wieder in seinem Leib, und einige Sekunden verbrachte Roth in quälender Angst. Ich werde es während der Nacht noch ein paarmal durchmachen müssen. Aber es würde unmöglich sein. Wenn er sich in der Dunkelheit fortbewegte, könnte ihn womöglich die Wache erschießen. Er würde gezwungen sein, es unmittelbar neben seinem Lager zu erledigen. Vor Verzweiflung und Beunruhigung füllten sich seine Augen mit Tränen. Es war ungerecht, und es verbitterte ihn, daß die Armee solche Situationen nicht mit in Rechnung stellte. Oh! Er hielt seinen Atem an, krampfte den Schließmuskel zusammen, während ihm der Schweiß in die Augen rann. Er wurde von einer Panik ergriffen, als er glaubte, sich zu beschmutzen. Im Zug gab es dafür einen Jargonausdruck: „Den Arsch einklemmen." Was wußten sie davon? Nur danach wird man beurteilt, sagte er sich.

Nun gut, an diesem Nachmittag hatte er es getan, und es war ihm nicht einmal bewußt geworden.

Aber als er sich jetzt an das Gefecht vor dem Paßeingang erinnerte, überkam ihn hilflose Angst. Er hatte sich hinter den Felsvorsprung geduckt, und selbst als Croft ihnen zuschrie, daß sie schießen sollten, hatte er es keineswegs getan. Er fragte sich, ob es Croft bemerkt habe, und hoffte, daß er zu beschäftigt gewesen sei. Er wird mich schikanieren, wenn er es sah.

Und dann Wilson! Roth preßte sein Gesicht gegen das feuchte Gummigewebe seines Umhangs. Bis zu diesem Augenblick hatte er sich keine Gedanken um Wilson gemacht, selbst dann nicht, als sie ihn in die Mulde zurückgebracht und die Bahre hergestellt hatten; da war er mit dem Vogel beschäftigt gewesen. Zwar hatte er Wilson gesehen, aber nicht den Wunsch gehabt, ihn anzublicken. Jetzt sah er Wilson deutlich vor sich. Sein Gesicht war weiß und seine Uniform mit Blut bedeckt gewesen. Fürchterlich. Roth entsetzte sich, und als er sich erinnerte, wie rot das Blut ausgesehen hatte, wurde ihm leicht übel. – Ich dachte, es sei irgendwie dunkler – Arterie – oder Vene ...? Ach, ist ja egal!

Wilson war immer so lebhaft gewesen und kein schlechter Bursche. Und stets sehr freundlich. Es war einfach nicht zu fassen. Eben noch – und dann so schwer verwundet. Er hatte wie ein Toter ausgesehen, als sie ihn brachten. – Es ist schwer zu glauben, dachte Roth, und dann schauderte ihn durch und durch. Wenn mich nun die Kugel getroffen hätte? – Roth sah, wie das Blut schimmernd aus einem tiefen Loch in seinem Körper sickerte. Oh, die Wunde sah wie ein Mund aus, erschreckend anzusehen. Und wie um sein Elend zu erhöhen, begann sich sein Magen heftig zu verkrampfen. Roth lag auf der Brust und erbrach sich ein wenig.

Oh, das war entsetzlich; er mußte sich frei machen von seinen Gedanken.

Er blickte auf den Kameraden, der neben ihm lag. Es war fast ganz dunkel, er konnte die Gesichtszüge kaum erkennen.

„Red?" flüsterte er sanft.

„Jaa?"

Er mußte sich bezwingen, um nicht zu sagen: „Bist du wach?" Er stützte sich auf einen Ellbogen. „Hast du Lust, dich mit mir zu unterhalten?" fragte er.

„Ist mir gleich, ich kann sowieso nicht schlafen."

„Das macht die Übermüdung; wir sind viel zu schnell gegangen."

Red spie aus. „Wenn du meckern willst, sag's Croft."

„Nein; ich glaube, du hast mich falsch verstanden." Er schwieg einen Augenblick, aber dann konnte er nicht länger mehr damit zurückhalten. „Fürchterlich, was Wilson passiert ist."

Red schreckte zusammen. Er hatte darüber nachgedacht, seitdem er hier ausgestreckt lag. „Äääh, Wilson, dieser alte Schweinehund ist nicht umzubringen."

„Meinst du?" Roth fühlte sich erleichtert. „Aber er war ganz mit Blut bedeckt."

„Was, zum Teufel, hast du denn zu sehen erwartet – vielleicht Milch?" Red war gereizt, aber heute nacht würde ihn alles und jeder gereizt haben. Wilson war einer von den alten Leuten im Zug. – Warum, zum Teufel, mußte es grade ihn erwischen, dachte Red. Die alte, tief in seinem Herzen verborgene Furcht arbeitete wieder in ihm. Er hatte Wilson gern. Wilson war vielleicht sein bester Freund im ganzen Zug, aber das machte nichts aus; Red gestattete sich nicht, mit jemandem so sehr befreundet zu sein, daß ihn sein Verlust schmerzen würde. Aber immerhin, Wilson war genauso lange im Zug wie er. Es war etwas anderes, wenn jemand von den Ersatzleuten fiel; das bedeutete kaum mehr, als ob es sich um einen Mann aus einem andern Zug gehandelt hätte. Es regte einen nicht auf und berührte nicht die Frage der eigenen Sicherheit. Wenn jedoch Wilson von ihnen ging, dann war nunmehr die Reihe an ihm. „Hör mal, dieses alte Schwein mußte ja mal eine Kugel erwischen. Wie, zum Teufel, wollte er darum herumkommen?"

„Aber daß es so plötzlich geschah!"

Red knurrte. „Wenn du an der Reihe bist, werde ich dir ein Telegramm schicken!"

„Das solltest du nicht einmal im Scherz sagen."

„Äääh." Red empfand einen seltsamen Schauder. Der Mond trat hervor und versilberte die Felsplatten des Berges. Während Red auf seinem Rücken lag, konnte er die großen Abhänge fast bis zum Gipfel hinauf verfolgen. Nichts schien in diesem Augenblick mehr richtig zu sein. Er vermochte sogar einzusehen, daß es vielleicht Unglück brachte, so etwas zu Roth zu sagen. „Vergiß es", sagte er milder gestimmt.

„Ach, macht nichts, du hast mich nicht gekränkt. Ich verstehe sehr gut, daß es dir nahegegangen ist. Ich kann ja selbst nicht aufhören, daran zu denken. Es ist einfach nicht zu fassen. Eben ist ein Mann noch ganz auf der Höhe, und dann ... Ich begreife es nicht."

„Wollen wir nicht von was anderm reden?"

„Entschuldige." Roth verstummte. Das Problem aber bewegte ihn immer noch. War es so einfach, getötet zu werden? Er konnte sich von seinem Erstaunen nicht frei machen. Er wälzte sich auf den Rücken, um den Krampf in seinem Magen zu besänftigen. Er holte tief Atem. „Oh, bin ich erledigt."

„Wer denn nicht?"

„Wie macht das nur Croft?"

„Der Schweinehund hat seinen Spaß daran."

Roth fühlte sich wieder bedrückt, als er an Croft dachte. Der Vorfall mit dem Vogel kam ihm in den Sinn. „Glaubst du, daß Croft was gegen mich hat?" stieß er hervor.

„Wegen dem Vogel? Das glaube ich nicht, Roth. Aber es wäre besser, wenn du deine Zeit nicht damit vergeuden würdest, dir den Kopf über ihn zu zerbrechen."

„Ich möchte dir gern sagen, Red, daß..." Roth schwieg. Die Erschöpfung, die Schwäche als Folge der Diarrhöe, das durch Wilson verursachte Entsetzen, alle Schmerzen und Leiden wühlten plötzlich in ihm. Die Tatsache, daß ihm einige Kameraden und unter ihnen der neben ihm liegende Red zu Hilfe gekommen waren, nachdem Croft den Vogel getötet hatte, überwältigte ihn und weckte Mitleid mit sich selbst, aber auch Dankbarkeit und Zuneigung. „Ich rechne es dir hoch an, was du heute getan hast." Seine Stimme versagte.

„Äääh, ist nicht der Rede wert."

„Nein, nein – ich möchte dir doch sagen, wie hoch ich dir das anrechne." Zu seinem eigenen größten Unbehagen fühlte er, daß er zu weinen begann.

„Um Gottes willen." Red war einen Augenblick lang gerührt, und beinahe streckte er seinen Arm aus, um Roth auf die Schulter zu klopfen. Aber er unterdrückte die Bewegung. Roth war wie einer dieser armseligen Hunde, die sich mit räudigem Fell bei den Kehrichthaufen oder vor den Asylen versammeln, wenn der Abfall hinausgeworfen wird. Sobald man ihnen etwas Fressen gibt oder ihnen den Kopf streichelt, folgen sie einem tagelang und starren einen aus wäßrigen Augen voller Dankbarkeit an.

Gewiß wollte er jetzt zu Roth freundlich sein, aber dann würde er Roth nicht mehr loswerden und gezwungen sein, sich seine

Herzensergüsse mit anzuhören. Roth würde sich an jeden hängen, der nett zu ihm war. Nein, er konnte ihm nicht helfen; Roth gehörte zu der Sorte, die bald eine Kugel erwischen würde.

Und außerdem mochte er es auch nicht. An der Art, wie Roth sein Gefühl zur Schau stellte, war etwas Unsauberes, Unzüchtiges. Red pflegte dann zu erstarren. „Um Himmels willen, Mann, hör schon auf", sagte er scharf. „Ich kümmere mich einen Dreck um dich und deinen Vogel."

Roth verstummte plötzlich, ihm war, als ob er einen Schlag ins Gesicht bekommen habe. Während er weinte, hatte er einen Augenblick lang auf die warmen Arme seiner Mutter gehofft. Das war nun vorbei, alles war vorbei. Er war wieder allein. Es verschaffte ihm eine bittere Genugtuung, als sei ihm nun das Schlimmste an Zurückweisung widerfahren, als könne ihm niemals mehr eine schlimmere Beleidigung zugefügt werden. Hier waren sozusagen die Grundsteine seiner Verzweiflung, aber wenigstens waren es Steine. Red konnte das bittere Lächeln Roths nicht sehen, das automatisch auf seine Lippen trat. „Wir brauchen nicht mehr darüber zu reden", sagte Roth, drehte sich auf die andere Seite und starrte durch die Tränen auf die kalten, steilen Felshänge. Wenn er schluckte, fühlte er etwas Heißes in seiner Kehle. – Wenigstens bleibt mir nun nichts mehr zu wünschen übrig, sagte er sich. Sicher würde selbst sein Sohn, wenn er herangewachsen war, sich über ihn lustig machen, und seine Frau mehr und mehr zu einem zänkischen Weib werden. Niemand gab es, der ihn anerkannte.

Red starrte auf Roths Rücken und fühlte sich immer noch versucht, Roth zu besänftigen. Die schmalen, verkrümmten Schultern, die steife Haltung, die Roth angenommen hatte, waren wie ein Vorwurf. Red fühlte sich unruhig und ein wenig schuldbewußt. – Warum bin ich ihm eigentlich bei dem verdammten Vogel zu Hilfe gekommen, fragte er sich. Nun ist es mit mir und Croft soweit. – Er seufzte müde. Früher oder später mußte es zum Ausbruch kommen. – Jedenfalls habe ich keine Angst.

Wirklich nicht? fragte er sich, aber dann rückte er von dem Problem ab. Er war zu müde, und Roths Appell hatte ihn gegen seinen Willen bewegt. Wie es oftmals geschah, wenn er sich ermüdet fühlte, war sein Geist völlig klar. Red war es, als ob er jetzt alles verstehen könnte, aber in einem Fall wie diesem war seine Einsicht von Nachdenklichkeit beschattet, und die Schwere des Lebens bedrückte sie. Er dachte an Wilson und hatte einen Augenblick lang genau vor Augen, wie er Monate zuvor im Landungsboot beim Beginn der Invasion ausgesehen hatte. „Komm 'rein, alter Bock, es ist hübsch und kühl auf dem Wasser", hatte ihm Wilson zugerufen.

„Leck mich am Arsch" oder so ähnlich hatte er ihm wohl geantwortet. Und jetzt war Wilson vielleicht schon tot. Warum geschah das alles?

Äääh, jeder spielt ein verlorenes Spiel. – Red sagte es beinahe laut. Das war die Wahrheit. Er wußte es; alle wußten es. Jeder einzelne von ihnen. Abermals seufzte er. Sie wußten es, und dennoch blieben sie ruhig, weil sie es noch nicht ganz erfaßt hatten.

Selbst wenn wir zurückkommen sollten, haben wir nichts zu erwarten. Was machte es aus, ob sie jemals aus der Armee herauskämen oder nicht? Draußen würde es nicht anders sein. Nichts nimmt seinen Weg so, wie man es sich wünscht. Und dennoch waren sie noch nicht vollkommen abgebrüht. Noch glaubten sie, daß zum Schluß alles gut werden könnte. Sie pickten sich die goldenen Körnchen aus dem Sand heraus und blickten nur auf sie – wie durch ein Vergrößerungsglas. Auch er tat es, und dabei hatte die Zukunft nichts anderes für ihn bereit als eine Kette elender kleiner Städte und möblierter Zimmer und Abende, die er damit verbringen würde, auf das Geschwätz der Männer in den Kneipen zu lauschen. Was würde es sonst noch geben, außer einer Hure und einem bißchen Erregung in den Lenden?

Vielleicht sollte er heiraten, dachte er, und gleich darauf mußte er lächeln. Was hätte es für einen Sinn? Er hatte seine Chance gehabt und sie nicht genutzt. Er hätte Lois haben können und war davongelaufen. (Wenn du an meiner Stelle wärst, würdest du dir wegen des Älterwerdens Sorgen machen.) Das war es, gut und einfach ausgedrückt. Es begann mit etwas, was alle mitbekamen, und auf einmal war es vertan. Für einen Augenblick erinnerte er sich an Lois, wie sie mitten in der Nacht aufstand, um nach Jackie zu sehen, und dann ins Bett zurückkehrte – und sich zitternd an ihn drückte, um ihren Körper wieder zu erwärmen. Seine Kehle schnürte sich zusammen, und er drängte das Bild zurück. Er besaß nichts, um einer Frau oder irgend jemand etwas bieten zu können. Was sollte er ihnen erzählen, sie alle haben ihren eigenen Kummer. Auch ein verwundetes Tier verkriecht sich, um allein zu sterben.

Wie zur Bestätigung dieser Worte begannen seine Nieren aufs neue zu schmerzen.

Trotzdem konnte er sich eine Zeit vorstellen, wo diese Jahre, die er jetzt durchlebte, als weit zurückliegend erscheinen würden, wo er über die Männer, die er im Zug kennengelernt hatte, lachen und sich daran erinnern würde, wie der Dschungel und die Hügel bisweilen in der Dämmerung aussahen. Vielleicht wünschte er die Spannung sogar noch einmal zu erleben, die einen beim Beschleichen eines Mannes befiel. Es war verrückt, und er haßte es mehr, als er irgend etwas je gehaßt hatte, aber dennoch wußte er, daß später alles seine harten Kanten verlieren würde. Das Vergrößerungsglas über den Goldkörnchen.

Er verzog sein Gesicht. Immer ließ man sich einfangen. Auch ihm war es einst so ergangen. Trotz seiner Lebenserfahrung hatte er sich die Finger verbrannt. Er hatte an die Zeitung geglaubt. Zeitungen aber wurden für solche Jungens wie Toglio geschrieben, und sicher würde Toglio mit seiner Million-Dollar-Wunde heimkehren und große Reden für die Kriegsanleihe schwingen und jedes seiner Worte selbst glauben. „Soll der Tod unserer Soldaten sinnlos werden?" Er erinnerte sich an ein Streitgespräch mit Toglio über einen Leitartikel, den er von seiner Mutter erhalten hatte: „Ist der Tod unserer Soldaten sinnlos?"

Er schnaufte. Wer wußte nicht die Antwort darauf? Natürlich starben sie vergebens, jeder Soldat wußte es.

„Red, du bist zu zynisch", hatte Toglio erklärt.

„Jawoll. Krieg um irgendwelche Ideen zu führen ist genauso, als ob man zu einer Hure geht, um eine Ansteckung loszuwerden."

Jetzt starrte Red zum Mond empor. Vielleicht aber steckte ein tieferer Sinn dahinter. Er kannte ihn nicht, und es gab auch keinen Weg, ihn jemals herauszufinden. Keiner würde ihn je entdecken. Äääh, in den Eimer damit; wen kümmerte es schon?

Ich werde nicht lange genug leben, um mich da jemals durchzufinden, dachte er.

Hearn konnte ebenfalls nicht schlafen. Er fühlte sich sehr nervös, und in seinen Gliedern lag eine merkwürdige, fiebrige Mattigkeit. Fast eine Stunde lang wälzte er sich fortgesetzt in seinen Decken, starrte auf den Berg und auf den Mond, die Hügel und den Erdboden vor seinen Augen. Seit dem Überfall steckte etwas wie Angst und Unrast in ihm, was ihn antrieb. Es bereitete ihm Pein, sich still zu verhalten. Nach einer Weile stand er auf und durchschritt die Mulde. Die Wache auf der Kuppe erblickte ihn und hob das Gewehr. Er pfiff leise, und dann sagte er: „Wer ist da – Minetta? – Ich bin's, der Leutnant."

Er kletterte den Hang empor und ließ sich neben Minetta nieder. Vor ihnen im Mondlicht wogte das Gras in silbernen Wellen das Tal entlang, und die Hügel sahen wie versteinert aus.

„Was gibt's, Leutnant?" fragte Minetta.

„Nichts, ich wollte mir nur die Beine vertreten." Sie sprachen flüsternd miteinander.

„Himmel, ist das eine verteufelte Sache, nach dem Überfall Wache zu stehen."

„Jaa." Hearn massierte seine Beine und versuchte, sie geschmeidig zu bekommen.

„Was werden wir morgen machen, Leutnant?"

Ja, was würden sie morgen machen? Darüber mußte er sich schlüssig werden. „Was meinen Sie, Minetta?"

„Ich denke, wir sollten umkehren. Der verfluchte Paß ist dicht gemacht, wie?" Minettas Stimme, obwohl sie gedämpft war, schien erregt zu sein, als hätte er über diese Angelegenheit schon längere Zeit nachgedacht.

Hearn zuckte die Schultern. „Ich weiß nicht, vielleicht." Für einige Minuten blieb er neben Minetta sitzen, dann ging er wieder in die Mulde hinunter und schlüpfte unter seine Decke. Nichts Einfacheres als das. Minetta hatte es ausgesprochen. Warum kehrten sie nicht um, nachdem der Paß besetzt war?

Warum wirklich nicht?

Die Antwort war leicht genug. Er durfte nicht umkehren und die Patrouille abpfeifen, weil – weil ... Die Gründe würden diesmal recht schäbig sein. Hearn legte seine Hände unter den Kopf und starrte zum Himmel empor.

Die Aussichten für die Patrouille waren nicht größer als die eines Schneeballs in der Hölle. Selbst wenn der Paß jetzt frei ist, würden die Japaner wissen, wo sie steckten, und ihren Auftrag leicht durchschauen. Falls es der Patrouille gelingen sollte, in das japanische Hinterland einzudringen, würde sie nicht unentdeckt bleiben. Wenn man die Angelegenheit richtig überdachte, hatte die Patrouille niemals eine Chance gehabt. Hier war einer der Fälle, wo Cummings danebengehauen hatte.

Aber er wünschte nicht umzukehren, weil er dann Cummings mit einem Versagen, mit leeren Händen und Entschuldigungen gegenüberzutreten mußte. Es lief immer wieder auf die Extradinge mit dem Liberty-Schiff hinaus. Kerrigan und Croft. Das hatte hinter seinem Verhalten der ersten zwei Tage gestanden. Sich mit den Leuten des Zuges gut zu stellen – lächerlich! Er hatte gewünscht, mit den Leuten gut auszukommen, weil es die Erfolgsaussichten der Patrouille erhöhte. Die Wahrheit war, daß er sich den Teufel was daraus machte, wenn ihm dies mißlang. Alle Erschöpfung und Anstrengung hatte er auf sich genommen, um ein wenig Anerkennung von Cummings zu gewinnen. Das stand auch hinter dem Geplänkel mit Croft.

Wollte er sich an Cummings rächen? Das wäre noch schmutziger. Im Grunde ging es nicht um Rache, sondern um Ehrenrettung. Er wünschte von Cummings wieder anerkannt zu werden. Hearn wälzte sich auf seinen Bauch.

Führertum! Es war genauso fadenscheinig wie alles übrige. Aber es machte ihm jetzt Freude. Nach dem Überfall, nach der einzigartigen Erregung, ja Ekstase, die ihn bei der Übernahme der Führung im Feld überfiel, hatte er sich diese wenigen Minuten immer und immer wieder in Erinnerung gerufen und sich gewünscht, es noch einmal zu erleben. Nicht im Hinblick auf Cummings, sondern aus eigenem, tiefem Verlangen heraus wünschte er, den Zug zu führen. Der Wunsch war in ihm herangewachsen, war plötzlich so stark geworden, daß, ihm nachzugeben, ihn nun mehr befriedigte als alles andere, was er je zuvor getan hatte. Er konnte Croft jetzt verstehen, daß er den Berg durch das Fernglas anstarrte oder den Vogel tötete. Wenn er sich genau prüfte, war er nur ein anderer Croft.

Das war es. Sein ganzes Leben lang hatte er mit den Gelegenheiten nur gespielt, mit Geschäften, bei denen er Menschen in Bewegung setzen konnte, und jedesmal, als hätte er das stärkere Verlangen in sich gefühlt, war er wieder davon abgerückt, hatte er die Dinge in dem Augenblick fallenlassen, wo sie sich entwickeln wollten, und hatte Frauen aufgegeben, weil er im Grunde sich selbst nur prüfen wollte und kein Bedürfnis nach Paarung empfand.

Cummings hatte einmal gesagt: „Wissen Sie, Robert, in Wirklichkeit gibt es nur zwei Arten von Liberalen und Radikalen. Da sind einmal diejenigen, die Angst vor der Welt haben und sie zu ändern wünschen, um ihren Vorteil daraus zu ziehen, wozu in gewissem Sinne auch der jüdische Liberalismus gehört; und dann die anderen, die jüngeren, die ihre eigenen Wünsche nicht kennen. Sie wollen eine neue Welt schaffen, aber sie werden niemals zugeben, daß sie es nach ihrer eigenen Vorstellung machen wollen."

Immer war es in ihm vorhanden gewesen, wenn auch nur zum Teil bewußt und stets unterdrückt. Wie eine Melodie.

Keine Fassade, sondern eine Faust.

Das war nun klar. Und wie würde er sich jetzt verhalten? Wenn er dies alles wußte, hatte er kein Recht, die Patrouille fortzusetzen. Objektiv betrachtet, spielte er mit dem Leben der neun ihm noch verbliebenen Männer und durfte die Verantwortung nicht übernehmen. Wenn überhaupt noch etwas von einigem Wert in ihm steckte, sollte er morgen umkehren.

Innerlich aber grinste er. Er sollte, aber er würde es nicht!

Der Schock, der daraufhin folgte, der Ekel vor sich selber war erstaunlich, ja in seiner Stärke beinahe angenehm. Er war geradezu entsetzt über das Übelkeit erregende und qualvolle Wissen um sich selbst.

Er *mußte* umkehren.

Wieder kroch er aus seiner Decke und ging zum schlafenden Croft hinüber. Er kniete bei ihm nieder, um ihn wachzurütteln, aber Croft wandte sich ihm bereits zu. „Was wünschen Sie, Leutnant?"

„Sie sind wach?"

„Jaa."

„Ich habe mich entschlossen, morgen zurückzugehen." Nachdem er es Croft mitgeteilt hatte, konnte er sich nicht mehr widersprechen.

Das Mondlicht erhellte Crofts Gesicht, das ohne Bewegung war. Vielleicht zitterten die Muskeln an seiner Kinnlade. Mehrere Sekunden blieb er stumm, dann sagte er: „Zurückgehen?" Seine Beine hatten sich jetzt von der Decke befreit.

„Jaa."

„Meinen Sie nicht, daß wir uns noch ein bißchen umsehen sollten?" Croft versuchte, Zeit zu gewinnen. Er war noch ganz verschlafen gewesen, als Hearn zu ihm gekommen war; sein Entschluß versetzte ihm einen heftigen Schlag. Croft hatte ein taubes Gefühl in der Brust.

„Was hätte es für einen Sinn, sich noch weiter umzutun?" fragte Hearn.

Croft schüttelte den Kopf. Eine Idee tauchte in ihm auf, aber er konnte sie nicht packen. Sein Verstand, ja selbst seine Muskeln waren angespannt, um nach etwas Greifbarem, nach einem Vorteil zu suchen. Wenn Hearn ihn in diesem Augenblick berührt hätte, würde Croft gezittert haben. „Auf keinen Fall sollten wir es schon aufgeben, Leutnant." Seine Stimme war rauh. Während er sich langsam über die Situation klar wurde, stieg der Haß gegen Hearn wieder in ihm auf. Es überkam ihn die gleiche Verzweiflung, die er empfunden hatte, als Hearn ihn zwang, sich bei Roth zu entschuldigen, oder als es für ihn bei der Bergung Wilsons feststand, daß der Eingang zum Paß unbesetzt war.

Für sich selbst überraschend, hörte er sich sagen: „Wissen Sie, Leutnant, daß die Japaner nach dem Überfall davongelaufen sind?"

„Was heißt das?"

Croft erzählte ihm, was er beobachtet hatte, als sie Wilson holten. „Jetzt könnten wir durchkommen."

Hearn schüttelte den Kopf. „Ich bezweifle es."

„Sollte man die Chance nicht ausnutzen?" Er versuchte, hinter Hearns Gründe zu kommen, und vermutete, daß Hearn umkehrte, weil er Angst hatte. Es erschreckte ihn, denn wenn er recht haben sollte, würde Hearn seinen Entschluß kaum ändern.

„Nach dem, was gestern geschah, werde ich den Zug nicht durch den Paß führen."

„Nun gut, aber warum senden Sie nicht heute nacht jemand aus, um zu erkunden? Das ist doch, verdammt noch mal, das mindeste, was wir tun könnten."

Hearn schüttelte abermals den Kopf.

„Oder wir könnten den Berg ersteigen."

Hearn kratzte sich am Kinn. „Die Männer schaffen es nicht", sagte er schließlich. Croft versuchte einen letzten Zug. „Leutnant, wenn wir die Patrouille durchführen, könnte es vielleicht den Feldzug verkürzen; man kann nie wissen."

Das entscheidende Glied in der Kette! Wieder wurde es verwickelt; denn darin steckte ein Körnchen Wahrheit, erkannte Hearn. Wenn die Patrouille Erfolg hatte, würde sie einer jener zusätzlichen kleinen Beiträge zum guten Gelingen des Krieges sein, eines der vielen unwägbaren Dinge, über die er seinerzeit mit dem General gesprochen hatte. („Wie wollen Sie beurteilen, ob es richtiger ist, daß der Krieg bald zu Ende geht und viele Männer nach Hause kommen, oder lieber alle hier noch länger festzuhalten und sie langsam vor die Hunde gehen zu lassen?")

Das baldige Ende des Feldzuges würde für die Männer in der *Division* etwas greifbar Gutes haben. Aus gleichem Grunde, aber um den Männern des *Zuges* zu helfen, hatte er sich entschlossen, die Patrouille aufzugeben. Es lag zu schwierig, um sich im Augenblick klar darüber zu werden. Das einzig Notwendige war jetzt, Croft zu antworten, der leicht vornübergebeugt, unnachgiebig neben ihm hockte wie ein starres Stück Eisen.

„Nun gut, wir wollen dann heute nacht einen Mann durch den Paß schicken, und wenn er in irgend etwas hineingerät, kehren wir um." War das vernünftig? Machte er sich nicht nur etwas vor, um eine Entschuldigung dafür zu finden, die Patrouille fortzusetzen?

„Wollen Sie selber gehen, Leutnant?" In Crofts Stimme lag leiser Spott.

Auf keinen Fall. Wenn er fiel, würde es Croft sehr gelegen kommen. „Ich glaube nicht, daß ich dafür geeignet bin", sagte er kühl.

Den gleichen Grund hatte auch Croft. Wenn man ihn tötete, würde der Zug bestimmt umkehren. „Ich glaube, daß Martinez der beste Mann dafür ist."

Hearn nickte. „Nun gut, schicken Sie ihn fort. Und am Morgen wollen wir uns dann entscheiden. Und sagen Sie ihm, daß er mich wecken soll, wenn er zurückkommt." Hearn blickte auf seine Uhr. „Ich bin jetzt mit der Wache dran. Sagen Sie ihm, daß er mich verständigt, ehe er fortgeht, damit ich weiß, wer sich draußen herumbewegt."

Croft blickte sich in der Mulde um und machte Martinez' Decke im Mondlicht aus. Einen Augenblick starrte er Hearn an, dann ging er zu Martinez hinüber und weckte ihn. Der Leutnant erstieg die Kuppe, um den Posten abzulösen.

Croft setzte Martinez seinen Auftrag auseinander und fügte mit leiser Stimme hinzu: „Wenn du ein japanisches Lager entdeckst, versuche es zu umgehen und weiter vorzudringen."

„Ja, verstehe." Martinez schnürte seine Schuhe zu.

„Nimm auf alle Fälle ein Messer mit."

„Gut, bin vielleicht in drei Stunden zurück. Sag's der Wache", flüsterte Martinez.

Croft berührte für eine Sekunde seine Schulter. Martinez zitterte leicht. „Alles in Ordnung mit dir, mein Junge?" fragte er.

„Ja, gut."

„Nun, paß mal auf", sagte Croft, „wenn du zurückkommst, sprichst du mit keinem ein Wort, bevor du mich gesehen hast. Wenn der Leutnant auf sein sollte, sagst du nur, daß nichts passiert ist, verstehst du mich?" Crofts Mund war verbissen, und eine heftige Angst überkam ihn in dem Bewußtsein, einem Befehl nicht zu gehorchen. Aber es war noch mehr dahinter, etwas anderes, etwas noch Ungeformtes. Schmerzvoll stieß er seinen Atem aus.

Martinez nickte. Er öffnete und schloß fortgesetzt seine Hände, um wieder Gefühl in seine Finger zu bekommen. „Ich gehe jetzt", sagte er und stand auf.

„Bist ein famoser Junge, Japskiller." Ihr Geflüster in der Dunkelheit war geisterhaft. Die Menschen, die um sie herumlagen, schienen Tote zu sein.

Martinez wickelte sein Gewehr in die Decke, um es trocken zu halten, und ließ es auf seinem Rucksack liegen. „Nun gut, Sam." Seine Stimme zitterte ein wenig.

„Mach's gut, Japskiller." Croft beobachtete ihn, wie er einen Augenblick mit Hearn sprach, sich aus der Mulde entfernte, im Kunaigras untertauchte und sich nach links hielt, parallel zu den großen Felsabstürzen des Berges. Croft rieb sich nachdenklich seinen Unterarm, ging zu seiner Decke zurück, legte sich nieder und wußte, daß er nicht schlafen würde, ehe Martinez zurück war.

Da lag das Problem wieder vor ihm. Man traf eine Entscheidung, verwarf sie wieder, und nichts war geändert. Hearn verzog die Schulter. Falls Martinez zurückkommen und berichten sollte, daß keine Japaner im Paß seien, würden sie am Morgen weitergehen. Er kratzte sich behutsam in der Achselhöhle und starrte auf das Tal und die leeren, traurigen Hügel um ihn herum. Der Wind seufzte in den Schluchten, säuselte im Kunaigras und zog über die Hügelkuppen; es klang wie das gleichförmige Murmeln einer weit entfernten Brandung.

Er hatte es falsch gemacht und sich auf eine merkwürdige Weise selbst überlistet. Es steckte noch etwas anderes dahinter als der Wunsch, Croft nachzugeben. Er war wieder einmal seinen eigenen Wünschen entgegengekommen, und das hatte alles verwirrt, so daß er nun nicht mehr herausfinden konnte, was das Rechte war. Täuschungen und Selbsttäuschungen – es gab so viele Wege, jemandem das Fell über die Ohren zu ziehen. Und er hatte es zugelassen und wußte, daß er weitergehen würde, wenn Martinez berichtete, daß kein japanischer Widerstand vorhanden sei.

Wenn sie endlich zu ihrem Lager zurückkommen würden, falls dies jemals der Fall sein sollte, könnte er seinen Offiziersrang aufgeben. Das wäre ein ehrliches und aufrichtiges Verhalten. Hearn kratzte sich widerwillig in der Achselhöhle. Aber er wünschte nicht, seinen Offiziersrang aufzugeben, und das entsprang zu einem Teil den Zwangsläufigkeiten seines Berufes. Da schwitzte man sich durch die Ausbildungskurse, spottete über die Offiziersabzeichen, verachtete sie, aber mit der Zeit verwuchsen sie mit dem eigenen Körper und beeinflußten mehr als die Hälfte seines Wesens. Und nachdem genügend Zeit verstrichen war, glaubte man, daß einem ein Arm abgenommen würde, sollte man sie wieder hergeben.

Er wußte genau, wie es ausging. Er würde ein einfacher Soldat werden, und bald hätten die anderen, in welchem Verband es auch sein mochte, herausbekommen, daß er Offizier gewesen war. Sie würden ihn darum hassen, ihn eben der Tatsache wegen, daß er seinen Abschied genommen hatte, ablehnen. Denn es würde, bewußt oder unbewußt, ihre eigenen Sehnsüchte verhöhnen. Nichts würde am Ende dadurch sauberer werden und keinesfalls angenehmer. Ekelhaft und peinigend würde es sein, und wahrscheinlich mußte er bald entdecken, daß er in das Gehorsam- und Furchtsystem genauso paßte wie irgendein anderer.

Das war es. Er war aus Furcht davongelaufen, weil er verwundbar war; vor der Erkenntnis, daß er schließlich ein Mensch sei, den man demütigen konnte. Es gab ein Sprichwort: „Es ist besser, gejagt zu werden, als Jäger zu sein." Und das hatte jetzt eine besondere Bedeutung für ihn gewonnen.

Er konnte Cummings darüber spotten hören. „Eine hübsche Gefühlsduselei, Robert, eine der netten Lügen für den Handgebrauch, so etwa wie die über den reichen Mann, der nicht in den Himmel kommt." Und Cummings würde lachend hinzufügen: „Wissen Sie, Robert, daß nur der reiche Mann wirklich in den Himmel kommt?"

Nun gut, möge Cummings der Teufel holen. Oft genug hatte er es gewünscht, aus Widerwillen, murrend und vielleicht aus Hilflosigkeit, aber schließlich hatte auch Cummings nicht auf alles eine Antwort. Aber man mußte zugeben, daß er ein ausgekochter Hund war; denn was er gesagt hatte, traf vollständig ein. Seine Logik war unumstößlich.

Aber nicht die Weltgeschichte. Gewiß, alle diese großen Träume waren verblaßt, für die Praxis umgewandelt und korrupt geworden. Die guten Dinge waren oftmals aus bösen Beweggründen getan worden, aber es war auch nicht alles schlecht gewesen. Es hatte Siege gegeben, wo man Niederlagen hätte erwarten können. Der Logik nach hätte die Welt faschistisch werden müssen, und bis jetzt war sie es noch nicht.

Einige Geräusche waren unter ihm im Tal zu hören. Er nahm sein Gewehr auf und starrte in die Grasschatten. Es wurde wieder ruhig. Aus irgendeinem Grunde fühlte er sich bedrückt.

Die Hoffnung war mager genug, und alle diese Bedrängnisse, alle diese Maschinen peinigten die Menschen immer mehr. Mit jeder neuen Waffe wurden die Chancen geringer. Moral gegen Bomben. Selbst die Technik der Revolution hatte sich geändert. Sie wurde jetzt durch Armeen und Gegenarmeen ausgetragen oder überhaupt nicht.

Wenn die Welt faschistisch werden sollte, wenn Cummings' Jahrhundert begann, würde Hearn eine Kleinigkeit zu erledigen haben. Ohne Terror würde es allerdings nicht gehen. Aber ein sauberer Terror sollte es sein, an dem kein Dreck klebte; keine Maschinengewehre, keine Handgranaten, keine Bomben, nichts Widerliches; und kein unterschiedloses Morden, nur mit Messer und Strick, nur ein paar geübte Männer und eine Liste von fünfzig Schweinehunden, die zu erledigen waren, und dann weitere fünfzig.

Ein Plan für gemeinsames Handeln, Kameraden. Aber er grinste verbittert. Es würde immer noch weitere fünfzig geben, und das entsprach nicht der Idee. Ach, es war zwecklos. Es reichte gerade aus, um sich damit in Gang zu halten und sich glücklich zu fühlen. Heute nacht schlagen wir gegen Generalissimus Cummings los.

Äääh, Scheiße.

Es ließ sich keine Antwort finden, aber vielleicht gab es Geschichtsepochen, die die Antwort vorenthielten. Auf die Fehler warten! Sich zurücklehnen und abwarten, daß die Faschisten Fehler machten.

Aber es genügte allein nicht. Man mußte Widerstand leisten, aus welchem Grund auch immer es geschah. Man sollte solche Dinge tun, wie etwa seinen Abschied nehmen.

Hearn und Don Quichotte. Bürgerliche Liberale.

Sobald er zurück war, würde er diese kleine Angelegenheit erledigen. Wenn er die Gründe dafür überprüfte, waren sie augenscheinlich doch recht schäbig. Schließlich war es aber noch schäbiger, Menschen aus offensichtlich bösen Motiven heraus vorwärts zu treiben. Dann müßte er aber Croft den Zug überlassen. Blieb er dagegen, würde er einen anderen Croft abgeben ...

Sollten die Dinge wirklich einen schlechten Verlauf nehmen, kämen die Differenzen auf der Linken vielleicht zum Erliegen.

Schlechte Zeiten für Anarchisten.

Martinez ging einige Hundert Yards durch das hohe Gras und hielt sich sorgfältig im Felsschatten. Langsam wurde er wach. Er beugte seine Arme und kniff sich in den Nacken. Er hatte fast noch geschlafen, als er mit Croft sprach, und die Bedeutung dessen, was ihm gesagt wurde, nicht erfaßt. Er hatte die Anweisung verstanden, seinen Auftrag; er war sich bewußt, daß Croft ihm etwas zu tun befohlen hatte, und instinktiv gehorchte er. Aber die Hintergedanken hatte er nicht erkannt. Daß er allein des Nachts in eine Gegend ausgeschickt wurde, die er niemals zuvor gesehen hatte, war ihm weder besonders gefährlich noch seltsam vorgekommen.

Aber natürlich begriff er es jetzt, nachdem sein Kopf klar wurde. – Verdammt dumme Sache? fragte er sich, aber dann verwies er sich diese Auffassung. Wenn Croft erklärt hatte, daß es notwendig sei, dann war es auch so. Seine Sinne wurden aufmerksam, und seine Nerven waren wie Antennen. Er glitt leicht und geräuschlos dahin, setzte erst einen Absatz auf den Boden und drückte dann die Zehen sanft nieder; sein Körper wand sich durch das Gras, um jedes Rascheln zu vermeiden. Ein zwanzig Yards entfernter Mann hätte nicht mit Sicherheit ausmachen können, ob irgend etwas näher kam. Dennoch ging er nicht langsam; sein Fuß schien mit großer Erfahrung den Boden zu ertasten, jeden Stein oder Zweig zu vermeiden und geräuschlos und sicher aufzutreten. Er ging mehr wie ein Tier als ein Mensch.

Er hatte Angst, eine anspornende Angst. Sie machte ihn nicht besinnungslos, sie ließ ihn vielmehr alles äußerst scharf sehen und fühlen. Auf dem Schiff, im Landungsboot vor Anopopei und ein dutzendmal vorher war er nahe an einer hysterischen Panik gewesen, die ihn lähmte; aber jene besondere Angst hatte nichts mit der jetzigen gemein. Sollte er noch einmal einen Artilleriebeschuß zu ertragen haben, würde er vielleicht zusammenbrechen. Jenes Entsetzen packte ihn jedesmal, wenn er in eine Situation geriet, die er persönlich nicht zu ändern vermochte, aber jetzt war er auf sich selbst gestellt und mit einer Sache beschäftigt, die er besser als jeder andere erledigen konnte. Das wußte er, und das stützte ihn. Sein Gedächtnis bewahrte alle Einzelheiten von anderen erfolgreichen Aufträgen, die er im vergangenen Jahr ausgeführt hatte.

Martinez bester Mann im Zug, sagte er sich selbstbewußt. Croft hatte es ihm einmal gesagt, und niemals würde er es vergessen.

Nach zwanzig Minuten hatte er den Felsüberhang erreicht, an dem sie in den Feuerüberfall geraten waren. Er hockte sich in das davor liegende Gehölz und prüfte die Felskante, ehe er weiterging. Als er sie überwunden hatte, beobachtete er das vor ihm befindliche Feld und das Wäldchen, aus dem die Japaner geschossen hatten. Im Mondlicht erschien das Feld blaßsilbern, und das Wäldchen zeigte ein undurchdringliches Schwarzgrün, das noch dunkler war als die gesprenkelten Schatten, die es umgaben. Hinter sich und zu seiner Rechten fühlte er die gewaltige Masse des Berges, der in der Nacht seltsam glühte wie ein Riesendenkmal, das von Scheinwerfern angestrahlt wurde.

Etwa fünf Minuten lang starrte er auf das Feld und das Wäldchen, dachte an nichts und war nur Auge und Ohr. Die Spannung, mit der er alles prüfte, der heftige Druck in seiner Brust waren ihm angenehm und etwas in sich selbst Vollkommenes, was er wie ein Mann genoß, der sich dem ersten Stadium seiner Trunkenheit zufrieden überläßt. Martinez hielt den Atem an, aber er wußte es nicht.

Nichts bewegte sich. Er hörte keine anderen Geräusche als das Flüstern des Grases. Langsam, fast gemächlich, glitt er über die Felskante und hockte sich nieder, während er nach Schatten Ausschau hielt, die ihn verbergen könnten. Aber es gab keine Möglichkeit, an das Wäldchen heranzukommen, ohne durch das Mondlicht zu gehen. Martinez überlegte einen Augenblick, sprang auf die Füße, stand für eine entsetzenerregende Sekunde völlig frei im Anblick des Wäldchens und warf sich wieder auf den Boden. Niemand schoß. Vielleicht hatte er sie überrascht. Aber es war wahrscheinlicher, daß sie automatisch auf ihn geschossen hätten, wenn jemand im Wäldchen steckte.

Ruhig stand er wieder auf, sprang über die halbe Entfernung und ließ sich hinter einem Felsblock fallen. Keine Antwort, kein Schuß. Er lief weitere dreißig Yards und krümmte sich hinter einen anderen Felsblock. Der Rand des Wäldchens war nun weniger als fünfzig Fuß von ihm entfernt. Er lauschte auf seine Atemzüge und bemerkte, daß das Mondlicht einen ovalen Schatten hinter den Felsblock warf. Er fühlte, daß niemand im Wäldchen war, aber es schien ihm zu gefährlich, sich darauf zu verlassen. Für eine volle Sekunde stellte er sich abermals aufrecht hin und ließ sich wieder fallen. Wenn sie jetzt nicht einmal schossen ... Etwas Fatalistisches überkam ihn. Es gab keine Möglichkeit, ein offenes Feld im Mondschein zu überqueren, ohne gesehen zu werden.

Martinez glitt über die restliche Strecke, die ihn noch vom Wäldchen trennte. Sobald er zwischen den Bäumen war, hielt er an und drückte sich flach gegen einen Baumstamm. Nichts bewegte sich. Er wartete, bis sich seine Augen der Dunkelheit angepaßt hatten, dann kroch er von Baum zu Baum vorwärts und zerteilte mit seinen Händen das Buschwerk, das ihm im Wege stand. Nach fünfzehn Yards gelangte er an einen Fußsteig, verhielt und blickte nach links und rechts. Dann schritt er den Weg entlang, bis er an den anderen Rand des Wäldchens kam und auf eine kleine Stellung stieß, in der er niederkniete. Ein Maschinengewehr mußte hier vor einigen Tagen gestanden haben – er folgerte es aus der Tatsache, daß die Löcher für das Gestell nicht feuchter als der Boden der Stellung waren. Außerdem mußte das Maschinengewehr auf den Felsüberhang gerichtet gewesen sein. Die Japaner hätten es sicherlich beim Überfall eingesetzt, falls es noch dagewesen wäre.

Langsam und vorsichtig prüfte er den Rand des Wäldchens. Die Japaner waren fort, aber aus der Anzahl der leeren Rationspackungen, aus der Größe des Latrinengrabens schätzte er, daß es ein vollständiger Zug gewesen sein mußte. Sie waren aber mit weit weniger Männern in Fühlung gekommen. Das konnte nur bedeuten, daß die meisten Männer des japanischen Zuges schon einen oder zwei Tage vorher zurückgezogen worden waren und daß die Männer, von denen sie angegriffen wurden, nur eine Deckungswache bildeten, die kurz hinterher den Paß verlassen hatte.

Aber warum?

Wie um ihm zu antworten, hörte er jetzt den schwachen Artillerielärm. Den ganzen Tag über waren häufig Abschüsse zu hören gewesen. Die Japaner gingen zurück, um bei der Abwehr des Angriffs Hilfe zu leisten. Dies schien ihm ein vernünftiger Grund zu sein, aber dennoch fand er es erstaunlich. Weiter oben im Paß könnten vielleicht noch einige Japaner stecken. Irgendwo. Martinez zitterte, während er die feuchte, faulende Verpackung einer Ration in seiner Hand hielt. Er hatte die unbestimmte und erschreckende Vision von Soldaten, die in der Dunkelheit dahinstolperten. Er würde in sie hineintappen. Er schüttelte den Kopf wie ein Tier, das vor etwas Unerwartetem zurückschreckt. Die Stille und die Dunkelheit des Waldes ermüdeten ihn und ließen seinen Mut sinken. Er mußte weiter.

Martinez fuhr sich über die Stirn. Er schwitzte und stellte mit Überraschung fest, daß sein Hemd ganz naß und kühl war. Seine Spannung hatte für einige Augenblicke nachgelassen; er fühlte seine Ermüdung und die Wirkung des Schocks, den er empfangen hatte, als man ihn wenige Stunden, nachdem er in Schlaf gefallen war, weckte. Die Sehnen in seinem Oberschenkel waren hart und zitterten ein wenig. Er seufzte. Aber keineswegs dachte er daran, umzukehren.

Behutsam verfolgte er den Weg, der zum Paß hinaufführte. Dieser erstreckte sich mehrere Hundert Yards durch Buschwerk und einen Wald, der jedoch nicht so dicht war, um einen Dschungel zu bilden. Einmal streifte ein großes, breites Blatt sein Gesicht, und einige Insekten schwirrten ihm erschrocken über die Wange. Er schnippte sie weg; seine Finger waren vor Angst feucht. Eines der Insekten kroch ihm über die Finger auf seinen Unterarm. Martinez schüttelte es ab und stand zitternd in der Dunkelheit. Einen Augenblick schwankte er in seinem Entschluß. Sein Wille weiterzugehen wurde unbewußt durch das Entsetzen gelähmt, das die Insekten hervorgerufen hatten, und durch das bewußtere Empfinden, daß sich Japaner vor ihm befanden; am meisten aber durch die immer bedrükkendere Vorstellung, daß er ein fremdes Gebiet mitten in der Nacht erkunden mußte. Er atmete mehrmals tief ein, verlegte sein Gewicht auf die Zehen und dann wieder auf die Fersen. Ein träger Lufthauch bewegte die Blätter und streichelte kühlend sein Gesicht. Er fühlte, daß ihm der Schweiß wie Tränen in Strömen das Gesicht hinunterlief.

„Geh weiter!" Er sagte es mechanisch, aber es belebte seinen Willen. Der Widerstand in seinem Innern wehrte sich erst dagegen, aber dann brach er zusammen. Er machte einen Schritt voran, dann noch einen, und nun war der Widerstand endgültig gebrochen. Er bewegte sich auf dem rauhen Fußpfad, den die Japaner in das Wäldchen eingetreten hatten, vorwärts, und kurze Zeit danach gelangte er kriechend jenseits des Waldes an eine Lichtung. Jetzt war er mitten im Paß.

Die Felsen des Mount Anaka waren nach rechts zurückgetreten und standen parallel zu seinem Weg. Auf der anderen Seite, zu seiner Linken, befanden sich einige steile, fast senkrecht abfallende Berge, die sich jäh aus dem Watamai-Gebirgszug erhoben. Der Durchgang war fast zweihundert Yards breit und glich einer ansteigenden Straße, die von hohen Gebäuden begrenzt wurde. Sie wies viele Erhebungen und Vertiefungen auf; große Felsblöcke lagen umher, und schmutzige Erdhaufen hockten hier und da in den Felsspalten und waren mit Pflanzen bedeckt, so wie Unkraut in den Sprüngen der zementierten Straßen wächst. Das Mondlicht strahlte vom unsichtbaren Gipfel des Mount Anaka hernieder und besprenkelte Felsen und Kuppen mit Schatten. Alles erschien sehr nackt und kalt. Martinez fühlte sich tausend Meilen weit von der erstickenden, samtenen Nacht des Dschungels entfernt. Er trat aus dem Schutz des Wäldchens heraus, ging einige Hundert Fuß weiter und kniete im Schatten eines Felsblocks nieder. Hinter sich, nahe am Horizont, konnte er das Kreuz des Südens erblicken, und instinktiv merkte er sich die Richtung. Der Paß verlief genau nach Norden.

Widerstrebend, langsam bewegte er sich durch den Paß und hielt sich vorsichtig an dem mit Felssplittern übersäten Boden. Nach einigen Hundert Yards führte der Paß nach links und dann wieder nach rechts und verengte sich erheblich. An mehreren Stellen füllte der Bergschatten den schmalen Gang fast vollständig aus. Martinez ging ungleichmäßig; mit langen Schritten legte er bisweilen viele Yards zurück, dann stockte er angsterfüllt für Sekunden, aus denen Minuten wurden, während er sich zum Weitergehen antrieb. Jedes Insekt, jedes kleine Tierchen, das er in seiner Höhle aufstöberte, erschreckte und entmutigte ihn mit seinem Geräusch. Er machte sich immer wieder etwas vor, wenn er beschloß, nur noch bis zur nächsten Biegung zu gehen, denn sobald er sie erreicht hatte und es harmlos gewesen war, faßte er ein neues Ziel ins Auge und ging darauf zu. Auf diese Weise legte er vielleicht etwas über eine Meile in weniger als einer Stunde zurück, während es immer bergan ging. Er fragte sich, wie lang der Paß sein könnte; gegen seine Erfahrung spielte er jedesmal mit der Hoffnung, daß der vor ihm liegende Absatz der letzte sein würde und dahinter der Dschungel, das Hinterland der japanischen Linien und das Meer lägen.

Als die Zeit verging, ohne daß etwas geschah, als er mehr und mehr vom Paß hinter sich gebracht hatte, gewann er Vertrauen und wurde neugieriger. Er hielt weniger oft an, und die Strecke, die er auf einmal zurücklegte, wurde größer. An einer Stelle war der Paß eine Viertelmeile weit mit hohem Kunaigras bestanden, und Martinez schlenderte vertrauensvoll hindurch, weil er wußte, daß ihn niemand sehen konnte.

Bisher hatte er keine Stelle angetroffen, an der die Japaner einen Vorposten errichtet haben könnten, und die Sorgfalt, mit der er alles beobachtete, entsprang mehr seiner Angst und dem unerschütterlichen Schweigen von Berg und Paß als dem Verdacht, auf eine feindliche Stellung zu stoßen. Aber nun änderte sich das Gelände. Das Buschwerk wurde dichter und bedeckte größere Flächen. An verschiedenen Stellen war es ausgedehnt genug, um ein kleines Lager verbergen zu können.

Er durchstreifte sie flüchtig, trat im Schatten in die kleinen Baumgruppen ein, bewegte sich einige Yards vorwärts, und dann wartete er mehrere Minuten, ob die unvermeidlichen Laute schlafender Männer zu hören seien. Wenn sich nichts anderes regte als Blätter, Vögel und andere kleine Tiere, trat er wieder hinaus und setzte seinen Weg fort.

An einer neuen Biegung verengte sich der Paß abermals. Die Bergwände waren hier nicht mehr als fünfzig Yards auseinander, und an einigen Stellen war der Weg von einem Dschungelfleck versperrt. Er beanspruchte viele Minuten, um jedes Wäldchen zu durchqueren, und es strengte ihn sehr an, ohne Geräusch durch das Buschwerk zu gelangen. Er erreichte einen Bezirk, der verhältnismäßig frei dalag, und etwas beruhigter ging er weiter.

Aber an einer anderen Biegung hatte er ein winziges Tal vor sich, das an beiden Seiten von den Felsrippen begrenzt und von einem Wäldchen vollständig ausgefüllt war. Am Tage würde man hier einen schönen Ausblick gehabt haben. Es hatte die beste Lage für einen Vorposten, und instinktiv wußte er, daß sich die Japaner hierher zurückgezogen hatten. Er merkte es auch am Zucken seiner Glieder und am stärkeren Herzklopfen. Im Schutz eines Felsblocks starrte Martinez mit verkniffenem, angespanntem Gesicht durch das Mondlicht und beobachtete den Waldrand. Zu seiner Rechten war ein dunkler Schattenstreifen, da, wo die Felsen bis auf den Grund des Passes reichten. Geschmeidig und ohne sich irgendeinen anderen Gedanken zu gestatten, glitt er um den Felsblock herum und kroch auf Händen und Füßen am Schattenrand entlang, während er sein Gesicht gesenkt hielt. Er ertappte sich dabei, wie er die scharfe Grenzlinie zwischen Mondlicht und Schatten bewundernd entlangblickte und – unverantwortlich! – sich einige Male auf das Licht zu bewegte. Es schien lebendig zu sein und ein eigenes Dasein zu haben. Seine Kehle war ihm wie zugeschnürt, als ob sie angeschwollen sei. Er beobachtete den Glanz des Mondlichtes in stummer Versunkenheit. Das Wäldchen kam näher, war zwanzig Yards von ihm entfernt und jetzt zehn. An seinem Rande hielt er an und suchte nach einer Maschinengewehrstellung oder einem Schützenloch. Aber in der Finsternis konnte er nichts anderes erkennen als die dunkle Masse der Bäume.

Wieder einmal trat Martinez in ein Wäldchen ein und verharrte, um auf Geräusche zu lauschen. Er konnte nichts hören, tat einen vorsichtigen Schritt, zerteilte mit seinen Händen das Gebüsch und ging dann Schritt für Schritt weiter. Angsterfüllt stellte er fest, daß sein Fuß einen Pfad berührte. Er kniete nieder, beklopfte den Boden und betastete die Blätter des Buschwerks neben sich. Der Boden war festgetreten und der Busch an einer Seite niedergeschlagen.

Er befand sich auf einem neu angelegten Fußweg.

Wie zur Bestätigung seiner Überlegungen hustete kaum fünf Yards von ihm entfernt ein Mann im Schlaf. Martinez erstarrte; fast wäre er hochgefahren, als hätte er etwas Heißes berührt. Seine Gesichtsmuskeln spannten sich. In diesem Augenblick hätte er keinen Laut hervorzubringen vermocht.

Mechanisch trat er einen Schritt zurück und hörte, daß sich jemand in seinen Decken umdrehte. Aus Angst, einen Zweig zu berühren und die Japaner zu wecken, wagte er nicht, sich zu bewegen. Mindestens eine Minute lang war er völlig gelähmt. Er erkannte die Unmöglichkeit, umzukehren. Die Angst vor dem Rückzug aus dem Wäldchen war groß, aber sie war nicht so eindringlich wie das Entsetzen vor dem Weitergehen. Doch gab es kein Zurück. Ein Teil seines Verstandes spielte ihm mit unglaublicher Schnelligkeit die Szene vor, die es mit Croft geben würde.

„Japskiller taugt nichts."

Dennoch war es falsch, weiterzugehen. Er konnte es nicht erklären, er fühlte sich, als hätte man seinen Kopf in Öl getaucht. Es gab einen Grund, aber er konnte ihn nicht herausfinden. Voller Widerwillen, als müßte er barfuß über ein Feld mit aufgedunsenen Maden laufen, streckte er ein Bein vor und dann das andere und ging weiter, trotz der heftigen Fragen seines wie vom Körper losgelösten Verstandes. Nicht mehr als zehn Fuß kam er in einer Minute voran, und der Schweiß machte seine Augen schmerzen. Es war ihm, als könne er spüren, wie jeder Tropfen die Pore verließ, sich mit anderen Tropfen vereinigte, um an Gesicht und Körper hinabzuströmen.

Eins erfaßte er intuitiv. Die Japaner würden bisher nur zwei Fußpfade ausgetreten haben; einen, der dicht hinter der Waldgrenze im Anblick des Tales senkrecht zum Paß verlief, und den zweiten, der durch den Wald auf die andere Seite hinüberführte und den ersten in T-Form traf. Jetzt war er am Kopf des T und würde daran entlangzugehen haben, bis er den Stamm erreichte. Durch den Busch konnte er nicht mehr gehen, selbst das geringste Geräusch würde gehört werden, außerdem bestand die Gefahr, blindlings in irgend etwas hineinzugeraten.

Auf Händen und Füßen kroch er weiter. Die Sekunden gingen vorüber, als bestehe jede einzeln für sich, fast so, als ticke eine Uhr. Jedesmal, wenn er einen Mann im Schlaf murmeln hörte, hätte er aufstöhnen mögen. Sie waren rings um ihn! Er schien jetzt aus verschiedenen Teilen zu bestehen. Die Basis bildete der Protest seiner Handflächen und Knie, dann war da das quälende Gefühl in seiner Kehle, als ob er ersticken müsse, und schließlich die unerträgliche Wachheit seines Gehirns. Er war nahe vor dem endgültigen, ohnmächtigen Zusammensinken eines Mannes, den man bewußtlos schlug und der nunmehr der Sorge enthoben war, zu entscheiden, ob er wieder aufstehen solle oder nicht. Sehr weit entfernt konnte Martinez das gleichförmige Geräusch des Dschungels hören.

Als der Pfad eine Kurve machte, hielt er an, blickte um sich und schrie fast auf. Drei Fuß von ihm entfernt saß ein Mann an einem Maschinengewehr.

Martinez' Kopf fuhr zurück. Er lag am Boden und wartete darauf, daß der Soldat das Maschinengewehr herumschwenken und auf ihn schießen würde. Aber nichts geschah. Wieder starrte er um sich und erkannte, daß ihn der Japaner nicht gesehen hatte, weil er etwas schräg zu ihm saß. Hinter dem Mann begann der Stamm des T. Martinez mußte am Posten vorüber, und das war unmöglich.

Jetzt erkannte Martinez, was an seinem Verhalten falsch gewesen war. Natürlich hatten sie einen Posten am Weg aufgestellt! Warum hatte er daran nicht gedacht? *El juicio.* Zu seiner Angst gesellte sich noch die Befürchtung, später examiniert zu werden. So, wie ein Mörder sich an all die so selbstverständlichen Dinge erinnert, die zu beachten er unterlassen hatte, als er sein Verbrechen beging, begann Martinez eine dumpfe Bedrohung zu empfinden, die zur Panikstimmung aufquoll. Wie sollte es anders sein, *por Dios?* Er starrte wieder auf den Mann am Maschinengewehr und beobachtete ihn wie verzaubert. Wenn er es gewünscht hätte, könnte er seinen Arm ausstrecken und ihn berühren. Der Soldat war ein junger Mann, fast noch ein Knabe, mit glatten, kindlichen Gesichtszügen, stumpfen, halbgeschlossenen Augen und einem dünnen Mund. Im Mondlicht, das durch den Wald einsickerte, sah es aus, als ob er halb schliefe.

Martinez überkam das Gefühl der Unwirklichkeit. Was hielt ihn davon ab, ihn zu berühren und zu begrüßen? Sie waren Menschen. Die ganze Grundlage des Krieges geriet für einen Augenblick ins Wanken, befestigte sich aber sofort wieder, weil ihn aufs neue die Angst packte. Wenn er ihn berührte, würde er getötet werden, aber man konnte es kaum glauben.

Es gab kein Zurück mehr. Es würde unmöglich sein, umzukehren, ohne ein Geräusch zu verursachen, das, so gering es auch sein mochte, den Mann am Maschinengewehr aufmerken lassen würde. Und ebenso unmöglich war es, an ihm vorbeizukommen. Der Pfad berührte die Maschinengewehrstellung. Martinez würde den Soldaten töten müssen. Schon bei dem Gedanken daran widersetzten sich seine überreizten Sinne.

Zitternd lag er da und wurde sich plötzlich bewußt, wie geschwächt er war, wie müde. Seine Glieder schienen keine Kraft für eine neue Anstrengung aufbringen zu können. Er vermochte nur durch das Laubwerk auf das Gesicht des Soldaten im Mondlicht zu starren.

Er mußte sich beeilen. Jeden Augenblick konnte der Soldat aufstehen, um den nächsten Mann für die Wache zu wecken, und dabei würde er entdeckt werden. Er mußte ihn sofort töten.

Und wieder schien etwas Falsches an seinen Überlegungen zu sein. Er hatte das Gefühl, daß er nur den Kopf zu schütteln oder die Glieder zu beugen brauchte, um Klarheit zu gewinnen, aber er war wie gefangen. Martinez tastete hinter sich nach seinem Messer und ließ es aus der Scheide gleiten. Der Griff lag unbequem wie etwas Fremdes in seiner Hand. Obwohl er es Hunderte von Malen für mancherlei Zwecke benutzt hatte, um Büchsen zu öffnen oder um irgend etwas zu schneiden, wußte er jetzt nicht, wie er es halten sollte. Die Klinge schimmerte im Mondlicht. Schließlich verbarg er das Messer mit dem Unterarm und starrte mit entsetzten Augen auf den Soldaten im Schützenloch. Es war ihm bereits, als ob er ihn gut kenne; jede seiner langsamen, müden Bewegungen grub sich wie etwas Vertrautes in Martinez' Gehirn. Als der Japaner sorgfältig an seiner Nase polkte, verzog sich Martinez' Mund zu einem Grinsen. Er war sich dessen nicht bewußt und merkte es nur an seinen ermüdeten Backenmuskeln.

Töte ihn jetzt, befahl er sich, aber es erfolgte nichts. Er blieb weiterhin am Boden liegen, das Messer unter dem Arm verborgen, und langsam drang die Kühle des feuchten Bodens an seinen Körper. Bald fühlte er sich wie im Fieber, bald wieder kalt. Erneut schien alles unwirklich, und das oft erlebte Entsetzen, das er von seinem Alpdrücken her kannte, packte ihn. Es mußte ein Traum sein. Gleichzeitig schauderte ihn, als er daran dachte, umzukehren. Langsam – er brauchte mehr als eine Minute dazu – kam er auf Hände und Knie zu hocken, brachte einen Fuß unter sich, blieb in der Schwebe und wußte nicht, ob er sich vorwärts stürzen oder zurückgehen sollte. Dann spürte er das Messer in seiner Hand.

„Keinem verfluchten Mexikaner kann man trauen, wenn er ein Messer hat."

Dieser lange in ihm verborgengehaltene Fetzen aus einer Unterhaltung zwischen zwei Texanern zuckte durch sein Gehirn, und ein heftiger Groll würgte ihn. Eine verdammte Lüge war das! Aber es verging, als er zu überlegen begann, was er jetzt tun sollte. Er schluckte. In seinem ganzen Leben hatte er sich noch nie so gelähmt gefühlt. Hinter allem stand eine unklare Verbitterung, die seinem Messer galt, und eine wahnsinnige Angst. Das Mondlicht peinigte ihn. Er suchte nach einem kleinen Stein, fand ihn, und ehe er innerlich dazu bereit war, hatten ihn seine Finger schon auf die andere Seite der Maschinengewehrstellung geworfen.

Der japanische Soldat wandte sich dem Geräusch zu und zeigte Martinez den Rücken. Martinez schob leise seinen Fuß vor, stockte, und dann schlang er seinen freien Unterarm um den Hals des Soldaten. Gefühllos, fast gemächlich setzte er die Messerspitze in den Winkel zwischen Hals und Schulter des Mannes und stieß mit aller Gewalt zu.

Der Japaner warf sich in seinen Armen hin und her wie ein bockendes Tier, und Martinez fühlte sich ein wenig verwirrt. Wozu machte er einem so viel Umstände? Das Messer war nicht tief genug eingedrungen, er zog daran, bis es sich lockerte, und dann stieß er es wieder hinein. Der Soldat krümmte sich einen Augenblick in seinen Armen, dann sank er zusammen.

Damit schwand zugleich alle Kraft aus Martinez. Stumpfsinnig starrte er den Mann an, griff nach dem Messer und bemühte sich, es mit zitternden Fingern herauszuziehen. Er spürte, wie Blut über seine Handfläche rann, fuhr entsetzt zurück und wischte die Hand an seiner Hose ab. Hatte ihn jemand gehört? Martinez versuchte sich das Geräusch ihres Kampfes vorzustellen, und erwartete, daß irgend etwas geschehen würde.

Bewegte sich jemand? Aber er hörte nichts und machte sich klar, daß alles fast lautlos vor sich gegangen war.

Aber die Reaktion blieb nicht aus. Es ekelte ihn vor dem toten Posten. Er empfand Erleichterung und Übelkeit zugleich, wie ein Mann, der eine Schabe gejagt und schließlich zerquetscht hat. Es berührte ihn genau auf diese Weise und nicht stärker. Er schauderte wegen des trocknenden Blutes an seinen Händen, aber ebenso würde er vor der zerquetschten Schabe geschaudert haben. Plötzlich wurde ihm bewußt, daß das einzig Wichtige war, sich jetzt davonzumachen, und er stürzte auf dem Pfad vorwärts.

Er erreichte einen freiliegenden Teil des Passes, ging einige Hundert Yards weiter und dann am Rand einiger kleiner Wäldchen entlang. Er hatte die Konzentration, die er brauchte, um sorgfältig auszukundschaften, verloren und trottete gefühllos dahin. Der Paß stieg weiterhin an, aber weniger steil. Niemals schien er zu enden, und obgleich Martinez wußte, daß er erst einige Meilen zurückgelegt hatte, kam es ihm wie eine lange Strecke vor.

Er gelangte an eine weitere, mit einem Gehölz bestandene Lichtung, die sich linker Hand dahinzog, und abermals kniete er im Schatten nieder und starrte sie stumpfsinnig an. Plötzlich zitterte er. Er erkannte, was für einen Fehler er gemacht hatte, als er den Posten tötete. Der Soldat, der ihn ablösen sollte, könnte vielleicht die Nacht durchschlafen, aber die größere Wahrscheinlichkeit war, daß er wach wurde. Martinez vermochte niemals fest zu schlafen, ehe er seine Wache hinter sich hatte. Sobald sie den Toten entdeckten, würden sie Alarm schlagen, und es würde unmöglich sein, ihnen zu entkommen.

Er fühlte sich dem Heulen nahe. Je länger er sich hier aufhielt, um so gefährlicher würde es für ihn werden. Und außerdem – wieviel andere Fehler waren ihm vielleicht noch unterlaufen? Wieder einmal war er am Zusammenbrechen. Er mußte zurück, und dennoch ... Schließlich war er Sergeant, ein Sergeant der Vereinigten Staaten.

Ohne sein Pflichtgefühl wäre er schon vor Monaten zusammengebrochen. Martinez fuhr sich über das Gesicht und ging vorwärts. Die Idee, weiterzugehen, bis er den Paß überschritten habe und ins Hinterland der Japaner gelangt sei, um die Verteidigung der Botoi-Bay zu erkunden, hatte sich in ihm festgesetzt. Für einen Augenblick schwebte ihm das Bild seines Ruhmes vor: Martinez mit Orden ausgezeichnet, Martinez vor dem General stehend, Martinez' Foto in der mexikanischen Zeitung von San Antonio, aber es verging. Es war zu unwahrscheinlich. Er hatte keine Verpflegung, kein Wasser und jetzt nicht einmal mehr ein Messer.

In diesem Augenblick sah er im Wäldchen zu seiner Linken einen langen Mondlichtstreifen hinter einem Busch, der sich von den Bäumen abhob. Er ließ sich auf ein Knie nieder, starrte prüfend auf den Busch, und dann hörte er das typische Geräusch eines Mannes, der auf den Boden spuckt. Dort war noch ein japanisches Lager.

Er könnte sich ihm nähern. Der Schatten, der an den Felswänden entlanglief, war hier sehr tief, und wenn er es vorsichtig anstellte, würden sie ihn nicht bemerken. Aber diesmal waren seine Beine und sein Wille zu schwach. Solche Minuten wie die beim Maschinengewehr würde er nicht noch einmal aushalten.

Aber er mußte weitergehen. Martinez rieb sich die Nase wie ein Kind, das vor unüberwindlichen Schwierigkeiten steht. Die Erschöpfung, die die vergangenen zwei Tage verursacht hatten, die Nervenanspannung dieser Nacht setzten ihm jetzt zu. – Himmel, wie weit will Croft denn noch, daß ich gehen soll? dachte er widerwillig. Er machte plötzlich kehrt, ging langsam in das Wäldchen zurück, aus dem er herausgekommen war, und begann den Paß hinabzusteigen. Es wurde ihm jetzt bewußt, wieviel Zeit vergangen war, seitdem er den Posten erstochen hatte, und das erhöhte noch seine Angst. Es bestand die Gefahr, daß sie Patrouillen aussenden würden, wenn es auch unwahrscheinlich war, daß sie es nachts täten. Aber er war sowieso verloren, sobald sie den toten Posten bemerkten. Martinez gab sich keine Mühe mehr, in den Teilen des Passes, in denen er zuvor keinen Japaner festgestellt hatte, in Deckung zu bleiben. Einzig wichtig erschien ihm jetzt, schnell zurückzugelangen.

Er kam an den Rand des Wäldchens, durch das der T-Pfad führte, und blieb lauschend davor stehen. Er konnte nichts hören, trat ungeduldig ein und kroch den Weg entlang. Der tote Mann lag unberührt am Maschinengewehr. Martinez blickte zu ihm hinüber, ging auf Zehenspitzen um ihn herum und bemerkte eine Uhr an seinem Handgelenk. Er hielt an und starrte lange darauf, während er mit sich rang, ob er sie nehmen sollte. Er wandte sich ab, um weiterzugehen, dann kehrte er um und kniete neben ihm nieder. Die Hand war noch warm. Er fingerte am Verschluß und ließ die Hand vor plötzlichem Widerwillen und Entsetzen fallen. Nein. Er konnte den Gedanken nicht ertragen, sich noch länger in diesem Wäldchen aufzuhalten.

Anstatt sich den Weg entlang nach links zu wenden und ihm durch das Wäldchen hindurch zu folgen, bis er in den Schatten kam, schritt er an dem Maschinengewehr vorüber auf die Lichtung hinaus und kroch von Felsblock zu Felsblock in den Schutz der Felswände. Er starrte noch einmal auf das Wäldchen zurück und ging den Paß weiter hinunter.

Auf seinem Weg wurde er von Enttäuschung und Selbstvorwürfen geplagt. Er hatte die Erkundung aufgegeben! Sofort fragte er sich, wie er seinen Bericht abfassen müßte, um Croft zu befriedigen. Heftiger aber und peinigender war sein Bedauern wegen der Armbanduhr. Wie leicht hätte er sie nehmen können. Nun, da er aus dem Wäldchen heraus war, verachtete er sich selber, weil er Angst gehabt hatte, sich noch länger darin aufzuhalten. Er dachte an das, was er hätte tun sollen. Die Uhr nehmen und auch das Messer herausziehen. Er hatte nicht daran gedacht, als er sich den Soldaten ansah. Auch das Maschinengewehr sollte er zerstört haben, indem er eine Handvoll Erde in den Abzug warf. Mit Behagen malte er sich aus, wie ihre Gesichter aussehen würden, und ihr Entsetzen, wenn sie den toten Kameraden entdeckten.

Er lächelte. Der verdammte, gute alte Martinez. Und er hoffte, daß Croft es auch sagen würde.

In weniger als einer Stunde erreichte er den Zug und gab Croft seinen Bericht. Er erlaubte sich nur eine Abänderung, indem er erklärte, daß es keine Möglichkeit gebe, am zweiten japanischen Lager vorbeizukommen.

Croft nickte. „Du mußtest diesen Japaner töten, was?"
„Ja."

Croft schüttelte den Kopf. „Ich wünschte, du hättest es nicht getan. Das wird alle Japaner von hier bis zum Hauptquartier auf die Beine bringen." Er dachte einen Augenblick nach und sagte versonnen: „Aber ich weiß nicht, man kann nicht ahnen, was sich daraus entwickeln wird."

Martinez seufzte. „Jesus, nur nicht daran denken!" Er war zu müde, um großes Bedauern zu empfinden, aber während er sich auf seinem Lager niederließ, fragte er sich, wie viele Fehler er noch gemacht haben könnte, die die nächsten Tage sicherlich ans Licht brachten. „Verflucht müde", sagte er, um Crofts Sympathie zu wecken.

„Ja, ich glaube, du hattest einen schweren Gang." Croft legte seine Hand auf Martinez' Schulter und packte sie heftig. „Daß du mir kein Wort zum Leutnant sagst. Du bist glatt durch den Paß gekommen ohne jeden Zwischenfall, verstehst du?"

Martinez war verwirrt. „Gut, wie du sagst."

„So ist es recht, bist ein guter Junge, Japskiller."

Martinez lächelte müde. In drei Minuten war er eingeschlafen.

8

HEARN wachte am nächsten Morgen völlig ausgeruht auf. Er wälzte sich in seinen Decken und sah die Sonne über die östlichen Hügel heraufkommen, die jetzt Gestalt gewannen und wie Felsen aus dem Wasser emportauchten. Überall lag Nebel in den Mulden und Tälern, und es schien ihm, als könne er sehr weit sehen, fast bis zum östlichen, hundert Meilen entfernten Rand der Insel.

Auch die andern waren wach; Croft und die Männer rollten ihre Decken zusammen, und einige kamen aus dem Gesträuch zurück. Hearn richtete sich auf, streckte seine Zehen in den Schuhen und fragte sich gleichmütig, ob er seine Socken wechseln sollte. Er hatte schon einmal ein neues Paar genommen, das inzwischen ebenfalls verschmutzt war. Er zuckte die Schultern und entschied dann, daß es die Anstrengung nicht lohne. Er begann seine Gamaschen zu wickeln.

Red murrte neben ihm. „Wann wird die verfluchte Armee wohl einmal lernen, andere Gamaschen zu erfinden?" Er quälte sich mit einer Schlaufe ab, die sich während der Nacht verschoben hatte.

„Ich hörte, daß bald hohe Schuhe, ähnlich wie bei den Fallschirmspringern, herauskommen sollen. Dann wird es mit den Gamaschen zu Ende sein."

Red rieb sich das Kinn. Seit dem Beginn der Patrouille hatte er sich nicht mehr rasiert, und sein Bart war blond und unregelmäßig gewachsen. „Wir werden keine davon zu sehen kriegen", erklärte Red. „Der verdammte Quartiermeister wird sie für sich behalten."

Hearn grinste. Dieser Querkopf! Aber von allen Männern im Zug war Red der einzige, mit dem sich anzufreunden lohnte. Der klügste. Nur konnte man ihm nicht näherkommen.

Impulsiv sagte Hearn: „Hören Sie mal, Valsen..."

„Jaa?"

„Wir brauchen noch einen Korporal, nachdem Stanley mit Wilson fort ist. Wollen Sie für den Rest der Patrouille Korporal spielen? Und wenn wir zurück sind, machen wir es fest?" Es war eine gute Wahl. Red war mit den Männern vertraut und würde sein Handwerk verstehen.

Aber der ausdruckslose Blick in Reds Gesicht verwirrte ihn. „Soll das ein Befehl sein, Leutnant?" Reds Stimme war gelassen, aber ein wenig scharf.

Was hatte ihn nun wieder aufgebracht? „Nein, natürlich nicht."

Red kratzte sich langsam den Arm. Plötzlich und in keinem Verhältnis zur Sache stehend, wurde er wütend; er empfand dieses Mißverhältnis sogar selbst.

„Ich brauche keine Vergünstigungen", murmelte er.

„Ich habe Ihnen keine angeboten."

Er haßte diesen Leutnant, diesen dicken Burschen mit dem albernen Grinsen, der dauernd versuchte, sich anzubiedern. Warum ließ er ihn nicht in Ruhe?

Einen Augenblick spürte er eine Verlockung, eine Versuchung. Er wurde sie gewahr durch eine heftige Qual, die er in seiner Brust empfand. Wenn er annahm, würde alles auseinanderfallen. – Sie locken dich in die Falle, und dann hast du die Sorge am Halse, alles richtig zu machen, die Männer in den Kampf zu bringen und den Offizieren in den Arsch zu kriechen. Und mit Croft zusammen zu arbeiten.

„Suchen Sie sich einen andern Dummen, Leutnant."

Hearn packte die Wut. „Nun gut, es ist erledigt", murmelte er. Sie haßten ihn, sie mußten ihn hassen, und damit hatte er sich abzufinden, bis die Patrouille vorüber war. Er starrte Red an, und sein Zorn verebbte, als er Reds hageren Körper bemerkte, sein abgemagertes müdes Gesicht mit der rauhen Haut.

Croft ging vorüber und rief den Männern zu: „Vergeßt nicht, eure Feldflaschen zu füllen, Leute, bevor wir aufbrechen!" Einige setzten sich in Richtung eines kleinen Baches, der auf der anderen Seite des Hügels floß, in Bewegung.

Hearn blickte sich um und sah, wie sich Martinez in seinen Decken regte. Er hatte ihn ganz vergessen und kannte nicht einmal seinen Bericht. „Croft!" rief er.

„Ja, Leutnant?" Croft war dabei, eine Frühstücksration zu öffnen, warf nun die Verpackung fort, die er in seiner Hand gehalten hatte, und kam auf ihn zu.

„Warum haben Sie mich nicht geweckt, als Martinez zurückkam?"

„Sie hätten doch nichts vor heute morgen unternehmen können", sagte Croft gedehnt.

„Gut, aber in Zukunft lassen Sie mich das selber entscheiden." Er begegnete Crofts Blick und starrte in seine undurchdringlichen blauen Augen. „Was hat Martinez gesehen?"

Croft schlitzte den Wachsverschluß seiner Ration auf und schüttete den Inhalt heraus. Über seinen Rücken zog kribbelnd eine nervöse Glutwelle, während er antwortete. „So weit er vorgedrungen ist, war der Paß leer. Er glaubt, daß die Japaner, die uns gestern erwischten, die einzigen im Paß gewesen sind und ihn jetzt verlassen haben." So lange wie möglich hatte er diese Unterhaltung mit Hearn hinauszögern wollen und unvernünftig gehofft, daß sie vielleicht gar nicht notwendig würde. Wieder überlief seine Haut ein nervöses Prickeln. Sorgfältig unterdrückte er die Gedanken, die ihn im Hintergrund bewegten. Während er redete, sah er auf den Boden, dann wandte er seinen Blick der Wache auf dem Hügelkamm zu. „Halt bloß die Augen offen, Wyman", rief er sanft hinauf. „Verdammt noch mal, Mann, du mußt doch genug Schlaf gehabt haben!"

Irgend etwas war faul an der Sache. „Es kommt mir unheimlich vor, daß sie den Paß unbesetzt lassen sollten", murmelte Hearn.

„Ja." Croft hatte das Öffnen der kleinen Büchse mit Schinken und Ei beendet und führte den Inhalt mit einem Löffel geschickt zum Mund. „Vielleicht." Er starrte wieder auf seine Füße. „Vielleicht sollten wir es über den Berg versuchen, Leutnant."

Hearn blickte zum Mount Anaka empor. An diesem Morgen hatte er in der Tat etwas Anziehendes. Sie könnten es schaffen. Aber er schüttelte entschlossen den Kopf. „Es ist unmöglich." Er würde verrückt sein, wenn er die Männer da hinaufführen wollte, ohne zu wissen, ob man auf der andern Seite hinabsteigen konnte.

Croft starrte ihn unbeweglich an. Seit dem Beginn der Patrouille war Crofts mageres Gesicht noch schmaler geworden, und die Linien um sein quadratisches kleines Kinn noch ausgeprägter. Er sah müde aus. Er hatte einen Rasierapparat mitgenommen, aber sich heute morgen noch nicht rasiert, was sein Gesicht kleiner erscheinen ließ. „Es dürfte nicht unmöglich sein, Leutnant. Ich habe mir den Berg seit gestern morgen genau angesehen. Fünf Meilen östlich vom Paß gibt es eine Lücke. Wenn wir jetzt aufbrechen, könnten wir das verdammte Biest an einem Tag ersteigen."

Das war in Crofts Gesicht zu lesen gewesen, als er durch das Glas den Berg angestarrt hatte.

Hearn schüttelte abermals den Kopf. „Wir werden es durch den Paß versuchen." Ohne Zweifel waren sie die beiden einzigen, die den Wunsch hatten, den Berg anzugehen.

Croft fühlte eine seltsame Mischung aus Befriedigung und Furcht. Die Sache war beschlossen. „Nun gut", sagte er. Seine Lippen lagen wie taub an den Zähnen. Er stand auf und versammelte die Männer um sich. „Wir werden durch den Paß gehen", erklärte er ihnen.

Ein mürrisches Gemurmel schlug ihm entgegen.

„Nun, Leute, seid ruhig. Wir werden unsern Weg fortsetzen, und vielleicht müßt ihr eure Augen heute besonders offenhalten." Martinez starrte ihn an, und Croft zuckte bedeutungslos die Schultern.

„Was, zum Teufel, hat es für einen Sinn, uns durch die japanischen Linien zu kämpfen?" fragte Gallagher.

„Du kannst mit deinem Gemecker aufhören." Croft ließ seine Blicke über sie hinweggehen. „Wir werden in fünf Minuten aufbrechen, und darum ist es besser, wenn ihr jetzt euren Arsch in Bewegung setzt."

Hearn hob seine Hand. „Warten, Leute, ich wünsche noch was zu sagen. Wir haben Martinez in der Nacht ausgesandt, damit er den Paß erkundet, und er hat ihn leer gefunden. Es besteht die Chance, daß er immer noch leer ist." Ihre Augen sahen ihn ungläubig an. „Ich gebe euch mein Wort: Wenn wir in irgend etwas hineingeraten oder feststellen, daß Japaner im Paß sind, machen wir sofort kehrt und gehen zur Küste zurück. Ist das gerecht?"

„Ja." sagten einige.

„Gut, dann wollen wir uns fertigmachen."

Wenige Minuten später brachen sie auf. Hearn verschnürte seinen Rucksack und schnallte ihn um. Jetzt war er sieben Rationen leichter und mochte nun fast erträglich sein. Die Sonne begann etwas Wärme zu spenden, was ihn fröhlich stimmte. Als sie die Mulde verließen, fühlte er sich guten Mutes. Ein neuer Morgen war angebrochen, und es war unmöglich, nicht neue Hoffnung zu schöpfen. Die Niedergeschlagenheit, die er empfunden, die Entscheidungen, die er in der vergangenen Nacht getroffen hatte, schienen bedeutungslos zu sein. Es machte ihm jetzt Spaß, und wenn das der Fall war, um so besser.

Wie selbstverständlich nahm er die Spitze und führte den Zug dem Paß entgegen.

Eine halbe Stunde später wurde Leutnant Hearn von einer Maschinengewehrkugel getötet, die seine Brust durchbohrte.

An der Felskante, die dem ersten Wäldchen gegenüberlag, hatte er sich zufällig aufgerichtet, um die andern zu veranlassen, ihm nachzufolgen, als das japanische Maschinengewehr zu feuern begann. Er fiel auf die Männer, die sich hinter dem Vorsprung versammelt hatten.

Das Entsetzen war groß. Zehn oder zwanzig Sekunden lang taten die Männer nichts, drückten sich an den Felsen und bedeckten mit ihren Armen die Köpfe, während die Flinten- und Maschinengewehrkugeln über sie hinwegpeitschten.

Croft faßte sich als erster, steckte sein Gewehr durch eine Lücke im Gestein, feuerte heftig in das Wäldchen und lauschte stumpfsinnig auf das klingende Geräusch des leeren Rahmens, als er aus dem Gewehr sprang. Neben ihm hatten sich Red und Polack genügend erholt, um aufzustehen und ebenfalls zu schießen. Croft fühlte eine tiefe Erleichterung. In diesem Augenblick erschien ihm sein Körper schwerelos. „'ran, Leute, erwidert das Feuer!" brüllte er. Sein Verstand arbeitete behende. Es waren nur wenige Männer im Wäldchen, vielleicht nicht einmal eine Gruppe, sonst würden sie gewartet haben, bis sich der ganze Zug gezeigt hätte. Ihrem Benehmen nach wünschten sie den Zug abzuschrecken.

Gut, das ging in Ordnung. Er hatte nicht die Absicht, sich hier aufzuhalten. Einen Augenblick lang sah er auf den Leutnant hinunter. Hearn lag auf dem Rücken, das Blut lief gemächlich aus seiner Wunde und bedeckte langsam und unaufhaltsam Gesicht und Körper. Wieder fühlte Croft sich erleichtert. Nun würde es keine Verwirrung mehr geben; dieses Zögern, ehe er einen Befehl erteilte.

Das Gefecht dauerte noch einige Minuten an, dann schwiegen die Gewehre und das Maschinengewehr im Wäldchen. Croft duckte sich wieder hinter den Felsen. Ein wenig zu ungestüm krochen jetzt die Männer vom Felsen fort.

„Halt!" rief er ihnen zu. „Wir wollen uns ordentlich absetzen. Gallagher! Roth! Ihr bleibt hier bei mir und feuert weiter. Die übrigen gehen um den Hügel herum; Martinez, du führst sie; wenn du dort angekommen bist" – er deutete auf ein Hügelchen hinter ihnen –, „eröffne das Feuer auf das Wäldchen, und dann werden wir uns zurückziehen und uns mit euch vereinigen." Er stand einen Augenblick auf, jagte einige Schüsse aus der neuen Kammer und duckte sich, als das japanische Maschinengewehr antwortete. „Nun gut, geht jetzt los!"

Sie entfernten sich kriechend, und einige Minuten später hörte Croft, wie sie hinter ihm zu schießen begannen. „Los", flüsterte er Gallagher und Roth zu. Sie brachen auf, glitten während der ersten fünfzig Fuß auf ihren Bäuchen, und dann rannten sie in gebückter Haltung weiter. Als Roth an Hearn vorüberkroch, warf er einen Blick auf ihn und fühlte vor Erschöpfung eine Schwäche in den Beinen. „Oh." Dann begann er weiterzukriechen und schließlich zu laufen. „Fürchterlich", murmelte er.

Croft traf auf die andern hinter dem Hügel. „Nun gut, Leute, nehmt euern Arsch hoch, wir gehen jetzt geradeaus, dicht am Felsen entlang und sind für keinen mehr zu sehen." Er übernahm die Führung. Rasch bewegten sie sich vorwärts, liefen ohne Pause mehrere Hundert Yards, bis sie langsam in Schritt fielen. Nach wenigen Minuten waren sie wieder im alten Trott. In einer Stunde legten sie fünf Meilen über die Hügel und durch das hohe Gras zurück, ohne zu rasten oder auf die Nachzügler zu warten.

Roth hatte den Leutnant ebenso rasch vergessen wie die andern. Der Schreck beim zweiten Überfall war von der Anspannung des Rückzuges überdeckt worden. Sie dachten an nichts anderes mehr als an den atemlosen Tumult in ihrer Brust, an das Zittern ihrer überanstrengten Beine. Als Croft schließlich eine Rast anordnete, warfen sie sich wie betäubt auf den Boden und kümmerten sich nicht einmal darum, ob die Japaner sie verfolgten. Wahrscheinlich wären sie sogar stumpfsinnig liegengeblieben, wenn man sie angegriffen hätte.

Nur Croft blieb aufrecht stehen. Langsam, mit keuchender Brust, aber dennoch deutlich, sagte er: „Wir wollen jetzt eine kleine Rast machen." Er starrte verächtlich auf sie hinab und bemerkte den stumpfen Ausdruck in ihren Gesichtern. „Da ihr alle erledigt seid, werde ich die Wache übernehmen." Die meisten hatten kaum hingehört, und die, die nahe bei ihm waren, erfaßten den Sinn hinter seinen Worten nicht. Apathisch lagen sie da.

Langsam begannen sie sich zu erholen. Ihre Atemzüge wurden gleichmäßiger, und ihre Glieder gewannen ein wenig Kraft zurück. Aber noch waren sie ausgepumpt. Die Morgensonne stand jetzt hoch genug, um Hitze zu verbreiten. Sie schwitzten, lagen auf den Bäuchen und beobachteten, wie der Schweiß vom Gesicht auf die Unterarme rann. Minetta erbrach trockene, saure Klumpen von seiner Frühstücksration.

Auch nachdem sie sich erholt hatten, bedrückte sie der Tod des Leutnants nur leicht. Es war zu plötzlich und ohne Zusammenhang mit ihnen geschehen, als daß man allzuviel Gefühl dafür aufbrachte. Jetzt, wo er von ihnen gegangen war, machte es ihnen Schwierigkeiten, sich vorzustellen, daß er jemals zum Zug gehört hatte. Wyman kroch zu Red hinüber, legte sich neben ihn und zog müßig an ein paar Grasbüscheln. Hin und wieder knabberte er an einem Grashalm und spie aus.

„Das war eine Sache", sagte er schließlich. Es war angenehm, lang zu liegen und zu wissen, daß sie in einer Stunde umkehren würden. Ein Rest des Entsetzens, das er beim Überfall empfunden hatte, arbeitete noch in ihm.

„Jaa", murmelte Red. Nun hatte es den Leutnant erwischt. Er sah Hearns mürrisches Gesicht, als er, Red, das Angebot, Korporal zu werden, ablehnte. Seine Gedanken glitten wie auf brüchigem Eis dahin; er hatte ein beklemmendes Gefühl, daß irgend etwas an der Sache sei, worüber er sich keine Klarheit verschaffen wollte und was immer wiederkehrend ihn peinigen würde.

„Der Leutnant war ein guter Bursche", stieß Wyman plötzlich hervor. Die Worte erschütterten ihn. Zum erstenmal durchlief er in Gedanken den Zeitraum, der zwischen der ersten Fühlungnahme mit Hearn und dem letzten Blick lag, den er auf den blutbedeckten, sinnlos gewordenen Körper geworfen hatte. „Ein guter Bursche", wiederholte er unsicher und fühlte sich wieder dem Entsetzen nahe.

„Keiner von diesen verdammten Offizieren ist einen Dreck wert", murmelte Red. Seine erschöpften, unruhigen Glieder zuckten vor Zorn.

„Ach, ich weiß nicht, es gibt doch verschiedene..." protestierte Wyman schwach. Immer noch versuchte er, eine Übereinstimmung zwischen der Stimme des Leutnants und der Farbe seines Blutes zu finden.

„Ich würde nicht mal den Besten unter ihnen auch nur anspucken", sagte Minetta wild. Ein abergläubisches Gefühl, daß man nichts Böses über Tote sagen darf, bedrückte ihn leise, aber trotzig widersetzte er sich ihm. „Ich fürchte mich nicht davor, zu sagen, was ich denke. Alle sind Schweine." Unter der hohen Stirn blickten Minettas Augen groß und erregt hervor. „Wenn er wenigstens gefallen wäre, damit wir zurückgehen, dann wär's mir recht." – Sie haben ihn einfach hinausgeschickt und sich 'nen Dreck darum gekümmert, aber was konnte er dagegen machen? – „Äääh." Er zündete sich eine Zigarette an und sog vorsichtig daran, denn der Rauch beunruhigte seinen Magen.

„Wer redet von Zurückgehen?" fragte Polack.

„Der Leutnant sagte es doch", antwortete Wyman.

Red schnaubte. „Ach, der Leutnant!" Er rollte sich auf seinen Bauch.

Polack polkte in der Nase. „Wollen wir wetten, daß wir nicht zurückgehen?" An der ganzen Sache war etwas Verdrehtes, etwas Teuflisches. Was war Croft doch für ein Mensch. Ein Fanatiker! Der war schon der Richtige, dieser Schweinehund.

„Ach", sagte Wyman unbestimmt. In diesem Augenblick dachte er an das Mädchen, das ihm keine Briefe mehr schrieb. Es war ihm jetzt gleich, ob sie noch am Leben oder tot war. Was machte es aus? Er blickte zum Berg empor und hoffte, daß sie umkehren würden. Hatte Croft irgend etwas darüber gesagt?

Wie um ihm persönlich zu antworten, näherte sich ihnen langsamen Schrittes Croft. „Nun, Leute, wir wollen weiter."

„Gehen wir zurück, Sergeant?" fragte Wyman.

„Ich wünsche von dir keine frechen Bemerkungen zu erhalten, Wyman. Wir wollen versuchen, auf den Berg zu kommen." Die Männer murrten im Chor. „Hat einer von euch dazu noch was zu sagen?"

„Warum gehen wir denn, zum Teufel noch mal, nicht zurück, Croft?" fragte Red.

„Weil sie uns deswegen nicht auf Patrouille geschickt haben." In Croft brütete eine heftige Wut. Jetzt würde ihm keiner mehr in den Arm fallen. Einen Augenblick lang fühlte er sich versucht, sein Gewehr zu erheben und Valsen den Schädel einzuschlagen. Er spürte, wie sich seine Kinnlade anpreßte. „Vorwärts, Leute, oder wollt ihr, daß euch die Japaner noch einmal in eine Falle locken?"

Gallagher blickte ihn an. „Der Leutnant sagte, daß wir zurückgehen werden."

„Jetzt habe ich die Befehlsgewalt." Er starrte sie drohend an und hielt sie mit seinen Augen in Schach. Einer nach dem andern stand auf und warf sich verdrießlich den Rucksack über. Sie fühlten sich wie betäubt; der neue Schreck lähmte sie. „Äääh, der kann mich", hörte Croft einen von ihnen murren. Er grinste in sich hinein. „Weiberpack!"

Sie standen nun abmarschbereit. „Wir wollen gehen", sagte er ruhig.

Langsam bewegte sich der Zug in der Vormittagssonne weiter. Nach wenigen Hundert Yards waren sie abermals ermüdet, und stumpfsinnig trotteten sie dahin. Niemals hatten sie ernsthaft geglaubt, daß die Patrouille so einfach enden könnte. Croft führte sie nach Osten parallel zu den Felsabstürzen des Berges. Nach zwanzig Minuten kamen sie zum ersten

Absatz der Steilhänge. Eine tiefe Schlucht führte mehrere Hundert Fuß zum ersten Band. Ihre roten Lehmwände warfen die Sonne heftig zurück. Ohne ein weiteres Wort ging Croft darauf zu, und mit ihm begann der Zug die Ersteigung des Berges. Sie waren nun noch acht Mann.

„Dieser Croft", sagte Polack zu Wyman, „ist ein Idealist, weißt du, deswegen ist er so verrückt." Das große Wort gefiel ihm sehr, aber nur für einen Augenblick, dann ging alles in der Anstregung unter, die das Klettern über den kochenden Lehmboden der Schlucht bereitete. Irgend etwas aber war faul an der ganzen Sache. Er mußte Martinez ausfragen.

Wyman hatte wieder das Bild des Leutnants vor Augen. Das, was ihn seit dem Überfall beschäftigt hatte, kam jetzt zum Durchbruch. Eigentlich fürchtete er Polacks Hohn, aber ehe Wyman zögern konnte, murmelte er: „Hör mal, Polack, glaubst du, daß es einen Gott gibt?"

Polack grinste und steckte seine Hände unter die Rucksackriemen, um die Reibung zu mildern. „Wenn es einen geben sollte, ist er bestimmt ein Schweinehund."

„Ach, so solltest du nicht reden."

Mühsam kletterte der Zug weiter die Schlucht hinan.

Im Zeitraffer

POLACK CZIENWICZ
GIB MIR EINEN ZAUBERSTAB, UND ICH WILL
DIE WELT BEWEGEN

Der gierige, lebhafte Mund mit den drei fehlenden Zähnen im linken Kiefer ...: vielleicht einundzwanzig. Aber seine Augen waren arglistig und lüstern. Wenn er lachte, wurde seine Haut runzlig wie bei einem älteren Mann. Mit seiner gebogenen, gebrochenen Nase und seiner langen, vorstehenden Kinnlade sah er wie eine Karikatur von Uncle Sam aus. Minetta fühlte sich unbehaglich in seiner Nähe, und insgeheim fürchtete er, mit seinen Erfahrungen Polack unterlegen zu sein.

Das Schloß in der Flurtür ist natürlich zerbrochen, und die Postkästen sind seit langem geplündert, die übriggebliebenen Scharniere verrostet. Im Flur riecht es nach Urin; die schmutzigen Fliesen haben die Gerüche aus den tropfenden Röhren, die des Kohls und Knoblauchs, der verdreckten Ventile in den nicht mehr funktionierenden Rohrleitungen aufgesogen. Wenn man sich die Treppe hinaufbegibt, muß man sich an die Wand lehnen, denn das Geländer ist zerbrochen und zusammengesackt wie das Wrack eines Schiffes, das am Strande fault. In den grauen Winkeln, wo die Wände auf den Boden treffen, kann man die Mäuse bedächtig durch den Schmutz laufen und die Schaben mit ihren ziellosen, hastigen Bewegungen auf ihren Spaziergängen sehen.

Der Luftschacht, der die Baderäume der Stockwerke miteinander verbindet, füllt sich nach und nach mit Dreck; gelegentlich ist auch eine Ladung Küchenabfall darunter. Wenn es bis zum zweiten Stockwerk reicht, wird es vom Pförtner verbrannt.

Ein improvisierter Einäscherungsofen.

Das Haus ist genauso wie jedes andere des Wohnblocks und innerhalb einer Quadratmeile im Umkreis.

Casimir („Polack") Czienwicz, im Alter von neun Jahren, erwacht am Morgen und kratzt sich den Kopf. Er richtet sich auf dem Deckenhaufen, der am Boden liegt, empor und starrt den mitten im Zimmer stehenden Ofen an, der erloschen ist. Neben ihm schlafen drei weitere Kinder. Er rollt sich wieder ein und tut so, als ob er schlafe. Bald wird seine Schwester Mary wach werden, aufstehen und sich anziehen, und er möchte sie dabei beobachten.

Draußen pocht der Wind gegen die Fensterscheiben und schleicht durch die Spalten den Boden entlang.

Jesus, ist das kalt, murmelt er dem neben ihm schlafenden Bruder zu.

Ist sie schon auf? (Der Bruder ist elf.)

Gleich. Er hält seinen Finger an die Lippen.

Mary erhebt sich zitternd, stochert mechanisch im Ofen und streift das Unterkleid über die Schultern, während zugleich ihr Nachthemd fällt. Die beiden Knaben erwischen den Anblick nackten Fleisches und kichern verstohlen in ihren Betten.

Was siehst du mich denn so an, Steve? schreit sie.

Ätsch, ich hab' was gesehen.

Nichts hast du gesehen.

Doch.

Zu spät hat Casimir seine Hand ausgestreckt, um Steve zum Schweigen zu bringen. Casimir schüttelt verächtlich den Kopf; die Verachtung des Reiferen. Warum hast du das getan? Nun hast du alles verdorben.

Äääh, halt deinen Mund.

Du bist ein Esel, Steve.

Steve führt einen Schlag gegen ihn, aber Casimir hat sich geduckt und springt im Raum umher, um ihm zu entgehen. Hör auf, Steve, schreit Mary.

Hör auf, brüllt Polack.

Der Vater, ein schwerfälliger Mann, ist vom andern Raum her eingetreten und nur mit einer Hose bekleidet. Jungens, hört auf, ruft er auf polnisch. Als er Steve erblickt, gibt er ihm einen Puff. Du sollst nicht das Mädchen ansehen.

Casimir hat's zuerst getan.

Nichts habe ich getan.

Laß Casimir in Ruh. Wieder pufft er Steve. Seine Hände riechen noch nach dem Blut der Tiere im Schlachthof.

Ich werde dich schon kriegen, flüstert Steve später.

Aber Casimir grinst vor sich hin. Er weiß, daß es Steve vergessen wird, und wenn nicht, wird es einen Weg geben, um ihm zu entschlüpfen. Es gibt immer einen.

Im Klassenzimmer schreit alles durcheinander.

Wer hat den Leim auf die Sitze geschmiert?

Miss Marsden sieht aus, als ob sie losweinen möchte. Ruhe, Kinder, bitte Ruhe. John, du und Louis könnt mit der Säuberung beginnen.

Warum wir, Miss? Wir haben den Leim nicht 'raufgeschmiert.

Ich werde mithelfen, Miss, sagt Casimir.

Gut, Casimir, du bist ein guter Junge.

Die kleinen Mädchen rümpfen die Nasen und schauen erregt und entrüstet um sich. Casimir hat es getan, flüstern sie, Casimir war es.

Schließlich hört es Miss Marsden. Hast du es getan, Casimir?

Ich, Miss, warum ich?

Komm mal her, Casimir.

Er geht auf das Pult zu und lehnt sich in den Arm, der sich um ihn legt. Während er seinen Kopf an ihre Schulter drückt, blickt er auf die Klasse und zwinkert mit den Augen. (Heimliches Gelächter.)

Casimir, laß das.

Was soll ich lassen?

Hast du den Leim auf die Sitze geschmiert? Sag mir die Wahrheit, dann werde ich dich nicht bestrafen.

Nein, Miss.

Auf Casimirs Platz ist kein Leim, Miss Marsden, sagt Alice Rafferty.

Warum ist da keiner? fragt sie ihn.

Ich weiß es nicht, Miss. Vielleicht hat das Kind, das es tat, mich ausnehmen wollen.

Wer hat es getan, Casimir?

Ach, ich weiß es doch nicht, Miss. Soll ich nicht beim Saubermachen helfen?

Casimir, du solltest dich bemühen, ein artiger Junge zu werden.

Ja, Miss Marsden. Er geht zu seinem Platz zurück und flüstert mit den Mädchen, während er vorgibt, den anderen Jungen zu helfen.

Im Sommer sind die Kinder lange draußen, spielen Verstecken auf den unbebauten Plätzen, baden im Wasser der Hydranten, die eigens für sie aufgedreht worden sind. Im Sommer geschieht immer etwas Aufregendes. Ein Haus brennt nieder, oder sie können die Dachfirste ersteigen und auf die großen Jungen hinunterschielen, die sich mit den Mädchen necken. Wenn es sehr heiß ist, können sie sich ins Kino schleichen, weil die Türen der Notausgänge wegen der Hitze geöffnet bleiben.

Einige Male haben sie wirklich großes Glück.

He, Polack, da liegt ein Betrunkener in der Gasse hinter dem Haus der Heilsarmee.

Hat ihm schon jemand das Geld abgenommen?

Weiß ich doch nicht, schimpft das andere Kind.

Äääh, komm mit.

Auf Zehenspitzen gehen sie die Gasse hinunter und gelangen auf einen einsamen Platz hinter dem Grundstück. Der Betrunkene schnarcht.

Geh 'ran, Polack.

Was heißt, geh 'ran, wie teilen wir?

Das kannst du machen.

Er kriecht zu dem Betrunkenen und tastet über den Körper nach einer Brieftasche. Das Schnarchen bricht ab, und der Betrunkene packt Polacks Handgelenk.

Laß mich los, du verdammtes ...! Polack greift neben sich, seine freie Hand findet einen Stein, hebt ihn auf und schlägt dem Betrunkenen damit auf den Kopf. Der Griff an seinem Arm aber wird fester, und noch einmal schlägt Polack zu.

Wo steckt sie denn, mach schnell.

Polack fährt unruhig durch alle Taschen und bringt etwas Kleingeld heraus. Na schön, wir wollen fort.

Die beiden Knaben schleichen sich aus der Gasse und teilen das Geld unter einer Straßenlaterne.

Sechzig Cents für mich, fünfundzwanzig für dich.

Was heißt das? Ich habe ihn doch entdeckt.

Was das heißt? Daß ich alles riskiert habe, sagt Polack, denkst wohl, das zählt nichts?

Äääh.

Bemach dich nicht. Er pfeift vor sich hin, während er losmarschiert und unsicher zu lachen beginnt, als er an den niedergeschlagenen Trunkenbold denkt. Aber am nächsten Morgen ist der Mann fort, und Polack fühlt sich beruhigt. Äääh, einem

Betrunkenen kann man nichts antun, denkt er bei sich, und etwas von dem Wissen steckt darin, das er von den älteren Jungen aufgeschnappt hat.

Als Casimir zehn ist, stirbt sein Vater, und nach der Beerdigung versucht die Mutter, ihn zur Arbeit in den Schlachthof zu schicken. Aber nach einem Monat kommt der Fürsorgebeamte, und Polack wird ins Waisenhaus gesteckt, weil seine Mutter keinen anderen Ausweg weiß.

Viele neue Unterrichtsstunden, wenn sie ihm auch nicht ganz unvertraut sind. Nur daß es jetzt wichtiger wird, sich nicht erwischen zu lassen. Es tut zu weh.

Streck deine Hand vor, Casimir.

Warum, Schwester? Was habe ich denn getan?

Streck sie vor. Der Rohrstock saust mit überraschender Kraft auf seine Handfläche, und Polack springt hoch. Heiliger Himmel!

Für dein Fluchen, Casimir, wirst du nochmals bestraft. Und wieder reckt sich der schwarzbekleidete Arm empor und schlägt auf Polacks Hand.

Die Kinder lachen über ihn, während er auf seinen Platz zurückgeht. Durch die Schmerzenstränen hindurch schimmert ein ungewisses Grinsen. Hat mir gar nichts ausgemacht, flüstert er, aber seine Finger schwellen an, und den ganzen Morgen über gibt er sich mit seiner Hand ab.

Auf Pfeiffer, den Gymnastiklehrer, diesen Hund, mußt du am meisten aufpassen. Wenn sie zum Essen hineinmarschieren, hat jedermann, während die Gebete gesprochen werden, drei Minuten ruhig zu sein. Pfeiffer schnüffelt hinter den Bänken umher und paßt auf, ob jemand flüstert.

Polack schickt seine Augen nach allen Seiten. Aber niemand scheint in der Nähe zu sein. „Was, zum Teufel, gibt es heute abend?"

Wumm! Sein Kopf schmerzt vor Erschütterung, daß sich sein Gehirn darin zu drehen scheint.

Nun, Polack, wenn ich sage, daß Ruhe sein soll, ist es mir Ernst damit.

Er starrt wie betäubt auf seinen Teller und wartet, daß der Schmerz nachläßt. Es ist sehr schwer, sich zu beherrschen und den Kopf nicht zu reiben.

Später: Jesus, dieser Kerl hat hinten am Kopf auch Augen.

Und noch etwas anderes. Lefty Rizzo, der große Vierzehnjährige, ist der Anführer, wenn Pfeiffer, eine der Schwestern oder ein Pater nicht in der Nähe sind. Du mußt dich mit ihm gut stellen, oder du erreichst nichts.

Was kann ich für dich tun, Lefty? (Polack im Alter von zehn Jahren.)

Lefty spricht mit seinen Untergebenen. 'raus mit dir, Polack!

Warum, was habe ich getan?

'raus!

Er läuft durch den Schlafsaal, überprüft die fünfzig Betten und die halb offenen Schränke.

In einem einem Äpfel, vier Pennies und ein kleines Kruzifix. Er stiehlt das Kreuz und springt zu Leftys Koje zurück.

He, Lefty, ich hab' was für dich.

Was, zum Teufel, soll ich damit?

Gib es Schwester Catharine als Geschenk.

Lefty denkt nach. Jaa – jaa. Wo hast du es her?

Ich habe es Callahan geklemmt. Aber er wird kein Geschrei machen, du brauchst ihm nur sagen, daß er den Mund halten soll.

Ich hätte es auch selber klauen können.

Aber ich hab' dir Ärger erspart.

Lefty lacht, und Polack ist anerkannt.

Natürlich gibt es Verpflichtungen. Lefty raucht gern, und wenn das Licht ausgemacht ist, gelangt er mit einer halben Packung hinaus, ohne daß er erwischt wird. An jedem zweiten Abend zieht das Zigarettenkommando für Lefty los.

Die vier Jungen schleichen sich an die Mauer des Waisenhauses, und zwei von ihnen werden hinübergestemmt. Sie lassen sich auf der anderen Seite auf das Pflaster fallen, gehen zwei Häuserblocks weiter in die Geschäftsstraße und lungern neben dem Zeitungshalter beim Süßwarengeschäft herum.

Polack geht hinein an den Zigarettentisch.

Was willst du, Kindchen? fragt der Verkäufer.

Ach, ich möchte... – er blickt zur Eingangstür hinaus –, Mister, die Kinder stehlen Ihnen die Zeitungen! Und der Verbündete stiebt die Straße entlang, der Besitzer hinter ihm her. Polack ergreift zwei Packungen, dreht der schreienden Frau des Besitzers eine lange Nase und rennt in der entgegengesetzten Richtung davon.

Zehn Minuten später treffen sie sich vor der Mauer des Waisenhauses. Einer hilft dem andern über die Kante und krabbelt dann selbst hoch, während er an den Armen gehalten wird. Sie schleichen durch die leeren Gänge, geben Lefty die Zigaretten, und eine halbe Stunde, nachdem sie das Waisenhaus verlassen hatten, liegen sie im Bett.

War gar nichts, flüstert Polack dem Jungen neben sich zu.

Einmal wird Lefty beim Rauchen ertappt. Für die wirklich schweren Sünden gibt es besondere Strafen. Schwester Agnes stellt die Knaben in einer Reihe auf, und Lefty muß sich über eine Bank strecken. Jedem Kind wird befohlen, an ihm vorbeizugehen und ihm einen heftigen Schlag auf den Hintern zu versetzen.

Aber sie haben alle Angst davor, es zu tun, und einer nach dem andern geht vorbei und gibt ihm nur einen Klaps. Schwester Agnes ist wütend. Ihr sollt Francis richtig schlagen! schreit sie. Ich werde jeden bestrafen, der es nicht tut.

Das nächste Kind gibt Lefty einen sanften Schlag, und Schwester Agnes läßt es seine Hand ausstrecken und schlägt mit dem Lineal darauf. Der Reihe nach gibt jedes der Kinder Lefty einen Klaps und streckt seine Hand vor, um den Schlag zu empfangen.

Schwester Agnes ist außer sich. Ihr Kleid raschelt vor Zorn. Schlagt Francis! schreit sie.

Aber keiner tut es. Die Kinder gehen der Reihe nach vorbei, nehmen den Schlag auf die Hand entgegen und versammeln sich in einem Kreis und beobachten. Lefty lacht. Als es beendet ist, bleibt Schwester Agnes noch stehen. Es ist ihr anzusehen, daß sie mit sich ringt, ob sie es wiederholen lassen soll. Aber sie ist besiegt, und sehr kühl befiehlt sie den Jungen, in die Klasse zurückzugehen.

Polack hat viel zugelernt. Er schäumt über vor Bewunderung für Lefty. Noch weiß er es nicht auszudrücken und schüttelt nur den Kopf.

Junge, dieser Lefty ist prima!

Zwei Jahre später holt Polacks Mutter ihn wieder nach Haus. Eine der älteren Schwestern ist verheiratet, und zwei seiner Brüder stehen in Arbeit. Beim Abschied gibt ihm Lefty einen geheimen Händedruck.

Du bist in Ordnung, Junge; im nächsten Jahr komme ich hier 'raus, und dann werde ich mich nach dir umsehen.

Wieder in seiner Straße, gibt es den Sport, wie er zu seinem Alter gehört. Schwarzfahrten auf der Straßenbahn sind selbstverständlich; Diebstähle in den Geschäften die Einnahmequelle. Wirklicher Sport aber ist das Anklammern an die Rückklappe der schnellen Lastwagen und sich fünfzehn Meilen aus der Stadt fahren zu lassen. Die Mutter verschafft ihm eine Anstellung als Lieferjunge in einer Fleischerei, und er bleibt zwei Jahre dabei.

Die Arbeit hat es in sich.

Als er dreizehn ist, verführt ihn eine der Kundinnen.

Oh, guten Tag, sagt sie beim Öffnen der Tür, bist du nicht Mrs. – Mrs. ...

Mrs. Czienwicz' Sohn, Madame.

Natürlich, ich kenne deine Mutter.
Wo soll ich das Fleisch hinlegen, Madame?
Dorthin. Er legt es nieder und blickt sie an. Ich glaube, das ist alles.
Setz dich doch, du wirst müde sein.
Nee, ich hab' noch viele Gänge.
Setz dich nur.
Er starrt sie an. Nun gut, vielleicht ein bißchen.
Hinterher fühlt er sich, als ob seine Erziehung nun vollendet sei. Seit langem weiß er, daß man keinem Menschen trauen kann, aber um Frauen hatte er sich nicht gekümmert. Nun weiß er, daß auch Frauen unzuverlässig sind. Treibsand.
Beim Abschied: Nun, dann auf später...
Du kannst mich Gertrude nennen. Sie kichert.
Er hat bei ihr an keinen Namen gedacht. Selbst jetzt noch ist sie für ihn Mrs. Irgendwer, eine Tür, an der er Fleisch abliefert.
Auf später, Gertie, auf Wiedersehen.
Aber Stunden danach nehmen ihn alle diese Annehmlichkeiten, die er bisher nur dem Namen nach gekannt hat, gefangen. Am nächsten Tag geht er wieder bei ihr vorbei, und für den Rest des Sommers wiederholt es sich oft.
Die Jahre schwinden; er wird älter, sogar klüger, innerhalb des festliegenden Rahmens seines Verstandes, aber er ändert sich kaum. Er wandert von Stellung zu Stellung, wird Schlächter, arbeitet im Schlachthof, fährt sogar einen Wagen für Leute, die auf der Nordseite wohnen, aber jedesmal erschöpft er die Möglichkeiten seiner Anstellung allzu schnell und erkennt ihre Grenzen, fast bevor er sie antritt.
1941, als er achtzehn ist, trifft er Lefty Rizzo bei einem Ballwettkampf, und sie setzen sich zusammen. Lefty hat gut ausgelegt und macht einen wohlhabenden Eindruck. Mit seinem Schnurrbart sieht er aus, als ob er dreißig statt zweiundzwanzig sei.
Nun, Polack, was zum Teufel, hast du getrieben?
Von meinen Zinsen gelebt.
Lefty lacht. Junge, du bist immer noch der alte, du bist ein Kerl. Warum hast du mich nicht besucht? Ich könnte mit dir irgendwas machen.
Bin nie dazu gekommen, wirklich. (Aber was anderes steckt dahinter. Es stammt aus seinem niemals niedergeschriebenen Code. Wenn ein Kamerad Geld hat, bemüh dich nicht um ihn, bis er von selbst nach dir fragt.)
Na schön, aber ich könnte dich gebrauchen.
Nun sieh dir diesen Novikow an, diesen verdammten Russen! Ich möchte mal erleben, daß er auch mal was anderes als

Luft trifft. Polack setzt sich wieder hin, nachdem er es hinausgeschrien hat, und legt seine Füße auf den vor ihm befindlichen Sitz. Was hast du eben gesagt?

Daß ich dich gebrauchen kann.

Polack verzieht sein Gesicht und wirft seine Lippen auf. Vielleicht können wir mal was zusammen machen, sagt er im Dialekt.

Er kauft sich einen Wagen und verwendet für die Anzahlung die Ersparnisse seiner ersten zwei Arbeitsmonate. Er besucht abends nach dem Essen Süßwaren- und Friseurläden und sammelt die Wettgelder ein. Wenn er damit fertig ist, fährt er zu Leftys Haus, gibt die Quittungen und das Geld ab und weiter zu seiner neumöblierten Wohnung, die er für sich allein gemietet hat. Denn für die Arbeit bekommt er hundert Dollar in der Woche.

Eines Abends geschieht etwas Besonderes.

He, Al, wie geht's? Er tritt an den Zigarrentisch und wählt eine „Zwei-für-35-Cents"-Marke. (Während er sie im Mund rollt:) Was hast du gesagt?

Al, ein Mann mittleren Alters, kommt mit einer Tasche voll Kleingeld hinterm Ladentisch hervor. He, Polack, da ist ein Bursche, der seine Auszahlung haben will. Seine Nummer hat gewonnen.

Polack zuckt die Achseln. Warum hast du dem glücklichen Gentleman nicht gesagt, daß Fred morgen mit Geld vorbeikommt?

Ich hab' es ihm gesagt, aber er glaubt mir nicht. Da ist er. (Ein magerer, schäbiger Bursche mit einer roten Nasenspitze.)

Was gibt's, Jack? fragt Polack.

Ja, wissen Sie, Sir, ich möchte keinen Ärger machen, ich will bestimmt keinen Krach anfangen, aber meine Nummer ist 'rausgekommen, und ich möchte nun mein Geld haben.

Na, nu halt erst mal die Luft an, Jackson, und laß uns ein bißchen zu Atem kommen. Er zwinkert dem Ladenbesitzer zu. Brauchst dich nicht so aufzuregen.

Hören Sie mal, Sir, ich wünsche nichts als mein Geld. Es hat 572 gebracht, stimmt's? Hier ist mein Schein. (Zwei Kinder, die nach Süßigkeiten hereingekommen sind, beobachten sie, und Polack ergreift den Arm des Mannes.)

Komm hier 'rein, wir wollen es besprechen. (Er schlägt die Tür hinter sich zu.) Nun gut, du hast gewonnen, Jack, und morgen gibt's Geld. Wir haben einen Mann zum Einkassieren und einen anderen zum Auszahlen. Wir sind eine große Organisation, Jackson, und haben uns um mehr zu kümmern als um deinen Gewinn.

Weiß ich denn, ob morgen wirklich jemand kommt?
Wieviel hast du gesetzt?
Drei Cents.
Dann bekommst du einundzwanzig Dollar, stimmt's? Glaubst du, daß du uns damit bankrott machst? Er lacht. Wirst dein Geld schon kriegen, Jack.
(Mit der Hand auf Polacks Unterarm.) Ich möchte es gern heut abend haben, Sir. Ich sterbe vor Durst.
Polack seufzt. Hier, Jack, hast du einen Dollar. Morgen, wenn du ausgezahlt bekommst, kannst du ihn Fred zurückgeben.
Der Mann nimmt das Geld und starrt zweifelnd darauf. Sie sind sehr anständig.
Jawoll, Jack. (Er schüttelt die Hand ab und geht zu seinem Wagen hinaus.) Während er zum nächsten Laden fährt, schüttelt er den Kopf. Eine tiefe Verachtung ist in ihm.
Armes Würstchen! Dieser blöde Hund gewinnt einundzwanzig Dollar und denkt, daß wir nachts aufstehen, um ihn auszuzahlen. Jesus! Ein erbärmlicher Spieler, der wegen einundzwanzig Dollar so angibt.

Hallo, Mama, wie geht's dir, wie geht's Casimirs Liebling?
Seine Mutter blickt mißtrauisch durch die Türspalte. Dann, als sie ihn erkennt, macht sie die Tür weit auf.
Ich habe dich einen Monat lang nicht gesehen, mein Junge, sagt sie auf polnisch.
Zwei Wochen oder ein Monat, was macht es schon aus? Jetzt bin ich da. Ja so, ein paar Süßigkeiten. (Nach einem forschenden Blick in ihr Gesicht runzelt er die Stirn.) Hast du dir noch immer nicht die Zähne machen lassen?
Sie zuckt die Schultern. Ich hab' ein paar Kleinigkeiten kaufen müssen.
Um Himmels willen, Ma, wann, zum Teufel, wirst du sie dir endlich machen lassen?
Ich brauchte einiges für die Kleider.
Für Mary wieder, was?
Ein unverheiratetes Mädchen braucht Sachen.
Ääh. (Mary ist hereingekommen und nickt ihm kühl zu.) Wie geht's, Dummchen?
Halt den Mund, Casimir.
Er läßt seine Hosenträger schnellen. Warum heiratest du nicht, zum Teufel, und gibst Ma eine Ruhepause?
Weil alle Männer so sind wie du und nur an eins denken.
Sie möchte Nonne werden, sagt die Mutter.
Eine Nonne, heiliger Strohsack! Er blickt sie abschätzend an. Eine Nonne!
Steve meint, sie sollte es vielleicht tun.

Er blickt kritisch auf ihr schmales blasses Gesicht, die gelb werdende Hautpartie unter ihren Augen. Ja, vielleicht sollte sie es tun. Wieder überkommt ihn Verachtung, und darunter liegt ein unbestimmtes Mitleid. Weißt du, Mama, daß ich ein glücklicher Junge bin?

Ein Gauner bist du, sagt Mary.

Sei still, sagt die Mutter. Nun, mein Junge, wenn du glücklich bist, ist es ja gut.

Äääh. (Er ärgert sich über sich selbst. Eine blödsinnige Idee, zu sagen, daß man glücklich ist.) Na schön, werde eine Nonne. Wie geht's Steve?

Er hat so schwer zu arbeiten. Mikey, sein Kleiner, war krank. Ich werde ihn demnächst mal besuchen.

Ihr Kinder solltet zusammenhalten. (Zwei von ihnen sind tot, die anderen bis auf Mary und Casimir verheiratet.)

Jaa. Er hat ihr das Geld für die Wohnung gegeben; die aufgelegten Spitzendecken, der neue Polsterstuhl, die Kerzenhalter auf dem Schreibtisch sind von ihm beigesteuert. Aber die Wohnung ist unbeschreiblich trist. Äääh, es ist widerlich.

Was ist, Casimir?

Nichts, Mama, aber ich muß jetzt gehen.

Du bist doch eben erst gekommen.

Ja, ich weiß. Hier hast du etwas Geld. Wirst du nun, um Himmels willen, dir endlich die Zähne machen lassen?

Auf Wiedersehen, Casimir. (Es ist Mary.)

Ja, auf Wiedersehen, Kindchen. Er blickt sie wieder an. Eine Nonne, was? Na gut. Viel Glück, Kindchen!

Danke, Casimir.

Richtig, hier ist noch eine Kleinigkeit für dich. Nimm's nur. Er drückt es ihr in die Hand und springt zur Tür hinaus und die Treppe hinunter. Ein paar Kinder versuchen, mit einer Stange die Nickelplatte der Radnabe abzubekommen, und er treibt sie auseinander. Dreißig Dollar sind übriggeblieben. Nicht viel, um drei Tage damit zu reichen, und in letzter Zeit hat er in Leftys Kreis beim Pokern verloren.

Polack zuckt die Schultern. Gewinn und Verlust, beides steckt in den Karten.

Er stößt die kleine Brünette von seinem Knie hinunter und schlendert zu Lefty und dem Verbindungsmann von Kabriskies Organisation hinüber. Die für die Party gemietete Viermannkapelle spielt gedämpft, und ein paar Gläser sind bereits auf die Tischen vergossen worden.

Was kann ich für dich tun, Lefty?

Ich möchte dich mit Wally Boletti bekannt machen. Sie nikken einander zu und unterhalten sich ein Weilchen.

Bist ein guter Junge, Polack, sagt Lefty.
Einer der besten.
Kabriskie sucht jemand, der die Mädchen im Südteil seines Bezirkes überwacht.
Also *darum* geht es, was?
Ja.
Er denkt einen Augenblick nach. (Es bedeutet natürlich mehr Geld, eine ganze Menge mehr, und er kann es gebrauchen, aber ...) Es ist eine heikle Sache, murmelt er. (Eine kleine Wendung im Politischen, ein Manöver von irgendeiner Organisation, und dann ist er die Zielscheibe.)
Wie alt bist du, Polack?
Vierundzwanzig, lügt er,
Verdammt jung, sagt Wally.
Ich möchte mir diese verfluchte Sache erst überlegen, sagt Polack. Zum erstenmal in seinem Leben fühlt er sich unfähig, eine Entscheidung zu treffen.
Hat keine Eile, aber in der nächsten Woche soll es losgehen.
Ich werde es riskieren.

Aber am nächsten Tag, während er noch mit sich zu Rate geht, kommt ein Brief von der Musterungskommission. Er flucht vor sich hin. Drüben auf der Maddison Street gibt es einen Burschen, der Trommelfelle durchsticht, und er ruft ihn an.
Aber auf dem Weg dorthin ändert Polack seinen Entschluß.
Äääh, zum Teufel damit, das Glück hat sich gewendet. Er kehrt um und fährt ruhig nach Haus. In seinem Unterbewußtsein arbeitet es.
Das ist eine große Sache, murmelt er.
Aber sie ist es nicht. Polack hat niemals von einem Deus ex machina gehört, für ihn ist es etwas Neues.
Man rechnet sich alle Möglichkeiten aus, und dann kommt immer etwas anderes. Er grinst vor sich hin. Aber es gibt keinen Platz, wo ich nicht mein Auskommen finden werde.
Er beruhigt sich. Selbst wenn neue Schwierigkeiten entstehen sollten, wird es immer einen Zauberstab geben, wenn man nur tüchtig danach Ausschau hält.
Biiiiiiiiiii. Er drückt auf die Hupe und flitzt an einem Lastwagen vorbei.

9

EINIGE Stunden später, um die Mittagszeit, quälten sich Meilen entfernt die Träger mit Wilson ab. Den ganzen Morgen über hatten sie ihn unter der glühenden Tropensonne getragen, und ihre Kraft und ihr Wille war mit dem Schweiß aus den Körpern weggeschwemmt. Ihre Bewegungen waren bereits wieder vom Stumpfsinn gelähmt, der Schweiß machte ihre Augen blind, die Zunge stieß gegen die ausgedörrten und entzündeten Gaumen, und ihre Glieder zitterten ohne Aufhören. Überall war die Hitze um sie, sie flimmerte über dem Gras, und die Männer hatten das Gefühl, als bewegten sie sich durch Wasser oder Öl. Es war ihnen, als seien ihre Gesichter in Samt gehüllt. Die Luft, die sie einatmeten, war stickig und brachte ihnen keine Erfrischung: eine feuergefährliche Mischung, die in ihren Lungen zu explodieren schien. Mit schwankenden Köpfen schlenderten sie dahin, gaben seufzend abgerissene Laute von sich, die ihre Kehlen folterten. Nach einigen Stunden war ihnen wie Menschen zumute, die durch ein Flammenmeer schreiten müssen.

Sie schoben Wilson vor sich her, als wälzten sie einen Stein. Sie quälten sich peinvoll fünfzig, hundert oder sogar zweihundert Yards mit den hastigen Bewegungen von Möbeltransporteuren ab, die ein schweres Klavier fortbewegen. Dann stellten sie ihn nieder, standen wankend auf ihren Füßen, und ihre Schultern hoben und senkten sich vor heftigem Bemühen, unter dem bleiernen Himmelsbogen frische Luft zu schöpfen, die sie nicht fanden. Aus Angst vor der Rast, denn sie wußten, daß es sie am Boden festhalten würde, nahmen sie nach einer Minute die Tragbahre wieder auf und mühten sich eine weitere kurze Strecke über die endlosen, grünen und gelben Hügel. Wenn es bergauf ging, versagten sie und blieben, die Bahre haltend, sekundenlang stehen. Ihre Beine schienen unfähig, auch nur einen Schritt zu tun, bis sich die Männer schließlich nochmals zusammenrissen, sich in Bewegung setzten, wenige Schritte zurücklegten, um aufs neue stehenzubleiben und sich gegenseitig anzustarren.

Bergabwärts zitterten ihre Oberschenkel vor Anstrengung, wenn sie die Füße einstemmten, um nicht hinabzustürzen, und ihre Beinmuskeln verkrampften sich. Die Männer hatten Lust, sich hinzuwerfen und für den Rest des Tages bewegungslos im Gras liegenzubleiben.

Wilson war bei Bewußtsein und hatte Schmerzen. Jedesmal, wenn er geschüttelt wurde, stöhnte er auf, und fortgesetzt wälzte er sich auf der Bahre hin und her, brachte sie aus dem Gleichgewicht und die Träger in Gefahr zu stolpern. Hin und wieder verfluchte er sie, und dann zuckten sie zusammen. Seine Zurufe und Schreie trieben sie an, ein paar weitere Yards zurückzulegen.

„Verflucht, Leute, ich habe euch beobachtet, warum, zum Teufel, könnt ihr einen verwundeten Mann nicht ordentlich tragen? Müßt ihr ihn schütteln, daß ihm der ganze Dreck innen durcheinander kommt? Stanley, du hast es absichtlich getan. Es ist gemein, einen Kameraden so zu behandeln!" Seine Stimme war dünn und nörgelnd. Alle Augenblicke, bei einem plötzlichen Stoß der Bahre, schrie er auf.

„Verdammt noch mal, laßt mich doch liegen, Leute!" Vor Schmerz und Hitze greinte er wie ein Kind. „Ich würde euch das nicht antun, wenn ihr an meiner Stelle wärt." Dann legte er sich wieder zurück, sein Mund blieb offen stehen, und sein Atem kam zitternd und zischend aus der trockenen Kehle wie Dampf aus einem Wasserkessel.

„Au, Leute, seid doch behutsamer, verfluchte Bande!"

„Wir tun, was wir können", pflegte dann Brown zu krächzen.

„Ihr benehmt euch einfach niederträchtig. Wilson wird euch das nicht vergessen. Verdammt, Leute!"

Und wieder mühten sie sich weitere hundert Yards ab, setzten ihn nieder und starrten einander stumpfsinnig an.

Wilsons Wunde pochte schmerzhaft. Seine Magenmuskeln waren wund und vom Kampf gegen den Schmerz erschöpft. In seinem Körper brütete ein trockenes Fieber. Die Sonnenhitze hatte seine Glieder bleiern schwer werden lassen; sie schmerzten. Brust und Kehle waren blutüberfüllt und sein Mund vollständig ausgetrocknet. Jede Erschütterung der Bahre traf ihn wie ein Schlag. Er fühlte sich so erschöpft, als habe er mit einem Mann, der viel größer und kräftiger war als er, stundenlang gerungen. Oftmals schwebte er am Rande der Bewußtlosigkeit, aber immer wieder wurde er durch ein Rucken der Bahre in den Schmerz zurückgestoßen. Es brachte ihn fast zum Weinen. Bisweilen lag er minutenlang steif auf der Bahre und wartete auf den nächsten Stoß, während er die Zähne zusammenbiß. Wenn der Stoß kam, weckte er den schlummernden Schmerz und riß an seinen entzündeten Nerven. Es schien, als ob der Schmerz in der Wunde von den Trägern verursacht würde, und Wilson haßte sie mit der gleichen Wut, die ein Mann einem Möbelstück gegenüber empfindet, an dem er sich das Bein gestoßen hat. „Brown, du Schweinehund!"

„Halt den Mund, Wilson." Brown bewegte sich nur noch taumelnd vorwärts, und seine Finger rutschten langsam vom Griff ab. Als er fühlte, daß die Bahre seinen Händen entgleiten würde, rief er: „Niederstellen!" Dann kniete er neben Wilson, rang nach Atem und massierte sich die taubgewordenen Finger. „Beruhige dich, Wilson, wir tun unser Bestes", japste er.

„Du bist ein Schweinehund, Brown. Du hast mich absichtlich geschüttelt."

Brown hätte am liebsten geheult oder ihm ins Gesicht geschlagen. Die Dschungelgeschwüre an seinen Füßen hatten sich geöffnet, bluteten in den Schuhen und schmerzten, sobald er anhielt und sich ihrer bewußt wurde, unerträglich. Er hatte keine Lust weiterzugehen, aber dann sah er, wie ihn die andern anstarrten, und murmelte: „Weiter, Leute."

So schleppten sie ihn unter der Mittagssonne mehrere Stunden hindurch. Langsam und unaufhaltbar war ihre Willenskraft geschwunden. Sie waren durch das verhaßte Band der Erschöpfung und Wut miteinander verknüpft. Jedesmal, wenn einer stolperte, erregte er den Haß der andern, denn plötzlich erhöhte sich das Gewicht an ihren Armen, und Wilsons Schmerzensschreie bohrten sich durch ihren Stumpfsinn und rissen an den Nerven. Immer tiefer versanken sie in ihrem Elend. Minutenlang konnten sie manchmal vor Übelkeit nicht sehen. Der Boden zu ihren Füßen wurde dunkel, und ein galliger Geschmack erfüllte ihren Mund. Sie litten unzweifelhaft mehr als Wilson. Jeder von ihnen hätte gern mit ihm getauscht.

Um ein Uhr ließ Brown rasten. Seine Füße waren bisweilen vollkommen gefühllos gewesen; er war nahe am Zusammenbruch. Sie ließen Wilson in der Sonne liegen, während sie sich neben ihm ausstreckten und, mit dem Gesicht am Boden, gierig nach Luft schnappten. Um sie herum flimmerten die Hügel in der Hitze des frühen Nachmittags. Die Glut wurde von den Hängen zurückgeworfen, nicht ein einziger Lufthauch war zu spüren. Wilson murmelte und tobte von Zeit zu Zeit, aber sie beachteten ihn nicht. Die Rast gab ihnen keine Erholung. Alle bisher unterdrückten Schmerzempfindungen machten sich nun frei und plagten sie unverhüllt. Es würgte sie; minutenlang waren sie wie bewußtlos, und dann litten sie abermals unter den immer wiederkehrenden Kälteschauern, und es war ihnen plötzlich, als ob alle Wärme ihre Körper verlassen habe.

Vielleicht nach einer Stunde richtete sich Brown auf, schluckte ein paar Salztabletten und trank fast die halbe Feldflasche leer. Das Salz brachte seinen Magen in Unruhe, aber er spürte etwas Erleichterung. Als er aufstand, um zu Wilson hinüberzugehen, empfand er seine Beine als fremd und schwach wie ein Mann, der nach langer Krankheit zum erstenmal sein Bett verläßt. „Wie geht es dir, mein Junge?" fragte er.

Wilson starrte ihn an. Tastend fuhr er sich über die Stirn und schob das angefeuchtete Tuch zurück. „Ihr solltet mich lieber liegenlassen, Brown", krächzte er schwach. In der vergangenen Stunde hatte er zwischen Bewußtlosigkeit und Delirium geschwebt, und jetzt war er sehr müde und erschöpft. Wilson machte es nichts aus, daß es nicht weiterging. In diesem Augenblick war er völlig einverstanden damit, hier liegenzubleiben. Er dachte nicht an das, was ihm widerfahren könnte. Er wußte nur eins, daß er nicht weitergetragen werden wollte, weil er die schmerzvollen Stöße nicht mehr aushalten konnte.

Brown fühlte eine Versuchung, eine zu große Versuchung, um Wilsons Worten Glauben schenken zu dürfen. „Was redest du da, mein Junge?"

„Laßt mich hier liegen, Leute." Tränen traten in Wilsons Augen. Wie abwesend schüttelte er den Kopf. „Ich halte euch doch nur auf, laßt mich zurück." Alles hatte sich in seinem Verstand wieder verwirrt. Er glaubte auf einer Patrouille zu sein und zurückzubleiben, weil er krank war. „Wenn ein Mann immer nur scheißen muß, hält er euch auf."

Stanley war an Brown herangetreten. „Was will er, wir sollen ihn zurücklassen?"

„Ja."

„Meinst du, daß wir es tun sollten?"

Brown brachte sich in Wut. „Verflucht noch mal, Stanley, was ist, zum Teufel, mit dir los?" Abermals fühlte er die Versuchung. Eine tiefe Müdigkeit saß in seinem Körper; er hatte nicht den Wunsch weiterzugehen. „Los, Leute, wir wollen weiter!" brüllte er. Er sah Ridges schlafend am Boden, was ihn mit Zorn erfüllte. „Los, Ridges, willst du etwa schlappmachen?"

Ridges kam langsam und schwerfällig zum Erwachen. „Ich habe mich nur ein bißchen ausgeruht, weiter nichts", protestierte er sanft. „Wenn man sich ein bißchen ausruhen will ..." Er brach ab, zog seinen Gürtel hoch und ging zur Tragbahre hinüber. „Nun gut, *ich* bin bereit."

Sie zogen weiter, aber die Ruhepause hatte schlimme Folgen. Der Antrieb war verloren. Die Spannung, die sie, wenn schon nichts anderes, vorwärts getrieben hatte, war fort. Nach einigen Hundert Yards waren sie bereits wieder so ermüdet wie vor der Rast. Die Hitze machte sie schwindlig. Wilson begann ununterbrochen zu stöhnen.

Es folterte sie. Ihre Körper waren schwer und ausgemergelt. Jedesmal, wenn er stöhnte, zuckten sie vor Schuldbewußtsein und Mitleid zusammen, und seine Wundschmerzen schienen durch die Griffe der Tragbahre in ihre Arme zu dringen. Während der ersten halben Meile, als sie noch Atem hatten, gab es ständig Zank zwischen ihnen. Was der einzelne tat, ärgerte die andern, und fortgesetzt hackten sie aufeinander los.

„Verdammt noch mal, Goldstein, paß doch auf!" schrie Stanley bei jeder unerwarteten Erschütterung.

„Paß nur selber auf."

„Hört lieber mit dem Gequatsche auf und tut eure Arbeit", murmelte dann Ridges.

„Äääh, halts Maul", rief Stanley dagegen.

Und dann mischte sich Brown ein. „Stanley, du redest mir verdammt viel, mach lieber deine Arbeit."

Wilson begann wieder zu brabbeln; sie hörten ihm verdrießlich zu. „Leute, warum laßt ihr mich nicht liegen? Ein Mann, der nicht mehr auf sich selbst achten kann, taugt zu nichts. Ich halte euch nur auf. Laßt mich doch liegen, Leute. Ich bitt' euch drum. Der alte Wilson wird schon zurechtkommen. Ihr braucht euch um ihn nicht zu kümmern. Laßt mich doch einfach liegen, Leute. Laßt mich doch liegen, Leute!"

Es zuckte in ihren Schultern und drang bis in ihre Fingerspitzen, die sich von den Griffen zu lösen schienen. „Was, zum Teufel, redest du da, Wilson?" keuchte Brown. Jeder von ihnen hatte seinen eigenen persönlichen Kampf auszutragen.

Goldstein stolperte, und Wilson schrie ihn an: „Goldstein, du Hund, das hast du absichtlich getan! Ich habe es beobachtet." Der Name Goldstein verwirrte sich in Wilsons Kopf. Er erinnerte sich, daß der Griff an seinem rechten Fuß Goldstein genannt wurde, und als sich die Bahre an dieser Seite nach unten neigte, hatte er den Namen gebrüllt. Aber jetzt hakte sein Verstand wieder ein. „Goldstein taugt nichts; ein Mann, der keinen Schnaps annimmt." Er kicherte leise, und ein wenig klebriges Blut kam aus seiner ausgetrockneten Kehle. „Verflucht, der alte Croft hat niemals erfahren, daß ich durch ihn eine Flasche umsonst bekam."

Goldstein schüttelte zornig den Kopf und schob sich mit zu Boden gesenkten Augen verdrießlich vorwärts. – Daß sie nie vergessen können! wiederholte er mehrmals bei sich. Sein Zorn richtete sich gegen alle. Was wußte dieser Wilson davon, was sie für ihn taten?

Und Wilson legte sich wieder zurück und lauschte auf ihre hastigen, heftigen Stoßseufzer. Sie arbeiteten für ihn. Plötzlich begriff er es, suchte es zu bewahren, aber dann entglitt es ihm wieder; das Gefühl jedoch, das sie in ihm erregt hatten, blieb. „Leute, ich bin euch sehr dankbar für das, was ihr jetzt für mich tut. Aber ihr sollt nicht länger beim alten Wilson bleiben. Laßt mich einfach liegen, nichts weiter." Und als keine Antwort kam, wurde er gereizt. „Zum Teufel noch mal, ich habe gesagt, daß ihr mich liegenlassen sollt." Er winselte wie ein Kind im Fieber.

Goldstein hatte Lust, den Griff der Tragbahre fahrenzulassen. – Sagte er nicht, daß wir anhalten sollten? meinte er für sich. Aber unmittelbar darauf bewegten ihn Wilsons Worte. Bis zum Stumpfsinn erschöpft, vermochte er bei der Hitze nicht mehr klar zu denken, und die Gedanken durchzuckten ihn, als wären es Muskelreaktionen. – Wir können ihn nicht im Stich lassen, sagte er sich. Er ist ein großartiger Bursche. – Und dann dachte Goldstein an nichts anderes mehr als an die überhandnehmende Qual in seinem Arm, an seine Muskelschmerzen, die sich über den Rücken bis in die angespannten Beine zogen.

Wilson rieb seine Zunge gegen den ausgetrockneten Gaumen. „Ach, Leute, ich habe Durst", lallte er. Er drehte sich auf der Tragbahre und wandte seinen Kopf dem bleiernen, glühenden Himmel zu. Seine Kehle schwebte am Rand einer köstlichen Erwartung. Gleich würden sie ihm etwas Wasser geben und die Folterqualen, die Zunge und Gaumen litten, lindern. „Leute, gebt mir was zu trinken", murmelte er, „nur ein bißchen Wasser."

Sie hörten ihn kaum. Den ganzen Tag lang hatte er um Wasser gebrabbelt, und sie hatten es nicht beachtet. Er ließ seinen Kopf zurückfallen, seine angeschwollene Zunge rollte in der trockenen Mundhöhle. „Ein bißchen Wasser", jammerte er. Wieder wartete er geduldig und kämpfte gegen den Schwindelanfall, der die Bahre kreisen zu lassen schien. „Verdammt noch mal, Leute, ihr müßt mir was zu trinken geben."

„Beruhige dich, Wilson", murmelte Brown.

„Wasser, zum Teufel!"

Stanley hielt an, seine Beine zitterten. Die Männer setzten Wilson nieder. „In Gottes Namen, gib ihm schon Wasser!" rief Stanley.

„Bei einer Bauchwunde darfst du ihm kein Wasser geben", protestierte Goldstein.

„Was weißt denn du davon?"

„Du darfst ihm kein Wasser geben", sagte Goldstein, „es bringt ihn um."

„Wir haben kein Wasser mehr", keuchte Brown.

„Äääh, quält ihn doch nicht so!" schrie Stanley.

„Ein bißchen Wasser kann Wilson doch nicht schaden", murmelte Ridges. Er empfand Bestürzung und Verachtung zugleich. „Wenn er kein Wasser bekommt, stirbt er auch." Bei sich selbst dachte er: Was machen sie so viel Wesen darum?

„Brown, ich habe es immer gewußt, daß du ein Scheißkerl bist. Einem Verwundeten nicht mal etwas Wasser zu geben." Stanley taumelte in der Sonne. „Einem alten Kameraden wie Wilson kein Wasser zu geben, nur weil irgendein Doktor was daran finden könnte." Aber im Unterbewußtsein spürte er Entsetzen vor etwas, dem er nicht ins Gesicht zu sehen wagte. Trotz seiner Erschöpfung wußte er, daß es falsch war, gefährlich falsch, Wilson etwas zu trinken zu geben, aber er überging es und wiegte sich in dem Gefühl, richtig zu handeln. „Da versucht man einem Mann ein wenig die Schmerzen zu lindern, und was, zum Teufel, bekommt man dafür? Verdammt noch mal, Brown, was willst du eigentlich? Willst du ihn zu Tode quälen?" Er fühlte sich von einer Erregung hingerissen, ja, er stand wie unter einem Zwang. „Gib ihm zu trinken. Was macht es schon aus?"

„Es wird ihn töten", sagte Goldstein.

„Halt den Mund, du dummes Judenschwein!" Die Wut ging mit Stanley durch.

„Ich erlaube dir nicht, so mit mir zu sprechen!" sagte Goldstein schrill. Er zitterte jetzt ebenfalls vor Zorn, aber dahinter stand die vage Erinnerung an die vergangene Nacht, als Stanley so freundlich zu ihm gewesen war. Man kann keinem von ihnen trauen, dachte er benommen und mit einem gewissen, bitteren Behagen. Wenigstens diesmal war er sich dessen sicher.

Brown mischte sich ein. „Hört endlich auf, ihr macht einen ja verrückt. Wir wollen weiter, Leute." Ehe sie noch etwas sagen konnten, beugte er sich zu einem Griff der Tragbahre hinunter und brachte die andern an ihre Plätze. Und wieder einmal schwankten sie in dem niederschmetternden, blendenden Glanz der Nachmittagssonne weiter.

„Gebt mir doch ein bißchen Wasser", winselte Wilson.

Aufs neue hielt Stanley an. „Wir wollen ihm endlich was geben, befreit ihn doch von seiner Qual."

„Hör auf, Stanley!" Brown schwenkte seinen freien Arm. „Geh weiter und hör auf damit!" Stanley starrte ihn an. Trotz seiner Erschöpfung empfand er einen wilden Haß gegen Brown.

Wilsons Gedanken gingen wieder in seinen Schmerzen unter. Von ihnen eingehüllt, fühlte er für eine Zeitlang die Stöße der Tragbahre nicht mehr noch war er sich unmittelbar seiner Umgebung bewußt. Alle Gefühle gingen erst durch das Filter seines Deliriums. Er spürte die tropfende Wunde und sah in seinem Geist, wie sich ein Horn in seinen Bauch bohrte, anhielt und dann tiefer eindrang. „Äääähhhrrr." Er hörte sich selbst stöhnen, ohne zu fühlen, daß der Laut seine Kehle bewegte. Ihm war entsetzlich heiß. Für Minuten schwebte er auf der Bahre dahin, während seine Zunge am Zahngrund nach Feuchtigkeit suchte. Er war überzeugt davon, daß seine Beine und Füße im Feuer lagen. Versuchsweise bewegte er sie und rieb sie aneinander, um die Glut zu löschen. „Macht es aus, macht es aus", murmelte er von Zeit zu Zeit.

Ein vertrauter, heftiger Schmerz packte ihn. In seinem Unterleib fühlte er einen Krampf. Der Schweiß trat auf seine Stirn und sammelte sich in einzelnen Tropfen. Er kämpfte dagegen mit einer kindlichen Furcht vor Strafe an, und dann sank er in der Hitze zusammen und empfand Behagen über die gute Tätigkeit seines Darms und die Entleerung. Einen Augenblick lang lehnte er in Gedanken mit seinem Rücken gegen den zerbrochenen Zaun vor seines Vaters Haus, und die Sonne des

Südens weckte eine träge Sinnlichkeit in seinen Lenden. „He, Nigger, wie heißt euer Muli?" murmelte er, und dann kicherte er leise, erschöpft und zufrieden. Seine Hand umklammerte die Tragbahre. Er beobachtete das farbige Mädchen, das vorüberging, und drehte seinen Kopf. Die Frau neben ihm tätschelte seinen Bauch. „Woodrow, spuckst du immer, bevor du pißt?"

„Vor Glück", murmelte er vernehmbar und versuchte, seine Blase zu entleeren. Aber ein neuer scharfer und durchdringender Schmerz zog durch seine Lenden. Er erinnerte sich oder zum mindesten erinnerten sich seine Lendenmuskeln an die Schwierigkeit, die damit verknüpft war, und verkrampften sich. Der Schmerz vertrieb die Bilder, machte ihn wach und bedrückt, und zum erstenmal wurde er sich bewußt, wie es kam, daß er sich beschmutzte. Er sah seine verfaulten Lenden vor sich, und tiefer Kummer erfüllte ihn. – Warum, zum Teufel, mußte das mir widerfahren? Was hat es mit dem zu schaffen, was ich getan habe? – Er hob seinen Kopf und fragte abermals: „Brown, glaubst du, daß die Wunde den ganzen Dreck 'rausbringt?"

Aber niemand antwortete. Er fiel zurück und brütete über seiner Krankheit. Eine Kette unbehaglicher Erinnerungen bedrückte ihn. Er wurde sich wieder der unbequemen Lage auf der Bahre bewußt, der Anstrengung, die es bedeutete, so viele Stunden lang auf dem Rücken liegen zu müssen. Er machte einen schwachen Versuch, sich herumzudrehen, aber es bereitete ihm zu viel Pein. Es war ihm, als ob jemand gegen seinen Bauch drückte.

„Weg da, Leute!" rief er.

Der Druck brachte eine Erinnerung zurück. Als die Japaner vor vielen Wochen des Nachts den Fluß zu überqueren versuchten, hatte er, während er vor dem Maschinengewehr wartete, denselben Druck auf Brust und Magen gespürt.

„Wir – kommen – euch – holen", hatten sie zu Croft und ihm hinübergerufen, und ihn schauderte jetzt. Er hielt seine Hände vors Gesicht. „Sie kommen jetzt, haltet sie auf!" stöhnte er und bäumte sich auf der Bahre. „Banzaaiiiaaiiiiiiiii!" schrie er, und die Laute preßten sich in seiner Kehle. „Vorwärts, Leute, hierher!"

Die Träger hielten an und setzten ihn nieder. „Was schreit er da?" fragte Brown.

„Ich kann sie nicht sehen, ich kann sie nicht sehen! Verdammt, wo ist die Leuchtrakete?" brüllte Wilson. Er drückte den Griff des Maschinengewehres in die linke Hand, und den Zeigefinger streckte er nach dem Abzug aus. „Wer, zum Teufel, ist eigentlich beim andern Maschinengewehr? Ich weiß es nicht mehr."

Ridges schüttelte den Kopf. „Er redet von dem japanischen Angriff am Fluß."

Etwas von Wilsons Entsetzen übertrug sich auf die andern. Goldstein und Ridges, die ebenfalls am Fluß gewesen waren, starrten unbehaglich auf Wilson. Die weiten, nackten Hügelwellen um sie herum ließen sie ein Unglück ahnen.

„Ich hoffe, daß wir nicht in die Japaner hineinlaufen", sagte Goldstein.

„Ist kaum anzunehmen", erwiderte Brown. Er wischte sich den Schweiß aus den Augen und starrte ungewiß in die Ferne. „Kein Mensch ist in der Gegend", keuchte er, aber ein Gefühl der Schwäche und Verzweiflung stieg in ihm auf. Wenn sie jetzt in einen Hinterhalt fielen... Es war ihm wieder zum Heulen zumute. Zu vieles wurde von ihm gefordert, und er war so entkräftet. Er spürte, wie sich sein Magen vor Übelkeit drehte, es würgte ihn, aber der kalte Schweiß, der ihm ausbrach, verschaffte ihm einige Linderung. Er durfte nicht nachgeben und hörte sich sagen: „Wir müssen weiter, Leute."

Unter dem angefeuchteten Taschentuch konnte Wilson kaum etwas sehen. Es war von grau-olivfarbener Baumwolle und in der Sonne schimmerte es in gelben und schwarzen Farben, die sich in sein Gehirn eingruben. Er wurde gewahr, daß er nach Atem rang. Seine Arme mühten sich ab, um an den Kopf zu gelangen. „Verdammt", schrie Wilson, „wir müssen diese Japaner umwenden, wenn wir ein Andenken finden wollen!" Wieder bewegte er sich auf der Bahre hin und her. „Wer hat den Rucksack auf meinen Kopf gelegt? Red, wie kann man einem Kameraden so mitspielen? Ich kann in dem verdammten Loch nichts sehen, nimm den Japaner von meinem Kopf."

Das Taschentuch rutschte ihm über die Nase, er blinzelte in die Sonne und schloß seine Augen wieder. „Paß auf die Schlange auf!" schrie er plötzlich, und sein Körper krümmte sich. „Red, du mußt genau schießen. Nimm sie richtig aufs Korn." Er murmelte noch etwas, und dann sank sein Körper zusammen. „Ich sage dir, ein Toter sieht wirklich wie eine Lammschulter aus, wenn er zu lange herumgelegen hat."

Brown legte das Taschentuch wieder an seinen Platz, und Wilson wand sich darunter. „Ich kriege keine Luft. Verdammt, sie schießen auf uns! Du kannst schwimmen, Taylor, zum Teufel, laß mich hinter das Boot!"

Brown schauderte. Wilson redete von der Motome-Invasion. Noch einmal überkam Brown das Entsetzen, das er im salzigen Wasser empfunden hatte, als er erkannte, daß er am Ersaufen war, und sich resigniert damit abfand, sterben zu müssen. In seinem erschöpften Zustand kam es ihm einen Augenblick vor, er müsse wieder Wasser schlucken, und er fühlte noch einmal die gleiche dumpfe Überraschung, als ihm klar wurde, daß er es nicht verhindern konnte. Das Wasser war ihm wie aus eigenem Antrieb, ohne seinen Willen in die Kehle gedrungen.

Hier lag die Ursache für alles, was sich später daraus entwickelte, dachte er jetzt verbittert. Die Erinnerung löste jedesmal das gleiche Entsetzen und ein Gefühl der Schwäche in ihm aus. Er wußte, daß er hilflos dem entsetzlichen Kreislauf des Krieges ausgesetzt war und er sich niemals von diesen Erinnerungen befreien würde. Trotz aller Erschöpfung aber befahl er sich verbissen, Wilson zurückzubringen, wenn er auch keineswegs glaubte, daß es gelingen würde.

Den ganzen Nachmittag über blieben die Träger in Gang. Um zwei Uhr begann es zu regnen, und der Boden wurde schnell weich. Zuerst brachte der Regen eine Erleichterung. Sie begrüßten ihn auf der glühenden Haut und bewegten die Zehen in der Feuchtigkeit, die durch die Stiefel eindrang. Die Nässe ihrer Kleider empfanden sie als angenehm. Es bereitete ihnen für einige Minuten Freude, Kühle zu fühlen. Aber als der Regen anhielt, wurde der Boden zu weich, und die Uniformen begannen am Körper zu kleben. Ihre Füße glitten im Dreck aus, die Schuhe wurden schwer vom Schlamm, und bei jedem Schritt blieben sie im Boden stecken. Sie waren zu überanstrengt, zu stumpfsinnig, um den Unterschied sofort zu merken. Aber nach einer halben Stunde kamen sie fast nicht mehr vom Fleck. Aus ihren Beinen war mittlerweile jede Kraft geschwunden; minutenlang blieben sie tatsächlich stehen und waren nicht in der Lage, Oberschenkel und Füße in Übereinstimmung zu bringen, damit sie sich vorwärts bewegten. Wenn es hügelauf ging, machten sie immer nur einen Schritt, dann hielten sie an, und während sie keuchten und die Füße immer tiefer einsanken, beobachteten sie sich stumpfsinnig. Alle fünfzig Yards legten sie Wilson nieder und rasteten für einige Minuten, ehe sie ihn weiterschleppten.

Die Sonne kam wieder hervor, brannte auf das Kunaigras und trocknete die Erde, deren Feuchtigkeit in trägen Dunstwolken aufstieg. Die Männer japsten, atmeten die stickige, feuchte Luft ein, trotteten stöhnend und seufzend weiter, während ihre Arme langsam und unaufhaltsam immer tiefer sanken. Jedesmal begannen sie mit dem Tragen in Hüfthöhe, aber nach dreißig oder vierzig Yards waren sie vom Gewicht so tief gebeugt, daß sie mit der Bahre fast den Boden berührten. Das Gras kam ihnen in die Quere, schlang sich um ihre Körper, schlug ihnen ins Gesicht und ließ sie straucheln. Verzweiflung und Wut trieben sie vorwärts, bis auch diese im Stumpfsinn untergegangen waren und nichts mehr blieb, was sie hätte antreiben können.

Gegen drei Uhr hielten sie unter einem einzelstehenden Baum eine lange Rast. Während einer halben Stunde sagte niemand etwas. Brown lag auf dem Bauch und starrte auf seine Hände, die grausam mit Blasen und getrocknetem Blut von den verschiedensten alten Wunden und Schnitten bedeckt waren, die sich wieder geöffnet hatten. Plötzlich wußte er, daß er erledigt war; vielleicht vermochte er noch aufzustehen, ja selbst unter unerträglichen Schmerzen noch eine weitere Meile zurückzulegen, aber sein Zusammenbruch war bereits im Gange. Alle Körperkräfte waren verbraucht. Gleich, als sie anhielten, hatte es ihn zu würgen begonnen, aber er hatte nichts herausgebracht; auch konnte er nicht mehr richtig sehen. Alle Augenblicke überkam ihn ein Ohnmachtsanfall. Es wurde ihm dunkel vor den Augen, und kalter Schweiß überlief seinen Rücken. Die Glieder zitterten ihm und die Hände sogar so stark, daß er sich nicht einmal mehr eine Zigarette anzünden konnte. Er haßte sich wegen dieser Schwäche und zugleich Goldstein und Ridges, weil sie weniger erschöpft zu sein schienen. Er empfand einen Widerwillen gegen Stanley und hoffte, daß er noch elender dran sei. Für einen Augenblick schlug seine Verbitterung in Mitleid mit sich selbst um – er zürnte Croft, daß er sie nur zu vieren fortgeschickt hatte. Croft hätte wissen müssen, daß dies unmöglich war.

Stanley krächzte in seine Hände, die er vor das Gesicht hielt. Brown beobachtete ihn und fand einen Grund für seinen Widerwillen. Stanley hatte ihn betrogen. Durch ihn war Stanley Korporal geworden, und dann hatte sich Stanley gegen ihn gestellt. Vielleicht wären sie, wenn sie einen anderen Mann an Stelle von Stanley gehabt hätten, besser vorangekommen.

„Was ist los mit dir, Stanley?" stieß er hervor. „Willst du schlappmachen?"

„Äääh, leck mich am Arsch, Brown." Stanley war wütend. Brown hatte diesen Auftrag aus Angst übernommen, die Patrouille noch länger mitmachen zu müssen, und ihn veranlaßt, mit ihm zu gehen. Was sie durchgemacht hatten, war weit schlimmer als alles, was den übrigen Männern des Zuges zustoßen könnte. Wenn er bei ihnen geblieben wäre, würde es für ihn besser gewesen sein, und Croft wäre vielleicht auf ihn aufmerksam geworden. „Du glaubst wohl, daß du ein anständiger Kerl bist, was?" fragte er Brown. „Ich weiß, warum du dich zu der verdammten Bahre gedrängt hast."

„Wieso?" Brown lauschte mit starrer, stumpfer Betroffenheit.

„Weil du zu feige warst, um bei der Patrouille zu bleiben. Himmel, ein Sergeant, der einen Transport übernimmt!"

Fast mit Befriedigung hörte ihm Brown zu. Das war das Schlimmste, was er sich vorstellen konnte: der Augenblick, vor dem er sich seit langem gefürchtet hatte, aber jetzt erschien es ihm nicht mehr so entsetzlich. „Du bist genauso feige, Stanley, wie ich. Wir hocken beide im gleichen Boot." Er suchte nach etwas, was er ihm versetzen könnte, und platzte heraus: „Du machst dir zu viele Sorgen um deine Frau, Stanley."

„Äääh, halt's Maul!" Aber es hatte gesessen. Jetzt in seiner Erschöpfung war Stanley von der Untreue seiner Frau überzeugt, und eine grausame Bilderfolge ihrer Ehebrüche huschte in wenigen Sekunden durch sein Gehirn. Es brachte all seine unsicheren Gefühle in Aufruhr, und fast kam ihn das Weinen an. Es war ungerecht, daß er so allein gelassen worden war.

Brown drückte seine Hände gegen den Boden und richtete sich schwerfällig auf. „Los, wir wollen weiter." Er fühlte sich schwindlig auf seinen Füßen und hatte das schwammige, kraftlose Empfinden eines Mannes, der morgens erwacht und noch nicht fähig ist, irgend etwas zu begreifen.

Alle kamen sehr langsam auf die Beine, befestigten ihre Gürtel, knieten neben der Tragbahre nieder und gingen weiter. Nach hundert Yards war es Stanley klar, daß er den Weg nicht fortsetzen konnte. Er hatte immer etwas gegen Wilson gehabt, weil Wilson mehr Kampferfahrung besaß, aber jetzt dachte er überhaupt nicht mehr an ihn. Er wußte nur, daß er am Zusammenbrechen war. Zu viel schon hatte er durchgemacht, und was für einen Sinn hatte es gehabt?

Sie setzten Wilson für eine kurze Pause nieder. Stanley taumelte ein paar Schritte weiter und fiel dann zu Boden. Er schloß absichtlich seine Augen und täuschte eine Ohnmacht vor. Die andern sammelten sich um ihn und blickten gefühllos auf ihn hinab.

„Scheiße. Legen wir ihn gleich auf Wilson drauf", sagte Ridges. „Und wenn noch jemand schlappmachen sollte, dann ebenfalls 'rauf mit ihm. Ich werde sie alle auf meinen Rücken nehmen." Er lachte laut auf, aber es klang gequält. Stanley hatte ihn so oft gehänselt, daß er jetzt eine Spur von Rachegefühl empfand. Aber gleich darauf schämte er sich. Hochmut kommt vor dem Fall, machte er sich demütig klar. Er lauschte auf Stanleys tiefes Stöhnen. Er erinnerte sich an das Maultier, das zusammengebrochen war, nachdem sie mit ihm in der Sommersonne gepflügt hatten. Auch damals hatte er die gleiche Mischung von Vergnügen und Mitleid empfunden.

„Was, zum Teufel, sollen wir jetzt tun?" keuchte Brown.

Wilson blickte plötzlich auf. Im Augenblick war er wohl ganz bei Bewußtsein. Das breite, fleischige Gesicht sah unglaublich erschöpft und abgezehrt aus. „Laßt mich doch liegen, Leute", sagte er schwach. „Der alte Wilson ist erledigt."

Brown und Goldstein spürten abermals eine Versuchung. „Wir können dich nicht liegenlassen", sagte Brown.

„Machen wir Schluß damit, zum Teufel."

„Ich weiß nicht", sagte Brown.

Goldstein schüttelte plötzlich den Kopf. „Wir müssen ihn zurücktragen", sagte er. Er hätte es nicht zu begründen vermocht, aber in diesem Augenblick erinnerte er sich daran, wie das Geschütz den Abhang hinunterstürzte.

Brown starrte wieder auf Stanley. „Wir können nicht weitergehen und ihn hier allein lassen."

Ridges fühlte sich angeekelt. „Wenn man eine Sache beginnt, muß man sie auch zu Ende führen. Wir können eines Mannes wegen nicht hier sitzen bleiben."

Plötzlich fand Goldstein die Lösung. „Brown, warum bleibst du nicht bei Stanley?" Goldstein war sehr erschöpft und selbst nicht mehr weit vom Zusammenbrechen, aber es erschien ihm unmöglich, aufzugeben. Brown war fast in dem gleichen Zustand wie Stanley. Es war die einzig richtige, aber dennoch empfand Goldstein Widerwillen. – Immer muß ich ein bißchen mehr leisten als die andern, dachte er.

„Wie willst du denn den Weg zurückfinden?" fragte Brown. Er mußte jetzt ehrlich handeln und alle Einwendungen berücksichtigen. Es schien ihm wichtig, einen letzten Anschein von Würde zu wahren.

„Ich kenne den Weg", brummte Ridges.

„Nun, dann werde ich bleiben", sagte Brown. „Irgend jemand muß sich ja um Stanley kümmern." Er schüttelte ihn einen Augenblick, aber Stanley stöhnte weiter. „Für heute ist der erledigt."

„Hör mal, ich will dir mal was sagen", meinte Goldstein, „wenn Stanley wieder auf der Höhe ist, kannst du uns einholen und uns etwas unterstützen. Das wäre gut, meinst du nicht?"

„Ja. Gut, dann wollen wir es so machen", sagte Brown. Beide aber wußten, daß es nicht dazu kommen würde.

„Also weiter", sagte Ridges. Er und Goldstein gingen an die entgegengesetzten Seiten der Bahre, hoben sie mühselig auf und schwankten los. Nach zwanzig Yards setzten sie sie wieder nieder und nahmen alles bis auf einen Rucksack und ein Gewehr ab. „Du bringst uns das Zeug mit, Brown, ja?" fragte Goldstein. Brown nickte.

Bedrückend langsam ging es voran. Selbst ohne die Ausrüstungsgegenstände wog die Bahre mit Wilson mehr als zweihundert Pfund. Länger als eine halbe Stunde brauchten sie, um einen flachen Hügel zu überqueren.

Als sie außer Sicht waren, zog Brown seine Schuhe aus und behandelte die Blasen und Wunden an seinen Füßen. Es waren fast noch zehn Meilen zurückzulegen. Brown seufzte und knetete behutsam seinen großen Zeh. – Ich sollte meine Streifen abgeben, dachte er.

Aber er wußte, daß er es nicht tun würde. – Ich werde immer weitermachen, immer weiter, bis ich zusammenbreche. – Er blickte auf Stanley, der noch am Boden lag. – Ääh, wir sind zwei von derselben Sorte. Bald wird er die gleichen Sorgen haben wie ich.

10

CROFT hatte ein instinktmäßiges Wissen von der Beschaffenheit eines Landes. Er hatte ein Gefühl für die gewaltigen Pressungen und Zerrungen, die es entstehen ließen, und für die Abtragungen, die Wind und Wasser verursachten. Seit langem hatte der Zug aufgehört, sich Gedanken darüber zu machen, welche Richtung Croft einschlug; sie wußten so sicher, daß es die richtige sein würde, wie sich die Sonne aus der Finsternis erhebt oder Müdigkeit einem langen Marsch folgt. Sie fragten überhaupt nicht mehr danach.

Croft selbst hätte es nicht zu begründen gewußt. Er hätte auch nicht erklären können, was ihn antrieb, wenn er die Felsen umging, um zu entscheiden, ob eine höhere oder tiefere Felsrampe die bessere sei, wenn sich beide über die Felswände hinaufzogen. Er wußte nur, daß diejenige, die er nicht wählte, vor einem senkrechten Absturz enden, die untere vielleicht immer enger werden würde, bis sie sich in nichts auflöste, oder die obere an einem einzelstehenden Felskopf abbrach. Ein Geologe mit vieljährigem Studium und praktischer Erfahrung hätte vielleicht eine ebenso gute Wahl treffen können, nur daß er dazu länger gebraucht haben würde. Er hätte eine Bedenkzeit benötigt, um die Terminologie durchzugehen, die einzelnen Faktoren abzuwägen, das Unberechenbare zu schätzen und in Vergleich zu den Diagrammen über Wachstum und Verfall, Ausdehnung und Zusammenziehung zu setzen, aber auch dann noch würde er seiner Sache nicht ganz sicher gewesen sein. Es gab zu vieles, was dabei zu beachten war.

Croft hatte ein Gefühl für Fels und Stein. So, wie er mit dem Muskelspiel seines Körpers vertraut war, wußte er, daß sich einmal in einem stürmischen Zeitraum der Geschichte die Felsmassen unter ungeheurer Spannung emporgehoben hatten, bis sie ihre heutige Gestalt fanden. Immer war er sich dieser Geburtsstunde bewußt, wenn er vor einer Landschaft stand. Und immer war ihm klar, wie die andere Seite eines Berges aussehen würde. Mit intuitivem Wissen spürte er die Nähe von Wasser, auch wenn ihm der Fleck Erde, über den er wanderte, völlig fremd war.

Vielleicht war es ihm angeboren, oder es hatte sich im Laufe der Jahre entwickelt, während er die Viehherden über das Land trieb, während all der Patrouillen, die er geführt hatte, und bei all den tausend Gelegenheiten, wo es für ihn wichtig gewesen war, den richtigen Weg zu finden. Jedenfalls führte er den Zug ohne Zögern den Berg hinauf, kletterte von Kamm zu Kamm, durchquerte Paß auf Paß und mußte, gegen seinen Willen, nur halten, um auf die andern zu warten und sie zu Atem kommen zu lassen. Jeder Aufenthalt ärgerte ihn. Trotz der Anstrengung der vorangegangenen Tage war er jetzt ruhelos und ungeduldig. Er wurde von der Spannung in seiner Brust vorwärts getrieben. Er hatte den Berg fest mit den Zähnen gepackt und war so aufgeregt wie ein Hund, der eine Spur aufgenommen hat. Jede neue Erhebung spornte ihn immer wieder an. Er war zu begierig, zu erfahren, was dahintersteckte. Das steile Felsmassiv versetzte ihn in Raserei.

Er hatte den Zug über die erste Lehmrinne hinaufgebracht, an ihrem oberen Ende für einen Augenblick gehalten, und dann waren sie in einer Reihe nach rechts gegangen, um einen steilen Hang mit Kunaigras zu erklettern, der an einer dreißig Fuß hohen Felswand endete. Er wich nach links aus und entdeckte eine Reihe von Felsplatten, über die er weiterklettern konnte. Darüber erhoben sich Felsabstürze, die in einer scharfen Zickzackkammlinie in die mittleren Abhänge des Berges leiteten. Er führte den Zug daran entlang, trieb sie durch das hohe Gras und hielt nur an den Stellen an, wo der Weg gefährlich schmal wurde.

Der Kamm war mit Felsblöcken bepackt und fiel nach einer Seite fast senkrecht auf die unter ihm liegenden Felsriffe hinab. Im Kunaigras gab es Stellen, bei denen der Fuß nicht wußte, wohin er trat. Die Männer konnten unterhalb ihrer Knie nichts sehen und den Weiterweg nur ertasten. Sie hielten sich an den großen Halmen mit beiden Händen fest, während ihre Gewehre quer über ihren Rucksäcken lagen. Eine halbe Stunde lang kletterten sie ständig so weiter, und dann machten sie eine Rast. Nur etwas über eine Stunde war vergangen, seit Croft sie über die erste Rinne hinaufgeführt hatte, und die Sonne stand noch im Osten; dennoch waren sie müde und daher über die Rast sehr froh. Sie streckten sich in einer Reihe auf dem schmalen Kamm aus.

Wyman hatte während der letzten zwanzig Minuten schwer gekeucht, lag reglos auf seinem Rücken und wartete, daß wieder Leben in seine Beine käme.

„Wie fühlst du dich?" fragte Roth.

„Ich bin ausgepumpt." Wyman schüttelte den Kopf. So würde es nun den ganzen Tag weitergehen, und nach der auf dieser Patrouille gewonnenen Erfahrung wußte er, daß er nicht durchhalten würde. „Ich werde meinen Rucksack leichter machen", sagte er zu Roth.

Aber alles, was er enthielt, war wichtig. Wyman zögerte, ob er seine Rationen oder seine Decke fortwerfen sollte. Sie hatten einundzwanzig Rationen mitgenommen und bisher sieben verzehrt. Aber wenn sie den Berg überqueren und das japanische Hinterland erkunden würden, konnte mindestens eine Woche vergehen. Er durfte es nicht wagen. Wyman nahm seine Decke vom Rucksack und warf sie einige Yards fort.

„Wessen Decke ist das?" Croft hatte es beobachtet und kam auf sie zu.

„Meine, Sergeant", gestand Wyman.

„Hol sie wieder und mach sie auf deinem Rucksack fest."

„Ich brauche sie wirklich nicht", sagte Wyman behutsam.

Croft starrte ihn an. Nun, nachdem Hearn fort war, lag die Disziplin in seiner Hand, und sie durfte nicht bedroht werden. Durch Hearn hatten sich Nachlässigkeiten eingebürgert, die er ausmerzen mußte. Außerdem kränkte ihn jede Vergeudung. „Los, mein Junge, tu, was ich dir gesagt habe."

Wyman seufzte, stand auf und holte die Decke zurück. Während er sie zusammenlegte, wurde Croft ein wenig freundlicher. Es hatte ihm gefallen, daß Wyman so schnell gehorchte. „Du wirst deine Decke noch brauchen. Nachts wirst du mit kaltem Arsch aufwachen, und dann wirst du verdammt froh sein, sie zu haben."

„Ja." Wyman vermochte keine Begeisterung aufzubringen. Er dachte nur an das Gewicht der Decke.

„Wie geht's dir, Roth?" fragte Croft.

„Alles in Ordnung, Sergeant."

„Ich möchte nicht, daß du dich heute drückst."

„Nee." Aber Roth war wütend. Während er beobachtete, wie Croft davonschlenderte und mit andern Männern sprach, griff er nach einem Grasbüschel und riß die Halme zornig aus. „Der gibt einem nicht die kleinste Chance", flüsterte er Wyman zu.

„Jesus, ich wünschte, daß noch der Leutnant ..." Plötzlich fühlte sich Wyman niedergeschlagen. Auch ihm wurde nun einiges klar; bei Hearn hatten sie eine Chance gehabt. „Was für ein verdammtes Pech!"

Roth nickte. Da hatte man geglaubt, er würde zu den Untergebenen nachsichtig sein; Croft aber war ein Wolf. „Wenn das mein Zug wäre", sagte er mit seiner langsamen pathetischen Stimme, „hätte ich den Leuten eine Chance gegeben und versucht, sie anständig zu behandeln, und an ihr besseres Ich appelliert."

„Jawoll, ich auch", stimmte Wyman trübsinnig zu.

„Aber mag's der Teufel wissen." Roth seufzte. Einmal war er in ähnlicher Lage gewesen. Seine erste Anstellung nach zweijähriger Arbeitslosigkeit während der Depression fand er bei einem Grundstücksmakler als Agent. Er hatte Gelder einzuziehen. Es war ein Posten, der ihm niemals zugesagt hatte, auf dem er Beschimpfungen von den Mietern, die sich an ihm rächen wollten, einstecken mußte. Eines Tages wurde er in das Haus eines alten Ehepaares geschickt, das sich seit mehreren Monaten mit der Miete im Rückstand befand. Ihr Bericht war sehr traurig, wie alle diese Geschichten, die er zu hören bekam. Bei einem Bankkrach hatten sie ihre Ersparnisse verloren. Roth fühlte sich versucht, ihnen einen weiteren Monat zuzugestehen, aber er wagte nicht, damit in sein Büro zurückzukehren. An diesem Tag hatte er keine Mieten bekommen, und so verbarg er sein Mitgefühl, wurde hart zu ihnen und drohte ihnen mit Exmittierung. Sie flehten ihn an, aber er empfand Freude an seiner Rolle und malte sich ihr Entsetzen über den möglichen Verlust ihres Heimes aus. „Es ist mir gleich, woher Sie das Geld nehmen", hatte er schließlich gesagt, „ich muß es haben."

Jetzt, wo er wieder daran dachte, ängstigte es ihn einen Augenblick, und er wünschte, freundlicher an ihnen gehandelt zu haben, um das eigene Schicksal zu mildern. – Ach was, dachte er dann, das ist Aberglauben. Das hat nichts miteinander zu tun. – Er fragte sich, ob wohl Croft Gleiches empfand, wenn er sich rücksichtslos benahm; aber das war ja alles lächerlich. – Es gehört der Vergangenheit an, man muß es vergessen, sagte er sich. Aber die Angst wurde er trotzdem nicht los.

Und Wyman wiederum dachte an ein Rugbyspiel, an dem er einmal auf einem unbebauten Platz als Halbspieler teilgenommen hatte. Es war das Spiel der Mannschaft seines Blocks gegen die eines anderen. Er bewahrte eine demütigende Erinnerung daran, wie müde seine Beine in der zweiten Halbzeit gewesen waren und wie der gegnerische Läufer ihn fast nach Belieben überwältigte, während er sich nur mühselig durch das Spiel schleppte. Er hatte ausscheiden wollen, aber es waren keine Ersatzleute dagewesen. Dem Gegner war es bereits gelungen, den Ball widerholt hinter das Mal zu bringen. Einen Jungen jedoch hatte es in ihrer Mannschaft gegeben, der nicht nachließ. Bei jedem Angriff feuerte er seine Mitspieler an, und je erfolgreicher die gegnerische Mannschaft war, um so zorniger wurde er.

So einer war er nicht, stellte Wyman fest. Er war kein Heldentyp; das wurde ihm plötzlich völlig klar. Vor Monaten noch hätte es ihn sehr erschüttert, jetzt aber stimmte es ihn nur nachdenklich. Männer wie Croft würde er nie verstehen, er hatte nur den Wunsch, ihnen aus dem Weg zu gehen. – Was mag in ihnen stecken, was treibt sie an? fragte er sich. Was geht wirklich in ihnen vor?

„Ich hasse diesen verdammten Berg", sagte er zu Roth.

„Ganz meinerseits." Roth seufzte abermals. Der Berg kam ihm so ausgesetzt, so ungeheuer hoch vor. Selbst wenn Roth auf dem Rücken lag, konnte er die Spitze nicht sehen. Kamm auf Kamm baute sich über ihm auf, und ganz oben schien er nur aus Felsen zu bestehen. Roth hatte den Dschungel gehaßt und war jedesmal vor Entsetzen zusammengezuckt, wenn ein Insekt ihm über die Haut kroch oder ein Vogel plötzlich im Busch losschnatterte. Niemals hatte man dort weit sehen können, und die Luft war stets von faulen Gerüchen erfüllt gewesen, so daß man fast erstickte. Er schien keinen Raum zum Atmen übrigzulassen, und dennoch, jetzt wünschte Roth sich in den Dschungel zurück. Er war so sicher im Gegensatz zu diesen nackten Berggraten, diesen gähnenden fremdartigen Gebilden aus Fels und Himmel. Immer weiter würden sie gehen, und alles war voller Unsicherheit. Der Dschungel barg viele Arten von Gefahren, aber jetzt nahm er sie weniger ernst. Schließlich hatte er sich an sie gewöhnt. Aber hier brauchte er nur fehlzutreten, und er würde sich zu Tode stürzen. Es war besser in einem Keller zu leben als auf einem Seil zu balancieren. Roth griff wieder zornig in das Gras. Warum kehrte Croft nicht um? Was hatte er damit zu gewinnen?

Martinez' Körper schmerzte. Er fühlte die Nachwirkung der letzten Nacht, und den ganzen Morgen über, während sie sich mit dem Berg abquälten, war er elenden Mutes und angsterfüllt dahingetrottet; seine Glieder zitterten, und sein Körper war naß vor Schweiß. Sein Geist hatte ihm Hilfreiches vorgegaukelt; die Verbindung zwischen seinem Erkundungsgang und Hearns Tod war glücklicherweise vernebelt oder ihm wenigstens nur oberflächlich bewußt. Aber seit dem zweiten Überfall hatte er das Gefühl eines Mannes, der im Traum weiß, daß er schuldig ist, und der auf Bestrafung wartet, aber sich seines Verbrechens nicht erinnern kann. Während sie sich über die ersten Hänge hinaufschleppten, beschäftigte sich Martinez mit dem japanischen Soldaten, den er getötet hatte. Deutlich sah er sein Gesicht; weit lebendiger war es jetzt, in dem grausam blendenden Morgenlicht, als in der vergangenen Nacht, und in seiner Erinnerung erstand jede Bewegung wieder, die der Japaner gemacht hatte. Martinez spürte abermals, wie ihm das Blut über die Finger sickerte und sie klebrig machte. Er sah prüfend auf seine Hand, und mit Entsetzen entdeckte er einen getrockneten Blutfaden an der Bindehaut zwischen den Fingern. Er stöhnte vor Ekel und Entsetzen auf, als habe er ein Insekt zerdrückt. Äähr. Und gleich darauf sah er wieder den Japaner, wie er an der Nase polkte.

Es war seine Schuld!

Warum? Jetzt waren sie auf dem Berg, und wenn er nicht... Keinen Japaner getötet, zur Küste zurück, sagte er bei sich. Aber das beantwortete seine Frage nicht, und die Angst zog ihm prickelnd über den Rücken. Er gab es auf, weiter darüber nachzudenken, schleppte sich in der Mitte des Zuges dahin und fand kein Vergessen in der Anstrengung des Aufstiegs. Je müder er wurde, um so angespannter wurden seine Nerven. Seine Glieder hatten die schmerzhafte Schwere, wie man sie im Fieber empfindet.

Während der Rast ließ er sich neben Polack und Gallagher niedersinken. Etwas gab es, was er mit ihnen besprechen wollte, aber er wußte nicht genau, was.

Polack grinste ihn an. „Na, was gibt's Neues, Pfadfinder?"

„Ach, nichts", sagte er mit leiser Stimme. Er wußte nie, was er auf diese Frage antworten wollte, und hatte stets ein unbehagliches Gefühl dabei.

„Sie hätten dir einen Tag freigeben sollen", sagte Polack.

„Ja." Er war in der vergangenen Nacht ein schlechter Pfadfinder gewesen und hatte alles falsch gemacht. Wenn er nur nicht den Japaner getötet hätte. Hier lag der Kern all seiner Fehler. Er hätte sie nicht nennen können, aber er war überzeugt, daß er viele gemacht hatte.

„Ist nichts passiert, was?" fragte Gallagher.

Martinez zuckte die Schultern und bemerkte, wie Polack auf das eingetrocknete Blut an seiner Hand blickte. Es müßte eigentlich wie Schmutz aussehen, aber plötzlich hörte er sich sagen: „Japaner im Paß, einen getötet." Er fühlte sich erleichtert.

„Was?" rief Polack. „Was ist los? Der Leutnant sagte doch, der Paß ist leer."

Martinez zuckte wieder die Achseln. „Verfluchter Dummkopf, stritt mit Croft, sagte, Paß leer, nachdem ich zurück und Japaner gesehen. Croft sagte, Martinez guter Mann, weiß, was gesehen, aber Leutnant nicht hören, bockiger alter Dummkopf."

Gallagher spie aus. „Du mußtest einen Japs erledigen, und er glaubte es nicht?"

Martinez nickte und meinte, jetzt die Wahrheit zu sagen. „Ich hörte sie sprechen, ich sagte nichts, Croft sagte es ihm, verfluchter Dummkopf." Die Reihenfolge war in seinem Kopf völlig durcheinander. Er hätte es nicht beschwören können, aber in diesem Augenblick glaubte er sich zu erinnern, daß sich Croft und Hearn gestritten hatten, und Hearn sagte, sie müßten durch den Paß, während Croft widersprach. „Croft sagte, soll Mund halten, wenn er mit Hearn spricht, wußte, daß Hearn verfluchter Dummkopf."

Gallagher schüttelte ungläubig den Kopf. „Was für ein stumpfsinniger, eigensinniger Kerl von einem Leutnant. Na schön, er hat es gekriegt."

„Jawoll, er hat es gekriegt", sagte Polack. Eine hübsche Schweinerei. Wenn einer aussagt, daß Japaner im Paß sind, und er entscheidet dagegen, daß keine dort sind – das war doch ein bißchen zu blödsinnig. Polack konnte es nicht begreifen. Er fühlte unbestimmt, daß da etwas nicht in Ordnung war – fast konnte er es greifen, aber es entschlüpfte ihm wieder. Ein seltsamer Zorn ergriff ihn.

„Du mußtest also den Japaner töten?" fragte Gallagher mit widerstrebender Bewunderung.

Martinez nickte. Er hatte einen Mann ermordet, und wenn er jetzt auf dem Berge sterben müßte oder jenseits, auf der anderen Seite, getötet würde, wäre er mit dieser Todsünde auf dem Gewissen verloren. „Ja, ich tötete ihn", sagte er, wobei er selbst jetzt noch einen unterdrückten Stolz empfand. „Schlich hinter Rücken und schwupp!" er machte das Geräusch des Zustoßens, „und der Japaner war ..." Martinez schnippte mit den Fingern.

Polack lachte. „Allerhand Mut. Du bist richtig, Japskiller."

Martinez duckte sich scheu vor diesem Lob. Er schwebte zwischen Freude und Niedergeschlagenheit. Als er sich jedoch daran erinnerte, wie er die goldenen Zähne aus der Kinnlade des Leichnams auf dem Schlachtfeld herausgeschlagen hatte, überkam ihn ein elendes Gefühl und Angst. Jene Sünde hatte er noch nicht gebeichtet, und jetzt war eine neue hinzugekommen. Es verbitterte ihn. Es war ungerecht, keinen Kaplan in der Nähe zu haben, der ihn retten konnte. Einen Augenblick lang dachte Martinez daran, sich vom Zug fortzuschleichen und über die Hügel weg zur Küste zu gehen, von wo aus er sicher zurückkehren und beichten könnte. Aber gleich darauf wurde ihm klar, daß das unmöglich war.

Und nun begriff er, warum er sich zwischen Polack und Gallagher niedergelassen hatte. Sie waren Katholiken und würden ihn verstehen. Er war so in seiner Stimmung versunken, daß er als selbstverständlich annahm, sie würden wie er empfinden. „Getroffen werden", sagte er, „erledigt, kein Priester."

Die Worte trafen Gallagher wie ein Schlag mit einem nassen Lappen. „Jawoll, so ist es", brummte er. Plötzlich packten ihn

Furcht und eine schlimme Ahnung. Er sah alle verwundeten und getöteten Männer seines Zuges vor sich, in ihren verkrampften Stellungen, und als Krönung sich selbst, wie er blutend am Boden lag. Der Berg gähnte grauenvoll über ihnen, und Gallagher fühlte sich von ihm bedroht. Einen Augenblick fragte er sich, ob Mary wohl die Absolution erhalten habe; er war davon nicht überzeugt und nahm es ihr ein wenig übel. Ihre Sünde würde an ihm heimgesucht werden. Aber sofort verscheuchte er den Gedanken wieder, weil er reumütig daran dachte, daß man von einem Toten nichts Schlechtes sagen dürfe. In diesem Augenblick dachte er an sie, als ob sie noch lebe.

Der Stumpfsinn und die Sturheit, durch die er sich während der Patrouille bisher geschützt hatte, schmolzen dahin. In dieser Sekunde haßte er Martinez wegen seiner Worte. Niemals zuvor hatte Gallagher gewagt, sich seine Angst vor einer Patrouille ganz einzugestehen. „Das ist typisch für die verfluchte Armee", sagte er wütend und hatte sogleich ein schlechtes Gewissen, weil er abermals geflucht hatte.

„Was regst du dich denn so auf?" fragte Polack.

„Kein Priester", sagte Martinez eifrig. Polack hatte mit solcher Gelassenheit gesprochen, daß Martinez überzeugt war, Polack wüßte eine Antwort, irgendeine Errettung vor dem eindeutig vorgeschriebenen Weg des Katechismus.

„Du hältst das wohl für nicht so wichtig?" fragte Gallagher.

„Hör mal, soll ich dir mal was sagen?" erklärte Polack. „Du brauchst dir wegen dieser Sache keine Sorge zu machen. Ist doch nichts weiter als ein gemeiner Trick."

Sie waren entsetzt. Gallagher schaute sich instinktiv nach dem Berg um. Er und Martinez wünschten beide, nicht länger mehr neben Pollack zu sitzen. „Bist wohl ein verdammter Atheist, was?" Daß er abermals fluchte, zählte jetzt nicht. Gallagher stellte bei sich fest, daß es also doch der Wahrheit entspreche, die Italiener und die Polacken zu den schlechtesten Katholiken zu zählen.

„Du glaubst noch an den Quatsch?" fragte Polack. „Hör mal, damit bin ich durch. Ich weiß, worauf es ankommt. Das ist nichts weiter als ein verdammter Dreh, um Geld damit zu machen."

Martinez versuchte, nicht hinzuhören.

Polack ließ sich von seinem Zorn treiben. Eine languntergedrückte Gegnerschaft kam jetzt zum Durchbruch, und zugleich war es eine trotzige Herausforderung, hinter der die Angst steckte. Es war, als ob er sich mit einem Burschen wie Lefty Rizzo herumstritte. „Du bist Mexikaner, und du bist Ire, und ihr beide habt euren Vorteil davon. Die Polacken haben verdammt nichts davon. Hast du jemals von einem polnischen Kardinal in Amerika gehört? Nee! Und ich muß es wohl wissen, denn ich habe eine Nonne zur Schwester." Er erinnerte sich ihrer für einen Augenblick und war erneut durch etwas beunruhigt, was er nicht fassen konnte. Er blickte auf Martinez. Worauf kam es nun wirklich an?

„Ich will verdammt sein, wenn sie mir eine Konservenbüchse anbinden", sagte er, ohne ganz sicher zu sein, was er damit meinte und worauf er es bezog. Er war furchtbar zornig. „Wenn du weißt, was vorgeht, zum Teufel, und du sitzt untätig herum und läßt es zu, bist du nichts weiter als ein Narr", sagte er wütend.

„Du weißt ja nicht, was du sprichst", murrte Gallagher.

„Los, Leute, schnallt die Rucksäcke auf", kam es wieder einmal von Croft. Polack blickte sich entsetzt um und schüttelte, als Croft vorübergegangen war, den Kopf. „Jawoll, 'rauf auf den Berg, marsch, marsch!" brüllte er. Seine Hände zitterten ein wenig vor Wut.

Damit war die Unterhaltung abgeschnitten, aber jeder von ihnen fühlte sich bedrückt.

Den Morgen über kletterte der Zug den Kamm empor. Er schien kein Ende zu nehmen. Sie schritten auf Felsbändern entlang, über sehr steile, mit messerscharfem Kunaigras bestandene Hänge, die sie nur zu überwinden vermochten, indem sie sich an den Grasbüscheln emporzogen wie an den Sprossen einer Leiter. Sie durchschritten einen Wald, der auf dem Kamm hockte, und kletterten steil in die Mulde hinunter, die unter ihm lag. Höher und höher gelangten sie, bis ihre Glieder zitterten und die Rucksäcke zu zentnerschweren Mehlsäcken wurden. Und jedesmal, wenn sie zu einer kleineren Gipfelerhebung kamen, waren sie überzeugt, die Spitze des Berges nahe zu sein, aber statt dessen fanden sie dahinter nichts als eine weitere halbe Meile des sich windenden Kammes, auf dem sich eine neue Kuppe erhob. Croft warnte sie. Mehrmals hatte er während des Morgens angehalten und ihnen gesagt: „Ihr müßt euch klarmachen, daß dieser verdammte Berg ziemlich ausgedehnt ist und ihr nicht im Handumdrehen gleich die Spitze erreicht." Aber sie glaubten ihm nicht. Das Klettern war zu mühsam, als daß man es ohne die Vorstellung durchhalten konnte, es bald geschafft zu haben.

Um Mittag erreichten sie das Ende des Kammes und erschraken. Es stürzte mehrere Hundert Fuß mit felsigen, senkrechten Abbrüchen in ein mit Steingeröll bedecktes Tal, und dahinter erhob sich hoch über ihnen das Hauptmassiv des Mount Anaka. So weit sie sehen konnten, stieg er in immer neuen Schichten aus Wald, Lehm, Dschungel und Fels schwindelerregend über tausend und aber tausend Fuß empor. Den Gipfel selbst konnten sie nicht einmal erspähen. Er lag in einer Wolkenkrone versteckt.

„Jesus, müssen wir *da* 'rauf?" keuchte einer der Männer.

Croft sah sie mit Unbehagen an. Es war offensichtlich, daß sie alle so dachten. Auch er war müde, fast so sehr wie zuvor. Er wurde sich bewußt, daß er sie über jedes Yard treiben mußte. „Wir wollen etwas essen, und dann gehen wir 'ran. Verstanden?"

Abermals gab es unterdrücktes Murren. Er setzte sich auf einen Felsblock und starrte in die Richtung, aus der sie gekommen waren. Meilen entfernt sah er die Hügel, wo der Überfall geschah und wo jetzt Brown mit den Bahrenträgern irgendwo unterwegs sein mußte. Ganz hinten erblickte er den Dschungelsaum, der die Insel begrenzte, und dann das Meer, von dem sie losgezogen waren. Alles nur Wildnis; keinen Menschen, nichts Lebendiges schien sie zu bergen. Daß auf der anderen Seite Krieg war, kam ihm in diesem Augenblick völlig unsinnig vor.

Hinter ihm bohrte sich der Mount Anaka in seinen Rücken, als sei er ein menschliches Wesen. Er wandte sich um, prüfte ihn nüchtern und empfand abermals die heftige, unbestimmte Erregung, die sein Anblick jedesmal auslöste. Und er würde ihn doch ersteigen, schwor er sich zu.

Um sich herum aber spürte er die bedrückte Stimmung der Männer. Er wußte, daß keiner ihn gern hatte. Nie hatte es ihn gekümmert, aber jetzt haßten sie ihn. Er konnte es fühlen, es umgab ihn wie bleiern drückende Luft.

Und dennoch, sie mußten hinauf! Wenn es fehlschlug, war die Sache mit Hearn falsch gewesen; er hatte sich widersätzlich benommen, einem Befehl einfach nicht gehorcht. Croft machte sich Sorgen. Er würde den Zug buchstäblich auf seinem Rücken hinauftragen müssen. Er spie aus und schlitzte die Verpackung einer Ration auf. Wie alles, tat er auch das sehr ordentlich und erfahren.

Am späten Nachmittag quälten sich Ridges und Goldstein immer noch mit Wilson ab. Sie kamen unendlich langsam voran, trugen ihn zehn oder höchstens fünfzehn Yards, um ihn dann wieder niederzusetzen. Eine Ameise, die in gerader Linie dahinlief, würde sich ebenso schnell vorwärts bewegt haben. Sie dachten weder an Aufgeben noch an Weitergehen, sie hörten kaum auf Wilsons Phantasien, nichts war mehr in ihnen als die Hitze und die Anstrengung, aber auch der dumpf bewahrte Befehl, im Tragen nicht nachzulassen. Sie sprachen nicht miteinander. Dazu waren sie zu erschöpft. Sie tasteten sich wie Blinde vorwärts, die eine unbekannte und schreckenerregende Straße zu überqueren hatten. Ihre Ermüdung war durch so viele Stadien gegangen und hatte schließlich ihre Sinne vernebelt, so daß sie nur noch wenig von ihrem Dasein aufnahmen. Wilson zu tragen, war das einzige, dessen sie sich wirklich bewußt wurden.

Auf diese Weise mühten sie sich stundenlang ab, waren jeden Augenblick bereit zusammenzubrechen und verloren dennoch niemals ganz ihr Bewußtsein. Schließlich war nur noch ein erstauntes, dumpfes Fragen vorhanden, wie es kam, daß sie ihren Körpern so Unerhörtes zumuten und sie immer noch in Gang halten konnten.

Wilson verfiel in Fieberrausch und schwebte darin wie in dichtem Nebel. Das Stoßen der Tragbahre empfand er nur gedämpft und beinahe als angenehm. Die wenigen Worte, die er aufnahm, die keuchenden, heiseren Laute, durch die Ridges und Goldstein miteinander in Verbindung blieben, der Klang seiner eigenen Stimme, alles, was ihm in den Kopf drang, schien ohne Zusammenhang zu sein. Es war ihm, als ob Türen zu getrennten Räumen aufgestoßen würden. Seine Sinne waren außergewöhnlich lebendig. Er fühlte bei den Erschütterungen der Bahre jede Muskelanspannung, aber andererseits waren die Schmerzen, die die Wunde verursachte, wie von ihm losgelöst, wie etwas, was außerhalb seines Körpers geschah. Aber eines hatte ihn restlos verlassen, das war sein Wille. Wilson war völlig passiv geworden, beglückend müde, und er brauchte Minuten, um sich zu entscheiden, nach etwas zu fragen oder seine Hand an die Stirn zu heben, um ein Insekt zu verjagen. Und wenn er es getan hatte, blieb sie beinahe ebensolange reglos liegen, ehe er den Arm wieder fallenließ. Fast war er glücklich.

Er verweilte lange bei allem, was ihm in den Sinn kam, sprach mitunter minutenlang mit einer schwachen heiseren Stimme, oder er stieß unbewußt einen Ruf aus. Und die Männer, die ihn trugen, hörten ihm zu, ohne den Sinn seiner Worte zu verstehen und sich darum zu kümmern.

„In Kansas, als ich in Riley war, gab es eine Frau, die mich zu sich nahm und mit der ich zusammen lebte, als ob ich ihr Mann sei. Ich blieb nicht mehr in der verdammten Kaserne und erzählte ihnen, daß meine Frau in der Stadt ist. Jene Frau kochte für mich, besserte meine Sachen aus und stärkte meine Hemden, alles so ordentlich, wie man es sich wünscht, und es gab nichts, was sie nicht für mich getan hätte." Er lächelte verträumt. „Ich habe ein Bild von ihr und kann's euch zeigen, wenn ihr eine Minute wartet." Seine Hand wollte nach der Tasche fassen, aber dann vergaß er es. „Sie glaubte, ich sei nicht verheiratet, und ich schenkte ihr niemals reinen Wein ein und dachte sogar, mich mit ihr nach dem Krieg zusammenzutun, und was hätte es für einen Sinn gehabt, ein gutes Weib zu verlieren. Das wäre doch witzlos gewesen. Ich erzählte ihr, daß ich ein College besucht habe, und sie glaubte es. Die verfluchten Weiber glauben einem alles, wenn man sie nur regelmäßig auf den Rücken legt." Er seufzte, hustete ein wenig, und etwas Blut trat aus seinem Mund. Das machte ihn ängstlich, und er schüttelte den Kopf. Er war so müde, aber dennoch durfte er nicht aufgeben. „Sie werden mich zurückbringen, und die verdammten Ärzte werden mich wieder neu machen." Er schüttelte abermals den Kopf. Die Kugel war mit unglaublicher Gewalt durch sein Fleisch geschlagen, seit anderthalb Tagen hatte er mit Unterbrechungen Blut verloren, war von der Bahre geschüttelt und gestoßen worden und den quälenden Wundschmerzen ausgesetzt gewesen, aber niemals war es ihm in den Sinn gekommen, aufzugeben. Zu vieles gab es, was er noch zu tun wünschte.

„Ich will nicht gerade sagen, Leute, daß es richtig ist, sich mit einer Negerin einzulassen, aber bisweilen hat es mich doch gereizt. Am Haus meines Vaters kam fast jeden Tag ein Negermädchen vorbei, und ich hab' immer noch vor Augen, wie sie mit dem Arsch wackelte."

Er erhob sich fast auf einem Ellbogen und betrachtete Ridges einen Augenblick lang sehr genau.

„Hast du schon mal eine Negerin vorgehabt?" fragte er.

Ridges hielt an und setzte die Bahre nieder. Jetzt hatte er Wilson verstanden. „Du solltest mit solchem Quatsch aufhören", erklärte er. Sein Atem kam keuchend, er starrte mit leerem Blick auf Wilson, als vermöge er ihn nicht deutlich zu erkennen. „Ich hab' genug davon", stieß er hervor. Trotz seiner Erschöpfung war er entsetzt. „Du solltest auch was Besseres zu erzählen haben", keuchte er.

„Bist ein richtiger Scheißkerl, Ridges", sagte Wilson.

Ridges schüttelte den Kopf wie ein Bulle. In seinem Leben gab es einiges, was er niemals tun würde. Etwas mit einer Negerin zu haben, war für ihn ebensosehr Luxus wie Sünde. Es gehörte zu den ausschweifenden Dingen, die man nicht tun durfte, wenn man weiterleben wollte. „Halts Maul, Wilson!"

Aber Wilson war bereits weit fort. Die Wärme in seinem Körper, die angenehme schwere Müdigkeit in seinen Gliedern täuschten ihn. Er glaubte, der Grund hierfür läge im Sexuellen, und spürte eine heftige Gier in seiner Kehle. Er schloß die Augen und erinnerte sich der Mondnacht auf einer Sandbank im Fluß, weit draußen vor der Stadt. Er kicherte leise, und etwas Schleim verstopfte ihm die Kehle. Er schluckte. Er fühlte, wie sich seine Wangen zusammenzogen, und verfiel in leises Weinen, das sanft in ihm aufstieg. Mit Überraschung kam es ihm zum Bewußtsein.

Plötzlich spürte er wieder seinen Mund und seine trockene Zunge. „Könnt ihr mir etwas Wasser geben, Leute?" Aber es kam keine Antwort, und wieder sagte er geduldig: „Nur ein bißchen, Leute." Doch sie antworteten ihm nicht, und er wurde zornig. „Zum Teufel noch mal, Leute, gebt mir etwas Wasser!"

„Sei still", sagte Ridges heiser.

„Ich tue alles für euch, Leute, aber gebt mir etwas Wasser!"

Ridges setzte ihn nieder. Wilsons Schreie rissen an seinen Nerven. Es war das einzige, was ihn jetzt noch erregen konnte.

„Ihr seid eine Schweinebande!"

„Du kannst keins haben", sagte Ridges. Er konnte nichts Schlimmes dabei finden, aber um so schwerer fiel es ihm, nein zu sagen. Zugleich war er über Wilson verärgert. – Wir haben alles ertragen, ohne uns zu beklagen, sagte er sich. „Du kannst keins haben, Wilson." Seine Stimme war bestimmt, und Wilson versank wieder in Träume.

Sie nahmen die Tragbahre auf, zogen ihn ein paar Yards weiter und setzten ihn wieder nieder. Die Sonne näherte sich dem westlichen Horizont, es wurde kühler, aber sie beachteten es kaum. Wilson war eine Last, die sie zu tragen hatten; weiter und immer weiter, sie würden ihn nicht im Stich lassen. Aber sie waren sich nicht klar darüber, es lag versteckt unter ihrer Ermüdung. Sie wußten nur, daß sie weitergehen mußten, und sie taten es. Den ganzen Nachmittag über, bis es dunkel wurde, schleppten Ridges und Goldstein sich nur wenige Zoll auf einmal voran, und nach und nach summierte es sich. Inzwischen hatten sie für die Nacht Rast gemacht, Wilson mit einer ihrer beiden Decken versehen und sich dicht beieinander eingerollt, um in einen erschöpften Schlaf zu sinken. Seitdem sie sich von Brown und Stanley getrennt hatten, waren sie mit Wilson fünf Meilen weit gekommen. Der Dschungel war nicht mehr allzu fern. Sie hatten es auf der Kuppe des letzten Hügels festgestellt, wenn auch nicht darüber gesprochen. Morgen könnten sie vielleicht an der Küste schlafen und auf das Boot warten, das sie zurückbringen sollte.

11

MAJOR Dalleson befand sich in einer verdrießlichen Lage. Heute morgen, dem dritten Morgen der Patrouille, war der General zum Hauptquartier abgeflogen, um einen Zerstörer für die Aktion an der Botoi-Bay zu bekommen, und hatte Dalleson das eigentliche Kommando überlassen. Oberst Newton, der Kommandeur des 460sten, und Oberstleutnant Conn standen im

Rang höher, aber während der Abwesenheit des Generals hatte Dalleson die Operationen durchzuführen, und jetzt lag ein schwieriges Problem vor ihm.

Der Angriff war fünf Tage lang gut vorangekommen, und erst seit gestern stockte er. Sie hatten damit gerechnet, denn der Geländegewinn überstieg bereits den Plan, und es war wahrscheinlich, daß die Japaner erhöhten Widerstand leisten würden. Im Hinblick darauf hatte Cummings erklärt, daß sie auf der Stelle treten sollten. „Es wird ruhig sein, Dalleson. Ich nehme an, daß es einige Angriffe der Japaner geben wird, aber nichts Aufregendes. Es ist nichts weiter nötig, als unsern allgemeinen Druck aufrechtzuerhalten. Wenn ich ihnen einen Zerstörer oder vielleicht sogar zwei entwinden kann, werden wir den Feldzug in einer Woche beendet haben."

Die Instruktionen waren einfach genug gewesen, nur daß sich die Dinge anders entwickelten. Eine Stunde, nachdem das Flugzeug des Generals gestartet war, empfing Dalleson einen verwirrenden Patrouillenbericht. Eine Gruppe der E-Kompanie war tausend Yards durch den Dschungel über ihre letzten Stellungen hinaus vorgedrungen und hatte ein verlassenes japanisches Lager entdeckt. Falls die Koordinaten, die sie gemeldet hatten, nicht völlig unrichtig waren, mußte das Lager unmittelbar hinter der Toyaku-Stellung liegen.

Zuerst wollte Dalleson dem Bericht keinen Glauben schenken. Er erinnerte sich an Sergeant Lanning und seine falschen Berichte und der vielen Anzeichen, daß eine große Anzahl von Gruppen- und Zugführern ihre Aufträge nicht ordnungsgemäß erledigte. Aber dennoch war es nicht ganz zu verstehen. Wenn ein Mann einen Bericht fälschen wollte, war er eher versucht, zu melden, daß er auf Widerstand gestoßen sei und sich zurückgezogen habe.

Der Major kratzte sich an der Nase. Es war elf Uhr, und die Morgensonne hatte lange genug über dem Befehlszelt gebrütet, um die Luft darin unerträglich heiß werden zu lassen; zudem war sie noch mit dem widerlichen trockenen Geruch der erhitzten Leinwand durchsetzt. Der Major schwitzte, und der Boden, den er von einem Teil des Lagers durch die aufgerollten Seitenbahnen des Zeltes erblicken konnte, flimmerte in der Hitze und warf das Sonnenlicht in seine Augen zurück. Er war durstig und ging mit sich zu Rate, ob er einen der Schreiber zur Offiziersmesse nach geeistem Bier senden sollte. Aber es schien ihm zuviel Aufwand zu bedeuten. Das war heute ein Tag, an dem er vorgezogen hätte, nichts anderes zu tun, als vor seinem Schreibtisch zu sitzen und auf die Berichte zu warten, die ihm zugestellt wurden. Wenige Fuß entfernt diskutierten zwei Offiziere die Möglichkeit, am Nachmittag einen Jeep zu bekommen, um zum Schwimmen an die Küste zu fahren. Der Major rülpste. Sein Magen belästigte ihn, wie er es immer an besonders heißen Tagen tat, und Dalleson fächelte sich langsam und ein wenig gereizt Luft zu.

„Es geht die Rede davon, aber das Gerücht ist natürlich unbestätigt", sagte einer der Leutnants gedehnt, „daß wir nach dem Feldzug ein paar Rote-Kreuz-Mädchen hierher bekommen."

„Wir werden dann einen Teil der Küste für sie herrichten und Kabinen bauen müssen. Es könnte ganz hübsch werden, weißt du."

„Nur daß wir bald wieder weiterziehen werden. Die Infanterie erwischt immer den schwersten Teil", antwortete der andere Leutnant und zündete sich eine Zigarette an. „Himmel, ich wünschte, daß dieser Feldzug endlich vorüber wäre."

„Warum? Dann müssen wir seine Geschichte schreiben, und das ist immer die schlimmste Zeit."

Dalleson seufzte wieder. Dieser Hinweis auf das Ende des Feldzuges bedrückte ihn. Was sollte er mit dem Patrouillenbericht anfangen? In seinem Darm fühlte er einen leichten Krampf. Wenn er keine andere Sorgen hätte, würde es gar nicht so übel sein, hier zu sitzen und darüber nachzudenken, ob er zur Latrine gehen sollte. In der Ferne hatte eine Geschützbatterie gefeuert und einen dumpfen Widerhall durch die schwüle Morgenluft gesandt. Der Major ergriff das Feldtelefon auf seinem Tisch und drehte zweimal. „Geben Sie mir Potential Rot Easy", brummte er hinein.

Er verlangte den Kommandeur der E-Kompanie. „Hören Sie mal, Windmühle, hier ist Bindfaden", sagte er und gebrauchte die Namen des Geheimcodes.

„Was wünschen Sie, Bindfaden?"

„Ich erhielt heute morgen von Ihnen einen Patrouillenbericht, Nummer 318, Sie wissen, welchen ich meine?"

„Ja."

„Ist das auch die verdammte Wahrheit? Ich muß es wissen, Windmühle. Wenn ihn einer von Ihren Burschen erfunden hat und Sie decken ihn, werde ich Sie auf ein Pulverfaß setzen."

„Nein, ich habe es selbst überprüft und sprach mit dem Gruppenführer. Er hat mir geschworen, daß er sich nicht irgendwo herumgedrückt hat."

„Nun gut, dann werde ich –" der Major suchte nach dem Wort, das er so oft gehört hatte – „unter der Voraussetzung, daß das zutrifft, entsprechend disponieren. Und der Himmel steh Ihnen bei, wenn es nicht so ist."

Der Major wischte sich wieder übers Gesicht. Warum mußte der General ausgerechnet an diesem Tag fern sein? Er empfand einen dumpfen Groll, daß Cummings das nicht vorausgesehen hatte. Der Major sagte sich, daß er sofort etwas unternehmen müsse, aber er war verwirrt. Statt dessen entschied er sich, auf die Latrine zu gehen.

Während er auf dem Brett saß und die Sonne auf dem freigelegten Körperteil spürte, versuchte der Major einen Gedanken zu fassen. Aber er wurde abgelenkt. An diesem heißen Morgen war der Latrinengestank besonders stark, und der Major beschloß, noch heute nachmittag eine neue Offizierslatrine graben zu lassen. Sein rotes Gesicht floß in der Sonne von Schweiß über. Diesmal würden sie ein Segeldach darüber bauen. Verdrießlich starrte er auf den Bambusverschlag.

Nun, zum Teufel, konnte er was anderes unternehmen, als einen Zug auszusenden, um das verlassene Lager zu besetzen? Wenn es ohne Schwierigkeiten gelang, müßte er darüber nachdenken, was dann als nächstes zu tun sei. Ein schwacher Luftzug wehte gegen sein Gesicht, und er empfand Sehnsucht nach der Küste und dem angenehm kühlen Meerwasser, nach den sich silhouettenhaft von der Küste abhebenden Palmen. Irgendwo im Dschungel, meilenweit entfernt, ging etwas bei den Japanern vor. Vielleicht saß ihr G-3 ebenfalls auf dem Topf. Der Major grinste.

Aber irgend etwas stimmte drüben nicht. Die Leichen der japanischen Soldaten sahen letzthin magerer aus. Alle diese Inseln sollten blockiert sein, so daß sie keinerlei Vorräte erhielten, aber natürlich konnte man sich nicht darauf verlassen, daß die Marine die Wahrheit sagte. Der Major fühlte sich müde. Warum mußte er vor solche Entscheidungen gestellt werden? Er verlor Zeit damit, auf das heftige Brummen der Fliegen unter dem Latrinensitz zu lauschen. Einige stießen gegen seinen nackten Körperteil, und er grunzte unbehaglich. Eine neue Latrine war verdammt nötig.

Er beugte sich vor und erledigte behelfsmäßig das Geschäft mit dem vom Nachtregen durchweichten Papier. Es sollte doch eine bessere Lösung geben als die, eine Konservenbüchse als Deckel zu verwenden. Der Major dachte darüber nach, wie man das Papier auf eine andere Weise trocken halten könnte. Was war das doch für ein träger Tag!

Er stand auf und ging zur Offiziersmesse hinüber, um eine Büchse geeisten Bieres zu bekommen. „Wie geht es Ihnen, Major?" fragte einer der Köche.

„Alles in Ordnung." Er rieb sich sein Kinn. Etwas bedrückte ihn. „Ach ja, hören Sie mal, O'Brien, ich habe wieder Diarrhöe. Sie halten doch Ihre Töpfe sauber?"

„Aber das wissen Sie doch, Major."

Er grunzte wieder und blickte über die leeren hölzernen Tische und Bänke unter dem Zeltdach. Die grauen, metallenen

Offizierstteller waren bereits ausgeteilt. „Sie sollten nicht zu früh decken", sagte der Major. „Es setzen sich nur die Fliegen drauf."

„Jawohl, Sir."

„Nun gut, dann bringen Sie das in Ordnung." Er wartete, bis O'Brien die Teller wieder einzusammeln begann, dann überquerte er das Lager und ging zum Befehlszelt zurück. Er sah einige Soldaten in ihren Zelten liegen, was ihn ärgerte. Er fragte sich, zu welchem Zug sie gehörten, aber dann fiel ihm der Bericht wieder ein. Im Befehlszelt ergriff er das Telefon und befahl Windmühle, einen vollausgerüsteten Zug zu dem aufgegebenen japanischen Lager zu senden. „Und lassen Sie Telefon legen, ich wünsche in einer halben Stunde einen Bericht."

„So schnell werden sie nicht dort sein."

„Nun gut, lassen Sie es mich wissen, sobald sie es besetzt haben."

Die Zeit schleppte sich unter der heißen Leinwand dahin. Der Major fühlte sich verzweifelt unbehaglich und hoffte insgeheim, daß der Zug umkehren müßte. Wenn sie aber hingelangten, was dann? Er rief den Kommandeur des Reservebataillons vom 460sten an, befahl ihm, eine Kompanie innerhalb einer Stunde marschbereit zu halten.

„Ich muß sie dann von der Straße abziehen."

„Ziehen Sie sie ab", sagte der Major grollend und fluchte still in sich hinein. Wenn es zu nichts führte, würde die Arbeit einer ganzen Kompanie an der Straße für einen halben Tag verloren sein. Aber dennoch konnte er nichts anderes tun. Wenn der Zug den Mittelpunkt der Toyaku-Stellung besetzen konnte, mußte er das ausnutzen. Der Major begann Vermutungen anzustellen.

Fünfundvierzig Minuten später wurde er von Windmühle angerufen, der ihm mitteilte, daß der Zug ohne jeden Zwischenfall vorrücken konnte und das japanische Gebiet besetzt halte. Dalleson legte seinen dicken Zeigefinger an die Nase und versuchte, das Dschungeldickicht, über dem die heftige Vormittagssonne brütete, zu durchdringen.

„Nun gut, lassen Sie bis auf eine Gruppe den Rest Ihrer Kompanie nachrücken. Die Küche kann zurückbleiben. Haben Sie Rationen bekommen?"

„Ja, aber was ist mit der Rücken- und Flankendeckung? Wir sitzen dann über tausend Yards von Charley und Fox entfernt."

„Darum werde ich mich kümmern. Sie machen nichts weiter als vorrücken; in einer Stunde können Sie alles beisammen haben."

Nachdem er angehängt hatte, stöhnte der Major auf. Jetzt würde alles in Bewegung geraten. Die Reservekompanie, die er vom 460sten unter Alarmbereitschaft gesetzt hatte, würde in das entstandene Loch einrücken und dünn verteilt die Flanken- und Rückendeckung übernehmen. Aber warum hatten sich die Japaner zurückgezogen? War es eine Falle?

Der Major erinnerte sich an das schwere Sperrfeuer in der vergangenen Nacht bei der verlassenen japanischen Stellung. Es war möglich, daß der japanische Kompaniechef sich zurückgezogen hatte, ohne es irgend jemandem zu melden. Solche Fälle waren vorgekommen, wie er gehört hatte, aber es schien ihm ein wenig unglaubhaft.

Wenn es zutreffen sollte, mußte er einige Männer durch das Loch vordringen lassen, bevor es Toyaku merkte. Die Truppen hatten sich an diesem Tag ruhig verhalten sollen, aber wenn er seine Leute durchbrachte, mußte er den Frontalangriff wiederaufnehmen. Und es mußte schnell geschehen, wenn er vor Einbruch der Nacht einige Ergebnisse erzielen wollte. Das bedeutete, daß er jetzt das gesamte Reservebataillon zu alarmieren hatte, und einige mußten sofort abrücken, weil nicht genügend Lastwagen vorhanden waren, um alle auf einmal zu transportieren. Der Major zupfte abwesend an dem nassen Stoff unter seiner Achselhöhle. Jetzt würde die Straßenarbeit für einen ganzen Tag ruhen müssen. Nichts konnte daran weitergeführt werden. Er würde jeden Wagen der Division benötigen, um weitere Nahrungsmittel und mehr Munition heranzubringen, als für den heutigen Tag vorgesehen war. Die Transportlage würde verzwickt sein. Ein wenig haßte er jetzt den Führer der Gruppe, durch den diese ganze Unruhe entstanden war.

Er rief Hobart an und befahl ihm, einen Transportplan auszuarbeiten, dann ging er zum G-2-Zelt hinüber und setzte Conn auseinander, was geschehen war.

„Himmel, Sie laufen in eine Falle", erklärte Conn.

„Aber was, zum Teufel, kann ich machen? Sie haben den Nachrichtendienst unter sich. Warum ist das Lager verlassen worden?"

Conn zuckte die Achseln. „Weil die verdammten Japaner eine Falle bauen."

Dalleson ging zu seinem eigenen Zelt zurück und war bodenlos niedergeschlagen. Bestimmt würde es eine Falle sein, aber er mußte hineingehen. Abermals stöhnte er. Hobarts Leute waren dabei, einen Transportplan auszuarbeiten, um die neuen Stellungen der Frontkompanie zu versorgen; Conns Abteilung ging die alten Nachrichten noch einmal durch. Irgend etwas war nicht geheuer. Nun, er mußte auf gut Glück weitertappen, den größten Teil der Artillerie in das Loch an der Front bringen und hoffen, daß die anderen Abschnitte noch genügend geschützt waren.

Dalleson alarmierte das Reservebataillon und ordnete die ersten Truppenbewegungen an. Bald würde es Zeit zum Mittagessen sein, aber er mußte wohl darauf verzichten. Das eisgekühlte Bier verursachte Krämpfe in seinem Bauch. Widerwillig dachte er an den Käse aus der blauen Rationsbüchse. Er würde davon essen müssen, weil er stopfte.

„Haben wir irgendein Opiumpräparat im Zelt?" schrie er.

„Nein, Sir."

Er wandte sich an einen der Schreiber und schickte ihn zum Lazarett. Er zerfloß fast bei dieser Hitze.

Das Telefon läutete. Es war Windmühle, der berichtete, daß er seine Kompanie in Marsch gesetzt habe. Einige Minuten später meldete der Kommandeur der betreffenden Kompanie, daß sich seine Leute an den Flanken eingrüben.

Jetzt müßte er das Bataillon einrücken lassen. Dalleson hatte Kopfschmerzen. Was würden sie tun? Bis jetzt hatte es für jede Sache einen Präzedenzfall gegeben, aber hier stand er vor einem Vakuum. Das japanische Hauptversorgungsdepot lag anderthalb Meilen hinter den neuen Stellungen der E-Kompanie, und vielleicht sollten sie versuchen, es zu erobern. Oder sie konnten die Flanke aufrollen. Aber der Major konnte es sich nicht vorstellen. Das Loch war nur ein Loch auf dem Papier. Er hatte alle Stellungen besucht, kannte die Lager, aber niemals hatte er ganz begriffen, was vorging. Zwischen den Kompanien gab es leere Räume. Die Front war keine feste Linie, sondern ein Faden mit voneinander entfernt liegenden Knoten. Jetzt hatte er einige Truppen hinter einem japanischen Knoten, und bald würde er noch mehr dort haben, aber wie würden die Japaner sich verhalten? Wie rollte man eine Flanke auf? Einen Augenblick lang hatte er ein Bild vor Augen, wie sich Truppen verdrießlich auf einem Dschungelpfad entlang bewegten und in der Hitze fluchten, aber er vermochte sie nicht mit den Zeichen auf seiner Karte in Verbindung zu bringen.

Ein Insekt kroch träge über den Tisch, und er schnippte es fort. Was, zum Teufel, sollte er unternehmen? Am Abend würde alles durcheinander sein. Keiner würde mehr wissen, wo der andere steckte, und die Telefondrähte könnten unmöglich alle schon gelegt sein. Die Funkapparate würden wahrscheinlich aus irgendwelchen atmosphärischen Gründen oder wegen einiger lausiger Hügel nicht funktionieren. So war es immer, wenn man sie benötigte. Bis jetzt war das in erträglichen Grenzen geblieben. Er würde Mooney sich damit befassen lassen, den Funkoffizier. G-4 war bereits mit dem Transportproblem genügend beschäftigt. Die Nachrichtenabteilung würde die ganze Nacht bei ihm bleiben müssen. Ach, war das ein Mist! Ausgerechnet heute mußte eine solche Sache in Gang gebracht werden. Und wenn es zu nichts führte, würde der Spott kein Ende nehmen.

Den Major kam das Lachen an. Er empfand die stumpfe, unfreiwillige Belustigung eines Mannes, der einen Stein den Berg hinunterwirft und eine Lawine daraus entstehen sieht. Warum konnte der General nicht hier sein?

Wie zum Überfluß wurde er jetzt die erhöhte Aktivität um sich herum gewahr. Jeder Mann im Befehlszelt war beschäftigt. Dalleson sah, wie Soldaten hin und her durch das Lager liefen, offensichtlich um Aufträge zu erledigen. Weit entfernt konnte er das Rumpeln von Lastwagenzügen hören, die die träge tropische Luft erschütterten. Dies alles hatte er in Bewegung gesetzt. Er vermochte es nicht ganz zu glauben.

Der Käse, den er hinunterwürgte, war trocken. Während er hinausblickte, sah er einige Leute in ihren Zelten dösen, und es brachte ihn auf. Aber er hatte keine Zeit, das zu ändern. Alles entglitt seiner Überwachung. Der Major kam sich vor, als ob er ein Dutzend Pakete in seinen Armen halte, von denen sich die ersten bereits zu lockern begannen. Wie lange würde er noch jonglieren müssen?

Und die Artillerie? Das mußte auch noch in Übereinstimmung gebracht werden. Er stöhnte. Die Maschine begann zu zerfallen, jeden Moment konnten Räder, Federn und Bolzen auseinanderspringen. Er hatte nicht einmal an die Artillerie gedacht!

Dalleson stützte seinen Kopf auf und versuchte nachzudenken, aber er war leer. Eine Meldung kam durch, daß die vorrückenden Truppenteile der Reserve bereits die neuen Stellungen der E-Kompanie erreicht hatten. Wenn auch das restliche Bataillon dort war, was sollte er dann tun? Das japanische Versorgungslager lag hinter einem Hügel und war in Höhlen untergebracht. Er konnte das Bataillon dorthin senden, aber was dann? Er brauchte noch mehr Truppen. Wenn er einen klaren Kopf gehabt hätte, würde er vielleicht gezögert haben, aber es fiel ihm nichts anderes ein, als Soldaten in Marsch zu setzen. Er befahl der Charley-Kompanie, sich mit dem Reservebataillon zu vereinigen, und der Baker-Kompanie zu ihrer Linken, die aufgegebene Stellung einzunehmen. Das vereinfachte die Dinge für ihn. Zwei Kompanien würden die normalen Stellungen von dreien einnehmen, und so konnten sie eingesetzt bleiben. Er brauchte sich nicht mehr um sie zu kümmern. Und die rechte Flanke könnte frontal angreifen. Möge es seinen Lauf nehmen und sich die Artillerie um sich selbst kümmern. Er könnte einen Bataillonsbefehl für das Versorgungslager erteilen, und dann würde das Weitere von der Aufklärung und den Zielgelegenheiten abhängen. Er rief die Divisionsartillerie an. „Ich möchte, daß Sie die Beobachtungsflugzeuge den ganzen Nachmittag über in Tätigkeit haben. Beide."

„Wissen Sie nicht, daß wir eins verloren haben und das andere nicht startfähig ist?"

„Warum haben Sie mir das nicht gemeldet?" brüllte Dalleson.

„Aber wir haben es doch getan, gestern."

Dalleson fluchte. „Nun, dann geben Sie Ihre Beobachter an die Able-, Baker-, Charley- und Dog-Kompanien vom 460sten und an Charley vom 458sten."

„Was ist mit den Verbindungen?"

„Das ist Ihre Sorge. Ich habe verdammt genug andere Dinge im Kopf." Sein Rücken juckte vom Schweiß. Es war bereits ein Uhr, und die Sonne glühte auf den Zeltwänden.

Langsam ging der Nachmittag vorüber. Es dauerte bis drei Uhr, ehe das Reservebataillon und die Charley-Kompanie ihren Vormarsch ausgeführt hatten; und zu dieser Zeit lag Dalleson fast nichts mehr daran. Beinahe tausend Mann waren am Angriffspunkt zusammengezogen, aber er hatte noch keine klare Vorstellung, was mit ihnen geschehen sollte. Einige Minuten lang dachte er daran, sie nach links auf das Meer zuschwenken zu lassen. Es würde die Hälfte der japanischen Stellung freigeben, aber dann erinnerte er sich, daß er ja eine Kompanie aus der linken Flanke herausgezogen hatte. Wenn er hier auf die Japaner drückte, könnte er seine eigene Stellung gefährden. Der Major war nahe daran, seinen Kopf auf den Tisch zu schlagen. Was für eine Fehldisposition hatte er getroffen!

Er konnte sie nach rechts vorrücken lassen, auf den Berg zu, aber wenn sie die Japaner abgeschnitten hatten, würde es schwierig sein, die Artillerie heranzubringen, und die Truppen würden am Ziel ihres Vormarsches über einen langen Weg versorgt werden müssen. Eine Panik von der Art, wie sie Martinez auf seinem Alleingang ergriffen hatte, überkam ihn. Es gab zu viele vor der Nase liegende Dinge, die er übersehen hatte.

Abermals läutete das Telefon. „Hier ist Rock und Rye. (Der Kommandeur des 460sten Regiments vom ersten Bataillon.) Wir sind bereit, in fünfzehn Minuten vorzugehen. Wie lautet unser Auftrag? Ich muß meine Leute unterrichten."

Danach wurde er bereits seit einer Stunde gefragt, und jedesmal hatte er gebrüllt: „Das hängt von einer günstigen Gelegenheit ab. Warten Sie doch, zum Teufel!" Aber jetzt mußte er eine Antwort geben: „Rücken Sie in Funkstille auf das japanische Versorgungslager vor." Dalleson gab die Koordinaten. „Wenn Sie zum Vorgehen bereit sind, geben Sie eine Meldung durch, und wir werden das Artilleriefeuer eröffnen. Lassen Sie es durch Ihren Beobachter melden. Wenn Ihr Radio nicht geht, werden wir es von uns aus in genau einer Stunde durchführen, und gleich darauf rücken Sie vor. Sie haben das Lager zu zerstören und müssen verdammt schnell handeln. Danach werde ich Ihnen sagen, was weiter geschieht."

Er hängte auf und starrte auf seine Uhr. Im Zeltinnern hing die Hitze in dichten Schwaden. Draußen verdunkelte sich der Himmel, und die Blätter murmelten träge in der übertriebenen Vorstellung eines Lufthauches. Die Front war ruhig. An einem solchen Nachmittag, eine Stunde, bevor ein Regenguß niederzugehen pflegte, konnte man gewöhnlich jeden Laut hören, aber jetzt war nichts zu vernehmen. Die Artillerie wartete, richtete sich auf ihre Ziele ein, aber nicht mal ein Maschinengewehr oder eine Flinte war zu hören. Nur gelegentlich wurde die Erde von einem vorüberfahrenden Panzer erschüttert, und die Staubkörnchen machten ein zischendes Geräusch. Panzer konnte er an der Durchbruchstelle nicht verwenden, denn es gab keine Straßen, und so sandte er sie aus, um seine schwache Position auf der linken Flanke zu decken.

Plötzlich wurde sich Dalleson bewußt, daß er dem Angriffsbataillon keinerlei Unterstützung durch Panzerabwehrkanonen gegeben hatte, und diesmal stöhnte er laut auf. Es war zu spät, um sie bis zum Angriff damit zu versorgen, aber vielleicht konnte er sie noch rechtzeitig vor einem japanischen Gegenangriff, falls sich ein solcher entwickelte, ausrücken lassen. Er alarmierte den Panzerabwehrzug des zweiten Bataillons und sandte ihn den ersten Verbänden nach. Was würde ihm noch alles einfallen?

Und außerdem wartete er natürlich und begann, als er nervöser wurde, in sich hineinzufluchen. Er war jetzt auf dem Punkt angelangt, wo er die Überzeugung hatte, daß alles schiefgeht. Aber wie ein kleiner Junge, der einen Eimer mit Farbe umgeworfen hat, hoffte er dennoch leise, daß er irgendwie davonkommen würde. Was ihn in diesem Augenblick am meisten bedrückte, war die Frage, wie lange es dauern würde, um alle Truppen wieder an ihre alten Plätze zurückzubringen, falls der Angriff fehlschlüge. Es würde mindestens ein weiterer voller Tag dazu nötig sein, und damit wären zwei Tage am Straßenbau verloren. Das war seine größte Sorge. Überrascht stellte er fest, daß er einen kompletten Angriff in Szene gesetzt hatte.

Zehn Minuten, bevor die Stunde um war, wurde die Funkstille gebrochen. Das angreifende Bataillon befand sich zweihundert Yards vom Versorgungslager entfernt und war noch nicht entdeckt worden. Die Artillerie begann ihr Feuer zu eröffnen und setzte es eine halbe Stunde lang fort. Dann rückte das Bataillon vor und eroberte das Versorgungslager innerhalb zwanzig Minuten.

Dalleson erfuhr die ganze Geschichte nur nach und nach. Viel später erst stellte man fest, daß zwei Drittel des japanischen Materials bereits am Nachmittag erobert worden waren, aber an diesem ersten Abend konnte er sich kaum Gedanken darüber machen. Die wichtigste Nachricht war für ihn, daß General Toyaku und die Hälfte seines Stabes bei dem gleichen Angriff fielen. Das geheime Hauptquartier war nur wenige Hundert Yards von dem Versorgungslager entfernt gewesen und vom Bataillon überrascht worden.

Das waren zu viele Neuigkeiten, als daß Dalleson sie ganz zu erfassen vermochte. Er befahl, daß das Bataillon Lager für die Nacht bezog, und in der Zwischenzeit setzte er alles in Marsch, dessen er habhaft werden konnte. Die Hauptquartier- und Dienstkompanien wurden bis auf die Köche von jedem Mann entblößt. Am nächsten Morgen hatte er fünfzehnhundert Mann hinter den japanischen Linien, und am Nachmittag wurden die Flanken aufgerollt.

Am selben Tag kehrte Cummings zurück. Nach Bitten und Betteln und nachdem er erklärt hatte, daß er den Feldzug ohne Besetzung der Botoi-Bay nicht schnell genug würde beenden können, war ihm ein Zerstörer zugesagt worden. Er folgte hinter ihm her und hatte Auftrag, die Halbinsel am nächsten Morgen zu erreichen. Es war unmöglich, diesen Befehl wieder rückgängig zu machen.

Statt dessen ließ er die ganze Nacht seinen Stab arbeiten, um Truppen vom Dschungel abzuziehen und an die Spitze der Halbinsel zu bringen. Als der Morgen kam, konnte er zwei Schützenkompanien in Landungsbooten zur Invasion der Botoi-Bay aussenden. Planmäßig erschien der Zerstörer, beschoß die Küste und kam dann näher heran, um unmittelbare Unterstützung zu geben.

Japanische Scharfschützen begrüßten mit vereinzelten Schüssen die erste Woge, und dann flohen sie. In einer halben Stunde vereinigten sich die Landungstruppen mit Verbänden, die hinter den zersprengten japanischen Linien manövrierten. Am selben Abend war der Feldzug bis auf Säuberungsaktionen beendet.

In der offiziellen Darstellung des Feldzuges, der der Armee eingereicht wurde, erschien die Landung an der Botoi-Bay als entscheidender Faktor für den Durchbruch der Toyaku-Stellung. Die Landung wurde, dem Bericht zufolge, durch kräftige, örtliche Angriffe, wobei einige Einbrüche in die japanische Linien gelangen, unterstützt.

Dalleson begriff niemals ganz, was geschehen war. Mit der Zeit glaubte er sogar daran, daß es die Landung gewesen sei, die alles entschieden hatte. Nur ein einziger Wunsch beseelte ihn: zum Hauptmann befördert zu werden, auf Dauer.

Infolge der aufregenden Ereignisse hatte man den Aufklärungszug völlig vergessen.

12

AM selben Nachmittag, als Major Dalleson seinen Angriff startete, war der Zug dabei, den Mount Anaka zu ersteigen. Auf den mittleren Abhängen versanken sie in der entsetzlichen Hitze. Jedesmal, wenn sie eine Rinne oder Mulde durchquerten, schien es, als ob die Luft von den glühenden Felsen zurückgeworfen würde, und nach einiger Zeit begannen ihre Backenmuskeln von dem fortgesetzten Blinzeln zu schmerzen. Es war ein nur geringer Schmerz, der im Muskelkrampf ihrer Oberschenkel, in den verdrießlichen, bösartigen Rückenschmerzen hätte untergehen können, aber dennoch wurde er zur heftigsten Plage während des Aufstiegs. Das gleißende Licht drang wie Splitter in die empfindlichen Augen und erzeugte rote, wildtanzende Kreise im Gehirn. Sie verloren alle Vorstellung von der Entfernung, die sie hinter sich gebracht hatten, alles Zurückliegende war vernebelt, und die Besonderheiten der Plagen, die ihnen jeder einzelne Teil der Landschaft bereitete, waren vergessen. Sie kümmerten sich nicht länger mehr darum, ob die nächsten hundert Yards über einen nackten Felshang führten oder durch Buschwerk und Wald. Jeder hatte seine eigenen peinvollen Behinderungen. Sie schwankten wie eine Reihe Betrunkener, trotteten mit gesenkten Köpfen und krampfhaft schlenkernden Armen. Ihr Gepäck war von bleierner Schwere, und eine Vielzahl von Wunden bedeckte jeden vorstehenden Knochen. Auf ihren Schultern waren Blasen, die die Rucksackriemen verursacht hatten, ihr Leib war von den baumelnden Patronengürteln zerschunden, und die Gewehre schlugen die Lenden wund und ließen Blasen auf den Hüften entstehen. Ihre Hemden zeigten lange, weiße Streifen, da, wo der Schweiß verdunstet war.

Stumm kämpften sie sich von Felsblock zu Felsblock aufwärts, keuchten und seufzten vor Erschöpfung. Gegen seinen Willen war Croft gezwungen, ihnen alle paar Minuten eine Rast zu gestatten. Sie ruhten fast so lange, wie sie gingen, und lagen schweigend mit gespreizten Armen und Beinen auf dem Rücken. Gleich den Bahrenträgern war ihnen alles entschwunden. Sie fühlten sich nicht mehr als Einzelwesen. Nichts anderes als Qual umhüllte sie. Sie waren sich weder der Patrouille bewußt noch des Krieges, noch des Vergangenen, ja, nicht einmal des Erdbodens, den sie gerade überkletterten. Die Männer um sie herum schienen nur undeutlich wahrgenommene, verwirrende Gegenstände zu sein, in die sie hineintappten. Dem glühenden, gleißenden Himmel und den brennenden Felsen zollten sie beinahe größere Aufmerksamkeit. Ihre Gedanken rasten durch ihren Körper wie Nagetiere in einem Irrgarten, befaßten sich zuerst sinnlos mit dem Zittern eines überanstrengten Gliedes, dann mit dem Schmerz einer Wunde und versanken für viele Minuten in der Qual, nach Atem zu ringen.

Nur zwei Dinge drangen durch alles hindurch. Einmal ihre Angst vor Croft, und diese Angst wurde mit zunehmender Erschöpfung immer größer. Jetzt warteten sie bereits auf das Erklingen seiner Stimme und stürzten einige zusätzliche Yards weiter, sobald er sie mit einem Befehl anpeitschte. Eine dumpfe, tiefe Furcht hatte sich in ihnen festgesetzt, ein bodenloses Entsetzen vor ihm hatte sie ergriffen.

Und im Gegensatz dazu stand zum anderen ihr Wunsch, aufzugeben; er war stärker als alles. Jeder Schritt, jedes Zittern ihrer Muskeln, jeder Stich in der Brust vergrößerte diesen Wunsch. Voll stummen, keuchenden Hasses gegen den Mann, der sie führte, bewegten sie sich vorwärts.

Croft war mit seinen Kräften so gut wie am Ende. Jetzt schätzte er die Pausen ebensosehr wie die andern, und fast war er bereit, zu gestatten, daß sich jede Rast länger als beabsichtigt hinauszog. Er dachte nicht mehr an den Gipfel des Berges. Auch er wünschte aufzugeben, und jedesmal, wenn er eine Rast beenden wollte, mußte er einen kleinen Kampf mit sich selbst führen, fühlte er sich allen Versuchungen der Rast ausgesetzt, und erst dann ging er wieder weiter. Er brachte sich in Bewegung, weil irgendwo auf dem Grund seines Bewußtseins die Vorschrift bestand, die Ersteigung des Berges für notwendig zu halten. Er hatte seine Entscheidung im Tal getroffen, und seitdem lag sie fest in ihm verankert. Er hätte sich eher selbst umgebracht, als umzukehren.

Den ganzen Nachmittag hindurch quälten sie sich weiter, trotteten über die sanfteren Hänge und mußten sich von Felsblock zu Felsblock hochschleppen, wenn der Berghang steiler wurde. Sie zogen von einem Kamm zum andern, stolperten schmerzerfüllt an den abschüssigen Hängen kleinerer Erhebungen entlang, glitten aus und stürzten viele Male, wenn sie über feuchte Lehmstellen kamen. Der Berg schien sich unendlich hoch über ihnen aufzubauen. Sie erspähten die höher liegenden Hänge wie durch einen Nebel, wankten hintereinander auf den endlosen Serpentinen und waren dankbar, wenn ihr Weg bisweilen eben verlief.

Minetta, Wyman und Roth waren am elendesten dran. Seit vielen Stunden befanden sie sich am Schluß der Reihe und konnten den Zusammenhang mit den andern nur unter größten Schwierigkeiten aufrechterhalten. Ein Band schien sie miteinander zu verbinden: Minetta und Wyman waren um Roth besorgt und verspürten Zuneigung zu ihm, weil er noch hilfloser war als sie. Roth wiederum suchte ihre Unterstützung und wußte trotz seiner Ermüdung, daß sie sich nicht über ihn lustig machen würden, weil sie kaum weniger erschöpft waren als er.

Er litt unter der größten Anstrengung seines Lebens. Alle Wochen und Monate hindurch hatte er jede Beleidigung und jeden Tadel mit wachsendem Schmerz aufgenommen. Statt gleichgültig zu werden oder einen Schutzwall um sich zu errichten, war er noch empfindlicher geworden. Die Patrouille hatte ihn auf einen Punkt gebracht, wo er weiteren Schimpf nun nicht mehr ertragen würde, und jetzt zog ihn nur noch die Erkenntnis voran, daß er die ganze Wut und den Spott der Männer des Zuges auf sich ziehen würde, wenn er zu lange haltmachte.

Aber trotzdem war er am Zusammenbrechen. Es kam ein Augenblick, wo seine Beine nicht länger mehr arbeiten wollten. Selbst beim Stillstehen waren sie nahe daran, unter ihm wegzusacken. Am späten Nachmittag war es mit ihm soweit. Er begann zu stolpern, auszugleiten, um schließlich erschöpft auf den Boden zu stürzen. Alle hundert Fuß fiel er hin, und die Männer des Zuges warteten dankbar, während er sich langsam wieder auf die Beine brachte und weitertaumelte. Aber jeder neue Sturz erfolgte in kürzeren Abständen. Roth bewegte sich fast bewußtlos, und bei jedem Fehltritt knickten seine Beine zusammen. Nach einer halben Stunde war es ihm unmöglich, sich ohne Hilfe wieder zu erheben, und jeder Schritt von ihm blieb unsicher. Er ging wie ein kleines Kind, das einen Raum zu überqueren versucht. Auch sein Fallen war wie das eines Kindes. Er verschränkte die Füße unter dem Körper, während er stumpfsinnig auf den Hüften ruhte und sich ein wenig darüber wunderte, daß er nicht mehr auf den Beinen war.

Mit der Zeit wurde es den Männern lästig. Croft erlaubte nicht, daß sie sich setzten, und die erzwungene Wartezeit verärgerte sie. Sie begannen darauf zu warten, daß Roth wieder stürzte, und die unvermeidlichen Wiederholungen zerrten an ihren Nerven. Ihr Zorn übertrug sich allmählich auf Roth.

Der Berg wurde unheimlicher. Seit zehn Minuten führte sie Croft ein Felsband an einem steil abfallenden Hang entlang.

Der Weg war an einzelnen Stellen nur wenige Fuß breit. Zu ihrer Rechten, nur ein oder zwei Yards entfernt, befand sich ein viele Hundert Fuß tiefer Abgrund, und gegen ihren Willen gerieten sie immer wieder an seinen Rand. Dadurch entstand eine neue Besorgnis, und die durch Roth verursachten Aufenthalte machten sie ungeduldig, weil ihnen daran lag, das Band rasch hinter sich zu bringen.

Auf seiner Mitte fiel Roth abermals, versuchte sich aufzurichten, und als ihm keiner half, streckte er seine Glieder von sich. Der Felsboden war heiß, doch es war ihm nicht unangenehm, darauf zu liegen. Der Nachmittagsregen hatte gerade begonnen, und Roth fühlte ihn auf seiner Haut und die Abkühlung des Felsens. Er wollte nicht mehr aufstehen. Was hätte es für einen Sinn?

Jemand zog ihn an der Schulter, aber er stieß ihn von sich. „Ich kann nicht", japste er, „ich kann nicht mehr." Er schlug mit seiner Faust auf den Boden.

Es war Gallagher, der ihn aufzurichten versuchte. „Komm hoch, alter Schweinehund!" rief er. Sein Körper schmerzte ihn von der Anstrengung, Roth zu halten.

„Ich kann nicht mehr, geh weg!"

Roth hörte sich stöhnen. Undeutlich wurde er sich bewußt, daß sich die meisten um ihn versammelt hatten und ihn anstarrten. Aber es machte ihm nichts aus. Er empfand nur eine merkwürdige bittere Freude daran, daß ihn die andern sahen. Es verschaffte ihm eine Erregung, in die sich Scham und Erschöpfung mischten.

Nun konnte ihm nichts Schlimmeres mehr widerfahren. Mochten sie ihn ruhig weinen sehen, sollten sie noch einmal feststellen, daß er der schwächste Mann des ganzen Zuges war. Das wenigstens mußten sie anerkennen. Nach so viel Gleichgültigkeit und so viel Spott, die er hatte hinnehmen müssen, war das beinahe noch erträglicher.

Gallagher zog ihn abermals an der Schulter. „Geh weg, ich kann nicht mehr!" brüllte Roth.

Gallagher schüttelte ihn und empfand Verachtung und Mitleid zugleich. Aber noch etwas anderes. Auch Angst. Jeder einzelne seiner Muskeln wünschte, daß er sich neben Roth legte. Jedesmal, wenn er aufs neue Atem schöpfte, war er nahe daran, vor Brechreiz und Brustschmerzen ebenfalls loszuheulen. Wenn Roth nicht mehr auf die Beine kam, wußte er, daß er ebenfalls zusammenbrechen würde.

„Steh auf, Roth!"

„Ich kann nicht."

Gallagher griff ihm unter die Achseln und versuchte ihn aufzuheben. Der bleierne Widerstand brachte ihn in Wut. Er ließ Roth fallen und versetzte ihm einen Schlag hinter die Ohren. „Hoch mit dir, du Judenhund!"

Dieses Wort und der Schlag durchzuckten Roth wie elektrischer Strom. Er fühlte, wie er von selbst wieder auf die Füße kam und vorwärts taumelte. Es war das erstemal, daß ihn jemand derartig angeschrien hatte, und es eröffnete Ausblicke auf weitere Niederlagen und erneutes Versagen. Es war schon schlimm genug, daß sie ihn wegen seiner Schwäche und Unfähigkeit verurteilten, nun machten sie ihn auch noch für die Fehler eines Glaubensbekenntnisses verantwortlich, das nicht das seinige war, und für die eines Volkes, das für ihn nicht existierte. „Hitlerismus, Rassentheorie", murmelte er. Wie betäubt schwankte er dahin und versuchte sein Entsetzen zu überwinden. Warum beschimpften sie ihn? Sahen sie nicht, daß es nicht sein Fehler war?

Und noch etwas anderes arbeitete in ihm. Alle Vorstellungen, die ihn bisher geschützt hatten, die Fassade, mit der er sein Leben umgeben hatte, waren langsam in der ätzenden Atmosphäre des Zuges zerbröckelt. Seine Erschöpfung hatte die Stützen gelockert und Gallaghers Schlag das ganze Gebäude zertrümmert. Jetzt fühlte er sich wieder nackt und bloß. Er empörte sich dagegen und war verzweifelt, daß er nicht zu ihnen sprechen und es ihnen erklären konnte. – Es ist lächerlich, dachte Roth, es ist keine Rasse und auch keine Nation. Wenn man nicht an die Religion glaubte, wieso ist man dann Jude? – Das war seine Stütze gewesen, die nun zerstört war, und trotz seiner Erschöpfung begriff er, daß Goldstein das immer gewußt hatte. In seinem Verhalten würde er sich nun danach richten müssen. Die Menschen würden ihn nicht gern haben, sondern ihm ein schwarzes Etikett anhängen.

Nun gut, mochten sie es. Ein rettender Zorn, ein herrlicher Zorn kam ihm zu Hilfe. Zum erstenmal in seinem Leben war er wirklich wütend, und die Wut brachte seinen Körper in Bewegung und trieb ihn hundert Yards voran und abermals hundert Yards und immer weiter. Der Kopf schmerzte ihm von dem Schlag, sein Körper wankte, aber wenn sie nicht auf dem Marsch gewesen wären, hätte er sich auf die Männer gestürzt und sich mit ihnen bis zur Bewußtlosigkeit geprügelt. Es kochte in ihm, aber nicht nur vor Selbstmitleid. Er begriff es. Er war der Stein des Anstoßes gewesen, weil immer einer dasein mußte. Ein Jude wie der Sandsack für den Boxer, ohne den er nicht auskommt.

Sein Körper war so schmächtig, seine Wut lächerlich, aber daß er so ohnmächtig sein mußte, war ungerecht. Wenn er stärker gewesen wäre, hätte er manches tun können. Aber selbst so, in seiner schäumenden Wut, während er hinter den

Männern dreinzog, war etwas Neues, Eindrucksvolles an ihm. In diesen wenigen Minuten empfand er keine Furcht mehr vor den Männern. Sein Körper wankte, sein Kopf schwankte auf seinen Schultern, aber er befreite sich von seiner Erschöpfung, vergaß seinen Körper und trottete mühsam weiter, allein mit seiner neuen Wut.

Croft war in Sorge. Er hatte an Roths Zusammenbruch keinen Anteil genommen. Diesmal war er seiner Sache nicht sicher gewesen. Die Arbeit, die es bedeutete, den Zug so viele Monate hindurch zu führen, die Anspannungen der drei mit Hearn verbrachten Tage hatten ihre Wirkung getan. Er war müde, und seine Nerven zitterten bei jeder Sache, die schiefging. Die Verdrießlichkeit der Männer, ihre Erschöpfung, ihr Widerstand hatten seine Nerven wund gerieben. Die Entscheidung, die er nach Martinez' Patrouille traf, hatte ihn ausgelaugt. Als Roth das letztemal stürzte, hatte sich Croft umgewandt, um zurückzugehen, dann aber haltgemacht. In diesem Augenblick war er zu müde gewesen, um irgend etwas zu unternehmen. Wenn Gallagher Roth nicht geschlagen hätte, wäre er vielleicht hinzugetreten, aber jetzt war er zufrieden, daß er abwarten konnte. Alle Fehler, die großen sowohl wie die kleinen, schienen nun an Bedeutung zu gewinnen. Er erinnerte sich mit Widerwillen an seinen Zustand, damals, als die Japaner am Fluß zu ihm hinübergerufen hatten; er dachte an die seitdem durchstandenen Kämpfe, an all die kleinen Hemmungen, die er empfunden hatte, ehe er Befehle erteilte. Zum erstenmal war er unsicher. Immer noch verspottete ihn der Berg und trieb ihn vorwärts, aber es war mehr eine automatische, dumpfe Reaktion seiner Beine. Er wußte, daß er seine eigenen Kräfte und die der Männer falsch eingeschätzt hatte. Bis zum Dunkelwerden blieben vielleicht nur noch zwei Stunden, und auf keinen Fall würden sie bis dahin den Gipfel erreichen.

Das Felsband wurde enger. Hundert Fuß über sich erblickten sie einen felsigen, gezackten Grat, der aussah, als ob er unmöglich zu bewältigen wäre. Weiter vorn zog sich das Felsband nach oben und überquerte diesen Grat, und dahinter mochte der Gipfel des Berges liegen. Es konnten nicht mehr als tausend Fuß sein. Er wünschte den Gipfel zu sehen, ehe sie für die Nacht haltmachten.

Aber jetzt wurde das Felsband gefährlich. Die Regenwolken hatten sich auf sie herabgesenkt. Die Männer gingen wie im Nebel. Hier oben war der Regen kälter. Er kühlte sie ab, und ihre Füße glitten auf dem nassen Felsen aus. Nach wenigen Minuten hatte der Regen den Grat über ihnen verdunkelt, und vorsichtig tasteten sie sich, mit den Gesichtern zur Felswand, Schritt für Schritt weiter.

Das Band war jetzt nicht breiter als ein Fuß. Der Zug bewegte sich sehr langsam und mühsam darauf entlang und hielt sich an den Büscheln fest, die aus den senkrechten Rissen der Wand wuchsen. Jeder Schritt war mühevoll und bedrohlich, aber je weiter sie sich auf dem Band vorwärts bewegten, um so erschreckender wurde der Gedanke, umzukehren. Sie hofften, daß sich das Band jeden Augenblick verbreitern würde, denn sie konnten sich nicht denken, wie sie über bestimmte Stellen zurückgelangen sollten, die sie zuvor überquert hatten. Dieses Traversieren war bedrohlich genug, um sie vorübergehend aus ihrer Erschöpfung zu reißen. Sie schritten sehr wachsam in einer vierzig Yards auseinandergezogenen Reihe voran. Einige Male blickten sie in die Tiefe, aber es war zu fürchterlich. Selbst im Nebel konnten sie einen mindestens hundert Fuß tiefen Abgrund erkennen, und das erweckte in ihnen eine neue Art Schwäche. Sie empfanden die Felswände mit ihrer weichen, grauen, schleimigen Oberfläche wie das Fell eines lebenden Wesens, eines Seehundes. Das Gestein fühlte sich wie Fleisch an, und es entsetzte sie; rasch wünschten sie weiterzukommen.

Das Band verengte sich auf neun Zoll. Croft starrte unentwegt voraus in den Nebel, um zu erkunden, ob es breiter würde. Hier war die erste Stelle, die einige Erfahrung voraussetzte. Bis jetzt war es im wesentlichen nichts weiter als die Ersteigung eines sehr hohen Hügels gewesen, aber nun fehlten Seil und Bergpickel. Mit gespreizten Armen und Beinen an den Felsen gepreßt, mit den Fingern in den Spalten verkrampft, bewegte er sich vorwärts.

Er kam zu einer Spalte im Band, die über vier Fuß breit war. Dazwischen war nichts, kein Buschwerk und keine Wurzeln, an denen sie sich hätten festhalten können. Der Boden verschwand einfach vor ihm und setzte sich auf der anderen Seite fort. Der Felsen stürzte in der Spalte steil hinab. An sich war sie mit einem einfachen Sprung zu überqueren, auf ebenem Boden war es kaum mehr als ein langer Schritt, aber hier mußte man schräg springen, sich mit dem linken Fuß abstoßen und auf dem rechten landen und das Gleichgewicht halten, während man auf dem Felsband schwankte.

Er schlüpfte behutsam aus seinem Rucksack, gab ihn hinter sich an Martinez weiter, und als sein rechtes Bein über die Spalte tastete, zögerte er ein wenig. Dann sprang er schräg hinüber, wankte einen Augenblick auf der anderen Seite, ehe er zum Stehen kam.

„Jesus, wer, zum Teufel, kommt da 'rüber?" hörte er einen von ihnen knurren.

„Warten", sagte Croft. „Ich will erst sehen, ob sich das Band erweitert." Er legte fünfzig Fuß zurück, bis er entdeckte, daß es breiter wurde. Er fühlte eine große Erleichterung. Sie hätten sonst umkehren und einen andern Aufstiegsweg finden müssen. Und er war keineswegs sicher, ob er den Zug dann nochmals auf die Beine bringen würde.

Er lehnte sich über die Spalte und ließ sich seinen Rucksack von Martinez geben. Die Entfernung war so gering, daß sie sich mit den Händen berührten. Dann übernahm er Martinez' Rucksack und ging einige Yards weiter. „Nun gut, Leute", rief er, „kommt jetzt 'rüber. Die Luft ist auf dieser Seite verdammt besser."

Ein nervöses Gekicher antwortete ihm. „Hör mal, Croft", hörte er Red sagen, „wird das verdammte Band drüben auch nur ein bißchen breiter?"

„Jawoll, sehr sogar." Aber es ärgerte Croft, daß er überhaupt geantwortet hatte. Er hätte Red erwidern sollen, er möge schweigen.

Roth, der als letzter ging, hörte bedrückt zu. Sicher würde er beim Sprung versagen, und gegen seinen Willen wurde sein Körper ängstlich. Sein Zorn war zwar noch nicht verklungen, hatte aber einer ruhigeren Betrachtungsweise Platz gemacht. Roth war zu müde.

Während er beobachtete, wie sie die Rucksäcke hinüberreichten und dann sprangen, wurde seine Angst immer größer. Das gehörte zu den Dingen, die er niemals gekonnt hatte, und eine Spur des alten Entsetzens aus der Turnstunde, wenn die Reihe an ihn kam, das hohe Reck zu erklimmen, quälte ihn.

Aber es war unaufhaltsam. Minetta, der letzte vor ihm, zögerte am Rande, dann sprang er hinüber und lachte leise. „Jesus, was für ein verrücktes Akrobatenstückchen." Roth räusperte sich. „Mach Platz, ich komme", sagte er ruhig. Er reichte seinen Rucksack hinüber.

Minetta sprach zu ihm, als ob er ein Hündchen sei. „Nur ruhig Blut, mein Junge, ist nichts dabei; du mußt dir gar nichts draus machen, dann geht's wie von selbst."

Es ärgerte Roth. „Schon gut", sagte er.

Aber als er sich dem Rand näherte und hinüberblickte, waren seine Beine wie abgestorben. Das gegenüberliegende Band schien so weit weg zu sein, und vor ihm gähnte der Abgrund.

„Ich komme", murmelte er abermals, aber er rührte sich nicht. Schon als er dabei war zu springen, verließ ihn der Mut.

Ich werde bis drei zählen, dachte er.

Eins.

Zwei.

Drei.

Aber er vermochte sich nicht zu bewegen. Die entscheidende Sekunde dehnte sich aus, und dann war sie vertan. Sein Körper hatte ihn betrogen. Roth wollte springen, aber sein Körper hatte besser als sein Verstand gewußt, daß es nicht ging.

Drüben hörte er Gallagher sprechen: „Geh ganz dicht 'ran, Minetta, und fang diesen erbärmlichen Hund auf." Gallagher kroch durch Minettas Beine, streckte einen Arm aus und starrte ihn an. „Los, du brauchst nur meine Hand zu ergreifen, du kannst gar nicht fallen."

Sie sahen ihn beschwörend an. Roth starrte zurück und empfand nichts als Verachtung. Jetzt durchschaute er Gallagher. Ein Prahlhans, der selbst Angst hatte. Er hätte ihnen manches klarmachen können. Wenn er sich nämlich weigerte zu springen, würde Croft zurückkommen müssen, und die Patrouille wäre zu Ende. Und in diesem Augenblick war sich Roth überrascht bewußt, daß er es wagen würde, Croft entgegenzutreten.

Aber der Zug würde ihn nicht verstehen. Sie würden ihn verhöhnen, nur um sich selbst vor der eigenen Schwäche zu retten. Sein Herz füllte sich mit Verbitterung. „Ich komme", schrie er plötzlich. Sie wollten es so haben.

Er fühlte, wie ihn sein linkes Bein abstieß, er taumelte unbeholfen nach vorn, aber sein erschöpfter Körper federte nur schwach. Einen Augenblick sah er Gallaghers überraschtes Gesicht, dann glitt er an seiner Hand vorbei, krallte sich an den Felsen und fiel ins Nichts.

Während des Sturzes hörte sich Roth vor Zorn brüllen und war erstaunt, was für einen großen Lärm er machen konnte. Bevor er tief unten auf den Felsen zerschmetterte, durchdrang ein Gedanke seine Benommenheit und Fassungslosigkeit. Er wünschte ja zu leben! Ein kleiner Mann, der durch den Raum stürzte.

Goldstein und Ridges brachen früh am nächsten Morgen mit der Bahre auf. Es war kühl, und sie bewegten sich auf ebener Erde, aber es machte nicht viel Unterschied. Innerhalb einer Stunde waren sie der gleichen Betäubung wie am Vortag verfallen. Wieder einmal schleppten sie sich nur wenige Fuß voran, setzten Wilson nieder und mühten sich dann aufs neue weiter. Um sie herum wogten die kleinen Hügel nach Norden zu dem großen Berg zurück. Das Land erstreckte sich endlos und friedlich vor ihrem Blick wie zartgelbe Dünen. Nichts störte die Stille. Gebeugt von ihrer Last, quälten sie sich keuchend und stöhnend vorwärts. Der Himmel zeigte die blasse Bläue der Morgenstunde, und weiter im Süden hinter dem Dschungel zogen kleine runde Wölkchen eines nach dem andern dahin.

An diesem Morgen lag in ihrer Betäubung etwas Neues. Wilsons Fieber hatte zugenommen. Ununterbrochen stöhnte er nach Wasser, bat und bettelte, schrie und beschimpfte sie. Sie konnten es nicht mehr ertragen. Es schien, als ob das Gehör der letzte ihnen noch verbliebene Sinn sei, und auch dieser arbeitete mangelhaft. Sie nahmen das Summen der Insekten nicht auf oder ihre eigenen heiseren Seufzer, wenn sie nach Atem rangen. Sie hörten einzig und allein Wilson, und sein Stöhnen nach Wasser zerrte an ihnen und untergrub ihren Widerstand.

„Leute, gebt mir doch nur etwas zu trinken!" Ein Tropfen rötlichen Speichels war in Wilsons Mundecken eingetrocknet, und seine Augen wanderten ruhelos umher. Bisweilen wand er sich kraftlos auf der Bahre. Er schien auch kleiner geworden zu sein. Das Fleisch an seiner kräftigen Gestalt war zusammengesunken. Mitunter blinzelte er in den Himmel und schnüffelte die Gerüche um sich herum. Er wurde sich nicht bewußt, daß er selbst stank. Vierzig Stunden waren seit seiner Verwundung vergangen, und während dieser Zeit hatte er häufig beschmutzt, hatte geblutet und geschwitzt und darüber hinaus die fauligen, dumpfen Gerüche des feuchten Bodens an sich gezogen, auf dem sie in der vergangenen Nacht lagerten. Er verzog mühsam seinen Mund zu einer Grimasse des Ekels. „Leute, ihr stinkt aber."

Sie hörten ihn, ohne daß sie sonderlich darauf achteten, und japsten nach Luft. So wie sie sich daran gewöhnt hatten, im Dschungel zu leben und immer durchnäßt zu sein, so wie sie vergessen hatten, wie es war, in trockenen Kleidern zu leben, so hatten sie ebenfalls vergessen, daß man mühelos atmen konnte. Sie dachten darüber nicht nach. Sicherlich machten sie sich auch keine Gedanken um das Ende ihrer Reise. Sie war zu ihrem Lebenszweck geworden.

Goldstein hatte an diesem Morgen lange darüber gegrübelt, wie er eine Erleichterung schaffen konnte. Die steifwerdenden Finger hatten sie am meisten behindert. Es war unmöglich geworden, die Bahre länger als ein paar Minuten zu halten, weil das Gewicht ihre Finger löste. Goldstein schnitt die Gurte von ihrem Rucksack, knotete sie zusammen, legte sie über seine Schulter und verband sie mit den Griffen der Tragbahre. Sobald die Finger die Bahre nicht mehr zu halten vermochten, verlegte er das Gewicht auf die Gurte und trug die Bahre so weiter, bis seine Hände wieder in der Lage waren, sie zu halten. Gleich darauf folgte Ridges seinem Beispiel, und so bewegten sie sich schwerfällig in ihrem Geschirr voran, während die Bahre leise zwischen ihnen schwankte.

„Wasser, verdammt noch mal, ihr verfluchten ..."

„Nein", japste Goldstein.

„Du verfluchter Judenjunge!" Wilson begann wieder zu husten. Seine Beine schmerzten. Die Luft, die sein Gesicht überspülte, war drückend heiß, als käme sie aus einer Küche, deren Fenster geschlossen und deren Herd zu lange in Gang gewesen ist. Er haßte die Träger. Er war wie ein Kind in seiner Qual. „Goldstein", begann er wieder, „was schnüffelst du hier herum?"

Ein dünnes Lächeln zog sich um Goldsteins Mund. Wilson hatte ihn beleidigt, und er haßte ihn plötzlich, weil Wilson niemals zu überlegen brauchte, was er sagte oder tat. „Du darfst kein Wasser bekommen", murmelte Goldstein und wartete beinahe lustvoll darauf – wie ein Tier auf den antreibenden Peitschenknall –, daß Wilsons Schmähungen weitergingen.

Plötzlich schrie Wilson auf. „Leute, ihr müßt mir etwas Wasser geben!"

Goldstein hatte inzwischen vergessen, warum Wilson nichts trinken durfte. Er wußte nur, daß es verboten war, und es verwirrte ihn, daß er sich nicht mehr an den Grund erinnern konnte. Es versetzte ihn in einen panischen Schrecken. Wilsons Leiden war Goldstein merkwürdig nahegegangen. Mit fortschreitender Erschöpfung nahm er es mit seinem eigenen Körper auf. Wenn Wilson schrie, empfand er Gewissensbisse, und wenn die Bahre plötzlich ins Wanken geriet, hatte er ein Gefühl im Magen, wie man es im Fahrstuhl verspürt. Und jedesmal, wenn Wilson um Wasser bat, fühlte sich auch Goldstein durstig. Wenn er seine Feldflasche öffnete, kam er sich wie schuldig vor, und um Wilson nicht aufzuregen, nahm er stundenlang kein Wasser zu sich. Es schien, als ob Wilson selbst im tiefsten Delirium noch bemerkte, wenn sie nach ihren Feldflaschen griffen. Er war eine Last, von der sie sich nicht befreien konnten. Goldstein glaubte, daß sie ihn ewig tragen müßten; er vermochte an nichts anderes mehr zu denken. Sein Bewußtsein umschloß nur seinen eigenen Körper, die Tragbahre und Ridges' Rücken. Er blickte nicht mehr auf die gelben Hügel oder fragte sich, wie weit sie noch zu gehen hätten. Gelegentlich dachte er an Weib und Kind, aber es war zu unwirklich. Sie waren so fern. Wenn man ihm in diesem Augenblick erzählt haben würde, daß sie tot seien, hätte er nur die Schultern gezuckt. Wilson war viel gegenwärtiger für ihn, er war das einzig Wirkliche.

„Leute, ich gebe euch auch was dafür." Wilsons Stimme hatte sich verändert und war fast gellend geworden. Er sprach fortgesetzt; pausenlos lallte er vor sich hin, kaum, daß man ihn verstehen konnte. „Ihr braucht mir nur zu sagen, was ihr haben wollt, Leute, ich will euch alles geben, und wenn ihr

Geld braucht, gebe ich euch hundert Pfund, nur setzt mich nieder und gebt mir was zu trinken; bloß was zu trinken, Leute, mehr will ich nicht."

Sie hielten an, um eine längere Rast zu machen, und Goldstein stürzte davon, fiel vornüber auf sein Gesicht und lag mehrere Minuten völlig regungslos. Dumpf starrte Ridges erst auf ihn und dann auf Wilson. „Was willst du haben? Wasser?"

„Ja, gib es mir, gib mir etwas Wasser."

Ridges seufzte. Sein untersetzter, kräftiger Körper schien in den letzten zwei Tagen ausgetrocknet zu sein. Der große, schlaffe Mund stand offen, die Kinnlade war herabgesunken. Sein Rücken hatte sich verkrümmt, die Arme waren länger geworden, und der Kopf war noch tiefer auf die Brust gebeugt. Sein dünnes blondes Haar fiel schwermütig über seine schräge Stirn, und seine Kleider waren feucht und zusammengesackt. Er sah wie ein riesiges, trauriges Ei aus. „Scheiße, ich begreife nicht, warum du kein Wasser haben sollst!"

„Gib es mir, alles würde ich dafür tun."

Ridges kratzte sich am Nacken. Er war es nicht gewohnt, eine Entscheidung selber zu treffen. Sein ganzes Leben lang hatte er immer nur Befehle entgegengenommen, und so war ihm jetzt unbehaglich zumute. „Ich glaube, ich sollte Goldstein fragen", murmelte er.

„Goldstein ist ein Scheißkerl."

„Ich weiß nicht recht." Ridges kicherte. Sein Gekicher schien tief aus seinem Körper zu kommen. Kaum wußte er, warum er lachte. Wahrscheinlich aus Verwirrung. Er und Goldstein hatten vor Erschöpfung kaum miteinander gesprochen, aber trotzdem begriff er, daß Goldstein der Führer war, wenn auch er, Ridges, den Rückweg wußte. Aber niemals war Ridges der Anführer in irgendeiner Sache gewesen, und so hatte er gewohnheitsmäßig Goldstein alle Entscheidungen überlassen.

Aber jetzt lag Goldstein fast bewußtlos mit dem Gesicht am Boden, zehn Yards entfernt. Ridges schüttelte den Kopf. Er war zu müde, um nachzudenken. Außerdem schien es ihm absurd zu sein, einem Mann einen Schluck Wasser zu verweigern. So ein Schlückchen kann keinem schaden, sagte er sich.

Aber Goldstein war belesen, und Ridges war von der Vorstellung befangen, daß er gegen irgend etwas verstoßen könnte, was in der ungeheuren, geheimnisvollen Welt der Bücher und Zeitungen geschrieben stand. – Pa pflegte zwar stets so etwas Ähnliches zu sagen, wie, man möge einem Menschen Wasser geben, wenn er krank ist, dachte Ridges, aber er konnte sich nicht mehr genau darauf besinnen. „Wie fühlst du dich, mein Junge?" fragte er zweifelnd.

„Du mußt mir Wasser geben, ich verbrenne."

Ridges schüttelte wieder den Kopf. Wilson hatte ein Leben voller Sünde geführt, und nun befand er sich im Fegefeuer. Ridges war ehrfürchtig zumute. Wenn ein Mensch als Sünder starb, würde seine Strafe bestimmt fürchterlich sein. Aber wiederum war Christus der Herr für die armen Sünder gestorben, sagte sich Ridges. Dann war es Sünde, wenn man einem Menschen eine Gnade vorenthielt.

„Ich glaube, daß du etwas haben kannst." Ridges seufzte. Er ergriff gelassen seine Feldflasche und blickte wieder auf Goldstein. Er wünschte nicht, von ihm getadelt zu werden. „Hier, kannst austrinken."

Wilson trank erregt. Das Wasser spritzte ihm über den Mund, lief über das Kinn und durchnäßte seinen Hemdkragen. „Oh, Mann!" Er trank zügellos, seine Kehle schluckte voll Begierde. „Du bist ein guter Kerl", murmelte er. Etwas Wasser kam ihm in die falsche Kehle, er hustete heftig und wischte sich mit einer nervösen, verstohlenen Bewegung das Blut vom Kinn. Ridges bemerkte einen Tropfen, den Wilson nicht erfaßt hatte. Langsam verbreitete sich das Blut über die feuchte Oberfläche der Wange und wurde rosafarben.

„Glaubst du, daß es mit mir wieder werden wird?" fragte Wilson.

„Sicher." Ridges empfand einen Schauder. Ein Prediger hatte einmal darüber gesprochen, ob ein Mensch dem Fegefeuer widerstehen könne. „Du entgehst ihm nicht, wenn du ein sündiger Mensch bist", hatte er gesagt. Ridges wußte, daß er jetzt Wilson anlog, aber trotzdem wiederholte er: „Sicher wirst du wieder in Ordnung kommen."

„Das denke ich auch."

Goldstein kehrte seine Handflächen gegen den Boden und zwang sich langsam zum Aufstehen. Heftig wünschte er, weiterhin liegenzubleiben. „Ich glaube, wir sollten aufbrechen", sagte er nachdenklich. Sie spannten sich wieder ins Geschirr und wankten weiter.

„Ihr seid gute Kerle, es gibt keine besseren als euch beide."

Es beschämte sie; denn in diesem Augenblick, wo sie noch in den ersten Schmerzen des Wiederaufbruchs eingefangen waren, haßten sie ihn.

„Ist schon gut", sagte Goldstein.

„Nee, ich meine es wirklich, man kann nicht noch zwei wie euch in dem ganzen verfluchten Zug finden." Er schwieg, und sie versanken abermals im Stumpfsinn ihres Marsches. Eine Zeitlang delirierte Wilson, dann wurde er wieder vernünftig. Seine Wunde begann aufs neue zu schmerzen. Er schimpfte und schrie vor Pein auf.

Jetzt bedrückte es Ridges mehr als Goldstein. Er hatte sich nicht viel über die Quälerei des Marsches aufgeregt und ihn als etwas Selbstverständliches hingenommen, was vielleicht etwas schwerer war als andere Arbeit, aber schon als junger Mensch wußte er, daß man den größten Teil seiner Tage mit Arbeit verbringen mußte und daß es sinnlos war, sich etwas anderes zu wünschen. Wenn es auch noch so unbequem und mühsam war, man konnte nichts daran ändern. Er hatte einen Auftrag erhalten und führte ihn nun aus. Aber zum erstenmal haßte er ihn in diesem Augenblick wirklich. Vielleicht hatten die Ermüdungsprodukte die Oberhand gewonnen, und durch die anhaltenden Anstrengungen war sein Verstand durcheinandergeraten, jedenfalls war er dieser Arbeit jetzt überdrüssig. Außerdem wurde ihm plötzlich klar, daß er auch die Plackerei mit der Landarbeit, diesen niemals endenden, gleichförmigen Kampf mit dem unfruchtbaren Boden, immer gehaßt hatte.

Es war zuviel an Erkenntnis; er mußte sich davon abwenden, und das fiel ihm nicht schwer. Er war nicht daran gewöhnt, eine Entscheidung aus eigenem Verstand zu treffen, und jetzt viel zu abgestumpft und vollständig erschöpft. Der Gedanke war aufgetaucht, explodiert und hatte viele Vorstellungen durcheinandergeworfen, aber schnell hatte sich der Rauch verzogen und nichts anderes hinterlassen als das unbehagliche Gefühl, daß Trümmer zurückgeblieben und Veränderungen vor sich gegangen seien. Wenige Minuten später wurde ihm klar, daß er etwas Gotteslästerliches, aber nicht genau Feststellbares gedacht hatte. Und nun war er wieder an seine Last gebunden.

Aber noch etwas anderes mischte sich in sein Unbehagen. Er hatte nicht vergessen, daß er Wilson zu trinken gab, und nun erinnerte er sich, wie Wilson gesagt hatte: „Ich verbrenne." Sie trugen einen Mann, der bereits verloren war, und das bedeutete etwas. Die Vorstellung, daß sich durch ihn beflecken könnten, war ein wenig bedrückend, aber nicht der eigentliche Grund seines Unbehagens. Des Herren Wege sind wunderbar. Es war etwas anderes: sie sollten durch ein Beispiel belehrt werden, oder vielleicht sollten sie für ihre Sünden büßen. Ridges kam mit sich darüber nicht ins reine. Er empfand Angst und Erregung. Wir müssen ihn zurückbringen, und wie bei Brown lösten sich alle Verwicklungen und Rätsel in diesem einfachen Befehl auf. Ridges senkte den Kopf und legte sich für einige weitere Yards ins Geschirr.

„Leute, ihr solltet mich liegenlassen." Ein paar Tränen drängten sich in Wilsons Augen. „Es hat keinen Zweck, daß ihr euch meinetwegen umbringt." Das Fieber quälte ihn wieder, und ein heftiger Krampf durchzuckte seinen Körper. Er verzehrte sich, etwas zum Ausdruck zu bringen. „Ihr solltet mich liegenlassen und weitergehen, Leute." Wilson ballte die Fäuste. Er wünschte ihnen ein Geschenk zu machen und war verzweifelt. Sie waren so gute Männer. „Laßt mich doch hier." Er jammerte wie ein Kind, das greint, weil es etwas nicht bekommen kann.

Goldstein hörte auf seine Worte und fühlte sich durch die gleichen unvermeidlichen Überlegungen, die Stanley angestellt hatte, versucht. Er fragte sich, wie er es Ridges beibringen sollte, aber er schwieg.

Ridges murrte. „Sei doch ruhig, Wilson, wir werden dich nicht zurücklassen!"

Und darum durfte auch Goldstein nicht versagen. Er wollte nicht der erste sein. Er hatte Angst, daß sich Ridges dann Wilson auf den Rücken laden und den Weg fortsetzen würde. Er war verbittert. Es kam ihm der Gedanke, ohnmächtig zu werden, aber er würde es ja doch nicht tun. Er war auf Brown und Stanley böse, daß sie sie verlassen hatten. – Die machen einfach Schluß, und warum ich nicht? fragte er sich, aber er wußte genau, daß er es nicht tun würde.

„Laßt mich liegen und geht weiter, Leute."

„Nein, wir werden dich zurückbringen", murmelte Ridges. Auch er spielte mit dem Gedanken, Wilson im Stich zu lassen, aber mit Ekel wies er ihn von sich. Wenn er Wilson verließ, würde er ein Mörder sein. Es war eine entsetzliche Sünde, einem Christen in seiner Todesnot nicht beizustehen. Er dachte an das schwarze Zeichen, das seine Seele dann erhalten würde. Seit seiner Kindheit hatte er sich seine Seele wie einen weißen Gegenstand etwa in der Gestalt eines Fußballes vorgestellt, der irgendwo in der Nähe des Magens beheimatet war. Jedesmal, wenn er sündigte, wurde ein untilgbares schwarzes Zeichen auf der weißen Seele eingetragen, dessen Größe von der Schwere seiner Sünde abhing. Wenn ein Mensch starb und der weiße Fußball war über die Hälfte schwarz, dann kam er in die Hölle. Ridges wußte es bestimmt: Wilson zu verlassen war eine so große Sünde, daß sie mindestens die Hälfte seiner Seele bedecken würde.

Und Goldstein erinnerte sich der Worte seines Großvaters: „Jehuda Halevy hat geschrieben, daß Israel das Herz aller Nationen ist." Goldstein schleppte sich dahin, das Tragen der Bahre war ihm zur Gewohnheit geworden, und seines gequälten Körpers war er sich nicht mehr bewußt. Sein Geist hatte sich nach innen gewandt. Selbst wenn er blind gewesen wäre, hätte er sich nicht stärker konzentrieren können als jetzt. Er folgte Ridges, ohne darauf zu achten, wohin sie gingen.

„Israel ist das Herz aller Nationen." Es war das Gewissen und der empfindsame Nerv; jede Erregung führte dort hindurch.

Aber mehr noch: es war das Herz, das litt, wenn irgendein Teil des Körpers krank war.

Und jetzt ist Wilson das Herz. Goldstein sprach es nicht aus, er dachte es nicht einmal, aber dennoch war es in ihm wirksam. Zu viel hatte er in den letzten zwei Tagen gelitten; durch die ersten Leidenswogen der Ermüdung, durch den Stumpfsinn, der ihnen nachfolgte, den fast fieberhaften Erregungszustand war er hindurchgegangen. Es gab ebenso viele Stufen des Schmerzes wie der Freude. Nachdem er sich verboten hatte zusammenzubrechen, versank Goldstein tiefer und tiefer ins Meer der Erschöpfung, der Qualen, ohne jemals ganz den Grund zu erreichen. Aber er war jetzt in einem Zustand, wo er die alltäglichen Maßstäbe verloren hatte. Seine Augen funktionierten gerade noch so weit, daß er mechanisch feststellen konnte, wo er ging; er hörte und schmeckte kleine, zusammenhanglose Einzelheiten, er spürte sogar etwas Schmerz, den ihm der strapazierte Körper bereitete; aber dies alles war wie von ihm losgelöst, war wie ein Gegenstand, den er von sich gestreckt in seiner Hand hielt. Sein Verstand war zugleich abgestumpft und hellwach, nackt und betäubt in einem.

„Das Herz aller Nationen." Nach zwei Tagen und fünfzehn Meilen Dahintaumelns unter einer tropischen Sonne, nach dem ewigen Kampf, Wilsons Körper durch ein ödes, fremdes Land zu schleppen, wurde ihm dies Wort für wenige Stunden zur Wahrheit. Seine Sinne waren in ihrer Tätigkeit eingeschränkt, sein Bewußtsein schwankte, und er tappte durch eine Halle von Symbolen. Wilson war der Gegenstand, von dem er sich nicht befreien konnte, und Goldstein durch eine Furcht mit ihm verbunden, die er nicht erfaßte. Wenn ich ihn im Stich lasse, wenn ich ihn nicht zurückbringe, tue ich etwas Falsches. Er begriff, daß es etwas Fürchterliches sein würde. Das Herz. Wenn das Herz stirbt ..., aber den Satz zu vollenden vermochte er nicht; er ging in der Qual der Anstrengungen unter. Sie trugen ihn immer weiter, und er würde nicht sterben. Wilsons Magen war zerrissen, er hatte geblutet und Kot gelassen, sich in den bleiernen Wogen seines Fiebers gewälzt, alle quälenden Stöße der rohen Bahre und den unebenen Boden ertragen, dennoch war er nicht gestorben. Immer noch trugen sie ihn. Es mußte eine Bedeutung haben. Goldstein versuchte sie zu ertasten, und sein Verstand holte weit aus wie ein Mann, der hinter einem abfahrenden Zug herrast.

„Ich arbeite gern, ich bin kein Drückeberger", murmelte Wilson. „Wenn man einen Auftrag bekommt, muß man ihn auch durchführen; das ist meine Meinung." Der Atem kam gurgelnd aus seiner Kehle. „Brown und Stanley – Brown und Stanley sind Scheißkerle!" Er kicherte schwach. „May, der kleine Käfer, hat sich, als sie noch Baby war, immer die Hosen vollgemacht." Er glitt durch eine umwölkte Erinnerung an seine Tochter. „Ein aufgeweckter kleiner Teufel." Als sie zwei Jahre alt war, ließ sie ihre Fäkalien hinter einer Tür oder in einem Kämmerchen fallen. „Verflucht noch mal, tritt nur 'rein und mach dich schmutzig." Er lachte, aber es klang nur wie ein schwaches Schnauben. Für einen Augenblick erinnerte er sich lebhaft an die Verzweiflung und Heiterkeit, die er empfunden hatte, als er ihre Überbleibsel entdeckte. „Verflucht, Alice wird verrückt werden!"

Sie war zornig gewesen, als er sie im Krankenhaus besuchte, und abermals zornig, als sie entdeckten, daß er krank war. „Ich habe immer gesagt, daß eine Ansteckung einem Mann nicht das geringste ausmacht. Was, zum Teufel, ist schon an so einer kleinen Sache? Ich habe es fünfmal gehabt, und es hat mir nichts geschadet." Er streckte sich auf der Bahre und schrie, als ob er sich mit jemandem stritte. „Braucht mir nur ein bißchen Pyrdin, oder wie das Zeug heißt, zu geben!" Er drehte sich und brachte es fertig, sich auf einen Ellbogen zu stützen. „Wenn durch die Wunde alles offen ist, brauche ich vielleicht keine Operation mehr, ich bin den ganzen Eiter losgeworden." Er begann zu würgen und sah mit trüben Augen, wie das Blut aus seinem Mund auf das Gummituch der Bahre sickerte. Es schien nicht sein Blut zu sein, und doch schauderte er. „Was meinst du, Ridges, werde ich alles loswerden?"

Aber sie hatten ihn kaum gehört. Er beobachtete, wie das Blut in Tropfen vom Mund hinunterrann, dann legte er sich betrübt zurück.

„Ich werde wohl sterben."

Er schauderte vor Furcht und Auflehnung. Er schmeckte das Blut in seinem Mund und begann zu zittern. „Verdammt, ich will nicht sterben, ich will nicht!" weinte er und erstickte an seinem Stöhnen, als sich Schleim in seiner Kehle festsetzte. Das Geräusch erschreckte ihn; plötzlich sah er sich wieder im hohen Gras liegen und sein Blut in die sonnenwarme Erde rinnen, während die Japaner sich neben ihm unterhielten. „Sie werden mich fangen, sie werden mich fangen!" schrie er los. „Jesus, Leute, laßt mich nicht sterben."

Diesmal hörte ihn Ridges, hielt schwerfällig an, setzte die Bahre nieder und befreite sich von den Rucksackriemen. So wie ein Betrunkener sich langsam und sorgfältig darum bemüht, eine Tür aufzuschließen, bewegte sich Ridges zu Wilson hinüber und kniete neben seinem Kopf nieder.

„Sie werden mich fangen", stöhnte Wilson. Sein Gesicht war verzerrt, Tränen schlichen sich von seinen Lidern, rannen an der Schläfe entlang und verliefen sich in dem verfilzten Haar bei den Ohren.

Ridges beugte sich über ihn und tastete stumpfsinnig nach seinem eigenen wirren Bart. „Wilson", sagte er heiser und fast eindringlich.

„Jaa?"

„Wilson, noch ist es Zeit umzukehren."

„Waa ...s?"

Ridges war zu einem Entschluß gekommen. Vielleicht war es noch nicht zu spät. Wilson wurde vielleicht nicht verdammt. „Du kannst zu Jesus Christus unserem Herrn zurückkehren."

„Uh."

Ridges schüttelte ihn sanft. „Noch ist es Zeit zur Umkehr", sagte er mit feierlich besorgter Stimme. Goldstein blickte ihn stumpf und ein wenig unwillig an.

„Du kannst in das himmlische Königreich eingehen." Seine Stimme war so dumpf, daß man sie kaum körte. Ihr Klang drang wie das Echo eines Basses mühselig in Wilsons Kopf.

„Uh – Uh –", murmelte Wilson.

„Bereust du? Bittest du um Vergebung?"

„Jaa?" Wilson atmete schwer. Wer sprach mit ihm, wer bedrängte ihn? Wenn er zustimmte, würden sie ihn wohl zufrieden lassen. „Jaa", murmelte er wieder.

Ein paar Tränen stiegen in Ridges' Augen. Er fühlte sich erregt. – Ma hat mir einmal von einem Sünder erzählt, der auf seinem Totenbett umkehrte, dachte er. Niemals hatte er diese Geschichte vergessen und niemals sich vorgestellt, daß auch er etwas so Wunderbares vollbringen würde.

„Scher dich weg, verdammter Japs!"

Ridges zuckte zusammen. Hatte Wilson seine Bekehrung bereits wieder vergessen? Aber Ridges wagte nicht, sich dies einzugestehen. Wenn Wilson bereut hatte und es dann wieder verwarf, würde seine Strafe doppelt schrecklich sein. Niemand konnte so vermessen handeln.

„Du erinnerst dich doch, was du gesagt hast", murmelte Ridges fast wütend. „Paß auf dich auf, Mann!"

Aus Angst, noch Weiteres hören zu müssen, stand er auf, ging nach vorn an die Bahre, breitete die Decke über Wilsons Füße und schlang den Riemen um seinen Nacken, und nachdem Goldstein fertig war, setzten sie ihren Weg fort.

Nach einstündigem Marsch erreichten sie den Dschungel. Ridges ließ Goldstein mit der Bahre zurück und wandte sich nach rechts, bis er den Pfad fand, den der Zug vor ein paar Tagen herausgeschlagen hatte. Er lag nur wenige Hundert Yards entfernt. Eine leise Freude glühte in Ridges auf, daß er ihn so genau gefunden hatte. In Wirklichkeit war es fast nur instinktiv geschehen. Die fortgesetzten Lager im Freien, die Dschungelwege und die Küstenstriche verwirrten ihn stets; sie alle sahen sich gleich, aber zwischen den Hügeln konnte er sich leicht und sicher zurechtfinden.

Er kehrte zu Goldstein zurück. Sie brachen wieder auf und erreichten den Pfad in wenigen Minuten. Das Laub hatte sich an den abgeschnittenen Zweigen bereits wieder erheblich entwickelt. Der Boden war durch die Regenfälle schmierig geworden. Sie tappten den Pfad entlang und glitten häufig aus; denn ihre angeschwollenen Füße fanden in dem schlammigen Dreck keinen Halt. Wenn sie weniger müde gewesen wären, hätten sie vielleicht den Unterschied wahrgenommen; die Tatsache, daß sie nicht länger mehr von der Sonne gepeitscht wurden, hätte sie wohl mit Freude erfüllt; und andererseits hätten sie der unsichere Weg, der zähe Widerstand der Zweige, Ranken und Dornen geärgert. Aber sie bemerkten es kaum. Sie wußten inzwischen, daß sie die Tragbahre nicht ohne Mühe vorwärts brachten, und die besonderen Umstände dabei waren bedeutungslos.

Indessen kamen sie noch langsamer voran. Der Pfad war nicht breiter als die Schultern eines Mannes, und die Tragbahre klemmte sich bisweilen fest. Hin und wieder war es unmöglich, Wilson zu tragen, so daß ihn Ridges hochnehmen, ihn sich über die Schulter legen mußte und mit ihm vorwärts stolperte, bis sich der Pfad wieder erweiterte. Goldstein folgte mit der Bahre.

Als der Pfad den Fluß erreichte, machten sie, ohne daß sie es beschlossen hatten, eine lange Rast; sie wollten nur eine Minute ausruhen, und dann verging sie, und es wurde eine halbe Stunde daraus. Am Ende der Rast begann Wilson unruhig zu werden und sich auf der Bahre hin und her zu bewegen. Sie krochen zu ihm hinüber, versuchten ihn zu beruhigen, aber er schien in etwas vertieft zu sein und stieß mit seinen starken Armen heftig in die Luft.

„Ruh dich doch ein bißchen aus", sagte Goldstein.

„Sie bringen mich um!" jammerte Wilson.

„Keiner wird dich anrühren." Ridges bemühte sich, Wilsons Arme niederzudrücken, aber es gelang ihm nicht. Der Schweiß strömte über Wilsons Stirn. „Ach, Mann", wimmerte er. Er machte Anstrengung, um sich von der Bahre gleiten zu lassen, aber sie drängten ihn zurück. Seine Beine zuckten. Alle Augenblicke richtete er sich auf und stöhnte – und fiel wieder zurück. „Raawuuuuuuum", murmelte er. Er ahmte das Geräusch eines Schrapnells nach, und seine Arme legten sich schützend um seinen Kopf. „Da, sie kommen, sie kommen!" wimmerte er aufs neue. „Du Schweinehund! Was, zum Teufel, suchst du hier?"

Die Erinnerung versetzte die beiden andern in Schrecken. Sie saßen still mit abgewandten Gesichtern neben ihm. Zum erstenmal, seitdem sie den Dschungel wieder betreten hatten, schien er Unheil zu verkünden.

„Sei still, Wilson", sagte Ridges. „Du wirst uns die Japaner auf den Hals bringen."

„Ich werde sterben", murmelte Wilson. Er richtete sich auf, kam fast zum Sitzen und sank wieder zurück. Als er sie wieder ansah, waren seine Augen klar, aber sehr matt. Nach einigen Augenblicken begann er zu sprechen. „Es steht schlecht mit mir, Leute." Er versuchte auszuspucken, aber der Speichel blieb am Kinn kleben. „Spür' nicht mal mehr das Loch im Bauch." Seine Finger tasteten zitternd nach dem verkrusteten Wundverband. „Alles voller Eiter." Er seufzte und fuhr mit der Zunge über seine trockenen Lippen. „Ich habe Durst."

„Du kannst kein Wasser haben", sagte Goldstein.

„Jaja, ich weiß, keins mehr." Er lachte schwach. „Du bist ein altes Weib, Goldstein. Wenn du nicht so verrückt wärst, würdest du ein ganz netter Junge sein."

Goldstein gab keine Antwort. Er war zu müde, um sich durch die Worte beeindrucken zu lassen.

„Was willst du, Wilson?" fragte Ridges.

„Wasser."

„Du hast Wasser gehabt."

Wilson hustete, und noch mehr Blut sickerte aus den verkrusteten, verklebten Mundecken. „Mein Arsch blutet auch", grunzte er. „Äääh, macht euch davon, Leute!" Er schwieg einige Minuten, während sich seine Lippen wortlos bewegten. „Ich konnte mich auch nicht entscheiden, ob ich zu Alice oder zu der andern zurückgehen soll." Er fühlte, daß etwas Neues in seinem Innern vor sich ging. Es schien, als ob die Wunde seinen ganzen Körper aufgelöst habe und er jetzt seine Hand in das Loch stecken könne, ohne etwas zu finden. „Oh." Trübsinnig starrte er auf die Männer. Sekundenlang schärfte sich sein Blick, und er konnte sie deutlich erkennen. Goldsteins Gesicht war so eingefallen, daß seine Wangenknochen hervortraten und seine Nase wie ein Schnabel vorsprang. Die Iris seiner Augen schimmerte qualvoll blau in den geröteten Augäpfeln, und sein blonder Bart war rötlich-braun und verdreckt und hatte die Dschungelgeschwüre überwuchert.

Und Ridges sah aus wie ein überanstrengtes Tier. Seine schwerfälligen Gesichtszüge waren noch schlaffer als sonst, sein Mund stand offen, und die Unterlippe hing herab. Er atmete in gleichmäßigem, keuchendem Rhythmus.

Wilson wünschte ihnen etwas zu sagen. Sie waren so gute Männer, dachte er. Sie sollten ihn nicht weitertragen. „Ich erkenne alles an, was ihr für mich getan habt, Leute", murmelte er. Aber das genügte nicht, er mußte ihnen etwas schenken.

„Hört mal, Leute, ich möchte mir irgendwo in den Wäldern da herum so eine kleine Brennerei einrichten. Ist nur verflucht dumm, daß wir nirgends lange genug bleiben. Aber ich werde sie schon in Gang bringen." Eine letzte Begeisterung durchfuhr ihn. Er glaubte an seine Worte. „Man kann eine Menge Geld damit machen. Man braucht nur aufzudrehen und kann trinken, soviel man will." Seine Sinne schwanden, aber er zwang sich zum Bewußtsein zurück. „Aber ich werde sie einrichten, sobald wir zurück sind, und dann gebe ich jedem von euch eine Feldflasche gratis." Auf ihren hageren Gesichtern änderte sich nichts. Er schüttelte den Kopf. Für das, was sie getan hatten, war sein Angebot nicht groß genug. „Ich gebe euch soviel zu trinken, wie ihr wollt, es macht mir nicht das geringste aus. Ihr braucht mich nur zu fragen, und gleich sollt ihr es haben." Er glaubte fest daran; er bedauerte nur, daß er seine Brennerei noch nicht in Betrieb hatte. „Alles, was ihr euch wünscht." Sein Leib fiel wieder zusammen. Er wurde von einem Krampf ergriffen, sank in Bewußtlosigkeit zurück und stöhnte vor Überraschung auf, als er fühlte, daß er hinüberglitt. Seine Zunge trat hervor, und noch einmal hörte man ihn keuchen. Er rollte von der Bahre herunter.

Sie legten ihn wieder zurück. Goldstein ergriff Wilsons Handgelenk und versuchte den Puls zu fühlen, aber seine Finger hatten nicht die Kraft, den Arm zu halten. Er ließ ihn fallen und tastete mit dem Zeigefinger über Wilsons Handgelenk. Die Fingerspitzen waren taub geworden. Er konnte die Haut nicht fühlen. Nach einer Weile starrte er ihn an. „Ich glaube, er ist tot."

„Jaa", murmelte Ridges. Er seufzte und dachte unbestimmt daran, zu beten.

„Wie ist es nur möglich, eben noch ..." Goldsteins Worte gingen in Entsetzen unter, und sein Geist beschäftigte sich abwägend mit all dem Unfaßbaren.

„Wir können weitergehen", murmelte Ridges. Er stand schwerfällig auf und begann die Traggurte über die Schulter zu nehmen. Goldstein zögerte, dann folgte er seinem Beispiel. Als sie fertig waren, taumelten sie in das flache, seichte Wasser des Flusses und bewegten sich stromaufwärts.

Sie fanden nicht, daß es merkwürdig sei, einen Toten mitzuschleppen. Zu sehr waren sie daran gewöhnt, ihn nach jeder Rast wieder aufzuheben. Daß sie ihn tragen mußten, war das einzige, was sie begriffen. Ja, mehr noch, keiner von beiden glaubte, daß Wilson wirklich tot war. Sie wußten es, aber sie wollten es nicht glauben. Sie wären nicht überrascht gewesen, wenn er nach Wasser geschrien hätte.

Sie unterhielten sich sogar darüber, was sie jetzt mit ihm tun sollten. Während einer Rast sagte Ridges: „Wenn wir ihn zurückgebracht haben, wollen wir ihm eine christliche Beerdigung geben, weil er bereut hat."

„Hm." Und selbst wenn sie so redeten, waren sie sich der Worte nicht deutlich bewußt. Goldstein wünschte nicht zu begreifen, daß Wilson tot war. Er hielt den Verstand von seinem Wissen fern, dachte an nichts und platschte nur durch das flache Wasser, während seine Schuhe auf den langgestreckten, schleimigen Felsblöcken ausglitten. Es gab etwas, dem er nicht gegenüberzutreten wagte, wenn er es begriffen hatte.

Und auch Ridges war verwirrt. Er war nicht überzeugt davon, daß Wilson um Vergebung gebeten hatte. In seinem Verstand ging alles durcheinander. Er klammerte sich an den Gedanken, daß die Bekehrung gelten würde, wenn er Wilson zurückbrachte und die Beerdigung anständig durchführte.

Und mehr noch, beide fühlten eine verständliche Enttäuschung darüber, daß sie ihn so weit getragen hatten und er schließlich doch noch gestorben war. Sie wollten ihre Odyssee mit Erfolg beendet sehen.

Sehr langsam, langsamer als je zuvor, watschelten sie durch das Wasser, während die Tragbahre zwischen ihnen schwankte. Über ihnen schlugen die Bäume mit ihrem Blattwerk zusammen, und wie zuvor wand sich der Fluß durch den Dschungel wie durch einen Tunnel. Ihre Köpfe hingen nieder, ihre Beine bewegten sich steif, als fürchteten sie zusammenzubrechen, wenn sie in den Knien nachgäben. Wenn sie jetzt rasteten, plumpsten sie in das flache Wasser und ließen Wilson halb vom Wasser bedeckt liegen, während sie sich neben der Bahre ausstreckten.

Sie waren fast ohne Bewußtsein. Ihre Füße rutschten über den Flußboden und schlurften über die Steine. Das Wasser, das ihnen um die Fersen floß, war kühl, aber sie empfanden es kaum. Indem sie der Strömung stumpfsinnig folgten, stolperten sie im schummrigen Licht des Dschungels dahin. Die Tiere schnatterten, wenn sie näher kamen, die Affen schrien und kratzten sich die Buckel, und die Vögel riefen einander zu. Aber während sie an ihnen vorübergingen, schwiegen sie und auch noch viele Minuten später, als sie schon vorüber waren. Ridges und Goldstein schwankten wie Blinde dahin, ihre Gestalten sprachen für sich. Hinter ihnen schwiegen die Tiere noch immer oder sandten einen Warnruf durch die dichten Dschungelkanäle. Es war wie bei einem Trauermarsch.

Sie überwanden die Wasserfälle bei den flachen hüfthohen Felsblöcken einen nach dem andern. Ridges sprang als erster hinab, stand in der Gischt, während Goldstein die Bahre hintergleiten ließ und dann hinterhersprang. Sie kämpften sich durch das tiefe Wasser, das ihre Hüften umspülte und die Tragbahre zwischen ihnen überflutete. Sie arbeiteten sich am Ufer entlang und dann wieder durch flaches Wasser. Oftmals stürzten sie, und Wilsons Leichnam wurde beinahe fortgespült.

Sie konnten nur noch wenige Fuß zurücklegen, ohne anzuhalten, und ihr Stöhnen fügte sich in die Geräusche des Dschungels ein und verlor sich im Wassergemurmel.

Sie waren mit der Tragbahre und dem Leichnam fest verbunden. Wenn sie fielen, griffen sie zuerst nach ihm und kamen erst wieder zur Ruhe und zum Bewußtsein, wenn sie seiner habhaft geworden waren und ihnen das Wasser in den Mund drang. Alles geschah instinktmäßig, und dieser Instinkt war stärker als jeder frühere. Sie machten sich keine Gedanken darüber, was sie am Ende der Reise mit ihm anfangen sollten, noch darüber, daß er tot war. Sein Gewicht war etwas Lebendiges. Er war für sie genauso lebendig wie zuvor.

Und dennoch verloren sie ihn. Sie kamen zu den Stromschnellen, wo Hearn die Ranke über den Strom getragen hatte. Sie war während der vier vergangenen Tage fortgerissen worden, und das Wasser schäumte bösartig zwischen den Felsen, jetzt, wo kein Seil ihnen eine Unterstützung geben konnte. Aber sie erkannten kaum die Gefahr. Sie gingen in die Stromschnellen hinein, taten drei oder vier Schritte, und schon waren sie im Wasserwirbel versunken. Die Bahre wurde ihnen aus den schwachen Fingern gerissen und zog sie an den Riemen mit sich. Sie schwankten und taumelten durch die wilde Strömung, streiften die Felsblöcke, schluckten Wasser und erstickten fast. Sie machten schwache Anstrengungen, sich zu befreien und zum Stehen zu kommen, aber die Strömung war zu heftig. Halb ertrunken ließen sie sich vom Wasser davontragen.

Die Bahre stieß an einen Felsen. Sie hörten, wie der Stoff zerriß, aber das Geräusch verursachte nur eine vereinzelte Erregung in dem panischen Schrecken, den sie in dem wogenden Wasser empfanden. Sie wurden hin und her geworfen, die Bahre zerbrach vollständig, und die Riemen lösten sich von den Schultern. Japsend und völlig empfindungslos wurden sie schließlich aus dem schlimmsten Teil der Stromschnellen hinausgespült und stolperten ans Ufer.

Sie waren allein. Eine Tatsache, die sich langsam ihrer Verwirrung aufdrängte. Sie konnten es noch nicht ganz fassen. Eben hatten sie noch Wilson getragen, und nun war er verschwunden. Ihre Hände waren leer.

„Er ist fort", murmelte Ridges.

Sie wankten den Fluß entlang hinter ihm her, stolperten und fielen und wankten weiter. An einer Wendung konnten sie den Fluß auf einige Hundert Yards überblicken, und weit in der Ferne sahen sie Wilsons Leichnam gerade um eine Biegung verschwinden. „Los, wir müssen ihn kriegen", sagte Ridges schwach. Er tat einen Schritt und fiel vornüber mit dem Gesicht ins Wasser. Er richtete sich sehr langsam auf und begann weiterzugehen.

Sie kamen an eine andere Biegung und hielten an. Der Strom breitete sich dahinter in einem Morast aus. Nur in der Mitte floß ein kleiner Wasserstreifen, während sich links und rechts sumpfiges Land befand. Wilson war dort hineingespült worden und zwischen Blattwerk im Sumpf verschwunden. Es würde Tage brauchen, um ihn zu finden, falls er nicht ganz versank.

„Ach", sagte Goldstein, „er ist verloren."

„Jaa", murmelte Ridges. Er tat einen Schritt und stürzte wieder ins Wasser. Er fühlte es angenehm gegen sein Gesicht schlagen und hatte nicht den Wunsch, wieder aufzustehen.

„Komm weiter", sagte Goldstein.

Ridges begann zu weinen. Er mühte sich ab, um zum Sitzen zu kommen. Er weinte, mit dem Kopf auf den gebeugten Armen, während ihm das Wasser Hüfte und Füße umspülte. Goldstein stand schwankend über ihm.

„Gottverfluchter Mist", murmelte Ridges. Es war das erstemal, daß er Gott lästerte. Die Silben wurden eine nach der andern langsam hervorgestoßen und ließen ein Vakuum aus Zorn und Verbitterung hinter sich. Wilson würde nun keine Bestattung haben, aber irgendwie war es nun bedeutungslos geworden. Was allein zählte, war die Tatsache, daß er seine Last so weit und so lange durch Raum und Zeit getragen hatte, und Wilson zum Schluß doch noch hinweggespült wurde. Sein ganzes Leben lang war seine Arbeit nutzlos gewesen; mit seinem Großvater und seinem Vater hatten sie sich mit verdorbenen Ernten und nicht endender Arbeit abgequält. Was hatte ihre Arbeit für einen Sinn gehabt? „Was hat der Mensch von all seiner Mühe, die er hat unter der Sonne?" Diese Zeile kam ihm wieder in den Sinn. Sie stammte aus einem Kapitel der Bibel, das er immer gehaßt hatte. Ridges fühlte, wie ihn eine maßlose Verbitterung überkam. Es war ungerecht. Wenn sie einmal eine gute Ernte auf dem Halm hatten, wurde sie durch einen Regensturm vernichtet. Gottes Wege! Haß stieg plötzlich in ihm auf. Was für ein Gott mußte das sein, der einen zum Schluß immer wieder betrog?

Ein grausamer Spaßmacher.

Er schluchzte vor Verbitterung, Sehnsucht und Verzweiflung; er schluchzte vor Erschöpfung und daß er versagt hatte, und über die erschütternde nackte Tatsache, daß alles nichts nutzte.

Und Goldstein stand neben ihm und hatte seine Hände auf Ridges' Schulter gelegt, um sich in der Strömung zu halten. Bisweilen bewegte er seine Lippen und kratzte sich leise im Gesicht. „Israel ist das Herz aller Nationen."

Aber das Herz konnte getötet werden und der Körper dennoch leben. Alles Leiden der Juden führte zu nichts. Kein

Opfer wurde belohnt, aus keiner Erfahrung lernte man. Es war alles hinausgeworfen, nur Zahlen in der grausamen Wüstenei der Geschichte. Alle Gettos, alle diese verkrüppelten Seelen, die Blutbäder und Pogrome, die Gaskammern und Kalköfen; all dies berührte niemanden, alles ging verloren. Man trug es, trug es und trug es immer weiter, und wenn es schließlich doch zu schwer wurde, ließ man es fallen. Das war alles. Goldstein war über die Tränen hinaus. Er stand neben Ridges mit der heftigen Erregung eines Mannes, der erfahren hatte, daß jemand, den er liebte, gestorben war. In diesem Augenblick fühlte er nichts anderes als einen unbestimmten Zorn, einen tiefen Widerwillen und den Beginn einer grenzenlosen Hoffnungslosigkeit.

„Wir wollen weitergehen", murmelte er.

Schließlich richtete sich Ridges auf, und sie schwankten langsam durch das Wasser, spürten, daß es bis an die Knöchel zurückging und wieder ganz flach wurde. Der Strom wurde breiter, rieselte über Steine, wurde schlammig und schließlich sandig. Sie taumelten um eine Biegung und sahen Sonnenlicht und dahinter das Meer.

Wenige Minuten später wankten sie an der Küste entlang. Trotz ihrer Erschöpfung gingen sie noch hundert Yards weiter. Irgendwie widerstand es ihnen, zu nahe am Fluß zu bleiben.

Wie in stillschweigender Übereinkunft streckten sie sich auf dem Sand aus und lagen dort regungslos mit dem Gesicht im Arm, während die Sonne ihren Rücken wärmte. Es war um die Mitte des Nachmittags. Nichts war mehr zu tun, als auf das Eintreffen des Zuges zu warten und auf das Boot, das sie zurückbringen sollte. Sie hatten ihre Gewehre, ihre Rucksäcke und ihre Rationen verloren, aber sie machten sich keine Gedanken deswegen. Sie waren zu erschöpft, und später würden sie Nahrung im Dschungel finden.

Bis zum Abend blieben sie still liegen. Sie waren zu schwach, um sich zu bewegen, und gaben sich fast mit Behagen der Ruhe und der Sonne hin. Sie sprachen nicht miteinander. Der Widerwille, den beide empfanden, richtete jeder gegen den andern. Sie fühlten den dumpfen Haß von Menschen, die gemeinsam versagt und eine Demütigung erfahren hatten. Die Stunden vergingen, beide dösten vor sich hin, wurden bisweilen klar, fielen wieder in Schlaf und erwachten schließlich mit dem Gefühl der Übelkeit, das vom langen Schlummer in der Sonne stammt.

Goldstein richtete sich schließlich auf und tastete nach seiner Feldflasche. Sehr langsam, als müßte er es neu lernen, schraubte er den Verschluß ab und neigte die Flasche zum Mund. Er hatte nicht gewußt, wie durstig er war. Das Wasser schmeckte zuerst herrlich. Er schluckte ganz langsam und setzte die Feldflasche nach jedem Schluck ab. Als sie halb geleert war, sah er, daß ihn Ridges beobachtete. Es wurde ihm klar, daß Ridges kein Wasser mehr hatte.

Ridges konnte an den Fluß gehen und seine Feldflasche füllen, aber Goldstein wußte, was das bedeutete. Er war selbst so schwach. Der Gedanke, aufzustehen und auch nur hundert Yards zu laufen, war quälend und unerträglich. Und Ridges mußte es ähnlich ergehen.

Goldstein ärgerte sich. Warum hatte Ridges nicht überlegter gehandelt und sich etwas Wasser aufbewahrt? Goldstein war trotzig und setzte die Feldflasche wieder an den Mund. Aber plötzlich schmeckte es faulig. Auch stellte er fest, wie warm es geworden war. Er mußte sich zwingen, einen weiteren Schluck zu nehmen. – Dann aber, als er ein unerklärliches Schamgefühl spürte, gab er die Flasche an Ridges weiter.

„Hier, willst du trinken?"

„Ja." Ridges trank gierig. Als er sie fast geleert hatte, blickte er Goldstein an.

„Nein, kannst alles nehmen."

„Wir werden morgen in den Dschungel gehen und uns was zu essen holen", sagte Ridges.

„Ja, ich weiß."

Ridges lächelte schwach. „Wir werden schon durchkommen."

13

Die Männer waren nach Roths mißlungenem Sprung erschüttert. Zehn Minuten lang drängten sie sich auf dem Band zusammen; sie waren zu verwirrt und bestürzt, um weiterzugehen zu können. Lähmendes Entsetzen erfüllte sie. Sie standen aufrecht und wie erstarrt an der Felswand, ihre Finger klammerten sich in die Risse, und ihre Beine waren ohne Kraft. Einige Male versuchte Croft, sie vorwärts zu bringen, aber sie schreckten vor seinen Befehlen zurück und wurden von seiner Stimme wie versteinert; gleich Hunden, die vor dem Stiefel ihres Herrn zurückfahren. Wyman schluchzte vor nervöser Erschöpfung; es war ein gleichmäßiges dünnes Jammern, und ihre eigenen Laute paßten dazu, ein Seufzer, ein Stöhnen oder ein erregter Fluch; zufällige Dinge, die keinen Zusammenhang hatten, so daß die Männer, die sie hervorbrachten, sich ihrer kaum bewußt wurden.

Ihr Wille kehrte zwar zurück, so daß sie ihren Weg fortsetzen konnten, aber sie taten es ungeheuer langsam, und wenn irgendein kleines Hindernis auftrat, weigerten sie sich mehrere Sekunden lang, weiterzugehen, oder klammerten sich wild an die Wand, sobald das Felsband wieder schmaler wurde. Nach einer halben Stunde brachte sie Croft endlich aus der Wand hinaus, das Band wurde breiter und mündete auf dem Grat. Dahinter war nichts anderes als ein weites, tiefes Tal und ein neuer steiler Felsabsturz. Croft führte sie hinunter und begann den nächsten Aufstieg, aber sie folgten ihm nicht nach. Einer nach dem andern streckte sich auf dem Boden aus und starrte ihn stumpfsinnig an.

Es war schon fast dunkel, und Croft begriff, daß er sie nicht weitertreiben konnte. Sie waren zu erschöpft und fürchteten sich vor einem neuen Unglück. Er befahl zu halten, bestätigte damit nur, was bereits Tatsache war, und setzte sich in ihrer Mitte nieder.

Am nächsten Morgen würden sie den Hang überwinden, ein paar Mulden überqueren müssen, und dann war der Hauptgrat zu bewältigen. In zwei oder drei Stunden könnten sie es schaffen, wenn – wenn er sie aufzurütteln vermochte. In diesem Augenblick bezweifelte er es sehr.

Die Männer schliefen erbärmlich. Es war schwierig, einen ebenen Untergrund zu finden, und außerdem waren sie zu müde und ihre Glieder zu überanstrengt. Die meisten träumten und murmelten im Schlaf. Hinzu kam noch, daß Croft jeden eine Stunde Wache stehen ließ und einige zu früh aufwachten und zu unruhig waren, um gleich wieder einzuschlafen. Und auch nach der Wache konnten sie schwer Schlaf finden. Croft war sich darüber klargewesen, er wußte wohl, wie sehr sie die Ruhe benötigten und ebenso, daß es ganz ausgeschlossen war, irgendeinen Japaner auf dem Berg anzutreffen, dennoch hatte er es für richtiger gehalten, das Gewohnte nicht zu unterbrechen. Roths Tod hatte vorübergehend seine Autorität erschüttert, und es war notwendig, sie wieder zu festigen.

Gallagher übernahm die letzte Wache. In der halben Stunde vor Tageslicht war es sehr kalt. Noch vom Schlaf betäubt, hockte er zitternd in seiner Decke. Einige Minuten lang nahm er wenig gewahr. Die ungeheure Bergkette um sich herum empfand er nur wie einen dunkleren Saum am Nachthimmel. Er war schläfrig, ihn schauerte, und er wartete müßig auf den Morgen und die wärmende Sonne. Seine Niedergeschlagenheit war nun vollständig geworden. Roths Tod lag fern. Gallagher schwebte in seiner Betäubung dahin, seine Gedanken waren fast ausschließlich nach innen gerichtet, und träge träumte er von vergangenen angenehmen Dingen, als ob er damit ein kleines Feuer in seinem Innern in Gang halten wolle, um gegen die Kälte der Nacht anzukämpfen, gegen das weite Hügelland, die anwachsende Erschöpfung und die steigende Zahl der Todesfälle in seinem Zug.

Die Dämmerung kroch langsam über den Berg. Um fünf Uhr, als der Himmel lichter wurde, konnte er die Spitze des Berges klar erkennen, aber während einer langen halben Stunde veränderte sich kaum etwas. In der Tat konnte er noch nichts sehen, aber er empfand das Kommende im voraus. Bald würde sich die Sonne über die östliche Bergkette emporkämpfen und in das kleine Tal hinabscheinen. Er blickte den Himmel an und fand einen zaghaften rosigen Lichtschein über den höheren Bergspitzen, der die kleinen länglichen Dämmerungswolken purpurn färbte. Die Berge sahen sehr hoch aus. Gallagher wunderte sich, daß die Sonne sie überschreiten konnte.

Alles um ihn herum wurde heller, aber es war ein langsamer Vorgang, denn noch blieb die Sonne verborgen, und das Licht schien sich vom Boden her als sanfter rosiger Schimmer zu erheben. Schon konnte er deutlich die Körper der schlafenden Männer unter sich erkennen und fühlte sich ihnen überlegen. In dem frühen Licht sahen sie hager und grau aus. Sie wußten noch nichts von dem nahenden Morgen. Nach einem Weilchen würde er sie wecken, und stöhnend würden sie aus ihrem Schlaf hochkommen.

Im Westen stand noch die Nacht, und er erinnerte sich an einen Truppentransport, der über die großen Ebenen Nebraskas ging. Damals war Abenddämmerung gewesen, und die Nacht, aus dem Osten kommend, jagte den Zug und überholte ihn, überschritt die Rocky Mountains und eilte bis an den Pazifik. Es war wunderbar gewesen, und die Erinnerung stimmte ihn besinnlich. Plötzlich sehnte er sich nach Amerika, und so leidenschaftlich wünschte er es wiederzusehen, daß er den morgendlichen Geruch des feuchten Kopfsteinpflasters Südbostons im Sommer zu spüren glaubte.

Die Sonne stand jetzt bei der östlichen Kammlinie, der Himmel erschien weit, frisch und heiter. Er erinnerte sich, wie er mit Mary in einem kleinen Zelt in den Bergen übernachtet hatte, und er träumte, daß er erwachte und ihre samtenen Brüste an seinem Gesicht fühlte. Er hörte sie sagen: „Auf, auf, du kleine Schlafmütze, schau dir den Sonnenaufgang an!" Er grunzte schläfrig, wühlte den Kopf gegen sie, und dann riß er widerstrebend ein Auge auf. Und da war in der Tat die Sonne, die den Gipfel erhellte, und trotz des blassen Lichtes im Tal gab es dort unten nichts Verschwommenes mehr. Der Morgen war da.

So erlebte er mit Mary jetzt den Sonnenaufgang. Die Hügel hatten die nächtlichen Nebel abgeschüttelt, und der Tau funkelte. In diesem kurzen Augenblick erschienen ihm die Hügelkämme weich und weiblich. Die Männer dagegen, die verstreut um ihn herumlagen, sahen feucht und kalt aus, waren dunkle Bündel, von denen Dunst aufstieg. Auf viele Meilen hin war er der einzige wache Mensch, und die Jugend dieses Tages gehörte ihm ganz allein.

Fern, von der anderen Seite des Berges her konnte er Geschützdonner vernehmen, und es zerriß seine Träume.

Mary war tot.

Gallagher schluckte und fragte sich dumpf und verzweifelt, wie lange es noch dauern würde, bis er sich nichts mehr vormachte. Nichts gab es mehr zu erwarten, und zum erstenmal empfand er, wie hundemüde er war. Seine Glieder schmerzten, der Schlaf schien ihm nicht gutgetan zu haben. Die Dämmerung veränderte sich und ließ ihn in der Decke, die feucht und kalt vom Nachttau war, erschauern.

Doch da war noch sein Kind, der Junge, den er noch nicht gesehen hatte; aber der Gedanke brachte ihm keine Freude. Er glaubte nicht, daß er ihn je sehen würde, und es schmerzte ihn kaum, denn er war sich dessen gewiß. Zu viele Männer waren getötet worden. Jetzt kam seine Nummer dran. Mit krankhafter Phantasie sah er eine Fabrik vor sich und beobachtete, wie seine Kugel gegossen und verpackt wurde.

Wenn ich doch nur eine Aufnahme von ihm erhalten könnte! – Seine Augen verschleierten sich. Sein Wunsch war doch wirklich nicht zu groß. Wenn er doch nur von dieser Patrouille heimkehren und lange genug leben würde, bis er das Bild durch die Post bekam.

Aber aufs neue wurde er mißmutig. Schon wieder hatte er sich etwas vorgemacht. Er zitterte vor Angst und sah sich unbehaglich nach den Bergen um, die sich zu allen Seiten um ihn auftürmten.

Ich habe Roth getötet.

Er wußte, daß er schuldig war. Er erinnerte sich, wie ihn ein Gefühl der Stärke und der Verachtung überkommen hatte, als er Roth anbrüllte, er möge springen, und wie ihn eine gewisse Freude dabei durchzuckte. Er wand sich vor Unbehagen und rief sich den bittern Todesschmerz in Roths Augen zurück, als er danebensprang. Gallagher konnte ihn fallen und fallen sehen, und das Bild kratzte auf seinen Nerven wie Kreide, die quietschend über die Tafel fährt. Er hatte eine Sünde begangen und würde dafür bestraft werden. Mary war die erste Warnung gewesen, und er hatte es nicht beachtet.

Der Gipfel des Berges erschien ihm unendlich hoch. Verschwunden waren die sanften Linien, die ihm die Dämmerung verliehen hatte. Mount Anaka stieg jetzt vor ihm auf, Türmchen hinter Türmchen, und Grat auf Grat. Nahe dem Gipfel konnte er einen steilen Absturz sehen, der den Grat flankierte. Er war fast senkrecht, und niemals würden sie fähig sein, ihn zu überwinden. Wieder schauderte ihn. Niemals zuvor hatte er solch ein Land gesehen. Es war so öde und sah so verboten aus. Selbst die mit Dschungel und Buschwerk bestandenen Hänge waren schrecklich. Er würde heute nicht mehr fähig sein, sie zu überqueren. Seine Brust schmerzte bereits, und wenn er erst seinen Rucksack auf dem Rücken hatte und sie wieder anstiegen, würde er in wenigen Minuten erledigt sein. Es war sinnlos weiterzugehen; wie viele sollten denn noch getötet werden? Was, zum Teufel, hatte Croft davon?

Es würde leicht sein, ihn umzubringen. Croft würde dicht vor ihm stehen, und alles, was er zu machen brauchte, war, den richtigen Augenblick zu erwischen, zu zielen, und die Patrouille würde vorüber sein. Dann könnte sie umkehren. Er rieb sich langsam den Oberschenkel vor Versunkenheit und Unbehagen, das durch den heftigen Reiz dieses Gedankens entstanden war. Dieser Schweinehund!

Aber solche Gedanken sollte man nicht haben. Seine abergläubische Angst kehrte zurück; jedesmal, wenn er ähnliches dachte, bereitete er damit nur seine eigene Bestrafung vor. Und dennoch... Im Grunde war es Crofts Fehler, daß Roth verunglückte. Er, Gallagher, konnte wirklich nicht dafür verantwortlich gemacht werden.

Er hörte ein Geräusch hinter sich und zuckte zusammen. Es war Martinez, der sich nervös den Kopf rieb. „Verflucht, kein Schlaf", sagte er benommen.

„Jaa, jaa."

Martinez setzte sich neben ihn. „Schlechte Träume." Er zündete sich verdrießlich eine Zigarette an. „Eingeschlafen... Äääh – hörte Roth schreien."

„Ja, es geht einem schon nahe", murmelte Gallagher. Er versuchte es in normale Bahnen zu lenken. „Ich habe diesen Burschen niemals besonders gern gehabt, aber auch nie gewünscht, daß ihm so etwas widerfahren sollte. Ich wünsche keinem, daß es ihn erwischt."

„Keinem", wiederholte Martinez. Er rieb sich behutsam die Stirn, als ob er Kopfschmerzen habe. Gallagher überraschte es, wie schlecht Martinez aussah. Sein feines Gesicht war ausgehöhlt, und in seinen Augen lag ein lebloses Starren. Er benötigte dringend eine Rasur. Schmutz hatte sich in den Falten seines Gesichtes festgesetzt, was ihn viel älter erscheinen ließ.

„Eine harte Sache", murmelte Gallagher.

„Jaa." Martinez stieß sorgfältig etwas Rauch aus, und beide beobachteten, wie er in der frischen Morgenluft dahinglitt. „Kalt", murmelte er.

„War eine Sauwache", sagte Gallagher heiser.

Martinez nickte abermals. Seine Wache war um Mitternacht gewesen, und seitdem hatte er keinen Schlaf mehr gefunden.

In den inzwischen ausgekühlten Decken hatte er gefroren und sich für den Rest der Nacht nervös hin und her geworfen. Selbst die Dämmerung hatte ihm keine Beruhigung gebracht. Sein Körper befand sich noch immer in der gleichen Anspannung, die ihn wachgehalten, und noch immer fühlte er eine Bedrohung, unter der er die ganze Nacht gelitten hatte. Schwer wie Blei hatte es auf ihm gelegen, als hätte er Fieber. Über eine Stunde lang konnte er sich nicht von dem Ausdruck auf dem Gesicht des getöteten Japaners frei machen. So außergewöhnlich lebendig stand es vor ihm und verursachte die gleiche Lähmung wie im Busch, als er mit dem Messer in der Hand gewartet hatte. Die leere Scheide klirrte gegen seinen Oberschenkel, er zitterte und schämte sich ein wenig. Seine Hand spielte nervös mit der leeren Hülle.

„Warum, zum Teufel, hast du die Hülle nicht fortgeworfen?" fragte Gallagher.

„Ja", sagte Martinez hastig. Er war verwirrt und demütig. Seine Finger zitterten, als er die Haken der Messerscheide aus den Ösen des Patronengürtels löste. Er warf sie fort und zuckte bei dem klappernden Geräusch, das es hervorrief, zusammen. Beide entsetzten sich, und Martinez hatte plötzlich Angst.

Gallagher hörte Hennesseys Stahlhelm in den Sand rollen. „Ich bin völlig erledigt", murmelte er.

Martinez tastete mechanisch nach der Messerscheide und erstarrte, als er Crofts Stimme wieder in seinem Innern vernahm, der ihm befahl, über das Ergebnis seiner Erkundung Schweigen zu bewahren. Hearn war also in dem Glauben weitergegangen... Martinez schüttelte den Kopf und erstickte fast vor Entsetzen und Erleichterung. Es war nicht sein Fehler, daß sie sich auf dem Berg befanden.

Im gleichen Augenblick öffneten sich die Poren seines Körpers und ließen den Schweiß heraustreten. Es schauderte ihn in der kalten Bergluft. Er kämpfte gegen die gleiche Angst an, unter der er auf dem Transportschiff gelitten hatte, in den Stunden, bevor sie auf Anopopei landeten. Gegen seinen Willen starrte er nach oben auf die würfelförmigen Steinbauten und den Dschungelwald auf den höchsten Kämmen, schloß seine Augen und sah, wie sich die Rampe des Landungsbootes herabsenkte, wie sich sein Körper in Erwartung des Maschinengewehrfeuers anspannte. Aber nichts geschah, und er öffnete seine Augen wieder. Vor plötzlicher Verzweiflung war er völlig erschöpft. Es mußte etwas geschehen.

Wenn ich nur eine Aufnahme meines Babys sehen könnte, dachte Gallagher. „Ein verfluchter Betrug, uns auf den Berg zu führen", murmelte er.

Martinez nickte.

Gallagher streckte seinen Arm aus und berührte für eine Sekunde Martinez' Ellbogen. „Warum kehren wir nicht um?" fragte er.

„Weiß nicht."

„Es ist glatter Selbstmord. Sind wir denn eine Bande verrückter Bergziegen?" Er rieb sich die juckenden Bartstoppeln. „Hör mal, ich sage dir, daß noch alle zum Teufel gehen werden."

Martinez bewegte seine Zehen in den Schuhen und verschaffte sich dadurch eine dumpfe Befriedigung.

„Willst du wirklich, daß dir der Kopf weggeblasen wird?" „Nein." Er fingerte an dem kleinen Tabakbeutel in der Tasche, in dem er die goldenen Zähne, die er dem Leichnam gestohlen hatte, aufbewahrte. Vielleicht sollte er sie fortwerfen. Aber sie waren so hübsch, so wertvoll. Martinez schwankte, aber dann ließ er sie an ihrem Platz. Er versuchte gegen seine Überzeugung anzukämpfen, daß sie ein Opfer für seinen alten heidnischen Gott abgeben würden.

„Wir haben nicht die geringste Chance." Gallaghers Stimme zitterte, und Martinez zitterte gleichfalls, als wäre er ein mitschwingendes Holz. Verbunden durch die gemeinsame Angst, saßen sie da und starrten sich an. Martinez wünschte, Gallaghers Angst besänftigen zu können.

„Warum sagst du Croft nicht, daß er aufgeben soll?"

Martinez zitterte. Er wußte es also! Er konnte Croft sagen, daß er zurückgehen solle. Aber solch ein Verhalten war ihm so fremd, daß er davor zurückschreckte. Vielleicht könnte er ihn fragen. Eine neue Möglichkeit formte sich in ihm. Damals, als er zögerte, den japanischen Posten zu töten, hatte er einen Augenblick daran gedacht, daß dieser Soldat auch nur ein Mensch sei, und alles war unglaubhaft erschienen. Ebenso kam ihm jetzt die Patrouille lächerlich vor. Wenn er Croft nun einfach fragte, vielleicht würde es Croft dann auch so ansehen.

„Gut", nickte er. Er stand auf und blickte auf die in ihre Decken eingerollten Männer. Einige von ihnen regten sich bereits. „Wir wollen ihn wecken."

Sie gingen zu Croft hinüber, und Gallagher schüttelte ihn. „Aufstehen!" Er war ein wenig überrascht, daß Croft noch schlief.

Croft grunzte und setzte sich auf. Er stieß einen seltsamen Laut aus. Es war fast ein Stöhnen, und gleich darauf starrte er den Berg an. Er hatte seinen stets wiederkehrenden Traum geträumt, auf dem Boden einer Grube gelegen und darauf gewartet, daß ein Felsblock auf ihn niederstürzte – unter einer Woge, die über ihn hereinbrach, während er sich nicht fortbewegen konnte. Seit dem japanischen Angriff am Fluß hatte er solche und ähnliche Träume oftmals gehabt.

Er spie aus. „Jaa." Der Berg war noch an seinem Platz. Kein Felsblock hatte sich bewegt. Es überraschte ihn, denn der Traum war so lebendig gewesen.

Mechanisch schwang er die Decke von seinen Füßen und begann sich die Stiefel anzuziehen. Sie beobachteten ihn gelassen. Er nahm sein Gewehr auf, das er neben sich unter der Decke gehabt hatte, und prüfte, ob es trocken sei. „Warum, zum Teufel, habt ihr mich nicht früher geweckt?"

Gallagher blickte Martinez an. „Gehen heute zurück, was?" fragte Martinez.

„Was?"

„Wir gehen zurück", stammelte Martinez.

Croft zündete sich eine Zigarette an und fühlte den prickelnden Reiz des Rauches im leeren Magen. „Wovon, zum Teufel, sprichst du eigentlich, Japskiller?"

„Besser zurückgehen?"

Es versetzte Croft einen Schlag. Wollte Martinez ihm drohen? Es bestürzte ihn. Martinez war der einzige Mann im Zug, dessen Ergebenheit er niemals angezweifelt hatte. Croft geriet in Wut. Er starrte auf Martinez' Kehle und mußte sich zurückhalten, um sich nicht auf ihn zu stürzen. Der einzige Freund im Zug verriet ihn! Croft spie aus. Es gab niemanden, dem man trauen konnte, sich selbst ausgenommen.

Der Berg über ihm hatte niemals so hoch und abweisend ausgesehen. Vielleicht wünschte etwas in Croft umzukehren, und er wandte sich ab, um der Versuchung zu entgehen. Wenn sie kehrtmachten, war Hearn sinnlos geopfert worden. Und abermals überlief ihn eine Gänsehaut. Der Berg verhöhnte ihn noch immer.

Er mußte behutsam vorgehen. Wenn selbst Martinez so verhalten konnte, war die Lage gefährlich. Falls der Zug jemals dahinterkam ... „Zum Teufel noch mal, Japskiller, du widersetzt dich mir?" fragte er sanft.

„Nein."

„Warum redest du dann solchen Quatsch? Du bist Sergeant, Mann, du solltest solchen Scheißdreck nicht mitmachen."

Martinez war gefangen. Seine Treue wurde in Frage gestellt. Krampfhaft hing er an Crofts nächsten Worten und erwartete, daß er das sagen würde, was er immer befürchtete: ein mexikanischer Sergeant.

„Ich glaubte stets, daß wir gute Kameraden wären, Japskiller."

„Jaa."

„Mann, ich glaubte, daß es nichts gäbe, wovor du Angst hättest."

„Nein." Seine Treue, seine Freundschaft, sein Mut, alles wurde angezweifelt. Während er in Crofts kalte blaue Augen sah, empfand er die gleiche Unzulänglichkeit und Schäbigkeit, die gleiche Minderwertigkeit, die er stets empfunden hatte, wenn er mit – mit weißen Protestanten sprach. Aber diesmal war es schlimmer. Die unbestimmte Bedrohung, die er stets fühlte, schien sich jetzt schärfer abzuzeichnen und näher zu kommen. Was würden sie mit ihm tun, wie würde es ihm ergehen? Er erstickte fast vor Angst.

„Vergiß es. Japskiller geht mit dir."

„Na sicher!" Crofts Schmeichelei hatte ihre Wirkung getan.

„Was sagst du, du gehst mit ihm?" fragte Gallagher. „Hör mal, Croft, warum, zum Teufel, gehst du nicht zurück? Hast du noch nicht genug von diesen verdammten Auszeichnungen?"

„Gallagher, du solltest deine Schnauze halten."

Martinez wünschte, sich davonzumachen.

„Äääh..." Gallagher wand sich zwischen seinem Entschluß und der Angst vor den Folgen. „Hör mal, Croft, ich habe keine Angst vor dir. Du weißt verdammt genau, was ich von dir halte."

Die meisten Männer des Zuges waren wach geworden und starrten sie an.

„Halt deinen Mund, Gallagher!"

„Ich möchte dir raten, uns nicht den Rücken zuzukehren." Gallagher ging weg, und als Nachwirkung seines Mutes zitterte er. Jeden Augenblick erwartete er, daß Croft nachkommen, sich auf ihn stürzen und ihn schlagen würde. Seine Rückenhaut zuckte in Erwartung des Schlages.

Aber Croft unternahm nichts. Er hatte noch Martinez' Untreue zu verdauen. Niemals war das Gewicht des Widerstandes schwerer gewesen. Er mußte den Berg bekämpfen und zugleich die Männer hinaufziehen. Es sammelte sich in diesem Augenblick zuviel in ihm an und hemmte seine Entschlußkraft.

„Nun, Leute, wir werden in einer halben Stunde aufbrechen, darum bummelt nicht herum." Ein murmelnder, knurrender Chor antwortete ihm, aber er zog vor, keinen einzelnen auszumachen. Er fischte nach dem letzten Tropfen seiner Willenskraft. Er war selbst zu sehr erschöpft, und sein ungewaschener Körper juckte ihn unerträglich.

Wenn sie über den Berg gelangten, was dann? Nur sieben waren ihm noch verblieben, und Minetta und Wyman wertlos. Er beobachtete Polack und Red, die mit Mühe ihr Essen hinunterwürgten und ihn anstarrten. Aber er drängte seine Gedanken zurück. Das hatte Zeit, bis nach der Bergbesteigung. Sie allein war jetzt das einzig wichtige Problem.

Red betrachtete ihn eine ganze Weile und nahm jede einzelne Bewegung mit dumpfem Haß auf. Niemals hatte er einen Menschen so verachtet wie Croft. Während Red Eier und Schinken aus der Büchse herauspickte, rebellierte sein Magen. Das Essen war schwer und fade. Als er die Bissen zerkaute, wußte er nicht, ob er sie hinunterschlucken oder ausspucken sollte. Jeder Happen lag wie Blei längere Zeit in seinem Mund. Schließlich warf er die Büchse fort und starrte auf seine Füße. In seinem leeren Magen klopfte es.

Acht Rationen hatte er übrigbehalten. Drei Büchsen mit Käse, zwei mit Schinken und Ei und drei mit Fleisch. Er wußte, daß er sie niemals essen würde. Sie waren nur eine Belastung seines Rucksacks. Äääh, zum Teufel damit! Er nahm die Pakete heraus, schnitt sie oben mit seinem Messer auf und sortierte die Süßigkeiten und die Zigaretten von den Eßwaren. Als er dabei war, die Eßwaren fortzuwerfen, dachte er daran, daß die andern sie vielleicht haben wollten. Aber die Vorstellung, mit den Büchsen in der Hand von Mann zu Mann gehen zu sollen und sich womöglich verspotten zu lassen, hemmte ihn. – Äääh, der Teufel soll sie holen! entschied er. Es geht sie sowieso nichts an. – Er warf die Eßwaren in das Strauchwerk hinter sich. Eine Zeitlang war er so wütend, daß sein Herz heftig schlug, aber dann beruhigte er sich wieder und begann seinen Rucksack zu packen. Der wird jetzt auf jeden Fall leichter sein, sagte er sich, und dann kehrte seine Wut zurück. – Verfluchte Armee, gottverfluchte Armee! Kein Schwein kann das ertragen! – Er atmete sehr rasch. Dieses verdammten Fressens wegen zu töten und getötet zu werden! Die verschiedenartigsten Bilder überschwemmten seinen Geist. Er sah Fabriken, wo sie Fleisch zerstampften, preßten und kochten, ehe die Blechbüchsen damit gefüllt wurden; er hörte den dumpfen Laut, mit dem eine Kugel einen Mann niederstreckt, ja, sogar Roths Schrei.

Äääh, soll der Teufel diesen ganzen Kram holen! Wenn sie einen Menschen nicht einmal ernähren können, dann sollen sie mich alle am Arsch lecken. – Er zitterte so heftig, daß er sich hinsetzen und ausruhen mußte.

Darüber war er sich klargeworden: die Armee hatte ihn besiegt. Immer hatte er gedacht, daß er zur richtigen Stunde etwas unternehmen würde, falls sie ihn zu sehr herumstießen. Und jetzt ...

Gestern sprach er mit Polack, sie hatten ihre Vermutungen über Hearn ausgetauscht, und dann waren sie darüber hinweggegangen. Er wußte, was er tun konnte, und wenn er es nicht ausführte, war er ein erbärmlicher Kerl. Martinez wollte mit ihnen zurückgehen; da er versucht hatte, Croft zu überreden, mußte Martinez irgend etwas wissen.

Inzwischen schien die Sonne hell auf ihren Hang, und die erst dunkelroten Schatten des Berges waren lila und blau geworden. Er blinzelte zum Gipfel empor. Noch hatten sie eine Kletterei, die den ganzen Morgen über dauern würde, vor sich. Und was dann? Sie würden auf die Japaner hinunterstürzen und vernichtet werden. Über den Berg konnten sie niemals wieder zurück. Impulsiv ging er zu Martinez hinüber, der seinen Rucksack aufschnallte.

Red zögerte einen Augenblick. Fast alle waren schon zum Abmarsch fertig, und Croft würde ihn anschreien, wenn er trödelte. Er hatte noch seine Decke auf dem Rucksack zu befestigen.

Äääh, hol ihn der Teufel! dachte Red abermals voller Zorn, in den sich ein leises Schamgefühl mischte.

Er machte vor Martinez halt und wußte nicht recht, was er sagen sollte. „Wie geht's, Japskiller?"

„Gut."

„Hattest wohl was mit Croft?"

„Nichts von Bedeutung." Martinez wandte seine Augen ab.

Red zündete sich eine Zigarette an und empfand Widerwillen vor seinem Tun. „Japskiller, du benimmst dich ein bißchen verrückt. Du möchtest die Sache aufgeben und hast keinen Mumm dazu."

Martinez gab keine Antwort.

„Höre mal, Japskiller, wir kennen uns nun schon eine ganze Weile und wissen beide, worauf es, verdammt noch mal, ankommt. Hältst du es wirklich für ein Vergnügen, auf den Berg zu steigen? Es werden noch ein paar abstürzen, vielleicht sogar wir beide."

„Laß mich zufrieden", brummte Martinez.

„Du mußt es richtig sehen, Japskiller. Selbst wenn wir 'rüberkommen, werden sie uns auf der andern Seite ein Bein oder einen Arm abschießen. Möchtest du eine blaue Bohne abbekommen?" Noch immer empfand Red etwas wie Scham. Es gab noch einen andern Weg, um weiterzukommen.

„Möchtest du ein Krüppel werden?"

Martinez schüttelte den Kopf.

Die Argumente reihten sich ganz von selbst in Reds Kopf auf. „Du hast doch diesen Japaner getötet, nicht wahr? Hast du dir jemals überlegt, daß du damit schneller an die Reihe kommst?"

Das war ein bedeutsamer Punkt für Martinez. „Weiß nicht, Red."

„Du hast den Japaner getötet, aber hast du auch nur ein Sterbenswort darüber gesagt?"

„Doch."

„Hearn wußte davon, was? Und er ging trotzdem in den Paß, obwohl er wußte, daß dort Japaner waren?"

„Jaa." Martinez begann zu zittern. „Ich sagte es ihm. Ich versuchte es ihm zu sagen, ein verdammter Dummkopf."

„Quatsch."

„Nein."

Red war seiner Sache noch nicht sicher. Er schwieg und schlug einen anderen Weg ein. „Du kennst das Schwert mit den Edelsteinen, das ich von Motome mitbrachte? Wenn du es gern haben willst, kannst du es haben."

„Oh." Die Schönheit des Schwertes glänzte in Martinez' Augen. „Geschenkt?"

„Jawoll."

Plötzlich rief Croft. „Los, Leute, wir wollen weiter!"

Red wandte sich um. Das Blut kochte in seinen Adern, und er rieb langsam die Hände gegen seine Oberschenkel. „Wir gehen nicht mit, Croft."

Croft trat auf ihn zu. „Ist das dein fester Entschluß, Red?"

„Wenn du so verrückt darauf bist, kannst du es allein tun. Japskiller wird uns zurückführen."

Croft starrte Martinez an. „Hast du schon wieder deine Meinung geändert?" fragte der Sergeant. „Was bist du eigentlich, bist du ein altes Weib?"

Martinez schüttelte langsam den Kopf. „Ich weiß doch nicht." In seinem Gesicht begann es zu arbeiten, und er wandte sich ab.

„Red, mach deinen Rucksack fertig und hör mit dem Scheißdreck auf."

Es war falsch gewesen, mit Martinez zu sprechen. Red sah es ein. Es war ekelhaft gewesen, als ob man sich mit einem Kind streite. Er hatte es auf sanfte Weise versucht, und es hatte sich als nutzlos erwiesen. Jetzt mußte er sich Croft selbst gegenüberstellen. „Wenn ich auf den Berg 'rauf soll, mußt du mich 'raufziehen."

Einige Männer murrten ebenfalls. „Laß uns zurückgehen!" schrie Polack, und Minetta und Gallagher stimmten ihm zu.

Croft starrte sie alle an, nahm sein Gewehr herunter und spannte gelassen den Hahn. „Red, pack jetzt deinen Rucksack."

„Das wagst du nur, weil ich kein Gewehr bei mir habe."

„Halts Maul, Red, und pack deinen Rucksack."

„Aber ich bin nicht allein, willst du uns alle erschießen?"

Croft machte eine Wendung und blickte auf die andern. „Wer wünscht sich auf Reds Seite zu stellen?" Niemand rührte sich. Red beobachtete sie und hoffte dumpf, daß irgendeiner sein Gewehr erheben würde. Croft hatte sich von ihm abgewandt. Jetzt war die Gelegenheit. Er konnte sich auf ihn stürzen und ihn zusammenschlagen, und die andern würden ihm helfen. Wenn nur einer einen Schritt unternahm, würden die andern folgen.

Aber es geschah nichts. Er befahl sich abermals, auf Croft loszustürzen, aber die Beine versagten.

Croft wandte sich ihm wieder zu. „Nun, Red, pack deinen Rucksack."

„Leck mich am Arsch."

„Ich werde dich in höchstens drei oder vier Sekunden erschießen." Er stand sechs Fuß entfernt und hielt das Gewehr in Hüfthöhe. Langsam richtete sich der Lauf auf Red. Er beobachtete den Ausdruck in Crofts Gesicht.

Plötzlich wußte er genau, was mit Hearn geschehen war, und dieses Wissen machte ihn schwach. Croft würde ihn erschießen. Red war sich dessen sicher. Er stand steif da und blickte in Crofts Augen. „Einfach einen Menschen niederknallen, was?"

„Jawoll."

Es war sinnlos, noch länger zu zögern. Croft würde ihn erschießen. Für einen Augenblick hatte er das Bild wieder vor Augen, wie er, auf dem Bauche liegend, darauf wartete, daß sich das japanische Bajonett in seinen Rücken bohrte. Er konnte das Blut in seinem Kopf hämmern hören. Und während er noch wartete, schwand sein Wille langsam dahin.

„Nun, wie ist's, Red?"

Die Mündung des Gewehres machte eine kleine Kreisbewegung, als ob Croft versuchte, sein Ziel genauer zu bestimmen. Red beobachtete den Finger am Abzug. Als er ihn anzuziehen begann, straffte sich Red plötzlich. „Nun gut, Croft, du hast gewonnen." Seine Stimme war nur ein schwaches Krächzen. Er machte eine verzweifelte Anstrengung, nicht zu zittern.

Er konnte die Erleichterung bei den Männern des Zuges verspüren. Ihm war, als ob sein Blut erstarrt gewesen sei und ihn nun wieder zu durchfluten beginne. Jeder Nerv zuckte. Mit gesenktem Kopf ging er zu seinem Rucksack hinüber, stopfte die Decke hinein, schnallte ihn zu und stand daraus auf.

Er war besiegt. Das war alles, was sich daraus ergeben hatte. Zu seiner Scham trat jetzt noch ein Gefühl der Schuld. Er war zufrieden, daß es vorüber war und der lange hingehaltene Streit mit Croft nun sein Ende gefunden hatte. Er konnte jetzt willig seinen Befehlen Gehorsam leisten, ohne den Wunsch zu haben, ihnen zu widerstehen. Das war die besondere Demütigung, die ihn geradezu erdrückte. Wenn das am Ende stand, was für ein Sinn war dann in allem gewesen, was er in seinem Leben getan hatte. Lief es nur immer darauf hinaus, eine zu große Bürde schließlich abzuwerfen?

Er reihte sich ein und plagte sich mit den andern in der Mitte des Zuges. Er sah niemanden an, und keiner schenkte ihm einen Blick. Allen war kläglich zumute. Jeder von ihnen versuchte zu vergessen, wie er beabsichtigt hatte, Croft zu erschießen, und dann doch versagte.

Polack ekelte sich vor sich selber und fluchte finster mit leiser Stimme unentwegt vor sich hin. Du feiger Hund! Der Augenblick war dagewesen, und er hatte ihn nicht genutzt; er hatte sein Gewehr in der Hand gehabt und nichts damit angefangen. Wie erbärmlich, wie feige!

Croft dagegen hatte jetzt sein Vertrauen zurückgewonnen. Heute morgen würden sie den Berg überschreiten. Alle waren ihm in den Weg getreten, alles hatte sich gegen ihn aufgelehnt, nun war das Ziel frei.

Der Zug erkletterte den Hang, kreuzte einen neuen Grat und stieg über ein Geröllfeld in ein weiteres Tälchen hinunter. Croft führte sie durch eine enge Felsrinne wieder empor, und eine Stunde lang schleppten sie sich von Felsen zu Felsen, und in mühseliger, endloser Folge krochen sie bisweilen hundert Yards auf Händen und Füßen. Am Vormittag wurde die Sonne sehr heiß, und wieder einmal waren die Männer erschöpft. Croft führte sie langsamer und ließ alle paar Minuten halten.

Sie überstiegen einen Grat und trotteten einen leichten Hang hinunter. Vor ihnen breitete sich ein weites Amphitheater aus, das in einem ungefähren Halbrund von sehr steilen und hohen, mit Laubwerk bedeckten Felsen umgeben war. Sie erhoben sich beinahe senkrecht fünfhundert Fuß hoch, mindestens bis zur Höhe eines vierzigstöckigen Wolkenkratzers, und darüber zeigte sich der Berggipfel. Croft hatte dieses Halbrund bereits früher entdeckt. Aus der Entfernung sah es wie ein dunkelgrüner Kragen aus, der sich um den Nacken des Berges legte.

Es war nicht zu umgehen. Überall fiel der Berg tausend Fuß tief in dieses Amphitheater hinab. Es blieb nichts anderes übrig, als die Felsen direkt anzugehen und den Wald zu durchklettern. Am Fuß der Felsen ließ Croft den Zug halten, aber da es keinen Schatten gab, war die Rast von geringem Nutzen. Nach fünf Minuten brachen sie wieder auf.

Die Blätterwand war nicht so undurchdringlich, wie es aus der Entfernung geschienen hatte. Eine Art Felsentreppe war in das Strauchwerk eingebettet und zog sich im Zickzack nach oben. Der Wald bestand aus Bambus, Buschwerk, niedrigen Pflanzen, Ranken und aus einigen Bäumen, deren Wurzeln waagerecht in den Berg hineinwuchsen und deren Stämme sich in der Form eines L zum Himmel emporreckten. Natürlich war der Boden schmierig von all den Regengüssen, und Blätter, Pflanzen und Dornen behinderten das Vorwärtskommen.

Es war eine Treppe, aber keineswegs eine bequeme. Sie trugen eine Kofferlast in ihren Rucksäcken und hatten vierzig Stockwerke zu ersteigen. Die ungleiche Höhe der Stufen machte die Mühsal noch größer. Bisweilen mußten sie von einem hüfthohen Felsblock zum andern klettern, und dann wieder war es nur ein mit Geröll bedeckter Hang, über den sie krochen. Jeder Felsen war in Höhe und Gestalt anders. Und natürlich lag diese

Treppe unter Ästen und Ranken versteckt, die sie erst zur Seite zerren mußten.

Croft hatte geschätzt, daß es eine Stunde dauern würde, um die Wand des Amphitheaters zu überwinden, aber nach Ablauf dieser Zeit hatten sie erst den halben Weg zurückgelegt. Die Männer wanden sich hinter ihm wie eine verwundete Raupe. Niemals waren sie alle zu gleicher Zeit am Steigen. Wenn einige einen Felsblock bereits überwunden hatten, mußten sie erst auf die andern warten. Sie bewegten sich in Wellen aufwärts. Croft war stets einige Yards voraus, und die übrigen versuchten die Lücke mit krampfhaften Anstrengungen zu füllen. Oftmals gab es einen Aufenthalt, weil Croft oder Martinez ein Gewirr von Bambusschößlingen niederlegen mußten. An einigen Stellen erhob sich die Treppe zu einem sieben oder zehn Fuß hohen Wall schlammiger Erde, den sie nur überwinden konnten, indem sie sich am Wurzelwerk festhielten.

Wieder einmal sanken die Männer durch die verschiedenen Stadien ihrer Ermüdung, aber es war ihnen in den vergangenen Tagen so oft widerfahren, daß es ihnen fast vertraut und immer noch erträglich erschien. Ohne Überraschung merkten sie, wie ihre Beine taub wurden und daß sie sie nachziehen mußten, so wie ein Kind sein Spielzeug an einem Faden hinter sich her schleppt. Jetzt überstiegen sie nicht mehr die hohen Felsblöcke, sondern warfen zunächst die Gewehre auf die Kante, legten sich darüber und zogen die Beine nach. Selbst die kleinsten Felsblöcke vermochten sie nicht mehr schreitend zu überwinden. Sie hoben ein Bein mit den Armen an, setzten den Fuß auf die Felskante und schwankten wie alte Männer, die für eine Stunde das Bett verlassen haben.

Alle Augenblicke hielt einer von ihnen an, lehnte sich erschöpft an einen Felsblock und schluchzte vor Ermüdung. Es klang, als ob er aus Kummer weine. Die andern erfaßte ein Schwindel vor Mitgefühl, und wenn sich jemand erbrach, ohne Nahrung auszuspeien, lauschten sie versunken auf die quälenden Laute. Dieses Würgen überkam einen nach dem andern. Und fortwährend stürzten sie. Das Erklettern der Felsblöcke, die von schlammiger Erde und Pflanzen schlüpfrig waren, die bösartigen Dornen der Bambusdickichte und die ihre Füße umstrickenden Dschungelranken, alles zusammen terrorisierte sie so, daß sie stöhnten und fluchten, während sie von Felsblock zu Felsblock taumelten.

Es war unmöglich, mehr als zehn Fuß weit zu sehen, und keiner dachte mehr an Croft. Sie hatten entdeckt, daß sie ihn weder hassen noch etwas gegen ihn unternehmen konnten, und so haßten sie jetzt den Berg. Sie haßten ihn heftiger als irgendein menschliches Wesen. Die Treppe war etwas Lebendiges,

Persönliches; sie schien sie mit jedem Schritt zu verhöhnen, zu täuschen und aufzuhalten. Sie vergaßen auch die Japaner und den Zweck ihrer Patrouille, ja, sie dachten kaum an sich selbst. Nur das Ende der Kletterei würde sie noch erregt haben.

Selbst Croft war erschöpft. Er hatte die Aufgabe, sie zu führen und jedesmal, wenn das Blattwerk zu dicht wurde, einen Weg herauszuschlagen. Er kasteite sich selbst, indem er versuchte, sie auf den Berg zu schleppen. Er fühlte nicht nur die Schwere seines eigenen Körpers, sondern das Gewicht aller ihrer Körper, als sei er in ein Geschirr gespannt und müsse sie ziehen. An Schultern und Fersen zerrten sie ihn zurück. Aber neben der körperlichen Erschöpfung war seine geistige nicht minder groß, denn unentwegt mußte er die Grenzen der Leistungsfähigkeit seiner Männer abschätzen.

Und noch etwas anderes strengte ihn an. Je näher er dem Gipfel des Berges kam, um so größer wurde seine Angst. Jede Biegung der Felsentreppe forderte von ihm eine ungewöhnliche Willensanstrengung. Seit Tagen war er dem Herzen des Landes näher und näher gekommen, und die Angst hatte sich mit jeder Stunde vermehrt. Die von ihnen überquerten fremden, unheimlichen Landstriche hatten seinen Willen angefressen, und jeder neue Teil erregte ihn ein wenig mehr. Die ständig sich vergrößernde Anstrengung, die nötig war, um über die unbekannten Hügel und die Flanken eines uralten, widerspenstigen Berges vorwärts zu kommen, war beinahe fühlbar. Zum erstenmal in seinem Leben zuckte er, wenn ihm ein Insekt gegen das Gesicht schlug oder ein unbeachtetes Blatt seinen Nacken streifte. Er zog sich mit letzter Kraft vorwärts und sackte bei den Rasten zusammen.

Aber immer wieder erfüllte ihn die kurze Ruhepause mit neuer Entschlußkraft, mit der er sich einige Yards weiterschleppte. Auch er hatte fast alles vergessen. Seinen Auftrag, sogar den Berg. Er führte innerlich einen Kampf, um herauszufinden, welcher Pol seines Wesens am Ende siegen würde.

Und schließlich fühlte er, daß der Gipfel nahe war. Durch das Gewirr des Blattwerkes hindurch konnte er Sonnenlicht sehen, als näherten sie sich dem Ausgang eines Tunnels. Es spornte ihn an, und doch erschöpfte es ihn noch mehr. Mit jedem Schritt, mit dem er sich dem Gipfel näherte, vermehrte sich seine Sorge, daß er zusammenbrechen könnte, bevor sie ihn erreichten.

Aber dazu kam es nicht. Er taumelte über einen Felsblock, erblickte ein lohfarbenes Nest von der Gestalt eines Fußballes, und in seiner Ermüdung trat er hinein. Im gleichen Augenblick wurde ihm klar, um was für ein Nest es sich hier handelte, aber es war zu spät. Ein ungeheurer Aufruhr entstand darin, und eine gewaltige Hornisse von der Größe eines halben Dollars sauste heraus und dann noch eine und wieder eine. Stumm beobachtete er, wie Dutzende um seinen Kopf zuckten. Sie hatten große, wunderbare, gelbe Körper und irisierende Flügel. Später bewahrte er diese Erinnerung, als sei es etwas von dem Nachfolgenden völlig Unabhängiges gewesen.

Die wütenden Hornissen waren in wenigen Sekunden wie ein Feuersturm die Reihe der Männer entlanggerast. Croft fühlte, wie eine an sein Ohr flog, und schlug nach ihr, aber sie hatte ihn schon gestochen. Es machte ihn wahnsinnig. Sein Ohr wurde empfindungslos, als ob es erfroren sei. Der Schmerz durchzuckte seinen ganzen Körper. Noch eine stach ihn und wieder eine. Er brüllte auf und wehrte sich wie besessen.

Für die Männer des Zuges bedeutete es die letzte, nun wirklich unerträgliche Peinigung. Vielleicht fünf Sekunden lang standen sie wie angewurzelt und schlugen stumm nach den Hornissen, die sie angriffen. Jeder Stich war wie ein Peitschenschlag und löste eine wahnsinnige Verzweiflung aus. Sie waren wie im Delirium. Wyman brüllte wie ein Kind, lehnte sich hilflos an einen Felsblock und peitschte die Luft wie ein Irrer.

„Ich halt's nicht aus, ich halt's nicht aus!" schrie er.

Zwei Hornissen stachen ihn fast zu gleicher Zeit, er brüllte vor Entsetzen und warf sein Gewehr weg. Der Schrei alarmierte die übrigen. Wyman begann über die Felsblöcke hinweg bergabwärts zu stürzen, und einer nach dem andern folgte hinterher.

Croft schrie ihnen nach, um sie zum Halten zu bringen, aber sie schenkten ihm keine Beachtung. Mit einem letzten Fluch erwehrte er sich schwach einiger Hornissen, und dann lief er ebenfalls hinab. Mit dem noch verbliebenen Rest seines Ehrgeizes dachte er daran, sie unten wieder zu sammeln.

Die Hornissen verfolgten die Männer die Dschungelwand hinunter und über die Felsrampe und stachelten sie zu einer letzten, ungeheuerlichen Kraftanstrengung auf, Sie flohen mit überraschender Leichtigkeit, sprangen von Felsblock zu Felsblock und stürzten sich durch das Blattwerk, das sich ihnen in den Weg stellte. Sie fühlten nichts anderes als die wütenden Stiche und nur dumpf die Erschütterungen des Körpers, wenn sie von den Felsblöcken hinuntersprangen. Sie warfen alles von sich, was ihre Flucht hätte behindern können, als erstes die Gewehre; einige lösten sogar ihre Rucksäcke und ließen sie fallen. Es dämmerte ihnen, daß die Patrouille nicht mehr fortgesetzt werden könnte, wenn sie möglichst viele Ausrüstungsgegenstände fortwarfen.

Polack war der letzte, der vor Croft das Amphitheater erreichte. Er warf einen raschen Blick auf die dort wartenden Männer, die völlig verwirrt waren, nachdem sie sich nunmehr vor den Hornissen in Sicherheit gebracht hatten, schaute kurz über die Schulter nach Croft zurück, dann sprang er mitten unter sie und schrie: „Was, zum Teufel, wartet ihr hier? Die Hornissen kommen!!" Ohne anzuhalten, raste er weiter und stieß einen Schrei aus. Die Männer folgten in neuer Panik hinterdrein. Sie zerstreuten sich über den Boden des Amphitheaters, eilten mit immer noch gleicher Kraft über den nächsten Hügel bis hinunter in das Tälchen und zu dem Hang, der sich dahinter erhob. In fünfzehn Minuten waren sie über den Ort hinausgelangt, von dem sie am Morgen aufgebrochen waren.

Als Croft endlich den Zug erreichte und die Männer um sich versammelte, stellte er fest, daß nur noch drei Gewehre und fünf Rucksäcke übriggeblieben waren. Damit war die Patrouille zu Ende. Er begriff, daß sie niemals mehr hinaufklettern konnten. Er selbst war viel zu schwach dazu. Er nahm diese Erkenntnis gelassen hin; er war zu erschöpft, um Bedauern oder Schmerz darüber zu empfinden. Mit ruhiger, müder Stimme ließ er sie Rast machen, bevor sie zur Küste, zu ihrem Boot aufbrachen.

Der Rückmarsch verlief ereignislos. Die Männer waren erbärmlich müde, aber es ging bergab, und ohne Zwischenfall übersprangen sie die Spalte auf dem Felsband, wo Roth zu Tode gestürzt war. Am Nachmittag verließen sie die letzten Felsen und zogen dann über die gelben Hügel. Während des ganzen Nachmittags hörten sie den Geschützdonner auf der anderen Seite des Bergzuges. Abends bezogen sie zehn Meilen vom Dschungel entfernt ihr Lager, am nächsten Tag erreichten sie die Küste und die Bahrenträger. Brown und Stanley waren erst wenige Stunden vor dem Zug von den Hügeln herabgekommen.

Goldstein berichtete Croft, wie sie Wilson verloren hatten, und war erstaunt, daß Croft nichts dazu sagte. Aber Croft war von etwas anderem bedrückt. Tief in seinem Innern hatte er eine Erleichterung darüber empfunden, daß er nicht fähig gewesen war, den Berg zu ersteigen. Wenigstens an diesem Nachmittag, als der Zug auf das Boot wartete, das am nächsten Tag fällig war, beruhigte sich Croft mit der uneingestandenen Erkenntnis, daß seiner Gier eine Grenze gesetzt sei.

14

Das Boot nahm sie am nächsten Tag auf, und die Rückreise begann. Diesmal war es mit achtzehn Kojen versehen, die an den Wänden entlang untergebracht waren. Die Männer legten ihre Ausrüstungsgegenstände auf die leeren Kojen und streckten sich zum Schlaf aus. Sie hatten, seitdem sie aus dem Dschungel heraus waren, vom Nachmittag an geschlafen. Ihre Körper waren nun steif und schmerzten. Einige von ihnen hatten am Morgen nichts zu essen gehabt, aber sie waren nicht hungrig. Die Anstrengungen der Patrouille hatte sie in jeder Weise erschöpft. Stundenlang dösten sie auf der Rückfahrt, und wenn sie erwachten, blieben sie einfach auf den Pritschen liegen und starrten über sich in den Himmel. Das Boot bäumte sich auf und schlingerte, Wasser sprühte über die Seitenwände und die Vorderrampe, aber sie beachteten es kaum. Das Geräusch des Motors war angenehm und gab ihnen ein Gefühl der Sicherheit. Die Ereignisse der Patrouille waren bereits zusammengeschrumpft und zu einem wirren Durcheinander ungenauer Erinnerungen geworden.

Während des Nachmittags wurden die meisten wach. Sie waren noch immer fürchterlich erschöpft, aber sie konnten nicht mehr schlafen. Ihre Körper schmerzten. Sie hatten kein Verlangen, auf dem engen Raum umherzugehen, aber sie verspürten eine leise Unruhe. Die Patrouille war zwar nun vorüber, aber wenig Gutes wartete auf sie. Greifbar lagen die nächsten Monate und Jahre vor ihnen. Noch immer würden sie dann in der Tretmühle sein, in diesem Elend, dieser Langeweile, diesem immer wiederkehrenden Entsetzen ... Manches würde geschehen, und die Zeit weitereilen, aber es gab keine Hoffnung, keinerlei Vorfreude. Nichts anderes als tiefe, dumpfe Mutlosigkeit umwölkte alles.

Minetta lag mit geschlossenen Augen auf seiner Pritsche und döste durch den Nachmittag. Er hing einer Idee nach, die sehr einfach und verlockend war. Er dachte daran, sich einen Fuß zu zerschießen. An einem der nächsten Tage, während er sein Gewehr reinigte, würde er die Mündung genau auf das Fußgelenk richten und abdrücken. Alle Knochen seines Fußes würden zerschmettert werden, und ob man ihn amputierte oder nicht, bestimmt würde man ihn heimschicken müssen.

Minetta versuchte alle Möglichkeiten zu bedenken. Er würde nicht mehr rennen können, aber wovor, zum Teufel, sollte er davonrennen? Und was das Tanzen anlangte, die neuen künstlichen Glieder waren sehr gut. Oh, das ging in Ordnung, das konnte gelingen.

Aber einen Augenblick lang fühlte er sich unbehaglich. Macht es einen Unterschied, welchen Fuß er wählte? Er war Linkshänder, und vielleicht würde es dann besser sein, in den rechten Fuß zu schießen, oder war es gleich? Er dachte daran, Polack zu befragen, aber sofort ließ er die Idee wieder fallen. So etwas mußte man allein bewerkstelligen. In zwei Wochen, an einem Tage, an dem es nichts zu tun gab, konnte er die kleine Sache durchführen. Eine Zeitlang, vielleicht drei oder sechs Monate, würde er im Hospital liegen müssen, aber dann ... Er zündete sich eine Zigarette an, beobachtete, wie sich die Rauchwolken ineinanderschoben, und fühlte sich angenehm traurig, weil er einen Fuß verlieren mußte, ohne daß er daran schuld war.

Red polkte an einer Blase auf seiner Handfläche und prüfte sorgfältig die Kuppen und Falten seiner Fingerknöchel. Er wollte sich jetzt nichts mehr vormachen. Seine Nieren waren erledigt, seine Beine würden bald den Dienst versagen, und mit dem ganzen Körper fühlte er die Verwüstungen, die die Patrouille in ihm angerichtet hatte. Wahrscheinlich waren Kräfte zerstört worden, die er niemals wieder sammeln könnte. Nun gut, es waren immer die Alten, die es erwischte, Mac-Pherson auf Motome und dann Wilson; sicherlich war es nur gerecht. Und dann gab es immer noch die Chance, getroffen zu werden und mit einer Million-Dollar-Wunde 'rauszukommen. Aber was machte das schon für einen Unterschied. Wenn sich ein Mann als Feigling entpuppte ... Er hustete, lag ausgestreckt auf dem Rücken, und der Schleim würgte ihn in der Kehle. Es strengte ihn an, sich auf den Ellbogen zu stützen. Er spie auf den Boden.

„He, Jack", schrie einer der Steuerleute vom Heck, „halt das Boot sauber! Wir möchten euch den Dreck nicht nachräumen."

„Äääh, halt die Schnauze!" rief Polack.

„Laßt das Spucken, Leute", befahl Croft von seiner Pritsche her.

Niemand antwortete. Red nickte vor sich hin. Da war es. Na schön. Er hatte ein wenig angstvoll darauf gewartet, daß Croft etwas sagen würde, und war nun beruhigt, daß Croft ihn nicht namentlich gescholten hatte.

Die alten Säufer im Asyl duckten sich, wenn sie nüchtern waren, und schimpften in der Trunkenheit.

Man trug es, solange es nur ging, und dann kam der Augenblick, wo man es nicht mehr länger tragen konnte. Man lehnte sich gegen alles auf, aber schließlich zermürbte einen alles, und zum Schluß war man nichts weiter als eine gottverdammte kleine Schraube, die quietschte, wenn die Maschine zu schnell lief.

Er war jetzt von anderen Menschen abhängig, er brauchte sie und wußte nicht, wie er damit fertig werden sollte. Tief in seinem Innern formte sich nebelhaft eine Idee, aber er vermochte sie nicht auszudrücken. Wenn sie alle zusammenhalten würden ...

Äääh, Scheiße! Sie wußten nichts Besseres, als sich gegenseitig die Kehle durchzuschneiden. Es gab keine Lösung, nicht einmal Stolz blieb am Ende übrig. Wenn er jetzt Lois hätte. Einen Augenblick lang brütete er darüber, ihr zu schreiben, aber dann ließ er den Gedanken fallen. Das mindeste, was man tun konnte, war mannhaft fernzubleiben. Und außerdem bestand die Möglichkeit, daß sie ihn zum Teufel jagte. Er hustete wieder und spie in seine Hand, behielt den Schleim stumpfsinnig für einige Sekunden darin, bevor er ihn heimlich an der Leinwand der Pritsche abwischte. Möge es der Steuermann nur saubermachen. Und er lächelte ein wenig verwirrt und schamhaft wegen der Befriedigung, die ihm dieser Gedanke bereitete.

Ein Duckmäuser. Nun gut, seinerzeit war er alles andere als das gewesen.

Und Goldstein lag auf seiner Pritsche mit den Armen unter dem Kopf und dachte verträumt an Weib und Kind. Alle Verbitterung und Enttäuschung über Wilsons Verlust hatte sich in eine Falte seines Gehirns zurückgezogen und war für eine Zeit von dem Stumpfsinn verkapselt worden, der hinterher folgte. Einen und einen halben Tag lang hatte er geschlafen; die Reise mit der Bahre schien so fern zu liegen. Er hatte sogar Brown und Stanley gern, weil sie sich ihm gegenüber ein wenig unbehaglich fühlten und Angst zu haben schienen, ihn zu belästigen. Und außerdem hatte er einen Kameraden gewonnen. Zwischen Ridges und ihm war es zu einem guten Verstehen gekommen. Der Tag, den sie an der Küste verbracht hatten, während sie auf den Rest des Zuges warteten, war nicht unangenehm gewesen. Und mechanisch hatten sie, als sie aufs Boot kamen, benachbarte Kojen gewählt.

Immerhin gab es Augenblicke, wo es in ihm rebellierte. Dieser Goi, den er als Freund gewonnen hatte, das war schon einer – ein Landmann, ein Verachteter wie er selber. Natürlich mußte er ausgerechnet so einen bekommen. Aber Scham befiel ihn, als er dies dachte; fast die gleiche Scham, die er empfand, wenn irgendein bissiger Gedanke über seine Frau ihm durch den Kopf ging. Es endete bei ihm stets so, daß er sich verteidigte. Er hatte einen Analphabeten zum Freund, aber was tat es? Ridges war ein guter Mensch, es war etwas Ausdauerndes an ihm. Das Salz der Erde, sagte sich Goldstein.

Das Boot schaukelte, mehr als eine Meile von der Küste entfernt, über das Meer. Als der Nachmittag zu Ende ging, begannen sich die Männer ein wenig zu rühren und über die Seitenwände zu starren. Die Insel glitt langsam vorbei. Überall erschien sie undurchdringlich, grün und dunkel, mit dem Dschungelsaum am Wasserrand. Sie kamen an einer kleinen Halbinsel vorüber, die sie schon auf der Herreise bemerkt hatten, und einige von ihnen begannen auszurechnen, wie lange es noch dauern würde, bis sie das Lager erreichten. Polack kletterte auf die hintere Luke, wo der Steuermann unter einem

Leinwanddach stand. Die Sonne strahlte über das Wasser, wurde von jeder Welle heftig zurückgeworfen, und in der Luft war ein feiner Geruch nach Pflanzen und Salzwasser.

„Jesus, ist das schön hier", sagte Polack zum Steuermann. Der Mann grunzte. Er war beleidigt, weil ihm die Männer das Boot vollspuckten.

„Äääh, was hat dich denn gebissen, Jack?" fragte Polack.

„Du bist auch einer von den Neunmalklugen, die mir eine freche Antwort gaben."

Polack zuckte die Schultern. „Äääh, höre mal, Jack, du brauchst dich nicht gleich so aufzuregen. Wir haben eine Menge durchgemacht, und unsere Nerven sind erledigt."

„Ja, kann mir's denken."

„Na also." Polack gähnte. „Und morgen werden sie uns wieder mit einer Patrouille beim Arsch haben, paß auf."

„Ist ja nur noch Säuberungsarbeit zu machen."

„Was heißt Säuberungsarbeit?"

Der Steuermann blickte ihn an. „Himmel, ich vergaß ganz, daß ihr ja seit sechs Tagen auf Patrouille unterwegs seid. Zum Teufel, Mann, der verfluchte Feldzug ist geplatzt. Toyaku ist gefallen. Noch eine Woche, und es wären nicht zehn Japaner mehr übriggeblieben."

„Waa...?"

„Jawoll. Wir eroberten ihr Vorratslager. Wir haben sie erledigt. Ich habe die Toyaku-Stellung gestern selbst gesehen. Sie hatten zementierte Maschinengewehrstellungen, Schußgassen, alle diese verdammten Einrichtungen."

Polack fluchte. „Alles vorbei, was?"

„So ungefähr."

„Und wir haben uns den Arsch für nichts zerbrochen."

Der Steuermann grinste. „Höhere Strategie."

Nach einer Weile kletterte Polack hinunter und erzählte es den andern. So war es richtig! Sie lachten verbittert, drehten sich auf ihren Pritschen herum und starrten über die Seitenwände. Aber bald erkannten sie, daß sie jetzt, nach beendetem Feldzug, mindestens für ein paar Monate aus dem Krieg herauskämen. Es brachte sie ganz durcheinander, und sie wußten nicht, ob sie die Neuigkeit als angenehm empfinden sollten oder nicht; denn die Patrouille war sinnlos gewesen. In ihrer Erschöpfung brachte sie dieser Konflikt fast dem Wahnsinn nahe, aber schließlich wurden sie vergnügt.

„He, wißt ihr was", piepste Wyman, „bevor wir loszogen, hörte ich, daß sie die Division nach Australien schicken wollen, um Militärpolizisten aus uns zu machen."

„Jawoll, MPs." Sie brüllten laut heraus. „Sie werden dich sogar nach Hause schicken, Wyman."

„Der Aufklärungszug wird Leibgarde des Generals."
„MacArthur wird uns ein weiteres Haus für ihn im Hauptquartier bauen lassen."
„Wir werden Rote-Kreuz-Mädchen werden!" rief Polack.
„Sie werden die Division für immer zum Küchendienst schicken."
Es ging mit ihnen durch. Das Boot, das bisher fast stumm gewesen war, erzitterte jetzt unter dem Gelächter der Männer. Ihre heiseren Stimmen, die vor Fröhlichkeit und Zorn bebten, waren weit über das Wasser zu hören. Jedesmal, wenn einer irgend etwas sagte, kam es zu neuen Lachkrämpfen. Selbst Croft blieb nicht davon ausgeschlossen.
„He, Sergeant, ich werde Koch werden, ich kann dich nicht verlassen."
„Äääh, schert euch zur Hölle, verfluchtes Weiberpack!" sagte Croft gedehnt.
Und das schien ihnen besonders komisch zu sein. Sie hielten sich an ihren Pritschen fest. „Soll ich gleich gehen, Sergeant? Es gibt hier 'ne Menge Wasser", brüllte Polack. Es schüttelte sie, ihr Lachen prallte aufeinander, wie Wasserwellen, die ein Stein aufrührt, gegen Wellen stoßen, die ein anderer Stein verursacht. Sobald jemand nur den Mund auftat, brüllten sie wieder los. Es war ein wildes, hysterisches, nicht weit von Tränen entferntes Gelächter.
Langsam sank es zusammen, flackerte noch ein paarmal auf wie Feuer, das unter einer Decke hervorleckt, und schließlich erlosch es endgültig. Nur ihre erschöpften Körper und ein sanftes Vergnügen blieben zurück, das sie verspürten, als sich ihre Backenmuskeln entspannten, der Schmerz in ihrer Brust nachließ und sie sich die erfrischten Augen wischten. Dann aber entstand eine tiefe Niedergeschlagenheit in ihnen, die alles einhüllte.
Polack versuchte sie wieder in Schwung zu bringen, indem er zu singen begann; aber nur wenige fielen mit ein.

> Roll mich im Klee,
> Roll mich und leg mich nieder
> Und tu es wieder.
>
> Um halb vier
> Warst du auf meinem Knie.
> Leg mich nieder,
> Roll mich und tu es wieder,
> Roll mich im Klee.

Ihre Stimmen waren dünn und gingen in dem sanften Geplätscher des blauen Meeres unter. Das Boot puffte, und der Motorlärm verschlang fast die Melodie.

> Um halb fünf
> hatt' ich sie auf dem Boden.
> Leg mich nieder,
> roll mich und tu es wieder.

Croft verließ seine Pritsche und starrte mißgelaunt über die Seitenwand auf das Wasser. Er hatte noch nicht das Datum erfahren, an dem der Feldzug gewonnen worden war, und nahm irrtümlicherweise an, daß es der Tag gewesen sei, an dem sie auf dem Berg versagt hatten. Wenn sie ihn erstiegen hätten, wäre der Feldzug von ihnen abhängig gewesen. Er stellte es außer Frage. Es war eine bittere Gewißheit für ihn. Die Muskeln seiner Kinnlade zitterten, als er über die Seitenwand spie.

> Um halb sechs
> begannen wir zu toben...

Sie sangen wie im Kanon; Polack, Red und Minetta hatten sich am Heck zusammengefunden. Bei jeder Pause blies Polack die Backen auf und machte „wääh-wäääh" wie eine Trompete, wenn sie gestopft gespielt wird. Nach und nach fing er damit die andern ein. „Wo ist Wilson?" rief einer von ihnen, und für einen Augenblick war alles unterbrochen. Sie hatten die Nachricht von seinem Tod gehört, aber es nicht verarbeitet. Jetzt erst war er plötzlich für sie tot. Jetzt erst begriffen sie es. Es entsetzte sie und löste das vertraute Gefühl aus, das Krieg und Tod unwirklich erscheinen ließ, und das Lied brach ab. „Ich werde den alten Schweinehund sehr vermissen", sagte Polack.

„Los, wir wollen weitersingen", murrte Red. Jungens kamen und gingen, und nach einer Weile erinnerte man sich nicht einmal mehr ihrer Namen.

> Roll mich im Klee...

Sie umschifften eine Biegung der Küste und sahen den Mount Anaka in der Ferne. Er sah ungeheuerlich aus. „Junge, da sind wir 'raufgeklettert?" fragte Wyman. Einige von ihnen krochen auf die Seitenwand, machten sich auf bestimmte Hänge des Berges aufmerksam und stritten darüber, ob sie diesen oder jenen Kamm überschritten hätten. Ein plötzlicher Stolz erfüllte sie. „War schon eine verdammte Sache!"

„Es war schon richtig, so weit zu gehen, wie wir konnten."

Das war jetzt ihr Eindruck. Sie dachten bereits daran, wie sie es den Kameraden in den andern Zügen berichten würden.

„Wir wären beinahe in dem Durcheinander draufgegangen. Da kann jeder was von erzählen."

„Jawoll."

Und es schmeichelte ihnen allen. Was für eine Ironie! Aber es half ihnen. – Das Lied ging weiter.

> Um halb sieben
> hat sie mit mir gespielt.
> Leg mich nieder,
> Roll mich und tu es wieder.

Croft starrte auf den Berg. Der unentthronte Elefant, der über den Dschungel, über die gemeinen Hügel herrschte.

Er war fern und rein. Im Licht der späten Nachmittagssonne schimmerten sein samtenes Grün, das Blau der Felsen und das Hellbraun der Erde. Er schien aus anderem Stoff geformt zu sein als der unter ihm liegende stinkende Dschungel.

In Croft brannte wieder die alte Qual. Ein Strom wortloser Gedanken drängte sich ihm in die Kehle, und wieder empfand er die vertraute und unerklärliche Spannung, in die ihn der Berg versetzte. Man müßte ihn doch ersteigen!

Er hatte versagt und war im Innersten davon getroffen. Aufs neue überkam ihn die Enttäuschung. Niemals wieder würde sich eine Gelegenheit ergeben, den Berg zu besteigen. Aber dennoch fragte er sich, ob es ihm gelungen wäre. Er empfand noch einmal die Angst und das Entsetzen, die ihm der Berg auf der Felsentreppe eingeflößt hatte. Wenn er allein gegangen wäre, hätte ihn zwar die Erschöpfung der anderen Männer nicht aufgehalten, aber zugleich wäre er ohne ihre Gesellschaft gewesen, und plötzlich wurde ihm klar, daß er es ohne sie niemals versucht haben würde. Die einsamen Hügel würden den Mut jedes Mannes untergraben haben.

> Um halb acht,
> hat sie gedacht,
> sie ist im Himmel...

In wenigen Stunden würden sie zurück sein, in der Dunkelheit ihre Zelte errichten und vielleicht eine Tasse heißen Kaffees bekommen. Und morgen würde das endlose Gleichmaß harter, ereignisloser Tage aufs neue beginnen. Die Patrouille kam ihnen bereits seltsam vor, nicht ganz glaubhaft, aber zugleich empfanden sie auch das Lager, dem sie sich näherten, als unwirklich. Alles, was man in der Armee hinter sich hatte, wurde unwirklich. Sie sangen, um ein bißchen mehr Lärm zu machen.

> Roll mich und tu es wieder.

Croft blickte noch immer auf den Berg. Er hatte ihn verloren. Etwas Unerfülltes blieb zurück.

Und nicht nur in ihm. Im ganzen Leben. In allem.

Gedämpfter Chor

WAS WIR MACHEN WERDEN, WENN WIR RAUSKOMMEN

Bisweilen offen, bisweilen heimlich, je nach den Umständen

Red: Ich mache verdammt dasselbe, was ich immer getan habe, was denn sonst.

Brown: Wenn wir in Frisco ankommen, hole ich mir meine Löhnung und spiel' den größten Besoffenen, den die Stadt jemals gesehen hat, und dann treibe ich mich mit irgend so einem Frauenzimmer 'rum und werde nichts andres tun, als vierzehn Tage lang huren und saufen, und dann werde ich mich so langsam auf den Weg nach Kansas machen und anhalten, wo immer mir es grade gefällt, und mich besaufen, wie ihr es noch nicht erlebt habt, und dann will ich mich nach meinem Weib umsehen. Ich werde sie nicht wissen lassen, daß ich komme, und ihr die größte Überraschung ihres Lebens bereiten, ein paar Zeugen mitnehmen, und, bei Gott, ich werde sie 'rausschmeißen, damit die Leute wissen, wie man so eine Hure behandelt, wo wir, weiß Gott wie lange, hier draußen hockten und niemals wußten, ob es einen heute erwischte, und immer nur warten mußten und Angst schwitzten und Dinge ausgrübelten, die man, bei Gott, besser von sich selber nicht weiß.

Gallagher: Ich weiß nur eins, daß alles bezahlt werden muß. Einige werden dafür büßen müssen, und diesen verfluchten Zivilisten werden wir die Köpfe einschlagen.

Goldstein: Oh, ich sehe es genau vor mir, wie ich nach Hause komme. Ich werde an einem frühen Morgen heimkehren, mir ein Taxi am Grand Central nehmen und den ganzen Weg bis zu unserem Haus in Flatbush fahren. Und dann gehe ich die Treppen hinauf und klingle, und Natalie wird sich fragen, wer es sein mag, und dann höre ich sie kommen, und sie wird öffnen... Ach, ich weiß nicht. Es ist noch so lange hin.

Martinez: San Antonio, vielleicht Familie sehen. Herumspazieren, hübsche mexikanische Mädchen, dicke Löhnung, Orden, zur Kirche gehen, zu viele verfluchte Japaner getötet und, weiß nicht, vielleicht wieder Armee, verdammt nicht gut, aber richtig. Gute Bezahlung.

Minetta: Ich werde an jeden Schweinehund von Offizier in Uniform herantreten und Idiot zu ihm sagen. An jeden einzelnen mitten auf dem Broadway, und ich werde diese verfluchte Armee bloßstellen.

Croft: Alles nur Zeitvergeudung, Jungens. Der Krieg wird noch eine Weile dauern.

VIERTER TEIL

KIELWASSER

Die Säuberungsaktion war außerordentlich erfolgreich. Eine Woche nach dem Durchbruch durch die Toyaku-Linie waren die Überreste der japanischen Armee auf Anopopei zuerst in hundert und dann in tausend kleine Teile zerschnitten. Ihre Organisation brach vollständig zusammen. Erst wurden Bataillone abgeschnitten, dann Kompanien und schließlich Züge, Gruppen und kleine Splitter von fünf, drei oder zwei Mann, die sich im Dschungel verbargen und versuchten, der Flut der amerikanischen Patrouillen zu entkommen. Am Ende der Aktion waren die Verlustziffern kaum glaubhaft. Am fünften Tag waren zweihundertundachtundsiebzig Japaner und zwei Amerikaner getötet worden; am achten Tag, dem ergebnisreichsten des Feldzuges, standen achthunderteinundzwanzig getötete und neun gefangene Japaner dem Verlust dreier Amerikaner gegenüber. Die Berichte gingen mit gleichförmiger Regelmäßigkeit hinaus. Sie waren ernst und maßvoll abgefaßt und nicht ganz ungenau. „General MacArthur meldet heute die amtliche Beendigung der Schlacht um Anopopei. Die Säuberung wird fortgesetzt." – „Amerikanische Truppen unter Generalmajor Edward Cummings melden heute die Eroberung von fünf feindlichen Hauptstützpunkten und großen Nahrungs- und Munitionslagern. Die Säuberungsaktion ist im Fortschreiten."

Erstaunliche Berichte gelangten weiterhin auf Cummings' Schreibtisch. Durch Vernehmung der wenigen Gefangenen wurde festgestellt, daß die Japaner bereits vor über einem Monat auf halbe Rationen gesetzt worden waren und gegen Ende hin fast gar keine Nahrung mehr hatten. Vor fünf Wochen war ein japanisches Vorratslager durch Artilleriefeuer zerstört worden, ohne daß man es gewußt hatte. Ihre Medikamente waren ausgegangen und verschiedene Teile der Toyaku-Linie seit sechs oder acht Wochen baufällig und nicht mehr repariert worden. Schließlich entdeckte man noch, daß die japanische Munition fast schon eine Woche, bevor der letzte Angriff begann, erschöpft gewesen war.

Cummings durchforschte alte Patrouillenberichte und überprüfte alle Meldungen über die Tätigkeit des Feindes im vergangenen Monat. Er studierte sogar noch einmal die spärlichen Ergebnisse des Nachrichtendienstes. Aber nirgends fand er auch nur einen Hinweis auf die wirkliche japanische Lage. Aus den Berichten mußte er die einzig mögliche Schlußfolgerung ziehen, daß die Japaner noch bei vollen Kräften waren. Das bedrückte, ja, es entsetzte ihn. Es war die kräftigste Lektion, die er jemals erteilt bekommen hatte. Bis heute hatte er diesen Patrouillenberichten, obgleich er jeweils einen Teil abzog, ein gewisses Gewicht gegeben. Aber diese Informationen waren diesmal nutzlos gewesen.

Er hatte sich noch nicht ganz von dem Schock befreit, in den ihn Major Dallesons Sieg versetzte. Die Front an einem ruhigen Morgen zu verlassen und am nächsten Tag zurückzukehren, um festzustellen, daß der Feldzug tatsächlich beendet war, das mußte ihm fast so unglaubhaft erscheinen, wie es jemand ergeht, der nach Hause kommt und sein Haus niedergebrannt findet. Gewiß hatte er die Säuberungsarbeiten glänzend durchgeführt. Nachdem ihre Front ins Wanken gekommen war, wurde den Japanern keine Gelegenheit mehr gegeben, sich neu zu gruppieren; aber das war ein leerer Triumph, kaum mehr als die Rettung einiger Möbelstücke. Insgeheim war er wütend darüber, daß Dallesons Hineintappen den Feldzug zur Explosion brachte. Der Zusammenbruch der Japaner war seinen Anstrengungen zuzuschreiben, und er hätte die Genugtuung haben müssen, die Bombe hochgehen zu lassen. Daß er obendrein Dalleson beglückwünschen, ja, vielleicht befördern mußte, ärgerte ihn am meisten. Dalleson abblitzen zu lassen, würde jetzt zu auffällig sein.

Aber diese Enttäuschung wurde von einer anderen abgelöst. Falls er nun dagewesen wäre und den entscheidenden Tag selbst in der Hand gehabt hätte? Was hätte es wirklich bedeutet? Die Japaner waren bereits auf dem Punkt angelangt, wo irgendein zusammengefaßter Angriff, ganz gleich, wie oberflächlich er durchgeführt sein mochte, genügt haben würde, um den Zusammenbruch ihrer Front zu erzwingen. Er konnte die Vorstellung nicht abschütteln, daß irgendein Beliebiger diesen Feldzug siegreich hätte beenden können; nichts anderes als Geduld und Sandpapier waren dazu notwendig gewesen.

Einen Augenblick gestand er sich beinahe ein, daß er sehr wenig oder fast nichts zu diesem Sieg, ja, in der Tat, zu keinem Sieg beigetragen hatte. Ein simpler Glücksfall hatte ihn vollendet; ein Netz allzu belangloser Faktoren hatte eine Rolle dabei gespielt, so daß er es einfach nicht begreifen konnte. Er gestattete sich diese Gedankengänge, faßte sie beinahe in Worte, aber dann drängte er sie zurück. Was nachfolgte, war eine tiefe Niedergeschlagenheit.

Wenn er es sich wenigstens hätte einfallen lassen, jene Patrouille ein wenig früher 'rauszuschicken, und Zeit genug gehabt hätte, das Ganze sorgfältiger durchzuarbeiten! So war es Pfuschwerk – und Hearn tot.

Nun gut, man konnte es nicht wirklich einen Schock nennen. Immerhin war Hearn eine Zeitlang der einzige Mann in der Division gewesen, der befähigt war, seine weiterreichenden Pläne, ja sogar ihn selbst zu verstehen. Aber Hearns Format war nicht groß genug. Er hatte erst zu ihm aufgeblickt, war skeptisch und ängstlich geworden, war davongekrochen und hatte mit Dreck geworfen.

Er wußte, warum er ihn bestrafte, wußte auch, daß Hearn nicht zufällig dem Aufklärungszug zugeteilt worden war. Sein Tod kam nicht unvorhergesehen. Cummings hatte sogar zuerst ein wenig Genugtuung darüber empfunden.

Aber – als er zuerst die Nachricht von Hearns Tod empfing, gab es einen Augenblick, wo es ihn traf und sein Herz wie von einer grausamen Faust umklammert war. Es hatte ihm fast Kummer bereitet, aber dann war es von etwas anderem, viel Komplizierterem, überdeckt worden. Noch tagelang, sooft Cummings an den Leutnant dachte, fühlte er eine Mischung aus Schmerz und Befriedigung.

Aber schließlich ist das wichtigste, Verlust und Gewinn gegenüberzustellen. Der Feldzug hatte eine Woche mehr in Anspruch genommen, als ihm zugebilligt worden war, aber das zählte nicht wirklich, denn es hatte eine Zeit gegeben, die erst eine oder zwei Wochen zurücklag, wo er ihm sogar einen weiteren Monat zubilligte. Außerdem war der Feldzug der Armee gegenüber durch die Flankeninvasion von Botoi gewonnen worden. Das würde unleugbar auf sein Konto kommen. Alles zusammen war er durch Anopopei weder besonders geschädigt noch begünstigt worden. Wenn es an die Philippinen ging, würde er die ganze Division zum Einsatz bringen können und die Chance haben, hier schlagendere Resultate vorzuweisen. Aber zuvor mußten die Männer heftig durcheinandergeschüttelt, einem tüchtigen Training unterzogen und die Disziplin verbessert werden. Es kochte in ihm bereits wieder dieselbe Wut, die er im letzten Monat des Anopopei-Feldzuges verspürt hatte. Die Männer leisteten jeder Veränderung mit einer hartnäckigen Passivität Widerstand. Ganz gleich, wie man sie antrieb, sie taten alles verdrießlich und fielen in den alten Trott, sobald der Druck nachließ. Man konnte an ihnen herumerziehen, ihnen was vormachen, aber es gab Zeiten, wo er zutiefst bezweifelte, ob er sie verändern und tatsächlich neu formen könnte. Und vielleicht würde es ihm auf den Philippinen wieder so ergehen. Bei den Widersachern, die er in der Armee hatte, bestand für ihn keine große Aussicht, einen weiteren Stern vor den Philippinen zu ergattern, und damit war die Gelegenheit vorbei, ein Armeekommando zu erhalten, ehe der Krieg zu Ende ging.

Die Zeit zerrann und damit die Gelegenheit. Es würden die Routiniers sein, die sich nach dem Krieg in den Sessel der Geschichte setzen würden, mit den gleichen Fehlern und ohne Planung. Das alte Durcheinander. Er würde älter und übergangen werden. Wenn der Krieg mit Rußland kam, würde er nicht wichtig genug sein, nicht nahe genug bei der Macht sitzen, um den großen Schritt, den großen Sprung zu tun. Vielleicht war es klüger, nach dem Krieg einen Versuch mit dem Auswärtigen Amt zu machen. Sein Schwager würde sicher nicht dagegen sein.

Nur wenige Amerikaner würden den Widerspruch der kommenden Zeit begreifen. Der Weg der Planung konnte am besten unter einer konservativ-liberalen Maske versteckt werden. Die Reaktionäre und Isolationisten würden die Stunde verpassen und fast so viel Unwillen hervorrufen, wie sie verdienten. Cummings zuckte die Schultern. Wenn sich ihm nochmals eine Gelegenheit böte, würde er es besser machen. Was für eine Enttäuschung! So viele Kenntnisse, aber die Hände waren einem gebunden.

Um seine aufgescheuchten Nerven zu beruhigen, trug er die Ergebnisse der Säuberungsaktion mit einem nicht nachlassenden Interesse an den Einzelheiten ein:

6. Tag: 347 Japaner – 1 Amerikaner
9. Tag: 502 Japaner – 4 Amerikaner

Die Patrouillen kämmten die Wege hinter den japanischen Stellungen aus.

In großer Anzahl wanden sie sich durch alle Gänge des Irrgartens, harkten durch den Dschungel, um vereinzelte Überlebende aufzugreifen, die sich auf einem Wildpfad verkrochen hatten. Vom frühen Morgen bis zur Dämmerung waren die Patrouillen immer mit dem gleichen Auftrag unterwegs.

Es war eine einfache Sache, ein Spaß. Nach Monaten nächtlichen Wachestehens, nach Patrouillengängen auf Wegen, die unvermittelt in einen Hinterhalt führen konnten, war die Säuberungsaktion im Vergleich dazu angenehm, beinahe anregend. Das Töten verlor alles Maß und bedrückte die Männer weniger als die Entdeckung, daß sich einige Ameisen auf ihrem Nachtlager befanden.

Gewisse Dinge waren gegen die Regel. Die Japaner hatten in den letzten Wochen des Feldzuges eine Anzahl kleiner Lazarette errichtet und beim Rückzug viele ihrer Verwundeten getötet. Die einrückenden Amerikaner erledigten, was noch an Verwundeten übriggeblieben war, zerschmetterten ihre Köpfe mit dem Gewehrkolben oder erschossen sie.

Aber da waren noch andere, auffälligere Dinge. Eine Patrouille hatte in der Dämmerung vier japanische Soldaten entdeckt, die auf einem Weg wie erstarrt unter ihren Umhängen lagen. Der Patrouillenführer hielt an, nahm ein paar Steinchen auf und warf sie in die Luft. Sie fielen mit einem klappernden Geräusch, das wie Hagel klang, auf den ersten der Schlafenden. Langsam kam er zum Erwachen, stöhnte ein wenig, räusperte sich und streckte sich mit den üblichen geschäftigen, stumpfsinnigen Lauten, die ein Mann am Morgen von sich gibt. Dann steckte er seinen Kopf aus dem Umhang. Der Patrouillenführer wartete, bis ihn der Japaner erblickte, und dann, als er schreien wollte, gab der Amerikaner aus seiner Maschinenpistole einen Feuerstoß. Er richtete sie auf die Wegmitte und durchlöcherte die Umhänge. Nur ein Japaner war am Leben geblieben. Sein Bein hob sich unter dem Umhang ab und zuckte wie bei einem sterbenden Tier. Ein anderer Soldat trat hinzu, stieß den Körper unter dem Umhang mit der Mündung seines Gewehres an, ertastete den Kopf des verwundeten Mannes und drückte ab.

Es gab noch andere Variationen.

Gelegentlich machten sie Gefangene; aber wenn es schon spät war und die Patrouille Eile hatte, vor Dunkelheit zurückzukommen, war es besser, sich nicht durch die Gefangenen aufhalten zu lassen. Eine Gruppe hatte am späten Nachmittag drei Gefangene aufgelesen und wurde durch sie erheblich behindert. Einer der Gefangenen war so krank, daß er kaum gehen konnte, und ein anderer, ein großer, verdrießlicher Mann, suchte nach einer Gelegenheit, zu entkommen. Der dritte hatte riesenhaft angeschwollene Hoden, die ihm so heftige Schmerzen bereiteten, daß er sich die Beinkleider an den Lenden aufgeschnitten hatte, einem Manne gleich, der sich der entzündeten Füße wegen die Spitzen seiner Schuhe wegschneidet. Er humpelte schwerfällig dahin und stöhnte, während er die Hoden mit den Händen stützte.

Der Zugführer sah schließlich auf seine Uhr und seufzte. „Wir müssen sie erledigen", sagte er.

Der verdrießliche Japaner schien ihn verstanden zu haben, denn er stellte sich neben den Weg und wartete mit abgewandtem Rücken. Der Schuß traf ihn hinter das Ohr.

Ein anderer trat hinter den Gefangenen mit den geschwollenen Hoden und versetzte ihm einen Stoß, daß er sich am

Boden ausstreckte. Er gab nur einen einzigen Schmerzensschrei von sich, ehe er starb.

Der dritte war halb bewußtlos und begriff nicht, was ihm geschah.

Zwei Wochen später saß Major Dalleson in der neuerrichteten Befehlsbaracke und dachte behaglich über die Vergangenheit, die Gegenwart und die Zukunft nach. Jetzt, nach beendetem Feldzug, war das Divisionshauptquartier in ein beinahe kühles, angenehmes Wäldchen nahe am Meer zurückverlegt worden. Nachts schlief man bei einem Lufthauch ganz behaglich.

Mit dem Trainingsprogramm sollte morgen begonnen werden, und das war derjenige Teil seines Berufes, der dem Major am meisten zusagte. Alles war bereit. Die Truppen hatten festes Lager in Flachzelten bezogen, die Wege waren mit Kies bestreut, und jede Kompanie hatte über den Feldbetten Gestelle errichtet, um die Ausrüstungsgegenstände ordentlich aufzubewahren. Der Paradeplatz war fertig und der Major besonders stolz darauf; denn er hatte die Arbeit persönlich überwacht. Es war eine erhebliche Leistung gewesen, dreihundert Yards des Dschungels zu lichten und den Boden in nur zehn Tagen einzuebnen.

Morgen würde die erste Parade und Besichtigung vor sich gehen, was ihn mit großer Vorfreude erfüllte. Es machte ihm einen geradezu kindlichen Spaß, Truppen in sauberen Uniformen vorbeimarschieren zu sehen, hin und wieder eine Reihe herauszugreifen und ihre Gewehre zu prüfen. Er war entschlossen, der Division anständiges Marschieren beizubringen, bevor sie nach den Philippinen aufbrachen.

Seine Tage waren mit Arbeit angefüllt. Es gab eine Menge Einzelheiten auszuführen, und der Trainingsplan bot mancherlei Schwierigkeiten. Ohne die sonst üblichen Erleichterungen war es recht mühselig, alle Kurse einzurichten, die er wünschte. Es würde einen Schießkursus geben, selbstverständlich, und einen über die Handhabung und Behandlung des Maschinengewehrs. Es könnte auch ein Kursus über Spezialwaffen eingerichtet werden, ein anderer über Kompaß- und Kartenlesen und schließlich einer, der sich mit der militärischen Disziplin befaßte. Und natürlich mußte er die Leute mit Inspektionen und Paraden in Gang halten. Aber es gab noch vieles andere, was er ebenfalls einrichten wollte. Auf alle Fälle konnte er die vorhandenen Lücken mit Ausmärschen füllen. Diese Dinge hatte er gern, nichts ging ihm darüber. Wenn auch das Festlegen des Planes für jede Kompanie schon ein Problem darstellte, so war die Arbeit daran doch angenehm, so als ob man

Ein Abenteuerroman der Spitzenklasse

Es geht um Sex, Gold und Rauschgift. »Cori Cancha« spielt an den exotischen Schauplätzen, an denen weltweit die großen internationalen Verbrecherorganisationen agieren. Glitzernde Luxusmilieus, daneben die Primitivität brutaler barbarischer Welten — scharfe Kontraste prägen das einmalig pittoreske und temporeiche Geschehen dieses kosmopolitischen Spannungsromans.

HERBIG

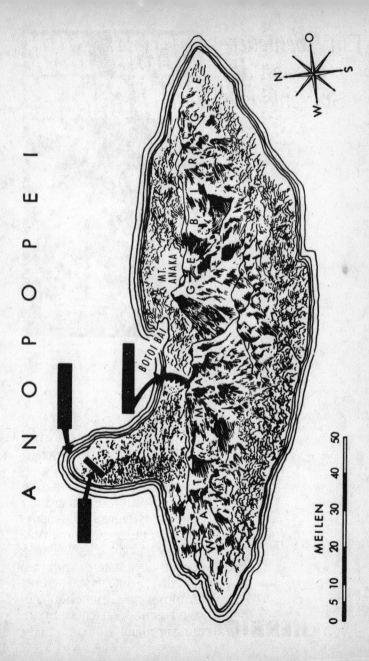

ein Kreuzworträtsel löse. Der Major zündete sich eine Zigarre an und blickte an den verzinkten Eisenblechwänden der Befehlsbaracke vorbei und über hundert Yards Wald hinweg auf das Meer, das sanft gegen den Strand schlug. Er atmete tief ein und roch den scharfen Fischgeruch des Wassers. Er tat immer sein Bestes, das konnte niemand leugnen. Eine rosige Befriedigung erfüllte ihn.

In diesem Augenblick hatte er seinen Einfall. Er würde die Teilnehmer am Kursus für Kartenlesen aus dem Häuschen bringen, wenn er eine farbige Photographie von Betty Grable im Badeanzug und in Lebensgröße bekommen könnte und das Koordinatengitter darüberlegen ließe. Der Lehrer konnte dann auf die verschiedensten Stellen ihres Körpers zeigen und sagen: „Geben Sie mir die Koordinaten."

Himmel, das war eine Idee! Der Major kicherte vor Vergnügen. Es würde die Soldaten hellwach machen und sie aufmerken lassen.

Aber wo sollte er eine lebensgroße Photographie herbekommen? Der Major schnippte das Aschenhütchen von seiner Zigarre. Er konnte den Quartiermeister danach fragen, aber er würde sich, verdammt noch mal, nicht lächerlich machen und einen Anforderungsschein deswegen ausschreiben wollen. Vielleicht konnte sie auch Kaplan Davis beschaffen, das gute Ei – aber nein, es war besser, ihn nicht danach zu fragen.

Dalleson kratzte sich am Kopf. Er konnte an das Armeehauptquartier, Abteilung Sonderdienst, schreiben. Sie würden wahrscheinlich nicht gerade die Grable haben, aber irgendein anderes Mädchen würde es auch tun.

Das war der richtige Weg. Er mußte an die Armee schreiben. Und zu gleicher Zeit sollte er sich auch noch an das Kriegsministerium, Abteilung Trainingshilfe, wenden. Sie waren für solche Verbesserungsvorschläge sehr empfänglich. Schon sah der Major, wie schließlich jede Einheit in der Armee seine Idee anwandte, und vor Erregung ballte er die Fäuste.

Meine Herren!